بسم الله الرحمن الرحیم

درآمدی بر دکترین ملی اقتصاد جمهوری اسلامی ایران

در افق ۱۴۱۴ هجری شمسی

نگارش:

هاله اسماعیل نژاد شمالی

این کتاب حاصل پژوهشی است که ما حاصل آن در قالب پایان نامه کارشناسی ارشد در رشته علوم اقتصادی گرایش توسعه اقتصادی و برنامه ریزی دانشکده دانشگاه تهران زیر نظر دکتر حسن سبحانی در سال ۱۳۹۰ ارائه شده است.

عنوان کتاب: درآمدی بر دکترین ملی اقتصاد جمهوری اسلامی در افق ۱۴۱۴ هجری شمسی

نویسنده: هاله اسماعیل نژاد شمالی

ناشر: سوپریم سنچوری (قرن برتر، آمریکا)

شابک: ۹۷۸-۱۹۳۹۱۲۳۵۷۲

کد کنترلی کتابخانه کنگره: ۲۰۱۸۹۴۶۴۳۳

چکیده

برای ادراک جایگاه مدل مشخص اقتصادی، در اداره‌ی یک سیستم ملی، عنایت و توجه به مبانی اندیشه‌ی استراتژیک اقتصادی الزامی است. از این منظر تبیین «پارادایم» به عنوان پیش شرطی اساسی در تفلسف اقتصادی و سیر تفکر استراتژیک گام نخست و اصلی تلقی می‌گردد.

از میان چهار پارادایم کلی موجود در چهار حوزه‌ی تفکری اکانومی لاتینی، کدآمایی فارسی، اقتصاد عربی و بیع قرآنی؛ شمولیت بیع بر اقتصاد ایران اسلامی ملاک قرار گرفت و بر این اساس، ارائه‌ی دکترین اقتصاد ملی جمهوری اسلامی ایران در افق ۱۴۱۴ با یک انتقال پارادایمی از پارادایم‌های رایج اقتصادی جهان به اقتصاد قرآنی مواجهه داده شد.

بر این اساس در تبیین خط مشی بیع به عنوان دروازه‌ی خروج به سمت مقصد مد نظر، چهار گزینه‌ی مبایعه محوری، خُلَّت محوری، انفاق محوری و برکت محوری متصور گردید. سپس از آنجا که برای طرح ریزی خط مشی، سه رویکرد کلی محصول محور، فرآیند محور و کارکرد محور مطمع نظر بود پس از تشخیص و تعیین هر خط مشی نسبت به یکی از دروازه‌های چهارگانه، آن خط مشی با یک، دو یا سه روی کرد مزبور طرح ریزی شد.

طرح‌ریزی خط مشی، مبتنی بر این سه روی کرد، زمینه‌ساز ایجاد «کرسی» طرح استراتژیک بیع، برای طرح‌ریزی استراتژیک می‌گردد و آن‌گاه خط مشی و مدخل این پایان نامه مبتنی بر یکی از دروازه‌های خروجِ تبیین شده انتخاب گردید و بستر طرح جامع استراتژیک بیع را رقم زد.

فهــرست

أ

ر

ز

بخش یکم
کلیات و
مفهوم شناسی

- **مقدمه**

اکنون اقتصاد ملی ایران، موقعیت اقتصاد بین‌الملل و اقتصاد جهان با معضلات عدیده‌ای روبروست، که چگونگی مواجهه با این معضلات با توجه به عصر جهانی شدن نکته‌ای الزامی و اساسی است. همچنین ضرورت دارد از طرف مجامع دانشگاهی درباره‌ی آن پژوهش بسیاری صورت پذیرد.

مسأله را در نسبت با وضعیت موجود در شش محور می‌توان تبیین نمود:

الف- اقتصاد جهان

با توجه به رکود نظام اقتصادی فراگیر، غرب با معضل نرم افزاری گسترده‌ای روبرو شده است :

۱- نرم افزار و سیستم عامل اقتصاد مارکسیستی و چپ

نرم‌افزار و سیستم عامل اقتصاد مارکسیستی[۱] و چپ با فروپاشی بلوک شوروی و قطب اقتصادی «کومکون»[۲] به حاشیه رفت و جایگاه خود را از دست داد، به گونه‌ای که امروز به عنوان نسخه‌ی بدیل و

---

۱ - Marxism

۲ -COMECON: Council for Mutual Economic Assistance

جایگزین برای حل مشکلات اقتصادی بشر فاقد مقبولیّت علمی و عملی در نزد مدیران و اقتصاددانان جهان است.

۲- نرم افزار و سیستم عامل اقتصاد لیبرالیستی و راست

نرم افزار و سیستم عامل اقتصاد لیبرالیستی[۳] و راست نیز با وجود مکاتب متعدّد و متنوع آن، اکنون با شرایط پدید آمده‌ی حاصل از رکود و بحران اقتصادی غرب، از این‌که مدل و الگوی جامعی برای اقتصاد جمهوری اسلامی ایران باشد، مورد تردید واقع شده است.

ب- اقتصاد ایران

اکنون اقتصاد ایران به نظر می رسد که با توجه به دوره‌ی پیاده سازی و تحقق اصل ۴۴ قانون اساسی، با چهار ضرورت کلی روبروست:

۱- ضرورت بازسازی اقتصاد ایران در قالب تحوّل اقتصاد ملی .
۲- ضرورت تدوین الگوی ایرانی- اسلامی پیشرفت با توجه به بند (۱).
۳- ضرورت تدوین نقشه جامع علم کشور، و تبیین جایگاه علم اقتصاد در آن
۴- ضرورت تبیین و تدوین نقشه‌ی جامع اقتصاد کشور.

پ- از سوی دیگر، چون برای تحقق تحول اقتصاد ملی نیز تاکنون هیچ مدل بومی یا غیر بومی متقن و مشخصی مطرح و معرفی نشده است، به نظر می رسد که نوع طرح های تحول اقتصادی کشور هم فاقد دکترین بوده و عمدتاً در سطح تدوین استراتژی‌های بخشی، نظیر «استراتژی توسعه‌ی صنعتی کشور»[۴] قرار دارد.

ت- جنبش نرم‌افزاری و تولید علم بومی

تلاش پدیده آمده در جامعه‌ی علمی ایران امروز، تحت عنوان «جنبش نرم‌افزاری» و «نهضت تولید علم» نیز بیان‌گر این نکته است که در مرزهای کنونی علم، نمی‌توان پاسخ‌گوی نیازهای فکری بشر امروز شد. در حوزه‌ی اقتصاد نیز به همین نسبت است و تولید علم با بن‌مایه‌ی دینی از مسایل کلیدی محافل علمی است. در این میان، پی‌گیری تمایز اقتصاد مورد نظر اسلام، از الگوی اقتصادی غربی، حاصل دغدغه های مربوط به نهضت تولید علم است.

ث- با توجه به نارسایی مکاتب و الگوهای غربی و عدم تبیین و طراحی مدل بومی مشخص، ضرورت تبیین الگوی اقتصادی کشور با پشتیبانی منابع غنی اسلامی بیش از پیش خود نمایی می کند.

ج- توجه به این نکته ضروری است که در ادراک جایگاه مدل مشخص اقتصادی، در اداره‌ی یک سیستم ملی، عنایت و توجه به مبانی اندیشه‌ی استراتژیک اقتصادی الزامی است. سیر تفکر استراتژیک اقتصادی سه بخش اساسی را در بر می‌گیرد:

ج-۱- تبیین فلسفه ی اقتصاد

فلسفه‌ی اقتصاد گونه‌ای فلسفه‌ی مضاف است (مانند فلسفه‌ی هنر، فلسفه‌ی سیاست، فلسفه‌ی دین، فلسفه‌ی جنگ، فلسفه‌ی علم، فلسفه‌ی حقوق، فلسفه‌ی اخلاق و ....) که به تبیین عقلانی پدیده‌های اقتصادی در مناسبات هستی از منظر وجود شناختی[5]، معرفت شناختی[6] و یا انسان شناختی[7] می پردازد. پدیده‌های سرمایه، مالکیّت، پول، کار، ابزار تولید و.... هنگامی که از دیدگاه هستی شناختی، ماهیت شناختی، معرفت شناختی یا انسان شناختی مورد مداقّه قرار گیرد ، ذاتیّات اقتصاد را روشن می کند.

در فلسفه‌ی اقتصاد، داشتن «پارادایم» یک پیش شرط است، فرضاً در اقتصاد اومانیستی[8] (بشرمحور)، مالکیّت می‌تواند درجه یک باشد، اما در اقتصاد تئوئیستی[9](خدا محور)، مالکیّت درجه دو است و مالک هستی و انسان، خداست و انسان بر خود، اشیاء و طبیعت مالکیت درجه دو دارد.

ج-۲- تبیین دکترین اقتصاد

دکترین اقتصاد، حلقه‌ی واسط میان تفکر فلسفی اقتصاد با طرح اجرایی آن است. دکترین، قواعد بنیادی حاکم بر رفتار- بدون قدرت قانونی- است که سه حوزه‌ی چیستی ، چرایی و چگونگی پدیده‌ی مورد نظر را در بر می‌گیرد.

دکترین اقتصادی، قواعد بنیادین حاکم بر رفتار اقتصادی جامعه - شامل مردم، حکومت و نظام- بدون قدرت قانونی است. در واقع قوانین به تبع قواعد مزبور تعیین می شوند نه بالعکس.

ج-۳- تهیّه‌ی طرح استراتژیک اقتصاد

طرح استراتژیک هر موضوعی، بر پایه‌ی «دکترین» آن ریخته می شود. طرح استراتژیک اقتصاد نیز باید بر اساس دکترین اقتصاد ریخته شود. آنچه ضمانت اجرا می‌یابد، همانا «طرح استراتژیک» است که باید به

---

۵ - Ontology
۶ - Epistemology
۷ - Anthropology
۸ -Humanism
۹ -Theoism

«برنامه استراتژیک» تبدیل و سپس «بودجه‌ریزی استراتژیک»، و در نهایت، برای اجرا به «سطوح استراتژیک» واگذار شود.

در واقع، «فلسفه‌ی اقتصاد» با عبور از مرحله‌ی «دکترین اقتصاد» می‌تواند به «طرح استراتژیک اقتصاد» منتج شود و این نکته‌ای حیاتی است که محافل دانشگاهی و مجامع مدیریتی در ایران بعضاً از آن غفلت می‌نمایند.

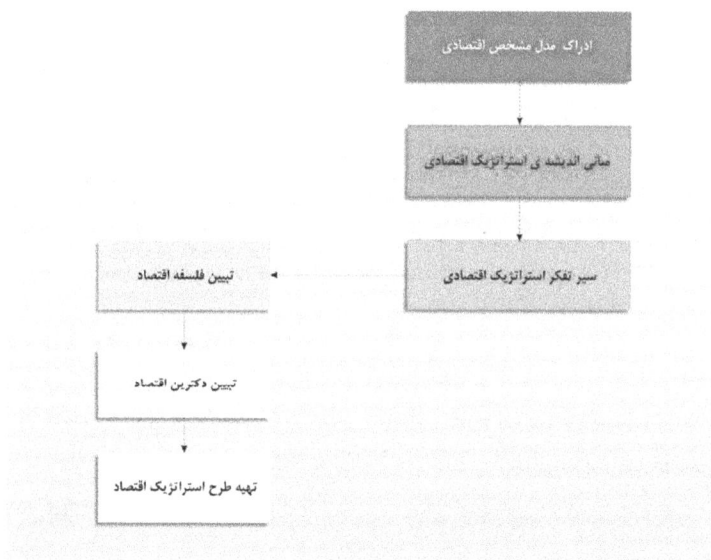

نمودار شماره ۱

اکنون با توجه به موارد فوق الاشاره اهداف اصلی در این پایان نامه آن است که:

۱- فلسفه‌ی اقتصاد جمهوری اسلامی ایران چیست؟
۲- دکترین اقتصاد جمهوری اسلامی ایران چیست؟
۳- طرح استراتژیک ملی اقتصاد جمهوری اسلامی ایران چیست؟

با توجه به اینکه تبیین محورهای سه گانه‌ی فوق نیازمند تحقیقات و مطالعات گسترده‌ی ملی است، لذا در حد امکانات این پایان نامه در سطح کارشناسی ارشد، مسأله‌ی تحقیق عبارت است از:

۱- دکترین ملی اقتصاد چه وجوه ابعاد و چهره‌ای می تواند داشته باشد، و روش تبیین آن چگونه است؟

۲- دکترین ملی اقتصاد جمهوری اسلامی ایران در افق ۱۴۱۴ چیست؟

- **کلیات**

۱- ضرورت شناسی و تبیین موضوع

مسأله‌ی بررسی دکترین در نظام اقتصاد از سه دیدگاه حائز اهمیت است:

۱-۱- دیدگاه سیستمی

قرن بیست و یکم، عصر پیچیدگی روزافزون سیستم‌ها لقب گرفته است: پیچیدگی سیستم‌های تکنولوژیک، اجتماعی، فرهنگی، سیاسی، اقتصادی، و ...

۱-۱-۱- مهم‌ترین دلیل وقوع عصر پیچیدگی روزافزون سیستم‌ها، به دو عامل برمی‌گردد:

- تنوع و تکثر سیستم‌ها.
- درهم‌تنیدگی سیستم‌ها با یکدیگر.

۱-۱-۲- مهم‌ترین تأثیر پیدایش عصر پیچیدگی روزافزون سیستم‌ها، بر مسأله‌ی تصمیم‌سازی و سیاست‌گذاری در اداره‌ی جوامع است: جوامع پیچیده و درهم‌تنیده‌ی امروز.

۱-۱-۳- مقوله‌ی اقتصاد نیز از این تأثیر عمیق درامان نیست، زیرا:

- از یک سو، سیستم‌های اقتصادی روزبه‌روز پیچیده‌تر می‌شوند.
- و از سوی دیگر، نمی‌توان در جوامع پیچیده‌ی امروزی، نظام اقتصادی را به مثابه جزیره‌ای مستقل پنداشت. در واقع سایر حوزه‌های سیستم‌های اجتماعی، در این درهم‌تنیدگی جوامع، بر نظام اقتصاد تأثیر گذارده و از آن تأثیر می‌پذیرند.

۱-۱-۴- از این روی، مسأله‌ی تصمیم‌سازی و سیاست‌گذاری عمومی برای اداره‌ی جوامع، غامض گردیده، و لاجرم دامنه‌ی آن به مسأله‌ی اقتصاد نیز کشیده شده است. اکنون می‌توان اذعان نمود که پیچیدگی تصمیم‌سازی و سیاست‌گذاری حوزه‌ی اقتصاد، مسأله‌ای جدی و قابل تأمل است.

۱-۱-۵- کنترل پیچیدگی تصمیم‌سازی، بستگی به «روش‌مند» شدن سیاست اقتصادی دارد. به این منظور بایستی چیستی، چرایی و چگونگی سیاست اقتصاد تبیین شود. تبیین چیستی، چرایی و چگونگی هر پدیده، دکترین آن پدیده نامیده می‌شود.

۱-۱-۶- در دکترین اقتصاد جمهوری اسلامی ایران، پاسخ به سه پرسش مطمع نظر است:

- چیستی اقتصاد.

- چرایی اقتصاد.

- چگونگی اقتصاد.

۱-۱-۷- مسأله این است:

چه روش‌هایی برای تبیین دکترین ملی اقتصاد جمهوری اسلامی وجود دارد؟

۱-۲-   دیدگاه فرآیندگرا:

- در مطالعه و بررسی طرح‌ها و برنامه‌ها در حوزه‌ی سیاست‌گذاری و مدیریت، مفهومی به نام طرح‌ریزی Planning مطرح است که از آن به «فرآیند تبدیل سیاست به برنامه» تعبیر می‌شود.

- لذا سیاست و سیاست‌گذاری گام مقدماتی در فرآیند طرح‌ریزی محسوب می‌گردند، تا بتوان طرح و برنامه‌ای احسن، فراخور شرایط را پی‌ریزی نمود.

- از سوی دیگر سیاست‌گذاری در تمامی سطوح تصمیم‌گیری خود نیازمند مبانی خاصی است. این مبانی که از آن تحت عنوان دکترین یاد می‌شود، در واقع، قواعد بنیادی هستند که هدایت کننده سیاست‌های سطوح مختلف محسوب می‌شوند.

- نظام اقتصاد، نیز به عنوان بخشی از ساختار اجتماعی جامعه، نیازمند تبیین مبانی نظری و عملی خود در فرآیند سیاست‌گذاری و سپس طرح‌ریزی است،

- از این منظر، تبیین دکترین‌های نظام اقتصاد و مطالعه‌ی روش‌شناسی آن امری اجتناب-ناپذیر می‌نماید.

۱-۳- دیدگاه آینده‌نگری

مسأله‌ی سوم «آینده‌نگری» در حوزه‌ی اقتصاد در طرح‌ریزی دکترینال اقتصاد است. فقدان تبیین دکترینال وضع مطلوب آینده اقتصاد کشور، که در همگرایی و همسویی با سایر حوزه‌های قدرت ملی در کشور دارای جایگاه خاصی است، بسیار ضروری می‌نماید.

۲- سابقه و پیشینه‌ی طرح‌ریزی دکترینال در حوزه‌ی اقتصاد

نتایج بررسی و جستجوها حکایت از این دارد که بررسی‌های دکترینال، در زمینه‌ی نظام اقتصاد ایران دارای سابقه نیست. از سوی دیگر، این روی‌کرد در حوزه‌ی سیاست‌گذاری نیز نوین می‌باشد. با توجه به مسأله‌ی چشم اندازگرایی و هم‌چنین تدوین نقشه‌ی جامع «علم» کشور و سایر اقدامات ملی در حوزه‌ی نظام طرح‌ریزی و برنامه-ریزی کلان، در حال حاضر امکان طرح‌ریزی دکترینال اقتصاد فراهم آمده است.

۳- پرسش اصلی

۳-۱- روش‌های گوناگون تبیین دکترین ملی اقتصاد در جمهوری اسلامی کدامند؟

۳-۲- مناسب‌ترین روش برای تبیین دکترین ملی اقتصاد در جمهوری اسلامی کدام است؟

۴- مفروضات

۴-۱- هر طرح استراتژیک، باید افق مشخصی داشته باشد. فیوچرلوژی[10] و آینده شناسی مورد نظر این پروژه، گام حداقلی[11]، یعنی ربع قرن - ۲۵ ساله- دیده می‌شود.

۴-۲- در تبیین دکترین ملی اقتصاد، شانزده روی‌کرد مختلف طرح‌ریزی دکترینال، مورد استفاده قرار می‌گیرد.

10- Futurology

۱۱- طول گام یک نسل

۴-۳   هر یک از شانزده روش مزبور، به طور جداگانه در تبیین دکترین ملی اقتصاد کارآمد و مؤثرند.

۴-۴   تلفیقی از چند یا همه‌ی روش‌های مزبور در تبیین دکترین ملی اقتصاد الزامی و ضروری است.

● **مفهوم شناسی**

دکترین اقتصاد در چهار حوزه‌ی کلی طراحی و اجرا می شود:

۱- **اتیمولوژی دکترین اقتصاد**

ریشه‌شناسی[۱۲] مفاهیم به کار رفته در چارچوب مفهومی دکترین اقتصاد، حوزه‌ی نخست در روش-شناسی تدوین دکترین به شمار می‌رود.

۲- **ترمینولوژی دکترین اقتصاد**

مفهوم شناسی[۱۳] دکترین اقتصاد حوزه‌ی بعدی است. انطباق مفاهیم موجود از سه زبان فارسی، به عنوان زبان ملی، عربی به عنوان زبان دین اسلام و زبان های پایه غربی - به دلیل استیلای علوم غربی- از الزامات این تحقیق است.

۳- **متدولوژی دکترین اقتصاد**

پس از ترمینولوژی، نوبت به متدولوژی[۱۴] می‌رسد. متدولوژی یا روش‌شناسی دکترین اقتصاد حوزه-ی سوم این پروژه است.

۴- **اپیدمیولوژی دکترین اقتصاد**

پس از تبیین روش‌ها بایستی به فراگیرسازی شناسی[۱۵] یا بعد اپیدمیک دکترین اقتصاد پرداخت.

---

[۱۲] -Etymology
[۱۳] -Terminology
[۱۴] -Methodology
[۱۵] -Epidemiology

۱- دکترین *Doctrine*

۱-۱- اتیمولوژی:

واژه‌ی «*doctrine*» مشتقی از واژه‌ی «*docile*» انگلیسی است که ریشه‌ی آن به «*dokeō*» یونانی و «*docēre*» لاتینی بازمی‌گردد.[۱۶] فرهنگ وبستر نیز این واژه را اشتقاق یافته از ریشه‌ی لاتینی «*doctrina*» معرفی می‌کند.

۱-۲- ترمینولوژی:

با توجه به مابه‌ازاهای متنوعی که در مقابل دکترین - در فرهنگ‌نامه‌های لغت- وجود دارد،[۱۷] و تعاریفی متعددی که از این واژه - در فرهنگ‌نامه‌های عمومی[۱۸] و تخصصی[۱۹] از یک‌سو و متون تخصصی[۲۰] از سوی دیگر - ارائه گردیده است؛[۲۱] می‌توان واژه‌ی دکترین را از جمله میراث بشری در حوزه‌ی معرفت تعبیر کرد که قابل ترجمه به سایر زبان‌ها نیست، و درزبان فارسی نیز برای آن معادل خاصی وجود ندارد، هرچند در زبان عربی دو مفهوم در مقابل این واژه تعریف شده است: «قاعده» و «یقین».

---

[16]. *docile*—itself from *docēre* (s *doc-*): to teach, and pern Gr *dokeō* (s *dok-*): I believe.*doctrīna* (pern imm from *doctor*), whence, via OF-F, the E *doctrine',* the derivative LL adj *doctrīnālis* yields OF-F, whence E, *doctrinal;* OF-F *doctrine* has MF-F adj *doctrinaire,* adopted by E as adj (merely theoretical, yet dogmatic) and n; (Partridge, Eric; Origins - **An Etymological Dictionary of Modern English**, 5th Ed, New York, Routledge Publication, 2006, p.583)

[۱۸]. در فرهنگ‌نامه‌های لغت فارسی «دکترین» به معانی: نظریه، اندیشه، فکر، آموزه، مسلک، عقیده، رأی، آیین، اندیشه و... آمده است. (معین، محمد؛ فرهنگ فارسی معین، چاپ بیست و یکم، تهران، انتشارات امیرکبیر،۱۳۸۳، ج۲، ص ۱۵۴۴، کلمه «دکترین».)

(حق‌شناس، محمدعلی؛ سامعی، حسن؛ انتخابی، نرگس (مؤلفین)؛ فرهنگ معاصر هزاره (انگلیسی به فارسی)، چاپ چهارم، تهران، انتشارات فرهنگ معاصر، ۱۳۸۳، ج۱، ص۴۳۲، واژه‌ی "Doctrine")

[۱۹]. دکترین عبارت است از مجموع آراء و مبادی فلسفی، آموزشی، دینی و ... که منسوب به یکی از متفکران یا منسوب به یک از حوزه‌های تحقیقی باشد. (صلیبا، جمیل؛ فرهنگ فلسفی، صانعی دره بیدی، منوچهر (مترجم)، چاپ اول، تهران، انتشارات حکمت، ۱۳۶۶، ج ۱، ص ۵۸۵)

[۲۰]. واژه دکترین Doctrine در زبان لاتین، به معنای آموزه، سیاست، مکتب، آیین و اصول و قواعد پذیرفته شده توسط یک فرد، گروه و یا ملت است. هر نظام فکری، خط مشی و فلسفه‌ای که مبنای عمل قرار گیرد، می‌تواند دکترین تلقی شود. در فرهنگ‌نامه‌های لغات و اصطلاحات سیاسی، دکترین (Doctrine)، به معانی آیین، اصول عقیده، نظریه، تعلیم، مکتب، اصلِ سیاسی، نظریه، آموزه، اصول (عقاید) تعلیمات، تعالیم و... به کار رفته است. (دلاوری، رضا؛ فرهنگ لغات و اصطلاحات علوم سیاسی و روابط بین الملل، چاپ اول، تهران، انتشارات دلاوری، ۱۳۷۸، ص۱۱۳.)

[۲۱]. دکترین: قواعد بنیادی که هدایت کننده عملیات در پشتیبانی از سیاست‌های سطوح مختلف می‌باشند. هرچند که این قواعد معتبر هستند، اما نحوه استفاده از آنها به قضاوت صحیح نیازمند است. (کالینز، جان؛ استراتژی بزرگ، بایندر، کوروش (مترجم)، چاپ اول، تهران، دفتر مطالعات سیاسی و بین المللی، ۱۳۸۳، ص ۴۹۱.)

[۲۲]. سایر تعاریف:

- دکترین به اصل یا مجموعه‌ای از اصول در هر شاخه‌ای از دانش یا سیستم اعتقادی گفته می‌شود.

(Merriam-Webster's collegiate dictionary, 11th Ed., Massachusetts, U.S.A, Merriam-Webster Incorporated, 2005)

- دکترین عبارتست از باورها، برآوردها، و روش‌های رفتاری مشترک که حاصل تجربیات و درک جمعی بوده و به تعریف هویت یک گروه و روابط و تعاملات آنها و سایرین می‌پردازد.

- دکترین اصول بنیادینی که از آموزه‌ها نشات گرفته و قابل آموزش و ترویج می‌باشد.

«دکترین» از یک‌سو به مثابه‌ی «روش»، معادل واژه‌ی «قاعده» است و به صورت «قواعد حاکم بر رفتار، بدون قدرت قانونی»[۲۲] تعریف و تبیین می‌شود، و از سوی دیگر «دکترین» به مثابه‌ی «محتوا»، معادل واژه‌ی «یقین» است، و «تبیین چیستی و چرایی و چگونگی» هر پدیده را در بر می‌گیرد.

۲- اکانومی *Economy*

۲-۱- اتیمولوژی:

مفهوم «Economy» از ریشه‌ی لاتینی «oeconomia» به معنای «مدیریت خانوار» و از ریشه‌ی یونانی «oikonomia» نیز به همان معنی است. همچنین بر اساس ریشه‌ی دیگر یونانی «oikonomos» از دو بخش «oikos» به معنی «خانه» و «nomos» به معنی «مدیریت» اشتقاق یافته است[۲۳].

۲-۲- ترمینولوژی:

اکانومی در ترمینولوژی، در نسبت با اکانومی در اتیمولوژی، دچار «گپ ترمینولوژیکال»[۲۴] شده است به گونه‌ای که با انبوهی از مفهوم‌سازی‌هایی روبرو است که با ریشه‌های واقعی این مفهوم «شکاف فزاینده»[۲۵]، تشکیل داده است. این مسأله به متودولوژی‌ها و روش شناسی‌های متنابه و متمایز منجر گردیده است.

۲-۲-۱- علم اکانومی، مطالعه‌ی صرفه‌هاست در دو سطح افراد و جامعه به عنوان یک کل. (کروگمن و ولز)[۲۶]

---

[۲۲]. قید قدرت قانونی، در تعریف دکترین، به این موضوع اشاره دارد که دکترین در سطحی که به‌کار گرفته می‌شود تبدیل به مفاهیم استراتژی، تاکتیک و تکنیک می‌شود، و مادامی‌که تبدیل به گفتمان غالب نشود، ضمانت اجرا ندارد. از سوی دیگر، از آن‌جا که دکترین قاعده است، نیازمند تجویز قانونی نیست.

[23] - 1530s."household management," from L. oeconomia, from Gk. Oikonomia "οικονομία" "household management, thrift," from oikonomos "manager, steward," from oikos "house" (cognate with L. vicus "district," vicinus "near;" O.E. wic "dwelling, village + nomos "managing," from nemein "manage". The sense of "wealth and resources of a country" (short for political economy) is from 1650s. www.etymonline.com (word: economy)

[24]- Terminological Gap

[25] - Increasing Gap

[26] - Economics is the study of economies, at both the level of individuals and of society as a whole (Krugman and Wells, 2004, p. 2).

۲-۲-۲- علم اکانومی، مطالعه‌ی این است که چگونه انسان‌ها خواسته‌ها و امیال خود را با توجه به مکانیسم‌های تصمیم گیری، رسومات اجتماعی و واقعیّت‌های سیاسی جامعه‌ی خود تعدیل می‌کنند. (کلندر)[۲۷]

۲-۲-۳- علم اکانومی، علم مطالعه‌ی رفتار انسان‌هاست با تمرکز خاص بر تصمیم سازی انسان. (گوارتنی، استروپ، سوبل و مک پیرسون)[۲۸]

۲-۲-۴- علم اکانومی، مطالعه‌ی این است که جامعه چگونه کمیابی منابع را مدیریت می‌کند. (منکیو)[۲۹]

۲-۲-۵- علم اکانومی، یکی از شاخه‌های علوم اجتماعی است که انتخاب‌ها و افراد، کسب و کارها، دولت‌ها و تمام جوامعی که با کمیابی روبرو می‌شوند را مطالعه می‌کند. (بید و پارکین)[۳۰]

۲-۲-۶- علم اکانومی، آن است که اقتصاد دانان انجام می‌دهند.[۳۱](جیکوب وینر)[۳۲]

۲-۲-۷- به طور کلی علم اکانومی، علم چگونگی تخصیص بهینه‌ی منابع محدود به نیازهای نامحدود بشر می‌باشد. (ساموئلسون)[۳۳]

---

[27] -Economics is the study of how human beings coordinate their wants and desires, given the decision-making mechanisms, social customs, and political realities of the society (Colander, 2006a, p. 4).

[28]- Economics is the study of human behavior, with a particular focus on human decision making (Gwartney, Stroup, Sobel, and MacPherson (2006, p. 5).

[29]-Economics is the study of how society manages its scarce resources (Mankiw, 2001, p. 4).

[30] -Economics is the social science that studies the choices that individuals,businesses, governments, and entire societies make as they cope with scarcity. (Bade and Parkin, 2002, p. 5).
[31] -Economics is what economists do. (Jacob Viner)
[32] - Journal of Economic Perspectives-Volume 23, Number 1-Winter 2009-Pages 221–233

[۳۳]. ساموئلسن، هاوس نورد؛ اصول علم اقتصاد، محمد خان، مرتضی (مترجم)، تهران، شرکت انتشارات علمی و فرهنگی، ۸۴، ص ۶.

۳- مفاهیم مرتبط

۳-۱- آینده نگری

روشی تحلیلی است که هدف از آن پرهیز از زیان‌های یک پیش بینی تک خطی و مقداری است، این کار با بهره‌گیری از چارچوب کیفی مشتمل بر امکانات مختلف برای آینده انجام می‌گیرد.[۳۴]

۳-۲- استراتژی

Sterategy ریشه استراتژی به واژه‌ی یونانی استراتژوس Strategos برمی‌گردد.[۳۵] استراتژوس که در جمع به صورت Strategi یا Strategoi در می‌آید، در واقع لقب رهبران ارتش باستان (و به خصوص رهبران ارتش باستان آتنی) بود که به دلیل فرماندهی و فن دستور دادن به نیروهای ارتش و تعلیمات اصول خاص نظامی و تدبیر جنگی، به ایشان اطلاق می‌شد[۳۶].

واژه استراتژوس مشتق شده از استراتوس Stratos یعنی ارتش است. پیدایش واژه استراتژوس هم زمان با افزایش میزان اهمیت و پیچیدگی بیشتر تصمیم‌گیری‌های نظامی بود. جنگیدن به نقطه عطفی رسیده بود؛ زیرا طرفین جنگ دیگر قادر نبودند که صرفاً به فداکاری‌ها و از خود گذشتگی‌های فردی جنگجویانشان برای دستیابی به پیروزی متکی باشند، بلکه مجبور بودند که فعالیت‌های جنگی واحدهای بیشماری متشکل از سپاهیان خود را هماهنگ کنند. در ضمن با اهمیت روزافزون نیروهای دریایی در این دوران بر تعداد متغیرهایی که باید یک فرمانده نظامی در طرح‌ریزی عملیات جنگی در نظر بگیرد، افزوده گردید. در نتیجه، چگونگی هماهنگی و آمیختگی یکان‌های مختلف در نیروهای نظامی از طریق طرح‌ریزی جامع از حیاتی‌ترین مسائل تصمیم‌گیری برای فرماندهان موفق بشمار آورده شد[۳۷].

امروز این واژه برای طرح‌ریزی جامع در حوزه‌های مختلف سیاسی، نظامی، اقتصادی و فرهنگی به کار می‌رود.

---

[۳۵]. صحراگرد،مجید؛ مطالعه‌ی طرح‌ریزی استراتژی ملی انرژی جمهوری اسلامی ایران در افق ۱۴۱۴، پایان‌نامه کارشناسی ارشد، دانشکده انرژی، دانشگاه عباسپور، ۱۳۸۶، صفحه ۶.

[36]. Merriam-Webster's collegiate dictionary, 11th Ed., Massachusetts, U.S.A, Merriam-Webster Incorporated, 2005. Word: Strategy .

[۳۷]. باقری، م. فرهنگ لغات و اصطلاحات سیاسی، چاپ اول، تهران، انتشارات خرد، بی تا، ص۱۷.

[۳۸]. لطفیان، سعیده؛ استراتژی و روش‌های برنامه‌ریزی استراتژیک، تهران، دفتر مطالعات سیاسی و بین المللی ۱۳۸۴، صص ۱-۲۴.

۳-۳- سطوح مختلف استراتژی:

الف - در نیروهای مسلح ایالات متحده

۱- سطح فنی استراتژی	Technical Strategy
۲- سطح تاکتیکی استراتژی	Tactical Strategy
۳- سطح صحنه‌ی عملیات استراتژی	Theater Strategy
۴- سطح استراتژی بزرگ	Grand Strategy

ب - در جمهوری اسلامی ایران

۱- سطح تکنیکی

۲- سطح تاکتیکی

۳- سطح عملیاتی

۴- سطح استراتژیکی

۵- سطح فوق استراتژیکی (ابراستراتژی)[۳۸]

۳-۴- استراتژی
Strategy استراتژی، هنر و علم به میدان آوردن منابع و نیروهاست[۳۹].

۳-۵- استراتژی بزرگ
Grand Strategy

هنر و علم به کار بردن قدرت ملی، در تمام شرایط، به منظور دستیابی به مقاصد امنیت ملی، که بوسیله اعمال کنترل از نوع و درجه مطلوب بر دشمن با توسل به نیرو، تهدید به استفاده از نیرو، فشار غیرمستقیم، دیپلماسی، طفره و نیرنگ، و سایر وسایل قابل تصور انجام می‌گردد[۴۰].

---

[۳۹]. سایت اینترنتی http://www.andishkadeh.ir.

[۴۰]. همان.

۳-۶- استراتژی ملی **Strategy National**

هنر و علم به کار بردن قدرت ملی برای دستیابی به مقاصد ملی در تمام شرایط و در زمان آرامش و جنگ[۴۱].

۳-۷- اصل **Principle**

قانون مسلطی که بر رفتار و کردار ملی حکم‌فرماست؛ یک عقیده، یک دیدگاه، یا اعتقادی که بر شیوه زندگی یک ملت نفوذ هدایت کننده‌ای را دارد[۴۲].

۳-۸- بلند مدت **Long Time**

دوره‌ای به اندازه کافی طولانی که هم اجازه افزایش ظرفیت را بدهد و هم چنین فرصت دگرگونی-های چشمگیر و مؤثر در تولید و مصرف را امکان پذیر سازد[۴۳].

۳-۹- تاکتیک **Tactics**

هنر و علم هدایت و اداره‌ی منابع و نیروها در صحنه و میدان عمل است[۴۴].

۳-۱۰- دکترین ملی **National Doctrine**

قواعد کشوری (ملی) حاکم بر رفتار، بدون قدرت قانونی[۴۵].

۳-۱۱- سطح فوق استراتژیک **Superstrategic Level**

بالاترین سطح طرح‌ریزی و اجرای جهانی، که حوزه‌ی ابراستراتژی را دربرمی‌گیرد. (رده‌ی اداری رهبری انقلاب اسلامی)[۴۶].

۳-۱۲- سطح استراتژیک **Strategic Level**

---

[۴۱]. کالینز، جان؛ استراتژی بزرگ، بایندر، کوروش (مترجم)، چاپ اول، تهران، دفتر مطالعات سیاسی و بین المللی، ۱۳۸۳، ص ۴۷۳.

[۴۲]. استراتژی بزرگ، ص ۴۷۳.

[۴۳]. استراتژی بزرگ، ص ۴۷۳.

[۴۴]. صحراگرد،مجید؛ مطالعه‌ی طرح‌ریزی استراتژی ملی انرژی جمهوری اسلامی ایران در افق ۱۴۱۴، پایان‌نامه کارشناسی ارشد، دانشکده انرژی، دانشگاه عباسپور، ۱۳۸۶، ص ۲۵.

[۴۵]. استراتژی بزرگ، ص ۴۸۱.

[۴۶]. مطالعه‌ی طرح‌ریزی استراتژی ملی انرژی جمهوری اسلامی ایران در افق ۱۴۱۴، ص ۴۵.

[۴۷]. سایت اینترنتی http://www.andishkadeh.ir .

بالاترین سطح طرح‌ریزی و اجرای ملی، که حوزه‌ی کلان موضوعات را به صورت همه جانبه و جامع در بر می‌گیرد، مانند رده‌ی اداری قوای سه گانه (رده‌ی اداری رئیس جمهور)[۴۷].

۳-۱۳- سطح صحنه Theater Level

سطح طرح‌ریزی و اجرای واسط میان سطح فوق استراتژیک و سطح استراتژیک[۴۸].

۳-۱۴- سطح عملیاتی Operational Level

سطح طرح‌ریزی و اجرای واسط میان سطح استراتژیک و سطح تاکتیکی که حوزه‌ی کلان موضوعات را به صورت موردی در بر می‌گیرد، مانند رده‌ی وزرا[۴۹].

۳-۱۵- سطح تاکتیکی Tactical Level

سطح طرح‌ریزی و اجرای خرد، که حوزه‌ی کلی یک موضوع را در بر می‌گیرد، مانند رده‌ی اداری منطقه‌ای حوزه کلی یک استان.[۵۰]

۳-۱۶- سطح تکنیکی Technical Level

سطح طرح‌ریزی و اجرای فنی - فردی، که حوزه‌ی جزء یک موضوع را در بر می‌گیرد، مانند رده‌ی یک راننده - یک اپراتور - یک تکنیسین - و ... .[۵۱]

۳-۱۷- سیاست‌های ملی National Policies

راه کارهای کلی یا بیانات هدایت کننده و توجیهی که برای تعقیب مقاصد ملی توسط یک دولت اتخاذ می‌شوند[۵۲].

---

[۴۸]. صحراگرد،مجید؛ مطالعه‌ی طرح‌ریزی استراتژی ملی انرژی جمهوری اسلامی ایران در افق ۱۴۱۴، پایان‌نامه کارشناسی ارشد، دانشکده انرژی، دانشگاه عباسپور، ۱۳۸۶، ص ۵۲.

[۴۹]. سایت اینترنتی http://www.andishkadeh.ir .

[۵۰]. استراتژی ملی انرژی جمهوری اسلامی ایران در افق ۱۴۱۴، ص ۵۲.

[۵۱]. استراتژی ملی انرژی جمهوری اسلامی ایران در افق ۱۴۱۴، ص ۵۲.

[۵۲]. استراتژی ملی انرژی جمهوری اسلامی ایران در افق ۱۴۱۴، ص ۵۲.

[۵۳]. کالینز، جان؛ استراتژی بزرگ، بایندر، کوروش (مترجم)، چاپ اول، تهران، دفتر مطالعات سیاسی و بین المللی، ۱۳۸۳، ص ۴۹۶.

۳-۱۸- طرح‌ریزی Planning

فرآیند تبدیل سیاستPolicy به برنامه Program، طرح‌ریزی نامیده می‌شود. طراح، سیاست را ساختاربندی، زمان‌بندی و هزینه‌بندی می‌نماید. در این صورت، «طرح» تهیه شده است. طرح مصوب را «برنامه» و برنامه‌ی غیر مصوب را طرح می‌نامند[۵۳].

۳-۱۹- سطوح مختلف طرح‌ریزی:

۱. طرح‌ریزی فوق‌استراتژیکی Superstrategic Planning

۲. طرح‌ریزی استراتژیک Strategic Planning

۳. طرح‌ریزی عملیاتی Operational Planning

۴. طرح‌ریزی تاکتیکی Tactical Planning

۵. طرح‌ریزی تکنیکی Technical Planning

۳-۲۰- طرح‌های استراتژیکی- طرح‌ریزی استراتژیک Strategic Plans

فرآیند تبدیل سیاست استراتژیکی به برنامه‌ی استراتژیکی است[۵۴].

طرح‌های کوتاه مدت استراتژیکی، برای دو سال طرح می‌شوند. طرح‌های میان مدت برای دوره‌ای بین سه الی ده سال تدوین می‌گردند. طرح‌های دراز مدت برای دوره‌ای بین یازده الی بیست سال و یا بیشتر طرح می‌شود.

۳-۲۱- کوتاه مدت Short Term

آینده‌ی خیلی نزدیک، که در طی آن انعطاف در بهره‌برداری به دلیل ظرفیت و روش‌های فنی موجود، محدود است[۵۵].

---

[۵۴]. صحراگرد،مجید؛ مطالعه‌ی طرح‌ریزی استراتژی ملی انرژی جمهوری اسلامی ایران در افق ۱۴۱۴، پایان‌نامه کارشناسی ارشد، دانشکده انرژی، دانشگاه عباسپور، ۱۳۸۶، ص ۵۸.

[۵۵]. استراتژی بزرگ، ص ۴۹۹.

۴- روش مطالعه

این پروژه به صورت مطالعه‌ی کیفی و در قالب نظریه‌ی پایه (نظریه‌ی بسترزاد) Grounded Theory[56] اجرا شده است. قصد مطالعه، **تبیین دکترین ملی اقتصاد جمهوری اسلامی ایران در افق ۱۴۱۴ هجری شمسی** است[57]، و سؤالات تحقیق در گام نخست این است که: «**روش‌های گوناگون تبیین دکترین کدامند؟**» سپس «**روش‌های گوناگون تبیین دکترین ملی اقتصاد در جمهوری اسلامی کدامند؟**» و در نهایت «**مناسب‌ترین روش برای تبیین دکترین ملی اقتصاد در جمهوری اسلامی کدام است؟**»

۴-۱- نمونه‌گیری نظری و جمع‌آوری اطلاعات

برای انجام نمونه‌گیری نظری[58] باید دست‌اندرکاران حوزه‌ی طرح‌ریزی به صورت عام و طرح‌ریزان حوزه‌ی اقتصاد به صورت خاص مورد مصاحبه قرار گیرند، اما آن‌چه که نمونه‌گیری و کفایت نمونه را با چالش جدی مواجه می‌ساخته است، پرسش از این گزاره است که آیا می‌توان تمامی روش‌های تبیین دکترین و طرح‌ریزی دکترینال و استراتژیک را از افراد مورد مطالعه اخذ نمود، و در گام بعد آیا همه‌ی روش‌هایی که بر مبنای آن‌ها در جهان طرح‌ریزی دکترینال صورت می‌گیرد در ایران و توسط افراد مصاحبه شونده قابل دست‌رسی است. از این رو تغییر در نمونه‌گیری نظری صورت پذیرفت و نمونه‌ی این پژوهش از میان انواع روی‌کردهای تبیین دکترین و طرح‌ریزی دکترینال و استراتژیک و نه از افراد مورد انتخاب، گزینش گردید[59]. سپس جمع‌آوری اطلاعات با محوریت مباحث «مرکز بررسی‌های دکترینال»[60] صورت گرفت، زیرا این مرکز، از یک‌سو تنها نهاد بررسی-

---

[56]. طرح‌ریزی استراتژی ملی انرژی جمهوری اسلامی ایران در افق ۱۴۱۴، ص ۷۲.

[57]. گراندد تئوری یا نظریه‌ی بسترزاد عبارت از یک روی‌کرد تحقیقی می‌باشد که توسط دو دانشمند تحت نام‌های بارنی گلیزر Barney Glaser و آنسلم اشتراووس Anselm Strauss طراحی شده است. این تحقیق با استفاده از مجموعه‌ای منظم از روش‌های جمع‌آوری داده‌ها کمک به طراحی نظریه به روش استقرایی از داده‌ها می‌کند. (مهرابی بهار، علی، دکترین سلامت جمهوری اسلامی‌ایران در افق ۱۴۱۴، پایان نامه جهت اخذ دکترای حرفه‌ای، دانشگاه علوم پزشکی تهران، ص ۱۴)

[58]. در تحقیق گراندد تئوری، واژه‌ی کلیدی، اکتشاف و تبیین است. (صلصالی، مهوش و همکاران (مؤلفین)؛ تحقیق گراندد تئوری (فلسفه و اصول کاربردی)، چاپ اول، تهران، انتشارات بشری، ۱۳۸۶، صص ۲و۳)

[59]. نمونه‌گیری نظری به‌عنوان فرآیند جمع‌آوری داده‌ها برای خلق نظریه تعریف می‌شود؛ به‌طوری‌که محقق به‌طور پیوسته‌ای داده‌ها را جمع‌آوری، کدگذاری و طبقه‌بندی می‌کند و تصمیم می‌گیرد که با توجه به نظریه‌ی در حال پیدایش چه داده‌هایی در آینده جمع‌آوری شوند و کجا آن‌ها را پیدا نماید. (مهرابی بهار، علی، دکترین سلامت جمهوری اسلامی‌ایران در افق ۱۴۱۴، پایان نامه جهت اخذ دکترای حرفه‌ای، دانشگاه علوم پزشکی تهران)

[60]. در مطالعه‌ی گراندد تئوری، سؤال تحقیق مشخص می‌کند که چه کسی یا چه چیزی مورد نظر می‌باشد. (مهرابی بهار، علی، دکترین سلامت جمهوری اسلامی‌ایران در افق ۱۴۱۴، پایان نامه جهت اخذ دکترای حرفه‌ای، دانشگاه علوم پزشکی تهران ص ۱۴)

[61]. مرکز بررسی‌های دکترینال Doctrinal Analysis Center که سابقاً با نام مرکز بررسی‌های دکترینال امنیت بدون مرز (اندیشکده‌ی اعتلای فرهنگی) DACSB (Doctrinal Analysis Center for Security without Borders) شناخته می‌شد، در سال ۱۳۸۰ با هدف پرنمودن خلاء مطالعات و بررسی های دکترینال «دین پایه» و «خدامحور» در جمهوری اسلامی، ایجاد گردید.

مرکز بررسی‌های دکترینال در سه بخش عمده، هدف گذاری تحقیقاتی دارد:

های دکترینال در کشور بوده و از سوی دیگر واجد بیشترین تعداد روی‌کرد طرح‌ریزی در تبیین دکترین بوده است. این مهم به دلیل برتافتن حساسیت نظری در گراندد تئوری انجام گردیده است. اطلاعات اولیه جمع‌آوری شده به صورت شانزده روی‌کرد تبیین دکترین و طرح‌ریزی دکترینال در فصل دوم پروژه منظم گردیده است، که هر یک به صورت موجز توضیح داده شده است، سپس در فصل سوم به تشریح دکترین ملی و طرح‌ریزی دکترینال در سطح ملی پرداخته شده، و درگام آخر این مرحله، فصل چهارم به مبانی دکترین اقتصاد و بازتعریف مقوله‌ی اقتصاد مبتنی بر پارادایم‌های مختلف اقتصاد، و اطلاعات اولیه اختصاص یافته است.

۴-۲- تحلیل:

برمبنای اطلاعات اولیه جمع‌آوری شده، پرسش نهایی پژوهش به این صورت مطرح می‌شود که: «آیا تلفیق همه‌ی روش‌ها برای تبیین دکترین ملی اقتصاد در جمهوری اسلامی را می‌توان به‌عنوان مناسب‌ترین روش لحاظ کرد؟» این پرسش جهت تحلیل مدنظر قرار گرفت، و از این رو جمع‌آوری داده‌ها مجدداً مبتنی بر اطلاعات اولیه روی‌کردهای مختلف تبیین دکترین و طرح‌ریزی دکترینال صورت گرفت که وسعت بیشتری در نسبت با جمع‌آوری اطلاعات اولیه داشت، زیرا دامنه‌ی مطالعه علاوه بر دکترین، شامل فلسفه‌ها و حکمت‌های مضاف، و ایدئولوژی‌ها و مکاتب مختلف نیز می-گردید.

سپس مرحله‌ی کدگذاری، که مرکزیت تحلیل در تحقیق گراندد تئوری را تشکیل می‌دهد، برمبنای اطلاعات جمع‌آوری شده در هر دو مرحله صورت گرفته است؛ در گام نخست از میان اطلاعات جمع‌آوری شده، «مفاهیم» در قالب کدها به عنوان مفاهیم پنداشتی اولیه‌ی نهفته در بطن داده‌ها انتخاب گردیدند. سپس نوع رابطه‌ی مفاهیم در مرحله‌ی کدگذاری محوری، در قالب تقسیم‌بندی مفاهیم به شش حوزه‌ی کلی شامل حکمت، مکتب، قاعده، فلسفه، ایدئولوژی و دکترین مشخص گردید. در نهایت کدگذاری انتخابی، در جهت تبیین طبقه یا طبقات مرکزی[۶۱] گرفت، که نتیجه‌ی آن تعیین طبقات مرکزی شامل ۱۳۷ نقشه‌ی راه *Roadmap* است.

- تبیین دکترین‌های کلاسیک در سه سطح: جهانی، اسلامی و ایرانی

[۶۲]. انتخاب طبقه‌ی مرکزی Core Category، یک‌پارچه سازی Integrating، پالایش Refining و پیرایش Dimentions نظریه است.

۳-۴- نظریه‌ی پایه:

پروژه‌ی **تبیین دکترین ملی اقتصاد جمهوری اسلامی ایران در افق ۱۴۱۴ هجری شمسی**، در نهایت به مسترپلان *Master Plan* تطبیقی اکانومی و بیع به عنوان نظریه‌ی[۶۲] پایه - یا در این پروژه به عبارت صحیح‌تر نظریه‌ی رسمی[۶۳] - ختم گردید، که یک نظریه بزرگ[۶۴] محسوب می‌شود.

۵- هدف و نتیجه

هدف این پروژه، طراحی و تدوین دکترین ملی اقتصاد در جمهوری اسلامی ایران به منظور تسهیل دستیابی به چشم انداز آینده‌ی اقتصاد کشور، در نسبت با سایر حوزه‌ها است.

تبیین پارادایم اقتصاد و خط‌مشی نظام اقتصاد در افق سال ۱۴۱۴ هجری شمسی، و ارائه‌ی مسترپلان تطبیقی اقتصاد، از اهم نتایج این پروژه است.

---

[۶۳]. هر نظریه متن و بستر شکل گیری یک یا چند دکترین انحصاری آن نظریه است. چنانچه نظریه‌ای به دکترین منتج نشود آن نظریه در حد فرضیه باقی مانده است.

[۶۴]. تئوری پایه از مطالعه‌ی پدیده‌ای منشأ می‌گیرد که در زمینه‌ی موقعیتی خاص قرار گرفته است، در حالی که تئوری رسمی از مطالعه‌ی پدیده‌ای ناشی می‌شود که تحت تأثیر موقعیت‌های مختلفی می‌باشد. (تحقیق گراندد تئوری ص ۵.) مطلوب‌ترین حالت آن است که از نظریه‌ی پایه به نظریه‌ی رسمی رسید. (تحقیق گراندد تئوری ، ص ۲۶.)

[۶۵]. چهار سطح از نظریه تحت اصطلاح بزرگ Grand Theory تئوری مطرح است.

الف- ابر نظریه Super Theory - انتزاعی‌ترین شکلی که به سادگی قابل عملیاتی کردن نمی‌باشد

ب- نظریه کلان Macro Theory - نظریه با دامنه متوسط، خیلی بیشتر قابلیت عملیاتی کردن را دارد.

ج- نظریه خرد Micro Theory- از بند ب قابلیت عملیاتی بیشتری دارد.

د- نظریه ریز Nano Theory - عینی‌ترین شکل که سطح ریز یا عملی Practice Theory را شامل می‌شود.

بخش دوم

مبانی نظری و الزامات آن

۲-۱

طرح‌ریزی دکترینال

۲-۱ طرح ریزی دکترینال

مقدمه

واژه «*Doctrine*»، مفهومی با تعبیر میراث بشری است، که در فارسی مابه ازای خاصی نـدارد، امـا در عربـی، دو مفهوم معادل آن تبیین شده است: «قاعده» و «یقین».

«دکترین» از یک سو به مثابه‌ی «روش» معادل واژه‌ی «قاعده» است و به صورت «قواعد حاکم بـر رفتـار، بـدون قدرت قانونی»[۱] تعریف و تبیین می‌شود، و از سوی دیگر «دکترین» به مثابه‌ی «محتوا» معادل واژه‌ی «یقین» اسـت، و «تبیین چیستی و چرایی و چگونگی» هر پدیده را در بر می‌گیرد.

تبیین دکترین چه به معنای قاعده و چه به معنای یقین در هر حوزه، به صورت طرح ریزی دکترینال مطرح اسـت. «طرح ریزی دکترینال» سبب روش‌مندی تصمیم‌سازی در عصر حاضر گردیده است. بنابراین تصمیم‌سازی در حـوزه‌ی اقتصاد ، و طراحی نظام اقتصاد نیز از روش‌ها و روی‌کردهای آن تبعیت می‌نماید. حال در گـام نخسـت بایـد بـه ایـن پرسش پاسخ داد که: «روش‌های طرح‌ریزی دکترینال کدامند؟»

سی و دو روی کرد متفاوت در طرح ریزی دکترینال تبیین گردیده است که هر کشوری با توجه به حوزه‌ی طـرح-ریزی و بسته به مقاصد و علایق استراتژیک و شرایط ملی خود بر مبنای یک یا چند روی‌کرد آن به طـرح‌ریـزی مـی-پردازد.

---

[۱]. قید قدرت قانونی، در تعریف دکترین، به این موضوع اشاره دارد که دکترین در سطحی که به کار گرفته می‌شود تبدیل به مفاهیم استراتژی، تاکتیک و تکنیک می‌شود، و مادامی که تبدیل به گفتمان غالب نشود، ضمانت اجرا ندارد. از سوی دیگرف از آنجا که دکترین قاعده است، نیازمند تجویز قانونی نیست.

تهیه‌ی دکترین ملی اقتصاد جمهوری اسلامی در افق ۱۴۱۴ هجری شمسی، شانزده روی‌کرد و مکاتـب مربوطـه‌ی آن‌ها انتخاب شده است که در این فصل به آن‌ها به صورت مجمل و موجز پرداخته می‌شود.

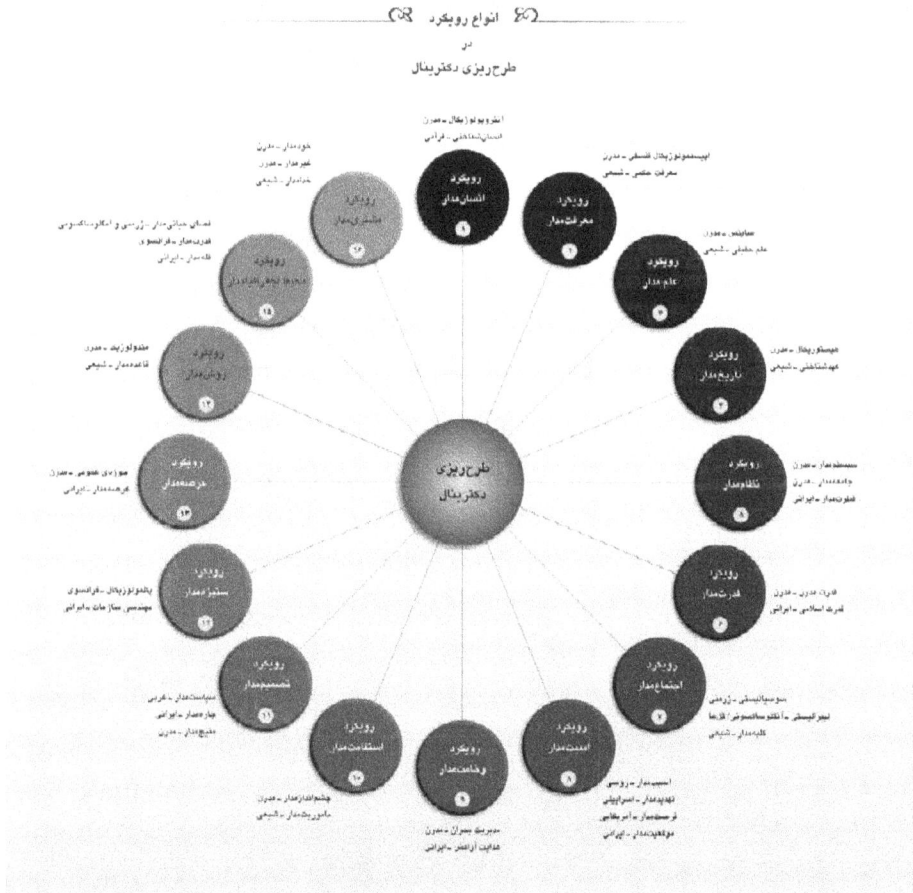

۲-۱-۱

روی‌کرد انسان‌مدار

روی‌کرد انسان‌مدار

طرح‌ریزی دکترینال و استراتژیک بر مبنای روی‌کرد انسان‌مدار، به دو شیوه‌ی اساسی مبتنی بر آنتروپولوژی[1] غربی و انسان‌شناختی قرآنی صورت می‌پذیرد.

در این روی‌کرد تبیین «ملاحظات و ابعاد انسان» اساس و پایه‌ی طرح‌ریزی محسوب می‌شود.

آنتروپولوژی

انسان‌شناسی مبتنی بر دیدگاه آنتروپولوژی در پی تعریف و تبیین «چیستی» انسان است. انسان در این دیدگاه، واجد سه بعد است: بعد فیزیکال Physical ، بعد سایکولوژیکال Psychological و بعد سوشیال Social.[2]

۱- بعد فیزیکال

بعد فیزیکال یا طبیعی انسان، همان بعد بیولوژی Biology بدن انسان است که مؤلفه‌ی اصلی دانش پزشکی مدرن محسوب می‌شود. آناتومی Anatomy، دانش شناخت ساختار و فرم بدن انسان است، و فیزیولوژی Physiology، دانش شناخت عملکرد و کارکرد Function بدن انسان است.

مطالعه‌ی ساختار و عملکرد بدن، در چهار سطح انجام می‌پذیرد که از سطح مولکولی آغاز شده، در سطح بالاتر به سطح سلولی- بافتی می‌رسد، سپس سطح سیستم‌های بدن تبیین می‌گردد و در نهایت در سطح ارگانیسم، مطالعه‌ی ساختار و عملکرد بدن به صورت یکپارچه رقم می‌خورد.

دانش بیوشیمی Biochemistry، مطالعه‌ی مولکول‌ها و بیومولکول‌ها را چه در ساختار و چه در عملکرد دنبال می‌کند. دانش بافت‌شناسی Histology ساختار سلول‌ها و بافت‌ها را مطالعه می‌کند. دانش زیست‌شناسی سلولی به عملکرد بدن در حد سلول‌ها می‌پردازد. در سطح ارگانیسمی و سیستم‌های بدن، دانش آناتومی ساختار بدن را تبیین می‌کند و دانش فیزیولوژی عملکرد و فانکشن را مطالعه می‌نماید. (نمودار شماره ۱) دانش ژنتیک Genetics، نحوه‌ی انتقال اطلاعات زیستی را از حد مولکولی به صورت DNA تا سطح ارگانیسمی بررسی می‌کند.

---

[1]. Anthropology

[2]. Ember, Carol R., Ember, Melvin; Encyclopedia Of Medical Anthropology, 1st Ed, New York, Kluwer Academic/Plenum Publishers, 2004, Page 3

نمودار شماره ۱

۲- بعد سایکولوژیکال

ریشه‌ی واژه‌ی «سایکولوژی» در مفهوم «سایکه»[۳] است. فلذا اتیمولوژی[۴] و ریشه‌شناسی دانش سایکولوژی در شناخت کشش و کنش «پسوخه» به «اروس» یا «کیوپید» جست و جو می‌شود.

---

[۳]. Psyche, ψυχή: پسیخه دختر یک پادشاهی اسطوره ای چنان در زیبایی و جذابیت زبان‌زد بوده است که همگان را به ستایش و پرستش خود وامی‌داشته و هیچ‌کس جرأت خواستگاری او را نداشته است. از این‌رو افرودیت Aphrodite (الهه‌ی زیبایی، ونوس) از روی حسادت سعی در از میان برداشتن او دارد، به پدر پسیخه خبر می‌رساند که باید دخترت را بیارایی و بر روی تخته‌سنگی بنشانی تا عروس گردد. افرودیت به پسرش، اروس Eros (کیوپید Cupid)، نیز دستور می‌دهد پسیخه را به ازدواج مردی نالایق درآورد، لیکن تا چشم اروس به پسیخه می‌افتد عاشق او می‌شود. و هر شب به صورت نامرئی به دیدار او می‌رود. (ترجمه از منابع:

Roman, Luke. Roman Monica.; Encyclopedia of Greek and Roman Mythology; 1st Ed, New york, Facts On File, Inc., 2010, Page 427

http://homepage.mac.com/cparada/GML/Psyche [a web site created by Carlos Parada, author of Genealogical Guide to Greek Mythology, 1997]

مادر اروس با ازدواج او با پسیخه یا پسیشه (در تلفظ یونانی) مخالفت می‌کند چراکه پسیخه برخلاف جاودانگی الهه‌ها، موجودی میرا است. پسر در مقابل از مادر می‌خواهد کاری کند که پسیخه جاودان شود. ونوس چهار بار پسیخه را امتحان می‌کند و پسیخه با سربلندی آن‌ها را پشت سر گذارده و جاودان می‌شود. بعد از آن یونانی‌ها به روان آدمی، **پسیخه** می‌گویند، و احتمالاً آن چهار آزمون نیز آزمون‌های مربوط به توانایی روانی بشر بوده است.

در ترمینولوژی و مفهوم‌شناسی این دانش، مفهوم «روان‌شناسی» با واژه‌ی سایکولوژی مترادف نیست، زیرا «روان» فارسی، مابه‌ازای واژه‌ی «روح» در عربی است، که در زبان‌های لاتینی به آن «اسپریت Spirit» اطلاق می‌شود. فلذا «روان‌شناسی»، معادل «روح‌شناسی» عربی و دانش «Spiritology» غربی خواهد بود. از این حیث در فارسی، معادل سایکولوژی وجود ندارد، و در عربی نیز «نفسانیات‌شناسی» می‌تواند مابه‌ازای آن تلقی شود. (نمودار شماره ۲)

دانش سایکولوژی در انسان‌شناسی بر روی «Mind» و «Emotion» تمرکز کرده و به موضوعاتی هم‌چون رفتار[۵]، تجربه[۶]، شخصیت[۷] و نظریات دولوپمنت Development می‌پردازد[۸].

ترمینولوژی

پسیکولوژی و روان شناسی

غربی	فارسی	عربی
Spirit	روان	روح
Spiritology	روان شناسی	روح شناسی
Psychology	-----	نفسانیات شناسی

نمودار شماره ۲

مانند جدا کردن حبوبات از یکدیگر. (بی نیاز، سعید، مجله‌ی نظام پزشکی، ۱۳۸۶، دوره‌ی جدید شماره‌ی ۳۴، شماره‌ی پیاپی ۹۷، مقاله‌ی نام‌ها و افسانه‌ها، از پسیخه‌ی زیبارو تا پسیکولوژی، صفحه‌ی ۶۱)

۴. Etymology

۵. Behavior

۶. Experience

۷. Personality Theories

۸. Van Huyssteen, Wentzel (Editor in Chief), Encyclopedia Of Science And Religion, 2nd ed., New York, The Gale Group, 2003, Page 705

۳- بعد سوشیال

آنتروپولوژی در بعد سوم، به موضوعاتی نظیر: زبان، نژاد، جنسیت، دین، فلسفه، فرهنگ، اقتصاد و حکومـت مـی-پردازد، اما به نظر می‌رسد این بعد در انسان‌شناسی کم‌رنگ‌تر از سایر ابعاد آن به‌شمار رود، زیرا که آنتروپولوژی اساساً تمرکز خود را بر طبیعت انسان گذاشته است، و ابعاد و ملاحظات اجتماعی او در درجه‌ی بعدی اهمیت قرار دارند.

انسان‌شناسی

کیستی انسان، ورای چیستی اوست. چیستی بشر، ابعاد مادی جسم او را در بر می‌گیرد که درنهایت به مناسبات سلولی، مولکولی و ژنتیکی منتج می‌شود.

اما کیستی انسان، مربوط به ابعاد معنوی اوست؛ ابعادی که از فطرت او می‌آغازد. فطرت در حکم سیستم عامل وجود انسان است[۹]، مانند آن‌چه دانش بیولوژی، در پرونده‌ی DNA بشر جست‌وجو می‌کند.

۱- ساحت انسان

ساحت انسان در قرآن، به چهار بخش تفکیک می‌شود؛ صدر، شغاف، قلب و فؤاد. در واقع ساحت معنـوی انسـان هم‌چون پیازی با چهار لایه‌ی صدر و شغاف و قلب و فؤاد است. (نمودار شماره ۳)

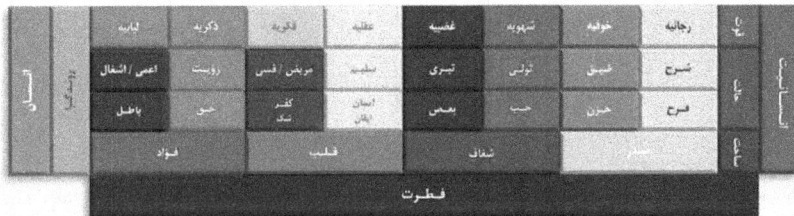

نمودار شماره ۳

---

۹. www.andishkadeh.ir

۲- حالت انسان

۲-۱- حالت صدر

انسان یا در حزن و اندوه است و حالتی غمگین دارد، ویا در فرح و نشاط و شادی است. هنگامی که در حزن و اندوه است، حالت او ضیق است، یعنی سینه‌ی او به‌هم‌فشرده می‌شود. در این حالت، عرصه بر انسان تنگ می‌گردد. اما هنگامی که در فرح و نشاط است، حالت او شرح می‌شود، یعنی سینه او گشاده می‌گردد وعرصه بر وی باز می‌شود.[۱۰]

۲-۲- حالت شغاف

انسان در نسبت با اشیاء و افراد پیرامون خود یا حالت خوش‌آیند دارد و یا حالت بدآیند. هنگامی‌که کسی یا چیزی خوش‌آیند انسان باشد، انسان به آن حب می‌ورزد و آن‌را دوست می‌دارد.[۱۱] اما هنگامی که کسی یا چیزی بدآیند انسان باشد، انسان به آن بغض می‌ورزد و آن‌را دشمن می‌دارد. لذا به آن‌چه مورد حب اوست تولی می‌یابد، و از آن‌چه مورد بغض اوست، تبری می‌جوید. در واقع ولایت و برائت در انسان به حکم حب و بغض، در شغاف اوست.

۲-۳- حالت قلب

قلب انسان، مانند کره‌ی زمین، که گاهی به سمت خورشید می‌چرخد و از نور آن بهره می‌برد، و گاهی پشت به خورشید در تاریکی فرو می‌رود، گردونه‌ای است که گاهی نور ایمان به آن می‌تابد و گاهی نیز در تاریکی کفر می‌ماند. گاهی در شک است و گاهی در یقین.[۱۲]

قلب با حکمت فتح می‌شود و با علم زراعت می‌گردد. تاریکی و روشنایی وجود انسان مربوط به قلب اوست.[۱۳]

---

۱۰. **فَمَنْ یُرِدِ اللّهُ أنْ یَهْدِیَهُ یَشْرَحْ صَدْرَهُ لِلإسْلامِ وَ مَنْ یُرِدْ أنْ یُضِلَّهُ یَجْعَلْ صَدْرَهُ ضَیِّقًا حَرَجًا کَأنَّما یَصَّعَّدُ فِی السَّماءِ کَذلِکَ یَجْعَلُ اللّهُ الرِّجْسَ عَلَی الَّذینَ لا یُؤْمِنُونَ.** (قرآن کریم، سوره‌ی انعام، آیه‌ی ۱۲۵)

آن کس را که خدا بخواهد هدایت کند، سینه‌اش را برای (پذیرش) اسلام، گشاده می سازد؛ و آن کس را که بخاطر اعمال خلافش بخواهد گمراه سازد، سینه‌اش را آنچنان تنگ می‌کند که گویا می‌خواهد به آسمان بالا برود؛ این گونه خداوند پلیدی را بر افرادی که ایمان نمی‌آورند قرار می‌دهد! (ترجمه‌ی قرآن کریم، ناصر مکارم شیرازی)

۱۱. **وَ قالَ نِسْوَةٌ فِی الْمَدینَةِ امْرَأتُ الْعَزیزِ تُراوِدُ فَتاها عَنْ نَفْسِهِ قَدْ شَغَفَها حُبًّا إنَّا لَنَراها فی ضَلالٍ مُبین** (قرآن کریم، سوره‌ی یوسف، آیه‌ی ۳۰)

گروهی از زنان شهر گفتند: «همسر عزیز، جوانش[غلامش] را بسوی خود دعوت می‌کند! عشق این جوان، در اعماق قلبش نفوذ کرده، ما او را در گمراهی آشکاری می‌بینیم!» (ترجمه‌ی قرآن کریم، ناصر مکارم شیرازی)

۱۲. **لا یَزالُ بُنْیانُهُمُ الَّذی بَنَوْا ریبَةً فی قُلُوبِهِمْ إلاَّ أنْ تَقَطَّعَ قُلُوبُهُمْ وَ اللّهُ عَلیمٌ حَکیم** (قرآن الکریم، سوره‌ی توبه، آیه‌ی ۱۱۰)

(امّا) این بنایی را که آنها ساختند، همواره بصورت یک وسیله شک و تردید،در دلهایشان باقی می‌ماند؛ مگر اینکه دلهایشان پاره پاره شود(و بمیرند؛ و گر نه، هرگز از دل آنها بیرون نمی‌رود)؛ و خداوند دانا و حکیم است! (ترجمه‌ی قرآن کریم، ناصر مکارم شیرازی)

قلب انسان حالاتی چون مرض قلب، قساوت قلب، نرمی قلب، سلامت قلب، سکینه‌ی قلب، حضور قلب، غفلت قلب، اطمینان قلب، تقوای قلب، و ... را می‌یابد. آن‌چه معروف است «مرض» قلب و در مقابل «سلامت» قلب است.[۱۴] غایت صحت بشر این است که با سلامت قلب در محضر خدا باشد.[۱۵]

۲-۴- حالت فؤاد

فؤاد انسان، چشم و گوش درون اوست؛ نظام ادراکی منحصر به فردی که در هر کسی به فعلیت نمی‌رسد.[۱۶] تنها کسانی که تقوا می‌ورزند، این ساحت وجودی خود را می‌توانند فعال کنند. تقوا می‌تواند منتج به فرقان شود و فرقان توانایی تشخیص حق از باطل است. اگر فؤادی اعمی (کور) یا اشغال بود، بینا نیست و توانایی رؤیت حق از باطل را ندارد و لذا در ظلمت می‌ماند.

---

[۱۳]. **إِنَّ اللَّهَ عَزَّ وَ جَلَّ إِذَا أَرَادَ بِعَبْدٍ خَيْراً- نَكَتَ فِي قَلْبِهِ نُكْتَةً مِنْ نُورٍ وَ فَتَحَ مَسَامِعَ قَلْبِهِ وَ وَكَّلَ بِهِ مَلَكاً يُسَدِّدُهُ وَ إِذَا أَرَادَ بِعَبْدٍ سُوءاً نَكَتَ فِي قَلْبِهِ نُكْتَةً سَوْدَاءَ وَ سَدَّ مَسَامِعَ قَلْبِهِ وَ وَكَّلَ بِهِ شَيْطَاناً يُضِلُّه** (ثقه الاسلام کلینی، الکافی، چاپ دوم، تهران، ناشر اسلامیه، ۱۳۶۲، جلد ۱، ص ۱۶۵)

امام صادق (ع) فرمود: چون خدا خیر بنده‌ای را خواهد، اثری از نور در دلش گذارد و گوشهای دلش را باز کند و فرشته‌ای بر او گمارد که نگهدارش باشد و چون برای بنده‌ای بدخواهد، اثری از سیاهی در دلش افکند و گوشهای دلش را به بندد و شیطانی بر او گمارد که گمراهش کند. (مصطفوی، سید جواد، **اصول کافی**، چاپ اول، تهران، ناشر کتابفروشی علمیه اسلامیه، جلد۱، صفحه ۲۳۴)

[۱۴]. **فی قُلُوبِهِمْ مَرَضٌ فَزادَهُمُ اللّهُ مَرَضًا وَ لَهُمْ عَذابٌ أَليمٌ بِما كانُوا يَكْذِبُونَ** (قرآن الکریم، سوره‌ی بقره، آیه‌ی ۱۰)

در دلهای آنان یک نوع بیماری است؛ خداوند بر بیماری آنان افزوده؛ و به خاطر دروغهایی که میگفتند، عذاب دردناکی در انتظار آنهاست. (ترجمه‌ی قرآن کریم، ناصر مکارم شیرازی)

[۱۵]. **إِلاَّ مَنْ أَتَى اللَّهَ بِقَلْبٍ سَليمٍ** (قرآن الکریم، سوره‌ی شعراء، آیه‌ی ۸۹)

مگر کسی که با قلب سلیم به پیشگاه خدا آید!» (ترجمه‌ی قرآن کریم، ناصر مکارم شیرازی)

[۱۶]. **وَ لَقَدْ مَكَّنَّاهُمْ فيما إِنْ مَكَّنَّاكُمْ فيهِ وَ جَعَلْنا لَهُمْ سَمْعاً وَ أَبْصاراً وَ أَفْئِدَةً فَما أَغْنى عَنْهُمْ سَمْعُهُمْ وَ لا أَبْصارُهُمْ وَ لا أَفْئِدَتُهُمْ مِنْ شَيْءٍ إِذْ كانُوا يَجْحَدُونَ بِآياتِ اللَّهِ وَ حاقَ بِهِمْ ما كانُوا بِهِ يَسْتَهْزِؤُنَ** (قرآن الکریم، سوره‌ی احقاف، آیه‌ی ۲۶)

ما به آنها[قوم عاد] قدرتی دادیم که به شما ندادیم، و برای آنان گوش و چشم و دل قرار دادیم؛ (امّا به هنگام نزول عذاب) نه گوشها و چشمها و نه عقلهایشان برای آنان هیچ سودی نداشت، چرا که آیات خدا را انکار می‌کردند؛ و سرانجام آنچه را استهزا می‌کردند بر آنها وارد شد! (ترجمه‌ی قرآن کریم، ناصر مکارم شیرازی)

۳- قوت انسان

۳ ۱ - قوت صدر

قوت صدر انسان، خوف و رجاء است. قوه‌ی خوفیه، توان ترس و بیم است. اما قوه‌ی رجاء، توان امید است.[۱۷]

۳-۲- قوت شغاف

قوت شغاف، شهوت و غضب است. قوه‌ی شهویه، هوی و هوس را بر می‌تابد و قوه‌ی غضبیه، توان خشم بشر را می‌نمایاند.

۳-۳- قوت قلب

قوت قلب انسان، عقل و فکر است.[۱۸] قوه‌ی فکریه، توان تفکر و اندیشیدن بشر، و قوه‌ی عقلیه، توان تعقل و طلب الهام انسان است.

۳-۴- قوت فؤاد

قوت فؤاد انسان نیز دو قوه‌ی ذکریه و لبابیه را دربردارد.

۴- نهایت انسان

پس از گذر از مرحله‌ی روندگرایی ، کارکرد انسان، در نهایت او رقم می‌خورد.(نمودار شماره ۴) انسان در انتخاب جسم خود اختیار ندارد، فطرت نیز از ابتدا در انسان به ودیعه گذاشته شده، لیکن انسان در تحقق «نهایت» خود،

---

۱۷. فَرِحينَ بِما آتاهُمُ اللَّهُ مِنْ فَضْلِهِ وَ يَسْتَبْشِرُونَ بِالَّذينَ لَمْ يَلْحَقُوا بِهِمْ مِنْ خَلْفِهِمْ أَلاَّ خَوْفٌ عَلَيْهِمْ وَ لا هُمْ يَحْزَنُون (قرآن الکریم، سوره‌ی آل عمران، آیه‌ی ۱۷۰)

آنها بخاطر نعمتهای فراوانی که خداوند از فضل خود به ایشان بخشیده است، خوشحالند؛ و بخاطر کسانی که هنوز به آنها ملحق نشده‌اند[مجاهدان و شهیدان آینده]، خوشوقتند؛ (زیرا مقامات برجسته آنها را در آن جهان می‌بینند؛ و می‌دانند) که نه ترسی بر آنهاست، و نه غمی خواهند داشت. (ترجمه‌ی قرآن کریم، ناصر مکارم شیرازی)

۱۸. إِنَّ اللَّهَ تَعَالَى يَقُولُ فِي كِتَابِهِ- «إِنَّ فِي ذٰلِكَ لَذِكْرَى لِمَنْ كانَ لَهُ قَلْبٌ» يَعْنِي عَقْل (ثقه الاسلام کلینی، الکافی، چاپ دوم، تهران، ناشر اسلامیه، ۱۳۶۲، جلد ۱، صفحه ۱۰)

هشام بن حکم گوید: أبو الحسن موسی بن جعفر (ع) به من فرمود:... ای هشام- خدای تعالی در کتابش میفرماید (۳۷ سوره ق) همانا در این کتاب یادآوری است برای کسی که دلی دارد (یعنی عقل دارد) (مصطفوی، سید جواد، اصول کافی، چاپ اول، تهران، ناشر کتابفروشی علمیه اسلامیه، جلد۱، صفحه ۱۴)

مختار است و در این مرحله، انسان با صحت نفس نهایتی را پدید می‌آورد که خداوند مشتری آن گشته و بهای آن را بهشت وعده می‌دهد.[19]

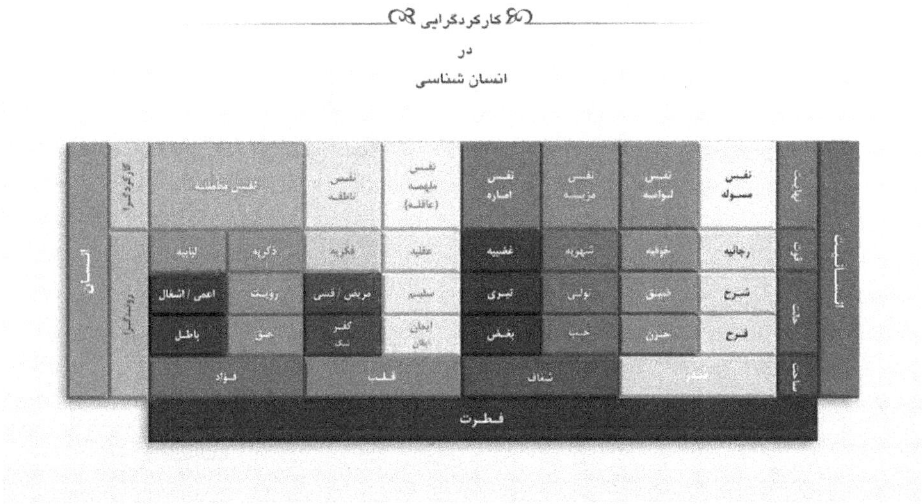

نمودار شماره ۴

۴-۱- نهایت صدر

نهایت صدر انسان، در نفس مسوله و لوامه‌ی او تحقق می‌یابد. [20] نفس مسوله یعنی تملق‌کننده. نفس مسوله با تملق و دلیل تراشی، توجیه کننده‌ی کارهای انسان است. نفس لوامه، نفس سرزنش‌گر انسان است. [21] صحت نفس لوامه، در عتاب و سرزنش نفس اماره است.

---

[19]. إِنَّ اللَّهَ اشْتَرَى مِنَ الْمُؤْمِنِينَ أَنْفُسَهُمْ وَ أَمْوَالَهُمْ بِأَنَّ لَهُمُ الْجَنَّةَ ...(قرآن الکریم، سوره‌ی توبه، آیه‌ی ۱۱۱)

خداوند از مؤمنان، جانها و اموالشان را خریداری کرده، که(در برابرش) بهشت برای آنان باشد؛(ترجمه‌ی قرآن کریم، ناصر مکارم شیرازی)

[20]. خوانساری، آقا جمال‌الدین، شرح آقا جمال‌الدین خوانساری بر غرر الحکم، چاپ اول، تهران، ناشر دانشگاه تهران، ۱۳۶۶، ج ۲، ص ۱۳۹

[21]. وَ لا أُقْسِمُ بِالنَّفْسِ اللَّوَّامَةِ (قرآن الکریم، سوره‌ی القیامة ، آیه‌ی ۲)

و سوگند به(نفس لوّامه و) جدان بیدار و ملامت‌گر(که رستاخیز حقّ است)! (ترجمه‌ی قرآن کریم، ناصر مکارم شیرازی)

۴-۲- نهایت شغاف

نفس اماره و مزینه، نهایت شغاف انسان را رقم می‌زند. نفس اماره، امردهنده‌ی به بدی‌ها،[۲۲] و میل‌کننده به شرهاست. مزینه یعنی آرایش دهنده، و نفس مزینه نفسی است که کارهای انسان را برای او زینت می‌دهد و بدین نحو رغبت او را برمی‌انگیزاند[۲۳].

۴-۳- نهایت قلب

نهایت قلب، نفس ملهمه و ناطقه است. حوزه‌ی تعقل و الهام، کارکرد نفس ملهمه‌ی انسانی است. هم‌چنین نفس ناطقه، نهایت قوه‌ی فکریه‌ی انسان است.

۴-۴- نهایت فؤاد

نفس مطمئنه، نهایت انسان در ساحت فؤاد اوست. پس از تحقق نفس مطمئنه، خشنودی انسان از خداوند و خشنودی خداوند از انسان رقم می‌خورد، آن‌گاه انسان بنده‌ی حقیقی گردیده و وارد بهشت می‌گردد.[۲۴]

۵- غایت انسان

در رویکرد محصول‌گرایی پس از گذر از مرحله‌ی روندگرایی و کارکردگرایی، مبتنی بر ساحت‌های چهارگانه‌ی انسانی، غایت انسان تبیین می‌گردد. (نمودار شماره ۵)

---

[۲۲]. وَ ما أُبَرِّئُ نَفْسی إِنَّ النَّفْسَ لَأَمَّارَةٌ بِالسُّوءِ إِلاَّ ما رَحِمَ رَبِّی إِنَّ رَبِّی غَفُورٌ رَحیمٌ (قرآن الکریم، سوره‌ی یوسف، آیه‌ی ۵۳)

من هرگز خودم را تبرئه نمی‌کنم، که نفس(سرکش) بسیار به بدیها امر می‌کند؛ مگر آنچه را پروردگارم رحم کند! پروردگارم آمرزنده و مهربان است.» (ترجمه‌ی قرآن کریم، ناصر مکارم شیرازی)

[۲۳]. خوانساری، آقا جمال‌الدین، شرح آقا جمال‌الدین خوانساری بر غرر الحکم، چاپ اول، تهران، ناشر دانشگاه تهران، ۱۳۶۶، ج ۲،ص ۱۴۰

[۲۴]. یا أَیَّتُهَا النَّفْسُ الْمُطْمَئِنَّةُ . ارْجِعی إِلی رَبِّکِ راضِیَةً مَرْضِیَّةً . فَادْخُلی فی عِبادی . وَ ادْخُلی جَنَّتی . (قرآن الکریم، سوره‌ی فجر، آیات ۲۷ الی ۳۰)

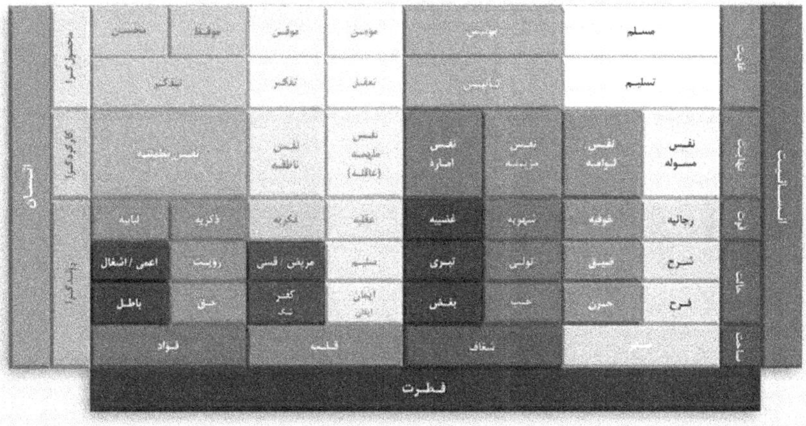

نمودار شماره ۵

۵-۱- غایت صدر

غایت صدر، اسلام ،و محصول آن انسان مسلم، یعنی تسلیم شده است. این غایت، در صورتی محقق می‌شود که انسان در برابر پروردگارش تسلیم گردد.[۲۵]

۵-۲- غایت شغاف

پس از اینکه انسان به چیزی حب ورزید، و ولایت آن‌را پذیرفت، به آن انس می‌گیرد، و این انس‌گرفتن جزئی از انسانیت اوست. فلذا غایت شغاف، تأنیس است. انسان در غایت شغاف خود، با خداوند انس گرفته و در این‌صورت خداوند مونس او می‌شود.[۲۶]

---

[۲۵]. وَ أَنيبُوا إِلى‏ رَبِّكُمْ وَ أَسْلِمُوا لَهُ مِنْ قَبْلِ أَنْ يَأْتِيَكُمُ الْعَذابُ ثُمَّ لا تُنْصَرُونَ (قرآن الكريم، سوره‌ی زمر، آیه‌ی ۵۴)

و به درگاه پروردگارتان بازگردید و در برابر او تسلیم شوید، پیش از آنکه عذاب به سراغ شما آید، سپس از سوی هیچ کس یاری نشوید! (ترجمه‌ی قرآن کریم، ناصر مکارم شیرازی)

- ما كانَ إِبْراهيمُ يَهُودِيًّا وَ لا نَصْرانِيًّا وَ لكِنْ كانَ حَنيفاً مُسْلِماً وَ ما كانَ مِنَ الْمُشْرِكينَ (قرآن الكريم، سوره‌ی آل عمران، آیه‌ی ۶۷)

ابراهیم نه یهودی بود و نه نصرانی؛ بلکه موحّدی خالص و مسلمان بود؛ و هرگز از مشرکان نبود. (ترجمه‌ی قرآن کریم، ناصر مکارم شیرازی)

۵-۳- غایت قلب

غایت قلب، تعقل و تفکر است.[۲۷] انسان از سویی به ایمان و از سوی دیگر به ایقان نایل می‌شود. انسان مؤمن، محصول تعقل و انسان موقن، محصول تفکر است. ایمان و ایقان به وحدانیت خداوند، غایت قلب انسان را محقق می‌کند.[۲۸]

۵-۴- غایت فؤاد

غایت فؤاد، تذکر و محصول این ساحت، انسان موقظ و محسن است. رؤیت حق توسط فؤاد، انسان را به ایقاظ و احسان می‌رساند.[۲۹]

---

[۲۶]. **فِی أَخْبَارِ دَاوُدَ ع یَا دَاوُدُ أَبْلِغْ أَهْلَ أَرْضِی أَنِّی ... مُونِسٌ لِمَنْ أَنِسَ بِذِکْرِی... آنِسُونِی أُؤَانِسْکُم** (علامه مجلسی، بحار الأنوار الجامعة لدرر أخبار الأئمة الأطهار، تهران، ناشر اسلامیه، جلد ۶۷، صفحه ۱۳)

و مونس کسی هستم که با من انیس باشد... با من انس بگیرید تا با شما انس بگیرم. (عطاردی، عزیزالله؛ ایمان و کفر- ترجمه الإیمان و الکفر بحار الانوار، تهران، انتشارات عطارد، ۱۳۷۸، جلد ۱، صفحه ۵۵۶)

[۲۷]. **الْعَقْلُ مَسْکَنُهُ فِی الْقَلْب** (ثقه الاسلام کلینی، الکافی، چاپ دوم، تهران، ناشر اسلامیه، ۱۳۶۲، جلد ۸، صفحه ۱۸۵)

[۲۸]. **وَ أَشْهَدُ أَنْ لَا إِلَهَ إِلَّا اللَّهُ شَهَادَةَ إِیمَانٍ وَ إِیقَانٍ وَ إِخْلَاصٍ وَ إِذْعَان** (سید رضی، نهج البلاغه، چاپ اول، قم، ناشر هجرت، ۱۴۱۴ هجری قمری، صفحه ۳۰۸)

و گواهی می‌دهم که جز خدای یکتا خدایی نیست، شهادتی بر خاسته از ایمان و یقین و اخلاص و اقرار درست. (دشتی، محمد؛ ترجمه‌ی نهج البلاغه، چاپ اول، قم، ناشر مشهور، ۱۳۷۹، صفحه ۴۱۰)

[۲۹]. **قَالَ أَمِیرُ الْمُؤْمِنِینَ** (ع)... **فَأَصْبَحُوا بِنُورِهِ یَقَظَةً فِی الْأَسْمَاعِ وَ الْأَبْصَارِ وَ الْأَفْئِدَة** (دیلمی، شیخ حسن. إرشاد القلوب إلی الصواب، چاپ اول، قم، ناشر شریف رضی، ۱۴۱۲ قمری، جلد ۱، صفحه ۴۹)

پس با نور بیداری چشمها و گوشها و دلها استصباح می‌کنند و زندگی خود را روشن می‌نمایند.(دیلمی، شیخ حسن. إرشاد القلوب إلی الصواب. ترجمه طباطبایی، سید عباس، چاپ پنجم، قم، انتشارات جامعه مدرسین، ۱۳۷۶، صفحه ۲۳۶)

۲-۱-۲

روی‌کرد معرفت‌مدار

روی‌کرد معرفت مدار

طرح‌ریزی دکترینال در رویکرد معرفت‌مدار، واجد دو دیدگاه است؛ اپیستمیولوژی فلسفی و معرفت حکمی. پرداختن به فلسفه یا حکمت پس از انسان‌شناسی سنگ‌بنای طرح‌ریزی استراتژیک محسوب می‌گردد.

فلسفه

گام نخست در تبیین فلسفه، فهم پرسش‌های فلسفی است که در هر دوره، تفکر فلسفی را رقم زده‌است. برای این منظور، به تبیین ادوار مسایل فلسفی در ۲۷۰۰ سال گذشته باید پرداخت. (نمودار شماره ۱)

- پرسش یکم: پرسش از وجود است. آیا انسان آن‌چه را در اطراف خود می‌بیند وجود دارد یا صرفاً خیال و وهم است؟ مسأله‌ی فلسفه در این گام پرسش از هستی یا نیستی و به تعبیردیگر بودن و یا نبودن است.
- پرسش دوم: پرسش از آرخه[1] است .آنچه در اطراف ما وجود دارد چه بنیانی دارد؟ ماده‌ی اول خلقت - ماده‌المواد- چیست؟
- پرسش سوم: پرسش از تغییر است. پس از پرسش از ماده‌المواد، انسان تغییر در ماده را ادراک کرد و این مسأله تفکر فلسفی را در چند صد سال رقم زد.
- پرسش چهارم: پرسش از آگاهی است. آگاهی، برخلاف ماده، واجد عینیت نیست. دانستن در این دوره محوریت تفکر فلسفی را شکل می‌دهد. مسأله این است که چه باید بدانم؟
- پرسش پنجم: پرسش از معنا است. پس از مرحله‌ی دانستن، معناداری دانسته‌ها اهمیت می‌یابد. چه‌چیز از آن‌چه می‌دانیم معنا دارد؟
- پرسش ششم: پرسش از واقعیت است. آیا آنچه معنا دارد واقع نیز شده است؟
- پرسش هفتم: پرسش از ذهن است. پس از سؤال از واقعیت، کانت[2] با پرسش از ذهن، تفکر فلسفی را با محور ذهن مطرح می‌کند. مسأله این است که چه می‌توانم بدانم؟

[1]- ἀρχη (Ancient Greek), Origin (English), Ursprung (German), مادة المواد (عربی)، خاستگاه (فارسی)

[2]- Immanuel Kant (22 April 1724 – 12 February 1804)

- پرسش هشتم: پرسش از زبان است. ویتگنشتاین[3] در مسأله‌ی بین ذهنیت یا عینیت، اصالت را متوجه زبان می‌داند.

- پرسش نهم: پرسش از بیناذهنیت[4] است. اکنون بیناذهنیت، از مهمترین مسایل فلسفی جهان معاصر است.

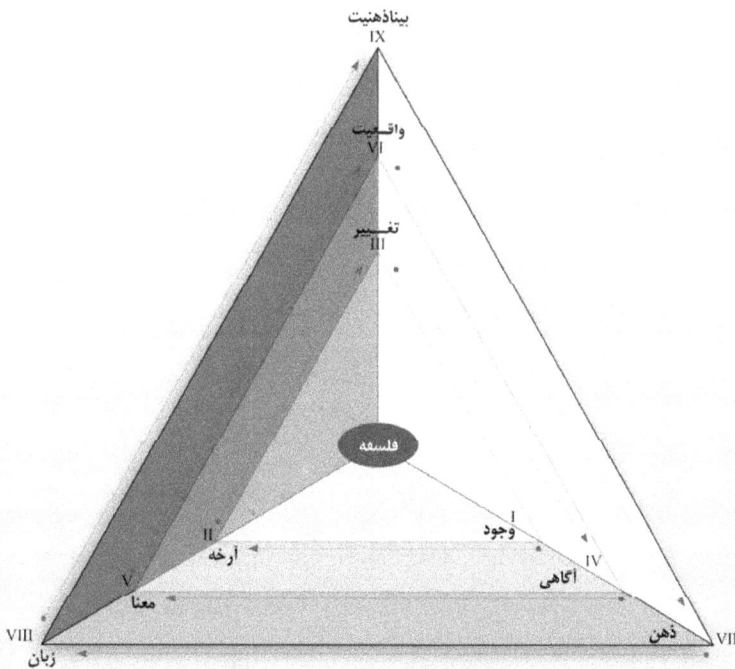

(نمودار شماره ۱)

---

[3] -Ludwig Josef Johann Wittgenstein (26 April 1889 – 29 April 1951)

[4] - Inter subjectivity

سیر فلسفه در درخت فلسفه

به اعتقاد دکارت، فلسفه درختی است که ریشه‌ی آن متافیزیک، تنه‌ی آن فیزیک، و دانش شاخه‌های آن است. بسط درخت فلسفه‌ی دکارت موجب عینی شدن طرح‌ریزی دکترینال با روی‌کرد فلسفه می‌شود.

در زمین «وجود»[5] بذری کاشته می‌شود به نام « آرخه» - «خاستگاه» در فارسی و «مادۀالمواد» در عربی- (نمودار شماره ۲)

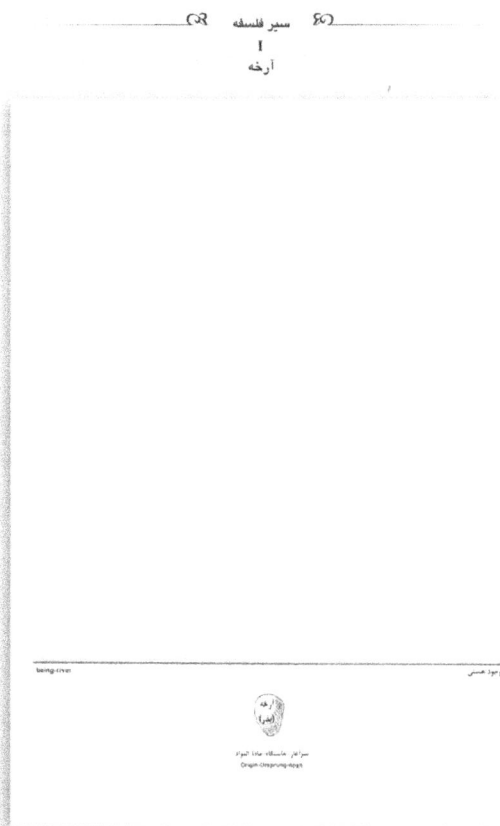

(نمودار شماره ۲)

[5] .Eίναι (Greek), Being (English)

شکافته شدن این بذر، در فلسفه حاصل میل به نامستوری « الثئا»[۶] است. الثئا ظرفیتهای موجود در آرخه را در جهان هستی جلوه‌گر می‌شود. (نمودار شماره۳)

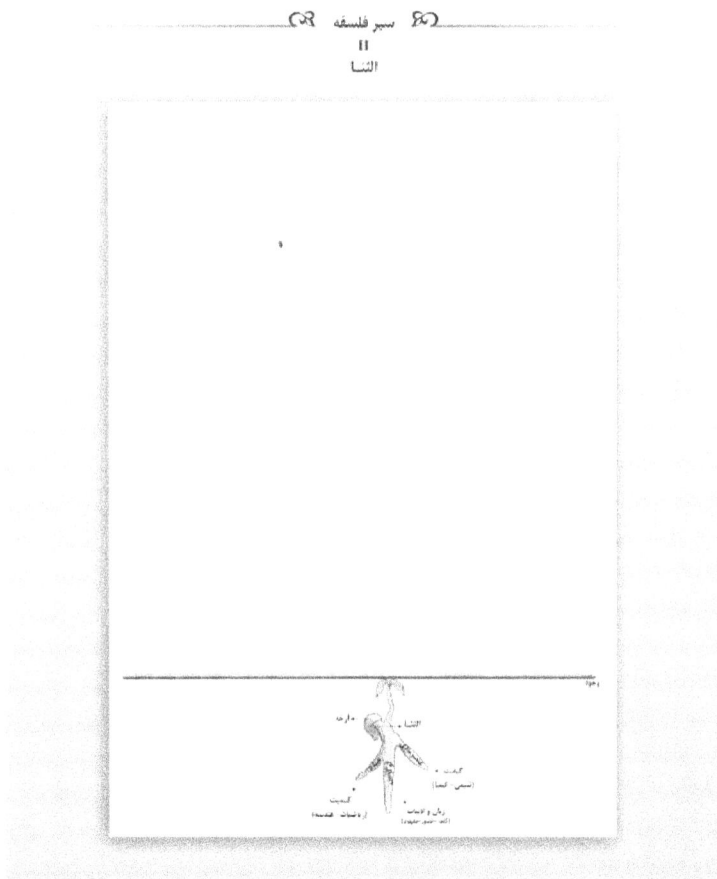

(نمودار شماره ۳)

6. Ἀλθαία- Althaia (Greek), Althaea (Latin)), Aletheia (English)

به اعتقاد هراکلیتوس[7] ماده المواد جهان «لوگوس» بوده است. لوگوس به کلمه یا منطق اطلاق می‌شود. لوژی در انتهای علوم مختلف مانند سایکولوژی، انتولوژی و سوسیولوژی نیز بیانگر منطق این رشته‌ها است. ادبیات و زبان محصول لوگوس هستند.

فیثاغورث[8]، «اعداد» را ماده المواد هستی می‌شناخت. در نظر او ده عدد صفر تا نه، مبنای پیدایش عالم هستند؛ دیدگاهی که اکنون، در قالب قرار دادن بنای جامعه بر کمیت، در فضای دیجیتالی امروز موضوعیت یافته است.

فیلسوفان ملطی، همانند طالس[9] اعتقاد به خاستگاه جهان، از «عناصر» داشته‌اند. آب، آتش، خاک و هوا عناصرتشکیل دهنده‌ی جهان در دیدگاه فلاسفه‌ی ملطی، امروزه جای خود را به جدول تناوبی عناصر در شیمی داده است.

ارسطو[10] لفظی بر این بخش از درخت فلسفه اطلاق کرد، به نام «متافیزیک»[11] هرچند تفکر در این حوزه‌ی فلسفی از قبل از ارسطو، یعنی در زمان پارمنیدس[12]، سقراط[13]، افلاطون[14]، شروع شده بوده است.

---

[7]. Heraclitus of Ephesus (c. approx. 535-475 BCE)

[8]. Pythagoras of Samos (c. approx. 580-500 BCE)

[9]. Thales of Miletus (ca. 624-546 BCE)

[10]. Aristotle (c. 384-322 BCE)

[11]. τὰ μετὰ τὰ φυσικά (Greek), Metaphysics (English), مابعدالطبیعت(عربی)

[12]. Parmenides of Elea (c. 515-450 BCE)

[13]. Socrates of Athens (ca. 470-399 BCE)

[14]. Socrates of Athens (ca. 470-399 BCE)

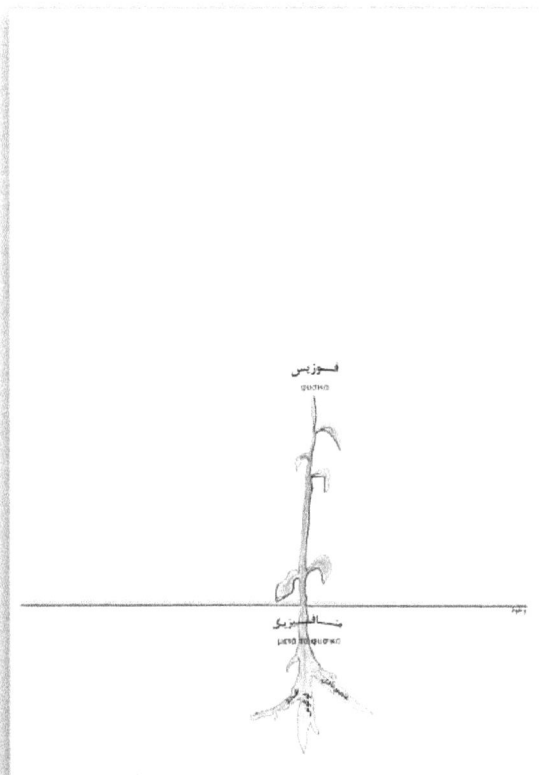

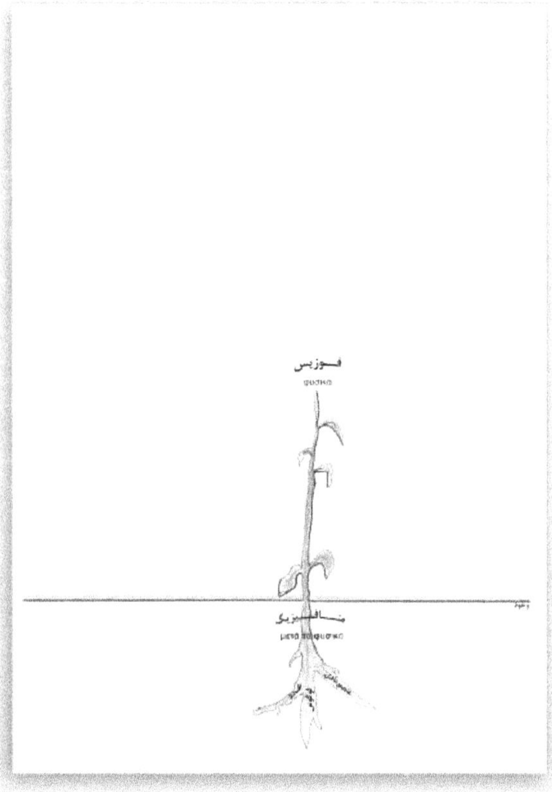

(نمودار شماره ۴)

ارسطو با تفکیک دو حوزه‌ی «فیزیک»[۱۵] و «متافیزیک»، نخستین تقسیم‌بندی علوم را صورت داد (نمودار شماره ۴) این تفکیک نقشه‌ی علم را پدید آورد.

دانشمندانی همچون نیوتن[۱۶]، کپلر[۱۷]، و کپرنیک[۱۸] در دوره‌ی تعین و تکامل فیزیک ، که قریب به دو هزار سال به طول انجامید، در تبیین تنه‌ی درخت فلسفه نقش به‌سزایی داشتند.

---

[15] - Φύσις (Greek), Physics,Nature (English), طبیعت (فارسی)

رقم خوردن دانش‌ها، همچون برآمدن شاخه‌های درخت فلسفه، در عصر دکارت[19] و بیکن[20] صورت گرفت. بـیکن بـا کتاب «ارغنون نو»[21] دومین نقشه‌ی علم، را تبیین نمود. (نمودار شماره ۵)

(نمودار شماره ۵)

[16] - Sir Isaac Newton (4 January 1643 – 31 March 1727)

[17] - Johannes Kepler (December 27, 1571 – November 15, 1630)

[18] - Nicolaus Copernicus (19 February 1473 – 24 May 1543)

[19] - René Descartes (31 March 1596 – 11 February 1650)

[20] - Francis Bacon (22 January 1561 – 9 April 1626)

[21] - Novum Organum

آغاز عصر تحویل‌گرایی *Reducationism*، زمانی بود که فلسفه به شاخه‌های علمی فروکاست شد. آدام اسمیت[۲۲]، معرفت را در شاخه‌ی اقتصاد، فروید[۲۳]، معرفت را در شاخه‌ی روانشناسی، مارکس[۲۴] و آگوست کنت[۲۵]، معرفت را در شاخه‌ی جامعه شناسی و ... فروکاست نمودند. (نمودار شماره ۶)

(نمودار شماره ۶)

[22]. Adam Smith (16 June 1723 – 17 July 1790)

[23] . Sigmund Freud (6 May 1856 – 23 September 1939)

[24] . Karl Heinrich Marx (May 5, 1818 – March 14, 1883)

[25] . Auguste Comte (19 January 1798 – 5 September 1857)

«هنر»، در این تلقی، برگ‌های درخت فلسفه هستند که برگرفته از تنه‌ی فیزیک، ماهیت مادی و عینی دارند. ایـن عینیت و تجسم در هنر که از یونان باستان مطرح بود، در عصر داوینچی[۲۶] و میکلانژ[۲۷]، نمود جـامع یافـت. نهایـت فلسفه، در میوه‌ی آن درخت ظهور و بروز یافت که «تخنه»، نامیده شد .این میوه، در زبان یونانی «تخنه»، در زبان انگلیسی «تکنیک»، و در زبان عربی «فن» نامیده می‌شود. (نمودار شماره ۷).

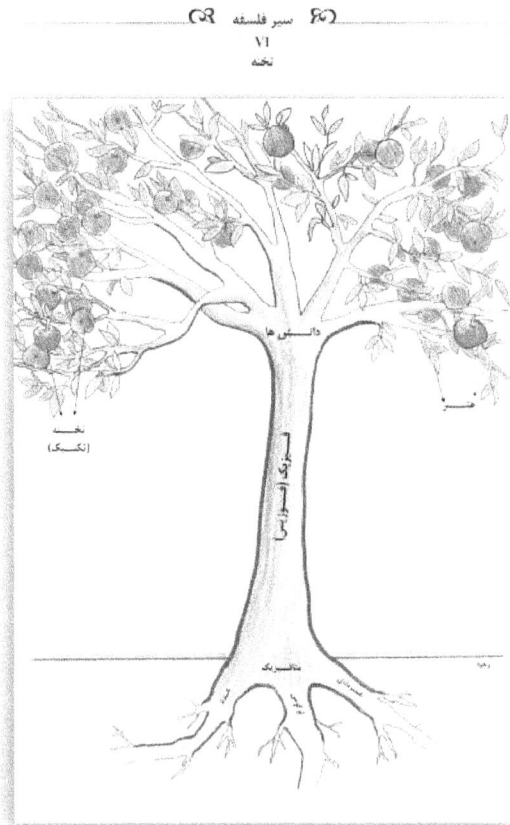

(نمودار شماره ۷)

[26]. Leonardo di ser Piero da Vinci (April 15, 1452 – May 2, 1519)

[27] . Michelangelo di Lodovico Buonarroti Simoni (6 March 1475 – 18 February 1564)

در سیر فلسفه، زمانی فرارسید که به عقیدهی ریچارد رُرتی[۲۸]، بشر نیازی به درخت فلسفه ندارد، چرا که فلسفه نردبانی بوده است که غرب از آن صعود کرده و اکنون آن را به گوشه‌ای افکنده است. امروز آن‌چه مهم است تکنولوژی به عنوان میوه‌ی آن درخت است.

فلسفه در سیر خود، با سه انقلاب روبه‌رو بوده است. در انقلاب ارسطویی، اصالت با عین بوده و ذهن به مثابه آینه باید خود را با عین منطبق می‌کرد. در انقلاب دوم، کانت با انقلاب کپرنیکی فلسفی خود با تغییر پارادایم ،اصالت را متوجه ذهن دانست. ویتگنشتاین، پس از گذشت صد سال، با اصالت دادن به زبان، به جای عین و ذهن، انقلاب سوم فلسفه را رقم زد. (نمودار شماره ۸)

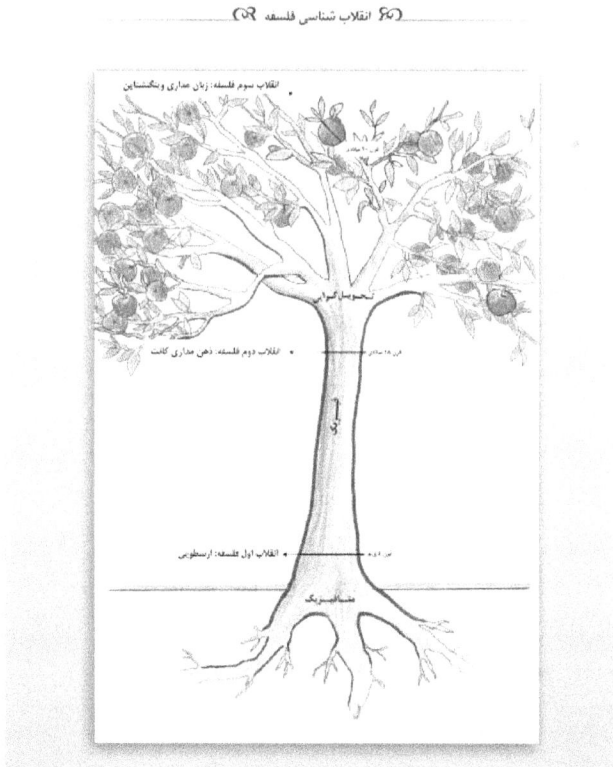

(نمودار شماره ۸)

[28]. Richard McKay Rorty (October 4, 1931 – June 8, 2007)

سیر روش در فلسفه‌ی مدرن چهار بخش اصلی دارد. اتیمولوژی، یعنی ریشه‌شناسی، که در شناخت ریشه‌ی لوگوس درخت فلسفه رقم می‌خورد. ترمینولوژی، یعنی مفهوم‌شناسی، که حدفاصل فیزیک و متافیزیک را می‌پوشاند. متودولوژی یا روش‌شناسی بر مبنای فیزیولوژی، که عمدتاً مبتنی بر فیزیک و یا طبیعت تبیین می‌شود. در نهایت، اپیدمیولوژی، که بخشی است که به فراگیرسازی‌شناسی علم پرداخته می‌شود. در اینجا میوه (تخنه) را می‌توان ازدرخت جدا نمود و از آن صرف نظر از درخت فلسفه استفاده کرد. (نمودار شماره ۹)

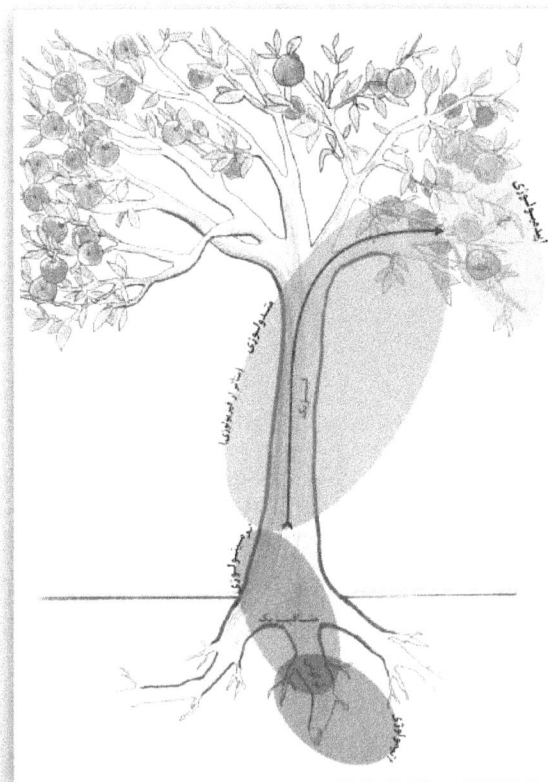

(نمودار شماره ۹)

طرح‌ریزی استراتژیک مبتنی بر رویکرد معرفت‌مدار (فلسفی)، بر پایه‌ی فهم ماهیت دکترین صورت می‌گیرد. ماهیت دکترین، مبتنی بر درخت فلسفه دریافت و فهم می‌شود .دکترین، پاسخ بـه سـه پرسـش بنیـادین اسـت: چیسـتی پدیده؟ چرایی پدیده؟ چگونگی پدیده؟ (نمودار شماره ۱۰)

چیستی یعنی تبیین ماهیت وجود، چرایی یعنی تبیین ابعاد متافیزیکی آن، و چگونگی یعنـی تبیـین از فیزیـک تـا تخنه آن.

در رویکرد فلسفی، به کسی «دکتر» یا «دکترینر» اطلاق می‌شود که در یک رشته‌ی علمی، بتواند از آرخه تا تخنـه آن علم را تبیین کند.

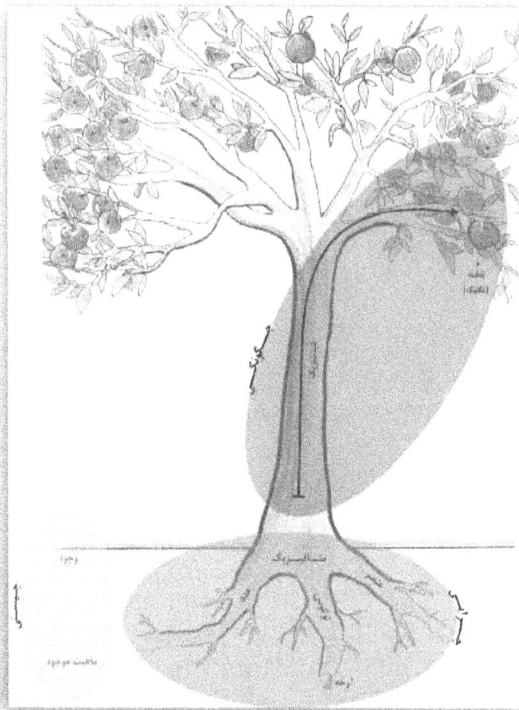

(نمودار شماره ۱۰)

فلسفه در دکترینولوژی مدرن، پاسخ به چیستی و چرایی یک پدیده را عهده‌دار است و پاسخ به چگونگی آن پدیده،

به حیطه‌ی علوم مدیریت مربوط می‌گردد. (نمودار شماره ۱۱)

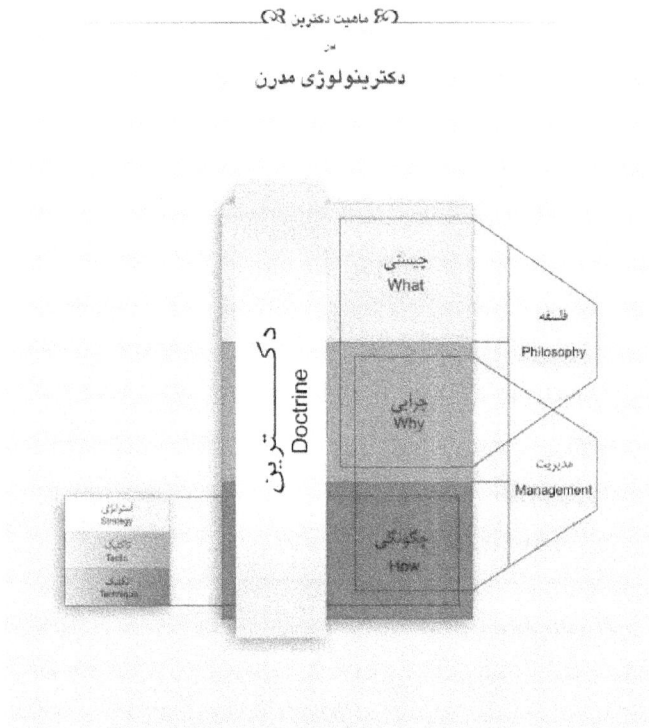

دکترینولوژی مدرن

(نمودار شماره ۱۱)

بخش «چگونگی» در دکترین، خود به سه جزء تفکیک می‌شود؛

۱- سطح تکنیک، که کنش فنی است، مانند تکنولوژی ساخت یک اتومبیل

۲- سطح تاکتیک، که کنش مدیریتی و نحوه‌ی اداره‌ی یک پدیده است، مانند اقدامات راه‌سازی، وضع قـوانین راهنمایی و رانندگی، فراهم‌سازی سوخت و پمپ‌بنزین و ... برای آن اتومبیل.

۳- سطح استراتژی، که کنش طرح‌ریزی و برنامه‌ریزی و خط‌مشی کلان در هماهنگی نهادهای مرتبط با مثال حمل و نقل است.

فلسفه و حکمت

مفهوم «فلسفه»[29] در زبان یونانی، از دو بخش "Philo" و "Sophos" به معنای دوست‌دار دانش، شکل گرفته است. این واژه که معرب شده است و اقدام به آن در عربی «تفلسف» خوانده می‌شود، اغلب معادل حکمت گرفته می‌شود که نادرست است.

مفهوم قرآنی «حکمت»[30]، در احادیث، به گم‌شده‌ی مؤمن تعبیر می‌شود.[31] این واژه، معادل فارسی ندارد، اما در زبان انگلیسی، واژه‌ی نزدیک به آن‌را Wisdom معرفی می‌کنند. (نمودار شماره ۱۲)

ترمینولوژی

فلسفه و حکمت

غربی	فارسی	عربی
Philosophy	دوستدار دانش	فلسفه / تفلسف
Wisdom	ــــ	حکمت

(نمودار شماره ۱۲)

---

[29]. Φιλοσοφία (Greek), Philosophia (Latin), Philosophy, Love of Wisdom (English)

[30]. یُؤْتِی الْحِکْمَةَ مَنْ یَشاءُ وَ مَنْ یُؤْتَ الْحِکْمَةَ فَقَدْ أُوتِیَ خَیْراً کَثِیراً وَ ما یَذَّکَّرُ إِلاَّ أُولُوا الْأَلْبابِ (قرآن الکریم، سوره‌ی بقره، آیه‌ی۲۶۹)

[31]. عَنْ أَبِی عَبْدِ اللَّهِ ع قَالَ الْحِکْمَةُ ضَالَّةُ الْمُؤْمِنِ فَحَیْثُمَا وَجَدَ أَحَدُکُمْ ضَالَّتَهُ فَلْیَأْخُذْها (ثقة‌الاسلام کلینی، الکافی، چاپ دوم، تهران، ناشر اسلامیه، ۱۳۶۲، جلد ۸، صفحه ۱۶۷)

امام صادق علیه السلام فرمود: حکمت گمشده مؤمن است. هر یک از شما گمشده خود را هر جا یافت آن را برستاند. (آژیر، حمیدرضا؛ بهشت کافی (ترجمه‌ی روضه‌ی کافی)، چاپ اول، قم، انتشارات سرور، ۱۳۸۱، صفحه ۲۱۳)

آرخه و آیه

در بیش از ۲۷۰۰ سال قبل، پرسش بشر یونانی این بود: ماده‌ی اولیه خلقت چیست؟

پاسخ به این پرسش، فلسفه را پدید آورد. ماده‌ی نخستین خلقت، در زبان یونانی «آرخه» و در زبان عربی «مادت‌المواد» و در فارسی خاستگاه عالم نامیده می‌شود. در پاسخ به چیستی آرخه، در نهایت فلسفه به سه حوزه‌ی کلمه، عدد و عنصر رسید. جهان هستی، میل به نامستوری دارد. این نامستوری، از طریق آرخه محقق می‌شود. به کنش آرخه برای نامستوری و انکشاف، الثئا گفته می‌شود. با الثئا، انکشاف عالم رقم خورده و از پدیده‌های طبیعت، راززدایی می‌شود. این کارکرد بطئی فلسفه، به تولید دانش منتج می‌گردد.

اما اساس حکمت، «آیه» است. آیه، «جهت» و «نشانی» است. در واقع، پدیده‌های طبیعت، هر یک نشانی حقیقتی است. سعدی سروده است:

برگ درختان سبز، در نظر هوشیار　　　　هر ورقش دفتری است، معرفت کردگار[۳۲]

شناخت نشانی‌ها، راززدایی از طبیعت نیست، بلکه رازشناسی هستی است. لذا کارکرد فلسفه، نیل به واقعیت، و کارکرد حکمت، نیل به حقیقت است. خاستگاه در فلسفه، آرخه بود. میل به نامستوری در جهان هستی، نیز الثئا را رقم زد، که حاصل آن انکشاف و نامستورشدن دنیا و بروز دانش‌ها بوده‌است. در ادامه‌ی این سیر، راززدایی، و سپس افسون‌زدایی از پدیده‌های دنیا، کارکرد بطئی فلسفه و دانش محسوب می‌شده است.[۳۳]

---

[۳۲]. سعدی، مصلح بن عبدالله؛ کلیات سعدی، چاپ دوم، تهران، انتشارات دوستان، ۱۳۷۹، غزلیات، صفحه‌ی ۴۶۷

[۳۳]. نمودار شماره ۱۳

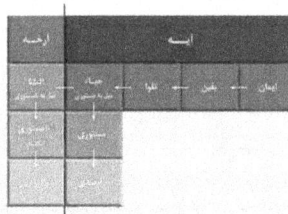

ارخه

تابعی از آیه

چرخه‌ی معرفت در قرآن

جهت نیل به معرفت، قرآن از تقوا شروع می‌کند. پس از تحقق پیش‌شرط قرآنی تقوا، فرقان در انسان قرار داده می‌شود.[۳۴] فرقان به قدرت تمییز حق از باطل اطلاق می‌شود.[۳۵] پس از روشن شدن حق از باطل، برتافتن حقیقت، و زدودن باطل، حکمت را محقق می‌کند.[۳۶]

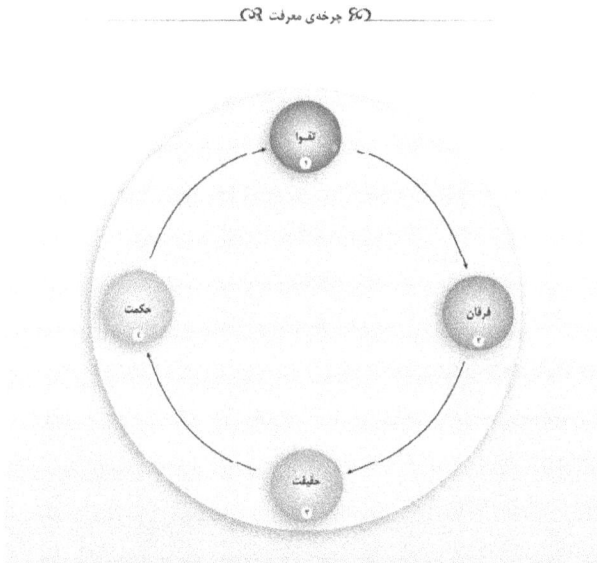

نمودار شماره ۱۴

---

[۳۴]. یا أَیُّهَا الَّذینَ آمَنُوا إِنْ تَتَّقُوا اللَّهَ یَجْعَلْ لَکُمْ فُرْقانا .. (قرآن الکریم، سوره‌ی الأنفال، آیه‌ی ۲۹)

[۳۵]. الفرقان:آنچه که میان حق و باطل را جدا کند، بُرهان، تورات، قرآن (مهیار، رضا (مترجم)؛ فرهنگ ابجدی عربی - فارسی؛ ترجمه المنجدالابجدی، چاپ اول، تهران، نشر اسلامی،۱۳۷۰، صفحه ۶۶۱)

[۳۶]. لا یَأْتیهِ الْباطِلُ مِنْ بَیْنِ یَدَیْهِ وَ لا مِنْ خَلْفِهِ تَنْزیلٌ مِنْ حَکیمٍ حَمیدٍ (قرآن الکریم، سوره‌ی فصلت، آیه‌ی ۴۲)

که هیچ گونه باطلی، نه از پیش رو و نه از پشت سر، به سراغ آن نمی‌آید؛ چرا که از سوی خداوند حکیم و شایسته ستایش نازل شده است! (ترجمه‌ی قرآن کریم، ناصر مکارم شیرازی)

درخت فلسفه

دکارت در معرفی درخت فلسفه اذعان داشت: فلسفه درختی است که ریشه‌ی آن متافیزیک، تنه‌ی آن فیزیک و شاخه‌های آن دانش‌ها هستند. (نمودار شماره ۱۵)

درخت فلسفه، ریشه در زمین وجود دارد. برگ‌های آن هنر و میوه‌ی آن تکنیک (تخنه) نامیده می‌شود. حرکت از آرخه (بذر درخت فلسفه) تا تخنه (میوه‌ی درخت فلسفه)، دکترین نامیده می‌شود. طرح‌ریزی استراتژیک و دکترینال، طرح‌ریزی تمدنی بر بستر حرکت از آرخه تا تخنه است.

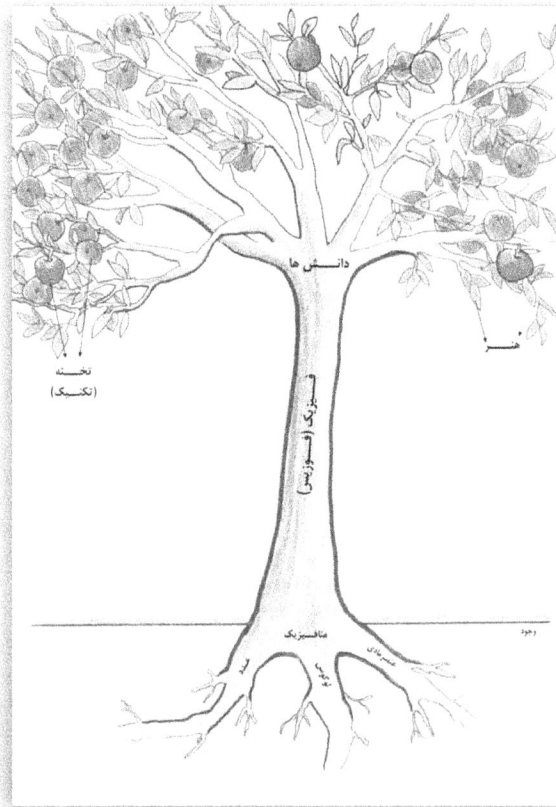

نمودار شماره ۱۵

فیلسوف جهت پیش‌رفت جامعه‌ی خود به طراحی پایه می‌پردازد. ترسیم و تجسم وضعیت مطلوب، در قالب مدینه‌ی فاضله، این طرح آرمانی، در ذهن فیلسوف شکل می‌گیرد. اتوپیای[۳۷] جان‌لاک،[۳۸] و جرمی بنتام[۳۹] مدینه‌ی فاضله‌ی لیبرالیسم، و اتوپیای مارکس، طرح آرمانی سوسیالیسم، را مبتنی بر فلسفه ترسیم نموده‌اند. (نمودار شماره ۱۶)

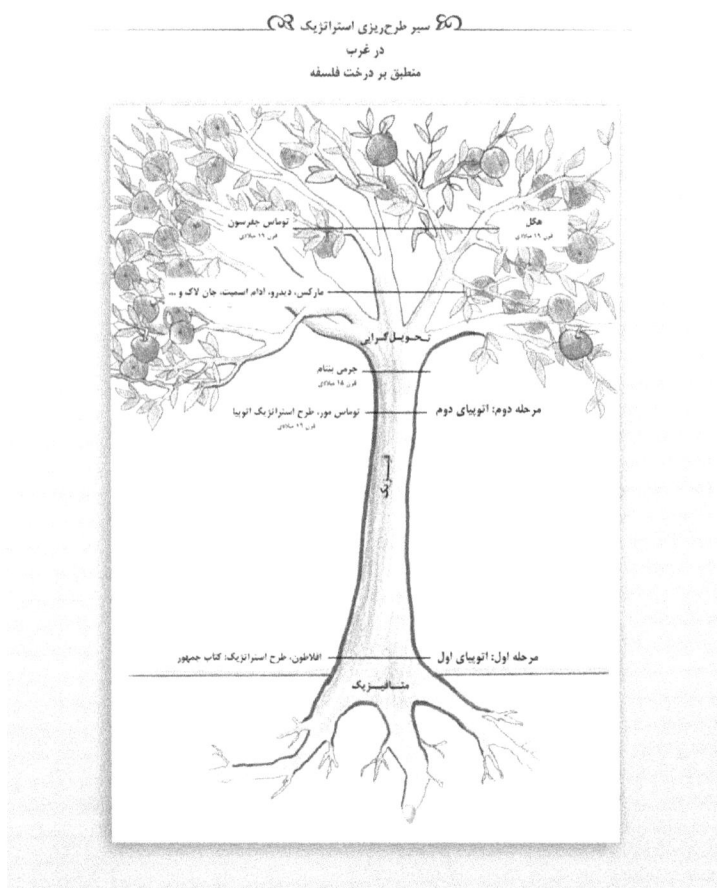

نمودار شماره ۱۶

---

[۳۷]. οὐ+τόπος (Greek), Utopia (English): Place or state of ideal perfection; idealistic scheme for political or social perfection (Babylon Dictionary)

[۳۸]. John Locke (29 August 1632 – 28 October 1704)

[۳۹]. Jeremy Bentham (15 February 1748 – 6 June 1832)

جنین حکمت

حکمت بر بردار فطرت ، تعریف می‌شود. و واجد دو دوره‌ی جنینی برای انسان است. دوره‌ی جنینی جسم، که با لانه‌گزینی سلول تخم(زیگوت) در رحم مادر آغاز شده، و پس از طی دوره‌ی رویانی و جنینی در نهایت، با تولد نوزاد به‌سرانجام می‌رسد. و دوره‌ی جنینی روح، که با تولد انسان به مثابه‌ی نطفه‌گذاری آغاز می‌شود. در این دوره جنین روح، متفاوت از جنین جسم، در رحمی به وسعت جهان کاینات شکل گرفته و سیر تطور خود را طی می‌کند تا ظهور و بروز یافته و کامل شود.[40] (نمودار شماره ۱۷)

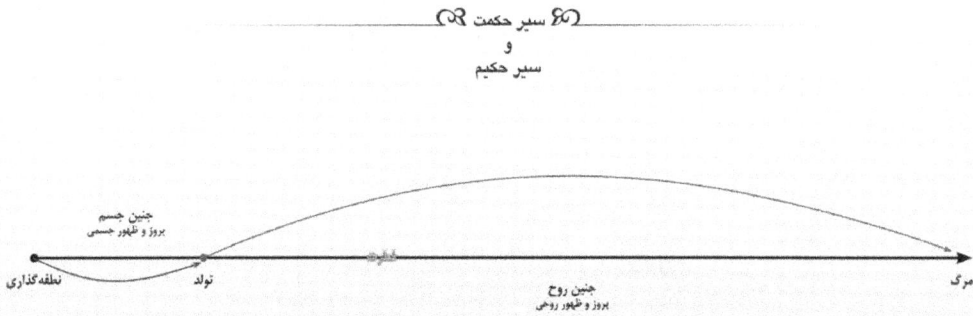

نمودار شماره ۱۷

سیر روش در حکمت

حکمت، روش نیل به حقیقت است. بشر که گرفتار طبیعت است، با توسل به شریعت و عمل به طریقت می‌تواند به حقیقت نایل شود.

[40]. تعبیری از علامه حسن‌زاده‌ی آملی در کتاب هزارویک کلمه، جلد ششم، در نامه‌ای به فرزند خود (این همه صنایع برّی و بحری و فضایی شگفت ساخته ی قطرات نطفه اند؛ یعنی قطره نطفه ای در دو کارخانه حیرت اندر حیرت الهی که یکی زهدان مادر عزیز و دیگر همین نشأه گرامی دنیای مشهود ما که رحم دوم است؛)

نسبت وحی و عقل

انبیاء (ع) حقیقت را دیدند (دیدمان). براساس دیده‌های خود عمل نمودند (کردمان). سپس آن‌را به پیروان خود گفتند (گفتمان). انسان‌های پیرو انبیاء (ع)، قول و گفتمان آنان را در قالب شریعت شنیدند، یعنی طاعت سمعی نمودند(شنیدمان)، سپس به شنیده‌ی خود عمل کردند یعنی طاعت عملی نمودند (کردمان)، در نتیجه به نجات رسیدند و حقیقت را دیدند (دیدمان). (نمودار شماره ۱۸)

سیر روش انبیاء (ع) را «وحی» و سیر روش پیروان آنان را «عقل» و «تعقل» می‌خوانند.

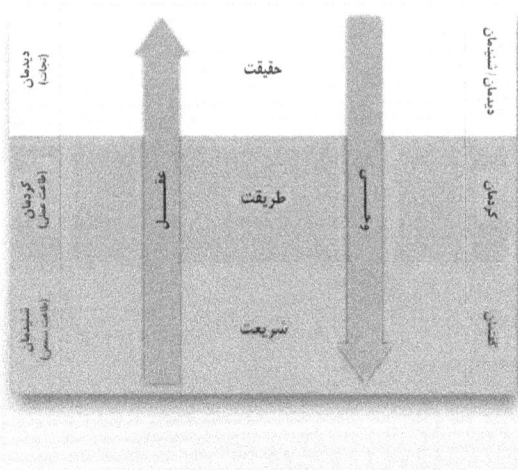

نمودار شماره ۱۸

سیر جنین حکمت

جنین حکمت، در رحم طبیعت، پیغامی را از خارج جهان کائنات به نام شریعت، دریافت می‌کند. شریعت به- مثابه‌ی دمیده شدن روح در جنین جسم است. اگر انسان شریعت را پذیرفت، تکوین طریقت را آغاز کرده است. سیر

شدن و صیرورت طریقی انسان، در گرو باورمندی و عمل کردن به شریعت است. دوره‌ی جنینی، پس از کامل شدن

انسان، و تولد او با رؤیت حقیقت ختم می‌شود؛ حکمت هم‌زمان و هم‌پای رشد حکیم محقق می‌شود. (نمودار شماره

(۱۹

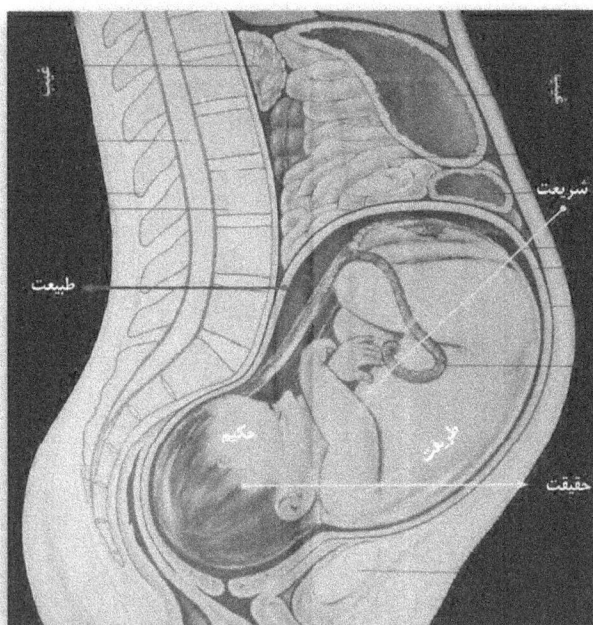

نسبت شناسی

طبیعت، شریعت، طریقت و حقیقت

با

جنین حکمت

شریعت

طبیعت

حکیم

طریقت

حقیقت

نمودار شماره ۱۹

جنین حکمت با پذیرش شریعت و «ایمان» به آن، شنیدمان و طاعت سمعی را رقم می‌زند. ایقان در انسان،

کردمان و طاعت عملی او را محقق می‌کنند، و در انتهای این سیر با دیدمان حقیقت انسان به نجات دست یازیده

است. (نمودار شماره ۲۰)

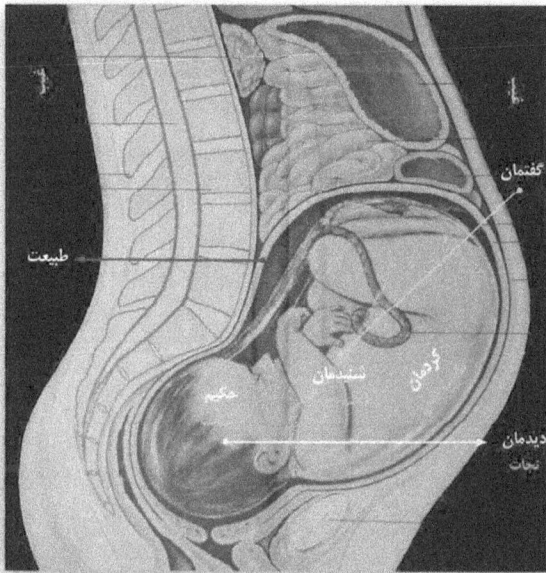

نمودار شماره ۲۰

طرح‌ریزی دکترینال در اندیشه‌ی شیعی و غربی

مبتنی بر معرفت‌شناسی، دو روی‌کرد متفاوت در طرح‌ریزی شکل می‌گیرد، که در یکی فلسفه بنیان است و در دیگری حکمت. فلسفه‌های مضاف و موضوعی مانند فلسفه‌ی سیاست، فلسفه‌ی اقتصاد، فلسفه‌ی پزشکی، فلسفه‌ی هنر و ... از دل فلسفه محض بیرون می‌آیند. و خروجی فلسفه‌ی مضاف در هر رشته‌ای «دکترین» را شکل می‌دهد. دکترین در ادامه‌ی این روند استراتژی، تاکتیک و تکنیک عمومی را بر می‌تابد، که خود به استراتژی، تاکتیک و تکنیک موضوعی منجر می‌شوند.

در اندیشه‌ی ایرانی اسلامی شیعی، «حکمت» مابه ازای فلسفه است. حکمت‌های مضاف مانند حکمت ادب، حکمت بیع، حکمت هدایت، حکمت حضور و ... از حکمت محض نشأت می‌گیرند. «قاعده» در عربی و فارسی، نزدیک‌ترین مفهوم به دکترین به مثابه‌ی روش است. فقه در حوزه‌های عمومی در دو سطح خرد وکلان نتیجه‌ی قواعد فقهی هستند. و در ادامه فقه موضوعی خرد و کلان از فقه عمومی پدید می‌آیند. (نمودار شماره ۲۱)

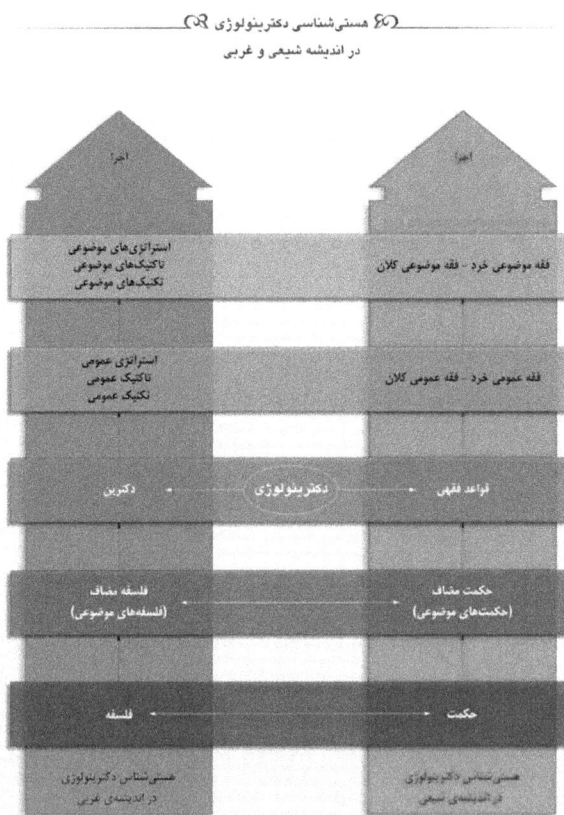

هستی‌شناسی دکترینولوژی
در اندیشه شیعی و غربی

استراتژی‌های موضوعی تاکتیک‌های موضوعی تکنیک‌های موضوعی	فقه موضوعی خرد - فقه موضوعی کلان
استراتژی عمومی تاکتیک عمومی تکنیک عمومی	فقه عمومی خرد - فقه عمومی کلان
دکترین	دکترینولوژی قواعد فقهی
فلسفه مضاف (فلسفه‌های موضوعی)	حکمت مضاف (حکمت‌های موضوعی)
فلسفه	حکمت
هستی‌شناسی دکترینولوژی در اندیشه‌ی غربی	هستی‌شناسی دکترینولوژی در اندیشه‌ی شیعی

نمودار شماره ۲۱

۶۷

۳-۱-۲

روی‌کرد علم‌مدار

رویکرد دانشمدار

در دههی اخیر، مفاهیمی چون سیاست داناییمحور، اقتصاد داناییمحور، بهداشت داناییمحور و امنیت داناییمحور از پدیدههای صرفاً شعاری فراتر رفته و داناییمحوری بهعنوان سنگبنای طرحریزی به صورت جدی مطرح گردیده است. در روند طرحریزی، دو رویکرد انسانمدار و معرفتمدار، نسبت به رویکرد علممدار و داناییمحور بنیادیتر محسوب میشوند، از اینرو در رویکرد علممحور هم انسانشناسی و هم معرفتشناسی موضوعیت دارند. نکتهی حائز اهمیت در رویکرد علممدار تمیز و تدقیق آن از «اطلاعاتمحوری» است که در آن تکیه بر حجم عظیمی از اطلاعات Information و دادهها Data است. به عبارت دیگر در رویکرد دانایی محور دانستن چهارچوبهای علمی، مبناست و نه دانستن اطلاعات و آمار و ارقام.[1] (نمودار شماره ۱)

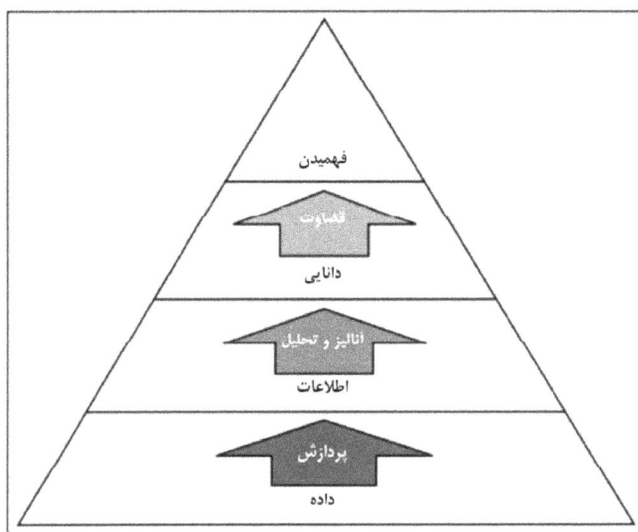

سلسله مراتب شناخت

نمودار شماره ۱

---

[1]. Field Manual 5-0: Operation Process, (TRADOC – Training and Doctrine Command - Release at 26 March 2010), Page 1-4, The cognitive Hierarchy

۱- معرفت طبیعی

نمودار شماره ۲

گام نخست، در روی‌کردعلم‌مدار با تلقی ساینس غربی، معرفت طبیعی است. معرفت هر انسان، ابتدا به ساکن متأثر از محل تولد و زادگاه اوست. محیط طبیعی کوهستان، جنگل، کویر و یا ساحل بر معرفت انسان بر مبنای حواس او، اثر می‌گذارد.

سه مؤلفه‌ی این نوع معرفت عبارتند از پارادیم[۲] طبیعی، مدل[۳] طبیعی و مفهوم[۴] طبیعی. (نمودار شماره ۲)

مفهوم حاصل تصویر و تصور است، تصویر، صورتی از اشیاء و اشخاص است که در ذهن شکل می‌گیرد،(این شکل‌گیری مبتنی بر حواس ماست که عمدتاً نیز حاصل حس بینایی انسان است) تصور، به مفاهیمی اطلاق می‌شود که (با شنیدن اسم آن‌ها) مابه‌ازای تصویری آن‌ها در ذهن تداعی می‌گردد. تمامی مفاهیمی که به صورت تصور طبیعی توسط یک انسان فهم می‌شوند در این بخش می‌گنجند. تصوری از یک جاندار که در آب زندگی می‌کند با استفاده از کلمه‌ی «ماهی» در ذهن فهم می‌شود.

ذهنیتی که انسان از عناصر اطراف خود دارد در غالب مدل تبیین می‌شود و این مدل‌ها، نمادها را تعریف می‌کنند. برای نمونه، واژه‌ی درخت، مبتنی بر یک مدل از دسته‌های متنوعی از یک پدیده‌ی نباتی است که به گونه‌های متفاوتی اطلاق می‌شود. در واقع درخت،

---

2. Παράδειγμα (Greek), Paradigm (English), (وادی (فارسی

3. Model or Conceptual Model: Anything used in any way to represent anything else (Wikipedia, Online Encyclopedia)

4. Conceptum (Latin), Concept (English) 1. something conceived in the mind,2. an abstract or generic idea generalized from particular instances (Merriam-Webster's collegiate dictionary, Eleventh ed., Massachusetts, U.S.A, Merriam-Webster Incorporated, 2005)

لفظ عام است نه عنوانی خاص بر یک گونه‌ی به‌خصوص.

پارادایم، چهارچوب تصوری است که در این بخش مبتنی بر عناصر طبیعی شکل می‌گیرد. ساختمان‌ها، خیابان‌ها و اتومبیل‌ها بخش‌هایی از یک چهارچوب ذهنی انسان شهرنشین را تشکیل می‌دهند که بر مبنای هندسه و مهندسی بنا گردیده است، هرچند انسان جنگل‌نشین پارادایمی منطبق بر طبیعت جنگل دارد که در آن محیط سرسبز و پوشیده‌ی جنگل و صداهایی که در آن می‌شنود شناخت طبیعی او را شکل می‌دهد، یا انسان اسکیمو که همواره اطراف خود را پوشیده از برف سفید و توأم با حس سرما درک کرده است.

معرفت فرهنگی

نمودار شماره ۳

۲- معرفت فرهنگی

گام دوم، در فرآیند معماری اندیشه، معرفتی است که بر بستر فرهنگی[5] شکل می‌گیرد. زبانی که افراد یک ناحیه بدان تکلم می‌کنند نخستین جزء این بستر محسوب می‌شوند. از مؤلفه‌های دیگر این معرفت، آداب و رسوم فرهنگی هر اجتماع و خانواده‌ای است. انسانی که در یک محیط فرهنگی به دنیا می‌آید، نسبت به کسی که در محیط فرهنگی دیگری شکل می‌گیرد، دریافت معرفتی متفاوتی می‌یابد. (نمودار شماره ۳)

عناصر طبیعی از طریق حواس انسان، مبتنی بر شنیدمان و دیدمان طبیعی، در همراهی با عناصر فرهنگی پارادایم عام را شکل می‌دهند. مدل-

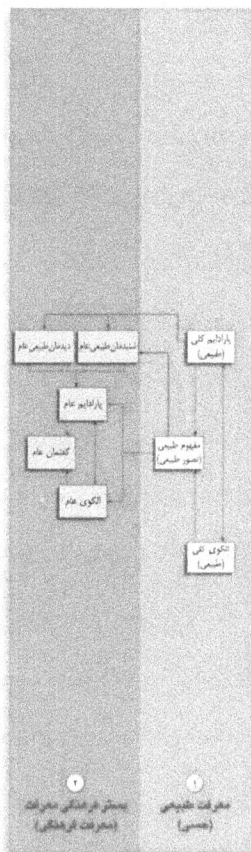

[5]. Cultura (Latin), Culture (English)

های عام، الگوهایی هستند که برپایه‌ی محیط فرهنگی تداعی می‌شوند. گفتمان[۶] عام از دل پارادایم و الگوی عام منتج می‌شود. این گفتمان Discourse بیان‌گر نظر و دیدگاه فرد است. در این‌جا فرد بر پایه‌ی برداشت و استنباطی که داشته است می‌تواند با سایر افراد گفتمان داشته باشد.

معرفت اثبات گرا

۳

نمودار شماره ۴

۳- معرفت اثبات‌گرا Positivism

در سیر علم، از دل گفتمان عام، فرضیه[۷] عام مطرح می‌شود. فرضیه در صورت اثبات شدن تبدیل به نظریه Theory عام می‌شود. به عبارت دیگر فرضیه، نظریه‌ی اثبات‌نشده و نظریه، فرضیه‌ی اثبات شده است. (نمودار شماره ۴)

انحرافی که در این حوزه رخ می‌دهد «خرافه»[۸] نامیده می‌شود. فرآیند پارادایم‌ها، مدل‌ها، مفاهیم، گفتمان‌ها اگر براساس شنیدمان و دیدمان تبدیل به فرضیه شده اما اثبات نشوند می‌توانند به صورت بالقوه، خرافه‌ها را ایجاد می‌کنند. از آن‌جا که خرافه‌ها نیز مبتنی بر دیده‌ها و شنیده‌ها هستند، می‌توانند بخشی از حوزه‌ی باورها[۹] را شکل دهند.

۴- معرفت خرد گرا Rationalism

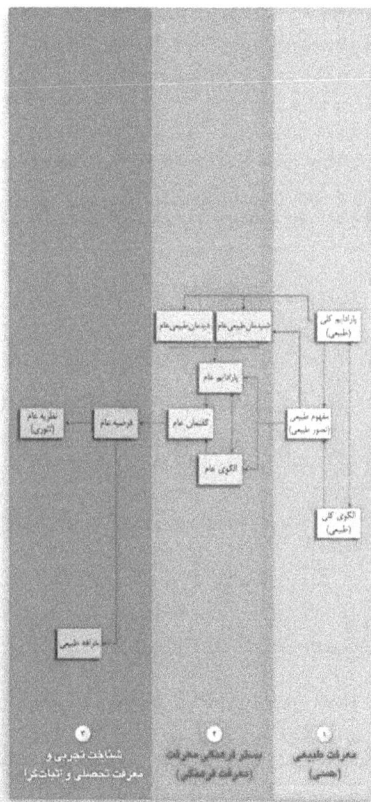

---

[6]. Discursus (Latin), discourse (English), قول (عربی)و گفتمان (فارسی)

[7]. Hypotithenai (Greek), Hypothesis (English)

[8] .Superstitio (Latin), Superstition (English)

[9]. Belief (English), Gilouben (German)

پارادایم و مدل خاص، حاصل نظریه‌عام هستند، از سوی دیگر شنیدمان و دیدمان خاص نیز از پارادایم عام پدید می‌آیند. در نهایت در این روند گفتمان خاص شکل می‌گیرد.

خروجی گفتمان خاص در پنج حوزه‌ی مختلف دسته‌بندی می‌شود. (نمودار شماره ۵)

۱- دکسا **Doxa**، باور به مثابه‌ی هوا. سیالیت بیش از اندازه‌ی اندیشه در این مرحله، موجب می‌شود هیچ‌گاه فکر مابه‌ازای خارجی نداشته باشد. دکسا در عربی «ظن» و در فارسی «گمان» نامیده می‌شود.

۲- ایده **Idea**: باور به مثابه‌ی غبار. در ایدئولوژی، باورها، از مرحله‌ی گمان عبور کرده اما به قطعیت نرسیده‌اند، چرا که هیچ تضمینی وجود ندارد که ایده به قطعیت برسد.

۳- دکترین **Doctrine**: باور به مثابه‌ی خمیر. حوزه‌ای که در آن اندیشه قابلیت شکل‌گیری و زایش را می‌یابد. دکترینولوژی علم شناخت سیر و روند دکترین، از پارادایم کلی، تا تکنولوژی است. دکترین در فارسی به آموزه و آیین، و در عربی به قاعده و یقین ترجمه می‌شود.

معرفت خردگرا

نمودار شماره ۵

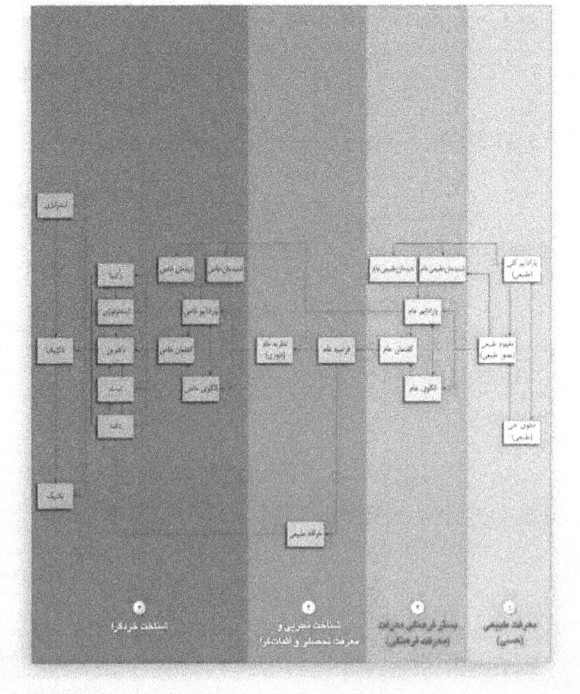

۴- تینت Tenet: باور به مثابه‌ی کلوخ. عبور از دکترین‌ها و عدم توجه به ضرورت زایش فکـری، سـبب میـل بـه جزم‌اندیشی در این حوزه می‌شود.

۵- دگما Dogma: اندیشه به مثابه‌ی سنگ. تحجر سبب می‌شود روند معرفت به تعدادی گزاره‌ی مشخص محدود شود و اندیشه‌ی بسته به‌تبع زایایی نیز نخواهد داشت. باور متصلب و متحجر، باوری غیرمولد است. جهل و تعصب دو ویژگی دگما و تحجر است. دگما، حاصل ماندن در تینت است، و در نتیجه باور در آن فسیل می‌شود.

دکترین تنها حوزه‌ای است که - برخلاف دکسا، ایده، تینت و دگما – قابلیت و استعداد زایش دارد و به تولید استراتژی، تاکتیک و تکنیک منتج می‌شود.

۵. شناخت تجربی و تحصلی

تکنیک، باور تکنیکی را می‌سازد که حاصل‌جمع علم تکنیکی و خرافه‌ی تکنیکی است. باور تکنیکی، تکنولوژی Technology را رقم می‌زند. (نمودار شماره ۶)

تاکتیک، باور تاکتیکی را می‌سازد که حاصل‌جمـع علـم تـاکتیکی و خرافـه‌ی تـاکتیکی اسـت. بـاور تـاکتیکی، تاکتولوژی Tactology را رقم می‌زند.

استراتژی، باور استراتژیکی را می‌سازد کـه حاصل‌جمـع علـم اسـتراتژیکی و خرافـه‌ی اسـتراتژیکی اسـت. بـاور استراتژیکی، Strategiology را رقم می‌زند.

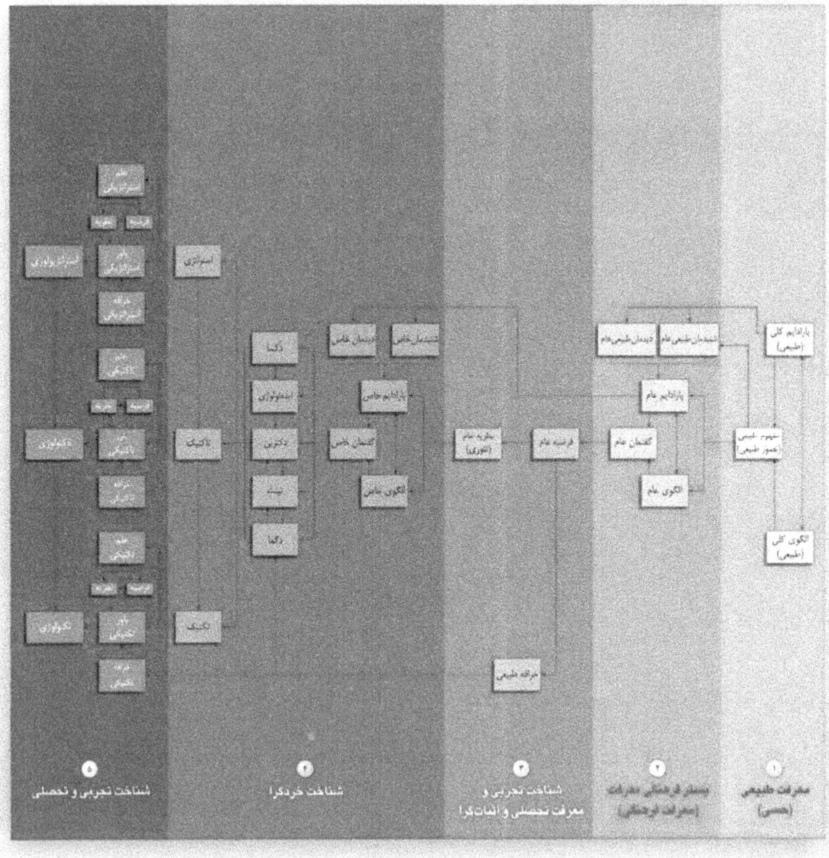

معرفت تجربی و تحصلی

نمودار شماره ۶

معرفت فطری

هرچند محیط طبیعی و فرهنگی، که انسان در بستر آن به معرفت طبیعی و فرهنگی می‌رسد بسیار متنوع و مختلف است، اما همه‌ی انسان‌ها در بعد معرفتی ماقبل معرفت طبیعی، یعنی «معرفت فطری» یکسان و مشترک هستند.[۱۰] انسان واجد پارادایم، الگو و مفهوم فطری است که تنوع نژادی، فرهنگی و اقلیمی در آن اثری ندارد. از نظر

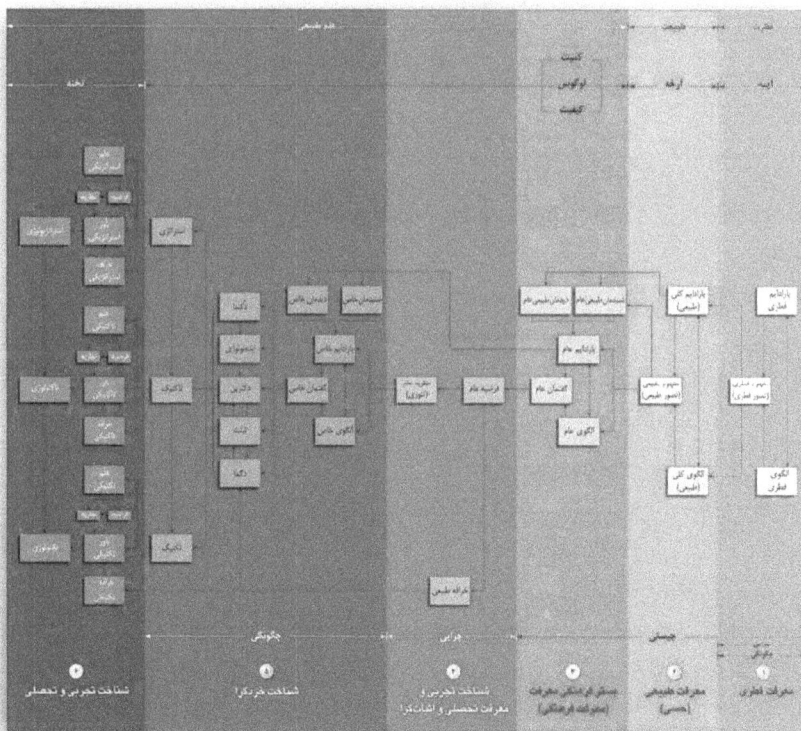

معرفت فطری
در فرآیند تکوین اندیشه

نمودار شماره ۷

---

۱۰. فَأَقِمْ وَجْهَکَ لِلدِّینِ حَنیفاً فِطْرَتَ اللَّهِ الَّتی فَطَرَ النَّاسَ عَلَیْها لا تَبْدیلَ لِخَلْقِ اللَّهِ ذلِکَ الدِّینُ الْقَیِّمُ وَ لکِنَّ أَکْثَرَ النَّاسِ لا یَعْلَمُونَ (قرآن الکریم، سوره‌ی روم، ایه‌ی ۳۰)

پس روی خود را متوجّه آیین خالص پروردگار کن! این فطرتی است که خداوند،انسان‌ها را بر آن آفریده؛ دگرگونی در آفرینش الهی نیست؛ این است آیین استوار؛ اما اکثر مردم نمی‌دانند! (ترجمه‌ی قرآن کریم، ناصر مکارم شیرازی)

اسلام، مبنای معرفت، از فطرت آغاز می‌شود. فطرت، قرآن درون انسان است، که هم‌چون یک سیستم‌عامل نصب شده در درون بشر عمل می‌کند. (نمودار شماره ۷)

علم شرعی

بر بستر فرهنگی معرفت پس از موضوعیت یافتن معرفت فطری و طبیعی، معرفت شرعی محقق می‌شود. سازوکار معرفت شرعی ابتدا به ساکن متأثر از گفتار وحیانی انبیاء است، که با شنیدمان عقلانی، تفقه عقلانی رقم می‌خورد. در این حوزه‌ی معرفتی، پارادایم، الگوها و مفاهیم، مبنای شرعی دارند، و در ادامه‌ی روند، خود فرضیه و نظریه شرعی را شکل می‌دهند. (نمودار شماره ۸)

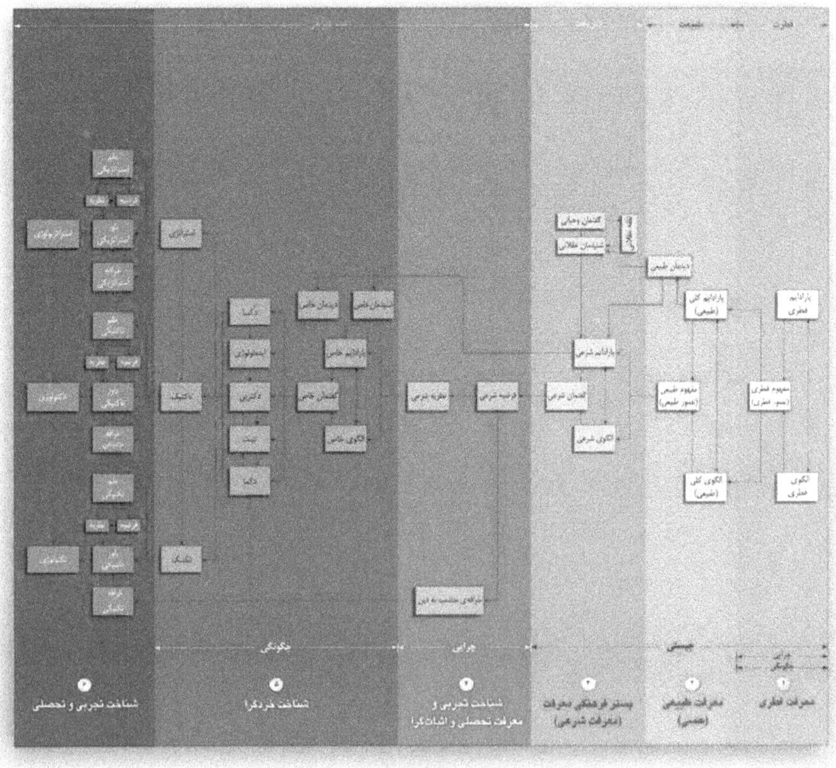

نمودار شماره ۸

علم طریقی

پس از تحقق بستر فرهنگی معرفت بر پایه‌ی شریعت، در صورتی که شنیدمان عقلانی به کردمان عقلانی منتج شود، معرفت طریقی بر بستر عملی معرفت رقم می‌خورد. گفتمان طریقی، فرضیه‌ای طریقی را مطرح می‌کند که اثبات آن به نظریه‌ی طریقی می‌انجامد، و از سوی دیگر عدم اثبات آن موجب شکل‌گیری «خرافه‌ی منتسب به دین» می‌گردد. گفتمان خاص در روند علم طریقی، یقین را نیز محقق می‌کند که نزدیک‌ترین واژه به دکترین از نظر محتوی است. یقین، خود سه حوزه‌ی علم‌الیقین، عین‌الیقین و حق‌الیقین را برمی‌تابد. (نمودار شماره ۹)

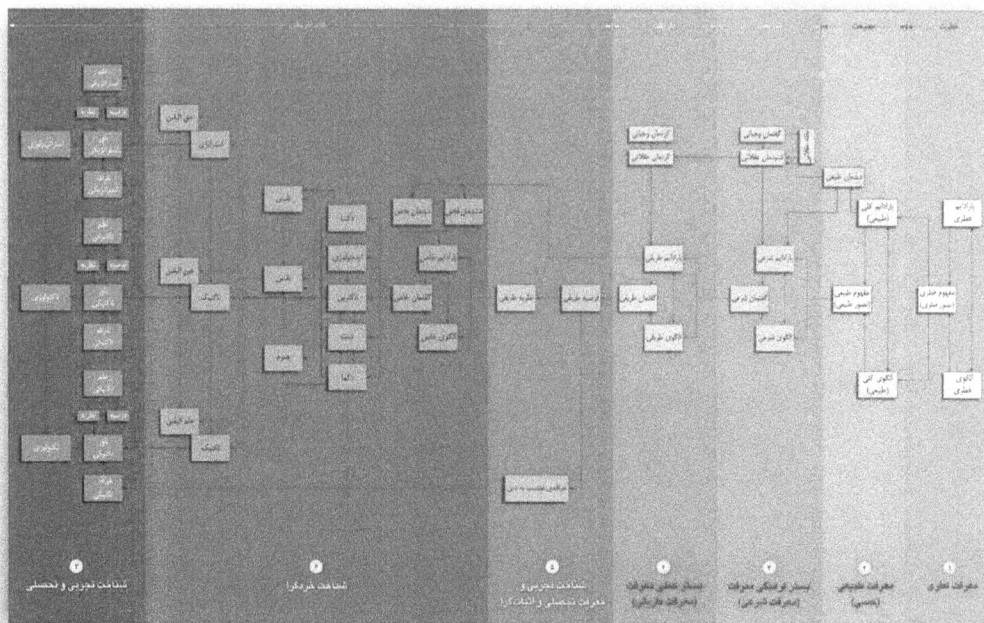

علم طریقی

نمودار شماره ۹

علم حقیقی

رفتار، کنش و کردمان عقلانی، به دیدمان عقلانی منتج می‌شود، که از آن گفتمان حقیقی پدید می‌آید. گفتمان حقیقی، به یقین منتج می‌شود که همان دکترین است. در روند علم حقیقی، متأثر از گفتمان حقیقی، تنها یقین پدید می‌آید، و خبری از دکسا، ایدیا، تینتف و دگما نیست. یقین خود به علم‌الیقین، عین‌الیقین، و حق‌الیقین تفکیک می‌شود. روند علم حقیقی، در نهایت به استراتژیولوژی، تاکتولوژی و تکنولوژی مبتنی بر دکترین و یقین را منتج می‌شود. در روند علم حقیقی، خرافه موضوعیت نمی‌یابد. (نمودار شماره ۱۰)

علم حقیقی

نمودار شماره ۱۰

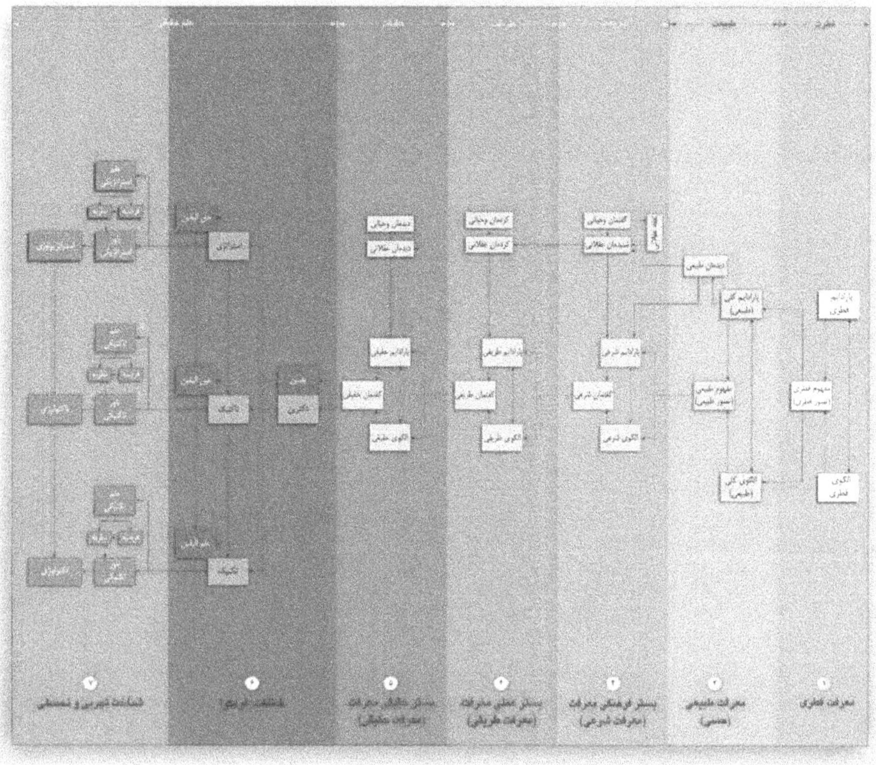

۲-۱-۴

روی‌کرد تاریخ‌مدار

روی‌کرد تاریخ‌مدار

طرح‌ریزی بر مبنای روی‌کرد تاریخ‌مدار، به دو شیوه‌ی اساسی مبتنی بر هیستوری مدرن و مبتنی بر عهد شیعی صورت می‌پذیرد.

عنصر اصلی تاریخ، زمان است. و آن‌چه زمان را از یک عنصر صرفاً فیزیکی، به تاریخ تبدیل می‌کند، مفهوم پارادایم[1] است. برای مثال، تاریخ علم، به حاصل‌جمع پارادایم علمی و وقایع علمی که بر بستر زمان شکل می‌گیرند اطلاق می‌شود. مجموعه‌ی وقایع سیاسی و پارادایم سیاست، نیز پارادایم سیاسی را تشکیل می‌دهند. از این‌رو شناخت پارادایم، قلب طرح‌ریزی تاریخ‌مدار محسوب می‌شود. معادل واژه‌ی پارادایم، در زبان فارسی، «وادی»، «سرمشق» یا چهارچوب تصوری، دیده شده است.

پارادایم‌های تاریخی متعددی تاکنون شکل گرفته است، که همه‌ی آن‌ها را می‌توان در ذیل دو سوپرپارادایم «امانیسم» و «تئوئیسم» مطالعه و بررسی نمود. ادراک صحیح از هر یک از پارادایم‌ها سبب می‌شود بتوان با بررسی هر واقعه در آن پارادایم، فهم پارادایمی مناسبی داشت و از فهم نادرست وقایع، در بیرون پارادایم مرتبط، مصون ماند. زمین و قاعده درون هر پارادایم، خاص آن پارادایم یا وادی است.

نکته‌ی حائز اهمیت در طرح‌ریزی دکترینال این است که، تاریخ‌مداری، به معنای گذشته‌نگری نیست، بلکه آینده‌نگری و گذشته‌نگری به‌مثابه‌ی دو بال، هر دو توأمان در حفظ تعادل در طرح‌ریزی مهم هستند، و این به‌واسطه‌ی مفهوم پارادایم است که تبیین حال از گذشته تا آینده را امکان‌پذیر می‌سازد. اعصار و ادوار تاریخی نیز به همین منوال واجد گزاره‌های پیشینی و پسینی هستند.

---

[1]. Παράδειγμα (Greek)= παρά" (para), "beside, by"+ "δείκνυμι" (deiknumi), "to show, to point out" (Wikipedia, The Online Encylopedia), Paradigm (English)

قاعده‌ی مرکز – پیرامون

گام نخست در تبیین پارادایم، در روی‌کرد تاریخ‌مدار، تشخیص عنصر مرکزی آن پارادایم است. عنصر مرکزی، به مثابه‌ی مرکز دایره – محل قراردادن سوزن پرگاری- است که حول آن سایر مفاهیم - دایره‌ی مداد پرگـار - ترسـیم شده و معنا پیدا می‌کنند. (نمودار شماره ۱)

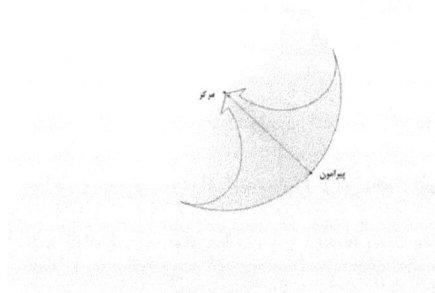

نمودار شماره ۱

در سوپرپارادایم امانیسم، تمامی مفاهیم حول بشرگرایی تعریف می‌شوند. به عبارت دیگر، بشر اصـالتی دارد کـه همه‌ی موجودات دیگر حتی خدا در نسبت با بشر، معنا و مفهوم پیدا می‌کند. (نمودار شماره ۲)

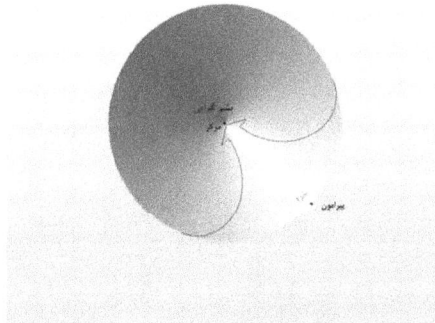

نمودار شماره ۲

در مقابل سوپرپاردایم امانیسم، در سوپرپارادایم تئوئیسم، اصالت با خداست. در این پارادایم همه‌ی موجـودات در محیط، و خدا در مرکز قرار دارد و در این دایره است که همه چیز به خدا سجده می‌کند. (نمودار شماره ۳)

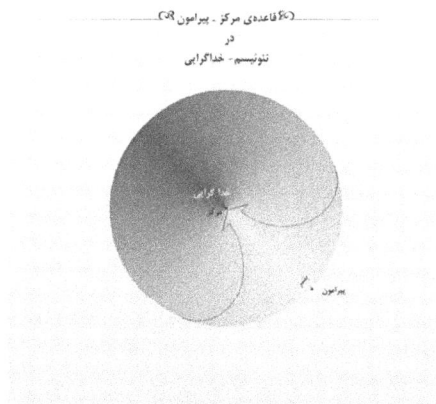

نمودار شماره ۳

انتقال‌شناسی[۲]

انتقال‌شناسی، گام دوم در تبیین پارادایم محسوب می‌شود. شـناخت مبنـای تبـدیل اعصـار و ادوار تـاریخی، در طرح‌ریزی، بر پایه‌ی دو واژه‌ی ترادیسون[۳] و مدرنیسم[۴] است. هر دوره‌ی سنتی، توسط دوره‌ای از تجـدد و نـوگرایی از میان می‌رود، و متقابلاً هر عصر نوگرایی به سنت تبدیل می‌شود. در عصر تجدد است که ابتـدا بـه سـاکن، اندیشـه‌ی نوینی مطرح می‌شود، سپس به آن اندیشه گرایش به وجود آمده و مبنای عمل قرار می‌گیرد، و در نهایـت در جامعـه نهادینه می‌شود. این سه مرحله، بـه ترتیـب عبارتنـد از: نواندیشـی Modernity، نـوگرایی Modernism، و نوسـازی Modernization. سازه‌ها و ساخت‌های مرحله‌ی مدرنیسم، در گذر زمان، از نو بودن درآمده و تبدیل به گزاره‌های

---

2. Transformation (English), **انتقال، تبدیل**

3. Tradition (English), **سنت**

4. Modernism (English), **نوگرایی، تجدد**

سنت و تجدد

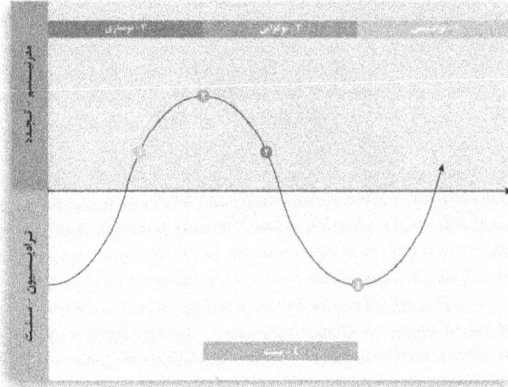

نمودار شماره ۴

کهنه و سنتی می‌شوند. این تبدیل و تداوم عصرها و دوره‌هاست که در یک روند نوسانی و سینوسی «تاریخ» را رقم می‌زند. (نمودار شماره ۴)

انتقال شناسی برای تمدن‌سازی

ترانسفورمیسم، شناخت روند انتقال سنت به تجدد، نخستین گام در تحقق تمدن است. شناخت اعصار و ادوار تاریخی در قالب دوره‌های متناوب سنت و تجدد، در تلقی هیستوریسیسم رقم می‌خورد. هیستوریسیستم، ابرپارادایم امانیسم را در چهار دوره‌ی ترادیسیون، مدرنیسم، پست‌مدرنیسم و ترانس‌مدرنیسم تبیین می‌کند. در نهایت دترمینیسم یا جبرگرایی این نکته را بیان می‌کند که هیچ‌گاه از این سیر تاریخی نمی‌توان فرار نمود.

هگل، روح کلی حاکم بر روند تاریخ را، گایست می‌نامد. تبیین گایست، برای حرکت از گذشته تا آینده به قصد ساخت تمدن و دنیا امری محتوم و ضروری است. (نمودار شماره ۵)

دکترین انتقال‌شناسی
با
تمدن‌سازی

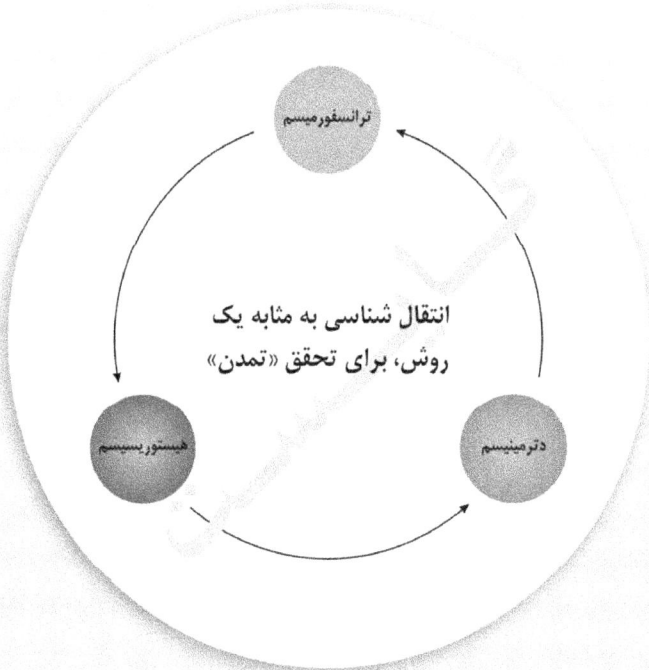

ترانسفورمیسم

انتقال شناسی به مثابه یک
روش، برای تحقق «تمدن»

دترمینیسم

هیستوریسیسم

نمودار شماره ۵

ابرپارادایم امانیسم

۱- ترادیسیون

تئوئیته (خدایی‌اندیشی)، تئوئیسم (خداگرایی) و تئوئیزاسیون (خدایی‌سازی) سه گزاره‌ی مرحله‌ی سنت هستند که در آن خدا، محور و شریعت، مبنا بوده است. (نمودار شماره ۶)

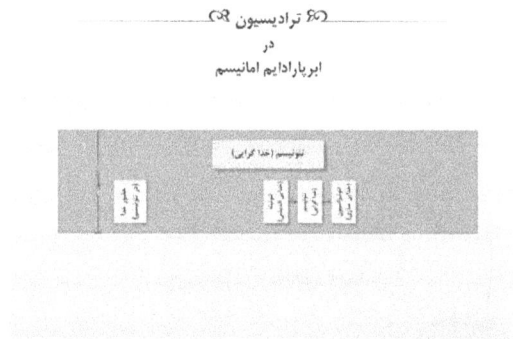

نمودار شماره ۶

۲- عصر مدرنیسم

۲-۱- مدرنیته

پروتستانیسم،[5] زمینه‌ای برای ظهور خـداغایبی[6] را ایجـاد کـرد. شـرعی‌اندیشـی در ایـن دوره جـای خـود را بـه سکولاریته (عرفی‌اندیشی) می‌دهد، و پـس از آن سکولاریسـم Secularism و سکولاریزاسـیون تحقـق مـی‌یابـد. در مرحله‌ی بعد، آتهایسم (ضـدیت بـا خـدا) موضـوعیت مـی‌یابـد. امانیتـه (بشـری‌اندیشـی)، امانیسـم (بشرمحوری) و امانیزاسیون (بشری‌سازی)، اندیشه‌ی بشری را در هر چهـار حـوزه‌ی معرفـت فلسـفی (Epistemology - معرفت-شناسی، Anthropology – بشرشناسی، Ontology - هستی‌شناسی و Teology – خداشناسی) تحـت تـأثیر خـود قرار داد.

---

[5]. Protestantism، اعتراض‌گرایی، جنبش رفرم در دین مسیحیت توسط مارتین لوتر در قرن شانزدهم (Wikipedia, Online Encyclopedia)

[6] دئیسم Deism: خدا موجودات را خلق کرده است و آن‌ها را به حال خود واگذاشته است، و از این‌رو انسان نیز نیازی به پیامبر و دین ندارد. (Wikipedia, Online Encyclopedia)

۲-۲- مدرنیسم

در دوره‌ی مدرنیسم، توسعه‌ی شاخه‌های مختلف علوم بر مبنای «بشرگرایی» یا «امانیسم» شکل گرفت. در حوزه‌ی معرفت شناسی، سه روش خردگرایی Rationalism، اثبات‌گرایی Positivism و تجربه‌گرایی Empiricism مبنای تولید علم قرار گرفتند. مبنای انسان‌شناسی طبیعی نیز در حوزه‌ی فردی بر ایدئولوژی تفرد Individualism و اصالت لذت Hedonism، و در حوزه‌ی اجتماعی بر ایدئولوژی جمع‌گرایی Collectivism و بی‌اخلاقی‌گرایی Amoralism گذاشته شد. انسان در حوزه‌ی انتولوژی نیز به عنوان هستی‌شناسی، تنها به هست‌شناسی پدیده‌ها بدون پرسش از هستی بسنده کرد. حوزه‌ی خداشناسی نیز در نهایت به دئیسم و آتئیسم منجر شد.

کانون سوپرپارادایم امانیسم، در عبارت فرانسوی «لسه‌فر» است،[7] یعنی «بگذار هر چه می‌خواهد انجام بدهد». لسه‌فر سنگ‌بنای بشرگرایی نه‌تنها در اقتصاد، بلکه در تمامی حوزه‌های اجتماعی و زندگی فردی انسان غربی است. این دکترین، به انسان اجازه می‌دهد هر کار می‌خواهد انجام دهد و در این راه به هیچ عنوان امر و نهی شرعی را برنتابد.

۲-۳. مدرنیزاسیون

نوسازی، در حوزه‌ی اپیستمیولوژی، با دانش‌گرایی Scientism در دانشگاه‌ها و مراکز علمی شکل گرفت، و ساینتیسیسم در نهایت به دو مفهوم «دکتریناریسم» و «دکترینالیسم» منجر شد. در دکتریناریسم اصالت با افرادی است که در رشته‌ی خود صاحب دکترین هستند مانند کانت، هگل، فرویدو ...، و در دکترینالیسم اصالت با دکترین-هایی است که در هر رشته ارائه شده است مانند کوژیتو[8]، گایست[9] و ... . در حوزه‌ی انسان‌شناسی نیز مدرنیزاسیون سه فراروایت را در حوزه‌ی زندگی اجتماعی و ساخت جامعه برای انسان به ارمغان آورده است. در فراروایت چپ، سوسیالیسم Socialism موضوعیت پیدا کرد. فراروایت راست، نیز به سه ایدئولوژی ملی‌گرایی Nationalism،

---

[7]. Laissez-faire (French) = let (people) do (as they choose) (Merriam-Webster dictionary)

The phrase is French and literally means "let do", but it broadly implies "let it be", or "leave it alone." (Wikipedia, Online Encyclopedia)

[8] .**Cogito ergo sum** (French: **Je pense donc je suis**; English: "**I think, therefore I am**") from René Descartes

[9] .**Geist** (German) from Hegel in Phenomenology of Spirit

جهانی‌گرایی Globalism و اصالت اباحه Liberalism منتج شده‌است. در این میان ایدئولوژی گلوبالیسم، خود واجد دو گرایش جهان‌وطنی Cosmopolitism و غربی‌سازی Westernization است.

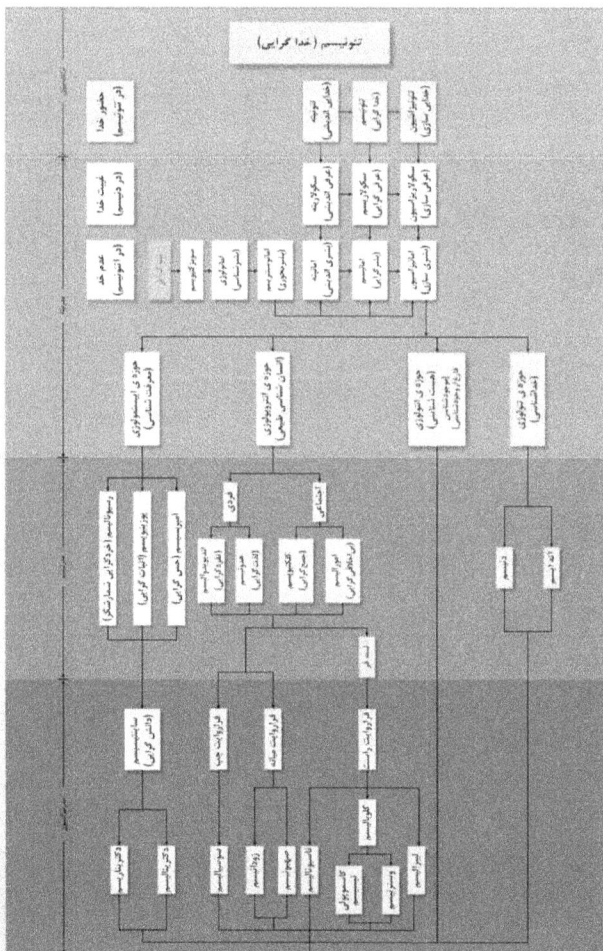

مدرنیسم
در
ابرپارادایم امانیسم

نمودار شماره ۷

فراروایت میانه نیز ساخت جامعه بر مبنای ایدئولوژی صهیونیسم Zionism و یهودی‌گرایی Judaism را برمی‌تابیده است. تقابل هرکدام از ایدئولوژی‌های فوق، بر سر ساخت جامعه، برخلاف تصور عمومی مبنی بر عدم سازگاری و مشابهت این ایدئولوژی‌ها، تنازعی درون پارادایمی در سوپرپارادایم امانیسم محسوب می‌شود.

۳. عصر پست‌مدرنیسم

در قاعده‌ی مرکز – پیرامون، با مرکز قرارگرفتن «خود» به‌جای «انسان»، عصر پست‌مدرنیسم آغاز گردید.[۱۰] در این عصر، «خودمحوری» Egocentrism مبنای برخورد معرفتی بشر با تمامی پدیده‌ها و سپس مبنای طرح‌ریزی قرار گرفت. سه گزاره‌ی «اگوئیته»(خوداندیشی)، «اگوئیسم»(خودگرایی) و «اگوئیزاسیون»(خودی‌سازی)، مؤلفه‌های اساسی در طرح‌ریزی این دوره را شکل می‌دهند. از ایدئولوژی‌های این عصر می‌توان به «فمینیسم» اشاره کرد که اساس آن بر حیاءزدایی است.[۱۱]

۴. عصر ترانس‌مدرنیسم

بشر، در انتهای دوره‌ی پست‌مدرنیسم، در پاسخ به خودگرایی افراطی حاصل از این‌دوره، رنسانس به دین را رقم زد. اما ماهیت دین در این دوره ادیان ابراهیمی نبود بلکه پاگانیسم[۱۲] یا کفرکیشی بود، که در نهایت نیز به شیطان‌گرایی انجامید. سیطنیته(شیطانی‌اندیشی)، سیطنیسم (شیطان‌گرایی) و سیطنیزاسیون (شیطانی‌سازی) عصر ترانس‌مدرنیسم[۱۳]، را بر پایه‌ی نئوپاگانیسم شکل داده است. (نمودار شماره ۸)

---

[10]. رجوع شود به مستند «قرن خود»، The Century of The Self به نویسندگی و کارگردانی آدام کورتیز، در چهار اپی‌زود که از شبکه BBC Four در سال ۲۰۰۲ به نمایش درآمد.

http://www.bbc.co.uk/bbcfour/documentaries/features/century_of_the_self.shtml

[11]. "Central to the feminist project is the suppression of modesty, in which the sexual revolution played a critical preparatory role."
(Bloom, Allan; The Closing of the American Mind, 1st Ed, New York, Simon & Schuster, Inc., 1987, Page 101)

[12]. **Paganism** (from Latin paganus, meaning "country dweller", "rustic") is used to refer to various polytheistic, non-Abrahamic religious traditions. The term pagan is a Christian adaptation of the "gentile" of Judaism, and as such has an inherent Abrahamic bias, and pejorative connotations among monotheist, comparable to heathen and infidel also known as kafir (کافر) and mushrik in Islam. (Wikipedia, Online Encyclopedia)

[13]. **"Transmodernity"** is a philosophical concept coined by the Spanish philosopher and feminist Rosa María Rodríguez Magda in 1989 in her essay La sonrisa de Saturno. Hacia una teoría transmoderna. (Wikipedia, Online Encyclopedia)

در
ابرپارادایم امانیسم

نمودار شماره ۸

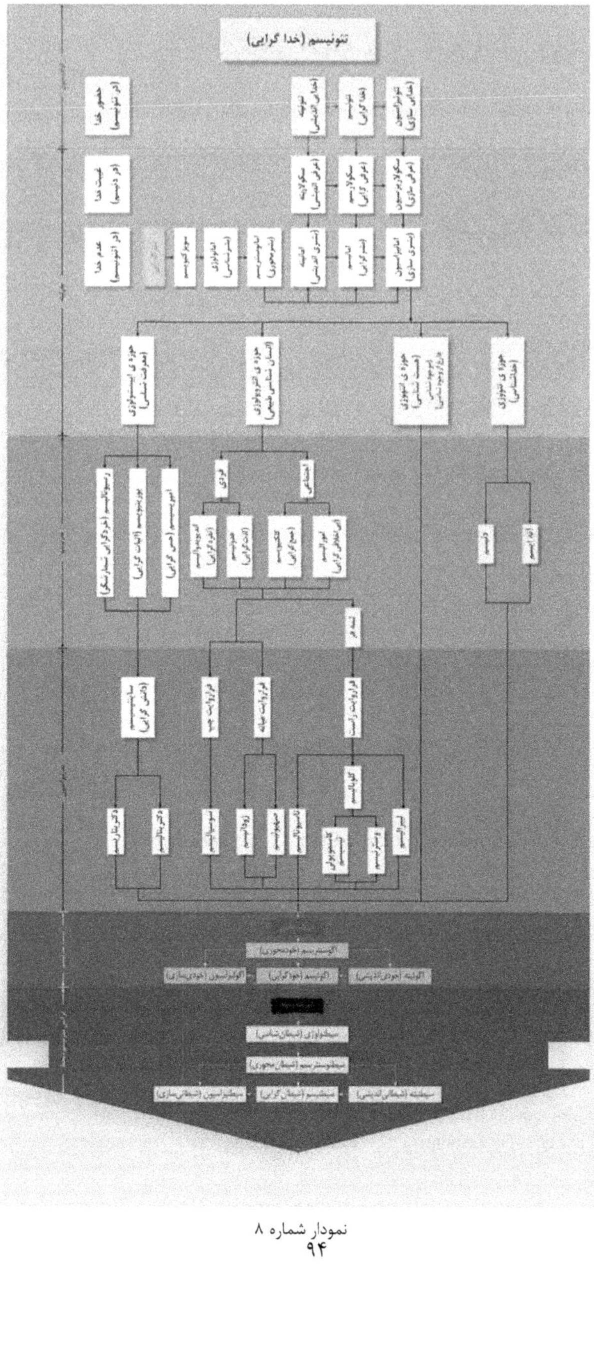

عهد

تاریخ، ورای مفاهیم زمان و پارادایم، در نسبت با مفهومی به نام «عهد»[۱۴] تعریف می‌شود. میثاق و قرارداد میان انسان و خدا، در عبودیت و ربوبیت، ادوار تاریخی از منظر شیعه، را شکل می‌دهد.[15] از این‌رو روند تاریخ در اندیشه‌ی شیعی، دو دوره‌ی «نبوت» از آدم(ع) تا خاتم (ص) و «امامت» از علی (ع) تا مهدی (عج) را شامل می‌گردد. عصر غیبت، عصر زعمات زعمای شیعه و عصر ظهور نیز در ذیل دوره‌ی امامت تعریف می‌گردند. (نمودار شماره ۹)

نمودار شماره ۹

[14]. عهد: (فرهنگ فارسی به فارسی): ۱ - حفظ کردن نگهبانی کردن . ۲ - تفقد کردن . ۳ - وفا کردن وعده . ۴ - (اسم) شناسایی . ۵ - حفظ . ۶ - تفقد . ۷ - وفا . ۸ - ضمان . ۹ - امان . ۱۰ - مودت . ۱۱ - (اسم) سوگند قسم . ۱۲ - پیمان شرط میثاق . یا به عهد خود وفا کردن . ۱۳ - دوره زمان روزگار . یا عهد انجام دادن آن . بعید . زمان دور و دراز . یا عهد غریب . زمان نزدیک . ۱۴ - مدت معینی که سلسله ای از پادشاهان یا امرا در کشوری سلطنت کرده اند : عهد ساسانی عهد قاجاریه . ۱۵ - مدت پادشاهی یک شاه وزارت یک وزیر یا حکومت یک حاکم. ۱۶ - هر یک از ادوار تاریخ طبیعی عصر دوره : عهد آهن عهد حجر جمع : عهود . (منبع: www.farsilookup.com)

[15]. وَ أَوْفُوا بِعَهْدِ اللَّهِ إِذا عاهَدْتُمْ وَ لا تَنْقُضُوا الْأَيْمانَ بَعْدَ تَوْكيدِها وَ قَدْ جَعَلْتُمُ اللَّهَ عَلَيْكُمْ كَفيلاً إِنَّ اللَّهَ يَعْلَمُ ما تَفْعَلُونَ (قرآن الکریم، سوره‌ی نحل، آیه‌ی۹۱)

و هنگامی که با خدا عهد بستید، به عهد او وفا کنید! و سوگندها را بعد از محکم ساختن نشکنید، در حالی که خدا را کفیل و ضامن بر(سوگند) خود قرار داده‌اید، به یقین خداوند از آنچه انجام می‌دهید، آگاه است! (ترجمه‌ی قرآن کریم، ناصر مکارم شیرازی)

استعلاشناسی

انتقال‌شناسی، حرکتی سینوسی ادوار و اعصار تاریخ است که فاقد ارزش شرعی است. در انتقال‌شناسی، توسعه متوجه دنیاست و گزاره‌های تاریخی نیز در دنیا تعریف می‌شود. در استعلاشناسی، برخلاف انتقال‌شناسی، تعالی مطرح است، و این تعالی، متوجه انسان است. تحول انسان در سیر تعالی، نه در جسم بلکه، در قلب انسان رقم می‌خورد. تمسک به عترت، برای انسان زمینه‌ی نیل به مقام تقوا را محقق می‌سازد، و آن‌گاه انسان متقی، توسط قرآن هدایت

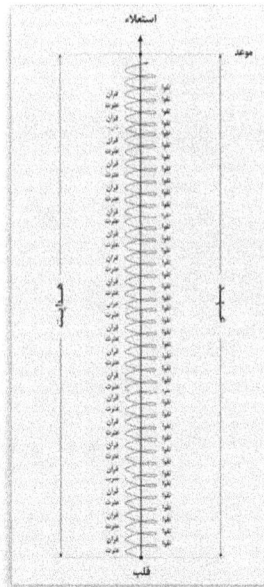

نمودار شماره ۱۰

می‌شود.[۱۶] این سیر و دور تا تحقق «موعد» تکرار می‌شود و در این قالب انسان تعالی می‌یابد.[۱۷] (نمودار شماره۱۰)

---

[۱۶]. ذٰلِکَ الْکِتابُ لا رَیْبَ فیهِ هُدیً لِلْمُتَّقینَ (قرآن الکریم، سوره‌ی بقره، آیه‌ی ۲)

استعلاشناسی برای عقباسازی

در اندیشه‌ی عهدمدار، «عقباسازی» برپایه‌ی میثاق انسان با خدا، جای‌گزین «دنیاسازی» در اندیشه‌ی غربی می‌-
شود و آن‌چنان که دنیا برپایه‌ی تمدن‌سازی شکل می‌گیرد، هجرت و هجرشناسی است که عقبا را محقق می‌کنـد. از
سوی دیگر، انسان در روند استعلای خود برخلاف دترمینیسم غربی، واجد اختیار است، و اختیـارگرایی از گـزاره‌هـای
اساسی تحقق عقبا است. (نمودار شماره ۱۱)

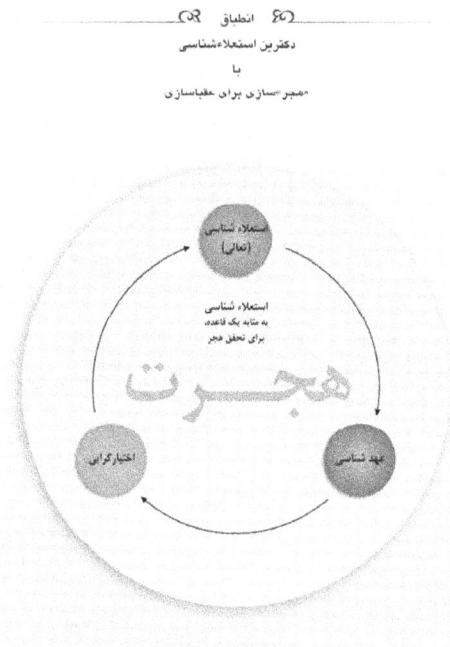

نمودار شماره ۱۱

آن کتاب با عظمتی است که شک در آن راه ندارد؛ و مایه هدایت پرهیزکاران است. (ترجمه‌ی قرآن کریم، ناصر مکارم شیرازی)

۱۷. قُلْ لَكُمْ مِيعادُ يَوْمٍ لا تَسْتَأْخِرُونَ عَنْهُ ساعَةً وَ لا تَسْتَقْدِمُونَ (قرآن الکریم، سوره‌ی سبأ، آیه‌ی ۳۰)

بگو: «وعده‌ی شما روزی خواهد بود که نه ساعتی از آن تأخیر می‌کنید و نه (بر آن) پیشی خواهید گرفت!» (ترجمه‌ی قرآن کریم، ناصر مکارم شیرازی)

ابرپارادایم خداگرایی

۱- سنت سیئه

ابرپارادایم خداگرایی نیز در روند انتقال خود، از سنتی شروع می‌کند که به آن «سنت سیئه» اطـلاق مـی‌شـود. محوریت شیطان، نفس خود و انسان، در تقابل با اصالت خدا، شرکی را رقم می‌زند که قرآن از آن به ظلم بزرگ یـاد می‌کند.[۱۸] عمل به سیئات در اثر تداوم، به سنت سیئه تبدیل می‌شود. تنها توبه و ایمان موجب رهـایی از آن اسـت.[۱۹] (نمودار شماره ۱۲)

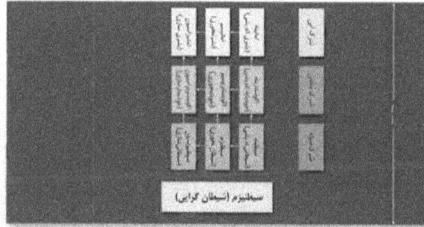

نمودار شماره ۱۲

۲- سنت الهی

سنت الهی، بر بستر قرآن واجد سه بخش نواندیشی دینی، نوگرایی دینی و نوسازی دینی است.

---

۱۸. وَ إِذْ قالَ لُقْمانُ لاِبْنِهِ وَ هُوَ يَعِظُهُ يا بُنَيَّ لا تُشْرِكْ بِاللَّهِ إِنَّ الشِّرْكَ لَظُلْمٌ عَظيمٌ (قرآن الکریم، سوره‌ی لقمان، آیه‌ی ۱۳)

(به خاطر بیاور) هنگامی را که لقمان به فرزندش-در حالی که او را موعظه می‌کرد- گفت: «پسرم! چیزی را همتای خدا قرار مده که شرک، ظلم بزرگی است.»

۱۹. وَ الَّذينَ عَمِلُوا السَّيِّئاتِ ثُمَّ تابُوا مِنْ بَعْدِها وَ آمَنُوا إِنَّ رَبَّكَ مِنْ بَعْدِها لَغَفُورٌ رَحيمٌ (قرآن الکریم، سوره‌ی اعراف، آیه‌ی ۱۵۳)

و آنها که گناه کردند، و بعد از آن توبه نمودند و ایمان آوردند، (امید عفو او را دارند؛ زیرا) پروردگار تو، در پی این کار، آمرزنده و مهربان است. (ترجمه‌ی قرآن کریم، ناصر مکارم شیرازی)

۲-۱- نواندیشی دینی

برتابیدن «شرع» به جای «عرف»، ماهیت اصلی نواندیشی‌دینی در ابرپارادایم خداگرایی است. «شرعی‌اندیشی» جای‌گزین «بشری‌اندیشی» می‌گردد. شرع‌محوری و سپس شرعی‌سازی مناسبات بشر سبب می‌شود انسان خداگرا، در چهار حوزه‌ی معرفت‌شناسی، خودشناسی، انسان‌شناسی، و هستی‌شناسی به تفکر و تعقل شرعی بپردازد و قابلیت نواندیشی دینی پیدا کند.

۲-۲- نوگرایی دینی

پس از تولید اندیشه‌ی دینی، به آن گرایشی به‌وجود می‌آید که در «نوگرایی دینی» نمود می‌یابد. نوگرایی دینی به تبع نواندیشی دینی، در حوزه‌ی معرفت‌شناسی، سه روش «تفکر»، «تعقل و الهام» و «تذکر و کشف و شهود» را برمی‌تابد. که تفکر در دو قالب «تحصل و اثبات گرایی»، و «تجربه‌گرایی» شکل می‌گیرد. معرفت متمایل به حکمت، خروجی ظرفیت سه‌گانه‌ی انسانی در حوزه‌ی معرفتی است. حوزه‌ی خودشناسی، نیز به دو بخش فردی و اجتماعی تقسیم می‌شود. مراتب نفس انسانی در بخش فردی موضوعیت پیدا می‌کنند و بخش اجتماعی، واجد دو گزاره‌ی «تقوای الهی» و «نظم» است.[۲۰] انسان با رعایت تقواست که به تزکیه و تهذیب در خودشناسی اجتماعی می‌رسد. نظم نیز در عرصه‌ی اجتماعی از جنس نظم درونی مبتنی‌بر فطرت است و نه نظم بیرونی حاصل از اعمال قدرت یا قوانین اجتماعی. نوگرایی دینی در بخش فردی انسان‌شناسی، تبیین این گزاره است که بایسته است، انسان از مال خود در راستای صحت نفس خود بگذرد، و از نفس خویش نیز در راستای حفاظت از نوامیس (زن، سرزمین و عقیده) بگذرد. در بخش اجتماعی انسان‌شناسی نیز تحقق سه مفهوم «عدالت»، «انصاف» و «قسط» نوگرایی دینی را رقم می‌زند. «عدالت» با حاکم شدن عقل بر نفس شکل می‌گیرد و «انصاف» نمود اجتماعی عدالت است، که در آن تعمیم عقلانیت به جای نفسانیت در اجتماع است. با پرداختن سهم هر کس در جامعه، «قسط» جاری می‌شود. در حوزه‌ی هستی‌شناسی نیز نوگرایی دینی منتج به اصالت وجود در نسبت با موجود، باور داشتن غیب، و اعتقاد به معاد است.

---

[۲۰]. و من وصیهٔ له ع للحسن و الحسین ع: ... أُوصِیکُمَا وَ جَمِیعَ وَلَدِی وَ أَهْلِی وَ مَنْ بَلَغَهُ کِتَابِی بِتَقْوَی اللَّهِ وَ نَظْمِ أَمْرِکُمْ وَ صَلَاحِ ذَاتِ بَیْنِکُمْ (سید رضی، نهج البلاغه، چاپ اول، قم، ناشر هجرت، ۱۴۱۴ هجری قمری، صفحه ۴۲۱)

شما را، و تمام فرزندان و خاندانم را، و کسانی را که این وصیّت به آنها می‌رسد، به ترس از خدا، و نظم در امور زندگی، و ایجاد صلح و آشتی در میانتان سفارش می‌کنم. (دشتی، محمد؛ ترجمه ی نهج البلاغه، چاپ اول، قم، ناشر مشهور، ۱۳۷۹، صفحه ۵۵۹)

«فطرت» مفهوم نهایی انسان‌شناسی و خودشناسی دینی است. عمل کردن به مرّ فطرت، «حیاء» را رقم می‌زند.

۲-۳- نوسازی دینی

ساخت جامعه، بر پایه‌ی دین در تمسک به سه مفهوم «نبوت»، «امامت» و «ولایت» صورت می‌گیرد. «امام»[۲۱] بر محور دین به نوسازی در جامعه می‌پردازد، و مأمومین با اقتدای به امام ساخت جامعه را رقم می‌زنند. (نمودار شماره ۱۳)

۳. سنت حسنه‌ی دینی

سنت حسنه‌ی دینی بر محور پایه‌ی دوم ثقلین محقق می‌شود: عترت در نسبت با کتاب الله.[۲۲] محمد(ص) به عنوان اسوه‌ی حسنه‌ای است،[۲۳] که معیار قرار گرفتن و اصالت ایشان در حوزه‌ی سنت حسنه‌ی دینی مبنای شکل-گیری ایدئولوژی «محمدیّت» است. چهارده معصوم، چهارده ایدئولوژی را رقم زده‌اند که تمسک به هریک در فرازی از زندگی، و در زیرساختی از جامعه، در مجموع سنت حسنه را شکل می‌دهند.

---

۲۲. إِنَّ الْأَرْضَ لَا تَخْلُو إِلَّا وَ فِيهَا إِمَامٌ كَيْمَا إِنْ زَادَ الْمُؤْمِنُونَ شَيْئاً رَدَّهُمْ وَ إِنْ نَقَصُوا شَيْئاً أَتَمَّهُ لَهُم (ثقه الاسلام کلینی، الکافی، چاپ دوم، تهران، ناشر اسلامیه، ۱۳۶۲، جلد ۱، صفحه ۱۷۸)

شنیدم ابو عبد اللّه صادق (ع) می‌گفت: کره زمین از وجود امام و حجت خالی نخواهد ماند. وجود امام و حجت از این رو ضرور است که اگر مردمان بر دین خدا افزودند، افزوده را برگرداند و اگر از دین خدا کاستند، کاستی را به کمال رساند.(بهبودی، محمد باقر؛ گزیده‌ی کافی، چاپ اول، تهران، مرکز انتشارات علمی و فرهنگی، ۱۳۶۳، جلد ۱، صفحه ۵۳)

۲۳. قَالَ إِنِّي تَارِكٌ فِيكُمْ أَمْرَيْنِ إِنْ أَخَذْتُمْ بِهِمَا لَنْ تَضِلُّوا- كِتَابَ اللَّهِ عَزَّ وَ جَلَّ وَ أَهْلَ بَيْتِي عِتْرَتِي (ثقه الاسلام کلینی، الکافی، چاپ دوم، تهران، ناشر اسلامیه، ۱۳۶۲، جلد ۱، صفحه‌ی ۲۹۲)

فرمود: همانا من دو امر در میان شما میگذارم، اگر آنها را بپذیرید، هرگز گمراه نشوید: ۱- کتاب خدای عز و جل (قرآن) ۲- اهل بیت و عترت من (مصطفوی، سید جواد، اصول کافی، چاپ اول، تهران، ناشر کتابفروشی علمیه اسلامیه، جلد۲، صفحه‌ی ۵۴)

لَقَدْ كانَ لَكُمْ في رَسُولِ اللَّهِ أُسْوَةٌ حَسَنَةٌ لِمَنْ كانَ يَرْجُوا اللَّهَ وَ الْيَوْمَ الْآخِرَ وَ ذَكَرَ اللَّهَ كَثيراً (قرآن الکریم، سوره‌ی احزاب، آیه‌ی ۲۱)

مسلّماً برای شما در زندگی رسول خدا سرمشق نیکویی بود، برای آنها که امید به رحمت خدا و روز رستاخیز دارند و خدا را بسیار یاد می‌کنند. (ترجمه‌ی قرآن کریم، ناصر مکارم شیرازی)

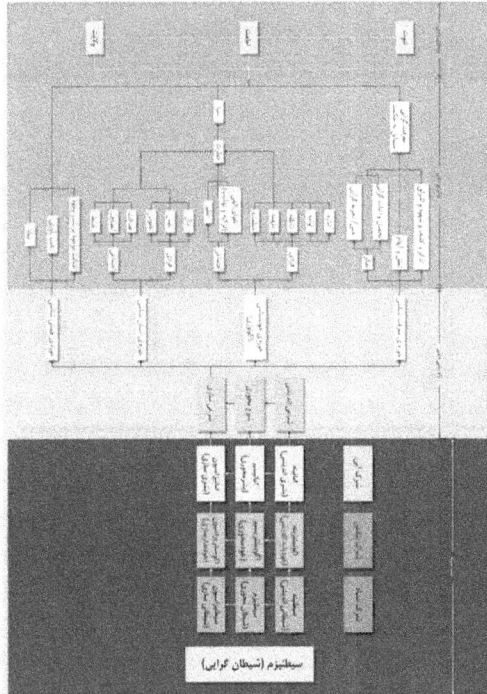

نمودار شماره ۱۳

۴. تعالی

هنگامی‌که خروج انسان از سنت سیئه رقم خورد و نوگرایی بر طبق سنت الهی (قرآن) انجام شد، سپس ولایت و امامت مبنای سنت حسنه‌ی دینی قرار گرفت، آن‌گاه در گام آخر به «تعالی» منتج می‌شود. زدودن و نفی شـرک در تمامی ابعاد، توحید را محقق می‌سازد. خداشناسی بر پایه‌ی توحید، به خدامحوری مـی‌انجامـد. در نهایـت ابرپـارادایم خداگرایی نیز در تحقق سه گزاره‌ی «خدایی‌اندیشی»، «خداگرایی» و «خـدایی سـازی» صـورت مـی‌پـذیرد. (نمـودار شماره ۱۴)

سنت حسنه دینی و تعالی

در

ابرپارادایم خداگرایی

نمودار شماره ۱۴

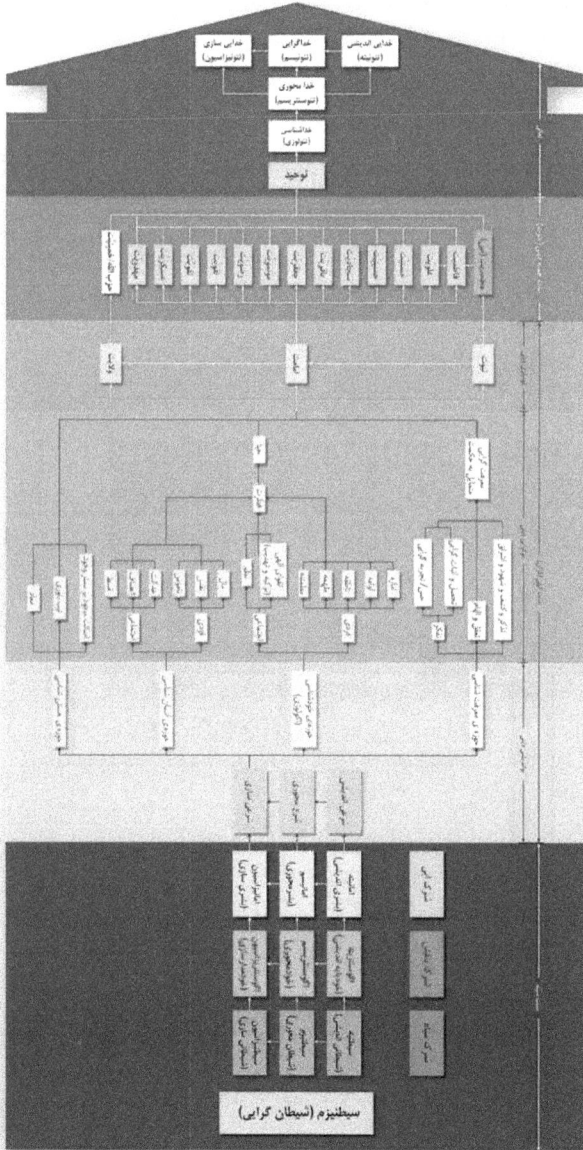

نسبت‌شناسی توسعه و تعالی

روند سینوسی سنت و تجدد، انتقال‌شناسی را رقم زده و در نهایت بر بستر آن، توسعه Development محقـق می‌شود.حرکت دورانی و روبه بالا در نسبت امامت و تقوا نیز به استعلاشناسی انجامیده و در نهایت بر مدار آن، تعـالی محقق می‌شود. توسعه، حرکتی افقی و تعالی، روندی عمودی دارد.

قاعده‌ی رشد

از بردار توسعه و تعالی، رشد پدید می‌آید. غایت روی‌کرد تاریخ‌مدار در طـرح‌ریـزی اسـتراتژیک، «رشـد» اسـت. (نمودار شماره ۱۵)

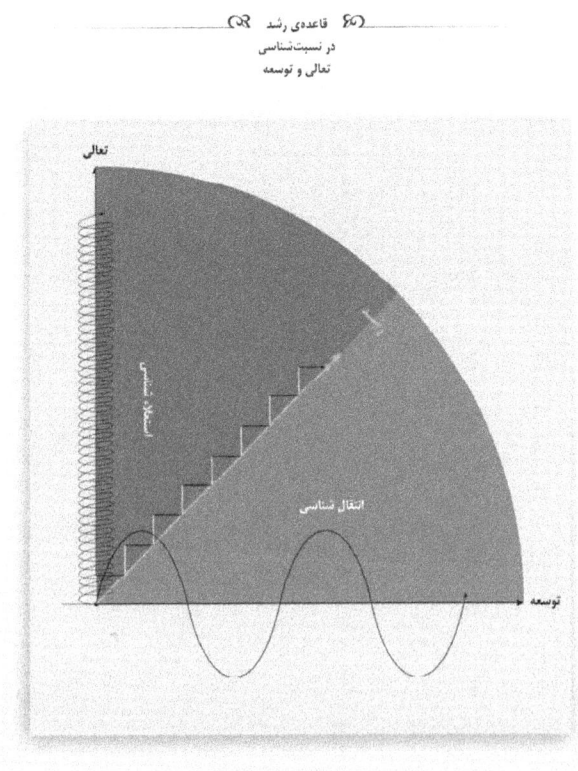

نمودار شماره ۱۵

۱۰۳

۵-۱-۲

روی‌کرد نظام‌مدار

روی‌کرد نظام‌مدار (سیستم‌مدار)

طرح‌ریزی دکترینال و استراتژیک در روی‌کرد نظام‌مدار، واجد سه بخش اساسی است. اندیشمندان، فلاسفه و حکما در گام نخست به تولید اندیشه می‌پردازند، سپس معماران سیستم، با نگرش سیستمی، اندیشه‌ها را در قالب یک سیستم طراحی کرده، و در نهایت آن طرح سیستماتیک در حوزه‌ی اجرا توسط مدیران اجرا می‌گردند. از این رو کانون طرح‌ریزی در روی‌کرد نظام‌مدار، تئوری سیستم‌ها است.

سه توان‌مندی اساسی که در نسبت با این نوع طرح‌ریزی مطرح است، عبارتند از: کلان‌نگری، همه‌جانبه‌نگری و آینده‌نگری. کلان‌نگری، در مقابل خُردنگری و نگرش تکنیکی، توانایی رؤیت و بررسی مسائل در سطح کلان است، به تبع آن، همه‌جانبه‌نگری توانایی بررسی کلیه‌ی عناصر و اجزای یک طرح، و ارتباط میان آن اجزاء را شامل می‌شود. دید همه‌جانبه‌نگری، مهم‌ترین اقتضای نگرش سیستمی در طرح‌ریزی به‌شمار می‌آید. توان‌مندی آینده-نگری، نیز در برتابیدن افق آینده، مبتنی بر ظرفیت همه‌جانبه نگری نمود می‌یابد. (نمودار شماره ۱)

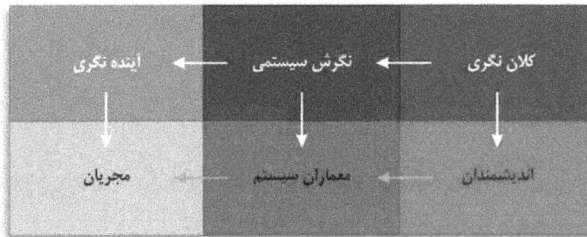

منطق رویکرد سیستم‌مدار
در
طرح‌ریزی استراتژیک
کلان نگری
نگرش سیستمی
اینده نگری
اندیشمندان
معماران سیستم
مجریان

نمودار شماره ۱

ترمینولوژی

«سیستم» ، به ارتباط معنادار میان اجزا در یک کل که در نسبت با محیط خدمت ارائه می‌کند، اطلاق می‌شود. معادل واژه‌ی سیستم، در فارسی «سامانه» و در عربی «نظام» است. اوردر Order و دیسیپلین Discipline، در زبان انگلیسی، کارکرد یک سیستم را تشکیل می‌دهند. اوردر، معادل «نظم» در عربی، به نظم و «سامان» با منشأ درونی اطلاق می‌شود، درحالی‌که، دیسیپلین، به «انتظام» و سامانی گفته می‌شود که منشأ بیرونی داشته باشد. تلقی «سیستماتیک» در طرح‌ریزی، نیز با دو واژه‌ی «بسامان» فارسی، و «منتظم» عربی بیان می‌شود. (نمودار شماره ۲)

ترمینولوژی

سیستم

واژه شناسی		
فارسی	غربی	عربی
سامان	اوردر Order	نظم
	دیسیپلین Discipline	انتظام
سامانه	سیستم System	نظام
بسامان	سیستماتیک Systematic	منتظم

نمودار شماره ۲

مکاتب سیستم

سیستم‌ها به مکاتب متعدد تفکیک می‌شوند که شاخص‌ترین آن‌ها، مکتب معرفت‌شناختی، مکتب هستی‌شناختی و مکتب انسان‌شناختی است.

سیستم‌های مکتب معرفت‌شناختی

سیستم‌ها بر پایه‌ی مکتب معرفت‌شناختی به سه دسته‌ی فیزیکال، متافیزیکال و ترانس‌فیزیکال تقسیم می‌شوند. (نمودار شماره ۳)

الف- سیستم‌های فیزیکال

سیستم‌های عینی یا فیزیکال به پنج طیف سیستم‌های مکانیکی، ارگانیکی، سایبرنتیکی، بیولوژیکی و اکولوژیکی تقسیم می‌شوند. این طیف معروف‌ترین و پرکاربردترین گونه‌های سیستم‌ها محسوب می‌شوند.

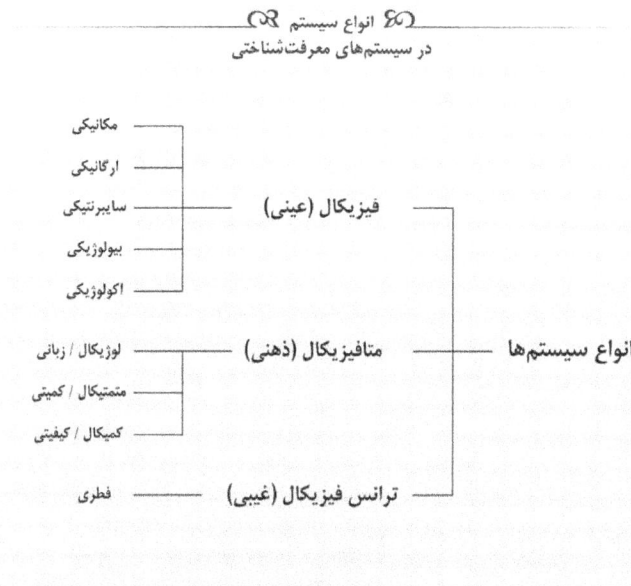

انواع سیستم
در سیستم‌های معرفت‌شناختی

نمودار شماره ۳

۱- سیستم‌های مکانیکی

در میان سیستم‌های فیزیکال، سیستم مکانیکی عینی‌ترین طیف سیستمی به شمار می‌رود.بنیان سیستم مکانیکی بر علم مکانیک و قوانین آن استوار است. اتومبیل به عنوان یک سیستم مکانیکی از اجزائی مانند موتور به عنوان مولد قدرت، سیستم انتقال قدرت، سیستم هدایت و فرمان، سیستم الکتریکی، فنربندی، بدنه و شاسی تشکیل

یافته است. این «اجزاء» به ظاهر ناهم‌سان و ناهم‌گون در «ارتباطی» که نسبت به هم دارند، یک «کل» به نام اتومبیل را شکل داده‌اند که در نسبت با محیط خود «خدمتی» را ارائه می‌کند. الگو قرارگرفتن سیستم‌های مکانیکی در سامان دادن به جامعه، سبب سیطره‌ی تکنیک و تکنولوژی بر انسان شد. «تکنوکراسی»[۱] روح حاکم بر چنین جامعه‌ای است. (نمودار شماره ۴)

طیف شناسی

سیستم‌های فیزیکی

طیف سیستم	سیطره	روح سیستم
مکانیکی	تکنیک تحت سیطره‌ی انسان انسان تحت سیطره‌ی تکنیک	تکنوکراسی
ارگانیکی	بورو تحت سیطره‌ی انسان انسان تحت سیطره‌ی بورو	بوروکراسی
سایبرنتیکی	مدار کنترل تحت سیطره‌ی انسان انسان تحت سیطره‌ی مدار سایبر	سایبوکراسی
بیولوژیکی	جان تحت سیطره‌ی انسان انسان تحت سیطره‌ی جان	بیوکراسی
اکولوژیکی	محیط زیست تحت سیطره‌ی انسان انسان تحت سیطره‌ی محیط زیست	اکوکراسی

نمودار شماره ۴

۲- سیستم‌های ارگانیکی

در سیستم ارگانیکی، محور توجه، ارگان‌ها یا اجزاء اساسی هر ساختار هستند، یعنی اجزایی که می‌توانند خود مرکز ثقل کل ساختار و سیستم گردند. ارگان، می‌تواند هم به قسمتی از موجود زنده اطلاق شود که از نظر آناتومیک

[۱] .Technocracy

و فیزیولوژیک از سایر قسمت‌ها مجزا بوده و کارکرد مخصوص داشته باشد، و هم به سازمان‌های مختلف حکومت که وظیفه‌ی مشخصی دارند اطلاق می‌شود[۲].

سیستم‌های ارگانیکی، بر طبقه‌بندی اجتماعی افراد بر محور یک وظیفه‌ی مشخص، در قالب یک سازمان،[۳] تعریف شده و انسان‌ها اجزای اصلی این سیستم‌ها محسوب می‌شوند. محور بودن سیستم‌های ارگانیکی در هر جامعه، سبب ایجاد «بروکراسی»[۴] به عنوان روح حاکم در آن جامعه خواهد شد. تقسیم‌بندی منابع قدرت کلاسیک، شامل قدرت فرهنگی، اجتماعی، اقتصادی، سیاسی و نظامی نیز مبتنی بر سیستم‌های ارگانیکی صورت پذیرفته است، که اکنون رایج‌ترین نوع سیستم‌های ملی در جهان محسوب می‌شود. (نمودار شماره ۵)

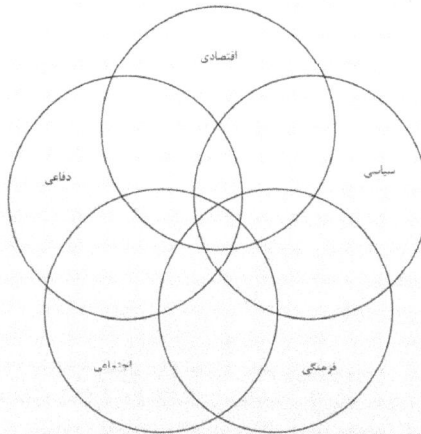

منابع پنج گانه‌ی قدرت ارگانیکی

نمودار شماره ۵

۲. Organ: ۱. A fully differentiated structural and functional unit in an animal that is specialized for some particular function,۲. a government agency or instrument devoted to the performance of some specific function (Yau, Kevin; Essential English Dictionary,Version ۲.٦.۳, Lingoes Project, ۲۰۰۹)

۳. Organization

٤. Bureaucracy: government characterized by specialization of functions, adherence to fixed rules, and a hierarchy of authority (Merriam-Webster's collegiate dictionary, Eleventh ed., Massachusetts, U.S.A, Merriam-Webster Incorporated, ۲۰۰٥)

۳- سیستم‌های سایبرنتیکی

سیستم‌های سایبرنتیکی،[5] طیف سوم سیستم‌های فیزیکال را تشکیل می‌دهند. ساز و کار سیستم عصبی انسـان، یک نمونه عینی و پیچیده از سیستم سـایبرنتیکی اسـت. اینترنـت، مفهـومی اسـت کـه روزبـه‌روز بیشـتر بـا مفهـوم سایبرنتیک عجین می‌شود. هم‌چنین اینترنت بستر ایجاد فضایی شده است که به آن «سایبر اسپیس» Cyberspace اطلاق می‌شود.

سیستم‌های سایبرنتیک علاوه بر بخش تولید و انتقال اطلاعات، جهت تکمیل خود، واجد بخش اساسـی دیگـری نیز هستند که به بخش تولید و انتقال انرژی شناخته می‌شـود. بـدن انسـان، از یـکسـو بـا دسـتگاه عصبـی در بعـد اطلاعاتی یک‌پارچه است و از سوی دیگر دستگاه گردش خون، کلیه‌ی اجزاء بدن را در بعد انـرژی یـک‌پارچـه کـرده است. در سیستم سایبرنتیک، کنترل بخش تولید انرژی که بخش غیرهوشمند سیستم است، توسط قسـمت تولیـد اطلاعات که به بخش هوشمند سیستم شناخته می‌شود، رقم می‌خورد. به کنش کنترلی بخش پـردازش اطلاعـات بـر ماحصل و نیروی حاصل از تولید انرژی در ماشین یا بدن، «سایبر» اطلاق می‌شود. (نمودار شماره ۶)

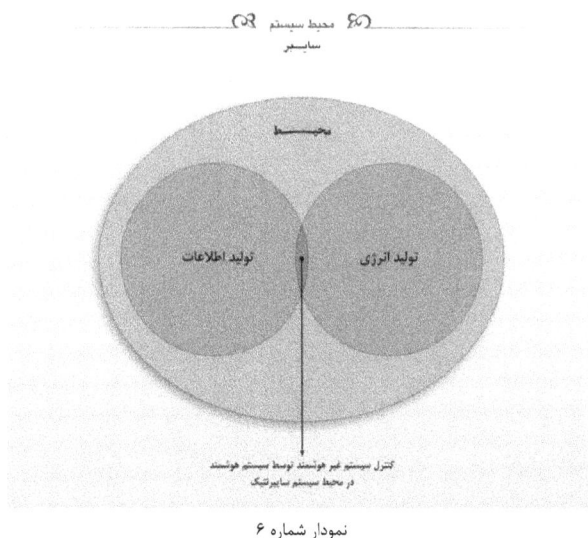

نمودار شماره ۶

---

[5]. Κυβερνήτης ,Kybernetes (Greek)= 'person who guides a boat, governor', Cybernetic (English) (Longman Dictionary of Contemporary English, 5th Edition, Edinburgh Gate, Pearson Education Publication)

فراگیرشدن سیستم‌های سایبرنتیکی در جامعه، از یک سو سیطره‌ی مدار اطلاعات و کنترل را برای انسان رقم می‌زند، و از سوی دیگر انسان را به سیطره‌ی اطلاعات و کنترل می‌کشاند. «سایبرکراسی»⁴ روح حـاکم بـر چنـین جامعـه‌ای خواهد بود.

انرژی و اطلاعات، دو پایه‌ی قدرت ملی جدید مبتنی بر تلقی سیستم‌های سایبرنتیکی است. کشورهای صـنعتی در جهان به سرعت از سیستم ارگانیکی در حال شیفت به سیستم سایبرنتیکی در نظام اجتماعی ملی خود هستند.

۴- سیستم‌های بیولوژیک

ارگان‌های بیولوژیکی	سیستم‌های بیولوژیکی
مغز ـ نخاع ـ اعصاب	سیستم عصبی
تیروئید ـ فوق کلیه ـ لوزالمعده	سیستم هورمونی
ماهیچه‌های اسکلتی	سیستم عضلانی
استخوان‌ها ـ مفاصل	سیستم اسکلتی
قلب ـ عروق	سیستم گردش خون
تیموس ـ غدد لنفاوی	سیستم لنفی
ریه ـ بینی	سیستم تنفسی
دهان ـ مری ـ معده ـ روده ـ کبد	سیستم گوارشی
کلیه ـ مثانه	سیستم دفع ادرار
رحم ـ تخمدان	سیستم تولید مثل

نمودار شماره ۷

---

⁴. Cyberocracy: Cyberocracy describes a form of government or an element of a government that rules by the effective use of information. The exact nature of a cyberocracy is largely speculative as currently there have been no cybercractic governments, however, a growing number prototype cybercratic elements can currently be found in many developed nations. (Wikipedia, Online Encyclopedia)

حوزه‌ی جانداران، پیچیده‌ترین سیستم‌های شناخته شده‌ی امروزی یعنی ارگانیسم را رقم می‌زند. در این میان بدن انسان در نوع خود کامل‌ترین سیستم‌های بیولوژیک محسوب می‌شود. (نمودار شماره ۷)

بدن انسان، تمامی سطوح و استعداد سیستمی را به صورت یک‌پارچه داراست، زیرا یک سوپرسیستم[۷] اسـت، کـه واجد ده ماکروسیستم[۸] می‌باشد: سیستم‌های عصبی، هورمونی، عضـلانی، اسـکلتی، گـردش خـون، ایمنـی، تنفسـی، گوارش، دفع ادرار و تولیدمثل. سطح میکروسیستم[۹] بدن انسان را سلول‌ها تشکیل می‌دهنـد کـه از نظـر پیچیـدگی سیستمی، بالاترین الگوی سیستم‌های سایبرنتیک امروزی هستند. سطح نانوسیستم[۱۰] نیـز از بیومولکـول‌هـا تشکیـل شده است. (نمودار شماره ۸)

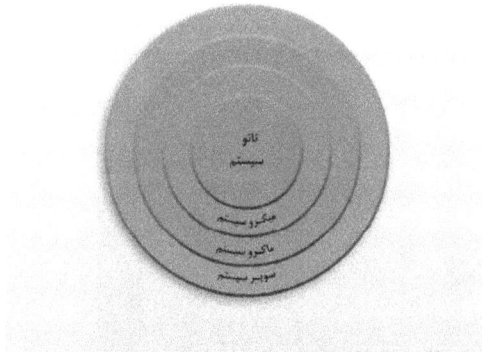

نمودار شماره ۸

منابع ده‌گانه‌ی قدرت مبتنی بر طیف سیستم‌های بیولوژیک شامل قـدرت سیاسـی، فرهنگـی، خـدماتی، سـرزمینی، اقتصادی، امنیتی، انرژی، قضایی، فرآوری و باروری است. (نمودار شماره ۹)

---

[۷]. Supersystem

[۸]. Macrosystem

[۹]. Microsystem

[۱۰]. Nanosystem

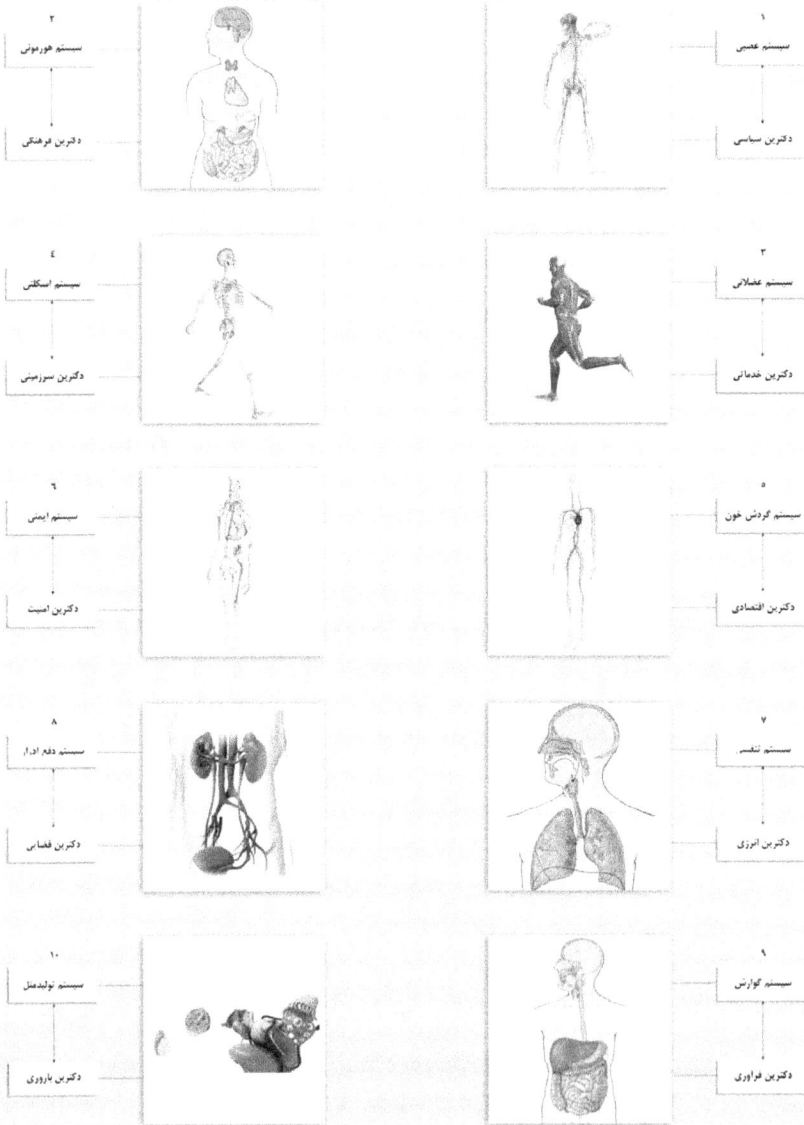

تطبیق سیستم های بیولوژیک
با
منابع ده گانه ی قدرت بیولوژیکی
۱
سیستم عصبی
دکترین سیاسی
۲
سیستم هورمونی
دکترین فرهنگی
۳
سیستم عضلانی
دکترین خدماتی
٤
سیستم اسکلتی
دکترین سرزمینی
۵
سیستم گردش خون
دکترین اقتصادی
٦
سیستم ایمنی
دکترین امنیت
۷
سیستم تنفس
دکترین انرژی
۸
سیستم دفع ادرار
دکترین فضایی
۹
سیستم گوارش
دکترین فراوری
۱۰
سیستم تولیدمثل
دکترین باروری

نمودار شماره ۹

۵- سیستم‌های اکولوژیک[11]

بزرگ‌ترین سیستم موجود بر روی کره‌ی زمین، سیستم اکولوژیکی است. کل کره‌ی زمین، به عنوان یک سوپراکوسیستم، واجد اکوسیستم‌های گوناگون و متنوعی است که در سراسر دنیا پراکندگی جغرافیایی دارند. اکوسیستم، شامل گونه‌های متنوع جان‌داری اعم از آرکی‌باکترها[12]، باکتری‌ها، جلبک‌ها، قارچ‌ها، تک‌سلولی‌های جانوری[13]، گیاهان و جانوران و عناصر محیطی، مانند نور، رطوبت، دما، خاک، وهواست. مطالعه‌ی ارتباطات و روابط سیستمی در یک اکوسیستم، در قالب شناخت رقابت درون‌گونه‌ای، جمعیت‌شناسی، تطور[14] و چرخه‌ی غذایی حاکی از آن است که سطح کره‌ی زمین از پیچیده‌ترین روابط درون سیستمی برخوردار می‌باشد.

فراگیرسازی الگوی سیستم‌های اکولوژیکی در جامعه، موجب می‌شود که محیط‌زیست تحت استیلای انسان، و انسان تحت سیطره‌ی زیست‌بوم قرار گیرد. چنین شرایطی، «اکوکراسی» را محقق می‌سازد.

ب- سیستم‌های متافیزیکال

سیستم‌های متافیزیکال یا ذهنی، به سه طیف تقسیم می‌شوند:

۱- سیستم‌های زبانی (لوژیکال)

ارسطو، نخستین انقلاب فلسفه را رقم زد و در آن اصالت را به عین داد و ذهن را هم‌چون آینه‌ای که باید تابع عین باشد، معرفی نمود. ایمانوئل کانت، انقلاب دوم فلسفه را رقم زد و با انقلاب - به قول خودش - کپرنیکی در فلسفه، اصالت را به ذهن بخشید و عین را تابع ذهن معرفی کرد. اما یک‌صد سال قبل، ویتگنشتاین، انقلاب سوم را در

---

۱۱. Ecology: the complex of a community of organisms and its environment functioning as an ecological unit (Merriam-Webster's collegiate dictionary, Eleventh ed., Massachusetts, U.S.A, Merriam-Webster Incorporated, ۲۰۰۵)

۱۲. Archaebacteria

۱۳. Protista

۱۴. Evolution

فلسفه رقم زد و مدعی شد که نسبت میان عین و ذهن با زبان تعریف می‌شود. اهمیت بازی‌های زبانی[۱۵] از این مرحله هویدا شد. زبان[۱۶] با شبکه وسیع مفهومی و معنایی، یکی از عظیم‌ترین سیستم‌ها را رقم زده است.

۲- سیستم‌های کمی (ریاضی)

انگاره‌های فیثاغورث که ماده‌ی نخستین عالم را کمیت و عدد می‌شمرد، اکنون با ظرفیت ویژه‌ای که از چینش رمزواره‌ی صفر و یک در دانش کامپیوتر پدید آمده است، بر همگان روشن شده است. سیستم‌های ریاضی یا کمیت‌گرا از کامل‌ترین سیستم‌های متافیزیکی محسوب می‌شوند.

۳- سیستم‌های کیفی (شیمیایی)

عناصر شیمیایی که ابتدا با چهار عنصر آب، آتش، خاک و هوا معرفی شدند، اکنون به بیش از یک‌صد عنصر کشف شده، رسیده‌اند. ترکیب عناصر شیمیایی، سیستم‌های کیفی را می‌سازد که در دهه‌های اخیر این سیستم‌ها، پیشرفت‌های شگرفی را در تولید اشیاء و تجهیزات متنوع با آلیاژهای گوناگون برای بشر به ارمغان آورده‌اند.

ج- سیستم‌های ترانس‌فیزیکال

سیستم‌های ترانس‌فیزیکال یا غیبی، نظام ماوراء ماده (عین) و معنا (ذهن) را در بر می‌گیرد. یک نمونه‌ی شناخته شده‌ی آن، نظام فطری در جوامع بشری است. (نمودار شماره ۱۰)

---

۱۵. Language Games

۱۶. A language is a system of signs (indices, icons, symbols) for encoding and decoding information. (Wikipedia, Online Encyclopedia)

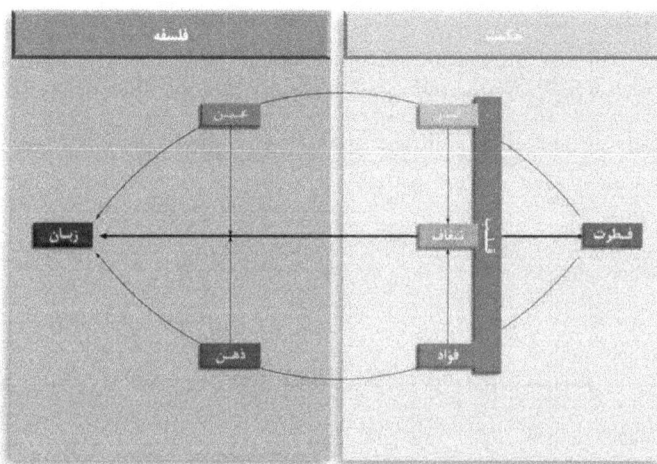

نمودار شماره ۱۰

روند معماری سیستم

گام آخر در روند طرح‌ریزی دکترینال و استراتژیک مبتنی بر رویکرد نظام‌مدار، معماری سیستم است. معمـاری

سیستم، واجد دو بخش ایجاد سیستم و بهبود سیستم است، که بخش نخست شامل سه مرحله است:

۱- ایجاد سیستم: طراحی یک سیستم، گام نخست در معماری سیستم است که مهم‌ترین مرحله نیـز بـه شـمار

می‌رود. مبتنی بر طرح ارائه شده سیستمی ایجاد می‌گردد.

۲- حفظ سیستم: میل به بی‌نظمی و آنتروپی سبب می‌شود که هر سیستم بـرای حفـظ و بقـای خـود نیازمنـد

انرژی، تعمیر و نگهداری باشد.

۳- بسط سیستم: در این مرحله، سیستم ایجاد شده بسط و توسعه می‌یابد.

هرگاه سیستم نتواند به نیاز طرح شده‌ی جدید، پاسخ مناسب بدهد، بهبود سیستم ضرورت می‌یابد. در مرحلـه‌ی نخست، با هدف حفظ شاکله‌ی وضع اولیه، قسمتی از نیرو و انرژی مدیریت سیستم، صرف حفظ وضع موجود سیستم می‌گردد. سپس رفع سریع نیاز جدید، در قالب بهبود اضطراری سیستم موضوعیت می‌یابد. و در نهایت، بهبود اساسی سیستم با طراحی مجدد و ایجاد سیستم نوین، پاسخ‌گوی نیاز جدید خواهد داد. (نمودار شماره ۱۱)

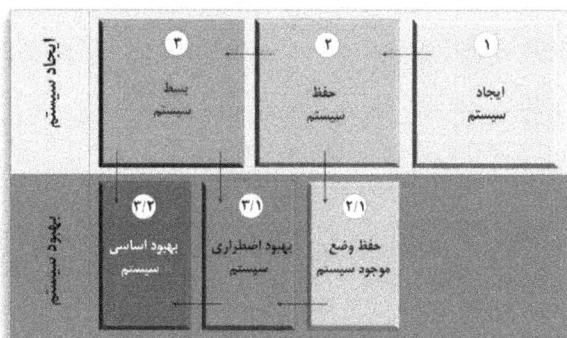

نمودار شماره ۱۱

۲-۱-۶

روی‌کرد قدرت‌مدار

رویکرد قدرت‌مدار

گزاره و عنصر اساسی «توانستن»، مبنای طرح‌ریزی دکترینال و استراتژیک در رویکرد قدرت‌مدار است. قدرت از منظر فردوسی بر پایه‌ی دانش شکل می‌گیرد:

توانا بود هرکه دانا بود　　　　زدانش دل پیر برنا بود[۱]

بیکن نیز توانایی و قدرت را در دانایی می‌دانست.[۲] **«دانستن، توانستن است» بیان دکترین قدرت در این حوزه است.**

الوین تافلر، در کتاب جابه‌جایی قدرت، اصالت دانش را موج سوم قدرت پس از گذار از دوره‌هایی می‌داند که ابتدا خشونت و سپس ثروت قدرت محسوب می‌شد.[۳] **در آن عصر، «داشتن، توانستن است» دکترین قدرت، را در حوزه‌ی ثروت و مالکیت رقم می‌زد.**

ضرب المثل «خواستن، توانستن است» نیز تبیین این مسأله است که انسان طالب، قدرت‌مند و قادر است. (نمودار شماره ۱)

---

۱. فردوسی، ابوالقاسم، **شاهنامه**، تصحیح سعید حمیدیان، تهران، انتشارات قطره، ۱۳۸۴، بخش یکم، شعر آغازین کتاب، بیت چهاردهم)

2. Knowledge is power (Ipsa Scientia Potestas Est in Latin) from Sir Francis Bacon.

۳. خشونت بدترین نوع قدرت را به وجود می‌آورد. به عکس، ثروت به‌مراتب ابزار بهتری برای قدرت است. ثروت قدرتی از نوع متوسط به دست می‌دهد. بهترین نوع قدرت، از کاربرد دانایی حاصل می‌شود. (تافلر، الوین؛ جابه‌جایی در قدرت، ترجمه‌ی خوارزمی، شهیندخت؛ چاپ هشتم، تهران، نشر علم، ۱۳۷۹، صفحه‌ی ۳۱)

دکترین قدرت	قادر
خواستن، توانستن است.	طالب
داشتن، توانستن است.	مالک
دانستن، توانستن است.	عالم
سلامت، توانستن است.	سالم

نمودار شماره ۱

میدان تولید قدرت، واجد چهار گزاره‌ی اساسی است که با این چهار گزاره، قدرت تولید می‌شود:

«نیاز»، «اراده»، «ضعف» و «قوت». (نمودار شماره ۲)

۱. احتیاج

احتیاج یا نیاز[۴] بنیادی‌ترین مفهوم در دکترین قدرت محسوب می‌شود. مجموعـه‌ی نیازهـا و احتیـاج‌هـا، در هـر انسان، سیستم و حکومتی به دو نوع ممدوح و مذموم تقسیم می‌شود. اقدام انسان نسبت به رفع نیاز مشروع و طبیعی خود، ممدوح بوده، در حالی‌که تلاش برای مرتفع نمـودن نیازهـای نامشـروع و غیرطبیعـی بـه هـر نسـبت مـذموم و نکوهیده است. در مناسبات نظام اقتصادی فعلی، فرضاً نیاز به خوراک, پوشاک و مسـکن، از مجموعـه‌ی احتیـاج‌هـای طبیعی و ممدوح هستند، اما نیاز کاذب بخشی از جوامع به مواد مخدر یا مشروبات الکلی، نیاز نامشروع و غیرطبیعی و مذموم تلقی می‌شود.

نیاز، به دلیل این‌که اقتضاء طبیعی موجودات مادی محسوب می‌شود و از این رو، بستر آسیب‌پذیری موجـودات و یا جوامع محسوب می‌گردد، در طرح‌ریزی استراتژیک و دکترینال با روی‌کرد قدرت‌مدار، جای‌گاه ویژه‌ای دارد.

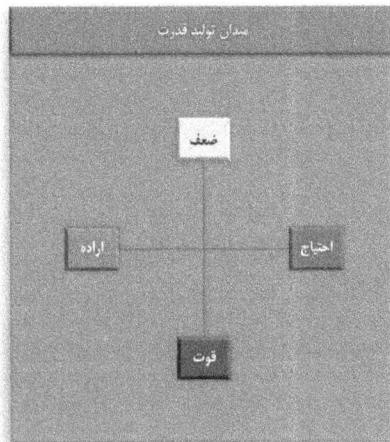

نمودار شماره ۲

[4] .Need , Requirement , Demand

۲. اراده

اراده[5] در مقابل احتیاج، و در جهت رفع نیاز تعریف می‌شود. اراده‌ی حیوانات معطوف به رفع نیازهایشان اراده‌ی طبیعی و غریزی محسوب می‌گردد، در حالی‌که اراده‌ی انسان برآیندی از اراده‌ی طبیعی، غریزی و فطری است.

۳. ضعف

به‌موازات مفاهیم احتیاج و اراده، «ضعف»[6] موضوعیت می‌یابد. ضعف در ادبیـات کلاسـیک، نمادهـای ویـژه‌ای در میان فرهنگ‌ها و اقوام داشته است. در فرهنگ یونانی، ضعف در پاشنه‌ی آشیل، در فرهنـگ عبـری، ضـعف در مـوی سامسون، در فرهنگ اروپای‌شمالی، ضعف در برگ درخت زیگفرید و در فرهنـگ ایرانـی، ضـعف در چشـم اسـفندیار نمایانده شده است.[7]

---

[5]. Will

[6]. Weakness

[7]. نمودار شماره ۳

ضعف از منظر قرآن: سه ریشه‌ی حرص و طمع[۸]، کبر[۹] و حسد[۱۰] دارد.

۴. قوت

در مقابل ضعف، مفهوم «قوت»[۱۱] قرار دارد. نقاط قوت در هر سیستمی، «قدرت» را رقم می‌زنند.

مکاتب قدرت

با توجه به مفاهیم چهارگانه‌ی نیاز، ارده، ضعف و قوت، در میدان تولید قدرت، دکترین قدرت تبیین می‌شود. در میدان مزبور، برای تبیین دکترین قدرت، چهار مکتب وجود دارد.

مکتب یکم: قدرت نیازمحور

در نسبت با نیاز و احتیاج در هر سیستمی می‌توان دو برخورد متفاوت اعمال نمود، یا این‌که دامنه‌ی نیازها را محدود ساخت و یا این‌که آن‌ها را آزاد گذاشت. اصالت در این مکتب بر خواسته‌ها و مطالبات است. کم کردن نیازها و احتیاج‌های غیر منطقی، سبب صیانت از منابع در هر جامعه‌ای می‌شود. در این مکتب، با کاستن از نیازهای غیرطبیعی و نامشروع و منع گسترش نیازهای کاذب می‌توان تولید قدرت نمود. (نمودار شماره ۴)

---

۸. ثُمَّ یَطْمَعُ أَنْ أَزِیدَ (قرآن الکریم، سوره‌ی مدثر، آیه‌ی ۱۵)

باز هم طمع دارد که بر او بیفزایم! (ترجمه‌ی قرآن کریم، ناصر مکارم شیرازی)

۹. وَ إِذْ قُلْنا لِلْمَلائِکَةِ اسْجُدُوا لِآدَمَ فَسَجَدُوا إِلاَّ إِبْلیسَ أَبی وَ اسْتَکْبَرَ وَ کانَ مِنَ الْکافِرینَ (قرآن الکریم، سوره‌ی بقره، آیه‌ی۳۴)

و(یاد کن) هنگامی را که به فرشتگان گفتیم: «برای آدم سجده و خضوع کنید!» همگی سجده کردند؛ جز ابلیس که سر باز زد، و تکبر ورزید، (و به خاطر نافرمانی و تکبرش) از کافران شد. (ترجمه‌ی قرآن کریم، ناصر مکارم شیرازی)

۱۰. أَمْ یَحْسُدُونَ النَّاسَ عَلی ما آتاهُمُ اللَّهُ مِنْ فَضْلِهِ فَقَدْ آتَیْنا آلَ إِبْراهیمَ الْکِتابَ وَ الْحِکْمَةَ وَ آتَیْناهُمْ مُلْکاً عَظیماً (قرآن الکریم، سوره‌ی نساء، آیه‌ی ۵۴)

یا اینکه نسبت به مردم[پیامبر و خاندانش]، و بر آنچه خدا از فضلش به آنان بخشیده، حسد می‌ورزند؟ ما به آل ابراهیم، (که یهود از خاندان او هستند نیز،) کتاب و حکمت دادیم؛ و حکومت عظیمی در اختیار آنها[پیامبران بنی اسرائیل] قرار دادیم. (ترجمه‌ی قرآن کریم، ناصر مکارم شیرازی)

11. Strength

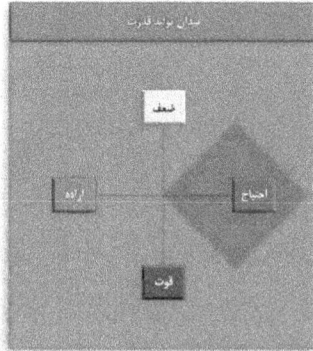

نمودار شماره ۴

مکتب دوم: قدرت اراده‌محور

در این مکتب دو الگوی متفاوت مطرح است: اراده‌ی معطوف به قدرت در دیدگاه نیچه، که فلسفه‌ی قدرت مدرن را رقم می‌زند، و نتیجه‌ی آن علو و برتری جویی در جهان است،[۱۲] و دیگری اراده‌ی معطوف به عبادت، در حکمت قدرت دینی، که نهایت آن خضوع و خشوع است. (نمودار شماره ۵)

[۱۲] آیا میدانید که جهان از نظر من چیست؟ . . . این جهان، اراده قدرت است، و دیگر هیچ! و شما خود نیز اراده قدرت‌اید و دیگر هیچ!» (نیچه، فریدریش؛ **اراده قدرت**، ترجمه‌ی شریف، مجید؛ چاپ اول، تهران، انتشارات جامی، ۱۳۷۷ش، ج۲، ص۷۸۹و۷۹۰)

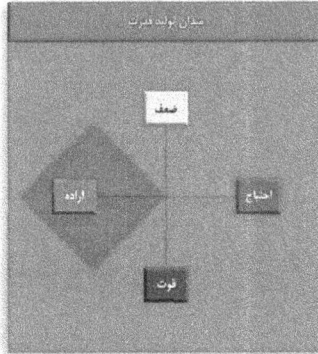

نمودار شماره ۵

مکتب سوم: قدرت قوت‌محور

مکتب سوم، مکتب اصالت قوت است، و در آن برای تولید قدرت، به ارتقای نقاط قوت پرداخته می‌شود. توجه به قوت‌ها سبب می‌شود خودباوری شکل بگیرد، که َحاصل تقویت قوت از حیث نیمه‌ی پر لیوان است. (نمودار شماره ۶)

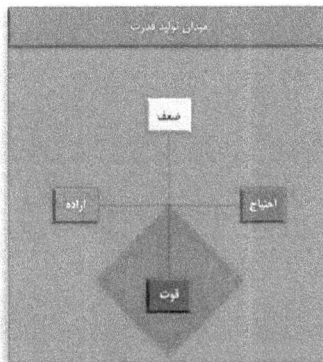

نمودار شماره ۶

مکتب چهارم: قدرت ضعف‌محور

در مکتب اصالت ضعف تمرکز بر نداشته‌ها و ناتوانی‌ها است. با زدودن ضعف، به ایجاد قدرت پرداخته می‌شود، که

حاصل توجه به نیمه‌ی خالی لیوان است. (نمودار شماره ۷)

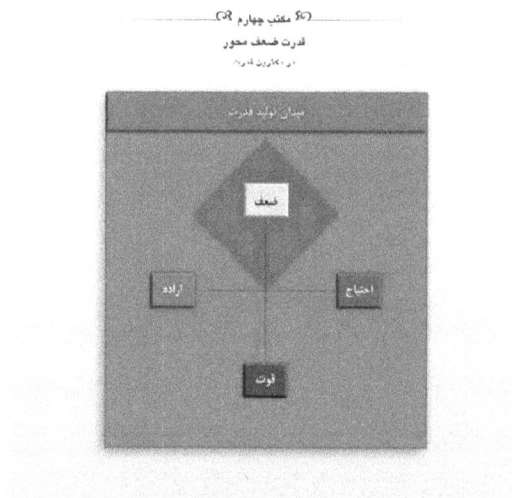

نمودار شماره ۷

منابع قدرت

قدرت، مفهومی نسبی است که از منابع گوناگونی منتج می‌شود. این منابع «حـد» مـی‌خورنـد و بـه حـوزه‌هـای مختلف «تحدید» می‌شوند. تحدید منابع قدرت به طور عمومی در روی‌کرد ارگانیکی پنج حوزه‌ی اصلی را در بر مـی‌گیرد: (نمودار شماره ۸)

۱- قدرت اقتصادی

قدرت اقتصادی، از منابع اصلی قدرت ملی هر کشور محسوب می‌شود. تمکن و تملک، بخشی از قدرت است، امـا واقعیت قدرت اقتصادی، یک توانمندی سه وجهی را دربردارد:

۱) بهره‌مندی از منابع مادی زیر زمینی و رو زمینی، با حداقل اتکاء به بیگانه در فرآوری آن منابع.

۲) بهره‌مندی از نیروی کار توانمند برای تبدیل منابع مادی زیر زمینی و رو زمینی به «کالا» و محصول.

۳) بهره‌مندی از بازار مناسب و توجه به بازاریابی مطلوب برای محصول و کالای تولیدی مزبور.

هرگاه جامعه و کشوری، از این توانمندی سه وجهی - به طور نسبی - بهـره‌منـد باشـد، واجـد قـدرت اقتصـادی است.[۱۳]

۲- قدرت سیاسی

قدرت سیاسی نیز از منابع اصلی قدرت ملی محسوب می‌شود، کـه شامل سیاست عمومی، سـاختار سیاسـی یـک کشور، ابعاد تعامل مردم با حکومت، دیپلماسی و روابط خارجی، توانمندی مدیریت و رهبری کـلان، سـاختار تصـمیم سازی، سیاست‌گذاری، قانون‌گذاری مترقی، و ... می‌باشد.

[۱۳]. صحراگرد،مجید؛ مطالعه‌ی طرح‌ریزی استراتژی ملی انرژی جمهوری اسلامی ایران در افق ۱۴۱۴، پایان نامه کارشناسی ارشد، دانشکده انرژی، دانشگاه عباسپور، ۱۳۸۶، صفحه ۹۲

اساس سیاست، «تصمیم سازی» است و استمرار سیاست، «اجرای» آن تصمیم‌هاست. در نتیجه، قدرت سیاسی را باید ابتدا در توانمندی یک کشور و جامعه در حوزه‌ی «تصمیم سازی» و چاره اندیشی دانست، زیرا جامعه و کشوری که «بی‌تصمیم» و «بی‌چاره» باشد، فاقد قدرت سیاسی است. شق دوم قدرت سیاسی را باید در توانمندی مدیریت و رهبری در یک جامعه یا کشور، برای اجرای آن تصمیم‌ها و چاره‌ها دانست، یعنی قدرت رهبری و مدیریت.[۱۴]

۳- قدرت دفاعی - نظامی

در تلقی سنتی از قدرت ملی، همواره استراتژی ملی تکیه بر استراتژی نظامی داشت، زیرا قدرت ملی بر پایه‌ی قدرت نظامی تعریف می‌شد. در رویکرد امروزی قدرت، مؤلفه‌ی نظامی یکی از ابعاد پنج‌گانه‌ی قدرت به‌شمار می‌رود، نه بیشتر.

ساختار نیروهای مسلح، قابلیت تجهیزات دفاعی، کیفیت آموزش، استعداد کمی و کیفی نیروی انسانی دفاعی، قابلیت رهبری و فرماندهی دفاعی، بهره‌گیری از تجارب دفاعی گذشته، و ...، اجزاء و ابعاد تشکیل دهنده‌ی قدرت نظامی محسوب می‌شوند.

۴- قدرت فرهنگی

چهارمین مؤلفه‌ی قدرت ملی، قدرت فرهنگی است. میراث فرهنگی، اقتصاد فرهنگی، سطح سواد عمومی، پیشینه‌ی علمی، کیفیت آموزش و پرورش، کیفیت آموزش عالی، قابلیت‌های هنری، درجه‌ی خلوص زبان و پویایی ادبیات، وضعیت رسانه‌ها، و ... اجزاء تشکیل دهنده‌ی قدرت فرهنگی محسوب می‌شوند.[۱۵]

۵- قدرت اجتماعی

---

[۱۴]. همان، صفحه ۹۳

[15]. همان، صفحه ۹۴

قدرت اجتماعی، برآیند چهار مؤلفه‌ی قدرت قبلی – اقتصاد، سیاست، دفاع و فرهنگ – محسوب می‌شود. پویایی جمعیت، تناسب ازدواج، تناسب زاد و ولد، تأمین اجتماعی و بیمه، کیفیت اقتصاد و امید به زندگی، درجه‌ی پایین آسیب‌های اجتماعی و فقدان جرائم سازمان یافته، درجه‌ی پایین فقر و فساد و تبعیض، و ... از مشخصه‌ها و اجزاء شاکله‌ی قدرت اجتماعی محسوب می‌شوند.[۱۶]

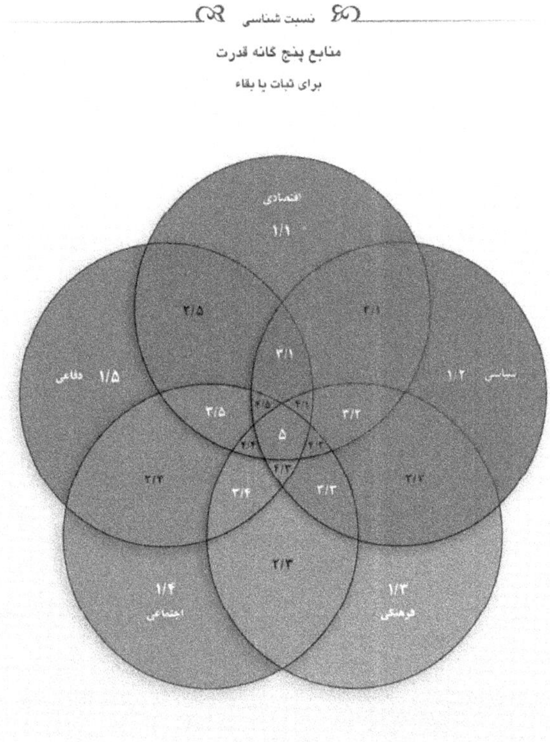

منابع پنج گانه قدرت
برای ثبات یا بقاء

نمودار شماره ۸

---

[۱۶]. همان، صفحه ۹۵

قدرت ملی سایبرنتیک

قدرت سایبر بر خلاف سیستم ارگانیکی، دارای دو قطب قدرت است. ساختار سیستم سایبرنتیک، به شکل ساده، از دو بخش «تولید اطلاعات» و «تولید انرژی» تشکیل شده است، که بخش «تولید اطلاعات» بر بخش «تولید انرژی» کنترل اعمال می‌کند. و در این سیستم، همان‌گونه که بخش تولید اطلاعات، حائز اهمیت حیاتی است و ثبات و بقاء سیستم به آن متکی است، بخش تولید انرژی نیز حائز اهمیت بوده و ثبات و بقاء سیستم به آن تکیه دارد. در واقع یک سیستم سایبرنتیک از دو منبع اصلی قدرت برخوردار است: «قدرت اطلاعات» و «قدرت انرژی». و سیستم هر کشوری که مبتنی بر سیستم سایبرنتیک باشد، از دو منبع قدرت تشکیل خواهد شد: «منبع قدرت اطلاعات» و «منبع قدرت انرژی».[۱۷] (نمودار شماره ۹)

[۱۷]. همان، صفحه ۹۳

قدرت ملی سایبرنتیک

قدرت ملی سایبرنتیک
قدرت ملی اطلاعات
الف قوه مقننه -
ب قوه مجریه -
۱ وزارت علوم -
۲ وزارت آموزش و پرورش -
۳ وزارت رفاه -
۴ وزارت فرهنگ و ارشاد اسلامی -
۵ وزارت بهداشت -
۶ سازمان مدیریت و برنامه ریزی -
۷ وزارت اقتصاد -
۸ وزارت کشور -
۹ وزارت اطلاعات -
۱۰ وزارت امور خارجه -
۱۱ وزارت دادگستری -
۱۲ سازمان ملی جوانان -
۱۳ سازمان هلال احمر -
۱۴ نیروهای مسلح -
۱۵ نیروی انتظامی -
۱۶ نیروی مقاومت -
۱۷ سازمان صدا و سیما -
پ قوه قضاییه -
قدرت ملی انرژی
۱۴ ارتش -
۱۳ سپاه -
۱۲ وزارت تعاون -
۱۱ وزارت بازرگانی -
۱۰ وزارت راه و ترابری -
۹ وزارت دفاع -
۸ وزارت صنایع -
۷ وزارت جهاد کشاورزی -
۶ سازمان انرژی اتمی -
۵ وزارت نیرو -
۴ وزارت نفت -
۳ بانک مرکزی -
۲ وزارت مسکن -
۱ وزارت کار و امور اجتماعی -

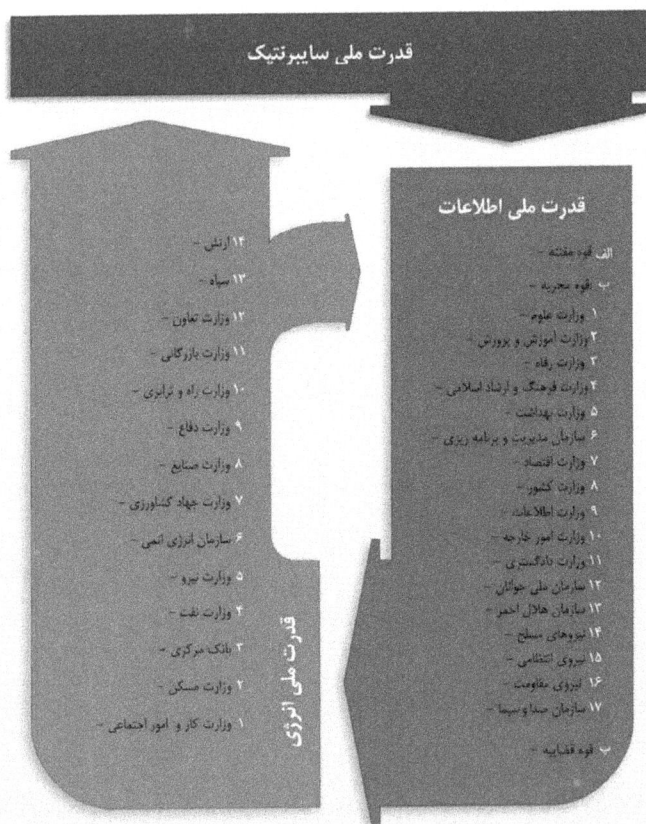

نمودار شماره ۹

طیف‌شناسی نوین قدرت

در طرح‌ریزی استراتژیک مبتنی بر روی‌کرد قدرت‌مدار، اشراف بر طیف‌های گوناگون قدرت الزامی است. به برخی از آن‌هابه طور اجمالی می‌توان پرداخت:

بوروپاور

قدرت اداری، که شامل مجموعه قوانین، مصوبات، و روش‌های جاری اداری است که مناسبات دیوانی و اداری یک جامعه را تنظیم می‌کند و بیان‌گر توانمندی اداری و بروکراتیک هر سیستمی است.

ارگانوپاور

قدرت سازمانی، شامل ساختار سازمانی یک کشور، و ابعاد تعامل مردم با سازمان‌ها و بین‌سازمانی، و توان‌مندی مدیریت سازمانی است.

تکنوپاور

قدرت فنی، شامل قدرت تکنیکی و تکنولوژیکی یک جامعه و توان‌مندی‌های تکنوکراسی آن است.

سایبرپاور

قدرت سایبر، شامل زیرساخت‌های مخابراتی و دیجیتالی و ساختار فضای سایبر در یک کشور است.

اکوپاور

قدرت زیست‌محیطی، شامل آب، هوا، خاک و سایر عناصر محیطی مناسب، تنوع گونه‌های گیاهی و جانوری و تنوع زیست‌بوم‌های هر کشوری است.

سایکوپاور

قدرت روانی، شامل اقتصاد روانی و میزان تحمل افراد جامعه در برابر بروز حوادث طبیعی و جنگ‌ها می‌باشد.

بیوپاور

قدرت زیستی، مشتمل بر تن‌درستی تمامی افراد جامعه و کنترل جمعیت است. بیوپاور اولین بار توسط میشل فوکو در کالج فرانسه به کاربرده شد.[۱۸]

[18] -Biopower was a term originally coined by French philosopher Michel Foucault to refer to the practice of modern states and their regulation of their subjects through "an explosion of numerous and diverse techniques for achieving the subjugations of bodies and the control of populations." Foucault first used it in his courses at the Collège de France (Foucault, Michel; **Security, Territory, Population**: Lectures At The College de France, 1977-1978)

۲-۱-۷

روی‌کرد اجتماع‌مدار

روی‌کرد اجتماع‌مدار

طرح‌ریزی دکترینال و استراتژیک در روی‌کرد اجتماع‌مدار، بر مفهوم «جامعه»[1] بنا شده اسـت. از آن‌جـا کـه دامنه‌ی «نیازها»، انسان را به سوی تشکیل جامعه سوق می‌دهد، هنگامی‌کـه در کنـار یک‌دیگر مجتمـع شـدند، اجتماع را تشکیل می‌دهند و هنگامی‌که به تبع سیستم‌های موجود اجتماعی، واجـد شـغل و صـنف بـرای رفـع نیازهای جمعی شدند جامعه را رقم می‌زنند.

جهت‌گیری نقش اجتماعی انسان، در تلقی غربی بر پایه‌ی «اداره‌ی انسان‌ها» در دانش مدیریت شکل می‌گیرد. طراحی سیستم‌های اجتماعی، پیدایش سازمان‌ها و طبقه‌بندی مشاغل[2] مبتنی بر تخصص افراد، سه طیف اساسـی در بنیان‌های جامعه‌سازی در این تلقی هستند، تا «منفعت» را به عنوان عنصـر قـوام و دوام اجتمـاع و جامعـه‌ی مدرن شکل دهند.

در تلقی اسلامی، «مسئولیت» به جای شغل، مبتنی بر تعهد، زمینه‌ی پیدایش نهادها و ساخت‌مندی نظام‌هـای اجتماعی است. «امامت» نیز بر پایه‌ی «اقتدای مأمومین به امام» به عنصر قوام جامعه‌ی اسلامی مبتنی بر «عقیده- ی توحیدی» تبدیل می‌شود. (نمودار شماره ۱)

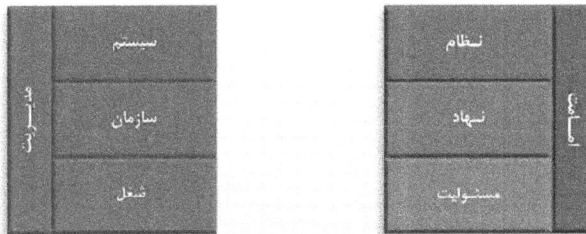

نمودار شماره ۱

---

[1]. Societas (Latin), Society (English)

[2]. Job classification

نسبت‌شناسی فردیت با جمعیت

در جامعه‌سازی مدرن، مبتنی بر ایدئولوژی غالب سوسیالسیم ویا لیبرالیسم، در بنای جامعه اصالت یا بـا «فـرد» است و یا با «جمع». (نمودار شماره ۲)

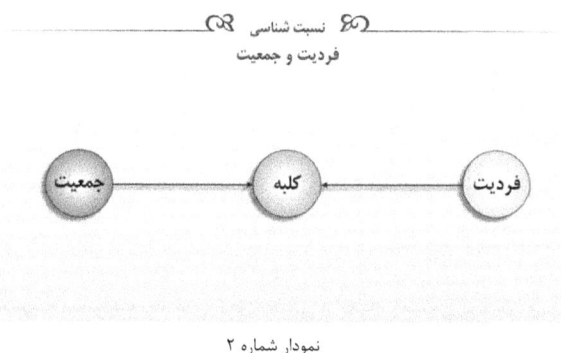

نمودار شماره ۲

مبنای «فردیت»[3] در جامعه‌سازی بیان‌گر این اصل است که فرد، آزاد و رهاست و نبایـد قیـدی بـرای او در نظـر گرفت. ایدئولوژی لیبرالیسم، با تکیه بر فرد، سیستم‌های اقتصادی، اجتماعی، فرهنگی و سیاسی را بـه طـور مثـال در کشورهای آنگلوساکسون[4] پی‌ریزی می‌کند.

کشورهای سوسیالیستی و جوامعی که از جریانات چپ تبعیت می‌کننـد، در بنـای جامعه، اصـل «جمعیـت»[5] را برمی‌تابند. در مقابل فردیت، در «جمعیت» اعتقاد بر این است که فرد تحت تأثیر است و جریانات مختلف بـا مقاصـد خاص خود علایق، نیازها و آرزوهای فردی را تغییر می‌دهند، فلذا فرد نمی‌تواند ملاک طرح‌ریزی جامعه قرار گیرد.

در حد فاصل بین دو مفهوم فردیت و جمعیت، در جامعه‌سازی مفهومی به نام «کلبه»[6] رقم می‌خورد، که حـاکی از محل زندگی فرد در قالب خانواده است.

---

[3]. Individuality

[4]. Anglo-Saxon Countries: United States, England, Canada, Australia, New Zealand

[5]. Community

[6]. Cottage

روند افقی در طراحی استراتژیک جامعه یا آنچه در اصطلاح «جامعه‌سازی» نامیده می‌شود، ، به تبیین و روشن-کردن نقش فرد، کلبه و جمع در جامعه اطلاق می‌شود.

نسبت‌شناسی دولت‌چینی و ملت‌چینی

روند عمودی در طرح‌ریزی جامعه، شامل سه دسته ساختمان‌سازی است: ساخت مردم یا Nation building، ساخت دولت یا State building، ساخت نظام یا System building. (نمودار شماره ۳)

نمودار شماره ۳

در بخش نخست یا مردم‌چینی Nation building چگونگی چینش مردم از حیث تنظیم نقش‌ها برای تک تک مردم در پاسخ‌گویی به نیازهای یک جامعه‌ی در حال پیشرفت مطرح است. اگر نقش‌هایی که هر یک از مردم در یک جامعه بر عهده دارند، کهنه و غیر ضروری باشد، آن جامعه «پس‌رفت» داشته و ضمن عقب ماندن از مناسبات زمان، به انحطاط می‌رسد.

در بخش دوم یا دولت‌چینی State building دولت‌سازی مطرح است. چگونگی چینش دولت از حیث مدیریت نقش‌ها و مدیریت بر نقش‌ها در پاسخ‌گویی به نیازهای جامعه، مسأله‌ی اصلی دولت چینی است.

در بخش سوم یا نظام‌چینی System building، سیستم‌سازی یا سامان‌دهی روابط دولت با مردم مطرح است. چگونگی چینش مناسبات دولت با مردم در تنظیم نقش‌ها و مدیریت بر آن در پاسخ‌گویی به نیازهای جامعه، موضوع نظام‌سازی است. با توجه به تعریف سیستم، - ایجاد ارتباط معنادار میان اجزا در یک کل که در نسبت با محیط خدمات ارائه کند - در نظام‌سازی، تلاش بر این است تا میان اجزایی که مردم و دولت را پیوند داده، ارتباط معنادار پدید آید تا این ارتباط میان اجزا، به ارائه خدمات به محیط منتج شود. این سه دسته ایجاد ساختمان، به ایجاد یکپارچه‌ی بنای جامعه منتج می‌شود. هریک از کشورها از نظر جامعه‌سازی، در یکی از این سه مرحله قرار دارند، یعنی یا در مرحله‌ی یکم - مردم‌چینی - هستند، یا در مرحله‌ی دوم - دولت‌چینی - و یا در مرحله سوم جامعه‌سازی - نظام‌سازی - هستند.

ساختار جامعه

روند طرح‌ریزی جامعه، بر مبنای الگوی سیستم ارگانیکی شکل می‌یابد که در آن جامعه به‌مثابه‌ی یک هرم در نظر گرفته می‌شود. این هرم از سه بخش تشکیل شده است: قاعده‌ی هرم که شامل مردم است، راس هرم که شامل دولت است، و حد فاصل میان قاعده و راس هرم یا میان مردم و دولت، که به عنوان نظام یا سیستم شناخته می‌شود. (نمودار شماره ۴)

بنای نظام، یا چینش سیستم، که از آن به سامان‌دهی مناسبات مردم و حکومت یاد می‌شود، گام سوم است. نظام یا سیستم، به مثابه فرش است. فرش از سه جزء اصلی تشکیل می‌شود:

تارها که از بالا به پایین کشیده می‌شوند، پودها که به صورت افقی با تارها تقاطع پیدا می‌کنند. و گره‌ها که میان تقاطع تارها و پودها زده می‌شوند. هر یک از مردم معادل یکی از گره‌ها هستند، حکومت همچون پودهاست، و نظام مانند تارها، که از بالا به پایین کشیده شده و شیرازه‌ی جامعه - فرش- را تشکیل می‌دهد.

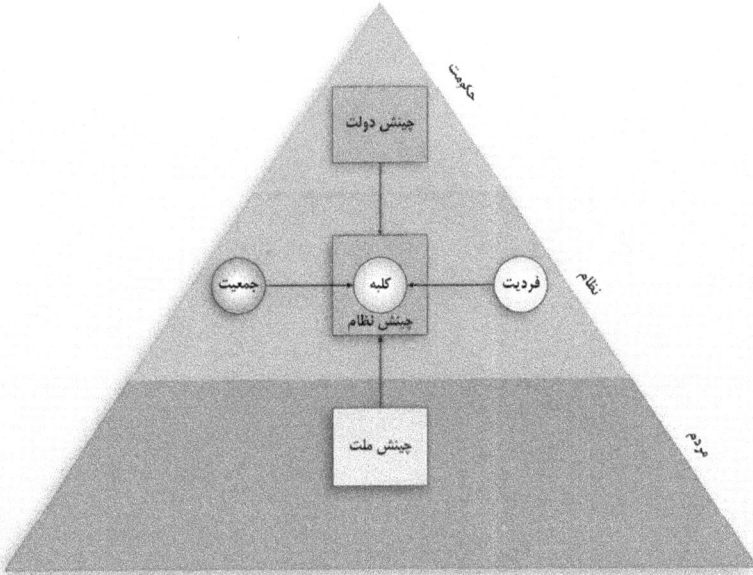

نمودار شماره ۴

برای نمونه، وزارت اقتصاد و دارایی، در رأس، کسی را در دولت به نام وزیر دارد و لایه‌های مدیریتی آن تا پایین-

ترین سطوح، نقش پودها را دارند. مردم به عنوان ارائه‌کننده و یا دریافت کننده‌ی خدمات اقتصادی در این سطوح

چینش می‌شوند. آنچه مردم را به عنوان خریدار و یا فروشنده، و مدیران را در این سطوح یکپارچه می‌سازد، «نظام»

اقتصادی است که از بالا در رأس جامعه تا پایین در قاعده‌ی جامعه و در میان تک تک مردم کشیده می‌شود. نظام-

سازی در اینجا، تنظیم مناسبات مردم و حکومت، در امر اقتصاد است. حکومت از طریق نظام مربوطه، اقتصاد را برای

مردم محقق و تسهیل می‌سازد.

شناخت روند طرح‌ریزی افقی و عمودی در جامعه‌سازی، ساختار جامعه را در هر تمدن شکل می‌دهد.

هرم جامعه مبتنی بر پارادایم امانیسم، جامعه‌ی مدنی[7] را برمی‌تابد. در چنین جامعه‌ای ملت‌چینی، بر اساس سرمایه‌های انسانی صورت می‌پذیرد. در جامعه‌سازی مدرن، سرمایه‌ی انسانی[8]، سه بخش عمده دارد:(نمودار شماره ۵)

۞ لایه‌های سرمایه‌داری ۞
در
جامعه‌ی مدنی

سرمایه‌ی مادی

سرمایه‌ی علمی

سرمایه‌ی اجتماعی

نمودار شماره ۵

۱. سرمایه‌ی مادی Financial Capital: مردم در جامعه‌ی مدنی نسبت به ثروتی[9] که دارا هستند و یا نسبت به ثروتی که تولید می‌کنند، سرمایه‌ی مادی را ایجاد می‌کنند، این سرمایه زیربنای سرمایه‌های انسانی است، و معیار سنجش و اندازه‌گیری سایر سرمایه‌ها محسوب می‌شود.

---

[7]. Civil society

[8]. Human Capital

[9]. Wealth

۲. سرمایه‌ی علمی Scientific Capital: سرمایه‌ی علمی در جامعه‌ی مدنی عموماً نسبت به تولید سرمایه‌ی مادی ارزشیابی می‌شود.

۳. سرمایه‌ی اجتماعی Social Capital: سرمایه‌ی اجتماعی روبنای سرمایه‌های انسانی است. غرب به دلیل فروپاشی مناسبات خانواده از یک‌سو و رشد تفرد از سوی دیگر، در ساختار اجتماعی خود در نیم قرن اخیر با بحران سرمایه‌ی اجتماعی روبه‌روست.

‌‌‌ هرم جامعه‌ی مدنی ‌‌‌‌‌‌‌‌‌‌‌‌‌‌‌

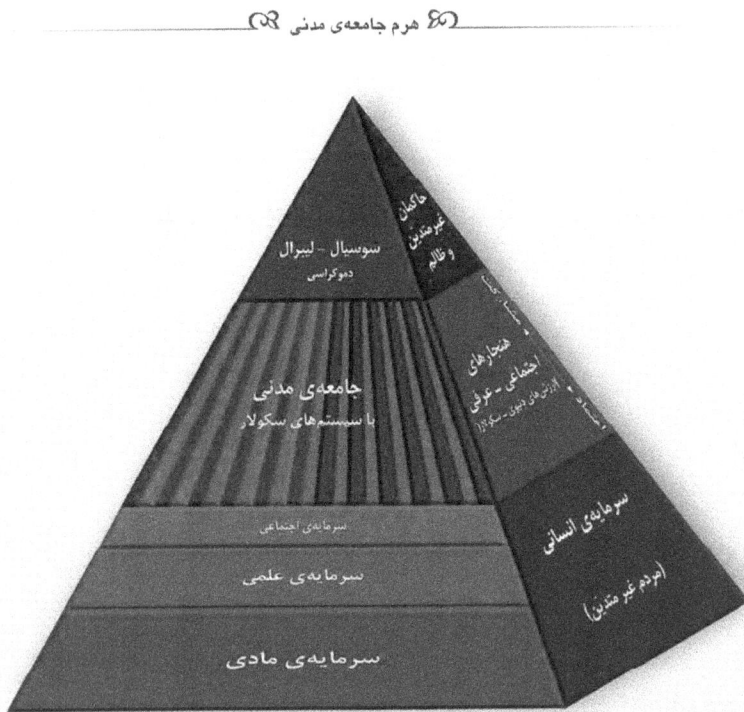

نمودار شماره ۶

۱۴۷

دولت‌چینی بر مبنای دو ایدئولوژی شاخص سوسیالیسم و لیبرالیسم ، در جامعه‌ی مدنی شکل می‌گیرد. «دموکراسی»[10] یا حاکمیت مردم بر مردم، در قالب سوسیال‌-دموکراسی و لیبرال‌-دموکراسی بهترین شکل ساختار سیاسی در این حکومت‌ها محسوب می‌شود.

مرحله‌ی نظام‌چینی در جامعه‌ی مدنی، نیز مبتنی بر سیستم‌های سکولار است. چنین سیستم‌هایی بر مبنای هنجارهای اجتماعی و عرفی طراحی شده، و در جامعه ارزش‌های دنیوی و سکولار را نهادینه می‌کنند. این سیستم‌ها حلقه‌ی اتصال حاکمان غیرمتدین در رأس هرم با مردم غیرمتدین در قاعده‌ی هرم هستند. ادامه‌ی روند نظام‌چینی در قاعده‌ی هرم، صنف‌بندی مردم در قالب سازمان‌های غیردولتی[11] را رقم می‌زند که مهم‌ترین کارکرد جامعه‌ی مدنی محسوب می‌شود. دو مؤلفه‌ی اساسی در نظام‌چینی این جامعه، میزان «مشارکت» مردم در حکومت، و «اعتماد» مردم به حکومت برمبنای مشارکت است. (نمودار شماره ۶)

تعداد سیستم‌های هر جامعه‌ی مدنی، نسبت به پیچیدگی هر جامعه، متغیر است. ایالات متحده با بیشترین تعداد سیستم‌های اجتماعی و حکومتی، پیچیده‌ترین ساختار حکومتی را داراست.

---

[10]. Democracy

[11]. Nongovernmental Organization (N.G.O.)

جامعه‌ی هجری

ریشه‌شناسی جامعه‌ی مدنی، در مفهوم «مدنیت»، «تمدن» و «مُدُن» عبری است که در عربی «مدینه» گفته می‌شود. مابه‌ازای فارسی مدن، «شهر» است که در یونان باستان به آن «پلیس»[۱۲] و در روم باستان به آن «سیویل»[۱۳] اطلاق می‌شده است. در متن قرآن نیز به مدینه اشاره شده است، اما هدف غایی در جامعه‌ی مبتنی بر آموزه‌های اسلامی، در تبیین مفهوم «هجرت»[۱۴] است. «هجر» ریشه‌ی حبشی دارد که در فارسی به آن «کوچ» گفته می‌شود. مبدأ تاریخ اسلام نیز بر هجرت نهاده شده است. ارزش در اسلام در مقابل انسان متمدن غربی در «مهاجر» بودن است، و پیامبر اکرم (ص) فرموده‌اند که : مهاجر کسی است که از گناهان هجرت کند.[۱۵]

بنای مردم، یا چینش مردم، در جامعه‌ی هجری نیز بر مبنای سرمایه‌ی انسانی است. از مردم‌چینی، معماران انقلاب اسلامی به «امت‌سازی» و ایجاد بنای امت یاد کردند. لایه‌های سرمایه‌داری برای ایجاد بنای امت واجد چهار بخش است: (نمودار شماره ۷)

---

[12]. Πόλις, Pólis = city (Ancient Greek)

Derived English words from Polis: policy (science, or the tactics, of government); polity, politic (with extn political, now sense-differentiated), whence politician (CF technician from technic), politics. (Partridge, Eric; **Origins - An Etymological Dictionary of Modern English**, 5th Ed, New York, Routledge Publication, 2006, Page 2478)

[14]. Civil = City State

Derived English words from city: sep citadel and citizen; citify; civic, civicism, civics; civil, civilian, civility, civilize and civilization (The Same, Page 519)

[۱۴]. وَ مَنْ يُهاجِرْ فی سَبِيلِ اللَّهِ يَجِدْ فِی الْأَرْضِ مُراغَماً كَثِيراً وَ سَعَةً وَ مَنْ يَخْرُجْ مِنْ بَيْتِهِ مُهاجِراً إِلَى اللَّهِ وَ رَسُولِهِ ثُمَّ يُدْرِكْهُ الْمَوْتُ فَقَدْ وَقَعَ أَجْرُهُ عَلَى اللَّهِ وَ كانَ اللَّهُ غَفُوراً رَحِيماً (قرآن الكريم، سوره‌ی نساء، آیه‌ی ۱۰۰)

کسی که در راه خدا هجرت کند، جاهای امنِ فراوان و گسترده‌ای در زمین می‌یابد. و هر کس بعنوان مهاجرت به سوی خدا و پیامبر او، از خانه خود بیرون رود، سپس مرگش فرا رسد، پاداش او بر خداست؛ و خداوند، آمرزنده و مهربان است. (ترجمه‌ی قرآن کریم، ناصر مکارم شیرازی)

[۱۵]. وَ الْمُهَاجِرُ مَنْ هَجَرَ السَّيِّئَاتِ وَ تَرَكَ مَا حَرَّمَ اللَّهُ عَلَيْه (شیخ طبرسی، فضل بن حسن حفید؛ مشکاة الأنوار فی غرر الأخبار، چاپ دوم، نجف، نشر حیدریه، ۱۳۸۵، صفحه ۳۸)

۱. **سرمایه‌ی ایمان**: انسان‌ها بر مبنای ایمانی که دارند و تولید ایمانی که می‌توانند صورت دهند سرمایه‌ی ایمان را در جامعه ایجاد می‌کنند. انسان طراز در چنین جامعه‌ای انسانی است که سرشار از سرمایه‌ی ایمان باشد و بتواند ایمان را در سایر انسان‌ها به وجود آورده و تقویت کند. سرمایه‌ی ایمانی، زیربنای سرمایه‌های انسانی است و ملاک سنجش سایر سرمایه‌ها محسوب می‌شود.

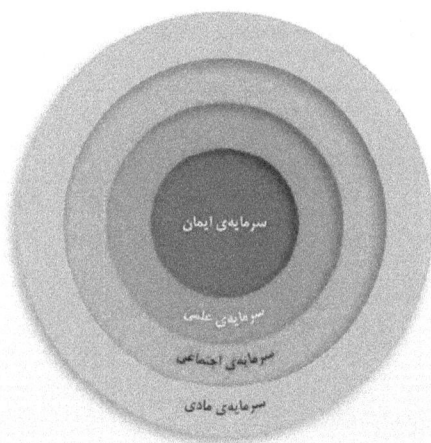

لایه‌های سرمایه‌داری
در
جامعه‌ی هجری
سرمایه‌ی ایمان
سرمایه‌ی علمی
سرمایه‌ی اجتماعی
سرمایه‌ی مادی

نمودار شماره ۷

۲. **سرمایه‌ی علمی**: تولید سرمایه‌ی علمی مبتنی بر سرمایه‌ی ایمان، لایه‌ی بعدی سرمایه در امت‌سازی را تشکیل می‌دهد.[۱۶]

---

۱۶. أمِيرَ الْمُؤْمِنِينَ يَقُولُ أَيُّهَا النَّاسُ اعْلَمُوا أَنَّ كَمَالَ الدِّينِ طَلَبُ الْعِلْمِ وَ الْعَمَلُ بِهِ أَلَا وَ إِنَّ طَلَبَ الْعِلْمِ أَوْجَبُ عَلَيْكُمْ مِنْ طَلَبِ الْمَالِ إِنَّ الْمَالَ مَقْسُومٌ مَضْمُونٌ لَكُمْ قَدْ قَسَمَهُ عَادِلٌ بَيْنَكُمْ وَ ضَمِنَهُ وَ سَيَفِي لَكُمْ وَ الْعِلْمُ مَخْزُونٌ عِنْدَ أَهْلِهِ وَ قَدْ أُمِرْتُمْ بِطَلَبِهِ مِنْ أَهْلِهِ فَاطْلُبُوه (ثقه الاسلام کلینی، الکافی، چاپ دوم، تهران، ناشر اسلامیه، ۱۳۶۲، جلد ۱، صفحه ۳۰)

امیر المؤمنین (ع) میفرمود: ای مردم بدانید کمال دین طلب علم و عمل بدانست، بدانید که طلب علم بر شما از طلب مال لازم‌تر است زیرا مال برای شما قسمت و تضمین شده. عادلی (که خداست) آن را بین شما قسمت کرده و تضمین نموده و بشما میرساند ولی علم نزد أهلش نگهداشته شده و شما مأمورید که آن را از اهلش طلب کنید، پس آن را بخواهید. (مصطفوی، سید جواد، اصول کافی، چاپ اول، تهران، ناشر کتابفروشی علمیه اسلامیه، جلد۱، صفحه ۳۵)

۳. **سرمایه‌ی اجتماعی**: تعامل و روابط اجتماعی انسان‌ها نیز با هدف تولید ایمان و نه به قصد تولید مادی، سرمایه محسوب می‌شوند.

۴. **سرمایه‌ی مادی**: روبنایی‌ترین سرمایه در جامعه‌ی هجری سرمایه‌ی مادی است.

بنای دولت، و چینش حکومت، در جامعه‌ی هجری بر مبنای مردم‌سالاری دینی، تئو-دموکراسی[۱۷] است. بایسته است حاکمان در چنین جامعه‌ای، متدین و عادل باشند.

مرحله‌ی نظام‌چینی در جامعه‌ی هجری، مبتنی بر هنجارهای اجتماعی و شرعی شکل می‌گیرد و سبب می‌گردد ارزش‌های الهی در جامعه نهادینه شوند، و در مقابل مشارکت در جامعه‌ی مدنی، مردم در جامعه‌ی هجری با حکومت «معاونت» می‌کنند،[۱۸] اعتماد نیز بر پایه‌ی معاونت معنا می‌یابد. در این مرحله، نظام‌های مبتنی بر شرع، مردم مؤمن را در کنار مردم غیرمتدین به حاکمان متدین متصل می‌سازند. (نمودار شماره ۸)

---

۱۷. Teo-democracy

۱۸. وَ تَعاوَنُوا عَلَى الْبِرِّ وَ التَّقْوى وَ لا تَعاوَنُوا عَلَى الْإِثْمِ وَ الْعُدْوانِ وَ اتَّقُوا اللَّهَ إِنَّ اللَّهَ شَديدُ الْعِقابِ (قرآن الکریم، سوره‌ی مائده، آیه‌ی ۲)
و(همواره) در راه نیکی و پرهیزگاری با هم تعاون کنید! و(هرگز) در راه گناه و تعدّی همکاری ننمایید! و از(مخالفت فرمان) خدا بپرهیزید که مجازات خدا شدید است! (ترجمه‌ی قرآن کریم، ناصر مکارم شیرازی)

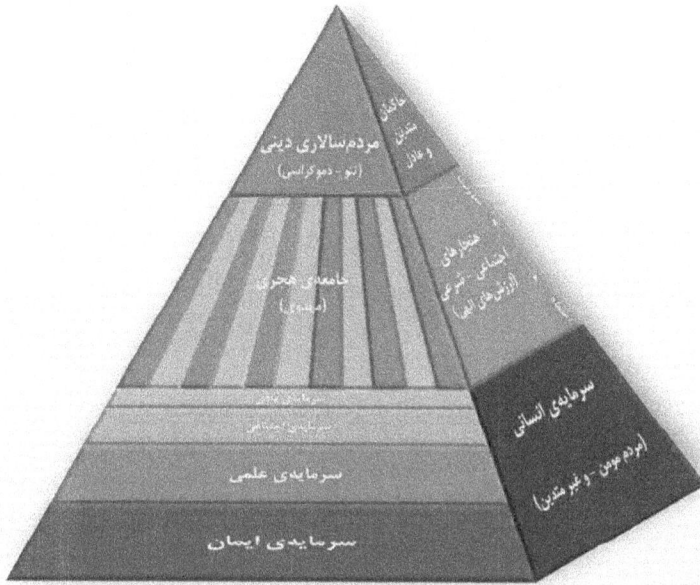

نمودار شماره ۸

گونه‌شناسی نظام‌های جامعه‌ی هجری (مبتنی بر قرآن کریم)

۱. نظام آمریت

إِنَّ اللَّهَ يَأْمُرُ بِالْعَدْلِ وَ الْإِحْسان(قرآن الکریم، سوره‌ی نحل، آیه‌ی ۹۰)

۲. نظام اجرت

ما عِنْدَكُمْ يَنْفَدُ وَ ما عِنْدَ اللَّهِ باقٍ وَ لَنَجْزِيَنَّ الَّذينَ صَبَرُوا أَجْرَهُمْ بِأَحْسَنِ ما كانُوا يَعْمَلُونَ (قرآن الکریم، سوره‌ی نحل، آیه‌ی ۹۶)

۳. نظام اخرویت

ما كانَ لِنَبِيٍّ أَنْ يَكُونَ لَهُ أَسْرى حَتَّى يُثْخِنَ فِي الْأَرْضِ تُريدُونَ عَرَضَ الدُّنْيا وَ اللَّهُ يُريدُ الْآخِرَةَ وَ اللَّهُ عَزيزٌ حَكيمٌ (قرآن الكريم، سوره‌ى أنفال، آيه‌ى ۶۷)

۴. نظام استقامت

إِنَّ الَّذينَ قالُوا رَبُّنَا اللَّهُ ثُمَّ اسْتَقامُوا فَلا خَوْفٌ عَلَيْهِمْ وَ لا هُمْ يَحْزَنُونَ (قرآن الكريم، سوره‌ى احقاف، آيه‌ى ۱۳)

۵. نظام اصابت

ما أَصابَ مِنْ مُصيبَةٍ إِلاَّ بِإِذْنِ اللَّهِ وَ مَنْ يُؤْمِنْ بِاللَّهِ يَهْدِ قَلْبَهُ وَ اللَّهُ بِكُلِّ شَيْءٍ عَليمٌ (قرآن الكريم، سوره‌ى تغابن، آيه‌ى ۱۱)

۶. نظام اطاعت

يا أَيُّهَا الَّذينَ آمَنُوا أَطيعُوا اللَّهَ وَ أَطيعُوا الرَّسُولَ وَ أُولِي الْأَمْرِ مِنْكُمْ فَإِنْ تَنازَعْتُمْ في شَيْءٍ فَرُدُّوهُ إِلَى اللَّهِ وَ الرَّسُولِ إِنْ كُنْتُمْ تُؤْمِنُونَ بِاللَّهِ وَ الْيَوْمِ الْآخِرِ ذلِكَ خَيْرٌ وَ أَحْسَنُ تَأْويلاً (قرآن الكريم، سوره‌ى نساء، آيه‌ى ۵۹)

۷. نظام اقامت

وَ الَّذينَ اسْتَجابُوا لِرَبِّهِمْ وَ أَقامُوا الصَّلاةَ وَ أَمْرُهُمْ شُورى بَيْنَهُمْ وَ مِمَّا رَزَقْناهُمْ يُنْفِقُونَ (قرآن الكريم، سوره‌ى شورى، آيه‌ى ۳۸)

۸. نظام امامت و ولايت

وَ إِذِ ابْتَلى إِبْراهيمَ رَبُّهُ بِكَلِماتٍ فَأَتَمَّهُنَّ قالَ إِنِّي جاعِلُكَ لِلنَّاسِ إِماماً قالَ وَ مِنْ ذُرِّيَّتي قالَ لا يَنالُ عَهْدِي الظَّالِمينَ(قرآن الكريم، سوره‌ى بقره، آيه‌ى ۱۲۴)

۹. نظام امت

وَ كَذلِكَ جَعَلْناكُمْ أُمَّةً وَسَطا (قرآن الكريم، سوره‌ى بقره، آيه‌ى ۱۴۳)

۱۰. نظام امنيت

وَ إِذْ جَعَلْنَا الْبَيْتَ مَثابَةً لِلنَّاسِ وَ أَمْناً وَ اتَّخِذُوا مِنْ مَقامِ إِبْراهيمَ مُصَلًّى وَ عَهِدْنا إِلى إِبْراهيمَ وَ إِسْماعيلَ أَنْ طَهِّرا بَيْتِيَ لِلطَّائِفينَ وَ الْعاكِفينَ وَ الرُّكَّعِ السُّجُودِ (قرآن الكريم، سوره‌ى بقره، آيه‌ى ۱۲۵)

۱۱. نظام ايمان

وَ الَّذينَ آمَنُوا وَ اتَّبَعَتْهُمْ ذُرِّيَّتُهُمْ بِإِيمانٍ أَلْحَقْنا بِهِمْ ذُرِّيَّتَهُمْ وَ ما أَلَتْناهُمْ مِنْ عَمَلِهِمْ مِنْ شَيْءٍ كُلُّ امْرِئٍ بِما كَسَبَ رَهينٌ (قرآن الكريم، سوره‌ى طور، آيه‌ى ۲۱)

۱۲. نظام برائت

بَراءَةٌ مِنَ اللَّهِ وَ رَسُولِهِ إِلَى الَّذينَ عاهَدْتُمْ مِنَ الْمُشْرِكينَ (قرآن الکریم، سوره‌ی توبه، آیه‌ی ۱)

۱۳. نظام بشارت

إِنَّ الَّذينَ قالُوا رَبُّنَا اللَّهُ ثُمَّ اسْتَقامُوا تَتَنَزَّلُ عَلَيْهِمُ الْمَلائِكَةُ أَلاَّ تَخافُوا وَ لا تَحْزَنُوا وَ أَبْشِرُوا بِالْجَنَّةِ الَّتي كُنْتُمْ تُوعَدُونَ (قرآن الکریم، سوره-ی فصلت، آیه‌ی ۳۰)

۱۴. نظام بعثت

وَ إِذا رَأَوْكَ إِنْ يَتَّخِذُونَكَ إِلاَّ هُزُواً أَ هذَا الَّذي بَعَثَ اللَّهُ رَسُولاً (قرآن الکریم، سوره‌ی فرقان، آیه‌ی ۴۱)

۱۵. نظام بلاغت

يا أَيُّهَا الرَّسُولُ بَلِّغْ ما أُنْزِلَ إِلَيْكَ مِنْ رَبِّكَ وَ إِنْ لَمْ تَفْعَلْ فَما بَلَّغْتَ رِسالَتَهُ وَ اللَّهُ يَعْصِمُكَ مِنَ النَّاسِ إِنَّ اللَّهَ لا يَهْدِي الْقَوْمَ الْكافِرينَ (قرآن الکریم، سوره‌ی مائده، آیه‌ی ۶۷)

۱۶. نظام بهجت

أَمَّنْ خَلَقَ السَّماواتِ وَ الْأَرْضَ وَ أَنْزَلَ لَكُمْ مِنَ السَّماءِ ماءً فَأَنْبَتْنا بِهِ حَدائِقَ ذاتَ بَهْجَةٍ ما كانَ لَكُمْ أَنْ تُنْبِتُوا شَجَرَها أَ إِلهٌ مَعَ اللَّهِ بَلْ هُمْ قَوْمٌ يَعْدِلُونَ (قرآن الکریم، سوره‌ی نمل، آیه‌ی ۶۰)

۱۷. نظام تحبیب

قُلْ إِنْ كُنْتُمْ تُحِبُّونَ اللَّهَ فَاتَّبِعُوني يُحْبِبْكُمُ اللَّهُ وَ يَغْفِرْ لَكُمْ ذُنُوبَكُمْ وَ اللَّهُ غَفُورٌ رَحيمٌ (قرآن الکریم، سوره‌ی آل عمران، آیه‌ی ۳۱)

۱۸. نظام تسبیح

سَبَّحَ لِلَّهِ ما فِي السَّماواتِ وَ الْأَرْضِ وَ هُوَ الْعَزيزُ الْحَكيمُ (قرآن الکریم، سوره‌ی حدید، آیه‌ی ۱)

۱۹. نظام تقدیر

الَّذي لَهُ مُلْكُ السَّماواتِ وَ الْأَرْضِ وَ لَمْ يَتَّخِذْ وَلَداً وَ لَمْ يَكُنْ لَهُ شَريكٌ فِي الْمُلْكِ وَ خَلَقَ كُلَّ شَيْءٍ فَقَدَّرَهُ تَقْديراً (قرآن الکریم، سوره‌ی فرقان، آیه‌ی ۲)

۲۰. نظام تقوا

أَوْ أَمَرَ بِالتَّقْوى (قرآن الکریم، سوره‌ی علق، آیه‌ی ۱۲)

۲۱. نظام تلاوت

وَ اتْلُ عَلَيْهِمْ نَبَأَ إِبْراهيمَ (قرآن الکریم، سوره‌ی شعراء، آیه‌ی ۶۹)

۲۲. نظام تمشیت

قُلْ فَلِلَّهِ الْحُجَّةُ الْبالِغَةُ فَلَوْ شاءَ لَهَداكُمْ أَجْمَعينَ (قرآن الكريم، سوره‌ی أنعام، آیه‌ی ۱۴۹)

۲۳. نظام تملّک

وَ لِلَّهِ مُلْکُ السَّماواتِ وَ الْأَرْضِ وَ اللَّهُ عَلی کُلِّ شَيْءٍ قَديرٌ (قرآن الكريم، سوره‌ی آل عمران، آیه‌ی ۱۸۹)

۲۴. نظام ثبات

وَ ما كانَ قَوْلَهُمْ إِلاَّ أَنْ قالُوا رَبَّنَا اغْفِرْ لَنا ذُنُوبَنا وَ إِسْرافَنا في أَمْرِنا وَ ثَبِّتْ أَقْدامَنا وَ انْصُرْنا عَلَى الْقَوْمِ الْكافِرِينَ (قرآن الكريم، سوره‌ی آل عمران، آیه‌ی ۱۴۷)

۲۵. نظام جمعیت

وَ تَرَكْنا بَعْضَهُمْ يَوْمَئِذٍ يَمُوجُ في بَعْضٍ وَ نُفِخَ فِي الصُّورِ فَجَمَعْناهُمْ جَمْعاً (قرآن الكريم، سوره‌ی کهف، آیه‌ی ۹۹)

۲۶. نظام حج

إِنَّ الصَّفا وَ الْمَرْوَةَ مِنْ شَعائِرِ اللَّهِ فَمَنْ حَجَّ الْبَيْتَ أَوِ اعْتَمَرَ فَلا جُناحَ عَلَيْهِ أَنْ يَطَّوَّفَ بِهِما وَ مَنْ تَطَوَّعَ خَيْراً فَإِنَّ اللَّهَ شاكِرٌ عَليمٌ (قرآن الكريم، سوره‌ی بقره، آیه‌ی ۱۵۸)

۲۷. نظام حضرت

وَ وُضِعَ الْكِتابُ فَتَرَى الْمُجْرِمينَ مُشْفِقينَ مِمَّا فيهِ وَ يَقُولُونَ يا وَيْلَتَنا ما لِهذَا الْكِتابِ لا يُغادِرُ صَغيرَةً وَ لا كَبيرَةً إِلاَّ أَحْصاها وَ وَجَدُوا ما عَمِلُوا حاضِراً وَ لا يَظْلِمُ رَبُّکَ أَحَداً (قرآن الكريم، سوره‌ی کهف، آیه‌ی ۴۹)

۲۸. نظام حقیقت

وَ لا تَلْبِسُوا الْحَقَّ بِالْباطِلِ وَ تَكْتُمُوا الْحَقَّ وَ أَنْتُمْ تَعْلَمُونَ (قرآن الكريم، سوره‌ی بقره، آیه‌ی ۴۲

۲۹. نظام حکمت

يُؤْتِي الْحِكْمَةَ مَنْ يَشاءُ وَ مَنْ يُؤْتَ الْحِكْمَةَ فَقَدْ أُوتِيَ خَيْراً كَثيراً وَ ما يَذَّكَّرُ إِلاَّ أُولُوا الْأَلْبابِ (قرآن الكريم، سوره‌ی بقره، آیه‌ی ۲۶۹)

۳۰. نظام حکومت

قالَ رَبِّ احْكُمْ بِالْحَقِّ وَ رَبُّنَا الرَّحْمنُ الْمُسْتَعانُ عَلی ما تَصِفُونَ (قرآن الكريم، سوره‌ی أنبياء، آیه‌ی ۱۱۲)

۳۱. نظام حیلت

إِلاَّ الْمُسْتَضْعَفينَ مِنَ الرِّجالِ وَ النِّساءِ وَ الْوِلْدانِ لا يَسْتَطيعُونَ حيلَةً وَ لا يَهْتَدُونَ سَبيلاً (قرآن الكريم، سوره‌ی نساء، آیه‌ی ۹۸)

۳۲. نظام خلافت

وَ إِذْ قالَ رَبُّکَ لِلْمَلائِکَةِ إِنِّی جاعِلٌ فِی الْأَرْضِ خَلیفَةً قالُوا أَ تَجْعَلُ فیها مَنْ یُفْسِدُ فیها وَ یَسْفِکُ الدِّماءَ وَ نَحْنُ نُسَبِّحُ بِحَمْدِکَ وَ نُقَدِّسُ لَکَ قالَ إِنِّی أَعْلَمُ ما لا تَعْلَمُونَ (قرآن الکریم، سوره‌ی بقره، آیه‌ی ۳۰)

۳۳. نظام خمس

وَ اعْلَمُوا أَنَّما غَنِمْتُمْ مِنْ شَیْءٍ فَأَنَّ لِلَّهِ خُمُسَهُ وَ لِلرَّسُولِ وَ لِذِی الْقُرْبی وَ الْیَتامی وَ الْمَساکینِ وَ ابْنِ السَّبیلِ إِنْ کُنْتُمْ آمَنْتُمْ بِاللَّهِ وَ ما أَنْزَلْنا عَلی عَبْدِنا یَوْمَ الْفُرْقانِ یَوْمَ الْتَقَی الْجَمْعانِ وَ اللَّهُ عَلی کُلِّ شَیْءٍ قَدیرٌ (قرآن الکریم، سوره‌ی أنفال، آیه‌ی ۴۱)

۳۴. نظام دعوت

وَ داعِیاً إِلَی اللَّهِ بِإِذْنِهِ وَ سِراجاً مُنیراً (قرآن الکریم، سوره‌ی أحزاب، آیه‌ی ۴۶)

۳۵. نظام دولت

إِنْ یَمْسَسْکُمْ قَرْحٌ فَقَدْ مَسَّ الْقَوْمَ قَرْحٌ مِثْلُهُ وَ تِلْکَ الْأَیَّامُ نُداوِلُها بَیْنَ النَّاسِ وَ لِیَعْلَمَ اللَّهُ الَّذینَ آمَنُوا وَ یَتَّخِذَ مِنْکُمْ شُهَداءَ وَ اللَّهُ لا یُحِبُّ الظَّالِمینَ (قرآن الکریم، سوره‌ی آل عمران، آیه‌ی ۱۴۰)

۳۶. نظام رحمت

وَ رَبُّکَ الْغَنِیُّ ذُو الرَّحْمَةِ إِنْ یَشَأْ یُذْهِبْکُمْ وَ یَسْتَخْلِفْ مِنْ بَعْدِکُمْ ما یَشاءُ کَما أَنْشَأَکُمْ مِنْ ذُرِّیَّةِ قَوْمٍ آخَرینَ (قرآن الکریم، سوره‌ی أنعام، آیه‌ی ۱۳۳)

۳۷. نظام رزاقت

تُولِجُ اللَّیْلَ فِی النَّهارِ وَ تُولِجُ النَّهارَ فِی اللَّیْلِ وَ تُخْرِجُ الْحَیَّ مِنَ الْمَیِّتِ وَ تُخْرِجُ الْمَیِّتَ مِنَ الْحَیِّ وَ تَرْزُقُ مَنْ تَشاءُ بِغَیْرِ حِسابٍ (قرآن الکریم، سوره‌ی آل عمران، آیه‌ی ۲۷)

۳۸. نظام رسالت

هُوَ الَّذی أَرْسَلَ رَسُولَهُ بِالْهُدی وَ دینِ الْحَقِّ لِیُظْهِرَهُ عَلَی الدِّینِ کُلِّهِ وَ لَوْ کَرِهَ الْمُشْرِکُونَ (قرآن الکریم، سوره‌ی توبه، آیه‌ی ۳۳)

۳۹. نظام رشادت

قالَ لَهُ مُوسی هَلْ أَتَّبِعُکَ عَلی أَنْ تُعَلِّمَنِ مِمَّا عُلِّمْتَ رُشْداً (قرآن الکریم، سوره‌ی کهف، آیه‌ی ۶۶)

۴۰. نظام رضایت

یَحْلِفُونَ بِاللَّهِ لَکُمْ لِیُرْضُوکُمْ وَ اللَّهُ وَ رَسُولُهُ أَحَقُّ أَنْ یُرْضُوهُ إِنْ کانُوا مُؤْمِنینَ (قرآن الکریم، سوره‌ی توبه، آیه‌ی ۶۲)

۴۱. نظام زکات

وَ أَقیمُوا الصَّلاةَ وَ آتُوا الزَّکاةَ وَ ارْکَعُوا مَعَ الرَّاکِعینَ (قرآن الکریم، سورهی بقره، آیهی ۴۳)

۴۲. نظام زوجیت

هُوَ الَّذی خَلَقَکُمْ مِنْ نَفْسٍ واحِدَةٍ وَ جَعَلَ مِنْها زَوْجَها لِیَسْکُنَ إِلَیْها فَلَمَّا تَغَشَّاها حَمَلَتْ حَمْلاً خَفیفاً فَمَرَّتْ بِهِ فَلَمَّا أَثْقَلَتْ دَعَوَا اللَّهَ رَبَّهُما لَئِنْ آتَیْتَنا صالِحاً لَنَکُونَنَّ مِنَ الشَّاکِرینَ (قرآن الکریم، سورهی أعراف، آیهی ۱۸۹)

۴۳. نظام زینت

قُلْ مَنْ حَرَّمَ زینَةَ اللَّهِ الَّتی أَخْرَجَ لِعِبادِهِ وَ الطَّیِّباتِ مِنَ الرِّزْقِ قُلْ هِیَ لِلَّذینَ آمَنُوا فِی الْحَیاةِ الدُّنْیا خالِصَةً یَوْمَ الْقِیامَةِ کَذلِکَ نُفَصِّلُ الْآیاتِ لِقَوْمٍ یَعْلَمُونَ (قرآن الکریم، سورهی أعراف، آیهی ۳۲)

۴۴. نظام ساعت

یَسْئَلُونَکَ عَنِ السَّاعَةِ أَیَّانَ مُرْساها قُلْ إِنَّما عِلْمُها عِنْدَ رَبِّی لا یُجَلِّیها لِوَقْتِها إِلاَّ هُوَ ثَقُلَتْ فِی السَّماواتِ وَ الْأَرْضِ لا تَأْتیکُمْ إِلاَّ بَغْتَةً یَسْئَلُونَکَ کَأَنَّکَ حَفِیٌّ عَنْها قُلْ إِنَّما عِلْمُها عِنْدَ اللَّهِ وَ لکِنَّ أَکْثَرَ النَّاسِ لا یَعْلَمُونَ (قرآن الکریم، سورهی أعراف، آیهی ۱۸۷)

۴۵. نظام سعادت

وَ أَمَّا الَّذینَ سُعِدُوا فَفِی الْجَنَّةِ خالِدینَ فیها ما دامَتِ السَّماواتُ وَ الْأَرْضُ إِلاَّ ما شاءَ رَبُّکَ عَطاءً غَیْرَ مَجْذُوذٍ (قرآن الکریم، سورهی هود، آیهی ۱۰۸)

۴۶. نظام سکونت

وَ قُلْنا یا آدَمُ اسْکُنْ أَنْتَ وَ زَوْجُکَ الْجَنَّةَ وَ کُلا مِنْها رَغَداً حَیْثُ شِئْتُما وَ لا تَقْرَبا هذِهِ الشَّجَرَةَ فَتَکُونا مِنَ الظَّالِمینَ (قرآن الکریم، سورهی بقره، آیهی ۳۵)

۴۷. نظام سلامت

إِلاَّ مَنْ أَتَی اللَّهَ بِقَلْبٍ سَلیمٍ (قرآن الکریم، سورهی شعراء، آیهی ۸۹)

۴۸. نظام سلطنت

وَ قُلْ رَبِّ أَدْخِلْنی مُدْخَلَ صِدْقٍ وَ أَخْرِجْنی مُخْرَجَ صِدْقٍ وَ اجْعَلْ لی مِنْ لَدُنْکَ سُلْطاناً نَصیراً (قرآن الکریم، سورهی أسراء، آیهی ۸۰)

۴۹. نظام سنت

فَلَمْ یَکُ یَنْفَعُهُمْ إیمانُهُمْ لَمَّا رَأَوْا بَأْسَنا سُنَّتَ اللَّهِ الَّتی قَدْ خَلَتْ فی عِبادِهِ وَ خَسِرَ هُنالِکَ الْکافِرُونَ (قرآن الکریم، سورهی غافر، آیهی ۸۵)

۵۰. نظام شریعت

شَرَعَ لَکُمْ مِنَ الدِّینِ ما وَصَّی بِهِ نُوحاً وَ الَّذی أَوْحَیْنا إِلَیْکَ وَ ما وَصَّیْنا بِهِ إِبْراهیمَ وَ مُوسی وَ عیسی أَنْ أَقیمُوا الدِّینَ وَ لا تَتَفَرَّقُوا فیهِ کَبُرَ عَلَی الْمُشْرِکینَ ما تَدْعُوهُمْ إِلَیْهِ اللَّهُ یَجْتَبی إِلَیْهِ مَنْ یَشاءُ وَ یَهْدی إِلَیْهِ مَنْ یُنیبُ (قرآن الکریم، سوره‌ی شوری، آیه‌ی ۱۳)

۵۱. نظام شفاعت

مَنْ یَشْفَعْ شَفاعَةً حَسَنَةً یَکُنْ لَهُ نَصیبٌ مِنْها وَ مَنْ یَشْفَعْ شَفاعَةً سَیِّئَةً یَکُنْ لَهُ کِفْلٌ مِنْها وَ کانَ اللَّهُ عَلی کُلِّ شَیْءٍ مُقیتاً (قرآن الکریم، سوره‌ی نساء، آیه‌ی ۸۵)

۵۲. نظام شفقت

إِنَّ الَّذینَ هُمْ مِنْ خَشْیَةِ رَبِّهِمْ مُشْفِقُونَ (قرآن الکریم، سوره‌ی مؤمنون، آیه‌ی ۵۷)

۵۳. نظام شهادت

یا أَیُّهَا الَّذینَ آمَنُوا کُونُوا قَوَّامینَ بِالْقِسْطِ شُهَداءَ لِلَّهِ وَ لَوْ عَلی أَنْفُسِکُمْ أَوِ الْوالِدَیْنِ وَ الْأَقْرَبینَ إِنْ یَکُنْ غَنِیًّا أَوْ فَقیراً فَاللَّهُ أَوْلی بِهِما فَلا تَتَّبِعُوا الْهَوی أَنْ تَعْدِلُوا وَ إِنْ تَلْوُوا أَوْ تُعْرِضُوا فَإِنَّ اللَّهَ کانَ بِما تَعْمَلُونَ خَبیراً (قرآن الکریم، سوره‌ی نساء، آیه‌ی ۱۳۵)

۵۴. نظام صداقت

اللَّهُ لا إِلهَ إِلاَّ هُوَ لَیَجْمَعَنَّکُمْ إِلی یَوْمِ الْقِیامَةِ لا رَیْبَ فیهِ وَ مَنْ أَصْدَقُ مِنَ اللَّهِ حَدیثاً (قرآن الکریم، سوره‌ی نساء، آیه‌ی ۸۷)

۵۵. نظام صلات – صلوات

وَ أَقیمُوا الصَّلاةَ وَ آتُوا الزَّکاةَ وَ ارْکَعُوا مَعَ الرَّاکِعینَ (قرآن الکریم، سوره‌ی بقره، آیه‌ی ۴۳)

۵۶. نظام صیام

یا أَیُّهَا الَّذینَ آمَنُوا کُتِبَ عَلَیْکُمُ الصِّیامُ کَما کُتِبَ عَلَی الَّذینَ مِنْ قَبْلِکُمْ لَعَلَّکُمْ تَتَّقُونَ (قرآن الکریم، سوره‌ی بقره، آیه‌ی ۱۸۳)

۵۷. نظام صیرورت

وَ لِلَّهِ مُلْکُ السَّماواتِ وَ الْأَرْضِ وَ إِلَی اللَّهِ الْمَصیرُ (قرآن الکریم، سوره‌ی نور، آیه‌ی ۴۲)

۵۸. نظام طاعت

وَ أَقْسَمُوا بِاللَّهِ جَهْدَ أَیْمانِهِمْ لَئِنْ أَمَرْتَهُمْ لَیَخْرُجُنَّ قُلْ لا تُقْسِمُوا طاعَةٌ مَعْرُوفَةٌ إِنَّ اللَّهَ خَبیرٌ بِما تَعْمَلُونَ (قرآن الکریم، سوره‌ی نور، آیه‌ی ۵۳)

۵۹. نظام طریقت

نَحْنُ أَعْلَمُ بِما يَقُولُونَ إِذْ يَقُولُ أَمْثَلُهُمْ طَرِيقَةً إِنْ لَبِثْتُمْ إِلاَّ يَوْماً (قرآن الکريم، سورهٔ طه، آيهٔ ۱۰۴)

۶۰. نظام طهارت

وَ قَرْنَ فِی بُيُوتِكُنَّ وَ لا تَبَرَّجْنَ تَبَرُّجَ الْجاهِلِيَّةِ الْأُولى وَ أَقِمْنَ الصَّلاةَ وَ آتِينَ الزَّكاةَ وَ أَطِعْنَ اللَّهَ وَ رَسُولَهُ إِنَّما يُرِيدُ اللَّهُ لِيُذْهِبَ عَنْكُمُ الرِّجْسَ أَهْلَ الْبَيْتِ وَ يُطَهِّرَكُمْ تَطْهِيراً (قرآن الکريم، سورهٔ أحزاب، آيهٔ ۳۳)

۶۱. نظام طيبت

مَنْ عَمِلَ صالِحاً مِنْ ذَكَرٍ أَوْ أُنْثى وَ هُوَ مُؤْمِنٌ فَلَنُحْيِيَنَّهُ حَياةً طَيِّبَةً وَ لَنَجْزِيَنَّهُمْ أَجْرَهُمْ بِأَحْسَنِ ما كانُوا يَعْمَلُونَ (قرآن الکريم، سورهٔ نحل، آيهٔ ۹۷)

۶۲. نظام عاقبت

قالَ مُوسى لِقَوْمِهِ اسْتَعِينُوا بِاللَّهِ وَ اصْبِرُوا إِنَّ الْأَرْضَ لِلَّهِ يُورِثُها مَنْ يَشاءُ مِنْ عِبادِهِ وَ الْعاقِبَةُ لِلْمُتَّقِينَ (قرآن الکريم، سورهٔ أعراف، آيهٔ ۱۲۸)

۶۳. نظام عبادت

وَ أَنِ اعْبُدُونِی هذا صِراطٌ مُسْتَقِيمٌ (قرآن الکريم، سورهٔ يس، آيهٔ ۶۱)

۶۴. نظام عدالت

يا أَيُّهَا الَّذِينَ آمَنُوا كُونُوا قَوّامِينَ لِلَّهِ شُهَداءَ بِالْقِسْطِ وَ لا يَجْرِمَنَّكُمْ شَنَآنُ قَوْمٍ عَلى أَلاَّ تَعْدِلُوا اعْدِلُوا هُوَ أَقْرَبُ لِلتَّقْوى وَ اتَّقُوا اللَّهَ إِنَّ اللَّهَ خَبِيرٌ بِما تَعْمَلُونَ (۸ (قرآن الکريم، سورهٔ مائده، آيهٔ ۸)

۶۵. نظام عزّت

الَّذِينَ يَتَّخِذُونَ الْكافِرِينَ أَوْلِياءَ مِنْ دُونِ الْمُؤْمِنِينَ أَ يَبْتَغُونَ عِنْدَهُمُ الْعِزَّةَ فَإِنَّ الْعِزَّةَ لِلَّهِ جَمِيعاً (قرآن الکريم، سورهٔ نساء، آيهٔ ۱۳۹)

۶۶. نظام عزيمت

طاعَةٌ وَ قَوْلٌ مَعْرُوفٌ فَإِذا عَزَمَ الْأَمْرُ فَلَوْ صَدَقُوا اللَّهَ لَكانَ خَيْراً لَهُمْ (قرآن الکريم، سورهٔ محمد، آيهٔ ۲۱)

۶۷. نظام عصر

وَ الْعَصْرِ (قرآن الکريم، سورهٔ عصر، آيهٔ ۱)

۶۸. نظام عصمت

فَأَمَّا الَّذينَ آمَنُوا بِاللَّهِ وَ اعْتَصَمُوا بِهِ فَسَيُدْخِلُهُمْ فى رَحْمَةٍ مِنْهُ وَ فَضْلٍ وَ يَهْديهِمْ إِلَيْهِ صِراطاً مُسْتَقيماً (قرآن الكريم، سوره‌ى نساء، آيه‌ى ۱۷۵)

۶۹. نظام عطيّت

قالَ رَبُّنَا الَّذى أَعْطى كُلَّ شَىْءٍ خَلْقَهُ ثُمَّ هَدى (قرآن الكريم، سوره‌ى طه، آيه‌ى ۵۰)

۷۰. نظام عفت

وَ لْيَسْتَعْفِفِ الَّذينَ لا يَجِدُونَ نِكاحاً حَتَّى يُغْنِيَهُمُ اللَّهُ مِنْ فَضْلِهِ وَ الَّذينَ يَبْتَغُونَ الْكِتابَ مِمَّا مَلَكَتْ أَيْمانُكُمْ فَكاتِبُوهُمْ إِنْ عَلِمْتُمْ فيهِمْ خَيْراً وَ آتُوهُمْ مِنْ مالِ اللَّهِ الَّذى آتاكُمْ وَ لا تُكْرِهُوا فَتَياتِكُمْ عَلَى الْبِغاءِ إِنْ أَرَدْنَ تَحَصُّناً لِتَبْتَغُوا عَرَضَ الْحَياةِ الدُّنْيا وَ مَنْ يُكْرِهْهُنَّ فَإِنَّ اللَّهَ مِنْ بَعْدِ إِكْراهِهِنَّ غَفُورٌ رَحيمٌ (قرآن الكريم، سوره‌ى نور، آيه‌ى ۳۳)

۷۱. نظام غنيمت

فَكُلُوا مِمَّا غَنِمْتُمْ حَلالاً طَيِّباً وَ اتَّقُوا اللَّهَ إِنَّ اللَّهَ غَفُورٌ رَحيمٌ (قرآن الكريم، سوره‌ى أنفال، آيه‌ى ۶۹)

۷۲. نظام فتنه

وَ لَقَدْ فَتَنَّا الَّذينَ مِنْ قَبْلِهِمْ فَلَيَعْلَمَنَّ اللَّهُ الَّذينَ صَدَقُوا وَ لَيَعْلَمَنَّ الْكاذِبينَ (قرآن الكريم، سوره‌ى عنكبوت، آيه‌ى ۳)

۷۳. نظام فتوّت

نَحْنُ نَقُصُّ عَلَيْكَ نَبَأَهُمْ بِالْحَقِّ إِنَّهُمْ فِتْيَةٌ آمَنُوا بِرَبِّهِمْ وَ زِدْناهُمْ هُدىً (قرآن الكريم، سوره‌ى كهف، آيه‌ى ۱۳)

۷۴. نظام فراغت

فَإِذا فَرَغْتَ فَانْصَبْ (قرآن الكريم، سوره‌ى شرح، آيه‌ى ۷)

۷۵. نظام فرقان

وَ إِذْ آتَيْنا مُوسَى الْكِتابَ وَ الْفُرْقانَ لَعَلَّكُمْ تَهْتَدُونَ (قرآن الكريم، سوره‌ى بقره، آيه‌ى ۵۳)

۷۶. نظام فضيلت

لِئَلاَّ يَعْلَمَ أَهْلُ الْكِتابِ أَلاَّ يَقْدِرُونَ عَلى شَىْءٍ مِنْ فَضْلِ اللَّهِ وَ أَنَّ الْفَضْلَ بِيَدِ اللَّهِ يُؤْتيهِ مَنْ يَشاءُ وَ اللَّهُ ذُو الْفَضْلِ الْعَظيمِ (قرآن الكريم، سوره‌ى حديد، آيه‌ى ۲۹)

۷۷. نظام فقاهت

وَ هُوَ الَّذى أَنْشَأَكُمْ مِنْ نَفْسٍ واحِدَةٍ فَمُسْتَقَرٌّ وَ مُسْتَوْدَعٌ قَدْ فَصَّلْنَا الْآياتِ لِقَوْمٍ يَفْقَهُونَ (قرآن الكريم، سوره‌ى أنعام، آيه‌ى ۹۸)

۷۸. نظام فلاحت

قَدْ أَفْلَحَ الْمُؤْمِنُونَ (قرآن الکریم، سوره‌ی مؤمنون، آیه‌ی ۱)

۷۹. نظام قربت

کُتِبَ عَلَیْکُمْ إِذا حَضَرَ أَحَدَکُمُ الْمَوْتُ إِنْ تَرَکَ خَیْراً الْوَصِیَّةُ لِلْوالِدَیْنِ وَ الْأَقْرَبِینَ بِالْمَعْرُوفِ حَقًّا عَلَى الْمُتَّقِینَ (قرآن الکریم، سوره‌ی بقره، آیه‌ی ۱۸۰)

۸۰. نظام قسمت

لَها سَبْعَةُ أَبْوابٍ لِکُلِّ بابٍ مِنْهُمْ جُزْءٌ مَقْسُومٌ (قرآن الکریم، سوره‌ی حجر، آیه‌ی ۴۴)

۸۱. نظام قضاوت

قالُوا لَنْ نُؤْثِرَکَ عَلى ما جاءَنا مِنَ الْبَیِّناتِ وَ الَّذی فَطَرَنا فَاقْضِ ما أَنْتَ قاضٍ إِنَّما تَقْضی هذِهِ الْحَیاةَ الدُّنْیا (قرآن الکریم، سوره‌ی طه، آیه‌ی ۷۲)

۸۲. نظام قهارت

وَ هُوَ الْقاهِرُ فَوْقَ عِبادِهِ وَ هُوَ الْحَکیمُ الْخَبیرُ (قرآن الکریم، سوره‌ی أنعام، آیه‌ی ۱۸)

۸۳. نظام کتابت

کُتِبَ عَلَیْکُمُ الْقِتالُ وَ هُوَ کُرْهٌ لَکُمْ وَ عَسى أَنْ تَکْرَهُوا شَیْئاً وَ هُوَ خَیْرٌ لَکُمْ وَ عَسى أَنْ تُحِبُّوا شَیْئاً وَ هُوَ شَرٌّ لَکُمْ وَ اللَّهُ یَعْلَمُ وَ أَنْتُمْ لا تَعْلَمُونَ (قرآن الکریم، سوره‌ی بقره، آیه‌ی ۲۱۶)

۸۴. نظام کرامت

یا أَیُّهَا النَّاسُ إِنَّا خَلَقْناکُمْ مِنْ ذَکَرٍ وَ أُنْثى وَ جَعَلْناکُمْ شُعُوباً وَ قَبائِلَ لِتَعارَفُوا إِنَّ أَکْرَمَکُمْ عِنْدَ اللَّهِ أَتْقاکُمْ إِنَّ اللَّهَ عَلیمٌ خَبیرٌ (قرآن الکریم، سوره‌ی حجرات، آیه‌ی ۱۳)

۸۵. نظام کفایت

وَ اللَّهُ أَعْلَمُ بِأَعْدائِکُمْ وَ کَفى بِاللَّهِ وَلِیًّا وَ کَفى بِاللَّهِ نَصیراً (قرآن الکریم، سوره‌ی نساء، آیه‌ی ۴۵)

۸۶. نظام متانت

إِنَّ اللَّهَ هُوَ الرَّزَّاقُ ذُو الْقُوَّةِ الْمَتینُ (قرآن الکریم، سوره‌ی ذاریات، آیه‌ی ۵۸)

۸۷. نظام مجاهدت

وَ لَنَبْلُوَنَّكُمْ حَتَّى نَعْلَمَ الْمُجاهِدينَ مِنْكُمْ وَ الصَّابِرينَ وَ نَبْلُوَا أَخْبارَكُمْ (قرآن الکریم، سورەی محمد، آیەی ۳۱)

۸۸. نظام مشورت

فَبِما رَحْمَةٍ مِنَ اللَّهِ لِنْتَ لَهُمْ وَ لَوْ كُنْتَ فَظًّا غَليظَ الْقَلْبِ لاَنْفَضُّوا مِنْ حَوْلِكَ فَاعْفُ عَنْهُمْ وَ اسْتَغْفِرْ لَهُمْ وَ شاوِرْهُمْ فِي الْأَمْرِ فَإِذا عَزَمْتَ فَتَوَكَّلْ عَلَى اللَّهِ إِنَّ اللَّهَ يُحِبُّ الْمُتَوَكِّلينَ (قرآن الکریم، سورەی آل عمران، آیەی ۱۵۹)

۸۹. نظام مصلحت

وَ جَزاءُ سَيِّئَةٍ سَيِّئَةٌ مِثْلُها فَمَنْ عَفا وَ أَصْلَحَ فَأَجْرُهُ عَلَى اللَّهِ إِنَّهُ لا يُحِبُّ الظَّالِمينَ (قرآن الکریم، سورەی شوری، آیەی ۴۰)

۹۰. نظام معاونت

وَ تَعاوَنُوا عَلَى الْبِرِّ وَ التَّقْوى وَ لا تَعاوَنُوا عَلَى الْإِثْمِ وَ الْعُدْوانِ وَ اتَّقُوا اللَّهَ إِنَّ اللَّهَ شَديدُ الْعِقابِ (قرآن الکریم، سورەی مائده، آیەی ۲)

۹۱. نظام معرفت

يا أَيُّهَا النَّاسُ إِنَّا خَلَقْناكُمْ مِنْ ذَكَرٍ وَ أُنْثى وَ جَعَلْناكُمْ شُعُوباً وَ قَبائِلَ لِتَعارَفُوا إِنَّ أَكْرَمَكُمْ عِنْدَ اللَّهِ أَتْقاكُمْ إِنَّ اللَّهَ عَليمٌ خَبيرٌ (قرآن الکریم، سورەی حجرات، آیەی ۱۳)

۹۲. نظام معیشت

وَ جَعَلْنَا النَّهارَ مَعاشاً (قرآن الکریم، سورەی نبإ، آیەی ۱۱)

۹۳. نظام مغفرت

فَقُلْتُ اسْتَغْفِرُوا رَبَّكُمْ إِنَّهُ كانَ غَفَّاراً (قرآن الکریم، سورەی نوح، آیەی ۱۰)

۹۴. نظام مکانت

وَ إِذْ بَوَّأْنا لِإِبْراهيمَ مَكانَ الْبَيْتِ أَنْ لا تُشْرِكْ بي شَيْئاً وَ طَهِّرْ بَيْتِيَ لِلطَّائِفينَ وَ الْقائِمينَ وَ الرُّكَّعِ السُّجُودِ (قرآن الکریم، سورەی حج، آیەی ۲۶)

۹۵. نظام مکارت

وَ مَكَرُوا وَ مَكَرَ اللَّهُ وَ اللَّهُ خَيْرُ الْماكِرينَ (قرآن الکریم، سورەی آل عمران، آیەی ۵۴)

۹۶. نظام منفعت

وَ الْأَنْعامَ خَلَقَها لَكُمْ فيها دِفْءٌ وَ مَنافِعُ وَ مِنْها تَأْكُلُونَ (قرآن الکریم، سورەی نحل، آیەی ۵)

۹۷. نظام ناهیت

التّائِبُونَ الْعابِدُونَ الْحامِدُونَ السّائِحُونَ الرّاكِعُونَ السّاجِدُونَ الْآمِرُونَ بِالْمَعْرُوفِ وَ النّاهُونَ عَنِ الْمُنْكَرِ وَ الْحافِظُونَ لِحُدُودِ اللّهِ وَ بَشِّرِ الْمُؤْمِنِينَ (قرآن الكريم، سوره‌ی توبه، آيه‌ی ۱۱۲)

۹۸. نظام نجات

قُلْ مَنْ يُنَجِّيكُمْ مِنْ ظُلُماتِ الْبَرِّ وَ الْبَحْرِ تَدْعُونَهُ تَضَرُّعاً وَ خُفْيَةً لَئِنْ أَنْجانا مِنْ هذِهِ لَنَكُونَنَّ مِنَ الشّاكِرِينَ (قرآن الكريم، سوره‌ی أنعام، آيه‌ی ۶۳)

۹۹. نظام نصرت

إِذا جاءَ نَصْرُ اللّهِ وَ الْفَتْحُ (قرآن الكريم، سوره‌ی نصر، آيه‌ی ۱)

۱۰۰. نظام نصيحت

فَتَوَلّى عَنْهُمْ وَ قالَ يا قَوْمِ لَقَدْ أَبْلَغْتُكُمْ رِسالَةَ رَبِّي وَ نَصَحْتُ لَكُمْ وَ لكِنْ لا تُحِبُّونَ النّاصِحِينَ (قرآن الكريم، سوره‌ی أعراف، آيه‌ی ۷۹)

۱۰۱. نظام نظارت

انْظُرْ كَيْفَ يَفْتَرُونَ عَلَى اللّهِ الْكَذِبَ وَ كَفى بِهِ إِثْماً مُبِيناً (قرآن الكريم، سوره‌ی نساء، آيه‌ی ۵۰)

۱۰۲. نظام نعمت

صِراطَ الَّذِينَ أَنْعَمْتَ عَلَيْهِمْ غَيْرِ الْمَغْضُوبِ عَلَيْهِمْ وَ لاَ الضّالِّينَ (قرآن الكريم، سوره‌ی فاتحه، آيه‌ی ۷)

۱۰۳. نظام وحدت

كانَ النّاسُ أُمَّةً واحِدَةً فَبَعَثَ اللّهُ النَّبِيِّينَ مُبَشِّرِينَ وَ مُنْذِرِينَ وَ أَنْزَلَ مَعَهُمُ الْكِتابَ بِالْحَقِّ لِيَحْكُمَ بَيْنَ النّاسِ فِيمَا اخْتَلَفُوا فِيهِ وَ مَا اخْتَلَفَ فِيهِ إِلاَّ الَّذِينَ أُوتُوهُ مِنْ بَعْدِ ما جاءَتْهُمُ الْبَيِّناتُ بَغْياً بَيْنَهُمْ فَهَدَى اللّهُ الَّذِينَ آمَنُوا لِمَا اخْتَلَفُوا فِيهِ مِنَ الْحَقِّ بِإِذْنِهِ وَ اللّهُ يَهْدِي مَنْ يَشاءُ إِلى صِراطٍ مُسْتَقِيمٍ (قرآن الكريم، سوره‌ی بقره، آيه‌ی ۲۱۳)

۱۰۴. نظام وراثت

وَ وَرِثَ سُلَيْمانُ داوُدَ وَ قالَ يا أَيُّهَا النّاسُ عُلِّمْنا مَنْطِقَ الطَّيْرِ وَ أُوتِينا مِنْ كُلِّ شَيْءٍ إِنَّ هذا لَهُوَ الْفَضْلُ الْمُبِينُ (قرآن الكريم، سوره‌ی نمل، آيه‌ی ۱۶)

۱۰۵. نظام وسعت

إِنَّما إِلهُكُمُ اللّهُ الَّذِي لا إِلهَ إِلاَّ هُوَ وَسِعَ كُلَّ شَيْءٍ عِلْماً (قرآن الكريم، سوره‌ی طه، آيه‌ی ۹۸)

۱۰۶. نظام وسيلت

يا أَيُّهَا الَّذينَ آمَنُوا اتَّقُوا اللَّهَ وَ ابْتَغُوا إِلَيْهِ الْوَسيلَةَ وَ جاهِدُوا في سَبيلِهِ لَعَلَّكُمْ تُفْلِحُونَ (قرآن الكريم، سوره‌ی مائده، آیه‌ی ۳۵)

۱۰۷. نظام وصالت

وَ الَّذينَ يَصِلُونَ ما أَمَرَ اللَّهُ بِهِ أَنْ يُوصَلَ وَ يَخْشَوْنَ رَبَّهُمْ وَ يَخافُونَ سُوءَ الْحِسابِ (قرآن الكريم، سوره‌ی رعد، آیه‌ی ۲۱)

۱۰۸. نظام وصیت

كُتِبَ عَلَيْكُمْ إِذا حَضَرَ أَحَدَكُمُ الْمَوْتُ إِنْ تَرَكَ خَيْراً الْوَصِيَّةُ لِلْوالِدَيْنِ وَ الْأَقْرَبينَ بِالْمَعْرُوفِ حَقًّا عَلَى الْمُتَّقينَ (قرآن الكريم، سوره‌ی بقره،

آیه‌ی ۱۸۰)

۱۰۹. نظام وکالت

الَّذينَ قالَ لَهُمُ النَّاسُ إِنَّ النَّاسَ قَدْ جَمَعُوا لَكُمْ فَاخْشَوْهُمْ فَزادَهُمْ إيماناً وَ قالُوا حَسْبُنَا اللَّهُ وَ نِعْمَ الْوَكيلُ (قرآن الكريم، سوره‌ی آل عمران،

آیه‌ی ۱۷۳)

۱۱۰. نظام هجرت

إِنَّ الَّذينَ آمَنُوا وَ الَّذينَ هاجَرُوا وَ جاهَدُوا في سَبيلِ اللَّهِ أُولئِكَ يَرْجُونَ رَحْمَتَ اللَّهِ وَ اللَّهُ غَفُورٌ رَحيمٌ (قرآن الكريم، سوره‌ی بقره، آیه‌ی

۲۱۸)

۱۱۱. نظام هدایت

اهْدِنَا الصِّراطَ الْمُسْتَقيمَ (قرآن الكريم، سوره‌ی فاتحه، آیه‌ی ۶)

۱۱۲. نظام یقین

وَ الَّذينَ يُؤْمِنُونَ بِما أُنْزِلَ إِلَيْكَ وَ ما أُنْزِلَ مِنْ قَبْلِكَ وَ بِالْآخِرَةِ هُمْ يُوقِنُونَ (قرآن الكريم، سوره‌ی بقره، آیه‌ی ۴)

اکنون در حکومت و در دید مردم، سازوکارهای اقتصادی فعلی، امری بدیهی است، اما نظام اقتصادی کنونی، متأثر از مدل مدرن غربی است حال آن که غایت نظام اقتصادی در قرآن، بیع است، و تحول سیستم اقتصادی کنونی به سمت بیع بشارت داده شده‌ی قرآنی، راهی طولانی را در پیش روی دارد.

۸-۱-۲

روی‌کرد امنیت‌مدار

رویکرد امنیت‌مدار

طرح‌ریزی دکترینال و استراتژیک در رویکرد امنیت‌مدار، متضمن «ثبات» و «بقاء» یک سیستم، جامعه و یا حکومت است. همان‌گونه که دانش پزشکی، متولی تأمین ثبات و بقاء جسم انسان است، دانش استراتژی نیز ثبات و بقاء ملی را تضمین می‌کند.

«امنیت»[1] حاصل توازن «تهدید» و «آسیب» است. این توازن را باید در میدان کنش امنیتی رقم زد که متأثر از میدان کنش قدرت است.

دکترین امنیت

میدان تولید قدرت، چهار گزاره‌ی اساسی دارد: ضعف و قوت، احتیاج و اراده. دکترین قدرت مبتنی بر چهار گزاره‌ی مزبور شکل می‌گیرد.

دکترین امنیت نیز در میدان کنش امنیتی، بر چهار مؤلفه استوار است: (نمودار شماره ۱)

تهدید[2]: در میدان کنش امنیتی، تهدید به گزاره‌ای اطلاق می‌شود که به نحوی ثبات و بقای سیستم را دچار اختلال نماید. در امنیت اقتصادی تهدیداتی که یک نظام اقتصادی اعم از مؤلفه‌ای چون بازار را هدف قرار می‌دهند مورد بررسی قرار می‌گیرند.

آسیب[3]: آسیب به «روند» ایجاد اختلال در یک سیستم توسط عامل تهدیدکننده اطلاق می‌شود. آسیب‌شناسی[4] شناخت روند ایجاد اخلال عوامل تهدیدکننده‌ی سیستم اقتصادی را شامل می‌گردد.

---

[1]. Security

[2]. Threat

[3]. Injury, Damage, Harm, Lesion

[4]. Pathology

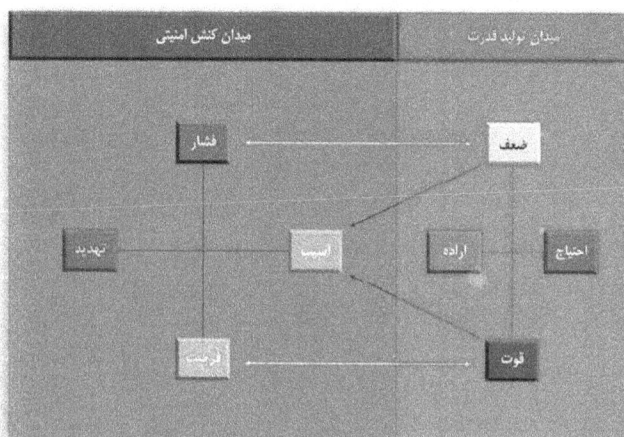

نمودار شماره ۱

فشار[5]: نیرویی که به سیستم وارد می‌شود و طاقت و توان آن‌را به چالش می‌کشد به‌گونه‌ای که حیات و ثبـات و بقاء آن را با خطر مواجه می‌سازد.

فرصت[6]: عاملی است که در زمان، موجب شرایط موافق سیستم می‌شود.

مکاتب امنیت

برهم‌کنش میدان «تولید قدرت» و میدان «کنش امنیتی» چهار مکتب امنیتی را پدید می‌آورد:

۱. مکتب آسیب‌محور

---

[5]. Pressure

[6]. Opportunity

۱۶۸

در این مکتب، مبتنی بر نقاط قوت سیستم، اصالت بر تلاش برای پوشاندن آسیب است، و نه از میان‌برداشتن تهدید. به عبارت دیگر، تهدید، ثابت فرض شده و سعی بر دگرگون کردن و کاهش ضریب آسیب‌پذیری سیستم است. (نمودار شماره ۲)

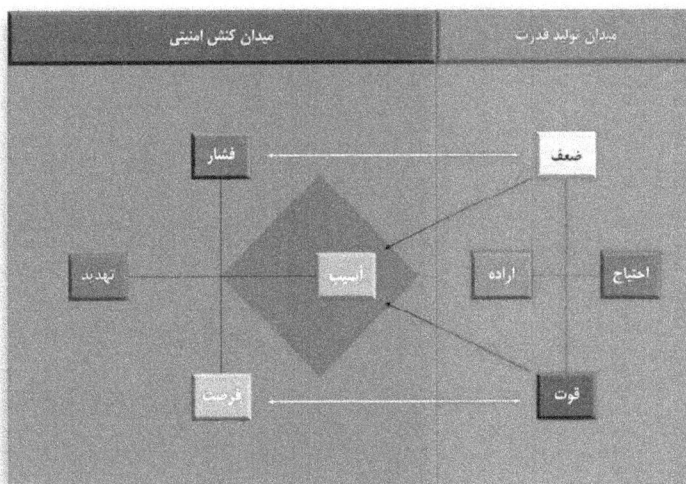

نمودار شماره ۲

کشور شاخص این مکتب، روسیه است، این کشور به عنوان وسیع‌ترین کشور دنیا در طول تاریخ، جنگ‌های متعددی داشته است که در سه جنگ اصلی با پروس، فرانسه و آلمان در زمان فردریک کبیر[۷]، ناپلئون بناپارت[۸] و هیتلر[۹] با دکترین امنیتی مکتب نخست توانسته به پیروزی نائل شود. پهناوری سرزمینی و زمستان سرد روسیه، سبب گردید علی‌رغم پیش‌روی ارتش‌های دشمن در این کشور، آسیبی به بقای آن وارد نشود.

---

7. Frederick II (24 January 1712 – 17 August 1786)

8. Napoleon Bonaparte (15 August 1769 – 5 May 1821)

9. Adolf Hitler (20 April 1889 – 30 April 1945)

مدل این مکتب در میان جانوران، لاک‌پشت است که در مواجهه با تهدید، به مقابله نمی‌پردازد بلکه آسیب خـود را در برابر آن تهدید کاهش داده است. لاک‌پشت، با دارا بودن پوسته و لاک [10] استخوانی یا غضروفی به عنوان محافظ، در برابر حمله‌ی سایر حیوانات با پوشاندن آسیب خود، به دفاع می‌پردازد.

در یک سیستم اقتصادی، نیز با اتکای به این مکتب، دست انـدرکاران بـا اقـدامات پـیش‌گیرانـه و اتخـاذ تـدابیر مناسب تلاش می‌کنند آسیب‌های عوامل مختلف تهدیدزا را بپوشانند تا به این وسیله رخنه‌هـای ورود بـرای تخریـب سیستمی را بسته شود. برای مثال اگر قاچاق کالا به عنوان یک تهدید و نشت از سیستم محسوب می‌گردد تدبیرهای پیشگیری از بروز این پدیده، اثر این عامل تهدید را به حداقل می‌رساند.

۲. مکتب تهدیدمحور

در مکتب دوم امنیت، آسیب در درون امکان کاهش ندارد، بلکه باید تهدیـد را در بیـرون خنثـی نمـود. (نمـودار شماره ۳)

قوم یهود در مناسبات امنیتی، شاخص این مکتب، محسوب می‌شود. نبود عمق استراتژیک سرزمینی در فلسطین اشغالی، سبب می‌گردد دولت اسرائیل با اتکای به مکتب دوم امنیتی، این اجازه را برای خود متصور باشد کـه بـا هـر تهدیدی در سراسر دنیا، حتی در حالت بالقوه، نه حتی بالفعل آن تهدید، به مقابله برخیزد.

---

[10]. Shell

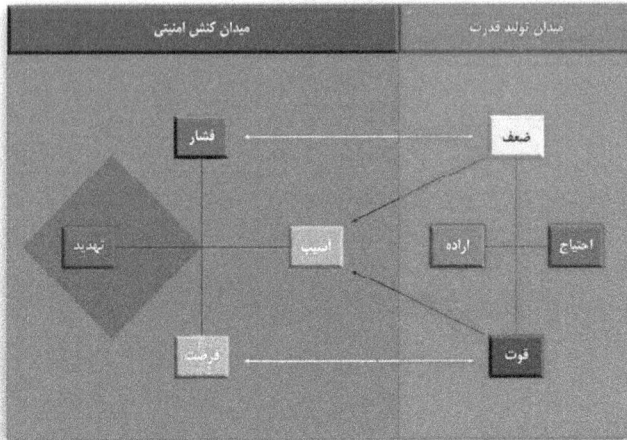

نمودار شماره ۳

۳. مکتب فرصت‌محور

در این مکتب، ابتدا تهدید را برآورد نموده و سپس آن را تبدیل به فرصت می‌نمایند. (نمودار شماره ۴)

تشدید باران، اگرچه با ایجاد سیل می‌تواند سبب تخریب گسترده در مسیر رود شود، اما بشر با ایجاد بند و سد بر روی رودخانه‌ها توانسته است نه تنها تهدید سیل را از میان بردارد، بلکه آن را تبدیل به فرصت ذخیـره‌ی آب جهـت کشاورزی، و حتی تولید برق نماید.

زهر و سم موجود در مار و عقرب نیز، بر مبنای اصالت تبدیل تهدید به فرصت، پایه و اساس سـاختن پـادزهر را تشکیل می‌دهد.

دولت ایالات متحده‌ی آمریکا، شاخص و الگوی مکتب اصالت فرصت[11] به‌شمار می‌آید. در دوره‌ی مک‌کارتیسـم[12] در ایالات متحده، که کمونیسم به عنوان تهدید شماره یک محسوب می‌شد، دولت آمریکا با جذب افراد مخالف دولت

---

[11]. Opportunistic

[12]. McCarthyism

شوروی با ملیت روسی که حتی واجد گرایش چپ نیز بودند، توانست یک دیپلماسی بسیار قوی علیه شـوروی ایجـاد کند، در صورتی‌که دولت شوروی در این امر بسیار ناتوان بود.

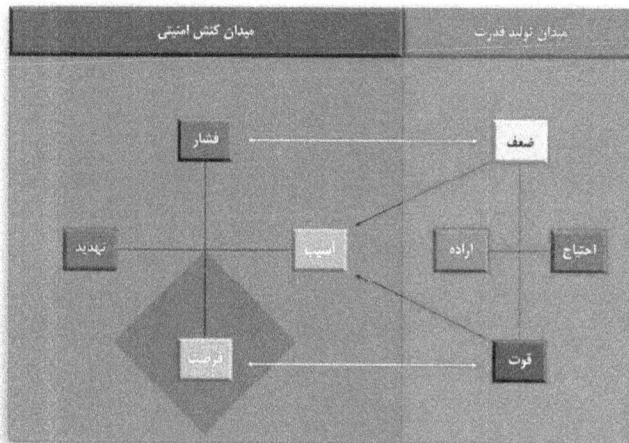

نمودار شماره ۴

روند مکتب سوم در سه گام تبیین می‌شود:

الف. ابتدا به ساکن، تهدیدی علیه اراده‌ی سیستم به وجود می‌آید، در گام نخست باید تهدید را تبیـین و تـدقیق نمود. (نمودار شماره ۵)

تولید تهدید

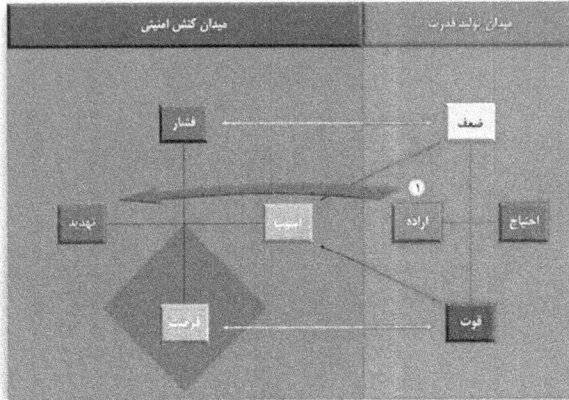

نمودار شماره ۵

ب. در گام بعد، با توجه به ماهیت تهدید، فرصتی تعریف می‌شود، که معطوف به قوت سیستم خواهد بود. (نمودار شماره ۶)

تبدیل تهدید به فرصت

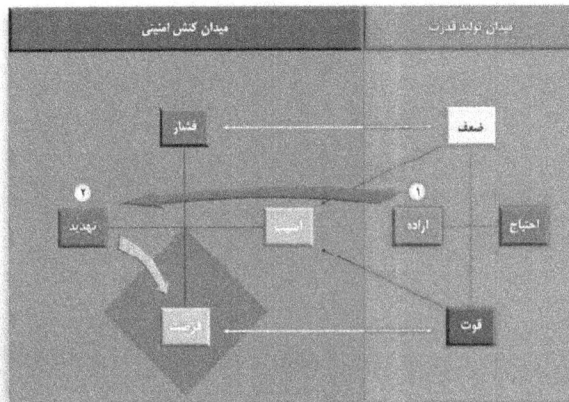

نمودار شماره ۶

پ. در نهایت، تهدید علیه اراده‌ی سیستم از میان می‌رود، و فرصت ایجاد شده سبب تقویت آن می‌گردد. (نمودار شماره ۷)

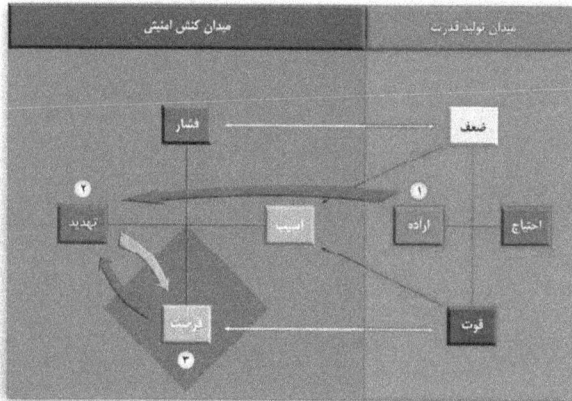

نمودار شماره ۷

تحلیل اس.دبلیو.او.تی[۱۳]

یکی از رایج‌ترین شیوه‌های طرح‌ریزی استراتژیک، آنالیز SWOT برای ماتریس نمودن ضعف‌ها و قوت‌های درونی، و تهدیدها و فرصت‌های بیرونی است. این آنالیز وضعیت بر مبنای مکتب سوم امنیتی صورت می‌گیرد، و غایت آن نیز تبدیل تهدیدها به فرصت‌ها، به حداقل رساندن ضعف‌ها و حداکثر نمودن قوت‌هاست. (نمودار شماره ۸)

[13]. SWOT analysis is a organizational strategy.. Successful strategies address four elements of the setting within which the company operates: **S**trengths, **W**eaknesses, **O**pportunities, and **T**hreats - when used by a firm to gain competitive advantage, is often referred to as a SWOT analysis- .(Helms, Marilyn M.; **Encyclopedia Of Management**, 5th Ed., USA, Macmillan Reference USA, Gale Group, 2006, Page 771)

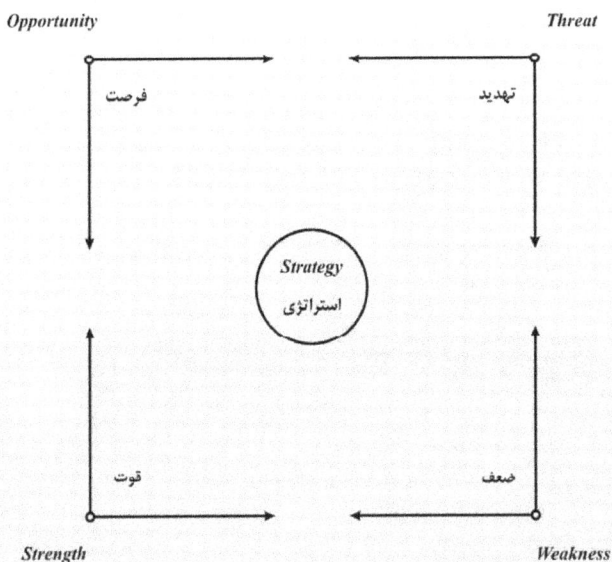

نمودار شماره ۸

۴. مکتب موقعیت‌محور[۱۴]

مکتب چهارم امنیتی، مکتب اصالت موقعیت یا وضعیت است که برخلاف مکتب سوم، درون‌گراست. (نمودار شماره ۹)

صدف[۱۵] نرم‌تنی است که واجد دو کفه‌ی محافظتی بوده و بر سطح کف آب‌های شور زندگی می‌کند، هنگامی‌که ذرات شن، ماسه و یا هر جسم خارجی سختی وارد کفه‌های محافظ این موجود شود، نرم‌تن شروع به ترشح کربنات کلسیم به صورت کریستال می‌کند تا این تهدید را از میان بردارد، لایه‌های این ماده در اطراف جسم‌خارجی یکی از

---

[14]. Occasionalist

[15]. Shelled Mollusk

گرانبهاترین جواهرات یعنی مروارید[۱۶] را پدید می‌آورد. این گوهر، که از جوهر صدف به‌وجود آمده‌است، ارزش صدف را هزاران برابر می‌کند.

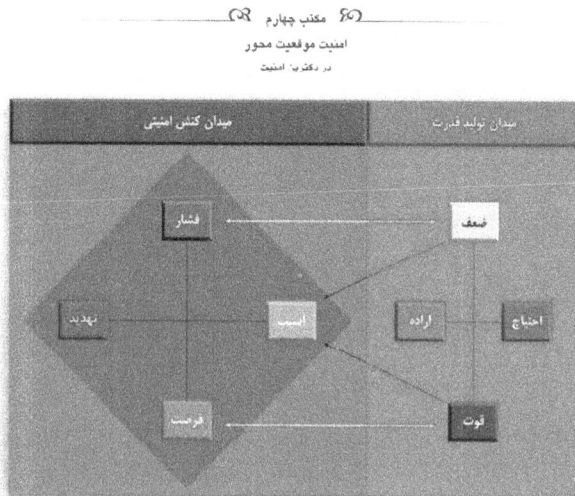

نمودار شماره ۹

این مکتب، مدل امنیتی انحصاری ایران و اسلام است.[۱۷]

روند مکتب چهارم امنیتی:

الف. تهدیدی در میدان کنش امنیتی به وجود می‌آید. (نمودار شماره ۱۰)

---

[16]. Pearl: A dense variously colored and usually lustrous concretion formed of concentric layers of nacre as an abnormal growth within the shell of some mollusks and used as a gem (Merriam-Webster's collegiate dictionary, 11th Ed., Massachusetts, U.S.A, Merriam-Webster Incorporated, 2005.)

[۱۷]. جنگ ایران و اعراب، گرچه تهدیدی علیه ایران محسوب می‌شد، سبب ورود اسلام به این سرزمین گردید، در حالی که به مرور زمان زبان عربی زدوده شد، مروارید اسلام همچنان باقی ماند. در صورتی‌که تمدن مصر پس از ورود اعراب کاملاً منقرض شد و اثری از زبان مصری نیز مشاهده نمی‌شود.

حمله‌ی مغول به ایران نیز با این‌که تخریب گسترده‌ی صورت داد، اما فرهنگ ایرانی ـ اسلامی توانست به مرور زمان حاکمان مغول را با دین اسلام و فرهنگ ایرانی پیوند دهد.

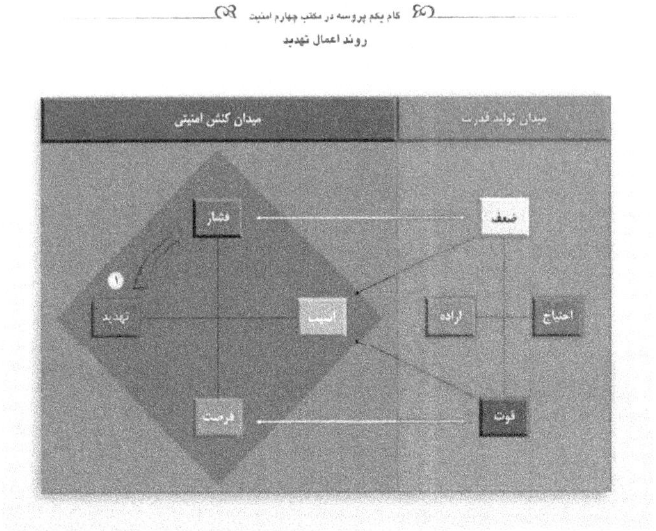

روند اعمال تهدید

نمودار شماره ۱۰

ب. تهدید بیرونی، از سویی سبب ایجاد فشار بر نقاط ضعف سیستم گردیده و از سوی دیگر موجب آسیب می‌شود. (نمودار شماره ۱۱)

روند اعمال فشار

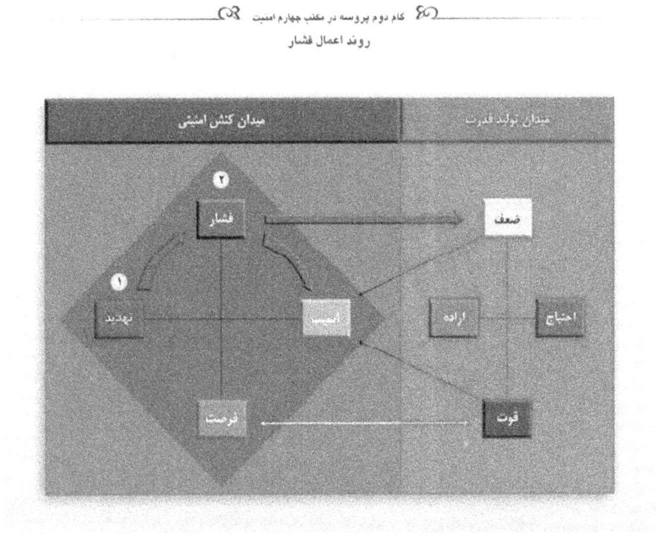

نمودار شماره ۱۱

پ. آسیب صورت گرفته، اراده‌ی سیستم را بر واکنش علیه تهدید صورت گرفته شکل می‌دهد. (نمـودار شـماره ۱۲)

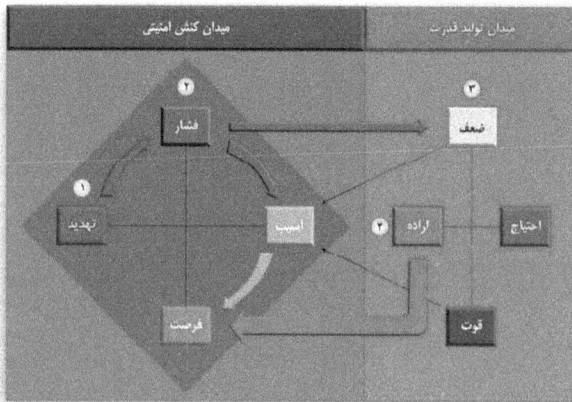

نمودار شماره ۱۲

ت. قوت و توانایی ذاتی سیستم، سبب می‌گردد در مواجهه با تهدید بیرونی علی‌رغم ایجاد آسیب، ارزش و بهـای سیستم با هضم تهدید افزایش یابد. (نمودار شماره ۱۳)

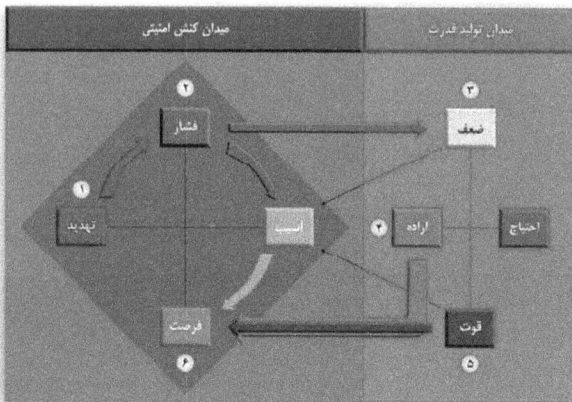

نمودار شماره ۱۳

صورت‌بندی مکاتب امنیت

در مکتب نخست، امنیت با پوشاندن و کاهش آسیب رقم می‌خورد. در مکتب دوم، امنیت در مواجهـه بـا تهدیـد پدید می‌آید، نه در خنثی کردن آسیب. در مکتب سوم، امنیت از طریق تبیین تهدید، و تبـدیل آن بـه فرصت پدید می‌آید. در مکتب چهارم، امنیت از طریق تبیین تهدید، و مصادره و هضم آن در اصالت سبب رقم می‌خـورد. (نمـودار شماره ۱۴)

شناخت مکاتب امنیتی موجب می‌گردد، از نگاه منفرد طرح‌ریزی اسـتراتژیک در مکتـب سـوم، فاصـله گرفـت، و بتوان مکتبی مطابق با شرایطی درونی خود از سویی و مناسب با شرایط محیطی از سوی دیگر اتخاذ نمـود. کامـل‌تـر آن‌که بتوان در موقعیت‌های متفاوت، شیوه‌ی مناسب یا ترکیبی از روش‌ها را در طرح‌ریزی برمبنای روی‌کرد امنیـت‌-مدار اعمال نمود.

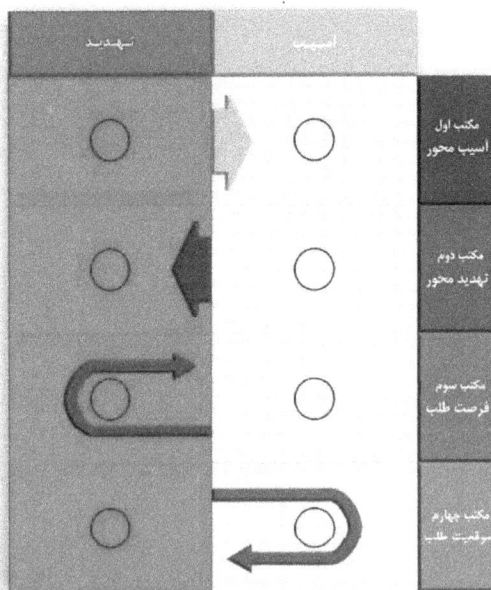

نمودار شماره ۱۴

۲-۱-۹

روی‌کرد وخامت‌مدار

روی‌کرد وخامت‌مدار

طرح‌ریزی دکترینال و استراتژیک بر مبنای روی‌کرد وخامت‌مدار، پس از رسیدن شرایط و وضعیت
امنیتی به مرحله‌ی «بحران»[1] و نزدیک شدن به مرز نهایی آستانه‌ی تحمل[2] موضوعیت می‌یابد. روی‌کرد
وخامت‌مدار ارتباط تنگاتنگی با مفهوم «مدیریت بحران» Crisis Management دارد با این تفاوت که
این دانش به «چگونگی مدیریت در شرایط بحرانی» مانند بلایای طبیعی می‌پردازد در حالی‌که روی‌کرد
وخامت‌مدار متوجه طرح‌ریزی دکترینال به «چیستی، چرایی و چگونگی ایجاد و رفع بحران» است.

ثبات و بقا

روی‌کرد وخامت‌مدار متأثر از روی‌کرد امنیت‌مدار واجد دو حوزه‌ی اساسی «بقا»[3] و «ثبات»[4] است. کـارکرد
اساسی دانش استراتژی رقم زدن «بقا»ی یک جامعه یا حکومت است، هم‌چنان‌که پزشکی دانش «بقای» انسـان بـه‌
شمار می‌رود. بقا در یک سیستم در گرو تبیین و برتافتن چارچوب آستانه‌ی تحمل آن سیستم است، و اگر از ظرفیت
آستانه‌ی تحمل فراتر رود بقای سیستمی را با مشکل جدی مواجه خواهـد نمـود. پـس از بـرآورده‌شـدن بقـای یـک

---

[1]. Crisis:

Crisis: **a:** an unstable or crucial time or state of affairs in which a decisive change is impending especially : one
with the distinct possibility of a highly undesirable outcome **b** : a situation that has reached a critical phase
(Merriam-Webster's collegiate dictionary, Eleventh ed., Massachusetts, U.S.A, Merriam-Webster Incorporated,
2005)

Crisis: A situation in which there are a lot of problems that must be dealt with quickly so that the situation does
not get worse or more dangerous (Longman Dictionary of Contemporary English, 5th Edition, Edinburgh Gate,
Pearson Education Publication)

Crisis: (a) a threat to the organization, (b) the element of surprise, and (c) a short decision time. (Seeger, M. W.;
Sellnow, T. L.; Ulmer, R. R.; Communication, organization, and crisis; Communication Yearbook, SAGE
Publications, March 1998, No. 21, Pages: 231–275)

Crisis is a process of transformation where the old system can no longer be maintained (Venette, S. J. ,
Wikipedia, Online Encyclopedia)

[2]. Threshold level

[3]. Survival

[4]. Stability

سیستم، ایجاد وضع مطلوب «ثبات»، کارکرد بعدی دانش استراتژی در روی‌کرد وخامت‌مدار خواهد بود، با این هـدف که ثبات سیستمی محقق گردد.

روند وخامت

روند وخامت اوضاع سیستم، در چهار مرحله بررسی می‌شود: (نمودار شماره ۱)

۱. **آرامش**[5]: آرامش مرحله‌ی عادی و پایه‌ی یک سیستم است که از دیدگاه کانزرواتیسم[6] مرحله‌ی مطلـوب و ثبات‌مند به‌شمار می‌رود. برمبنای این دیدگاه همواره سعی می‌شود به مرحله‌ی عادی و اولیه بازگشت نمود. وضعیت تعادل یک سیستم اقتصادی وضعیت مطلوب محسوب می‌شود و فرض می شود که اقتصاد در تعادل است در صورت انحراف تلاش شده به تعادل بازگردانده شود.

۲. **تنش**[7]: در صورت بروز اختلال در یک جزء سیستم، یا جامعه، وخامت با درجه‌ی تنش آغاز می‌شود. همان-طور که درد دندان، انسان را از وضع آرامش خارج می‌کند اما بقای او را به مخاطره نمی‌اندازد. تـنش نیـز درجـه‌ای از وخامت در یک سیستم را نشان می‌دهد که محدود به جزئی از اجزاء آن باشد.

۳. **تشنج**[8]: همانند بروز تشنج در انسان که همراه با اختلال در حواس، شعور و سطح هوشیاری اسـت، ایـن مرحله از وخامت هنگامی رخ می‌دهد که حجم اختلال در یک سیستم به حدی برسد که اندیشه، تفکـر و آگـاهی را مختل نماید، به همین دلیل است که واکنش نامناسب در این مرحله برخلاف مرحله‌ی قبل، سبب خطر از بـین‌رفـتن بقا می‌گردد.

---

[5]. Pacification

[6]. Conservatism

[7]. Tension

[8]. Convulsion, Paroxysm

۴. **بحران**[۹]: بحران درجه‌ای از وخامت است که یک سیستم نیازمند واکنشی بسیار سریع و تهاجمی از بیرون سیستم باشد، چراکه عموما کلیه مناسبات سیستمی در معرض خطر جدی قرارگرفته است، و سیستم در معرض خطر انهدام کامل است.

دکترین

مدیریت بحران

	حوزه					
	وضع موجود مطلوب در ثبات مندی			وضع نامطلوب دربقاءمندی		
	حوزه مدیران	حوزه نظام سازان	حوزه اندیشه سازان	حوزه مدیران	حوزه نظام سازان	حوزه اندیشه سازان
آرامش	الف	ب	پ	ت	ث	ج
	۱ A	۲ E	۳ I	۱۳ M	۱٤ Q	۱۵ U
تنش	چ	ح	خ	د	ذ	ر
	٤ B	۵ F	٦ J	۱٦ N	۱۷ R	۱۸ V
تشنج	ز	ژ	س	ش	ص	ض
	۷ C	۸ G	۹ K	۱۹ O	۲۰ S	۲۱ W
بحران	ط	ظ	ع	غ	ف	ق
	۱۰ D	۱۱ H	۱۲ L	۲۲ P	۲۳ T	۲٤ X

نمودار شماره ۱

[9]. Crisis

حوزه‌ی وخامت

بروز وخامت در سه حوزه به وقوع می‌پیوندد:

الف. حوزه‌ی **مدیران**: منشأ وخامت را در گام نخست باید در حوزه‌ی مدیران جستجو نمود. بد عمل کردن در حوزه‌ی مدیریت و سوء مدیریت می‌تواند منجر به بروز وخامت گردد.

ب. حوزه‌ی **نظام‌سازان**: بروز وخامت گاه نتیجه‌ی بی‌نظمی و معماری نادرست سیستم و نظامی است که در حوزه‌ی مدیریت مبنای عمل مدیران قرار می‌گیرد. به عبارت دیگر حتی مـدیریت مناسب و بـه‌جا در همراهـی بـا سیستم ناکارآمد نمی‌تواند مانع وقوع بحران شود.

پ. حوزه‌ی **اندیشه‌سازان**: گاه برای یافتن منشأ وخامت باید گام از مدیران و نظام‌سازان فراتـر گذاشـته، و علت و/یا علل بروز وخامت را در حوزه‌ی اندیشه و تفکر جستجو نمود.

وخامت در هر یک از دو بخش اساسی «ثبات» و «بقا» می‌تواند منتج از بـروز مشـکل در هـر یـک از سـه حـوزه‌ی مدیران، نظام‌سازان و اندیشه‌سازان باشد.

روند مدیریت بحران

نهایت حرکت مدیریت بحران نیل به وضعیتی است که در دیدگاه کانزرواتیسم (محافظه‌کاری)، «**وضعیت ثبات‌مند موجود در آرامش**» محسوب می‌شود. برتابیدن وضع پیشین به عنوان بهترین وضعیت، در سه روند متفاوت تحقـق می‌یابد. (نمودار شماره ۲)

طی سیر حروف الفبای فارسی از ق تا الف در مدیریت بحران، بیان‌گر نوعی از مدیریت بحران اسـت کـه ابتـدا بحران در تمامی حوزه‌های مدیریت، سیستم و اندیشه در دو بخش اساسی ثبات و بقا زدوده می‌شود، سپس تشـنج و تنش به ترتیب در این حوزه‌ها سلب می‌گردد تا بتوان در نهایت به حوزه‌ی آرامش نائل آمد. این روند، مدیریت بحران مبتنی بر «روند طیفی» را محقق می‌کند.

از سوی دیگر، طی سیر کاهشی اعداد در مدیریت بحران، نشان‌دهنده‌ی روندی است که در آن ابتدا باید بقای یک سیستم در سه حوزه‌ی مدیران، نظام‌سازان و اندیشه‌سازان را در دوازده گام تضمین نمود تا در مرحله‌ی بعد ثبات یک سیستم در تمامی حوزه‌ها دنبال شود. «حوزه‌ی مدیریت بقا» این روند را تحقق می‌بخشد.

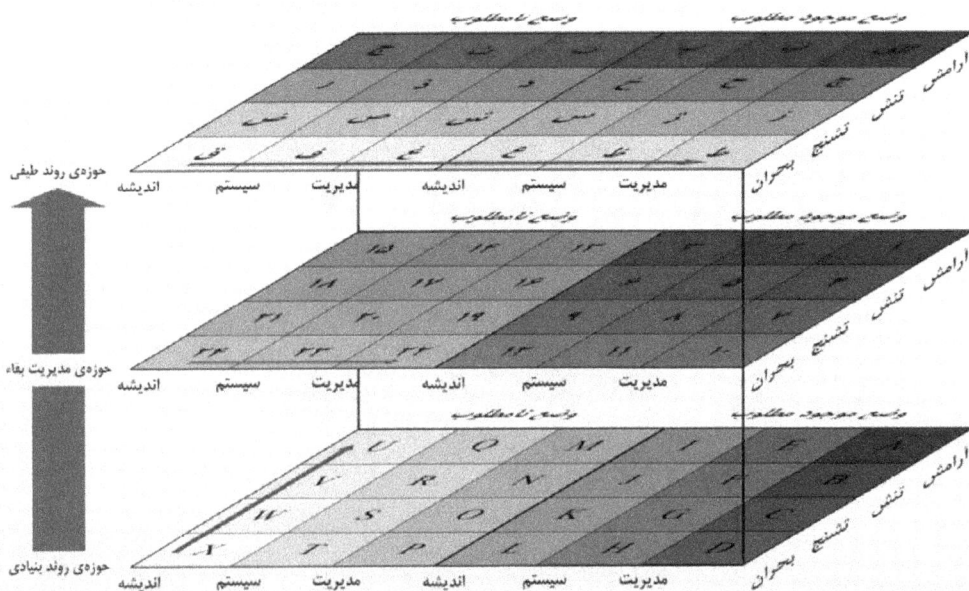

نمودار شماره ۲

۱۸۷

طی سیر حروف الفبای انگلیسی، در مدیریت بحران، روی‌کرد سوم را به نمایش می‌گذارد. در ایـن رونـد، کـه
«حوزه‌ی روند بنیادی» نامیده می‌شود، زدودن درجه‌ی وخامت از بحران تا آرامـش، ابتـدا در حـوزه‌ی بقـای اندیشـه
صورت می‌گیرد، سپس این روند در حوزه‌ی بقای سیستم، و بقای مدیریتی دنبال می‌شود. در ادامه نیز زدودن وخامت
سبب ثبات اندیشه، سپس ثبات سیستمی، و در نهایت ثبات مدیریتی می‌گردد. (نمودار شماره ۳)

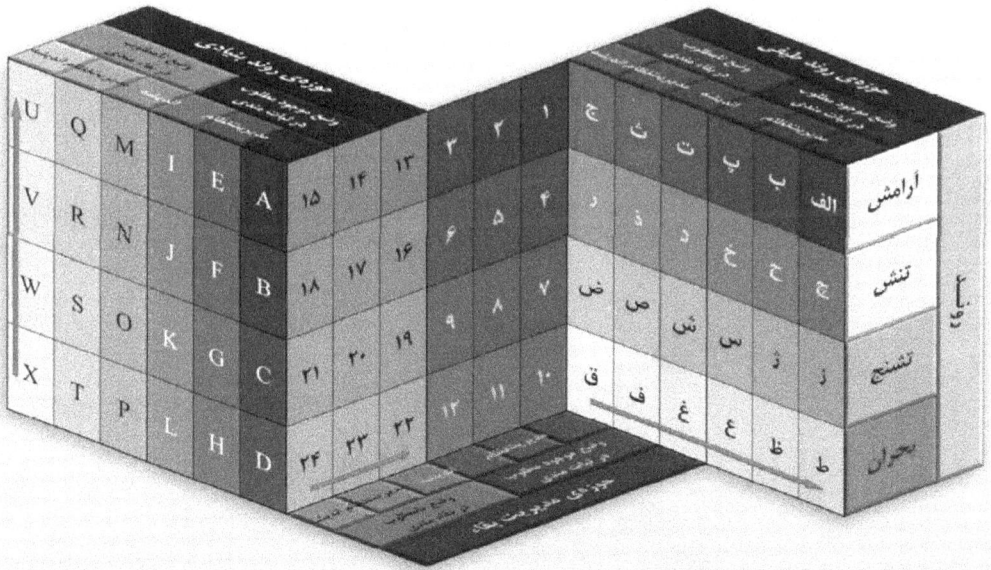

نمودار شماره ۳

۱۸۸

دکترین مدیریت بحران

مبتنی بر دیدگاه هگل، هرگاه برای یک پرسش جدید، پاسخ کهنه‌ای ارائه شود، «بحران» پدیـد مـی‌آیـد. بـه عبارت دیگر، بروز نیاز یا پرسش جدید سبب می‌شود سیستم به دنبال پاسخ‌گویی به مسأله‌ی پیش‌آمده برآیـد، حـال اگر پاسخ جدید متناسب با پرسش جدید باشد، اختلالی به وجود نمی‌آید اما در صورتی‌که پاسخ جدیدی پیدا نشود و یا پاسخ جدید، نامتناسب با پرسش باشد، سیستم از تعادل خارج شده و بحران آغاز می‌گردد.

روند تنظیم آستانه‌ی تحمل

افزایش درجه‌ی وخامت از مرحله‌ی آرامش تا مرحله‌ی بحران، «روند تشدید عمودی» وخامت در یک سیستم را شکل می‌دهد. در حالی‌که «روند تشدید افقی»، هنگامی بروز می‌کند که با گسترش وخامت بـه اجـزاء بیشـتری از یک سیستم، مواجه باشیم.

۱. آستانه‌ی تحمل عادی: برتافتن حد تحمل عادی سیستم، «آرامش» را در یک سیستم محقق مـی‌کنـد، امـا اگر به پرسش و نیاز عادی آن سیستم، پاسخ غیرعادی داده شود، آرامش منتفی می‌شود.

۲. آستانه‌ی تحمل تنش: برتافتن حد تحمل تنش در یک سیستم، موجب می‌شود وخامت در درجه‌ی «تنش» قرار گیرد، لیکن اگر برای پرسش عادی سیستم، در این مرحله نیز پاسخ نامناسب در نظر گرفته شود، باتوجه به عـدم تعادل در سیستم، درجه‌وخامت از تنش عبور خواهد کرد.

۳. آستانه‌ی تحمل تشنج: رعایت حدود تحمل تشنج، سبب می‌گردد وخامت در مرحله‌ی تشنج متوقف گـردد، اما از سوی دیگر پاسخ نامناسب و یا تردید در پاسخ مناسب در این مرحله نیز سبب تشدید وخامت به درجه‌ی بـالاتر می‌گردد.

۴. آستانه‌ی تحمل بحران: حد تحمل بحران، نهایت آستانه‌ی تحمل یک سیستم است، چراکـه فقـدان پاسـخ-گویی به نیازها و پرسش‌های یک سیستم در این مرحله واژگونی سیستم را به دنبال خواهد داشت.

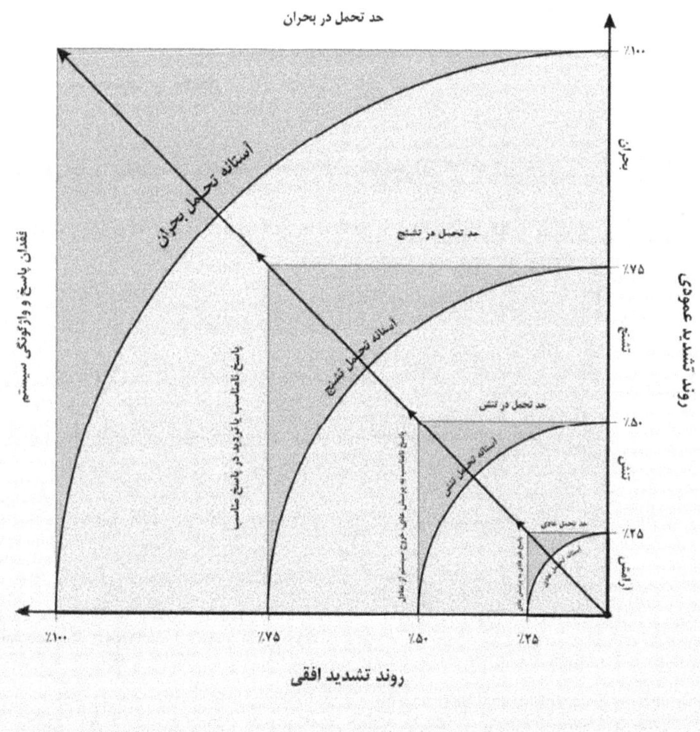

روند استانه تحمل بحران
در
مدیریت بحران

حد تحمل در بحران
٪۱۰۰
بحران
استانه تحمل بحران
حد تحمل در تشنج
٪۷۵
تشنج
استانه تحمل تشنج
پاسخ نامناسب یا تردید در پاسخ مناسب
حد تحمل در تنش
٪۵۰
تنش
استانه تحمل تنش
حد تحمل عادی
٪۲۵
فقدان پاسخ و واژگونگی سیستم
روند تشدید عمودی
٪۱۰۰
٪۷۵
٪۵۰
٪۲۵
روند تشدید افقی

نمودار شماره ۴

دکترین هدایت آرامش

تفاوت اساسی دیدگاه غربی و شیعی، سبب می‌گردد دکترین هدایت آرامش به‌جای دکترین مدیریت بحران مطرح شود. در دیدگاه شیعی بروز وخامت معکوس دیدگاه محافظه‌کاری بیان گردیده است، اگر در دیدگاه کانزرواتیسم وضع موجود مطلوب بوده، و سیر انتروپی[10] سبب بروز بحران گردیده، سپس در مدیریت بحران تلاش می‌شود بحران زدوده گردد و وضع پیشینی رقم بخورد، در دیدگاه شیعی انسان هیچ‌گاه نباید در پی بازگشت به

دکترین
هدایت آرامش

روند		حوزه											
		وضع موجود مطلوب در ثبات مندی						وضع نامطلوب دربقاءمندی					
		حوزه مدیران		حوزه نظام سازان		حوزه اندیشه سازان		حوزه مدیران		حوزه نظام سازان		حوزه اندیشه سازان	
	آرامش	ق		ف		غ		ع		ظ		ط	
		۲۴	X	۲۳	T	۲۲	P	۱۲	L	۱۱	H	۱۰	D
	تنش	ض		ص		ش		س		ژ		ز	
		۲۱	W	۲۰	S	۱۹	O	۹	K	۸	G	۷	C
	تشنج	ر		ذ		د		خ		ح		ج	
		۱۸	V	۱۷	R	۱۶	N	۶	J	۵	F	۴	B
	بحران	ج		ث		ت		پ		ب		الف	
		۱۵	U	۱۴	Q	۱۳	M	۳	I	۲	E	۱	A

نمودار شماره ۵

[10]. Entropy: a process of degradation or running down or a trend to disorder (Merriam-Webster's collegiate dictionary, Eleventh ed., Massachusetts, U.S.A, Merriam-Webster Incorporated, 2005)

مرحله‌ی پیشینی خود باشد، زیرا وضع موجود وضع مطلوب نبوده، لذا انسان همواره باید سعی نماید وضع موجود خود را نفی نموده و به وضع مطلوبی که امکان بالقوه‌ی آن‌را دارد، دست یازد. رشد انسان در این روی‌کرد در گرو نیل به وضع مطلوب آینده است، نه بازگشت به وضع مطلوب پیشینی. (نمودار شماره ۵)

در مکتب هدایت آرامش، سرآغاز حرکت انسان، نظام و جامعه از مرحله‌ی بحران صورت می‌گیرد، و تلاش می‌شود وضع نهایی مطلوب رقم بخورد. در این مکتب «روند ایجابی آرامش» جای‌گزین «روند سلبی بحران» می‌گردد. در این مکتب نیز سه حوزه‌ی روندی «بنیادی»، «بقاء» و «طیفی» موضوعیت می‌یابد که به ترتیب با سیر حروف انگلیسی، افزایش اعداد از ۱ تا ۲۴ و حروف فارسی نشان داده شده است. (نمودار شماره ۶)

روند ایجابی

هدایت آرامش

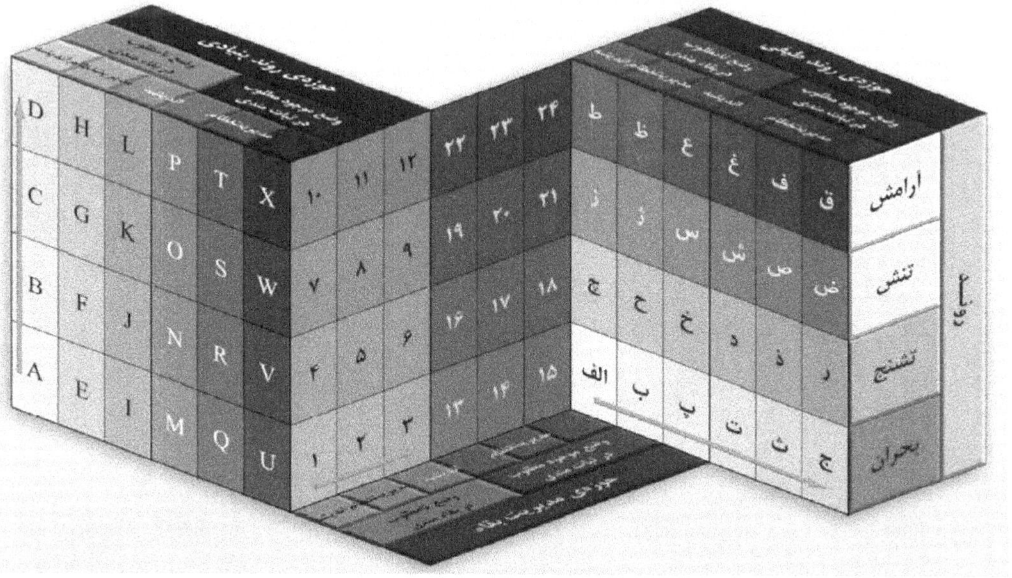

نمودار شماره ۶

۲-۱-۱۰

روی‌کرد استقامت‌مدار

رویکرد استقامتمدار

رویکرد استقامتمدار، از سادهترین و در عین حال رایجترین انواع رویکردهای طرحریزی دکترینال و استراتژیک بهشمار میرود. تدوین «سند چشمانداز بیست سالهی جمهوری اسلامی ایران در افق ۱۴۰۴ هجری شمسی»[1] نیز بر مبنای این رویکرد صورت گرفته است. اساس رویکرد استقامتمدار، مبتنـی بـر انطباق چشم انداز[2]، و مأموریت[3] است. نکتهی حائز اهمیت در طرحریزی مبتنی بر این رویکـرد، مبنـای پویا و دینامیک[4] بودن محیط طرحریزی است. دینامیک بودن بهاین معنا است که شرایط محیطی کنـونی در طول زمان، مجرد از عنصر طرحریزی تغییر خواهند کرد. در این صـورت، برتـافتن تغییـرات تنهـا در چارچوب طرح و برنامه تلقی صحیحی نخواهد بود، مگر با این فـرض دور از واقـع کـه تمـامی عناصـر و متغیرهای محیطی در طرح لحاظ شده باشند. لذا دینامیک بودن در این رویکـرد در مقابـل اسـتاتیک[5] بودن از اصول ضروری طرحریزی محسوب میشود.

دورنما

گام نخست در طرحریزی مبتنی بر این رویکرد، تبیین «دورنما و پرسپکتیو»[6] است. استمرار وضعیت کنـونی در افق زمان، به موقعیت و نقطهای خواهد انجامید که پرسپکتیو نامیده میشود. اساس پرسپکتیوگرایی بر این گزاره بنا نهاده شده است که وضع موجود شامل مرور زمان گردد، و طرحریزی برای آینده صـورت نگیـرد و بـه عبـارت سـاده

---

[1]. این سند در تاریخ ۱۳ آبان ۱۳۸۲ از سوی مقام معظم رهبری به رئیس مجمـع تشخیص مصلحت نظام و سران سـه قوه ابلاغ گردیـده اسـت.((http://www.irane1404.com

[2]. Vision

[3]. Mission

[4]. Dynamic: continuously moving or changing (Longman Dictionary of Contemporary English, 5th Edition, Edinburgh Gate, Pearson Education Publication)

[5]. Static

[6]. Perspective

دورنما منتج از رها نمودن وضع موجود در آینده باشد. روشن نمودن استمرار وضع موجود، گرچه مبتنـی بـر بـرآورد محیطی جامع، امری دشوار و پیچیده به نظر می‌رسد لیکن امری محتوم و ضروری است.

چشم‌انداز

حال اگر در مقابل پرسپکتیوگرایی، در قبال مسئله و مشکل کنونی تدبیری اندیشیده شود تا آن مشکل در طـول بازه‌ی زمانی مشخص حل شود، گام دوم طرح‌ریزی محقق خواهدشد که همان «برآورد وضع مطلوب» اسـت. تبیـین «چشم‌انداز» ناظر بر همین برآورد وضعیت مطلوب است. در چشم‌انـدازگرایی، نقطـه‌ای در مقابـل «دیـدگاه»[7] افـراد ترسیم می‌گردد، که به مثابه‌ی یک «شاخص» سبب تنظیم دیدگاه‌ها و معطوف شدن نظر و توجه افراد به همان نقطه می‌شود.

پس از تبیین چشم‌انداز، درگام بعد، اختلاف و فاصله‌ای که میان استمرار وضع موجود در آینده با وضع مطلـوب دارد، تخمین زده می‌شود. بنا بر اصل دینامیک بودن طرح‌ریزی، «فاصله و گـپ»[8] میـان پرسپکتیو و ویـژن در سـه وضعیت قابل بررسی است: (نمودار شماره ۱)

در وضعیت گپ فزاینده، با گذشت زمان فاصله و گپ میان استمرار وضع کنونی - پرسپکتیو- و وضـع مطلـوب - چشم‌انداز - افزایش می‌یابد و از این‌رو شرایط طرح‌ریزی به مرور زمان مشکل‌تر خواهد شد.

هرگاه شرایط به گونه‌ای تغییر کند که فاصله‌ی میان وضع مطلـوب و استمرار وضـع موجـود در بـازه‌ی زمانـی، فاصله‌ای ثابت بماند، وضعیت گپ پارالل[9] محقق خواهد شد.

در وضعیت گپ کاهنده ، فاصله‌ی میان وضع مطلوب و استمرار وضع موجود در طول زمان، از میان می‌رود، و بـه عبارت دیگر استمرار شرایط محیطی به خودی خود، موجب رقم خوردن وضع مطلوب خواهد شد.

---

[7]. View

[8]. Gap

[9]. Parallel Gap

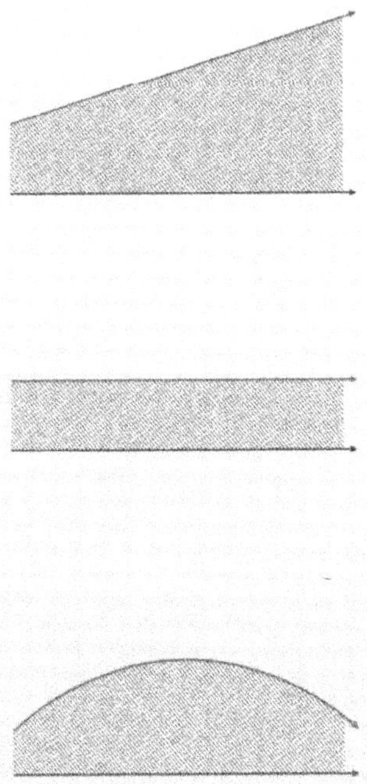

انواع شکاف
در
نسبت پرسپکتیو و ویژن

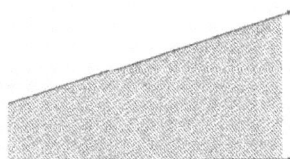

گپ فزاینده

گپ پارالل

گپ کاهنده

نمودار شماره ۱

مأموریت

هنگامی‌که وضع مطلوب در قالب چشم‌انداز تبیین گردد، دورنما و پرسپکتیو موضوعیت خود را از دست می‌دهد، و از این پس افراد مأمور به تحقق چشم‌انداز خواهند شد. چشم‌انداز تعریف شده گرچه شاخص و منظری اسـت بـرای همه، لیکن تنوع موضع افراد ایجاب می‌کند «مأموریت» تبیین و تعریف گردد تا تمامی ظرفیت‌هـای ذهنـی و عینـی سیستم و تلاش‌های افراد معطوف به همان چشم‌انداز باشند.

صفر وضعیت در مأموریت

اساس طرح‌ریزی مبتنی بر ویژن و میشن، پس از تعیین مأموریت بر «برآورد وضعیت» شکل می‌گیرد. [10] برآورد وضعیت عبارت است از: «برآوردی از وضعیت موجود سازمان و نهاد، برآوردی از شرایط و عوامل محیطی، و برآوردی از درصد انطباق مأموریت با چشم‌انداز». به عبارت دیگر، چشم‌انداز به عنوان «صفر وضعیت» تلقی می‌شود و مأموریت در قیاس با آن مورد سنجش و ارزیابی قرار می‌گیرد. (نمودار شماره ۲)

چهارچوب نظری

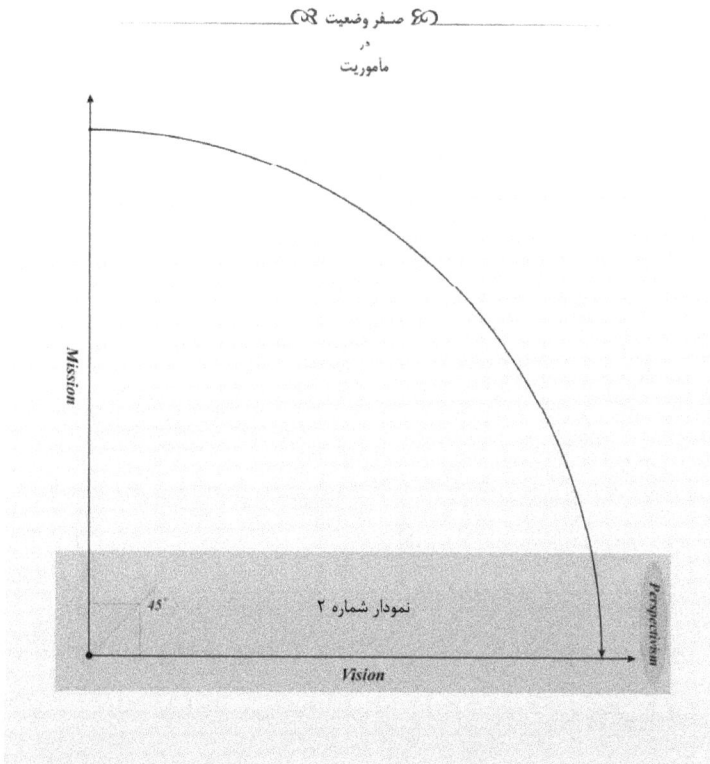

نمودار شماره ۲

[10]. Field Manual No. 5-0, Army Planning and Orders Production, Department of the Army, Washington, DC, 20 January 2005, Page E-4

قواعد نظری روند دینامیک انطباق ویژن با میشن، مبتنی بر حرکت بر روند حروف الفبای یونانی در یک نیم‌دایره است. (نمودار شماره ۳)

نمودار شماره ۳

وضعیت گپ فزاینده در مأموریت

در این وضعیت فاصله‌ای میان چشم‌انداز و مأموریت وجود دارد که مانع تحقق ویژن می‌گردد. این وضعیت، که به وضعیت آلفا[۱۱] شناخته می‌شود، لزوم تبیین «استراتژی» را مشخص می‌کند. به چگونگی و نحوه‌ی برون‌رفت از گپ ایجاد شده میان چشم‌انداز و مأموریت، در این روی‌کرد استراتژی اطلاق می‌شود. (نمودار شماره ۴و۵)

---

۱۱. نخستین حرف الفبای یونانی، α

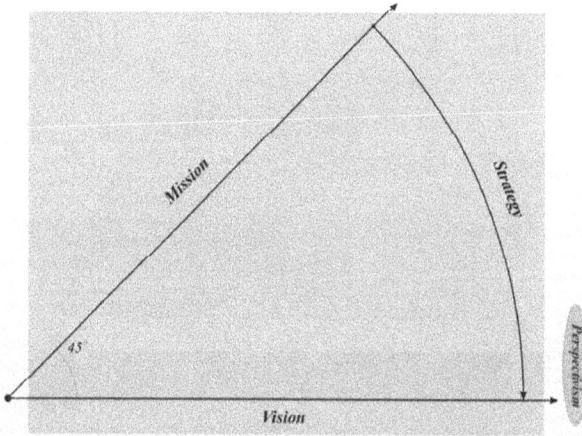

وضعیت گپ فزاینده
در
مأموریت

نمودار شماره ۴

وضعیت «الفا»

نمودار شماره ۵

وضعیت گپ پارالل در مأموریت

در صورتی‌که استراتژی اتخاذ شده، به‌جا و کارآمد باشد، وضعیت آلفا به تدریج به وضعیت میو[۱۲] تغییر می‌کند. در این وضعیت فاصله و گپ میان ویژن و میشن کنترل شده، و بردار مأموریت موازی بردار چشم‌انداز خواهد شد. (نمودار شماره ۶ و۷)

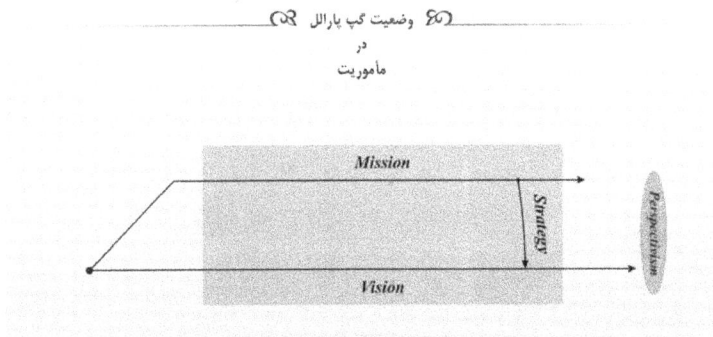

نمودار شماره ۶

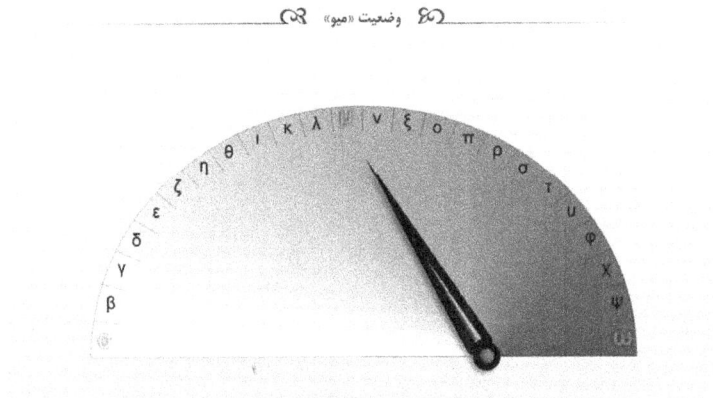

نمودار شماره ۷

---

۱۲. دوازدهمین حرف الفبای یونانی، μ

وضعیت گپ کاهنده در مأموریت

استمرار استراتژی از گپ پارالل وضعیتی را پدید خواهد آورد که وضعیت امگا[13] نامیده می‌شود، در این وضـعیت، انطباق مأموریت بر چشم‌انداز سبب برآورده شدن نتایج طرح‌ریزی می‌گردد. (نمودار شماره ۸ و۹)

وضعیت گپ کاهنده
در
مأموریت

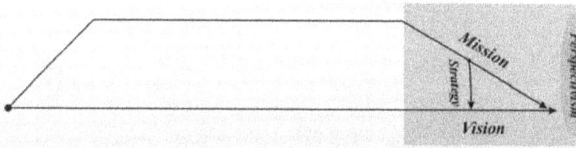

نمودار شماره ۸

وضعیت «أمگا»

نمودار شماره ۹

[13]. آخرین حرف الفبای یونانی، ω

صفر وضعیت در استقامت

در مقابل طرح‌ریزی مبتنی بر ویژن و میشن، طرح‌ریزی بر مدار «استقامت» در الگوی اسلامی-شیعی موضوعیت می‌یابد. مبنای این طرح‌ریزی آیه‌ی شریفه‌ی ۱۱۲ سوره‌ی هود است، که به پیامبر اکرم(ص) امر شده است اسـتقامت کند.[۱۴]

درگام نخست، در صفر وضعیت در مقابل پرسپکتیوگرایی، مفهوم «رسالت»[۱۵] تبیین می‌شود. افق مورد نظر در

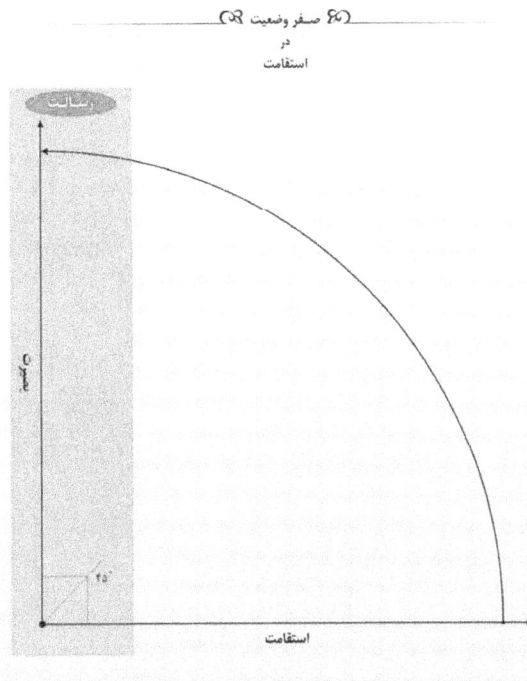

نمودار شماره ۱۰

---

[۱۴]. فَاسْتَقِمْ کَما أُمِرْتَ وَ مَنْ تابَ مَعَکَ وَ لا تَطْغَوْا إِنَّهُ بِما تَعْمَلُونَ بَصیرٌ (قرآن الکریم، سوره‌ی هود، آیه‌ی ۱۱۲)

پس همان‌گونه که فرمان یافته‌ای، استقامت کن؛ و همچنین کسانی که با تو بسوی خدا آمده‌اند(باید استقامت کنند)! و طغیان نکنید، که خداوند آنچه را انجام می‌دهید می‌بیند! (مکارم شیرازی، ناصر. ترجمه‌ی قرآن کریم)

[۱۵]. رسالت از ریشه رسل به معنای برانگیخته شدن به آرامی و نرمی است. (راغب اصفهانی، حسین بن محمد؛ **ترجمه و تحقیق مفردات الفاظ قرآن**؛ خسروی حسینی، سیدغلامرضا (مترجم)، نشر مرتضوی، جلد۲، صفحه ۷۱)

این روی‌کرد، تحقق رسالتی است که یک فرد، سازمان یا نهاد بـه عهـده دارد. مؤلفـه‌ی اصـلی و ضـروری بـرای دریافت رسالت، «بصیرت» است، به عبارت دیگر، ادراک رسالت تنها در صورت واجد بصیرت بودن، صورت می‌گیرد.

تحقق «استقامت»، تلاشی را رقم می‌زند که نتیجه‌ی آن انطباق وضعیت موجود در سطح، با افق وضـعیت یعنـی «رسالت» خواهد بود. (نمودار شماره ۱۰)

وضعیت فاصله‌ی فزاینده در استقامت

فاصله‌ی فزاینده‌ی میان استقامت و رسالت، با حرف «الف» فارسی نشان داده می‌شـود، کـه بیـان‌گـر ناکارآمـدی

نمودار شماره ۱۱

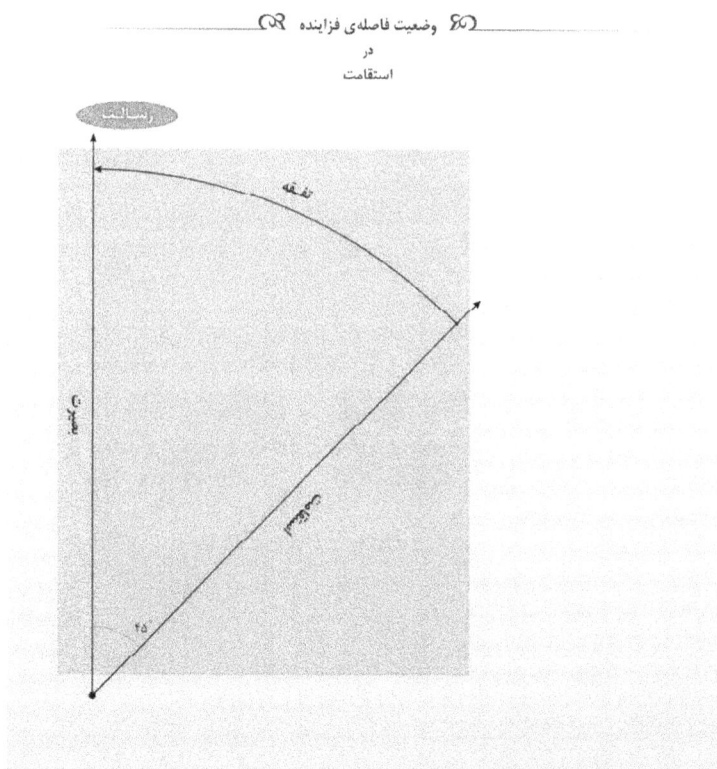

طرح‌ریزی است، زیرا سبب دوری از تحقق رسالت می‌گردد. فلـذا در مقابـل اسـتراتژی، مفهـومی بـه نـام «تفقـه»[۱۶] موضوعیت می‌یابد، که نقش آن هم‌سو نمودن افراد و یک‌پارچه نمودن تلاش‌ها است بـه نحـوی کـه همـه‌ی اجـزا در راستای تحقق رسالت باشند. در این وضعیت، اراده‌ی معطوف به «حق»، محور اصلی تفقه را تشکیل می‌دهد و پرسش اساسی این است که آیا مبتنی بر رسالت تعریف شده سمت و جهت طرح‌ریزی به‌سوی حق اسـت یـا خیـر؟ (نمـودار شماره ۱۱)

وضعیت فاصله‌ی متوازی در استقامت

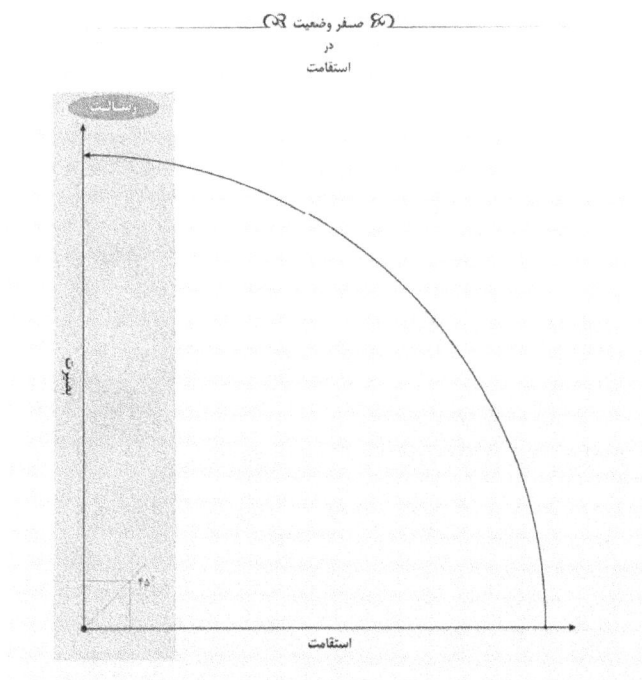

نمودار شماره ۱۲

[۱۶]. فقه: دانستن چیزی و فهم آن، مهارت و هوشیاری، دانش احکام شرعی از ادلّه تفصیلی. (مهیار، حسین (مترجم)؛ فرهنگ ابجدی عربی - فارسی؛ ترجمه منجدابجدی، چاپ اول، تهران، نشر اسلامی،۱۳۷۰، صفحه ۱۰۸)

تَفَقَّه: وقتی است که کسی فقه را بخواهد و دنبال کند و در آن تخصص یابد. (راغب اصفهانی، حسین بن محمد؛ **ترجمه و تحقیق مفردات الفاظ قرآن**؛ خسروی حسینی، سیدغلامرضا (مترجم)، نشر مرتضوی، جلد۳، صفحه ۸۳)

حرف «شین» در میانه‌ی حروف الفبای فارسی، بیان‌گر وضعیتی است که فاصله‌ی میان استقامت و رسالت ثابت شده و دو بردار به موازات هم می‌رسند. در این وضعیت گرچه تفقه سبب کاهش فاصله شده است، اما انطباق کامل استقامت بر بصیرت صورت نگرفته است. محور اساسی تفقه در این وضعیت، اراده‌ی معطوف به «صبر» است.[۱۷] (نمودار شماره ۱۲)

وضعیت فاصله‌ی کاهنده در استقامت

فاصله‌ی کاهنده‌ی میان استقامت و رسالت با حرف «یا» در انتهای حروف الفبا نمایانده می‌شود. در این وضعیت، اراده‌ی معطوف به «مقاومت»، به عنوان اساس استقامت، تحقق نتیجه را در بر دارد. انطباق استقامت، بر بصیرت، موجب تحقق رسالت فرد، سازمان و نهاد شده است. (نمودار شماره ۱۳)

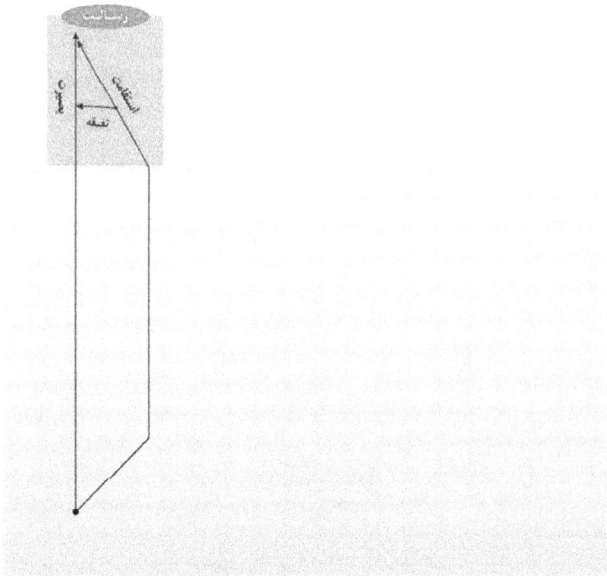

نمودار شماره ۱۳

---

۱۷. یا أَیُّهَا الَّذینَ آمَنُوا اسْتَعینُوا بِالصَّبْرِ وَ الصَّلاةِ إِنَّ اللَّهَ مَعَ الصَّابِرینَ (قرآن الکریم، سوره‌ی بقره، آیه‌ی ۱۵۳)

برای هریک از نظام‌ها و سیستم‌های جامعه رسالتی تبیین می‌شود، که استقامت در هر حوزه سبب تحقـق اهـداف و نتیجه‌های مطلوب در آن حوزه می‌گردد. از این رو شناخت وضعیت هر یک از حوزه‌ها برای تحقق استقامت بـر مـدار اراده‌ی معطوف به حق، صبر و یا مقاومت امری ضروری می‌نماید.

۲-۱-۱۱

روی‌کرد تصمیم‌مدار

رویکرد تصمیم‌مدار

چاره اندیشی، دوره‌ای به قدمت بشر دارد و می‌توان آن را مسأله‌ی همواره و همیشه‌ی انسان دانست. در این میان، در طول حداقل ۵۰۰۰ سال اخیر، چاره‌گذاری کلان و حکومتی در پنج موج محقق شده است. در موج نخست، یک حاکم یا فرمانروا ، به تنهایی، همه‌ی ارکان چهارگانه‌ی سیاسی، اقتصادی، نظامی و فرهنگی را، بدلیل توانایی شخصی، در کف خود داشت. در دوره‌ی دوم چاره گذاری، حاکم و فرمانروا، با بکارگیری یک وزیر از میان افراد قابل اعتماد و توانا، امور فرمانروایی خود را تسهیل می‌نمود. در دوره‌ی سوم چاره گذاری، با گسترش قلمرو فرمانروایی، حاکمان مجبور به ساماندهی دستگاه حکومت خود از راه واگذاری اختیار به هریک از وزرای چهارگانه‌ی جنگ، اقتصاد، سیاست و فرهنگ گردیدند. در دوره‌ی چهارم چاره گذاری، با وسعت یافتن قلمرو حکومت و تکوین زندگی اجتماعی و پیدایش تمدن‌های جامع، پیدایش گروه قانون‌گذاران در حکومت که مجزای از مجریان باشند، ضرورت پیدا نمود.

دوره‌ی پنجم چاره‌گذاری با ورود بشر به عصر پیچیدگی‌ها، که در آن، روند تحولات بسیار پر شتاب است، آغاز شد که در آن حکومت‌ها عموماً در هر لحظه، با چند مسأله و معضل کلان روبرو می‌شوند. در این دوره، راه حل معضل فقدان چاره‌ی مطلوب، در ساماندهی نظام سیاست سازی و چاره اندیشی بود. حکومت-ها بر آن شدند که ساختار کلاسیک مشورت را آکادمیک و تخصصی نمایند. در نتیجه، پدیده‌ای به نام Think Tank یا اندیشکده شکل گرفت. پیدایش گروه جدیدی که افراد «دکترینرین» یا «استراتژیست» نامیده می‌شوند، بروز پیدا نمود. اینان، در محیط‌های اندیشکده‌ای، در هر موضوعی به چاره اندیشی تخصصی پرداخته و نتایج تلاش خود را در سه سطح منعکس می‌نمایند: در سطح کلان، به مجموعه‌ها و نهادهای حکومتی مشاوره می‌دهند. در سطح جامعه، به توجیه و تنویر افکار عمومی نسبت به سیاست‌ها می‌پردازند. و در سطح محافل علمی، به تربیت نسل جدیدی از مدیران، قانون‌گذاران، تحلیل‌گران، و چاره گذاران اشتغال می‌یابند.

در این دوره، تصمیم و چاره، یا از اندیشکده‌ها نشأت می‌گیرد، یا اینکه تدابیر رهبران و مدیران، به اندیشکده‌ها منتقل، و تا مرحله‌ی تصمیم سازی و چاره گذاری، پرورده و چاره اندیشی می‌شود. لذا امروز، «چاره» و «تصمیم» و «اجرا»، توسط مثلث قانون‌گذاران، استراتژیست‌ها، و مجریان صورت می‌پذیرد.

سیاست

فرهنگ فرمانروایی و حکومت در تمدن غرب، دارای واژه‌های Politics و Policy است که در محیط دانشگاهی به کلمات «سیاسی» و «سیاست» ترجمه شده‌اند که صحیح نیست. عمومی‌ترین تعریف از مفهوم پلیتیک و پالسی، در یک جمله‌ی کوتاه این است: «فن تلاش و رقابت برای دستیابی به قدرت، یا تسخیر و حفظ و بسط آن.»

سیاست، مفهومی عربی است که «تنبه» را بر می‌تابد، و می‌توان آن را «حسن تصمیم و تدبیر، و اجرای آن تصمیم و تدبیر به نحو احسن» دانست. در این معنا، سیاست سه مرحله دارد: ابتدا تصمیم نیکو، سپس تدبیر مناسب، و در نهایت اجرای آن تصمیم و تدبیر به نحو احسن. تصمیم نیکو، مبتنی بر نیاز و ضرورت و الزام از یکسو و اطلاعات و داده‌های متناسب از سوی دیگر است. پس از مرحله‌ی حسن تصمیم، مرحله‌ی حسن تدبیر منوط به ضرورت و محدودیت، مقدورات و فرصت‌ها است. مرحله‌ی اجرای آن «تصمیم و تدبیر» به نحو احسن نیز مبتنی بر طرح و برنامه و منابع - بودجه و امکانات - صورت می‌گیرد. گام‌های هفت‌گانه‌ی پاپیون سیاست، روند مزبور را نمایش می‌دهند.(نمودار شماره ۱)

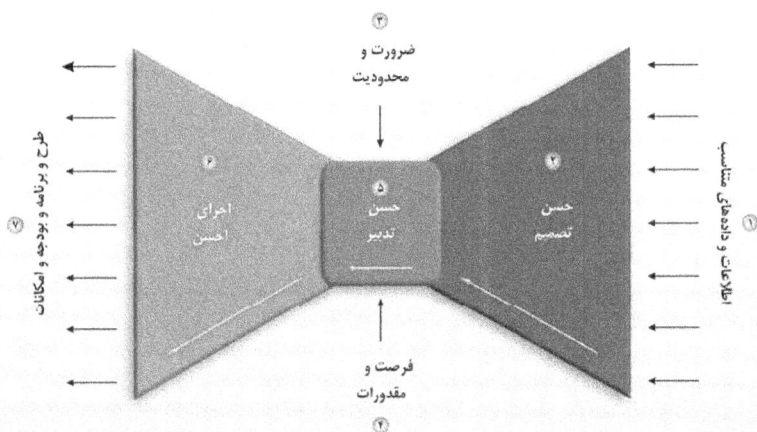

فرق مفهوم عربی سیاست با واژه‌ی غربی پلیتیک و پالسی، در این است که سیاست مقوله‌ای ذهنی، و پلیتیک امری است عینی. لذا هم در مفهوم و هم در تعریف، سیاست و پلیتیک از یکدیگر متفاوت و متباین هستند.

تصمیم

«تصمیم، پرده‌ای انتزاعی از باورها است، که فرد به آن نزدیک شده و پس از باورمندی، به آن تسلیم، و برای اجرای آن مصمم می‌گردد.»

شاید و نشاید

رفتار و ماهیت امور و اشخاص و اشیاء، به دو دسته‌ی شایسته و ناشایست تقسیم می‌شوند. شایستگی و ناشایستگی یا به رفتار افراد مرتبط است، یا به ماهیت امور و اشیاء. امر و شخص و شیء شایسته، رفتار و ماهیت خود را از ذات «شایسته» می‌گیرد؛ پایه‌ی شایستگی در شاید است، و ریشه‌ی ناشایستگی در نشاید.

هنگامی که از شایستگی یا ناشایستگی کسی سخن به میان می‌آید، منظور لیاقت اوست. این نکته در سخن سعدی به زیبایی نشسته است:

تو کز محنت دیگران بی‌غمی نشاید که نامت نهند آدمی[1]

باید و نباید

آنکس و آنچه که شایسته است، پس «بایسته» است. اگر رفتاری، اموری، اشخاصی و اشیائی شایسته‌اند، پس «باید» که در صدر نشینند و قدر ببینند؛ این ذات سیاست است. از سوی دیگر، اگر کردار و گفتار و امور و افرادی ناشایسته‌اند، پس «نباید» امکان ظهور و بروز و جولان و تاخت و تاز پیدا نمایند.

تمایز تصمیم شدن از مصمم بودن در این است که تصمیم حوزه‌ی شاید و مصمم بودن حوزه‌ی باید را در بر دارد. تصمیم در مورد امرو شخص و شیء شایسته است و مصمم بودن در مورد امر و شخص و شیء بایسته. در نتیجه، تصمیم و مصمم، شایستگی و بایستگی را در می‌نوردند.

قاعده‌ی نیت در سیاست

در این میان، نباید از «نیت» غفلت نمود. نیت دروازه‌ی تصمیم و معبر مصمم بودن است: عبور از شاید به سمت باید، منوط به دقت و کیفیت نیت است. قاعده‌ی نیت در سیاست این است: آن‌چه و آن‌که «شایست»، پس «بایست»، و آن‌چه یا آن‌که «ناشایست»، پس «نبایست». (نمودار شماره ۲)

---

[1]. سعدی، مصلح بن عبدالله؛ **کلیات سعدی**، چاپ دوم، تهران، انتشارات دوستان، ۱۳۷۹، باب اول در سیرت پادشاهان، صفحه‌ی ۴۰

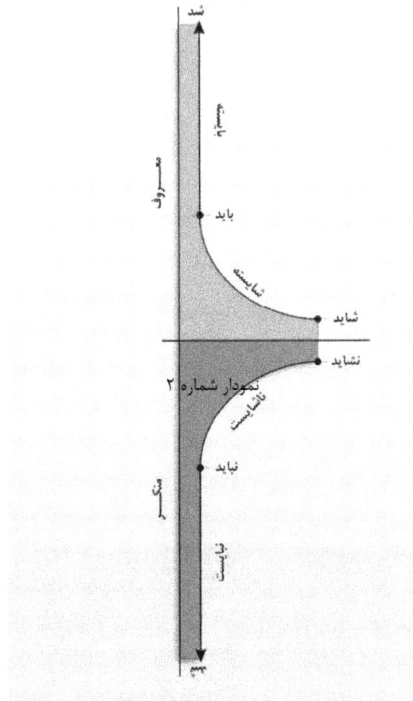

نمودار شماره ۲

اراده در سیاست

در سیاست، پس از نیت، اراده موضوعیت دارد. نیت، نگاه معطوف به مقصد است. برای رسیدن به مقصد، نیرو و انرژی نیاز است. اراده، نیروی محرک و انرژی مورد نیاز برای رسیدن به مقصد است.

اراده به دو جهت معطوف می‌شود:

۱. اراده‌ی معطوف به قدرت.

خاستگاه این اراده، حوزه‌ی نشایدهاست. در نتیجه، چنین اراده‌ای به نبایدها ختم می‌شود.

۲. اراده‌ی معطوف به بعثت.

خاستگاه بعثت، باعث است. آنکس که مبعوث شد در نهایت مرجوع می‌شود. لذا بعثت آغاز و رجعت پایان است. حد فاصل میان بعثت و رجعت را تقوا دربردارد. اراده‌ی معطوف به بعثت در سیاست، اراده‌ی معطوف به تقواست.

سیاستی که در آن اراده معطوف به تقواست، سیاستی ذیل اخلاق است. اما سیاستی که در آن اراده معطوف به قدرت است، سیاست فوق اخلاق است.

روند سیاست

روند سیاست، مبتنی بر تعریف سیاست است: سیاست، حسن تصمیم و تدبیر، و اجرای آن تصمیم و تدبیر، به نحو احسن است. تصمیم، حوزه‌ی شایستگی، و تدبیر حوزه‌ی بایستگی را در بر دارد. (نمودار شماره ۳)

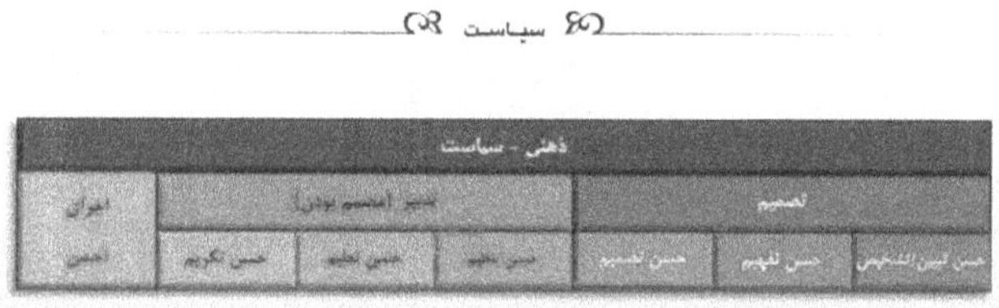

نمودار شماره ۳

الف. مرحله‌ی نشاید و شاید

مرحله‌ی شناخت و رد نشاید، و شناخت و جذب شاید، مرحله‌ی تصمیم سازی است. این مرحله سه بخش کلی دارد:

۱. **حسن تبیین و تشخیص** دقیق و نیکوی مسأله، با رد ناشایست‌ها و جذب شایست‌ها.

۲. **حسن تفهیم**. فهم دقیق و نیکوی مسأله از سوی تصمیم ساز، در رد ناشایست‌ها و جذب شایست‌ها. سپس تفهیم دقیق و نیکوی افراد و عناصر درگیر در تصمیم، در تمیز شاید از نشاید.

۳. **حسن تصمیم**. به امر شایسته، تسلیم شدن، و در آن شایستگی و بر آن ماندن.

ب. مرحله‌ی نباید و باید

مرحله‌ی درک و ضرورت امر باید از امر نباید، و انتقال از شاید به باید و باشد، مرحله‌ی تدبیر است. تدبیر، معطوف به آینده است: از شاید به باید! بایدی که هنوز محقق نشده است. در این مرحله، سیاست گذار، پس از تصمیم سازی، به مرحله‌ی مصمم بودن در آن تصمیم می‌رسد. این مصمم بودن، ضمانت اجرای آن تصمیم است، و از سه بخش کلی تشکیل می‌شود:

۱. حسن تنظیم. تسلیم شدن به امر شایسته در تصمیم موضوعیت یافت. هر شایسته‌ای، پس بایسته است. و تنظیم امور، تنظیم ارتباط میان نهادهای مرتبط با تصمیم، و تنظیم ارتباط میان مجریان تصمیم، با مردمی که تصمیم متوجه‌ی آنهاست، گام یکم بایستگی در تدبیر است.

۲. حسن تعلیم. امر شایسته، «باید» به مجریان و مردمی که از آن منتفع می‌شوند تعلیم شود. این «باید»، گام دوم در تدبیر است.

۳. حسن تکریم. کرامت مجریان امر شایسته و کرامت مردمی که امر شایسته به آنها مربوط است، غایت شایستگی امر شایسته است. «باید» که امر شایسته، با رعایت کرامت مجریان و مردم، بایسته شود، در غیر این صورت به امر ناشایست تبدیل می‌شود. این «باید»، گام سوم در تدبیر است.

پ. مرحله‌ی نشد و شد

در روند شدن، امر شایسته به امر بایسته تبدیل شد. امر بایسته، در حوزه‌ی تدبیر است و تدبیر معطوف به آینده، زیرا هر آنچه که «باید»، پس می‌توان نتیجه گرفت که «نیست»، که بایستگی و بودن آن، ضرورت یافته است.

«هستی» هر آنچه که «باید»، منوط به «شدن» آن «باید» است.

سیاست، روند «شدن» است: انتقال از امر شایسته به بایسته و تحقق آن بایسته.

تحقق و اجرای نیکوی امر شایسته - تصمیم - و امر بایسته - تدبیر - مرحله‌ی «شدن» است که در غیر این صورت، هنوز امر شایسته‌ی بایسته محقق «نشده» است و تا زمانی که این «شدن» صورت نپذیرد، سیاست کامل نشده و حتی نمی‌توان نام آن را سیاست نهاد.

فرآیند اقدام یک فرد تصمیم ساز

فرد تصمیم‌ساز، در نسبت با شخص تصمیم گیر تعریف می‌شود، زیرا نفر اول برای نفر دوم تصمیم‌سازی می‌کند. نسبت میان این دو نفر، در قالب سه رابطه نمود دارد: نخست، فرد تصمیم‌ساز به جای فرد تصمیم گیر «اقدام» نموده، و تصمیم خود ساخته را «اجرا» کند؛ که اقدامی توأم با سوء تفاهم خواهد بود. دوم آن‌که، فرد تصمیم ساز به جای فرد تصمیم گیر «تدبیر» اندیشیده و به جای او «مصمم» شده باشد و او را امر نماید؛ که تدبیری توأم با سوء تفاهم خواهد بود. سوم آن‌که فرد تصمیم‌ساز، نه به جای شخص تصمیم‌گیر «تدبیر» نماید، و نه به جای او «اقدام» کند. بلکه تنها و تنها قوه تشخیص و تصمیم او را ارتقاء دهد. حال این به عهده‌ی شخص تصمیم‌گیر است که نسبت به این تشخیص فرد تصمیم‌ساز، «تصمیم» بگیرد. این هنر فرد تصمیم‌ساز، در فرآیند اقدام تصمیم‌سازی است.

فرآیند اقدام یک فرد تصمیم گیر

فرد تصمیم گیر نیز، در نسبت با شخص تصمیم ساز تعریف می‌شود، زیرا نفر اول، متکی به تصمیم سازی نفر دوم است. نسبت میان تصمیم ساز و تصمیم گیر در این است که نفر اول باید در حجم انبوه، تصمیم‌های متعددی بسازد، و سپس نفر دوم، با توجه به محدودیت‌ها و مقدورات خود، از میان آن تصمیم‌های متعدد، مناسب‌ترین را انتخاب و اتخاذ بنماید.

چـــاره

چاره، برخلاف سیاست، امری عینی است نه ذهنی. در واقع، چاره، نوعی انتخاب است: کسی که بر سر چهار راه قرار می‌گیرد و در انتخاب راه تردید دارد. تا هنگامی که راه را انتخاب نکرده است، بی‌چاره است و چاره ندارد. چنین فردی در حیرت است.

چو در طاس لغزنده افتاد مور   رهاننده را چاره باید نه زور [۲]

اگر تصمیم ساز، برای تصمیم گیر، تصمیم مناسبی آماده نمود، آن تصمیم گیر «چاره‌مند» است. در غیر این صورت، شرایط حتماً شخص تصمیم گیر را به تصمیم خواهد رساند.

---

[۲]. نظامی گنجوی؛ **شرف نامه**، چاپ اول، تهران، انتشارات برگ نگار، ۱۳۸۱، ص ۲۷۵.

روند چاره اندیشی و چاره گذاری

چاره‌مندی شش گام عمده در قالب دو بخش تصمیم و اجرا دارد. (نمودار شماره ۴)

الف. تصمیم هدف محور - دکترینال - در چاره

□ ۱. چه؟ آنچه در مورد آن چاره اندیشی می‌شود، چیست؟

□ ۲. چرا؟ چرا باید در مورد آن شیء یا کس یا مسأله، چاره اندیشی نمود؟

□ ۳. چگونه؟ چگونه باید چاره اندیشید و چگونه آن را محقق ساخت؟

ب. اجرای مقصد محور در چاره

□ ۴. چگاه؟ تصمیم اندیشیده شده، چگاه باید محقق شود؟

□ ۵. چجا؟ تصمیم اندیشیده شده، چجا باید تحقق یابد؟

□ ۶. چکس؟ تصمیم اندیشیده شده، توسط چکس باید محقق گردد؟

چاره

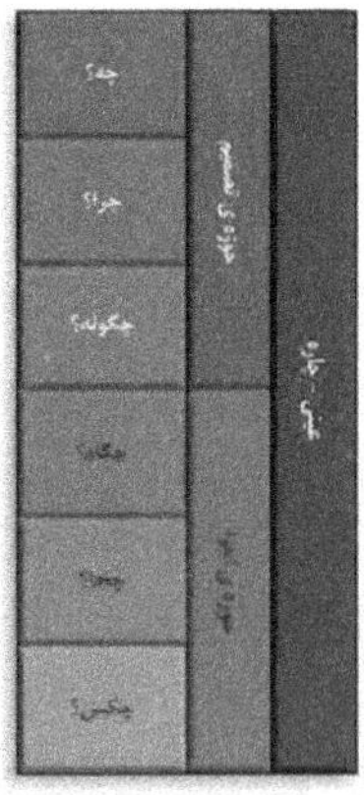

نمودار شماره ۴

مدیریت

تمدن غرب مفهومی معادل سیاست عربی ندارد، اما مفاد مفهوم چاره‌ی فارسی در دانش مدیریت غربی وجود دارد. اساساً دانش مدیریت در غرب نیز بر همین شش گام چاره نهاده شده است.

امامت و ولایت

دکترین امامت، از هر دو حوزه‌ی سیاست و چاره به صورت توأمان بهره می‌گیرد: یعنی فرد امام در حوزه‌ی چاره، همان «چکس» است که از یکسو، در حیطه‌ی عینیت برای چه؟ چرا؟ چگونه؟ چگاه؟ و چجا؟ پاسخ دارد، و از سوی دیگر، در حیطه‌ی ذهنیت، بر همه‌ی ابعاد سیاست در سه بخش تصمیم و تدبیر و اجرا، اشراف دارد. مفهوم امام در تلقی اسلام شیعی، احاطه‌ی توأمان بر چاره و سیاست را در بر دارد.

محورهای انطباق سیاست با چاره

انطباق سیاست با چاره، در مجموع ۴۲ محور دارد، که ۴۲ پاسخ را می‌طلبد. یعنی هر فرد سیاست‌گذار، باید به این ۴۲ محور در قالب ۴۲ پرسش، پاسخ گوید. سیاست اندیشی، از راه این محورها، در ۷ گام قابل ارزیابی است. (نمودار شماره ۵)

تصمیم

گام یکم: حسن تبیین و حسن تشخیص

□ ۱. حسن تبیین و تشخیص، چه؟ چه چیز را باید نیکو تبیین نمود؟ چه مسأله‌ای را باید تشخیص داد؟

□ ۲. حسن تبیین و تشخیص مسأله، چرا؟ چرا باید آن مسأله را خوب تبیین نمود و تشخیص داد؟

□ ۳. حسن تبیین و تشخیص مسأله، چگونه؟ چگونه باید آن مسأله را خوب تبیین نمود و نیکو تشخیص داد؟

□ ۴. حسن تبیین و تشخیص مسأله، چگاه؟ چه زمانی باید آن مسأله را خوب تبیین نمود و خوب تشخیص داد؟

□ ۵. حسن تبیین و تشخیص مسأله، در چجا؟ در کجا باید مسأله را نیکو تبیین نمود و تشخیص داد؟ یا اینکه اساساً مسأله، مربوط به مکانی است که آن مکان باید خوب تبیین شده و مشخص شود!

□ ۶. حسن تبیین و تشخیص مسأله، توسط چکس؟ کدام شخص و چه کسی باید مسأله را خوب تبیین نماید و تشخیص دهد؟ یا اینکه چه کسی مسأله است و خود او باید خوب تبیین شده و نیکو تشخیص داده شود!

انطباق سیاست و چاره در تصمیم و اجرا

عینی - چاره			تصمیم			[illegible]			[illegible]
			حسن تبیین (تشخیص)	حسن تفهیم	حسن تصمیم	[illegible]	[illegible]	[illegible]	[illegible]
	[illegible]	چه؟	۱	۷	۱۳	۱۹	۲۵	۳۱	۳۷
		چرا؟	۲	۸	۱۴	۲۰	۲۶	۳۲	۳۸
		چگونه؟	۳	۹	۱۵	۲۱	۲۷	۳۳	۳۹
	[illegible]	چگاه؟	۴	۱۰	۱۶	۲۲	۲۸	۳۴	۴۰
		چجا؟	۵	۱۱	۱۷	۲۳	۲۹	۳۵	۴۱
		چکس؟	۶	۱۲	۱۸	۲۴	۳۰	۳۶	۴۲

ذهنی - سیاست

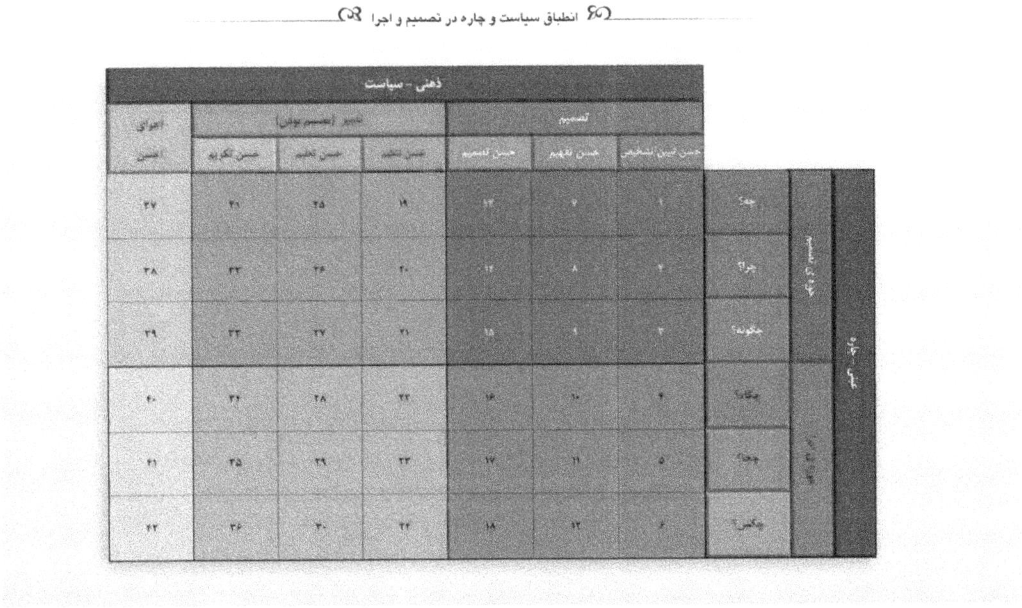

نمودار شماره ۵

گام دوم: حسن تفهیم

□ ۷. حسن تفهیم، چه؟ چه چیز را باید به نیکویی تفهیم نمود؟

□ ۸. حسن تفهیم مسأله، چرا؟ چرا باید آن مسأله را خوب تفهیم نمود؟

□ ۹. حسن تفهیم مسأله، چگونه؟ چگونه باید آن مسأله را خوب تفهیم نمود؟

□ ۱۰. حسن تفهیم مسأله، چگاه؟ چه زمانی باید آن مسأله را خوب تفهیم نمود؟

□ ۱۱. حسن تفهیم مسأله، در چجا؟ در کجا باید مسأله را نیکو تفهیم نمود؟

□ ۱۲. حسن تفهیم مسأله، توسط چکس؟ چه کسی باید مسأله را خوب تفهیم نماید؟ یا اینکه چه کسی را باید خوب تفهیم نمود؟

گام سوم: حسن تصمیم

☐ ۱۳. حسن تصمیم، چه؟ در چه چیز باید به نیکویی تصمیم گرفت؟

☐ ۱۴. حسن تصمیم در مسأله، چرا؟ چرا باید در مورد آن مسأله، خوب تصمیم گرفت؟

☐ ۱۵. حسن تصمیم در مسأله، چگونه؟ چگونه باید در مورد آن مسأله، خوب تصمیم گرفت؟

☐ ۱۶. حسن تصمیم در مسأله، چگاه؟ چه زمانی باید در مورد آن مسأله، خوب تصمیم گرفت؟

☐ ۱۷. حسن تصمیم در مسأله، چجا؟ در کجا باید درباره‌ی مسأله، نیکو تصمیم گرفت؟

☐ ۱۸. حسن تصمیم در مسأله، توسط چکس؟ چه کسی باید در مورد مسأله، تصمیم بسازد؟ و دیگر اینکه چه کسی باید چاره‌ی اندیشیده شده را اخذ نموده و تصمیم بگیرد؟

تدبیر

سیاست، وقتی از مرحله‌ی «حسن تصمیم» گذشت، به مرحله‌ی «حسن تدبیر» می‌رسد. حسن تدبیر، مرحله‌ی «آمایش تصمیم» است، یعنی تصمیم، نیاز به آماده سازی محیط اجرا دارد.

گام چهارم: حسن تنظیم

☐ ۱۹. حسن تنظیم، چه؟ چه چیز را باید نیکو تنظیم نمود؟

☐ ۲۰. حسن تنظیم، چرا؟ چرا باید در مورد آن تصمیم، به تنظیم نیکوی امور پرداخت؟

☐ ۲۱. حسن تنظیم، چگونه؟ چگونه باید در مورد آن تصمیم، به تنظیم نیکوی امور پرداخت؟

☐ ۲۲. حسن تنظیم، چگاه؟ چه زمانی باید به تنظیم نیکوی امور پرداخت؟

☐ ۲۳. حسن تنظیم، در چجا؟ در کجا باید در مورد تصمیم مربوطه، به تنظیم نیکوی امور پرداخت؟

☐ ۲۴. حسن تنظیم، توسط چکس؟ چه کسی باید امور را در جهت تصمیم مربوطه، تنظیم کند؟

گام پنجم: حسن تعلیم

☐ ۲۵. حسن تعلیم، چه؟ چه چیز را باید به نیکویی تعلیم داد؟

☐ ۲۶. حسن تعلیم، چرا؟ چرا باید در مورد آن تصمیم، به تعلیم نیکوی افراد پرداخت؟

☐ ۲۷. حسن تعلیم، چگونه؟ چگونه باید در مورد آن تصمیم به تعلیم نیکو پرداخت؟

☐ ۲۸. حسن تعلیم، چگاه؟ چه زمانی باید به تعلیم نیکوی افراد پرداخت؟

☐ ۲۹. حسن تعلیم، در چجا؟ در کجا باید در مورد تصمیم مربوطه، به تعلیم نیکوی افراد پرداخت؟

☐ ۳۰. حسن تعلیم، توسط چکس؟ چه کسی باید افراد و جامعه‌ی مرتبط با تصمیم مزبور را به نیکویی تعلیم دهد؟
یا اینکه چه کسی باید به نیکویی تعلیم ببیند؟

گام ششم: حسن تکریم

☐ ۳۱. حسن تکریم، چه؟ چه چیز را باید تکریم نمود؟

☐ ۳۲. حسن تکریم، چرا؟ چرا باید در مورد تصمیم مزبور، به تکریم نیکوی مردم و یا مجریان پرداخت؟

☐ ۳۳. حسن تکریم، چگونه؟ چگونه باید در مورد آن تصمیم، به تکریم نیکوی مجریان و مردم پرداخت؟

☐ ۳۴. حسن تکریم، چگاه؟ چه زمانی باید به تکریم نیکوی افراد پرداخت؟

☐ ۳۵. حسن تکریم، در چجا؟ در کجا باید در مورد تصمیم مربوطه، به تکریم افراد پرداخت؟

☐ ۳۶. حسن تکریم، توسط چکس؟ چه کسی باید افراد و جامعه‌ی مرتبط با تصمیم مزبور را به نیکویی تکریم کند؟
یا اینکه چه کسی باید به نیکویی تکریم شود؟

اجرا

گام هفتم: اجرای احسن آن تصمیم و تدبیر

☐ ۳۷. اجرای احسن، چه؟ چه چیز باید به نحو احسن اجرا شود؟

☐ ۳۸. اجرای احسن، چرا؟ چرا باید تصمیم و تدبیری را به نحو احسن اجرا نمود؟

☐ ۳۹. اجرای احسن، چگونه؟ چگونه باید آن تصمیم و تدبیر نیکو را به نحو احسن اجرا کرد؟

☐ ۴۰. اجرای احسن، چگاه؟ چه زمانی باید به اجرای احسن آن تصمیم و تدبیر نیکو پرداخت؟

☐ ۴۱. اجرای احسن، در چجا؟ در کجا باید تصمیم و تدبیر نیکوی مزبور به نحو احسن اجرا شود؟

☐ ۴۲. اجرای احسن، توسط چکس؟ چه کسی باید تصمیم و تدبیر نیکوی مزبور را به نحو احسن اجرا کند؟

حدود تصمیم در اندیشه‌ی تصمیم‌سازی در غرب

نگاه تمدن غرب، در حوزه‌ی تصمیم سازی، معطوف به مدیریت است. از این رو، در غرب دانش مدیریت Management Science پدید آمده است.

در دانش مدیریت، تلاش بر پاسخ‌گویی به همان شش مؤلفه‌ی چاره یعنی what - why - how - when - where - who از سوی فرد مدیر به عنوان تصمیم‌گیر و یا مشاوران وی به عنوان تصمیم ساز است.

در اندیشه‌ی غربی، پاسخ همزمان به چیستی، چرایی و چگونگی مسأله در تصمیم، به تبیین «دکترین» می‌انجامد. دکترین، قاعده‌ای است که بدون قدرت قانونی، بر رفتار حکومت می‌کند. از این رو است که می‌توان مدعی شد دکترین معطوف به تصمیم است و هیچ‌گونه جهت‌گیری نسبت به اجرا ندارد.

دکترین در بخش چگونگی، در تصمیم سازی، به سه لایه و سطح مجزا تفکیک و تقسیم می‌شود: استراتژی، تاکتیک و تکنیک.

انطباق چاره و سیاست با دکترین، ۲۱ گام سیاست اندیشی و چاره گذاری را در بر می‌گیرد که منتج به تبیین دکترین می‌شود. (نمودار شماره ۶)

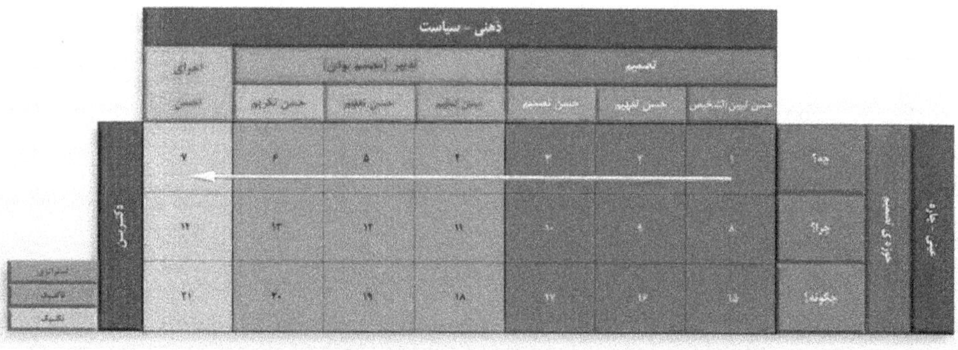

نمودار شماره ۶

۱۲-۱-۲

روی‌کرد ستیزه‌مدار

روی‌کرد ستیزه‌مدار

هدف و غایت روی‌کرد ستیزه[1]مدار، شناخت تضادها و تعامل‌ها در مناسبات بین افراد، گروه‌ها، کشورها و جوامع مختلف است، لذا حداقل دو فرد، دو گروه و دو کشور در یک تقابل و تعامل موضوعیت دارند. به عنوان یک اصل کلی، شناخت تمامی طرف‌های منازعه و خصومت در یک سیستم، و سپس مدیریت و تنظیم روابط بین این افراد و گروه‌ها امری محتوم و ضروری است چرا که از یک سو با طرح-ریزی مناسب، می‌توان سرمایه‌ی عظیمی تولید نمود و از سوی دیگر چنان‌که مورد غفلت واقع شود، انحطاط سیستم را رقم خواهد زد. به طور مثال رابطه‌ی همسری گرچه میان دو فرد با تضاد جنسی شکل می‌گیرد اما همین تضاد در صورت تعامل موجب مودت و تولید نسل و در صورت تقابل موجب قطع رابطه-ی همسری و جدایی می‌گردد.

گرچه قدمت این روی‌کرد در تفکر کنفسیوسی[2]، لائوتسه‌یسم[3] و یین و یانگ[4] در چین به دو هزار سال قبل بازمی‌گردد، لیکن در دوره‌ی مدرن نیز «پالِمولوژی»[5] در فرانسه مبنای طرح‌ریزی قرار گرفته است[6]. از سوی دیگر مبنای تضادها و تقابل‌ها در مفهوم‌شناسی قرآنی سبب گردیده، این روی‌کرد در اسلام به طور جدی مطرح باشد، البته با این تفاوت که مفهوم تضاد به خودی خود اساس طرح‌ریزی نیست، بلکه پایه‌ی این روی‌کرد در زدودن گزاره‌های سلبی و باطل، و ایجاد و بسط گزاره‌های ایجابی و مبتنی بر حق است.

ترمینولوژی

---

1. Conflict

2. Confucius

3. Taoism

4. Yin and yang

5. Polemology : the analysis of human conflict and war, particularly international war (Random House Dictionary, Random House, Inc. 2010, Site: http://dictionary.reference.com/browse/polemology)

6. The "Institute of Polemology" has been founded in the early 1970s at the University of Strasbourg (France) by Julien Freund for promoting interdisciplinary scientific study of clashes and collisions between opposing will.(http://en.wikimediation.org/index.php?title=Polemology)

مفهوم‌شناسی و کاربرد صحیح واژگان در روی‌کرد ستیزه‌مدار، گام نخست طرح‌ریزی محسوب می‌شود. واژه‌ی «ستیزه» به معنای «برخورد»ی است که حاصل «زد و خورد» باشد، این واژه معادل «Conflict» در انگلیسی و «منازعه» در عربی محسوب می‌شود. ستیزه در چهار سطح استراتژیکی، عملیاتی، تاکتیکی و تکنیکی تبیین می‌گردد، و هر سطح مفاهیم خاص خود را در بردارد. «جنگ» در فارسی، «محاربه» در عربی و «War» در انگلیسی به سطح استراتژیکی ستیزه و برخورد اطلاق می‌شود. «نبرد»، «مقابله» و «Battle» معادل سطح عملیاتی ستیزه‌ها هستند. سطح تاکتیکی ستیزه‌ها با مفاهیم «رزم»، «مبارزه» و «Combat» تعریف می‌شود و در نهایت «پیکار»، «مقاتله» و «Martial» بیان‌گر سطح تکنیکی منازعات هستند. (نمودار شماره ۱)

ترمینولوژی

منازعه

	فارسی	غربی	عربی
	ستیزه	Conflict	منازعه
استراتژیکی	جنگ	War	محاربه
عملیاتی	نبرد	Battle	مقابله
تاکتیکی	رزم*	Combat	مبارزه
تکنیکی	پیکار	Martial	مقاتله

*معرب

نمودار شماره ۱

طرح‌ریزی دکترینال و استراتژیک مبتنی بر رویکرد ستیزه‌مدار، در دو مرحله کلی صورت می‌پذیرد، در گام نخست شناخت مناسبات و طرف‌های منازعه موضوعیت می‌یابد و در مرحله‌ی بعد این مناسبات و روابط تنظیم و مهندسی می‌شوند.

۱. حوزه‌ی منازعه

تبیین حوزه‌ی منازعه، نخستین گام در مهندسی برخوردها است. از آن‌جا که چینش گام‌های بعدی مهندسی منازعات بر پایه و اساس حوزه‌ی منازعه شکل می‌گیرد، لذا شمولیت و تعریف دقیق این حوزه در ابتدای طرح‌ریزی، امری ضروری است. (نمودار شماره ۲)

نمودار شماره ۲

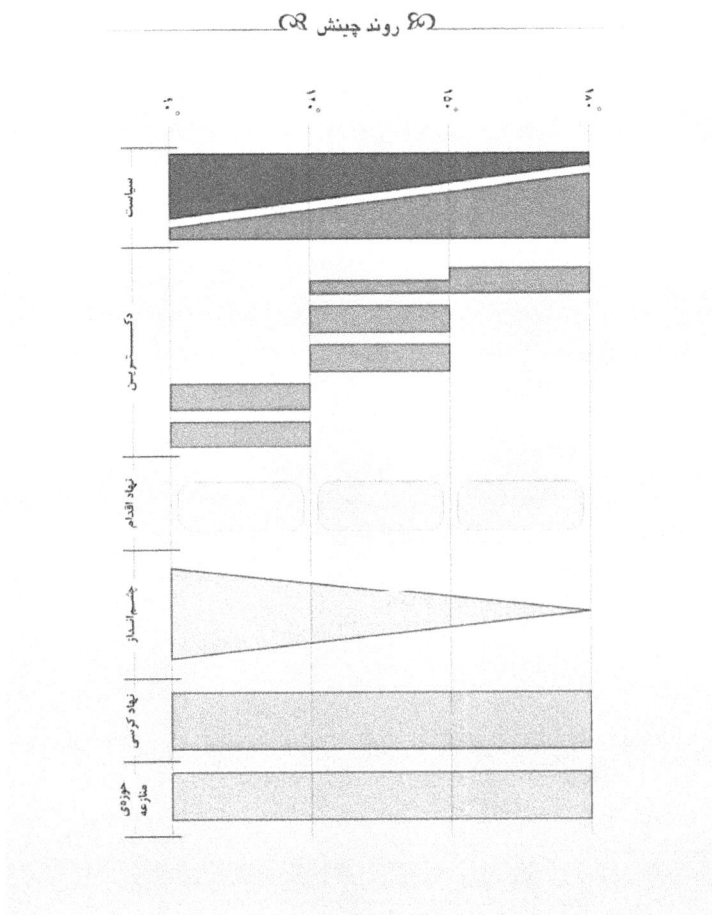

۲. نهاد کرسی

در این گام، طرف‌های درگیر در منازعه به صورت کامل تعریف و در پنج طیف طبقه‌بندی می‌گردند.[۷]

نهاد و عنصری که در یک سیستم، مطلوب بودن حداکثری را داراست «خودی» محسوب می‌شود. «شریک» به نهادها و عناصری اطلاق می‌شود که به نهاد خودی در راستای تحقق اهدافش یاری برساند. «رقیب» نهادی است که در محیط منازعه بر سر منافعش با نهاد خودی به رقابت بپردازد. هرگاه منافع نهادی در محیط منازعه در گرو مغلوب نمودن نهاد خودی باشد تا حدی که به تقابل نرسد «حریف» نامیده می‌شود. در نهایت «دشمن» به صورت نهادی تبیین می‌شود که در محیط منازعه در راستای تحقق اهدافش به تقابل با نهاد خودی بپردازد و ثبات یا بقای آن را به نحوی مورد خدشه قرار دهد. (نمودار شماره ۳)

نمودار شماره ۳

[۷]. هستی شناسی رقابت در حوزه‌ی دانش اقتصاد در این قسمت مورد بررسی و تدقیق قرار می‌گیرد.

۳. چشم‌انداز

تبیین «چشم‌انداز» سبب روشن شدن یک افق واحد در برابر طرح‌ریزی می‌گردد، و از این‌رو هم‌گرایی بین اجزاء مختلف طرح‌ریزی را رقم می‌زند.

۴. نهاد اقدام

نهادها و سازمان‌هایی که از یک‌سو درگیر حوزه‌ی منازعه هستند، و از سوی دیگر در اجرای دکترین‌ها و سیاست‌ها نقش ایفا می‌کنند، به عنوان «نهاد اقدام» در یک سیستم و جامعه مشخص می‌گردند.

۵. دکترین

تبیین «دکترین»های عملیاتی در سطوح و لایه‌های مخلتف در هر حوزه، مبتنی بر نهاد کرسی، چشم‌انداز و نهاد اقدام صورت می‌پذیرد، و خود پایه و اساس سیاست‌گذاری به‌شمار می‌رود. در طرح‌ریزی مبتنی بر روی‌کرد ستیزه-مدار، تبیین این بخش در نسبت با سایر بخش‌ها واجد پویایی و قابلیت انعطاف بالایی است.

۶. سیاست

در مهندسی برخوردها، سیاست‌گذاری گام نهایی و کلیدی محسوب می‌شود. هر حوزه‌ی سیاست‌گذاری در ۹۰ درجه که معادل ربع دایره است، نمایش داده می‌شود. (نمودار شماره ۴) سیاست‌گذاری در هر حوزه به دو شیوه انجام می‌شود:

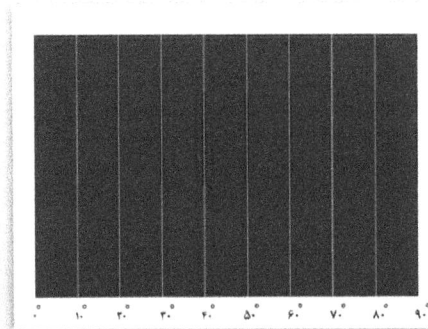

نمودار شماره ۴

الف. روند سیاست‌گذاری سلبی

هرگاه، اقدامات موجود نامطلوب باشد، روند سیاست سلبی موجود سبب می‌گردد گام به گام وضعیت کنونی زدوده شود و به موازات آن سیاست مطلوب به مرور جایگزین گردد. (نمودار شماره ۵)

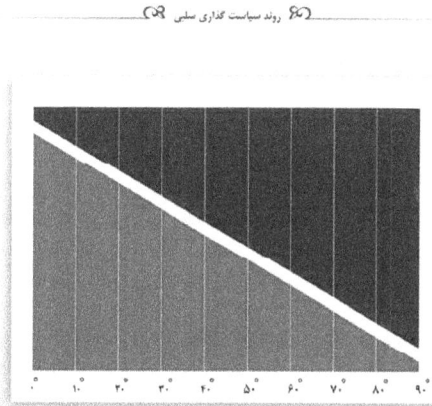

نمودار شماره ۵

ب. روند سیاست‌گذاری ایجابی

در روند ایجابی، سیاست مطلوب از یک نقطه‌ی مشخص آغاز و به مرور جای‌گزین وضع موجود می‌گردد. این روند شبیه شکل‌گیری صفحه‌ی ناخن جدید در انگشتان انسان و به مرور حذف صفحه‌ی ناخن کهنه و صدمه‌دیده - است. (نمودار شماره ۶)

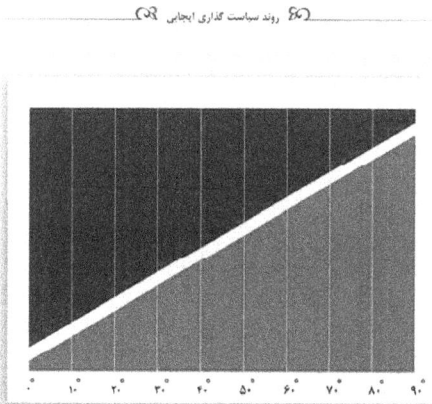

نمودار شماره ۶

بستر سیاست‌گذاری

بستر سیاست‌گذاری مبتنی بر مهندسی منازعات در ۳۶۰ درجه معادل یک دایره‌ی کامل تعریف می‌شود. هر حوزه‌ی اقدام ۹۰ درجه را شامل شده و مبتنی بر حوزه‌ی اقدام، سه بخش نهاد کرسی، چشم‌انداز و نهاد اقدام تبیین می‌گردد. (نمودار شماره ۷) سپس در مرحله‌ی بعد، سیاست‌گذاری موضوعیت می‌یابد که تدوین آن به دو شیوه‌ی سلبی یا ایجابی در هر حوزه صورت می‌گیرد. می‌توان سیاست‌گذاری را در لایه‌های متفاوت و در موج‌های چندگانه اعمال نمود. بیرونی‌ترین لایه‌ی سیاست‌ها که دربرگیرنده‌ی موج‌های امواج قبلی سیاست است، **سیاست کلان** نامیده می‌شود. حدفاصل میان کرسی طرح‌ریزی با سیاست را، دکترین‌ها شکل می‌دهند.

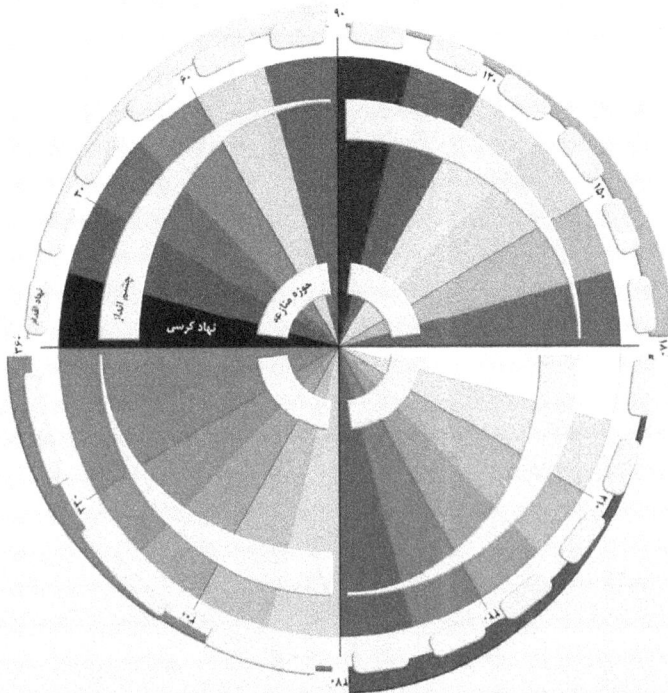

نمودار شماره ۷

دکترین‌ها نیز بر پایه‌ی لایه‌های مختلف سیاست در لایه‌ها و امواج چندگانه تبیین می‌شوند. (نمودار شماره ۸)

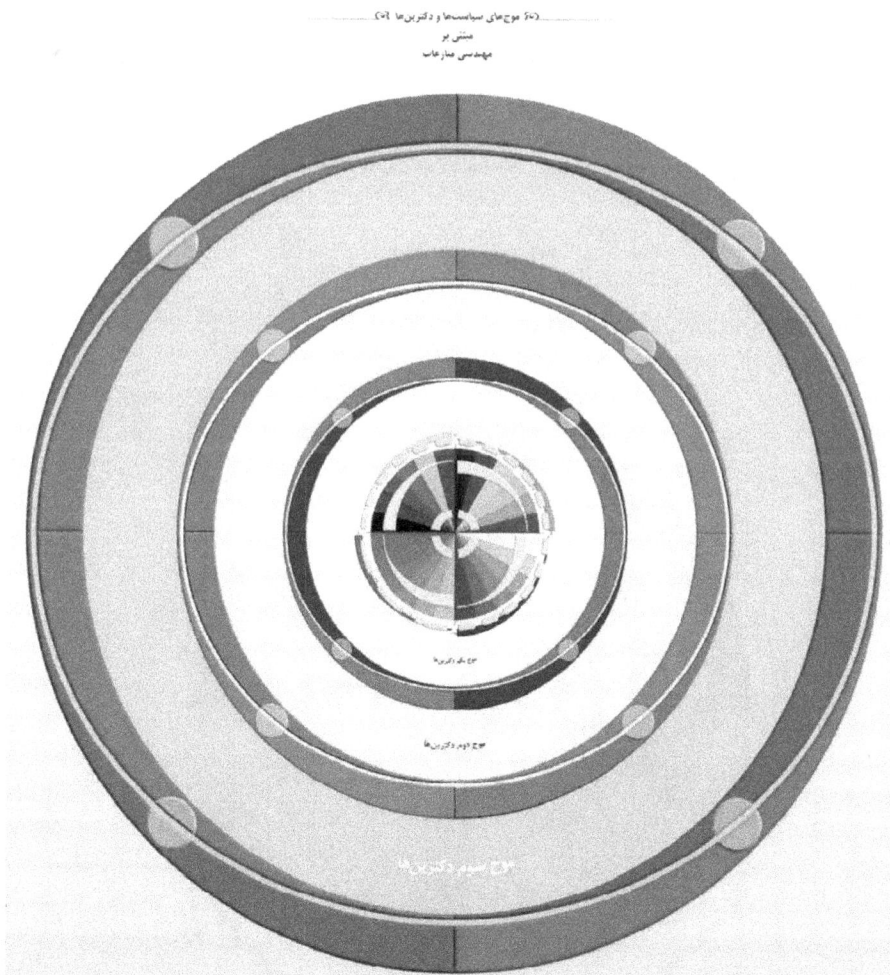

نمودار شماره ۸

در یک بررسی موردی طرح‌ریزی دکترینال و استراتژیک بر مبنای روی‌کرد ستیزه‌مدار، طیف‌شناسی جامع منازعات واجد چهار بخش است: (نمودار شماره ۹)

الف. منازعات درونی انسان (از صفر تا ۹۰ درجه‌ی منازعات جامع)

ب. منازعات بیرونی کلبه (برخورد فرهنگی ـ معرفتی انسان)(از ۹۰ تا ۱۸۰ درجه‌ی منازعات جامع)

پ. منازعات درونی جامعه (از ۱۸۰ تا ۲۷۰ درجه‌ی منازعات جامع)

ت. منازعات بیرونی جامعه (از ۲۷۰ تا ۳۶۰ درجه‌ی منازعات جامع)

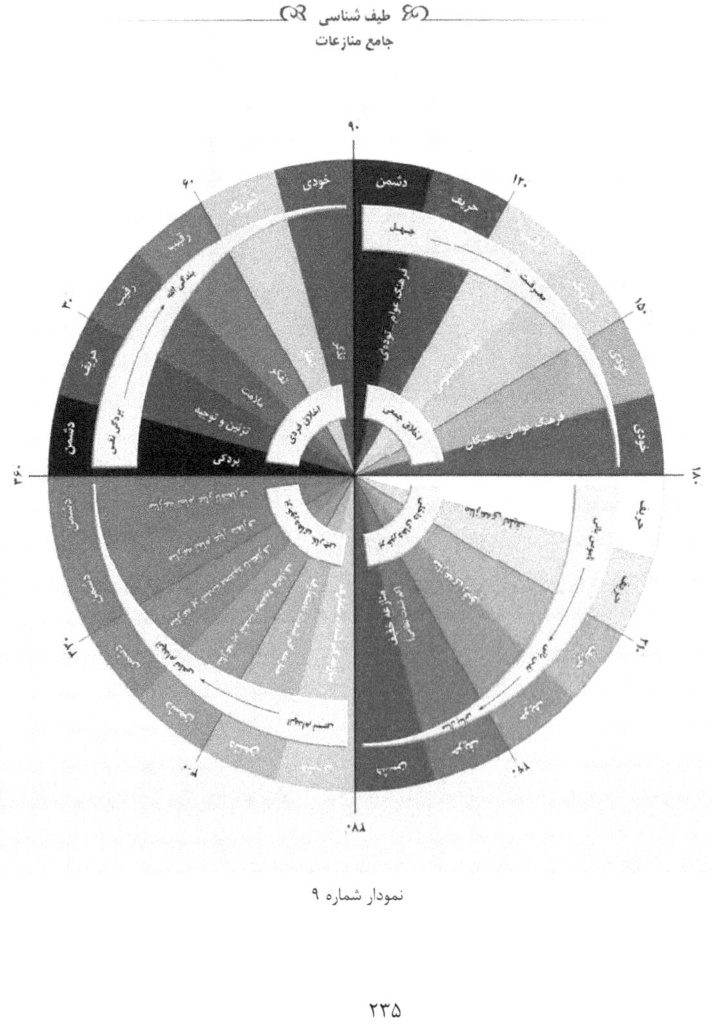

نمودار شماره ۹

الف. منازعات درونی فرد

حوزه‌ی منازعه درطیف‌شناسی منازعات درونی انسان، حوزه‌ی «اخلاق فردی» است. دراین منازعه، نقطه‌ی عزیمت از بردگی مبتنی بر نهاد نفس اماره شروع می‌گردد و با گذر از مراحل تزئین و توجیه مبتنی بر نفس مزینه و مسوله، حوزه‌ی ملامت مبتنی بر نفس لوامه و تفکر مبتنی بر نفس ناطقه رقم می‌خورد. در ادامه‌ی روند منازعه تعقل مبتنی بر نفس ملهمه شکل می‌گیرد و در نهایت تذکر در نفس مطمئنه محقق می‌شود. چشم‌انداز این منازعه برتابیدن بندگی الله در مقابل نفی بردگی نفس است. (نمودار شماره ۱۰)

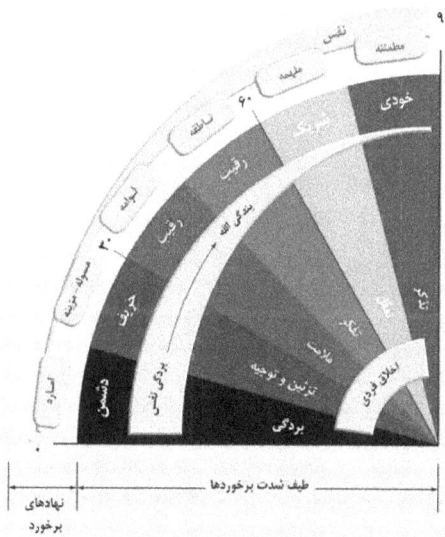

نمودار شماره ۱۰

۱-۱. موج یکم سیاست: سیاست ولایی مبتنی بر منازعات درونی انسان

دکترین عملیاتی شغاف عزیمت انسان را از «حب الدنیا»[۸] آغاز می‌کند و سپس با نفی آن «بغض الدنیا» را رقم می‌زند. در گام سوم «برائت» را برمی‌تابد و درنهایت به «ولایت» می‌رسد.

---

۸. وَ قَدْ قَالَ النَّبِيُّ ص حُبُّ الدُّنْيَا رَأْسُ كُلِّ خَطِيئَةٍ وَ مِفْتَاحُ كُلِّ سَيِّئَةٍ وَ سَبَبُ إِحْبَاطِ كُلِّ حَسَنَةٍ (دیلمی، شیخ حسن. إرشاد القلوب إلی الصواب. چاپ اول، قم. ناشر شریف رضی. ۱۴۱۲ قمری. جلد ۱. صفحه ۱۶)

پیغمبر فرمود که: دوستی دنیا سررشته تمام گناهان است و کلید تمام بدیهاست و سبب تباه شدن هر خوبی باشد (دیلمی، شیخ حسن. إرشاد القلوب إلی الصواب. ترجمه رضایی، عبدالحسین. چاپ سوم. تهران. ناشر اسلامیه، ۱۳۷۷. جلد ۱.صفحه ۳۱)

سیاست ولایی با روند سلبی، بر مبنای مدیریت بر تولی و تبری، «بغض» را سلب نموده و «حب» را جایگزین آن می‌کند. (نمودار شماره ۱۱)

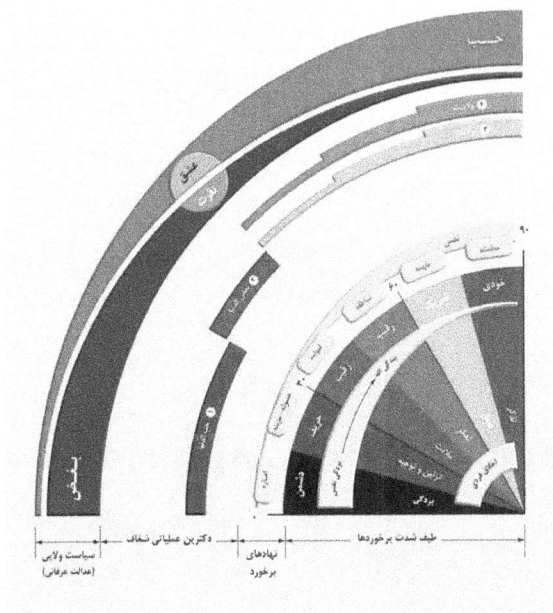

نمودار شماره ۱۱

۲-۱. موج دوم سیاست: سیاست اعتقادی مبتنی بر منازعات درونی انسان

دکترین عملیاتی قلب مراحل زیر را در بر دارد:

۱. در گام نخست انسان «اسلام» آورده و «تسلیم» می‌گردد.

۲. در گام بعدی برای تحقق ایمان انسان «هجرت»[۹] می‌کند. و «تفویض جبری» در این مرحله رقم می‌خورد.

۳. پس از ایمان، مرحله‌ی «ایقان» شکل می‌گیرد. که نخست «علم الیقین» محقق می‌گردد و سپس«عین الیقین» موضوعیت می‌یابد.

۴. در نهایت ایقان، انسان به «حق الیقین» و «برد الیقین» نائل می‌آید.

۵. پس از تحقق حق الیقین، انسان با «اعتماد» کامل، امور خود را نه از اجبار بلکه از روی «شوق و اختیار» به خداوند متعال تفویض[۱۰] می‌کند.

---

۹. إِنَّ الَّذينَ آمَنُوا وَ الَّذينَ هاجَرُوا وَ جاهَدُوا في سَبيلِ اللَّهِ أُولئِكَ يَرْجُونَ رَحْمَتَ اللَّهِ وَ اللَّهُ غَفُورٌ رَحيمٌ (قرآن الكريم، سوره‌ی بقره، آیه‌ی ۲۱۸)

سیاست اعتقادی تبیین‌کننده‌ی منازعه‌ی میان کفر و ایمان است و متغیر اساسی آن، الهام قلبی مبتنی بر سلامت قلب در مقابل ختم قلب است. (نمودار شماره ۱۲)

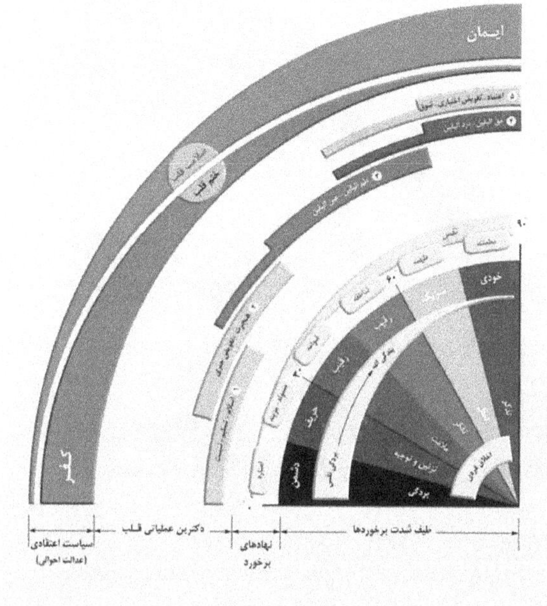

نمودار شماره ۱۲

۳-۱. موج سوم سیاست: سیاست تحصیلی مبتنی بر منازعات درونی انسان

دکترین عملیاتی ذهن چهار گام اصلی دارد:

۱. ابتدا به ساکن، توان‌مندی دریافت انسان مبتنی بر «حس و تجربه» موضوعیت می‌یابد.

۲. به موازات حس و تجربه، انسان واجد توان‌مندی «اعتبار» ذهنی است، تا آن‌چه را از راه حس و تجربه دریافت نمی‌کند، از این راه تحصیل نماید.

۳. «تصور و تصدیق» توان‌مندی سوم انسان است که برای او فهم و تفکر را رقم می‌زند.

۴. حوزه‌ی «کشف و شهود» در نفس ملهمه و مطمئنه توان‌مندی تحصیلی چهارم انسان را تشکیل می‌دهد.

---

۱۰. فَسَتَذْكُرُونَ ما أَقُولُ لَكُمْ وَ أُفَوِّضُ أَمْرِی إِلَى اللَّهِ إِنَّ اللَّهَ بَصِیرٌ بِالْعِبادِ (قرآن الكریم، سوره‌ی غافر، آیه‌ی ۴۴)

سیاست تحصیلی، منازعه‌ای است میان زدودن شک و ایجاب یقین که بر مبنای متغیر ظن و قطع (قطعیت) بنا

شده است. (نمودار شماره ۱۳)

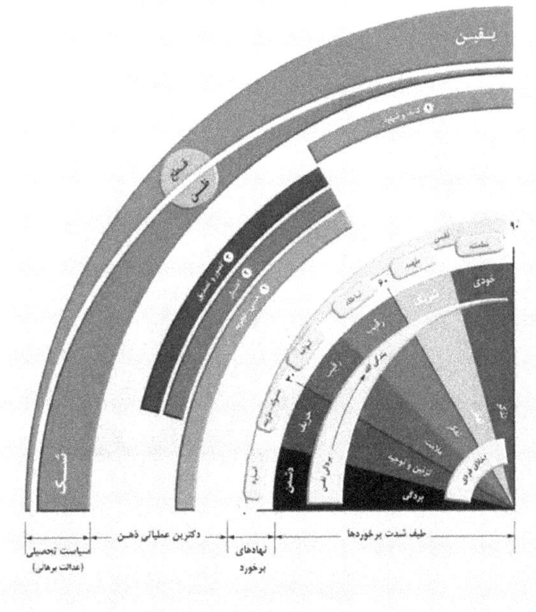

نمودار شماره ۱۳

۴-۱. موج چهارم سیاست: سیاست ایقاظی مبتنی بر برخوردهای درونی فرد

دکترین عملیاتی فؤاد، از برتابیدن «تقوا» آغاز می‌شود. تا انسان در مراحل بالاتر به «یقظه» برسد و از خواب

غفلت بیدار شود، سپس «رؤیت» حق امکان‌پذیر می‌گردد. نهایت فؤاد در تحقق «فرقان» است مرحله‌ی که قدرت

تمییز حق از باطل به انسان ارزانی می‌شود.

سیاست ایقاظی منازعه‌ای میان «باطل و حق» را دربردارد که بر متغیر «اسائه و احسان» بنا شده است. (نمودار شماره ۱۴)

نمودار شماره ۱۴

۵-۱. موج پنجم سیاست: سیاست روحانی مبتنی بر برخوردهای درونی فرد

دکترین عملیاتی رستگاری در پنج مرحله تبیین می‌شود: گام نخست «توبه» است، سپس «شکر» در نعمات و «صبر» بر مصائب رقم می‌خورد. گام سوم «تهذیب» است، و پس از آن «زهد»، «خوف و رجاء» و «اخلاص» موضوعیت می‌یابد. و در نهایت با «استقامت و توکل» انسان به رستگاری می‌رسد.

سیاست روحانی منازعه‌ای میان شقاوت و سعادت است که انسان را از عذاب به فلاح و رستگاری سوق می‌دهد. متغیر اساسی این سیاست ایجاب تزکیه و سلب دسیسه است. (نمودار شماره ۱۵)

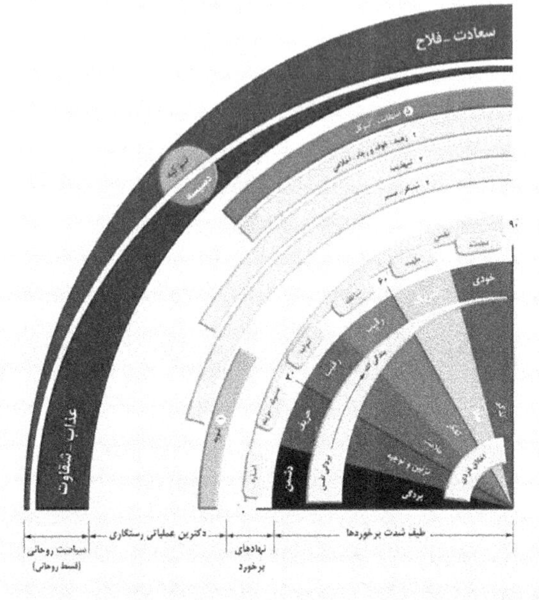

نمودار شماره ۱۵

ب. منازعات درونی کلبه

در این بررسی موردی طیف‌شناسی برخوردهای درونی کلبه، از جنس برخوردهای معرفتی- فرهنگی است که چشم‌انداز آن عزیمت از جهل به معرفت است. اخلاق جمعی در مقابل اخلاق فردی - که در برخوردهای درونی فرد نمود داشت - در منازعات درونی کلبه رقم می‌خورد.

طیف‌شناسی نهادهای کرسی در برخورد معرفتی از فرهنگ عوام و توده‌ای[11] آغاز شده و با گذر از فرهنگ عمومی در نهایت در پی ایجاد و ایجاب فرهنگ خواص و نخبگان است. نهادهای متولی ورزش و هنر، فرهنگ عوام (توده‌ای) را شکل می‌دهند. نهادهای رسانه و آموزش و پرورش، فرهنگ عمومی جامعه را رقم می‌زنند. حوزه و دانشگاه نهادهای ایجابی فرهنگ خواص و نخبگان هستند. (نمودار شماره ۱۶)

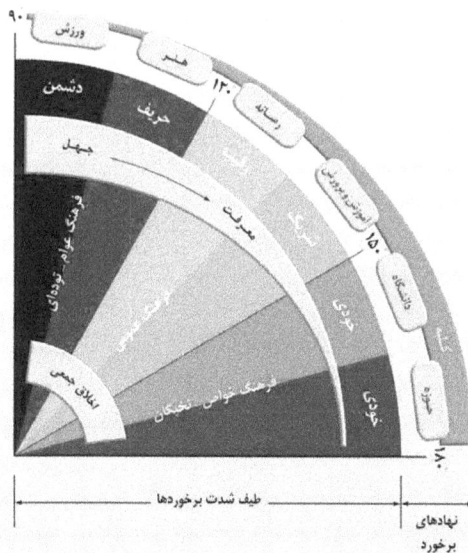

نمودار شماره ۱۶

---

11. Mass Culture

۱-۲. سیاست «بهسازی» مبتنی بر منازعات درونی کلبه

این سیاست در پی زدودن هرزروی جامعه و تحقق تربیت در آن است. متغیر اساسی این سیاست، ایجاد همت و سلب کراهت است.

دکترین عملیاتی کاشت فرهنگی، در چهار گام سیاست «بهساز» را ایجاب میکند: نظم، صبر، استقامت و در نهایت ایجاد بصیرت. (نمودار شماره ۱۷)

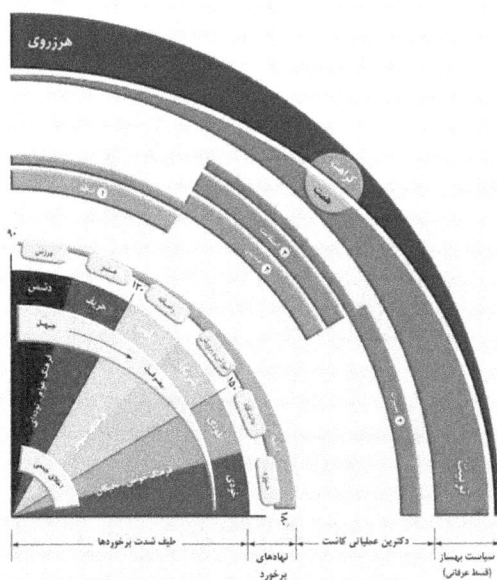

نمودار شماره ۱۷

۲-۲. سیاست «بهداشت» مبتنی بر منازعات درونی کلبه

سیاست «بهداشتی» جامعه در پی زدودن مرض و نائل شدن به سلامت است، و قلب به عنوان متغیر اصلی این سیاست واجد دو حالت قساوت و رأفت است.

دکترین عملیاتی داشت نیز چهار گام را در بر دارد: ۱. سلامت مال، ۲.تن‌درستی جسم، ۳. صحت نفس، و ۴. سلامت دین. (نمودار شماره ۱۸)

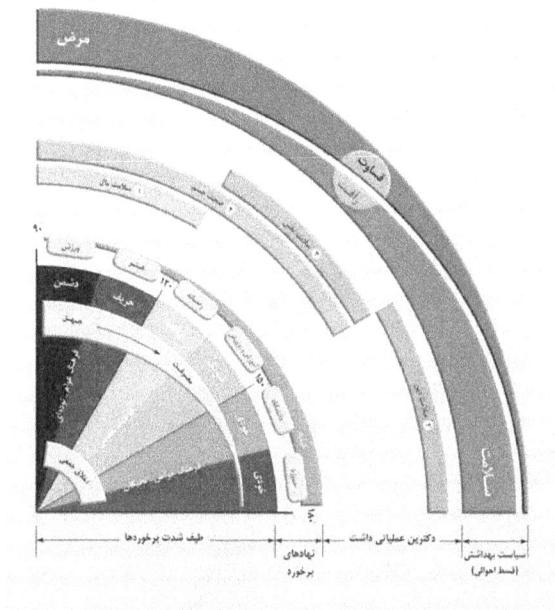

نمودار شماره ۱۸

۳-۲. سیاست فرهنگی مبتنی بر منازعات درونی کلبه

این سیاست در تلاش برای زدودن بلاهت از جامعه و ایجاد حکمت است، و متغیر اصلی آن، تغییر دریافت حسی- هیجانی، به معرفت عقلانی است. (نمودار شماره ۱۹)

دکترین عملیاتی علم به مثابه‌ی کشت بذر در کشتزار در پنج مرحله تبیین می‌گردد:

۱. آمایش فرهنگی (آیش مخاطب)

۲. تهیه و تولید بذر معرفتی مناسب (اصل حکمت به عنوان گمشده‌ی مؤمن)

۳. کاشت (تعلیم و تربیت به مثابه‌ی کاشت و زراعت)

۴. داشت (اصل زمان‌بندی کشت، آفت‌زدایی)

۵. برداشت (اصل باورمندی به مثابه‌ی برداشت)

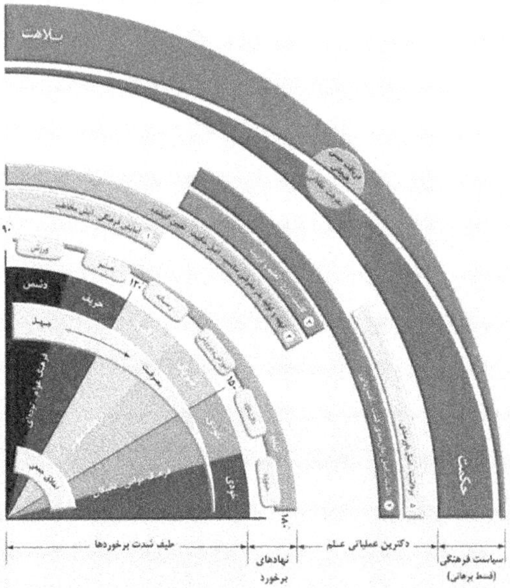

نمودار شماره ۱۹

۴-۲. سیاست هجری مبتنی بر منازعات درونی کلبه

دکترین عملیاتی برداشت شامل هجرت از اقامت در ماحرم الله ، برتابیدن تقوا و ورع، و رسیدن به حیاء است.

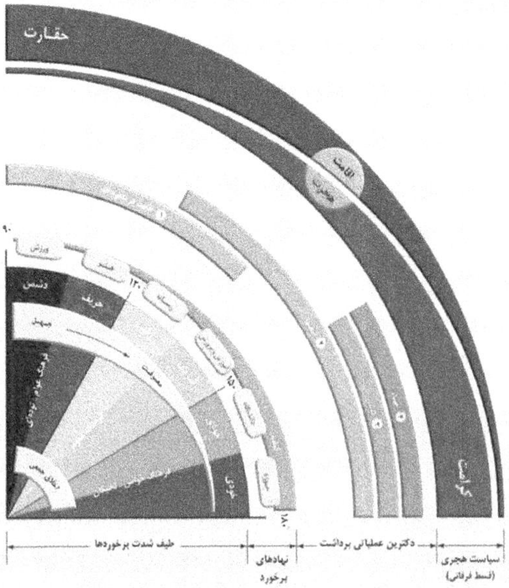

نمودار شماره ۲۰

مبتنی بر سیاست هجری انسان به جای اقامت، به هجرت اقدام می‌نماید. نهایت این سیاست، رقم زدن کرامت به‌جای حقارت است. (نمودار شماره ۲۰)

۵-۲. سیاست به‌زیستی مبتنی بر منازعات درونی کلبه

حیات خبیثه در این سیاست تبدیل به حیات طیبه می‌شود، چنان‌که اصالت عرف (سکولاریسم) به عنوان متغیر جای خود را به اصالت شرع می‌دهد.

نفی سنت ناکارآمد، حفظ، پاسداشت و گسترش سنت مطلوب و کارآمد، نواندیشی اجتماعی دینی، نوگرایی اجتماعی دینی و نوسازی اجتماعی دینی، دکترین عملیاتی توسعه برای تعالی را شکل می‌دهند. (نمودار شماره ۲۱)

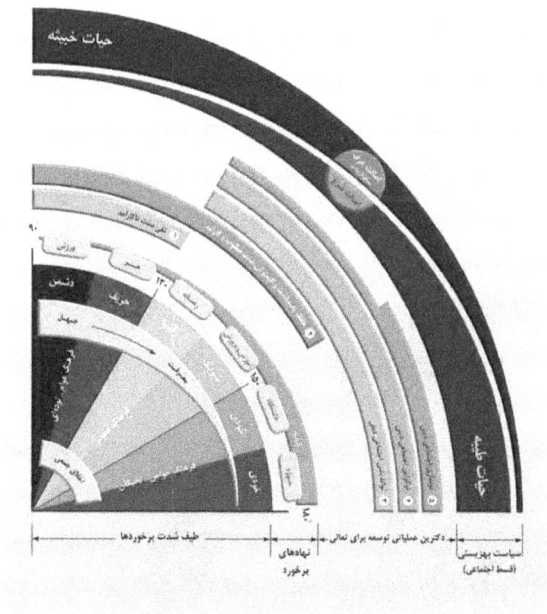

نمودار شماره ۲۱

مردم‌سازی مبتنی بر مهندسی منازعات

لایه‌های سیاست‌گذاری و دکترین‌های عملیاتی در پنج‌لایه، «سعادت» انسان را در حوزه‌ی برخوردهای درونی فرد، و «حیات طیبه» را در حوزه‌ی برخوردهای درونی کلبه برمی‌تابند. سیاست تلفیقی[12] در برآیند دو حوزه‌ی منازعه‌ی درونی فرد و درونی کلبه، به صورت روند سیاست ایجابی در «هدایت انسان‌ها» نمود پیدا می‌کند. به موازات روند ایجابی هدایت انسان‌ها، «مدیریت انسان‌ها» سلب می‌گردد. متغیر خرد خودبنیان در مدیریت انسان‌ها مبدل به وحی الهی در هدایت انسان‌ها می‌شود.

در این مرحله، سیاست تلفیقی، مسأله‌ی مردم‌سازی برای جامعه‌سازی را دنبال می‌کند و چشم‌انداز آن، برتابیدن وحدت امت به جای پراکندگی و تفرقه است. (نمودار شماره ۲۲)

نمودار شماره ۲۲

---

[12]. Composite Policy

۲۴۷

۱۳-۱-۲

روی‌کرد عرصه‌مدار

رویکرد عرصهمدار

در فضای بیکران، با ورود به جو کرهی زمین، بهدلیل وجود محیط «بیوســفر»[1] متـأثر از «اتمسـفر»[2]، کرانهمندی (در فضا) محقق شده و محدودیت و مقدورات خودنمایی میکند: محدودیت اشیا و پدیدهها در محیط اتمسفر، و مقدورات پدیدهها- از جمله امکان حیات، در محیط بیوسفر.

در درون اتمسفر، بیوسفر موضوعیت مییابد، اما در سطحی خردتر، بیوسفر، خود فعل و انفعالاتی را در بر میگیرد. یک فرد چترباز را تصور کنید: این فرد چترباز، در فرودگاه شهر «الف» کـه هـوا آفتـابی و صاف است به هواپیما سوار شده و دقایقی بعد، در آسمان شهر «ب»- در فاصلهی صـد کیلـومتری شـهر «الف»- از هواپیما به بیرون شیرجه میزند: در ارتفاع ۳۰ /۰۰۰ پایی، آسمان بالای سر او آفتابی اسـت. در آسمان به سقوط خود ادامه میدهد، هنوز چتر خود را باز ننموده است. بیش از ۱۵/۰۰۰ پا سقوط نمـوده و به مرور وارد ابرها میشود: تودهای مهآلود. از درون ابرها عبور میکند؛ ابرها در حال بارشاند. چتر خود را باز کرده و زیر بارش شدید باران، در زمین فرود میآید: در اطراف او همه چیز و همهکس متـأثر از بـاران است؛ همه خیساند. عرصهای که ابرها ساختهاند، همه چیز و همهکس را متأثر ساخته است. آن چترباز، ساعتی قبل، در شهر «الف»، در عرصهی دیگری بود.

عرصه

عرصه[3]، اتمسفر موجود در فضای روانی یک جامعهی محلی- ملی و بینالمللی- و فعـل و انفعـالات درون آن -اتمسفر- است، که در سطح و طیفهای مختلف قابل تجزیه و تفکیک است.

---

[1]. Biosphere

[2]. Atmosphere

[3]. Arena: a sphere of interest, activity, or competition (**Merriam-Webster's collegiate dictionary**, Eleventh ed., Massachusetts, U.S.A, Merriam-Webster Incorporated, 2005)

The political/international/public etc arena: all the activities and people connected with politics, public life etc (**Longman Dictionary of Contemporary English**, 5th Edition, Pearson Education Publication)

عرصه، حوزه‌ی نظر و عمل را در بر دارد: گاهی یک نظریه- و یا حتی یک مفهوم- عرصه ساز است، برخی مواقع نیز یک کنش، سازنده‌ی عرصه است.

عرصه‌ی عمومی

در عمل‌گرایی بحث بر سر «**سیرکردن شکم مردم**» است؛ در این کنش، تصور بر این است که با سیرکردن شکم مردم و رفع مشکلات و نیازهای عمومی آنها، «**رضایت عمومی**» محقق می‌شود. رفع نیازهای عمومی، به تنهایی متضمن رضایت عمومی نیست، زیرا رضایت عمومی، منوط به تحقق «**عرصه‌ی عمومی**» است. این‌که چرا صرفاً رفع نیازهای عمومی، یا به تعبیر عامیانه‌ی آن، سیرکردن شکم مردم، عرصه‌ی عمومی و به تبع آن رضایت عمومی را محقق نخواهد ساخت، با یک مثال روشن می‌شود:

در سال‌های نخست پس از انقلاب اسلامی، موج خدمت رسانی به نواحی محروم روستایی آغاز شد. یکی از خدمات عمده به مناطق روستایی، انتقال برق به این نواحی بود. اما برق‌رسانی موجب ایجاد رضایت عمومی نشد؛ به تبع برق- رسانی، خانواده‌های روستایی با سیل نیازمندی‌های ثانویه مواجه شدند: لوازم برقی- تلویزیون، ویدئو، یخچال، و ... .

حجم نیازها، به ورود سیل‌آسای لوازم برقی، به‌ویژه دستگاه‌های صوتی و تصویری از خارج از کشور انجامید: بازاری برای کالاهای کشورهای جنوب شرق آسیا.

اما این همه‌ی مسأله نبود؛ نیاز اول- برق- بستر نیاز دوم- لوازم صوتی و تصویری- شد. حال تلویزیون و دستگاه ویدئو، محتوا و برنامه‌ی فرهنگی و هنری می‌خواستند. این نیاز سوم، توسط فیلم‌های ویدئویی غربی، به‌ویژه محصولات هالیوودی، پاسخ داده شد.

نتیجه این‌که، یک دولت، به وظیفه‌ی عمومی خود – برق رسانی- عمل نمود، اما عدم جامعیت خدمت رسانی- عدم تولید صنعتی هماهنگ و تولید فرهنگی مطلوب و بومی- موجب شد که این خدمت رسانی، به سود صنایع کشورهای شرقی و به نفع فرهنگ کشورهای غربی انجامد. پی‌آمد بهره‌گیری از آن خوراک فرهنگی، تغییر ذائقه‌ی فرهنگی مردم را در پی داشت، به‌گونه‌ای که به تولید طیف و صورت‌بندی جدیدی از نیازها انجامید. هر چه سطح نیازهای جدید بالاتر- به دلیل عدم انطباق واقعیت‌های جامعه و توانمندی‌های عمومی برای تحقق آن نیازها- سطح «**رضایت**» از وضع موجود، و «**امید**» نسبت به وضع مطلوب – آینده- کاهش یافت.

حل این مسأله، عدم انتقال برق به محیط‌های روستایی، یا محیط‌های حاشیه‌ای شهرها نبود، بلکه توجـه همزمـان و اهتمام به صنعت از یک‌سو، و تولید فرهنگی مناسب از سوی دیگر بود.

منظور از رضایت عمومی، رضایت عموم مردم در نسبت با رضایت خداست. طبیعی است که در این تلقی، **«عرصه‌ی عمومی»** برآیند **«رضایت عمومی»** و **«رضایت الهی»** است.

دکترین عرصه‌سازی، تبیین و تولید نظریات و کنش‌هایی است که موجب تصرف **«قلب»**هـا و **«مغز»**هـا اسـت، زیـرا برای تحقق رضایت عمومی، اقناع ذهن‌ها و ارضاء قلب‌ها موضوعیت می‌یابد. فلذا مفاهیم، نظریه‌هـا و یـا اعمـالی کـه موجب اقناع مغزها و ارضاء قلب‌ها گردد، عرصه سازند.

طیف‌شناسی عرصه

عرصه، در ۵ حوزه‌ی کلاسیک طیف‌شناسی می‌شود: (نمودار شماره ۱)

۱. **عرصه‌ی فرهنگی**: عرصه‌ی فرهنگی و فرهنگ عرصه، اقناع عمومی و رضایت فرهنگی را محقق می‌سازد.

۲. **عرصه‌ی سیاسی**: عرصه‌ی سیاسی و سیاست عرصه، اقناع عمومی و رضایت سیاسی را محقق می‌سازد.

۳. **عرصه‌ی اقتصادی**: عرصه‌ی اقتصادی و اقتصاد عرصه، اقناع عمومی و رضایت اقتصادی را محقق می‌سازد.

۴. **عرصه‌ی دفاعی**: عرصه‌ی دفاعی و دفاع عرصه، اقناع عمومی و رضایت دفاعی را محقق می‌سازد.

۵. **عرصه‌ی اجتماعی**: عرصه‌ی اجتماعی و اجتماع عرصه، اقناع عمومی و رضایت اجتماعی را محقق می‌سازد.

طیف شناسی عرصه ها

طیف شناسی عرصه‌های کلاسیک				
عرصه‌ی اجتماعی	عرصه‌ی دفاعی (نظامی)	عرصه‌ی اقتصادی	عرصه‌ی سیاسی	عرصه‌ی فرهنگی

نمودار شماره ۱

لایه‌های عرصه

عرصه، به ۴ لایه تقسیم می‌شود: (نمودار شماره ۲)

۱. عرصه‌ی خواص: این عرصه مختص نخبگان است. ویژگی این عرصه، نمایش عقلانیت در نظر و ارائه‌ی طـرح‌های استراتژیک در عمل است. رضایت خواص، حاصل این عرصه است.

۲. عرصه‌ی عوام: این عرصه مختص توده‌ی جامعه اسـت. ویژگـی ایـن عرصـه، غلیـان احساسـات و عواطـف و هیجانات از یک‌سو و ارائه‌ی طرح‌های تاکتیکی در عمل، از سوی دیگر است. رضایت توده‌ها – عوام- حاصل این عرصه است.

۳. عرصه‌ی عمومی: عرصه‌ی عمومی، حاصل‌جمع عرصه‌ی خواص و عرصه‌ی عوام اسـت. ویژگـی ایـن عرصـه، گفتمان‌پردازی و پارادایم‌سازی است. رضایت عمومی، حاصل این عرصه است.

۴. عرصه‌ی خصوصی: این عرصه، به تک تک عوام و خواص مربوط است. رضایت فردی و آرامش قلبی، حاصـل این عرصه است. در واقع نتیجه‌ی عرصه‌های خواص و عوام و عمومی، در عرصه‌ی خصوصی بروز می‌نماید.

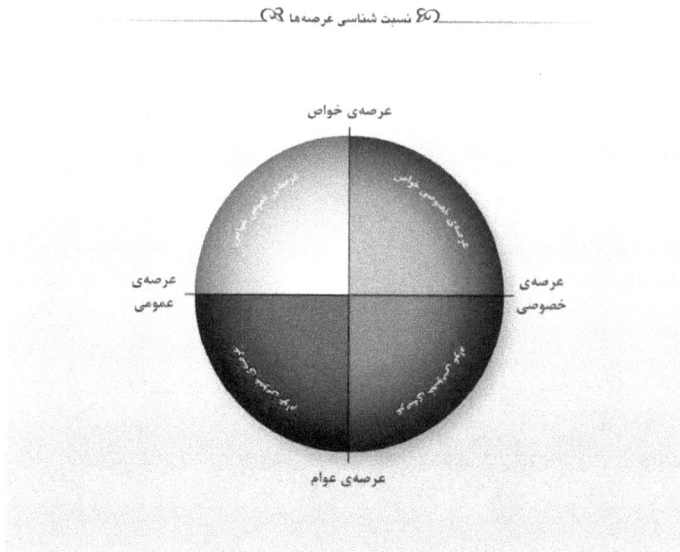

نمودار شماره ۲

طرح‌ریزی عرصه

۱. **طرح‌ریزی عرصه‌ی عمومی:** تفوق فکری- مفهوم سازی- گفتمان پردازی- و ایجاد پارادایم.

۲. **طرح‌ریزی عرصه‌ی خواص:** تبیین استراتژی‌ها و تاکتیک‌ها، در طرح‌ریزی استراتژیک.

۳. **طرح‌ریزی عرصه‌ی عوام:** تبیین استراتژی‌ها و تاکتیک‌ها، در طرح‌ریزی تاکتیکی. (نمودار شماره ۳)

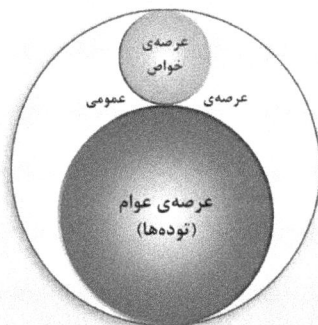

تناسب توالی عرصه‌ها

نمودار شماره ۳

برآورد تنظیم آستانه‌ی تحمل

ظرفیت سنجی و تنظیم آستانه‌ی تحمل، با **«سقف»** خواسته‌ها و آرزوها، و همچنین رضایت عمومی تنظیم می-

شود. ازاین رو، در عرصه‌سازی تبیین سقف عرصه‌ها مهم است:

۱. عرصه با سقف بلند.

۲. عرصه با سقف متوسط.

۳. عرصه با سقف کوتاه.

سقف عرصه، آستانه‌ی تحمل است، و آستانه‌ی تحمل، همان سقف عرصه است. (نمودار شماره۴)

۱. عرصه‌ی خواص- با سقف بلند: **آستانه‌ی تحمل بالا.**

۲. عرصه‌ی عمومی- با سقف متوسط: **آستانه‌ی تحمل متوسط.**

۳. عرصه‌ی عوام- با سقف کوتاه: **آستانه‌ی تحمل پائین.**

آستانه‌ی تحمل کوتاه برای عرصه‌ی عوام، مبین عدم تحمل عوام زدگی در عرصه‌سازی- میدان ندادن به تلقی‌های عوامانه، و ندویدن به دنبال عوام است.

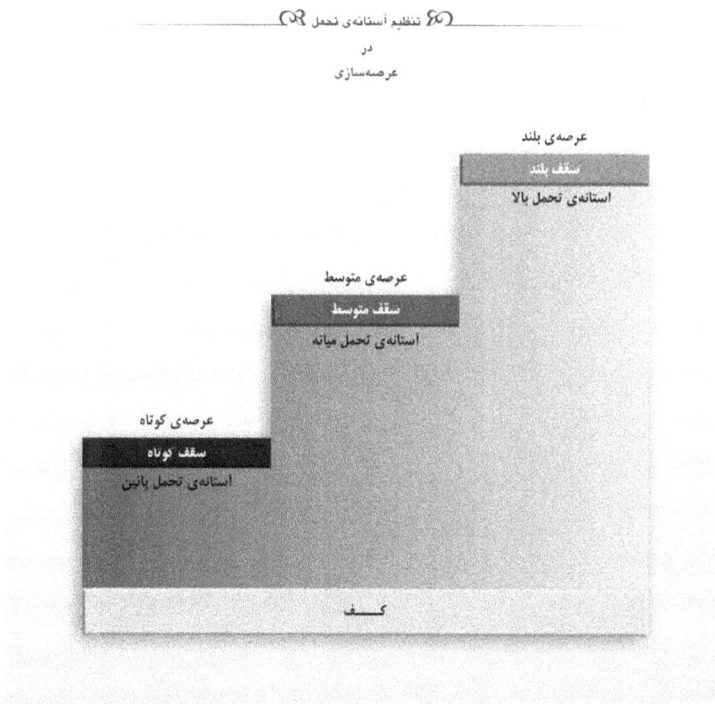

نمودار شماره ۴

عرصه‌سازان

افراد و نهادهای عرصه‌ساز متفاوت و متنوع‌اند. اما به اختصار، نهادهای عرصه‌ساز به ترتیب لایه‌های عرصه، تفکیک می‌شوند:

۱- عرصه‌ی خواص: نهادهای تصمیم‌سازی- نهادهای تحقیقاتی.

۲- عرصه‌ی عمومی: نهادهای اندیشه ساز- نهادهای هنری- نهادهای آموزش عمومی- نهادهای رسانه‌ای عمومی.

۳- عرصه‌ی عوام: نهادهای ورزشی- نهادهای هنری- نهادهای رسانه‌ای عمومی.

عرصه رسمی و غیررسمی

از دیدگاه دیگر، عرصه، به دو دسته‌ی رسمی[۴] و غیر رسمی - حکومتی[۵] و غیرحکومتی - تفکیک می‌شود:

۱. عرصه‌ی رسمی: نظریات و کنش‌ها در این عرصه نمود رسمی دارند، و منسوب و مربوط به حکومت هستند.

۲. عرصه‌ی غیررسمی: نظریات و کنش‌ها در این عرصه نمود غیر رسمی دارند، و افراد و نهادهای عرصه‌ساز نیز عمدتاً غیر حکومتی هستند. (نمودار شماره ۵)

عرصه‌ی رسمی از غیررسمی
عرصه‌ی غیررسمی
عرصه‌ی رسمی

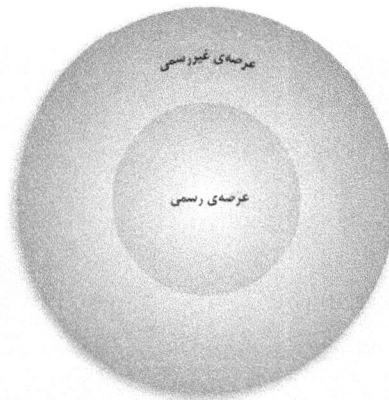

نمودار شماره ۵

---

[4]. Formal

[5]. Governmental

طیف‌شناسی عرصه‌ی رسمی و غیررسمی

عرصه‌ی رسمی و غیررسمی در حوزه‌های مختلف منابع قدرت کلاسیک، واجد طیف متنـوعی اسـت: عرصـه‌ی اخلاق، عرصه‌ی اقتصاد، عرصه‌ی امنیت، عرصه‌ی بهداشـت، عرصـه‌ی تربیت، عرصه‌ی سیاسـت، عرصـه‌ی فرهنـگ، عرصه‌ی هنر و ... . تفاوت نهادهای عرصه‌ساز و ماهیت متفاوت ایجـاد، حفـظ و بسـط عرصه در هـر حـوزه مسـتلزم شناخت و تفکیک میان عرصه‌ی رسمی و غیر رسمی در آن حوزه است. (نمودار شماره ۶)

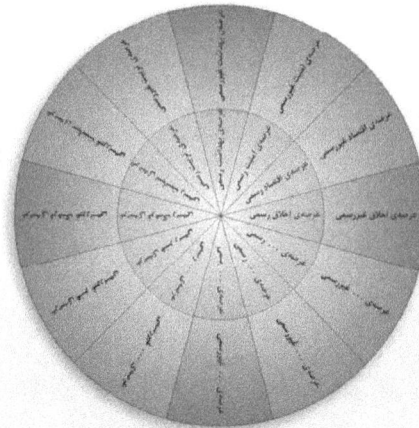

نمودار شماره ۶

در گام بعدی، نسبت‌شناسی واقعی، عرصه‌ی رسمی و غیر رسمی موضوعیت می‌یابد، زیرا قبض یا بسط عرصـه‌ی رسمی، بر بسط یا قبض عرصه‌ی غیررسمی تأثیر خواهد گذاشت و بالعکس. این نسبت‌شناسی میان عرصه‌های رسمی و غیررسمی منوط به سنجش افکار عمومی است.

طرح‌ریزی عرصه‌ی رسمی و عمومی

پس از طیف‌شناسی و نسبت‌شناسی عرصه‌های رسمی و غیررسمی، گام آخر در طرح‌ریزی مبتنـی بـر عرصـه‌ی
عمومی موضوعیت می‌یابد. تحقق «رضایت عمومی» در تمامی حوزه‌ها، غایت این طرح‌ریزی است. (نمودار شماره ۷)

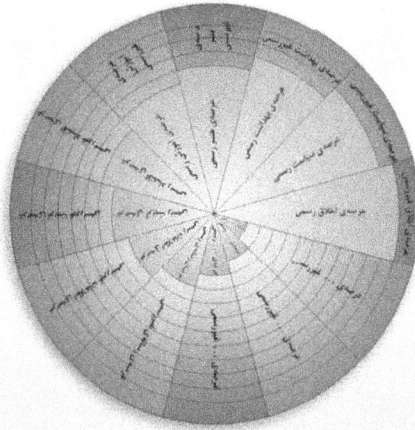

نمودار شماره ۷

۲-۱-۱۴

روی‌کرد محیط‌مدار

رویکرد محیطمدار

برتافتن بعد مکان در طرحریزی دکترینال و استراتژیک، در رویکرد محیطمدار رقم میخـورد. از آن جهت که طرحریزی در خلاء صورت نمیگیرد، در این رویکرد مناسبات محیطی، پایهای برای طرحریـزی محسوب میشوند. در گذشته، بررسی مناسبات محیطی در حیطهی علم جغرافیا[1] بوده است، لیکن امروزه پیچیدگی تصمیمگیری و الزامات محیطی آن سبب شکلگیری این رویکرد در علـوم اسـتراتژیک شـده است.

مناسبات محیطی، در سه مفهوم نمود دارد: نخست واژهی «مکان»[2] است کـه بـه محـل و جـایگـاه قرارگیری یک شیء و عنصر به صورت مطلق و بیقید اطلاق میگردد، سپس واژهی «موقعیـت»[3] تعریـف شده که به محل یک شیء در رابطهی با محیط و اطراف آن گفته میشـود، و در نهایـت «وضـعیت»[4] بـه قراردادن شیء در مکان و تنظیم روابط عناصر با هم اطلاق میگردد.

آمایش سرزمینی، گام نهایی در طرحریزی محیطمدار محسوب میشود.

دکترین موقعیت ملی

در علوم استراتژیک، موقعیت هر کشور از ابعاد مختلفی بررسی میشود، مانند موقعیت تاریخی، موقعیت اقتصادی، موقعیت اجتماعی، موقعیت فرهنگی، یا موقعیت سیاسی. یکی از مهمترین گونههای تبیین موقعیت هر کشور، «موقعیت محیطی» آن است که در آن ابتدا محیط جغرافیایی تبیین میشود، سپس سایر مؤلفههای سیاسی،

---

[1]. Geography: a science that deals with the description, distribution, and interaction of the diverse physical, biological, and cultural features of the earth's surface (Merriam-Webster's collegiate dictionary, Eleventh Ed., Massachusetts, U.S.A, Merriam-Webster Incorporated, 2005)

جغرافیا: علمی که با زمین و حیات موجود در آن و به طور خاص با توصیف زمین، دریا، هوا، و توزیع زندگی گیاهی و جانوری شـامل انسـان و صنایع او سروکار دارد و به روابط متقابل بین این عوامل متفاوت اشاره میکند. (کالینز، جان؛ جغرافیای نظامی، مترجمین عبدالمجید حیـدری و دیگـران، تهـران، دانشکده فرماندهی و ستاد دوره عالی جنگ، ۱۳۸۳، ص ۵.)

[2]. Location (Lage, Locatrion)

[3]. Situation

[4]. Position

اقتصادی، فرهنگی و اجتماعی در نسبت با محیط جغرافیایی تعریف می‌گردد. در بررسی «موضوع‌محور»، ابتدا محورهای موضوعی مانند سیاست، اقتصاد، فرهنگ یا موضوع نظامی تبیین، و سپس سایر مؤلفه‌های قدرت موضوعی، از جمله «محیط» در نسبت با آن بررسی می‌شود.

مثلاً اگر موقعیت یک کشور، از حیث سیاسی بررسی شد، سایر مؤلفه‌ها در نسبت با آن تعریف می‌شود، از جمله مؤلفه‌ی جغرافیایی. یا اگر این بررسی از حیث اقتصادی انجام شد، دیگر مؤلفه‌ها، از جمله محیط جغرافیایی، در نسبت با موضوع اقتصاد تعریف می‌شوند. اما در بررسی «محیط‌محور» ابتدا ابعاد محیطی و جغرافیایی تبیین می‌گردد، سپس سایر مؤلفه‌ها در نسبت با آن سنجش و ارزش‌گذاری می‌شود.

موقعیت محیطی یا به تعبیر غربی‌ها Situation در سه مرحله سنجش و برآورد می‌شود. مرحله‌ی نخست یا مرحله‌ی تبیین قدرت محیطی، مرحله‌ی تبیین موقعیت کشور مورد مطالعه در سه مؤلفه‌ی قدرت محیطی، یعنی زمین Geo، دریا Hydro و هوا Aero است. در مؤلفه‌ی زمین Geo، سرزمین هر کشور از حیث کیفیت، ابعاد، مساحت، و هم‌چنین منطقه‌ای از کره‌ی زمین که آن کشور در آن واقع شده، منبع متفاوتی از قدرت محیطی محسوب می‌شود و هیچ دو کشوری موقعیت سرزمینی یکسانی ندارند. برای نمونه، سرزمین کشور شیلی دراز و باریک است، اما سرزمین روسیه یا کانادا و یا آمریکا، موقعیتی مستطیلی و پهناور دارند. در مؤلفه‌ی دریا Hydro ، نیز وضعیت کشورها متفاوت است. این تفاوت به دو بخش تقسیم می‌شود. ابتدا این‌که آیا کشور مورد مطالعه دسترسی به دریا دارد یا ندارد. کشورهایی مانند افغانستان، تاجیکستان یا اتریش، دسترسی به دریا ندارند، لذا یکی از مؤلفه‌های سه‌گانه زمینی، دریایی و هوایی، در قدرت ملی آنها غایب است. دیگر این‌که کیفیت موقعیت دریایی کشور مورد مطالعه چقدر است. این کیفیت، با گزاره‌هایی چون طول سواحل، بازبودن یا بسته بودن دریایی که در جوار سرزمین آن کشور قرار دارد، کیفیت فلات قاره در آب‌های ساحلی و سرزمینی آن کشور، و ... سنجش می‌شود. مؤلفه‌ی هوا Aero نیز متأثر از محل و منطقه‌ای است که آن کشور در کره‌ی زمین در آن واقع شده است.

اما در مرحله‌ی دوم، که مرحله‌ی تبیین قدرت موضوعی است، باید به تبیین موقعیت آن کشور از حیث قدرت سیاسی، قدرت اقتصادی، قدرت نظامی، قدرت فرهنگی و قدرت اجتماعی پرداخت.

در مرحله‌ی سوم، آن‌چه در تبیین قدرت موضوعی برآورد شد، با آن‌چه در تبیین قدرت محیطی سنجش شد، با یکدیگر تلفیق می‌شوند. نتیجه‌ی این انطباق و تلفیق را می‌توان «موقعیت» آن کشور نامید.

لایه‌های دکترین موقعیت ملی

موقعیت ژئواستراتژیک یا ژئوتاکتیک یا ژئوتکنیک، در سطح‌بندی محیط مطرح هستند. یعنی یک موقعیت محیطی، «استراتژیک» است، و یا دیگری «تاکتیکی». به موقعیت محیطی استراتژیک، ژئواستراتژیک، یا هیدرواستراتژیک و آئرواستراتژیک گفته می‌شود، و به موقعیت محیطی تاکتیکی، ژئو تاکتیک یا هیدروتاکتیک و آئروتاکتیک.

در واقع این سطح‌بندی، بعد دوم مکعب مطالعات محیطی را در کنار دو بعد قدرت محیطی- زمین، دریا، هوا- قدرت موضوعی- سیاست، اقتصاد، فرهنگ، نظامی و اجتماعی- شکل می‌دهد. (نمودار شماره ۱)

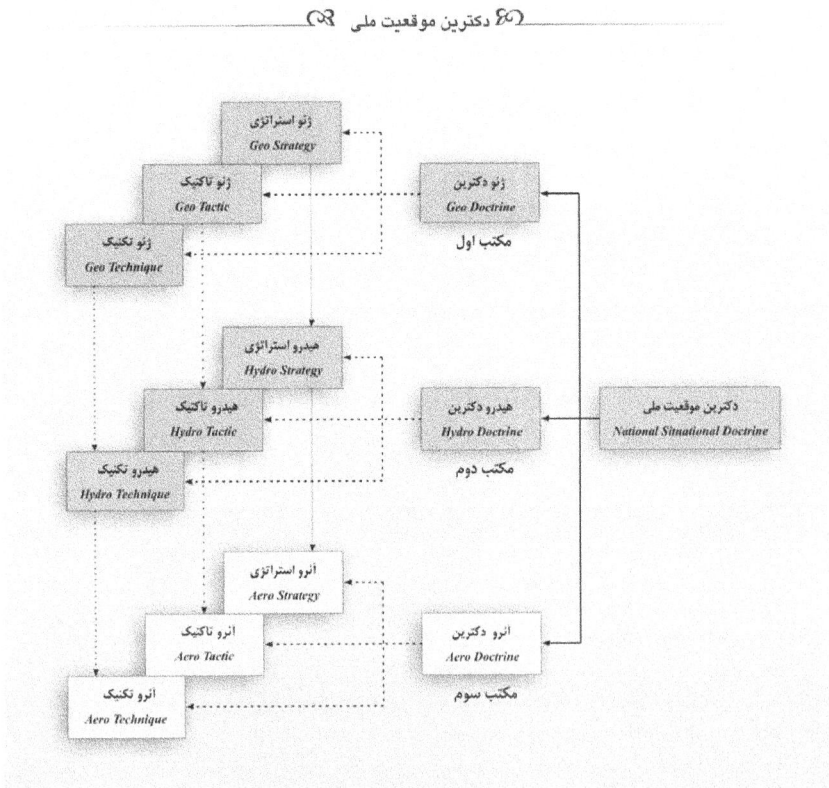

نمودار شماره ۱

تلفیق منابع قدرت در دکترین قدرت ملی

از انطباق قدرت موضوعی سیاست با جغرافیا، ژئوپلیتیک[۵] Geopolitics شکل می‌گیرد. هنگامی که از ژئوپلیتیک یک کشور سخن به میان می‌آید، منظور انطباق قدرت سیاسی با قدرت جغرافیایی آن کشور است. از انطباق قدرت موضوعی اقتصاد با جغرافیا، ژئواکونومی Geo-economics پدید می‌آید. از انطباق قدرت موضوعی نظامی با جغرافیا، ژئومیلیتاری[۶] Geo military به دست می‌آید. از انطباق قدرت موضوعی فرهنگی یا اجتماعی با جغرافیا نیز، ژئوکالچر Geo culture یا ژئو سوشال Geo social به وجود می‌آید.

اما اگر انطباق قدرت‌های موضوعی سیاست، اقتصاد، فرهنگ، نظامی و اجتماعی، با بعد دریایی قدرت محیطی صورت پذیرد نتیجه به ترتیب می‌شود: هیدروپلیتیک Hydro politic، هیدرواکونومی Hydro economy، هیدروکالچر Hydro culture، هیدرومیلیتاری Hydro military و هیدروسوشال Hydro social. همواره موقعیت کشورها از حیث محیطی، با یکی از این حوزه‌های قدرت موضوعی- محیطی معرفی می‌شود. (نمودار شماره ۲)

---

[۵]. رادلف کیلن Rudolph Kjellén اصطلاح «ژئوپلیتیک» را در سال ۱۸۹۹ وضع کرد، و آن‌را بـه عنـوان «تئـوری دولـت بـه عنـوان یـک ارگانیسـم جغرافیایی یا پدیده‌ای در فضا» توصیف می‌کند.

از دید کارل هاوسهوفر Karl Haushofer پدر ژئوپلیتیک آلمان، «ژئوپلیتیک، دکترینی بر جبر فضایی تمامی فرایندهای سیاسی کـه بـر بنیـان‌هـای گسترده‌ای از جغرافیا، به‌ویژه جغرافیای سیاسی قرار دارد.»

از نظر جفری پارکر Geoffrey Parker ژئوپلیتیک «مطالعه‌ی روابط بین‌المللی از منظر فضایی یا جغرافیایی می‌باشد.»

در کتاب «ژئوپلیتیک نظام جهانی»، ژئوپلیتیک به عنوان تحلیل تعامل میان زمینه‌های جغرافیایی و دیدگاه‌های مرتبط بـا آن از یـک سـو و فراینـدهای سیاسی از سوی دیگر تعریف می‌شود. (کوهن، سائول برنارد؛ **ژئوپلیتیک نظام جهانی**، ترجمـه‌ی عبـاس کـاردان، تهـران، انتشـارات مؤسسـه فرهنگـی مطالعات و تحقیقات بین‌الملل ابرار معاصر، ۱۳۸۷، ص ۴۲.)

[۶]. جغرافیای نظامی، ژئومیلیتاری، یکی از زیرمجموعه‌های متعددی است که بر تأثیر محیط‌های طبیعی و فرهنگی بر انواع مختلف عملیات‌های رزمـی و پشتیبانی و نیز برنامه‌ها، طرح‌ها، و خط مشی‌های سیاسی - نظامی در زمینه‌های جهانی، منطقه‌ای و محلی متمرکـز اسـت. کـالینز، جـان؛ **جغرافیـای نظامی**، مترجمین عبدالمجید حیدری و دیگران، تهران، دانشکده فرماندهی و ستاد دوره عالی جنگ، ۱۳۸۳، ص ۵و۶.

تلفیق منابع قدرت ملی ارگانیکی
در
دکترین موقعیت ملی

			منابع قدرت کلاسیک				
			قدرت فرهنگی	قدرت سیاسی	قدرت اقتصادی	قدرت اجتماعی	قدرت نظامی
دکترین موقعیت ملی	استراتژیکی	ژئو استراتژی	ژئو استراتژی فرهنگی	ژئو استراتژی سیاسی	ژئو استراتژی اقتصادی	ژئو استراتژی اجتماعی	ژئو استراتژی نظامی
			فرهنگ ژئو استراتژیک	سیاست ژئو استراتژیک	اقتصاد ژئو استراتژیک	اجتماع ژئو استراتژیک	نظامی ژئو استراتژیک
		هیدرو استراتژی	هیدرو استراتژی قدرت فرهنگی	هیدرو استراتژی قدرت سیاسی	هیدرو استراتژی قدرت اقتصادی	هیدرو استراتژی قدرت اجتماعی	هیدرو استراتژی قدرت نظامی
			فرهنگ هیدرو استراتژیک	سیاست هیدرو استراتژیک	اقتصاد هیدرو استراتژیک	اجتماع هیدرو استراتژیک	نظامی هیدرو استراتژیک
		آئرو استراتژیک	آئرو استراتژی فرهنگی	آئرو استراتژی سیاسی	آئرو استراتژی اقتصادی	آئرو استراتژی اجتماعی	آئرو استراتژی نظامی
			فرهنگ آئرو استراتژیک	سیاست آئرو استراتژیک	اقتصاد آئرو استراتژیک	اجتماع آئرو استراتژیک	نظامی آئرو استراتژیک
	تاکتیکی	ژئو تاکتیک	ژئوتاکتیک فرهنگی	ژئوتاکتیک سیاسی	ژئوتاکتیک اقتصادی	ژئوتاکتیک اجتماعی	ژئوتاکتیک نظامی
			فرهنگ ژئوتاکتیک	سیاست ژئوتاکتیک	اقتصاد ژئوتاکتیک	اجتماع ژئوتاکتیک	نظامی ژئوتاکتیک
		هیدرو تاکتیک	هیدروتاکتیک فرهنگی	هیدروتاکتیک سیاسی	هیدروتاکتیک اقتصادی	هیدروتاکتیک اجتماعی	هیدروتاکتیک نظامی
			فرهنگ هیدروتاکتیک	سیاست هیدروتاکتیک	اقتصاد هیدروتاکتیک	اجتماع هیدروتاکتیک	قدرت نظامی هیدروتاکتیک
		آئرو تاکتیک	آئروتاکتیک فرهنگی	آئروتاکتیک سیاسی	آئروتاکتیک اقتصادی	آئروتاکتیک اجتماعی	آئروتاکتیک نظامی
			فرهنگ آئروتاکتیک	سیاست آئروتاکتیک	اقتصاد آئروتاکتیک	اجتماع آئروتاکتیک	نظامی آئروتاکتیک
	تکنیکی	ژئو تکنیک	ژئوتکنیک فرهنگی	ژئوتکنیک سیاسی	ژئوتکنیک اقتصادی	ژئوتکنیک اجتماعی	ژئوتکنیک نظامی
			فرهنگ ژئوتکنیک	سیاست ژئوتکنیک	اقتصاد ژئوتکنیک	اجتماع ژئوتکنیک	نظامی ژئوتکنیک
		هیدرو تکنیک	هیدروتکنیک قدرت فرهنگی	هیدروتکنیک قدرت سیاسی	هیدروتکنیک اقتصادی	هیدروتکنیک اجتماعی	هیدروتکنیک نظامی
			فرهنگ هیدروتکنیک	سیاست هیدروتکنیک	اقتصاد هیدروتکنیک	اجتماع هیدروتکنیک	نظامی هیدروتکنیک
		آئرو تکنیک	آئروتکنیک قدرت فرهنگی	آئروتکنیک سیاسی	آئروتکنیک اقتصادی	آئروتکنیک اجتماعی	آئروتکنیک نظامی
			فرهنگ آئروتکنیک	سیاست آئروتکنیک	اقتصاد آئروتکنیک	اجتماع آئروتکنیک	نظامی آئروتکنیک

نمودار شماره ۲

مکاتب موقعیت ملی

مکتب یکم ژئودکترین

در این مکتب قدرت ملـی یـک کشـور بـا موقعیـت زمینـی آن تعریـف مـی‌شـود. هـوس هـاوفر[۷]، مکاینـدر[۸] از استراتژیست‌های شاخص مکتب ژئودکترین محسوب می‌شوند که اعتقاد داشتند فرهنگ، اقتصاد، سیاسـت، امنیـت و موقعیت نظامی یک کشور در نسبت با زمین و موقعیت جغرافیایی آن رقم می‌خورند.

مکتب دوم هیدرودکترین

آلفردتیرماهان[۹]، استراتژیست ارشد هیدرومیلیتاری، قدرت ملی یک کشـور را در نسـبت بـا موقعیـت دریـایی آن تعریف می‌کند. در این مکتب، کلید کنترل جهان در تسلط بر دریاها، عنوان شده است، و منـابع قـدرت کلاسـیک در نسبتی که با دریا دارند تعریف می‌شوند.

مکتب سوم آئرودکترین

ورود به «عصر هوا»[۱۰] سبب تبیین دکترین هوا-فضایی[۱۱] توسط کشورهای شوروی و ایالات متحده آمریکـا شـد. الکساندر دوسورسکی[۱۲] و جان اسلسر[۱۳]، از استراتژیست‌های ارشد مکتب آئرودکتـرین، قـدرت هـوایی را نـه تنهـا بـه عنوان قدرت تکمیلی، بلکه به‌عنوان پایه و اساسی برای تبیین و تنظیم منابع قدرت کلاسیک می‌دانستند.

---

[7]. Karl Ernst Haushofer (August 27, 1869 – March 10, 1946)

[8]. Sir Halford John Mackinder (15 February 1861 – 6 March 1947)

[9]. Alfred Thayer Mahan (September 27, 1840 – December 1, 1914)

[10]. Air Age

[11]. Aerospace Doctrine

[12]. Alexander Nikolaievich Prokofiev de Seversky (June 7, 1894 – August 24, 1974)

[13]. Sir John Slessor (3 June 1897 – 12 July 1979)

اکودکترینولوژی

اهمیت و نقش بیوسفر و اکوسیستم در حوزهی اقتصاد، سبب برتافتن دانـش اکودکترینولـوژی در لایـهی مابعـد دکترینولوژی میگردد. طرحریزی نظام اقتصاد، بر اساس «مناسبات اکوسیستمی» از محورهای این دانش، در حوزهی علوم استراتژیک محسوب میشـود. تبیـین دکتـرینهـای نظـام اقتصـاد در اکودکترینولـوژی نیـز واجـد سـه سـطح اکواستراتژیولوژی، اکوتاکتولوژی و اکوتکنولوژی است. گرچه سطح اکوتکنولوژی در نسبت با سـطوح بـالاتر شـناخته-شدهتر محسوب میشود، لیکن تبیین تاکتیکها و استراتژیهای اکولوژیکی ضـرورتی روزافـزون در حفاظـت محـیط زیست و احیای منابع طبیعی بهشمار میرود. (نمودار شماره ۳)

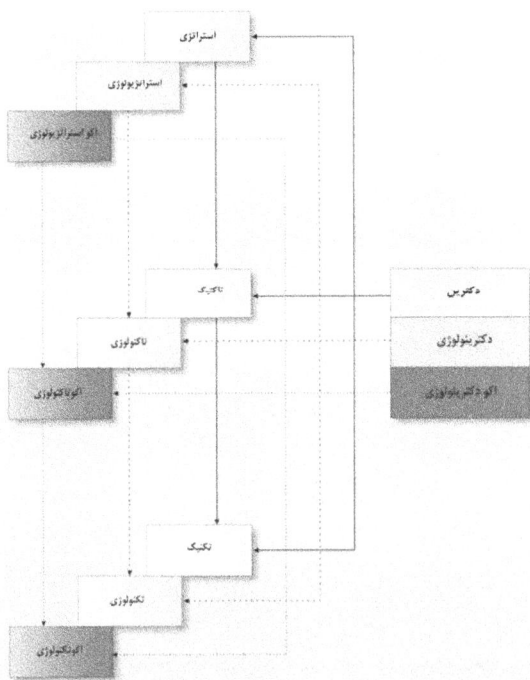

نمودار شماره ۳

دکترین اکونومی در دکترین موقعیت ملی

طرح‌ریزی نظام اقتصاد مبتنی بر روی‌کرد محیط‌مدار، علاوه بر اکودکترینولوژی در تعریف و تبیین دکترین اکونومی برمبنای دکترین موقعیت ملی نیز نمود دارد. آمایش سرزمینی برمبنای مناسبات نظام اقتصادی، در حوزه‌ی ژئواکونومی Geo economy، طرح‌ریزی می‌شود. به گونه‌ای که از تخصیص بهینه‌ی منابع و امکانات سرزمین حوزه‌ی هیدرواکونومی Hydro economy و آئرواکونومی Aero economy نیز از انطباق قدرت موضوعی اقتصاد با بعد دریایی و هوافضایی محیط پدید می‌آید، و شامل اکودکترین دریایی و اکودکترین هوافضایی نیز می‌گردند.

در نهایت طرح‌ریزی نظام اقتصاد مبتنی بر روی‌کرد محیط‌مدار، در ماتریس دکترین موقعیت اکونومی - ژئواکونومی، هیدرواکونومی، و آئرواکونومی - با دوازده لایه‌ی اکودکترینولوژی شکل می‌گیرد. (نمودار شماره ۴)

دکترین موقعیت اکونومی

در

اکو دکترینولوژی

اکو دکترینولوژی			ژئو اکونومی	هیدرو اکونومی	آئرو اکونومی
			دکترین موقعیت اکونومی		
	استراتژیولوژی	سوپر اکو استراتژیولوژی	سوپر اکو استراتژیولوژی ژئو اکونومی	سوپر اکو استراتژیولوژی هیدرو اکونومی	سوپر اکو استراتژیولوژی آئرو اکونومی
			ژئو اکونومی سوپر اکو استراتژیولوژیک	هیدرو اکونومی سوپر اکو استراتژیولوژیک	آئرو اکونومی سوپر اکو استراتژیولوژیک
		ماکرو اکو استراتژیولوژی	ماکرو اکو استراتژیولوژی ژئو اکونومی	ماکرو اکو استراتژیولوژی هیدرو اکونومی	ماکرو اکو استراتژیولوژی آئرو اکونومی
			ژئو اکونومی ماکرو اکو استراتژیولوژیک	هیدرو اکونومی ماکرو اکو استراتژیولوژیک	آئرو اکونومی ماکرو اکو استراتژیولوژیک
		میکرو اکو استراتژیولوژی	میکرو اکو استراتژیولوژی ژئو اکونومی	میکرو اکو استراتژیولوژی هیدرو اکونومی	میکرو اکو استراتژیولوژی آئرو اکونومی
			ژئو اکونومی میکرو اکو استراتژیولوژیک	هیدرو اکونومی میکرو اکو استراتژیولوژیک	آئرو اکونومی میکرو اکو استراتژیولوژیک
		نانو اکو استراتژیولوژی	نانو اکو استراتژیولوژی ژئو اکونومی	نانو اکو استراتژیولوژی هیدرو اکونومی	نانو اکو استراتژیولوژی آئرو اکونومی
			ژئو اکونومی نانو اکو استراتژیولوژیک	هیدرو اکونومی نانو اکو استراتژیولوژیک	آئرو اکونومی نانو اکو استراتژیولوژیک
	تاکتولوژی	سوپر اکو تاکتولوژی	سوپر اکو تاکتولوژی ژئو اکونومی	سوپر اکو تاکتولوژی هیدرو اکونومی	سوپر اکو تاکتولوژی آئرو اکونومی
			ژئو اکونومی سوپر اکو تاکتولوژیک	هیدرو اکونومی سوپر اکو تاکتولوژیک	آئرو اکونومی سوپر اکو تاکتولوژیک
		ماکرو اکو تاکتولوژی	ماکرو اکو تاکتولوژی ژئو اکونومی	ماکرو اکو تاکتولوژی هیدرو اکونومی	ماکرو اکو تاکتولوژی آئرو اکونومی
			ژئو اکونومی ماکرو اکو تاکتولوژیک	هیدرو اکونومی ماکرو اکو تاکتولوژیک	آئرو اکونومی ماکرو اکو تاکتولوژیک
		میکرو اکو تاکتولوژی	میکرو اکو تاکتولوژی ژئو اکونومی	میکرو اکو تاکتولوژی هیدرو اکونومی	میکرو اکو تاکتولوژی آئرو اکونومی
			ژئو اکونومی میکرو اکو تاکتولوژیک	هیدرو اکونومی میکرو اکو تاکتولوژیک	آئرو اکونومی میکرو اکو تاکتولوژیک
		نانو اکو تاکتولوژی	نانو اکو تاکتولوژی ژئو اکونومی	نانو اکو تاکتولوژی هیدرو اکونومی	نانو اکو تاکتولوژی آئرو اکونومی
			ژئو اکونومی نانو اکو تاکتولوژیک	هیدرو اکونومی نانو اکو تاکتولوژیک	آئرو اکونومی نانو اکو تاکتولوژیک
	تکنولوژی	سوپر اکو تکنولوژی	سوپر اکو تکنولوژی ژئو اکونومی	سوپر اکو تکنولوژی هیدرو اکونومی	سوپر اکو تکنولوژی آئرو اکونومی
			ژئو اکونومی سوپر اکو تکنولوژیک	هیدرو اکونومی سوپر اکو تکنولوژیک	آئرو اکونومی سوپر اکو تکنولوژیک
		ماکرو اکو تکنولوژی	ماکرو اکو تکنولوژی ژئو اکونومی	ماکرو اکو تکنولوژی هیدرو اکونومی	ماکرو اکو تکنولوژی آئرو اکونومی
			ژئو اکونومی ماکرو اکو تکنولوژیک	هیدرو اکونومی ماکرو اکو تکنولوژیک	آئرو اکونومی ماکرو اکو تکنولوژیک
		میکرو اکو تکنولوژی	میکرو اکو تکنولوژی ژئو اکونومی	میکرو اکو تکنولوژی هیدرو اکونومی	میکرو اکو تکنولوژی آئرو اکونومی
			ژئو اکونومی میکرو اکو تکنولوژیک	هیدرو اکونومی میکرو اکو تکنولوژیک	آئرو اکونومی میکرو اکو تکنولوژیک
		نانو اکو تکنولوژی	نانو اکو تکنولوژی ژئو اکونومی	نانو اکو تکنولوژی هیدرو اکونومی	نانو اکو تکنولوژی آئرو اکونومی
			ژئو اکونومی نانو اکو تکنولوژیک	هیدرو اکونومی نانو اکو تکنولوژیک	آئرو اکونومی نانو اکو تکنولوژیک

نمودار شماره ۴

۲-۱-۱۵

روی‌کرد روش‌مدار

روی‌کرد روش‌مدار

طرح‌ریزی دکترینال و استراتژیک بر مبنای روی‌کرد روش‌مدار، به دو شیوه‌ی متدولوژیک غربی و قاعده‌مدار شیعی انجام می‌گیرد. اساس این روی‌کرد بر پایه‌ی «سطوح اقدام»[1] است،و شناخت سطح اقدام در هر حوزه‌ای از اصول و مبانی لاینفک طرح‌ریزی محسوب می‌شود.

مفهوم‌شناسی

سطوح اقدام در علوم استراتژیک به چهار بخش تفکیک می‌شود که هر سطح مفاهیم خاص خود را در بردارد.

۱. سطح استراتژیکیStrategic Level : پیشوند «سوپر»[2] در واژگان انگلیسی، معادل غربی این سطح محسوب می‌گردد، که «اَبَر» در زبان فارسی و «مافوق» در زبان عربی معادل‌های آن هستند.

۲. سطح عملیاتیOperational Level : پیشوند «ماکرو»[3] در زبان‌های لاتینی، «کلان» در فارسی و «فوق» در عربی معادل سطح عملیاتی هستند.

۳. سطح تاکتیکی Tactical Level: در زبان لاتینی پیشوند «میکرو»[4]، در فارسی پسوند «خرد» و در عربی واژه‌ی «تحت» مابه‌ازای سطح تاکتیکی به شمار می‌روند.

۴. سطح تکنیکی Technical Level: این سطح در لاتین با پیشوند «نانو»[5]، در فارسی با پیشوند «ریز» و در عربی با پیشوند «ماتحت» نمایانده می‌شود. (نمودار شماره ۱)

---

1. Action Level

2. Super- (Prefix): over and above, superior in status. (Merriam-Webster s collegiate dictionary, Eleventh ed., Massachusetts, U.S.A, Merriam-Webster Incorporated, 2005)

3. Macro (Prefix): being large or exceptionally prominent such as macroeconomic. (The Same)

4. Micro (Prefix): of or relating to a small area. (The Same)

5. Nano (Prefix): Nano scale, such as nanotechnology. (The Same)

سطوح	عربی	غربی	فارسی
استراتژیکی	مافوق	سوپر	ابر
عملیاتی	فوق	ماکرو	کلان
تاکتیکی	تحت	میکرو	خرد
تکنیکی	ماتحت	نانو	ریز

نمودار شماره ۱

دکترین

مبتنی بر روی‌کرد معرفت‌مدار در طرح‌ریزی، «فلسفه» در دکترینولوژی مدرن، پاسخ به چیستی و چرایی یک پدیده را عهده‌دار بوده و پاسخ به چگونگی آن پدیده، به حیطه‌ی علوم مدیریت مربوط می‌گردد.

بخش «چگونگی» در دکترین، خود نیز به سه جزء تفکیک می‌شود: «سطح تکنیک»، که کنش فنی را دربرگرفته، «سطح تاکتیک» که کنش مدیریتی و نحوه‌ی اداره‌ی یک پدیده را تشکیل می‌دهد و در نهایت «سطح استراتژی»، که کنش طرح‌ریزی و برنامه‌ریزی و خط‌مشی کلان در هماهنگی نهادهای مرتبط را تشکیل می‌دهد. (نمودار شماره ۲)

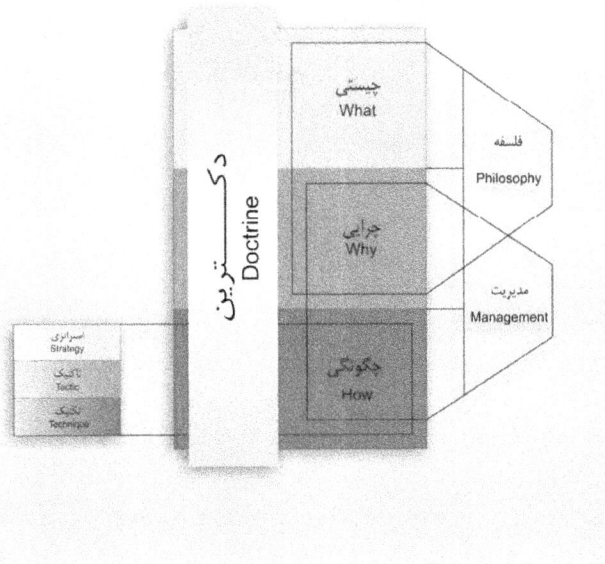

نمودار شماره ۲

از منظر دیگر، اگر «استراتژی» به صورت «هنر و علم به میدان آوردن منابع و نیروها» تعریف شود،[۶] آن‌گاه «تاکتیک» عبارت است از: «هنر و علم هدایت و اداره‌ی منابع و نیروها در صحنه و میدان عمل.»[۷] براین اساس، استراتژی میدان‌ها و صحنه‌های عمل را مشخص کرده، و چگونگی به میدان آوردن منابع و نیروها را تبیین می‌کند، و تاکتیک به مدیریت و اداره‌ی منابع و نیروها در یک میدان می‌پردازد. در این حال تکنیک، نیز به صورت کنش و روش

---

[۶]. صحراگرد، مجید؛ مطالعه‌ی طرح‌ریزی استراتژی ملی انرژی جمهوری اسلامی ایران در افق ۱۴۱۴، پایان‌نامه‌ی کارشناسی ارشد، دانشکده‌ی انرژی، دانشگاه عباسپور، ۱۳۸۶، ص ۸.

[۷]. کالینز، جان؛ استراتژی بزرگ، ترجمه کوروش بایندر، تهران، انتشارات دفتر مطالعات سیاسی و بین المللی، بهار ۱۳۸۳، ص ۴۸۱.

فنی تک‌تک عمل‌های لازم در یک میدان بروز پیدا می‌کند. در این دیدگاه «دکترین» به عنوان قاعده‌ای رقم می‌خورد

که توان تبیین سطوح مختلف استراتژی، تاکتیک و تکنیک را داشته باشد. (نمودار شماره ۳)

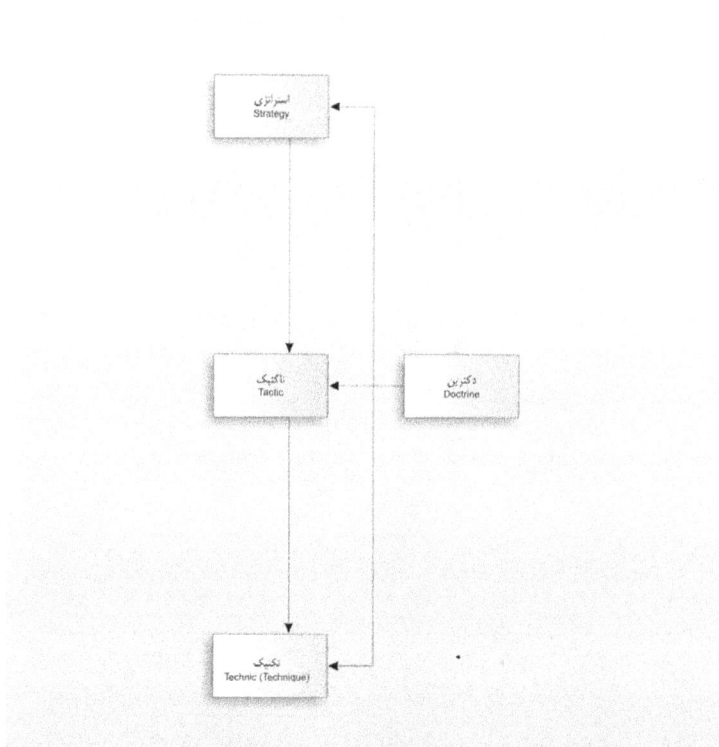

نمودار شماره ۳

دکترینولوژی

مبتنی بر روی‌کرد علم‌مدار در طرح‌ریزی دکترینال، «تکنیک» باور تکنیکی را ساخته و باور تکنیکی به صورت

حاصل‌جمع علم تکنیکی، «تکنولوژی» را رقم می‌زند. «تاکتیک» باور تاکتیکی را ساخته، و باور تاکتیکی به صورت

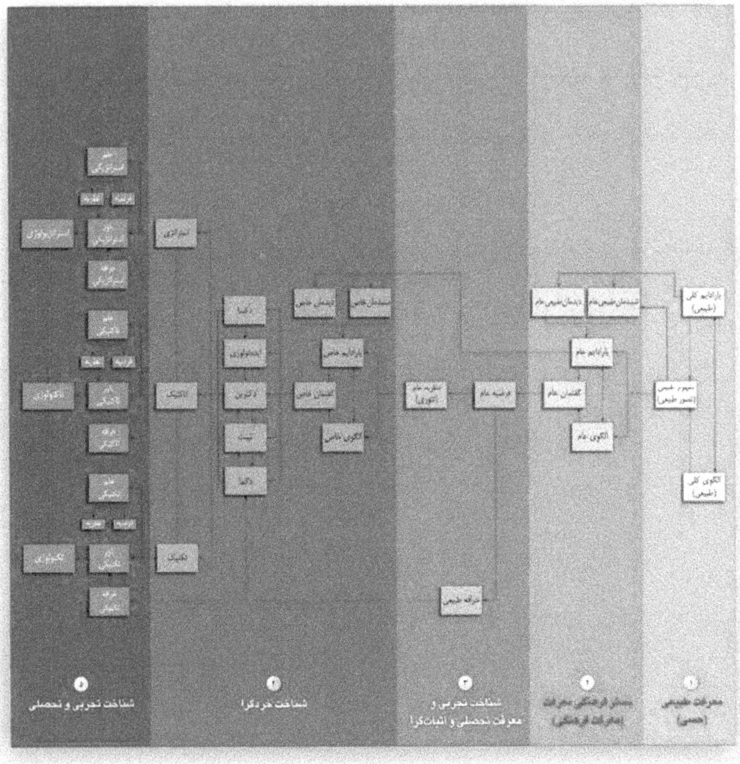

نمودار شماره ۴

حاصل‌جمع علم تاکتیکی ، «تاکتولوژی» را رقم می‌زند. «استراتژی» باور استراتژیکی را می‌سازد که حاصل‌جمع علم استراتژیکی بوده، و این باور استراتژیکی به «استراتژیولوژی» منتج خواهد شد. (نمودار شماره ۴)

گرچه امروزه، تاکتولوژی[8] و استراتژیولوژی واژگان کم‌کاربردی در نسبت با تکنولوژی محسوب می‌شوند، لیکن سرعت فزاینده و رشد چشم‌گیر تکنولوژی در دهه‌های اخیر سبب سردرگمی و حیرت هرچه بیشتر انسان شده است،

---

[8]. Tactology, from the Greek Taktikos and Legein, is the Science of Tactics for soldiers of the cross, or Personal Work reduced to a science. …, Tact looks to the present, tactology looks to the future.(Young, William H.; **Tactology**, 1st Edition, USA, Kessinger Publishing, December 2004, Page 12)

و راه برون‌رفت از این پیچیدگی و درهم‌تنیدگی دانش تاکتولوژی و استراتژیولوژی است. عصر تکنولوژی[۹]، گرچه با تخصصی شدن رشته‌های علمی و کنش‌های فنی توسعه یافت، بشر با ورود به عصر تاکتولوژی ، عصری را رقم می‌زند که بر مدیریت بر رشته‌های علمی و تکنولوژی تکیه دارد، و این در حالی است که تلقی انسان از عصر استراتژیولوژی هنوز در پرده‌ای از ابهام قرار دارد. از این‌رو دانش دکترینولوژی پیشرفت متوازن استراتژیولوژی، تاکتولوژی و تکنولوژی را جای‌گزین پیشرفت سریع و تخصصی تکنولوژی می‌کند. (نمودار شماره ۵)

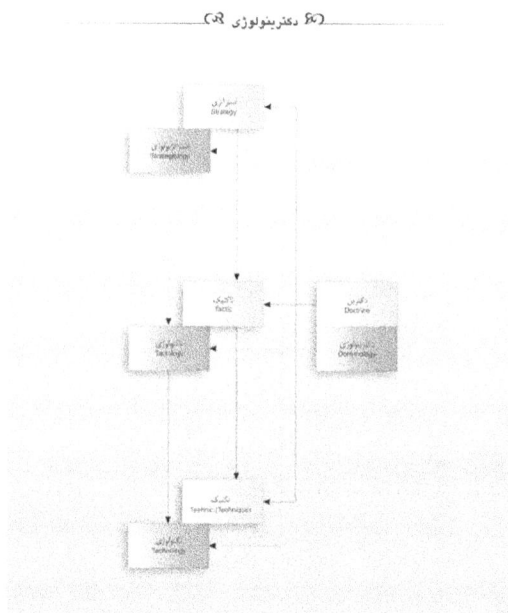

نمودار شماره ۵

---

۹. تقسیم‌بندی اعصار ماقبل تاریخ شامل سه دوران: عصر سنگ، عصر برنز، و عصر آهن نیز بر مبنای تکنولوژی بوده است.

لایه‌های دکترینولوژی

استراتژیولوژی، تاکتولوژی و تکنولوژی به عنوان سه سطح مختلف دکترینولوژی هریک دارای لایه‌های سیستمی مجزایی هستند. نانوتکنولوژی، میکروتکنولوژی، ماکرو تکنولوژی و سوپرتکنولوژی چهار لایه‌ی سیستمی تکنولوژی را تشکیل می‌دهند.[۱۰]

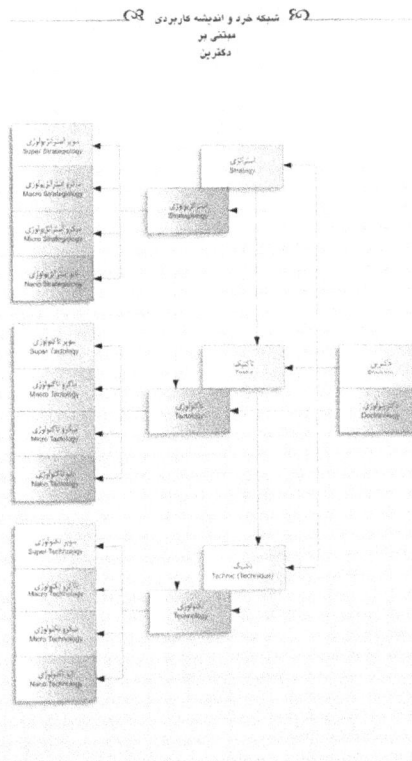

(نمودار شماره ۶)

---

[۱۰]. در اینجا نانوتکنولوژی و میکروتکنولوژی (برمبنای تعریف دیکشنری وبستر و آکسفورد) صرفاً به معنای تکنولوژی در اندازه یک میلیاردم و یک میلیونیوم نیست. بلکه نانو و میکرو اشاره به سطوح مختلف یک سیستم در علم مدیریت و تحلیل سیستم‌ها دارند.

Microtechnology: technology on a small or microscopic scale.(Merriam-Webster's collegiate dictionary, Eleventh ed., Massachusetts, U.S.A, Merriam-Webster Incorporated, 2005)

Nanotechnology: technology on an atomic or molecular scale, concerned with dimensions of less than 100 nanometres. (Concise Oxford English Dictionary, 11st Ed. ,Oxford, U.K, Oxford University Press, 2004)

تاکتولوژی و استراتژیولوژی نیز هریک واجد این چهار لایه‌ی سیستمی هستند. لذا از کنارهم قرار گرفتن لایه‌های مختلف سیستمی استراتژیولوژی، تاکتولوژی و تکنولوژی لایه‌های دوازده‌گانه‌ی دکترینولوژی به وجود می‌آید. (نمودار شماره ۶)

نظام اقتصاد

لایه‌های دوازده‌گانه‌ی دکترینولوژی در نسبت با هر حوزه‌ی طرح‌ریزی، قابل تبیین هستند. در نظام اقتصاد نیز تعریف و تدقیق تمامی لایه‌های دکترینولوژی از کلان‌ترین لایه - سوپراستراتژیولوژی اقتصاد - تا ریزترین لایه - نانوتکنولوژی بیاقتصادع – امری محتوم و ضروری است به جهت این‌که بایسته است هر اقدام در سطح متناسب خود تبیین گردیده، و اجرا شود.

دکترینولوژی در نسبت با ساختار حکومت

در این قاعده دکترینولوژی به چهار بخش سوپردکترینولوژی، ماکرودکترینولوژی، میکرودکترینولوژی و نانو دکترینولوژی تقسیم خواهد شد که هر بخش به صورت مجزا واجد سه بخش استراتژیولوژی، تاکتولوژی و تکنولوژی هستند. (نمودار شماره ۸) دکترینولوژی در این قاعده در نسبت با ساختار حکومت تعریف خواهد شد. لذا سوپردکترینولوژی در سطح استراتژیکی حکومت تبیین شده که رده‌ی رؤسای سه قوه را در برمی‌گیرد. رده‌ی وزراء و فرماندهان نیروها به عنوان سطح میانی حکومت وظیفه‌ی تبیین لایه‌ی ماکرودکترینولوژی را در سه بخش ماکرواستراتژیولوژی، ماکروتاکتولوژی و میکرو تکنولوژی برعهده دارند.

نخستین رده‌ی صفی[1] تابع وزراء و فرماندهان نیروها، در تبیین لایه‌ی میکرودکترینولوژی در سطح تاکتیکی نقش دارند، و آخرین رده‌ی صفی تابع وزراء و فرماندهان نیروها، وظیفه‌ی تبیین لایه‌ی نانودکترینولوژی را به عنوان سطح

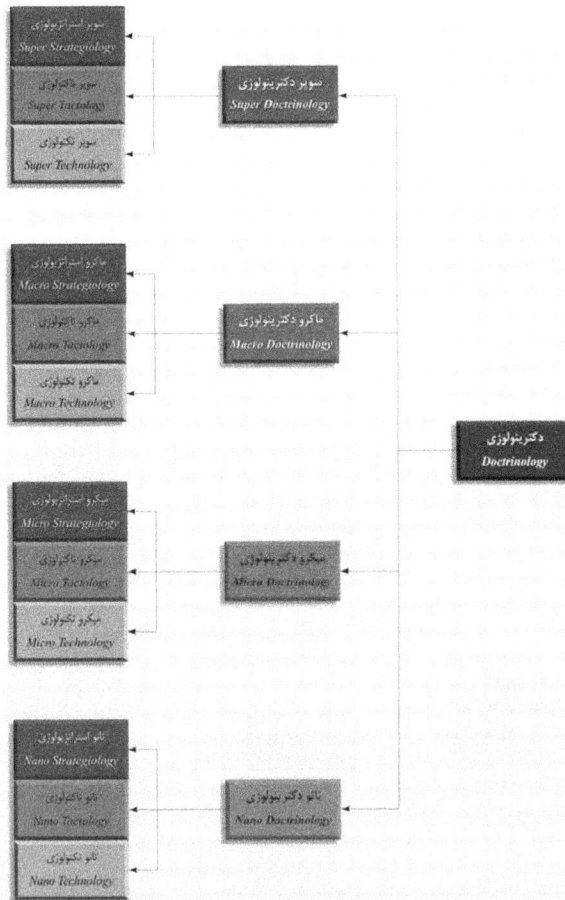

سطوح شبکه خرد و اندیشه کاربردی
در
دکترینولوژی
سوپر دکترینولوژی
ماکرو دکترینولوژی
دکترینولوژی
نانو دکترینولوژی

نمودار شماره ۸

1. Line

تکنیکی برعهده دارند. (نمودار شماره ۹)

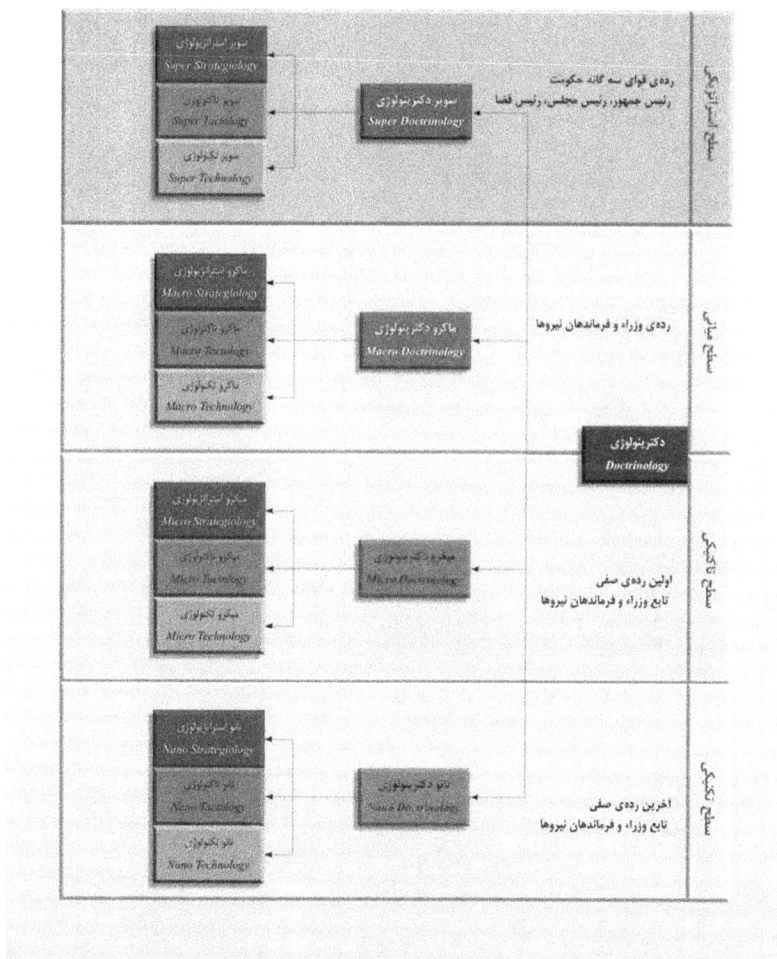

نمودار شماره ۹

بنای مدیریت

ماتریس دوازده لایه‌ی دکترینولوژی در سطوح اقدام بنای چهار طبقه‌ی مدیریت را شکل می‌دهد. در هر طبقه‌ی مدیریتی در ساختار حکومت از کلی‌ترین بخش، یعنی سوپراستراتژیولوژی تا جزئی‌ترین بخش یعنی نانوتکنولوژی باید تبدیل و تدقیق گردد تا یکپارچگی سیستم ایجاد و سپس حفظ گردد. (نمودار شماره ۱۰)

بنای چهار طبقه ی مدیریت
در دکترینولوژی

سطوح اقدام	دکترینولوژی: تکنولوژی – نانو تکنولوژی	میکرو تکنولوژی	ماکرو تکنولوژی	سوپر تکنولوژی	تاکتولوژی – نانو تاکتولوژی	میکرو تاکتولوژی	ماکرو تاکتولوژی	سوپر تاکتولوژی	استراتژیولوژی – نانو استراتژیولوژی	میکرو استراتژیولوژی	ماکرو استراتژیولوژی	سوپر استراتژیولوژی
استراتژیکی	استراتژی نانو تکنولوژیک نانو تکنولوژی استراتژیکی	استراتژی میکرو تکنولوژیک میکرو تکنولوژی استراتژیکی	استراتژی ماکرو تکنولوژیک ماکرو تکنولوژی استراتژیکی	استراتژی سوپر تکنولوژیک سوپر تکنولوژی استراتژیکی	استراتژی نانو تاکتولوژیک نانو تاکتولوژی استراتژیکی	استراتژی میکرو تاکتولوژیک میکرو تاکتولوژی استراتژیکی	استراتژی ماکرو تاکتولوژیک ماکرو تاکتولوژی استراتژیکی	استراتژی سوپر تاکتولوژیک سوپر تاکتولوژی استراتژیکی	استراتژی نانو استراتژیولوژیک نانو استراتژیولوژی استراتژیکی	استراتژی میکرو استراتژیولوژیک میکرو استراتژیولوژی استراتژیکی	استراتژی ماکرو استراتژیولوژیک ماکرو استراتژیولوژی استراتژیکی	استراتژی سوپر استراتژیولوژیک سوپر استراتژیولوژی استراتژیکی
عملیاتی	عملیات نانو تکنولوژیک نانو تکنولوژی عملیاتی	عملیات میکرو تکنولوژیک میکرو تکنولوژی عملیاتی	عملیات ماکرو تکنولوژیک ماکرو تکنولوژی عملیاتی	عملیات سوپر تکنولوژیک سوپر تکنولوژی عملیاتی	عملیات نانو تاکتولوژیک نانو تاکتولوژی عملیاتی	عملیات میکرو تاکتولوژیک میکرو تاکتولوژی عملیاتی	عملیات ماکرو تاکتولوژیک ماکرو تاکتولوژی عملیاتی	عملیات سوپر تاکتولوژیک سوپر تاکتولوژی عملیاتی	عملیات نانو استراتژیولوژیک نانو استراتژیولوژی عملیاتی	عملیات میکرو استراتژیولوژیک میکرو استراتژیولوژی عملیاتی	عملیات ماکرو استراتژیولوژیک ماکرو استراتژیولوژی عملیاتی	عملیات سوپر استراتژیولوژیک سوپر استراتژیولوژی عملیاتی
تاکتیکی	تاکتیک نانو تکنولوژیک نانو تکنولوژی تاکتیکی	تاکتیک میکرو تکنولوژیک میکرو تکنولوژی تاکتیکی	تاکتیک ماکرو تکنولوژیک ماکرو تکنولوژی تاکتیکی	تاکتیک سوپر تکنولوژیک سوپر تکنولوژی تاکتیکی	تاکتیک نانو تاکتولوژیک نانو تاکتولوژی تاکتیکی	تاکتیک میکرو تاکتولوژیک میکرو تاکتولوژی تاکتیکی	تاکتیک ماکرو تاکتولوژیک ماکرو تاکتولوژی تاکتیکی	تاکتیک سوپر تاکتولوژیک سوپر تاکتولوژی تاکتیکی	تاکتیک نانو استراتژیولوژیک نانو استراتژیولوژی تاکتیکی	تاکتیک میکرو استراتژیولوژیک میکرو استراتژیولوژی تاکتیکی	تاکتیک ماکرو استراتژیولوژیک ماکرو استراتژیولوژی تاکتیکی	تاکتیک سوپر استراتژیولوژیک سوپر استراتژیولوژی تاکتیکی
تکنیکی	تکنیک نانو تکنولوژیک نانو تکنولوژی تکنیکی	تکنیک میکرو تکنولوژیک میکرو تکنولوژی تکنیکی	تکنیک ماکرو تکنولوژیک ماکرو تکنولوژی تکنیکی	تکنیک سوپر تکنولوژیک سوپر تکنولوژی تکنیکی	تکنیک نانو تاکتولوژیک نانو تاکتولوژی تکنیکی	تکنیک میکرو تاکتولوژیک میکرو تاکتولوژی تکنیکی	تکنیک ماکرو تاکتولوژیک ماکرو تاکتولوژی تکنیکی	تکنیک سوپر تاکتولوژیک سوپر تاکتولوژی تکنیکی	تکنیک نانو استراتژیولوژیک نانو استراتژیولوژی تکنیکی	تکنیک میکرو استراتژیولوژیک میکرو استراتژیولوژی تکنیکی	تکنیک ماکرو استراتژیولوژیک ماکرو استراتژیولوژی تکنیکی	تکنیک سوپر استراتژیولوژیک سوپر استراتژیولوژی تکنیکی

نمودار شماره ۱۰

روند اقدام مبتنی بر سطوح اقدام

اقدام نقطه‌ای: هر یک از خانه‌های جدول سطوح اقدام می‌تواند محمل اقدام نقطه‌ای قرار گیرد. مانند اقدام ماکروتاکتولوژی عملیاتی (عملیات ماکروتاکتولوژیک) در مجموع ۴۸ اقدام نقطه‌ای را می‌توان طرح‌ریزی نمود. (نمودار شماره ۱۱)

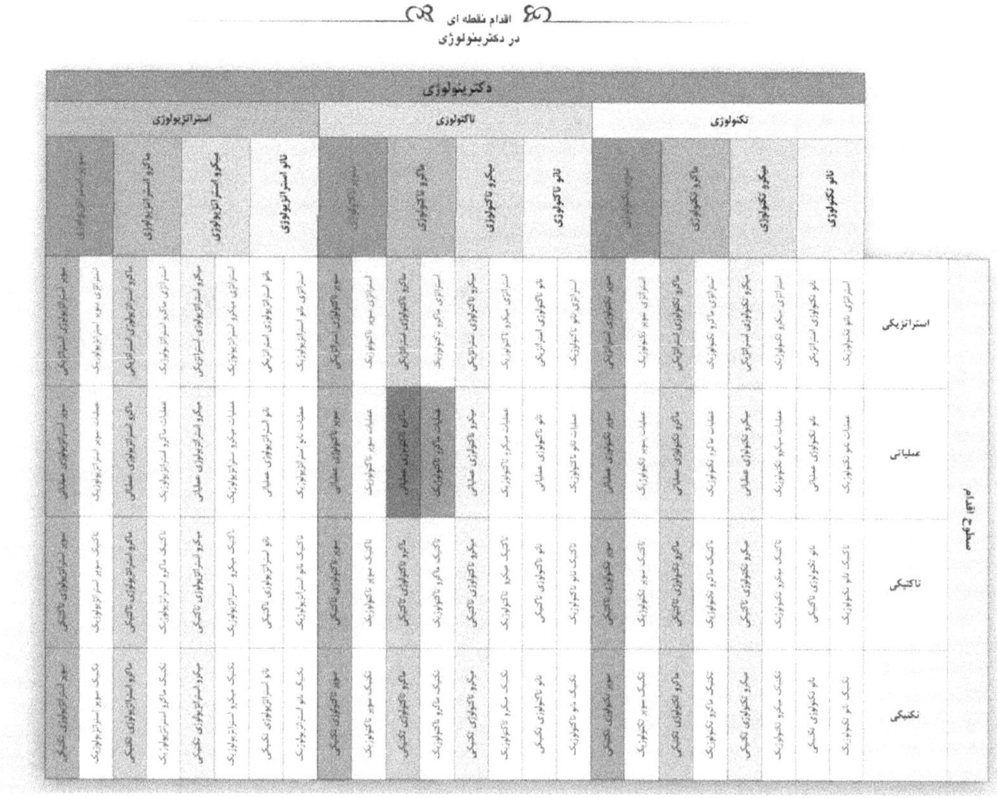

نمودار شماره ۱۱

روند اقدام خطی: ۳۲ روند اقدام خطی در جدول سطوح اقدام دکترینولوژی قابل تبیین است.

- روند اقدام خطی از بالا که در ۱۲ لایه‌ی دکترینولوژی تبیین می‌شود، مانند روند اقدام از بالا در سوپراستراتژیولوژی.

- روند اقدام خطی از پایین که در ۱۲ لایه‌ی دکترینولوژی تبیین می‌شود، مانند روند اقدام از پایین در سوپراستراتژیولوژی.

- روند خطی از کل به جزء در چهار سطح اقدام، مانند روند خطی اقدام از کل به جزء در سطح استراتژیک.

- روند خطی از جزء به کل در چهار سطح اقدام، مانند روند خطی اقدام از جزء به کل در سطح استراتژیک.

(نمودار شماره ۱۲)

۲۸۶

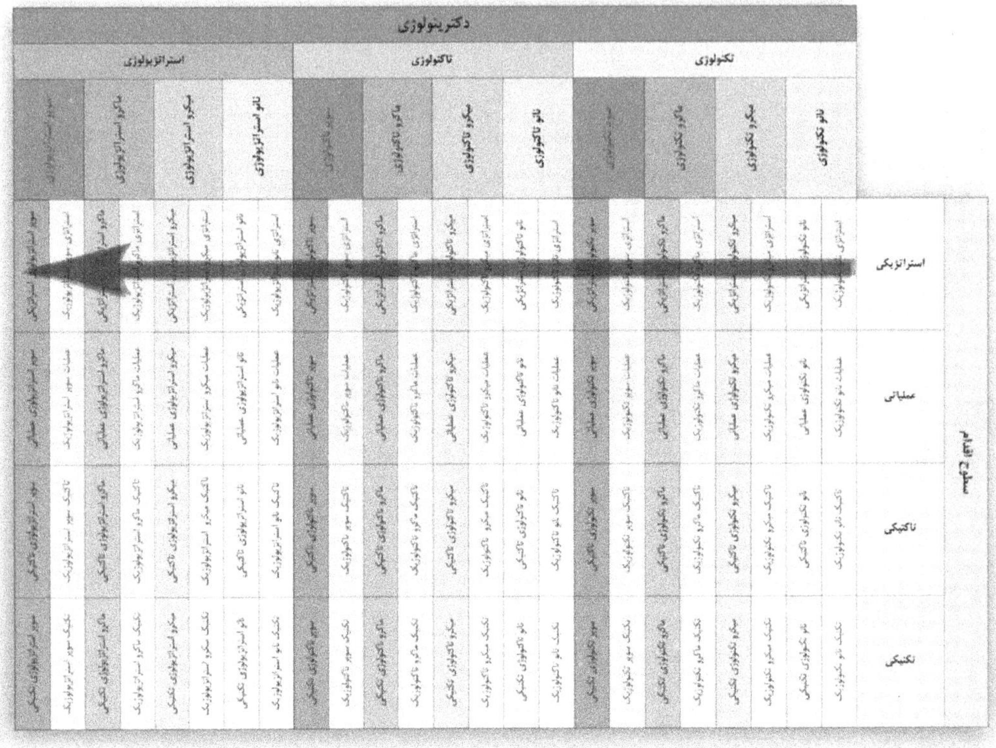

نمودار شماره ۱۲

روند اقدام شاتل: ۳۲ روند اقدام با روش شاتل دکترین[12] یا دکترین رفت و برگشتی قابل طرح‌ریزی است.

- روند اقدام شاتل دکترین عمودی از بالا در دوازده لایه‌ی دکترینولوژی، مانند اقدام شاتل دکترین عمودی از بالا در سوپراستراتژیولوژی. (نمودار شماره ۱۳)
- روند اقدام شاتل دکترین عمودی از پایین در دوازده لایه‌ی دکترینولوژی، مانند اقدام شاتل دکترین عمودی از پایین در سوپر استراتژیولوژی.
- روند اقدام شاتل دکترین افقی از کل به جزء در چهار سطح اقدام، مانند اقدام شاتل دکترین افقی از کلبه جزء در سطح استراتژیک.

[12] Shuttle Doctrine

- روند اقدام شاتل دکترین افقی از جزء به کل در چهار سطح اقدام، مانند اقدام شاتل دکترین افقی از جزء به کل در سطح استراتژیک.

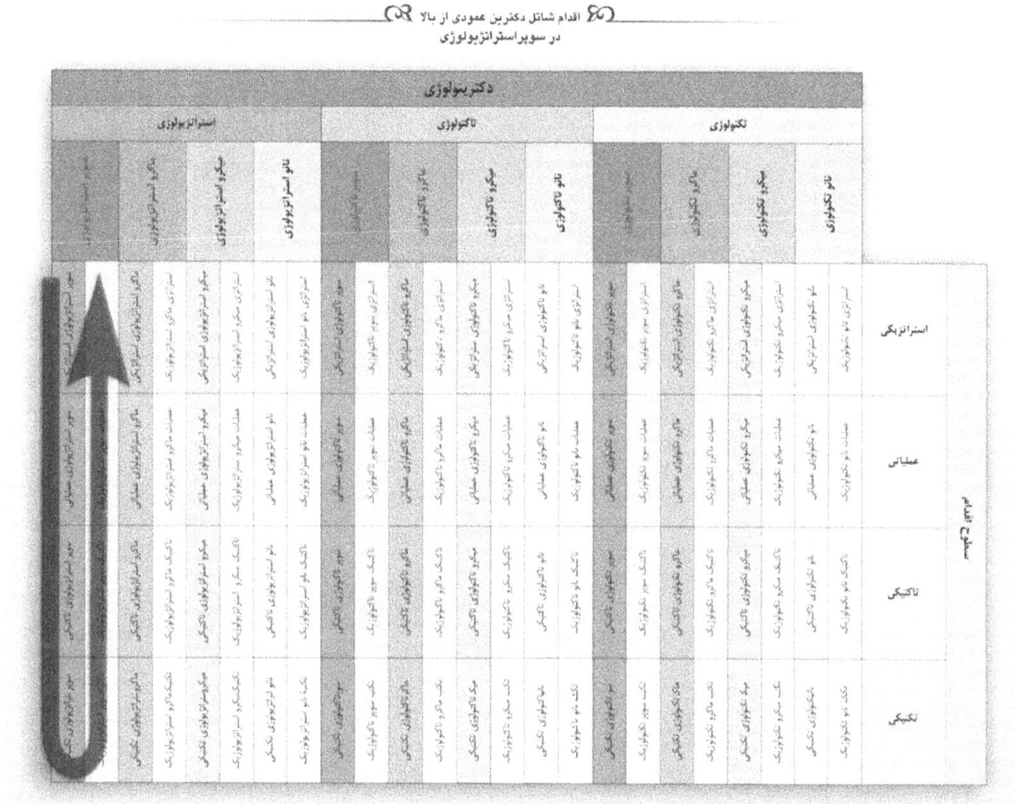

نمودار شماره ۱۳

روند اقدام فراگیر: هشت روند اقدام در این سیر قابل طرح‌ریزی است.

- روند اقدام فراگیر عمودی از کل به جزء و از بالا در دکترینولوژی. (نمودار شماره ۱۴)

- روند اقدام فراگیر عمودی از جزء به کل و از پایین در دکترینولوژی.

- روند اقدام فراگیر عمودی از کل به جزء از پایین در دکترینولوژی.

- روند اقدام فراگیر عمودی از جزء به کل از بالا در دکترینولوژی.

- روند اقدام فراگیر افقی از کل به جزء و از بالا در دکترینولوژی.

- روند اقدام فراگیر افقی از جزء به کل و از پایین در دکترینولوژی.

- روند اقدام فراگیر افقی از کل به جزء از پایین در دکترینولوژی.

- روند اقدام فراگیر افقی از جزء به کل از بالا در دکترینولوژی.

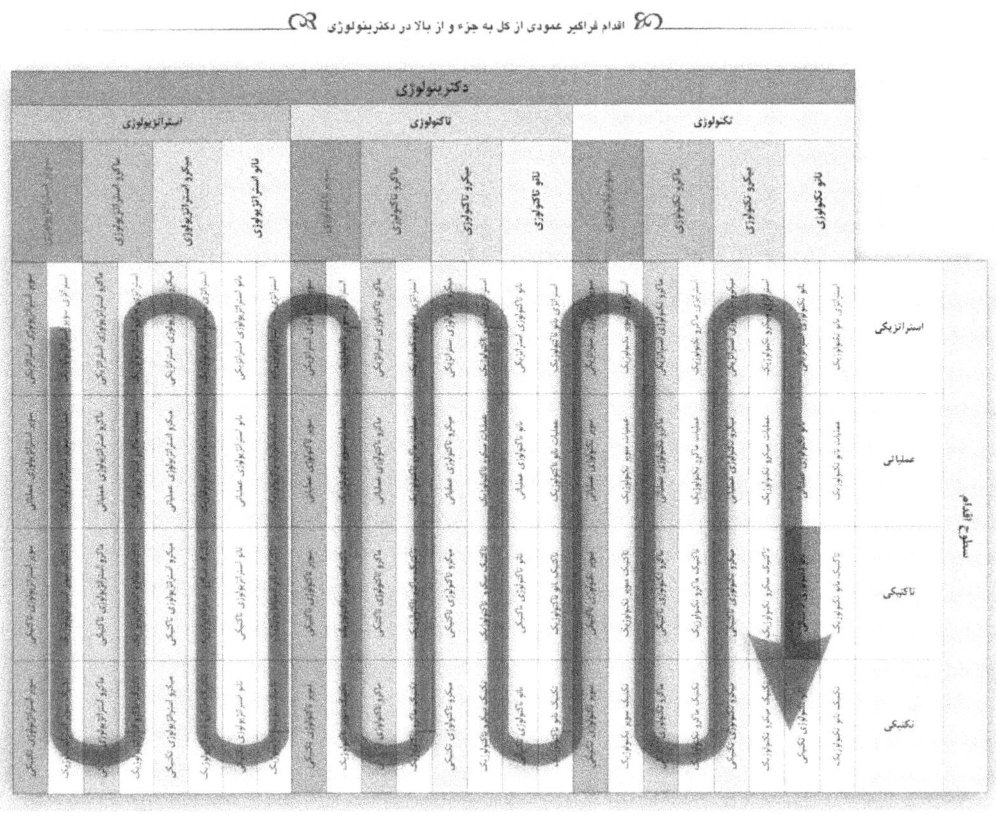

نمودار شماره ۱۴

۱۶-۱-۲

روی‌کرد مشتری‌مدار

رویکرد مشتریمدار

جریان چپ در جهان، مدل اقتصاد مارکسیستی[1]- سوسیالیستی را عرضه نمود. ایـن مـدل توانسـت هفتاد سال در شوروی امور را اداره کند و این کشور را در سطح یک ابر قدرت نگه دارد. هرچند به دلایل متعدد آن سیستم فرو پاشید، اما هنوز ابعادی از آن در کشورها و جوامع مختلف مورد استفاده است کـه نمونهی آن مبحث بیمه و تأمین اجتماعی است. با فروپاشی اردوگاه سوسیالیسم، جریان راست مـدرن در جهان، مدل اقتصاد لیبرالی را یکه تاز صحنهی جهانی خواند، حتی فرانسیس فوکویاما تا آنجا پیش رفت که پایان تاریخ را اعلام نمود و لیبرالیسم و کاپیتالیسم[2] را آخرین ایدئولوژی در تاریخ برای ادارهی جهان معرفی کرد.[3]

گرچه تبیین مدل و الگوی اقتصادی، در رویکرد مشتریمدار، نهایت امر طرحریزی را شکل میدهد، لیکن گامهای ابتدایی آن، یعنی ترمینولوژی، و سپس تبیین پارادایم، و دکترینها همواره مغفـول مانـده است. از این رو هرگاه بحث از اقتصاد به میان میآید، مدل جریان چپ یا راست را به ذهن متبادر میکند. درحالیکه بایسته است اساس طرحریزی را در مباحث بنیادین آن، بررسی و سپس تبیین نمود.

---

[1]. Marxism: doctrines of Karl Marx, Marxist doctrines advocating a socialistic and communistic approach to politics and economics (Babylon English, Babylon Ltd., Version 6.)

[2]. Capitalism: An economic and political system in which businesses belong mostly to private owners, not to the government. (Longman Dictionary of Contemporary English, 5th Edition, Edinburgh Gate, Pearson Education Publication)

[3]. Francis Fukuyama, The End of History and the Last Man, 1st Ed. New York, Macmillan, Inc., 1992, page xi

ترمینولوژی

طرح‌ریزی مبتنی بر روی‌کرد مشتری‌مدار، در نسبت با چهار مفهوم روشن می‌شود: اقتصاد، اکونومی، کدآمایی و بیع. واژه‌ی عربی «اقتصاد»[۴] که در فارسی نیز بسیار رایج است، به معنی میانه‌روی است، اما تبیین نگاه اسلام درکاربرد این واژه نیست، زیراکه قرآن به صراحت از لفظ «بیع» استفاده می‌کند. مفهوم «میانه‌روی» در فارسی، یک لفظ عام است و غیر از معیشت، بسیاری از امور دیگر را نیز در برمی‌گیرد. واژه‌ی اقتصاد، جامعیت مفهوم قرآنی بیع را برای منظوری که مدنظر است در برندارد. از سوی دیگر، اندیشه‌ی ایرانی، سوای از مفاهیم عربی اقتصاد و بیع، میراث-دار واژه‌ی فارسی «کدآمایی» است. همان‌گونه که کدخدا و کدبانو، با حداقل‌های منابع موجود، چرخ زندگی روستا یا منزل را می‌گردانند، دانش کدآمایی نیز به تبیین چگونگی اداره‌ی امور زندگی با حداقل‌های منابع می‌پردازد. واژه‌ی چهارم، مفهوم غربی «اکونومی»[5] است، که تا حدودی به مفهوم کدآمایی فارسی نزدیک است، اما قرابت چندانی با واژه‌های اقتصاد و به ویژه بیع ندارد. (نمودار شماره ۱)

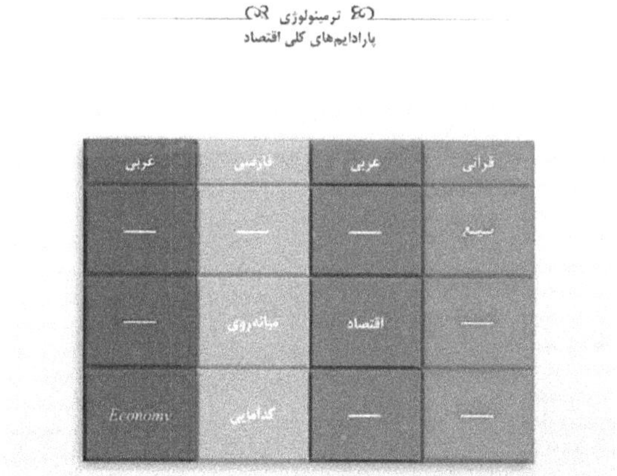

قرآنی	عربی	فارسی	غربی
بیع	—	—	—
—	اقتصاد	میانه‌روی	—
—	—	کدآمایی	Economy

نمودار شماره ۱

---

[۴]. اقتِصاد: بر دو گونه است: اول- اقتصاد پسندیده بطور مطلق در میانه روی چیزی که دو طرف افراط و تفریط دارد مثل جود یا بخشش که میان حالت زیاده روی و بخل قرار دارد و شجاعت که حالتی است ما بین تهور و ترس و مانند اینها. و دوم- اقتصادی است که بطور کنایه از آنچه میان حالت پسندیده و ناپسند قرار می‌گیرد، مثل قرار گرفتن میان عدل و جور [که نه عدالت است و نه جور و ستم].و یا حالتی و موقعیتی در میان نزدیک و دور. (راغب اصفهانی، حسین بن محمد؛ ترجمه و تحقیق مفردات الفاظ قرآن؛ خسروی حسینی، سیدغلامرضا (مترجم)، نشر مرتضوی، جلد۳، صفحه ۱۹۷)

[5]. Economy: Thrifty and efficient use of material resources: frugality in expenditures *also* : an instance or a means of economizing. (Merriam-Webster's Collegiate Dictionary, Eleventh ed., Massachusetts, U.S.A, Merriam-Webster Incorporated, 2005)

پارادایم‌های اقتصاد

از آن‌جا که اندیشه‌ی بنیادین در هر حوزه‌ای از تبیین دامنه‌ی پارادایم‌های موجود یا تولید پارادایم جدید، آغاز می‌شود، در روی‌کرد مشتری‌مدار نیز، تبیین پارادایم گام اساسی در طرح‌ریزی مبتنی بر این روی‌کرد محسوب می‌گردد.

مبتنی بر روی‌کرد عهدمدار (تاریخ‌مدار) همه‌ی پارادایم‌های معرفتی، هستی شناختی، و... در زیر دو ابرپارادایم دسته‌بندی می‌شوند: سوپر پارادایم امانیسم و ابروادی خداگرایی.

در ذیل هر یک از این ابر پارادایم‌ها، چهار دسته پارادایم اقتصادی وجود دارد. (نمودار شماره ۲)

پارادایم‌های اقتصادی

پارادایم های اقتصادی	پارادایم اقتصاد فرایندی	تقاضا
		استحصال منابع
		تولید کالا
		عرضه
		فروش
		خرید
		مصرف
	پارادایم اقتصاد چرخه ای	تقاضامحور
		تولیدمحور
		مشتری‌محوری
	پارادایم اقتصاد مبناگرا	طبیعت‌گرا
		انسان‌گرا
	پارادایم اقتصاد کارکردی	پول
		برکت

نمودار شماره ۲

۱. پارادایم اقتصاد فرآیندی

پارادایم یکم، معطوف به فرآیند کلی اقتصاد است. این فرآیند، هفت گام کلی را در بردارد کـه بـه ترتیـب شـامل تقاضا[۶]- استحصال منابع[۷]- تبدیل مواد به کالا - عرضه[۸]- فروش[۹]- خرید[۱۰]- و مصرف[۱۱]، می‌شود. در این پارادایم، هـر یک از این مؤلفه‌های هفت‌گانه، می‌تواند ثقل اقتصاد قرار گیرد و مکتـب اقتصـادی، حـول آن شـکل بگیـرد. (نمـودار شماره ۳)

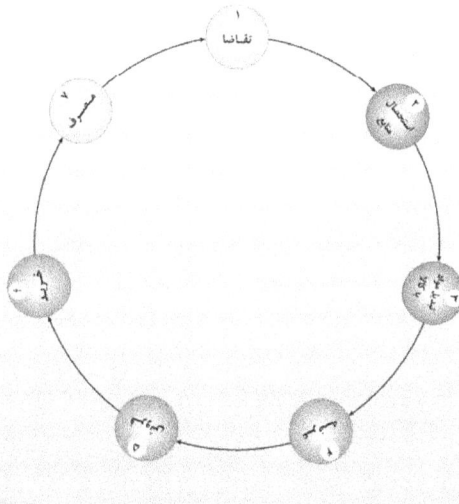

نمودار شماره ۳

---

[6]. Demand

[7]. Resource

[8]. Supply

[9]. Sale

[10]. Purchase, Buy

[11]. Consumption

۲. پارادایم اقتصاد چرخه‌ای

پارادایم دوم کلی‌تر است و هر هفت مؤلفه‌ی موجود در پارادایم یکم را به سه دسته‌ی کلی تقسیم می‌کند: تقاضا محور- تولیدمحور[۱۲]- و مشتری‌محور[۱۳]. در این پارادایم که چرخه‌ی اقتصاد مطرح است، هر یک از سه حوزه‌ی تقاضا، تولید، یا مشتری می‌تواند ثقل اقتصاد واقع شود و منشاء شکل‌گیری مکتب اقتصادی گردد. (نمودار شماره ۴)

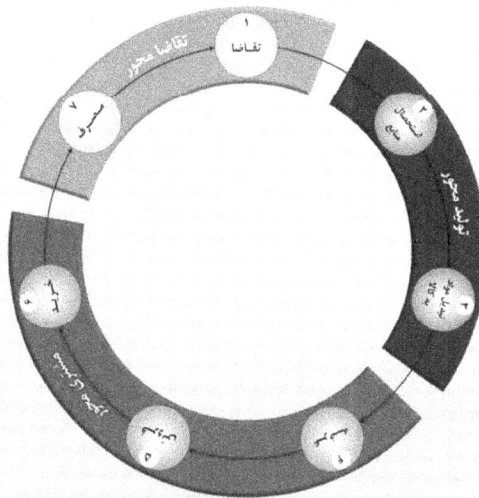

نمودار شماره ۴

۳. پارادایم اقتصاد مبناگرا

پارادایم سوم، نگاهی عمیق‌تر به بنیان‌های اقتصاد دارد و در واقع از مبنای اقتصاد پرسش می‌کند. از ایـن منظـر، اقتصاد یا طبیعت‌گراست، و یا انسان‌گرا. در اقتصاد طبیعت‌گرا، ثقل اقتصاد در طبیعت نهاده می‌شـود و منـابع مـادی موجود در طبیعت، مبنای اقتصاد قرار می‌گیرد. در مقابل، اقتصاد انسان‌گرا، طبیعت را در خدمت انسان می‌بینـد، لـذا

---

[12]. Produce-Based

[13]. Consumer-Based

ابتدا به تبیین نیازهای انسان می‌پردازد و سپس منابع موجود در طبیعت را برای برآوردن نیازهای انسان بکار می‌گیرد.

اقتصاد مدرن عمدتاً طبیعت‌گراست. در عصر مرکانتیلیست‌ها[۱۴] و دوره‌ی محور بودن فلزات گران‌بها در اقتصاد، چون طلا و نقره جزء منابع موجود در طبیعت محسوب می‌شوند،[۱۵] لذا اقتصاد آن دوره معطوف به طبیعت بود. دوره‌ی فیزیوکرات‌ها[۱۶] در فرانسه، دوره‌ی محوریت زمین در اقتصاد است که آن دوره نیز طبیعت و منابع آن محور اقتصاد به شمار می‌رود. در دوره‌ی سوسیالیست‌های متاثر از مارکس، با مبنا قرار دادن ماتریالیسم[۱۷]، بالطبع نیچرالیسم و طبیعت‌گرایی زیر بنای اقتصاد مارکسیستی شد.

کلاسیک‌ها و نئوکلاسیک‌ها[۱۸] نیز از گرداب طبیعت‌گرایی نتوانستند بگریزند، برای نمونه، مالتوس[۱۹]، در موازنه‌ی جمعیتی خود در نسبت با جغرافیا و سرزمین، نظریه‌ی ژئواکونومیک خود را معطوف به بهره از طبیعت ارائه نمود.[۲۰] مفاهیم و نوشته‌هایی همچون کاپیتال مارکس، یا کتاب ثروت ملل، و... بیانگر سیطره طبیعت‌گرایی بر اندیشه‌ی فیلسوفان اقتصاد مدرن است.

با آغاز عصر داروینیسم[۲۱] و بویژه در کل دوره قرن بیستم، اصالت طبیعت و منابع موجود در آن، در اقتصاد غرب، غیر قابل انکار است.

---

14. Mercantilist

۱۵. سیاست سوداگران در اسپانیا و پرتغال یک مرکانتیلیسم ابتدایی و هدف آن اندوختن هرچه بیشتر طلا و نقره بود. در انگلیس مرکانتیلیسم به نحو دیگر اعمال شد. «مرکانتیلیسم تجاری، سیاست زراندوزی دولت انگلیس بود.» (قدیری اصلی، باقر؛ **سیر اندیشه‌ی اقتصادی**، چاپ نهم، تهران، موسسه‌ی انتشارات و چاپ دانشگاه تهران، بهار ۱۳۷۶، صفحه ۳۹-۴۱)

16. Physiocrat

17. Materialism

18. Classical and Neoclassical economist

19. Thomas Robert Malthus (13 February 1766 – 23 December 1834)

20. (Reinert, Kenneth A. Rajan, Ramkishen S.; **The Princeton Encyclopedia of the World Economy**, 1st Ed.,USA, Princeton University Press, 2009, Page 318)

21. Darwinism, In the idea of Darwinian economist such as Gary Becker (1930–), Edward O. Wilson (1929–) (Van Huyssteen, Wentzel (Editor in Chief), **Encyclopedia Of Science And Religion**, 2nd ed., New York, The Gale Group, 2003, Page 246)

دکترین کاپیتال اکونومی

طبیعت‌گرایی در اقتصاد مدرن، به «دکترین کاپیتال اکونومی» یا اقتصاد سـرمایه‌داری منـتج شـده اسـت. ایـن دکترین از هفت مؤلفه‌ی اساسی چرخه‌ای اقتصاد، تمرکز خود را بر سه حوزه‌ی «استحصال منـابع»، «تبـدیل آن بـه کالا»، «و عرضه‌ی آن کالا برای فروش» قرار داده است. چون کالایی که تولید و عرضه می‌شود، باید مشتری داشـته باشد، در نتیجه دستگاه‌های تبلیغاتی به ذائقه‌سازی در مخاطب می‌پردازند تا او متقاضی خریـد آن کالاهـا شـود. بـه حرکت این چرخه، رونق اقتصادی لقب داده‌اند. (نمودار شماره ۵)

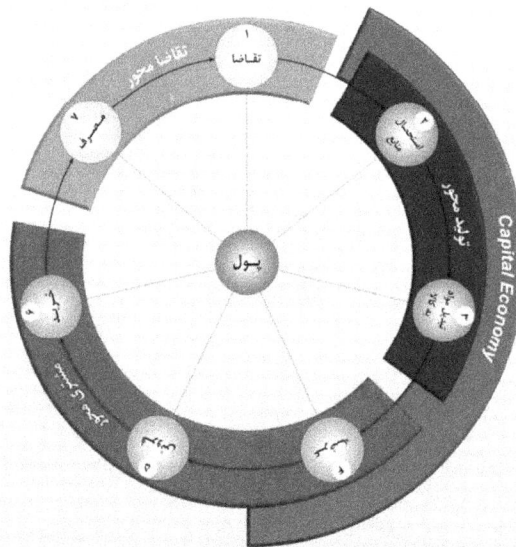

نمودار شماره ۵

دکترین کدآمایی

«دکترین کدآمایی» نیز همانند دکترین اقتصاد سرمایه، بر منابع تمرکز دارد با این تفاوت که مؤلفه‌ی تقاضا را در این چرخه دخیل می‌سازد. در مقابل طبیعت‌گرایی در اقتصاد، مکتب انسان‌گرایی قرار دارد. در این پارادایم، انسان بـه عنوان متقاضی کالا و خدمات، به عنوان مصرف کننده و به عنوان مشتری و خریدار مطرح اسـت. توجـه و تمرکـز بـر

نیازهای او و ساماندهی آن نیازها و تعدیل احتیاجات وی در چهارچوب‌های مشروع، دکترین اقتصاد بشرگرا را شـکل می‌دهد. (نمودار شماره ۶)

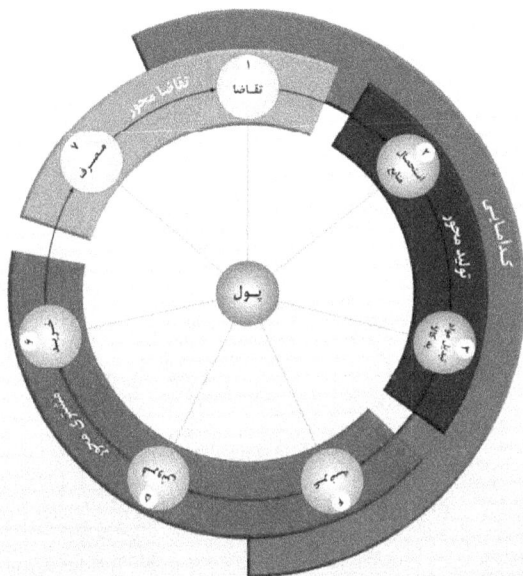

نمودار شماره ۶

دکترین اقتصاد ایمانی

آنچه در اسلام اقتصاد ایمانی نامیده می‌شود هر چند که هر هفت مؤلفه‌ی چرخه‌ی اقتصاد را در بر می‌گیـرد، امـا ثقل و تمرکز آن بر مبنع انسانی اقتصاد در چهار حوزه‌ی فروش، خرید، مصرف و تقاضا اسـتوار اسـت. در واقـع منـابع اولیه و نیروی کار که تولید کالا را رقم زده‌اند و ساز و کار و عرضه، همه در خرید و فروش ارزش‌گذاری می‌شوند.

اقتصاد بشرگرا که قائل به احترام نسبت به طبیعت است، ماهیتاً یک دکترین اقتصـاد ایمـانی اسـت کـه بـه بیـع معروف است. (نمودار شماره ۷)

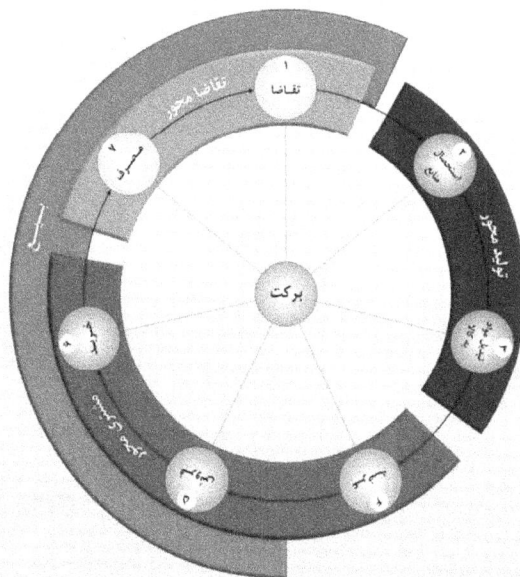

نمودار شماره ۷

۴. پارادایم اقتصاد کارکردی

چهارمین پارادایم، اقتصاد کارکردی نام دارد. این پارادایم در اقتصاد مدرن، ثقل چرخـه‌ی اقتصـادی را در هفـت مؤلفه‌ی تقاضا- استحصال منابع- تولید کالا- عرضه- فروش- خرید- و مصرف، بـر«پـول»[۲۲] قـرار مـی‌دهـد. در واقـع کارکرد پول موجب شکل گیری و حرکت و رونق چرخه‌ی اقتصاد می‌شود. لذا می‌توان گفت دکترین کاپیتال اکونومی، یک اقتصاد پول پایه را بر می‌تابد. و در این دکترین، ثبات پول و ثبات و تنوع پشتوانه‌ی آن، عمده‌ترین راه‌های ثبـات اقتصادی محسوب می‌شود.

در اقتصاد دینی، مبتنی بر پارادایم کارکردی نیز پول مطرح است اما مرکز ثقل نیست. و بر خلاف اقتصاد مـدرن، چنین نقش برجسته‌ای ندارد. در واقع مرکز ثقل این گونه اقتصادها بر مقوله‌ای غیر مادی به نـام «برکـت» اسـت. در اینجا کارکرد برکت، جایگزین کارکرد پیچیده‌ی پول می‌شود، و پول همچون سایر مؤلفه‌ها، نقشی ابزاری می‌یابـد نـه

۲۲. Money

نقطه‌ای کانونی و مرکز ثقل. برکت منابع، برکت کالا، برکت تولید، برکت عرضـه و فـروش، برکـت در تقاضـا و خریـد، برکت در مصرف و... جهت های نسبت برکت با چرخه‌ی اقتصاد هستند.

پارادایم اقتصاد کارکردی پول‌مبنا، بدنبال معاش و عیش صرف بشر است، اما پارادایم اقتصاد کارکردی برکت‌مبنا، در جستجوی جهت‌مندی معاش و عیش بشر، معطوف به معاد وی است و معیشت را هم جهـت بـا معیـدت مطلـوب می‌بیند.

دکترین بیع در قرآن به طور مبسوط و کامل در آیه‌ی ۱۱۱ سوره‌ی توبه آمده است.

« إِنَّ اللَّهَ اشْتَرى مِنَ الْمُؤْمِنينَ أَنْفُسَهُمْ وَ أَمْوالَهُمْ بِأَنَّ لَهُمُ الْجَنَّةَ يُقاتِلُونَ فـی سَـبيلِ اللَّـهِ فَيَقْتُلُـونَ وَ يُقْتَلُونَ وَعْداً عَلَيْهِ حَقًّا فِی التَّوْراةِ وَ الْإِنْجيلِ وَ الْقُرْآنِ وَ مَنْ أَوْفى بِعَهْدِهِ مِنَ اللَّهِ فَاسْتَبْشِرُوا بِبَـيْعِكُمُ الَّـذی بايَعْتُمْ بِهِ وَ ذلِكَ هُوَ الْفَوْزُ الْعَظيمُ »

واقعیت این دکترین حکایت از خود فروشی انسان دارد. هـیچ کـس ، در طـول عمـر خـود، کـار دیگـری غیـر از خودفروشی نمی‌کند. خودفروشی انسان، به سه دسته تفکیک می‌شود. دسته‌ی اول، خود را به خودشان مـی‌فروشـند. اینان خود را از خود می‌خرند. خودپسندی و خودخواهی این افراد، محصول« نارسیسیم» و خودشیفتگی آن‌هاست.

دسته‌ی دوم، خود را به غیر از خودشان می‌فروشند، و در واقع اینان توسط نفسشان فروخته می‌شوند. این دسته، بسته به نوع خود فروشی‌اشان به پنچ گروه تقسیم می‌شوند. گروه یکم، افرادی که قطعه‌ای از بدن خود مانند کلیه، یـا خون خود را می‌فروشند. گروه دوم، افرادی که اهل فحشا هستند و همان مردان و زنانی که تن‌فروشی می‌کنند. گروه سوم، کسانی که همچون کارگران و ورزشکاران، نیروی عضله‌ی خود را می‌فروشند. گروه چهـارم، افـرادی کـه صـدای حنجره‌ی خود را می‌فروشند، مانند خوانندگان، مجریان رسانه‌ها، سخنرانان و... . گروه پنجم، کسانی که محصول فکـر و مغز خود را می‌فروشند، همچون دانشمندان که نظرات علمی خود را عرضه نموده و به فروش می‌گذارند.

اما دسته‌ی سوم، انسان‌هایی هستند که نفس‌شان را می‌فروشـند. ایـن افـراد مصـداق آیـه‌ی ۱۱۱ سـوره‌ی توبـه هستند. (نمودار شماره ۸)

و

سرمایه

		خود فروشی						
		خریدن خود	فروش انسان توسط نفس					فروش نفس توسط انسان
			قطعه فروشی	تن فروشی	نیروی عضله فروشی	صدای حنجره فروشی	ذهنیت فروشی	فروختن خود به خدا
سرمایه	مال	خرید	خرید	خرید	خرید	خرید	خرید	فروش
	نفس	خرید	خرید	خرید	خرید	خرید	خرید	فروش
	ناموس	فروش	فروش	فروش	فروش	فروش	فروش	خرید

نمودار شماره ۸

دکترین آیه‌ی ۱۱۱ سوره‌ی توبه، تبیین این موضوع است که خدا مشتری اموال و نفس مؤمنین است- نه همه‌ی مردم- و در مقابل، بهای آن‌را بهشت قرار داده است. و در ادامه می‌فرماید وعده‌ای بر حق است که در تورات و انجیل و قرآن آمده است و سپس می‌پرسد چه کسی به عهد خود با وفاتر است نسبت به خدا. در ادامه، بشارت می دهد به این بیع و آن‌را فوز عظیم می‌خواند.

سیستم اقتصادی

در اقتصاد طبیعت‌گرای مدرن ، سرمایه تنها به مال اطلاق می‌شود، اما در نگاه انسان‌گرا در دین، نفس انسان و ناموس وی شامل عقیده و... نیز سرمایه محسوب می‌گردند. از این رو می‌توان در اسلام نیز از سرمایه‌داری سخن گفت، منتها، سرمایه‌داری مشتمل بر سرمایه ایمان، سرمایه علمی، سرمایه اجتماعی و آنگاه سرمایه مادی. مسأله‌ی اساسی در اقتصاد، موضوع «مالکیت»[۲۳] است . اقتصاد مادی‌گرای مدرن، اصالت را به مالکیت درجه‌ی یک انسان بر خود و اموالش می دهد. اما در اقتصاد دینی، مالکیت انسان بر خودش و اموالش، درجه‌ی دو است.

---

[23]. Ownership: the act, state, or right of possessing something. (**Concise Oxford English Dictionary**, 11st Edition, Oxford, U.K, Oxford University Press, 2004)

نسبت میان مالکیت و سرمایه در هر دو مکتب طبیعت‌گرای مدرن وانسان‌گرای دینی، دو سیستم اقتصادی را پدید می آورد.

در سیستم اقتصاد مدرن ارتباط میان اجراء سه‌گانه‌ی ناموس، نفس و مال، با توجه به مالکیت درجه‌ی یک، از بالا به پایین تبیین می‌شود، یعنی ناموس فدای نفس، و نفس فدای مال می‌گردد. اما در سیستم اقتصاد دینی، حرکت از پایین به بالاست، یعنی مال فدای نفس، و نفس فدای ناموس می‌شود. (نمودار شماره ۹)

نمودار شماره ۹

در هر سه دسته خود فروشی، رضایت خریدار شرط است. خودپسندی که خود را می‌خرد، او از خود راضی است والا خود را نمی‌خرید. کسی نیز که توسط نفس اش فروخته می شود، در هر پنج گروه، طبیعتاً باید رضایت مشتری را بدست آورد. در مورد کسی که با توجه به آیه‌ی ۱۱۱ سوره توبه نفس خود را به خدا می فروشد، او نیز بدنبال رضایت خداست، واگر خدا راضی نباشد، نفس او را نمی‌خرد. در سوره‌ی فجر وقتی می‌فرماید، ای نفس مطمئنه به سوی پروردگار خویش باز گرد، که تو از او راضی و او نیز از تو راضی است، دعوت به ورود او به بهشت، محصول این رضایت مشتری یعنی خداست.[۲۴]

اقتصاد بازار

---

[۲۴]. یا أَیَّتُهَا النَّفْسُ الْمُطْمَئِنَّةُ * ارْجِعی إِلی رَبِّکِ راضِیَةً مَرْضِیَّةً * فَادْخُلی فی عِبادی * وَ ادْخُلی جَنَّتی * (قرآن الکریم، سوره‌ی فجر، آیات ۲۷ تا ۳۰)

اقتصاد لیبرالی، از مفهوم بنیادینی بهره می برد به نام «لسه‌فر»، یعنی بگذار هر چه می‌خواهد انجام دهد. متغیـر اقتصاد مدرن لیبرالی مفهوم لسه‌فر است، اما متغیر اقتصاد قرآنی مفهوم «تقوا»ست. در اقتصاد مدرن، اقتصاد، بـدون «بازار» موضوعیت ندارد، اما بازار در اقتصاد قرآنی، کوی خودفروشی است که پهنـه‌ی سـاحت خـود انسـان اسـت. در اقتصاد مدرن، بازار، بدون «عرضه و تقاضای کالا» موضوعیت ندارد. در اقتصاد قرآنی کالا، نفس و مال است. در اقتصاد مدرن، عرضه و تقاضای کالا، بدون «فروشنده و مشتری» موضوعیت ندارد، در اقتصاد قرآنی، فروشنده، فرد مـؤمن، و مشتری، خداست.

در اقتصاد مدرن، فروشنده و مشتری، بدون «پول» موضوعیت ندارند، و در اقتصاد قرآنی اجرت و مـزد، بهشـت و آخرت است. نتیجه این که در مدرنیته، اقتصاد بدون پول موضوعیت ندارد، و در اقتصاد قرآنی، بیع بدون بهشت. آنجـا که جهت معیشت معطوف به معیدت است، همه‌ی ابعاد مختلف بیع ، معطوف به بهشت می‌شود و اقتصاد بهشـتی را یک اقتصاد انسان مدار برکتمند می‌سازد که پول در آن نقش حداقلی خود را ایفاء می‌کند. (نمودار شماره ۱۰)

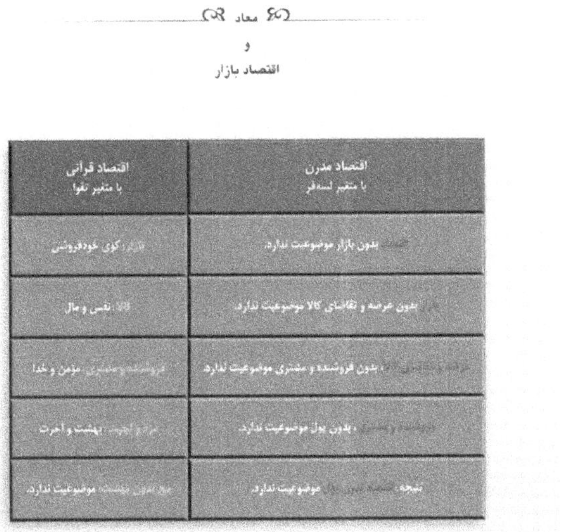

نمودار شماره ۱۰

۲-۲

خط مشی بیع

مقدمه

از آنجا که وجود پارادایم به عنوان پیش شرطی اجتناب ناپذیر در تبیین فلسفه‌ی اقتصاد محسوب می‌شود، لذا تبیین و تدقیق در پارادایم به عنوان نخستین مرحله‌ی تفکر استراتژیک اقتصادی، امری ضروری است و مبتنی بر این اصل، در ادراک و فهم مدل بومی اقتصاد، آنچنان که شایسته‌ی انسان مسلمان ایرانی است، لزوم تبیین پارادایمی متمایز از پارادایم اکانومی Economy انسان غربی نمایان می‌شود.

بر این اساس، ارائه‌ی دکترین اقتصادی جمهوری اسلامی ایران در افق ۱۴۱۴ با یک انتقال پارادایمی مواجه است که روش شناسی خاص خود را می طلبد.

ترمینولوژی

ترمینولوژی پارادایم‌های کلی اقتصادی در چهار حوزه‌ی تفکر قرآنی، عربی، فارسی و غربی، به شرح زیر است:

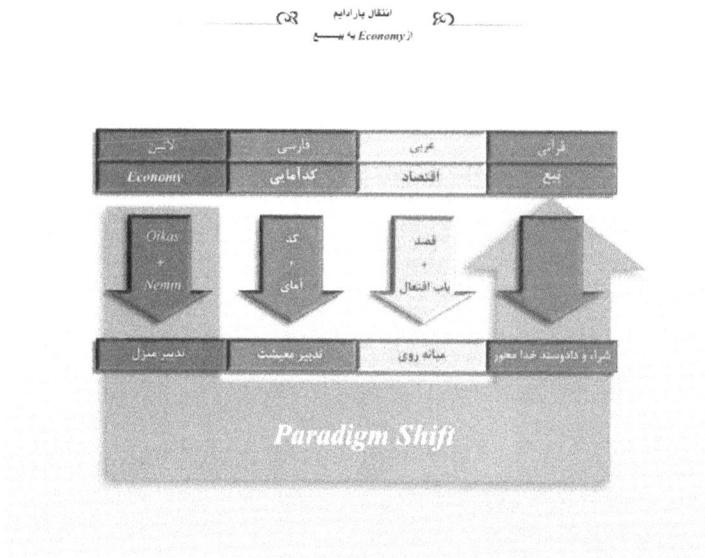

نمودار شماره ۱

بشر غربی، مفهوم «**اکانومی**» Economy، انسان ایرانی «**کدآمایی**» و اعراب، مفهوم «**اقتصاد**» را برگزیدند، اما تلقی قرآنیِ فراتر از هریک از این مفاهیم، «**بَیع**» را بر تافته و فهم می‌نماید.

لکن از آنجا که «کدآمایی» و «اقتصاد» شأنیت و قابلیت و طراز یک وادی جامع را ندارند، لذا انتقال پارادایمی مورد نظر، از پارادایم غالب اقتصادی امروزی یعنی «**اکانومی**»، به وادی قرآنی «**بیع**» صورت می‌پذیرد. به عبارتی دیگر انتقال پارادایم، از سوپر پارادایم اومانیسم (بشرگرایی)[1]، به سوپر پارادایم تئوئیسم (خداگرایی)[2]، از چهارچوب تصوری «اکانومی» به «بیع» خواهد بود.

---

[1] -Humanism

اقتصاد درپارادایم بیع

تدقیق و تأویل در مفهوم قرآنی « **بیع**» به وضوح آشکار می‌سازد که این واژه مهجور قرآنی، نه تنها تقلیل و تنزیل یافته، بلکه مانند دیگر مفاهیم از این دست دچار انحراف فهم و به تبع اولی، تحریف اصل شده و استعمال رایج امروز آن به شدت تهی و دور از وادی اصل و ذات آن می‌باشد. لذا مسامحتاً می توان مطمع نظر این تحقیق را تبیین مفهوم قرآنی «بیع» به عنوان پارادایم اقتصاد قرآنی بیان نمود.

مبتنی براین روی‌کرد، مبنای پارادایم اقتصادی قرآن کریم، در سوپر پارادایم تئوئیسم (خداگرایی)، آیه شریفه ۱۱۱ سوره‌ی مبارکه‌ی توبه می‌باشد، که خداوند تبارک و تعالی در آن به صراحت ساز و کار بیع را مشخص و چرخه فرآیند آن‌را تشریح می‌فرماید:

إِنَّ اللَّهَ اشْتَرَىٰ مِنَ الْمُؤْمِنِينَ أَنفُسَهُمْ وَأَمْوَالَهُم بِأَنَّ لَهُمُ الْجَنَّةَ ۚ يُقَاتِلُونَ فِي سَبِيلِ اللَّهِ
فَيَقْتُلُونَ وَيُقْتَلُونَ ۖ وَعْدًا عَلَيْهِ حَقًّا فِي التَّوْرَاةِ وَالْإِنجِيلِ وَالْقُرْآنِ ۚ وَمَنْ أَوْفَىٰ بِعَهْدِهِ
مِنَ اللَّهِ ۚ فَاسْتَبْشِرُوا بِبَيْعِكُمُ الَّذِي بَايَعْتُم بِهِ ۚ وَذَٰلِكَ هُوَ الْفَوْزُ الْعَظِيمُ ﴿١١١﴾

سورة التوبة

«خداوند از مؤمنان، جان‌ها و اموال‌شان را خریداری کرده، که (در برابرش) بهشت برای آنان باشد، در راه خدا پیکار می‌کنند، می‌کشند و کشته می‌شوند این وعده حقّی است بر او، که در تورات و انجیل و قرآن ذکر فرموده و چه کسی از خدا به عهدش وفادارتر است؟! اکنون بشارت باد بر شما، به داد و ستد و بیعی که با خدا کردید و این است آن رستگاری بزرگ!»[۳]

مبتنی بر این روی‌کرد، حسب آن‌که خداوند عزّوجلّ مشتری مال و نفس مؤمنین است، چرخه‌ی بیع با وادی مشتری-مداری آغاز می گردد؛ از این رو عرضه‌ی بایع، بر تقاضای مشتری متوقف است. به عبارتی دیگر از آن‌جا که خداوند کریم، مالک حقیقی مؤمنین است، لذا در این فرآیند از سر کرامت با نزول رزق، مؤمنین را مرزوق می‌گرداند و همچنین خود

[2] - Theoism

[۳]- مکارم شیرازی، ناصر، ترجمه قرآن کریم

نیز از سر عزّت، مشتری مال و نفس آن‌ها می‌باشد و تابع می گرداند تبدیل این فرآیند را تنها برای مؤمنانی که نور ایمان به قلب‌شان وارد شده است[۴]. و چنین مردان و زنانی را بشارت می‌فرماید.

اما فرآیند تحقّق آن به این ترتیب است که تعامل از پارادایم بایع آغاز می گردد و کسی که شایسته گردید تا مال و نفس خود را به خدا بفروشد[۵]، محبّت خدا از راه تولّی بر او جاری شده و خلّت[۶] و دوستی عمیق و خالصانه میان بیّعان حاصل می شود. در این چرخه، مصداق مؤمن، ابراهیم علیه السلام به عنوان «خلیل خدا» است، که برای اثبات محبّت

---

[۴]- التَّائِبُونَ الْعابِدُونَ الْحامِدُونَ السَّائِحُونَ الرَّاكِعُونَ السَّاجِدُونَ الْآمِرُونَ بِالْمَعْرُوفِ وَ النَّاهُونَ عَنِ الْمُنْكَرِ وَ الْحافِظُونَ لِحُدُودِ اللَّهِ وَ بَشِّرِ الْمُؤْمِنِينَ، قرآن الکریم، سوره توبه، آیه ۱۱۲.

در پارادایم بیع، «مؤمن» در مقابل «مرچنت» Merchant مطرح است. بر این اساس، مؤمن کسی است که نور ایمان به قلبش وارد شده باشد. به این معنا که فرد به مُتَعَلَّقات ایمان، یعنی ایمان به خدا و ایمان به غیب و آخرت، ایمان به ملائکه و ایمان به کتاب و آیات و رسولان خدا، نایل شده باشد و به حسب این تَعلق، خصایص «توبه کننده» و «عابد» و «حامد» و «سائح» و «راکع» و «آمر به معروف» و «ناهی از منکر» و «حافظ حدود الهی» بر او متعلّق می‌گردد ، و اگر چه شدت و ضعف این تعلق در مراتب ایمان جامعیت خصائص را منجر شده و کیفیت مراتب خصایص را مترتب می‌گردد، لکن لطف خداوند تبارک و تعالی در مزین و آراسته نمودن فرد به همان درجه از خصائص، در شأن و کیف مرتبه‌ی ایمانش قطعیت دارد.

در مقابل، مرچنت Merchant کسی است که قلب او را گرایش به اباحه تصرف نموده است. او در مقام فردی اباحی‌گر ، اگر چه با مؤلفه‌های متفاوتی از قبیل متفرّد، خردگرا، منفعت طلب، لذّت گرا، کاسب‌کار، هدونیست، و خودمدار.

(Hausman, Daniel .M, The Philosophy of Economics, An Anthology, third edition, Cambridge University press2008, page 230)

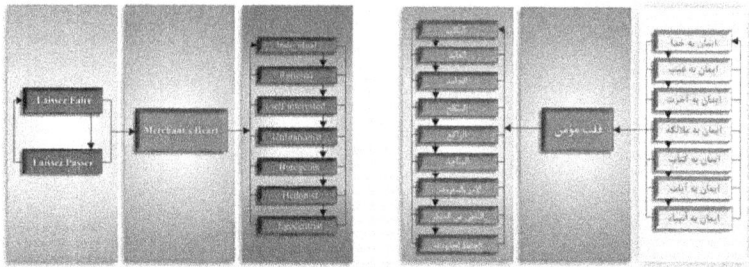

بررسی تطبیقی متعلقات
ایمان در قلب مؤمن و مرچنت
قلب مؤمن

[۵]- در این پارادایم، فرد خواه بایع باشد یا مبتاع، هر دو در پارادایم بیع با خدا معامله می کنند.

[۶]- خلّت به محبّت و دوستی گفته می‌شود که در عمق جان نفوذ کند و همچون تیری که سینه را می‌شکافد به جان رسیده و در آن اثر می‌نماید به گونه‌ای که نیاز شدیدی به طرف مقابل را در قلب ایجاد می‌کند، از این جهت خداوند ابراهیم را خلیل خوانده است که در همه حال محبّت او در ژرفای قلبش نفوذ نموده و همه‌ی توجه و نیازش بسوی خداوند بود. (راغب اصفهانی، حسین بن محمد؛ ترجمه و تحقیق مفردات الفاظ قرآن؛ خسروی حسینی، سید غلامرضا مترجم، نشر مرتضوی، ج۱، صفحه ۶۲۱)

خود، آنچه را که کسب نمود و موجبات حبّ غیر الهی را برایش فراهم ساخت، یعنی اسماعیل علیه السلام را به عنوان فدیه به مسلخ برد، تا برای محبوب مطلق خویش ذبح نماید.

بر این اساس، خلیلیان را در این فرآیند، ناگزیر از تأسی بر آن خلیل است. به عبارتی دیگر این چرخه، منوط به ذبح رزق و مال تحصیلی است که همان مرتبه‌ی امر «انفاق» است و فرمود « تُنْفِقُوا مِمَّا تُحِبُّونَ»[۷]. عمل انفاق شایستگی جبر الهی را برای آن‌ها به همان مرتبه امر کرامت شده به ابراهیم علیه السلام فراهم می‌آورد. لذا، همان‌گونه که برای ابراهیم علیه السلام جبران نمود و فرمان ذبح فرزند به ذبح حشم فروکاست شد، و اسماعیل علیه السلام متبارک شده و به پدر و مادر بازگشت، برای ابراهیمیان نیز به سبب نزول همان برکت و سلم، در جلوه‌های متفاوت جبران می نماید. و این تحیّتی است که خداوند، خود را بر آن متعهّد نموده است.

---

[۷]- لَنْ تَنالُوا الْبِرَّ حَتَّى تُنْفِقُوا مِمَّا تُحِبُّونَ وَ ما تُنْفِقُوا مِنْ شَيْءٍ فَإِنَّ اللَّهَ بِهِ عَليمٌ، قرآن الکریم، سوره آل عمران، آیه ۹۲

(هرگز به (حقیقت) نیکوکاری نمی‌رسید مگر اینکه از آنچه دوست می‌دارید، (در راه خدا) انفاق کنید و آنچه انفاق می‌کنید، خداوند از آن آگاه است) (مکارم شیرازی، ناصر، ترجمه قرآن کریم)

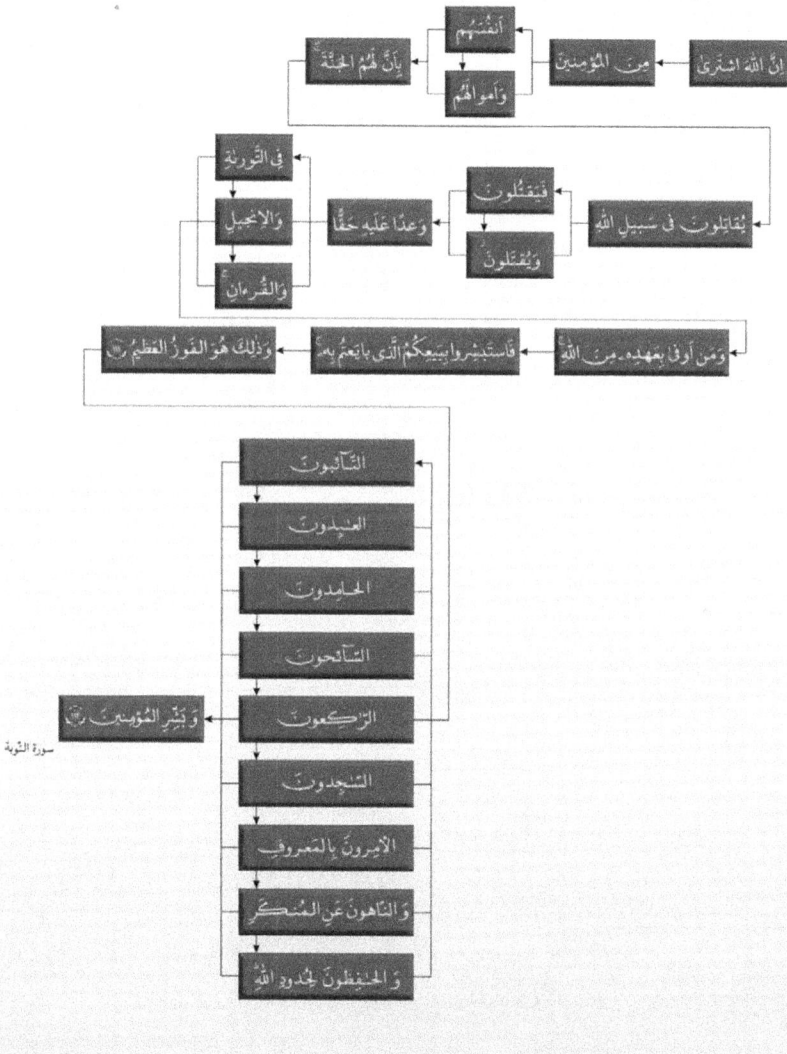

نمودار شماره۲

۳۱۴

حکمت بیع

تنها معیشتی، معیدت انسان‌های مؤمن را رقم می‌زند، که در امرار آن، حدود الهی برتافته شود. این‌حدود، حد حلال الهی در بعد ایجابی و حد حرام الهی در بعد سلبی را شامل می‌شود. حدود حلال و حرام تا روز قیامت تبدیل و تغییر پذیر نیست[۸]. خداوند امرار معاش از راه «بیع» را حلال و از راه «ربا» حرام قرار داد [۹].

«بیع»، داد و ستد و «شرائی» است که رکن اساسی آن بر رضایت خداوند رکین است. چنین داوستد و بیعی، بایع را از یاد خدا دور نمی‌کند[۱۰]. و در این دادوستد خدا مشتری حقیقی است[۱۱]. پس ربح از مبایعه ممدوح و حلال برای معاش

---

[۸]- عَنْ زُرَارَةَ قَالَ سَأَلْتُ أَبَا عَبْدِ اللَّهِ ع عَنِ الْحَلَالِ وَ الْحَرَامِ فَقَالَ حَلَالُ مُحَمَّدٍ حَلَالٌ أَبَداً إِلَى يَوْمِ الْقِيَامَةِ وَ حَرَامُهُ حَرَامٌ أَبَداً إِلَى يَوْمِ الْقِيَامَةِ لَا يَكُونُ غَيْرُهُ وَ لَا يَجِي‌ءُ غَيْرُهُ وَ قَالَ قَالَ عَلِيٌّ ع مَا أَحَدٌ ابْتَدَعَ بِدْعَةً إِلَّا تَرَکَ بِهَا سُنَّةً، کلینی، شیخ محمد، الکافی، نشر دارالکتب الاسلامیه ۱۳۶۵، جلد۱، باب البدع و الرأی و المقاییس، صفحه ۵۸

(از باعبدالله درباره حلال و حرام سؤال شد و او فرمود: حلال محمد تا ابد و روز قیامت حلال خواهد بود و حرام او نیز تا ابد و روز قیامت حرام خواهد بود و غیر از آن نمی‌شود و به چیز دیگری هم تبدیل نمی شود و فرمود علی علیه السلم فرموده کسی بدعتی را ابداع نمی‌کند مگر آن‌که به وسیله‌ی آن سنت را ترک می‌کند)

[۹]- الَّذینَ یَأْکُلُونَ الرِّبا لا یَقُومُونَ إِلاَّ کَما یَقُومُ الَّذی یَتَخَبَّطُهُ الشَّیْطانُ مِنَ الْمَسِّ ذلِکَ بِأَنَّهُمْ قالُوا إِنَّمَا الْبَیْعُ مِثْلُ الرِّبا وَ أَحَلَّ اللَّهُ الْبَیْعَ وَ حَرَّمَ الرِّبا فَمَنْ جاءَهُ مَوْعِظَةٌ مِنْ رَبِّهِ فَانْتَهی فَلَهُ ما سَلَفَ وَ أَمْرُهُ إِلَی اللَّهِ وَ مَنْ عادَ فَأُولئِکَ أَصْحابُ النَّارِ هُمْ فیها خالِدُونَ، قرآن الکریم، سوره بقره، آیه ۲۷۵

(کسانی که ربا می‌خورند، (در قیامت) برنمی‌خیزند مگر مانند کسی که بر اثر تماسّ شیطان، دیوانه شده (و نمی‌تواند تعادل خود را حفظ کند گاهی زمین می‌خورد، گاهی بپا می‌خیزد). این، به خاطر آن است که گفتند: «بیع هم مانند ربا است (و تفاوتی میان آن دو نیست.)» در حالی که خدا بیع را حلال کرده، و ربا را حرام! (زیرا فرق میان این دو، بسیار است.) و اگر کسی اندرز الهی به او رسد، و (از رباخواری) خودداری کند، سودهایی که در سابق [قبل از نزول حکم تحریم] به دست آورده، مال اوست (و این حکم، گذشته را شامل نمی‌گردد) و کار او به خدا واگذار می‌شود (و گذشته او را خواهد بخشید.) امّا کسانی که بازگردند (و بار دیگر مرتکب این گناه شوند)، اهل آتشند و همیشه در آن می‌مانند) (مکارم شیرازی، ناصر، ترجمه قرآن کریم)

[۱۰]- رِجالٌ لا تُلْهیهِمْ تِجارَةٌ وَ لا بَیْعٌ عَنْ ذِکْرِ اللَّهِ وَ إِقامِ الصَّلاةِ وَ إیتاءِ الزَّکاةِ یَخافُونَ یَوْماً تَتَقَلَّبُ فیهِ الْقُلُوبُ وَ الْأَبْصارُ، قرآن الکریم، سوره نور، آیه ۳۷

(مردانی که نه تجارت و نه معامله‌ای آنان را از یاد خدا و برپاداشتن نماز و ادای زکات غافل نمی‌کند آنها از روزی می‌ترسند که در آن، دلها و چشمها زیر و رو می‌شود) (مکارم شیرازی، ناصر، ترجمه قرآن کریم)

[۱۱]- اِنَّ اللَّهَ اشْتَری مِنَ الْمُؤْمِنینَ أَنْفُسَهُمْ وَ أَمْوالَهُمْ بِأَنَّ لَهُمُ الْجَنَّةَ یُقاتِلُونَ فی سَبیلِ اللَّهِ فَیَقْتُلُونَ وَ یُقْتَلُونَ وَعْداً عَلَیْهِ حَقًّا فِی التَّوْراةِ وَ الْإِنْجیلِ وَ الْقُرْآنِ وَ مَنْ أَوْفی بِعَهْدِهِ مِنَ اللَّهِ فَاسْتَبْشِرُوا بِبَیْعِکُمُ الَّذی بایَعْتُمْ بِهِ وَ ذلِکَ هُوَ الْفَوْزُ الْعَظیمُ ، قرآن الکریم، سوره توبه، آیه ۱۱۱

است[۱۲] و طلب حلال نیز از راه بیع، هفتاد جزء عبادت محسوب گردیده[۱۳] و به این وسیله، زمینه‌ی معاد انسان به نیکویی محقّق می‌شود.

دکترین بیع:

۱. فرآیند بیع مانند اکانومی Economy است و سه حوزه‌ی «معامله»، «مبادله» و «مبایعه» را دربر می‌گیرد. «معامله»، تعامل خریدار و فروشنده است که ممکن است به مبادله نیانجامد. اما «مبادله»، معامله‌ای است که در آن خریدار و فروشنده به تبادل کالا و بهای آن پرداخته‌اند. مبایعه اعم از معامله که عمل متقابل خریدار و فروشنده را رقم می‌زند و از مبادله که تبادل بین خریدار و فروشنده را شامل می‌گردد، می‌باشد. به گونه‌ای که عام معامله و مبادله و حتی حوزه‌ی بیعت و تعهّد طرفین را نیز شمولیّت می‌یابد. به طور کلی در بیع، چنانچه انجام معامله و مبادله کامل شد مبایعه صورت پذیرفته است.

۲. تمایز بیع از اکانومی در این است که بیع حوزه‌ی معامله، عموماً به «خلّت» منتج می‌شود[۱۴]. اگر معامله به مبادله انجامید، در آن «انفاق» رقم می‌خورد. صورتی که معامله و مبادله کامل شد و مبایعه به انجام رسید «برکت» نازل می‌شود. چنانچه معامله و مبادله و مبایعه‌ای به خلّت و انفاق و برکت نیانجامد، آن روند مبایعه نیست و به انحراف‌هایی مانند ربا و ... منجر شده و می‌شود.

اکانومی، در فرایند خود، قائل به خلّت و انفاق و برکت نیست، لذا از این حیث کاملاً با بیع متمایز است.

---

[۱۲]- مُحَمَّدُ بْنُ عَلِيِّ بْنِ الْحُسَيْنِ بِإِسْنَادِهِ عَنْ عُمَرَ بْنِ يَزِيدَ قَالَ قُلْتُ لِأَبِي عَبْدِ اللَّهِ ع جُعِلْتُ فِدَاكَ إِنَّ النَّاسَ يَزْعُمُونَ أَنَّ الرِّبْحَ عَلَى الْمُضْطَرِّ حَرَامٌ وَ هُوَ مِنَ الرِّبَا قَالَ وَ هَلْ رَأَيْتَ أَحَداً يَشْتَرِي غَنِيّاً أَوْ فَقِيراً إِلَّا مِنْ ضَرُورَةٍ يَا عُمَرُ قَدْ أَحَلَّ اللَّهُ الْبَيْعَ وَ حَرَّمَ الرِّبَا فَارْبَحْ وَ لَا تُرْبِهْ قُلْتُ وَ مَا الرِّبَا قَالَ دَرَاهِمَ بِدَرَاهِمَ مِثْلَيْنِ بِمِثْلٍ، عاملی، شیخ حرّ، وسائل الشیعة، انتشارات آل البیت قم ۱۴۰۹ قمری، جلد ۱۷، صفحه ۴۴۷

[۱۳]- أَبِي جَعْفَرٍ ع قَالَ قَالَ رَسُولُ اللَّهِ ص الْعِبَادَةُ سَبْعُونَ جُزْءاً أَفْضَلُهَا طَلَبُ الْحَلَالِ کلینی، شیخ محمد، الکافی، نشر دارالکتب الاسلامیه ۱۳۶۵، جلد ۵، باب الحث علی الطلب و التعرض للرزق صفحه ۷۸

[۱۴]- اَلَّذينَ يَأْكُلُونَ الرِّبا لا يَقُومُونَ إِلاَّ كَما يَقُومُ الَّذي يَتَخَبَّطُهُ الشَّيْطانُ مِنَ الْمَسِّ ذلِكَ بِأَنَّهُمْ قالُوا إِنَّمَا الْبَيْعُ مِثْلُ الرِّبا وَ أَحَلَّ اللَّهُ الْبَيْعَ وَ حَرَّمَ الرِّبا فَمَنْ جاءَهُ مَوْعِظَةٌ مِنْ رَبِّهِ فَانْتَهى فَلَهُ ما سَلَفَ وَ أَمْرُهُ إِلَى اللَّهِ وَ مَنْ عادَ فَأُولئِكَ أَصْحابُ النَّارِ هُمْ فيها خالِدُونَ، قرآن الکریم، سوره بقره، آیه ۲۷۵

(کسانی که ربا می‌خورند، (در قیامت) برنمی‌خیزند مگر مانند کسی که بر اثر تماسّ شیطان، دیوانه شده (و نمی‌تواند تعادل خود را حفظ کند گاهی زمین می‌خورد، گاهی بپا می‌خیزد). این، به خاطر آن است که گفتند: «بیع هم مانند ربا است (و تفاوتی میان آن دو نیست.)» در حالی که خدا بیع را حلال کرده، و ربا را حرام! (زیرا فرق میان این دو، بسیار است.) و اگر کسی اندرز الهی به او رسد، و (از رباخواری) خودداری کند، سودهایی که در سابق [قبل از نزول حکم تحریم] به دست آورده، مال اوست (و این حکم، گذشته را شامل نمی‌گردد) و کار او به خدا واگذار می‌شود (و گذشته او را خواهد بخشید.) امّا کسانی که بازگردند (و بار دیگر مرتکب این گناه شوند)، اهل آتشند و همیشه در آن می‌مانند) (مکارم شیرازی، ناصر، ترجمه قرآن کریم)

۳. چیستی، چرایی و چگونگی بیع:

۳-۱- بیع چیست؟ انجام «شراء»، داد و ستد خدا محور، در فروش مال و نفس خود به خدا[۱۵].

۳-۲- بیع چرا؟ برای رقم زدن معاش معطوف به معاد[۱۶].

۳-۳- بیع چگونه؟

- با انجام معامله‌ی منتهی به خلّت.
- سپس با انجام مبادله‌ی مبتنی بر انفاق[۱۷].
- آن‌گاه تحقّق مبایعه معطوف به برکت[۱۸].

۱۵- إِنَّ اللَّهَ اشْتَرى مِنَ الْمُؤْمِنينَ أَنْفُسَهُمْ وَ أَمْوالَهُمْ بِأَنَّ لَهُمُ الْجَنَّةَ يُقاتِلُونَ فى سَبيلِ اللَّهِ فَيَقْتُلُونَ وَ يُقْتَلُونَ وَعْداً عَلَيْهِ حَقًّا فِی التَّوْراةِ وَ الْإِنْجيلِ وَ الْقُرْآنِ وَ مَنْ أَوْفى بِعَهْدِهِ مِنَ اللَّهِ فَاسْتَبْشِرُوا بِبَيْعِكُمُ الَّذی بايَعْتُمْ بِهِ وَ ذلِکَ هُوَ الْفَوْزُ الْعَظيمُ ، قرآن الکریم، سوره توبه آیه ۱۱۱

خدا از مؤمنان جان‌ها و مال‌هایشان را خریده به این (بهاء) که بهشت از آن آنها باشد (در عوض) در راه خدا کارزار کنند، بکشند و کشته شوند، این وعده حقی است بر او که در تورات و انجیل و قرآن ذکر فرموده، و کیست که به پیمان خویش از خدا وفادارتر باشد؟ به معامله پر سود خویش که انجام داده‌اید شادمان باشید، که این رستگاری بزرگ است. (موسوی همدانی سید محمد باقر، **ترجمه تفسیر المیزان**، دفتر انتشارات اسلامی جامعه‌ی مدرسین حوزه علمیه قم)

۱۶- امام علی علیه السلام: لا مَعاد لِمَنْ لا مَعاشَ لَه،علامه مجلسی ، بحار الأنوار الجامعة لدرر أخبار الأئمة الأطهار، تهران، ناشر اسلامیه، جلد۶، صفحه ۲۹۵

۱۷- یا أَيُّهَا الَّذينَ آمَنُوا أَنْفِقُوا مِمَّا رَزَقْناكُمْ مِنْ قَبْلِ أَنْ يَأْتِیَ يَوْمٌ لا بَيْعٌ فيهِ وَ لا خُلَّةٌ وَ لا شَفاعَةٌ وَ الْكافِرُونَ هُمُ الظَّالِمُونَ، قرآن کریم، سوره بقره، آیه ۲۵۴

(ای کسانی که ایمان آورده‌اید! از آنچه به شما روزی داده‌ایم، انفاق کنید! پیش از آنکه روزی فرا رسد که در آن، نه خرید و فروش است (تا بتوانید سعادت و نجات از کیفر را برای خود خریداری کنید)، و نه دوستی (و رفاقتهای مادی سودی دارد)، و نه شفاعت (زیرا شما شایسته شفاعت نخواهید بود.) و کافران، خود ستمگرند (هم به خودشان ستم می‌کنند، هم به دیگران) (مکارم شیرازی، ناصر، ترجمه قرآن کریم)

۱۸- وَ لَوْ أَنَّ أَهْلَ الْقُرى آمَنُوا وَ اتَّقَوْا لَفَتَحْنا عَلَيْهِمْ بَرَكاتٍ مِنَ السَّماءِ وَ الْأَرْضِ وَ لكِنْ كَذَّبُوا فَأَخَذْناهُمْ بِما كانُوا يَكْسِبُونَ ، قرآن کریم، سوره اعراف، آیه ۹۶ (و اگر اهل شهرها و آبادیها، ایمان می‌آوردند و تقوا پیشه می‌کردند، برکات آسمان و زمین را بر آنها می‌گشودیم ولی (آنها حق را) تکذیب کردند ما هم آنان را به کیفر اعمالشان مجازات کردیم)

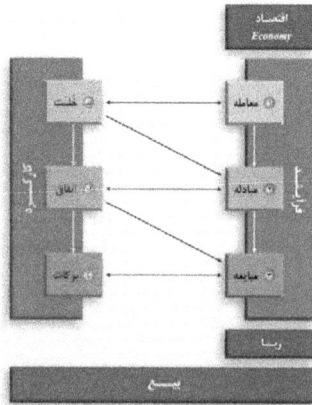

نمودار شماره ۳

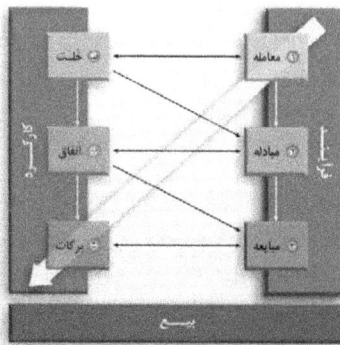

نمودار شماره ۴

سطوح دکترینولوژی بیع

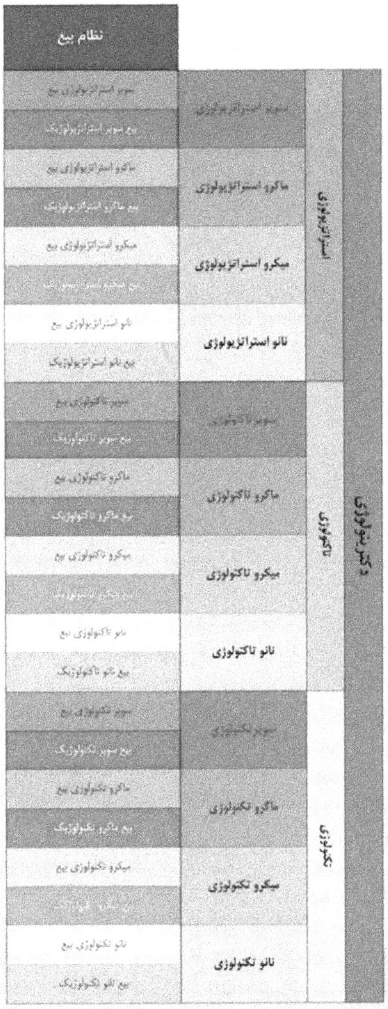

نمودار شماره ۵

بیع استراتژیولوژیک: در استراتژیولوژی بیع، بیع حکومت مؤمنین با الله صمد مد نظر است[۱۹].

۱. بیع سوپراستراتژیولوژیک: بیع ملی نفس مؤمنین به خدا.

۲. بیع ماکرواستراتژیولوژیک: بیع ملی مال مؤمنین به خدا.

۳. بیع میکرواستراتژیولوژیک: قرض الحسنه‌ی ملی به خدا

۴. بیع نانواستراتژیولوژیک: خمس و زکات ملی.

بیع تاکتولوژیک: در تاکتولوژی بیع، بیع اجتماع مؤمنین با خداست[۲۰].

۱. بیع سوپرتاکتولوژیک: بیع نفس مؤمنین به خدا.

۲. بیع ماکروتاکتولوژیک: بیع مال مؤمنین به خدا.

۳. بیع میکرو تاکتولوژیکقرض الحسنه‌ی مؤمنین به خدا.

۴. بیع نانوتاکتولوژیک: خمس و زکات مؤمنین.

بیع تکنولوژیک: بیع مؤمن با خدا[۲۱].

۱. بیع سوپرتکنولوژیک: بیع نفس مؤمن به خدا.

۲. بیع ماکروتکنولوژیک: بیع مال مؤمن به خدا.

۳. بیع میکروتکنولوژیک: بیع قرض الحسنه‌ی مؤمن.

۴ بیع نانوتکنولوژیک: خمس و زکات مؤمن.

---

[۱۹]- إنَّ اللَّهَ اشْتَرى مِنَ الْمُؤْمِنينَ أنْفُسَهُمْ وَ أمْوالَهُمْ بِأنَّ لَهُمُ الْجَنَّةَ يُقاتِلُونَ فى سَبيلِ اللَّهِ فَيَقْتُلُونَ وَ يُقْتَلُونَ وَعْداً عَلَيْهِ حَقًّا فِى التَّوْراةِ وَ الْإنْجيلِ وَ الْقُرْآنِ وَ مَنْ أوْفى بِعَهْدِهِ مِنَ اللَّهِ فَاسْتَبْشِرُوا بِبَيْعِكُمُ الَّذى بايَعْتُمْ بِهِ وَ ذلِكَ هُوَ الْفَوْزُ الْعَظيمُ ، سوره توبه، آیه ۱۱۱

[۲۰]-لَقَدْ رَضِيَ اللَّهُ عَنِ الْمُؤْمِنينَ إذْ يُبايِعُونَكَ تَحْتَ الشَّجَرَةِ فَعَلِمَ ما فى قُلُوبِهِمْ فَأنْزَلَ السَّكينَةَ عَلَيْهِمْ وَ أثابَهُمْ فَتْحاً قَريباً ، سوره فتح، آیه۱۸

[۲۱]-يا أيُّهَا الَّذينَ آمَنُوا أنْفِقُوا مِمَّا رَزَقْناكُمْ مِنْ قَبْلِ أنْ يَأْتِيَ يَوْمٌ لا بَيْعٌ فيهِ وَ لا خُلَّةٌ وَ لا شَفاعَةٌ وَ الْكافِرُونَ هُمُ الظَّالِمُونَ ، سوره بقره، آیه۲۵۴

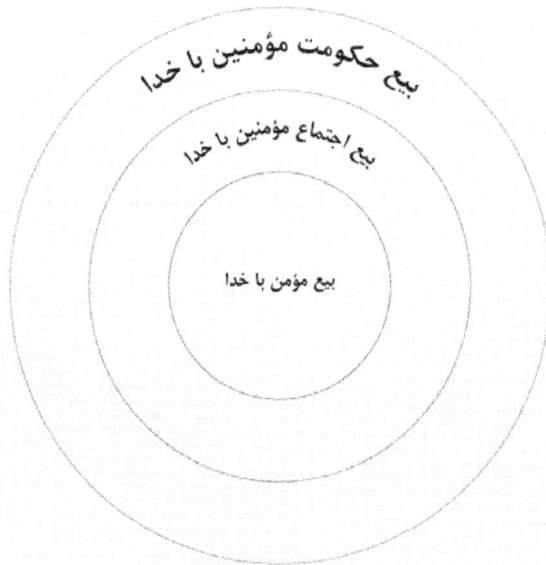

لایه های بیع

بیع حکومت مؤمنین با خدا
بیع اجتماع مؤمنین با خدا
بیع مؤمن با خدا

نمودار شماره ۶

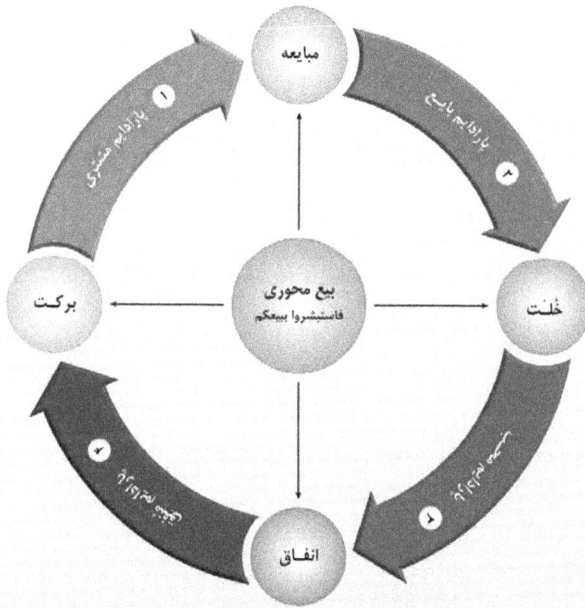

نمودار شماره ۷

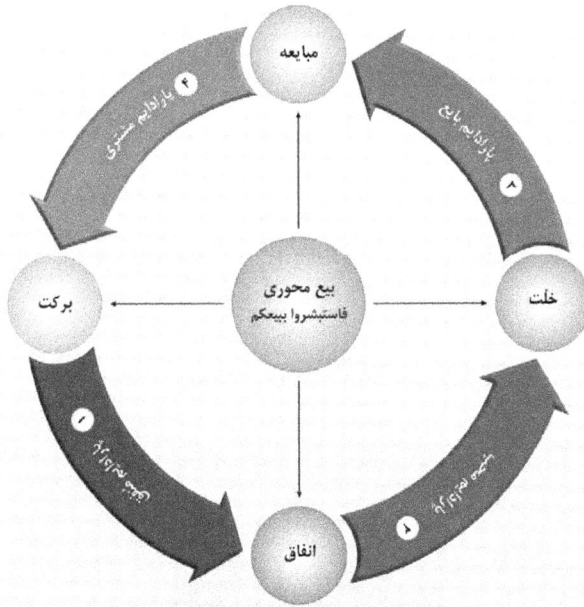

برکت در پارادایم بیع

نمودار شماره ۸

خط مشی بیع

خط مشی Gateway، تبیین جهت، و سپس دروازه‌ی خروج به سمت مقصدی است که رهرو را به آن **«جهت»** رهنمون می شود.

بر این اساس خط مشی در پارادایم بیع ، آیه شریفه‌ی ۱۱۱ سوره‌ی مبارکه توبه است، آنجا که می فرماید:

« إِنَّ اللَّهَ اشْتَرى مِنَ الْمُؤْمِنِينَ أَنْفُسَهُمْ وَ أَمْوالَهُمْ بِأَنَّ لَهُمُ الْجَنَّةَ يُقاتِلُونَ فى سَبيلِ اللَّهِ فَيَقْتُلُونَ وَ يُقْتَلُونَ وَعْداً عَلَيْهِ حَقًّا فِى التَّوْراةِ وَ الْإِنْجيلِ وَ الْقُرْآنِ وَ مَنْ أَوْفى بِعَهْدِهِ مِنَ اللَّهِ فَاسْتَبْشِرُوا بِبَيْعِكُمُ الَّذى بايَعْتُمْ بِهِ وَ ذلِكَ هُوَ الْفَوْزُ الْعَظيمُ »

مبتنی بر این آیه‌ی شریفه، چنانچه اساس، « **بیع محوری»** باشد، لاجرم برای تبیین خط مشی بیع در جمهوری اسلامی ایران، در افق ۱۴۱۴ چهار گزینه متصور است:

۱- مبایعه محوری ۲- خُلّت محوری ۳- انفاق محوری ۴- برکت محوری

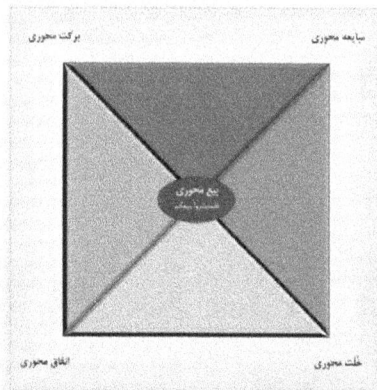

نمودار شماره ۹

روند طرح ریزی خط مشی بیع جمهوری اسلامی ایران:

از آنجا که برای طرح ریزی خط مشی ، سه رویکرد کلی متصور است، لذا پس از تشخیص و تعیین هر Gateway نسبت به یکی از دروازه‌های چهارگانه به عنوان خط مشی، می توان آن را با یک، دو یا سه روی کرد مزبور طرح ریزی نمود:

۱- روی کرد محصول محور (Product Base) .

۲- روی کرد فرآیند محور (Process Base).

۳- روی کرد کارکرد محور (Functional).

لازم به ذکر است که طرح ریزی خط مشی، مبتنی بر این سه روی کرد، زمینه‌ساز ایجاد «کرسی» طرح استراتژیک بیع، برای طرح‌ریزی استراتژیک Strategic Planning می شود[۲۲].

۱- در روند طرح ریزی خط مشی بیع جمهوری اسلامی ایران به شیوه ی محصول محور، باید به چهار پرسش اساسی پاسخ داد:

۱-۱- محصول مبایعه چیست ؟ اعتماد

در چهارچوب تصوری بیع محوری، تنها هنگامی مبایعه‌ی (مشارات میان دو مؤمن) مبتاع و بایع به فعلیت می رسد که خداوند قلبهای این دو را به یکدیگر الفت داده و نزدیک کرده باشد. زیرا تنها خداوند است که سکینه‌ی خود را به قلوب مؤمنین نازل می کند و از آن‌چه در قلبها می گذرد آگاه است.[۲۳] و در گام بعد، پس از آنکه بیعت قلب‌های مبتاع و بایع حاصل شد[۲۴]، این بیعت به تعامل و معامله انجامیده و پس از تبادل و مبادله، در گام نهایی آن‌چه که از اطمینان و

---

[۲۲]- اندیشکده یقین www.andishkadeh.ir

[۲۳]- هُوَ الَّذی أَنْزَلَ السَّکینَةَ فی قُلُوبِ الْمُؤْمِنینَ لِیَزْدادُوا إیماناً مَعَ إیمانِهِمْ وَ لِلّهِ جُنُودُ السَّماواتِ وَ الْأَرْضِ وَ کانَ اللّهُ عَلیماً حَکیماً. قرآن الکریم، سوره فتح، آیه ۴ (او کسی است که آرامش را در دلهای مؤمنان نازل کرد تا ایمانی بر ایمانشان بیفزایند لشکریان آسمانها و زمین از آن خداست، و خداوند دانا و حکیم است) (مکارم شیرازی، ناصر، ترجمه قرآن کریم)

[۲۴]- لَقَدْ رَضِیَ اللّهُ عَنِ الْمُؤْمِنینَ إِذْ یُبایِعُونَکَ تَحْتَ الشَّجَرَةِ فَعَلِمَ ما فی قُلُوبِهِمْ فَأَنْزَلَ السَّکینَةَ عَلَیْهِمْ وَ أَثابَهُمْ فَتْحاً قَریباً. قرآن الکریم، سوره فتح، آیه ۱۸ (خداوند از مؤمنان- هنگامی که در زیر آن درخت با تو بیعت کردند- راضی و خشنود شد خدا آنچه را در درون دلهایشان (از ایمان و صداقت) نهفته بود می‌دانست از این رو آرامش را بر دلهایشان نازل کرد و پیروزی نزدیکی بعنوان پاداش نصیب آنها فرمود) (مکارم شیرازی، ناصر، ترجمه قرآن کریم)

سکونت قلبها در طول مبایعه برای این‌دو، یعنی مبتاع و بایع حاصل می‌شود، همانا **اعتمادی** است که با توکل بر خداوند تحصیل شده است.

۱-۲- محصول خُلَّت چیست ؟ تعاون مبتنی بر مودَّت

در فرآیند مبایعه زمانی معامله به مبایعه می انجامد که تعامل شکل گرفته میان مبتاع و بایع، بر اساس موَدَّت خالص یا همان خُلَّت[۲۵] صورت پذیرفته باشد. بر این اساس اخلاص و صداقت ناشی از مودّت و خُلّت به **تعاون** و یاری[۲۶] خالصانه و صادقانه به همراه حفظ حدود الهی در وادی تقوا، برای رسیدن به مقام «برّ» منجر می شود.

به عبارتی دیگر فرآیند معامله در قید مبایعه هنگامی است که تعامل به دور از هر گونه خلل، غِش، ریا، کبر، حسد، حرص و طمع در نسبت با دیگران باشد[۲۷]و دوستی ایجاد شده از سر اخلاص به استحکام تعاون و تعامل بیافزاید.

نکته قابل توجه در این فرآیند آن است که این امر در «قلب» و «شغاف» هر فرد رقم می‌خورد[۲۸] و صداقت در این وادی نقشی بنیادین دارد و پیوسته هر دو گروه بایع و مبتاع، به سبب آن‌که تنها خداوند را ناظر و آگاه بر اسرار دل‌ها و احوالات خویش می‌دانند، لذا هیچ یک قصد فریب یکدیگر را نخواهند داشت.

۱-۳- محصول انفاق چیست؟ برّ و برکت

شرطی که فرآیند مبایعه را منعقد می‌سازد « **انفاق** » از رزقی است که پس از مبادله نصیب می‌شود. ضرورت این امر از آنجا نشأت می‌گیرد که کبر، حرص و حسد زمینه ی ایجاد حب دنیا است و به دلیل آن‌که «حبّ الدّنیا»[۲۹] در رأس تمام

---

[۲۵]- یا أَيُّهَا الَّذينَ آمَنُوا أَنْفِقُوا مِمَّا رَزَقْناكُمْ مِنْ قَبْلِ أَنْ يَأْتِيَ يَوْمٌ لا بَيْعٌ فيهِ وَ لا خُلَّةٌ وَ لا شَفاعَةٌ وَ الْكافِرُونَ هُمُ الظَّالِمُونَ، قرآن الكريم، سوره بقره، آيه۲۵۴
- قُلْ لِعِبادِيَ الَّذينَ آمَنُوا يُقيمُوا الصَّلاةَ وَ يُنْفِقُوا مِمَّا رَزَقْناهُمْ سِرًّا وَ عَلانِيَةً مِنْ قَبْلِ أَنْ يَأْتِيَ يَوْمٌ لا بَيْعٌ فيهِ وَ لا خِلالٌ، قرآن الكريم، سوره ابراهيم، آيه۳۱

[۲۶]- يا أَيُّهَا الَّذينَ آمَنُوا لا تُحِلُّوا شَعائِرَ اللَّهِ وَ لاَ الشَّهْرَ الْحَرامَ وَ لاَ الْهَدْيَ وَ لاَ الْقَلائِدَ وَ لاَ آمِّينَ الْبَيْتَ الْحَرامَ يَبْتَغُونَ فَضْلاً مِنْ رَبِّهِمْ وَرِضْواناً وَ إِذا حَلَلْتُمْ فَاصْطادُوا وَ لا يَجْرِمَنَّكُمْ شَنَآنُ قَوْمٍ أَنْ صَدُّوكُمْ عَنِ الْمَسْجِدِ الْحَرامِ أَنْ تَعْتَدُوا وَ تَعاوَنُوا عَلَى الْبِرِّ وَ التَّقْوى و لا تَعاوَنُوا عَلَى الْإِثْمِ وَ الْعُدْوانِ وَ اتَّقُوا اللَّهَ إِنَّ اللَّهَ شَديدُ الْعِقابِ – سوره مائده، آيه۲

[۲۷]- خُلَّة: الصداقة المختصة التى ليس فيها خَلَل تكون فى عَفاف الحُبِّ و دَعارته، و جمعها خِلال، ابن منظور، لسان العرب،انتشارات دارالفكر، جلد ۱۱، صفحه۲۱۲

[۲۸]- خُلَّة: مودَّةٌ مُتَناهِيَةٌ فى الإخلاص و صداقة قد تخللت القلب وصارت خلاله أى باطنه، طريحى، فخرالدين بن محمّد، مجمع البحرين، تهيه و تنظيم محمود عادل، دفتر نشر فرهنگ اسلامى۱۳۸۷، جلد ۵، ص: ۳۶۴

خطایا قرار دارد، لذا برای طهارت باطن، تزکیه قلب ضروری بوده و بر این ترتیب جهت نفی ذبح حبّ الدنیا، انفاق الزام می‌یابد. انفاقی که یکی از ثمرات آن، رسیدن فرد به مقام «**برّ**» می‌باشد[۳۰].

مقام برّ، همان مقامی است که فرد پس از تحقّق متعلّقات هفت گانه‌ی ایمان، آن هنگام که مال خود را به سبب تحصیل محبت خدا به خویشان و یتیمان و فقیران و در راه ماندگان و سائلان می‌دهد و در راه آزاد کردن بندگان صرف می‌کند و نماز را به پا می‌دارد و زکات ماحصل خویش را می‌پردازد و بر وفای به عهد خویش استوار می‌ماند و هنگام

---

[۲۹]- سُئِلَ عَلِیُّ بْنُ الْحُسَیْنِ ع أَیُّ الْأَعْمَالِ أَفْضَلُ عِنْدَ اللَّهِ عَزَّ وَ جَلَّ فَقَالَ: « مَا مِنْ عَمَلٍ بَعْدَ مَعْرِفَةِ اللَّهِ جَلَّ وَ عَزَّ وَ مَعْرِفَةِ رَسُولِهِ ص أَفْضَلَ مِنْ بُغْضِ الدُّنْیَا وَ إِنَّ لِذَلِکَ لَشُعَباً کَثِیرَةً وَ لِلْمَعَاصِی شُعَباً فَأَوَّلُ مَا عُصِیَ اللَّهُ بِهِ الْکِبْرُ وَ هِیَ مَعْصِیَةُ إِبْلِیسَ حِینَ أَبَی وَ اسْتَکْبَرَ وَ کَانَ مِنَ الْکَافِرِینَ وَ الْحِرْصُ وَ هِیَ مَعْصِیَةُ آدَمَ وَ حَوَّاءَ حِینَ قَالَ اللَّهُ عَزَّ وَ جَلَّ لَهُمَا فَکُلا مِنْ حَیْثُ شِئْتُما وَ لا تَقْرَبا هذِهِ الشَّجَرَةَ فَتَکُونا مِنَ الظَّالِمِینَ فَأَخَذَا مَا لَا حَاجَةَ بِهِمَا إِلَیْهِ فَدَخَلَ ذَلِکَ عَلَی ذُرِّیَّتِهِمَا إِلَی یَوْمِ الْقِیَامَةِ وَ ذَلِکَ أَنَّ أَکْثَرَ مَا یَطْلُبُ ابْنُ آدَمَ مَا لَا حَاجَةَ بِهِ إِلَیْهِ ثُمَّ الْحَسَدُ وَ هِیَ مَعْصِیَةُ ابْنِ آدَمَ حَیْثُ حَسَدَ أَخَاهُ فَقَتَلَهُ فَتَشَعَّبَ مِنْ ذَلِکَ حُبُّ النِّسَاءِ وَ حُبُّ الدُّنْیَا وَ حُبُّ الرِّئَاسَةِ وَ حُبُّ الرَّاحَةِ وَ حُبُّ الْکَلَامِ وَ حُبُّ الْعُلُوِّ وَ الثَّرْوَةِ فَصِرْنَ سَبْعَ خِصَالٍ فَاجْتَمَعْنَ کُلُّهُنَّ فِی حُبِّ الدُّنْیَا فَقَالَ الْأَنْبِیَاءُ وَ الْعُلَمَاءُ بَعْدَ مَعْرِفَةِ ذَلِکَ حُبُّ الدُّنْیَا رَأْسُ کُلِّ خَطِیئَةٍ وَ الدُّنْیَا دُنْیَاءَانِ دُنْیَا بَلَاغٍ وَ دُنْیَا مَلْعُونَةٌ » ، کلینی، شیخ محمد، الکافی، نشر دارالکتب الاسلامیه ۱۳۶۵، جلد۲، صفحه ۱۳۰، باب ذم الدنیا و الزهد فیها

حبُّ الدنیاء رأس کُل خطیئه

[۳۰]- **لَنْ تَنالُوا الْبِرَّ حَتَّی تُنْفِقُوا مِمَّا تُحِبُّونَ** وَ ما تُنْفِقُوا مِنْ شَیْءٍ فَإِنَّ اللَّهَ بِهِ عَلیمٌ، قرآن الکریم، سوره آل عمران، آیه۹۲

خلّت وانفاق راه مبارزه با **داروینیسم اقتصادی** طبق ادلّه ی قرآنی و روایی است. تنازع بقا در اقتصاد و اصل بقای اصلح در ساز و کارهای اقتصادی که غایت آن به شکل ایجاد بازار رقابتی و نیل آن به انحصارهای چند قطبی، ظهورمولتی میلیاردرها و... آشکار می گردد. مطالعه‌ی افرادی که چندین میلیارد دلار ثروت را تکاثر کرده اند و در باشگاه Multi Billionaires نام و نشانی دارند حائز تمام ویژگی های محبّین دنیا هستند اینان برندگان رقابت تنگانگ و نفس گیر با ضعفای بازنده‌ای اند که توانی برای رقابت ندارند، اما متأسّفانه درجنگل داروینی جهان غفلت زده‌ی لیبرال امروز مورد پرستش واقع شده اند.

«جهان نئوکلاسیک یک جنگل است و در این جنگل هیچ جامعه‌ای دوام نمی آورد». نورث، داگلاس، سی، ساختار و دگرگونی در تاریخ اقتصادی، ترجمه غلامرضا آزاد ارمکی، نشر نی ۱۳۷۹

«سرمایه داری صنعتی تجلّی داروین در نظم اجتماعی است و اصل حاکم برآن بقای انسب می باشد». گالبرایت، جان کنت، آناتومی قدرت، مهاجر، محبوبه مترجم، نشر سروش ۱۳۸۱

کارزار، در وقت تنگدستی و سختی روزگار، صبر و شکیبایی پیشه می‌نماید، در زمره متقیان حقیقی محسوب شده[۳۱] و به مقام «برّ» نائل می‌گردد.

اما محصول انفاق بر حصول برّ متوقف نبوده و ثمره‌ی عینی و علانی و مادی آن، **«برکت»** است. برکت از جمله موضوعات پیچیده و بسیار قاعده مندی است که به عنوان محصول انفاق از قواره مندی بسیار منظمی برخوردار می‌باشد.

در فعل انفاق، آن هنگام که مؤمن از آنچه که خیر است به سبب تحصیل محبت خدا، در راه خدا انفاق می‌کند، خداوند بر انفاق او آگاه بوده و عمل او را می‌بیند[۳۲]، و در این هنگام، فرآیند مادی انفاق به جریان افتاده و خداوند تبارک و تعالی، کسر ظاهری منفق را به سبب فضل و کرم خویش، صد چندان نموده و به سوی او باز می گرداند. پس حقیقتاً انفاق برای خود مؤمنین است[۳۳].

محصول انفاق در خروجی برکت، اگر چه منفق را در کسب منفعت حریص می‌دارد ، لکن باید به این نکته نیز توجه داشت که این فرآیند تنها در صورتی منجر به برکت می‌شود که امر انفاق جهت جلب رضایت خداوند تبارک و تعالی، به عنوان مشتری حقیقی صورت پذیرفته باشد.

---

[۳۱]- لَیسَ الْبِرَّ أَنْ تُوَلُّوا وُجُوهَکُمْ قِبَلَ الْمَشْرِقِ وَ الْمَغْرِبِ وَ لکِنَّ الْبِرَّ مَنْ آمَنَ بِاللَّهِ وَ الْیَوْمِ الْآخِرِ وَ الْمَلائِکَةِ وَ الْکِتابِ وَ النَّبِیِّینَ و آتَی الْمالَ عَلی حُبِّهِ ذَوی الْقُرْبی وَ الْیَتامی وَالْمَساکینَ وَ ابْنَ السَّبیلِ وَ السَّائِلینَ وَ فِی الرِّقابِ وَ أَقامَ الصَّلاةَ وَ آتَی الزَّکاةَ و الْمُوفُونَ بِعَهْدِهِمْ إِذا عاهَدُوا وَ الصَّابِرینَ فِی الْبَأْساءِ وَ الضَّرَّاءِ وَ حینَ الْبَأْسِ أُولئِکَ الَّذینَ صَدَقُوا وَ أُولئِکَ هُمُ الْمُتَّقُونَ- سوره بقره، آیه ۱۷۷

[۳۲]- یَسْئَلُونَکَ ما ذا یُنْفِقُونَ قُلْ ما أَنْفَقْتُمْ مِنْ خَیْرٍ فَلِلْوالِدَیْنِ وَ الْأَقْرَبینَ وَ الْیَتامی وَ الْمَساکینِ وَ ابْنِ السَّبیلِ وَ ما تَفْعَلُوا مِنْ خَیْرٍ فَإِنَّ اللَّهَ بِهِ عَلیمٌ ، قرآن الکریم، سوره بقره، آیه ۲۱۵

- وَ ما أَنْفَقْتُمْ مِنْ نَفَقَةٍ أَوْ نَذَرْتُمْ مِنْ نَذْرٍ فَإِنَّ اللَّهَ یَعْلَمُهُ وَ ما لِلظَّالِمینَ مِنْ أَنْصارٍ ، قرآن الکریم، سوره بقره، آیه۲۷۰

- لَنْ تَنالُوا الْبِرَّ حَتَّی تُنْفِقُوا مِمَّا تُحِبُّونَ وَ ما تُنْفِقُوا مِنْ شَیْءٍ فَإِنَّ اللَّهَ بِهِ عَلیمٌ ، قرآن الکریم، سوره بقره، آیه۹۲

- وَ ما ذا عَلَیْهِمْ لَوْ آمَنُوا بِاللَّهِ وَ الْیَوْمِ الْآخِرِ وَ أَنْفَقُوا مِمَّا رَزَقَهُمُ اللَّهُ وَ کانَ اللَّهُ بِهِمْ عَلیماً، قرآن الکریم، سوره نساء، آیه۳۹

[۳۳]- لَیسَ عَلَیْکَ هُداهُمْ وَ لکِنَّ اللَّهَ یَهْدی مَنْ یَشاءُ وَ ما تُنْفِقُوا مِنْ خَیْرٍ فَلِأَنْفُسِکُمْ وَ ما تُنْفِقُونَ إِلاَّ ابْتِغاءَ وَجْهِ اللَّهِ وَ ما تُنْفِقُوا مِنْ خَیْرٍ یُوَفَّ إِلَیْکُمْ وَ أَنْتُمْ لا تُظْلَمُونَ ، قرآن الکریم، سوره بقره، آیه ۲۷۲

- وَ أَعِدُّوا لَهُمْ مَا اسْتَطَعْتُمْ مِنْ قُوَّةٍ وَ مِنْ رِباطِ الْخَیْلِ تُرْهِبُونَ بِهِ عَدُوَّ اللَّهِ وَ عَدُوَّکُمْ وَ آخَرینَ مِنْ دُونِهِمْ لا تَعْلَمُونَهُمُ اللَّهُ یَعْلَمُهُمْ وَ ما تُنْفِقُوا مِنْ شَیْءٍ فی سَبیلِ اللَّهِ یُوَفَّ إِلَیْکُمْ وَ أَنْتُمْ لا تُظْلَمُونَ، قرآن الکریم، سوره انفال، آیه ۶۰

- قُلْ إِنَّ رَبِّی یَبْسُطُ الرِّزْقَ لِمَنْ یَشاءُ مِنْ عِبادِهِ وَ یَقْدِرُ لَهُ وَ ما أَنْفَقْتُمْ مِنْ شَیْءٍ فَهُوَ یُخْلِفُهُ وَ هُوَ خَیْرُ الرَّازِقینَ، قرآن الکریم، سوره سبأ، آیه ۳۹

به عبارت دیگر، در فرآیند انفاق، بخل و عدم قربت، فرآیند انفاق را مخدوش نموده و عدم حصول محصول را موجب می‌گردد. از این رو تنها نیت تقرّب به خداوند تبارک و تعالی است که صحّت چرخه و تبع محصول فرآیند را تضمین می-نماید [۳۴] و این گونه تجارتی بدون ضرر و زیان رقم زده می‌شود.

تجارت ای که تأمین می‌گردد، اصل و سود بایع، به سبب کرامت مشتری و اینکه تجارت با الله صمد، هرگز ضرر و خسران را بر نمی تابد و این چنین مبتاعی به هیچ کس ظلمی را روا نمی دارد[۳۵].

اما درباب ماحصل انفاق، آن‌چه را که خداوند در این تجارت به عبد عطا می کند، **برکت** است.

برکت نتیجه‌ی مهمی است که تصوّر فرآیند عینی آن، مَثَل یک دانه‌ی گندم است که وقتی در خاک کاشته شود از آن هفت خوشه بروید و در هر خوشه صد دانه باشد[۳۶]، همچنین چرخه این فرآیند در بعد محسوسات همانند باغی است که در زمین بلندی باشد و بر آن باران زیادی به موقع ببارد، پس به سبب آن باران مفید، محصول دو چندان گردد[۳۷]. و اگرچه تمامی این زیادت و فزونی، از رحمت و کوثر بی انتهای الهی نشات می‌گیرد، لکن باید دانست که برکت در فهم مادی و عینی آن، هرچند امری غیراکتسابی و تحصیلی است، اما به شرط تحقق یافتن مبایعه در چهارچوب تصوری قرآن، بی شک آن هنگام که مشتری حقیقی، بر انعقاد عهد بیع صحه گذارد، مبتنی بر قاعده لطف، خود را ضامن می‌داند تا از خزانه‌ی غیبش برکت عینی و محسوس را بر بَیِّعان نازل نماید و به یقین در صداقت این مشتری هیچ شک و تردیدی وجود ندارد و این گونه است که می‌توان گفت انفاق برای خود منفق است.

---

[۳۴]- ها أَنْتُمْ هؤُلاءِ تُدْعَوْنَ لِتُنْفِقُوا فی سَبیلِ اللَّهِ فَمِنْكُمْ مَنْ يَبْخَلُ وَ مَنْ يَبْخَلْ فَإِنَّما يَبْخَلُ عَنْ نَفْسِهِ وَ اللَّهُ الْغَنِیُّ وَ أَنْتُمُ الْفُقَراءُ وَ إِنْ تَتَوَلَّوْا يَسْتَبْدِلْ قَوْماً غَيْرَكُمْ ثُمَّ لا يَكُونُوا أَمْثالَكُمْ، قرآن الكريم، سوره محمد، آیه ۳۸

[۳۵]- إِنَّ الَّذينَ يَتْلُونَ كِتابَ اللَّهِ وَ أَقامُوا الصَّلاةَ وَ أَنْفَقُوا مِمَّا رَزَقْناهُمْ سِرًّا وَ عَلانِيَةً يَرْجُونَ تِجارَةً لَنْ تَبُورَ ، قرآن الكريم، سوره فاطر،آیه ۲۹

[۳۶]- مَثَلُ الَّذينَ يُنْفِقُونَ أَمْوالَهُمْ فی سَبيلِ اللَّهِ كَمَثَلِ حَبَّةٍ أَنْبَتَتْ سَبْعَ سَنابِلَ فی كُلِّ سُنْبُلَةٍ مِائَةُ حَبَّةٍ وَ اللَّهُ يُضاعِفُ لِمَنْ يَشاءُ وَ اللَّهُ واسِعٌ عَليمٌ، قرآن الكريم، سوره بقره آیه ۲۶۱

[۳۷]- وَ مَثَلُ الَّذينَ يُنْفِقُونَ أَمْوالَهُمُ ابْتِغاءَ مَرْضاتِ اللَّهِ وَ تَثْبيتاً مِنْ أَنْفُسِهِمْ كَمَثَلِ جَنَّةٍ بِرَبْوَةٍ أَصابَها وابِلٌ فَآتَتْ أُكُلَها ضِعْفَيْنِ فَإِنْ لَمْ يُصِبْها وابِلٌ فَطَلٌّ وَ اللَّهُ بِما تَعْمَلُونَ بَصيرٌ، قرآن الكريم، سوره بقره، آیه ۲۶۵

۱-۴- محصول برکت چیست؟ غنا

برکت عطیّه‌ای نامحدود است، جلوه‌ی نازله‌ای از عالم غیب و معنا، در عالم ماده، و تنها مؤمن متّقی قادر به درک آن است[۳۸]. پس آن‌چه از پس اعطای برکت، موهبت می شود غنا است[۳۹]. در مقام تمثیل، قلب در برابر نیازهای آدمی، چون ظرفی خالی، فقیر و تهی است. پس آن‌گاه که بر کوثر وارد گردد، برکت همچون باران رحمت الهی در آن ببارد و ظرف از طهوری مصفا چون مظروف **«غنا»** لبریز گردد[۴۰]. به عبارتی دیگر اگر مبایعه به برکت بیانجامد، در مقام حصول برکت، چنان نیازهای دنیوی انسان در جهت تعالی قلب «حد» می‌خورد و محصور می‌شود، که تنها نیاز خود را به صمد مطلق دانسته و به سوی بی‌نیازی کامل از غیر او، سوق داده می‌شود.

پس محصول فرآیند بیع در خروجی برکت، در نمایی کلی، نجات پیدا کردن از فقر و احتیج مذموم را دربر خواهد داشت. به عبارت دیگر، استغنا در بیع، طلب کردن غنا از الله صمدی است که صمدیت او کمال غنا و غنای مطلق است، و هنگام مبایعه، انسان را در مسیر « شدن و صیرورت » در محیط عزّت‌مندی نزد خداوند متعال قرار داده[۴۱] و نیازهای ممدوح انسان را به سوی تأمین و بی نیازی سوق خواهد داد.

---

[۳۸]- اَلّذینَ یُؤْمِنُونَ بِالْغَیْبِ وَ یُقیمُونَ الصَّلاةَ وَ مِمَّا رَزَقْناهُمْ یُنْفِقُون، قرآن الکریم، سوره بقره آیه ۳

- وَ لَوْ أَنَّ أَهْلَ الْقُرى آمَنُوا وَ اتَّقَوْا لَفَتَحْنا عَلَیْهِمْ بَرَكاتٍ مِنَ السَّماءِ وَ الْأَرْضِ وَ لكِنْ كَذَّبُوا فَأَخَذْناهُمْ بِما كانُوا یَكْسِبُونَ سوره اعراف، آیه۹۶

[۳۹]- یا أَیُّهَا الَّذینَ آمَنُوا أَنْفِقُوا مِنْ طَیِّباتِ ما كَسَبْتُمْ وَ مِمَّا أَخْرَجْنا لَكُمْ مِنَ الْأَرْضِ وَ لا تَیَمَّمُوا الْخَبیثَ مِنْهُ تُنْفِقُونَ وَ لَسْتُمْ بِآخِذیهِ إِلاَّ أَنْ تُغْمِضُوا فیهِ وَاعْلَمُوا أَنَّ اللَّهَ غَنِیٌّ حَمیدٌ، قرآن الکریم، سوره بقره آیه ۲۶۷

[۴۰]- عَنْ أَبِی عَبْدِ اللَّهِ ع قَالَ: « فِی التَّوْرَاةِ مَكْتُوبٌ یَا ابْنَ آدَمَ تَفَرَّغْ لِعِبَادَتِی أَمْلَأْ قَلْبَكَ غِنًى وَ لَا أَكِلْكَ إِلَى طَلَبِكَ وَ عَلَیَّ أَنْ أَسُدَّ فَاقَتَكَ وَ أَمْلَأُ قَلْبَكَ خَوْفاً مِنِّی وَ إِنْ لَا تَفَرَّغْ لِعِبَادَتِی أَمْلَأُ قَلْبَكَ شُغُلًا بِالدُّنْیَا ثُمَّ لَا أَسُدَّ فَاقَتَكَ وأَكِلْكَ إِلَى طَلَبِكَ» و بسیاری دیگر از روایات با این مضمون که خداوند در ازاء حصول شرایطی قلب را از غنا مملو می کند کلینی، شیخ محمد، الکافی، نشر دارالکتب الاسلامیه ۱۳۶۵، جلد۲ باب العبادهٔ ،صفحه ۸۳

[۴۱]- مَنْ كانَ یُریدُ الْعِزَّةَ فَلِلَّهِ الْعِزَّةُ جَمیعاً إِلَیْهِ یَصْعَدُ الْكَلِمُ الطَّیِّبُ وَ الْعَمَلُ الصَّالِحُ یَرْفَعُهُ وَ الَّذینَ یَمْكُرُونَ السَّیِّئاتِ لَهُمْ عَذابٌ شَدیدٌ وَ مَكْرُ أُولئِكَ هُوَ یَبُورُ، قرآن الکریم، سوره فاطر آیه۱۰

محصول محور Product Base

خط مشی

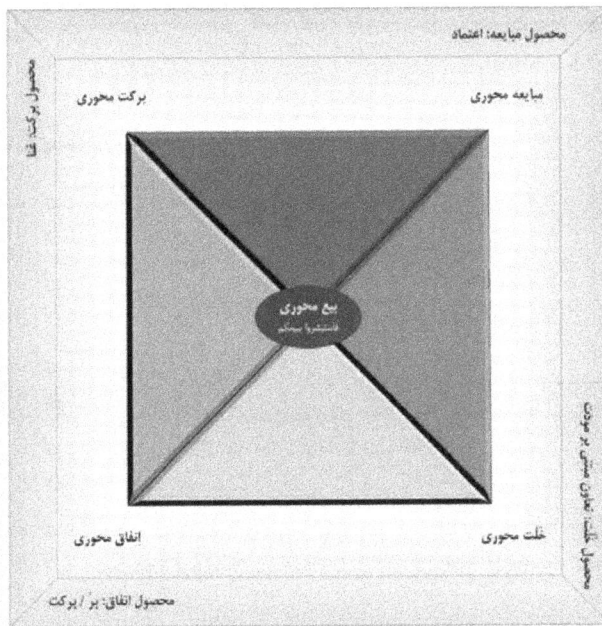

نمودار شماره ۱۰

۲- در روند طرح ریزی بیع جمهوری اسلامی ایران به شیوه ی فرآیند محور، باید به چهار پرسش پاسخ داد:

۲-۱- فرآیند مبایعه چیست؟ شراء

مبایعه در اصل همان مشارات و داد و ستد می باشد، با این تفاوت که این مشارات میان دو مؤمن با الله صمد است[۴۲]. به عبارت دیگر هنگامی که «مبتاع» یا مشتری با نیت جلب رضایت خداوند تبارک و تعالی به قصد تعامل برای عقد بیع، به «بایع» یا فروشنده نزدیک می شود، معامله بین این‌دو (مبتاع و بایع) آن هنگام که پس از تعامل به تبادل انجامید، موجب ایجاد خلّت شده و معامله به مبادله مبدّل می گردد و چون دو طرف در راه خدا از رزق الهی که نصیب‌شان شده انفاق می کنند[۴۳]، فرآیند مبایعه با نزول برکت الهی کامل شده و بایع و مبتاع به رحمت واسعه قدوس متبارک می‌شوند.

۲-۲- فرآیند خُلّت چیست؟ ولایت

تعاملی که در «بیع» شکل می گیرد، مبتنی بر ایجاد «خُلّت» است و پیش زمینه‌ی فراهم آمدن خلّت و مودّت، حبّ ورزیدن نسبت به یکدیگر است. حبّ در شغاف (لایه‌ای در قلب انسان) نسبت به کسی به وجود نمی آید مگر آنکه ولایت آن شخص پذیرفته شود[۴۴].

---

[۴۲]- إنَّ اللّهَ اشْتَری مِنَ الْمُؤْمِنینَ أنْفُسَهُمْ وَ أمْوالَهُمْ بِأنَّ لَهُمُ الْجَنَّةَ یُقاتِلُونَ فی سَبیلِ اللّهِ فَیَقْتُلُونَ وَ یُقْتَلُونَ وَعْداً عَلَیْهِ حَقًّا فِی‌التَّوْراةِ وَ الْإنْجیلِ وَ الْقُرآنِ وَ مَنْ أوْفی بِعَهْدِهِ مِنَ اللّهِ فَاسْتَبْشِرُوا بِبَیْعِکُمُ الَّذی بایَعْتُمْ بِهِ وَ ذلِکَ هُوَ الْفَوْزُ الْعَظیمُ ، قرآن الکریم، سوره توبه، آیه ۱۱۱

- وَ مِنَ النّاسِ مَنْ یَشْری نَفْسَهُ ابْتِغاءَ مَرْضاتِ اللّهِ وَ اللّهُ رَؤُفٌ بِالْعِبادِ، قرآن الکریم، سوره بقره، آیه ۲۰۷

- فَلْیُقاتِلْ فی سَبیلِ اللّهِ الَّذینَ یَشْرُونَ الْحَیاةَ الدُّنْیا بِالْآخِرَةِ وَ مَنْ یُقاتِلْ فی سَبیلِ اللّهِ فَیُقْتَلْ أوْ یَغْلِبْ فَسَوْفَ نُؤْتیهِ أجْراً عَظیماً، قرآن الکریم، سوره نساء، آیه۷۴

[۴۳]- یا أیُّهَا الَّذینَ آمَنُوا أنْفِقُوا مِمّا رَزَقْناکُمْ مِنْ قَبْلِ أنْ یَأْتِیَ یَوْمٌ لا بَیْعٌ فیهِ وَ لا خُلَّةٌ وَ لا شَفاعَةٌ وَ الْکافِرُونَ هُمُ الظّالِمُونَ ، قرآن الکریم، سوره بقره، آیه ۲۵۴

[۴۴]- نسبت شناسی لایه‌های شکل گرفته درون شغاف بر اساس محبّت:

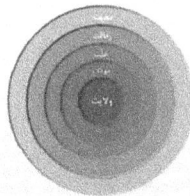

نسبت شناسی لایه های
شکل گرفته درون شغاف بر اساس محبت

پس فرآیند ایجاد خلّت در بیع، ابتدا برتافتن ولایت خدا و حبّ ورزیدن به اوست[۴۵] آنگاه تولّی به معنای خلّت و دوستی با دوستان و اخلّای خدا موضوعیت می یابد که اخوّت و برادری را میان بیّعان موجب می شود.

ولایت است که مؤمنین را در امر به معروفات و نهی از منکرات در حوزه‌های گوناگون یاری می‌دهد و موجب می‌گردد تا به همراه هم اقامه‌ی صلات کنند و مال خود را برای «تزکیه» انفاق کرده و خدا و رسولش را اطاعت نمایند. و همین امر عظیم ولایت الله است که نزول رحمت الهی را بر مؤمنین در پی دارد.[۴۶] و به این سبب خداوند تبارک و تعالی اولیاء خود را از ظلمات به سمت نور خارج می کند[۴۷]. به طوری که موجب می‌شود تا اولیاء خدا نه ترسی داشته باشند و نه حزن و اندوهی[۴۸] پیدا نمایند.

۲-۳- فرآیند انفاق چیست؟ بذل

مبتنی بر دکترین رزق در قرآن، آن‌چه بیّعان را از بیع نصیب می شود، همانا عطای **«رزق و روزی»** الهی است[۴۹]. رزقی که خداوند تبارک و تعالی نزول آن را برای **«حیات»**، **«معیشت»** و **«معیدت»**[۵۰] بندگانش از سر کرامت ایشان[۵۱] به خود واجب نموده است[۵۲].

---

[۴۵]- لَیسَ الْبِرَّ أَنْ تُوَلُّوا وُجُوهَکُمْ قِبَلَ الْمَشْرِقِ وَ الْمَغْرِبِ وَ لکِنَّ الْبِرَّ مَنْ آمَنَ بِاللَّهِ وَ الْیَوْمِ الْآخِرِ وَ الْمَلائِکَةِ وَ الْکِتابِ وَ النَّبِیِّینَ وَآتَی الْمالَ عَلی حُبِّهِ ذَوِی الْقُرْبی وَ الْیَتامی وَ الْمَساکینَ وَ ابْنَ السَّبیلِ وَ السَّائِلینَ وَ فِی الرِّقابِ وَ أَقامَ الصَّلاةَ وَ آتَی الزَّکاةَ وَالْمُوفُونَ بِعَهْدِهِمْ إِذا عاهَدُوا وَ الصَّابِرینَ فِی الْبَأْساءِ وَ الضَّرَّاءِ وَ حینَ الْبَأْسِ أُولئِکَ الَّذینَ صَدَقُوا وَ أُولئِکَ هُمُ الْمُتَّقُونَ، قرآن الکریم، سوره بقره، آیه ۱۷۷

[۴۶]- وَ الْمُؤْمِنُونَ وَ الْمُؤْمِناتُ بَعْضُهُمْ أَوْلِیاءُ بَعْضٍ یَأْمُرُونَ بِالْمَعْرُوفِ وَ یَنْهَوْنَ عَنِ الْمُنْکَرِ وَ یُقیمُونَ الصَّلاةَ وَ یُؤْتُونَ الزَّکاةَ وَ یُطیعُونَ اللَّهَ وَ رَسُولَهُ أُولئِکَ سَیَرْحَمُهُمُ اللَّهُ إِنَّ اللَّهَ عَزیزٌ حَکیمٌ ، قرآن الکریم، سوره توبه، آیه۷۱

[۴۷]- اللَّهُ وَلِیُّ الَّذینَ آمَنُوا یُخْرِجُهُمْ مِنَ الظُّلُماتِ إِلَی النُّورِ وَ الَّذینَ کَفَرُوا أَوْلِیاؤُهُمُ الطَّاغُوتُ یُخْرِجُونَهُم مِنَ النُّورِ إِلَی الظُّلُماتِ أُولئِکَ أَصْحابُ النَّارِ هُمْ فیها خالِدُونَ، قرآن الکریم، سوره بقره، آیه ۲۵۷

[۴۸]- أَلا إِنَّ أَوْلِیاءَ اللَّهِ لا خَوْفٌ عَلَیْهِمْ وَ لا هُمْ یَحْزَنُونَ، قرآن الکریم، سوره یونس آیه ۶۲

[۴۹]- وَ إِذْ قالَ إِبْراهیمُ رَبِّ اجْعَلْ هذا بَلَداً آمِناً وَ ارْزُقْ أَهْلَهُ مِنَ الثَّمَراتِ مَنْ آمَنَ مِنْهُمْ بِاللَّهِ وَ الْیَوْمِ الْآخِرِ قالَ وَ مَنْ کَفَرَ فَأُمَتِّعُهُ قَلیلاً ثُمَّ أَضْطَرُّهُ إِلی عَذابِ النَّارِ وَ بِئْسَ الْمَصیرُ، قرآن الکریم، سوره بقره، آیه ۱۲۶

- قُلْ مَنْ حَرَّمَ زینَةَ اللَّهِ الَّتی أَخْرَجَ لِعِبادِهِ وَ الطَّیِّباتِ مِنَ الرِّزْقِ قُلْ هِیَ لِلَّذینَ آمَنُوا فِی الْحَیاةِ الدُّنْیا خالِصَةً یَوْمَ الْقِیامَةِ کَذلِکَ نُفَصِّلُ الْآیاتِ لِقَوْمٍ یَعْلَمُونَ ، قرآن الکریم، سوره اعراف، آیه۳۲

خالقی که رزّاق حقیقی است و بهترین روزی دهندگان است[۵۳] و بندگان را از آسمانها و زمین روزی طیب می دهد.[۵۴] رزق و روزی را تنها باید نزد خدا جست[55]. او از رزق چیزی را برای خود اراده نکرده و نسبت به آن بی نیاز است[۵۶] و به هر کس که بخواهد بدون حساب رزق می دهد[۵۷] و برای برخی، از جایی که گمان نمی برند مرزوقشان می کند[۵۸]. هیچ‌کس مالک رزق و روزی خود نبوده و اگر خدا نخواهد رزق دهد کسی را یارای مقابله با اراده‌ی او نیست[۵۹]. کلید های آسمان و

– قُلْ مَنْ یَرْزُقُکُمْ مِنَ السَّماءِ وَ الْأَرْضِ أَمَّنْ یَمْلِکُ السَّمْعَ وَ الْأَبْصارَ وَ مَنْ یُخْرِجُ الْحَیَّ مِنَ الْمَیِّتِ وَ یُخْرِجُ الْمَیِّتَ مِنَ الْحَیِّ وَ مَنْ یُدَبِّرُ الْأَمْرَ فَسَیَقُولُونَ اللَّهُ فَقُلْ أَفَلا تَتَّقُون، قرآن الکریم، سوره یونس، آیه ۳۱

– وَ أْمُرْ أَهْلَکَ بِالصَّلاةِ وَ اصْطَبِرْ عَلَیْها لا نَسْئَلُکَ رِزْقاً نَحْنُ نَرْزُقُکَ وَ الْعاقِبَةُ لِلتَّقْوی، قرآن الکریم، سوره طه، آیه ۱۳۲

– وَ الَّذینَ هاجَرُوا فی سَبیلِ اللَّهِ ثُمَّ قُتِلُوا أَوْ ماتُوا لَیَرْزُقَنَّهُمُ اللَّهُ رِزْقاً حَسَناً وَ إِنَّ اللَّهَ لَهُوَ خَیْرُ الرَّازِقین، قرآن الکریم، سوره حج، آیه ۵۸

[۵۰]– وَ جَعَلْنا لَکُمْ فیها مَعایِشَ وَ مَنْ لَسْتُمْ لَهُ بِرازِقین، قرآن الکریم، سوره طه، آیه ۲۰

– رِزْقاً لِلْعِبادِ وَ أَحْیَیْنا بِهِ بَلْدَةً مَیْتاً کَذلِکَ الْخُرُوجُ ، قرآن الکریم، سوره ق، آیه ۱۳۷

[۵۱]– وَ لَقَدْ کَرَّمْنا بَنی آدَمَ وَ حَمَلْناهُمْ فِی الْبَرِّ وَ الْبَحْرِ وَ رَزَقْناهُمْ مِنَ الطَّیِّباتِ وَ فَضَّلْناهُمْ عَلی کَثیرٍ مِمَّنْ خَلَقْنا تَفْضیلاً ، قرآن الکریم، سوره اسراء، آیه۷۰

[۵۲] - وَ ما مِنْ دَابَّةٍ فِی الْأَرْضِ إِلاَّ عَلَی اللَّهِ رِزْقُها وَ یَعْلَمُ مُسْتَقَرَّها وَ مُسْتَوْدَعَها کُلٌّ فی کِتابٍ مُبینٍ، قرآن الکریم، سوره هود، آیه ۶

[۵۳]– وَ الَّذینَ هاجَرُوا فی سَبیلِ اللَّهِ ثُمَّ قُتِلُوا أَوْ ماتُوا لَیَرْزُقَنَّهُمُ اللَّهُ رِزْقاً حَسَناً وَ إِنَّ اللَّهَ لَهُوَ خَیْرُ الرَّازِقینَ ، قرآن الکریم، سوره حج، آیه ۵۸

– إِنَّ اللَّهَ هُوَ الرَّزَّاقُ ذُو الْقُوَّةِ الْمَتین، قرآن الکریم، سوره ذاریات، آیه ۵۸

– أَمْ تَسْأَلُهُمْ خَرْجاً فَخَراجُ رَبِّکَ خَیْرٌ وَ هُوَ خَیْرُ الرَّازِقین، قرآن الکریم، سوره مؤمنون، آیه ۷۲

– وَ إِذا رَأَوْا تِجارَةً أَوْ لَهْواً انْفَضُّوا إِلَیْها وَ تَرَکُوکَ قائِماً قُلْ ما عِنْدَ اللَّهِ خَیْرٌ مِنَ اللَّهْوِ وَ مِنَ التِّجارَةِ وَ اللَّهُ خَیْرُ الرَّازِقین، قرآن الکریم، سوره جمعه، آیه۱۱

[۵۴]– وَ فِی السَّماءِ رِزْقُکُمْ وَ ما تُوعَدُونَ ، قرآن الکریم، سوره ذاریات، آیه ۲۲

– قُلْ مَنْ یَرْزُقُکُمْ مِنَ السَّماواتِ وَ الْأَرْضِ قُلِ اللَّهُ وَ إِنَّا أَوْ إِیَّاکُمْ لَعَلی هُدیً أَوْ فی ضَلالٍ مُبینٍ، قرآن الکریم، سوره سبأ، آیه ۲۴

– یا أَیُّهَا النَّاسُ اذْکُرُوا نِعْمَتَ اللَّهِ عَلَیْکُمْ هَلْ مِنْ خالِقٍ غَیْرُ اللَّهِ یَرْزُقُکُمْ مِنَ السَّماءِ وَ الْأَرْضِ لا إِلهَ إِلاَّ هُوَ فَأَنَّی تُؤْفَکُونَ، قرآن الکریم، سوره فاطر، آیه۳

[۵۵]– إِنَّما تَعْبُدُونَ مِنْ دُونِ اللَّهِ أَوْثاناً وَ تَخْلُقُونَ إِفْکاً إِنَّ الَّذینَ تَعْبُدُونَ مِنْ دُونِ اللَّهِ لا یَمْلِکُونَ لَکُمْ رِزْقاً فَابْتَغُوا عِنْدَ اللَّهِ الرِّزْقَ وَ اعْبُدُوهُ وَ اشْکُرُوا لَهُ إِلَیْهِ تُرْجَعُونَ، قرآن الکریم، سوره عنکبوت، آیه ۱۷

[۵۶]– ما أُریدُ مِنْهُمْ مِنْ رِزْقٍ وَ ما أُریدُ أَنْ یُطْعِمُون، قرآن الکریم، سوره ذاریات، آیه۵۷

[۵۷] – زُیِّنَ لِلَّذینَ کَفَرُوا الْحَیاةُ الدُّنْیا وَ یَسْخَرُونَ مِنَ الَّذینَ آمَنُوا وَ الَّذینَ اتَّقَوْا فَوْقَهُمْ یَوْمَ الْقِیامَةِ وَ اللَّهُ یَرْزُقُ مَنْ یَشاءُ بِغَیْرِ حِسابٍ، قرآن الکریم، سوره بقره، آیه ۲۱۲

– تُولِجُ اللَّیْلَ فِی النَّهارِ وَ تُولِجُ النَّهارَ فِی اللَّیْلِ وَ تُخْرِجُ الْحَیَّ مِنَ الْمَیِّتِ وَ تُخْرِجُ الْمَیِّتَ مِنَ الْحَیِّ وَ تَرْزُقُ مَنْ تَشاءُ بِغَیْرِ حِسابٍ، قرآن الکریم، سوره آل عمران، آیه ۲۷

– اللَّهُ لَطیفٌ بِعِبادِهِ یَرْزُقُ مَنْ یَشاءُ وَ هُوَ الْقَوِیُّ الْعَزیزُ، قرآن الکریم، سوره شوری، آیه ۱۹

[۵۸]– وَ یَرْزُقْهُ مِنْ حَیْثُ لا یَحْتَسِبُ وَ مَنْ یَتَوَکَّلْ عَلَی اللَّهِ فَهُوَ حَسْبُهُ إِنَّ اللَّهَ بالِغُ أَمْرِهِ قَدْ جَعَلَ اللَّهُ لِکُلِّ شَیْءٍ قَدْراً، قرآن الکریم، سوره طلاق، آیه ۳

[۵۹]– وَ یَعْبُدُونَ مِنْ دُونِ اللَّهِ ما لا یَمْلِکُ لَهُمْ رِزْقاً مِنَ السَّماواتِ وَ الْأَرْضِ شَیْئاً وَ لا یَسْتَطیعُونَ، قرآن الکریم، سوره نحل، آیه ۷۳

– وَ کَأَیِّنْ مِنْ دَابَّةٍ لا تَحْمِلُ رِزْقَهَا اللَّهُ یَرْزُقُها وَ إِیَّاکُمْ وَ هُوَ السَّمیعُ الْعَلیمُ، قرآن الکریم، سوره عنکبوت، آیه۶۰

زمین نزد اوست[۶۰] بنابراین مطلق «بسط و قدر»[۶۱] رزق بندگان به دست او بوده[۶۲] و این گونه است که رزق خداوند بهتر و باقی است[۶۳] اگر بخواهد می تواند روزی بندگانش را گشاده سازد، اما چون علم به طغیان انها دارد، لذا از این رو رزق را به اندازه ای که خود می‌داند بر ایشان نازل می‌کند[۶۴].

خداوند ارزاق خاص را، بر اساس همّت عبد به او روزی می دهد[۶۵]. او بعضی از بندگان را از نظر رزق بر برخی دیگر بسط و فضیلت داده[۶۶] تا جایی که موجبات روزی دیگران را در رزق آنها قرار می‌دهد[۶۷] ، تا به این واسطه انفاق موضوعیت یابد.

---

[۶۰]- لَهُ مَقالیدُ السَّماواتِ وَ الْأَرْضِ یَبْسُطُ الرِّزْقَ لِمَنْ یَشاءُ وَ یَقْدِرُ إِنَّهُ بِکُلِّ شَیْ‏ءٍ عَلیمٌ، قرآن الکریم، سوره شوری، آیه۱۲

[۶۱]- زیاد شدن و کم شدن

[۶۲]- اللَّهُ یَبْسُطُ الرِّزْقَ لِمَنْ یَشاءُ وَ یَقْدِرُ وَ فَرِحُوا بِالْحَیاةِ الدُّنْیا وَ مَا الْحَیاةُ الدُّنْیا فِی الْآخِرَةِ إِلاَّ مَتاع- سوره رعد، آیه ۲۶
- إِنَّ رَبَّکَ یَبْسُطُ الرِّزْقَ لِمَنْ یَشاءُ وَ یَقْدِرُ إِنَّهُ کانَ بِعِبادِهِ خَبیراً بَصیراً، ، قرآن الکریم، سوره اسراء، آیه ۳۰
- اللَّهُ یَبْسُطُ الرِّزْقَ لِمَنْ یَشاءُ مِنْ عِبادِهِ وَ یَقْدِرُ لَهُ إِنَّ اللَّهَ بِکُلِّ شَیْ‏ءٍ عَلیمٌ، قرآن الکریم، سوره عنکبوت، آیه۶۲
- أَ وَ لَمْ یَرَوْا أَنَّ اللَّهَ یَبْسُطُ الرِّزْقَ لِمَنْ یَشاءُ وَ یَقْدِرُ إِنَّ فی ذلِکَ لَآیاتٍ لِقَوْمٍ یُؤْمِنُونَ، قرآن الکریم، سوره روم، آیه۳۷
- قُلْ إِنَّ رَبِّی یَبْسُطُ الرِّزْقَ لِمَنْ یَشاءُ وَ یَقْدِرُ وَ لکِنَّ أَکْثَرَ النَّاسِ لا یَعْلَمُونَ ، قرآن الکریم، سوره سبأ، آیه ۳۶

[۶۳]- وَ لا تَمُدَّنَّ عَیْنَیْکَ إِلی ما مَتَّعْنا بِهِ أَزْواجاً مِنْهُمْ زَهْرَةَ الْحَیاةِ الدُّنْیا لِنَفْتِنَهُمْ فیهِ وَ رِزْقُ رَبِّکَ خَیْرٌ وَ أَبْقی، قرآن الکریم، سوره طه، آیه ۱۳۱
[۶۴]-وَ لَوْ بَسَطَ اللَّهُ الرِّزْقَ لِعِبادِهِ لَبَغَوْا فِی الْأَرْضِ وَ لکِنْ یُنَزِّلُ بِقَدَرٍ ما یَشاءُ إِنَّهُ بِعِبادِهِ خَبیرٌ بَصیرٌ، قرآن الکریم، سوره شوری، آیه ۲۷

[65]- بررسی تطبیق درجات بندگان خداوند در نسبت رزقی که خداوند به آنها نازل می نماید مستخرج از آیات قرآن و برخی روایات معصومین صلوات الله علیهم در نمودار قاعده رزق زیر آورده شده است. رزق حلال بهترین نوع رزق است که خالص آن تنها مختص مصطفین و برگزیدگان خداوند است. رزق طیب عام ترین نوع رزق است که به تمام مخلوقات خداوند نازل می گردد بقیه انواع رزق بین ایندو در یک طیف قرار می گیرند همه‌ی این ها در بستری از کرامت و افاضه‌ی از فضل خداوند می‌باشد:

از این رو انفاق را قبل از آن‌که اجل فرارسد[۶۸]، بر همه‌ی مؤمنین واجب نمود[۶۹]. تا هرکس به اندازه‌ی وسع خود از آن‌چه خداوند به او رزق عطا کرده، انفاق نماید[۷۰]. تا به این وسیله به وادی بیع داخل شده و چون ابراهیم، «مؤمن» گردد.

نزول رزق	و لقد کرّمنا بنی آدم	متغیر
رزق حلال	مصطفین	تقوا
رزق من حیث لایحتسب	متقین	تقوا
	مؤمنین	توکل
	کسی که در دین خدا تفقه نماید	تفقه در دین
	طالب علم	طلب علم
رزق کریم	مؤمنین	عمل صالح
	مؤمنین	هجرت و جهاد
	طیبین و طیبات	ایمان
رزق حسن	[illegible]	ایمان
	مهاجر راه خدا	هجرت
	مؤمنین	ایمان و عمل صالح
	[illegible]	قنوت
	[illegible]	انفاق
رزق طیب	مؤمنین	ایمان
	بنی اسرائیل	زمان اطاعت از فرامین موسی (ع)
	ناس	آفریدگان خدا

۶۶- وَ اللّهُ فَضَّلَ بَعْضَكُمْ عَلى بَعْضٍ فِی الرِّزْقِ فَمَا الَّذینَ فُضِّلُوا بِرَادِّی رِزْقِهِمْ عَلى ما مَلَكَتْ أَيْمانُهُمْ فَهُمْ فيهِ سَواءٌ أَ فَبِنِعْمَةِ اللّهِ يَجْحَدُونَ، قرآن الکریم، سوره نحل، آیه ۷۱

۶۷- وَ أَمَّا إِذا مَا ابْتَلاهُ فَقَدَرَ عَلَيْهِ رِزْقَهُ فَيَقُولُ رَبِّی أَهانَنِ - سوره فجر، آیه ۱۶

۶۸- وَ أَنْفِقُوا مِنْ ما رَزَقْناكُمْ مِنْ قَبْلِ أَنْ يَأْتِیَ أَحَدَكُمُ الْمَوْتُ فَيَقُولَ رَبِّ لَوْ لا أَخَّرْتَنی إِلى أَجَلٍ قَريبٍ فَأَصَّدَّقَ وَ أَكُنْ مِنَ الصَّالِحينَ - سوره منافقون، آیه ۱۰

۶۹- الَّذينَ يُؤْمِنُونَ بِالْغَيْبِ وَ يُقيمُونَ الصَّلاةَ وَ مِمَّا رَزَقْناهُمْ يُنْفِقُونَ - سوره بقره، آیه ۳

- وَ ما ذا عَلَيْهِمْ لَوْ آمَنُوا بِاللّهِ وَ الْيَوْمِ الْآخِرِ وَ أَنْفَقُوا مِمَّا رَزَقَهُمُ اللّهُ وَ كانَ اللّهُ بِهِمْ عَليماً - سوره نساء، آیه ۳۹
- الَّذينَ يُقيمُونَ الصَّلاةَ وَ مِمَّا رَزَقْناهُمْ يُنْفِقُونَ - سوره انفال، آیه ۳
- الَّذينَ إِذا ذُكِرَ اللّهُ وَجِلَتْ قُلُوبُهُمْ وَ الصَّابِرينَ عَلى ما أَصابَهُمْ وَ الْمُقيمِی الصَّلاةِ وَ مِمَّا رَزَقْناهُمْ يُنْفِقُونَ - سوره حج، آیه ۳۵
- قُلْ إِنَّ رَبِّی يَبْسُطُ الرِّزْقَ لِمَنْ يَشاءُ مِنْ عِبادِهِ وَ يَقْدِرُ لَهُ وَ ما أَنْفَقْتُمْ مِنْ شَیْءٍ فَهُوَ يُخْلِفُهُ وَ هُوَ خَيْرُ الرَّازِقينَ - سوره سبأ، آیه ۳۹

به عبارت دیگر در این چرخه، آن‌چه که از رزق در فرآیند مبایعه، تحصیل می‌گردد، همه از جانب خدا بوده و از این او نیز دستور به انفاق از راه بذل داده است[۷۱]. سپس نزول برکت مجدد را به سبب آنچه که انفاق گردیده، به سوی منفق عهده دار شده است. به دیگر روی خداوند تبارک و تعالی پس از بذل مال توسط منفق، عهده دار می‌گردد تا برکت دوباره را بسوی بنده باز می‌گرداند چرا که آنچه در آسمانها و زمین است همه از برای اوست[۷۲]. البته در شرایط صحت فرآیند انفاق، این نکته اهمیت دارد که بذل مال نباید با منّت و ایذاء و از روی ریاکاری[۷۳] و همراه اسراف و اقتار باشد بلکه باید راه اعتدال و میانه برای انفاق گزیده شود[۷۴]. و لازمه این امر آن است که بذل و بخشش در انفاق شب و روز، پنهانی و آشکارا[۷۵] در وسعت و تنگدستی[۷۶] به منصه ظهور رسد تا شایسته گردد.

۲-۴- فرآیند برکت چیست؟ کوثر

- إنَّ الَّذینَ یَتْلُونَ کِتابَ اللّهِ وَ أقامُوا الصَّلاةَ وَ أَنْفَقُوا مِمَّا رَزَقْناهُمْ سِرًا وَ عَلانِیَةً یَرْجُونَ تِجارَةً لَنْ تَبُورَ – سوره فاطر، آیه۲۹

- وَ إذا قیلَ لَهُمْ أَنْفِقُوا مِمَّا رَزَقَکُمُ اللّهُ قالَ الَّذینَ کَفَرُوا لِلَّذینَ آمَنُوا أَ نُطْعِمُ مَنْ لَوْ یَشاءُ اللّهُ أَطْعَمَهُ إنْ أَنْتُمْ إلاَّ فی ضَلالٍ مُبینٍ – سوره یس، آیه ۴۷

[۷۰] - وَ ما ذا عَلَیْهِمْ لَوْ آمَنُوا بِاللّهِ وَ الْیَوْمِ الْآخِرِ لِیُنْفِقْ ذُو سَعَةٍ مِنْ سَعَتِهِ وَ مَنْ قُدِرَ عَلَیْهِ رِزْقُهُ فَلْیُنْفِقْ مِمَّا آتاهُ اللّهُ لا یُکَلِّفُ اللّه نَفْساً إلاَّ ما آتاها سَیَجْعَلُ اللّهُ بَعْدَ عُسْرٍ یُسْراً – سوره طلاق، آیه ۷

[۷۱] - یا أَیُّهَا الَّذینَ آمَنُوا أَنْفِقُوا مِمَّا رَزَقْناکُمْ مِنْ قَبْلِ أَنْ یَأْتِیَ یَوْمٌ لا بَیْعٌ فیهِ وَ لا خُلَّةٌ وَ لا شَفاعَةٌ وَ الْکافِرُونَ هُمُ الظّالِمُونَ – سوره بقره، آیه۲۵۴

- قُلْ لِعِبادِیَ الَّذینَ آمَنُوا یُقیمُوا الصَّلاةَ وَ یُنْفِقُوا مِمَّا رَزَقْناهُمْ سِرًا وَ عَلانِیَةً مِنْ قَبْلِ أَنْ یَأْتِیَ یَوْمٌ لا بَیْعٌ فیهِ وَ لا خِلالٌ – سوره ابراهیم، آیه ۳۱

[۷۲] - وَ ما لَکُمْ أَلاَّ تُنْفِقُوا فی سَبیلِ اللّهِ وَ لِلّهِ میراثُ السَّماواتِ وَ الْأَرْضِ لا یَسْتَوی مِنْکُمْ مَنْ أَنْفَقَ مِنْ قَبْلِ الْفَتْحِ وَ قاتَلَ أُولئِکَ أَعْظَمُ دَرَجَةً مِنَ الَّذینَ أَنْفَقُوا مِنْ بَعْدُ وَ قاتَلُوا وَ کُلاًّ وَعَدَ اللّهُ الْحُسْنی وَ اللّهُ بِما تَعْمَلُونَ خَبیرٌ – سوره حدید، آیه ۱۰

[۷۳] -الَّذینَ یُنْفِقُونَ أَمْوالَهُمْ فی سَبیلِ اللّهِ ثُمَّ لا یُتْبِعُونَ ما أَنْفَقُوا مَنًّا وَ لا أَذیً لَهُمْ أَجْرُهُمْ عِنْدَ رَبِّهِمْ وَ لا خَوْفٌ عَلَیْهِمْ وَ لا هُمْ یَحْزَنُونَ – سوره بقره، آیه ۲۶۲

- یا أَیُّهَا الَّذینَ آمَنُوا لا تُبْطِلُوا صَدَقاتِکُمْ بِالْمَنِّ وَ الْأَذی کَالَّذی یُنْفِقُ مالَهُ رِئاءَ النَّاسِ وَ لا یُؤْمِنُ بِاللّهِ وَ الْیَوْمِ الْآخِرِ فَمَثَلُهُ کَمَثَلِ صَفْوانٍ عَلَیْهِ تُرابٌ فَأَصابَهُ وابِلٌ فَتَرَکَهُ صَلْداً لا یَقْدِرُونَ عَلی شَیْءٍ مِمَّا کَسَبُوا وَ اللّهُ لا یَهْدِی الْقَوْمَ الْکافِرینَ – سوره بقره، آیه ۲۶۴

- وَ الَّذینَ یُنْفِقُونَ أَمْوالَهُمْ رِئاءَ النَّاسِ وَ لا یُؤْمِنُونَ بِاللّهِ وَ لا بِالْیَوْمِ الْآخِرِ وَ مَنْ یَکُنِ الشَّیْطانُ لَهُ قَریناً فَساءَ قَریناً –سوره نساء، آیه ۳۸

[۷۴] - وَ الَّذینَ إذا أَنْفَقُوا لَمْ یُسْرِفُوا وَ لَمْ یَقْتُرُوا وَ کانَ بَیْنَ ذلِکَ قَواماً- سوره فرقان، آیه ۶۷

[۷۵] - الَّذینَ یُنْفِقُونَ أَمْوالَهُمْ بِاللَّیْلِ وَ النَّهارِ سِراً وَ عَلانِیَةً فَلَهُمْ أَجْرُهُمْ عِنْدَ رَبِّهِمْ وَ لا خَوْفٌ عَلَیْهِمْ وَ لا هُمْ یَحْزَنُونَ – سوره بقره، آیه ۲۷۴

[۷۶] - الَّذینَ یُنْفِقُونَ فِی السَّرَّاءِ وَ الضَّرَّاءِ وَ الْکاظِمینَ الْغَیْظَ وَ الْعافینَ عَنِ النَّاسِ وَ اللّهُ یُحِبُّ الْمُحْسِنینَ – سوره آل عمران، آیه ۱۳۴

آن کس که پیمانه‌ی فقر و نیاز بشر را از غنا پر می کند، برای این امر منبعی از خیر کثیر و کوثر برکت [۷۷] را بر قلب مؤمن نازل می کند تا به حیات طیبه از جانب خداوند احیاء شود[۷۸] نه آن‌که برای تطمیع نیازهای نامحدودِ مذموم و نفسانی اش، از تکاثر تمتّع، او را به وادی هلاکت درافکند[۷۹].

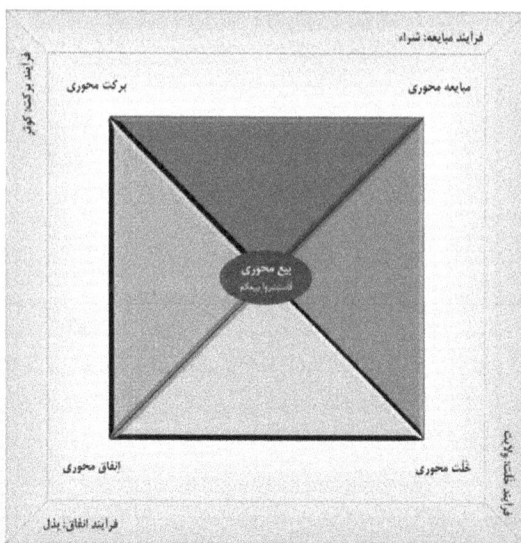

نمودار شماره ۱۱

۷۷- إِنَّا أَعْطَيْناكَ الْكَوْثَرَ – سوره کوثر، آیه ۱

۷۸- مَنْ عَمِلَ صالِحاً مِنْ ذَكَرٍ أَوْ أُنْثى وَ هُوَ مُؤْمِنٌ فَلَنُحْيِيَنَّهُ حَياةً طَيِّبَةً وَ لَنَجْزِيَنَّهُمْ أَجْرَهُمْ بِأَحْسَنِ ما كانُوا يَعْمَلُون– سوره نحل، آیه ۹۷

۷۹- أَلْهاكُمُ التَّكاثُرُ – سوره تکاثر، آیه ۱

۳- در روند طرح ریزی بیع جمهوری اسلامی ایران به شیوه‌ی کارکرد محور، باید به چهار پرسش پاسخ داد:

۳-۱- کارکرد مبایعه چیست؟ معاش و معاد

پس از ابداء خلق توسط خداوند تبارک و تعالی، ایشان مشیت فرموده و معیشت مخلوقات را بر روی زمین تقدیر نمودند و سپس بنی آدم را در زمین مکانت اعطا داده[۸۰] و رزق را بر ایشان نازل نموده و معاش بندگان را در حیات دنیا تقسیم فرمودند[۸۱]، تا از پس معیشت، معیدت بندگان رقم خورد[۸۲]. پس، در این فرآیند، آنچه معاش با کرامت را به معاد تؤام با رحمت الهی منتهی می‌کند همانا بیع و مبایعه است.

۳-۲- کارکرد خلّت چیست؟ شفاعت

در این میان، آن‌چه که مبایعه را از مشارات متمایز می سازد، خلَت و امر دوستی، مستتر در مبایعه است. به بیانی دیگر، بَیِّعان که بر اساس ولایت الله به مقام تولّی رسیده‌اند، عُلقه به مؤثّر را در قالب اثر برون ریخته و دوستی دوستان خدا، دل‌هاشان را مسخر می‌سازد، این در قالب ولایت، موجب می‌گردد تا دل‌های آن‌ها به یکدیگر الفت داده شده و قلبهایشان مملو از رحمت قدوس گردد. و این گونه فرآیند خلّت را کارکرد شفاعت و واسطه شدن حاصل می گردد[۸۳]. به

---

[۸۰]- وَ لَقَدْ مَكَّنّاكُمْ فِی الْأَرْضِ وَ جَعَلْنا لَكُمْ فیها مَعایِشَ قَلیلاً ما تَشْكُرُونَ – سوره أعراف، آیه ۱۰
- وَ جَعَلْنا لَكُمْ فیها مَعایِشَ وَ مَنْ لَسْتُمْ لَهُ بِرازِقینَ – سوره حجر، آیه ۲۰

[۸۱]- أَ هُمْ یَقْسِمُونَ رَحْمَتَ رَبِّکَ نَحْنُ قَسَمْنا بَیْنَهُمْ مَعیشَتَهُمْ فِی الْحَیاةِ الدُّنْیا وَ رَفَعْنا بَعْضَهُمْ فَوْقَ بَعْضٍ دَرَجاتٍ لِیَتَّخِذَ بَعْضُهُمْ بَعْضاً سُخْرِیًّا وَ رَحْمَتُ رَبِّکَ خَیْرٌ مِمَّا یَجْمَعُونَ – سوره زخرف، آیه ۳۲

[۸۲]- قُلْ هَلْ مِنْ شُرَكائِكُمْ مَنْ یَبْدَؤُا الْخَلْقَ ثُمَّ یُعیدُهُ قُلِ اللَّهُ یَبْدَؤُا الْخَلْقَ ثُمَّ یُعیدُهُ فَأَنَّى تُؤْفَكُونَ – سوره یونس، آیه ۳۴
- أَمَّنْ یَبْدَؤُا الْخَلْقَ ثُمَّ یُعیدُهُ وَ مَنْ یَرْزُقُكُمْ مِنَ السَّماءِ وَ الْأَرْضِ أَ إِلهٌ مَعَ اللَّهِ قُلْ هاتُوا بُرْهانَكُمْ إِنْ كُنْتُمْ صادِقینَ – سوره نمل، آیه ۶۴
- أَ وَ لَمْ یَرَوْا كَیْفَ یُبْدِئُ اللَّهُ الْخَلْقَ ثُمَّ یُعیدُهُ إِنَّ ذلِکَ عَلَى اللَّهِ یَسیرٌ – سوره عنکبوت، آیه ۱۹
- إِنَّ الَّذی فَرَضَ عَلَیْکَ الْقُرْآنَ لَرادُّکَ إِلى مَعادٍ قُلْ رَبِّی أَعْلَمُ مَنْ جاءَ بِالْهُدى وَ مَنْ هُوَ فی ضَلالٍ مُبینٍ – سوره قصص، آیه ۸۵
- وَ هُوَ الَّذی یَبْدَؤُا الْخَلْقَ ثُمَّ یُعیدُهُ وَ هُوَ أَهْوَنُ عَلَیْهِ وَ لَهُ الْمَثَلُ الْأَعْلى فِی السَّماواتِ وَ الْأَرْضِ وَ هُوَ الْعَزیزُ الْحَكیمُ – سوره روم، آیه ۲۷
- إِنَّهُ هُوَ یُبْدِئُ وَ یُعیدُ – سوره بروج، آیه ۱۳

[۸۳]- یا أَیُّهَا الَّذینَ آمَنُوا أَنْفِقُوا مِمَّا رَزَقْناكُمْ مِنْ قَبْلِ أَنْ یَأْتِیَ یَوْمٌ لا بَیْعٌ فیهِ وَ لا خُلَّةٌ وَ لا شَفاعَةٌ وَ الْكافِرُونَ هُمُ الظَّالِمُونَ – سوره بقره، آیه ۲۵۴
- وَ اتَّقُوا یَوْماً لا تَجْزی نَفْسٌ عَنْ نَفْسٍ شَیْئاً وَ لا یُقْبَلُ مِنْها شَفاعَةٌ وَ لا یُؤْخَذُ مِنْها عَدْلٌ وَ لا هُمْ یُنْصَرُونَ – سوره بقره، آیه ۴۸
- وَ اتَّقُوا یَوْماً لا تَجْزی نَفْسٌ عَنْ نَفْسٍ شَیْئاً وَ لا یُقْبَلُ مِنْها عَدْلٌ وَ لا تَنْفَعُها شَفاعَةٌ وَ لا هُمْ یُنْصَرُونَ – سوره بقره، آیه ۱۲۳

عبارت دیگر، از آنجا که مطلق شفاعت از برای خداوندی است که آسمانها و زمین، در تملک اوست[۸۴]، لذا غیر او ولی و شفیع حقیقی دیگری برای معاش و معاد مؤمنین وجود ندارد[۸۵] ، پس نیل به مقام شفاعت نزد خداوند تبارک و تعالی، تنها به إذن خود او صورت می‌گیرد [۸۶] و در این چهارچوب کسی می‌تواند شفیع باشد که در نزد مالک شفاعت، معهود بوده و به سبب استقامت بر آن عهد، اذن واسطه شدن یابد[۸۷]. به تعبییر دقیق تر، شفاعت نفع نمی دهد، مگر آن فردی را که خداوند رحمان به شفاعت إذن نموده و راضی به قول او باشد[۸۸] و تنها در این صورت است که شفاعت شفیع، ضمن آن‌که مقبول می‌گردد، مطاع نیز بوده و ضمن زدودن فقر، غناو بی‌نیازی را به ارمغان می‌آورد و برطرف کننده‌ی اضطراب و فزع از قلبها و به طور مطلق نجات دهنده خواهد بود[۸۹] و در این حال امر شفاعت نفع دهنده و سودمند برای شافعین از

- فَما تَنْفَعُهُمْ شَفاعَةُ الشّافِعِينَ – سوره مدثر، آیه ۴۸

[۸۴]- قُلْ لِلّهِ الشَّفاعَةُ جَمِيعاً لَهُ مُلْكُ السَّماواتِ وَ الْأَرْضِ ثُمَّ إِلَيْهِ تُرْجَعُونَ – سوره زمر، آیه۴۴

[۸۵]- اللّهُ الَّذی خَلَقَ السَّماواتِ وَ الْأَرْضَ وَ ما بَيْنَهُما فی سِتَّةِ أَيّامٍ ثُمَّ اسْتَوى عَلَى الْعَرْشِ ما لَكُمْ مِنْ دُونِهِ مِنْ وَلِيٍّ وَ لا شَفِيعٍ أَ فَلا تَتَذَكَّرُونَ – سوره سجده، آیه۴
- وَ أَنْذِرْ بِهِ الَّذِينَ يَخافُونَ أَنْ يُحْشَرُوا إِلى رَبِّهِمْ لَيْسَ لَهُمْ مِنْ دُونِهِ وَلِيٌّ وَ لا شَفِيعٌ لَعَلَّهُمْ يَتَّقُونَ – سوره انعام، آیه ۵۱
- وَ ذَرِ الَّذِينَ اتَّخَذُوا دِينَهُمْ لَعِباً وَ لَهْواً وَ غَرَّتْهُمُ الْحَياةُ الدُّنْيا وَ ذَكِّرْ بِهِ أَنْ تُبْسَلَ نَفْسٌ بِما كَسَبَتْ لَيْسَ لَها مِنْ دُونِ اللّهِ وَلِيٌّ وَ لا شَفِيعٌ وَ إِنْ تَعْدِلْ كُلَّ عَدْلٍ لا يُؤْخَذْ مِنْها أُولئِكَ الَّذِينَ أُبْسِلُوا بِما كَسَبُوا لَهُمْ شَرابٌ مِنْ حَمِيمٍ وَ عَذابٌ أَلِيمٌ بِما كانُوا يَكْفُرُونَ – سوره انعام، آیه ۷۰
- أَمِ اتَّخَذُوا مِنْ دُونِ اللّهِ شُفَعاءَ قُلْ أَ وَ لَوْ كانُوا لا يَمْلِكُونَ شَيْئاً وَ لا يَعْقِلُونَ – سوره زمر، آیه۴۳
- وَ لا يَمْلِكُ الَّذِينَ يَدْعُونَ مِنْ دُونِهِ الشَّفاعَةَ إِلاَّ مَنْ شَهِدَ بِالْحَقِّ وَ هُمْ يَعْلَمُونَ –سوره زخرف، آیه۸۶

[۸۶]- اللّهُ لا إِلهَ إِلاَّ هُوَ الْحَيُّ الْقَيُّومُ لا تَأْخُذُهُ سِنَةٌ وَ لا نَوْمٌ لَهُ ما فِی السَّماواتِ وَ ما فِی الْأَرْضِ مَنْ ذَا الَّذی يَشْفَعُ عِنْدَهُ إِلاَّ بِإِذْنِهِ يَعْلَمُ ما بَيْنَ أَيْدِيهِمْ وَ ما خَلْفَهُمْ وَ لا يُحِيطُونَ بِشَيْءٍ مِنْ عِلْمِهِ إِلاَّ بِما شاءَ وَسِعَ كُرْسِيُّهُ السَّماواتِ وَ الْأَرْضَ وَ لا يَؤُدُهُ حِفْظُهُما وَ هُوَ الْعَلِيُّ الْعَظِيمُ – سوره بقره، آیه ۲۵۵
[۸۷]- لا يَمْلِكُونَ الشَّفاعَةَ إِلاَّ مَنِ اتَّخَذَ عِنْدَ الرَّحْمنِ عَهْداً – سوره مریم، آیه ۸۷
[۸۸]- يَوْمَئِذٍ لا تَنْفَعُ الشَّفاعَةُ إِلاَّ مَنْ أَذِنَ لَهُ الرَّحْمنُ وَ رَضِيَ لَهُ قَوْلاً – سوره طه، آیه ۱۰۹
[۸۹]- وَكَمْ مِنْ مَلَكٍ فِی السَّماواتِ لا تُغْنی شَفاعَتُهُمْ شَيْئاً إِلاَّ مِنْ بَعْدِ أَنْ يَأْذَنَ اللّهُ لِمَنْ يَشاءُ وَ يَرْضى - سوره نجم، آیه ۲۶
- وَ أَنْذِرْهُمْ يَوْمَ الْآزِفَةِ إِذِ الْقُلُوبُ لَدَى الْحَناجِرِ كاظِمِينَ ما لِلظّالِمِينَ مِنْ حَمِيمٍ وَ لا شَفِيعٍ يُطاعُ - سوره غافر، آیه ۱۸
- يَعْلَمُ ما بَيْنَ أَيْدِيهِمْ وَ ما خَلْفَهُمْ وَ لا يَشْفَعُونَ إِلاَّ لِمَنِ ارْتَضى وَ هُمْ مِنْ خَشْيَتِهِ مُشْفِقُونَ – سوره أنبياء، آیه ۲۸
- وَ لا تَنْفَعُ الشَّفاعَةُ عِنْدَهُ إِلاَّ لِمَنْ أَذِنَ لَهُ حَتَّى إِذا فُزِّعَ عَنْ قُلُوبِهِمْ قالُوا ما ذا قالَ رَبُّكُمْ قالُوا الْحَقَّ وَ هُوَ الْعَلِيُّ الْكَبِيرُ – سوره سبأ، آیه ۲۳
- أَ أَتَّخِذُ مِنْ دُونِهِ آلِهَةً إِنْ يُرِدْنِ الرَّحْمنُ بِضُرٍّ لا تُغْنِ عَنِّی شَفاعَتُهُمْ شَيْئاً وَ لا يُنْقِذُونِ – سوره يس، آیه ۲۳

بیّعان واقع می شود و هرکس برای عمل حسنه ای شفیع و واسطه ی انجام خیر باشد او هم نصیبی کامل از آن خواهد برد و مبتنی بر همین قاعده است که هرکس شفیع عمل سوئی شود سهمی بسزا خواهد یافت[۹۰].

۳-۳- کارکرد انفاق چیست؟ رفع تعلّق از ماسوی الله و ازاله‌ی حبّ الدّنیا

از خصایص ذاتی انسان توریت، مماسکت و خساست بوده و حتی اگر وسعت تملّکات مادی‌اش، جمیع خزائن و گنجینه‌های رحمت للعالمین را شامل می‌گردید، فرقی حاصل نمی‌شد، زیرا که آدمی از ترس فقر و نیاز، خودداری از انفاق نموده[۹۱] و نسبت به انفاق، بخل می‌وزد و اگر چه به سبب آنکه خداوند غنی مطلق و صمد است، در نهایت آثار این عمل، متوجه خود او و به عنوان فقیر حقیقی می‌شود، لکن با این وجود نسبت به خود بخل می نماید[۹۲].

انسان هر آن‌چه دارد از آن خداست؛ برای آنکه تعلّق به ما سوی الله از قلب مؤمن رفع شود و حبّ الدنیا به عنوان رأس تمام خطایا، از قلب و دلش ازاله گردد، خداوند انفاق فی سبیل الله را به او واجب نمود[۹۳]، زیرا این امر به سبب آنکه موجبات حفاظت او را در برابر خوی لئامت و بخل نفس حاصل می‌شود، اسباب رستگاری او را رقم میزند و این گونه او را به مقام فلاح می رساند و صد البته که این چرخه برای نفس او بهتر خواهد بود[۹۴].

به عبارت دیگر، محسنین هیچ مالی را کم یا زیاد انفاق نکنند و هیچ وادی را نپیمایند جز آنکه در نامه اعمالشان نوشته شود تا خداوند بسیار بهتر از آنچه کردند اجر به آنها عطا کند.[۹۵]

۹۰- مَنْ یَشْفَعْ شَفاعَةً حَسَنَةً یَکُنْ لَهُ نَصیبٌ مِنْها وَ مَنْ یَشْفَعْ شَفاعَةً سَیِّئَةً یَکُنْ لَهُ کِفْلٌ مِنْها وَ کانَ اللَّهُ عَلی کُلِّ شَیْءٍ مُقیتاً – سوره نساء، آیه ۸۵

۹۱- قُلْ لَوْ أَنْتُمْ تَمْلِکُونَ خَزائِنَ رَحْمَةِ رَبِّی إِذاً لَأَمْسَکْتُمْ خَشْیَةَ الْإِنْفاقِ وَ کانَ الْإِنْسانُ قَتُوراً – سوره أسراء، آیه ۱۰۰

۹۲- ها أَنْتُمْ هؤُلاءِ تُدْعَوْنَ لِتُنْفِقُوا فی سَبیلِ اللَّهِ فَمِنْکُمْ مَنْ یَبْخَلُ وَ مَنْ یَبْخَلْ فَإِنَّما یَبْخَلُ عَنْ نَفْسِهِ وَ اللَّهُ الْغَنِیُّ وَ أَنْتُمُ الْفُقَراءُ وَ إِنْ تَتَوَلَّوْا یَسْتَبْدِلْ قَوْماً غَیْرَکُمْ ثُمَّ لا یَکُونُوا أَمْثالَکُمْ – سوره محمّد، آیه ۳۸

۹۳- لَنْ تَنالُوا الْبِرَّ حَتَّی تُنْفِقُوا مِمَّا تُحِبُّونَ وَ ما تُنْفِقُوا مِنْ شَیْءٍ فَإِنَّ اللَّهَ بِهِ عَلیمٌ – سوره آل عمران، آیه ۹۲

۹۴- فَاتَّقُوا اللَّهَ مَا اسْتَطَعْتُمْ وَ اسْمَعُوا وَ أَطیعُوا وَ أَنْفِقُوا خَیْراً لِأَنْفُسِکُمْ وَ مَنْ یُوقَ شُحَّ نَفْسِهِ فَأُولئِکَ هُمُ الْمُفْلِحُونَ – سوره تغابن، آیه۱۶

۹۵- وَ لا یُنْفِقُونَ نَفَقَةً صَغیرَةً وَ لا کَبیرَةً وَ لا یَقْطَعُونَ وادِیاً إِلاَّ کُتِبَ لَهُمْ لِیَجْزِیَهُمُ اللَّهُ أَحْسَنَ ما کانُوا یَعْمَلُونَ – سوره توبه، آیه ۱۲۱

۳-۴- کارکرد برکت چیست؟ تحیَّت مِن عند الله

آن‌گاه که کوثر برکت همچون باران رحمت ببارد[۹۶] و مظروف غنا من غیر الله، پیمانه‌ی خالی قلب مؤمن را تهی از فقر و لبریز از جلوه‌ی بی بدیل و منتهای رحمت خویش نماید، جلوه‌ی رحمت بی منتهای الهی در عالم می درخشد و این موعد، همان حیات طیبه و مبارکی است که از جانب رب العالمین؛ در قالب وادی سلامت روح، به روی انسان گشاده شده و مؤمن را به آن احیاء نموده است.[۹۷] که هر آینه اگر اهل شهر ها ایمان می آوردند و تقوا می ورزیدند، به تحقیق درهای تحیّت برکات الهی از آسمان و زمین بر ایشان گشوده می گشت[۹۸].

۹۶- وَ نَزَّلْنا مِنَ السَّماءِ ماءً مُبارَکاً فَأَنْبَتْنا بِهِ جَنَّاتٍ وَ حَبَّ الْحَصيدِ – سوره ق، آیه ۹

۹۷- لَيْسَ عَلَى الْأَعْمى حَرَجٌ وَ لا عَلَى الْأَعْرَجِ حَرَجٌ وَ لا عَلَى الْمَريضِ حَرَجٌ وَ لا عَلى أَنْفُسِكُمْ أَنْ تَأْكُلُوا مِنْ بُيُوتِكُمْ أَوْ بُيُوتِ آبائِكُمْ أَوْ بُيُوتِ أُمَّهاتِكُمْ أَوْ بُيُوتِ إِخْوانِكُمْ أَوْ بُيُوتِ أَخَواتِكُمْ أَوْ بُيُوتِ أَعْمامِكُمْ أَوْ بُيُوتِ عَمَّاتِكُمْ أَوْ بُيُوتِ أَخْوالِكُمْ أَوْ بُيُوتِ خالاتِكُمْ وْ ما مَلَكْتُمْ مَفاتِحَهُ أَوْ صَديقِكُمْ لَيْسَ عَلَيْكُمْ جُناحٌ أَنْ تَأْكُلُوا جَميعاً أَوْ أَشْتاتاً فَإِذا دَخَلْتُمْ بُيُوتاً فَسَلِّمُوا عَلى أَنْفُسِكُمْ تَحِيَّةً مِنْ عِنْدِ اللَّهِ مُبارَكَةً طَيِّبَةً كَذلِكَ يُبَيِّنُ اللَّهُ لَكُمُ الْآياتِ لَعَلَّكُمْ تَعْقِلُونَ –سوره نور، آیه ۶۱

۹۸- وَ لَوْ أَنَّ أَهْلَ الْقُرى آمَنُوا وَ اتَّقَوْا لَفَتَحْنا عَلَيْهِمْ بَرَكاتٍ مِنَ السَّماءِ وَ الْأَرْضِ وَ لكِنْ كَذَّبُوا فَأَخَذْناهُمْ بِما كانُوا يَكْسِبُونَ – سوره اعراف، آیه۹۶

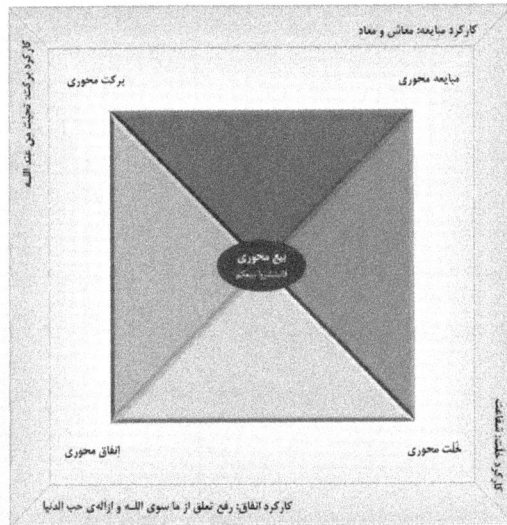

نمودار شماره ۱۲

پارادایم مبایعه:

عمل بیع میان بَیِّعانی که با یکدیگر بیعت کرده اند تا معامله و مبادله کنند.

۱- روند طرح ریزی:

الف- محصول مبایعه: **اعتماد**

ب- فرآیند مبایعه: **شراء**

ج- کارکرد مبایعه: **معاش و معاد**

۲- حوزه ی اقدام: نهادی، فردی و جمعی

۳- خط مشی: فراهم آوردن زمینه‌ی تحقق معامله‌ای همراه با خلّت و اعتماد قلبی و مبادله‌ای تؤام با انفاق و مبایعه ای منتج به برکت، و در کل فرآیندی که معاش مردم را با تأمین معادشان همراه نموده و اعتماد به عنوان خمیر مایه و ملات جامعه سازی قرار گیرد.

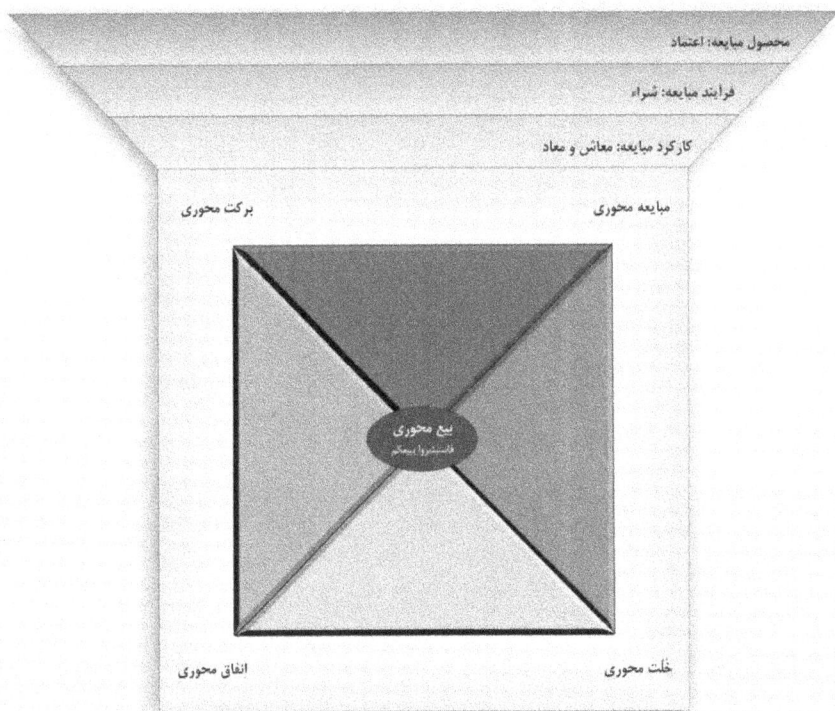

محصول مبایعه: اعتماد

فرایند مبایعه: شراء

کارکرد مبایعه: معاش و معاد

مبایعه محوری

برکت محوری

بیع محوری
فاستبشروا ببیعکم

خلت محوری

انفاق محوری

نمودار شماره ۱۳

پارادایم خلّت:

تعامل در مبایعه به خلّت منتهی خواهد شد.

۱- **روند طرح ریزی:**

الف- محصول خلّت: **تعاون مبتنی بر مودّت**

ب- فرآیند خلّت: **ولایت**

ج- کارکرد خلّت: **شفاعت**

۲- **حوزه ی اقدام:** نهادی، فردی و جمعی

۳- **خط مشی:** رویکرد طرح ریزی استراتژیک در جامعه‌ی اسلامی بر قالب سازو کارهای بیع، مبتنی بر رویکرد ولایت مدار می‌باشد و به این سبب مدیریت حبّ و بغض، آحاد جامعه را به سوی تعاون مبتنی بر مودّت و شفاعت و دست گیری از یکدیگر سوق داده و در نهایت با ملات خلّت، سرمایه اجتماعی تولید شده و جامعه خلیلیان را محقق می‌سازد.

مبایعه محوری
برکت محوری
بیع محوری
فاستبشروا ببیعکم
خُلت محوری
اِنفاق محوری

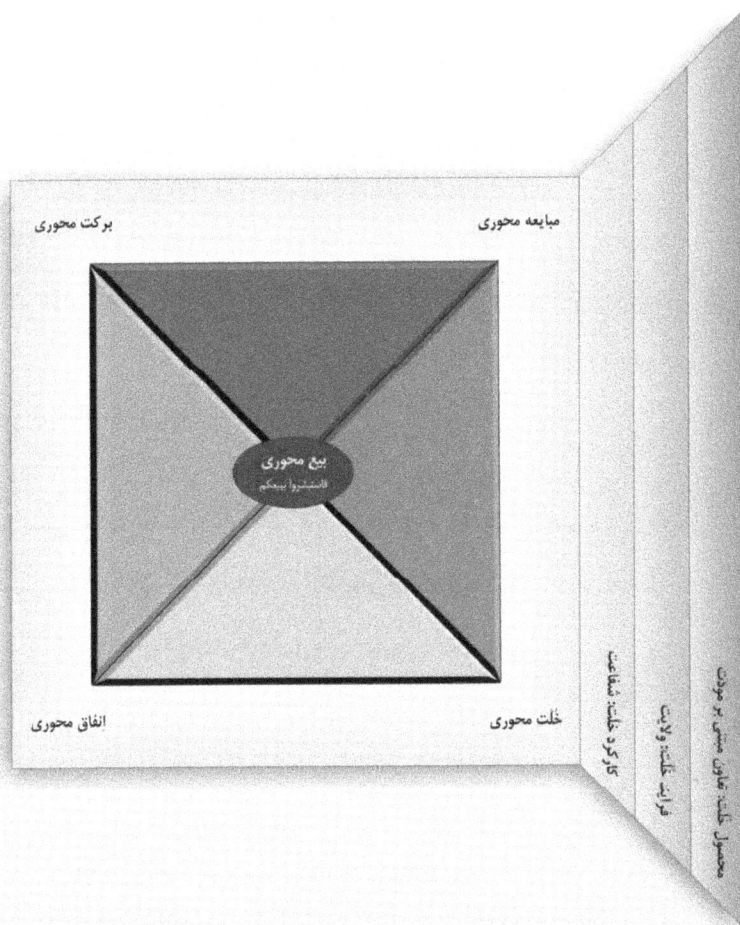

نمودار شماره ۱۴

پارادایم انفاق:

مبادله در فرآیند مبایعه باید توأم با انفاق باشد.

۱- روند طرح ریزی:

الف- محصول انفاق: **برّ و برکت**

ب- فرآیند انفاق: **بذل**

ج- کارکرد انفاق: **رفع تعلّق از ما سوی الله و ازاله ی حبّ الدّنیا**

۲- حوزه ی اقدام: نهادی، فردی و جمعی

۳- خط مشی: حرکت جامعه به سمت ذبح نفس اماره‌ی فردی و به تبع آن حب الدنیا از قلوب است. امری که با گسترش انفاق در تمام سطوح جامعه و کم رنگ شدن نقش پول، دستمزد، حقوق و مزایا و .... محقق می‌گردد.

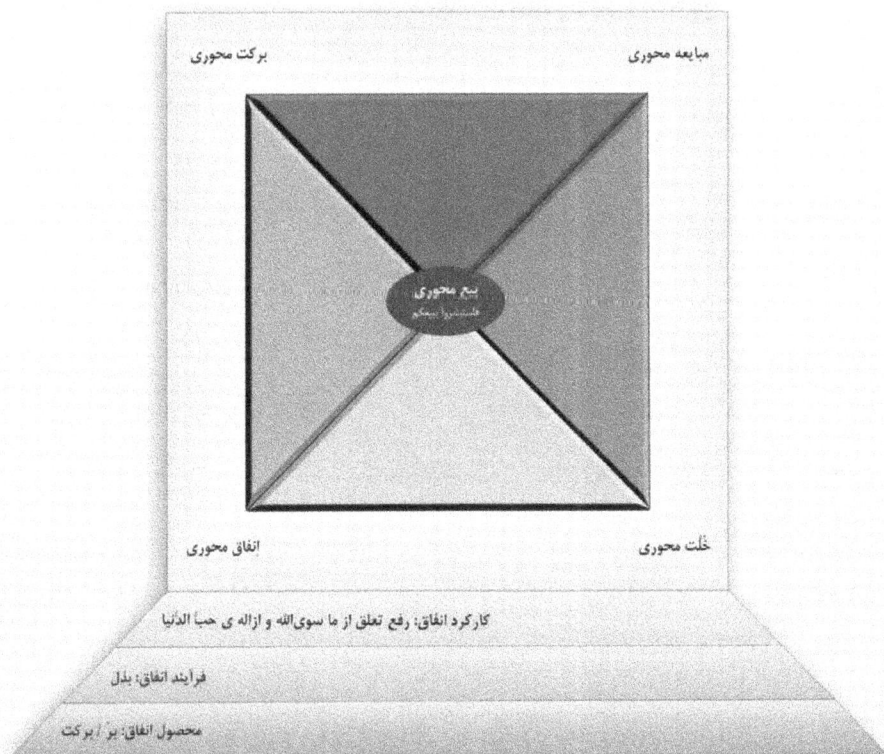

نمودار شماره ۱۵

پارادایم برکت:

برکت محصول بیع و احیاء شدن بدست خداوند است.

۱- روند طرح ریزی:

الف- محصول برکت: **غنا**

ب- فرآیند برکت: **کوثر**

ج- کارکرد انفاق: **تحیَّت من عند الله**

۲- حوزه ی اقدام: نهادی، فردی و جمعی

۳- خط مشی: رواج و گسترش ایمان و متعلّقات آن، از جمله ترویج غیب باوری در جامعه به عنوان زمینه ساز ایمان مردم و جامعه، به امر برکت و سپس رشد جامعه از جمهوری اسلامی به جمهوری تقوا و از ملّت به اُمَّت، جهت ازدیاد برکت و مفتوح نمودن درهای برکت در جامعه و در منتهی درجه، احیاء حیات طیّبه در جامعه.

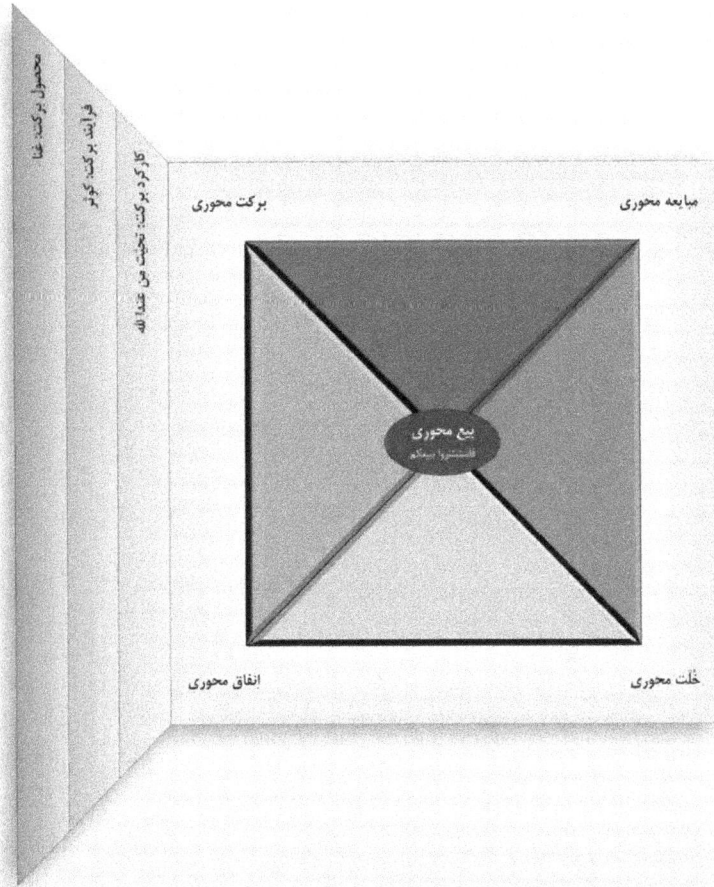

محصول برکت: غنا
فرایند برکت: کوثر
کارکرد برکت: تحیت من عندالله
برکت محوری
مبایعه محوری
بیع محوری
انفاق محوری
خُلت محوری

نمودار شماره ۱۶

روند
طرح‌ریزی خط مشی
بیع

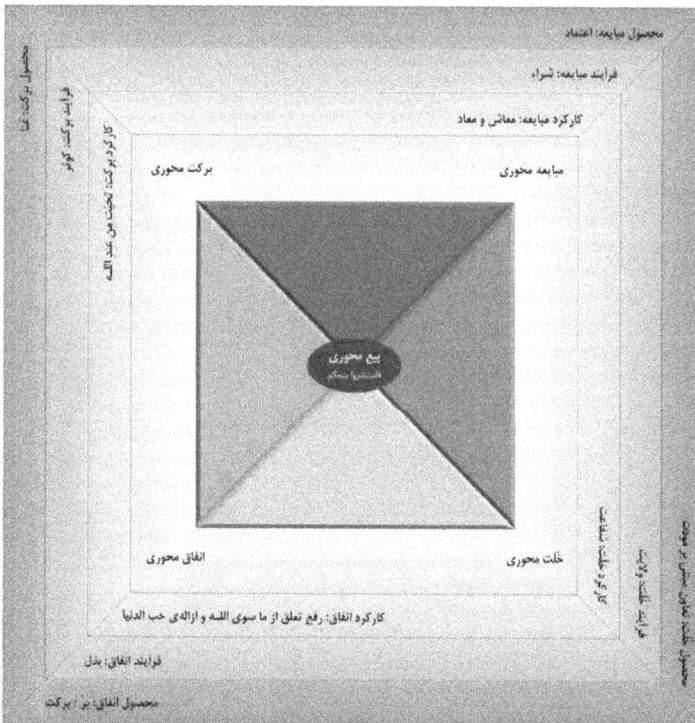

نمودار شماره ۱۷

نتیجه

«ابر دکترین بیع»، دکترین ملی اقتصاد ایران در افق ۱۴۱۴ هجری شمسی خواهد بود و بر این اساس خط مشی و Gateway این پروژه نیز مبتنی بر «برکت محوری» است.

به طور کل نتیجه‌ی برپایی وادی بیع در جامعه، ایجاد جامعه‌ی خلیلیانی است که تسلیم دین و روش زندگی بر حق شده‌اند و امر ایمان به قلوب آحاد این جامعه وارد شده است. نشانه شناسی این جامعه و چارچوب مفهومی وادی بیع، شناخت جامعه‌ی کوچک ابراهیم علیه السلام است. ابراهیم خلیل الله [۹۹] الگو و اسوه ی نیکویی برای جامعه سازی ایمانی و انتقال به جامعه‌ی اسلامی است، چرا که این جامعه نه تنها به پرستش غیر خدا کافر شده، بلکه از آن برائت جسته و بغض و عداوت ورزیده است و به خداوند یکتا توکل می‌نماید[۱۰۰] این جامعه‌ی اهل ایمان است، که مؤمنان ایمان به قلوبشان وارد شده و مرحله ی تعالی قلب را می پیمایند چنین جامعه ای به وادی ایمن قدم نهاده و مرزوق به روزی الهی خواهد شد[۱۰۱] و سلام خدا بر چنین جامعه‌ی ابراهیمی باد[۱۰۲] ،جامعه‌ای که با ذبح آنچه بدان حبّ می ورزند قلب سلیم عطا می‌شود[۱۰۳] و به هنگام نیاز آتش نیز از برایشان برد و سلم می گردد [۱۰۴]به مقام خلیل الله درآمده و به سوی خدای خویش می شتابند[۱۰۵].

در پایان فهم این نکته حائز اهمیت است که جمهوری اسلامی برای نیل به جامعه ی محمّدی باید از مسیر جامعه ی ابراهیمی بگذرد و برای تحقق غایت جمهوری اسلامی، یعنی جامعه‌ی ولایت‌مدار مهدوی، باید ابتدا از جامعه‌ی خلیلیان عبور کرد و این بدان معناست که جامعه سازی بر پارادایم بیع یک گذرگاه در روند تحقّق عهد یک جامعه است.[۱۰۶]

---

[۹۹]- وَ مَنْ أَحْسَنُ دیناً مِمَّنْ أَسْلَمَ وَجْهَهُ لِلّهِ وَ هُوَ مُحْسِنٌ وَ اتَّبَعَ مِلَّةَ إِبْراهیمَ حَنیفاً وَ اتَّخَذَ اللَّهُ إِبْراهیمَ خَلیلاً – سوره نساء آیه ۱۲۵

[۱۰۰]- قَدْ کانَتْ لَکُمْ أُسْوَةٌ حَسَنَةٌ فی إِبْراهیمَ وَ الَّذینَ مَعَهُ إِذْ قالُوا لِقَوْمِهِمْ إِنَّا بُرَآؤُا مِنْکُمْ وَ مِمَّا تَعْبُدُونَ مِنْ دُونِ اللَّهِ کَفَرْنا بِکُمْ وَ بَدا بَیْنَنا وَ بَیْنَکُمُ الْعَداوَةُ وَ الْبَغْضاءُ أَبَداً حَتَّى تُؤْمِنُوا بِاللَّهِ وَحْدَهُ إِلاَّ قَوْلَ إِبْراهیمَ لِأَبیهِ لَأَسْتَغْفِرَنَّ لَکَ وَ ما أَمْلِکُ لَکَ مِنَ اللَّهِ مِنْ شَیْ‏ءٍ رَبَّنا عَلَیْکَ تَوَکَّلْنا وَ إِلَیْکَ أَنَبْنا وَ إِلَیْکَ الْمَصیرُ- سوره ممتحنه آیه ۴

[۱۰۱]- وَ إِذْ قالَ إِبْراهیمُ رَبِّ اجْعَلْ هذا بَلَداً آمِناً وَ ارْزُقْ أَهْلَهُ مِنَ الثَّمَراتِ مَنْ آمَنَ مِنْهُمْ بِاللَّهِ وَ الْیَوْمِ الْآخِرِ قالَ وَ مَنْ کَفَرَ فَأُمَتِّعُهُ قَلیلاً ثُمَّ أَضْطَرُّهُ إِلى‏ عَذابِ النَّارِ وَ بِئْسَ الْمَصیرُ – سوره بقره، آیه ۱۲۶

[۱۰۲]- سَلامٌ عَلى‏ إِبْراهیمَ – سوره صافات، آیه ۱۰۹

[۱۰۳]-إِلاَّ مَنْ أَتَى اللَّهَ بِقَلْبٍ سَلیمٍ – سوره شعرا، آیه۸۹

[۱۰۴]-قُلْنا یا نارُ کُونی بَرْداً وَ سَلاماً عَلى‏ إِبْراهیمَ – سوره انبیاء- آیه۶۹

[۱۰۵]- إِذْ جاءَ رَبَّهُ بِقَلْبٍ سَلیمٍ – سوره صافات، آیه ۸۴

[۱۰۶]- رِجالٌ لا تُلْهیهِمْ تِجارَةٌ وَ لا بَیْعٌ عَنْ ذِکْرِ اللَّهِ وَ إِقامِ الصَّلاةِ وَ إیتاءِ الزَّکاةِ یَخافُونَ یَوْماً تَتَقَلَّبُ فیهِ الْقُلُوبُ وَ الْأَبْصارُ – سوره نور، آیه۳۷

بخش سوم

دکترین ملی بیع

۳-۱

صورت‌بندی دکترین جامع

جمهوری اسلامی

دکترینولوژی جمهوری اسلامی

در تبیین و تنظیم دکترینولوژی یک حکومت، گام نخست، توجه به سطوح دکترینال آن است. در جمهوری اسلامی ایران، حکومت دارای پنج سطح دکترینال ، یعنی سطوح تکنیکی، تاکتیکی، عملیاتی، استراتژیکی و فوق- استراتژیکی است.

سطح استراتژیکی، لایه‌ی ملی، و سطح فوق‌استراتژیکی، لایه‌ی فوق ملی را در بر دارد که همان سطح نهاد رهبری است و لایه‌بندی حکومت در جمهوری اسلامی از این سطح آغاز می‌شود.

سطح دکترینال نهاد رهبری

سطح دکترینال نهاد رهبری، سطح فوق‌استراتژیکی و لایه‌ی فوق ملی حکومت در جمهوری اسلامی است. این سطح در شکل عمومی، متولی رهبری مستضعفین جهان و به صورت اختصاصی، امامت مسلمین به ویژه شیعیان را بر عهده دارد. (نمودار شماره ۱)

سطح نهاد رهبری، دو دکترین اساسی را در بر دارد: ابردکترین و دکترین کبیر. از برآیند ابردکترین و دکترین کبیر، دو دکترین تابع، یعنی دکترین سعادت امت و همچنین دکترین تعالی امت تبیین می‌شود.

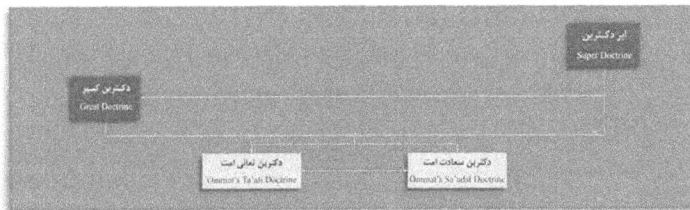

نمودار شماره ۱

۱- ابردکترین

در سطح دکترینال نهاد رهبری، ابردکترین Super Doctrine انقلاب اسلامی نخستین مورد است. ابردکترین انقلاب اسلامی، قواعد بنیادین حاکم بر رفتار - بدون قدرت قانونی - در حوزه‌ی انقلاب جهانی اسلام است که مشتمل بر اصول پنج‌گانه‌ی دین اسلام می‌باشد و در نتیجه، مبتنی بر کتاب - قرآن کریم - و عترت تبیین می‌گردد. جمهوری اسلامی ایران، تنها کشوری است که در دکترینولوژی خود، از ابردکترین بهره می‌برد.

۲- دکترین کبیر

دکترین کبیر Great Doctrine، در سطح دکترینال نهاد رهبری در جمهوری اسلامی، دومین دکترین محسوب می‌شود. دکترین کبیر انقلاب اسلامی، قواعد بنیادین حاکم بر رفتار - بدون قدرت قانونی - در حوزه‌ی انقلاب جهانی اسلام است که مشتمل بر فروع دین اسلام می‌باشد و در نتیجه مبتنی بر کتاب - قرآن کریم - و عترت تبیین می‌گردد. جمهوری اسلامی ایران، تنها کشوری است که در دکترینولوژی خود، از دکترین کبیر بهره می‌گیرد.

۳- دکترین سعادت امت

در سطح دکترینال نهاد رهبری، سومین دکترین، با نام دکترین سعادت امت شناخته می‌شود. دکترین سعادت امت، قواعد بنیادین حاکم بر رفتار - بدون قدرت قانونی - در حوزه‌ی انقلاب جهانی اسلام است که معطوف و منتج به سعادت آحاد امت می‌گردد. این دکترین، برآیند ابردکترین و دکترین انقلاب اسلامی است. جمهوری اسلامی ایران، تنها کشوری است که در دکترینولوژی خود، دارای دکترین سعادت امت می‌باشد.

۴- دکترین تعالی امت

دکترین تعالی امت نیز برآیند ابر دکترین و دکترین کبیر انقلاب اسلامی است و چهارمین دکترین سطح نهاد رهبری محسوب می‌شود. دکترین تعالی امت، قواعد بنیادین حاکم بر رفتار - بدون قدرت قانونی - در حوزه‌ی انقلاب جهانی اسلام است که معطوف و منتج به تعالی آحاد امت می‌گردد. جمهوری اسلامی ایران، تنها کشوری است که در دکترینولوژی خود، دارای دکترین تعالی امت می‌باشد.

ابردکترین انقلاب اسلامی

ابر دکترین انقلاب اسلامی، قواعد بنیادین حاکم بر رفتار - بدون قدرت قانونی - در حوزه‌ی انقلاب جهانی اسلام،

مشتمل بر اصول پنج‌گانه‌ی دین اسلام معرفی شد. مبتنی بر اصول پنج‌گانه‌ی مزبور، پنج دکترین شکل می‌گیرد، که

دکترین‌های موضوعی تابع ابردکترین انقلاب اسلامی محسوب می‌شوند. (نمودار شماره ۲)

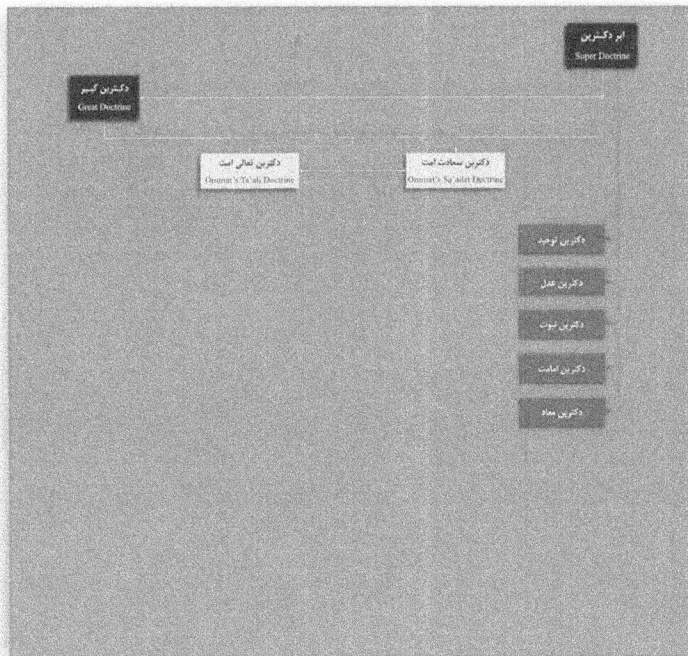

نمودار شماره ۲

۱- دکترین توحید

دکترین توحید، قواعد بنیادین حاکم بر رفتار در هستی - بدون قدرت قانونی - در حوزه‌ی وحدانیت است. این دکترین بر پایه‌ی اصل توحید از اصول پنج‌گانه‌ی اسلام تبیین می‌گردد و نخستین دکترین موضوعی تابع ابردکترین انقلاب اسلامی محسوب می‌شود. جمهوری اسلامی ایران، تنها کشوری است که در دکترینولوژی خود، دارای دکترین توحید است.

۲- دکترین عدل

دکترین عدل، قواعد بنیادی حاکم بر رفتار - بدون قدرت قانونی - در عالم و هستی است. این دکترین بر پایه‌ی اصل عدل از اصول پنج‌گانه‌ی اسلام تبیین می‌گردد، و دومین دکترین موضوعی تابع ابردکترین انقلاب اسلامی محسوب می‌شود. جمهوری اسلامی ایران، تنها کشوری است که در دکترینولوژی خود، دارای دکترین عدل است.

۳- دکترین نبوت

دکترین نبوت، قواعد بنیادین حاکم بر رفتار - بدون قدرت قانونی - در حوزه‌ی وحی و انبیاء است. این دکترین بر پایه‌ی اصل نبوت از اصول پنج‌گانه‌ی اسلام تبیین می‌گردد، و سومین دکترین موضوعی تابع ابردکترین انقلاب اسلامی محسوب می‌شود. جمهوری اسلامی ایران، تنها کشوری است که در دکترینولوژی خود، دارای دکترین نبوت است.

۴- دکترین امامت

دکترین امامت، قواعد بنیادین حاکم بر رفتار - بدون قدرت قانونی - در حوزه‌ی جماعت است. این دکترین، بر پایه‌ی اصل امامت از اصول پنج‌گانه‌ی اسلام تبیین می‌گردد، و چهارمین دکترین موضوعی تابع، ابردکترین انقلاب اسلامی محسوب می‌شود. جمهوری اسلامی ایران، تنها کشوری است که در دکترینولوژی خود، دارای دکترین امامت است. (نمودار شماره ۳)

امام رضا (علیه السلام)

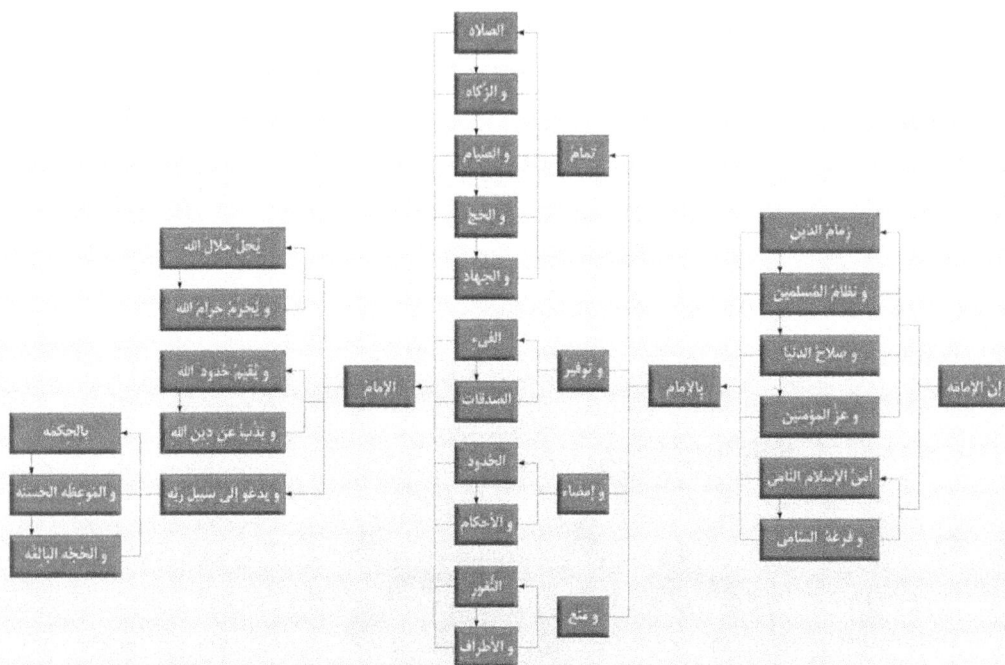

نمودار شماره ۳

۵- دکترین معاد

دکترین معاد، قواعد بنیادین حاکم بر رفتار - بدون قدرت قانونی – در حوزه‌ی عاقبت و آخرت در هستی است. این دکترین، بر پایه‌ی اصل معاد از اصول پنج‌گانه‌ی اسلام تبیین می‌گردد، و پنجمین دکترین موضوعی تابع، ابردکترین انقلاب اسلامی محسوب می‌شود. جمهوری اسلامی ایران، تنها کشوری است که در دکترینولوژی خود، دارای دکترین معاد است.

دکترین کبیر انقلاب اسلامی

دکترین کبیر انقلاب اسلامی، قواعد بنیادین حاکم بر رفتار - بدون قدرت قانونی - در حوزه‌ی انقلاب جهانی اسلام، مشتمل بر فروع دین اسلام معرفی شد. مبتنی بر فروع ده‌گانه‌ی مزبور، ده دکترین شکل می‌گیرد، که دکترین‌های موضوعی تابع دکترین کبیر انقلاب اسلامی محسوب می‌شوند. (نمودار شماره ۴و۵)

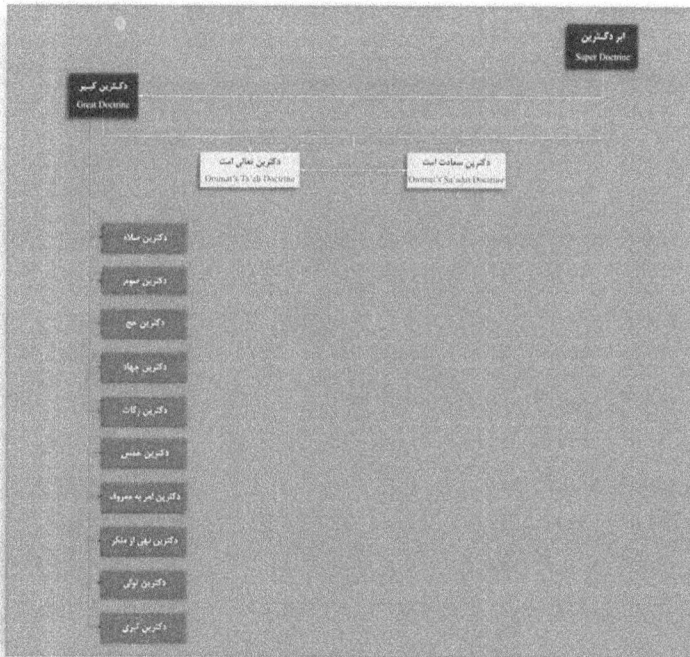

نمودار شماره ۴

۱- دکترین صلاة

دکترین صلاة، قواعد بنیادین حاکم بر رفتار - بدون قدرت قانونی - در حوزه‌ی عبودیت وهجرت، در سه بخش تسبیح و تحمید و تکبیر است. این دکترین بر پایه‌ی فرع صلاة، از فروع ده‌گانه‌ی اسلام تبیین می‌گردد و نخستین

دکترین موضوعی تابع دکترین کبیر انقلاب اسلامی محسوب می‌شود. جمهوری اسلامی ایران، تنها کشوری است که در دکترینولوژی خود، دارای دکترین صلاۀ است.

۲- دکترین صوم

دکترین صوم، قواعد بنیادین حاکم بر رفتار - بدون قدرت قانونی - در حوزه‌ی عبودیت وهجرت، در بخش تزکیه و تهذیب فردی است. این دکترین بر پایه‌ی فرع صوم، از فروع ده‌گانه‌ی اسلام تبیین می‌گردد و دومین دکترین موضوعی تابع دکترین کبیر انقلاب اسلامی محسوب می‌شود. جمهوری اسلامی ایران، تنها کشوری است که در دکترینولوژی خود، دارای دکترین صوم است.

۳- دکترین حج

دکترین حج، قواعد بنیادین حاکم بر رفتار - بدون قدرت قانونی - در حوزه‌ی عبودیت و هجرت، در بخش تزکیه و تهذیب جماعت است. این دکترین بر پایه‌ی فرع حج، از فروع ده‌گانه‌ی اسلام تبیین می‌گردد و سومین دکترین موضوعی تابع دکترین کبیر انقلاب اسلامی محسوب می‌شود. جمهوری اسلامی ایران، تنها کشوری است که در دکترینولوژی خود، دارای دکترین حج است.

۴- دکترین جهاد

دکترین جهاد، قواعد بنیادین حاکم بر رفتار - بدون قدرت قانونی - در حوزه‌ی عبودیت وهجرت، در بخش تزکیه و تهذیب جماعت است. این دکترین بر پایه‌ی فرع جهاد، از فروع ده‌گانه‌ی اسلام تبیین می‌گردد و چهارمین دکترین موضوعی تابع دکترین کبیر انقلاب اسلامی محسوب می‌شود. جمهوری اسلامی ایران، تنها کشوری است که در دکترینولوژی خود، دارای دکترین جهاد است.

۵- دکترین خمس

دکترین خمس، قواعد بنیادین حاکم بر رفتار - بدون قدرت قانونی - در حوزه‌ی عبودیت وهجرت، در بخش تزکیه و تهذیب جماعت است. این دکترین بر پایه‌ی فرع خمس از فروع ده‌گانه‌ی اسلام تبیین می‌گردد و پنجمین دکترین موضوعی تابع دکترین کبیر انقلاب اسلامی محسوب می‌شود. جمهوری اسلامی ایران، تنها کشوری است که در دکترینولوژی خود، دارای دکترین خمس است.

۶- دکترین زکات

دکترین زکات، قواعد بنیادین حاکم بر رفتار - بدون قدرت قانونی - در حوزه‌ی عبودیت وهجرت، در بخش تزکیه و تهذیب جماعت است. این دکترین بر پایه‌ی فرع زکات، از فروع ده‌گانه‌ی اسلام تبیین می‌گردد و ششمین دکترین موضوعی تابع دکترین کبیر انقلاب اسلامی محسوب می‌شود. جمهوری اسلامی ایران، تنها کشوری است که در دکترینولوژی خود، دارای دکترین زکات است.

۷- دکترین امربه‌معروف

دکترین امربه‌معروف، قواعد بنیادین حاکم بر رفتار - بدون قدرت قانونی - در حوزه‌ی عبودیت وهجرت، در بخش تزکیه و تهذیب جماعت است. این دکترین بر پایه‌ی فرع امربه‌معروف، از فروع ده‌گانه‌ی اسلام تبیین می‌گردد و هفتمین دکترین موضوعی تابع دکترین کبیر انقلاب اسلامی محسوب می‌شود. جمهوری اسلامی ایران، تنها کشوری است که در دکترینولوژی خود، دارای دکترین امربه‌معروف است.

۸- دکترین نهی‌ازمنکر

دکترین نهی‌ازمنکر، قواعد بنیادین حاکم بر رفتار - بدون قدرت قانونی - در حوزه‌ی عبودیت وهجرت، در بخش تزکیه و تهذیب جماعت است. این دکترین بر پایه‌ی فرع نهی‌ازمنکر، از فروع ده‌گانه‌ی اسلام تبیین می‌گردد و هشتمین دکترین موضوعی تابع دکترین کبیر انقلاب اسلامی محسوب می‌شود. جمهوری اسلامی ایران، تنها کشوری است که در دکترینولوژی خود، دارای دکترین نهی‌ازمنکر است.

۹- دکترین تولی

دکترین تولی، قواعد بنیادین حاکم بر رفتار - بدون قدرت قانونی - در حوزه‌ی عبودیت وهجرت، در بخش تزکیه و تهذیب جماعت است. این دکترین، بر پایه‌ی فرع تولی، از فروع ده‌گانه‌ی اسلام تبیین می‌گردد و نهمین دکترین موضوعی تابع دکترین کبیر انقلاب اسلامی محسوب می‌شود. جمهوری اسلامی ایران، تنها کشوری است که در دکترینولوژی خود، دارای دکترین تولی است.

۱۰- دکترین تبری

دکترین تبری، قواعد بنیادین حاکم بر رفتار - بدون قدرت قانونی - در حوزه‌ی عبودیت وهجرت، در بخش تزکیه و تهذیب جماعت است. این دکترین، بر پایه‌ی فرع تبری، از فروع ده‌گانه‌ی اسلام تبیین می‌گردد و دهمین دکترین موضوعی تابع دکترین کبیر انقلاب اسلامی محسوب می‌شود. جمهوری اسلامی ایران، تنها کشوری است که در دکترینولوژی خود، دارای دکترین تبری است.

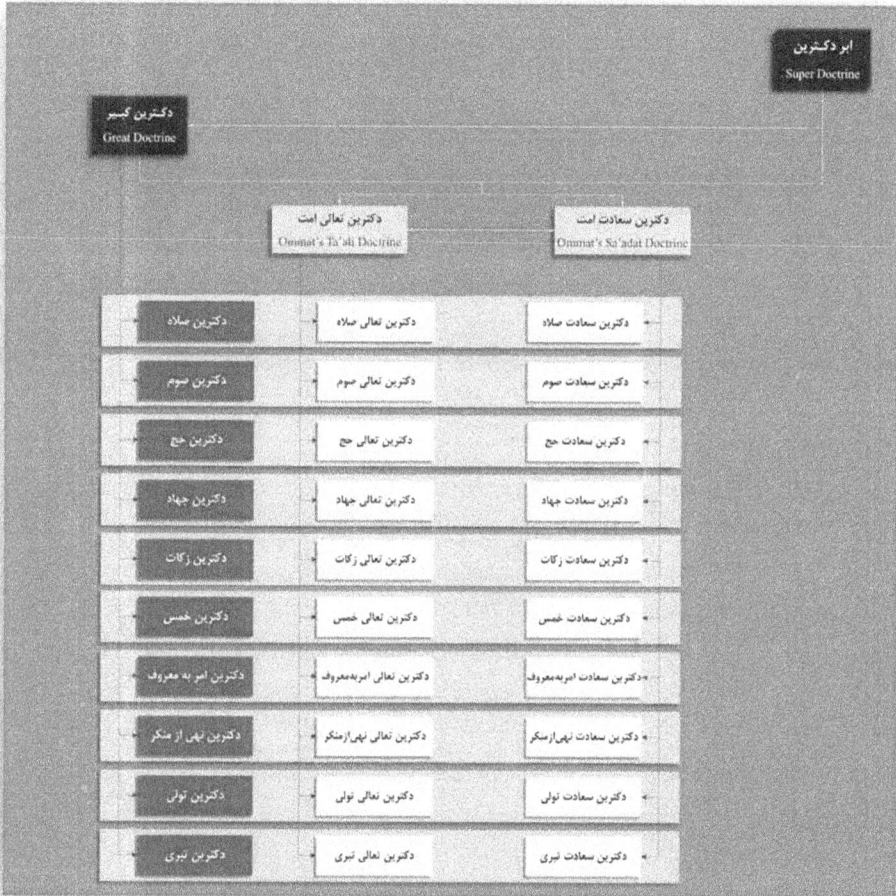

ابر دکترین Super Doctrine		
دکترین کبیر Great Doctrine		
	دکترین تعالی امت Ommat's Ta'ali Doctrine	دکترین سعادت امت Ommat's Sa'adat Doctrine
دکترین صلاه	دکترین تعالی صلاه	دکترین سعادت صلاه
دکترین صوم	دکترین تعالی صوم	دکترین سعادت صوم
دکترین حج	دکترین تعالی حج	دکترین سعادت حج
دکترین جهاد	دکترین تعالی جهاد	دکترین سعادت جهاد
دکترین زکات	دکترین تعالی زکات	دکترین سعادت زکات
دکترین خمس	دکترین تعالی خمس	دکترین سعادت خمس
دکترین امر به معروف	دکترین تعالی امربه‌معروف	دکترین سعادت امربه‌معروف
دکترین نهی از منکر	دکترین تعالی نهی‌ازمنکر	دکترین سعادت نهی‌ازمنکر
دکترین تولی	دکترین تعالی تولی	دکترین سعادت تولی
دکترین تبری	دکترین تعالی تبری	دکترین سعادت تبری

نمودار شماره ۵

سطح دکترینال ملی

سطح دکترینال ملی، لایه‌ی استراتژیکی حکومت در جمهوری اسلامی است، و در واقع متولی مسایل ملی کشور است. (نمودار شماره ۶)

این سطح، دو دکترین اساسی را در بر دارد: دکترین ملی و دکترین بزرگ جمهوری اسلامی. از برآیند دکترین ملی و دکترین بزرگ، دو دکترین تابع، یعنی دکترین امنیت ملی و همچنین دکترین توسعه ملی تبیین می‌شود.

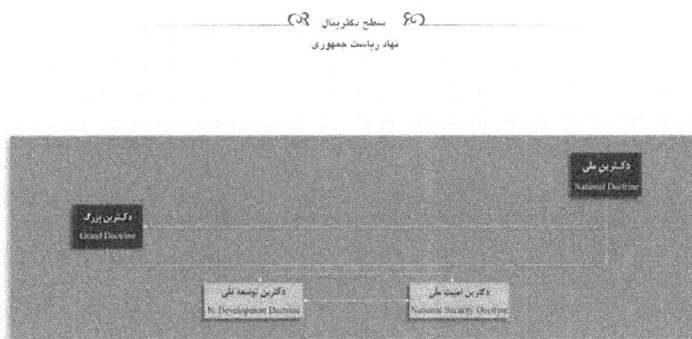

نمودار شماره ۶

۱- دکترین ملی جمهوری اسلامی

در سطح دکترینال ملی، دکترین ملی National Doctrine جمهوری اسلامی، نخستین مورد است. دکترین ملی جمهوری اسلامی، قواعد بنیادین حاکم بر رفتار - بدون قدرت قانونی - در حوزه‌ی مرزهای ملی است که مشتمل بر محورهای موضوعی قدرت ملی می‌باشد. البته محورهای موضوعی قدرت ملی با توجه به رویکردهای متفاوت سیستم‌های ملی، تغییر می‌کند. یعنی محورهای موضوعی قدرت ملی در رویکرد ارگانیکی به تقسیم‌بندی پنج‌وجهی، و در رویکرد سایبرنتیکی به تقسیم‌بندی دووجهی، و در رویکرد بیولوژیکی، به تقسیم‌بندی ده‌وجهی تفکیک می‌شوند.

الف- دکترین ملی مبتنی بر منابع قدرت ارگانیکی

منابع قدرت ارگانیکی، حوزههای فرهنگی، سیاسی، اقتصادی، نظامی و اجتماعی را در بر میگیرد. در نتیجه، دکترین ملی ارگانیکی پنج دکترین فرهنگی، سیاسی، اقتصادی، نظامی و اجتماعی را در بر دارد.

ب- دکترین ملی مبتنی بر منابع قدرت سایبرنتیکی

منابع قدرت سایبرنتیکی، حوزههای اطلاعات و انرژی را در بر میگیرد. لذا، دکترین ملی سایبرنتیکی، دو دکترین اطلاعات و انرژی را در بر دارد.

ج- دکترین ملی مبتنی بر منابع قدرت بیولوژیکی

منابع قدرت بیولوژیکی، حوزههای سرزمینی، سیاسی، فرهنگی، انرژی، فرآوری، اقتصادی، خدماتی، قضایی، امنیتی و باروری را در بر میگیرد. از اینرو، دکترین ملی بیولوژیکی، ده دکترین سرزمینی، سیاسی، فرهنگی، انرژی، فرآوری، اقتصادی، خدماتی، قضایی، امنیتی و باروری را در بر دارد.

۲- دکترین بزرگ جمهوری اسلامی

دکترین بزرگ Grand Doctrine، در سطح دکترینال ملی در جمهوری اسلامی، دومین دکترین محسوب میشود. دکترین بزرگ جمهوری اسلامی، قواعد بنیادین حاکم بر رفتار - بدون قدرت قانونی - در حوزهی مرزهای ملی است که مشتمل بر محور موضوعی ثقل، و همچنین محورهای محیطی - زمینی، دریایی و هوایی - میباشد. (نمودار شماره ۷و ۸)

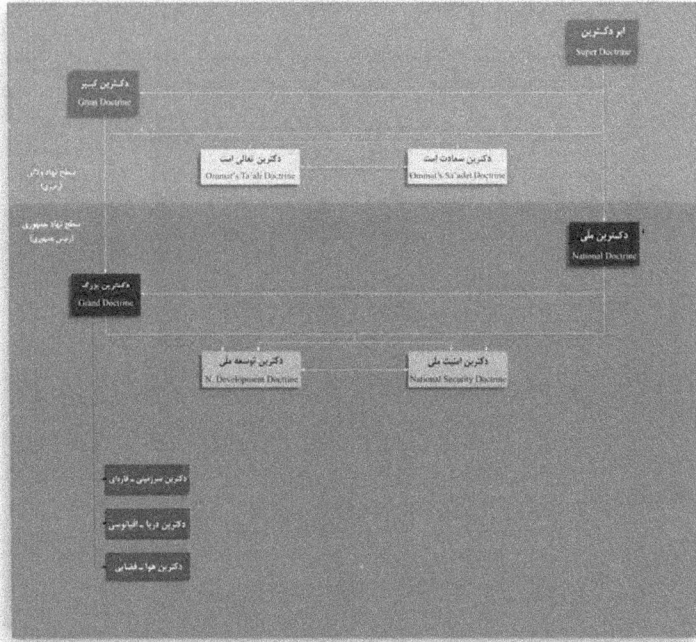

نمودار شماره ۷

۳- دکترین امنیت ملی جمهوری اسلامی

در سطح دکترینال ملی، سومین دکترین، با عنوان دکترین امنیت ملیNational Security Doctrine

شناخته می‌شود. دکترین امنیت ملی، قواعد بنیادین حاکم بر رفتار - بدون قدرت قانونی - در حوزه‌های مرزهای ملی

است که مشتمل بر امنیت داخلی، امنیت خارجی و امنیت بدون مرز، در نسبت با منابع قدرت ملی ارگانیکی،

سایبرنتیکی و بیولوژیکی از یک‌سو، و یا حوزه‌های محیطی - سرزمینی، دریایی و هوایی - از سوی دیگر است. این

دکترین، از برآیند دکترین ملی، و دکترین بزرگ شکل می‌گیرد.

۳۷۱

۴- دکترین توسعه‌ی ملی جمهوری اسلامی

دکترین توسعه‌ی ملی National Development Doctrine نیز از برآیند دکترین ملی و دکترین بزرگ پدید می‌آید و چهارمین دکترین در سطح ملی محسوب می‌شود. دکترین توسعه‌ی ملی، قواعد بنیادین حاکم بر رفتار - بدون قدرت قانونی - در حوزه‌های مرزهای ملی است که در نسبت با منابع قدرت ملی ارگانیکی، سایبرنتیکی و بیولوژیکی از یکسو، و یا حوزه‌های محیطی - سرزمینی، دریایی و هوایی - از سوی دیگر تبیین می‌شود.

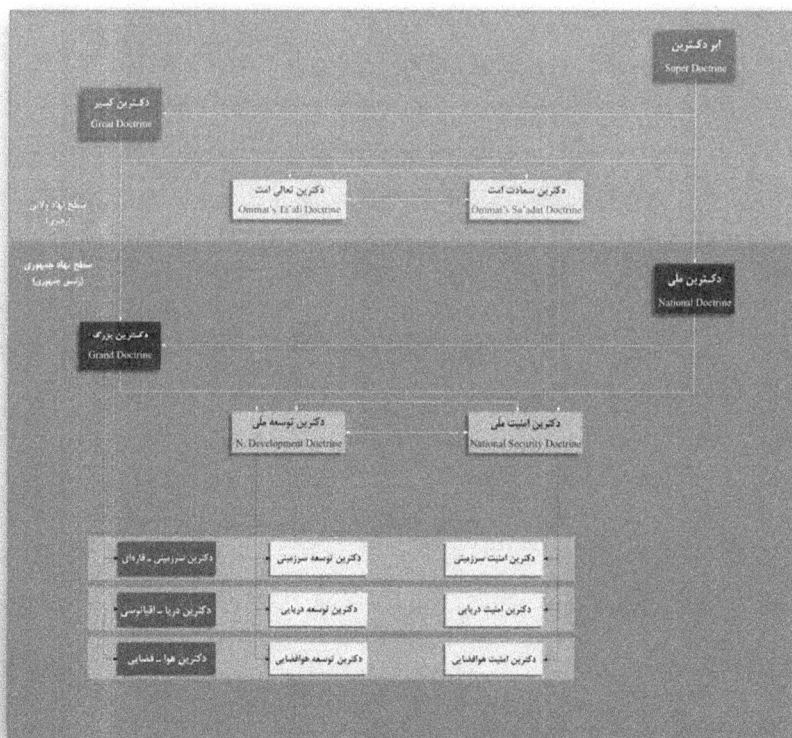

نمودار شماره ۸

روی‌کردهای سیستمی در دکترین ملی جمهوری اسلامی

مفهوم نظام حکومتی Governmental System دربردارنده‌ی سازوکار سیستمی اداره‌ی جامعه است. این سازوکار متضمن ارتباط معنادار میان اجزا در کل حکومت است که به جامعه، خدمت ارائه می‌کند.

دکترین ملی در نسبت با رویکرد سیستمی خود شکل می‌گیرد و دکترین ملی جمهوری اسلامی نیز متاثر از رویکرد سیستمی خود قالب‌گیری می‌شود. از میان رویکردهای سیستمی گوناگون، تنها به سه رویکرد سیستمی ارگانیکی، سایبرنتیکی و بیولوژیکی در حوزه‌ی تبیین نسبت منابع قدرت ملی در تئوری سیستم‌ها، بسنده می‌شود.

دکترین ملی ارگانیکی

دکترین ملی ارگانیکی، قواعد بنیادین حاکم بر رفتار - بدون قدرت قانونی - در حوزه‌های مرزهای ملی است که متأثر از نظریه‌ی سیستم‌های ارگانیک، مشتمل بر منابع پنج‌گانه‌ی قدرت ملی ارگانیکی بوده و پنج دکترین موضوعی ملی را در بر می‌گیرد. (نمودار شماره ۹ و ۱۰)

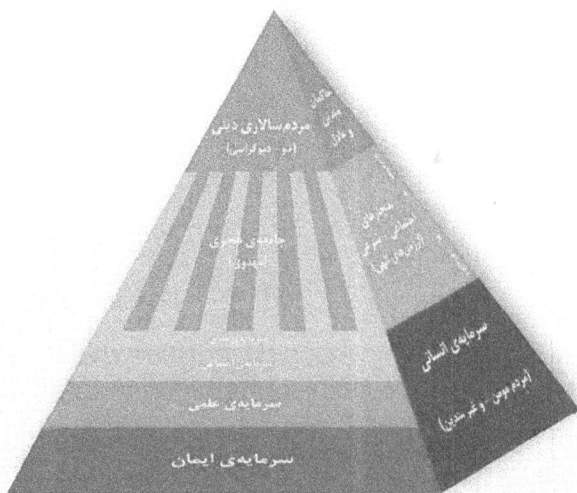

نمودار شماره ۹

مبتنی بر
منابع پنج‌گانه‌ی قدرت ارگانیکی

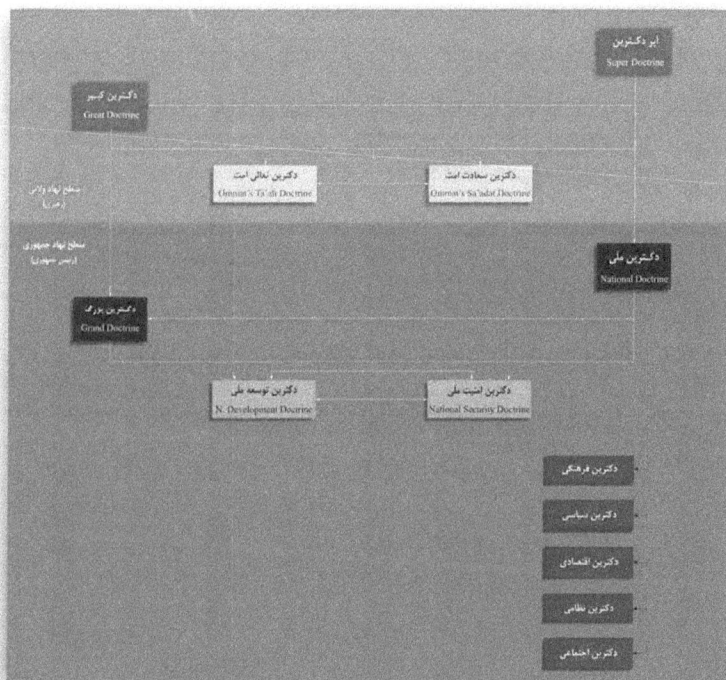

نمودار شماره ۱۰

۱- دکترین فرهنگی ملی

دکترین فرهنگی Cultural Doctrine قواعد بنیادین حاکم بر رفتار - بدون قدرت قانونی - در حوزه‌های مرزهای ملی است که مشتمل بر علم و هنر و ورزش و رسانه و اخلاق می‌باشد.

۲- دکترین سیاسی ملی

دکترین سیاسی Political Doctrine قواعد بنیادین حاکم بر رفتار - بدون قدرت قانونی - در حوزههای مرزهای ملی است که مشتمل بر سیاست داخلی، حکومت، دیپلماسی و روابط خارجی میباشد.

۳- دکترین اقتصادی ملی

دکترین اقتصادی Economic Doctrine قواعد بنیادین حاکم بر رفتار - بدون قدرت قانونی - در حوزههای مرزهای ملی است که مشتمل بر منابع روزمینی و زیرزمینی، انرژی، تولید، صنعت، کشاورزی، تجارت، بازار، خدمات مالی و ... میباشد.

۴- دکترین نظامی ملی

دکترین نظامی Military Doctrine قواعد بنیادین حاکم بر رفتار - بدون قدرت قانونی - در حوزههای مرزهای ملی است که اقدامات نیروهای مسلح را در بر میگیرد.

۵- دکترین اجتماعی ملی

دکترین اجتماعی Social Doctrine قواعد بنیادین حاکم بر رفتار - بدون قدرت قانونی - در حوزههای مرزهای ملی است که مشتمل بر جامعه، خانواده، و ... میباشد.

دکترین ملی سایبرنتیکی

دکترین ملی سایبرنتیکی، قواعد بنیادین حاکم بر رفتار – بدون قدرت قانونی – در حوزه‌های مرزهای ملی است که متأثر از نظریه‌ی سیستم‌های سایبرنتیک، مشتمل بر دو منبع قدرت ملی سایبر، یعنی اطلاعات و انرژی می‌باشد. (نمودار شماره ۱۱ و ۱۲)

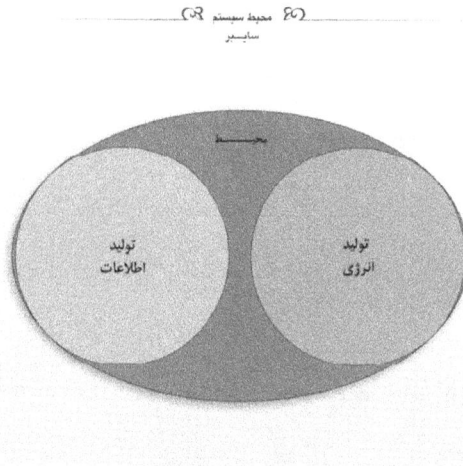

نمودار شماره ۱۱

۱- دکترین اطلاعات

دکترین اطلاعات Information Doctrine قواعد بنیادین حاکم بر رفتار – بدون قدرت قانونی – در حوزه‌های مرزهای ملی است که مشتمل بر اینوستیگیشن Investigation و اینتلیجنس Intelligence می‌باشد.

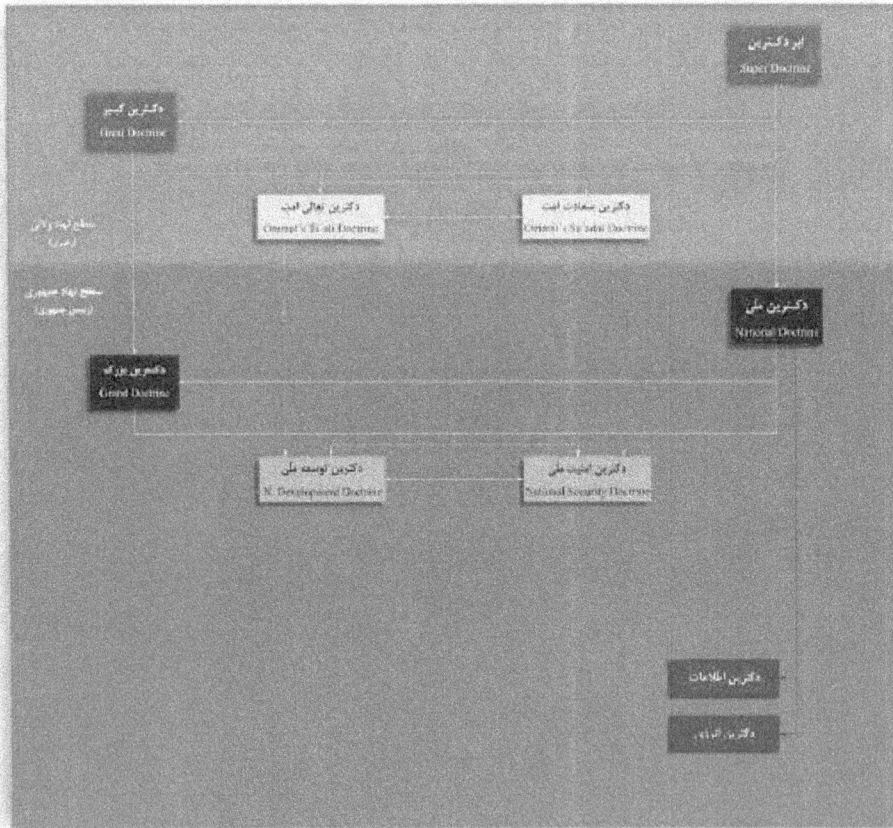

نمودار شماره ۱۲

۲- دکترین انرژی

دکترین انرژی Energy Doctrine قواعد بنیادین حاکم بر رفتار - بدون قدرت قانونی - در حوزه‌های مرزهای

ملی است که بخش‌های انرژی فرهنگی، انرژی اجتماعی، انرژی سیاسی، و ... را در بر می‌گیرد.

۳۷۷

دکترین ملی بیولوژیکی

دکترین ملی بیولوژیکی، قواعد بنیادین حاکم بر رفتار - بدون قدرت قانونی - در حوزه‌های مرزهای ملی است که متأثر از نظریه‌ی سیستم‌های سایبرنتیک، مشتمل بر ده منبع قدرت ملی بیولوژیکی، یعنی سرزمینی، سیاسی، فرهنگی، انرژی، فرآوری، اقتصادی، خدماتی، قضایی، امنیتی و باروری می‌باشد. (نمودار شماره ۱۳ و ۱۴)

برآیند دکترین ملی بیولوژیکی و دکترین بزرگ، در این رویکرد، دکترین سلامت ملی - به‌جای امنیت ملی - و صیرورت ملی - به‌جای توسعه‌ی ملی – است. (نمودار شماره ۱۵)

جامعه‌ی بیولوژیکی

سیستم‌های بیولوژیکی	ارگان‌های بیولوژیکی
سیستم عصبی	مغز ـ نخاع ـ اعصاب
سیستم هورمونی	تیروئید ـ فوق کلیه ـ لوزالمعده
سیستم عضلانی	ماهیچه‌های اسکلتی
سیستم اسکلتی	استخوان‌ها ـ مفاصل
سیستم گردش خون	قلب ـ عروق
سیستم ایمنی	تیموس ـ غدد لنفاوی
سیستم تنفسی	ریه ـ بینی
سیستم گوارشی	دهان ـ مری ـ معده ـ روده ـ کبد
سیستم دفع ادرار	کلیه ـ مثانه
سیستم تولید مثل	رحم ـ تخمدان

نمودار شماره ۱۳

تطبیق سیستم های بیولوژیک
با
منابع ده گانه ی قدرت بیولوژیکی
۱
سیستم عصبی
دکترین سیاسی
۲
سیستم هورمونی
دکترین فرهنگی
۳
سیستم عضلانی
دکترین خدماتی
۴
سیستم اسکلتی
دکترین سرزمینی
۵
سیستم گردش خون
دکترین اقتصادی
۶
سیستم ایمنی
دکترین امنیت
۷
سیستم تنفس
دکترین انرژی
۸
سیستم دفع ادرار
دکترین فضایی
۹
سیستم گوارش
دکترین فراوری
۱۰
سیستم تولیدمثل
دکترین باروری

نمودار شماره ۱۴

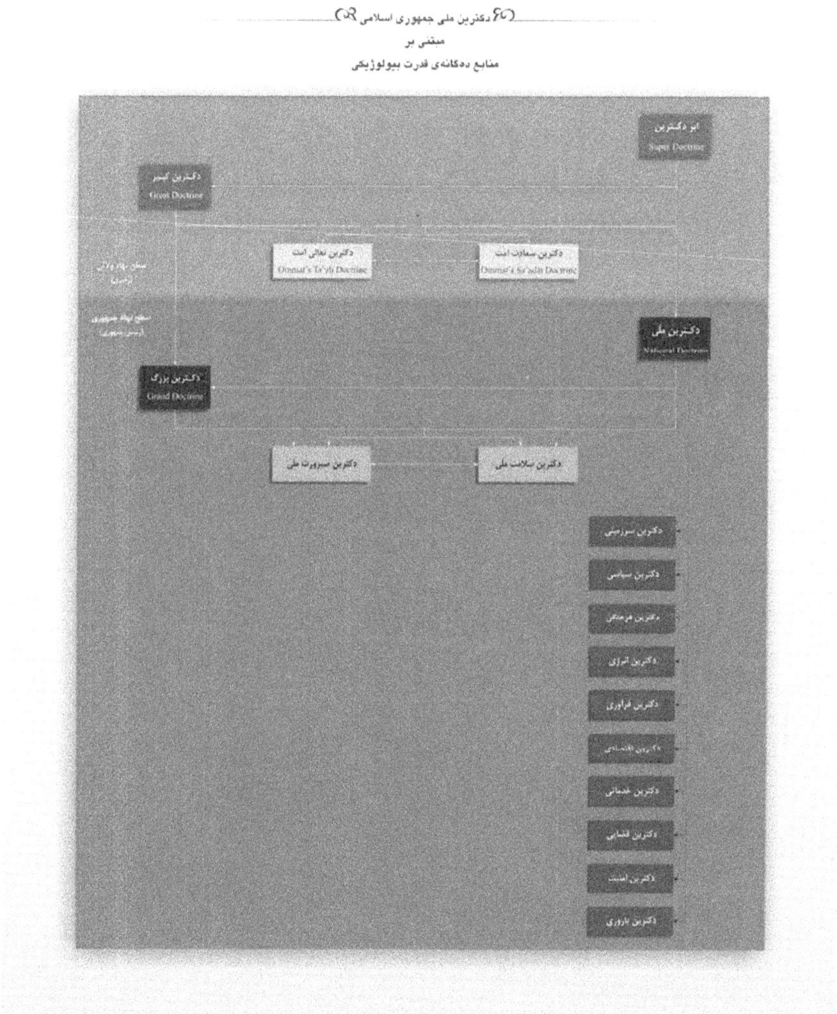

نمودار شماره ۱۵

۱- دکترین سرزمینی

دکترین سرزمینی، قواعد بنیادین حاکم بر رفتار - بدون قدرت قانونی - در حوزه‌های مرزهای ملی، که مشتمل

بر «زمینه» و «محیط» اقدام ملی است.

۲- دکترین سیاسی

دکترین سیاسی، قواعد بنیادین حاکم بر رفتار - بدون قدرت قانونی - در حوزه‌های مرزهای ملی، که مشتمل بر سیاست داخلی، حکومت، دیپلماسی و روابط خارجی است.

۳- دکترین فرهنگی

دکترین فرهنگی، قواعد بنیادین حاکم بر رفتار - بدون قدرت قانونی - در حوزه‌های مرزهای ملی، که مشتمل بر هنر، علم، ادب و ... است.

۴- دکترین انرژی

دکترین انرژی، قواعد بنیادین حاکم بر رفتار - بدون قدرت قانونی - در حوزه‌های مرزهای ملی، که مشتمل بر مجموعه‌ی عوامل انگیختگی مادی و معنوی کشور است.

۵- دکترین فرآوری

دکترین فرآوری، قواعد بنیادین حاکم بر رفتار - بدون قدرت قانونی - در حوزه‌های مرزهای ملی، که مشتمل بر گوارش ملی در بهره‌گیری از منابع ملی است.

۶- دکترین اقتصادی

دکترین اقتصادی، قواعد بنیادین حاکم بر رفتار - بدون قدرت قانونی - در حوزه‌های مرزهای ملی، که مشتمل بر صنعت، تجارت، مالیات، و ... است.

۷- دکترین خدماتی

دکترین خدماتی، قواعد بنیادین حاکم بر رفتار - بدون قدرت قانونی - در حوزه‌های مرزهای ملی، که مشتمل بر توان کار و ظرفیت‌سازی خدمات است.

۸- دکترین قضایی

دکترین قضایی، قواعد بنیادین حاکم بر رفتار - بدون قدرت قانونی - در حوزه‌های مرزهای ملی، که مشتمل بر حدود، قصاص و دیات و ... است.

۹- دکترین امنیت

دکترین امنیت، قواعد بنیادین حاکم بر رفتار - بدون قدرت قانونی - در حوزه‌های مرزهای ملی، که مشتمل بر امنیت داخلی، امنیت خارجی و امنیت بدون مرز است.

۱۰- دکترین باروری

دکترین باروری، قواعد بنیادین حاکم بر رفتار - بدون قدرت قانونی - در حوزه‌های مرزهای ملی، که مشتمل بر امور اجتماعی، جمعیتی، زیستی، ارتقاء منابع انسانی، و ... است.

حیات طیبه

طرح‌ریزی دکترینال، پایه‌گذاری جامعه است. پایه‌گذاری جامعه در سه سطح امت‌چینی، دولت چینی و نظام چینی صورت می‌گیرد و از این سه سطح در مجموع به جامعه‌سازی تعبیر می‌شود.

غایت جامعه‌سازی در اندیشه‌ی اسلامی، تحقق «حیات طیبه» است. در سطح فردی، حیات بشر آسان‌تر امکان نیل به پاکی و پاکیزگی را دارد. اما هنر دین از طریق نبی و امام، تحقق حیات طیبه‌ی جمعی است. در نتیجه غایت طرح‌ریزی دکترینال نیز، با توجه به اندیشه‌ی اسلامی، تحقق حیات طیبه‌ی جهانی است، غایتی که دست‌یافتنی است و همت و تقوا و توکل را می‌طلبد. (نمودار شماره ۱۶)

برآیند سطوح دکترینال ملی و فوق ملی، با رویکرد اسلامی، باید به حیات طیبه منتج گردد، و در غیر این‌صورت، اشکال و ایراد از لایه‌های دکترینال مزبور در حوزه‌ی ساختار و مضمون و محتوا است.

در دکترینولوژی انقلاب اسلامی، سطوح دکترینال، بستر تحقق دکترین‌های برآیندی و کاربردی کشور محسوب می‌شوند: بر این بستر، دکترین ادب (برای وزارت‌خانه‌ای که امروز آموزش و پرورش نامیده می‌شود)، دکترین سلامت (برای حوزه‌ای که امروز بهداشت و درمان خوانده می‌شود)، دکترین بیع (برای حوزه‌هایی که امروز مرتبط با امور اقتصادی دانسته می‌شوند)، دکترین قضاء، دکترین امنیت، و ... شکل می‌گیرند.

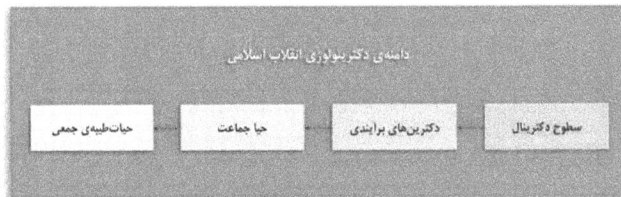

نمودار شماره ۱۶

تحقق دکترین‌های برآیندی و کاربردی، به پدید آمدن حیات طیبه منتج می‌شود. در این معنا، حیـات طیبـه، پیامـد روش‌مند تحقق دکترین‌های برآیندی و کاربردی در دامنه‌ی دکترینولوژی انقلاب اسلامی است. (نمودار شماره ۱۷)

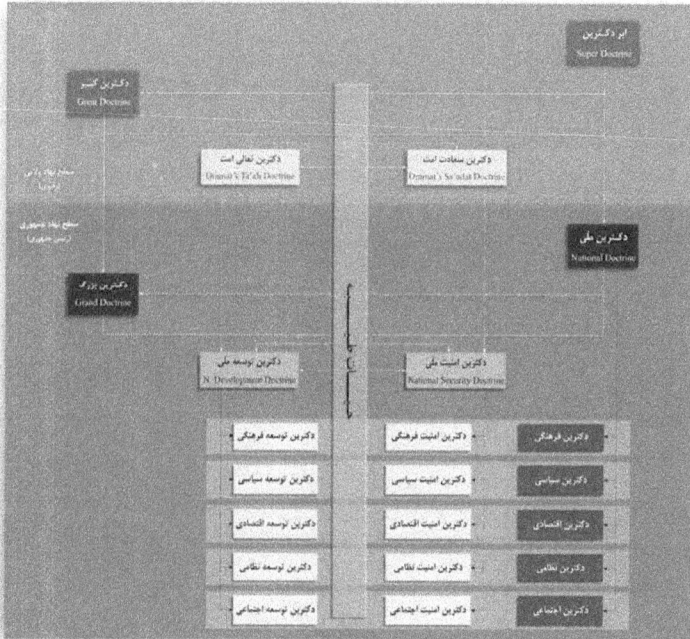

نمودار شماره ۱۷

از حیا تا حیات

حیات، در فارسی زندش و زندگی، در انگلیسی Life، و در آلمانی Liben خوانده می‌شود. در این‌که چه‌قدر مفهوم قرآنی حیات با زندش فارسی، Life انگلیسی و Liben آلمانی و غیره انطباق دارد، برآوردی ارائه نمی‌شود، اما بر این نکته می‌توان تأکید نمود که حیات از نوع طیبه‌ی آن، ریشه در حیا دارد.

ایمان درختی است که ریشه‌ی آن یقین، شاخه‌ی آن تقوا و شکوفه‌ی آن حیا است. در این معنا، حیا مقوله‌ای است که برگرفته از شاخه‌ی تقوا و منتسب به درخت ایمان بوده و به بارنشستن آن به دلیل تغذیه‌ی این درخت از طریق

ریشه‌ای به نام یقین در زمین قلب مؤمن است، زمینی که در این لحظه، مومن موقن متقی باحیاست. (نمودار شماره ۱۸)

در نتیجه با این معنا از حیاء، مقوله‌ی حیا از مفهوم شرم متمایز می‌شود زیرا بدون ایمان و تقوا نیز می‌توان شرم ورزید، اما بدون ایمان و تقوا آیا حیاء معنا دارد؟

دکترین حیات طیبه این است: حیات طیبه، ریشه در حیا دارد، و آن‌کس که حیا ندارد، حیات ندارد. حیا، شکوفه و میوه‌ی شاخه‌ی تقوا در درخت ایمان است، پس تحقق حیات طیبه مستلزم تحقق ایمان و تقوا و حیا در فرد و جامعه است. همان‌گونه که فردی که حیا ندارد، حیات نیز ندارد، جامعه‌ی بدون حیاء منتج از تقوا و ایمان، جامعه‌ی مرده‌ای است.

با توجه به دکترین حیات طیبه، می‌توان اذعان نمود که واژه‌های زندش و Life یا Liben و ... ظرفیت مفهوم حیات قرآنی را ندارند.

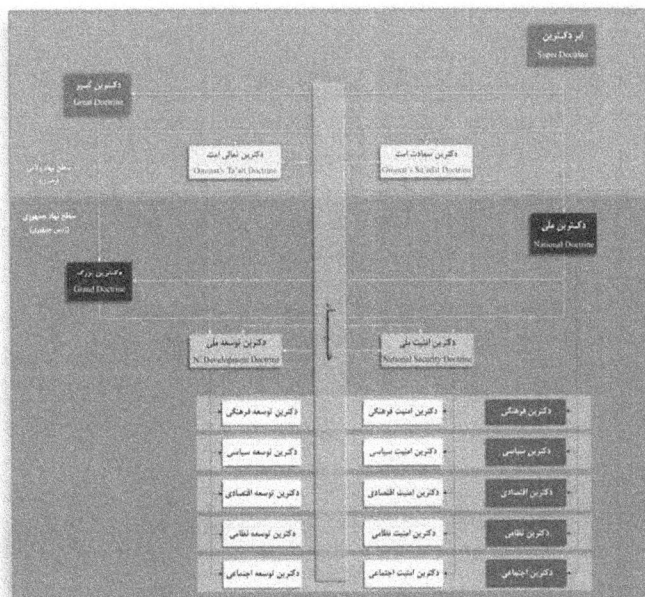

نمودار، شماره ۱۸

دامنه‌ی دکترین بیع در دکترینولوژی جمهوری اسلامی

دکترین بیع، قواعد بنیادین حاکم بر رفتار - بدون قدرت قانونی - در حوزه‌ی مرزهای ملی است که مشتمل بر وقوع خلت، انفاق و برکت در معامله، مبادله و مبایعه در بیع حکومت مؤمنین با خدا، بیع اجتماع مؤمنین با خدا و بیع افراد مؤمن با خدا می‌باشد.

دامنه‌ی دکترین بیع در دکترینولوژی جمهوری اسلامی، متأثر از رویکردهای گوناگون سیستمی، متفاوت است و در گونه‌های سیستمی ارگانیکی، سایبرنتیکی و بیولوژیکی، دکترین بیع به دو دسته‌ی کلی بیع حداقلی، و بیع حداکثری تفکیک می‌شود.

دکترین بیع، علاوه‌بر آن‌که یک دکترین موضوعی – دربردارنده‌ی دکترین اقتصادی- محسوب می‌گردد، بلکه بسته به طیف سیستمی قدرت ملی، یک دکترین برآیندی است، زیرا دکترین‌های موضوعی در متن رویکرد سیستمی تعریف می‌شوند، مانند دکترین‌های سیاسی، اقتصادی، فرهنگی و ... در سیستم ارگانیکی، و یا دکترین اطلاعات و انرژی در سیستم سایبرنتیک.

دکترین برآیندی ارگانیکی بیع

دکترین برآیندی ارگانیکی بیع، قواعد بنیادین حاکم بر رفتار - بدون قدرت قانونی - در حوزه‌ی مرزهای ملی است که متأثر از سیستم ارگانیکی قدرت ملی، مشتمل بر بیع حکومت مؤمنین با خدا، بیع اجتماع مؤمنین با خدا و بیع افراد مؤمن با خدا می‌باشد.

دکترین برآیندی ارگانیکی بیع، یک دکترین برآیندی حداقلی است، زیرا ظرفیت منابع پنج‌گانه‌ی قدرت ملی ارگانیکی، یعنی فرهنگ، سیاست، اقتصاد، قدرت نظامی و اجتماعی، برای تحقق بیع جامع انسان‌ها با خدا، ظرفیت محدودی است. در حال حاضر، عمده‌ی کشورهای جهان از سیستم قدرت ملی ارگانیکی بهره می‌برند. (نمودار شماره ۱۹)

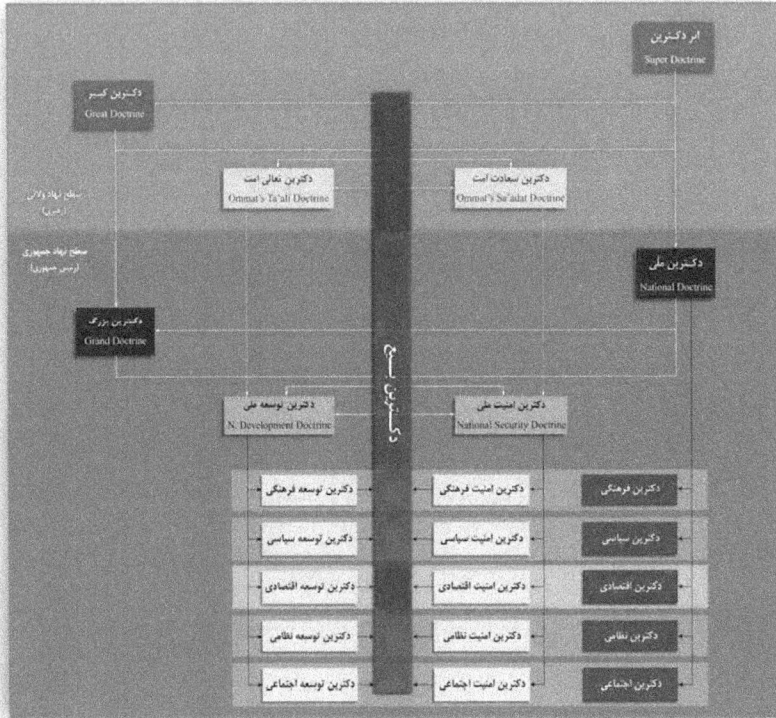

نمودار شماره ۱۹

دکترین برآیندی سایبرنتیکی بیع

دکترین برآیندی سایبرنتیکی بیع، قواعد بنیادین حاکم بر رفتار - بدون قدرت قانونی - در حوزهی مرزهای ملی است که متأثر از سیستم سایبرنتیک قدرت ملی، مشتمل بر بیع حکومت مؤمنین با خدا، بیع اجتماع مؤمنین با خدا و بیع افراد مؤمن با خدا میباشد. (نمودار شماره ۲۰)

دکترین برآیندی سایبرنتیکی بیع، یک دکترین برآیندی حداقلی است، زیرا ظرفیت منابع دوگانهی قدرت ملی سایبرنتیکی، یعنی اطلاعات و انرژی، برای تحقق بیع جامع انسانها با خدا، ظرفیت محدودی است.

۳۸۷

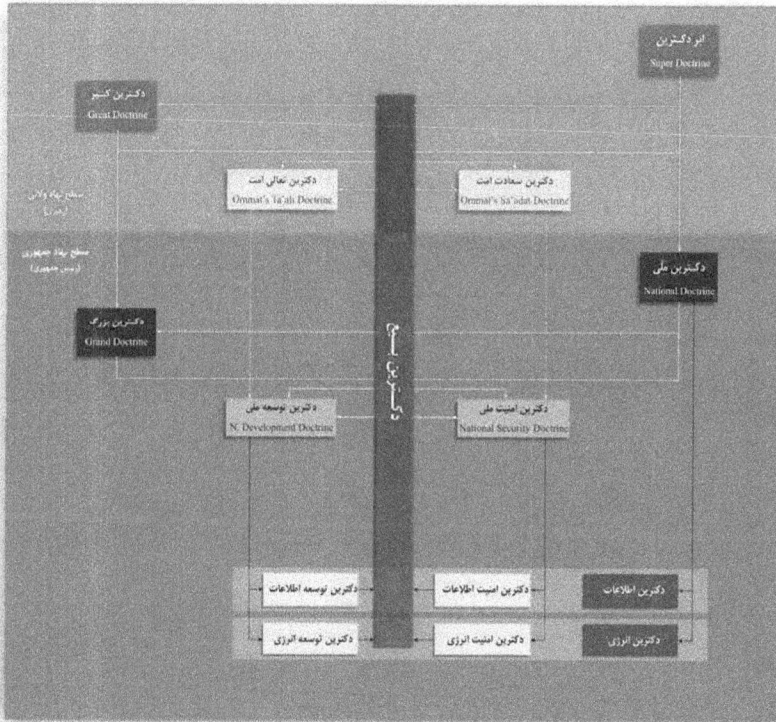

نمودار شماره ۲۰

دکترین برآیندی بیولوژیکی بیع

دکترین برآیندی بیولوژیکی بیع، قواعد بنیادین حاکم بر رفتار - بدون قدرت قانونی - در حوزه‌ی مرزهای ملی است که متأثر از سیستم بیولوژیکی قدرت ملی، مشتمل بر بیع حکومت مؤمنین با خدا، بیع اجتماع مؤمنین با خدا و بیع افراد مؤمن با خدا می‌باشد.

۳۸۸

دکترین برآیندی بیولوژیکی بیع، به سه دلیل، یک دکترین برآیندی حداکثری است:

۱- در رویکرد بیولوژیکی قدرت ملی، امنیت ملی، برآیند دکترین ملی و دکترین بزرگ کشور نیست، بلکه تابعی از دکترین ملی است. در عوض، به‌جای دکترین امنیت ملی، دکترین سلامت ملی می‌نشیند که برآیند دکترین ملی و دکترین بزرگ کشور است.

۲- از سوی دیگر، ساختار قدرت ملی بیولوژیکی، همان‌گونه که از نام آن هویداست، متأثر از ساخت سیستمی بیولوژیک انسان است، لذا قرابت و انطباق سیستمی آن با ساحت‌های بیولوژیک انسان، متضمن حداکثر ظرفیت قدرت ملی، در سلامت تک‌تک انسان‌های جامعه‌ی ملی است.

۳- دکترین بیع حداکثری بیع با خدا را هم در دکترین سلامت ملی و هم در دکترین صیرورت ملی رقم می‌زند.

در حال حاضر، به مرور مدل سیستم ارگانیکی قدرت ناکارآمدی خود را نشان داده، و در کشورهای پیشرفته به مرور با سیستم سایبرنتیک قدرت ملی جایگزین می‌شود، اما در افق ۱۴۱۴ شمسی و ۲۰۳۵ میلادی مدل برتر سیستم قدرت ملی، که متضمن ظرفیت بیع حداکثری باشد، سیستم قدرت ملی بیولوژیکی است. (نمودار شماره ۲۱)

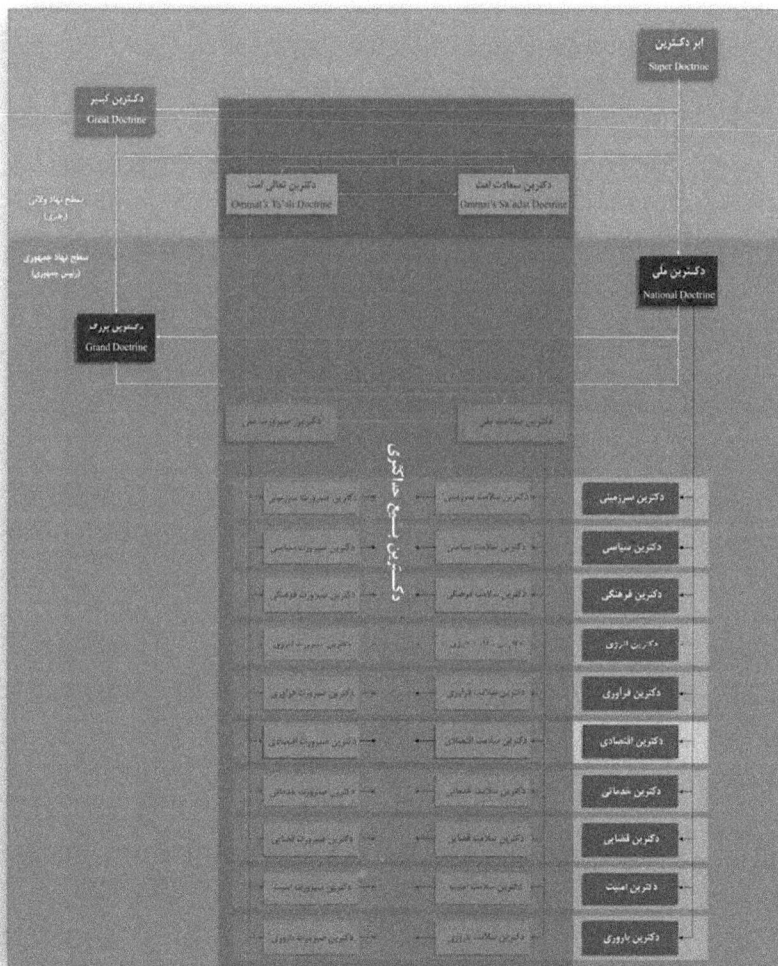

نمودار شماره ۲۱

۲-۳

دکترین ملی بیع

در افق ۱۴۱۴

مقدمه

طرح ریزی دکترینال حوزه‌ی بیع «از کل به جزء» سه لایه‌ی اساسی را در بر می گیرد :

□ ۱- طرح کلی

طرح کلی Master Plan مبتنی بر پارادایم‌های بیع و بر پایه‌ی اصول طرح ریزی و با توجه به طرح اقدام کلی Strategic Action Plan ریخته می‌شود.

هر طرح کلی، یک طرح استراتژیک Strategic Plan است که از یک تا هزاران فرانما یا نقشه‌ی راه Roadmap تشکیل می شود .

❑ ۲- فرانما یا نقشه‌ی راه

هر فرانما   *Roadmap*   در متن یک طرح کلی ترسیم می شود، و در واقع یک طرح عملیاتی،*Operational Plan* است. طرح عملیاتی نیز مبتنی بر طرح اقدام عملیاتی ریخته می شود .

طرح‌های عملیاتی برمبنای دکترین‌های عملیاتی *Operational Doctrine* طراحی میگردند.

❑ ۳- مسأله

هر فرانما یا نقشه‌ی راه *Roadmap* به نوبه‌ی خود از یک تا هزاران مسأله *Problem* را در بر دارد. هر

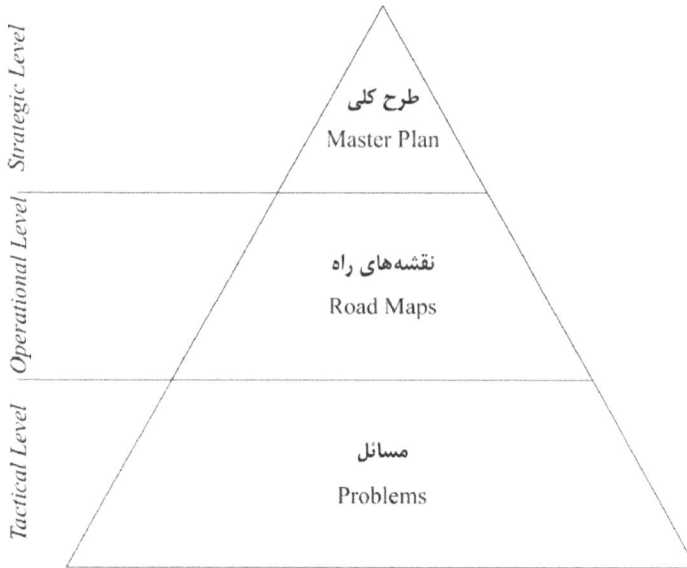

مسأله *Problem* یک طرح تاکتیکی *Tactical Plan* یا حتی تکنیکی است که با توجه به طرح اقدام تاکتیکی ریخته می شود.

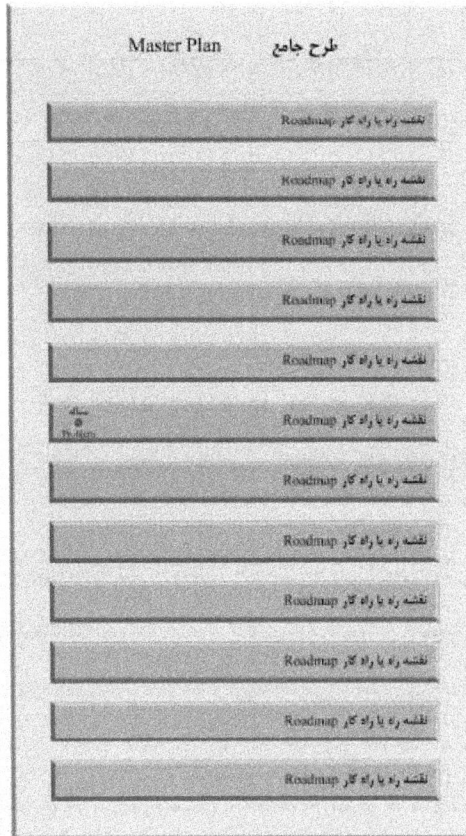

طرح جامع تطبیقی بیع و اکانومی

دکترین ملی بیع نیز واجد یک طرح کلی با ۱۳۷ فرانما یا نقشه‌ی راه، و تعداد بسیار زیادی مسأله است. به طور کلی کرسی مسترپلان بر پایه‌ی سه پرسش کلی و اساسی به سه بخش اصلی تقسیم می شود:

پرسش یکم: محصول و خروجی حوزه‌ی بیع چیست؟

پرسش دوم: این محصول مبتنی بر چه روند و پروژهای ایجاد می شود؟

پرسش سوم: این روند و پروژه توسط چه سیستم و نظامی به مرحله‌ی اجرا در می‌آید؟

از آنجا که پارادایم و خط مشی بیع، مبتنی بر ابرپارادایم امانیسم و یا ابرپارادایم خداگرایی متفاوت است، مسترپلان بیع بر مبنای طرح جامع تطبیقی بیع و اکانومی موضوعیت می‌یابد، که در سمت چپ مسترپلان به ابرپارادایم امانیسم پرداخته شده، و در بخش راست، ابروادی خداگرایی برتافته می‌شود.

دکترین‌های بیع نیز در ماتریس مطالعه‌ی تطبیقی دو حوزه‌ی فوق تبیین می شود:

قسمت چپ مسترپلان ، بر مبنای دیدگاه مدرنیستی، و مبتنی بر فلسفه‌غرب رقم میخورد، و سه سرفصل دارد:

۱. Human Quotient (بهره‌مندی بشر محصول و خروجی حوزه‌ی اکانومی غربی را تبیین می‌کند).
۲. Methodology of Economy (روش‌شناسی اکانومی روند و پروژه‌ی تحقق اکانومی را تبیین می‌کند).
۳. System of Economy (سیستم و نظام اجرای روند اکانومی را تبیین می‌کند).

قسمت راست مسترپلان، برمبنای دیدگاه اسلامی و مبتنی بر «حکمت» رقم می‌خورد، و سه سرفصل دارد:

۱. ظرفیت‌شناسی انسان خلیل (محصول و خروجی حوزه‌ی بیع را تبیین می‌کند).
۲. روش‌شناسی بیع (روند و پروژه‌ی تحقق خلّت و انسان خلیل را تبیین می‌کند).
۳. نظام‌شناسی بیع (نظام اجرای روند بیع را مشخص می‌کند).

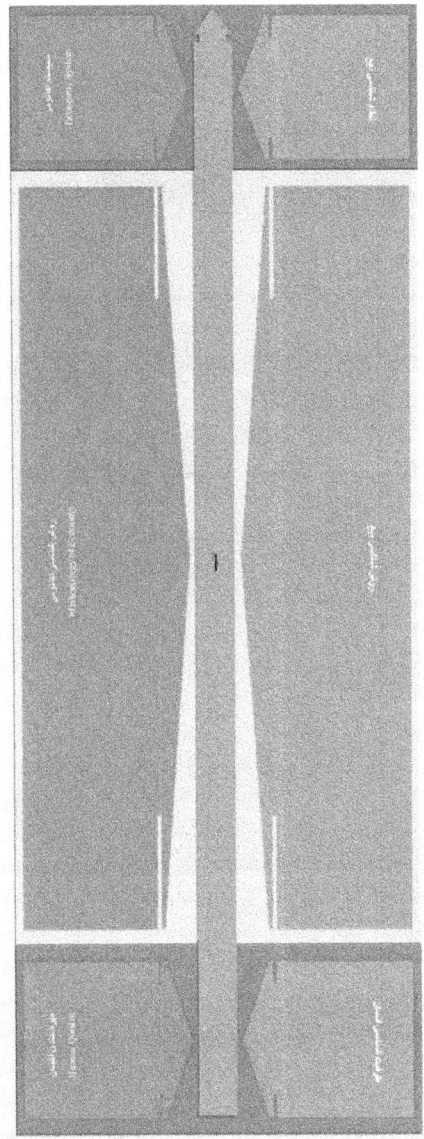

نقشه‌های راه

نقشه‌های راه طرح جامع تطبیقی بیع و اکانومی نیز به نوبه‌ی خود از ۷ بخش تشکیل می‌شوند.

۱. **فلسفه‌ی مضاف:**

فلسفه‌های مضاف و موضوعی مانند فلسفه‌ی سیاست، فلسفه‌ی اقتصاد، فلسفه‌ی پزشکی، فلسفه‌ی هنر و ... از دل فلسفه محض بیرون می‌آیند، و به تبیین چیستی و چرایی در حوزه‌ی مرتبط می‌پردازند.

۲. **ایدئولوژی:**

هر فلسفه‌ی مضاف به تعدادی ایدئولوژی منتج می شود، که هر یک بیانگر بن‌مایه، اصالت و محوریت در آن فلسفه‌ی مضاف هستند. بینش در هر حوزه سبب فهم و برتافتن ایدئولوژی غالب در هر حوزه می‌گردد.

۳. **دکترین:**

خروجی فلسفه‌ی مضاف در هر حوزه‌ای «دکترین» را شکل می‌دهد. دکترین، یعنی تبیین چیستی، چرایی و چگونگی مجموعه‌ی قواعد حاکم بر رفتار و زندگی بشر در حوزه‌ی مرتبط با فلسفه‌ی مضاف مربوطه است.

۴. **حکمت مضاف**

در اندیشه‌ی ایرانی اسلامی شیعی «حکمت» ما به ازای فلسفه است، و حکمت‌های مضاف مانند حکمت ادب، حکمت بیع، حکمت هدایت، حکمت حضور و ... از حکمت محض نشأت می‌گیرند.

۵. **مکتب**

مکتب در واقع به حوزه ای اطلاق می شود که بر بنیانی خاص بنا شده و رو ش‌ها، آموزش‌ها و تعالیم و پیروان ویژه خود را داراست و اساس این آموزش‌ها و تعالیم و راهکارها چه در حوز ه‌های نظری و عملی، بر محوری واحد و اسلوبی ویژه پی ریزی شده است.

۶. قاعده

«قاعده» در عربی و فارسی، نزدیکترین مفهوم به دکترین به مثابه‌ی روش است .حکمت‌های مضاف، مبتنی بر مکاتب خود، به «قواعد» منتج می‌شوند.

۷. امنیت بدون مرز

هدف و غایت این بخش شناخت تضادها و تعامل‌ها در مناسبات میان رویه‌های اسلامی و مدرنیستی، در هر نقشه‌ی راه، بدون در نظر گرفتن مناسبات حکومتی و کشوری است. شناخت همه‌جانبه‌ی تضادها و تقابل‌های فلسفه‌های مضاف، ایدئولوژی‌ها، و دکترین‌ها در نسبت با حکمت‌های مضاف، مکاتب و قواعد هر حوزه، و سپس تنظیم این روابط، متضمن «بقاء» و «ثبات» یک طرح‌ریزی کلان است.

بنابراین از ۱۳۷ رودمپ موجود در مستر پلان ۱۵ رودمپ مربوط به محصول بیع و اکانومی، ۱۱۳ رودمپ فرآیند بیع و اکانومی را تشکیل می‌دهند و در نهایت ۱۰ رودمپ نظام بیع و اکانومی را به صورت تطبیقی، تبیین می‌نمایند.

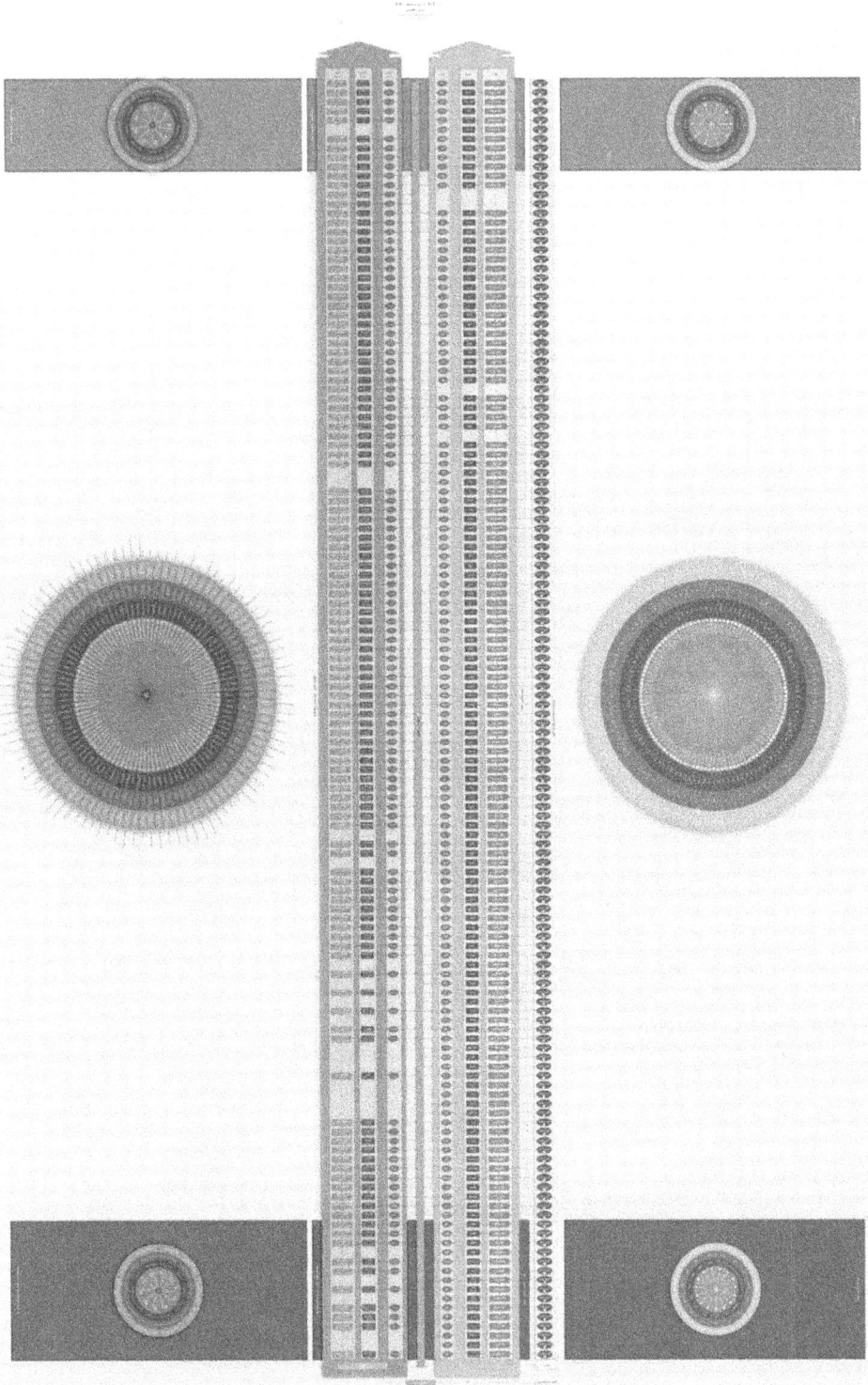

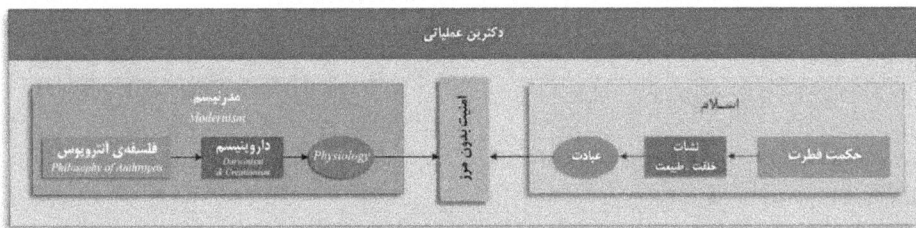

نقشه‌ی راه ۳-۲-۱-۱

مدرنیسم

فلسفه‌ی آنتروپوس *Philosophy of Anthropos*

مبتنی بر درخت فلسفه، نگاه مدرنیسم غرب به انسان محصور به مفهوم آنتروپوس یا بشرشناسی طبیعی می‌شود.

در فلسفه‌ی آنتروپوس *Anthropos* ، بشر صرفاً جزیی از طبیعت است و بس.

این نگاه به بشر، به دو ایدئولوژی در غرب منتج شده است:

۱- ایدئولوژی کری‌ای‌شنیزم *Creationism*

این ایدئولوژی، مبتنی بر تلقی یهود و مسیحیت در کتاب مقدس است، که خلقت بشر نخستین یعنی آدم را توسط خدا در یک لحظه می‌داند. سپس حوا نیز به عنوان نخستین بشر زن خلق می‌شود.

۲- ایدئولوژی داروینیسم *Darwinism*

ایدئولوژی داروینیسم *Darwinism*

چارلز داروین[۱]، در تئوری دگردیسی در تاریخ طبیعی، روند پیدایش بشر را تدریجی دانسته و آن روند را در طی میلیون‌ها سال، طبق انتخاب طبیعی[۲] و بقای اصلح[۳] معرفی می‌کند.

از برخورد این دو ایدئولوژی در غرب درطول یک قرن گذشته، ایدئولوژی کری‌ای‌شنیزم به پنج مکتب تفکیک شده است،[۴] اما تاکنون به نظر می‌رسد که ایدئولوژی داروینیسم پیروز صحنه‌ی برخورد بوده است.

فیزیولوژی *Physiology*

درنهایت، فلسفه‌ی آنتروپوس، به دکترین فیزیولوژی *Physiology* منتج شد، که در آن به شناخت فیزیک جسم بشر پرداخته می‌شود. در واقع انسان به فیزیک خودش فروکاست *Reduction* شد.

اسلام

حکمت فطرت

جسم بشر مانند بخش سخت‌افزار کامپیوتر، و فطرت انسان مانند بخش نرم‌افزار یا سیستم‌عامل کامپیوتر است. وقتی سیستم-عامل - فرضاً ویندوز - در کامپیوتر نصب می‌شود، این وسیله امکان کار و فعالیت می‌یابد. آن‌گاه که در جسم بشر که بُعد حیوانی اوست، فطرت نصب شد - در هنگام روح‌یابی جنین - امکان تبدیل شدن به انسان را یافته است. فطرت به عنوان «نظام عامل» انسانیت، همان «اسلام» در مقیاس نظام عامل یک انسان است. انسان مسلمان، تسلیم فطرت خویش است و کسی که تسلیم فطرت خویش گردید، او اسلام آورده است. از این‌رو، فطرت، مساوق توحید شناخته می‌شود.

مکتب خلقت

در مقابل تلقی مدرنیسم، که بشر را بدون غایت و موجودی طبیعی می‌شناسد، قرآن، خلقت[5] انسان- و جن- را برای عبادت معرفی می‌کند. وقتی قاعده در غایت انسان عبادت است، پرسش مهم این خواهد بود که منشاء انسان کیست- نه چیست- ؟ انسان، کسی را عبادت می‌کند که منشاء اوست و از آن نشأت گرفته است. مکتب نشأت[6] و مکتب خلقت، البته در کنار مکتب طبیعت که بعد مادی انسان را در بردارد، مفهوم چهارمی را بر می‌تابند به نام فطرت.[7] خالق انسان پس از خلقت وی، از روح خود در او دمید[8] و در نتیجه فطرت او را رقم زد.

قاعده‌ی عبادت

نسبت انسان بالله، نسبتی فراتر از مخلوق و خالق است، مانند نسبت عابد و معبود. اما این نسبت‌ها واقعیت محسوب می‌شوند و حقیقت نسبت، همان عبودیت و ربوبیت است.

امنیت

اکنون در جمهوری اسلامی ایران، در حوزه‌های اقتصاد، تعلیم و تربیت، سلامت، علم و حکمت، رسانه، هنر، و ... در انسان شناسی رویه‌های مدرنیسم حاکم است، یعنی تلقی از انسان، همان آنتروپولوژی یا بشر شناسی، و تلقی از طبیعت، همان داروینیسم است.

تقابل آنتروپولوژی و داروینیسم با اسلام، مسأله‌ی پوشیده‌ای نیست. اما مقوله‌ی فیزیولوژی بشر، و ابعاد آن، تقابل و تضاد خاصی با روی‌کرد اسلام به شناخت کالبد و جسم انسان ندارد، منوط به این که فیزیولوژی، نه فروکاست انسان به فیزیک جسم او، بلکه تابعی از طبیعت وی، و تابعی از خلقت او انگاشته شود.

---

1. Charles Robert Darwin (1809 - 1882)
2. Natural Selection
3. Survival of the fittest
4. Young Earth Creationism, Gap Creationism, Progressive Creationism, Intelligent Design, and Theistic Evolution

۵. **ما خَلَقْتُ الْجِنَّ وَ الْإِنْسَ إِلاَّ لِيَعْبُدُونِ (قرآن الکریم، سوره‌ی ذاریات، آیه‌ی ۵۶) من جنّ و انس را نیافریدم جز برای اینکه عبادتم کنند** (مکارم شیرازی، ناصر؛ ترجمه‌ی قرآن کریم)

۶. **وَ هُوَ الَّذی أَنْشَأَكُمْ مِنْ نَفْسٍ واحِدَةٍ فَمُسْتَقَرٌّ وَ مُسْتَوْدَعٌ قَدْ فَصَّلْنَا الْآياتِ لِقَوْمٍ يَفْقَهُونَ (قرآن الکریم، سوره‌ی أنعام، آیه‌ی ۹۸)**
او کسی است که شما را از یک نفس نشأت داد! و شما دو گروه هستید: بعضی پایدار و بعضی ناپایدار؛ ما آیات خود را برای کسانی که می‌فهمند، تشریح نمودیم! (مکارم شیرازی، ناصر؛ ترجمه‌ی قرآن کریم)

۷. **فِطْرَتَ اللَّهِ الَّتی فَطَرَ النَّاسَ عَلَيْها (قرآن الکریم، سوره‌ی روم، قسمتی از آیه‌ی ۳۰.)**

۸. **فَإِذا سَوَّيْتُهُ وَ نَفَخْتُ فيهِ مِنْ رُوحی فَقَعُوا لَهُ ساجِدين (قرآن الکریم، سوره‌ی حجر، آیه‌ی ۲۹ و سوره‌ی ص، آیه‌ی ۷۲.)**
هنگامی که آن را نظام بخشیدم و از روح خود در آن دمیدم، برای او به سجده افتید! (مکارم شیرازی، ناصر؛ ترجمه‌ی قرآن کریم)

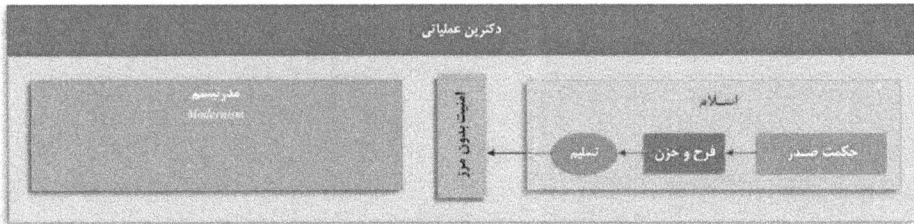

نقشه‌ی راه ۳ ۲-۱-۲

اسلام

واژه‌ی فارسی «دل» در قرآن، چهار مفهوم «صدر»، «شغاف»، «قلب» و «فؤاد» را در بردارد.

حکمت صدر

صدر، در حکم صندوق وجود انسان در سینه‌ی اوست، که گاهی «شرح»[1] می‌شود- به آن حالت، فارسی زبانان «دل‌گشایی» می‌گویند- و گاهی «ضیق»[2] می‌گردد- که در زبان فارسی، از آن، به حالت «دل‌تنگی» یاد می‌شود- حالتی که خفگی را تداعی نموده و وجود انسان را تحت فشار نشان می‌دهد. وقتی ضیق صدر و فشردگی سینه پدید می‌آید، عرصه‌ی عالم موجود بر انسان تنگ می‌گردد.

مکتب فرح و حزن

صدر انسان، دو حالت از حالت‌های گوناگون بشر، یعنی فرح و حزن را دربرمی‌گیرد. فرح[3] و شادی، باعث دل‌گشایی و دل‌بازی، و شرح صدر است. در مقابل، حزن[4] و اندوه، موجب دل‌تنگی و احساس خفگی و فشردگی در صدر یا همان ضیق صدر می‌گردد.

قاعده‌ی تسلیم

اسلام، دین تسلیم است: تسلیم خدا شدن. اسلام آوردن[5]، لایه‌ای سطحی نسبت به ایمان آوردن انسان است. محل تسلیم در انسان صدر اوست. حزن حقیقی، حالت ناخوشی و اندوه، و دل‌شکستگی از عدم تسلیم به خدا، یا تسلیم شدن به غیر خداست. فرح و نشاط و شادی و بهجت حقیقی نیز، حاصل تسلیم شدن به خداست. آنگاه که انسان «خود»، تسلیم فطرت خویش می‌شود، بهجت حقیقی و فرح واقعی را درمی‌یابد. و هرگاه عالم تسلیم فاطر، و عموم انسان‌ها تسلیم فطرت خویش گردند، فرح عمومی جلوه‌گر می‌شود.

امنیت

اکنون در جمهوری اسلامی، همچون سایر کشورها، در حوزه‌های اقتصاد، تعلیم و تربیت، سلامت، علم و حکمت، رسانه، هنر، و ... در ظرفیت شناسی انسان، مسأله‌ی صدر بشر مورد غفلت واقع شده است.

۴۰۵

---

[1]. أَ لَمْ نَشْرَحْ لَکَ صَدْرَکَ (قرآن الکریم، سوره‌ی شرح، آیه‌ی ۱)
آیا ما سینه تو را گشاده نساختیم (مکارم شیرازی، ناصر؛ ترجمه‌ی قرآن کریم)
فَمَنْ يُرِدِ اللَّهُ أَنْ يَهْدِيَهُ يَشْرَحْ صَدْرَهُ لِلْإِسْلامِ وَ مَنْ يُرِدْ أَنْ يُضِلَّهُ يَجْعَلْ صَدْرَهُ ضَيِّقاً حَرَجاً كَأَنَّما يَصَّعَّدُ فِي السَّماءِ كَذلِكَ يَجْعَلُ اللَّهُ الرِّجْسَ عَلَى الَّذِينَ لا يُؤْمِنُونَ (قرآن الکریم، سوره‌ی أنعام، آیه‌ی ۱۲۵)
آن کس را که خدا بخواهد هدایت کند، سینه‌اش را برای(پذیرش) اسلام، گشاده می سازد؛ و آن کس را که بخاطر اعمال خلافش بخواهد گمراه سازد، سینه‌اش را آن چنان تنگ می‌کند که گویا می‌خواهد به آسمان بالا برود؛ این گونه خداوند پلیدی را بر افرادی که ایمان نمی‌آورند قرار می‌دهد (مکارم شیرازی، ناصر؛ ترجمه‌ی قرآن کریم)
[2]. وَ لَقَدْ نَعْلَمُ أَنَّكَ يَضِيقُ صَدْرُكَ بِما يَقُولُونَ (قرآن الکریم، سوره‌ی حجر، آیه‌ی ۹۷)
ما می‌دانیم سینه‌ات از آنچه آنها می‌گویند تنگ می‌شود (مکارم شیرازی، ناصر؛ ترجمه‌ی قرآن کریم)
[3]. فَلَمَّا جاءَ سُلَيْمانَ قالَ أَ تُمِدُّونَنِ بِمالٍ فَما آتانِيَ اللَّهُ خَيْرٌ مِمَّا آتاكُمْ بَلْ أَنْتُمْ بِهَدِيَّتِكُمْ تَفْرَحُونَ (قرآن الکریم، سوره‌ی نمل، آیه‌ی ۳۶)
هنگامی که(فرستاده ملکه سبا)ا نزد سلیمان آمد، گفت: «می‌خواهید مرا با مال کمک کنید(و فریب دهید)؟! آنچه خدا به من داده، بهتر است از آنچه به شما داده است؛ بلکه شما هستید که به هدیه‌هایتان خوشحال می‌شوید (مکارم شیرازی، ناصر؛ ترجمه‌ی قرآن کریم)
[4]. وَ اصْبِرْ وَ ما صَبْرُكَ إِلاَّ بِاللَّهِ وَ لا تَحْزَنْ عَلَيْهِمْ وَ لا تَكُ فِي ضَيْقٍ مِمَّا يَمْكُرُونَ (قرآن الکریم، سوره‌ی نحل، آیه‌ی ۱۲۷)
صبر کن، و صبر تو فقط برای خدا و به توفیق خدا باشد! و بخاطر(کارهای) آنها، اندوهگین و دلسرد مشو! و از توطئه‌های آنها، در تنگنا قرار مگیر (مکارم شیرازی، ناصر؛ ترجمه‌ی قرآن کریم)
[5]. قالَتِ الْأَعْرابُ آمَنَّا قُلْ لَمْ تُؤْمِنُوا وَ لكِنْ قُولُوا أَسْلَمْنا وَ لَمَّا يَدْخُلِ الْإِيمانُ فِي قُلُوبِكُمْ وَ إِنْ تُطِيعُوا اللَّهَ وَ رَسُولَهُ لا يَلِتْكُمْ مِنْ أَعْمالِكُمْ شَيْئاً إِنَّ اللَّهَ غَفُورٌ رَحِيمٌ (قرآن الکریم، سوره‌ی حجرات، آیه‌ی ۱۴)
عربهای بادیه‌نشین گفتند: «ایمان آورده‌ایم» بگو: «شما ایمان نیاورده‌اید، ولی بگویید اسلام آورده‌ایم، امّا هنوز ایمان وارد قلب شما نشده است! و اگر از خدا و رسولش اطاعت کنید، چیزی از پاداش کارهای شما را فروگذار نمی‌کند، خداوند، آمرزنده مهربان است.» (مکارم شیرازی، ناصر؛ ترجمه‌ی قرآن کریم)

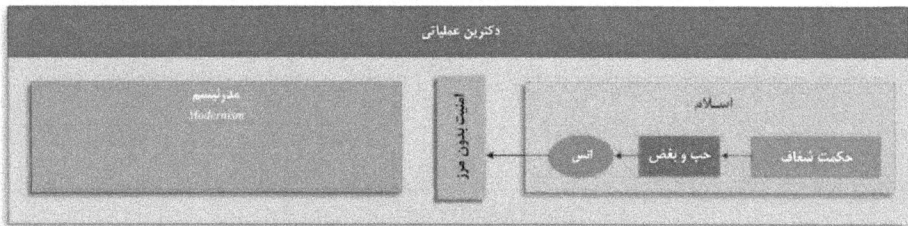

نقشه‌ی راه ۳-۲-۱-۳

اسلام

حکمت شغاف

واژه‌ی فارسی دل، در قرآن چند مفهوم جایگزین دارد، مانند صدر، شغاف، قلب، و فؤاد. کلمه‌ی دل در زبان فارسی گاهی با پسوند، به شکل «دلبری» یا «دل‌ربایی» بیان می‌شود؛ حالتی که محبت کسی، دل کس دیگری را می‌رباید. این ظرفیت در انسان، مربوط به شغاف اوست. این قابلیت در انسان، در قصه‌ی دلبری یوسف (ع) و ربودن شغاف زلیخا توسط حب وی، به زیبایی در قرآن ترسیم شده است[۱]. شغاف استعداد و توانایی بالقوه‌ای در انسان است که در تاریخ بشر عموماً مغفول مانده است و به ندرت در کسان و اشخاص بالفعل شده است. بسیاری از کسانی که در طول تاریخ در جوامع گوناگون، به مدارج بالای اجتماعی از هر حیث رسیده‌اند، در انتهای عمر خود از یک گمشده یا خلاء و یا کمبود در وجود خود شکوه نموده‌اند، و آن کمبود چیزی نبوده و نیست جز بی‌توجهی به شغاف، و تهی نگه‌داشتن آن، یا بهره‌گیری نادرست و مخدوش این جزء مهم وجود انسان.

مکتب حب و بغض

بشر نسبت به کسان یا اشیاء و افعال، عموماً یا حب می‌ورزد یا بغض. دلی که مملو از دشمنی یا دوستی، عشق یا نفرت، و حب یا بغض کسان یا اشیاء می‌گردد، بخشی از نیروی محرک انسان، و عامل انگیزه‌بخش او در گفتار و کردار است. لذا تحقق حب و دوستی و عشق مطلوب و مشروع، و بغض و دشمنی و نفرت منطقی و صحیح از ارکان تأدیب حقیقی است. شغاف، کانون حب و بغض در انسان است و مکتب حب و بغض، در تأدیب و در سلامت جایگاه رفیعی دارد.

قاعده‌ی انس

یکی از تلقی‌های رایج از مفهوم انسان به واژه‌ی انس برمی‌گردد؛ انسان موجودی انس گیرنده است. اگر این تلقی از انسان پذیرفته شود، مؤلفه‌ی انسانیت، در انس‌گیری وی و بالطبع، این ظرفیت انس‌پذیری نیز مربوط به شغاف اوست. انس بشر با کسان یا اشیاء، حاصل مؤانست او و نتیجه‌ی حب و تعلق‌خاطر و علاقه و عشق و دوستی وی با آن اشیاء یا کسان است. انس با دیگران بر مبنای فطرت، قاعده‌ی انس نام دارد.

هرگاه سخن از مخدوش شدن موضوع انسانیت در جوامع بشری به میان می‌آید، در قابلیت انس‌پذیری انسان مخدوش و صحیح‌تر این که منحرف شده است.

وقتی انس‌پذیری بشر تحریف یا منحرف می‌گردد، او به مرض شغاف مبتلا شده است. شفای شغاف به تأدیب آن صورت می-پذیرد، که دو مرحله‌ی اساسی دارد:

۱- بشر با چه کس یا چه چیز انس گیرد؟ آیا هر کس یا هر شیئی ارزش انس و مؤانست انسان را دارد؟! پس موارد و مصادیق و متعلق‌های انس‌گیری انسان بایستی به دقت پالایش و بازگزینش شوند.

۲- این که موارد و مصادیق حب و بغض و عشق و نفرت و دوستی و دشمنی انسان کیستند یا چیستند؟ هر کس، چه اشیاء یا کسانی را محبوب می‌دارد و چه افعال یا اشخاصی را مغضوب؟! لذا مصادیق و متعلق‌های حب و بغض و دوستی و دشمنی انسان نیز بایستی به دقت پالایش شوند.

در واقع آنچه در طول تاریخ از جنایت‌های فردی تا جنگ‌های جهانی رخ داده است، همه ریشه در حب و بغض‌ها و عشق و نفرت‌ها داشته و دارد. درمان این دردهای تاریخی و اجتماعی و فردی، به درمان شغاف بستگی دارد.

تفکر مدرن در غرب برای شغاف الگو و جای‌گزینی ندارد. هم‌چنین مصادیق و متعلق‌های حب و بغض در اندیشه‌ی مدرن با تلقی اسلامی تفاوت‌های گسترده و فاحشی دارد. مفهوم انس، و بالطبع انسان نیز در مدرنیسم با توجه به گزاره‌هایی چون *Man* و *Antropos* تفسیر دیگری دارد.

---

[1]. وَ قالَ نِسْوَةٌ فِي الْمَدِينَةِ امْرَأَتُ الْعَزِيزِ تُراوِدُ فَتاها عَنْ نَفْسِهِ قَدْ شَغَفَها حُبًّا إِنَّا لَنَراها فِي ضَلالٍ مُبِينٍ (قرآن الکریم، سوره‌ی یوسف، آیه‌ی ۳۰)

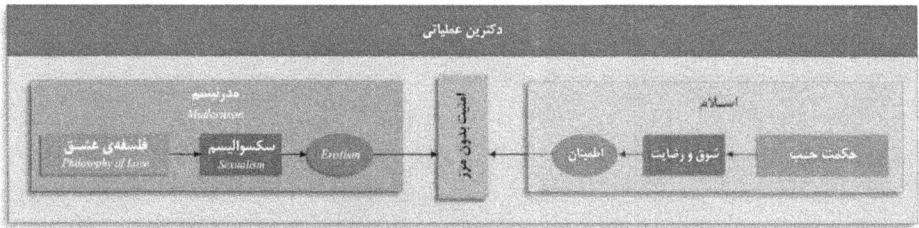

نقشه‌ی راه ۳-۲-۱-۴

مدرنیسم

فلسفه‌ی عشق *Philosophy of Love*

آنگاه که انسان طالب چیزی یا کسی می‌شود و برای به دست آوردن آن تلاش می‌نماید «لاو» *Love* محقق شده است. «لاو» که در میان ایرانیان به واژه‌ی عربی عشق ترجمه شده است، «دیگر خواهی» است و شخص لاور *Lover* دیگرخواهی است که دیگری را می‌خواهد برای خود. این نوع دیگرخواهیِ اشیاء یا اشخاص، به حرص و آز می‌انجامد.

ایدئولوژی سکسوالیسم *Sexualism*

مسأله‌ی ایدئولوژی جنسیت یا سکسوالیسم *Sexuailsm* ، تبیین نقش‌های هر جنس مؤنث و مذکر، و کارکردهای هر یک به طور جداگانه است. در مرحله‌ی بعد، آن‌چه در این ایدئولوژی اهمیت دارد، تبیین نسبت میان جنس‌هاست که به هم‌جنس‌گرایی، غیر هم‌جنس‌گرایی، دوجنس‌گرایی و ... می‌پردازد.

دکترین اروتیسم *Erotism*

مبتنی بر فلسفه‌ی عشق *Love* که دیگرخواهی است و با تکیه بر دیگرخواهی‌جنسی، موضوع تجویزی دکترین اروتیسم *Erotism* دیگرخواهی جنسی برای لذت جنسی است.

اسلام

حکمت حب

در حکمت حب، دو دسته حب ممدوح و مذموم وجود دارد. حب ممدوح، «دیگرخواهی» است، از نوعی که محب و طالب، خود را برای محبوب می‌خواهد، و چون آن‌چه را محبوب می‌پسندد او نیز می‌پسندد و آنچه را محبوب می‌خواهد او نیز همان را می‌خواهد، «ایثار» متبلور می‌شود. اما حب مذموم به حرص و آز می‌انجامد، زیرا عاشق، معشوق را برای خود می‌خواهد.

مکتب شوق و رضایت

محب و طالب، که خود را برای محبوب می‌خواهد، حرص و آز تملک محبوب را ندارد. در واقع خود را در تملک محبوب می‌داند، و لذا از خود در می‌گذرد و شوق محبوب را می‌یابد.

چنین کسی، به آن راضی می‌شود که محبوب به آن راضی باشد و راضی به رضای اوست.

قاعده‌ی اطمینان

محب و طالب، که رضایت محبوب خود را طلب می‌کند، در این طلب به بی‌قراری حاصل از حرص و آز دیگرخواهی، از سر خودخواهی نمی‌افتد.

وقتی که به محبوب رسید و آن شد که محبوب پسندید، به آرامش و اطمینان[1] می‌رسد. زیرا به مقصود که رضایت محبوب بود رسیده است. اطمینان و آرامش قلبی محب، حاصل ایثار است و لذا لذت و بهجتی است معنوی و جاودان، برخلاف لذت جسمی و طبیعی اروتیسم که مادی و گذراست. بهره‌ی بشر از لذت اروتیسم محدود و گذرا، و ظرفیت انسان در کسب اطمینان و آرامش معنوی، نامحدود و ابدی است. در واقع می‌توان گفت که اطمینان و آرامش قلبی محب، محصول تسلیم شدنبه فطرت خود است. هرگاه کسی تسلیم فطرت خود گردید، به اطمینان و آرامش قلبی می‌رسد. ایثار او چیزی نیست جز گذشتن از هرآن‌چه که می‌توانست بدان تسلیم شود جز فطرت.

امنیت

اکنون در اقتصاد، تعلیم و تربیت، سلامت، علم و حکمت، رسانه و هنر، و ... عمدتاً به عشق و سکسوآلیسم و اروتیسم پرداخته می‌شود و از پرداختن به اطمینان و رضایت، غفلت شده است.

---

[1]. **یا أَیَّتُهَا النَّفْسُ الْمُطْمَئِنَّةُ، ارْجِعِی إِلی رَبِّکِ راضِیَةً مَرْضِیَّةً، فَادْخُلِی فِی عِبادِی، وَ ادْخُلِی جَنَّتِی (قرآن الکریم، سوره‌ی فجر، آیات ۲۷ تا ۳۰)**

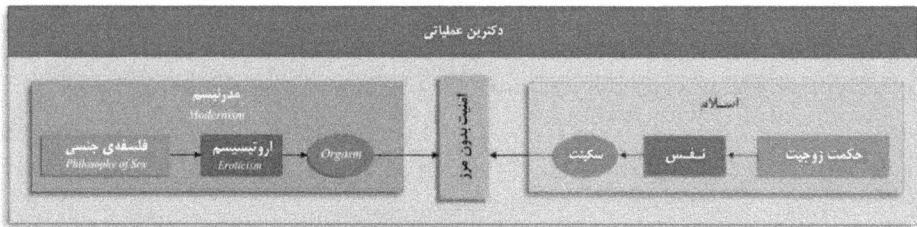

نقشه‌ی راه ۳-۲-۱-۵

مدرنیسم

فلسفه‌ی سکس *Philosophy of Sex*

حوزه‌ی فلسفه‌ی جنس *Sex* تبیین دوگانگی جنسی بشر در نرینگی و مادگی است: چرا موجودات عمدتاً به دو جنس نر و ماده تقسیم می‌شوند! تبیین دلایل و زمینه‌های پیدایش دو جنس مذکر و مؤنث، در پاسخ به پرسش دوگانگی جنسی موجودات است.

دو پاسخ کلی در فلسفه‌ی سکس ارائه شده است:

۱- زادوولد و توالی نسلی موجودات.

۲- عشق و «دیگر خواهی» و لذت.

ایدئولوژی اروتیسیسم *Eroticism*

چشم‌انداز بشر مدرن در مورد زادوولد در میانه‌ی قرن بیست- ویکم میلادی، تکیه بر توان‌مندی‌های بیولوژیکی و ژنتیکی در تولیدمثل و حتی شبیه‌سازی بشر دارد. لذا گرایش‌های ایدئولوژیک مدرن از امانیسم تا ایندویژوآلیسم، به مرور نقش زادوولد، و مسئولیت پدری و مادری را از خانواده‌ی آینده سلب نمود، و

خانواده را به «هم‌باشی» زوج‌ها فروکاسته، و این «هم‌باشی» به طور عمده حول محور «دیگرخواهی» برای لذت جنسی محصور شده است. کارکرد اروتیسیسم *Eroticism* در مسأله‌ی مناسبات زوج‌ها حول لذت جنسی، بهداشت و درمان، رسانه، اقتصاد، سیاست، فرهنگ، هنر، معماری، امنیت، و... یک نقش اساسی در جامعه‌سازی مدرن محسوب می‌شود. در واقع کارکرد اروتیسیسم در دولت چینی مدرن *State building* در سیستم چینی مدرن *System building* و به ویژه در مردم چینی مدرن *Nation building* یک کارکرد محوری است.

دکترین ارگاسم *Orgasm*

وقتی کارکرد جنسیت نر و ماده به لذت جنسی فروکاست شد، قاعده‌ی تجویزی کمیّ و سنجش‌پذیر همانا ارگاسم *Orgasm* خواهد بود: یعنی سنجش بهره‌مندی هر جنس نر و ماده از لذت جنسی به تعداد دفعات رسیدن به اوج لذت و سپس فروکش آن در طول یک شبانه‌روز.

اسلام

حکمت زوجیت

حکمت زوجیت در مفهوم «همسری» است. خلقت نر و ماده و زن و مرد در بشر در قاموس طبیعت، دو کارکرد خطی دارد:

۱- هم‌وندی عاطفی و درآمیختگی احساسات و تحقق انسانیت از حیث انس ممدوح، و در نهایت تحقق جامعه‌ی انسانی و اجتماع محبت‌محور، مبتنی بر مودت و رحمت میان همسران، تا لایه‌های گوناگون جامعه.

۲- تولید مثل و زادوولد، و در نهایت تحقق جامعه‌ی رحمی.

مکتب نفس

دوگانگی و ثنویت جنسی بشر در دو تیره‌ی زن و مرد، گزاره و تفکیکی طبیعی است، اما روح انسان فاقد جنسیت است. تأکید قرآن بر خلقت زن و مرد از یک نفس، منشاء این تلقی است. طبیعت انسان، ظرفیت مادی اوست، و اگر از توقف در طبیعت انسان حذر و گذر شود، تسلط بر نفس انسان حاصل می‌گردد. نفس و روح انسان که ظرفیت معنوی اوست، فاقد جنسیت نر و ماده، و لاجرم فاقد محدودیت‌های طبیعی هر یک از دو جنس مزبور است. در این تلقی، یک زوج نر و ماده، که از یک نفس خلق شده‌اند، تمایز جنسی آنها، مانع از تحقق وحدت محبت‌پایه و مودت‌محور میان آنها نخواهد بود.

قاعده‌ی سکینت

در زبان عربی واژه‌ی چاقو و کارد «سکّین» نامیده می‌شود،[1] از آن حیث که وقتی سر شتر را با آن می‌برند و آن را ذبح می‌کنند، حیوان، آرام و بی‌حرکت و بی‌جان می‌شود. در خلقت انسان، کارکرد زوجی که از نفس او آفریده شده، «لتسکنوا»[2] است، یعنی هیجان شهوت جنسی در درون انسان را فروخوابانده و آن را آرام می‌سازد.

قاعده‌ی سکینت، ظرفیت آرام بخشی و فروکاهش هیجان شهوت جنسی در انسان در چهارچوب شرع است، و این قاعده برعکس دکترین ارگاسم است که متوجه بعد ایجابی در بهره‌مندی بشر از دفعات ارگاسم -حاصل از هیجان جنسی - می‌باشد.

امنیت

اکنون تأکید در اقتصاد، تعلیم و تربیت، سلامت، علم، رسانه و هنر، و ... بر جنسیّت و اروتیسیسم است و عمیقاً از زوجیت و سکینت غفلت شده است.

---

[1]. راغب اصفهانی، حسین بن محمد؛ ترجمه و تحقیق مفردات الفاظ قرآن؛ خسروی حسینی، سیدغلامرضا (مترجم)، نشر مرتضوی، ج۲ ، ص ۲۳۵.

[2]. **وَ مِنْ آیاتِهِ أَنْ خَلَقَ لَکُمْ مِنْ أَنْفُسِکُمْ أَزْواجاً لِتَسْکُنُوا إِلَیْها وَ جَعَلَ بَیْنَکُمْ مَوَدَّةً وَ رَحْمَةً إِنَّ فِی ذٰلِکَ لَآیاتٍ لِقَوْمٍ یَتَفَکَّرُونَ (قرآن الکریم، سوره‌ی روم، آیه‌ی ۲۱)**

و از نشانه‌های او اینکه همسرانی از جنس خودتان برای شما آفرید تا در کنار آنان آرامش یابید، و در میانتان مودّت و رحمت قرار داد؛ در این نشانه‌هایی است برای گروهی که تفکّر می‌کنند. (مکارم شیرازی، ناصر؛ ترجمه‌ی قرآن کریم)

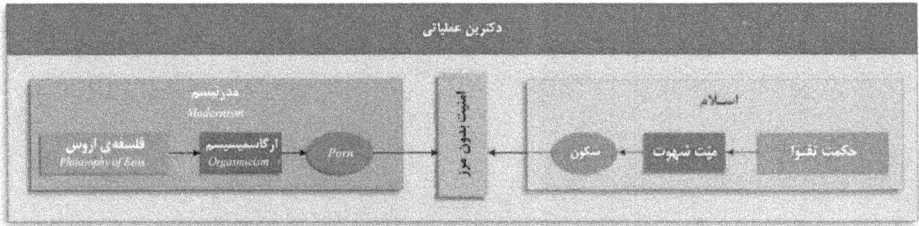

نقشه‌ی راه ۳-۲-۱-۶

مدرنیسم

فلسفه‌ی اروس Philosophy of Eros

فلسفه‌ی اروس Eros تبیین اراده‌ی معطوف به لذت جنسی است. از این اراده در نهاد انسان به شهوت یاد می‌شود.

اروس، Eros ، دیگرخواهی برخاسته از شهوت است. اروس، جزیی از هوی است و لذا تابعی از «اراده‌ی معطوف به هوی» در بشر، محسوب می‌شود.

ایدئولوژی ارگاسمیسیسم Orgasmicism

آنگاه که اراده، در «دگرخواهی معطوف به شهوت» است، ایدئولوژی ارگاسمیسیسم Orgasmicism موضوعیت می‌یابد: تلاش بر بهره‌مندی هرچه بیشتر شهوانی در مناسبات جنسی! از این بهره‌مندی حداکثری، به ارگاسمیسیسم یاد می‌شود، یعنی بهره‌مندی در رسیدن به دفعات بیشتر ارگاسم در یک دوره‌ی شبانه روز.

دکترین پُرن Porn

اشتهای جنسی در اراده‌ی معطوف به شهوت، ازطریق پُرن Porn بازتولید می‌شود. کارکرد پُرن سوای از ایجاد اشتهای جنسی، اساساً ذائقه سازی جنسی و تحریک شخص و تهییج و برانگیختن شهوت اوست. پُرن این کارکرد را از طریق قبیحه-نگاری، قبیحه‌نویسی، قبیحه‌گویی، قبیحه‌نوازی و قبیحه‌نمایی محقق می‌کند.

اسلام

حکمت تقوا

تقوا، خویشتن‌پایی است: مراقبت، نگهداری و مواظبت از خود! هرگاه کسی خود را از چشم دیگران دید و مواظبت نمود که آنچه را دیگران نمی‌پسندند انجام ندهد، او متقی است. حال اگر کسی خود را از چشم خدا نگریست و آنچه را که خدا می‌پسندد انجام داد و آنچه را خدا نمی‌پسندد ترک نمود، او تقوای خدا ورزیده است. تقوا را که خویشتن‌پایی خوانده‌اند ریاضت نفس نیست، رضایت نفس است، به رضایت محبوب، ویا شوق نفس است به ولایت فطرت.

مکتب میت شهوت

تقوای الهی یا خویشتن‌پایی از چشم خدا، به استغنای نفس و در نهایت به مرگ شهوت[1] می‌انجامد. میت شهوت، ترک لذت دنیا نیست، و در حقیقت ترک اراده‌ی معطوف به شهوت در نهاد انسان است. در این مکتب، ظرفیت انسان در ترک اراده‌ی معطوف به شهوت مطرح است، نه تعداد دفعات ارگاسم در یک دوره‌ی شبانه روز.

غلیان و جوشش شهوت، همان خروج از چهارچوب فطرت است. آتش‌فشان شهوت، طغیان بر فطرت، و میت شهوت، آتش-نشانی آن در تسلیم به فطرت است.

قاعده‌ی سکون

انسان در چرخه‌ی مناسبات طبیعی، نیازمند تخلیه‌ی جنسی خویش است. نفس انسان نیز به قاموس فطری آن، نیازمند اطفاء شهوت و هیجان حاصل از آن است. این دو نیاز طبیعی و فطری، در «مناسبات مشروع متعادل جنسی» زوجین، برآورده شده و در نتیجه، به سکون روحی و نفسی و جسمی می‌انجامد. این فرآیند، ریشه در قاعده‌ی سکنیت دارد و برخلاف دکترین پُرن که به ذائقه‌سازی و تحریک اشتهای جنسی دامن می‌زند، به سکون و فروکاهش اشتها و هیجان «جنسی و شهوانی» می‌پردازد.

امنیت

اکنون در اقتصاد، تعلیم و تربیت، سلامت، علم، رسانه، هنر، و ... به اروس و ارگاسمیسیسم پرداخته می‌شود و عمیقاً از تقوا و سکینت دوری و غفلت می‌شود.

---

[1]. تَراهُ قَریباً أَمَلُهُ، قَلِیلًا زَلَلُهُ، خاشِعاً قَلْبُهُ، قانِعَةً نَفْسُهُ، مَنْزُوراً أُکُلُهُ، سَهْلًا أَمْرُهُ، حَرِیزاً دِینُهُ، مَیِّتَةً شَهْوَتُهُ، مَکْظُوماً غَیْظُهُ، الْخَیْرُ مِنْهُ مَأْمُولٌ، وَ الشَّرُّ مِنْهُ مَأْمُونٌ (سید رضی (گردآورنده)، نهج البلاغه، چاپ اول، قم، نشر هجرت، ۱۴۱۴ ه.ق.، ص ۳۳۵.)

امام علی (ع) در پاسخ به همام - در توصیف متقیان – فرمودند: او را بینی که آرزویش اندک است و لغزشهایش کم. دلش آرمیده است و جانش خرسند و ناخواهان، خوراکش اندک است و کارش آسان، دینش استوار- و مصون از دستبرد شیطان-. شهوتش مرده، خشمش فروخورده، نیکی از او بیوسان،- و همگان- از گزندش در امان. (دشتی، محمد؛ ترجمه ی نهج البلاغه، چاپ اول، قم، نشر مشهور، ۱۳۷۹، ص ۲۲۷)

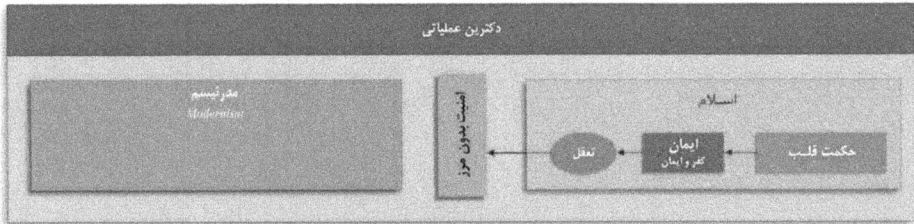

نقشه‌ی راه ۳-۲-۱-۷

اسلام

حکمت قلب

واژه‌ی فارسی دل، در قرآن چهار مفهوم صدر، شغاف، قلب و فؤاد را دربرمی‌گیرد. قلب، گردابی است که قوه‌ی الهام را در انسان پدیدار می‌سازد: هر آنچه به دریای قلب وارد شود در گرداب آن فرو بلعیده می‌گردد. این حالت قلب «الهام» نامیده می‌شود. قلب که کانون انقلاب و دگرگونی است، انقلاب را با الهام محقق می-سازد. تفقه در انسان به قلب محقق می‌شود. مرض و قساوت از آسیب‌های قلب است.

مکتب ایمان

ایمان، «الهام» باور به قلب انسان است؛ دریای قلب، گزاره‌ی معرفتی را در خود فرو می‌بلعد و مغروق خود می‌سازد.

هرگاه گزاره‌ای معرفتی در گرداب دریای قلب گرفتار و غرق شد و در کف آن دریا، به گل دل نشست، باور شکل می‌گیرد.

در این حالت که دریای قلب، آبستن باور گردیده است، ایمان پدید می‌آید.

قاعده تعقل

عقل ظرفیتی است در بشر که خدا به او حباء می‌کند و انسان با این ظرفیت می‌تواند تعقل کند. عقل ظرفیت بالقوه‌ای است که تعقل قابلیت بالفعل آن محسوب می‌شود. در فرآیند تعقل، گزاره-ای به دریای قلب سرازیر و در آن غرق می‌گرددو وقتی هضم شد به باور و ایمان تبدیل می‌شود.

امنیت

اکنون، در اقتصاد، تعلیم و تربیت، سلامت، علم، هنر، رسانه، و ... از قلب و الهام و تفقه و تعقل و ایمان غفلت می‌شود.

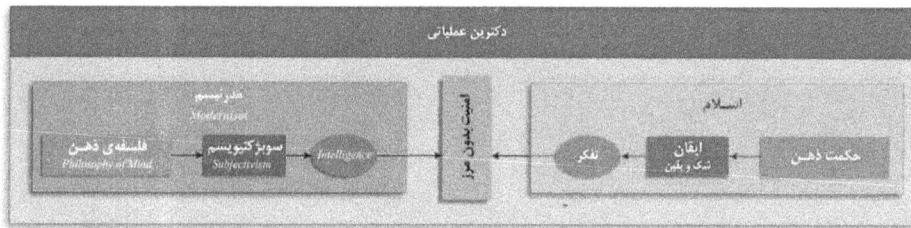

نقشه‌ی راه ۳-۲-۱-۸

مدرنیسم

فلسفه‌ی ذهن *Philosophy of Mind*

مبتنی بر درخت فلسفه، فلسفه‌ی ذهن در حوزه‌ی متافیزیک رقم می‌خورد. محور اصلی این فلسفه‌ی مضاف، در تبیین رابطه‌ی میان بخش فیزیکال *Physical* و بخش ذهنی *Mental* انسان است. فلسفه‌ی ذهن به مقوله‌ی ذهن به عنوان ظرف معرفت می‌پردازد.

موضوعاتی که در فلسفه‌ی ذهن به آن‌ها پرداخته می‌شوند عبارتند از: اعتقادات *Belief*، امیال *Desire*، قصد *Intention*، هیجانات *Emotion*، محسوسات *Feeling*، احساسات *sensation*، هوا و هوس *passion*، اراده *Will*، شخصیت *Personality*[1]

در فلسفه‌ی ذهن، دو ایدئولوژی عمده مطرح است:

۱- ایدئولوژی دوآلیسم *Dualism*

تدقیق این ایدئولوژی توسط دکارت در قرن ۱۷ صورت گرفت، و مبتنی بر آن، بدن و ذهن یا نفس دو ماهیت مشخص و مجزا از هم هستند.

۲- ایدئولوژی مونیسم *Monism*

گرچه قدمت این ایدئولوژی به عصر پارمنیدس بازگشته، لیکن اسپینوزا چهره‌ی شاخص آن محسوب می‌گردد. در این ایدئولوژی، بدن و ذهن هست‌شناسی و انتولوژی مجزایی از یکدیگر ندارند، و از این‌رو مبنا قرار گرفتن هریک سبب پیدایش ایدئولوژی‌های متفاوتی گردیده است: فیزیکالیسم مبتنی بر اصالت بدن و سوبژکتیویسم مبتنی بر اصالت ذهن و مونیسم خنثی مبتنی بر اصالت ماده‌ی خنثی (مجرد از بدن و ذهن).[2]

ایدئولوژی سوبژکتیویسم *Subjectivism*

ایدئولوژی سوبژکتیویسم در زمره‌ی ایدئولوژی‌های ایده‌آلیستی طبقه‌بندی شده، و مبتنی بر اصالت ذهن تبیین می‌شود. این ایدئولوژی در سیستم هلث، در پی تحقق صحت ذهن است، زیرا ذهن کانون «*Spirit*» و نفس «*Soul*» محسوب می‌شود. ذهن‌مداری ملاک تطبیق سایر گزاره‌های جهان خارج از ذهن یعنی ابژه‌ها با سوژه‌ها در ذهن است.

دکترین اینتلیجنس *Intelligence*

در نهایت، فلسفه‌ی ذهن، در غرب به دکترین اینتلیجنس *Intelligence* منتج می‌شود. این دکترین، ظرفیت‌های انسان را در زمینه‌های تفکر انتزاعی، فهم، آموزش‌پذیری، ارتباطات، و توان پردازش و حل مسأله، تبیین کرده و در پی بسط این ظرفیت‌هاست. اینتلیجنس، هوشمندی است و فلسفه‌ی ذهن در سوبژکتیویسم در جست‌وجوی هوشمندی و بهره‌ی هوشی بشر است.

اسلام

حکمت ذهن

«ذهن» گرچه لغت قرآنی نیست، لیکن در زبان عربی در معنای «نیروی خرد و فهم، نگهداری مطالب درونی، نیرو، هوش»[۳] کاربرد دارد.

تبیین و تدقیق ذهن، در دو مفهوم، به‌صورت ویژه مد نظر است: «خیال» و «ظن». «خیال» و «وهم» عنصر اصلی هنر و شعر محسوب می‌شود، و «ظن» که معادل «گمان» و «دکسا» است، به «باور به مثابه‌ی غبار» اطلاق می‌شود.[۴]

در حکمت ذهن، بسط تعداد واژه‌های مورد فهم انسان، و تعریف و تدقیق و سپس به‌کارگیری درست و به‌جای این واژه‌ها یک کارکرد اساسی محسوب می‌شود، زیرا از یک‌سو انحراف ذهن را مانع شده و از سوی دیگر سبب تجلی ظرفیت بالقوه تفکر، می‌گردد.و در گام بعد تحقق ظرفیت ذهن انسان، در گرو بسط و تصحیح گزاره‌های تصدیقی اوست، که این مهم، در مکتب ایقان رقم می‌خورد.

مکتب ایقان

در فرآیند ذهن، حصول به «ایقان» مطمع نظر بوده، و در فرآیند ذهن، «ایقان» رقم می‌خورد. مکتب ایقان، در پی زدودن «شک»ها و برتافتن «یقین» است.

قاعده‌ی تفکر

«ذهن» برای نیل به «ایقان»، ناگزیر از پرداختن به «تفکر» است. لذا تفکر کنشی است که در ذهن، به قصد رسیدن به یقین صورت می‌پذیرد.

امنیت

اکنون در جمهوری اسلامی ایران، در حوزه‌ی اقتصاد، در انسان شناسی به فلسفه‌ی ذهن، سوبژکتیویسم، و ظرفیت اینتلیجنس انسان پرداخته می‌شود، در حالی‌که تحقق ایقان، مبتنی بر حکمت ذهن و از طریق فرآیند تفکر مغفول مانده است.

---

1. Borchert, Donald M. (Editor in Chief), **Encyclopedia of Philosophy**, 2nd Ed, USA, Thomson Gale, 2006, Vol. 7, Page 327

2. The Same, Vol.3, Page 113.

۳. مهیار، رضا (مترجم)؛ فرهنگ ابجدی عربی - فارسی؛ ترجمه‌ی المنجد الابجدی، چاپ اول، تهران، نشر اسلامی، ۱۳۷۰، صفحه ۴۱۱.

۴. **وَ ما یَتَّبِعُ أَکْثَرُهُمْ إِلاَّ ظَنًّا إِنَّ الظَّنَّ لا یُغْنی مِنَ الْحَقِّ شَیْئاً إِنَّ اللَّهَ عَلیمٌ بِما یَفْعَلُونَ (القرآن الکریم، سوره‌ی یونس، آیه‌ی ۳۶)**
و بیشتر آنها، جز از گمان(و پندارهای بی‌اساس)، پیروی نمی‌کنند؛ (در حالی که) گمان، هرگز انسان را از حقّ بی‌نیاز نمی‌سازد(و به حق نمی‌رساند)! به یقین، خداوند از آنچه انجام می‌دهند، آگاه است! (مکارم شیرازی، ناصر؛ ترجمه‌ی قرآن کریم)

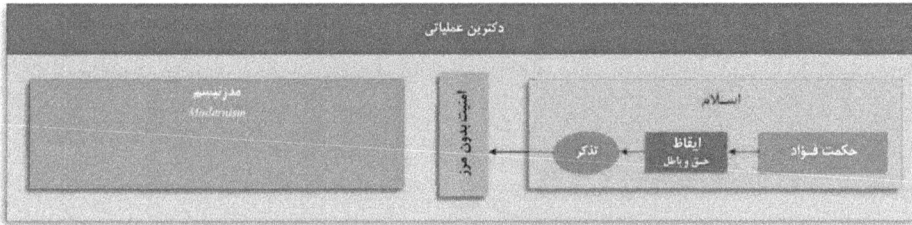

نقشه‌ی راه ۳-۲-۱-۹

اسلام

حکمت فؤاد

آن‌چه در باور مدرن به *Mind* و در زبان عربی به ذهن معروف است، جزء کوچکی است از آن‌چه در قرآن به «فؤاد» شناخته می‌شود. «فؤاد» عمیق‌ترین ساحت انسان محسوب می‌شود.

فؤاد انسان، چشم و گوش درون اوست؛ نظام ادراکی منحصر به‌فردی که در هر کس به فعلیت نمی‌رسد.[1] تنها کسانی که تقوا می‌ورزند، این ساحت وجودی خود را می‌توانند فعال کنند. تقوا می‌تواند منتج به فرقان شود و فرقان توانایی تشخیص حق از باطل است.

مکتب ایقاظ

ایقاظ در فارسی به معنای « بیداری، آگاهی و هوشیاری»[2] است لیکن این بیداری در قرآن، تنها در گرو رؤیت حق است. ایقاظ، مرحله‌ای است که انسان توانایی تشخیص حق از باطل را می‌یابد.

قاعده‌ی تذکر

پس از تحقق تعقل و تفکر در حوزه‌های قلب و ذهن، در رسیدن به ایقاظ، مرحله‌ی سوم همانا «تذکر» است تا بتواند به مقام تقوا برسد.[3] فلذا انسان برای رسیدن به ایقاظ، ناچار به برتافتن تذکر است.

امنیت

اکنون در جمهوری اسلامی ایران، در حوزه‌ی اقتصاد از ظرفیت انسان در حوزه‌ی فؤاد او، و از ایقاظ و تذکر غفلت گردیده است.

---

[1]. ...وَ جَعَلْنا لَهُمْ سَمْعاً وَ أَبْصاراً وَ أَفْئِدَةً فَما أَغْنى عَنْهُمْ سَمْعُهُمْ وَ لا أَبْصارُهُمْ وَ لا أَفْئِدَتُهُمْ مِنْ شَيْءٍ إِذْ كانُوا يَجْحَدُونَ بِآياتِ اللَّهِ ... (قرآن الکریم، سوره‌ی احقاف، آیه‌ی ۲۶)

... و برای آنان گوش و چشم و دل قرار دادیم؛ (امّا به هنگام نزول عذاب) نه گوشها و چشمها و نه عقلهایشان برای آنان هیچ سودی نداشت، چرا که آیات خدا را انکار می‌کردند؛ ... (ترجمه‌ی قرآن کریم، ناصر مکارم شیرازی)

[2] مهیار، رضا (مترجم)؛ **فرهنـگ ابجـدی عربـی - فارسـی**؛ ترجمـه المنجدالابجـدی، چـاپ اول، تهـران، نشـر اسـلامی،۱۳۷۰، ج ۱، ص ۱۰۰۳.

[3] **وَ إِذْ أَخَذْنا میثاقَکُمْ وَ رَفَعْنا فَوْقَکُمُ الطُّورَ خُذُوا ما آتَیْناکُمْ بِقُوَّةٍ وَ اذْکُرُوا ما فیهِ لَعَلَّکُمْ تَتَّقُونَ (قرآن الکریم، سوره‌ی بقره، آیه‌ی۶۳)**

و(به یاد آورید) زمانی را که از شما پیمان گرفتیم؛ و کوه طور را بـالای سر شما قرار دادیم؛ (و به شما گفتیم:) «آنچه را(از آیات و دسـتورهای خداوند) به شما داده‌ایم، با قدرت بگیرید؛ و آنچه را در آن است به یاد داشته باشید(و به آن عمل کنید)؛ شـاید پرهیزکـار شـوید!» (ترجمـه‌ی قرآن کریم، ناصر مکارم شیرازی)

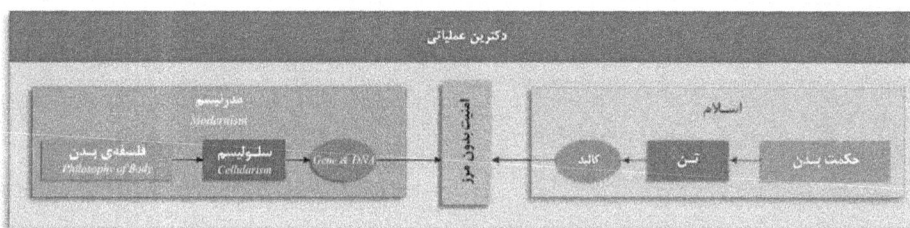

نقشه‌ی راه ۳-۲-۱-۱۰

مدرنیسم

فلسفه‌ی بدن *Philosophy of Body*

مبتنی بر درخت فلسفه، فلسفه‌ی بدن در حوزه‌ی متافیزیک «متافیزیولوژی» و در حوزه‌ی فیزیک، «فیزیولوژی» را رقم می‌زند.

متافیزیولوژی پرسش از چیستی انسان می‌کند، و فیزیولوژی به چیستی طبیعت انسان در قالب بدن می‌پردازد.

برتافتن چیستی انسان در متافیزیولوژی، مبتنی بر ریشه‌ی درخت فلسفه، حاصل تبیین نسبت بدن با سه عنصر لوگوس (کلمه)، کمیت (عدد) و کیفیت (شیمی) است. فیزیولوژی - شناخت طبیعت - نیز برای تبیین چیستی طبیعت بدن، منتج به دانش‌های آناتومی، فیزیولوژی - شناخت عملکرد دستگاه‌های بدن-، زیست‌شناسی سلولی، بافت‌شناسی، و بیوشیمی و ژنتیک گردید.

ایدئولوژی سلولیسم *Cellularism*

«سلول» در زیست‌شناسی به واحد پایه‌ی تشکیل‌دهنده‌ی همه‌ی موجودات زنده اطلاق می‌شود، و همین‌طور کوچک‌ترین واحد ساختاری زنده‌ای است که می‌تواند به صورت مجزا عملکرد و فانکشن داشته باشد.[1]

بدن، از یک سو حاصل تقسیم و تزاید یک سلول به نام «زیگوت»[2] بوده، که حاصل لقاح گامت نر و ماده است، و از سوی دیگر خود، از تعداد بسیار زیادی سلول تشکیل شده است.[3]

از این رو، سلولیسم، ایدئولوژی اساسی فلسفه‌ی بدن محسوب می‌شود، زیرا برای فهم ساختار و عملکرد بدن، به صورت پیوسته تلاش می‌شود که بدن به اجزاء خرد و خردتر، خود تقسیم شود، و سپس تمامی رفتارهای بدن به عنوان یک ارگانیسم از طریق اجزاء آن توجیه و مدلل گردد.

دکترین ژن و دی‌ان‌ای *Gene & DNA*

فلسفه‌ی بدن در نهایت به دکترین ژنتیک منتج می‌شود. زیرا نقطه‌ی اشتراک بدن به عنوان یک ارگانیسم، با غالب سلول‌های بدن در «ژنوم» انسان می‌باشد.

گرچه، آغاز پروژه‌ی ژنوم انسانی، در دهه‌ی ۹۰ میلادی، سبب قوت گرفتن دترمینیسم ژنتیکی گردید، که انسان را با جبری از

ژنوم خود مواجه می‌کرد،[۴] لیکن، در سال‌های بعد نقش محیط و ژنتیک به صورت توأمان در شکل‌گیری بدن، مطرح گردید.

تغییر ژنتیکی در سطح مولکولی و سلولی ژنوم انسان، نیز با مهندسی ژنتیک[5] و کلونینگ[۶] در سال‌های اخیر، «چگونگی» در دکترین ژنتیک را وارد عرصه‌های جدید نموده است.

اسلام

حکمت بدن

پرسش از چیستی «بدن» و «جسم» انسان در حیطه‌ی «حکمت بدن» قرار دارد. از سوی دیگر حکمت‌های موضوعی صدر، شغاف، قلب و فؤاد نیز به چیستی روح انسان می‌پردازند. در گام بعد، تبیین ارتباط میان جسم و روح موضوعیت می‌یابد، که از حوزه‌های اساسی حکمت نفس در اسلام محسوب می‌شود.[۷]

مکتب تن

گرچه در اسلام نیز انسان از نطفه‌ای که حاصل تلقیح است، می‌آغازد، و مراحل نمو را در رحم مادر طی می‌کند،[۸] لیکن اگر روح در دوره‌ی جنینی دمیده نشود، انسان دچار مرگ می‌شود. فلذا برتافتن روح در مکتب تن نیز پایه‌ی اساسی آن محسوب می‌گردد.

قاعده‌ی کالبد

«کالبد» یا «جسد» انسان، جایی است که روح در آن دمیده شده است، و در طول زندگی روح در آن زندانی گردیده است، و با مرگ از آن جدا می‌گردد. و هیچ‌گاه نباید این جسد را دائمی و جاودان پنداشت.[۹]

امنیت

اکنون در جمهوری اسلامی ایران، در حوزه‌ی اقتصاد، فلسفه‌ی بدن، ایدئولوژی سلولیسم و دکترین ژن نقش اساسی در انسان شناسی دارند، در حالی که بایسته است حکمت بدن، مکتب تن و قاعده‌ی کالبد نیز به موازات آن‌ها در تبیین جایگاه بدن در اسلام نقش و اهمیت خود را بازیابی نمایند.

---

1. Sparks, Karen Jacob; Britannica Concise Encyclopedia, 1st Ed. of Revised and Expanded edition, Peru., Encyclopædia Britannica, Inc., 2006, Page 359.

2. Zygote: a cell formed by the union of two gametes *broadly* **:** the developing individual produced from such a cell (Merriam-Webster's collegiate dictionary, Eleventh ed., Massachusetts, U.S.A, Merriam-Webster Incorporated, 2005)

3. Estimated 50 – 75 trillion Cells for Body. (Sparks, Karen Jacob; The New Encyclopaedia Britannica, Edition 2007, Chigaco, Encyclopædia Britannica, Inc., 2007, Vol. 6, Page 134)

4. Van Huyssteen, Wentzel (Editor in Chief), Encyclopedia Of Science And Religion, 2nd ed., New York, The Gale Group, 2003, p.359.

5. Gene Engineering

6. Cloning

۷. **عَنْ أَبِی عَبْدِ اللَّهِ ع قَالَ سَمِعْتُهُ یَقُولُ لِرَجُلٍ اعْلَمْ یَا فُلَانُ أَنَّ مَنْزِلَةَ الْقَلْبِ مِنَ الْجَسَدِ بِمَنْزِلَةِ الْإِمَامِ مِنَ النَّاسِ الْوَاجِبِ الطَّاعَةِ عَلَیْهِم (شیخ صدوق؛ علل الشرائع، چاپ اول، قم، انتشارات داوری، جلد ۱، صفحه ۱۰۹)**

حضرت امام صادق علیه السّلام که به مردی چنین فرمودند: فلانی بدان که قلب نسبت به جسد انسانی به منزله امام است برای مردم که تمام باید اطاعتش را بنمایند. (شیخ صدوق؛ علل الشرائع، ترجمه‌ی ذهنی تهرانی، محمد جواد؛ چاپ اول، قم، انتشارات مؤمنین، ۱۳۸۰، جلد ۱، صفحه ۳۸۰)

۸. **ثُمَّ خَلَقْنَا النُّطْفَةَ عَلَقَةً فَخَلَقْنَا الْعَلَقَةَ مُضْغَةً فَخَلَقْنَا الْمُضْغَةَ عِظاماً فَكَسَوْنَا الْعِظامَ لَحْماً ثُمَّ أَنْشَأْناهُ خَلْقاً آخَرَ فَتَبارَکَ اللَّهُ أَحْسَنُ الْخالِقِينَ (قرآن الکریم، سوره‌ی مؤمنون، آیه‌ی ۱۴)**

سپس نطفه را بصورت علقه[خون بسته]، و علقه را بصورت مضغه[چیزی شبیه گوشت جویده شده]، و مضغه را بصورت استخوانهایی درآوردیم؛ و بر استخوانها گوشت پوشاندیم؛ سپس آن را آفرینش تازه‌ای دادیم؛ پس بزرگ است خدایی که بهترین آفرینندگان است. (مکارم شیرازی، ناصر. ترجمه‌ی قرآن کریم)

۹. **وَ ما جَعَلْناهُمْ جَسَداً لا يَأْكُلُونَ الطَّعامَ وَ ما كانُوا خالِدِينَ (قرآن الکریم، سوره‌ی انبیاء، آیه‌ی ۸)**

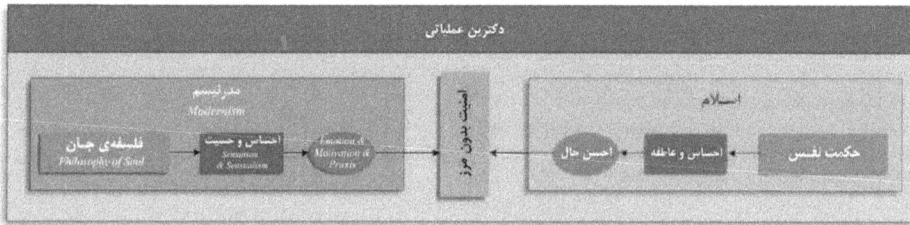

نقشه‌ی راه شماره ۱۱-۱

نقشه‌ی راه ۳-۲-۱-۱۱

مدرنیسم

فلسفه‌ی جان *Philosophy of Soul*

«*Soul*»[۱] واژه‌ای انگلیسی از ریشه‌ی «*sēula*» آلمانی است که معادل «نفس» در زبان عربی و «جان» در زبان فارسی است.

در یونان باستان انسان را متشکل از دو قسمت بدن و سول می‌دانستند، و عقیده بر این بود که «سول» قسمتی از انسان است که به بدن زندگی می‌دهد، و قسمت ضروری انسان است.[۲]
سول در دیدگاه اپی‌کوروس[۳] از برهم‌کنشی از اتم‌های انسان ناشی شده که در بدن نیز عضوی خاصی مربوط به آن بوده است.[۴]
نئوافلاطونیان ادراک و نالج را عملکرد قسمت «سُول» در انسان دانسته، و بدن را به عنوان ابزاری برای «سول» در نظر می‌گرفتند.[۵]
ادراک در نظر سنت آگوستین[۶] به صورت اثر «سول» بیان می‌شود که در نتیجه‌ی تحریک بدن به وجود می‌آید.[۷]
به طور کلی فلسفه‌ی جان به چیستی و چرایی «سول» از دیدگاه غربی می‌پردازد و با حوزه‌های انسان‌شناسی، معرفت‌شناسی، اتیک و زیبایی‌شناسی مرتبط است.

ایدئولوژی احساس و حسیت *Sensation & Sensuality*

احساس *Sensation*، در فلسفه‌ی جان این منظر را برمی‌تابد که ادراک انسان در صورتی رقم می‌خورد که حس در بدن برانگیخته شود. به بیان دیگر، حس و احساس در حواس بُعد بدن، سبب ادراک در بعد جان خواهد شد.

برانگیختگی حواس انسان در مکتب حسیت *Sensuality* و *Sensualism*[۸] در کارکرد ویژه‌ای دنبال می‌شود که منوط به ایجاد «لذت» و «خوش‌آیند» در انسان باشد.

دکترین اموشن و موتیویشن و پراکسیس

Emotion & Motivation & Praxis

فلسفه‌ی «سول» مبتنی بر ایدئولوژی «احساس» به سه دکترین «اموشن»، «موتیویشن» و «پراکسیس» منتج می‌شود. دکترین اموشن بُعد احساسات را در سطح قوی‌تری دنبال می‌کند.[۹] «هیجان» به مجموعه احساساتی اطلاق می‌شود که مبتنی بر فیزیولوژی بوده و بدن را برای انطباق با موقعیت‌های متفاوت در مواجهه‌ی با آن‌ها آماده می‌سازد.[۱۰] انسان در بهره‌ی هیجانی *EQ* خود، از توانایی‌هایی بهره می‌برد که طبق آن، هیجانات خود و دیگران را دریافت کرده،

و آن‌ها را بروز می‌دهد، آن‌ها را فهمیده و در نهایت آن‌ها را مدیریت می‌کند.[۱۱]

در دکترین «موتیویشن» به چیستی، چرایی و چگونگی «انگیزه» و «انگیزش» در انسان پرداخته می‌شود.

در دکترین «پراکسیس» چیستی، چرایی و چگونگی کنش‌های انسان تبیین می‌شود، و دانش پراکسولوژی به تحلیل فلسفی نظام-مند فعالیت‌ها و کنش‌های انسانی می‌پردازد.[۱۲]

اسلام

حکمت نفس

در اسلام مبحث «معرفت النفس» جایگاه اساسی در انسان دارد، و این مهم در «حکمت نفس» تحقق می‌یابد.

جسم «ظرفیت بالفعل» در انسان است، روح نیز «ظرفیت کلی» و نامحدود انسان است، «ظرفیت بالقوه» انسان در نفس او تجلی می-یابد. نفس حاصل تعامل بین روح و جسم انسان است، و متقابلاً بر روح و جسم تأثیر می‌گذارد.

حکمت نفس، انسان را در حوزه‌ی نفس‌های او تبیین می‌کند: «نفس اماره»، «نفس مسوله»، «نفس مزینه»، «نفس لوامه»، «نفس ملهمه»، «نفس ناطقه» و در نهایت «نفس مطمئنه». این نفس‌ها حالات متفاوت یک پدیده – «نفس» – را صورت داده‌اند.

مکتب احساس و عاطفه

در اسلام «احساس» و «عاطفه» مبتنی بر حکمت نفس رقم می-خورد. «حال» انسان، بیانی است از چگونگی نفس او و کشش و کنش‌های آن.

«احساس» اثری است که از جسم به روح گذاشته می‌شود، این اثر و حرکت از دیدگاه امام صادق(ع) با شک و تردیدی مواجه می-شود و از این رو باید به قلب مراجعه شود.[۱۳]

«عاطفه» اثری است که از روح معطوف به جسم گذاشته می‌شود.

قاعده‌ی احسن حال

«بهره‌ی انسان» از احساس و عاطفه هدف نهایی اسلام نیست، بلکه در این قاعده «ظرفیت انسان» در نیل به «احسن حال» مطمع نظر است. معماری حال، با مهندسی تحول در نفس انسان در پی تحقق «احسن حال» او است.

امنیت

اکنون در جمهوری اسلامی ایران، در حوزه‌ی اقتصاد، فلسفه‌ی جان، ایدئولوژی حس‌گرایی و دکترین هیجان و پراکسیس نقش اساسی در تعریف و تبیین انسان دارند، در حالی که تعارض این حوزه با حوزه‌ی حکمت نفس، مکتب احساس و عاطفه و قاعده-ی احسن حال نیازمند تبیین و تدقیق است.

---

[1]. ψυχή

در دیکشنری وبستر «سول» به معانی ذیل است:

۱. ماهیت غیرمادی، اصل جان‌بخش، دلیل به حرکت انداختن زندگی یک فرد. ۲. اصل روح که در وجود انسان یا در هستی ودیعه گذاشته شده است، وجود روحی و خردگرا. ۳. خود کامل یک شخص. ۴. طبیعت هیجانی، و اخلاقی انسان یا کیفیتی که هیجان و احساس را برمی‌انگیزاند.

1: the immaterial essence, animating principle, or actuating cause of an individual life 2: the spiritual principle embodied in human beings, all rational and spiritual beings, or the universe 3: a person's total self. 4 a: the moral and emotional nature of human beings b : the quality that arouses emotion and sentiment. (Merriam-Webster's collegiate dictionary, Eleventh ed., Massachusetts, U.S.A, Merriam-Webster Incorporated, 2005)

[2]. Craig, Edward; Routledge Encyclopedia of Philosophy, Version 1.0, London; Routledge Publication, 1998.

[3]. Epicurus (341-271 BC)

[4]. Borchert, Donald M. (Editor in Chief), Encyclopedia of Philosophy, 2nd Ed, USA, Thomson Gale, 2006, Vol. 8, Page 117, 118.

[5]. The Same, Vol. 3, Page 288.

[6]. Saint Thomas Aquinas (1225-1274).

[7]. The Same,Vol. Page 289.

[8]. Sensualism: persistent or excessive pursuit of sensual pleasures and interests. (Merriam-Webster's collegiate dictionary, 11th Ed., Massachusetts, U.S.A, Merriam-Webster Incorporated, 2005)

[9]. Emotion: A strong feeling, such as joy, anger, or sadness. (Concise Oxford English Dictionary, 11st Edition, Oxford, U.K, Oxford University Press, 2004.)

[10]. Reeve, Johnmarshall; Understanding Motivation and Emotion; 5th Ed., USA, John Wiley & Son, Inc., 2008, Page 299

[11]. Emotional Intelligence (Cherniss, Cary; Encyclopedia of Applied Psychology; 1st Ed., USA, Elsevier Academy Press, 2004, Vol 2, Page 315.)

[12]. Craig, Edward; Routledge Encyclopedia of Philosophy, Version 1.0, London; Routledge Publication, 1998.

[۱۳]. يَا بُنَيَّ إِنَّ الْجَوَارِحَ إِذَا شَكَّتْ فِي شَيْءٍ شَمَّتْهُ أَوْ رَأَتْهُ أَوْ ذَاقَتْهُ أَوْ سَمِعَتْهُ رَدَّتْهُ إِلَى الْقَلْبِ فَيَسْتَيْقِنُ الْيَقِينَ وَ يُبْطِلُ الشَّكَّ (ثقه الاسلام کلینی، الکافی، چاپ دوم، تهران، ناشر اسلامیه، ۱۳۶۲، جلد ۱، صفحه ۱۷۰)

امام صادق (ع) در پاسخ به هشام بن الحکم فرمود: ای پسر هنگامی که اعضاء و نیروهای احساسی من در احساس خود تردید داشته باشند در رفع تردید و تشخیص حقیقی به قلب خود رجوع می‌نمایم آن نیروئی است که فوری تمیز میدهد و رفع شک مرا می‌نماید. (حسینی همدانی، سید محمد؛ درخشان پرتویی از اصول کافی، چاپ اول، قم، انتشارات چاپخانه‌ی علمیه قم، ۱۳۶۳، جلد ۲، صفحه ۱۶۰)

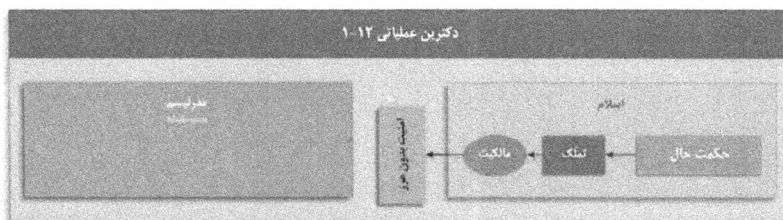

نقشه‌ی راه ۳-۲-۱-۱۲

اسلام

حکمت حال

حکمت حال بیان‌گر چیستی و چگونگی نفس انسان و کنش‌ها و کنش‌های آن است. نفس‌های انسان اعم از «نفس امّاره»، «نفس مسوّله»، «نفس مزیّنه»، «نفس لوّامه»، «نفس ملهمه»، «نفس ناطقه» و در نهایت «نفس مطمئنّه» حالات متفاوتی را در انسان صورت می‌دهند.

مکتب تملّک

مالک، دارا و حاوی مال مملوک خود است و به این نظر احاطه و تملّک اشیاء تحققها و اعتبارهای گوناگونی دارد[1]؛ پس در تبیین حکمت حال، مکتب تملّک موضوعیت می‌یابد؛ به گونه-ای که «تملّک» به صورت حالتی در نفس انسان رقم می‌خورد.

قاعده مالکیّت

قاعده‌ی مالکیّت مبتنی بر مکتب تملّک به چیستی و چرایی و چگونگی اعطای مالکیّت اعتباری از جانب خداوند به انسان است. بر این مبنا انسان مالکیّت خودش را نیز در اختیار ندارد، چه رسد به مالکیّت آفریده‌های دیگر![2]

امنیت

اکنون در جمهوری اسلامی به حکمت حال، مکتب تملّک و قاعده مالکیّت بسیار ناچیز پرداخته می‌شود.

---

[1]. شیخ کلینی، اصول کافی، ترجمه‌ی محمدباقر کمره‌ای، انتشارات اسوه، جلد ۳، صفحه ۷۳۹

[2]. قُلْ لا أَمْلِکُ لِنَفْسی نَفْعاً وَ لا ضَرًّا إِلاَّ ما شاءَ اللَّهُ وَ لَوْ کُنْتُ أَعْلَمُ الْغَیْبَ لاَسْتَکْثَرْتُ مِنَ الْخَیْرِ وَ ما مَسَّنِیَ السُّوءُ إِنْ أَنَا إِلاَّ نَذیرٌ وَ بَشیرٌ لِقَوْمٍ یُؤْمِنُونَ ، قرآن کریم، سوره اعراف، آیه ۱۸۸

(بگو: «من مالک سود و زیان خویش نیستم، مگر آنچه را خدا بخواهد (و از غیب و اسرار نهان نیز خبر ندارم، مگر آنچه خداوند اراده کند) و اگر از غیب با خبر بودم، سود فراوانی برای خود فراهم می‌کردم، و هیچ

بدی (و زیانی) به من نمی‌رسید من فقط بیم‌دهنده و بشارت‌دهنده‌ام برای گروهی که ایمان می‌آورند! (و آماده پذیرش حقند) (مکارم شیرازی، ناصر، ترجمه قرآن کریم)

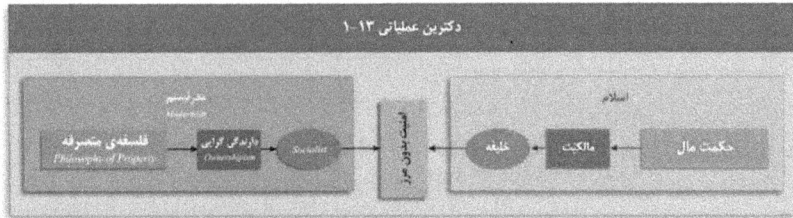

دکترین عملیاتی ۱۳-۱

نقشه‌ی راه ۳-۲-۱-۱۳

مدرنیسم

فلسفه‌ی متصرفه *Philosophy of Property*

مفهوم property از ریشه‌ی لاتینی proprietatem به معنای هر چیز مادی تحت تصرف است[۱]. در فلسفه‌ی متصرفه مبتنی بر فلسفه‌ی سود، چیستی و چرایی متصرفه تبیین می‌گردد؛ بر این اساس هر آنچه که فرد به عنوان سود به‌دست می‌آورد، به این دلیل که حق صاحب ابتدایی بر آن فرض نمی‌شود و خداوند نیز تنها حق جابه‌جایی و بخشش ثروت را به دیگران مخصوصاً بنی اسرائیل دارد و به عنوان مالک مفروض نیست[۲]، می‌تواند آن را تصرف و تصاحب نموده و از ثروت خود به حساب آورد.

مفهوم اخص property واژه‌ی asset می‌باشد که از ترکیب لاتینی ad satis بوده، به طوری‌که ad به معنای «تا حد» و satis به معنای «ارضاء» می‌باشد؛ به طور کلی asset به نوعی از property اطلاق می‌گردد که به دست آوردن آن منجر به رسیدن به حالت اشباع و ارضاء شده و به سرعت بتواند به پول تبدیل شود[۳]. در معنای اصطلاحی به تمامی اموال و دارایی حائز ارزشی که یک شخص اعم از حقیقی یا حقوقی به تصرف خود درآورده است و متصرفات به آن‌ها تعلق دارد، اطلاق می‌گردد[۴].

ایدئولوژی دارندگی گرایی *Ownershipism*

سه دیدگاه کلی در ایدئولوژی دارندگی‌گرایی در تاریخ تفکر بشر اومانیست رخ‌نمایی می‌کند:

۱- *Buddhism* ریشه‌ی تمام منازعات زندگی بشر را دارندگی و Ownership می‌داند و آن را به رسمیت نمی‌شناسد[۵].

۲- *Liberalism* بر اساس دکترین محوری خود لسه فر، اساسی‌ترین اصل آزادی را Private Ownership یا دارندگی شخصی و خصوصی می‌داند[۶].

۳- *Socialism* در غایت خود بر اساس آموزه‌های مارکس[۷] به Communal Ownership و یا دارندگی همگانی معتقد است[۸].

دکترین سوسیالیست *Socialist*

دکترین سوسیالیست مبتنی بر انگاره‌های دارندگی‌گرایی، چیستی، چرایی و چگونگی تبدیل بشر به یک «Socialist» را ترسیم می‌نماید بر این اساس تعامل افراد دارای متصرفه، با انگیزه‌ی طلب سود و منفعت اشتراکی، در یک سوسایتی، ابتدائاً به سوی به اشتراک گذاردن منافع متصرفات پیش می‌رود و افراد خود را در اموال یکدیگر شریک دانسته و به اصطلاح «سوسیالیست» می‌شوند.

اسلام

حکمت مال

معنای مال از طریق دو روی‌کرد مستفاد می‌گردد، روی‌کرد نخست به مال، به ما هو مال می‌نگرد. از این دیدگاه لغت دانان مال را از ریشه‌ی مَیْل می‌دانند، میل به معنای عدول از حالت وسط به یکی از دو طرف و یا کج و مایل شدن، می‌باشد. به طور کلی اگر کجی و انحراف عَرَضی باشد آن‌را مَیْل می‌گویند، از این رو نامیدن متعلّقات انسان به مال – با ریشه‌ی میل- به این دلیل است مایل شدن در مال، بالذّات است و زایل ابدی است؛ به همین دلیل مال را عَرَض و اموال را اعراض دنیوی گفته‌اند و دلالت براین دارد که مال دست گردانی است که روزی به کسی و روز دیگر به کس دیگری تمایل پیدا می‌کند[۹].

روی‌کرد دوم مبتنی بر متعلّق بودن مال نیست بلکه به متعلّق آن توجه می‌کند، بر این اساس لغویون مال را از ریشه‌ی مَوَل می‌دانند، در این معنا آن‌چه به تملیک کسی در می‌آید و متعلّق واقع می‌شود تا دل او به آن متمایل گردد و سبب حسنش باشد ، مال نامیده می‌شود[۱۰].

بنابراین حکمت مال در مفاهیم تمایل و تعلّق نهفته است، در حقیقت مال به خداوند تعلّق دارد و اوست که اعتباراً[۱۱] آن‌را به بندگانش عطا می‌کند[۱۲]، این اعتبار به جهت تزیّن حیات دنیوی واقع شده است[۱۳]، تا وسیله‌ای برای فتنه و آزمایش انسان در زندگانی دنیا قرار گیرد[۱۴].

مکتب مالکیت

حکمت مالک به مکتب مالکیت می‌انجامد، خداوند مالک الملک علی الاطلاق است، به این معنا که هم مالک ملک حقیقی است و هم مالک ملک اعتباری، او بر اساس صدق شریفه «خَلَقَ لَکُمْ ما فِی الْأَرْضِ جَمِیعاً[۱۵]» اصل مالکیت را برای بنای مجتمع انسانی محترم شمارده و بر اساس «تُؤْتِی الْمُلْکَ مَنْ تَشاءُ، وَ تَنْزِعُ الْمُلْکَ مِمَّنْ تَشاءُ وَ تُعِزُّ مَنْ تَشاءُ وَ تُذِلُّ مَنْ تَشاءُ» اعطای ملک را که از شؤون ملک اعتباری است از مجرای اراده‌ی خویش، برای بندگان قرار داده است[۱۶].

قاعده خلیفه

حکمت مالک، مکتب مالکیت را در قاعده‌ی خلیفهٔ اللهی صورت می‌دهد، هنگامی‌که خداوند انسان‌ها را خلیفه‌ی خویش در روی زمین قرار داد، دعای مضطرّین از خلائف جواب می‌گوید و از اسائاتشان انکشاف می‌نماید[۱۷]. بنابراین قاعده‌ی خلیفه تبیین کیستی خلیفهٔ الله، چرایی و چگونگی نیل به مقام شامخ خلافت الهی در روی زمین است.

امنیت

اکنون در اقتصاد جمهوری اسلامی عمیقاً به فلسفه متصرفه، ایدئولوژی دارندگی گرایی و قاعده‌ی سوسیالیست پرداخته می‌شود و از حکمت مال، مکتب مالکیت و قاعده خلیفه غفلت صورت می‌پذیرد.

---

[1]. www.etymonline.com

[2]. دنیا در تسلط خدای متعال است و او حکومت بر ممالک دنیا را به هر که اراده کند می‌بخشد، حتی به پست ترین آدمیان! عهد عتیق، کتاب دانیال، فصل ۴، آیه ۱۷

- روزی یعقوب شنید که پسران لابان می‌گفتند: یعقوب همه‌ی دارایی پدر ما را گرفته و از اموال پدر ماست که این چنین ثروتمند شده است.

- راحیل و لیه در جواب یعقوب گفتند: در هر حال چیزی از ثروت پدرمان به تو نخواهد رسید، زیرا او با ما مثل بیگانه رفتار کرده است. او ما را فروخته و پولی را که از این بابت دریافت داشته، تماماً تصاحب کرده است. ثروتی که خداوند از اموال پدرمان به تو داده است به ما و فرزندانمان تعلق دارد. پس آنچه خدا به تو فرموده است را انجام بده. عهد عتیق، سفر پیدایش، فصل ۳۱، آیه ۱۴

- چشم طمع به مال و ناموس دیگران نداشته باش. به فکر تصاحب غلام و کنیز، گاو و الاغ، زمین و اموال همسایه‌ات نباش. سفر تثنیه، فصل۵، آیه ۱۶

[3]."from V.L.ad satis "to sufficiency," from L. ad- "to" + satis "enough", "sufficient estate". www.etymonline.com (word: asset)

[4].Merriam-Webster's collegiate dictionary, 11th Ed., Massachusetts, U.S.A, Merriam-Webster Incorporated, 2005. (word: asset)

[5] - Craig, Edward, general editor, Routledge Encyclopedia of Philosophy, Version 1.0, London and New York: Routledge (1998), page: 1153

[6] - Milton Friedman & Rose Friedman, Free to choose, Harcourt Brace Jovanovich, Inc, 1979,page:67

[7] - Karl Heinrich Marx (1818 – 1883)

[8] -Honderich Ted Editor, The Oxford Companion to Philosophy, Second Edition, Oxford University Press, page: 763

[9]. مال مانند فاحشه‌ای است که روزی در خانه‌ی عطار و روزی در خانه‌ی بَیْطار یافت می‌شود. راغب اصفهانی، حسین بن محمد؛ المفردات فی غریب القرآن؛ نشر کتاب، ۱۴۰۴ ق، صفحه ۷۸۳

[10]. از همین رو عرب شترهای خود را مال می‌نامید. ابن منظور افریقی، لسان العرب، قم، نشر ادب حوزه، ۱۴۰۵ ق، جلد ۱۱، صفحه ۶۳۶

[11]. یَوْمَ لا یَنْفَعُ مالٌ وَ لا بَنُونَ، قرآن کریم، سوره شعراء، آیه ۸۸

[12]. وَ لْیَسْتَعْفِفِ الَّذینَ لا یَجِدُونَ نِکاحاً حَتَّی یُغْنِیَهُمُ اللَّهُ مِنْ فَضْلِهِ وَ الَّذینَ یَبْتَغُونَ الْکِتابَ مِمَّا مَلَکَتْ أَیْمانُکُمْ فَکاتِبُوهُمْ إِنْ عَلِمْتُمْ فیهِمْ خَیْراً وَ آتُوهُمْ مِنْ مالِ اللَّهِ الَّذی آتاکُمْ وَ لا تُکْرِهُوا فَتَیاتِکُمْ عَلَی الْبِغاءِ إِنْ أَرَدْنَ تَحَصُّناً لِتَبْتَغُوا عَرَضَ الْحَیاةِ الدُّنْیا وَ مَنْ یُکْرِهْهُنَّ فَإِنَّ اللَّهَ مِنْ بَعْدِ إِکْراهِهِنَّ غَفُورٌ رَحیمٌ ، قرآن کریم، سوره نور، آیه ۳۳

[13]. الْمالُ وَ الْبَنُونَ زینَةُ الْحَیاةِ الدُّنْیا وَ الْباقِیاتُ الصَّالِحاتُ خَیْرٌ عِنْدَ رَبِّکَ ثَواباً وَ خَیْرٌ أَمَلاً، قرآن کریم، سوره کهف، آیه ۴۶

[14]. وَ لَنَبْلُوَنَّکُمْ بِشَیْ‏ءٍ مِنَ الْخَوْفِ وَ الْجُوعِ وَ نَقْصٍ مِنَ الْأَمْوالِ وَ الْأَنْفُسِ وَ الثَّمَراتِ وَ بَشِّرِ الصَّابِرینَ ، قرآن کریم، سوره بقره، آیه ۱۵۵

- إِنَّما أَمْوالُکُمْ وَ أَوْلادُکُمْ فِتْنَةٌ وَ اللَّهُ عِنْدَهُ أَجْرٌ عَظیمٌ ، قرآن کریم، سوره تغابن، آیه ۱۵

[15]. هُوَ الَّذی خَلَقَ لَکُمْ ما فِی الْأَرْضِ جَمیعاً ثُمَّ اسْتَوی إِلَی السَّماءِ فَسَوَّاهُنَّ سَبْعَ سَماواتٍ وَ هُوَ بِکُلِّ شَیْ‏ءٍ عَلیمٌ، قرآن کریم، سوره بقره،آیه ۲۹

[16]. همان، جلد ۲، صفحه ۷۴

[17]. وَ الَّذی جَعَلَکُمْ خَلائِفَ فِی الْأَرْضِ فَمَنْ کَفَرَ فَعَلَیْهِ کُفْرُهُ وَ لا یَزیدُ الْکافِرینَ کُفْرُهُمْ عِنْدَ رَبِّهِمْ إِلاَّ مَقْتاً وَ لا یَزیدُ الْکافِرینَ کُفْرُهُمْ إِلاَّ خَساراً، قرآن کریم، سوره فاطر، آیه ۳۹

- أَمَّنْ یُجیبُ الْمُضْطَرَّ إِذا دَعاهُ وَ یَکْشِفُ السُّوءَ وَ یَجْعَلُکُمْ خُلَفاءَ الْأَرْضِ أَ إِلهٌ مَعَ اللَّهِ قَلیلاً ما تَذَکَّرُونَ ، قرآن کریم، سوره نمل، آیه ۶۲

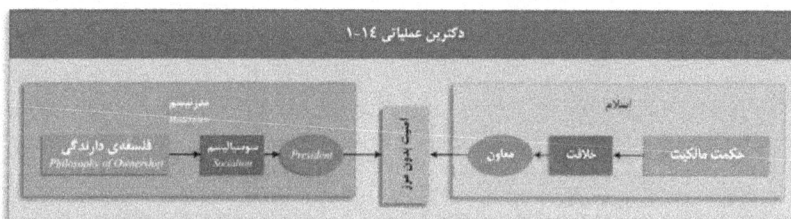

نقشه‌ی راه ۳-۲-۱-۱۴

مدرنیسم

فلسفه‌ی دارندگی *Philosophy of Ownership*

مفهوم ownership از ریشه‌ی own به معنای دارندگی می‌باشد[۱]. تئودور هاگرستورم[۲]، فیلسوف سوئدی بر این باور است که دارندگی یک شخص با عوامل تجربی قابل تعریف نیست چرا که نهاد دارندگی، ماهیتی متافیزیکال دارد و یا به طور دقیق‌تر نیرو یا قدرتی متافیزیکی است. بنابراین انتقال دارندگی دارایی میان اشخاص، انتقال نیروهای متافیزیکال با روش‌های جادویی است[۳]؛ اما به طور دقیق‌تر دارندگی و از آن خود دانستن چیزی، بر اساس تعالیم خداوند یهود، تنها منوط به اشغال و تصرف هر چیز است[۴]. نکته‌ی حائز اهمیت در چیستی و چرایی دارندگی، این است که برای انتقال دارایی از شخصی به شخص دیگر و یا قومی به قوم دیگر، حق دارندگی صاحب اولیه مطرح نیست و شارع، تمایلات خداوند یهود بر اساس ریسیسم[۵] یهودی می‌باشد[۶] و این از آن جهت می‌باشد که فلسفه‌ی دارندگی به فلسفه‌ی قدرت باز می‌گردد[۷]، الوین تافلر در کتاب جا به جایی قدرت، اصالت دانش را موج سوم قدرت پس از گذار از دوره‌هایی می‌داند که ابتدا خشونت و سپس ثروت، قدرت محسوب می‌شد. در آن عصر، «داشتن، توانستن است» دکترین قدرت، را در حوزه‌ی ثروت و مالکیت رقم می‌زد[۸].

ایدئولوژی سوسیالیسم *Socialism*

سوسیالیسم در فلسفه‌ی دارندگی، ایدئولوژی اصالت بخش به جمعیت در مقابل فردیت است. مارکس به عنوان مطرح‌ترین نظریه پرداز این ایدئولوژی با الهام از اندیشه‌ی سوسیالیست‌های تخیلی، فلسفه‌ی هگل و نظریه‌ی ارزش مبادله‌ی ریکاردو[۹] ساخت یک جامعه را بر اساس آرمان سیاسی برابری می‌داند، به طوری‌که معتقد است اقتصاد به عنوان زیربنای جامعه باید بر اساس تینت «از هر کس با توجه به توانایی‌اش به هر کس بر اساس سهمش» پایه‌ریزی شود او در بالاترین و کامل‌ترین مرحله‌ی تکامل سوسیالیسم یعنی جامعه‌ی کمونیست[۱۰]، تینت نهایی جامعه سازی را «از هرکس طبق تواناییش به هرکس با توجه به نیازش» می-

داند، مبتنی بر این اصول، ادوارد برنشتاین[11]، سوسیالیسم را چیزی جز اِعمال دموکراسی در اقتصاد – سنگ بنای جامعه- نمی-پندارد[12].

دکترین رئیس *President*

ایدئولوژی سوسیالیسم همه‌ی آحاد جامعه را به لحاظ شأنیت یکسان می‌پندارد، از این رو شأنیت دارندگی دارایی را در سطح کلیت افراد جامعه می‌داند، اما منفعت طلبی شخصی – به عبارت دیگر ارتکاب به اولین گناه[13]- بر اساس دکترین لسه فر، چنین گرایشی را دچار خدشه می‌سازد[14]، به طوری که تجمع ثروت شخصی ارزش تلقی شده و در دارایی های اشتراکی نیز به دلیل اصالت دکترین «قدرت در داشتن»، طلب ریاست و کنترل قدرت ناشی از آن، مهمترین عامل انگیزش اقتصادی فرض می‌گردد. بنابراین چیستی، چرایی و چگونگی میل بشر به رئیس شدن در دکترین president مبتنی بر ثروت تبیین می‌شود: «هر کس که جایگاه ریاست را اشغال می‌کند، ثروتمند است»[15].

اسلام

حکمت مالکیت

مالکیت از ریشه‌ی ملک به معنای سلطنت و استیلاء همراه با چیرگی و تمکن بر تصرف چیزی است[16]. مالکیت مطلقه‌ی ذوات اشیاء ایجاداً، افنائاً و ابقائاً به خداوند متعلق است که خالق همه چیز است و تقدیر آن‌ها به دست اوست[17]، مبتنی بر این حقیقت، حکمت مالکیت تبیین تسلط و مالکیت حقیقی با اصالتی ثابت برای خداوند متعالی است که خالق و منشیء، مکوّن، محیی، ممیت و مدبر است و احدی بر چیزی مالکیت ندارد مگر به اذن او[18].

مکتب خلافت

حکمت مالکیت به مکتب خلافت منتج می‌شود و این حقیقت را بیان می‌کند که مالکیت حقیقی مایملکات انسان به خداوند تعلق دارد و انسان تنها خلیفه، نماینده و مجاز و مأذون از طرف او می‌باشد و بدیهی است که هر نماینده‌ای در تصرفات خود استقلال ندارد بلکه باید تصرفاتش در حدود اجازه و اذن صاحب اصلی باشد[19].

قاعده معاون

حکمت مالکیت مبتنی بر مکتب خلافت در قاعده‌ی معاون تبلور می‌یابد. قاعده‌ی معاون چیستی حدود ایجابی معاونت مؤمنان در برّ و تقوا در نسبت با حدود سلبی معاونت در اثم و عدوان است. همچنین تبیین چرایی و چگونگی درک حدود، حفظ و بسط حدود ایجابی است[20].

امنیت

گرچه اکنون در جمهوری اسلامی ایران، در حوزه‌ی اقتصاد رویه-های مدرنیسم، مانند فلسفه‌ی دارندگی، ایدئولوژی سوسیالیسم و دکترین رئیس حاکم است، لیکن تضاد و تقابل این رویه‌ها با حکمت مالکیّت، مکتب خلافت و قاعده‌ی معاون برکسی پوشیده نیست.

---

[1] - www.etymonline.com (word: Ownership)

[2] - Axel Anders Theodor Hägerström (1868 – 1939)

[3]- Edward Craig, general editor, Routledge Encyclopedia of Philosophy, Version 1.0, London and New York: Routledge (1998), page: 3286

[4]- آن‌گاه خداوند به من فرمود: « اکنون به تدریج سرزمین سیحون پادشاه را به شما می‌دهم. پس از این‌که آن‌جا را تصرف کردید، این سرزمین از آن شما خواهد بود». عهد عتیق، سفر تثنیه، فصل ۲، آیه ۳۱

[5] - Racism

[۶]- قول داده‌ام سرزمین ایشان را به شما بدهم تا آن‌را به تصرف خود درآورده، مالک آن باشید. آن‌جا سرزمینی است که شیر و عسل در آن جاری است. من خداوند،خدای شما هستم که شما را از قوم‌های دیگر جدا کرده‌ام. عهد عتیق، سفر تثنیه، فصل ۲، آیه ۳۱

[۷]- به فلسفه‌ی Power رجوع شود.

[۸]- برای توضیحات بیشتر به فصل طرح ریزی دکترینال، روی‌کرد قدرت مدار رجوع شود.

[۹]- تفضلی، فریدون، تاریخ عقاید اقتصادی از افلاطون تا دوره‌ی معاصر، نشر نی۱۳۸۶، صفحه:۱۵۶

[10] - Communist Society

[11]- Eduard Bernstein (1850 - 1932) was a German social democratic theoretician and politician, a member of the SPD, and the founder of evolutionary socialism and revisionism.

[12]- Donald M. Borchert (Editor in Chief), Encyclopedia of Philosophy, Second Edition, New York, Macmillan Reference 2003, page 7101

[13] - Original sin in theology. Adam bit the apple, and thereupon sin fell on the human race.

[14] - Marx, Karl, Capital, Volume I, Book One: The Process of Production of Capital, Translated: Samuel Moore and Edward Aveling, Transcribed: Zodiac, Hinrich Kuhls, Allan Thurrott, Bill McDorman, Bert Schultz and Martha Gimenez (1995-1996);edited by Frederick Engels;Publisher: Progress Publishers, Moscow, USSR; page:500

[15]-" whoever occupies the presidency is wealthy", Edward Craig, general editor, Routledge Encyclopedia of Philosophy, Version 1.0, London and New York: Routledge (1998), page: 2009

[۱۶]- طریحی، فخرالدین بن محمد، مجمع البحرین، عادل، محمود مصحح، دفتر نشر فرهنگ اسلامی، جلد ۵، صفحه ۲۹۰

[۱۷]- قلِ اللّهُمَّ مالِکَ الْمُلْکِ تُؤْتِی الْمُلْکَ مَنْ تَشاءُ وَ تَنْزِعُ الْمُلْکَ مِمَّنْ تَشاءُ وَ تُعِزُّ مَنْ تَشاءُ وَ تُذِلُّ مَنْ تَشاءُ بِیَدِکَ الْخَیْرُ إِنَّکَ عَلی کُلِّ شَیْءٍ قَدیرٌ قرآن کریم، سوره آل عمران، آیه۲۶.

- وَ لِلّهِ مُلکُ السَّمٰاْتِ وَ الْأرْضِ وَ اللّهُ عَلی کُلِّ شَیْءٍ قَدیر ، سوره آل عمران، آیه ۱۸۹.

- إنَّ اللّهَ لَهُ مُلْکُ السَّماواتِ وَ الْأرْضِ یُحْیی وَ یُمیتُ وَ ما لَکُمْ مِنْ دُونِ اللّهِ مِنْ وَلِیٍّ وَ لا نَصیرٍ - ۹/ ۱۱۶.

- لِلّهِ مُلْکُ السَّماواتِ وَ الْأرْضِ وَ ما فیهِنَّ وَ هُوَ عَلی کُلِّ شَیْءٍ قَدیرٌ، سوره مائده، آیه۱۲۰

- قُلْ یا أَیُّهَا النَّاسُ إِنِّی رَسُولُ اللّهِ إِلَیْکُمْ جَمیعاً الَّذی لَهُ مُلْکُ السَّماواتِ وَ الْأرْضِ لا إلهَ إلاَّ هُوَ یُحْیی وَ یُمیتُ فَآمِنُوا بِاللّهِ وَ رَسُولِهِ النَّبِیِّ الْأُمِّیِّ الَّذی یُؤْمِنُ بِاللّهِ وَ کَلِماتِهِ وَ اتَّبِعُوهُ لَعَلَّکُمْ تَهْتَدُونَ، سوره اعراف، آیه ۱۵۸

[۱۸]- أمّا التملّک و التسلّط بالقهر و الجور و الظلم و الباطل، أو علی خلاف المقرّرات و الشرائط المعیّنة فی الشریعة الالهیّة، مصطفوی، حسن، التحقیق فی کلمات القرآن الکریم، مرکز نشر آثار علامه مصطفوی، جلد ۱۱، صفحه ۱۶۰

[۱۹]- مکارم شیرازی، ناصر، تفسیر نمونه، دارالکتب الاسلامیه، جلد ۶، صفحه ۷۱

[۲۰]- یا أَیُّهَا الَّذینَ آمَنُوا لا تُحِلُّوا شَعائِرَ اللّهِ وَ لاَ الشَّهْرَ الْحَرامَ وَ لاَ الْهَدْیَ وَ لاَ الْقَلائِدَ وَ لاَ آمِّینَ الْبَیْتَ الْحَرامَ یَبْتَغُونَ فَضْلاً مِنْ رَبِّهِمْ وَ رِضْواناً وَ إِذا حَلَلْتُمْ فَاصْطادُوا وَ لا یَجْرِمَنَّکُمْ شَنَآنُ قَوْمٍ أَنْ صَدُّوکُمْ عَنِ الْمَسْجِدِ الْحَرامِ أَنْ تَعْتَدُوا وَ تَعاوَنُوا عَلَی الْبِرِّ وَ التَّقْوی وَ لا تَعاوَنُوا عَلَی الْإِثْمِ وَ الْعُدْوانِ وَ اتَّقُوا اللّهَ إِنَّ اللّهَ شَدیدُ الْعِقابِ, قرآن کریم، سوره مائده, آیه ۲

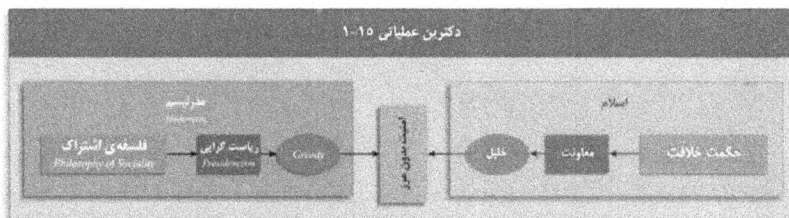

نقشه‌ی راه ۳-۲-۱-۱۵

مدرنیسم

فلسفه‌ی اشتراک *Philosophy of Sociality*

مفهوم سوشیالیتی برگرفته از واژه‌ی لاتینی socialitas به معنای گرد هم آمدن دوستانه، زندگی اشتراکی با دیگران و پرهیز از زندگی فردی می‌باشد[1]. مبانی تفکری این مفهوم را می‌توان در آموزه‌های عهد عتیق جست؛ آن‌جا که خداوند اسرائیل در محبت به ابناءاش می‌گوید: «ای همه‌ی تشنگان نزد آب‌ها بیایید؛ ای همه‌ی شما که پول ندارید، بیایید نان بخرید و بخورید! بیایید شیر و شراب را بدون پول و بی قیمت بخرید و بنوشید! چرا پول خود را خرج چیزی می‌کنید که خوردنی نیست؟ چرا دسترنج خود را صرف چیزی می‌کنید که ارضاءتان نمی‌کند؟ به من گوش دهید و از من اطاعت کنید تا بهترین خوراک را بخورید و از آن لذت ببرید»[2] و یا در قوانین زندگی، برای ترسیم مانیفست دارایی اشتراکی صراحتاً آمده است: «از انگورهای تاکستان دیگران، هر قدر بخواهید می‌توانید بخورید، اما نباید انگور در ظرف ریخته با خود ببرید. همین‌طور وقتی داخل کشتزار همسایه‌ی خود می‌شوید، می‌توانید با دست خود خوشه‌ها را بچینید و بخورید، ولی حق داس زدن ندارید»[3]، بنابر این آموزه‌های یهود، در فلسفه‌ی سوشیالیتی و اشتراک چیستی و چرایی به شکلی تبیین گردیده که داشتن دارایی به سوی دارایی اشتراکی نیل نماید؛ بر همین مبنا مارکس[4] محتوم تاریخ طبیعی تمدن را، حرکت به سمت جامعه‌ای که مفهوم اشتراک را تحقق بخشد، می‌داند[5].

ایدئولوژی ریاست‌گرایی *Presidencism*

با توجه به دیدگاه مارکس در کتاب کاپیتال[6]، کاپیتالیسم باید راهی به سوی سوسیالیسم پیدا نماید، او معتقد است همین‌طور که کاپیتالیسم توسعه می‌یابد، اشتراکی شدن فرایند تولیدی بیشتر و بیشتر با دارایی ابزارهای خصوصی تولید تضاد پیدا می‌کند، بنابراین گذار به سوی دارایی جمعی، امری طبیعی و غیر قابل اجتناب خواهد بود. اما بر خلاف پیش‌بینی مارکس، سوسیالیسم دارندگی به دلیل وجود امیال منفعت طلبانه در جلب سهم بیشتری از دارایی اشتراکی، به سوی گرایش به ریاست و کنترل

قدرت حاصل از دارایی سوق داده می‌شود و عملاً محقق نمی‌گردد[۷].

دکترین حریص *Greedy*

فلسفه‌ی اشتراک مبتنی بر ایدئولوژی ریاست‌گرایی در نهایت به دکترین حریص می‌انجامد، زیاده خواهی بشر افزون بر مقدار مکفی و سهم مشخص او چیستی حریص بودن، اقتضای طبیعت مادی بشر و ارزش قلمداد شدن متصرفات و ثروت مادی چرایی حریص شدن و سپس ارضاء میل و رغبت شدید در کنش مناسب برای تصرف مادی بیشتر[۸] چگونگی حریص گردیدن را در روش شناسی اکانومی رقم می‌زند.

اسلام

حکمت خلافت

خلافت از ماده‌ی خلف به معنای نقطه‌ی مقابل قدّام و جلوست، به عبارت دیگر هر شیء دومی که پس از شیء اولی بر اساس تأخر زمانی یا مکانی و یا تأخر و تعقّب کیفی و وصفی، بیاید - به گونه‌ای که مرتبه‌ی دوم بودن قائم به اولی باشد- خلف محسوب می‌گردد، بنابراین، از لحاظ مقام، هر دومینی که پس از اولین، به حساب آید، قائم مقام می‌باشد و این امر وجه تسمیه‌ی خلافت است[۹]. از آن‌جا که خداوند انسان را اعتباراً از جانب خویش در روی زمین مالکیت بخشید[۱۰]، حکمت خلافت، جعل انسان به مقام خلیفهٔ الهی در روی زمین است[۱۱]، تا حسب آیه‌ی شریفه[۱۲] از شرف مکانت به مکین مستخلفش، امنیت، عبودیت و نفی شرک و کفر رقم خورَد.

مکتب معاونت

حکمت خلافت در راستای تحقق عبودیت، به مکتب معاونت منتج می‌گردد. حصار معاونت دو حد تعاون در برّ و تقوا و تعاون در اثم وعدوان را بر می‌تابد، درک این حدود منوط به ادراک قلبی است؛ برّ و خوبی هر آن چیزی است که قلب نسبت به آن آرامش یابد و اثم و عدوان آن عملی است که در دل اضطراب و نگرانی ایجاد کند، هر چند که مردم یکی پس از دیگری حکم به درستی آن عمل کنند[۱۳].

قاعده خلیل

هر خلّتی در دنیا که بر غیر از محبت خداوند عزّ و جلّ قرار گیرد، روز قیامت در نهایت به عداوت و دشمنی[۱۴] میان خلیلان مبدّل خواهد شد[15]؛ بنابراین قاعده خلّت تبیین چیستی و چرایی محبتّی است که خلّت را بر اساس تقوا[۱۶]و مبتنی بر حکمت معاونت و مکتب تنافس رقم می‌زند و سپس به چگونگی آن بر اساس روند صیرورت از مسلم بودن تا محسن شدن، آن‌گاه نیل به خلیل الهی[۱۷]می‌پردازد. انسان خلیل محصول سازوکار بیع در بعد انسان سازی خواهد بود.

امنیت

اکنون در جمهوری اسلامی به دلیل حاکمیت اقتصاد مدرنیستی، فلسفه‌ی اشتراک، ایدئولوژی ریاست گرایی و دکترین حریص برتافته می‌شود، و از رویه‌های اسلامی نظیر حکمت خلافت، مکتب معاونت و دکترین خلیل غفلت جدی صورت پذیرفته است.

---

[1]- www.etymonline.com, (word: sociality)

[۲]- عهد عتیق، کتاب اشعیا، فصل ۵۵، آیه ۲ و ۳

[۳]- عهد عتیق، سفر تثنیه ، فصل ۲۳، آیه ۲۴ و ۲۵

[4]- Karl Heinrich Marx (1818 – 1883)

[5] - Marx, Karl, Capital, Volume I, Book One: The Process of Production of Capital, Translated: Samuel Moore and Edward Aveling, Transcribed: Zodiac, Hinrich Kuhls, Allan Thurrott, Bill McDorman, Bert Schultz and Martha Gimenez (1995-1996);edited by

Frederick Engels;Publisher: Progress Publishers, Moscow, USSR; page:۱۳

[6] - Das Kapital (Capital)

[7]- Donald M. Borchert (Editor in Chief), Encyclopedia of Philosophy, Second Edition, New York, Macmillan Reference 2003, page 5186

[8] - Newhauser, Richard, The Early History of Greed, The Sin of Avarice in Early Medieval, Thought and Literature, Trinity University (San Antonio), Cambridge University Press 2004, page: 31

[۹]- مصطفوی، حسن، التحقیق فی کلمات القرآن الکریم، مرکز نشر آثار علامه مصطفوی، جلد ۳، صفحه ۱۱۳

[۱۰]- قلِ اللّهُمَّ مالِکَ الْمُلْکِ تُؤْتِی الْمُلْکَ مَنْ تَشاءُ وَ تَنْزِعُ الْمُلْکَ مِمَّنْ تَشاءُ وَ تُعِزُّ مَنْ تَشاءُ وَ تُذِلُّ مَنْ تَشاءُ بِیَدِکَ الْخَیْرُ إِنَّکَ عَلی کُلِّ شَیْءٍ قَدیرٌ قرآن کریم، سوره آل عمران، آیه۲۶.

[۱۱]- وَ إِذْ قالَ رَبُّکَ لِلْمَلائِکَةِ إِنِّی جاعِلٌ فِی الْأَرْضِ خَلیفَةً قالُوا أَ تَجْعَلُ فیها مَنْ یُفْسِدُ فیها وَ یَسْفِکُ الدِّماءَ وَ نَحْنُ نُسَبِّحُ بِحَمْدِکَ وَ نُقَدِّسُ لَکَ قالَ إِنِّی أَعْلَمُ ما لا تَعْلَمُونَ، قرآن کریم، سوره بقره،آیه ۳۰

وَ هُوَ الَّذی جَعَلَکُمْ خَلائِفَ الْأَرْضِ وَ رَفَعَ بَعْضَکُمْ فَوْقَ بَعْضٍ دَرَجاتٍ لِیَبْلُوَکُمْ فی ما آتاکُمْ إِنَّ رَبَّکَ سَریعُ الْعِقابِ وَ إِنَّهُ لَغَفُورٌ رَحیمٌ، قرآن کریم، سوره انعام، آیه ۱۶۵

[۱۲]- وَعَدَ اللّهُ الَّذینَ آمَنُوا مِنْکُمْ وَ عَمِلُوا الصَّالِحاتِ لَیَسْتَخْلِفَنَّهُمْ فِی الْأَرْضِ کَمَا اسْتَخْلَفَ الَّذینَ مِنْ قَبْلِهِمْ وَ لَیُمَکِّنَنَّ لَهُمْ دینَهُمُ الَّذِی ارْتَضی لَهُمْ وَ لَیُبَدِّلَنَّهُمْ مِنْ بَعْدِ خَوْفِهِمْ أَمْناً یَعْبُدُونَنی لا یُشْرِکُونَ بی شَیْئاً وَ مَنْ کَفَرَ بَعْدَ ذلِکَ فَأُولئِکَ هُمُ الْفاسِقُونَ، قرآن کریم، سوره نور، آیه ۵۵

[۱۳]- در در المنثور است که احمد و عبد بن حمید در تفسیر این آیه یعنی جمله:" وَ تَعاوَنُوا عَلَی الْبِرِّ ..."، و بخاری در تاریخ خود از وابصه روایت کرده‌اند که گفت: من به حضور رسول خدا (ص) رسیدم، و تصمیم داشتم در سؤال از خوبیها و بدیها چیزی را فروگذار نکنم، ولی خود آن جناب فرمود: ای وابصه آیا می‌خواهی به تو خبر دهم که به چه منظور آمده‌ای، و آمده‌ای تا چه چیزهایی بپرسی؟ خودت می‌گویی یا من خبرت دهم، عرضه داشتم: یا رسول اللّه شما بفرمائید، فرمود: تو آمده‌ای از خوبیها و بدیها بپرسی، آن گاه از انگشتان دستش سه انگشت را جمع کرد، و با آنها پی در پی به سینه من می‌زد، و می‌فرمود: ای وابصه از این قلبت بپرس، از این قلبت بپرس، بر و خوبی هر آن چیزی است که قلب تو نسبت به آن آرامش یابد، بر آن چیزی است که نفس تو بدان آرامش یابد، و گناه آن عملی است که در دل اضطراب و نگرانی ایجاد کند، هر چند که مردم یکی پس از دیگری حکم به درستی آن عمل کنند. موسوی همدانی، سید محمد باقر، ترجمه تفسیر المیزان، نشر دفتر انتشارات جامعه مدرسین حوزه علمیه قم، جلد ۵، صفحه ۳۰۶

[۱۴]- یا وَیْلَتی لَیْتَنی لَمْ أَتَّخِذْ فُلاناً خَلیلاً، قرآن کریم، سوره فرقان، آیه ۲۸

[۱۵]- وَ قَالَ الصَّادِقُ ع: أَلَا کُلُّ خُلَّةٍ کَانَتْ فِی الدُّنْیَا فِی غَیْرِ اللَّهِ عَزَّ وَ جَلَّ فَإِنَّهَا تَصِیرُ عَدَاوَةً یَوْمَ الْقِیَامَةِ، علامه مجلسی, بحار الأنوار الجامعة لدرر أخبار الأئمة الأطهار، دارالکتب الاسلامیه، ۱۴۱۳ قمری، جلد ۶۷، صفحه ۲۷۷

[۱۶]- الْأَخِلاَّءُ یَوْمَئِذٍ بَعْضُهُمْ لِبَعْضٍ عَدُوٌّ إِلاَّ الْمُتَّقینَ، قرآن کریم، سوره زخرف، آیه ۶۷

[۱۷]- وَ مَنْ أَحْسَنُ دیناً مِمَّنْ أَسْلَمَ وَجْهَهُ لِلَّهِ وَ هُوَ مُحْسِنٌ وَ اتَّبَعَ مِلَّةَ إِبْراهیمَ حَنیفاً وَ اتَّخَذَ اللَّهُ إِبْراهیمَ خَلیلاً، قرآن کریم، سوره نساء، آیه ۱۲۵

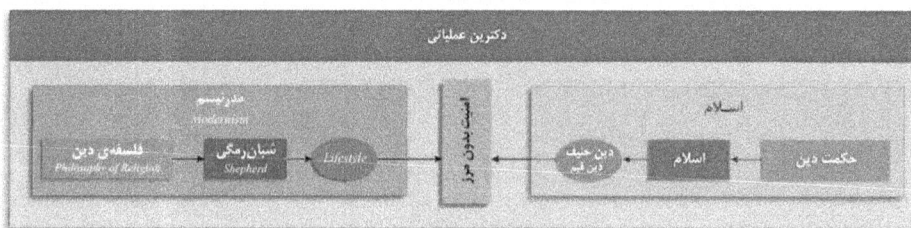

نقشه‌ی راه شماره ۱-۲

Shepherd

نقشه‌ی راه ۳-۲-۲-۱

مدرنیسم

فلسفه‌ی دین *Philosophy of Religion*

فلسفه‌ی دین در غرب دو بخش عمده دارد: تئولوژی فلسفی و فلسفه‌ی دین به طور اخص.

مباحث مطرح شده در فلسفه‌ی دین عبارتند از: خداشناسی، نسبت‌شناسی انسان با خدا، الحاد و ایمان، خیر و شر، زندگی بعد از مرگ و قیامت، بهشت و دوزخ، فرشتگان و شیاطین.

گرچه مبتنی بر درخت فلسفه، تمامی فلسفه‌های مضاف به‌مثابه‌ی شاخه‌های درخت از تنه‌ای انشعاب یافته‌اند که «فوزیس» و طبیعت نام گرفته است، لیکن فلسفه‌ی دین پس از ظهور فلسفه‌ی آنالتیکال، تجربی‌گرایی و حس‌گرایی کاملا بعدی خردگرا و طبیعی یافته است. از این رو فلسفه‌ی دین و الاهیات در غرب، بعد فیزیکی و طبیعی کاملاً بارزی دارد، و حتی مسائل ترانس‌فیزیکی و ماوراء طبیعی نیز به بعد متافیزیکی و مابعدطبیعه فروکاست می-شوند.

خلاصه آن‌که تئولوژی و فلسفه‌ی دین به چیستی و چرایی خدا و دین در حد فیزیک ویا حداکثر متافیزیک می‌پردازند.

ایدئولوژی شبان‌رمگی *Shepherd*

واژگان *Shepherd*، *herdsman* و *Pastor* در زبان انگلیسی هم معادل «چوپان» و «شبان» در فارسی هستند[۱] و هم به-معنای «پیشوای مذهبی» و «کشیش» به‌کار می‌روند.[۲]

«شِفرد» نه تنها به پیشوایان مذهبی اطلاق می‌شود، بلکه از منظر غرب، خداو پیامبران نیز به مثابه‌ی چوپان و شبانی برای انسان‌ها هستند[۳] که آن‌ها را در رسیدن به خواسته‌هایشان راهنمایی می‌کنند.

دکترین سبک زندگی *Lifestyle*

ادراک مفهوم «حقیقت *True*» در فلسفه‌ی دین مبتنی بر آرای نیچه[۴] و فوکو[۵] به «حقیقت نسبی» دست می‌یازد. این حقیقت یا مبتنی بر «زبان» شکل گرفته است و یا مبتنی بر «سبک زندگی» صورت پذیرفته است.

فلذا شکل‌ها و شیوه‌های زندگی هریک دارای سامانی از حقیقت بوده و در پی تحقق اراده و خواست معطوف به «قدرت» به عنوان هدف خود هستند.

از این رو در سوپرپارادایم اومانیسم، «دین» هر انسان یعنی «سبک زندگی» وی.

اسلام

حکمت دین

حکمت دین، در سه حوزه اساسی با فلسفه‌ی دین در تقابل است:

حکمت دین در حوزه‌ی دنیا، «دینی شدن دنیا» را برمی‌تابد و نه «دنیایی شدن دین» را که همان «سکولاریزاسیون» است.

حکمت دین در حوزه‌ی عقبا، به‌جای «ایمان فلسفی» که چیستی هر پدیده را در آرخه و الثنا می‌جوید، به «ایمان حکمی» می‌پردازد، که ایمان به خدا، کتاب، ملائک، انبیاء، آخرت، غیب و آیات الهی را مبتنی بر نشأت، فطرت و آیه تبیین می‌کند.

حکمت دین در حوزه‌ی زندگی، در مقابل فلسفه، خدا را حی می‌داند و از این‌رو زندگی را عقیده‌ی الهی و جهاد در راه آن عقیده می‌داند.

مکتب اسلام

حکمت دین، مجموعه باورهایی را تبیین می‌کند که زمینه‌ی «اسلام» را ایجاد کرده، و انسان مبتنی بر فطرت خود «تسلیم» پروردگارش می‌شود و سپس در مرحله‌ی بعد «ایمان» به قلب او وارد می‌گردد.

در این مکتب، دین در نزد خدا اسلام است،[6] و هرکس جز آن، دین دیگری اختیار کند در آخرت، زیان‌کار خواهد بود.[7]

قاعده‌ی دین حنیف - دین قیم

حکمت دین در نهایت به قاعده‌ی «دین حنیف» منتج می‌شود، که انسان مبتنی بر فطرت خود به سوی آن رو می‌گرداند، و این دینی «قیم» و «استوار» است، زیرا که در خلقت خداوند دگرگونی نیست.[8] دین حنیف، دینی یکتا و خالص است، که هرکس طبق آن زندگی کند، تسلیم خداوند شده، و به دوستی با او شتافته است.[9]

فلذا در اسلام برخلاف مدرنیته، «سبک‌زندگی» یعنی «دین».

امنیت

روش‌شناسی بیع در اسلام با حکمت دین، و در مدرنیسم با سبک زندگی آغاز می‌شود. اکنون در جمهوری اسلامی ایران، در حوزه‌ی اقتصاد، فلسفه‌ی دین، ایدئولوژی شبان‌رمگی و دکترین سبک زندگی در حال شکل‌گیری هستند، در حالی که با حکمت دین، مکتب اسلام و قاعده‌ی دین حنیف دارای تعارض جدی هستند.

---

۱. در ریشه‌شناسی *Shepherd* از واژه‌ی قدیمی انگلیسی *Sceaphyrde* اشتقاق یافته است، این کلمه خود از دو قسمت sceap *'sheep'* + hyrde *'herdsman'* مشتق شده است که به معنای «چوپان گوسفند» است.

2. Shepherd: a person who tends sheep, a member of the clergy providing spiritual care and guidance for a congregation (Concise Oxford English Dictionary, 11st Edition,Oxford, U.K, Oxford University Press, 2004.)

Pastor: a spiritual overseer *especially* : a clergyman serving a local church or parish (Merriam-Webster's collegiate dictionary, 11th Ed., Massachusetts, U.S.A, Merriam-Webster Incorporated, 2005)

3. The Lord is my shepherd.

از مزامیر داوود (شماره ۲۳) در عهد عتیق (تورات)، به این معنا که خدا، شبان من است.

Alston, William P.; A.; Routledge Encyclopedia of Philosophy, Version 1.0, London; Routledge Publication, 1998, Religious Language.

4. Friedrich Nietzsche (1844-1900)

5. Michel Foucault (1926-84)

۶. إنَّ الدِّینَ عِنْدَ اللّهِ الْإسْلامُ وَ مَا اخْتَلَفَ الَّذینَ أُوتُوا الْکِتابَ إلاَّ مِنْ بَعْدِ ما جاءَهُمُ الْعِلْمُ بَغْیاً بَیْنَهُمْ ... (قرآن الکریم، سوره‌ی آل-عمران، آیه‌ی ۱۹)

دین در نزد خدا، اسلام(و تسلیم بودن در برابر حق) است. و کسانی که کتاب آسمانی به آنان داده شد، اختلافی(در آن) ایجاد نکردند، مگر بعد از آگاهی و علم، آن هم به خاطر ظلم و ستم در میان خود؛ ... (مکارم شیرازی، ناصر. ترجمه‌ی قرآن کریم)

۷. وَ مَنْ یَبْتَغِ غَیْرَ الْإِسْلامِ دیناً فَلَنْ یُقْبَلَ مِنْهُ وَ هُوَ فِی الْآخِرَةِ مِنَ الْخاسِرینَ (قرآن الکریم، سوره‌ی آل‌عمران، آیه‌ی ۸۵)

و هر کس جز اسلام(و تسلیم در برابر فرمان حق،) آیینی برای خود انتخاب کند، از او پذیرفته نخواهد شد؛ و او در آخرت، از زیانکاران است. (مکارم شیرازی، ناصر. ترجمه‌ی قرآن کریم)

۸. فَأَقِمْ وَجْهَکَ لِلدِّینِ حَنیفاً فِطْرَتَ اللَّهِ الَّتی فَطَرَ النَّاسَ عَلَیْها لا تَبْدیلَ لِخَلْقِ اللَّهِ ذلِکَ الدِّینُ الْقَیِّمُ وَ لکِنَّ أَکْثَرَ النَّاسِ لا یَعْلَمُونَ (قرآن الکریم، سوره‌ی روم، آیه‌ی ۳۰)

۹. وَ مَنْ أَحْسَنُ دیناً مِمَّنْ أَسْلَمَ وَجْهَهُ لِلَّهِ وَ هُوَ مُحْسِنٌ وَ اتَّبَعَ مِلَّةَ إِبْراهیمَ حَنیفاً وَ اتَّخَذَ اللَّهُ إِبْراهیمَ خَلیلاً (قرآن الکریم، سوره‌ی نساء، آیه‌ی ۱۲۵)

دین و آیین چه کسی بهتر است از آن کس که خود را تسلیم خدا کند، و نیکوکار باشد، و پیرو آیین خالص و پاکِ ابراهیم گردد؟ و خدا ابراهیم را به دوستیِ خود، انتخاب کرد. (مکارم شیرازی، ناصر. ترجمه-ی قرآن کریم)

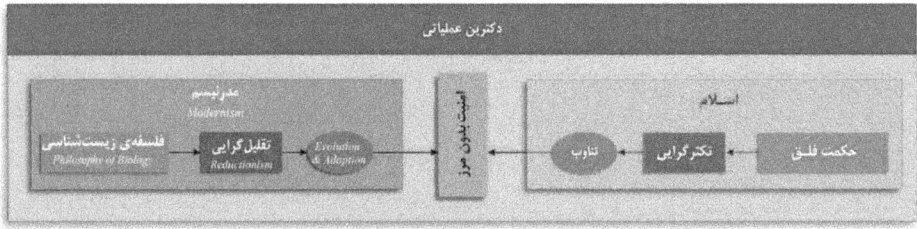

نقشه‌ی راه ۳-۲-۲-۲

مدرنیسم

فلسفه‌ی زیست‌شناسی *Philosophy of Biology*

«زیست‌شناسی» یا «بیولوژی» به دانش مطالعه‌ی «موجودات زنده» اطلاق می‌شود. این دانش مطالعه و پژوهش در حوزه‌های «منشأ»، «عمل‌کرد» و «روابط» بین موجودات زنده و ... را صورت می‌دهد.[۱]

گرچه فلسفه‌ی زیست‌شناسی، در تاریخ خود، آرای فیلسوفانی هم‌چون ارسطو و کانت را در بردارد، لیکن با تدوین نظریات تطور[۲] و کشف مولکول *DNA* در دویست سال اخیر، این فلسفه‌ی مضاف جای‌گاه تازه‌ای یافته است.[۳]

پرسش از چیستی موجود زنده، به دو دیدگاه عمده منتج شده است:

۱. ایدئولوژی وایتالیسم *Vitalism*: این دیدگاه، موجودات زنده و اشیاء غیرزنده را به صورت بنیادین متفاوت از هم می‌داند، زیراکه موجودات زنده از بخش و عنصر «غیرفیزیکالی» تشکیل شده‌اند که به آن‌ها «زندگی» داده است.[۴]

۲. ایدئولوژی تقلیل‌گرایی *Reductionism*: در این دیدگاه «فکت»[5]های زیست‌شناسی مانند همه‌ی فکت‌ها و پدیده‌ها، به‌وسیله‌ی فکت‌های فیزیکی و شیمیایی اثبات می‌شوند، فلذا هیچ حالت، واقعه و یا روند «غیرفیزیکال» در طبیعت ویا زیست‌شناسی متصور نیست.[۶]

ایدئولوژی تقلیل‌گرایی *Reductionism*

ایدئولوژی وایتالیسم علی‌رغم پژوهش‌های وسیع فیلسوف و بیولوژیست آلمانی «دریش»[۷] در اوایل قرن بیستم، کارایی خود را از دست داده است، و اکثر زیست‌شناسان مدرن ریداکشنیست هستند.[۸]

ریداکشنیسم واجد دو حوزه‌ی اصلی «فیزیکی» و «ژنتیکی» است. ریداکشنیسم فیزیکی در پی توضیح پدیده‌های بیولوژیک از طریق خصایص فیزیکی مولکول‌ها و ماکرومولکول‌هاست، و ریداکشنیسم ژنتیکی در پی توضیح «فنوتیپ»[۹] موجود زنده از طریق فهم و ساده‌نمودن «ژن‌ها»ی آن است.[۱۰]

ایدئولوژی تقلیل‌گرایی نیز در سال‌های اخیر، در حوزه‌ی زیست-شناسی سلولی، مورد چالش جدی قرار گرفته است.

دکترین سازگاری و تطور *Adaption & Evolution*

فلسفه‌ی زیست‌شناسی در نهایت به دکترین «سازگاری» و «تطور» منتج شده است.

دکترین تطور، برتافتن «تنوع و اشکال» مختلف زیست بر روی کره‌ی زمین در نتیجه‌ی توارث و تغییر «شکل اولیه حیات» است.[11] و دکترین سازگاری مبتنی بر «بقای اصلح» تطبیق موجودات زنده با محیط‌شان را برمی‌تابد.

اسلام

حکمت فلق

«فلق» به معنای «شکافتن» است. «فالق» و «شکافنده» نامی از نام‌های خداوند متعال است. در سوره‌ی انعام می‌فرماید، خدا فالق و شکافنده‌ی است که زنده را از مرده و مرده را از زنده خارج می‌سازد. آیات ۹۵ تا ۹۹ سوره‌ی انعام، تبیین آیات و نشانه‌هایی است که روییدن گیاهان تا به ثمر نشستن آن‌ها، و نشأت انسان را دربردارد چنان‌که به موجودات غیرزنده - خورشید، ماه، ستارگان - می‌پردازد.[12]

تبیین چیستی موجودات زنده و غیرزنده، در حوزه‌ی حکمت «فلق» رقم می‌خورد.

مکتب تکثرگرایی

حکمت فلق، با شکافتن دانه و هسته، به «مکتب کثرت» می‌رسد. این مکتب، خلقت موجودات زنده را، بر اساس تنوع و گوناگونی در رنگ و شکل و ... برمی‌تابد.[13]

قاعده‌ی تناوب

مکتب تکثرگرایی، به قاعده‌ی «تناوب» می‌انجامد. این قاعده «تناوب» و «تبدیل نوبت‌ها» در انسان و سایر موجودات زنده را به جای «سازگاری» موجودات با محیط‌شان بر می‌تابد.

امنیت

اکنون در جمهوری اسلامی ایران، در حوزه‌ی اقتصاد، فلسفه‌ی زیست‌شناسی، ایدئولوژی تقلیل‌گرایی و دکترین تطور و سازگاری نقش اساسی در طرح‌ریزی دارند، در حالی که با حوزه‌های حکمت فلق، مکتب تکثرگرایی و قاعده‌ی تناوب در تعارض جدی هستند.

---

1. Van Huyssteen, Wentzel (Editor in Chief), Encyclopedia Of Science And Religion, 2nd ed., New York, Macmillan Reference, Gale Group, 2003, Page 62.
2. Evolution
3. Hull, David L. The Cambridge Companion to the Philosophy of Biology; 1st Ed, New York, Cambridge University Press, 2007, Page XX.
4. Craig, Edward; Routledge Encyclopedia of Philosophy, Version 1.0, London; Routledge Publication, 1998. (Part: Vitalism)
5. Fact
6. The Cambridge Companion to the Philosophy of Biology, Page 120.
7 Hans Adolf Eduard Driesch (1867-1941)
8. Ayala, Francisco Jose & Dobzhansky, Theodosius (Editors), Studies in the Philosophy of Biology, 1st Ed., Los Angeles, University of California Press, 1974, Page viii - 8.
9. Phenotype
10. Sarkar, Sahotra & Plutynksi, Anya; A Companion to the Philosophy of Biology, 1st Ed., Malden: Wiley-Blackwell Publication, 2008, p. 236.
11. Craig, Edward; Routledge Encyclopedia of Philosophy, Version 1.0, London; Routledge Publication, 1998. (Part: Theory of Evolution)

۱۲. إِنَّ اللَّهَ فالِقُ الْحَبِّ وَ النَّوى يُخْرِجُ الْحَيَّ مِنَ الْمَيِّتِ وَ مُخْرِجُ الْمَيِّتِ مِنَ الْحَيِّ ذلِكُمُ اللَّهُ فَأَنَّى تُؤْفَكُونَ * فالِقُ الْإِصْباحِ وَ جَعَلَ اللَّيْلَ سَكَناً وَ الشَّمْسَ وَ الْقَمَرَ حُسْباناً ذلِكَ تَقْديرُ الْعَزيزِ الْعَليمِ * وَ هُوَ الَّذی جَعَلَ لَكُمُ النُّجُومَ لِتَهْتَدُوا بِها فی ظُلُماتِ الْبَرِّ وَ الْبَحْرِ قَدْ فَصَّلْنَا الْآياتِ لِقَوْمٍ يَعْلَمُونَ * وَ هُوَ الَّذی أَنْشَأَكُمْ مِنْ نَفْسٍ واحِدَةٍ فَمُسْتَقَرٌّ وَ مُسْتَوْدَعٌ قَدْ فَصَّلْنَا الْآياتِ

لِقَوْمٍ يَفْقَهُونَ * وَ هُوَ الَّذی أَنْزَلَ مِنَ السَّماءِ ماءً فَأَخْرَجْنا بِهِ نَباتَ كُلِّ شَیْءٍ فَأَخْرَجْنا مِنْهُ خَضِراً نُخْرِجُ مِنْهُ حَبًّا مُتَراكِباً وَ مِنَ النَّخْلِ مِنْ طَلْعِها قِنْوانٌ دانِيَةٌ وَ جَنَّاتٍ مِنْ أَعْنابٍ وَ الزَّيْتُونَ وَ الرُّمَّانَ مُشْتَبِهاً وَ غَيْرَ مُتَشابِهٍ انْظُرُوا إِلى ثَمَرِهِ إِذا أَثْمَرَ وَ يَنْعِهِ إِنَّ فی ذلِكُمْ لَآياتٍ لِقَوْمٍ يُؤْمِنُونَ (قرآن الکریم، سوره‌ی انعام، آیات ۹۵ تا ۹۹)

خداوند، شکافنده دانه و هسته است؛ زنده را از مرده خارج می‌سازد، و مرده را از زنده بیرون می‌آورد؛ این است خدای شما! پس چگونه از حقّ منحرف می‌شوید؟! (مکارم شیرازی، ناصر؛ ترجمه‌ی قرآن کریم)

۱۳. وَ ما ذَرَأَ لَكُمْ فِی الْأَرْضِ مُخْتَلِفاً أَلْوانُهُ إِنَّ فی ذلِكَ لَآيَةً لِقَوْمٍ يَذَّكَّرُونَ (قرآن الکریم، سوره‌ی نحل، آیه‌ی ۱۳)

مخلوقاتی را که در زمین به رنگهای گوناگون آفریده نیز مسخّر(فرمان شما) ساخت؛ در این، نشانه روشنی است برای گروهی که متذکّر می‌شوند! (مکارم شیرازی، ناصر؛ ترجمه‌ی قرآن کریم)

يا أَيُّهَا النَّاسُ إِنَّا خَلَقْناكُمْ مِنْ ذَكَرٍ وَ أُنْثى وَ جَعَلْناكُمْ شُعُوباً وَ قَبائِلَ لِتَعارَفُوا إِنَّ أَكْرَمَكُمْ عِنْدَ اللَّهِ أَتْقاكُمْ إِنَّ اللَّهَ عَليمٌ خَبيرٌ (قرآن الکریم، سوره‌ی حجرات، آیه‌ی ۱۳)

ای مردم! ما شما را از یک مرد و زن آفریدیم و شما را تیره‌ها و قبیله‌ها قرار دادیم تا یکدیگر را بشناسید؛ (اینها ملاک امتیاز نیست،) گرامی‌ترین شما نزد خداوند با تقواترین شماست؛ خداوند دانا و آگاه است! (مکارم شیرازی، ناصر؛ ترجمه‌ی قرآن کریم)

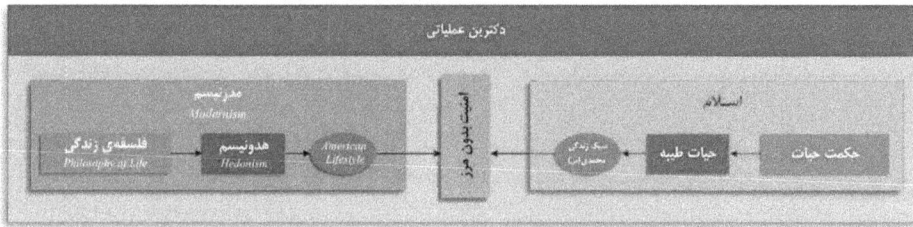

نقشه‌ی راه ۳-۲-۲-۳

مدرنیسم

فلسفه‌ی زندگی Philosophy of Life

واژه‌ی «Life» در انگلیسی، با واژه‌ی «Liben» در آلمانی، و «زندش» و «زندگی» در فارسی معادل است.

از آنجا که فلسفه‌ی زندگی در نیمه‌ی دوم قرن نوزده میلادی و اوایل قرن بیستم میلادی به طور جدی در آلمان مورد توجه قرار گرفت، Lebensphilosophie مترادف و همسنگ با فلسفه‌ی زندگی فراگیر شد.[1]

فلسفه‌ی زندگی به پرسش درباره‌ی معنا و مفهوم، ارزش‌ها و هدف زندگی می‌پردازد، و آرای دو فیلسوف آلمانی، یعنی شوپنهاور[2] و نیچه در مورد زندگی در فلسفه‌ی زندگی بسیار حائز اهمیت هستند.[3]

نیچه در این حوزه از فلسفه، در پی تبیین نسبت میان «زندگی» و «حقیقت True» است، و معتقد است هر کس حقیقت زندگی خود را می‌سازد، فلذا انسان با حقیقت‌های متعدد روبه‌روست.

«پلورالیسم» در حوزه‌ی معنا و مفهوم زندگی و «هدونیسم» در حوزه‌ی هدف زندگی، ایدئولوژی‌های مطرح در حوزه‌ی فلسفه‌ی زندگی هستند.

ایدئولوژی هدونیسم Hedonism

هدونیسم از ریشه‌ی «هدونی» یونانی به معنای «شهوت» اشتقاق یافته است و به معنای «اصالت لذت» و «لذت‌گرایی» است.

ایدئولوژی هدونیسم، قسمتی از ایدئولوژی یوتیلیتاریانیسم سنتی است که مبتنی بر آرای بنتام[4] و میل[5] بوده و «اصل بیشترین فایده» را برمی‌تافت.[6] هدونیسم کمّی بر اساس اندیشه‌ی بنتام و هدونیسم کیفی بر اساس اندیشه‌ی میل شکل گرفته است.

هدونیسم در دوران مدرن به سه شیوه‌ی هدونیسم روانی Psychological، هدونیسم سنجشی Evaluative و هدونیسم بازتابی Reflective رواج تازه‌ای یافته است.[7]

دکترین سبک زندگی آمریکایی American Lifestyle

فلسفه‌ی زندگی نیز مانند فلسفه‌ی دین به دکترین «سبک زندگی» منتج می‌شود، اما سبک زندگی تحدید شده به مدل آمریکایی آن.

شیوه‌ی زندگی آمریکایی[8]، مبتنی بر ایدئولوژی هدونیسم و لیبرالیسم، زندگی را براساس «اصالت لسه‌فر» و «اصالت لذت» پایه‌ریزی می‌کند.

اسلام

حکمت حیات

نزدیک‌ترین واژه به «زندش» و «زندگی» فارسی، در قرآن «حیات» است.

حکمت حیات در اسلام، حقی را برمی‌تابد که حقیقت مطلق است و شکی در آن نیست. متأثر از حقیقت، و مبتنی بر فطرت، انسان ایمان می‌آورد و تقوا می‌ورزد، و در این‌صورت حیات دنیوی انسان قرین شادی و سرور می‌گردد.[9]

مکتب حیات طیبه

ایمان و سپس عمل صالح انسان را به حیات طیبه نائل می‌کند.[10]

قاعده‌ی سبک زندگی محمدی (ص)

از دیدگاه قرآن حکمت حیات به قاعده‌ی «سبک زندگی محمدی (ص) منتج می‌شود.[11]

امنیت

اکنون در جمهوری اسلامی ایران، در حوزه‌ی اقتصاد، فلسفه‌ی زندگی، ایدئولوژی هدونیسم و دکترین سبک زندگی آمریکایی به صورت جدی مطرح است، در حالی که حکمت حیات، مکتب حیات طیبه و قاعده‌ی سبک زندگی محمدی(ص) در تعارض جدی با آن‌ها هستند.

1.Gaiger, Jason; Routledge Encyclopedia of Philosophy, Version 1.0, London; Routledge Publication, 1998, Lebensphilosophie.
2. Arthur Schopenhauer (1788-1860)
3. Routledge Encyclopedia of Philosophy, Lebensphilosophie.
4. Jeremy Bentham (1748-1832)
5. John Stuart Mill (1806-1873)
6. Brandt, Richard B.; Encyclopedia Of Philosophy, 2nd Ed, USA, Macmillan Reference, Gale Group, 2006, Vol. 4, Page 254.
7. Gosling, Justin; Routledge Encyclopedia of Philosophy, Version 1.0, London; Routledge Publication, 1998, Hedonism.
8. An American Way of Life.

۹. الَّذینَ آمَنُوا وَ کانُوا یَتَّقُونَ * لَهُمُ الْبُشْری فِی الْحَیاةِ الدُّنْیا وَ فِی الْآخِرَةِ لا تَبْدیلَ لِکَلِماتِ اللَّهِ ذلِکَ هُوَ الْفَوْزُ الْعَظیمُ (قرآن الکریم، سوره‌ی یونس، آیات ۶۳ و ۶۴)

همانها که ایمان آوردند، و(از مخالفت فرمان خدا) پرهیز می‌کردند. در زندگی دنیا و در آخرت، شاد(و مسرور)ند؛ وعده‌های الهی تخلّف ناپذیر است! این است آن رستگاری بزرگ! (مکارم شیرازی، ناصر؛ ترجمه‌ی قرآن کریم)

۱۰. مَنْ عَمِلَ صالِحاً مِنْ ذَکَرٍ أَوْ أُنْثی وَ هُوَ مُؤْمِنٌ فَلَنُحْیِیَنَّهُ حَیاةً طَیِّبَةً وَ لَنَجْزِیَنَّهُمْ أَجْرَهُمْ بِأَحْسَنِ ما کانُوا یَعْمَلُونَ (قرآن الکریم، سوره‌ی نحل، آیه‌ی ۹۷)

هر کس کار شایسته‌ای انجام دهد، خواه مرد باشد یا زن، در حالی که مؤمن است، او را به حیاتی پاک زنده می‌داریم؛ و پاداش آنها را به بهترین اعمالی که انجام می‌دادند، خواهیم داد. (مکارم شیرازی، ناصر؛ ترجمه‌ی قرآن کریم)

۱۱. لَقَدْ کانَ لَکُمْ فی رَسُولِ اللَّهِ أُسْوَةٌ حَسَنَةٌ لِمَنْ کانَ یَرْجُوا اللَّهَ وَ الْیَوْمَ الْآخِرَ وَ ذَکَرَ اللَّهَ کَثیراً (قرآن الکریم، سوره‌ی احزاب، آیه‌ی ۲۱)

مسلّماً برای شما در زندگی رسول خدا سرمشق نیکویی بود، برای آنها که امید به رحمت خدا و روز رستاخیز دارند و خدا را بسیار یاد می‌کنند (مکارم شیرازی، ناصر؛ ترجمه‌ی قرآن کریم)

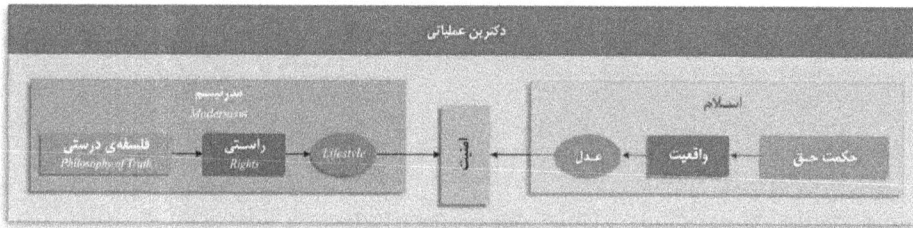

نقشه‌ی راه ۳-۲-۲-۴

مدرنیسم

فلسفه‌ی درستی *Philosophy of Truth*

واژه‌ی «*Truth*» انگلیسی، و واژه‌ی «*Veritas*» لاتینی، مابه‌ازای واژه‌ی «درستی» در فارسی هستند،[۱] لیکن معادل واژه‌ی «حق» و «حقیقت» قرآنی نیستند، بلکه واژه‌ی عربی «صحیح» را می‌توان نزدیک‌ترین مفهوم به آن‌ها در نظر گرفت.

در نظر پراگماتیست‌ها، «درستی» عبارت از فکر یا عقیده‌ای است که مفید فایده برای معتقدین به آن باشد و یا به معنی فرضیه‌ای است که صاحب‌نظران در یک حوزه به اتفاق آرا آن را تصدیق کرده باشند.[۲]

در نظر پیروان مارکس «درستی» عبارت است از مطابقت فکر با شیء و به شناختی اطلاق می‌شود که مبین وجود عینی باشد.

در نظر اگزیستانسیالیست‌ها[۳] نیز «درستی» عبارت است از تجلی واقعیت در نظر شخص مدرک، بطوری که بتواند واقعیت را با آزادی کامل و آن طور که می‌خواهد، تصور کند.[۴]

در نظر نیچه، «درستی» ریشه در پندارهایی دارد که زندگی بر پایه‌ی آن‌ها شکل گرفته و این پندارها به مرور زمان مبتنی بر حس استوار و اثبات گردیده‌اند.

فلذا فلسفه‌ی «*Truth*»، با پرسش از «درستی» و آن‌چه «درست و صحیح» است، در مقابل آن‌چه «اشتباه یا کذب» است، از پرسش از «حق» کاملاً متفاوت است.

ایدئولوژی راستی *Rights*

گرچه واژه‌ی «*Rights*» نیز به «حقوق» ترجمه می‌گردد، لیکن این واژه نیز معادل «حق» در قرآن نیست، و به مفهوم «راستی» فارسی نزدیک‌تر است.

Rights به عمل‌کردن و قضاوت کردن بر طبق آن‌چه *Truth* است اطلاق می‌شود.[۵] فلذا ایدئولوژی «راستی» در راستای تحقق آن‌چه «درست» است، صورت می‌پذیرد.

تدوین «*Human Rights*»، «*Political Rights*» و «*Civil Rights*» نیز مبتنی بر این ایدئولوژی صورت گرفته و به مجموعه‌ی راستی‌های مبتنی بر بشریت، پلیتیک و مدنیت اطلاق می‌گردد.

دکترین سبک زندگی *Lifestyle*

فلسفه‌ی درستی در ایدئولوژی راستی به دکترین «سبک زندگی» منتج می‌شود.

در این دکترین، تبیین چیستی و چرایی «زندگی»، در حیطه‌ی فلسفه‌ی «درستی» جست‌وجو می‌گردد و چگونگی «سبک و شیوه‌ی زندگی» مبتنی بر «بسته‌های راستی»[۶] مانند «هیومن رایتس» رقم می‌خورد.

اسلام

حکمت حق

پس از تبیین ظرفیت انسان، و سپس حکمت دین و حیات در اسلام، لزوم تبیین چیستی ویا کیستی «حق» و «حقیقت» به عنوان «معیار» موضوعیت می‌یابد.

«حق» در مقابل «باطل» به جای‌گاه و موضع «حقیقی» اشیاء، اشخاص و پدیده‌ها گفته می‌شود، و حکمت حق، در پی تبیین این جای‌گاه به مقتضای پدیده‌ها است.[۷]

مکتب واقعیت

پدیده‌ها در واقعیت در جای‌گاهی «واقع» شده‌اند که با جای‌گاه و موضعی که به‌حق، «محق» آن هستند متفاوت است. مکتب واقعیت، با نسبت‌شناسی میان این دو جای‌گاه، در پی «تحقق» جای‌گاه حقیقی پدیده‌ها است.

قاعده‌ی عدل

«عدالت»، برتابیدن ضرورت جای‌گیری تمامی پدیده‌ها در جای‌گاه خودشان است. قرآن، نیز برای این واژه، مثال «کلام خدا» را برتافته است - که به حد تمام رسیده و دیگر هیچ‌کس نمی‌تواند کلمات او را دگرگون سازد-.[۸]

از این رو، «قاعده‌ی عدل» تبیین چیستی، چرایی و چگونگی «عدالت» را صورت می‌دهد.

امنیت

در حوزه‌ی طرح‌ریزی نظام اقتصاد، فلسفه‌ی درستی، ایدئولوژی راستی و دکترین سبک زندگی دارای تفاوت‌ها و تقابل‌های قابل ملاحظه‌ای با حکمت حق، مکتب واقعیت، و قاعده‌ی عدل هستند، که غفلت از آن‌ها سبب انحراف و خدشه به نظام بیع می‌گردد.

---

۱. صلیبا، جمیل؛ **فرهنگ فلسفی**، صانعی دره بیدی، منوچهر (مترجم)، چاپ اول، تهران، انتشارات حکمت، ۱۳۶۶، جلد ۱، ص ۳۱۸.

2. Craig, Edward; Routledge Encyclopedia of Philosophy, Version 1.0, London; Routledge Publication, 1998, (Pragmatic theory of Truth).

3. Existentialist.

۴. **فرهنگ فلسفی**، جلد ۱، ص ۳۱۸.

5. Merriam-Webster's collegiate dictionary, 11th Ed., Massachusetts, U.S.A, Merriam-Webster Incorporated, 2005.

6. Rights Pack

۷. الَّذینَ آتَیْناهُمُ الْکِتابَ یَتْلُونَهُ حَقَّ تِلاوَتِه ... (قرآن الکریم، سوره بقره، آیه ۱۲۱)

یا أَیُّهَا الَّذینَ آمَنُوا اتَّقُوا اللَّهَ حَقَّ تُقاتِه ... (قرآن الکریم، سوره آل-عمران، آیه ۱۰۲)

وَ ما قَدَرُوا اللَّهَ حَقَّ قَدْرِه ... (قرآن الکریم، سوره انعام، آیه ۹۱)

۸. وَ تَمَّتْ کَلِمَةُ رَبِّکَ صِدْقاً وَ عَدْلاً لا مُبَدِّلَ لِکَلِماتِهِ وَ هُوَ السَّمیعُ الْعَلیمُ (قرآن الکریم، سوره انعام، آیه ۱۱۵)

و کلام پروردگار تو، با صدق و عدل، به حدّ تمام رسید؛ هیچ کس نمی‌تواند کلمات او را دگرگون سازد؛ و او شنونده داناست. (مکارم شیرازی، ناصر؛ ترجمه‌ی قرآن کریم)

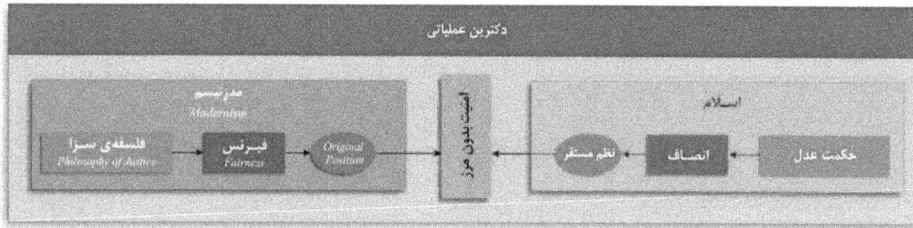

نقشه‌ی راه ۳-۲-۲-۵

مدرنیسم

فلسفه‌ی سزا *Philosophy of Justice*

واژه‌ی «*Justice*» در انگلیسی، از واژه‌ی «*Justitia*» لاتینی مشتق شده است، و در تناظر با کلمات *Equity* و *Equality* نیز به کار می‌رود، لیکن در فارسی با واژه‌ی «سزا» معادل است.

سه دیدگاه عمده در مورد «سزا و جاستیس» وجود دارد:

۱. دیدگاه کان‌وکشنالیسم[۱]: در این دیدگاه نظر به این‌که نهادها، قراردادها، و سیستمی از قوانین وجود دارد که مشخص می‌کند هرچیزی متعلق به چه‌کسی است، مسأله‌ی «جاستیس» صرفاً با دریافت پاسخ صحیح از این مجموعه‌ها برطرف می‌گردد. برای مثال والزر[۲] معتقد است هر کالای اجتماعی مانند خدمات بهداشتی دارای معیار سنجش مناسبی برای توزیع در میان جامعه است که مرتبط با فهم جامعه از آن کالاست.[۳]

۲. دیدگاه یوتیلیتاریانیسم: در این دیدگاه «جاستیس» به صورت پایه در تن‌درستی، خشنودی و «منفعت» تعریف می‌گردد، و هرگاه تضاد منافع بین اشخاص به وجود آید معیار سنجش، «منفعت کل» خواهد بود.[۴]

۳. دیدگاه سوم، مبتنی بر ایدئولوژی «فیرنس» شکل می‌گیرد، در نظر راولز[۵]، «جاستیس» نیازمند فراهم کردن اختیارات پایه‌ی - مسامحتاً، آزادی‌های پایه‌ی - مساوی و فرصت‌های خوب برای همه است.[۶]

ایدئولوژی فیرنس *Fairness*

«فیرنس» را می‌توان مسامحتاً به «انصاف» ترجمه کرد. ایدئولوژی فیرنس بر این اساس بنا نهاده شده‌است که نقش جاستیس و سزا را به صورت یک چارچوب در زندگی بشر تعریف می‌کند تا انسان‌ها بدون منازعه در یک رقابت *Fair* با هم زندگی کنند.

این ایدئولوژی در پی تحقق یک مجموعه فرصت‌های *Fair* برای هر فرد است تا وی بتواند ایده‌ی «یک زندگی خوب» را دنبال کند.

دکترین موقعیت اصلی *Original Position*

فلسفه‌ی سزا مبتنی بر ایدئولوژی فیرنس در نهایت به دکترین «اوریجینال پوزیشن» منتج می‌شود.

این دکترین مبتنی بر آرای راولز، به دنبال تعریف و تبیین مشخصات و خصوصیاتی است که مردم را از استفاده غیرمنصفانه از مزایای طبیعی و اجتماعی‌شان برحذر می‌سازد.[۷]

اسلام

حکمت عدل

عدالت، در معانی متفاوت به کار رفته است:

یکم: عدالت به معنای «میانه‌روی» بوده و امری که میان افراط و تفریط است.[۸]

دوم: عدالت به معنای استقامت در راه حق، و دوری از آن‌چه منع شده است.[۹]

سوم: عدالت به معنای برتری دادن عقل بر هوی.[۱۰]

چهارم: عدالت به معنای ضرورت برتابیدن هرچیز در جای‌گاه خودش.

تبیین چیستی و چرایی «عدل» و «عدالت» در حوزه‌ی حکمت عدل می‌گنجد.

مکتب انصاف

در روش‌شناسی سلامت، «عدالت» با حاکم شدن عقل بر نفس شکل می‌گیرد و «انصاف» نمود اجتماعی عدالت است، که در آن تعمیم عقلانیت به جای نفسانیت در اجتماع است.

قاعده‌ی نظم مستقر

هرگاه «برتابیدن هرچیز در جای‌گاه خودش»، محقق گردد و واقعیت یابد، آن‌گاه همه چیز «منظم» می‌گردد. «قرار» گرفتن هر پدیده در جای‌گاه خودش «نظم» را رقم خواهد زد، و سبب «تنظیم» روابط میان پدیده‌ها خواهد گردید.

قاعده‌ی نظم مستقر، تبیین چیستی، چرایی و چگونگی «استقرار» هر پدیده در جای‌گاه خودش است، تا «نظم» محقق گردیده و «مستقر» شود.

امنیت

اکنون در جمهوری اسلامی ایران، در روش‌شناسی حوزه‌ی اقتصاد، فلسفه‌ی سزا، ایدئولوژی فیرنس و دکترین موقعیت اصلی به صورت جدی در حال طرح هستند، در حالی که حکمت عدل، مکتب انصاف و قاعده‌ی نظم مستقر مورد غفلت واقع گردیده‌اند.

---

1. Convectionalism
2. Michael Walzer (1935-Present)
3. Craig, Edward; Routledge Encyclopedia of Philosophy, Version 1.0, London; Routledge Publication, 1998. (Justice)
4. The Same.
5. John Rawls (1971, 1999)
6. Routledge Encyclopedia of Philosophy, (Justice as Fairness)
7. The Same, (Justice as Fairness and Equality)

۸ (العدل) عبارة عن الامر المتوسط بین طرفی الافراط و التفریط. (الجرجانی، علی بن محمد؛ کتاب التعریفات، چاپ چهارم، تهران: نشر ناصر خسرو، ۱۳۷۰، جلد ۱، ص ۶۳.)

۹. الاستقامة علی طریق الحق، و البعد عما هو محظور. ما قام فی النفوس أنه مُسْتقیم، و هو ضِدُّ الجَوْر (صلیبا، جمیل؛ المعجم الفلسفی، بیروت، نشر الشرکة العالمیة للکتاب، ۱۴۱۴ ه.ق. ، جلد ۲، ص ۵۸.)

۱۰. رجحان العقل علی الهوی (همان)

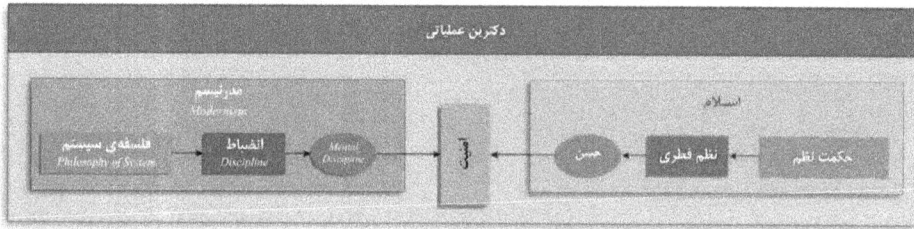

نقشه‌ی راه ۳-۲-۲-۶

مدرنیسم

فلسفه‌ی سیستم *Philosophy of System*

«سیستم»، به «ارتباط معنادار میان اجزا در یک کل که در نسبت با محیط خدمت ارائه می‌کند،» اطلاق می‌شود. معادل واژه‌ی سیستم، در عربی «نظام» و در فارسی «سامانه» است.

دانش سیستم‌ها، در پاسخ به پیچیدگی روزافزون در حوزه‌های مختلف دانش و راهی برای فهم این پیچیدگی‌ها پدید آمد،[1] و «فلسفه‌ی سیستم»، چیستی یک نظام یا سیستم و چرایی ظهور و بروز آن را تبیین می‌کند.

ایدئولوژی انضباط *Discipline*

اوردر *Order* و دیسیپلین *Discipline* در زبان انگلیسی، کارکرد یک سیستم را تشکیل می‌دهند. اوردر، معادل «نظم» در عربی بوده، و به نظم و «سامان» با منشأ درونی اطلاق می‌شود، درحالی‌که، دیسیپلین، به «انتظام» و سامانی گفته می‌شود که منشأ بیرونی داشته باشد.

دانش سیستم‌ها، مبتنی بر ایدئولوژی انضباط، با تحت نظم و ترتیب درآوردن اجزاء یک سیستم، «انتظام» را محقق می‌کند.

دکترین انضباط ذهنی *Mental Discipline*

فلسفه‌ی سیستم، مبتنی بر ایدئولوژی انضباط، در نهایت به دکترین انضباط ذهنی منتج می‌شود. انسان در میان انبوهی از سیستم‌های مکانیکی، ارگانیکی، سایبرنتیکی، بیولوژیکی و اکولوژیکی زندگی می‌کند. گرچه این سیستم‌ها به همراه سیستم‌های لوژیکال، ریاضی (کمی) و شیمیایی (کیفی) «انضباط ذهنی» را برای انسان رقم زده‌اند، اما می‌توان از سوی دیگر در نظر گرفت بشر در میان طیف وسیعی از سیستم‌های عموماً خودساخته، زندانی گردیده است. فلذا تلاش برای برون‌رفت از «زندان سیستمی» هم‌پای «انضباط ذهنی» به امری مهم و ضروری بدل گشته است.

اسلام

حکمت نظم

گرچه «نظم» واژه‌ی قرآنی نیست، لیکن در نهج‌البلاغه توصیه‌ای مؤکد است از امیرالمؤمنین (ع) خطاب به همه‌ی فرزندانشان.[۲]

«نظم» در فارسی به معنای «ترکیب و ترتیب و هماهنگی» آمده است،[۳] اما از منظر حکمی، به «تحقق و قرار گرفتن هر چیز در جای‌گاه خودش» اطلاق می‌گردد. فلذا حکمت نظم، از یک سو به چیستی و چرایی استقرار هر چیز در جای‌گاه خودش می‌پردازد، و از سوی دیگر چیستی و چرایی «تنظیم» روابط بین اشیاء و پدیده‌ها را برمی‌تابد.

مکتب نظم فطری

پس از تبیین حکمت نظم، مکتب «نظم فطری» موضوعیت می‌یابد. مبتنی بر این مکتب اساس و پایه‌ی نظم بر «فطرت» قرار داده شده است، و «فطرت» به مثابه‌ی «سیستم عاملی» است که «استقرار» پدیده‌ها را در جای‌گاه خودشان صورت می‌دهد.
از این حیث، «نظم» مبتنی بر نهادمندی فطرت برقرار می‌گردد.

قاعده‌ی حسن

واژه‌ی «حُسن» در عرف عموم مردم، بیشتر به چیزی که به چشم زیبا باشد گفته می‌شود.[۴] لیکن، حکمت نظم، مبتنی بر نظم فطری، «قاعده‌ی حسن» را رقم می‌زند، از این منظر «حُسن» به «رؤیت هر چیز در جای‌گاه خودش» اطلاق می‌گردد، زیرا که این قسم رؤیت پدیده‌ها در جای‌گاه حقیقی‌شان، نه تنها از نظر حسی و طبیعی زیبا قلمداد می‌شود، بلکه زیبایی فطری و عقلانی انسان را نیز برمی‌انگیزاند.

امنیت

گرچه اکنون در جمهوری اسلامی ایران، در حوزه‌ی اقتصاد، فلسفه‌ی سیستم، ایدئولوژی انضباط و دکترین انضباط ذهنی مبنای طرح‌ریزی واقع گردیده‌اند، بایسته و شایسته است حوزه‌های حکمت نظم، مکتب نظم فطری و قاعده‌ی حسن از پرده‌ی غفلت خارج شده و مبنای طرح و عمل قرار گیرند.

---

1. Van Huyssteen, Wentzel (Editor in Chief), Encyclopedia Of Science And Religion, 2nd ed., New York, Macmillan Reference, Gale Group, 2003, Page 854.

۲. أُوصِیکُمَا وَ جَمِیعَ وَلَدِی وَ أَهْلِی وَ مَنْ بَلَغَهُ کِتَابِی بِتَقْوَی اللَّهِ وَ نَظْمِ أَمْرِکُمْ وَ صَلَاحِ ذَاتِ بَیْنِکُم (سید رضی، نهج البلاغه، چاپ اول، قم، ناشر هجرت، ۱۴۱۴ هجری قمری، صفحه ۴۲۱)

۳. صلیبا، جمیل؛ فرهنگ فلسفی، صانعی دره بیدی، منوچهر (مترجم)، چاپ اول، تهران، انتشارات حکمت، ۱۳۶۶، جلد ۱، ص ۶۳۷.

۴. راغب اصفهانی، حسین بن محمد؛ ترجمه و تحقیق مفردات الفاظ قرآن؛ خسروی حسینی، سیدغلامرضا (مترجم)، نشر مرتضوی، جلد۱، ص ۴۹۰.

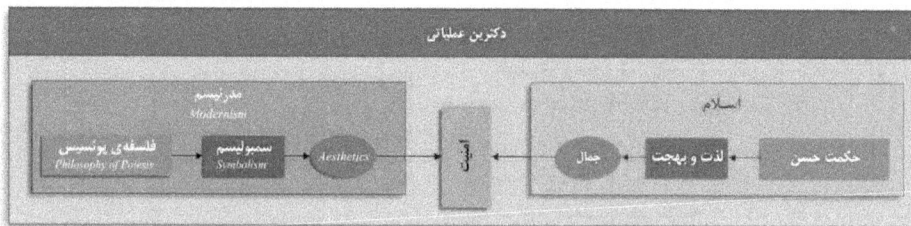

نقشه‌ی راه ۳-۲-۲-۷

مدرنیسم

فلسفه‌ی پوئسیس *Philosophy of Poiesis*

واژه «*Poiesis*»، از ریشه‌ی یونانی «*Poiēsis*» است، که در انگلیسی به صورت «*Posey*» نیز کاربرد دارد.[1]

ارسطو میان دو واژه‌ی «*Praxis*» و «*Poiesis*» در حوزه‌ی فعالیت‌های انسان، تمایز قائل شده است، واژه‌ی «*Praxis*» را به فعالیت‌هایی اطلاق می‌کند که «فرجام» و «غایت» خود به‌شمار می‌روند، در حالی که مفهوم «*Poiesis*» فعالیتی است که از نظر وی، «وسیله»‌ی دست‌یابی به غایت و هدف دیگر باشد.[2]

فلذا میان «ساختن و انجام»[3] فعالیت با «هدف و محصول»[4] آن فاصله‌ی زمانی وجود دارد. فاصله‌ی دیگری نیز میان «تولیدکننده» با «محصولش» متصور است.[5] از این‌رو فلسفه‌ی پوئسیس، به حوزه‌ای می‌پردازد که اثر و مؤثر از یک‌دیگر متمایز باشند. این فلسفه، به چیستی و چرایی روندی از تولید می‌پردازد که اثر، وسیله‌ای باشد برای نیل به هدف مؤثر.

ایدئولوژی سمبولیسم *Symbolism*

«سمبول» به معنای «نشانه»، «رمز» و «نماد» است و «سمبولیسم» به «بیان ایده‌ها به وسیله‌ی این نمادها» اطلاق می‌گردد.[6] این ایدئولوژی در اواخر قرن ۱۹ در مقابل ایدئولوژی «رئالیسم» ظهور یافته است.

ایدئولوژی سمبولیسم، انعکاس و بازتابی از «واقعیت بالاتر»[7] دنیای تجربی را برمی‌تابد که توسط هنر، تخیل و شهود[8] محقق شده، و ریزن *Reason* و دانش ظرفیت و توانایی بیان آن را ندارند.[9]

مبتنی بر فلسفه‌ی پوئسیس، «ایده‌ها» و «واقعیت‌ها» در این ایدئولوژی، هدف را تشکیل داده، و «نمادها» وسیله‌ی نیل به این هدف را فراهم می‌سازند.

دکترین زیبایی *Aesthetics*

واژه‌ی «*Aesthetics*» از ریشه‌ی یونانی «*Aisthanomai*» گرچه ابداع فیلسوف آلمانی بامی‌گارتن[10] به معنای «ادراک حسی» بوده است، اما قدمت مفهوم آن به آرای افلاطون و ارسطو بازمی‌گردد.[11]

گردد.[11]

دکترین آئستتیک، تبیین چیستی، چرایی و چگونگی تمام تجربیات ذهنی و عینی انسان را تشکیل می‌دهد که هریک به نوعی با مفهوم «زیبایی» گره خورده است. از این رو دامنه‌ی وسیعی از دانش‌ها اعم از فلسفه، هنر، شعر و ادبیات به این حوزه-ی «زیبایی‌شناسی» می‌پردازند.

اسلام

حکمت حسن

پس از تبیین حکمت حق، عدل و نظم، حکمت «حُسن» موضوعیت می‌یابد، حُسن به «رؤیت هر چیز در جای‌گاه خودش» اطلاق می‌شود، و این حکمت، کمال هر پدیده را، در صورت استقرار در جای‌گاه حقیقی‌اش می‌پذیرد.

مکتب لذت و بهجت

حکمت حسن، به «استحسان» منتج می‌شود، استحسان به معنای «طلب حسن» است. این طلب حسن به مکتب «لذت» و «بهجت» می‌انجامد.

آن‌چه حسن است، نه «قباحتی» برای آن متصور است و نه «سیئه-»ای را برمی‌تابد، از این رو «سرور» و «بهجت» برای انسان رقم می‌خورد، آن‌چنان که از بسیاری از نعمت‌های دنیا «مسرور» و «بهیج» است[12] و از آن «لذت» می‌برد آن‌چنان‌که از نصیب نعمت-های حقیقی بهشت بدان لفظ اشاره گردیده است.[13]

قاعده‌ی جمال

«زیبایی» از منظر حکمی، از «حسن» آغازیده است و با «لذت» و «بهجت» عجین گردیده است، این‌چنین زیبایی را «جمال» گویند.

قاعده‌ی «جمال» تبیین چیستی، چرایی و چگونگی «زیبایی» است، آن «زیبایی» که از صفات خداوند متعال برشمرده شده و به نحوی است که خداوند آن‌را دوست می‌دارد.[14]

امنیت

اکنون در جمهوری اسلامی ایران، در حوزه‌های مختلف طرح-ریزی، فلسفه‌ی پوئسیس، ایدئولوژی سمبولیسم و دکترین آئستتیک مطرح هستند، در حالی‌که حکمت حسن، مکتب لذت و بهجت و قاعده‌ی جمال مورد غفلت واقع گردیده‌اند.

---

1. Merriam-Webster's collegiate dictionary, 11th Ed., Massachusetts, U.S.A, Merriam-Webster Incorporated, 2005.
2. Balaban, Oded; Praxis And Poesis In Aristotle's Practical Philosophy; The Journal of Value Inquiry, 1990, Vol. 24, No. 3, p. 185.
3. Making and Produce
4. Purpose and Product
5. Praxis and Poesis In Aristotle's Practical Philosophy. (The Same)
6. Merriam-Webster's collegiate dictionary.(The Same)
7. Higher Reality
8. Art, imagination and Intuition.
9. Craig, Edward; Routledge Encyclopedia of Philosophy, Version 1.0, London; Routledge Publication, 1998. (Part: Russian Religious-Philosophical Renaissance)
10. Alexander Gottlieb Baumgarten.
11. Brandt, Richard B.; Encyclopedia Of Philosophy, 2nd Ed, USA, Macmillan Reference, Gale Group, 2006, Vol. 1, p.40 & p.73.

۱۲. **وَ الْأَرْضَ مَدَدْناها وَ أَلْقَيْنا فيها رَواسِيَ وَ أَنْبَتْنا فيها مِنْ كُلِّ زَوْجٍ بَهيجٍ(قرآن الکریم، سوره‌ی ق، آیه‌ی ۷)**

و زمین را گسترش دادیم و در آن کوه‌هایی عظیم و استوار افکندیم و از هر نوع گیاه بهجت‌انگیز در آن رویاندیم، (مکارم شیرازی، ناصر؛ ترجمه‌ی قرآن کریم)

۱۳. **بَيْضاءَ لَذَّةٍ لِلشَّارِبِينَ (قرآن الکریم، سوره‌ی صافات، آیه‌ی ۴۶)**

شرابی سفید و درخشنده، و لذّتبخش برای نوشندگان؛(مکارم شیرازی، ناصر؛ ترجمه‌ی قرآن کریم)

۱۴. **إنَّ اللَّهَ جَمِيلٌ يُحِبُّ الْجَمَالَ وَ يُحِبُّ أَنْ يَرَى أَثَرَ نِعْمَتِهِ عَلَى عَبْدِهِ (طبرسی، شیخ حسن؛ مکارم الأخلاق؛ چاپ چهارم، قم، انتشارات شریف رضی، ۱۳۷۰، ص ۱۰۳.)**

از حضرت امیر مؤمنان (ع): خداوند جمیل است و جمال را دوست دارد و دوست دارد آثار نعمت خود را بر بنده‌اش ببیند. (طبرسی، شیخ حسن؛ مکارم الأخلاق؛ ترجمه ی میرباقری، سیدابراهیم، چاپ دوم، تهران، نشر فراهانی، ۱۳۶۵، ج ۱، ص ۱۹۶.)

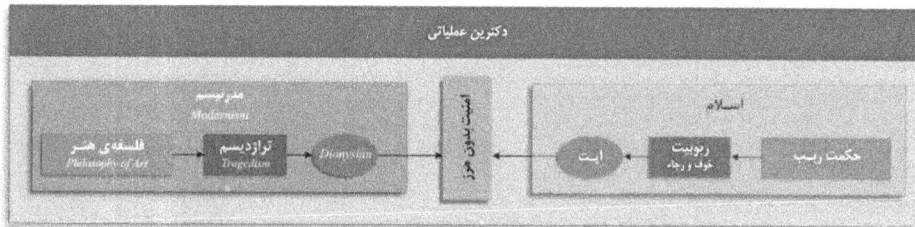

نقشه‌ی راه ۳-۲-۲-۸

مدرنیسم

فلسفه‌ی هنر *Philosophy of Art*

واژه «*Art*»، از ریشه‌ی یونانی «*Ars*» است، که معادل «هنر» فارسی و «فن» عربی است.

هنر به صورت کلی به مجموعه قواعدی اطلاق می‌شود که برای دست‌یافتن به هدف معینی مورد استفاده قرار گیرد، مانند هنر زیبا، هنر صناعت و ... . از سوی دیگر، هنر به معنای خاص به مجموعه‌ی وسایلی اطلاق می‌شود که توجه به «زیبایی» انسان را برانگیزاند.[۱] از این رو هنر مبتنی بر آئستتیک، فن دست‌یابی به «زیبایی» است.

فلسفه‌ی هنر، به حوزه‌هایی مانند چیستی و چرایی هنر و زیبایی، رابطه‌ی میان هنر و حقیقت *Truth*، و ارزش‌ها و هنجارهای هنری می‌پردازد.

هیوم[۲]، ارزش هنر را لزوما در ارتباطش با «لذت» و «تفریح» می‌داند.[۳] از نظر نیچه، هنر واضح‌ترین و آشناترین شکل اراده‌ی معطوف به قدرت است و هنر باارزش‌تر از حقیقت *Truth* است و هنر را باید برحسب هنرمند دریافت.[۴] هایدگر هنر را در قالب اشیاء پدید آمده به دست هنرمندان نمی‌داند، بلکه ذات هنر را چیزی، غیر از حضور[۵] یک شیء بیان می‌کند[۶] و آن را مبتنی بر پرسش از وجود، «فهم الثنا» یعنی «میل به نامستوری» می‌داند.

ایدئولوژی تراژدیسم *Tragedism*

تعریف نیچه از «تراژدی»، هیچ‌گونه قرابتی با معنای متداول آن ندارد، در واقع نیچه تراژدی را نگاهی «هستی‌شناسانه» به «زندگی انسانی» می‌داند. نیچه نخستین تأمل انسان را، تأمل درباره‌ی مرگ و فناپذیری خودش می‌داند، از منظر وی این حقیقت دردناک، عامل روی‌آوری بشر به «هنر» است. خلاقیت بشر برای فرار از مرگ در هنر تجلی می‌یابد و «تراژدی» اوج خلاقیت بشر در هنر است.

تفسیر نیچه از تراژدی بر فلسفه‌ی شوپنهاور و آرمان‌های زیبایی‌شناسانه‌ی واگنر[۷] استوار است. نیچه معتقد است «زبان» از بیان ژرف‌ترین تجربه‌های بشر در هستی عاجز است، و رساترین زبان از نظر او، زبان موسیقی اصیل به مفهوم «دیونوسوسی» است، که انسان را به «سکر و بی‌خودی» برساند.[۸]

دکترین دیونیزین *Dionysian*

تراژدیسم مبتنی بر مرگ و تولد دوباره‌ی «*Dionysus*» از اساطیر یونانی، استوار است، که حاصل پیوند جاودانگی و فناست. دیونوسوس مظهر ویژگی‌های دوگانه و متضادی است که هستی بشر را رقم زده است. دکترین دیونیزین، تبیین چیستی، چرایی و چگونگی برتابیدن این تضادها در هنر است.[9]

اسلام

حکمت رب

«رب» واژه‌ی قرآنی ، در اصل به معنای «تربیت و پرورش» است، یعنی ایجاد کردن حالتی پس از حالت دیگر در چیزی تا به حدّ نهایی و تمام و کمال آن برسد.[10]

«الرب» مصدر است که به‌طور استعاره به‌جای فاعل به کار رفته است و به‌طور مطلق جز برای خدای تعالی گفته نمی‌شود، زیرا که او پرورش‌دهنده و پروردگار همه‌ی عالمیان است.[11]

حکمت رب، حوزه‌ی شناخت «رب» را رقم می‌زند.

مکتب ربوبیت

مکتب «ربوبیت» مبتنی بر حکمت «رب» روبه‌روی مکتب «عبودیت» است. رب، در نسبت با مخلوقات خود، «ربوبیت» می-کند و مخلوقات در نسبت با رب خود، «عبودیت» را رقم می‌زنند. نخستین لایه‌ی عبودیت، مبتنی بر صدر انسان، در قوه‌ی «خوف و رجا» شکل می‌گیرد، آن‌چنان‌که در وصیت لقمان به پسرش آمده است.[12]

قاعده‌ی آیت

«آیت» و «آیه» به معنای «علامت» و «نشانه» است. و آیه اثری است ظاهر، برای مؤثری که ظاهر نیست و اثرش او را روشن و معین می‌کند.

برگ درختان سبز، در نظر هوشیار

هر ورقش دفتری است، معرفت کردگار[13]

هنر از منظر هایدگر در «رمزگشایی از طبیعت» مبتنی بر «الثنا» شکل می‌گیرد، و هنر از منظر حکمی «رمزگشایی از خلقت» مبتنی بر آیت است.

امنیت

اکنون در جمهوری اسلامی ایران، در حوزه‌های مختلف طرح-ریزی، فلسفه‌ی هنر، ایدئولوژی تراژدیسم و دکترین دیونیزین مبنا قرار گرفته‌اند، در صورتی که حکمت رب، مکتب ربوبیت و قاعده‌ی آیت مورد غفلت جدی واقع شده‌اند.

---

۱. صلیبا، جمیل؛ **فرهنگ فلسفی**، صانعی دره بیدی، منوچهر (مترجم)، چاپ اول، تهران، انتشارات حکمت، ۱۳۶۶، جلد ۱، ص .۵۰۵

2. David Hume (1711-1776),

3. Gaut, Berys & Lopes, Dominic McIver (Editors); The Routledge Companion to Aesthetics, 1st Ed., New York: Routledge, 2001, p.4.

۴. فارل کرل، دیوید؛ نظر هایدگر و نیچه در خصوص اراده معطوف به قدرت: هنر و حقیقت در ناسازگاریی هول‌انگیز، ترجمه حنایی کاشانی، محمد سعید، فصلنامه‌ی هنر، زمستان ۱۳۷۰ و بهار ۱۳۷۱، شماره ۲۱ ، صفحه .۷

5. Presence

۶. گلندینین، سیمون؛ **فلسفه هنر هایدگر**، ترجمه ی عباسی، شهاب الدین، فصلنامه سروش اندیشه، بهار ۱۳۸۱، شماره ۲، صفحه .۱۵۳

7. Richard Wagner (1813-1883)

۸. ذاکرزاده، ابوالقاسم؛ **مرگ تراژدی و تولد عقل گرایی**، فصلنامه نامه مفید، آذر و دی ۱۳۸۲، شماره ۳۹، صص ۱۲۱و .۱۲۵

۹. همان، صص ۱۲۲ تا ۱۲۴.

۱۰. راغب اصفهانی، حسین بن محمد؛ **ترجمه و تحقیق مفردات الفاظ قرآن**؛ خسروی حسینی، سیدغلامرضا (مترجم)، نشر مرتضوی، جلد۲، صفحه ۲۹.

۱۱. الْحَمْدُ لِلَّهِ رَبِّ الْعالَمینَ (قرآن الکریم، سوره فاتحه، آیه‌ی ۲)

۱۲. قُلْتُ لَهُ مَا كَانَ فِي وَصِيَّةِ لُقْمَانَ قَالَ كَانَ فِيهَا الْأَعَاجِيبُ وَ كَانَ أَعْجَبَ مَا كَانَ فِيهَا أَنْ قَالَ لِابْنِهِ خَفِ اللَّهَ عَزَّ وَ جَلَّ خِيفَةً لَوْ جِئْتَهُ بِبِرِّ الثَّقَلَيْنِ لَعَذَّبَکَ وَ ارْجُ اللَّهَ رَجَاءً لَوْ جِئْتَهُ بِذُنُوبِ الثَّقَلَيْنِ لَرَحِمَکَ ثُمَّ قَالَ أَبُو عَبْدِ اللَّهِ ع كَانَ أَبِي يَقُولُ إِنَّهُ لَيْسَ مِنْ عَبْدٍ مُؤْمِنٍ إِلَّا [وَ] فِي قَلْبِهِ نُورَانِ نُورُ خِيفَةٍ وَ نُورُ رَجَاءٍ لَوْ وُزِنَ هَذَا لَمْ يَزِدْ عَلَى هَذَا وَ لَوْ وُزِنَ هَذَا لَمْ يَزِدْ عَلَى

هـذاَ (ثقه الاسلام کلینی، الکافی، چاپ دوم، تهران، ناشـر اسـلامیه، ۱۳۶۲، ج ۲، ص ۶۷)

حارث یا پدرش مغیره به امام صادق علیه السّلام عرض کـرد: وصـیت لقمان به پسرش چه بود؟ فرمود در آن وصیت مطالـب شـگفتی بـود و شگفت‌تر از همه این بود که به پسرش گفت: از خدای عز و جل چنان بترس که اگر نیکی جن و انس را بیاوری ترا عذاب کند، و بخدا چنان امیدوار باش که اگر گناه جن و انس را بیاوری به تو ترحم کند.

۱۳. سعدی، مصلح بن عبدالله؛ **کلیات سعدی**، چاپ دوم، تهران، انتشارات دوستان، ۱۳۷۹، غزلیات، صفحه‌ی ۴۶۷.

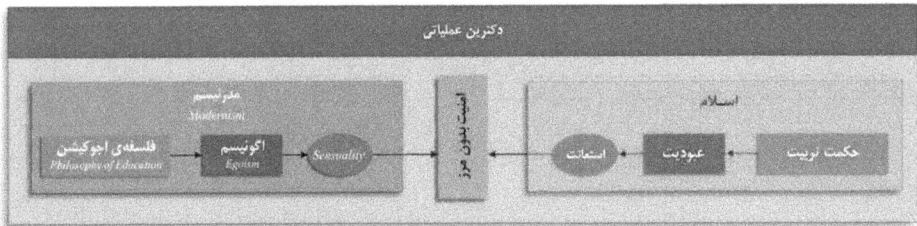

نقشه‌ی راه ۳-۲-۲-۹

مدرنیسم

فلسفه‌ی اجوکیشن *Philosophy of Education*

واژه «*Education*»، مابه‌ازای «تربیت» عربی و «پروردن» فارسی است.[۱] این واژه دو ریشه‌ی لاتینی دارد: «*Educere*» به معنای راهنمایی کردن و آموزش دادن و «*Educare*» به معنای غذا دادن و پروراندن.[۲]

در مکتب فلسفه‌ی تحلیلی، فیلسوفان از تحلیل واژه‌های «*Teaching*»، «*Learning*»، و «*Understanding*» آغاز می‌کنند و سپس به ماهیت آموزش و روش‌های مرتبط با آن - مانند آرای اسکفلر[۳] - می‌پردازند.

فلسفه‌ی اجوکیشن از سویی به ماهیت، اهداف و وسایل آموزش و تربیت می‌پردازد، و از سوی دیگر مشخصات و ساختار «تئوری‌های آموزشی» را بررسی می‌کند.[۴]

تبیین «*Curriculum*» یک کارکرد عمده در فلسفه‌ی اجوکیشن به شمار می‌رود. در حالی که اگزیستنسیالیست‌ها به دنبال محور قرار دادن «آزادی و اباحه» هستند، مارکسیست‌ها محوریت «نوسازی سوسیالیسم»، و فمینیست‌ها مرکزیت بیشتر دختران را برمی‌تابند. از منظر فیلسوفان حوزه‌ی معرفت‌شناسی - مانند آرای پیترز[۵]- نیز دانش موضوع محوری تبیین کوریکولوم آموزشی است.

ایدئولوژی اگوئیسم *Egoism*

گرچه فلسفه‌ی اجوکیشن در پارادایم‌های غربی، ایدئولوژی‌های متفاوتی دارد، لیکن عمده‌ی این پارادایم‌ها تابع سوپرپارادایم امانیسم، «اگوئیسم» یا «خودمحوری» را برمی‌تابند.

مبتنی بر ایدئولوژی اگوئیسم «خود» مهم‌ترین انگیزه‌ای است که همواره با انسان همراه است و تمام هدف‌ها، تلاش‌ها، رفتارها، نگرش‌ها و تفسیرها و در نهایت تمامی تصورات و تصدیقات وی را تحت سیطره‌ی خود دارد.

«اگوئیسم» به عنوان مهمترین ایدئولوژی پست‌مدرنیسم اساس و بنای اجوکیشن و تدوین کوریکولوم را بر خودمحوری شکل داده است و از این گذر در پی تحقق «خودمختاری»[۶] بشر در تمامی عرصه‌های زندگی است.[۷]

دکترین حسّیت *Sensuality*

فلسفه‌ی اجوکیشن، مبتنی بر ایدئولوژی اگوئیسم و خودمحوری به «دکترین حسیت» منتج می‌شود. این دکترین کارکرد اصلی اجوکیشن را در ایجاد «خوش‌آیند» مبتنی بر خومحوری بشر تبیین می‌کند.

اسلام

حکمت تربیت

تربیت از ریشه‌ی «ربت» و به معنای «پروراندن» است.[۸] این واژه قرآنی نیست، لیکن در عربی در معنای «رساندن چیزی به حد کمال آن» مصطلح است.[۹]

حکمت تربیت، پس از حکمت ربب موضوعیت می‌یابد. حکمت ربب، نخست «پروردگار» و «رب» را تبیین کرده و سپس در گام بعد «پرورش» و «ربوبیت» را تعریف و تدقیق می‌کند، از سوی دیگر، حکمت تربیت، ابتدا به تبیین «ربت» و «پروراندن» پرداخته و سپس به آن‌چه پرورش می‌یابد، می‌پردازد.

مکتب عبودیت

مکتب «عبودیت» نیز روبه‌روی مکتب «ربوبیت» و مبتنی بر آن موضوعیت می‌یابد. «عبودیت» کنش و جای‌گاه «عبد» و «بنده» را در نسبت با «معبود» و «پرستش‌شونده» مشخص می‌سازد.

این مکتب، تنها یک «معبود» را برمی‌تابد زیراکه تنها یک «رب» وجود دارد.[۱۰]

قاعده‌ی استعانت

حکمت تربیت، مبتنی بر مکتب عبودیت به قاعده‌ی «استعانت» منتج می‌شود.

یکتایی «معبود» سبب می‌گردد تنها او به «استعانت» و «یاری» طلبیده شود.[۱۱]

امنیت

اکنون در جمهوری اسلامی ایران، در حوزه‌ی اقتصاد، رویه‌های مدرنیسم بر «تعلیم و تربیت» حاکم است، یعنی فلسفه‌ی اجوکیشن و ایدئولوژی اگوئیسم و دکترین حسیت، تلقی‌های تربیتی انسان را شکل داده‌اند، در حالی‌که تقابل این حوزه‌ها با حکمت تربیت، مکتب عبودیت و قاعده‌ی استعانت مسأله‌ی غیر قابل اغماضی است.

---

۱. صلیبا، جمیل؛ **فرهنگ فلسفی**، صانعی دره‌بیدی، منوچهر (مترجم)، چاپ اول، تهران، انتشارات حکمت، ۱۳۶۶، جلد ۱، ص .۲۲۲

2. Winch, Christopher & Gingell, John; Philosophy of Education: The Key Concepts, 2nd Ed., Oxon, Routledge, 2008, p. 63.

3. Israel Scheffler.

4. Craig, Edward; Routledge Encyclopedia of Philosophy, Version 1.0, London; Routledge Publication, 1998.(Part: Philosophy of Education)

5. Richard Peters.

6. Autonomy

7. Philosophy of Education: The Key Concepts, p. 18.

۸. مهیار، رضا (مترجم)؛ فرهنگ ابجدی عربی - فارسی؛ ترجمه المنجدالابجدی، چاپ اول، تهران، نشر اسلامی، ۱۳۷۰، صفحه .۴۲۰

۹. صلیبا، جمیل؛ فرهنگ فلسفی، صانعی دره بیدی، منوچهر (مترجم)، چاپ اول، تهران، انتشارات حکمت، ۱۳۶۶، جلد ۱، ص .۲۲۱

۱۰. **یا أَیُّهَا النَّاسُ اعْبُدُوا رَبَّکُمُ الَّذی خَلَقَکُمْ وَ الَّذینَ مِنْ قَبْلِکُمْ لَعَلَّکُمْ تَتَّقُونَ (قرآن الکریم، سوره بقره، آیه ۲۱)**

ای مردم! پروردگار خود را پرستش کنید؛ آن کس که شما، و کسانی را که پیش از شما بودند آفرید، تا پرهیزکار شوید. (مکارم شیرازی، ناصر؛ ترجمه‌ی قرآن کریم)

۱۱. **إِیَّاکَ نَعْبُدُ وَ إِیَّاکَ نَسْتَعینُ (قرآن الکریم، سوره فاتحه، آیه ۵)**

(پروردگارا!) تنها تو را می‌پرستیم؛ و تنها از تو یاری می‌جوییم. (مکارم شیرازی، ناصر؛ ترجمه‌ی قرآن کریم)

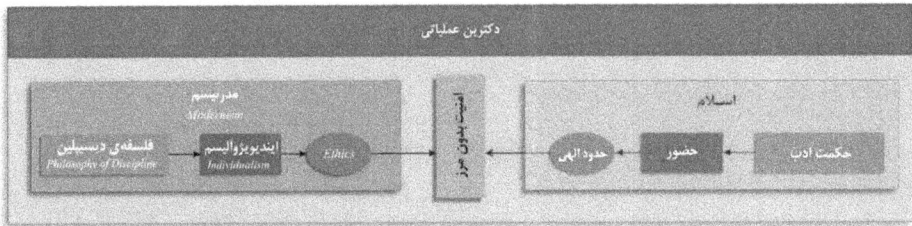

نقشه‌ی راه ۳-۲-۲-۱۰

مدرنیسم

فلسفه‌ی دیسیپلین *Philosophy of Discipline*

«دیسیپلین»، بر «انتظام و سامانی که منشأ بیرونی دارد» اطلاق می‌گردد، علاوه بر این، مابه‌ازای «انضباط»، «تربیت» و «تأدیب» نیز هست، از این‌رو به «تربیتی که قوای ذهنی و شخصیت اخلاقی یک فرد را تصحیح کرده، به آن فرم دهد و آن را کامل کند» اطلاق گردیده است.[1]

پس از فلسفه‌ی اجوکیشن، فلسفه‌ی دیسیپلین، نیز به چیستی و چرایی تربیت و تأدیب می‌پردازد، البته با این «حد» که مبتنی بر انتظام و انضباط باشد. مبتنی بر این فلسفه‌ی مضاف «انتظام»، از یک‌سو قوانین حاکم بر رفتار متعلّمین را شامل می‌شود که ریشه در «اقتدار»[2] نظام اجوکیشن یا تعلیم‌دهنده دارد، و از سوی دیگر انتظام و نظم قوانین موجود در حوزه‌های مختلف دانش – مانند فیزیک، ریاضی، تاریخ و ... – را برمی‌تابد.[3]

ایدئولوژی ایندیویژوآلیسم *Individualism*

«ایندیویژوآلیسم» مکتب «اصالت فرد» یا «تفرّدگرایی» است، که راستی‌های *Rights* «فردی» را بر راستی‌های «جمعی» اولویت و برتری می‌دهد.[4]

ایدئولوژی «اگوئیسم» درصدد تحقق «خودمحوری» در نظام اجوکیشن بوده و ایدئولوژی «ایندیویژوآلیسم» نیز، تحقق «فردیت» را در نظام اجوکیشن برمی‌تابد. برآیند این‌دو ایدئولوژی در نظام اجوکیشن لیبرال، بشری را تربیت می‌کند که «خودمختاری فردی» مهم‌ترین کارکرد و دغدغه‌ی وی محسوب می‌شود.

دکترین اتیک *Ethics*

«اتیک» به دیسیپلینی اطلاق شده که به آن‌چه «خوب» یا «بد» است بپردازد و تعهدات و وظایف اخلاقی را تبیین نماید.[5]

فلسفه‌ی دیسیپلین، مبتنی بر ایندیویژوآلیسم، ناچار به پذیرش دکترین اتیک است، زیرا که «جمعیت» بشر در مقابله با «فردیت» ناشی از «خودمحوری» به مخاطره خواهد افتاد. از این رو تبیین چیستی، چرایی و چگونگی تعهدات و ارزش‌های اخلاقی[6] در

حوزه‌ی دکترین اتیک رقم می‌خورد، تا این‌که «جمع‌گرایی» بشری نیز رعایت گردد.

اسلام

حکمت ادب

«ادب» در اسلام در تکمیل «تربیت» لحاظ شده است، زیرا که تربیت پدیده‌ای به‌ذات خنثی است ولیکن ادب، در ذات خود بار معنایی مثبتی دارد و نمی‌تواند پدیده‌ای منفی باشد.[۷]

حکمت ادب، چیستی و چرایی ادب را در نسبت با «حضور» تبیین می‌کند.

مکتب حضور

در مکتب «حضور»، «ادب» در سه مرحله تبیین می‌گردد:

۱. تحقق «ادب ادراک»، در درک حضور حضرت ربوبی، و درک حدود آن محضر است.

۲. تحقق «ادب حضور»، در درک حضور و حفظ آن حضور (در محضر ناظر) رقم می‌خورد.

۳. تحقق «ادب حدود»، در درک حدود الهی و حفظ آن حدود در محضر ناظر ربوبی است.

قاعده‌ی حدود الهی

انسان، پس از درک حضور ربوبی، و حفظ حضور ربوبی، به درک حدود الهی و حفظ حدود الهی نائل گردیده، و «مؤدب» می‌گردد.

قاعده‌ی «حدود الهی» تبیین چیستی حدود الهی و چرایی و چگونگی حفظ آن حدود است. گام نخست در این قاعده، برشمردن «حدود الهی» است زیرا خداوند متعال برای هر چیزی حدّی قرار داده و برای نشان دادن مرزش، نشانه‌ای گذاشته است.[۸] سپس در گام بعد سازوکار «حفظ حدود الهی» موضوعیت می‌یابد.

امنیت

گرچه اکنون در جمهوری اسلامی ایران، در حوزه‌ی اقتصاد، مانند حوزه‌های تعلیم و تربیت، سلامت، علم و حکمت، رسانه و هنر و ... رویه‌های مدرنیسم، مانند فلسفه‌ی دیسیپلین، ایدئولوژی ایندیویژوآلیسم و دکترین اتیک حاکم است، لیکن نباید از تقابل این رویه‌ها با حکمت ادب، مکتب حضور و قاعده‌ی حدود الهی چشم‌پوشی نمود.

---

1. Discipline: training that corrects, molds, or perfects the mental faculties or moral character Merriam-Webster's collegiate dictionary, 11th Ed., Massachusetts, U.S.A, Merriam-Webster Incorporated, 2005.
2. Authority
3. Winch, Christopher & Gingell, John; Philosophy of Education: The Key Concepts, 2nd Ed., Oxon, Routledge, 2008, pp. 58-60.
4. The Same, p.100.
5. Ethics: the discipline dealing with what is good and bad and with moral duty and obligation.
6. Moral Values.

۷. **أَدِّبْ بِالْأَدَبِ قَلْبَکَ کَمَا تُذْکَی النَّارُ بِالْحَطَبِ فَنِعْمَ الْعَوْنُ الْأَدَبُ لِلنَّحِیزَةِ** (شیخ صدوق؛ من لا یحضره الفقیه، چاپ دوم، قم، انتشارات جامعه مدرسین، ۱۴۰۴ قمری، ج ۴، ص ۳۷۶.)

امیر المؤمنین علیه السّلام در ضمن وصایائی به فرزندش محمد حنفیهٔ فرمود: ... قلب خود را با ادب پاکیزه نگاه دار، همان طور که هیزم به‌وسیله آتش پاکیزه می‌گردد، بهترین یاور آدمی ادب است. (شیخ صدوق؛ کتاب المواعظ، ترجمه عطاردی، عزیزالله، چاپ اول، تهران، نشر مرتضوی، ص ۶۵.)

۸. **إِنَّ اللَّهَ تَبَارَکَ وَ تَعَالَی ... جَعَلَ لِکُلِّ شَیْءٍ حَدّاً وَ جَعَلَ عَلَیْهِ دَلِیلًا یَدُلُّ عَلَیْهِ وَ جَعَلَ عَلَی مَنْ تَعَدَّی ذَلِکَ الْحَدَّ حَدّاً (ثقه الاسلام کلینی، الکافی، چاپ دوم، تهران، ناشر اسلامیه، ۱۳۶۲، جلد ۱، صفحه ۵۹)**

خداوند متعال برای هر چیزی حدّی قرار داده و برای نشان دادن مرزش، نشانه‌ای گذاشته است و برای کسی که از آن حد فراتر رود حدّ معین کرده است. (محمدی ری شهری، محمد؛ منتخب میزان الحکمه، ترجمه شیخی، حمیدرضا، چاپ دوم، قم، سازمان چاپ و نشر دارالحدیث، ۱۳۸۴، ص ۶۰۹)

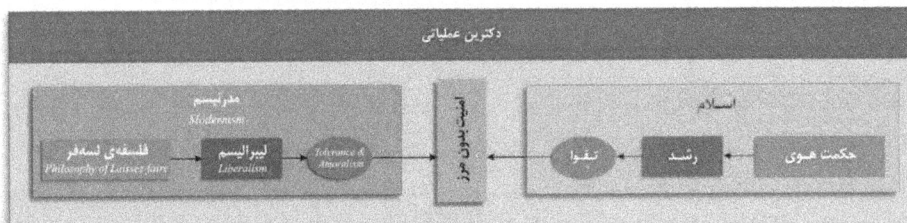

نقشه‌ی راه ۳-۲-۲-۱۱

مدرنیسم

فلسفه‌ی لسه‌فر *Philosophy of Laissez-Faire*

«لسه‌فر» عبارتی فرانسوی است، به معنای «بگذار هرچه می‌خواهد انجام دهد.»[۱]

گرچه «لسه‌فر»، نخست مفهومی اقتصادی بود که توسط اقتصاددان انگلیسی، ریکاردو[۲] تبیین گردید،[۳] لیکن بسط این عبارت - توسط افرادی همچون میل، بنتام و مالتوس[۴] و ...- در حوزه‌ی علوم اجتماعی، علوم سیاسی، اخلاق و ... سبب شد، «لسه‌فر» سنگ‌بنای مدرنیسم و امانیسم، در تمامی حوزه‌های فردی و اجتماعی انسان غربی گردد.

فلسفه‌ی لسه‌فر، تبیین چیستی وچرایی این موضوع است که «انسان اجازه دارد هرکار می‌خواهد انجام دهد» و در این راه هیچ امر و نهی شرعی و غیرشرعی را برنتابد. البته غرب هیچ‌گاه نتوانست جامعه‌ای کاملاً منطبق بر لسه‌فر بسازد که در آن امر و نهی عرفی و قانونی نیز نباشد.

ایدئولوژی لیبرالیسم *Liberalism*

«لیبرالیسم» مکتب اعتقاد و اصالت به «*Liberty*» مابه‌ازای واژه‌ی «اباحه» است که از ریشه‌ی لاتینی «*Liber*» به معنای «آزاد و رها» مشتق شده است.[۵]

گرچه، مبانی این ایدئولوژی در قرن هفده میلادی در آرای لاک[۶] بیان گردیده، اما این مکتب مبتنی بر فلسفه‌ی لسه‌فر در اواخر قرن نوزدهم میلادی ظهور و بروز یافت.[۷]

اصالت اباحه، تبیین انگاره‌ای است که چون بشر را «رها» می‌داند، فلذا همه چیز برای او «مباح» در نظر گرفته می‌شود، و «حلال» و «حرام»، «مستحب» و «مکروه» نفی می‌گردند.

دکترین تولریشن و آمورالیسم *Toleration & Amoralism*

«تولریشن» و همچنین «تولرانس» در لفظ به معنای «مداراکردن»، «تحمل‌کردن» و «اجازه‌دادن»، و در اصطلاح به معنای «تساهل و تسامح» به کار می‌رود، گرچه واژه‌ی «تسامح» با نوعی بزرگ‌منشی، و توانایی نیز همراه است، و در مقابل آن «تساهل» همراه نوعی ضعف و سستی است. دکترین تولریشن، به «رواداشتن» هرگونه دین و اعتقاد مذهبی توسط مردم از جانب حکومت اطلاق می‌شود. از این‌رو «تولریشن» بیش‌تر به ویژگی سیاسی حکومت اطلاق می‌شود تا شیوه‌های اخلاقی یا دینی،

برخلاف «تساهل و تسامح» که در فارسی مفهومی اخلاقی محسوب می‌شوند تا سیاسی.[۸]

دکترین تولریشن، در نهایت به «جدایی دین از دولت» می‌انجامد، که ناظر به «بی‌طرفی»[۹] دولت و حکومت در قبال ادیان و نحله‌های مختلف مذهبی است.[۱۰]

جامعه در دیدگاه ارسطویی یک «اجتماع مورال» و اخلاقی است، در حالی‌که لیبرالیسم مبتنی بر ایندیویژوآلیسم بر لزوم تنوع و تعدد مفاهیم و ارزش‌های اخلاقی تأکید دارد، زیرا سعی دارد حکومت و جامعه را از قید تقوا و اعتقادات مذهبی - که اخلاق را مقید به ارزش‌ها می‌داند - رها سازد.[۱۱] از این رو لیبرالیسم، اخلاقی «خنثی»[۱۲] را می‌پذیرد که ناظر به هیچ گرایش دینی و یا سیاسی نباشد، فلذا منتج به دکترین «بی‌اخلاقی» یا «آمورالیسم» می‌گردد.

اسلام

حکمت هوی

«هوی» واژه‌ای سلبی در قرآن است که به معنای «خواهش نفس و میل به لذت و شهوت» ترجمه گردیده است.[۱۳] مابه‌ازای مفهوم «لسه‌فر» غربی نیز، عبارت «یَتَصرَّفُ علی هَوَاه» (هر چه که بخواهد انجام می‌دهد) در عربی بیان شده است.

حکمت «هوی»، تبیین چیستی و چرایی «میل و هوای نفسانی انسان» است. میلی که «تبعیت» از آن «گمراه‌ترین» راه را برای انسان رقم می‌زند[۱۴]، تا جایی‌که در این راه انسان از بالا به پایین سقوط می‌کند[۱۵] و مأوایش جهنم می‌گردد[۱۶]. درحالی‌که هرکس «نهی» از هوی را بربتابد، قطعاً جایگاه بهشت در انتظار او خواهد بود.[۱۷]

مکتب رشد

در اسلام پنج دستور شرعی، شامل: «حلال و واجب» در مقابل «حرام»، «مستحب» در مقابل «مکروه» و امور «مباح»، به‌جای فقط یک دستور عرفی «مباح» موضوعیت دارد.

مکتب «رشد» تبیین برآیندی است که انسان در موازات توسعه‌ی خود در امور «مباح»، بتواند استعلای خود را در امور «حلال و مستحب» رقم بزند و هرآینه از «غی» در امور «حرام و مکروه» برحذر باشد.

قاعده‌ی تقوا

تقوا به‌معنای «خویشتن‌پایی» است. حکمت هوی، برتافتن «رشد» را در قاعده‌ی «تقوا» صورت می‌دهد. امام صادق (ع) در پاسخ به سؤالی از معنای تقوا، فرمودند: تقوا این است که خداوند تو را در جایی که «امر» کرده است غایب نبیند و تو را در آن‌جا که «نهی» کرده است حاضر نبیند.[۱۸]

امنیت

اکنون در جمهوری اسلامی ایران، در حوزه‌ی اقتصاد، مانند سایر حوزه‌های تعلیم و تربیت، سلامت، علم و حکمت، رسانه، هنر و ... فلسفه‌ی لسه‌فر، ایدئولوژی لیبرالیسم و دکترین تولریشن در طرح‌ریزی مبنا قرار گرفته‌اند، در حالی که مقابله و منازعه‌ی این رویه‌ها با حکمت هوی، مکتب رشد وقاعده‌ی تقوا به هیچ عنوان قابل تردید و چشم‌پوشی نیست.

---

1. Laissez-faire (French) = let (people) do (as they choose) (Merriam-Webster dictionary)
The phrase is French and literally means "let do", but it broadly implies "let it be", or "leave it alone." (Wikipedia, Online Encyclopedia)
2. David Ricardo (1772 -1823)
3. www.britannica.com/EBchecked/topic/502193/David-Ricardo
4. Thomas Robert Malthus (1766 – 1834)
5. Merriam-Webster's collegiate dictionary, 11th Ed., Massachusetts, U.S.A, Merriam-Webster Incorporated, 2005. (Liberty and Liberalism)
6. John Locke (1632 – 1704)
7. Brandt, Richard B.; Encyclopedia of Philosophy, 2nd Ed, USA, Macmillan Reference, Gale Group, 2006, Vol. 5, p. 319.
۸ فولادی، محمد؛ تساهل و تسامح از منظر دین، فصل نامه معرفت، مرداد و شهریور ۱۳۷۹، شماره ۳۵، صص ۱۰۰و ۱۰۱.

9. Neutrality

۱۰. گلشنی، علی؛ و حاتمی، قادر؛ رابطه دین و سیاست در نامه اول لاک درباره تسامح؛ فصلنامه علوم اجتماعی و انسانی دانشگاه شیراز، تابستان ۱۳۸۷، دورهی ۲۱، شماره دوم (پیاپی ۴۱)، صص ۱۲۵ تا ۱۲۷.

11. Urmson, J.O. and Réep, Jonathan (Editors), The Concise Encyclopedia of Western Philosophy and Philosophers, 2nd Ed (Fully Revised), New York: Routledge, 1991, p. 349.

12. Neutral

۱۳. مهیار، رضا (مترجم)؛ فرهنگ ابجدی عربی- فارسی؛ ترجمهی المنجدالابجدی، چاپ اول، تهران، نشر اسلامی،۱۳۷۰، صفحه .۹۶۶

۱۴. فَإِنْ لَمْ يَسْتَجِيبُوا لَکَ فَاعْلَمْ أَنَّما يَتَّبِعُونَ أَهْواءَهُمْ وَ مَنْ أَضَلُّ مِمَّنِ اتَّبَعَ هَواهُ بِغَيْرِ هُدىً مِنَ اللَّهِ إِنَّ اللَّهَ لا يَهْدِي الْقَوْمَ الظَّالِمينَ (قرآن الکريم، سورهی قصص، آيهی ۵۰)

اگر این پیشنهاد تو را نپذیرند، بدان که آنان تنها از هوسهای خود پیروی می‌کنند! و آیا گمراهتر از آن کس که پیروی هوای نفس خویش کرده و هیچ هدایت الهی را نپذیرفته، کسی پیدا می‌شود؟! مسلّماً خداوند قوم ستمگر را هدایت نمی‌کند! (مکارم شیرازی، ناصر؛ ترجمه-ی قرآن کریم)

۱۵. هُوِیّ (از ریشه‌ی هوی): افتادن و سقوط از بالا به پائین است. (راغب اصفهانی، حسین بن محمد؛ ترجمه و تحقیق مفردات الفاظ قرآن؛ خسروی حسینی، سیدغلامرضا (مترجم)، نشر مرتضوی، ج ۴، ص ۵۳۷)

۱۶. **فَأُمُّهُ هاوِيَةٌ (قرآن الكريم، سورهی قارعه، آيهی ۹)** دوزخ جایگاه اوست.

۱۷. وَ أَمَّا مَنْ خافَ مَقامَ رَبِّهِ وَ نَهَى النَّفْسَ عَنِ الْهَوى * فَإِنَّ الْجَنَّةَ هِيَ الْمَأْوى (قرآن الكريم، سورهی نازعات، آيات ۴۰ و ۴۱)

و آن کس که از مقام پروردگارش ترسان باشد و نفس را از هوی بازدارد، *

قطعاً بهشت جایگاه اوست! (مکارم شیرازی، ناصر؛ ترجمه‌ی قرآن کریم)

۱۸. وَ سُئِلَ الصَّادِقُ ع عَنْ تَفْسِيرِ التَّقْوَى فَقَالَ أَنْ لَا يَفْقِدَکَ اللَّهُ حَيْثُ أَمَرَکَ وَ لَا يَرَاکَ حَيْثُ نَهَاک (علامه مجلسی، بحار الأنوار الجامعة لدرر أخبار الأئمة الأطهار، تهران، ناشر اسلاميه، جلد ۶۷، صفحه ۲۸۵)

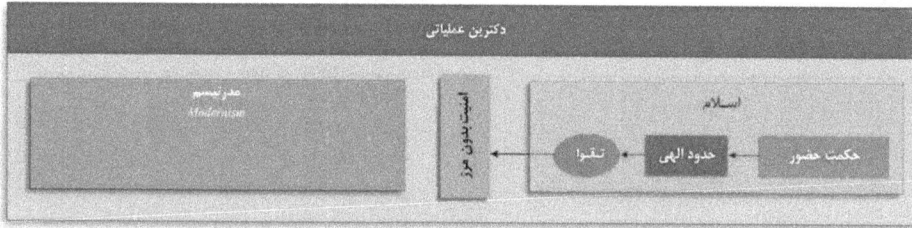

نقشه‌ی راه ۳-۲-۲-۱۲

اسلام

حکمت حضور

حکمت حضور، پس از حکمت ادب تبیین چیستی و چرایی «حضور» در «محضر» است.

آن‌گاه که انسان نزد شخص بزرگواری «حاضر» می‌شود، در تحقق «ادب حضور» می‌کوشد، زیرا که بزرگی او را درک کرده است، و سپس برای حفظ آن حضور اهتمام می‌ورزد زیرا می‌داند «محضر» آن شخص بزرگوار حدودی دارد.

فلذا انسان مادامی‌که خود را در «حضور» خداوند متعال – که بزرگ‌ترین است – درک کند، و خود را در پیشگاه «حضرت» ربوبی، «حاضر» بداند، در برتافتن «حدود» کوتاهی نخواهد کرد. رعایت حدود در محضر به «ادب حضور» می‌انجامد.

مکتب حدود الهی

حکمت حضور، مکتبی را برمی‌تابد که «حدود الهی» در آن حفظ شود، زیرا هرکس از آن حدود حفاظت کند، بشارت داده شده است[1] و هر کس به آن‌ها تعدی کند ظالم بوده و مأوایش جهنم است.[2]

قاعده‌ی تقوا

حکمت حضور، مبتنی بر مکتب حدود الهی، به قاعده‌ی «تقوا» منتج می‌شود. «تقوا» از ریشه‌ی «وقی» به معنای «سپر» و «نگهداشتن چیزی که زیان و ضرر می‌بیند» است.[3] و قاعده‌ی تقوا، تبیین «خویشتن‌پایی انسان در چهارچوب حدود الهی» است.

امنیت

اکنون در جمهوری اسلامی ایران، در حوزه‌ی اقتصاد، سلامت، تعلیم و تربیت، علم و حکمت، رسانه، هنر و ... حکمت حضور، مکتب حدود الهی و قاعده‌ی تقوا مورد غفلت واقع گردیده است.

مدرنیته، به دلیل اصالت دادن به بشر، در برابر اصالت خدا، از درک حضور غافل است.

1. التَّائِبُونَ الْعابِدُونَ الْحامِدُونَ السَّائِحُونَ الرَّاكِعُونَ السَّاجِدُونَ الْآمِرُونَ بِالْمَعْرُوفِ وَ النَّاهُونَ عَنِ الْمُنْكَرِ وَ الْحافِظُونَ لِحُدُودِ اللَّهِ وَ بَشِّرِ الْمُؤْمِنِينَ **(قرآن الكريم، سوره‌ی توبه، آيه‌ی ۱۱۲)**

توبه‌کنندگان، عبادت کاران، سپاسگویان، سیاحت کنندگان، رکوع کنندگان، سجده‌آوران، آمران به معروف، نهی کنندگان از منکر، و حافظان حدود(و مرزهای)الهی، (مؤمنان حقیقی‌اند)؛ و بشارت ده به(اینچنین) مؤمنان! (مکارم شیرازی، ناصر؛ ترجمه‌ی قرآن کریم)

2. **وَ مَنْ يَعْصِ اللَّهَ وَ رَسُولَهُ وَ يَتَعَدَّ حُدُودَهُ يُدْخِلْهُ ناراً خالِداً فيها وَ لَهُ عَذابٌ مُهينٌ (قرآن الكريم، سوره‌ی نساء، آيه‌ی ۱۴)**

و آن کس که نافرمانی خدا و پیامبرش را کند و از مرزهای او تجاوز نماید، او را در آتشی وارد می‌کند که جاودانه در آن خواهد ماند؛ و برای او مجازات خوارکننده‌ای است. (مکارم شیرازی، ناصر؛ ترجمه‌ی قرآن کریم)

3. راغب اصفهانی، حسین بن محمد؛ ترجمه و تحقیق مفردات الفاظ قرآن؛ خسروی حسینی، سیدغلامرضا (مترجم)، نشر مرتضوی، ج ۴، ص ۴۸۱)

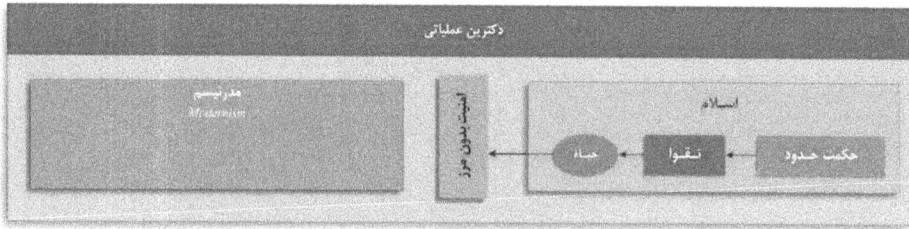

نقشه‌ی راه ۳-۲-۲-۱۳

اسلام

حکمت حدود

«حد» از ریشه‌ی «حدد» به معنای «واسطه و حایل میان دو چیز که مانع از آمیختگی آن‌ها به یکدیگر می‌شود» است. نامیدن «حد» برای مجازات نیز به این دلیل ذکر شده است که «مانع» از ادامه‌ی راه گنه‌کاران توسط دیگران می‌شود.[۱]

«حدود» جمع «حد» است، و حضور انسان در «محدوده»‌ای که بدان وارد شده است، به‌تبع پذیرش و رعایت «حدود» آن محدوده را می‌طلبد.

حکمت حدود، از یک سو به تبیین چیستی «حدود» هر چیز می‌پردازد، زیرا که خداوند متعال برای هر چیزی حدّی قرار داده است.[۲] و از سوی دیگر چرایی «حفظ» و «اقامه‌ی» حدود الهی را تبیین و تدقیق می‌کند.[۳]

مکتب تقوا

طیف‌شناسی «حدود الهی» در دو دسته‌ی حدود ایجابی و سلبی صورت می‌گیرد. آیاتی مانند «کُتِبَ عَلَیْکُمُ الْقِصاص»،[۴] «کُتِبَ عَلَیْکُمُ الصِّیامُ»،[۵] و «کُتِبَ عَلَیْکُمُ الْقِتال»[۶] حدود ایجابی را تبیین می‌کنند و آیاتی مانند «لا تَقْرَبُوا الْفَواحِش»،[۷] «لا تَقْرَبُوا الزِّنی»[۸] و «لا تَأْكُلُوا الرِّبَوا»[۹] پرهیز و دوری از حدود سلبی را برمی‌تابند.

«دامنه‌ی حدود الهی» در اقامه‌ی حدود ایجابی، و پرهیز از حدود سلبی رقم می‌خورد. این دامنه «وادی تقوا» را در برتافتن حد الهی «معروف» و پرهیز از حد الهی «منکر» شکل می‌دهد. بدین صورت مکتب «تقوا»ی الهی جای‌گزین مکتب «اباحه» می‌گردد.

قاعده‌ی حیاء

حکمت حدود، مبتنی بر مکتب تقوا به قاعده‌ی «حیاء» منتج می‌شود.

معادل واژه‌ی «حیاء» را در فارسی «شرم» در نظر می‌گیرند، لیکن مقوله‌ی حیاء از مفهوم شرم متمایز است، زیرا بدون ایمان و تقوا می‌توان شرم ورزید، اما «حیاء» بدون ایمان و تقوا معنایی ندارد.[۱۰]

قاعده‌ی حیاء، تبیین چیستی، چرایی و چگونگی «حیاء» در نسبت با «خویشتن‌پایی انسان در چهارچوب حدود الهی» است.

امنیت

اکنون در جمهوری اسلامی ایران، در حوزه‌ی اقتصاد، سلامت، تعلیم و تربیت، علم و حکمت، رسانه، هنر و ... حکمت حدود، مکتب تقوا و قاعده‌ی حیاء مورد غفلت واقع گردیده است.

---

۱. راغب اصفهانی، حسین بن محمد؛ ترجمه و تحقیق مفردات الفاظ قرآن؛ خسروی حسینی، سیدغلامرضا (مترجم)، نشر مرتضوی، جلد ۱، صفحه ۴۵۶.

۲. إِنَّ اللَّهَ تَبَارَکَ وَ تَعَالَی ... جَعَلَ لِکُلِّ شَیْءٍ حَدّاً وَ جَعَلَ عَلَیْهِ دَلِیلًا یَدُلُّ عَلَیْهِ وَ جَعَلَ عَلَی مَنْ تَعَدَّی ذَلِکَ الْحَدَّ حَدّاً (ثقه الاسلام کلینی، الکافی، چاپ دوم، تهران، ناشر اسلامیه، ۱۳۶۲، جلد ۱، صفحه ۵۹)

خداوند متعال برای هر چیزی حدّی قرار داده و برای نشان دادن مرزش، نشانه‌ای گذاشته است و برای کسی که از آن حد فراتر رود حدّ معین کرده است. (محمدی ری شهری، محمد؛ منتخب میزان الحکمه، ترجمه شیخی، حمیدرضا، چاپ دوم، قم، سازمان چاپ و نشر دارالحدیث، ۱۳۸۴، ص ۶۰۹)

۳. وَ اجْعَلْنَا نُرَاعِیهِ وَ نَحْفَظُهُ اللَّهُمَّ اجْعَلْنَا نَتَّبِعُ حَلَالَهُ وَ نَجْتَنِبُ حَرَامَهُ وَ نُقِیمُ حُدُودَهُ وَ نُؤَدِّی فَرَائِضَهُ (ثقه الاسلام کلینی، الکافی، چاپ دوم، تهران، ناشر اسلامیه، ۱۳۶۲، جلد ۲، صفحه ۵۷۳)

۴. قرآن الکریم، سوره‌ی بقره، بخشی از آیه‌ی ۱۷۸.

۵. قرآن الکریم، سوره‌ی بقره، بخشی از آیه‌ی ۱۸۳.

۶. قرآن الکریم، سوره‌ی بقره، بخشی از آیه‌ی ۲۱۶.

۷. قرآن الکریم، سوره‌ی انعام، بخشی از آیه‌ی ۱۵۱.

۸. قرآن الکریم، سوره‌ی اسراء، بخشی از آیه‌ی ۳۲.

۹. قرآن الکریم، سوره‌ی آل‌عمران، بخشی از آیه‌ی ۱۳۰.

۱۰. الْحَیَاءُ وَ الْإِیمَانُ مَقْرُونَانِ فِی قَرَنٍ فَإِذَا ذَهَبَ أَحَدُهُمَا تَبِعَهُ صَاحِبُهُ (ثقه الاسلام کلینی، الکافی، چاپ دوم، تهران، ناشر اسلامیه، ۱۳۶۲، جلد ۲، صفحه ۱۰۶) حیا و ایمان در یک رشته و همدوشند، و چون یکی از آن دو رفت، دیگری هم در پی آن رود. (مصطفوی، سید جواد، اصول کافی، چاپ اول، تهران، ناشر کتابفروشی علمیه اسلامیه، جلد۳، صفحه ۱۶۶)

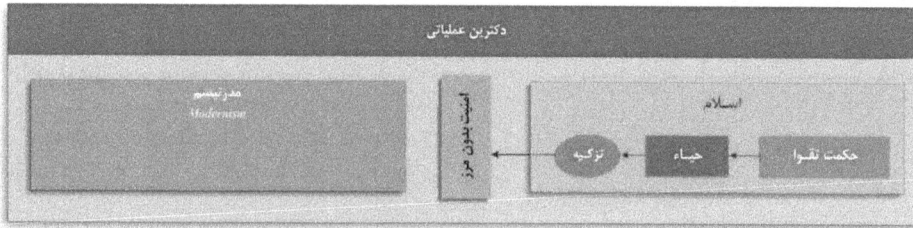

نقشه‌ی راه ۳-۲-۲-۱۴

اسلام

حکمت تقوا

مصدر «وقایه» از ریشه‌ی «وقی» و به معنای «سپر» و «نگهداشتن چیزی که زیان و ضرر می‌بیند» است.[۱] خطاب خداوند متعال به مؤمنین در سوره‌ی تحریم، نیز توصیه به «نگه‌داری» خود و خانواده‌اشان از آتش جهنم است.[۲]

«تقوا» اسم است از فعل «اتّقی» از ریشه‌ی «وقی»[۳] به معنای «خودنگه‌داری» و «خویشتن‌پایی». حضرت علی (ع) تقوا را در «خودنگه‌داری» از آن‌چه انسان را به گناه می‌کشاند، تبیین نموده‌اند[۴] و عمل به طاعت خداوند را نیز از تقوا می‌دانند.[۵]

از این رو حکمت تقوا تبیین چیستی و چرایی «خویشتن‌پایی انسان در چهارچوب حدود الهی» است، آن‌چنان که حضرت علی (ع) آن را داروی بیماری قلب‌ها، بیناکننده‌ی کوری فؤادها، شفای بیماری جسم‌ها، اصلاح فساد صدرها، پاک‌کننده‌ی آلودگی نفس‌ها، و روشنی‌بخش ضعف بصرها، فرونشاننده‌ی اضطراب دل‌ها و زداینده‌ی سیاهی ظلمت‌ها تعریف و تبیین می‌کنند.[۶]

مکتب حیاء

ظهور و بروز حکمت تقوا در مکتب «حیاء» است. «حیاء» بر سه قسم است: حیاء از خود، حیاء از دیگران و حیاء از خداوند متعال.

هرگاه کسی خود را از چشم دیگران دید و مواظبت نمود که آن‌چه را دیگران نمی‌پسندند انجام ندهد، او متقی است، و «حیاء» از دیگران دارد. حال اگر کسی خود را از چشم خدا نگریست و آن‌چه را که خدا می‌پسندد انجام داد و آن‌چه را خدا نمی‌پسندد ترک نمود، او تقوای خدا ورزیده است، و حیاء از خداوند متعال دارد[۷]، و در نهایت اوج حیاء، در حیاء انسان از خودش است.[۸]

قاعده‌ی تزکیه

حکمت تقوا، مبتنی بر مکتب حیاء به قاعده‌ی «تزکیه» می‌انجامد.

«تزکیه» یعنی «پاکیزگی»، و قاعده‌ی تزکیه تبیین چیستی، چرایی و چگونگی «پاکی» انسان در نسبت و تلازم با «حیاء» و «خویشتن‌پایی» اوست.

امنیت

اکنون در جمهوری اسلامی ایران، در حوزه‌ی اقتصاد، سلامت، تعلیم و تربیت، علم و حکمت، رسانه، هنر و ... حکمت تقوا، مکتب حیاء و قاعده‌ی تزکیه مورد غفلت واقع گردیده است.

---

۱. راغب اصفهانی، حسین بن محمد؛ ترجمه و تحقیق مفردات الفاظ قرآن؛ خسروی حسینی، سیدغلامرضا (مترجم)، نشر مرتضوی، ج ۴، ص ۴۸۱)

۲. یا أَیُّهَا الَّذینَ آمَنُوا قُوا أَنْفُسَکُمْ وَ أَهْلیکُمْ ناراً وَقُودُهَا النَّاسُ وَ الْحِجارَةُ عَلَیْها مَلائِکَةٌ غِلاظٌ شِدادٌ لا یَعْصُونَ اللَّهَ ما أَمَرَهُمْ وَ یَفْعَلُونَ ما یُؤْمَرُونَ (قرآن الکریم، سوره‌ی تحریم، آیه‌ی ۶)

ای کسانی که ایمان آورده‌اید خود و خانواده خویش را از آتشی که هیزم آن انسانها و سنگهاست نگه دارید؛ آتشی که فرشتگانی بر آن گمارده شده که خشن و سخت‌گیرند و هرگز فرمان خدا را مخالفت نمی‌کنند و آنچه را فرمان داده شده‌اند (به طور کامل) اجرا می‌نمایند! (مکارم شیرازی، ناصر؛ ترجمه‌ی قرآن کریم)

۳. مهیار، رضا (مترجم)؛ فرهنگ ابجدی عربی - فارسی؛ ترجمه المنجدالابجدی، چاپ اول، تهران، نشر اسلامی،۱۳۷۰، صفحه ۲۴۹.

۴. التَّقْوَى أَنْ يَتَّقِيَ الْمَرْءُ كُلَّ مَا يُؤْثِمُه (تمیمی آمدی، عبد الواحد؛ تصنیف غرر الحکم و درر الکلم، چاپ اول، قم، نشر دفتر تبلیغات، ۱۳۶۶ شمسی، ص ۲۶۸.)

۵. مِنْ تَقْوَى النَّفْسِ الْعَمَلُ بِالطَّاعَة (تصنیف غرر الحکم و درر الکلم ، ص ۱۸۴.)

۶. أَمَّا بَعْدُ فَإِنِّي أُوصِيكُمْ بِتَقْوَى اللَّهِ الَّذِي ابْتَدَأَ خَلْقَكُمْ وَ إِلَيْهِ يَكُونُ مَعَادُكُمْ وَ بِهِ نَجَاحُ طَلِبَتِكُمْ وَ إِلَيْهِ مُنْتَهَى رَغْبَتِكُمْ وَ نَحْوَهُ قَصْدُ سَبِيلِكُمْ وَ إِلَيْهِ مَرَامِي مَفْزَعِكُمْ فَإِنَّ تَقْوَى اللَّهِ دَوَاءُ دَاءِ قُلُوبِكُمْ وَ بَصَرُ عَمَى أَفْئِدَتِكُمْ وَ شِفَاءُ مَرَضِ أَجْسَادِكُمْ وَ صَلَاحُ فَسَادِ صُدُورِكُمْ وَ طُهُورُ دَنَسِ أَنْفُسِكُمْ وَ جِلَاءُ [غِشَاءِ] عَشَا أَبْصَارِكُمْ وَ أَمْنُ فَزَعِ جَأْشِكُمْ وَ ضِيَاءُ سَوَادِ ظُلْمَتِكُم (سید رضی (گردآورنده)، نهج البلاغه، چاپ اول، قم، ناشر هجرت، ۱۴۱۴ هجری قمری، صفحه ۳۱۳)

۷. الإمام الکاظم (ع): فَاسْتَحْيُوا مِنَ اللَّهِ فِي سَرَائِرِكُمْ كَمَا تَسْتَحْيُونَ مِنَ النَّاسِ فِي عَلَانِيَتِكُم (تصنیف غرر الحکم و درر الکلم ، ص ۲۳۷.)

از خدا در نهانهای خویش شرم دارید همچنان که در عیان از مردم شرم می‌کنید. (ابن شعبه حرانی، رهاورد خرد (ترجمه تحف العقول)، ترجمه اتابکی، پرویز، چاپ اول، تهران، نشر و پژوهش فرزان روز، ۱۳۷۶، ص ۴۰۰.)

۸. غَايَةُ الْحَيَاءِ أَنْ يَسْتَحْيِيَ الْمَرْءُ مِنْ نَفْسِه (تصنیف غرر الحکم و درر الکلم ، ص ۲۳۷.)

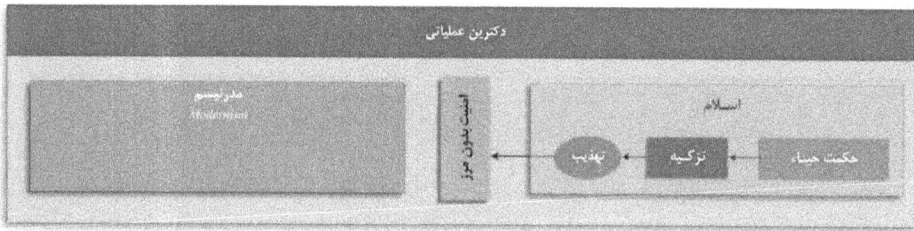

نقشه‌ی راه ۳-۲-۲-۱۵

اسلام

حکمت حیاء

دو واژه‌ی «حیاء» و «حیات» در عربی از ریشه‌ی «حیّ» مشتق شده‌اند. «حیات» در برابر «موت» و «حیاء» در مقابل «وقاحت» به کار می‌رود.[1]

همان‌طور که «حیاء» منشأ هر عمل زیبایی است[2] و مانعی برای هر عمل زشت است،[3] «وقاحت» منشأ هر عمل زشتی محسوب می‌گردد. از «حیاء» به کلید هر کار خیری نیز تعبیر شده است.[4]

آن‌کس که حیاء ندارد حیات ندارد، زیرا اگر اراده‌ی خداوند بر این قرار گیرد که کسی یا قومی را هلاک کند، حیاء را از آن‌ها می‌گیرد،[5] فلذا حیات حقیقی و طیبه تنها در گرو برتافتن حیاء است.

حکمت حیاء تبیین این نکته است، که هر دینی را منشی است و منش اسلام «حیاء» است.[6]

مکتب تزکیه

انسانی که از دیگران، خود و خداوند «شرم و حیا» دارد، در «پاکی و تزکیه‌ی» خود از هیچ کوششی فروگذار نمی‌کند، زیرا هر ناپاکی و آلودگی را در محضر خود، دیگران و خدا نمی‌پسندد.

قاعده‌ی تهذیب

حکمت حیاء، مبتنی بر مکتب تزکیه، به قاعده‌ی «تهذیب» منتج می‌شود.

انسان برای تحقق «پاکی و تزکیه»، ناچار به «آراستن و پیراستن» نفس و دل خود است، آنچه که در «تهذیب» نفس و خلق صورت می‌گیرد.

قاعده‌ی تهذیب، به تبیین چیستی و چرایی «تهذیب نفس» و سپس به چگونگی «مهذّب» شدن انسان می‌پردازد.

امنیت

اکنون در جمهوری اسلامی ایران، در حوزه‌ی اقتصاد، سلامت، تعلیم و تربیت، علم و حکمت، رسانه، هنر و ... حکمت حیاء، مکتب تزکیه و قاعده‌ی تهذیب مورد غفلت واقع گردیده است.

۱. تبریزی مصطفوی، حسن؛ التحقیق فی کلمات القرآن الکریم، چاپ دوم، تهران، نشر آثار علامه مصطفوی، ۱۳۸۵، ج ۲، ص ۳۲۵.

۲. الإمام علی (ع): الحیاءُ سَبَبٌ إلی کُلِّ جَمیلٍ. (محمدی ری شهری، محمد؛ منتخب میزان الحکمه، ترجمه شیخی، حمیدرضا، چاپ دوم، قم، سازمان چاپ و نشر دارالحدیث، ۱۳۸۴، ص ۱۷۰)

۳. الإمام علی (ع): الْحَیَاءُ یَصُدُّ عَنْ فِعْلِ الْقَبیح. (همان، ص ۲۵۷.)

۴. الإمام علی (ع): الحیاءُ مِفتاحُ کُلِّ الخَیرِ.(تمیمی آمدی، عبد الواحد؛ تصنیف غرر الحکم و درر الکلم، چاپ اول، قم، نشر دفتر تبلیغات، ۱۳۶۶ شمسی، ص ۲۵۷.)

۵. إِذَا أَرَادَ اللَّهُ عَزَّ وَ جَلَّ هَلَاکَ عَبْدٍ نَزَعَ مِنْهُ الْحَیَاء (ثقه الاسلام کلینی، الکافی، چاپ دوم، تهران، ناشر اسلامیه، ۱۳۶۲، جلد ۲، صفحه ۲۹۱)

۶. رسول الله (ص): إنَّ لِکُلِّ دینٍ خُلقاً، و إنّ خُلُقُ الإسلامِ الحیاءُ. (محمدی ری شهری، محمد؛ منتخب میزان الحکمه، ص ۱۷۰)

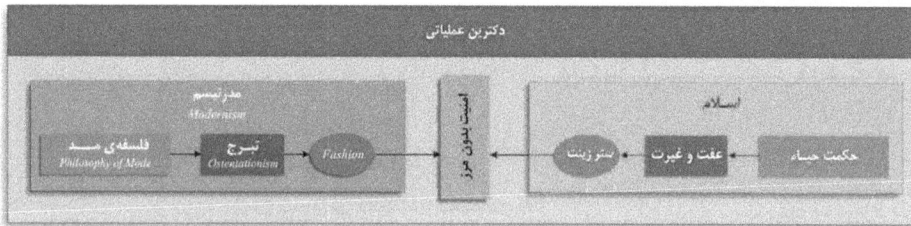

نقشه‌ی راه ۳-۲-۲-۱۶

مدرنیسم

فلسفه‌ی مد *Philosophy of Mode*

«مُد» از ریشه‌ی لاتینی «Modus» است،[۱] که در گفت‌گوی فارسی نیز کاربرد دارد، و در لفظ مابه‌ازای مفاهیم «نما»، «اسلوب» و «وجه» محسوب می‌گردد.[۲] «مُد» به «نما» و آن‌چه «رایج» است و «رواج» دارد اطلاق می‌گردد.

فلسفه‌ی مُد، تبیین این نکته است که «آن‌چه رایج است، درست است.» مد، لزوماً ماهیتی طبیعی و الزامی ندارد، و می‌تواند در اثر تبلیغات، رواج یابد.

ایدئولوژی تبرج *Ostentationism*

خاستگاه در فلسفه «آرخه» است، و «الثنا» یا میل به نامستوری سبب انکشاف آرخه، و هم‌چنین ظهور و بروز آن شده است. از این‌رو «نامستوری» و «انکشاف» مبنای فلسفه و فلسفه‌های مضاف را تشکیل داده است. فلسفه‌ی مد نیز تبعیت از این موضوع است که «نامستوری» مبنای ظهور و بروز پدیده‌ها در دنیا را تشکیل می‌دهد.

«*Ostentation*» از ریشه‌ی «*Ostentare*» به معنای «نمایش دادن» و «خودنمایی» است،[۳] و ایدئولوژی «*Ostentationism*» اصالت «تبرج» و «خودنمایی» را در فلسفه‌ی مد تبیین می‌کند.

دکترین فشن *Fashion*

واژه‌ی «فشن» مابه‌ازای «زی» عربی است، به معنی «هیأت، منظر و لباس». و در مجاز به مجموعه‌ی عادات و رفتار متداول در جامعه گفته می‌شود، به طور مثال، به زی اروپاییان درآمد، یعنی به شیوه آنان وانمود کرد. تارد[۴] تفاوت «فشن» و عادات اجتماعی را به این صورت بیان کرده است که «فشن» نوعی تقلید از رفتار معاصران است، در حالی‌که «عادات اجتماعی» مبتنی بر رفتار پیشینیان رقم می‌خورند.[۵]

«فشن» به «مُد»ی اطلاق می‌گردد که در یک بازه‌ی زمانی مشخص، و در یک مکان مشخص متداول باشد، بدین ترتیب تغییر نسل‌ها و تغییر زمان «فشن» را تغییر می‌دهند.[۶]

دکترین «فشن» به تبیین چیستی، چرایی و چگونگی «رواج زینت‌ها و لباس‌ها به قصد خودنمایی و تبرج» می‌پردازد.

اسلام

حکمت حیاء

برخلاف «الثنا» که «میل به نامستوری» در پدیده‌های عالم است، «حیا»، میل و «اصرار به مستوری» است. این مستوری موجد «حیات» و زندگی است.

مکتب عفت و غیرت

حکمت حیاء به مکتب «عفت و غیرت» می‌انجامد. عفت از ریشه‌ی «عفف» است و به‌معنای «پاک‌دامنی» و حفظ نفس از امیال و شهوات است.[7] عفت در مقابل تبرج و خودنمایی است، آن‌چنان که حضرت علی (ع) «عفت» را زکات جمال و زیبایی تبیین نموده‌اند.[8]

«غیرت» عبارت از کراهت مشارکت غیر در آنچه برای انسان است.[9] انسان باغیرت، نگه‌بان دین و ناموس و اولاد و اموال خود است.[10]

مکتب عفت و غیرت، برای هر صاحب جمالی «عفت» و برای هر صاحب ناموسی «غیرت» را برمی‌تابد.

قاعده‌ی ستر زینت

حکمت حیاء، مبتنی بر مکتب عفت و غیرت به قاعده‌ی «سترزینت» می‌انجامد.[11]

«زینت» در این‌جا، به آن بخشی از زیبایی‌های زنان (و مردان) اطلاق می‌شود که نمایش آن می‌تواند به تحریک جنسی دیگران بیانجامد. لذا حکم قرآن، پوشش آن بخش‌ها در قالب مفهوم «ستر زینت» است.

امنیت

اکنون در جمهوری اسلامی ایران، در حوزه‌ی اقتصاد، سلامت، تعلیم و تربیت، علم و حکمت، رسانه، هنر و ... فلسفه‌ی مد، ایدئولوژی تبرج و دکترین فشن به عنوان مبنای طرح‌ریزی مطرح هستند، حال آن‌که تقابل و تعارض این رویه‌های مدرنیستی با حکمت حیاء، مکتب عفت و غیرت و قاعده‌ی ستر زینت بر کسی پوشیده نیست.

---

1. Merriam-Webster's collegiate dictionary, 11th Ed., Massachusetts, U.S.A, Merriam-Webster Incorporated, 2005. (Mode)

۲. آریانپور کاشانی، عباس و آریانپور کاشانی، منوچهر (مؤلفین)؛ فرهنگ جیبی انگلیسی به فارسی، چاپ اول، تهران، انتشارات امیرکبیر، ۱۳۵۵، ص ۴۸۲.

3. Merriam-Webster's collegiate dictionary (Ostentation)

4. Gabriel Tarde (1843-1904), French sociologist.

۵. صلیبا، جمیل؛ المعجم الفلسفی، بیروت، نشر الشرکة العالمیة للکتاب، ۱۴۱۴ ه.ق. ، جلد ۱، ص ۶۴۳.

6. Sparks, Karen Jacob (Editor in Chief); Britannica Concise Encyclopedia, 1st Ed. of Revised and Expanded edition, Peru., Encyclopædia Britannica, Inc., 2006, Page 659.

۷. (تبریزی مصطفوی، حسن؛ التحقیق فی کلمات القرآن الکریم، چاپ دوم، تهران، نشر آثار علامه مصطفوی، ۱۳۸۵، ج ۸ ص ۱۸۱.)

۸. الإمام علی (ع): **زَکَاةُ الْجَمَالِ الْعَفَافُ** (تمیمی آمدی، عبد الواحد؛ تصنیف غرر الحکم و درر الکلم، چاپ اول، قم، نشر دفتر تبلیغات، ۱۳۶۶ شمسی، ص ۲۵۶.)

۹. سجادی، سید جعفر؛ فرهنگ معارف اسلامی، چاپ سوم، تهران، انتشارات دانشگاه تهران، ۱۳۷۳، ج ۲، ص ۱۳۸۳.

۱۰. نراقی، ملا احمد؛ معراج السعاده، چاپ اول، قزوین، نشر جمال، ۱۳۸۸، ص ۲۳۱.

۱۱. **وَ قُلْ لِلْمُؤْمِناتِ یَغْضُضْنَ مِنْ أَبْصارِهِنَّ وَ یَحْفَظْنَ فُرُوجَهُنَّ وَ لا یُبْدینَ زینَتَهُنَّ إِلاَّ ما ظَهَرَ مِنْها وَ لْیَضْرِبْنَ بِخُمُرِهِنَّ عَلی جُیُوبِهِنَّ وَ لا یُبْدینَ زینَتَهُنَّ إِلاَّ لِبُعُولَتِهِنَّ أَوْ آبائِهِنَّ أَوْ آباءِ بُعُولَتِهِنَّ أَوْ أَبْنائِهِنَّ أَوْ أَبْناءِ بُعُولَتِهِنَّ أَوْ إِخْوانِهِنَّ أَوْ بَنی إِخْوانِهِنَّ أَوْ بَنی أَخَواتِهِنَّ أَوْ نِسائِهِنَّ أَوْ ما مَلَکَتْ أَیْمانُهُنَّ أَوِ التَّابِعینَ غَیْرِ أُولِی الْإِرْبَةِ مِنَ الرِّجالِ أَوِ الطِّفْلِ الَّذینَ لَمْ یَظْهَرُوا عَلی عَوْراتِ النِّساءِ وَ لا یَضْرِبْنَ بِأَرْجُلِهِنَّ لِیُعْلَمَ ما یُخْفینَ مِنْ زینَتِهِنَّ وَ تُوبُوا إِلَی اللَّهِ جَمیعاً أَیُّهَا الْمُؤْمِنُونَ لَعَلَّکُمْ تُفْلِحُونَ (القرآن الکریم، سوره‌ی نور، آیه‌ی ۳۱)**

و به آنان با ایمان بگو چشمهای خود را(از نگاه هوس‌آلود) فروگیرند، و دامان خویش را حفظ کنند و زینت خود را–جز آن مقدار که نمایان است– آشکار ننمایند و(اطراف) روسری‌های خود را بر سینه خود افکنند(تا گردن و سینه با آن پوشانده شود)، و زینت خود را آشکار نسازند مگر برای شوهرانشان، یا پدرانشان، یا پدر شوهرانشان، یا پسرانشان، یا پسران همسرانشان، یا برادرانشان، یا پسران برادرانشان، یا پسران خواهرانشان، یا زنان هم‌کیششان، یا بردگانشان[کنیزانشان]، یا افراد سفیه که تمایلی به زن ندارند، یا کودکانی که از امور جنسی مربوط به زنان آگاه نیستند؛ و هنگام راه رفتن پاهای خود را به زمین نزنند تا زینت پنهانیشان دانسته شود(و صدای خلخال که برپا دارند به گوش رسد). و همگی بسوی خدا بازگردید ای مؤمنان، تا رستگار شوید. (مکارم شیرازی، ناصر؛ ترجمه‌ی قرآن الکریم)

وَ الْقَواعِدُ مِنَ النِّساءِ اللاَّتی لا یَرْجُونَ نِکاحاً فَلَیْسَ عَلَیْهِنَّ جُناحٌ أَنْ یَضَعْنَ ثِیابَهُنَّ غَیْرَ مُتَبَرِّجاتٍ بِزینَةٍ وَ أَنْ یَسْتَعْفِفْنَ خَیْرٌ لَهُنَّ وَ اللَّهُ سَمیعٌ عَلیمٌ (القرآن الکریم، سوره‌ی نور، آیه‌ی ۶۰)

و زنان از کارافتاده‌ای که امید به ازدواج ندارند، گناهی بر آنان نیست که لباسهای(رویین) خود را بر زمین بگذارند، بشرط اینکه در برابر مردم خودآرایی نکنند؛ و اگر خود را بپوشانند برای آنان بهتر است؛ و خداوند شنوا و داناست. (مکارم شیرازی، ناصر؛ ترجمه‌ی قرآن الکریم)

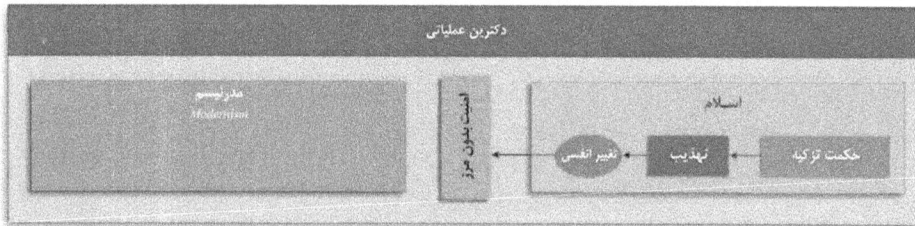

نقشه‌ی راه ۳-۲-۲-۱۷

اسلام

حکمت تزکیه

«تزکیه» از ریشه‌ی «زکو» است به معنای «رشد کردن، افزون شدن و پاک شدن»،[1] این گونه شایستگی را انسان با پیگیری و خواستن چیزی که پاکیش در آن است به‌دست می‌آورد که گاهی تزکیه از ناحیه بنده است، برای این که آن را کسب می‌کند و به آن می‌رسد مانند آیه: «قَدْ أَفْلَحَ مَنْ زَكَّاها»[2] و گاهی چون مشیئت خداوند منشاء همه‌ی امور است، تزکیه به خدای تعالی نسبت داده می‌شود مانند آیه: «بَلِ اللَّهُ يُزَكِّي مَنْ يَشاءُ»[3] و گاهی تزکیه انسان‌ها به پیامبر، که واسطه‌ی وصول تزکیه به ایشان است، نسبت داده شده مانند آیات: «تُطَهِّرُهُمْ وَ تُزَكِّيهِمْ بِها»[4] و «يَتْلُوا عَلَيْكُمْ آياتِنا وَ يُزَكِّيكُمْ»[5] و گاه نیز تزکیه به عبارتی که وسیله‌ی تحقق آن قلمداد می‌شود، مانند آیه‌ی «هُوَ أَزْكى‏ لَكُمْ»[6] منسوب می‌گردد.[7]

مکتب تهذیب

حکمت تزکیه، مکتب تهذیب را برمی‌تابد. چیستی و چرایی «تزکیه و پاک ساختن» در حکمت تزکیه تبیین می‌شود، و مکتب تهذیب به «پیراستن آلودگی و ناپاکی‌ها و آراستن به آراستگی‌ها» می‌پردازد.

خواجه عبدالله انصاری تهذیب نفس را در برتافتن سه گزاره تبیین می‌کند: از شکایت به مدح گردانیدن، از بیهودگی به هوشیاری آوردن و از غفلت به بیداری آوردن.[8]

قاعده‌ی تغییر انفسی

قاعده‌ی تغییر انفسی، بدین صورت تبیین می‌گردد که: «همانا خداوند حال هیچ قومی را تغییر نمی‌دهد، مگر این‌که در نفس‌های خودشان تغییر دهند.»[9] تنها در این‌صورت تغییر حال برای انسان، اجتماع و جامعه محقق می‌شود.

امنیت

اکنون در جمهوری اسلامی ایران، در حوزه‌ی اقتصاد، سلامت، تعلیم و تربیت، علم و حکمت، رسانه، هنر و ... حکمت تزکیه، مکتب تهذیب و قاعده‌ی تغییر انفسی مورد غفلت است.

۱. مهیار، رضا (مترجم)؛ فرهنگ ابجدی عربی – فارسی؛ ترجمه المنجدالابجدی، چاپ اول، تهران، نشر اسلامی،۱۳۷۰، صفحه ۴۵۹.

۲. کسی که تزکیه نفس کرد رستگار شد. (مکارم شیرازی، ناصر؛ ترجمه‌ی قرآن الکریم، سوره‌ی شمس، آیه‌ی ۹.)

۳. بلکه خدا هر کس را بخواهد، تزکیه می‌کند. (مکارم شیرازی، ناصر؛ ترجمه‌ی قرآن الکریم، سوره‌ی نساء، بخشی از آیه‌ی ۴۹.)

۴. از اموال آنها صدقه‌ای(به عنوان زکات) بگیر، تا به وسیله آن، آنها را پاک سازی و پرورش دهی! و(به هنگام گرفتن زکات،) به آنها دعا کن؛ که دعای تو، مایه آرامش آنهاست؛ و خداوند شنوا و داناست! (مکارم شیرازی، ناصر؛ ترجمه‌ی قرآن الکریم، سوره‌ی توبه، آیه‌ی ۱۰۳.)

۵. همان‌گونه(که با تغییر قبله، نعمت خود را بر شما کامل کردیم،) رسولی از خودتان در میان شما فرستادیم؛ تا آیات ما را بر شما بخواند؛ و شما را پاک کند؛ و به شما، کتاب و حکمت بیاموزد؛ و آنچه را نمی‌دانستید، به شما یاد دهد. (مکارم شیرازی، ناصر؛ ترجمه‌ی قرآن الکریم، سوره‌ی بقره، آیه‌ی ۱۵۱.)

۶. و اگر کسی را در آن نیافتید، وارد نشوید تا به شما اجازه داده شود؛ و اگر گفته شد: «بازگردید!» بازگردید؛ این برای شما پاکیزه‌تر است؛ و خداوند به آنچه انجام می‌دهید آگاه است .(مکارم شیرازی، ناصر؛ ترجمه‌ی قرآن کریم، سوره‌ی نور، آیه‌ی ۲۸.)

۷. راغب اصفهانی، حسین بن محمد؛ ترجمه و تحقیق مفردات الفاظ قرآن؛ خسروی حسینی، سیدغلامرضا (مترجم)، نشر مرتضوی، ج ۲، صص ۱۴۶و ۱۴۷)

۸. انصاری، خواجه عبدالله؛ صد میدان، چاپ اول، تهران، نشر کتاب دنیای کتاب، ۱۳۷۵، صص ۴۷ و ۴۸.

۹. لَهُ مُعَقِّباتٌ مِنْ بَيْنِ يَدَيْهِ وَ مِنْ خَلْفِهِ يَحْفَظُونَهُ مِنْ أَمْرِ اللَّهِ إِنَّ اللَّهَ لا يُغَيِّرُ ما بِقَوْمٍ حَتَّى يُغَيِّرُوا ما بِأَنْفُسِهِمْ وَ إِذا أَرادَ اللَّهُ بِقَوْمٍ سُوءاً فَلا مَرَدَّ لَهُ وَ ما لَهُمْ مِنْ دُونِهِ مِنْ والٍ (قرآن الکریم، سوره‌ی رعد، آیه‌ی ۱۱)

برای انسان، مأمورانی است که پی در پی، از پیش رو، و از پشت سرش او را از فرمان خدا[حوادث غیر حتمی] حفظ می‌کنند؛ (امّا) خداوند سرنوشت هیچ قوم(و ملّتی) را تغییر نمی‌دهد مگر آنکه آنان آنچه را در خودشان است تغییر دهند! و هنگامی که خدا اراده سویی به قومی(بخاطر اعمالشان) کند، هیچ چیز مانع آن نخواهد شد؛ و جز خدا، سرپرستی نخواهند داشت! (مکارم شیرازی، ناصر؛ ترجمه‌ی قرآن کریم)

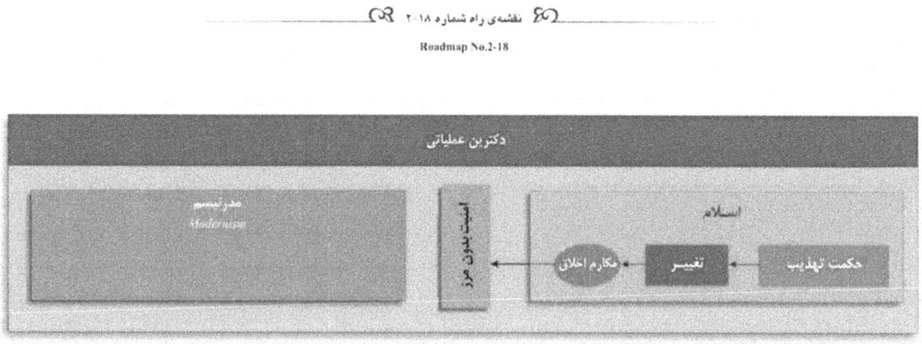

نقشه‌ی راه ۳-۲-۲-۱۸

اسلام

حکمت تهذیب

«تهذیب» از ریشه‌ی «هذب» در لفظ به معنای «شتاب کردن» است. این واژه، در باب «تهذیب» مابه‌ازای «پاک و پیراسته شدن» ذکر شده است.[1] انسان مهذّب انسانی است که از آلایش‌ها و ناپاکی‌ها پیراسته شده و به صفات و خصال نیکو آراسته گردیده است.

حکمت تهذیب، تبیین چیستی و چرایی پیراستگی از ناپاکی‌ها و آراستگی به صفات نیکوست.

مکتب تغییر

تغییر، یعنی «پدیده، غیر از آن‌چه اکنون هست، بشود». در این جابه‌جایی از آن‌چه هست، به «غیر» آن، نکته‌ی مهم، «جهت» است. یعنی پدیده، عالم یا انسان، از چه (وضع موجود)، به چه (وضع مطلوب)، تغییر می‌کند و در واقع، «غیر» و «دیگر» می‌شود. حکمت تهذیب، در مکتب تغییر، انسان را به جهت تعالی تغییر می‌دهد.

قاعده‌ی مکارم اخلاق

حکمت تهذیب، مبتنی بر مکتب تغییر به قاعده‌ی مکارم اخلاق منتج می‌شود.

این قاعده تبیین چیستی اخلاقی است که کرامت انسانی را رقم می‌زند، و سپس به چرایی لزوم مکارم اخلاقی می‌پردازد،[2] و در نهایت چگونگی نیل به مکارم اخلاق را روشن و تدقیق می‌کند.

امنیت

اکنون در جمهوری اسلامی ایران، در حوزه‌ی اقتصاد، سلامت، تعلیم و تربیت، علم و حکمت، رسانه، هنر و ... حکمت تهذیب، مکتب تغییر و قاعده‌ی مکارم اخلاق مورد غفلت واقع گردیده‌اند.

---

۱. مهیار، رضا (مترجم)؛ فرهنگ ابجدی عربی - فارسی؛ ترجمه المنجدالابجدی، چاپ اول، تهران، نشر اسلامی، ۱۳۷۰، صفحه ۸۷۵.

۲. الإمام علی (ع): لَوْ كُنّا لا نَرْجُو جَنَّةً وَلا نَخْشى نارا وَلا ثَوابا وَلا عِقابا لَكانَ يَنْبَغى لَنا أَنْ نُطالِبَ بِمَكارِمِ الاخْلاقِ فَإِنَّها مِمّا تَدُلُّ عَلَى سَبيلِ النَّجاحِ

حضرت امیر (ع): اگر ما امیدی به بهشت و ترسی از دوزخ و انتظار ثواب و عقاب نمی‌داشتیم، شایسته بود به سراغ فضایل اخلاقی برویم؛ چرا که آنها راهنمای رستگاری هستند.» (فلسفی، محمد تقی، الحدیث، تهران، دفتر نشر فرهنگ اسلامی، ۱۳۶۸، ج ۱، ص ۳۷.)

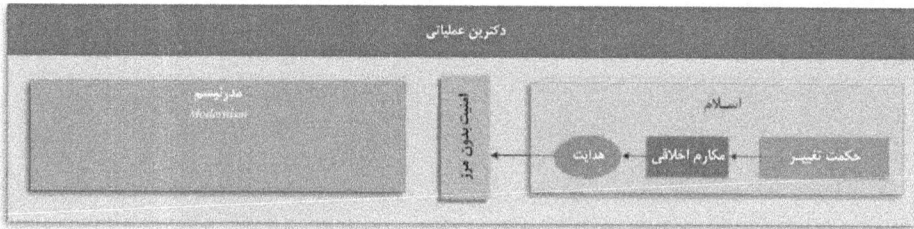

نقشه‌ی راه ۳-۲-۲-۱۹

اسلام

حکمت تغییر

«تغییر» به‌معنای «عوض کردن و تبدیل شیء به غیر آن» است.

«چیستی» و «چرایی» تغییر در حوزه‌ی حکمت تغییر، تبیین می‌شود، سپس پرسش از این‌که بایستگی تغییر «چه‌چیزی» را در برمی‌گیرد و «چه‌کسی» تغییر را اعمال می‌کند، موضوعیت می‌یابد.

خداوند متعال فاعل «تغییر» است، اما آن‌را منوط به برتافتن «تغییر» در نفس انسان‌ها نموده است،[1] اکنون پرسش اساسی این است که «چه تغییری باید صورت گیرد؟»

مکتب مکارم اخلاقی

مکتب مکارم اخلاقی، تبیین پرسش از تغییری است که بایسته است در نفس انسان‌ها صورت گیرد.

پیامبر اکرم (ص) جهت‌گیری بعثت و برانگیختگی خود را در تتمیم مکارم اخلاقی بیان فرموده‌اند،[2] و آن‌گاه هر انسان باید نسبت خود را با مکارم اخلاقی در اسوه‌ی پیامبر اکرم (ص) روشن سازد.[3] پس از این جهت‌گیری تغییر در انسان‌ها آشکار و هویدا می‌گردد.

قاعده‌ی هدایت

تغییر در نفوس انسان‌ها، نیازمند «جهد و کوشش» است، و هرکس قدم در این میدان که میدان «جهاد اکبر» است بگذارد، «هدایت» می‌گردد.[4]

این هدایت نیز مخصوص خداوند متعال است، زیرا در سوره‌ی قصص خطاب به پیامبر اکرم (ص) آمده است: «تو نمی‌توانی کسی را که دوست داری هدایت کنی، اما خداوند هرکس را بخواهد هدایت می‌کند، و او به مهتدین آگاه‌تر است.»[5]

فلذا چیستی، چرایی و چگونگی هدایت در قاعده‌ی هدایت تبیین می‌گردد.

امنیت

اکنون در جمهوری اسلامی ایران، در حوزه‌ی اقتصاد، سلامت، تعلیم و تربیت، علم و حکمت، رسانه، هنر و ... حکمت تغییر، مکتب مکارم اخلاقی و قاعده‌ی هدایت مورد غفلت واقع گردیده‌اند.

۱. لَهُ مُعَقِّباتٌ مِنْ بَيْنِ يَدَيْهِ وَ مِنْ خَلْفِهِ يَحْفَظُونَهُ مِنْ أَمْرِ اللَّهِ إِنَّ اللَّهَ لا يُغَيِّرُ ما بِقَوْمٍ حَتَّى يُغَيِّرُوا ما بِأَنْفُسِهِمْ وَ إِذا أَرادَ اللَّهُ بِقَوْمٍ سُوءاً فَلا مَرَدَّ لَهُ وَ ما لَهُمْ مِنْ دُونِهِ مِنْ والٍ (قرآن الكريم، سوره‌ی رعد، آیه‌ی ۱۱)

برای انسان، مأمورانی است که پی در پی، از پیش رو، و از پشت سرش او را از فرمان خدا[حوادث غیر حتمی] حفظ می‌کنند؛ (امّا) خداوند سرنوشت هیچ قوم(و ملّتی) را تغییر نمی‌دهد مگر آنکه آنان آنچه را در خودشان است تغییر دهند! و هنگامی که خدا اراده سویی به قومی(بخاطر اعمالشان) کند، هیچ چیز مانع آن نخواهد شد؛ و جز خدا، سرپرستی نخواهند داشت! (مکارم شیرازی، ناصر؛ ترجمه‌ی قرآن کریم)

۲. رسول اکرم (ص): إِنَّمَا بُعِثْتُ لِأُتَمِّمَ مَكَارِمَ الْأَخْلَاقِ. (حسن بن فضل طبرسی، مکارم الأخلاق، چاپ چهارم، قم، نشر شریف رضی، ۱۳۷۰، ص ۸)

۳. اِنَّ اللّهَ تَبارَکَ خَصَّ رَسُولَ اللّهِ صلی الله علیه و آله بِمَکارِمِ الاخْلاقِ فَامْتَحِنُوا اَنْفُسَکُمْ فَاِنْ کانَتْ فیکُمْ فَاحْمَدُوا اللّهَ ، وَارْغَبُوا اِلَیْهِ فی الزِّیادَةِ مِنْها

راستی خداوند تبارک و تعالی، پیغمبرش را به فضایل اخلاقی مخصوص کرد. پس خود را آزمایش کنید؛ اگر [مکارم اخلاق] در شما یافت شد، پس ستایش الهی را به جا آورید، و از او بخواهید که بیشتر به شما عنایت فرماید.» (محمدی ری شهری، محمد؛ منتخب میزان الحکمه، ترجمه شیخی، حمیدرضا، چاپ دوم، قم، سازمان چاپ و نشر دارالحدیث، ۱۳۸۴، ص ۱۸۴

۴. وَ الَّذينَ جاهَدُوا فينا لَنَهْدِيَنَّهُمْ سُبُلَنا وَ إِنَّ اللَّهَ لَمَعَ الْمُحْسِنينَ (قرآن الکریم، سوره‌ی عنکبوت، آیه‌ی ۶۹)

و آنها که در راه ما(با خلوص نیّت) جهاد کنند، قطعاً به راه‌های خود، هدایتشان خواهیم کرد؛ و خداوند با نیکوکاران است. (مکارم شیرازی، ناصر؛ ترجمه‌ی قرآن کریم)

۵. إِنَّكَ لا تَهْدي مَنْ أَحْبَبْتَ وَ لكِنَّ اللَّهَ يَهْدي مَنْ يَشاءُ وَ هُوَ أَعْلَمُ بِالْمُهْتَدينَ (قرآن الکریم، سوره‌ی قصص، آیه‌ی ۵۶.)

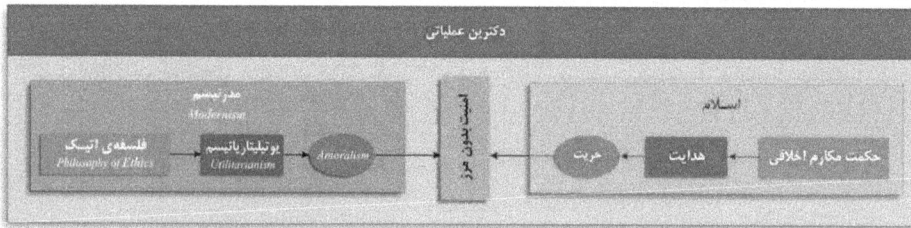

دکترین عملیاتی

نقشه‌ی راه ۳-۲-۲-۲۰

مدرنیسم

فلسفه‌ی اتیک *Philosophy of Ethics*

«اتیک» به حوزه‌ی مطالعه‌ی «ارزش‌های اخلاقی»[1] اطلاق می‌شود. در این تعریف، «ارزش‌ها» به مجموعه‌ی پدیده‌هایی گفته می‌شود که برای انسان مهم بوده و توجه او را در مراقبت از آن‌ها به‌همراه داشته باشد، و «مورال *moral* و اخلاقی» ارزش‌هایی را شامل می‌گردد که نیازها و انتظارات مقبول[2] و درست جمعی بشر را بربتابد.[3]

فلسفه‌ی اتیک به تبیین چیستی و چرایی، «سیستمی اخلاقی» می‌پردازد، که در آن مشخص گردد چه چیزهایی «خوب» و چه چیزهای «بد»[4]، چه پدیده‌های «درست» و چه پدیده‌هایی «نادرست»[5] هستند.[6]

فلسفه‌ی اتیک، در غرب دارای ایدئولوژی‌های متفاوتی است:

۱. ایدئولوژی یوتیلیتاریانیسم «*Utilitarianism*»: این دیدگاه، «درستی» پدیده‌ها را در نسبت با میزان نتیجه‌ی آن‌ها در ایجاد «رضایت»[7]، «خوشی»[8] و «منفعت»[9] بشر می‌سنجد.[10]

۲. ایدئولوژی کانتیانیسم «*Kantianism*»: در این دیدگاه، «درستی» رفتار نه با انگیزه‌های حسی و پیامدهای تجربی آن بلکه با انطباق آن بر «راسیونال»[11] و خِرد ذهنی بشر معنا می‌یابد.

۳. ایدئولوژی اینتویشنالیسم «*Intuitionalism*»: در این دیدگاه «درستی» پدیده‌ها، نه با ذهن و نه با حس قابل ارزیابی نیست، بلکه تنها می‌توان اصول ابتدایی[12] اخلاقی را مبتنی بر با درک و شهود مستقیم رقم زد.

۴. ایدئولوژی کانتراکچوالیسم «*Contractualism*»: این دیدگاه مبتنی بر آرای اسکالن[13] است که «درستی» پدیده‌ها را در نسبت با «قراردادهای اجتماعی»[14] تبیین می‌کند.

۵. ایدئولوژی فضیلت اخلاقی «*Virtue Ethics*»: این دیدگاه به قدمت فلسفه‌ی یونان باستان است، و «درستی» پدیده‌ها را نه مبتنی بر قوانین و اصولی اخلاقی، بلکه در نسبت با ذات و نیکی درونی پدیده‌ها تبیین می‌کند.[15]

ایدئولوژی یوتیلیتاریانیسم *Utilitarianism*

خاستگاه یوتیلیتاریانیسم، را می‌توان از انگلیس و در اندیشه‌های بنتام[16]، میل[17] و سیدویک[18] جستجو نمود.

این ایدئولوژی، رضایت، شادی و منفعت بشر را صرفاً پدیده‌های «خوب و درست» عنوان کرده، و تعریف رفتارهای اخلاقی را تنها در صورتی‌که به رفاه و خوشی «منتج» شود برمی‌تابد. از این‌رو این ایدئولوژی از یک‌سو جزئی از «نتیجه‌گرایی»[۱۹] به‌شمار می‌آید و از سوی دیگر جزء لاینفک «هدونیسم» است.[۲۰]

مبتنی بر این ایدئولوژی «منفعت» به عنوان عنصر قوام و دوام اجتماع در جامعه‌ی مدرن است.

دکترین آمورالیسم *Amoralism*

جامعه در دیدگاه ارسطویی یک «اجتماع مورال» و اخلاقی است، در حالی‌که لیبرالیسم مبتنی بر ایندویژوآلیسم بر لزوم تنوع و تعدد مفاهیم و ارزش‌های اخلاقی تأکید دارد، زیرا سعی دارد حکومت و جامعه را از قید تقوا و اعتقادات مذهبی - که اخلاق را مقید به ارزش‌ها می‌داند - رها سازد.[۲۱] از این رو لیبرالیسم، و یوتیلیتاریانیسم، اخلاقی «خنثی»[۲۲] را می‌پذیرند که ناظر به هیچ گرایش دینی و یا سیاسی نباشد، فلذا منتج به دکترین «بی‌اخلاقی» یا «آمورالیسم» می‌گردد.

اسلام

حکمت مکارم اخلاقی

«اخلاق» در لغت، جمع «خلق» به معنی عادت، سجیّه و طبع است و «اخلاق» عموماً به صفات و حالاتی اطلاق می‌گردد که در انسان راسخ شده و برای او ملکه باشند؛ و از این حیث تمامی صفات انسان را در بر می‌گیرد خواه پسندیده باشند خواه ناپسند.[۲۳]

«مکارم» نیز از ریشه‌ی «کَرَم» است، و اشاره به اخلاقی دارد که «کرامت» انسانی را تحقق بخشد، زیرا کرامت به معنای عزّت و بزرگ‌منشی است و در مقابلِ «هوان» به‌معنای زبونی و خواری، کاربرد دارد.[۲۴]

حکمت مکارم اخلاقی در اسلام، تبیین چیستی و چرایی اخلاقی است که انسان را عزّت و کرامت بخشد، نه این‌که موجب حقارت و خواری او گردد. پیامبر جلیل القدر اسلام نیز بعثت خود را در برتافتن مکارم اخلاقی بیان می‌فرمایند.[۲۵] و البته طبق نص صریح قرآن «تقوا» این مکارم را می‌آغازد.[۲۶]

مکتب هدایت

«هدایت» مخصوص خداوند متعال است،[۲۷] و این راهنمایی و هدایت از طریق «ائمه» به امر خداوند انجام می‌پذیرد.[۲۸] فلذا مکتب هدایت در همراهی با حکمت مکارم اخلاقی تبیین گردیده و آن را کامل می‌کند.

قاعده‌ی حریّت

تحقق مکارم اخلاقی در انسان، و هدایت یافتن وی، انسان را «حرّ» و «آزاده» می‌کند. قاعده‌ی «حریّت» تبیین چیستی، چرایی و چگونگی «آزادگی» انسان است از هرآنچه او را به بند نفسانیت و دنیویت درمی‌آورد.

امنیت

گرچه اکنون در جمهوری اسلامی ایران، در حوزه‌ی اقتصاد، مانند حوزه‌های تعلیم و تربیت، سلامت، علم و حکمت، رسانه و هنر و ... رویه‌های مدرنیسم، مانند فلسفه‌ی اتیک، ایدئولوژی یوتیلیتاریانیسم و دکترین آمورالیسم حاکم است، لیکن تضاد و تقابل این رویه‌ها با حکمت مکارم اخلاقی، مکتب هدایت و قاعده‌ی حریّت برکسی پوشیده نیست.

---

1. Moral Values.
2. Legitimate Expectations
3. Weston, Anthony; A Practical Companion to Ethics, 3rd Ed, New York, Oxford University Press, 2006, p.3.
4. Good vs. Bad
5. Right vs. Wrong (Rightness vs. Wrongness)
6. Craig, Edward (Editor in Chief); The Shorter Routledge Encyclopedia of Philosophy, 1st Ed., New York, Routledge Publication, 2005, p.242.
7. Satisfaction

8. Pleasure
9. Utility
10. Honderich, Ted (Editor); the Oxford Companion to Philosophy, 2nd Ed., New York, Oxford University Press, 2005, p. 627.
11. Rationality
12. Prima-facie principles
13. Thomas Michael Scanlon (1940 – present)
14. Social Contract
15. The Oxford Companion to Philosophy, p. 629.
16. Jeremy Bentham (1748 –1832)
17. John Stuart Mill (1806 – 1873)
18. Henry Sidgwick (1838 – 1900)
19. Consequentialism
20. The Oxford Companion to Philosophy, p. 936.
21. Urmson, J.O. and Réep, Jonathan (Editors), The Concise Encyclopedia of Western Philosophy and Philosophers, 2nd Ed (Fully Revised), New York: Routledge, 1991, p. 349.
22. Neutral

۲۳. صلیبا، جمیل؛ فرهنگ فلسفی، صانعی دره بیدی، منوچهر (مترجم)، چاپ اول، تهران، انتشارات حکمت، ۱۳۶۶، جلد ۱، ص ۱۲۰.

۲۴. تبریزی مصطفوی، حسن؛ التحقیق فی کلمات القرآن الکریم، چاپ دوم، تهران، نشر آثار علامه مصطفوی، ۱۳۸۵، ج ۱۰، ص ۴۶.

۲۵. رسول اکرم (ص): إِنَّمَا بُعِثْتُ لِأُتَمِّمَ مَكَارِمَ الْأَخْلَاق. (حسن بن فضل طبرسی، مکارم الأخلاق، چاپ چهارم، قم، نشر شریف رضـی، ۱۳۷۰، ص ۸)

۲۶. إِنَّ أَكْرَمَكُمْ عِنْدَ اللَّهِ أَتْقاكُم (قرآن‌الکریم، سوره‌ی حجرات، بخشی از آیه‌ی ۱۳.)

۲۷. إِنَّکَ لا تَهْدی مَنْ أَحْبَبْتَ وَ لكِنَّ اللَّهَ يَهْدی مَنْ يَشاءُ وَ هُوَ أَعْلَمُ بِالْمُهْتَدينَ (قرآن الکریم، سوره‌ی قصص، آیه‌ی ۵۶.)

۲۸. وَ جَعَلْناهُمْ أَئِمَّةً يَهْدُونَ بِأَمْرِنا وَ أَوْحَيْنا إِلَيْهِمْ فِعْلَ الْخَيْراتِ وَ إِقامَ الصَّلاةِ وَ إِيتاءَ الزَّكاةِ وَ كانُوا لَنا عابِدينَ (قرآن الکریم، سوره‌ی انبیاء، آیه-ی ۷۳.)

و آنان را پیشوایانی قرار دادیم که به فرمان ما، (مردم‌را) هدایت می‌کردند؛ و انجام کارهای نیک و برپاداشتن نماز و ادای زکات را به آنها وحی کردیم؛ و تنها ما را عبادت می‌کردند.(مکارم شیرازی، ناصر؛ ترجمه‌ی قرآن کریم.)

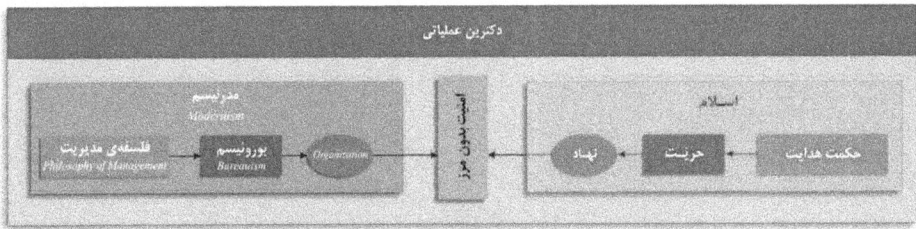

نقشه‌ی راه ۳-۲-۲-۲۱

مدرنیسم

فلسفه‌ی مدیریت *Philosophy of Management*

«*Management*» از ریشه‌ی «*Manus*» لاتینی،[۱] و به معنای «گرداندن» و «اداره کردن» است. «مدیریت» به صورت «کنش تجمیع انسان‌ها جهت نیل به هدف مشخص» نیز تعریف و تبیین می‌گردد.

در فرهنگ غربی، واژه‌های «*Organizing*»، «*Staffing*»، «*Leading*»، و «*Directing*» نیز در زمره‌ی مفاهیم حوزه‌ی «مدیریت» هستند، که جهت‌گیری نقش اجتماعی بشر، را مبتنی بر «اداره‌ی انسان‌ها» برمی‌تابند.

«فلسفه‌ی مدیریت»، حوزه‌ای از فلسفه‌ی مضاف است که به تبیین چیستی و چرایی «مدیریت» و «اداره‌ی انسان‌ها» می‌پرازد.

فلسفه‌ی مدیریت در تلقی مدرنیسم به دو دیدگاه منتج می‌گردد:

۱. دیدگاه بروکراتیک *Bureaucratic*

دیدگاه بروکراتیک در مدیریت مبتنی بر آرای ماکس وبر[۲] شکل گرفته است. این ایدئولوژی، «اداره‌ی انسان‌ها» را مبتنی بر «ساختاری منسجم و ثابت» و بر اساس «قوانین و مقررات رسمی[۳] و اداری» برمی‌تابد.

۲. دیدگاه ادهوکراتیک *Adhocratic*

این دیدگاه در تقابل با بروکراسی، نخستین بار توسط تافلر[۴] ارائه گردیده، و میتزبرگ[۵] در بسط مفاهیم آن نقش به‌سزایی داشته است. اداره‌ی انسان‌ها در این دیدگاه بر اساس «ساختاری پویا و ارگانیک» با «حداقل قوانین رسمی» موضوعیت دارد. تخصصی شدن کارها،[۶] عدم تمرکز مدیریتی[۷] و کار تیمی[۸] از اجزاء این ایدئولوژی است.[۹]

ایدئولوژی بوروئیسم *Bureauism*

«*Bureau*» مابه‌ازای «اداره» و «دیوان» در زبان فارسی بوده و ایدئولوژی بوروئیسم، اصالت «دیوان‌سالاری» را مبتنی بر ارکان طبقه‌بندی مشاغل،[۱۰] سلسله‌ی مراتب،[۱۱] قوانین رسمی، عدم-تشخیص حقیقی افراد[۱۲] و ارتقای درجه‌ی کارکنان[۱۳] تبیین می-کند.[۱۴]

دکترین سازمان *Organization*

فلسفه‌ی مدیریت، مبتنی بر ایدئولوژی بوروئیسم، به دکترین سازمان می‌انجامد.

«سازمان» به «ایجاد و بسط ساختار و تشکیلاتی برای رسیدن به هدف مشخص از طریق تخصیص منابع انسانی بر اساس طبقه‌بندی شغل» اطلاق می‌گردد.[۱۵]

دکترین سازمان به، تبیین چیستی و چرایی «ارگانیزاسیون» و چگونگی سازماندهی و مدیریت «ارگان‌ها» می‌پردازد.

اسلام

حکمت هدایت

«هدایت» از ریشه‌ی «هدی»، و به معنای «راه‌نمودن» و «راه‌نمایی کردن» است. در تلقی اسلامی، «هدایت انسان‌ها» به‌جای «اداره‌ی انسان‌ها» موضوعیت دارد.

«هدایت» مخصوص خداوند متعال است،[۱۶] و این راهنمایی و هدایت از طریق «امامان» به امر خداوند انجام می‌پذیرد.[۱۷]

حکمت هدایت به تبیین چیستی و چرایی این موضوع می‌پردازد که «امام» به‌عنوان «هادی»، «هدایت» انسان‌ها را به جای اداره‌ی آن‌ها رقم می‌زند و وظیفه‌ی انسان‌ها نیز به عنوان «مأمومین» اقتدای به «امام» خود است.

مکتب حریّت

مکتب حریّت، مکتب «هدایت انسان‌ها» است. مبتنی بر «حریّت»، «انقیاد» انسان‌ها در قالب سازمان و به هدف اداره‌ی آن‌ها پذیرفته نیست، بلکه بایسته و شایسته است هدایت ایشان نه از روی اکراه بلکه براساس اختیار و ارشاد صورت گیرد.[۱۸]

«حریت» از سوی دیگر، به معنای آزاد و رها بودن از قید کلیه‌ی مناسبات و قوانین اجتماعی نیست، بلکه اطاعت و فرمانبرداری از مقررات و قوانین سازمان یا اداره‌ای خاص موضوعیت ندارد، و انسان «آزاده»، مبتنی بر هدایت، به جای انتظام بیرونی، به نظم درون‌جوش و فطری خود نیل می‌کند.

قاعده‌ی نهاد

حکمت هدایت، مبتنی بر مکتب حریت به قاعده‌ی نهاد منتج می‌شود. «نهاد» به «تنظیم مسئولیت افراد براساس طبقه‌بندی مسائل» اطلاق می‌گرد، زیرا در تلقی اسلامی، «مسئولیت» به جای «شغل» موضوعیت دارد و «مسئولیت» مبتنی بر تعهد، زمینه‌ی پیدایش نهادها و ساخت‌مندی نظام‌های اجتماعی است.

فلذا قاعده‌ی نهاد، چیستی «نهاد»، چرایی «نهادمندی» و چگونگی «شکل‌گیری نهاد و کنش نهادی» را تبیین می‌کند، تا افراد مسئول براساس نظم درون‌جوش در نهادی پویا به حل مسائلی بپردازند که متعهد به آن هستند.[۱۹]

امنیت

گرچه اکنون در جمهوری اسلامی ایران، در طرح‌ریزی حوزه‌ی اقتصاد، مانند سایر حوزه‌های تعلیم و تربیت، سلامت، علم و حکمت، رسانه و هنر و ... فلسفه‌ی مدیریت، ایدئولوژی بوروئیسم و دکترین سازمان حاکم است، لیکن به دلیل تقابل این رویه‌ها با حکمت هدایت، مکتب حریت و قاعده‌ی نهاد، بازنگری اساسی در بنیان‌های طرح‌ریزی امری بایسته است.

---

1. Merriam-Webster's collegiate dictionary, 11th Ed., Massachusetts, U.S.A, Merriam-Webster Incorporated, 2005. (Management, Manage)
2. Max Weber (1881-1961).
3. Formalized Rules & Regulations
4. Alvin Toffler (1928-Present)
5. Henry Mintzberg (1939-Present)
6. Job Specialization
7. Decentralization
8. Team Work
9. Mynatt, Jenai (Product Manager), Encyclopedia of Management, 6th Ed., USA, Gale, Cengage Learning, 2009, p.611.
10. Division of Labor
11. Hierarchy
12. Impersonality
13. Promotion of Employees.
14. Encyclopedia of Management, 2009, p.536.
15. Encyclopedia of Management, 2009, p.670.

۱۶. إِنَّکَ لا تَهْدی مَنْ أَحْبَبْتَ وَ لکِنَّ اللَّهَ یَهْدی مَنْ یَشاءُ وَ هُوَ أَعْلَمُ بِالْمُهْتَدینَ (قرآن الکریم، سوره‌ی قصص، آیه‌ی ۵۶.)

تو نمی‌توانی کسی را که دوست داری هدایت کنی؛ ولی خداوند هر کس را بخواهد هدایت می‌کند؛ و او به هدایت یافتگان آگاهتر است!.(مکارم شیرازی، ناصر؛ ترجمه‌ی قرآن کریم.)

۱۷. وَ جَعَلْناهُمْ أَئِمَّةً یَهْدُونَ بِأَمْرِنا وَ أَوْحَیْنا إِلَیْهِمْ فِعْلَ الْخَیْراتِ وَ إِقامَ الصَّلاةِ وَ إیتاءَ الزَّکاةِ وَ کانُوا لَنا عابِدینَ (قرآن الکریم، سوره‌ی انبیاء، آیه-ی ۷۳.)

و آنان را امامان قرار دادیم که به فرمان ما، (مردم‌را) هدایت می‌کردند؛ و انجام کارهای نیک و برپاداشتن نماز و ادای زکات را به آنها وحی کردیم؛ و تنها ما را عبادت می‌کردند.(مکارم شیرازی، ناصر؛ ترجمه‌ی قرآن کریم.)

۱۸. لا إِکْراهَ فِی الدِّینِ قَدْ تَبَیَّنَ الرُّشْدُ مِنَ الْغَیِّ (قرآن الکریم، سوره‌ی بقره، بخشی از آیه‌ی ۲۵۶.)

در قبول دین، اکراهی نیست. (زیرا) راه درست از راه انحرافی، روشن شده است.(مکارم شیرازی، ناصر؛ ترجمه‌ی قرآن کریم.)

۱۹. وَ أَوْفُوا بِالْعَهْدِ إِنَّ الْعَهْدَ کانَ مَسْؤُلاً (قرآن الکریم، سوره‌ی إسراء، بخشی از آیه‌ی ۳۴.)

و به عهد(خود) وفا کنید، که از عهد سؤال می‌شود. (مکارم شیرازی، ناصر؛ ترجمه‌ی قرآن کریم.)

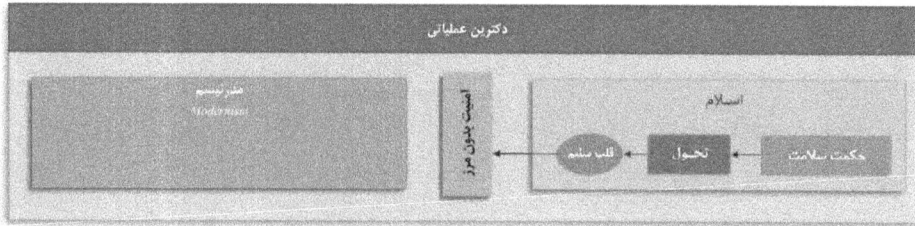

نقشه‌ی راه ۳-۲-۲-۲۲

اسلام

حکمت سلامت

«سلامت» از ریشه‌ی «سلم» و به معنای «عاری بودن از بیماری و عیب و نقص» است.[۱] سلامت انسان، بیش از آن‌که در تلقی تن‌درستی جسم او معنا و مفهوم یابد،[۲] مبتنی بر آیه‌ی شریفه‌ی «**إِذْ جاءَ رَبَّهُ بِقَلْبٍ سَلِيمٍ**»[۳] در نسبت با قلب انسان تعریف می‌گردد.[۴]

حکمت سلامت، چیستی و چرایی سلامت انسان را در نسبت با «حال و چگونگی» قلب او تبیین می‌کند.

مکتب تحول

«تحول» از ریشه‌ی «حول» است، «حول» به معنای «تغییر و دگرگونی»[5] و «تحول» مابه‌ازای «تغییر، تبدیل و دگرگونی» در «حال» است.[۶]

مکتب تحول، سه وجه تغییر را در «حال» انسان برای رسیدن به «احسن حال» برمی‌تابد: نخستین وجه، تبیین کنش تحول در مفهوم «گردش و انقلاب»[۷] است، دوم فرآیند کنش تحول را در «دگرگونی و تغییر»[۸] دربردارد و در نهایت برآیند کنش تحول در «دگردیسی و تبدیل»[۹] رقم می‌خورد.

نیل به سلامت در حکمت سلامت مبتنی بر مکتب تحول تحقق می‌یابد، زیرا قلبی که انقلاب و تغییر و تبدیل نداشته باشد، از حرکت بازایستاده است، و چنین قلبی از رسیدن به «سلامت» بازمانده است.

قاعده‌ی قلب سلیم

حکمت سلامت، مبتنی بر مکتب تحول به قاعده‌ی «قلب سلیم» منتج می‌شود.

قاعده‌ی قلب سلیم، تبیین چیستی، چرایی و چگونگی «تطهیر و تهی ساختن قلب از هر تاریکی و شرک و شک[۱۰] و ظلم و گناه و از هر نوع تعلق‌خاطر، با دارویی به نام تقوا»[۱۱] است.

امنیت

اکنون در جمهوری اسلامی ایران، در حوزه‌ی اقتصاد، سلامت، تعلیم و تربیت، علم و حکمت، رسانه، هنر و ... حکمت سلامت، مکتب تحول و قاعده‌ی قلب سلیم مورد غفلت جدی واقع گردیده‌اند.

۱. راغب اصفهانی، حسین بن محمد؛ ترجمه و تحقیق مفـردات الفـاظ قرآن؛ خسروی حسینی، سیدغلامرضا (مترجم)، نشر مرتضوی، جلد ۲، صفحه ۲۴۷.

۲. مُسَلَّمَةٌ لا شِيَةَ فيها (قرآن الكريم، سورەی بقـره، بخشـی از آیـەی ۷۱) اشاره به سلامتی از حیث بیماری و عیب ظاهری دارد.

۳. قرآن الكريم، سورەی صافات، آیەی ۸۴)

۴. قَالَ أمير المؤمنين (ع): أَلَا وَ إِنَّ مِنَ الْبَلَاءِ الْفَاقَـةَ وَ أَشَـدُّ مِـنَ الْفَاقَـةِ مَرَضُ الْبَدَنِ وَ أَشَدُّ مِنْ مَرَضِ الْبَدَنِ مَرَضُ الْقَلْبِ أَلَا وَ إِنَّ [مِنَ الـنِّعَمِ سَـعَةَ الْمَالِ وَ أَفْضَلُ مِنْ سَعَةِ الْمَالِ صِحَّةُ الْبَدَنِ وَ أَفْضَلُ مِنْ صِـحَّةِ الْبَـدَنِ تَقْـوَى الْقَلْبِ (سید رضی (گردآورنده)، نهج البلاغه، چاپ اول، قم، ناشر هجـرت، ۱۴۱۴ هجری قمری، صفحه ۵۴۵)

آگاه باشید که فقر نوعی بلا است. و سخت‌تر از تنگدستی بیماری تـن و سخت تر از بیماری تن، بیماری قلب است، آگـاه باشـید کـه همانـا عامل تندرستی تن، تقوای قلب است. (سید رضی (گردآورنـده)، نهـج البلاغه، دشتی، محد (مترجم)، چاپ چهاردهم، تهران، انتشارات علمی و فرهنگی، ۱۳۷۸، ص ۷۲۴.)

۵. ترجمه و تحقیق مفردات الفاظ قرآن؛ جلد ۱، صفحه ۵۶۴.

۶. تبریزی مصطفوی، حسن؛ التحقيق فی کلمات القرآن الكريم، چـاپ دوم، تهران، نشر آثار علامه مصطفوی، ۱۳۸۵، ج ۲، ص ۳۱۸.

7. Revolution

انقلاب: به معنای تحول حالت و صورت است، (سجادی، سید جعفـر؛ فرهنگ معارف اسلامی، چاپ سوم، تهران، انتشارات دانشـگاه تهـران، ۱۳۷۳، ج ۱، ص ۳۲۶.) از سوی دیگر انقلاب یعنی حرکـت انتقـالی و یک دوران کامل - مانند حرکت زمین به حـول خورشـید.- (آریـانپور کاشانی، عباس و آریانپور کاشانی، منوچهر (مـؤلفین)؛ فرهنـگ جیبـی انگلیسی به فارسی، چاپ اول، تهران، انتشارات امیرکبیر، ۱۳۵۵، واژەی انقلاب)

8. Change

التغيير: جعل شیء متحوّلا الی سوية و غيره فی أیَ جهة. (التحقيق فـی کلمات القرآن الكريم، ج ۹، ص ۳۰۳)

9. Evolution

التبديل: اقامة شیء مقام آخر و تعقيبه به. (التحقيق فـی کلمـات القـرآن الكريم، ج ۹، ص ۳۰۳)

۱۰. قَالَ سَأَلْتُهُ عَنْ قَوْلِ اللَّهِ عَزَّ وَ جَلَّ- إِلَّا مَنْ أَتَى اللَّهَ بِقَلْبٍ سَـلِيمٍ قَـالَ الْقَلْبُ السَّلِيمُ الَّذِي يَلْقَى رَبَّهُ وَ لَيْسَ فِيهِ أَحَدٌ سِـوَاهُ قَـالَ وَ كُـلُّ قَلْـبٍ فِيـهِ شِرْكٌ أَوْ شَكٌّ فَهُوَ سَاقِطٌ (ثقه الاسلام کلینی، الکافی، چـاپ دوم، تهـران، ناشر اسلامیه، ۱۳۶۲، جلد ۲، صفحه ۱۷.)

از حضرت امام صادق (ع) پرسیدم قول خدای عز و جل را: «جز کسی که با دل سالم نزد خدا آید» فرمود: دل سالم کسی دارد که پروردگارش را ملاقات کند، در حالی که جز خدا احدی در دلش نباشد، و هر دلی که در آن شرکی یا شکی باشد، ساقط است (مصطفوی، سید جواد، اصول کافی، چاپ اول، تهران، ناشر کتابفروشی علمیه اسلامیه، جلد۳، صفحه ۲۶.)

۱۱. فَإِنَّ تَقْوَى اللَّهِ دَوَاءُ دَاءِ قُلُوبِكُمْ وَ بَصَرُ عَمَى أَفْئِدَتِكُمْ وَ شِـفَاءُ مَـرَضِ أَجْسَادِكُمْ وَ صَلَاحُ فَسَادِ صُدُورِكُمْ وَ طُهُورُ دَنَسِ أَنْفُسِكُمْ وَ جِلَـاءُ [غِشَـاءِ] عَشَا أَبْصَارِكُمْ وَ أَمْنُ فَزَعِ جَأْشِكُمْ وَ ضِيَاءُ سَـوَادِ ظُلْمَـتِكُم (نهـج البلاغـه، صفحه ۳۱۳)

داروی درد قلب‌هایتان تقـوای از خداسـت، و تـرس از خـدا موجـب بینایی درون‌های کور شماست، و درمان بیماری کالبـدهاتان و زداینـده فساد سینه‌هاتان. پلیدیهای جان‌هاتان را پـاک کننـده اسـت. (ترجمـەی نهج‌البلاغه، ص ۲۳۲.)

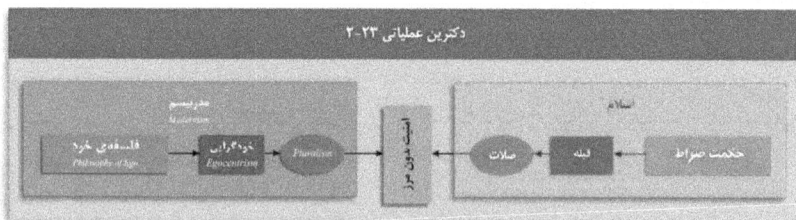

دکترین عملیاتی ۲۳-۲

نقشه‌ی راه ۳-۲-۲-۲۳

مدرنیسم

فلسفه‌ی خود *Philosophy of Ego*

«*Ego*» از ریشه‌ی «*egō*» یونانی است،[1] و مابه‌ازای «*I*» در زبان انگلیسی و «خود» در زبان فارسی رواج دارد.

پرسش از «چیستی خود»، «چیستی نسبت میان خود و دیگری»، و این‌که «خود چه اجزائی دارد» و سپس «چرایی خود» در حیطه‌ی فلسفه‌ی اگو پاسخ داده می‌شوند.

ایدئولوژی اگوسنتریسم *Egocentrism*

«*Egocentrism*» مابه‌ازای «خودمحوری» و «خودبنیادی» در زبان فارسی است و به صورت ایدئولوژی «اصالت منافع خود» بیان شده است.

مبتنی بر این ایدئولوژی، اصلیت «خود» مهم‌ترین انگیزه‌ای است که همواره با انسان همراه است و تمام هدف‌ها، تلاش‌ها، رفتارها، نگرش‌ها و تفسیرها و در نهایت تمامی تصورات و تصدیقات او را تحت سیطره دارد. سه گزاره‌ی «اگوئیته»(خودی-اندیشی)، «اگوئیسم»(خودگرایی) و «اگوئیزاسیون»(خودی‌سازی)، مؤلفه‌های اساسی این ایدئولوژی محسوب می‌شوند.

دکترین پلورالیسم *Pluralism*

ایدئولوژی اگوسنتریسم، به دکترین «پلورالیسم» منتج می‌شود، زیرا که تعدد «خود»های بشری از حوزه‌ی معرفت فلسفی شامل بشرشناسی، هستی‌شناسی، معرفت‌شناسی، و حتی خداشناسی به طرح‌ریزی در تمامی حوزه‌ها از جمله دین، سبک‌زندگی، رسانه، هنر و ... مبتنی بر «کثرت خود» منجر می‌شود.

اسلام

حکمت صراط

در اسلام، انسان نباید در «خود»ش بماند، و بایسته و شایسته است از «خود» به سمت «خدا» هجرت کند، «صراط» راهی است که انسان از خود بیرون رفته، خدا را می‌شناسد و به‌سمت او هجرت می‌کند.[2]

حکمت صراط، تبیین چیستی و چرایی «راهی» است که انسان را از «انانیت» و «خودگرایی» رهانیده، و او را در مسیر هجرت قرار می‌دهد.

مکتب قبله

هنگامی که رفتن به «راهی» متصور است، «جهت» راه نیز موضوعیت می‌یابد، «قبله» مظهر این «جهت» داشتن است، زیرا که انسان به سمت کعبه می‌ایستد و آن‌گاه خدا را پرستش می‌کند.

قاعده‌ی صلاة

حکمت صراط، مبتنی بر مکتب قبله، در قاعده‌ی صلاة تبلور می‌یابد، زیرا نماز، سبب انحلال «انانیت» انسان در «پرستش» و «عبودیت» خداوند تبارک و تعالی می‌گردد و او را از «خودپرستی» و «خودستایی» برحذر می‌سازد.[3]

امنیت

گرچه اکنون در جمهوری اسلامی ایران، در حوزه‌ی اقتصاد، مانند سایر حوزه‌های تعلیم و تربیت، سلامت، علم و حکمت، رسانه و هنر و ... فلسفه‌ی اگو، ایدئولوژی اگوسنتریسم و دکترین پلورالیسم در حال فراگیر شدن است، لیکن تقابل این رویه‌ها با حکمت صراط، مکتب قبله و قاعده‌ی صلاه، بر کسی پوشیده نیست.

---

1. Merriam-Webster's collegiate dictionary, 11th Ed., Massachusetts, U.S.A, Merriam-Webster Incorporated, 2005. (Word: Ego)

۲. سَأَلْتُ أَبَا عَبْدِ اللَّهِ ع عَنِ الصِّرَاطِ فَقَالَ هُوَ الطَّرِيقُ إِلَى مَعْرِفَةِ اللَّهِ عَزَّ وَ جَلَّ وَ هُمَا صِرَاطَانِ صِرَاطٌ فِي الدُّنْيَا وَ صِرَاطٌ فِي الْآخِرَةِ وَ أَمَّا الصِّرَاطُ الَّذِي فِي الدُّنْيَا فَهُوَ الْإِمَامُ الْمُفْتَرَضُ الطَّاعَةِ مَنْ عَرَفَهُ فِي الدُّنْيَا وَ اقْتَدَى بِهُدَاهُ مَرَّ عَلَى الصِّرَاطِ الَّذِي هُوَ جِسْرُ جَهَنَّمَ فِي الْآخِرَةِ وَ مَنْ لَمْ يَعْرِفْهُ فِي الدُّنْيَا زَلَّتْ قَدَمُهُ عَنِ الصِّرَاطِ فِي الْآخِرَةِ فَتَرَدَّى فِي نَارِ جَهَنَّمَ (شیخ صدوق؛ معانی الأخبار، چاپ اول، قم، انتشارات جامعه مدرسین، ۱۴۰۳ قمری، ص ۳۲.)

از امام صادق (ع) پرسیدم، صراط چیست؟ فرمود: راهی به‌سوی شناختن خدای بزرگ است، و صراط دو گونه است: ۱- صراط در دنیا، ۲- صراط در آخرت، اما صراط دنیا امام می‌باشد، که فرمانبرداری از او واجب است، هر کس که در دنیا او را شناخت و رهنمودهای او را بکار بست، در آخرت از صراط که پلی است به روی جهنّم خواهد گذشت، و هر کس در اینجا امام خود را نشناخت، هنگام گذشتن از صراط آخرت گامش خواهد لغزید و در آتش دوزخ خواهد افتاد..(شیخ صدوق؛ معانی الأخبار، محمدی شاهرودی، عبدالعلی (مترجم)، چاپ دوم، تهران، انتشارات دارالکتاب الاسلامیه، ۱۳۷۷، ص ۶۹.)

۳. فَرَضَ اللَّهُ الْإِيمَانَ تَطْهِيراً مِنَ الشِّرْكِ وَ الصَّلَاةَ تَنْزِيهاً عَنِ الْكِبْرِ (سید رضی (گردآورنده)، نهج البلاغه، چاپ اول، قم، ناشر هجرت، ۱۴۱۴ هجری قمری، صفحه ۵۱۲)

حضرت علی (ع) فرمود: خدا «ایمان» را برای پاک‌سازی دل از شرک، و «نماز» را برای پاک بودن از کبر و خودپسندی«نماز» را واجب نمود.(سید رضی (گردآورنده)، نهج البلاغه، دشتی، محد (مترجم)، چاپ چهاردهم، تهران، انتشارات علمی و فرهنگی، ۱۳۷۸، ص ۶۸۳.)

نقشه‌ی راه ۳-۲-۲-۲۴

اسلام

حکمت وحی

«وحی» به‌معنای چیزی است که به دیگری القا یا تفهیم می‌شود، و در معنای خاص آن به القای مفاهیم از جانب خداوند متعال به «نبی»، «رسول» و «حجت» اطلاق می‌شود.[۱]

حکمت وحی، تبیین چیستی و چرایی وحی است، زیرا که انسان نیازمند تبیین مصالح و منافع حقیقی خویش از جانب خداوند متعال است تا بقا و فنا او روشن گردد،[۲] و هیچ بشری شایستگی سخن گفتن با خداوند را ندارد، مگر از طریق «وحی»، ویا از جانب پیامبری که «وحی» به او رسیده باشد.[۳] فلذا به هرکس وحی نرسد، بایسته است در جستجوی کسی باشد که به‌او «وحی» رسیده باشد.[۴]

مکتب قرآن

خداوند به پیامبر اکرم(ص) نیز مانند پیامبران پیشین هم‌چون نوح، ابراهیم، اسماعیل، اسحاق، یعقوب، موسی، هارون و عیسی «وحی» فرو فرستاده است،[۵] و «قرآن» تجلی و تبلور این «وحی» است.[۶]

قاعده‌ی یقین

حکمت وحی، مبتنی بر مکتب قرآن، قاعده‌ی «یقین» را برمی‌تابد، زیرا انسان تنها در صورتی مورد هدایت و رحمت قرآن قرار می‌گیرد که به آن «موقن» باشد.[۷]

امنیت

بایسته و شایسته است در جمهوری اسلامی ایران، طرح‌ریزی حوزه‌ی اقتصاد، و سایر حوزه‌های تعلیم و تربیت، سلامت، علم و حکمت، رسانه و هنر و ... مبتنی بر حکمت وحی، مکتب قرآن و قاعده‌ی یقین صورت پذیرد.

۱. مهیار، رضا (مترجم)؛ فرهنگ ابجدی عربی - فارسی؛ ترجمه‌ی المنجدالابجدی، چاپ اول، تهران، نشر اسلامی، ۱۳۷۰، ص ۹۷۹.

۲. إِنَّا لَمَّا أَثْبَتْنَا أَنَّ لَنَا خَالِقاً صَانِعاً مُتَعَالِياً عَنَّا وَ عَنْ جَمِيعِ مَا خَلَقَ وَ كَانَ ذَلِكَ الصَّانِعُ حَكِيماً مُتَعَالِياً لَمْ يَجُزْ أَنْ يُشَاهِدَهُ خَلْقُهُ وَ لَا يُلَامِسُوهُ فَيُبَاشِرَهُمْ وَ يُبَاشِرُوهُ وَ يُحَاجَّهُمْ وَ يُحَاجُّوه ثَبَتَ أَنَّ لَهُ سُفَرَاءَ فِي خَلْقِهِ يُعَبِّرُونَ عَنْهُ إِلَى خَلْقِهِ وَ عِبَادِهِ وَ يَدُلُّونَهُمْ عَلَى مَصَالِحِهِمْ وَ مَنَافِعِهِمْ وَ مَا بِهِ بَقَاؤُهُمْ وَ فِي تَرْكِهِ فَنَاؤُهُم (ثقه الاسلام کلینی، الکافی، چاپ دوم، تهران، ناشر اسلامیه، ۱۳۶۲، ج۱، ص ۱۶۸.)

امام صادق (ع) فرمود: چون ثابت کردیم که ما آفریننده و صانعی داریم که از ما و تمام مخلوق برتر و با حکمت و رفعت است و روا نباشد که خلقش او را به بینند و لمس کنند و بی‌واسطه با یک دیگر برخورد و مباحثه کنند، ثابت شد که برای او سفیرانی در میان خلقش باشند که خواست او را برای مخلوق و بندگانش بیان کنند و ایشان را بمصالح و منافعشان و موجبات تباه و فنایشان رهبری نمایند. (مصطفوی، سید جواد، اصول کافی، چاپ اول، تهران، ناشر کتابفروشی علمیه اسلامیه، ج۱، ص ۲۳۶.)

۳. وَ ما كانَ لِبَشَرٍ أَنْ يُكَلِّمَهُ اللَّهُ إِلاَّ وَحْياً أَوْ مِنْ وَراءِ حِجابٍ أَوْ يُرْسِلَ رَسُولاً فَيُوحِيَ بِإِذْنِهِ ما يَشاءُ إِنَّهُ عَلِيٌّ حَكِيمٌ (قرآن الکریم، سوره‌ی شوری، آیه‌ی ۵۱.)

و شایسته هیچ انسانی نیست که خدا با او سخن گوید، مگر از راه وحی یا از پشت حجاب، یا رسولی می‌فرستد و بفرمان او آنچه را بخواهد وحی می‌کند؛ چرا که او بلندمقام و حکیم است!.(مکارم شیرازی، ناصر؛ ترجمه‌ی قرآن کریم)

۴. فَمَنْ لَمْ يَأْتِهِ الْوَحْيُ فَقَدْ يَنْبَغِي لَهُ أَنْ يَطْلُبَ الرُّسُلَ فَإِذَا لَقِيَهُمْ عَرَفَ أَنَّهُمُ الْحُجَّةُ وَ أَنَّ لَهُمُ الطَّاعَةَ الْمُفْتَرَضَةَ (ثقه الاسلام کلینی، الکافی، ج۱، ص ۱۶۹.)

امام صادق (ع): کسی که بر او وحی نازل نشود باید که در جستجوی پیغمبران باشد و چون ایشان را بیابد باید بداند که ایشان حجت خدایند و اطاعتشان لازمست. (مصطفوی، سید جواد، اصول کافی، ج۱، ص ۲۳۷.)

۵. إِنَّا أَوْحَيْنا إِلَيْكَ كَما أَوْحَيْنا إِلى نُوحٍ وَ النَّبِيِّينَ مِنْ بَعْدِهِ وَ أَوْحَيْنا إِلى إِبْراهِيمَ وَ إِسْماعِيلَ وَ إِسْحاقَ وَ يَعْقُوبَ وَ الْأَسْباطِ وَ عِيسى وَ أَيُّوبَ وَ يُونُسَ وَ هارُونَ وَ سُلَيْمانَ وَ آتَيْنا داوُدَ زَبُوراً (قرآن الکریم، سوره‌ی نساء، آیه‌ی ۱۶۳.)

ما به تو وحی فرستادیم؛ همان گونه که به نوح و پیامبران بعد از او وحی فرستادیم؛ و(نیز) به ابراهیم و اسماعیل و اسحاق و یعقوب و اسباط[بنی اسرائیل] و عیسی و ایوب و یونس و هارون و سلیمان وحی نمودیم؛ و به داوود زبور دادیم. (مکارم شیرازی، ناصر؛ ترجمه‌ی قرآن کریم)

۶. وَ أُوحِيَ إِلَيَّ هذَا الْقُرْآنُ (قرآن الکریم، سوره‌ی انعام، قسمتی از آیه‌ی ۱۹.)

(و بگو) این قرآن بر من وحی شده.(مکارم شیرازی، ناصر؛ ترجمه‌ی قرآن کریم)

۷. هذا بَصائِرُ لِلنَّاسِ وَ هُدىً وَ رَحْمَةٌ لِقَوْمٍ يُوقِنُونَ (قرآن الکریم، سوره‌ی جاثیه، آیه‌ی ۲۰.)

این(قرآن و شریعت آسمانی) وسایل بینایی و مایه هدایت و رحمت است برای مردمی که(به آن) یقین دارند. (مکارم شیرازی، ناصر؛ ترجمه‌ی قرآن کریم)

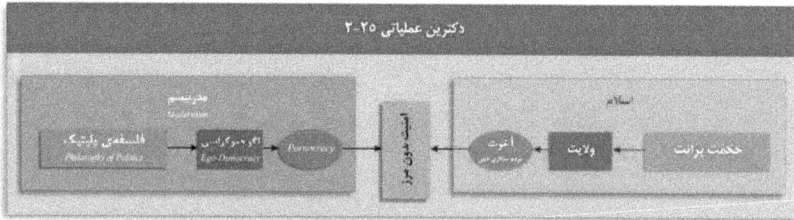

نقشه‌ی راه ۳-۲-۲-۲۵

مدرنیسم

فلسفه‌ی پلیتیک *Philosophy of Politics*

واژه‌ی «*Politics*» و «*Policy*» از ریشه‌ی «*politika*» یونانی مشتق شده‌اند،[1] و گرچه در محیط دانشگاهی به کلمات «سیاسی» و «سیاست» ترجمه شده‌اند، اما صحیح نیستند، فلذا عمومی‌ترین تعریف از مفهوم آن‌ها به صورت «فن تلاش و رقابت برای دستیابی به قدرت، یا تسخیر و حفظ و بسط آن» تبیین می‌شود.

فلسفه‌ی پلیتیک نیز حوزه‌ای از فلسفه است که به چیستی و چرایی فن دست‌یابی به قدرت و رقم زدن مناسبات حکومتی می‌پردازد.

ایدئولوژی اگو- دموکراسی *Ego-Democracy*

واژه‌ی «*Democracy*» در زبان فارسی به «حکومت مردم بر مردم» و «مردم‌سالاری» ترجمه شده است،[2] و پیشوند «اگو» نیز بیان‌گر «حکومت خودبنیاد مردم بر مردم» است.

ایدئولوژی اگو- دموکراسی، از یک‌سو به‌جای حاکمیت الهی، قائل به پذیرفتن رای و نظر بشر است و از سوی دیگر سایر اشکال حاکمیت که در سوپرپارادایم امانیسم شکل گرفته است را برنمی‌تابد. اساس خودمختاری بشر سبب گردیده در این ایدئولوژی تمامی مناسبات حکومتی با محوریت بشر و بر مبنای آرای او رقم بخورد.

دکترین پُرنوکراسی *Pornocracy*

ایدئولوژی اگودموکراسی، به دکترین «پُرنوکراسی» منتج می‌شود، «پُرنوکراسی» گرچه به «فحشاسالاری» ترجمه می‌شود، لیکن مفهوم دقیق‌تر آن معادل «نفسانیات‌سالاری» است.

«دموکراسی» به دلیل اهمیت بالای آرای بشر، تنها حاکمیت خرد جمعی نیست بلکه احساسات و عواطف جمعی هم در آن دخیل است و در بسیاری مواقع این احساسات بر خرد جمعی نیز غلبه دارد، حتی در صورتی که این احساسات پاک و انسانی نبوده و آمیخته با هوا و هوس نیز باشند. ساموئل هانتینگتون[3] در موج سوم دموکراتیزاسیون[4] این نتیجه‌ی دموکراسی را سبب انحطاط آن بیان کرده است.

دکترین پرنوکراسی، به تبیین چیستی، چرایی و چگونگی «نفسانیات‌سالاری» به هدف دست‌یابی به قدرت و حفظ و بسط آن می‌پردازد.

اسلام

حکمت برائت

واژه‌ی «برائت» از ریشه‌ی «برأ» عربی است و به معنای «کراهت و دوری جستن از مجاورت با آن‌چه ناپسند و مکروه است» به کار می‌رود.[۵]

در اسلام، برائت جستن تنها محدود به انسان، و آن‌چه او کراهت دارد نیست، بلکه خداوند متعال نیز برائت و بیزاری خود را از مشرکین در قرآن اعلام کرده است،[۶] از این‌رو حکمت برائت، علاوه بر تبیین چیستی و چرایی «بیزاری» به تبیین آن‌چه که بایستگی «برائت» و «دوری» جستن را دارد می‌پردازد.[۷]

مکتب ولایت

پس از حکمت برائت، مکتب ولایت موضوعیت می‌یابد، واژه-ی «ولایت» از مصدر «وَلاء» به معنای «دوستی و نزدیکی» مشتق شده است. «وِلایة» مابه‌ازای «یاری کردن» و «وَلایة» مابه‌ازای «سرپرستی» در فارسی است.[۸]

مکتب ولایت، بیان‌گر اصالت «دوستی و نزدیکی» و «پذیرش سرپرستی» است از خداوند تبارک و تعالی و اولیاء الله، زیرا تنها ایشان شایستگی سرپرستی انسان را دارند.

قاعده‌ی اخوت (مردم‌سالاری دینی)

حکمت برائت، مبتنی بر مکتب ولایت، به قاعده‌ی «اخوت» منتج می‌گردد، «اخوت» به معنای «برادری و دوستی» است.[۹]

قاعده‌ی اخوت در اسلام، تبیین چیستی، چرایی و چگونگی «دوستی و برادری» در میان انسان‌ها، تحت «سرپرستی» خداوند متعال و امامان هدایت، و به «دور» از شرک و کفر است. این-چنین حاکمیتی در اسلام برتافته می‌شود که گرچه «مردم‌سالار» است، اما چون مبتنی بر ولایت و برائت شرعی نیز هست فلذا «دینی» محسوب می‌شود.

امنیت

بایسته و شایسته است در جمهوری اسلامی ایران، در طرح-ریزی حوزه‌ی اقتصاد، مانند سایر حوزه‌های تعلیم و تربیت، سلامت، علم و حکمت، رسانه و هنر و ... از فلسفه‌ی پلتیک، ایدئولوژی اگو-دموکراسی و دکترین پرنوکراسی که رویه‌های مدرنیستی هستند پرهیز گردد، و رویه‌های اسلامی شامل حکمت برائت، مکتب ولایت و قاعده‌ی مردم‌سالاری دینی مبنای طرح-ریزی و حاکمیت قرار گیرند.

---

1. Merriam-Webster's collegiate dictionary, 11th Ed., Massachusetts, U.S.A, Merriam-Webster Incorporated, 2005. (Word: Politics)

۲. آریانپور کاشانی، عباس و آریانپور کاشانی، منوچهر (مؤلفین)؛ فرهنگ جیبی انگلیسی به فارسی، چاپ اول، تهران، انتشارات امیرکبیر، ۱۳۵۵، (واژه‌ی دموکراسی)

3. Samuel Phillips Huntington (1927-2008)

4. Third Wave of Democratization

۵. راغب اصفهانی، حسین بن محمد؛ ترجمه و تحقیق مفردات الفاظ قرآن؛ خسروی حسینی، سیدغلامرضا (مترجم)، نشر مرتضوی، ج۱، ص ۲۶۴.

۶. **أنَّ اللَّهَ بَرِیءٌ مِنَ الْمُشْرِکینَ وَ رَسُولُه (قرآن الکریم، سوره‌ی توبه، قسمتی از آیه‌ی ۳.)**

خداوند و پیامبرش از مشرکان بیزارند! (مکارم شیرازی، ناصر؛ ترجمه‌ی قرآن کریم)

۷. **قَدْ کانَتْ لَکُمْ أُسْوَةٌ حَسَنَةٌ فی إِبْراهیمَ وَ الَّذینَ مَعَهُ إِذْ قالُوا لِقَوْمِهِمْ إِنَّا بُرَآؤُا مِنْکُمْ وَ مِمَّا تَعْبُدُونَ مِنْ دُونِ اللَّه (قرآن الکریم، سوره‌ی ممتحنه، قسمتی از آیه‌ی ۴.)**

برای شما سرمشق خوبی در زندگی ابراهیم و کسانی که با او بودند وجود داشت، در آن هنگامی که به قوم(مشرک) خود گفتند: «ما از شما و آنچه غیر از خدا می‌پرستید بیزاریم؛ (مکارم شیرازی، ناصر؛ ترجمه‌ی قرآن کریم)

۸. ترجمه و تحقیق مفردات الفاظ قرآن؛ ج۴، ص ۴۸۹.

۹. مهیار، رضا (مترجم)؛ فرهنگ ابجدی عربی – فارسی؛ ترجمه المنجدالابجدی، چاپ اول، تهران، نشر اسلامی، ۱۳۷۰، صفحه ۳۲.

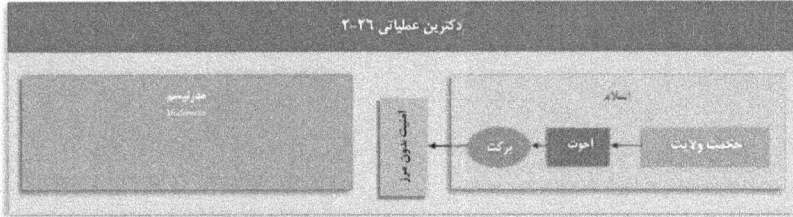

نقشه‌ی راه ۳-۲-۲-۲۶

اسلام

حکمت ولایت

واژه‌ی «ولایت» از ریشه‌ی «ولی» مشتق شده است، «وَلی» به-معنای «نزدیکی» میان دو چیز، و «دوستی» میان دو کس است به نحوی که میان آن‌ها فاصله‌ای قرار نگیرد، مصدر «وَلاء» نیز در معنای «دوستی و نزدیکی» کاربرد دارد. اما «وِلایة» مابه‌ازای «یاری کردن» و «وَلایة» مابه‌ازای «سرپرستی» در فارسی هستند که حقیقت هردو یکی و همان «سرپرستی» ذکر شده است.[1]

حکمت ولایت، حوزه‌ای وسیع در حکمت‌های مضاف است که به تبیین چیستی و چرایی «ولایت»، و کیستی «ولی» و «مولی» می-پردازد.[2] زیرا که نتیجه‌ی قطعی عدم شناخت در این حوزه، انحطاط در دنیا و عذاب در عقبا خواهد بود.[3]

مکتب اخوت

نسبت‌شناسی انسان با ولی و مولای خود، در نسبت‌شناسی او با سایر انسان‌ها کامل می‌گردد. مکتب اخوت، اصالت «برادری و دوستی» در جامعه‌ی اسلامی را مبتنی بر ایمان بیان می‌کند،[4] اصلی که نه تنها شایسته نیست مورد غفلت واقع شود، بلکه بایسته است که در جهت تحقق وحدت جامعه مورد تبیین و تدقیق قرار گیرد.[5]

قاعده‌ی برکت

حکمت ولایت، و مکتب اخوت، قاعده‌ی «برکت» را رقم می‌زند، زیرا «سرپرستی و ولایت اولیاءالله» و «دوستی و برادری میان مؤمنین» در جامعه‌ی اسلامی است که سبب «برکت» یافتن جامعه از جانب خداوند متعال می‌شود، و در مقابل فقدان ایمان و تقوای ناشی از عدم تحقق ولایت موجب از میان رفتن «برکت» آسمان‌ها و زمین از جامعه‌ی بشری گردیده است.[6]

امنیت

بایسته و شایسته است در جمهوری اسلامی ایران، طرح‌ریزی حوزه‌ی اقتصاد، و سایر حوزه‌های تعلیم و تربیت، سلامت، علم و حکمت، رسانه و هنر و ... مبتنی بر حکمت ولایت، مکتب اخوت و قاعده‌ی برکت صورت پذیرد.

۱. راغب اصفهانی، حسین بن محمد؛ ترجمه و تحقیق مفردات الفاظ قرآن؛ خسروی حسینی، سیدغلامرضا (مترجم)، نشر مرتضوی، ج۴، ص ۴۸۹.

۲. أَم اتَّخَذُوا مِنْ دُونِهِ أَوْلِياءَ فَاللَّهُ هُوَ الْوَلِيُّ (قرآن الکریم، سوره‌ی شوری، قسمتی از آیه‌ی ۹.)

آیا آنها غیر از خدا را ولیّ خود برگزیدند؟! در حالی که«ولیّ» فقط خداوند است .(مکارم شیرازی، ناصر؛ ترجمه‌ی قرآن کریم)

۳. وَ جَعَلْناهُمْ أَئِمَّةً يَدْعُونَ إِلَى النَّارِ وَ يَوْمَ الْقِيامَةِ لا يُنْصَرُونَ (قرآن الکریم، سوره‌ی قصص، آیه‌ی ۴۱.)

و آنان [فرعونیان] را پیشوایانی قرار دادیم که به آتش(دوزخ) دعوت می‌کنند؛ و روز رستاخیز یاری نخواهند شد.(مکارم شیرازی، ناصر؛ ترجمه‌ی قرآن کریم)

۴. إِنَّمَا الْمُؤْمِنُونَ إِخْوَةٌ (قرآن الکریم، سوره‌ی حجرات، قسمتی از آیه‌ی ۱۰.)

مؤمنان برادر یکدیگرند؛ (مکارم شیرازی، ناصر؛ ترجمه‌ی قرآن کریم)

۵. وَ اعْتَصِمُوا بِحَبْلِ اللَّهِ جَمِيعاً وَ لا تَفَرَّقُوا وَ اذْكُرُوا نِعْمَتَ اللَّهِ عَلَيْكُمْ إِذْ كُنْتُمْ أَعْداءً فَأَلَّفَ بَيْنَ قُلُوبِكُمْ فَأَصْبَحْتُمْ بِنِعْمَتِهِ إِخْواناً (قرآن الکریم، سوره‌ی آل‌عمران، قسمتی از آیه‌ی ۱۰۳.)

و همگی به ریسمان خدا[قرآن و اسلام، و هر گونه وسیله وحدت]، چنگ زنید، و پراکنده نشوید! و نعمت(بزرگِ) خدا را بر خود، به یاد آرید که چگونه دشمن یکدیگر بودید، و او میان دلهای شما، الفت ایجاد کرد، و به برکتِ نعمتِ او، برادر شدید! (مکارم شیرازی، ناصر؛ ترجمه‌ی قرآن کریم)

۶. وَ لَوْ أَنَّ أَهْلَ الْقُرى آمَنُوا وَ اتَّقَوْا لَفَتَحْنا عَلَيْهِمْ بَرَكاتٍ مِنَ السَّماءِ وَ الْأَرْضِ وَ لكِنْ كَذَّبُوا فَأَخَذْناهُمْ بِما كانُوا يَكْسِبُونَ (قرآن الکریم، سوره‌ی اعراف، آیه‌ی ۹۶.)

و اگر اهل شهرها و آبادی‌ها، ایمان می‌آوردند و تقوا پیشه می‌کردند، برکات آسمان و زمین را بر آنها می‌گشودیم؛ ولی پیامبران را دروغگو خواندند؛ ما هم آنان را به کیفر کردارشان مجازات کردیم.. (محمدی ری شهری، محمد؛ منتخب میزان الحکمه، ترجمه شیخی، حمیدرضا، چاپ دوم، قم، سازمان چاپ و نشر دارالحدیث، ۱۳۸۴، ص ۷۳)

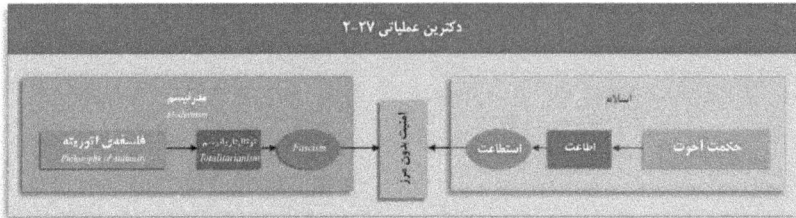

دکترین عملیاتی ۲۷-۲

نقشه‌ی راه ۳-۲-۲-۲۷

مدرنیسم

فلسفه‌ی اتوریته *Philosophy of Authority*

واژه‌ی «*Authority*» از ریشه‌ی «*auctoritas*» یونانی به معنای «نظر، دستور و فرمان» مشتق شده است،[۱] و نزدیک‌ترین واژه در فارسی به مفهوم آن، «اقتدار» است. «اقتدار» از دیدگاه وبر[۲]، «قدرتی» است که قانونی و مقبول باشد، و در شرایط مقتضی مورد اطاعت و فرمانبرداری قرار گیرد. اقتدار از این حیث نوعی «سلطه‌ی مقبول» است، که به‌همراه منافع مادی و ارزش‌های فرهنگی عوامل بشری اساسی در مناسبات اجتماعی از دیدگاه وی را تشکیل داده‌اند.[۳]

فلسفه‌ی اتوریته حوزه‌ای از فلسفه است که به چیستی «اقتدار» و چرایی رقم زدن مناسبات اقتدار در حاکمیت و جامعه می‌پردازد.

ایدئولوژی توتالیتاریانیسم *Totalitarianism*

واژه‌ی «*Totalitarianism*» از ریشه‌ی «*totalità*» که به معنای «فراگیر» و «کامل» است مشتق شده است،[۴] و نخستین بار توسط موسولینی[۵] در سال ۱۹۲۵ وارد واژگان سیاسی معاصر شده است.

توتالیتاریانیسم، ایدئولوژی «اقتدار فراگیر حاکمیت» است، و به صورت «اصالت گسترش سیطره‌ی حکومت بر تمام مناسبات اجتماعی» تبیین می‌شود. این ایدئولوژی در مقابل پلورالیسم سیاسی و لیبرال‌دموکراسی قرار می‌گیرد و در واقع واکنشی به انحطاط و فروپاشی دموکراسی شناخته می‌شود.[۶]

دکترین فاشیسم *Fascism*

فلسفه‌ی اتوریتی، مبتنی بر مکتب توتالیتاریانیسم به دکترین فاشیسم می‌انجامد.

فاشیسم، از ریشه‌ی لاتینی «*fascis*»، به معنای «دسته»، «کانونی-کردن» و «متمرکزکردن» اشتقاق یافته است.[۷] فاشیسم، دکترینی بر مبنای اصول اتوریتاریانیسم و توتالیتاریانیسم است، که بر ناسونالیسم[۸] به عنوان موتور محرکه‌ی تاریخ تمرکز داشته و همه‌ی مناسبات اجتماعی بشری را بر مبنای یک انتظام پولادین حاصل از حکومت مطلق مرکزی برمی‌تابد.

دکترین فاشیسم، چیستی، چرایی و چگونگی شکل‌گیری فاشیسم به هدف دست‌یابی به قدرت و حفظ و بسط انتظام سخت و شدید اجتماعی را تبیین می‌کند.

اسلام

حکمت اخوت

«اخوت» از ریشه‌ی «اخو» مشتق شده است. «أخو» و «أخ» به معنای «برادر» و هم‌چنین در استعاره‌ای از «دوستی» کاربرد دارند.[۹] اخوت نیز به معنای «برادری و دوستی» است.

حکمت اخوت در اسلام، تبیین چیستی، چرایی «دوستی و برادری» در میان انسان‌های مؤمن است؛[۱۰] زیرا قوام جامعه در اسلام بر مبنای اخوت و خُلّت انسان‌ها برتافته می‌شود و نه در نسبت با اقتدار حاکمیت.

مکتب اطاعت

مؤمنین در میان اجتماع خود روابط مبتنی بر «دوستی و برادری» دارند، اما ارتباط ایشان با پیامبر، امامان و ولی امر به نحو دیگری است که در مکتب اطاعت تبیین می‌شود.[۱۱]

مکتب اطاعت، بیان‌گر اصالت «تبعیت» و «برتابیدن امر» خداوند متعال، پیامبر او و اولوالأمر است،[۱۲] زیرا اطاعت از پیامبر، اطاعت از خداوند متعال است،[۱۳] و اطاعت از وصی و خلیفه‌ی پیامبر، به مثابه‌ی اطاعت پیامبر تلقی می‌گردد.[۱۴]

قاعده‌ی استطاعت

حکمت اخوت، مبتنی بر مکتب اطاعت، به قاعده‌ی استطاعت منتج می‌شود.

قاعده‌ی استطاعت، تبیین این موضوع است که اطاعت از امام و ولی امر، نیازمند برخورداری از «استطاعت» در صبر و همراهی با او است زیرا که هرکس از عهده‌ی شدّت و سختی این امر بر نمی‌آید.[۱۵]

چیستی و چرایی «استطاعت» و چگونگی تحقق آن در حوزه‌ی قاعده‌ی استطاعت تبیین می‌گردد.

امنیت

بایسته و شایسته است در جمهوری اسلامی ایران، از طرح‌ریزی حوزه‌ی اقتصاد، و سایر حوزه‌های تعلیم و تربیت، علم و حکمت، رسانه و هنر و ... مبتنی بر فلسفه‌ی اتوریته، ایدئولوژی توتالیتاریانیسم و دکترین فاشیسم پرهیز شود، زیرا آن رویه‌ها نه تنها در تضاد با حکمت اخوت، مکتب اطاعت و قاعده‌ی استطاعت هستند، بلکه سبب غفلت جدی از این اصول نیز گردیده‌اند.

---

1. Merriam-Webster's collegiate dictionary, 11th Ed., Massachusetts, U.S.A, Merriam-Webster Incorporated, 2005. (Word: Authority)
2. Max Weber (1864-1920)

۳. اشرف، احمد؛ جامعه‌شناسی سیاسی ماکسی وبر، ماهنامه سخن، دی ۱۳۴۶، شماره‌ی ۲۰۰، ص ۱۰۱۰.

4. The same. (Word: Totalitarianism)
5. Benito Amilcare Andrea Mussolini (1883-1945)

۶. بیات، عبدالرسول و همکاران؛ فرهنگ واژه ها، چاپ دوم، قم، انتشارات مؤسسه اندیشه و فرهنگ دینی، ۱۳۸۱، صص ۲۳۰و ۲۳۱.

7. Merriam-Webster's collegiate dictionary (Word: Fascism)
8. Nationalism

۹. راغب اصفهانی، حسین بن محمد؛ ترجمه و تحقیق مفردات الفاظ قرآن؛ خسروی حسینی، سیدغلامرضا (مترجم)، نشر مرتضوی، ج۱ ، ص۱۵۸.

۱۰. **إِنَّمَا الْمُؤْمِنُونَ إِخْوَةٌ (قرآن الکریم، سوره‌ی حجرات، قسمتی از آیه‌ی ۱۰.)**

مؤمنان برادر یکدیگرند؛ (مکارم شیرازی، ناصر؛ ترجمه‌ی قرآن کریم)

۱۱. **وَ لَئِنْ أَطَعْتُمْ بَشَراً مِثْلَكُمْ إِنَّكُمْ إِذاً لَخاسِرُون (قرآن الکریم، سوره‌ی مؤمنون، آیه‌ی ۳۴.)**

و اگر از بشری همانند خودتان اطاعت کنید، مسلّماً زیانکارید. (مکارم شیرازی، ناصر؛ ترجمه‌ی قرآن کریم)

۱۲. **يا أَيُّهَا الَّذينَ آمَنُوا أَطيعُوا اللَّهَ وَ أَطيعُوا الرَّسُولَ وَ أُولِي الْأَمْرِ مِنْكُم (قرآن الکریم، سوره‌ی نساء، قسمتی از آیه‌ی ۵۹.)**

ای کسانی که ایمان آورده‌اید! اطاعت کنید خدا را! و اطاعت کنید پیامبر خدا و اولو الأمر[اوصیای پیامبر] را. (مکارم شیرازی، ناصر؛ ترجمه‌ی قرآن کریم)

۱۳. **مَنْ يُطِعِ الرَّسُولَ فَقَدْ أَطاعَ اللَّهَ (قرآن الکریم، سوره‌ی نساء، قسمتی از آیه‌ی ۸۰.)**

کسی که از پیامبر اطاعت کند، به تحقیق خدا را اطاعت کرده است. (مکارم شیرازی، ناصر؛ ترجمه‌ی قرآن کریم)

۱۴. إنَّ هذا أخي وَ وَصيِّي و خَليفَتي فيكِم فاستَمِعوا لَه و أطيعوا. (علامه مجلسی، بحار الأنوار الجامعة لدرر أخبار الأئمة الأطهار، تهران، ناشر اسلامیه، ج۳۳، ص۵۹۵.)

پیامبر اکرم(ص) هنگامی که دست روی شانه‌ی علی (ع) گذاشته بود، فرمود: این مرد، برادر و وصی و خلیفه‌ی من در میان شماست، پس سخنانش را شنیده و مطیع او باشید.

۱۵. قالَ إِنَّکَ لَنْ تَسْتَطیعَ مَعِیَ صَبْراً (قرآن الکریم، سوره‌ی کهف، آیه‌ی ۶۷.)

[حضرت خضر (ع) خطاب به حضرت موسی (ع)] گفت: «تو هرگز نمی‌توانی با من شکیبایی کنی! (مکارم شیرازی، ناصر؛ ترجمه‌ی قرآن کریم)

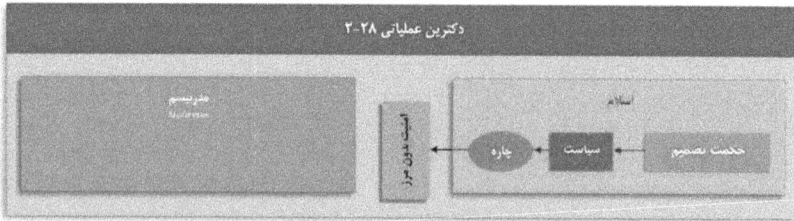

دکترین عملیاتی ۲۸-۲

نقشه‌ی راه ۳-۲-۲-۲۸

اسلام

حکمت تصمیم

واژه‌ی «تصمیم» مصدری است از ریشه‌ی «صمم» عربی، که به‌معنای «عزم» به‌کار می‌رود،[1] و در اصطلاح «تصمیم، پرده‌ای انتزاعی از باورها است، که فرد به آن نزدیک شده و پس از باورمندی، به آن تسلیم، و برای اجرای آن مصمم می‌گردد.» اساس این تعریف بر این موضوع است که انسان با نزدیک شدن به پرده-ای انتزاعی از باورها در ظرفیت ذهن، یا پشته‌ای از تمناهای دل، و یا انباشتی از خواهش‌های نفس، و «بستن» با آن است که «صمیم» چیزی می‌شود.

مکتب سیاست

«سیاست» مفهومی عربی است که «تنبه» را برمی‌تابد، و مکتب سیاست، اصالت «حسن تصمیم و تدبیر، و اجرای آن تصمیم و تدبیر به نحو احسن» است. در این معنا، سیاست مقوله‌ای ذهنی است که سه مرحله دارد: ابتدا تصمیم نیکو، سپس تدبیر مناسب، و در نهایت اجرای آن تصمیم و تدبیر به نحو احسن.

قاعده‌ی چاره

چاره، برخلاف سیاست، امری عینی است نه ذهنی. در واقع، چاره، نوعی انتخاب است، که بسته به شرایط بیرونی اتخاذ می-شود، فلذا کسی که در انتخاب راه تردید دارد، تا هنگامی که راه را انتخاب نکرده است، بی‌چاره است و چاره ندارد.

اما اگر فرد «تصمیم‌ساز» برای فرد «تصمیم‌گیر»، تصمیمی آماده نماید، فرد تصمیم‌گیر «چاره‌مند» می‌شود، در غیر این صورت، شرایط حتماً شخص تصمیم گیر را به تصمیم خواهد رساند و او به ناچار تن به شرایط تحمیل شده، داده است.

قاعده‌ی «چاره» در بخش تصمیم، به تبیین «چیستی» «چرایی» و «چگونگی» تصمیم می‌پردازد، و در بخش اجرا، مشخص می‌کند تصمیم «چه‌گاه»، «چه‌جا» و توسط «چه‌کس» باید محقق گردد.

امنیت

تبیین و تدقیق صحیح و کامل حکمت تصمیم، مکتب سیاست و قاعده‌ی چاره، در طرح‌ریزی حوزه‌ی اقتصاد در جمهوری

۴۹۸

اسلامی ایران امری ضروری است تا «تصمیم‌سازی» و «تصمیم-
گیری» ساماندهی شده و به صورت روش‌مند به‌کار گرفته شوند.

---

۱. مهیار، رضا (مترجم)؛ فرهنگ ابجدی عربی – فارسی؛ ترجمه
المنجدالابجدی، چاپ اول، تهران، نشر اسلامی، ۱۳۷۰، ص ۲۳۴.

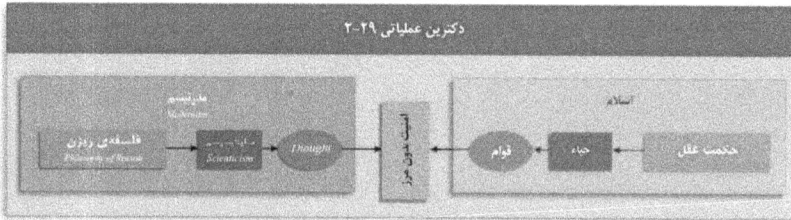

نقشه‌ی راه ۳-۲-۲-۲۹

مدرنیسم

فلسفه‌ی ریزن *Philosophy of Reason*

لغت «*Reason*» انگلیسی از ریشه‌ی لاتینی «*ration*» مشتق شده،[۱] و معادل «*Nous*» در زبان یونانی بوده است. واژه‌ی «*Intellect*» نیز معادل ریزن به‌کار می‌رود. هم‌چنین در زبان فارسی ریزن به «خرد» و «اندیشه»، و در عربی به «فهم» و «تفکر» ترجمه می‌شود،[۲] که به‌هیچ عنوان نمی‌توان این واژه‌ها را معادل هم دانست زیرا برداشت مفهومی از هر واژه در هر زبان منحصر به فرد است، به‌خصوص در مورد واژگانی که مابه‌ازای عینی نیز ندارند.

پرسش از «چیستی ریزن و نوس»، «چرایی آن‌ها» و نسبت‌شناسی میان ریزن و نوس با «*Mind*» در حوزه‌ی اپیستمیولوژی غربی، در فلسفه‌ی ریزن تبیین می‌شود.

ایدئولوژی ساینتیسیسم *Scienticism*

مدرنیسم در حوزه‌ی معرفت‌شناسی، تحقق ریزن بشر را تنها در رقم خوردن «ساینس» و «دانش» برمی‌تابد. به همین دلیل نیز «دانش‌گرایی»[۳] به عنوان گفتمان و ایدئولوژی غالب در دانشگاه‌ها و مراکز علمی غرب پذیرفته شده است.

«ساینتیسیسم» ایدئولوژی اصالت «دانش» و مخصوصاً «علوم طبیعی» در حوزه‌ی شناخت بشری است،[۴] و بیان این تلقی است که «روش‌شناسی علوم طبیعی» نیز برای پژوهش در تمامی عرصه‌های معرفتی کافی است.[5]

دکترین اندیشه *Thought*

واژه‌ی «*Thought*» در انگلیسی قدیمی به صورت «*thencan*» رایج بوده است، و در اصطلاح «کنش و فرآیند فکر کردن» به کار می‌رود.[۶]

فلسفه‌ی ریزن، مبتنی بر ایدئولوژی ساینتیسیسم، دکترین «اندیشه» را رقم می‌زند، زیرا دانش و ساینس به صورت مجموعه‌ای از اندیشه‌ها بروز کرده است که اندیشه‌وران آن‌را به وجود آورده‌اند. دکترین اندیشه، تبیین چیستی، چرایی و چگونگی خردورزی و تحقق قدرت خرد مبتنی بر «فکر» و «اندیشه» است.

اسلام

حکمت عقل

«عقل» واژه‌ای قرآنی است که قرابتی با معادل‌های ترجمه‌ای خود در زبان‌های غربی و حتی فارسی ندارد. «عقل» در لغت به معنی «بازداشتن» و «منع» است، و از این رو به این نام خوانده شده است که شبیه «عقال» شتر است[7] زیرا همان طور که افسار شتر، وی را از بی‌راهه رفتن بازمی‌دارد عقل نیز صاحبش را از جهل و عدول از راه راست بازمی‌دارد.[8]

حکمت عقل، حوزه‌ای از حکمت‌های مضاف است که به تبیین چیستی و چرایی «عقل» و کیستی «عاقل» می‌پردازد، زیرا که انسان به‌واسطه‌ی «عقل» موضع و جایگاه هرچیز را درمی‌یابد.[9]

مکتب حبـاء

حکمت عقل، مکتب «حباء» را برمی‌تابد. «حباء» به‌معنای «کَرم و عطا» است و «عقل» از دیدگاه امام رضا(ع) «حباء» و «عطای» خداوند متعال است، و انسان خود نمی‌تواند با تلاش و کوشش آن‌را کسب نماید، در حالی که «ادب»، به‌دست آوردنی است. فلذا انسان باید تلاش و کوشش خود را معطوف به کسب «ادب» نماید هرچند که این تکلیف همراه با پذیرش رنج و سختی باشد.[10]

قاعده‌ی قوام

«قوام» در لغت به غذایی گفته می‌شود که برای انسان کافی باشد،[11] و در اصطلاح به «بن‌مایه» و «اساس» چیزی اطلاق می‌شود که آن‌را کفایت نماید. حکمت عقل، مبتنی بر مکتب حباء به قاعده‌ی قوام منتج می‌شود، زیرا «قوام» انسان در «عقل» او است.[12]

قاعده‌ی قوام نیز تبیین چیستی، چرایی و چگونگی برتافتن «عقل» به عنوان بن‌مایه‌ی انسان و پایه و اساس دین است.[13]

امنیت

اکنون در جمهوری اسلامی ایران، در حوزه‌های اقتصاد، تعلیم و تربیت، سلامت، علم و حکمت، رسانه، هنر، و ... تأکید بر طرح‌ریزی مبتنی بر فلسفه‌ی ریزن، ایدئولوژی ساینتیسیسم و دکترین اندیشه است، در حالی که طرح‌ریزی مبتنی بر این رویه‌ها هیچ‌گاه قادر به برتابیدن «عقل» و تحقق «عقلانیت» مبتنی بر دیدگاه اسلامی نیست.

---

1. Merriam-Webster's collegiate dictionary, 11th Ed., Massachusetts, U.S.A, Merriam-Webster Incorporated, 2005. (Word: Reason)

۲. صلیبا، جمیل؛ فرهنگ فلسفی، صانعی دره بیدی، منوچهر (مترجم)، چاپ اول، تهران، انتشارات حکمت، ۱۳۶۶، ج ۱، ص ۴۷۲.

3. Scientism or Scienticism

4. Sorell, Tom; Scientism: Philosophy and the infatuation with science, 2nd Ed., London, Routledge, 1994, p.1.

۵. بیات، عبدالرسول و همکاران؛ فرهنگ واژه‌ها، چاپ دوم، قم، انتشارات مؤسسه اندیشه و فرهنگ دینی، ۱۳۸۱، ص ۱۶۵.

6. Merriam-Webster's collegiate dictionary (Word: Thought)

۷. صلیبا، جمیل؛ فرهنگ فلسفی، صانعی دره بیدی، منوچهر (مترجم)، چاپ اول، تهران، انتشارات حکمت، ۱۳۶۶، ج ۱، ص ۴۷۲.

۸. قَالَ رَسُولُ اللَّهِ (ص) إِنَّ الْعَقْلَ عِقَالٌ مِنَ الْجَهْلِ وَ النَّفْسَ مِثْلُ أَخْبَثِ الدَّوَابِّ فَإِنْ لَمْ تُعْقَلْ حَارَت (ابن شعبه حرانی، تحف العقول عن آل الرسول (ص)، چاپ دوم، قم ، نشر جامعه ی مدرسین، ۱۴۰۴ قمری، ص ۴.)
همانا عقل زانوبندی است بر نادانی و نفس [امّاره] مانند پلیدترین جانوران است که اگر پایش بسته نشود، بیراهه می‌رود و سرگردان می‌شود (ابن شعبه حرانی، ترجمه تحف العقول، حسن زاده، صادق (مترجم)، چاپ اول، قم، انتشارات آل علی (ع)، ۱۳۸۲، ص ۲۹.)

۹. وَ قِيلَ لَهُ (ع)صِفْ لَنَا الْعَاقِلَ فَقَالَ: هُوَ الَّذِي يَضَعُ الشَّيْءَ مَوَاضِعَهُ (سید رضی (گردآورنده)، نهج البلاغه، چاپ اول، قم، ناشر هجرت، ۱۴۱۴ ه.ق.، ص ۵۱۰.)
و به امیر المومنین گفتند عاقل را برای ما وصف کن فرمود: عاقل آن بود که هر چیزی را به جای خود نهد. (دشتی، محمد؛ ترجمه ی نهج البلاغه، چاپ اول، قم، ناشر مشهور، ۱۳۷۹، صفحه ۴۰۰)

۱۰. قَالَ الرِّضَا (ع) الْعَقْلُ حِبَاءٌ مِنَ اللَّهِ وَ الْأَدَبُ كُلْفَةٌ فَمَنْ تَكَلَّفَ الْأَدَبَ قَدَرَ عَلَيْهِ وَ مَنْ تَكَلَّفَ الْعَقْلَ لَمْ يَزْدَدْ بِذَلِكَ إِلَّا جَهْلًا (ثقه الاسلام کلینی، محمد؛ الکافی، چاپ دوم، تهران، ناشر اسلامیه، ۱۳۶۲، ج ۱، ص ۳۴.)

عقل موهبت خدا است و ادب با رنج سختی به‌دست آید پس کسی که در کسب ادب زحمت کشد آن را به‌دست آرد و کسی که در کسب عقل رنج برد بر نادانی خویش افزاید. (مصطفوی، سید جواد، اصول کافی، چاپ اول، تهران، ناشر کتابفروشی علمیه اسلامیه، ج ۱، ص ۲۳۴.)

۱۱. مهیار، رضا (مترجم)؛ فرهنگ ابجدی عربی - فارسی؛ ترجمه المنجدالابجدی، چاپ اول، تهران، نشر اسلامی،۱۳۷۰، ص ۱۷۰

۱۲. قَالَ النَّبِیُّ (ص) قِوَامُ الْمَرْءِ عَقْلُهُ وَ لَا دِینَ لِمَنْ لَا عَقْلَ لَه (ابن فتال نیشابوری، محمد حسن؛ روضة الواعظین و بصیرة المتعظین، چاپ اول، قم، انتشارات رضی، بی تا، ص ۴.)

جان‌مایه‌ی مرد عقل اوست و هر کس را که عقل نباشد دین نیست. (محمدی ری شهری، محمد؛ منتخب میزان الحکمه، ترجمه شیخی، حمیدرضا، چاپ دوم، قم، سازمان چاپ و نشر دارالحدیث، ۱۳۸۴، ص ۳۹۱.)

۱۳. قَالَ رَسُولُ اللَّهِ (ص): أَسَاسُ الدِّینِ بُنِیَ عَلَی الْعَقْلِ وَ فُرِضَتِ الْفَرَائِضُ عَلَی الْعَقْلِ وَ رَبُّنَا یُعْرَفُ بِالْعَقْلِ وَ یُتَوَسَّلُ إِلَیْهِ بِالْعَقْلِ وَ الْعَاقِلُ أَقْرَبُ إِلَی رَبِّهِ مِنْ جَمِیعِ الْمُجْتَهِدِینَ بِغَیْرِ عَقْلٍ وَ لَمِثْقَالُ ذَرَّةٍ مِنْ بِرِّ الْعَاقِلِ أَفْضَلُ مِنْ جِهَادِ الْجَاهِلِ أَلْفَ عَام (روضة الواعظین و بصیرة المتعظین، ص ۴.)

پایه دین بر عقل نهاده شده است، و فرایض در صورت داشتن عقل واجب شده است. پروردگارمان با عقل شناخته می‌شود و به وسیله عقل به او توسل می‌جویند، و عاقل به پروردگار خود از همه کوششگران بی‌عقل نزدیکتر است و همانا ذره‌یی از کار پسندیده عاقل برتر از کوشش هزار ساله نادان است (مهدوی دامغانی، محمود؛ ترجمه ی روضة الواعظین، چاپ اول، تهران، نشر نی، ۱۳۶۶، ص ۲۴.)

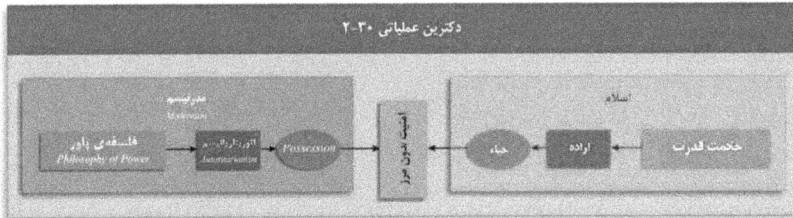

نقشه‌ی راه ۳-۲-۲-۳۰

مدرنیسم

فلسفه‌ی قدرت *Philosophy of Power*

واژه‌ی «*Power*» از ریشه‌ی لاتینی «*Posse*» به معنای «توانستن» مشتق شده،[1] که در فارسی به «قدرت» ترجمه گردیده است و در اصطلاح به «توانایی انسان‌ها در تأثیرگذاری بر حاکمیت و اراده‌ی جمعی و در نهایت تعیین سمت و سوی آن» اطلاق می‌شود.[2]

فلسفه‌ی قدرت، حوزه‌ای از فلسفه‌ی مضاف است که به پرسش از این‌که «قدرت چیست» و «چه‌چیزی قدرت است؟» پاسخ می‌دهد، و آن‌گاه به «چرایی قدرت» می‌پردازد، و در نهایت «منابع» مختلف قدرت را از دیدگاه‌های متفاوت تعریف و تبیین می‌کند.

ایدئولوژی اتوریتاریانیسم *Authoritarianism*

واژه‌ی «*Authority*» به مفهوم «اقتدار» است. «اقتدار» از دیدگاه وبر[3]، به «قدرتی» اطلاق می‌شود که قید مقبولیت در میان مردم را داشته باشد، تا بتواند مورد اطاعت و فرمانبرداری در شرایط مقتضی قرار گیرد. ایدئولوژی اتوریتاریانیسم نیز بیان «اصالت اقتدار در مناسبات حکومتی و اجتماعی بشریت مبتنی بر منابع قدرت» است.

دکترین تصرف *Possession*

فلسفه‌ی قدرت، مبتنی بر مکتب اتوریتاریانیسم به دکترین تصاحب و تصرف می‌انجامد.

بشریت برای دست‌یابی به «قدرت»، و در گام بعد حفظ و بسط آن جهت نیل به «اقتدار» فردی و جمعی خود، به تصاحب و تصرف منابع قدرت مبادرت می‌نماید. دکترین «*Possession*» نیز به چیستی، چرایی و چگونگی تصاحب و تصرف منابع مختلف قدرت می‌پردازد.

اسلام

حکمت قدرت

واژه‌ی «قدرت» از ریشه‌ی عربی «قدر» مشتق شده و معادل «توانستن و توانایی» است،[۴] در قرآن نیز صفت «قدیر» مختص خداوند متعال است زیرا تنها اوست که بر هر امری «توانا» است.[۵] در اسلام، «قدرت» انسان در ذیل «قدرت» و «توانایی» قادر مطلق برتابیده می‌شود.

اگر «قدرت» در مفهوم غربی آن ریشه در «خشونت»، «ثروت» و یا «دانایی» دارد،[۶] قدرت اسلامی بر مبنای «عقل» تعریف و تبیین می‌گردد، فلذا حکمت قدرت، نیز پس از حکمت عقل موضوعیت می‌یابد.

مکتب اراده

مبتنی بر حکمت قدرت، ابتدا «نیت» تبیین می‌گردد و سپس «اراده» برتافته می‌شود. «نیت» نگاه معطوف به مقصد است. برای رسیدن به مقصد، نیرو و انرژی نیاز است. «اراده» به این نیروی محرک و انرژی مورد نیاز برای رسیدن به مقصد اطلاق می‌شود.

اراده به دو جهت معطوف می‌شود، دیدگاه غربی «اراده‌ی معطوف به قدرت» را برمی‌تابد، اما مکتب اراده در اسلام، مبین اصالت «اراده‌ی معطوف به تقوا» است.

قاعده‌ی حیاء

گرچه تصرف و تصاحب نتیجه‌ی طبیعی اراده‌ی معطوف به قدرت در روش‌شناسی مدرنیسم محسوب می‌شود، در اسلام نتیجه‌ی مکتب اراده نیز مانند خود مکتب متفاوت است، زیرا که اراده‌ی معطوف به تقوا منجر به تحقق «حیاء» می‌گردد.

امنیت

بایسته و شایسته است در جمهوری اسلامی ایران، از طرح‌ریزی حوزه‌ی اقتصاد، و سایر حوزه‌های تعلیم و تربیت، علم و حکمت، رسانه و هنر و ... مبتنی بر فلسفه‌ی قدرت، ایدئولوژی اتوریتاریانیسم و دکترین تصرف پرهیز شود، زیرا آن رویه‌ها نه تنها در تضاد با حکمت قدرت، مکتب اراده و قاعده‌ی حیاء هستند، بلکه سبب غفلت جدی از این مبانی اسلامی نیز گردیده‌اند.

---

1. Merriam-Webster's collegiate dictionary, 11th Ed., Massachusetts, U.S.A, Merriam-Webster Incorporated, 2005. (Word: Authority)

۲. رحمان‌زاده دهکردی، حمیدرضا؛ نقد و بررسی کتاب فلسفه‌ی قدرت؛ فصل‌نامه حوزه و دانشگاه؛ بهار ۱۳۸۱، سال هشتم، شماره‌ی ۳۰، ص ۱۴۸.

3. Max Weber (1864-1920)

۴. راغب اصفهانی، حسین بن محمد؛ ترجمه و تحقیق مفردات الفاظ قرآن؛ خسروی حسینی، سیدغلامرضا (مترجم)، نشر مرتضوی، ج ۳، ص ۱۳۷.

۵. یَخْلُقُ اللَّهُ ما یَشاءُ إِنَّ اللَّهَ عَلی کُلِّ شَیْءٍ قَدیرٌ (قرآن الکریم، سوره‌ی نور، قسمتی از آیه‌ی ۴۵.)

خداوند هر چه را بخواهد می‌آفریند، زیرا خدا بر همه چیز تواناست! (مکارم شیرازی، ناصر؛ ترجمه‌ی قرآن کریم)

۶. خشونت بدترین نوع قدرت را به وجود می‌آورد. به عکس، ثروت به‌مراتب ابزار بهتری برای قدرت است. ثروت قدرتی از نوع متوسط به دست می‌دهد. بهترین نوع قدرت، از کاربرد دانایی حاصل می‌شود. (تافلر، الوین؛ جابه‌جایی در قدرت، ترجمه‌ی خوارزمی، شهیندخت؛ چاپ هشتم، تهران، نشر علم، ۱۳۷۹، صفحه‌ی ۳۱)

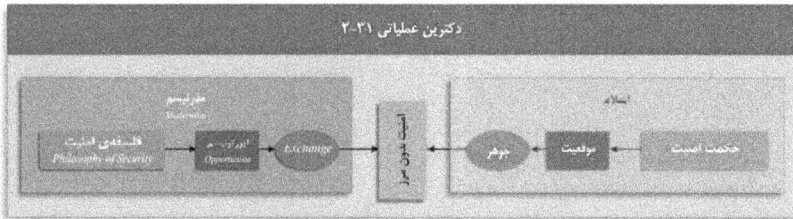

نقشه‌ی راه ۳-۲-۲-۳۱

مدرنیسم

فلسفه‌ی امنیت *Philosophy of Security*

واژه‌ی «*Security*» از ریشه‌ی لاتینی «*Securitas*» مشتق شده،[۱] که در زبان فارسی به «امنیت» ترجمه می‌شود. اگرچه امنیت به «وضعیت نبود تهدید» یا «در معرض خطر نبودن»[۲] اطلاق شده است.، اما فهم آن به صورت «توازن میان تهدید و آسیب در جهت رقم زدن ثبات[۳] و بقا[۴]» صحیح‌تر می‌نماید.

فلسفه‌ی امنیت، حوزه‌ی پرداختن به چیستی و چرایی «امنیت»، و برتافتن «تهدیدها» و «آسیب‌ها» است. «امنیت» در ابتدا مبتنی بر آرای هابز[۵] محدود به مناسبات نظامی و سیاست خارجی بوده است، اما اکنون، توازن میان تهدید و آسیب را در تمامی منابع قدرت شامل می‌گردد،[۶] و از این رو فلسفه‌ی امنیت متأثر از فلسفه‌ی قدرت تبیین می‌شود، البته با آن یکی نیست، زیرا که میدان کنش قدرت با میدان کنش امنیتی متفاوت است.

ایدئولوژی اپورتونیسم *Opportunism*

فلسفه‌ی امنیت، ایدئولوژی‌های متفاوتی را در برگرفته است، که در غرب سه دیدگاه «اصالت تهدید»، «اصالت آسیب» و «اصالت فرصت» به صورت عمده مطرح هستند.

در بین این مکاتب نیز مکتب «اصالت‌فرصت»، یا «اپورتونیسم» به صورت غالب مبنای طرح‌ریزی قرار گرفته است، و مبتنی بر آن ایدئولوژی است که در گام نخست باید تهدیدات یک سیستم را برآورد کرد و سپس آن‌ها را تبدیل به «فرصت» نمود.

دکترین اکسچنج *Exchange*

فلسفه‌ی امنیت، مبتنی بر مکتب اپورتونیسم به دکترین «اکسچنج» منتج می‌شود، زیرا بشر مدرنیست از یک‌سو با «تبدیل تهدید به فرصت»، تهدیدهای فردی و اجتماعی خود را در تمام حوزه‌های امنیتی به سود خود مبدل می‌سازد، و از سوی دیگر برای برای رقم زدن ثبات و بقای فردی و جمعی پیوسته به «مبادله» و «تبادل» منافع با شرکا، رقبا، حریف‌ها و حتی دشمنان می‌پردازد. از این حیث بشر مدرنیست، «امنیت» خود را به مثابه‌ی کالایی، «سوداگری» می‌کند.

اسلام

حکمت امنیت

گرچه واژه‌ی «امنیت» از ریشه‌ی عربی «أمن»، در روش‌شناسی حوزه‌ی سلامت، به‌صورت «توازن میان تهدید و آسیب در جهت رقم زدن ثبات و بقا» کاربرد دارد، اما باید در نظر داشت که این واژه استعداد مفهومی بسیار بیشتری نسبت به «سکوریتی» دارد، زیرا علاوه بر «ایمن» و «امان» با لغت «ایمان» نیز هم‌ریشه است.[۷]

تبیین چیستی و چرایی امنیت، در دیدگاه اسلامی، در حوزه‌ی حکمت امنیت و مبتنی بر حکمت قدرت رقم می‌خورد.

مکتب موقعیت

نوع خاص نگاه به مقوله‌ی امنیت در اسلام و ایران، سبب شکل‌گیری مکتب «اصالت موقعیت»[۸] به‌عنوان ایدئولوژی غالب گردیده است. مبتنی بر این مکتب، هرگاه تهدیدی بیرونی صورت گرفته، و سبب فشار بر نقاط ضعف نظام، و ایجاد آسیب گردد، اراده‌ی نظام بر واکنش علیه تهدید، به صورت افزایش نقاط قوت و توانایی نظام خواهد بود تا تهدید را در خود هضم نماید.

قاعده‌ی جوهر

قاعده‌ی «جوهر» تمثیلی از برخورد صدف، به عنوان نرم‌تن، با تهدیدات بیرونی خود است که با ترشح از «جوهر» خود، جسم خارجی را تبدیل به «گوهر» می‌نماید، و ارزش خود را چندین برابر می‌نماید. از این رو است که حکمت امنیت، مبتنی بر مکتب موقعیت، قاعده‌ی جوهر را برمی‌تابد، زیرا تا تهدیدات بیرونی نباشد، انسان در پی افزایش توانایی و قوت‌های خود برنمی‌آید و در صدف خود گوهری را نمی‌پروارند.

امنیت

بایسته و شایسته است در جمهوری اسلامی ایران، با شناخت همه‌جانبه مقوله‌ی امنیت چه در رویه‌های مدرنیستی و چه در رویه‌های اسلامی آن به طرح‌ریزی حوزه‌ی اقتصاد، و سایر حوزه‌های تعلیم و تربیت، علم و حکمت، رسانه و هنر و ... پرداخت، تا علاوه بر استفاده از مکتب اصالت موقعیت به عنوان مدل انحصاری دینی و ملی از سایر تجربیات بشری نیز بهره جست.

---

1. Online etymology dictionary (www.etymonline.com)

۲. میرعرب، مهرداد؛ نیم نگاهی به مفهوم امنیت، فصل‌نامه علوم سیاسی، تابستان ۱۳۷۹، دوره سوم، شماره یک، شماره پیاپی ۹، ص ۸.

3. Stability

4. Survival

5. Thomas Hobbes (1588-1679)

۶. ابراهیمی، شهروز؛ تحول مفهوم امنیت: از امنیت ملی تا امنیت جهانی؛ فصل‌نامه‌ی سیاست دفاعی، تابستان ۱۳۷۹، شماره‌ی سی و یک، صص ۱۱۸-۱۲۲.

۷. مهیار، رضا (مترجم)؛ فرهنگ ابجدی عربی - فارسی؛ ترجمه‌ی المنجدالابجدی، چاپ اول، تهران، نشر اسلامی، ۱۳۷۰، صص ۳، ۱۲۷و ۱۳۴.

8. Occasionalism

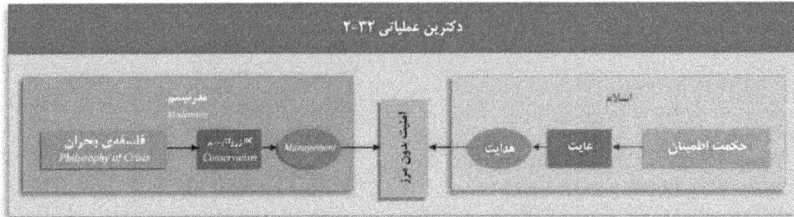

دکترین عملیاتی ۳۲-۲

نقشه‌ی راه ۳-۲-۲-۳۲

مدرنیسم

فلسفه‌ی بحران *Philosophy of Crisis*

«*Crisis*» از ریشه‌ی یونـانی «*krinein*» بـه معنـای «تصـمیم گرفتن» مشتق شده،[1] و در زبان فارسی معـادل «بحـران» ترجمـه گردیده است. مبتنی بر دیدگاه هگل، هرگـاه بـرای یـک پرسـش جدید، پاسخی کهنه ارائه شود، «بحران» پدید می‌آید. بـه عبـارت دیگر، بروز نیاز یا پرسش جدید سبب می‌شود سیستم بـه دنبـال پاسخ‌گویی به مسئله برآید، حال اگر پاسخ جدیدی پیدا نشـود و یا پاسخ جدید، نامتناسب با پرسش پیش آمده باشـد، سیسـتم از تعادل خارج شده و «بحران» آغاز می‌گردد.

فلسفه‌ی بحران از یک‌سو به تبیین چیسـتی و چرایـی «بحـران» و «وخامت» می‌پـردازد، و از سـوی دیگـر «*Critique*» و «انتقـاد» را صورت می‌دهد، تا از به‌وجود آمدن وضـعیت بحرانـی جلـوگیری نماید.

ایدئولوژی کانزرواتیویسم *Conservativism*

در دیـدگاه «کانزرواتیسـم» وضـع موجـود در هـر سیسـتمی مطلوب تلقی می‌شود، و سیر انتروپی[2] محیط به عنوان عامل بروز بحران سبب پیدایش وضـع نـامطلوب خواهـد شـد. ایـدئولوژی کانزرواتیسم بیان‌گر اصـالت «مطلـوب بـودن وضـع موجـود» و درنتیجه «حفظ وضع موجود» است.

دکترین مدیریت *Management*

فلسفه‌ی بحران، مبتنی بر ایدئولوژی کانزرواتیویسم، دکترین مدیریت را برمی‌تابد، زیرا در «مدیریت» تلاش می‌شود بحران زدوده گردیده و وضع پیشینی مجدداً رقم بخورد. از این حیث دکترین مدیریت، چیستی، چرایی و چگونگی «اداره‌ی وضع بحرانی» را به هدف ایجاد وضعیت کم‌تر بحرانی، و در نهایت تحقق وضع مطلوب قبلی تبیین و تدقیق می‌نماید.

اسلام

حکمت اطمینان

واژه‌ی «اطمینان» از ریشه‌ی عربی «طمن» مشتق شده و معادل «آرامش و آسودگی» به کار می‌رود،[3] البته آرامش و آسودگی که پس از اضطراب و بی‌تابی حاصل شده باشد،[4] مانند آن‌چه در قرآن در مورد قلوب مؤمنین حاضر در جنگ بدر ذکر شده است.[5]

حکمت اطمینان، پس از حکمت امنیت موضوعیت می‌یابد، و به تبیین چیستی و چرایی «آرامش» و «آسودگی» همراه با «امنیت» و «ایمان» می‌پردازد.[6]

مکتب غایت

آن‌چه در اسلام مطمع نظر است حفظ وضع موجود نیست، بلکه اصالت «غایت‌انگاری» انسان است. به عبارت دیگر، انسان در زیر چتر آرامش و اطمینانی که دارد موظف به برتافتن و تحقق نهایت و غایت انسانی خویش است.

قاعده‌ی هدایت

مبتنی بر مکتب غایت، انسان هیچ‌گاه نباید در پی بازگشت به مرحله‌ی پیشینی خود باشد، زیرا وضع موجود وضع مطلوب نبوده، فلذا انسان همواره باید سعی نماید وضع موجود خود را نفی نموده و به وضع مطلوبی که امکان بالقوه‌ی آن‌را دارد، دست یازد. رشد انسان نیز در گرو نیل به وضع مطلوب آینده است، نه بازگشت به وضع پیشینی و یا ماندن در حفظ موجود.

قاعده‌ی هدایت، سرآغاز حرکت انسان، نظام و جامعه به سمت وضع نهایی مطلوب است، که اساس آن بر «راه‌نمایی و هدایت انسان‌ها» است و نه «اداره‌ی ایشان».

امنیت

گرچه طرح‌ریزی در حوزه‌ی روش‌شناسی اقتصاد، در جمهوری اسلامی ایران، مبتنی بر فلسفه‌ی بحران، ایدئولوژی کانزرواتیویسم و دکترین مدیریت صورت می‌گیرد، مع‌هذا تقابل این رویه‌ها با رویه‌های اسلامی حکمت اطمینان، مکتب غایت و قاعده‌ی هدایت بر کسی پوشیده نیست، فلذا بایسته و شایسته است در اصول و مبانی طرح‌ریزی این حوزه و سایر حوزه‌ها بازنگری جدی صورت پذیرد تا نهایت و غایت انسان نیز محقق گردد.

---

1. Merriam-Webster's collegiate dictionary, 11th Ed., Massachusetts, U.S.A, Merriam-Webster Incorporated, 2005. (Word: Crisis)
2. Entropy: a process of degradation or running down or a trend to disorder (Merriam-Webster's Collegiate Dictionary)

۳. مهیار، رضا (مترجم)؛ فرهنگ ابجدی عربی - فارسی؛ ترجمه المنجدالابجدی، چاپ اول، تهران، نشر اسلامی، ۱۳۷۰، ص ۹۰.

۴. راغب اصفهانی، حسین بن محمد؛ ترجمه و تحقیق مفردات الفاظ قرآن؛ خسروی حسینی، سیدغلامرضا (مترجم)، نشر مرتضوی، ج۲ ، ص ۵۰۰.

۵. وَ ما جَعَلَهُ اللَّهُ إِلاَّ بُشْری وَ لِتَطْمَئِنَّ بِهِ قُلُوبُكُمْ (قرآن الکریم، سوره‌ی انفال، قسمتی از آیه‌ی ۱۰.)

ولی خداوند، این را تنها برای شادی و اطمینان قلب شما قرار داد؛ (مکارم شیرازی، ناصر؛ ترجمه‌ی قرآن کریم.)

۶. الَّذینَ آمَنُوا وَ تَطْمَئِنُّ قُلُوبُهُمْ بِذِكْرِ اللَّهِ أَلا بِذِكْرِ اللَّهِ تَطْمَئِنُّ الْقُلُوبُ (قرآن الکریم، سوره‌ی رعد، آیه‌ی ۲۸.)

آنها کسانی هستند که ایمان آورده‌اند، و قلب‌هایشان به یاد خدا مطمئن(و آرام) است؛ آگاه باشید، تنها با یاد خدا قلب‌ها آرامش می‌یابد! (مکارم شیرازی، ناصر؛ ترجمه‌ی قرآن کریم.)

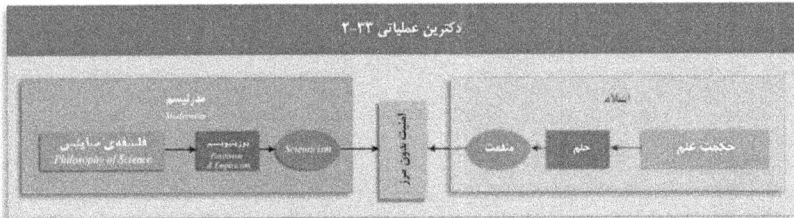

نقشه‌ی راه ۳-۲-۲-۳۳

مدرنیسم

فلسفه‌ی دانش *Philosophy of Science*

واژه‌ی «*Science*» از ریشه‌ی لاتینی «*sciens*» به‌معنای «دانستن» مشتق شده،[1] و در فارسی به «دانش» ترجمه گردیده است. فلسفه‌ی ساینس حوزه‌ای از فلسفه‌های مضاف است که به تبیین «چیستی دانش»، و «معرفت‌شناسی مبتنی بر دانش» و «چرایی آن» می‌پردازد. هم‌چنین پرسش از این‌که «چه‌چیزی ساینس است» و «چه‌چیزی ساینس نیست» و معیارهای سنجش آن و تبیین پارادایم‌های دانش نیز از محورهای اساسی این فلسفه‌ی مضاف محسوب می‌شود.

فلسفه‌ی ساینس در غرب به ایدئولوژی‌های متفاوتی منتج شده است:

۱. دیدگاه ابزارگرایی *Instrumentalism* : در این دیدگاه «ابزارها» مبنای قیاس نظریه‌ها و قوانین عمدتاً طبیعی هستند.[2]

۲. دیدگاه تجربه‌گرایی *Empiricism* : مبتنی بر این دیدگاه دانش تنها برپایه‌ی «تجربه» شکل می‌گیرد و معرفت بشری نمی‌تواند از مرزهای «تجربه‌ی حسی» فراتر رود.[3]

۳. دیدگاه اثبات‌گرایی *Positivism* : این دیدگاه بیان‌گر اصالت «اثبات» فرضیه‌ها برمبنای تجربه‌های حسی و روش ریاضی منطقی است.[4]

۴. دیدگاه نسبیت‌گرایی *Relativism* : مبتنی بر این دیدگاه تنها راه دست‌یابی به معرفت، تجارب شخصی افراد است، فلذا تفاوت بنیادین پارادایم‌ها در میان فرهنگ‌ها، ادوار و جوامع گوناگون سبب شده است همه چیز «نسبی» باشد.[5]

۵. دیدگاه ابطال‌گرایی *Falsificationism* : در این دیدگاه اثبات «کذب بودن» حدس‌هایی[6] که برگرفته از نظریه‌ها هستند به‌وسیله‌ی آزمون‌های تجربی اصالت دانش را شکل می‌دهد.[7]

ایدئولوژی پوزیتیویسم و امپریسیسم

Positivism & Empiricism

معرفت بشری برمبنای ایدئولوژی پوزیتیویسم و امپریسیسم تنها مبتنی بر «حس» و «تجربه» موضوعیت می‌یابد، فلذا آن‌چه که به‌واسطه‌ی حواس و داده‌های حسی «اثبات» نشود نه‌تنها علم نیست بلکه مهمل و بی‌معنا تلقی می‌شود. در نهایت نیز در قرن بیستم میلادی ایدئولوژی «نئوپوزیتیویسم»[8] در ادامه‌ی مکتب

پوزیتیویسم، حتی از برتافتن گزاره‌های «متافیزیکی» سـرباز مـی-زند.

دکترین ساینتیسیسم *Scienticism*

نهایت پوزیتیویسم و امپریسیسم به دکترین ساینتیسیسم منـتج می‌شود، مبتنی بر این دکترین، چیستی ساینس تنهـا در حـوزه‌ی «علوم طبیعی» برتافته شده و «روش‌شناسـی علـوم طبیعـی» نیـز چگونگی پژوهش در تمامی حوزه‌های معرفتی بشر را مشـخص می‌سازد.

اسلام

حکمت علم

اگرچه «ساینس» در زبان عربی به «علم» ترجمه شده است، لیکن ساینس غربی با لغت «علم» قرآنی، تفاوت مفهومی عمیقی دارد. پرداختن به «معرفت فطری» در کنار معرفت طبیعی، فرهنگی و تحصلی و شناخت خردگرا نیز ریشه در این تفاوت بنیادین دارد. از این رو حکمت علم، تنها به علوم طبیعی نمی‌پردازد، بلکه چیستی و چرایی «علوم شرعی»، «علوم طریقی» و «علوم حقیقی» را نیز تبیین می‌کند.

مکتب حلم

حکمت علم در اسلام، مکتب حلم را برمی‌تابد، زیرا که «عالم» تنها در صورتی به مقام «علم» نائل می‌شود که «حلیم» یعنی «شکیبا» و «بردبار» باشد.[۹]

قاعده‌ی منفعت

حکمت علم، مبتنی بر مکتب حلم به قاعده‌ی «منفعت» منتج می‌شود، زیرا تنها علمی شایسته و بایسته یادگیری و پذیرش رنج و سختی در طلب آن است که «نفع» و «سودی» برای انسان داشته باشد.[۱۰] در غیر این‌صورت نه تنها این علم شایستگی کسب ندارد، بلکه باید از ضرر آن نیز به خداوند متعال تعویذ نمود.[۱۱]

امنیت

اکنون در جمهوری اسلامی ایران، در طرح‌ریزی حوزه‌ی اقتصاد، رویه‌های مدرنیستی فلسفه‌ی ساینس، ایدئولوژی پوزیتیویسم و امپریسیسم و دکترین ساینتیسیسم حاکم است، در حالی که تعارض و تقابل «ساینس» غربی با «علم» اسلامی چه در سطح حکمت و فلسفه و چه در سطح مکاتب و دکترین‌ها آشکار و هویدا است، فلذا تبیین و تدقیق جایگاه حقیقی حکمت علم، مکتب حلم و قاعده‌ی منفعت امری محتوم و ضروری است.

---

1. Merriam-Webster's collegiate dictionary, 11th Ed., Massachusetts, U.S.A, Merriam-Webster Incorporated, 2005. (Word: Science)

۲. هاریسون باربت، آنتونی؛ فلسفه علم، حقی، سید علی(مترجم)، فصل‌نامه دانشکده الهیات و معارف اسلامی دانشگاه مشهد، پاییز و زمستان ۱۳۷۷، شماره ۴۱ و ۴۱، ص ۱۴۶.

۳. بیات، عبدالرسول و همکاران؛ فرهنگ واژه‌ها، چاپ دوم، قم، انتشارات مؤسسه‌ی اندیشه و فرهنگ دینی، ۱۳۸۱، ص ۱۶۵.

۴. فرهنگ واژه‌ها، صص ۱۷۶ و ۱۷۷.

۵. موسوی کریمی، میر سعید؛ عقلانیت، معرفت علمی و فلسفه علم تامس کوهن، فصل‌نامه ذهن، تابستان ۱۳۸۰، شماره ۱۰، ص ۶۳.

6. conjecture

۷. وابرتن، نیگل؛ درآمدی به فلسفه علم، حقی، سید علی(مترجم)، فصلنامه دانشکده الهیات و معارف اسلامی دانشگاه مشهد، پاییز و زمستان ۱۳۷۶ شماره ۳۷ و ۳۸ ص ۲۰۶.

8. Neopositivism or Logical Positivism or Logical Empiricism

۹. الإمام علی (ع): لَا عِلْمَ لِمَنْ لَا حِلْمَ لَه (تمیمی آمدی، عبد الواحد؛ تصنیف غرر الحکم و درر الکلم، چاپ اول، قم، نشر دفتر تبلیغات، ۱۳۶۶، ص ۳۸۶.)

نیست علمی از برای کسی که نباشد حلمی از برای او. (خوانساری، آقا جمال الدین، شرح آقا جمال الدین خوانساری بر غرر الحکم، چاپ اول، تهران، ناشر دانشگاه تهران، ۱۳۶۶، ج ۱، ص ۴۰۳.)

۱۰. الامام علی (ع): فَإِنَّ خَيْرَ الْقَوْلِ مَا نَفَعَ وَ اعْلَمْ أَنَّهُ لَا خَيْرَ فِي عِلْمٍ لَا يَنْفَعُ وَ لَا يُنْتَفَعُ بِعِلْمٍ لَا يَحِقُّ تَعَلُّمُه (سید رضی (گردآورنده)، نهج البلاغه، چاپ اول، قم، ناشر هجرت، ۱۴۱۴ ه.ق.، ص ۳۹۳.)

بهترین سخن آن است که سودمند باشد، بدان علمی که سودمند نباشد، فایده‌ای نخواهد داشت، و دانشی که سزاوار یاد گیری نیست سودی

ندارد. (دشتی، محمد؛ ترجمه‌ی نهج البلاغه، چاپ اول، قم، ناشر مشهور،
۱۳۷۹، ص ۵۳۱)

۱۱. الرسول الأکرم (ص) اللّهم إنّی أعوذبک من علم لا ینفع، و قلب لا
یخشع. (خرمشاهی، بهاءالدین. و انصاری مسعود؛ پیام پیامبر، چاپ اول،
تهران، نشر منفرد، ۱۳۷۶، ص ۷۳۰)

بهترین سخن آن است که سودمند باشد، بدان علمی که سودمند نباشد،
فایده‌ای نخواهد داشت، و دانشی که سزاوار یاد گیری نیست سودی
ندارد. (دشتی، محمد؛ ترجمه‌ی نهج البلاغه، چاپ اول، قم، ناشر
مشهور، ۱۳۷۹، ص ۵۳۱)

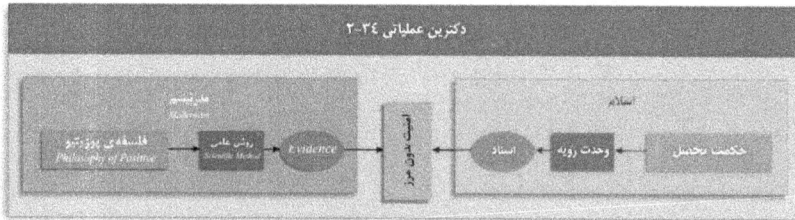

دکترین عملیاتی ۳۴-۲

مدرنیسم
Modernism

فلسفه‌ی پوزیتیو
Philosophy of Positive

روش علمی
Scientific Method

Evidence

اسناد

وحدت رویه

خدمت بخانی

نقشه‌ی راه ۳-۲-۲-۳۴

مدرنیسم

فلسفه‌ی پوزیتیو   Philosophy of Positive

لغت «Positive» از ریشه‌ی لاتینی «positivus» مشتق شده،[1] و مفهومی مدرن است که توسط آگوست کنت[2] وضع گردیده است.[3] «پزیتیو» در عربی به «مثبت» در مقابل منفی، و به «محصّل» و «واقعی» در مقابل خیالی ترجمه شده است،[4] و در اصطلاح «اثبات» و «تحصل» به کار می‌رود.

پرسش از «چیستی تحصل» و «چرایی آن»، اینکه چه‌چیز را می‌توان تحصل نمود و در نهایت اینکه چگونه باید چیزی «اثبات» شود، در حوزه‌ی فلسفه‌ی پزیتیو می‌گنجد. فلسفه‌ی پزیتیو تنها حوزه‌ای از فلسفه‌ی علم نیست، بلکه تمامی حوزه‌های معرفت‌شناسی، هستی‌شناسی، انسان‌شناسی و خداشناسی را نیز تحت تأثیر قرار داده است.

ایدئولوژی روش علمی   Scientific Method

ایدئولوژی «روش علمی» برمبنای اصل «اثبات‌پذیری»[5] در پی تحقق «معناداری» است. به موجب این اصل پیش از بررسی

درباره‌ی صدق یک گزاره باید از «معناداری» آن پرسش نمود، و گزاره‌های معنادار صرفاً گزاره‌هایی هستند که یا مانند گزاره‌های منطق و ریاضی صوری و تحلیلی باشند ویا به‌طور تجربی تحقیق‌پذیر.[6]

ایدئولوژی روش علمی، از این‌رو اصول و رویه‌هایی را شامل می‌شود که به‌طور سیستماتیک به فهم و فرموله کردن مشکل بپردازند، سپس داده‌ها و دیتاها را از طریق مشاهده و تجربه جمع‌آوری کرده، و در نهایت فرضیات را فرموله و تست کنند.[7]

دکترین اویدنس   Evidence

فلسفه‌ی پوزیتیو مبتنی بر ایدئولوژی روش علمی، به دکترین اویدنس منتج می‌شود. «Evidence» در فارسی معادل «گواه» و «مدرک» است، اما در اصطلاح به چیزی که مبتنی بر ساینتیفیک متد «معنادار» است اطلاق می‌شود.[8]

دکترین اویدنس تبیین چیستی، چرایی و چگونگی «اثبات» و «تحصل» گزاره‌های معرفتی از طریق «مدارک» و «مستدلات» معنادار است.

اسلام

حکمت تحصل

«تحصّل» واژه‌ای عربی است از ریشه‌ی «حصل» که به معنای «ثابت کردن» است، «تحصیل» نیز از همان ریشه و به‌معنای «کسب کردن» و «به‌دست آوردن» است.[9]

حکمت تحصل، حوزه‌ای از حکمت‌های مضاف است که به تبیین این‌که «تحصل چیست»، «چرا باید تحصل نمود»، «چه‌چیزی قابل تحصل است» و «چه‌چیزی بایستگی و شایستگی تحصل را دارد» می‌پردازد. این حکمت پس از حکمت علم موضوعیت می‌یابد، اما برخلاف فلسفه‌ی پزیتیو که متافیزیک و ترانس‌فیزیک را یک‌سره وهم و خیال در نظر می‌گیرد، تحصل را تنها محدود به علوم طبیعی و حوزه‌ی حس و تجربه نمی‌داند.

مکتب وحدت رویه

مکتب «وحدت رویه» در اسلام نیز در ذیل حکمت تحصل برتافته می‌شود، این مکتب، بیان اصالت «وحدت رویه» در علوم است، اما تنها به گفتمان عام و گفتمان خاص مبتنی بر دیدمان، شنیدمان و پارادایم طبیعی تقلیل نمی‌یابد بلکه گفتمان شرعی، گفتمان طریقی و گفتمان حقیقی را نیز در برگرفته، و برای هریک به طور مجزا به تبیین و تدقیق «وحدت رویه» می‌پردازد.

قاعده‌ی اسناد

«مسند» از ریشه‌ی «سند»، به «تکیه‌گاه» و «آن‌چه قابل اعتماد» است گفته می‌شود،[10] «اسناد» نیز در حکمت تحصل قاعده‌ی تبیین چیستی، چرایی و چگونگی «استناد» به آن‌چه «مسند» و «مستند» است، اطلاق می‌شود.

امنیت

اکنون در جمهوری اسلامی ایران، در حوزه‌های اقتصاد، تعلیم و تربیت، سلامت، علم و حکمت، رسانه، هنر، و ... تأکید بر طرح‌ریزی مبتنی بر فلسفه‌ی پوزیتیو، ایدئولوژی ساینتفیک متد و دکترین اویدنس است، در حالی که طرح‌ریزی مبتنی بر این رویه‌ها قادر به برتابیدن متافیزیک و ترانس‌فیزیک و در نتیجه تحقق گفتمان شرعی، طریقی و حقیقی نیست. فلذا تبیین صحیح و دقیق حکمت تحصل، مکتب وحدت رویه و قاعده‌ی اسناد مطمع نظر است.

---

1. Merriam-Webster's collegiate dictionary, 11th Ed., Massachusetts, U.S.A, Merriam-Webster Incorporated, 2005. (Word: Reason)
2. Auguste Comte (1798–1857)
3. Birx, H. James (Editor); Encyclopedia of Time: Science, Philosophy, Theology, & Culture, USA, Sage Publications, 2009, Vol. 1, p.207.

۴. بیات، عبدالرسول و همکاران؛ فرهنگ واژه‌ها، چاپ دوم، قم، انتشارات مؤسسه اندیشه و فرهنگ دینی، ۱۳۸۱، ص ۱۶۴.

5. Verification

۶. فرهنگ واژه‌ها، ۱۳۸۱، ص ۱۶۹.

7. Merriam-Webster's collegiate dictionary (Phrase: Scientific Method)
8. Craig, Edward (Editor in Chief); The Shorter Routledge Encyclopedia of Philosophy, 1st Ed., New York, Routledge Publication, 2005, p.643.

۹. مهیار، رضا (مترجم)؛ فرهنگ ابجدی عربی - فارسی؛ ترجمه المنجدالابجدی، چاپ اول، تهران، نشر اسلامی، ۱۳۷۰، ص ۲۱۳.

۱۰. فرهنگ ابجدی عربی - فارسی؛ ص ۸۳۱

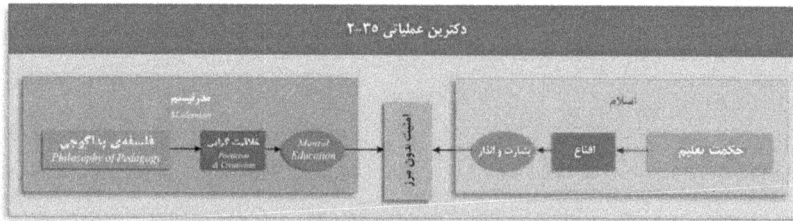

نقشه‌ی راه ۳-۲-۲-۳۵

مدرنیسم

فلسفه‌ی پداگوجی *Philosophy of Pedagogy*

لغت «*Pedagogy*» از ریشه‌ی یونانی «*paidagogos*» مشتق شده که مابه‌ازای «*teacher*» به کار می‌رود؛[1] و به دانش، هنر و فن معلمی اطلاق می‌شود.[2]

فلسفه‌ی پداگوجی به پرسش از چیستی و چرایی تعلیم، به موازات چیستی «معلم» می‌پردازد و از این رو حوزه‌ی «تعلیم» و تربیت را با محوریت تعلیم‌دهنده و معلم تبیین می‌کند؛ فلذا این فلسفه‌ی مضاف مکمل فلسفه‌ی اجوکیشن محسوب می‌شود.

ایدئولوژی خلاقیت و نوآوری *Poeticism & Creativism*

ایدئولوژی «کریتیویسم» سنگ‌بنای پداگوجی غربی است.

«*Creative*» صفتی است از فعل «*Create*» به‌معنای «خلق کردن و آفریدن»، و به شخصی اطلاق می‌شود که توانایی «خلق کردن و آفریدن» را داشته باشد، و به این توانایی و قوه‌ی خلقت و آفریدن «*Creativity*» اطلاق می‌شود.[3] «*Creativism*» ایدئولوژی است که بیان‌گر اصالت تعلیم «خلاقیت» در آفرینش پدیده‌های جدید و خلق راه‌حل‌های نو برای مسائل و مشکلات فراروی تعلیم‌گیرنده و متعلم است. «*Poetic*» نیز «نوآوری و ابداع» است همراه با خلاقیت هنری.

خلاقیت در حوزه‌ی اجوکیشن به صورت یک فرآیند ذهنی نیز تعریف می‌شود که مرکب از توانایی ابتکار و انعطاف‌پذیری باشد، و سطوح مختلفی شامل خلاقیت بیانی،[4] تولیدی،[5] ابداعی،[6] اختراعی[7] و ظهوری[8] را در برگرفته، و شرایط و روش‌های مختلفی آن را ایجاد کنند.[9]

دکترین منتال اجوکیشن *Mental Education*

فلسفه‌ی پداگوجی، مبتنی بر ایدئولوژی کریتیویسم به دکترین «منتال اجوکیشن» منتج می‌شود، «منتال اجوکیشن» تعبیری است از تعلیم و تربیت بشر در حوزه‌ی «ذهن» و ارتقای «قوای ذهنی» ایشان، که در مقابل «فیزیکال اجوکیشن» به‌معنای پرورش «قوای جسمی» بشر در ورزش رقم می‌خورد،

دکترین منتال اجوکیشن، تبیین چیستی، چرایی و چگونگی ارتقای سطح تفکر، و قوای ذهن بشر به‌وسیله‌ی نظام پداگوجی است.

اسلام

حکمت تعلیم

«تعلیم» واژه‌ای عربی است از ریشه‌ی «علم» که در زبان عربی به معنای «آموزش دادن» معارف و علوم مختلف به کار می‌رود.[۱۰] «تعلیم» در قرآن نیز با مصادیق فراوانی به‌کار رفته است؛ تعلیم «کل اسم‌ها» به آدم،[۱۱] تعلیم «آن‌چه انسان نمی‌دانست»،[۱۲] «تعلیم قرآن»[۱۳] و ... که همه مصداق‌های «تعلیم» خداوند متعال به انسان است، هم‌چنین تعلیم «کتاب و حکمت»،[۱۴] که مصداق «معلمی» انبیاء است.

حکمت تعلیم، در اسلام در برابر فلسفه‌ی پداگوجی، به تبیین چیستی و چرایی «تعلیم» و علم‌آموزی می‌پردازد، و در جست‌وجوی پاسخ به پرسش از کیستی «معلم» برمی‌آید.

مکتب اقناع

مکتب «اقناع»، بیان اصالت «قانع کردن» انسان‌ها در حوزه‌ی تعلیم است. «اقناع» ذهن‌ها در حوزه‌ی خواص جامعه موضوعیت دارد در مقابل «ارضاء» قلب‌ها که در حوزه‌ی عوام جامعه برتافته می‌شود.

قاعده‌ی بشارت و انذار

«بشارت» یعنی «مژده و خبر خوش‌حال کننده»[۱۵] که سبب می‌شود انسان به سوی چیزی سوق داده شود، و «انذار» یعنی «اخطار و توجه» که سبب می‌گردد انسان از چیزی برحذر بماند.[۱۶]

همان‌طور که «بشارت و انذار» پیامبران برای اثرگذاری تعالیم آن‌ها نقش عمده‌ای داشته است، حکمت تعلیم، نیز قاعده‌ی بشارت و انذار را در حوزه‌ی تعلیم و تربیت انسان‌ها برمی‌تابد.

امنیت

اکنون در جمهوری اسلامی ایران، در حوزه‌های اقتصاد، تعلیم و تربیت، سلامت، علم و حکمت، رسانه، هنر، و ... تأکید بر طرح‌ریزی مبتنی بر فلسفه‌ی پداگوجی، ایدئولوژی خلاقیت و دکترین منتال اجوکیشن است، در حالی که طرح‌ریزی مبتنی بر این رویه‌ها به تبع حکمت تعلیم، مکتب اقناع و قاعده‌ی بشارت وانذار، «تعلیم و تعلم» حقیقی انسان را برآورده می‌کند.

---

1. Online Etymology Dictionary (Word: Pedagogy) http://www.etymonline.com/
2. Merriam-Webster's collegiate dictionary, 11th Ed., Massachusetts, U.S.A, Merriam-Webster Incorporated, 2005. (Word: Pedagogy)
3. Merriam-Webster's collegiate dictionary,(Words: Create, Creative, Creativity)
4. Expressive
5. Productive
6. Innovative
7. Inventive
8. Emergentive

۹. باباپور خیرالدین، جلیل؛ **خلاقیت، توصیف، محدودیت‌ها و روش‌های ایجاد خلاقیت**، ماه‌نامه‌ی پیوند، آبان ۱۳۷۸، شماره ۲۴۱، صص ۳۷و ۳۸.

۱۰. مهیار، رضا (مترجم)؛ فرهنگ ابجدی عربی - فارسی؛ ترجمه المنجدالابجدی، چاپ اول، تهران، نشر اسلامی، ۱۳۷۰، ص ۲۴۰.

۱۱. وَ عَلَّمَ آدَمَ الْأَسْماءَ كُلَّها (قرآن الکریم، سوره‌ی بقره، قسمتی از آیه‌ی ۳۱).

سپس علم اسماء را همگی به آدم آموخت. (مکارم شیرازی، ناصر؛ ترجمه‌ی قرآن کریم)

۱۲. وَ عُلِّمْتُمْ ما لَمْ تَعْلَمُوا أَنْتُمْ وَ لا آباؤُكُمْ قُلِ اللَّه (قرآن الکریم، سوره‌ی أنعام، قسمتی از آیه‌ی ۹۱).

و مطالبی به شما تعلیم داده شده که نه شما و نه پدرانتان، از آن با خبر نبودید! بگو: «خدا!» (مکارم شیرازی، ناصر؛ ترجمه‌ی قرآن کریم)

۱۳. **عَلَّمَ الْقُرْآنَ (قرآن الکریم، سوره‌ی رحمن، آیه‌ی ۲.)**
قرآن را تعلیم فرمود، (مکارم شیرازی، ناصر؛ ترجمه‌ی قرآن کریم)

۱۴. **رَبَّنا وَ ابْعَثْ فیهِمْ رَسُولاً مِنْهُمْ یَتْلُوا عَلَیْهِمْ آیاتِکَ وَ یُعَلِّمُهُمُ الْکِتابَ وَ الْحِکْمَةَ (قرآن الکریم، سوره‌ی بقره، قسمتی از آیه‌ی ۱۲۹.)**
پروردگارا! در میان آنها پیامبری از خودشان برانگیز، تا آیات تو را بر آنان بخواند، و آنها را کتاب و حکمت بیاموزد (مکارم شیرازی، ناصر؛ ترجمه‌ی قرآن کریم)

۱۵. فرهنگ ابجدی عربی - فارسی؛ ص ۱۸۵.

۱۶. فرهنگ ابجدی عربی - فارسی؛ ص ۱۴۵.

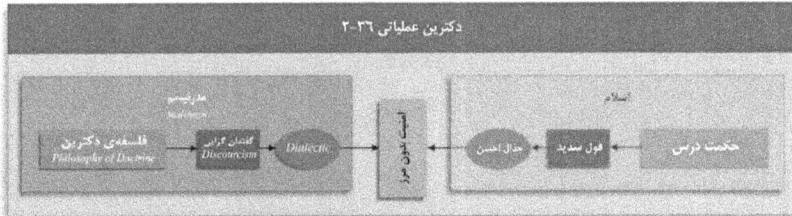

نقشه‌ی راه ۳-۲-۲-۳۶

مدرنیسم

فلسفه‌ی دکترین *Philosophy of Doctrine*

«*Doctrine*» از ریشه‌ی لاتینی «*doctrina*» مشتق شده است،[۱] «دکترین» مفهومی با تعبیر میراث بشری است، که در فارسی مابه‌ازایی خاصی ندارد، اما در عربی، دو مفهوم معادل آن تبیین شده است: «قاعده» و «یقین». «دکترین» از یک‌سو به مثابه‌ی «روش» معادل واژه‌ی «قاعده» است و به صورت «قواعد حاکم بر رفتار» تعریف و تبیین می‌شود، و از سوی دیگر «دکترین» به مثابه‌ی «محتوا» معادل واژه‌ی «یقین» است، و «تبیین چیستی و چرایی و چگونگی» هر پدیده را در بر می‌گیرد.

فلسفه‌ی دکترین حوزه‌ای از فلسفه‌های مضاف است که به چیستی و چرایی خود دکترین می‌پردازد.

ایدئولوژی گفتمان *Discourse*

«*Discourse*» ریشه در فعل یونانی «*discurrere*» دارد که از دو قسمت تشکیل شده است، «*dis*» به معنای «در جهات مختلف» و «*currere*» به‌معنای دویدن و سریع حرکت کردن.[۲] اما این واژه در لاتینی و انگلیسی میانه به مفهوم «*Conversation*» به کار می‌رفته،[۳] و اینک نیز رایج است، و در زبان فارسی «گفتمان» و در زبان عربی «قول» معادل‌های آن محسوب می‌شوند.

گرچه مفهوم «گفتمان» در ادبیات فلسفی و اجتماعی دوران کهن، قرون وسطی و به‌ویژه دوران مدرن کاربرد فراوان داشته است، لیکن معنای آن در چند دهه‌ی اخیر تغییرات زیادی کرده است، معنایی که در نوشته‌های ماکیاولی،[۴] هابز[۵] و روسو[۶] یافت می‌شود با متفکرانی چون بن‌ویست،[۷] فوکو[۸] و دریدا[۹] کاملاً متفاوت است.[۱۰]

اما نکته‌ی کلیدی در ایدئولوژی گفتمان، تأکید بر اصالت و محوریت «گفتمان» در تفکر بشر مدرن است، که در نسبت با زبان، اشخاص گفت‌وگو کننده، زمان و مکان سخن و کانتکست[۱۱] آن تعریف و تبیین می‌گردد.[۱۲]

دکترین دیالکتیک *Dialectic*

دیالکتیک در اصل از کلمه‌ی یونانی «*dialektikos*» به‌معنـای «گفت‌وگو و گفتار» مشتق شده است؛[۱۳] که البته پیشوند «دیا» به‌معنای مقابله و معارضه نیز هست.[۱۴]

در یونان باستان «دیالکتیک» فرمی از استدلال محسوب مـی‌شـد که در زمان افلاطون با پیش‌رفتن سؤال و جواب، مشخص مـی‌شد. بعدها در قرون وسطی دیالکتیک، در شکلی ساده به «منطق» اطلاق می‌شده است. اما کانت این واژه را برای «بحثی» انتخـاب نمود که وجوه متناقض اصول علمی را نشان می‌داد. در نهایـت هگل، روش دیالکتیک را به صورت ضـدیت درونـی در تمـامی پدیده‌های منطقی و تاریخی عنوان می‌کرد که به ضدیت جدیدی ختم می‌گردند.[۱۵] بر این اساس هر مفهوم ذهنـی بـر پایـه‌ی تـز، آنتی‌تز و سنتز از مفاهیم دیگر استخراج می‌شود،[۱۶] هگل این سیر سه‌حدی[۱۷] را «دیالکتیک» می‌نامـد و آن را قاعـده‌ای کلـی بـرای پیدایش همه‌ی پدیده‌های ذهنی و عینی معرفی می‌کند.[۱۸]

اسلام

حکمت درس

فعل «دَرَس» عربی به‌معنای «کهنه‌شدن، و باقی‌ماندن» است، و چون باقی ماندن چیزی در ذهن با پی در پی خواندن آن امکان دارد لذا از خواندن مداوم در زبان عربی به واژه‌ی «درس» تعبیر شده است.[۱۹]

حکمت درس، مبتنی بر حکمت تعلیم برتافته می‌شود و به تبیین چیستی و چرایی «درس» در نسبت با «تعلیم» مخصوصاً «تعلیم کتاب» می‌پردازد.[۲۰]

مکتب قول سدید

«سدید» به معنای «محکم و استوار» است[۲۱] و «قول سدید» به‌معنای سخن و گفتمان محکم و استواری است که مبتنی بر حق باشد، زیرا «حقانیت» سخن در اسلام نسبت به گوینده‌ی آن و یا زمان و مکان آن واجد اصالت و اولویت است.[۲۲]

قاعده جدال احسن

حکمت درس، مبتنی بر قول سدید به قاعده‌ی «جدال احسن» منتج می‌شود. «جدال» از «جدل» به‌معنای «گفت‌وگوی با قصد چیرگی» مشتق شده است.[۲۳] قرآن مجادله‌ای را که بر مبنای «علم» و یا «کتاب» و یا «هدایت» نباشد را رد می‌کند،[۲۴] و به‌جای آن «جدال احسن» را برمبنای «حکمت» برمی‌تابد.[۲۵]

امنیت

گرچه اکنون در جمهوری اسلامی ایران، در حوزه‌های اقتصاد، تعلیم و تربیت، سلامت، علم و حکمت، رسانه، هنر، و ... تأکید بر طرح‌ریزی مبتنی بر فلسفه‌ی دکترین، ایدئولوژی گفتمان و دکترین دیالکتیک است، اما اگر این رویه‌ها به تبع از رویه‌های اسلامیِ حکمت درس، مکتب قول سدید و قاعده‌ی جدال احسن برتافته نشود، موجب بروز تقابل و تعارض جدی در حوزه‌ی طرح‌ریزی می‌گردند.

---

1. Merriam-Webster's collegiate dictionary, 11th Ed., Massachusetts, U.S.A, Merriam-Webster Incorporated, 2005. (Word: Doctrine)

۲. عضدانلو، حمید؛ درآمدی بر گفتمان یا گفتمانی درباره‌ی گفتمان، فصل‌نامه‌ی اطلاعات سیاسی و اقتصادی، فروردین و اردیبهشت ۱۳۷۵، شماره‌ی ۱۰۳ و ۱۰۴، ص ۴۸.

3. Merriam-Webster's collegiate dictionary, (Word: Discourse)
4. Niccolò di Bernardo dei Machiavelli (1469–1527)
5. Thomas Hobbes (1588–1679)
6. Jean-Jacques Rousseau (1712–1778)
7. Émile Benveniste (1902-1976)
8. Michel Foucault (192–1984)
9. Jacques Derrida (1930–2004)

۱۰. درآمدی بر گفتمان یا گفتمانی درباره‌ی گفتمان، ص ۴۷.

11. Context
12. Honderich, Ted (Editor); The Oxford Companion to Philosophy, 2nd Ed., New York, Oxford University Press, 2005, p.217.
13. Merriam-Webster's collegiate dictionary, (Word: Dialectic)

۱۴. منصورنژاد، محمد؛ دیالکتیک و هگل، فصل‌نامه‌ی نامه‌ی فرهنگ، زمستان ۱۳۸۳، شماره‌ی ۵۴، ص ۱۴۱.

15. The Oxford Companion to Philosophy, p.212.

۱۶. دیالکتیک و هگل، ص ۱۴۱.

17. Triad

۱۸. مصباح یزدی، محمدتقی؛ آموزش فلسفه، چاپ دوم، تهران، سازمان تبلیغات اسلامی شرکت چاپ و نشر بین‌الملل، ۱۳۷۹، ج ۱، ص ۴۹.

۱۹. راغب اصفهانی، حسین بن محمد؛ ترجمه و تحقیق مفردات الفاظ قرآن؛ خسروی حسینی، سیدغلامرضا (مترجم)، نشر مرتضوی، ج ۱، ص ۶۶۸.

۲۰. وَ لکِنْ کُونُوا رَبَّانِیِّینَ بِما کُنْتُمْ تُعَلِّمُونَ الْکِتابَ وَ بِما کُنْتُمْ تَدْرُسُونَ (قرآن الکریم، سوره‌ی آل‌عمران، قسمتی از آیه‌ی ۷۹.)

بلکه (سزاوار مقام او، این است که بگوید:) مردمی الهی باشید، آن گونه که کتاب خدا را می‌آموختید و درس می‌خواندید! (مکارم شیرازی، ناصر؛ ترجمه‌ی قرآن کریم)

۲۱. مهیار، رضا (مترجم)؛ فرهنگ ابجدی عربی - فارسی؛ ترجمه المنجد الابجدی، چاپ اول، تهران، نشر اسلامی، ۱۳۷۰، ص ۴۸۱.

۲۲. یا أَیُّهَا الَّذینَ آمَنُوا اتَّقُوا اللَّهَ وَ قُولُوا قَوْلاً سَدیداً (قرآن الکریم، سوره‌ی أحزاب، آیه‌ی ۷۰.)ای کسانی که ایمان آورده‌اید! تقوای الهی پیشه کنید و سخن حق و استوار بگویید (مکارم شیرازی، ناصر؛ ترجمه‌ی قرآن کریم)

۲۳. ترجمه و تحقیق مفردات الفاظ قرآن، ج ۱، ص ۳۸۵.

۲۴. وَ مِنَ النَّاسِ مَنْ یُجادِلُ فِی اللَّهِ بِغَیْرِ عِلْمٍ وَ لا هُدیً وَ لا کِتابٍ مُنیرٍ (قرآن الکریم، سوره‌ی حج، آیه‌ی ۸) و گروهی از مردم، بدون هیچ دانش و هیچ هدایت و کتاب روشنی بخشی، درباره خدا مجادله می‌کنند! (مکارم شیرازی، ناصر؛ ترجمه‌ی قرآن کریم)

۲۵. ادْعُ إِلی سَبیلِ رَبِّکَ بِالْحِکْمَةِ وَ الْمَوْعِظَةِ الْحَسَنَةِ وَ جادِلْهُمْ بِالَّتی هِیَ أَحْسَنُ (قرآن الکریم، سوره‌ی نحل، آیه‌ی ۱۲۵)

با حکمت و اندرز نیکو، به راه پروردگارت دعوت نما! و با آنها به روشی که نیکوتر است، استدلال و مناظره کن! (مکارم شیرازی، ناصر؛ ترجمه‌ی قرآن کریم)

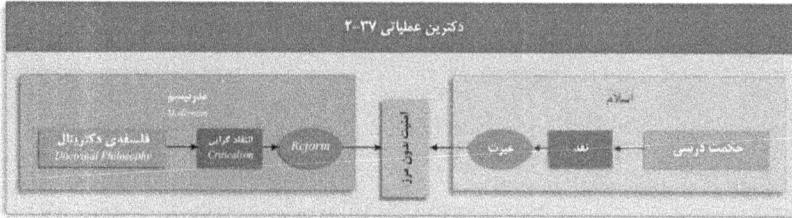

نقشه‌ی راه ۳-۲-۲-۳۷

مدرنیسم

فلسفه‌ی دکترینال *Doctrinal Philosophy*

دکترین عبارت است از مجموع آراء و مبادی فلسفی، آموزشی، دینی و ... که منسوب به یکی از متفکران یا منسوب به یک از حوزه‌های پژوهشی - مدارس به زبان عربی - باشد.[۱]

فلسفه‌ی دکترینال، نیز تبیین چیستی و چرایی دکترینال حوزه‌های فلسفه‌ی مضاف است، که در نهایت به دو مفهوم «دکترینالیسم» و «دکترینالیسم» منجر می‌شود. در دکترینالیسم اصالت با افرادی است که در رشته‌ی خود صاحب دکترین هستند مانند کانت، هگل، فروید و ...، و در دکترینالیسم اصالت با دکترین‌هایی است که در هر رشته ارائه شده است مانند کوژیتو[۲]، گایست[۳] و ... .

در مفهوم دکترین دو گزاره‌ی عمده وجود دارد: ابتدا دکترین کشف حقیقت که آن‌را تحلیل یا اختراع گویند، و اصول انتقال آن به دیگران پس از کشف آن که آن را اصول ترکیب یا تعلیم گویند.

ایدئولوژی انتقادگرایی *Criticalism*

واژه‌ی «*Critique*» از ریشه‌ی یونانی «*kritikos*» به‌معنای «توانایی قضاوت» مشتق شده است،[۴] و در فارسی به «انتقاد» ترجمه گردیده است.

روند فلسفی کانت، بدین‌صورت است که پس از شناخت محیط جهان، روی‌کرد کریتیکال و انتقادی را رقم می‌زند، تا قضاوت در مورد اصول و مبادی را محقق کند و در گام بعدی، با روی-کردی آنالیتیکال و تحلیلی، وضع موجود را مشخص می‌کند، و در گام آخر، مبتنی بر روی‌کرد دکترینال وضعیت مطلوب تبیین می‌شود. ترسیم و تجسم وضعیت مطلوب، جهت نیل به طرح آرمانی جامعه، سازمان ویا حتی شخصی، امری ضروری است.

کانت با تألیف سه کتاب نقد عقل نظری[۵] و نقد عقل عملی،[۶] و نقد قضاوت[۷] عملاً پایه‌گذار ایدئولوژی انتقادگرایی محسوب می‌شود.

دکترین رفرم *Reform*

«رفرم» به تلاش برای بهبود نهادها و یا سیاست‌های اجتماعی، سیاسی ویا قانونی اطلاق می‌شود بی‌آنکه تغییرات اصولی و اساسی در آن مد نظر باشد. از این رو با «انقلاب *Revolution*» و «تغییر *Change*» متفاوت است.[8]

اسلام

حکمت درسی

حکمت درسی، در اسلام، مابه‌ازای اندیشه‌ی دکترینال غرب است.

مکتب نقد

«انتقاد» در لغت به معنی تصفیه کردن چیزی از ناخالصی‌ها است،[9] و از این‌رو به صراف «نقاد» می‌گویند که سکه‌ی قلب را از سکه‌ی واقعی تمیز می‌دهد.[10] مکتب نقد، بیان‌گر اصالت «انتقاد» در اندیشه‌هاست تا ناخالصی‌ها از میان برود، و مبتنی بر دیدگاه امام علی (ع) انسان بتواند اندیشه‌ی حق را حتی از اهل باطل دریابد اما سخن باطل را از اهل حق نگیرد.[11]

قاعده عبرت

مکتب نقد، در دیدگاه اسلامی، مؤید قاعده‌ی «عبرت» است. عبرتی که برای انسان در اندیشه‌ی درسی مقدر شده است، و درک و سپس به‌کار بستن آن سبب «رشاد» و «رشد» او خواهد شد.[12]

امنیت

گرچه اکنون در جمهوری اسلامی ایران، در حوزه‌ی سلامت، مانند سایر حوزه‌های تعلیم و تربیت، علم و حکمت، رسانه، هنر، و ... فلسفه‌ی دکترینال، ایدئولوژی کریتیکالیسم و دکترین رفرم تبدیل به گفتمان غالب شده‌اند ، اما غفلت از رویه‌های اسلامی حکمت درسی، مکتب نقد و قاعده‌ی عبرت سبب تقابل و تعارض در عرصه‌ی طرح‌ریزی شده است.

---

۱. صلیبا، جمیل؛ فرهنگ فلسفی، صانعی دره بیدی، منوچهر (مترجم)، چاپ اول، تهران، انتشارات حکمت، ۱۳۶۶، ج ۱، ص ۵۸۵.

2. Cogito ergo sum (French: Je pense donc je suis; English: "I think, therefore I am") from René Descartes

3. Geist (German) from Hegel in Phenomenology of Spirit

4. Online Etymology Dictionary (http://www.etymonline.com/index.php?search=critique)

5. Critique of Pure Reason (Kritik der reinen Vernunft) 1781 &1787

6. Critique of Practical Reason (Kritik der praktischen Vernunft) 1788

7. Critique of Judgement (Kritik der Urteilskraft) 1790

8. Honderich, Ted (Editor); The Oxford Companion to Philosophy, 2nd Ed., New York, Oxford University Press, 2005, p.796.

۹. صلیبا، جمیل؛ فرهنگ فلسفی، صانعی دره بیدی، منوچهر (مترجم)، چاپ اول، تهران، انتشارات حکمت، ۱۳۶۶، ج ۱، ص ۱۶۷.

۱۰. مهیار، رضا (مترجم)؛ فرهنگ ابجدی عربی – فارسی؛ ترجمه‌ی المنجد الابجدی، چاپ اول، تهران، نشر اسلامی، ۱۳۷۰، ص ۱۴۱.

۱۱. **خذوا الحقّ من اهل الباطل و لا تأخذوا الباطل من اهل الحقّ کونوا نقّاد الکلام**

سخن حق را از گمراهان و اهل باطل فرا گیرید و سخن باطل را از اهل حق نیاموزید و مانند صرافهای پول‌شناس نقاد باشید و سکه قلب را از سکه حقیقی تمیز دهید. (فلسفی، محمد تقی، الحدیث، تهران، دفتر نشر فرهنگ اسلامی، ۱۳۶۸، ج ۱، ص ۳۷.)

۱۲. الاعتبار یفید الرشاد. و الاعتبار یقود الی الرشد (خوانساری، آقا جمال الدین، شرح آقا جمال الدین خوانساری بر غرر الحکم، چاپ اول، تهران، ناشر دانشگاه تهران، ۱۳۶۶، ج ۷، ص ۲۲۹.)

نقشه‌ی راه ۳-۲-۲-۳۸

مدرنیسم

فلسفه‌ی مدرسه *Philosophy of School*

«*School*» از ریشه‌ی یونانی «*skhole*» مشتق شده است، که علاوه بر ترجمه‌ی عربی «مدرسه»، معادل «سخنرانی *Lecture*» نیز هست.[۱] «اسکول» تنها به مکان مدرسه گفته نمی‌شود، بلکه بر سازمانی که آموزه‌ها و دستورالعمل‌ها[۲] را تدوین می‌کند، و هم‌چنین بر فرآیند آموزش مبتنی بر مدرسه نیز اطلاق می‌شود.[۳]

فلسفه‌ی مدرسه، حوزه‌ای از فلسفه‌های مضاف است که چیستی و چرایی مکانت آموزش و اجوکیشن را در نسبت با آموزه‌ها و متن آموزشی تبیین کرده، و تأثیر این مکانت را در شکل‌گیری و تداوم یک نحله‌ی فکری مورد پژوهش قرار می‌دهد.

فلسفه‌ی مدرسه، تعبیر دیگری به نام مدارس فلسفه را نیز در برمی‌گیرد، که بر گروهی از فیلسوفان اطلاق می‌شود که برای خود محل، روش، پیشوا و نظام تفکر خاصی دارند و یا از تعداد افراد معینی پیروی می‌کنند.[۴] مدرسه به این مفهوم در علوم دیگر نیز رایج است، مانند مفهوم مدرسه‌ی پاریس، در کاربست پزشکی،[۵] یا مدرسه‌ی فرانکفورت،[۶] در کاربست فلسفه و جامعه-شناسی، تحت نظر هابرماس.[۷]

ایدئولوژی مدرسی *Schooling*

فلسفه‌ی مدرسه، در غرب ایدئولوژی «مدرسی» را برمی‌تابد. این ایدئولوژی اصالت «تدریس متن مصوب» در سیستم آموزشی است، به این معنا که در هر مرحله‌ی تحصیلی، آموزش معلم به متعلم حول محور یک «متن مشخص» برتافته می‌شود، چه در سیستم یک مدرسه باشد چه در سیستم دانشگاهی.

تعبیر ایدئولوژی «اسکولاستیسیم»[۸] نیز بر ایدئولوژی رایج قرون سیزده، چهارده و پانزده میلادی دلالت می‌کند[۹] که بر محدوده‌ی مشخصی از علم و تفکر فلسفی تأکید داشته است، که در حد «متون مشخص تولید شده» باشند و نه بیشتر.

دکترین یادگیری و آموزش *Learning & Training*

دکترین «یادگیری و آموزش» نهایت فلسفه‌ی مدرسه برای بشر غربی است. دکترین آموزش، چیستی، چرایی و چگونگی آموزش به آموزش‌گیرندگان را تبیین می‌کند و دکترین یادگیری، چیستی، چرایی و چگونگی یادگیری آموزش‌پذیرندگان را مبتنی بر «تجربه» تبیین و تعریف می‌کند.

اسلام

حکمت مدرسه

واژه‌ی «مدرسه» از ریشه‌ی عربی «درس» مشتق شده، و بر مکان آموزش به صورت عام اطلاق می‌شود.[10] از این حیث نه تنها دبستان – مدرسهٔ الابتدائیهٔ– و دبیرستان – مدرسهٔ الثانویَهٔ – را شامل می‌شود بلکه تمامی حوزه‌های علمیه، و هم‌چنین تمامی دانشکده‌های دانشگاهی را نیز در بر می‌گیرد. فلذا حکمت مدرسه نیز، به چیستی و چرایی مکان و محل آموزش به صورت عام پرداخته، و آن را مبتنی بر مناسبات اسلامی و حکمی تبیین می‌کند.

مکتب عبرت

مبتنی بر حکمت مدرسه، آن‌چه در مدرسه آموزش داده می‌شود، ، «عبرت‌ها» هستند. بر این اساس، تدوین گزاره‌های درسی، بر محور «عبرت» صورت می‌پذیرد، و جهان به‌مثابه‌ی مدرسه‌ای فرض می‌شود که همه‌ی مناسبات آن از چهارپایان تا پیدایش روز و شب همگی «درس عبرتی» برای انسان هستند.[11]

قاعده تدریس

حکمت مدرسه، مبتنی بر مکتب عبرت، به قاعده‌ی تدریس منتج می‌شود، قاعده‌ی تدریس، نیز تبیین چیستی، چرایی و چگونگی «تدریس» بر پایه‌ی «کتاب» به عنوان «محتوای آموزشی» است.[12]

امنیت

اکنون در جمهوری اسلامی ایران، در حوزه‌های تعلیم و تربیت، سلامت، علم و حکمت، رسانه، هنر، و ... تأکید بر طرح‌ریزی مبتنی بر فلسفه‌ی مدرسه، ایدئولوژی مدرسی و دکترین آموزش و یادگیری است، در صورتی که رویه‌های اسلامیِ حکمت مدرسه، مکتب عبرت و قاعده‌ی تدریس مورد غفلت واقع گردیده‌اند.

---

1. Online Etymology Dictionary (http://www.etymonline.com/index.php?search=school)
2. Instructions
3. Merriam-Webster's collegiate dictionary, 11th Ed., Massachusetts, U.S.A, Merriam-Webster Incorporated, 2005. (Word: School)

۴. صلیبا، جمیل؛ فرهنگ فلسفی، صانعی دره بیدی، منوچهر (مترجم)، چاپ اول، تهران، انتشارات حکمت، ۱۳۶۶، ج ۱، ص ۵۸۴.

5. The Paris Clinical School (Stempsey, William E. (Editor); Elisha Bartlett's Philosophy of Medicine, 1st Ed., Netherlands: Springer, 2005, p. 14.)
6. The Frankfurt School
7. Jürgen Habermas (born at 1929)
8. Scholasticism
9. Honderich, Ted (Editor); The Oxford Companion to Philosophy, 2nd Ed., New York, Oxford University Press, 2005, p.845.

۱۰. مهیار، رضا (مترجم)؛ فرهنگ ابجدی عربی - فارسی؛ ترجمه‌ی المنجد الابجدی، چاپ اول، تهران، نشر اسلامی، ۱۳۷۰، ص ۷۹۸.

۱۱. **وَ إِنَّ لَكُمْ فِي الْأَنْعامِ لَعِبْرَةً نُسْقيكُمْ مِمَّا فی بُطُونِهِ مِنْ بَيْنِ فَرْثٍ وَ دَمٍ لَبَناً خالِصاً سائِغاً لِلشَّارِبِين (قرآن الکریم، سوره‌ی نحل، آیه‌ی ۶۶.)**

در وجود چهارپایان، برای شما(درسهای) عبرتی است: از درون شکم آنها، از میان غذاهای هضم شده و خون، شیر خالص و گوارا به شما می‌نوشانیم (مکارم شیرازی، ناصر؛ ترجمه‌ی قرآن کریم)

يُقَلِّبُ اللَّهُ اللَّيْلَ وَ النَّهارَ إِنَّ فی ذلِکَ لَعِبْرَةً لِأُولِي الْأَبْصارِ (قرآن الکریم، سوره‌ی نور، آیه‌ی ۴۴.)

خداوند شب و روز را دگرگون می‌سازد؛ در این عبرتی است برای صاحبان بصیرت (مکارم شیرازی، ناصر؛ ترجمه‌ی قرآن کریم)

۱۲. **أَمْ لَكُمْ كِتابٌ فيهِ تَدْرُسُونَ (قرآن الکریم، سوره‌ی نحل، آیه‌ی ۶۶.)**

آیا کتابی دارید که از آن درس می‌خوانید... (مکارم شیرازی، ناصر؛ ترجمه‌ی قرآن کریم)

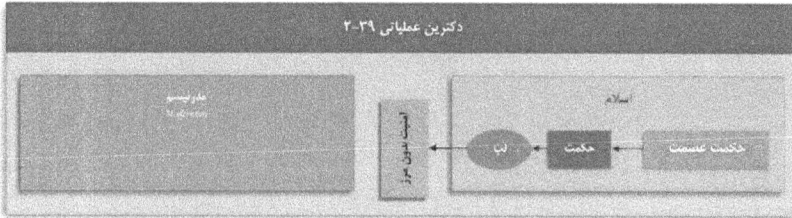

دکترین عملیاتی ۳۹-۲

نقشه‌ی راه ۳-۲-۲-۳۹

اسلام

حکمت عصمت

«عصمت» از ریشه‌ی عربی «عصم» به معنای «امساک» یا «نگه‌داشتن» و «حفظ کردن» مشتق شده،[۱] و خود نیز به معنای «منع کردن» است و به حالت «دوری از گناه یا اشتباه» اطلاق می‌شود.[۲]

حکمت عصمت حوزه‌ای از حکمت‌های مضاف است که به تبیین چیستی و چرایی محفوظ بودن و در امان ماندن انسان از خطاها و گناهان پرداخته،[۳] و تحقیق در نسبت‌شناسی میان «اعتصام» به خداوند متعال و تحقق «عصمت» را صورت می-دهد.[۴]

البته حکمت عصمت از سوی دیگر به کیستی «معصوم» نیز می‌پردازد[۵] و نسبت میان لزوم عصمت او و حجت و گواهی که بر تمامی انسان‌ها است را نیز تبیین می‌نماید.[۶]

مکتب حکمت

حکمت عصمت در اسلام، ، مکتب حکمت را برمی‌تابد، زیرا «حکمت» تنها با عصمت محقق می‌شود.[۷] از این رو دوری از شهوات و دوری از هر گناه و لغزشی لازمه‌ی تحقق عصمت است[۸] و البته ظهور و بروز «حکمت» در انسان نیز او را قرین عصمت می‌سازد، فلذا این دو حوزه از دیدگاه امام علی (ع)کاملا قرین و نزدیک به هم هستند،[۹] و یکی بدون دیگر معنا و مفهومی نخواهد داشت.

قاعده لب

واژه‌ی «لُب» از ریشه‌ی «لبب» و به‌معنای عقل و خردی است که از هر ناخالصی و شائبه‌ای پاک باشد،[۱۰] حکمت عصمت، مبتنی بر مکتب حکمت به قاعده‌ی «لب» منتج می‌شود، زیرا هنگامی که خداوند به کسی حکمت اعطا کند به او خیر کثیری داده است و تنها صاحبان لب این را درمی‌یابند.[۱۱]

امنیت

اکنون در جمهوری اسلامی ایران، در حوزه‌های تعلیم و تربیت، سلامت، علم و حکمت، رسانه، هنر، و ... از حکمت عصمت، مکتب حکمت و قاعده‌ی لب غفلت جدی صورت گرفته است.

---

۱. راغب اصفهانی، حسین بن محمد؛ ترجمه و تحقیق مفردات الفاظ قرآن؛ خسروی حسینی، سیدغلامرضا (مترجم)، نشر مرتضوی، ج۲ ، ص ۶۰۸.

۲. مهیار، رضا (مترجم)؛ فرهنگ ابجدی عربی - فارسی؛ ترجمه المنجدالابجدی، چاپ اول، تهران، نشر اسلامی،۱۳۷۰، ص ۶۱۲.

۳. **الإمام علی (ع): مَنْ أُلْهِمَ الْعِصْمَةَ أَمِنَ الزَّلَل (تمیمی آمدی، عبد الواحد؛ تصنیف غرر الحکم و درر الکلم، چاپ اول، قم، نشر دفتر تبلیغات، ۱۳۶۶، ص ۳۱۸.)**

هر که الهام کرده شود نگاهداری، ایمن گردد از لغزش (خوانساری، آقا جمال الدین، شرح آقا جمال الدین خوانساری بر غرر الحکم، چاپ اول، تهران، انتشارات دانشگاه تهران، ۱۳۶۶، ج ۵، ص ۳۰۰.)

۴. **الإمام علی (ع): عَلَيْكَ بِالاعْتِصَامِ بِاللَّهِ فِي كُلِّ أُمُورِكَ فَإِنَّهَا عِصْمَةٌ مِنْ كُلِّ شَيْءٍ (تصنیف غرر الحکم و درر الکلم، ص ۱۹۸.)**

لازم باش چنگ در زدن به خدا را در همه کارهای خود پس به درستی که این نگاهداری است از هر چیزی یعنی از هر آفتی و شرّی. (شرح آقا جمال الدین خوانساری بر غرر الحکم، ج۴، ص.۲۹۳)

۵. **سَأَلْتُ أَبَا عَبْدِ اللَّهِ (ع) عَنْ ذَلِكَ فَقَالَ الْمَعْصُومُ هُوَ الْمُمْتَنِعُ بِاللَّهِ مِنْ جَمِيعِ مَحَارِمِ اللَّهِ وَ قَالَ اللَّهُ تَبَارَكَ وَ تَعَالَى- وَ مَنْ يَعْتَصِمْ بِاللَّهِ فَقَدْ هُدِيَ إِلى صِراطٍ مُسْتَقِيمٍ (شیخ صدوق؛ معانی الأخبار، چاپ اول، قم، انتشارات جامعه مدرسین، ۱۴۰۳ قمری، ص ۱۳۱.)**

امام صادق علیه السلام فرمود: معصوم به یاری و توفیق خدا از انجام هر عملی که خداوند منع کرده است خودداری می‌کند، و خداوند تبارک و تعالی در سوره‌ی آل‌عمران آیه‌ی ۱۰۱ فرموده: «و هر کس به دین خدا «اسلام» تمسّک جوید یقیناً به راه راست راهنمائی گردیده است» (شیخ صدوق؛ معانی الأخبار، محمدی شاهرودی، عبدالعلی (مترجم)، چاپ دوم، تهران، انتشارات دارالکتاب الاسلامیه، ۱۳۷۷، ج ۱، ص ۳۰۹).

۶. **الإمام رضا (ع): فَهُوَ مَعْصُومٌ مُؤَيَّدٌ مُوَفَّقٌ مُسَدَّدٌ قَدْ أَمِنَ مِنَ الْخَطَايَا وَ الزَّلَلِ وَ الْعِثَارِ يَخُصُّهُ اللَّهُ بِذَلِكَ لِيَكُونَ حُجَّتَهُ عَلَى عِبَادِهِ وَ شَاهِدَهُ عَلَى خَلْقِهِ (ثقه الاسلام کلینی، محمد؛ الکافی، چاپ دوم، تهران، ناشر اسلامیه، ۱۳۶۲، ج ۱، ص ۳۰۳)**

پس او معصومست و تقویت شده و با توفیق و استوار گشته، از هر گونه خطا و لغزش و افتادنی در امانست، خدا او را باین صفات امتیاز بخشیده تا حجت رسای او باشد بر بندگانش و گواه بر مخلوقش. (مصطفوی، سید جواد، اصول کافی، چاپ اول، تهران، ناشر کتابفروشی علمیه اسلامیه، ج ۱، ص ۲۹۰.)

۷. **الإمام علی (ع): لَا حِكْمَةَ إِلَّا بِعِصْمَةٍ (تصنیف غرر الحکم و درر الکلم، ص ۶۶.)**

نیست حکمتی مگر به عصمتی (شرح آقا جمال الدین خوانساری بر غرر الحکم، ج۶، ص.۴۳۷)

۸. **الإمام علی (ع): لَا تَجْتَمِعُ الشَّهْوَةُ وَ الْحِكْمَةُ (تصنیف غرر الحکم و درر الکلم، ص ۶۵.)**

جمع نمی‌شود شهوت و حکمت (شرح آقا جمال الدین خوانساری بر غرر الحکم، ج۶، ص.۶۷۰)

۹. **الإمام علی (ع): عَلَيْكَ قُرِنَتِ الْحِكْمَةُ بِالْعِصْمَةِ (تصنیف غرر الحکم و درر الکلم، ص ۶۵.)**

همراه کرده شده است حکمت با عصمت (شرح آقا جمال الدین خوانساری بر غرر الحکم، ج۶، ص.۴۹۳)

۱۰. راغب اصفهانی، حسین بن محمد؛ ترجمه و تحقیق مفردات الفاظ قرآن؛ خسروی حسینی، سیدغلامرضا (مترجم)، نشر مرتضوی، ج۵، ص ۱۰۵.

۱۱. **يُؤْتِي الْحِكْمَةَ مَنْ يَشاءُ وَ مَنْ يُؤْتَ الْحِكْمَةَ فَقَدْ أُوتِيَ خَيْراً كَثِيراً وَ ما يَذَّكَّرُ إِلاَّ أُولُوا الْأَلْبابِ (قرآن الکریم، سوره‌ی بقره، آیه‌ی ۲۶۹.)**

(خدا) دانش و حکمت را به هر کس بخواهد(و شایسته بداند) می‌دهد؛ و به هر کس دانش داده شود، خیر فراوانی داده شده است. و جز خردمندان، (این حقایق را درک نمی‌کنند، و) متذکر نمی‌گردند (مکارم شیرازی، ناصر؛ ترجمه‌ی قرآن کریم)

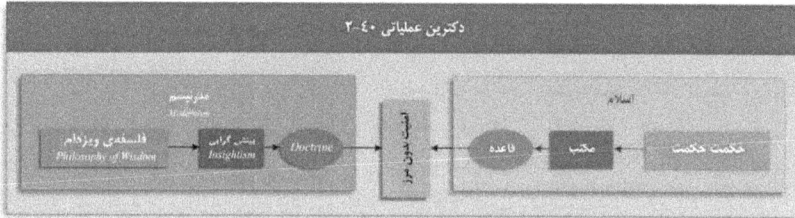

نقشه‌ی راه ۳-۲-۲-۴۰

مدرنیسم

فلسفه‌ی ویزدام *Philosophy of Wisdom*

واژه‌ی «*Wisdom*» معادل «*Sophia*» یونانی است، که در فارسی به آن «دانش، خرد ویا معرفت» گفته می‌شود، و از این رو «*Philosophy*» را به «دوست‌داری دانش» ترجمه می‌کنند. اما در واقع ترجمه‌ی این لغت با بار تاریخی و فلسفی آن به نظر امکان‌ناپذیر است.

هراکلیتوس،[1] ویزدام را به تبع فهم لوگوس،[2] و به صورت یک پرسش تبیین می‌کند؛ «چگونه دنیا کار می‌کند؟»[3] در حالی که اپی‌کورس،[4] ویزدام را بهترین گزینه در انتخاب لذت‌ها می‌داند، و از این رو آن را مهم‌ترین پدیده برمی‌شمارد.[5]

دایره‌المعارف فلسفه آکسفورد پیچیدگی این مفهوم را به این صورت تبیین می‌کند، که ویزدام شکلی از فهم و دانستن است که «حالت و رفتار بازتابی»[6] را با «اهمیت و وابستگی عملی»[7] پیوند می‌دهد. حالت بازتابی فهم بنیان طبیعی واقعیت را در جهت تحقق یک «زندگی خوب»[8] برای بشر رقم می‌زند، و هدف اهمیت و نگرانی عملی در ارائه‌ی یک مدل مفهومی از زندگی خوب تعریف شده و ارزیابی تمامی تصمیم‌ها و وضعیت‌های معطوف به زندگی خوب را در بر می‌گیرد.[9]

اما در واقع فلسفه‌ی ویزدام، به خود فلسفه می‌پردازد، و به چیستی و چرایی آن را تبیین می‌کند.

ایدئولوژی بینش *Insight*

«*Insight*» به توانایی رؤیت و دیدن درون و ذات هر پدیده اطلاق می‌شود،[10] و «بینش» را می‌توان نزدیک‌ترین مفهوم فارسی به آن دانست. فلسفه‌ی ویزدام، مؤید ایدئولوژی «بینش» است. این ایدئولوژی اصالت «رؤیت و فهم» زوایای ناپیدای هر گزاره و پدیده‌ای را مبنای زندگی بشری بیان می‌کند.

مهم‌ترین کارکرد بینش، تحقق فهم بن‌مایه، اصالت و محوریت در هر فلسفه‌ی مضاف است، به‌این صورت که هر فلسفه‌ی مضاف به تعدادی ایدئولوژی منتج می‌شود، که بینش در این حوزه سبب برتافتن ایدئولوژی غالب آن می‌گردد.

دکترین دکترین *Doctrine*

ایدئولوژی بینش به دکترین «دکترین» می‌انجامد، یعنی تبیین چیستی، چرایی و چگونگی مجموعه‌ی قواعد حاکم بر رفتار و زندگی بشر.

اسلام

حکمت حکمت

«حکمت» از ریشه‌ی «حکم» و به‌معنای «به حقّ رسیدن با علم و عقل» است.[11] «حکمت» مفهوم قرآنی است که ایجاد آن از سوی اوست بر نهایت استواری،[12] و در احادیث، از آن به گم‌شده‌ی مؤمن تعبیر می‌شود.[13] این واژه، معادل فارسی ندارد، اما در زبان انگلیسی، واژه‌ی نزدیک به آن‌را *Wisdom* معرفی می‌کنند.

حکمت حکمت، حوزه‌ای از حکمت‌های مضاف است که به طور اخص به چیستی و چرایی خود حکمت می‌پردازد.

مکتب مکتب

مفهوم «مکتب» در زبان انگلیسی مابه‌ازای «*School*» و در زبان فرانسه معادل «*Ecole*» است. مکتب در واقع به حوزه‌ای اطلاق می‌شود که بر بنیانی خاص بنا شده و روش‌ها، آموزش‌ها و تعالیم و پیروان ویژه خود را داراست ولی اساس این آموزش‌ها و تعالیم و راهکارها چه در حوزه‌های نظری و عملی، بر محوری واحد و اسلوبی ویژه پی‌ریزی شده است.

قاعده‌ی قاعده

حکمت‌های مضاف، مبتنی بر مکاتب خود، به «قواعد» منتج می‌شوند. قواعد، تبیین چیستی، چرایی و چگونگی اصول زندگی انسان و سایر پدیده‌ها است.

امنیت

اکنون در جمهوری اسلامی ایران، طرح‌ریزی حوزه‌های مختلف مبتنی بر فلسفه‌ی ویزدام، ایدئولوژی بینش و دکترین دکترین صورت می‌گیرد، اما این رویه‌های مدرنیستی به تبع از رویه‌های اسلامی تمایز گسترده‌ای خواهند داشت، فلذا تبیین صحیح و کامل حکمت حکمت، مکتب مکتب و قاعده‌ی قاعده امری محتوم و ضروری می‌نماید.

---

1. Heraclitus of Ephesus (c. approx. 535-475 BCE)
2. Logus
3. Urmson, J.O. and Réep, Jonathan (Editors), The Concise Encyclopedia of Western Philosophy and Philosophers, 2nd Ed (Fully Revised), New York:Routledge, 1991, p. 178.
4. Epicurus (341 BCE – 270 BCE)
5. The Concise Encyclopedia of Weastern Philosophy and Philosophers, p. 126.
6. Reflective attitude
7. Practical concern
8. Good Life
9. Honderich, Ted (Editor); The Oxford Companion to Philosophy, 2nd Ed., New York, Oxford University Press, 2005, p.959.
10. Merriam-Webster's collegiate dictionary, 11th Ed., Massachusetts, U.S.A, Merriam-Webster Incorporated, 2005. (Word: Insight)

۱۱. راغب اصفهانی، حسین بن محمد؛ ترجمه و تحقیق مفردات الفاظ قرآن؛ خسروی حسینی، سیدغلامرضا (مترجم)، نشر مرتضوی، ج ۱، ص ۵۲۸.

۱۲. یُؤْتِی الْحِکْمَةَ مَنْ یَشاءُ وَ مَنْ یُؤْتَ الْحِکْمَةَ فَقَدْ أُوتِیَ خَیْراً کَثیراً وَ ما یَذَّکَّرُ إِلاَّ أُولُوا الْأَلْبابِ (قرآن الکریم، سوره‌ی بقره، آیه‌ی ۲۶۹)

۱۳. عَنْ أَبِی عَبْدِ اللَّهِ ع قَالَ الْحِکْمَةُ ضَالَّةُ الْمُؤْمِنِ فَحَیْثُمَا وَجَدَ أَحَدُکُمْ ضَالَّتَهُ فَلْیَأْخُذْهَا (ثقه‌الاسلام کلینی، الکافی، چاپ دوم، تهران، ناشر اسلامیه، ۱۳۶۲، جلد ۱۵، صفحه ۱۶۷)

امام صادق علیه السّلام فرمود: حکمت گمشده مؤمن است. هر یک از شما گمشده خود را هر جا یافت آن را برستاند. (آژیر، حمیدرضا؛ **بهشت کافی** (ترجمه ی روضه ی کافی)، چاپ اول، قم، انتشارات سرور، ۱۳۸۱، صفحه ۲۱۳)

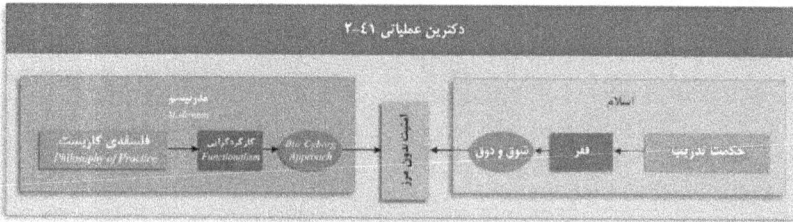

دکترین عملیاتی ۴۱-۲

نقشه‌ی راه ۳-۲-۲-۴۱

مدرنیسم

فلسفه‌ی کاربست *Philosophy of Practice*

واژه «*Practice*»، از ریشه‌ی یونانی «*praktikē*» مشتق شده، که در انگلیسی و یونانی به صورت «*Praxis*» نیز کاربرد داشته است.[۱] ارسطو میان دو واژه‌ی «*Praxis*» و «*Poiesis*» در حوزه‌ی فعالیت‌های انسان، تمایز قائل شده است، مفهوم «*Poiesis*» را به فعالیت‌هایی اطلاق می‌کند که «وسیله»ی دست‌یابی به غایت و هدف دیگری باشند،[۲] و «*Praxis*» را فعالیت‌هایی می‌داند که «فرجام» و «غایت» خود به‌شمار می‌روند.[۳] به عبارت دیگر پراکتیس «ساختن» چیزی نیست بلکه «انجام» کاری است،[۴] و از این رو در فارسی «کاربست» معنای نزدیک‌تری به آن دارد گرچه به «پرداختن به کاری» و یا «تمرین و ممارست» نیز ترجمه شده است.

فلسفه‌ی کاربست، حوزه‌ای از فلسفه‌های مضاف است که به تبیین چیستی و چرایی آن‌دسته از فعالیت‌های بشری می‌پردازد که خود به‌مثابه‌ی هدف تلقی می‌گردند، فلذا ممارست و کوشش در آن‌ها سبب اجرای مبادی و اصول آن‌ها می‌گردد، مانند پراکتیس پزشکی، پراکتیس موسیقی و ... .[۵]

ایدئولوژی کارکردگرایی *Functionalism*

«فانکشنالیسم» یا «کارکردگرایی» ایدئولوژی اصالت «کارکرد هر پدیده» است که حوزه‌های مختلفی از فلسفه‌ی ذهن تا سایکولوژی، از آنتروپولوژی تا جامعه‌شناسی، از معماری تا حوزه‌ی روابط خارجی را تحت تأثیر خود قرار داده است. این ایدئولوژی هر پدیده را به صورت «کارکرد و عمل‌کرد اجزاء آن» بررسی می‌کند، چه این پدیده، بدن یک انسان باشد یا پیکره‌ی جامعه‌ی بشری محسوب شود.

دکترین بیوسایبورگ *Bio-cyborg Approach*

فلسفه‌ی کاربست، مبتنی بر اصالت کارکرد بـه دکتـرین تلقـی «بیوسایبورگ» از بشر منجر شده است.

«سایبورگ» به بشری اطـلاق مـی‌شـود کـه بـدن او بـه صـورت محدود و یا دائمی به ابزارهای تکنیکـی متصـل شـده باشـد، تـا

توانایی‌های او در یک یا چند حوزه‌ی فعالیتی ارتقـا داده شـود.[6] گرچه این واژه ابتدا به ساکن در متون ادبی علمی-تخیلی[7] مـورد اسـتفاده واقـع شـد، لـیکن امـروزه پدیـده‌ای رایـج در قالـب کامپیوترهای همراه،[8] تلفن‌های همراه،[9] و ... محسوب می‌شود.

دکترین «بیوسایبورگ» تبیین چیستی، چرایی و چگونگی ارتبـاط تناتنـگ بـدن و ذهـن بشـر بـا ابـزار تکنولـوژیکی اسـت کـه کارکردهای او را بـه هـدف انجـام کاربسـت زنـدگیش بهبـود و ارتقاء می‌دهد.

اسلام

حکمت تدریب

«تدریب» از ریشه‌ی عربی «درب» و به‌معنای «تمرین و «آمادگی»[10] و هم‌چنین «آموزانیدن و آموختن» است،[11] از این رو حکمت تدریب از یک‌سو در مقابل حکمت پراکتیس محسوب می‌شود و به تبیین چیستی و چرایی «فعالیت‌های انسان» می-پردازد که جنبه‌ی آمادگی و تمرین دارد، و از سوی دیگر حکمت تدریب، در کنار حکمت تدریس، به تبیین چیستی و چرایی آموزانیدن و آموختنی می‌پردازد که جنبه‌ی درسی و دکترینال نداشته باشد.

مکتب فقر

انسان در پی آموختن چیزی برمی‌آید که نسبت به آن احساس نیاز کند، فلذا مکتب فقر موضوعیت می‌یابد، تا بیان‌گر اصالت «فقر» انسان در آموختنی‌هایش باشد.

قاعده‌ی شوق و ذوق

«دارب» هم‌ریشه‌ی با «تدریب» و به‌معنای «علاقه‌مندی به چیزی» هست،[12] از این رو حکمت تدریب، مبتنی بر مکتب فقر، به قاعده‌ی شوق و ذوق منتج می‌شود، زیرا انسانی که نسبت به آموختن چیزی فقیر است، با ذوق و شوق در پی یادگیری آن برمی‌آید.

امنیت

گرچه اکنون در جمهوری اسلامی ایران، در حوزه‌های تعلیم و تربیت، علم و حکمت، رسانه، هنر، و مخصوصاً در حوزه‌ی اقتصاد، طرح‌ریزی مبتنی بر فلسفه‌ی کاربست، ایدئولوژی کارکردگرایی و دکترین بیوسایبورگ نگرش غالب است، لیکن عدم تبیین حکمت تدریب، مکتب فقر، و قاعده‌ی شوق و ذوق سبب غفلت جدی از رویه‌های اسلامی را ایجاد کرده است.

---

1. Online Etymology Dictionary, Words: Practice and Praxis (http://www.etymonline.com/)
2. Balaban, Oded; Praxis And Poesis In Aristotle's Practical Philosophy; The Journal of Value Inquiry, 1990, Vol. 24, No. 3, p. 185.
3. Craig, Edward (Editor in Chief); The Shorter Routledge Encyclopedia of Philosophy, 1st Ed., New York, Routledge Publication, 2005, p.66.
4. Honderich, Ted (Editor); The Oxford Companion to Philosophy, 2nd Ed., New York, Oxford University Press, 2005, p.751.

۵. صلیبا، جمیل؛ فرهنگ فلسفی، صانعی دره بیدی، منوچهر (مترجم)، چاپ اول، تهران، انتشارات حکمت، ۱۳۶۶، ج ۱، ص ۶۱۳.

6. Van Huyssteen, Wentzel (Editor in Chief), Encyclopedia of Science And Religion, 2nd Ed., New York, Macmillan Reference, Gale Group, 2003, p.197.
7. Science fiction literature
8. Laptops
9. Cell phones

۱۰. مهیار، رضا (مترجم)؛ فرهنگ ابجدی عربی - فارسی؛ ترجمه‌ی المنجد الابجدی، چاپ اول، تهران، نشر اسلامی، ۱۳۷۰، ص ۲۱۸.

11. www.farsilookup.com

۱۲. فرهنگ ابجدی عربی - فارسی؛ ص ۳۸۲.

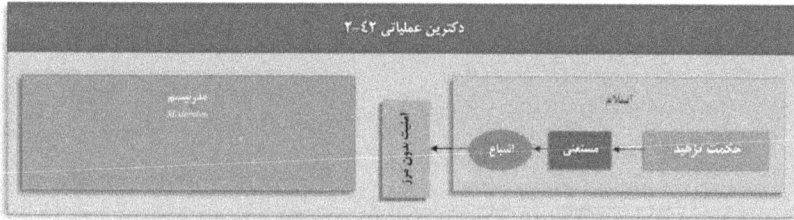

نقشه‌ی راه ۳-۲-۲-۴۲

اسلام

حکمت تزهید

«تزهید» از ریشه‌ی عربی «زهد» که به‌معنای «ترک و اعراض» از چیزی است مشتق شده است.[۱] «تزهید» در مقابل «ترغیب» و به‌معنای «بازداشتن و روی‌گردانی» از چیزی یا کاری موضوعیت دارد[۲] و «زاهد» به کسی اطلاق می‌شود که نسبت به چیزی بی-میل و روگردان باشد،[۳] و از کم آن چیز نیز خشنود شود.[۴]

حکمت «تزهید»، تبیین چیستی و چرایی «ترک و روی‌گردانی» انسان از «دنیا» است به نحوی که از کم آن خشنود گردد. حضرت علی (ع) مبتنی بر قرآن،[۵] زهد را مفهومی بین دو کلمه می‌داند: «بر آن‌چه از دستتان رفته اندوهگین نشوید، و به آن‌چه به دستتان می‌رسد شادمانی نکنید.»[۶]

مکتب استغناء

«استغناء» به مفهوم «طلب توانگری و بی‌نیازی» است[۷]، اسلام، از یک‌سو طلب توانگری انسان را تنها با درخواست از درگاه خداوند متعال برمی‌تابد، زیرا تنها خداوند بی‌نیاز مطلق است[۸] و از سوی دیگر فردی را «غنی» می‌داند که نسبت به دنیا و مافی‌ها بی‌اعتنا و زاهد باشد، و به آن‌چه عطایش شده است، قانع باشد.[۹]

قاعده‌ی اشباع

حکمت تزهید، مبتنی بر مکتب اصالت استغناء به قاعده‌ی «اشباع» منتج می‌شود، زیرا انسان زاهد مادامی‌که نسبت به دنیا و سایر انسان‌ها بی‌نیاز باشد «سیر و اشباع» است، در غیر این-صورت دنیا هیچ‌گاه اهلش را اشباع نخواهد کرد.

امنیت

اکنون در جمهوری اسلامی ایران، در روش‌شناسی حوزه‌ی اقتصاد، و سایر حوزه‌ها، حکمت تزهید، مکتب استغناء و قاعده-ی اشباع مورد غفلت جدی واقع گردیده‌اند.

۱. تبریزی مصطفوی، حسن؛ التحقیق فی کلمات القرآن الکریم، چاپ دوم، تهران، نشر آثار علامه مصطفوی، ۱۳۸۵، ج ۴، ص ۳۵۵.

۲. راغب اصفهانی، حسین بن محمد؛ ترجمه و تحقیق مفردات الفاظ قرآن؛ خسروی حسینی، سیدغلامرضا (مترجم)، نشر مرتضوی، ج۲ ، ص ۶۶۸.

۳. **وَ شَرَوْهُ بِثَمَنٍ بَخْسٍ دَراهِمَ مَعْدُودَةٍ وَ کانُوا فیهِ مِنَ الزّاهِدینَ (قرآن الکریم، سوره‌ی یوسف، آیه‌ی ۲۰.)**

و(سرانجام،) او را به بهای کمی-چند درهم- فروختند؛ و نسبت به(فروختن) او، بی رغبت بودند (مکارم شیرازی، ناصر؛ ترجمه‌ی قرآن کریم)

۴. مهیار، رضا (مترجم)؛ فرهنگ ابجدی عربی - فارسی؛ ترجمه المنجدالابجدی، چاپ اول، تهران، نشر اسلامی، ۱۳۷۰، ص ۴۶۳.

۵. **لِکَیْلا تَأْسَوْا عَلی ما فاتَکُمْ وَ لا تَفْرَحُوا بِما آتاکُم (قرآن الکریم، سوره‌ی حدید، قسمتی از آیه‌ی ۲۳.)**

این بخاطر آن است که برای آنچه از دست داده‌اید تأسف نخورید، و به آنچه به شما داده است دلبسته و شادمان نباشید؛ (مکارم شیرازی، ناصر؛ ترجمه‌ی قرآن کریم)

۶. **وَ قالَ علی(ع): الزُّهْدُ کُلُّهُ بَیْنَ کَلِمَتَیْنِ مِنَ الْقُرْآنِ قالَ اللّهُ سُبْحانَهُ- لِکَیْلا تَأْسَوْا عَلی ما فاتَکُمْ وَ لا تَفْرَحُوا بِما آتاکُمْ (سید رضی (گردآورنده)، نهج البلاغه، چاپ اول، قم، نشر هجرت، ۱۴۱۴ ه.ق.، ص ۵۵۳.)**

۷. فرهنگ ابجدی عربی - فارسی؛ ص ۶۲.

۸. **یا أَیُّهَا النّاسُ أَنْتُمُ الْفُقَراءُ إِلَی اللّهِ وَ اللّهُ هُوَ الْغَنِیُّ الْحَمیدُ (قرآن الکریم، سوره‌ی فاطر، آیه‌ی ۱۵.)**

ای مردم شما(همگی) نیازمند به خدائید؛ تنها خداوند است که بی‌نیاز و شایسته هر گونه حمد و ستایش است! (مکارم شیرازی، ناصر؛ ترجمه-ی قرآن کریم)

إِنَّ اللّهَ لَهُوَ الْغَنِیُّ الْحَمید (قرآن الکریم، سوره‌ی حج، قسمتی از آیه-ی ۶۴.)

۹. **مَنْ رُزِقَ ثَلَاثاً نَالَ ثَلَاثاً وَ هُوَ الْغِنَی الْأَکْبَرُ الْقَنَاعَةُ بِمَا أُعْطِیَ وَ الْیَأْسُ مِمَّا فِی أَیْدِی النَّاسِ وَ تَرْکُ الْفُضُولِ (ابن شعبه حرانی، تحف العقول عن آل الرسول (ص)، چاپ دوم، قم ، نشر جامعه ی مدرسین، ۱۴۰۴ قمری، ص ۳۱۸.)**

امام صادق (ع) فرمود: هر که را سه چیز روزی دهند به سه چیز دیگر رسد که بزرگترین توانگریست: قناعت بدان چه دهند، نومیدی و دل برکندن از آنچه در دست مردم است و ترک افزون‌طلبی. (ابن شعبه حرانی، رهاورد خرد (ترجمه تحف العقول)، ترجمه اتابکی، پرویز، چاپ اول، تهران، نشر و پژوهش فرزان روز، ۱۳۷۶، ص ۳۲۶.)

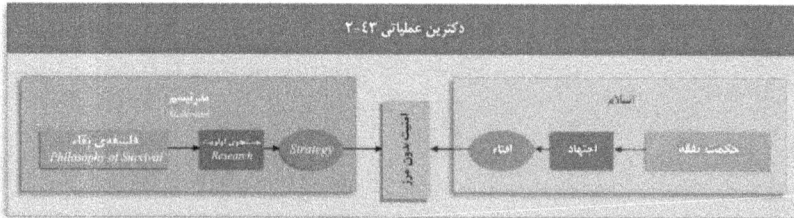

نقشه‌ی راه ۳-۲-۲-۴۳

مدرنیسم

فلسفه‌ی بقاء *Philosophy of Survival*

«*Survival*» از ریشه‌ی یونانی «*supervivere*» اشتقاق یافته، که خود از دو بخش تشکیل شده است: «*super*» به‌معنای «بیش» و «*vivere*» به‌معنای «زندگی‌کردن».[1] این واژه در عربی به «بقاء» ترجمه شده و در اصطلاح به «کنش بیشتر برای زنده ماندن» و «پایا بودن» اطلاق می‌گردد.

فلسفه‌ی بقاء، مبتنی بر فلسفه‌ی قدرت، و امنیت به تبیین چیستی و چرایی «بقاء» مخصوصاً در شرایط بحرانی می‌پردازد، زیرا در این شرایط است که «بقاء» فرد، سیستم و جامعه و به تبع آن «ثبات» و «پایداری»شان به خطر افتاده است.

ایدئولوژی جستجوی الویت *Priority Research*

ایدئولوژی جستجوی الویت، بیان اصالت «الویت‌گذاری» بر تمام مؤلفه‌های میدان کنش قدرت، و سپس میدان کنش امنیتی است.

با پیدایش شرایط بحرانی، بقاء سیستم در میدان کنش قدرت در برتافتن «نیاز»های مهم‌تر و دارای اولویت، و نپرداختن به نیازهای با اهمیت کمتر رقم می‌خورد. از سوی دیگر، «اراده»ی سیستم معطوف به تحقق الویت‌ها است که سبب می‌شود در شرایط غیربحرانی نیز امکان ثبات و بقا فراهم شود.

«الویت‌گذاری» در میدان کنش امنیتی، نیز با الویت‌سنجی در «تهدیدها» و «آسیب‌ها»ی یک سیستم محقق می‌شود.

دکترین استراتژی *Strategy*

واژه‌ی «*Strategy*» از ریشه‌ی یونانی «*stratēgos*» به‌معنای «*Generalship*»[2] مشتق شده است،[3] و در اصطلاح به «هنر و علم به میدان آوردن منابع و نیروها» اطلاق می‌شود.

فلسفه‌ی بقاء، مبتنی بر ایدئولوژی جستجوی الویت به دکترین «استراتژی» منتج می‌شود. دکترین استراتژی، از این منظر تبیین چیستی، چرایی و چگونگی «به‌میدان آوردن منابع و نیروها در حوزه‌ی دارای الویت به هدف تحقق بقای فردی و اجتماعی» است.

اسلام

حکمت تفقه

واژه‌ی «تفقه» از ریشه‌ی عربی «فقه» است. «فقه» در لغت به معنای فهم و درک، و «فقیه» به شخص صاحب فهم و درک اطلاق می‌شود،[4] «تفقه» در اصطلاح کنش و فرآیند «استخراج قواعد شرعی، و قوانین کلی اسلام» را در برمی‌گیرد.

حکمت تفقه در میان حکمت‌های مضاف، حوزه‌ی تبیین چیستی و چرایی «تفقه» است، زیرا تفقه در دین حتی در شرایط بحرانی طبق نص قرآن در سوره‌ی توبه،[5] و فرمایش امام صادق (ع) امری محتوم و ضروری است.[6]

مکتب اجتهاد

گرچه فقه و اجتهاد در حال حاضر به معنای «علم به احکام شرعیه فرعیه از طریق ادله تفصیلیه»[7] به‌کار می‌رود، لیکن اگر از اجتهاد به «تفقه در دین» تعبیر می‌شود،[8] «فهم فطری و خردمندانه‌ی متون دینی در بستر شرایط» تبیین صحیح‌تری از اجتهاد است، زیرا که دین تنها به احکام شرعی مختص نیست،[9] بلکه جمیع قواعد و قوانین و معارف دینی را شامل می‌شود.

قاعده‌ی افتاء

«افتاء» به‌معنای «فتوا دادن» است. حکمت تفقه، مبتنی بر مکتب اجتهاد به قاعده‌ی «افتاء» منتج می‌شود، زیرا تفقه در دین و فهم آن، سبب استخراج و اجتهاد قواعد شرعی و اسلامی شده و در نهایت این قواعد از طریق فتوا در اختیار مردم قرار می‌گیرد، هرآیینه که هریک از این مراحل خارج از اصول و اساس دینی باشد، نتیجه‌ای جز هلاک متصور نخواهد بود.[10]

امنیت

اکنون در جمهوری اسلامی ایران، رویه‌های مدرنیستی فلسفه‌ی بقا، ایدئولوژی جستجوی الویت و دکترین استراتژی در حوزه‌ی اقتصاد، مبنای طرح‌ریزی هستند. در صورتی‌که این رویه‌ها اگر در ذیل حکمت تفقه، مکتب اجتهاد و قاعده‌ی افتاء برتافته نشوند موجب تحقق بقای حقیقی انسان نخواهند گردید.

---

1. Merriam-Webster's collegiate dictionary, 11th Ed., Massachusetts, U.S.A, Merriam-Webster Incorporated, 2005. (Word: Survival, Survive)

۲. سرلشکری، سرتیپی، علم لشکرکشی (آریانپور کاشانی، عباس و آریانپور کاشانی، منوچهر (مؤلفین)؛ فرهنگ جیبی انگلیسی به فارسی، چاپ اول، تهران، انتشارات امیرکبیر، ۱۳۵۵، ص ۲۷۳.)

3. Merriam-Webster's collegiate dictionary. (Word: Strategy)

۴. رجالی تهرانی، علی‌رضا؛ ولایت فقیه در عصر غیبت، چاپ اول، قم، انتشارات نبوغ، ۱۳۸۹، ص ۸۵.

۵. وَ ما کانَ الْمُؤْمِنُونَ لِیَنْفِرُوا کَافَّةً فَلَوْ لا نَفَرَ مِنْ کُلِّ فِرْقَةٍ مِنْهُمْ طائِفَةٌ لِیَتَفَقَّهُوا فِی الدِّینِ (قرآن الکریم، سوره‌ی توبه، قسمتی از آیه‌ی ۱۲۲.)

شایسته نیست مؤمنان همگی(بسوی میدان جهاد) کوچ کنند؛ چرا از هر گروهی از آنان، طایفه‌ای کوچ نمی‌کند(و طایفه‌ای در مدینه بماند)، تا در دین(و معارف و احکام اسلام) آگاهی یابند (مکارم شیرازی، ناصر؛ ترجمه‌ی قرآن کریم)

۶. لیت السّیاط علی رءوس اصحابی حتی یتفقّهوا فی الحلال و الحرام

کاش تازیانه‌ها بر سر اصحاب من افراخته بود، تا در حلال و حرام تفقه کنند و آن را چنان که شایسته است بفهمند! (حکیمی، محمدرضا و همکاران (مؤلفین)؛ الحیاة، آرام، احمد (مترجم)، تهران، دفتر نشر فرهنگ اسلامی، ۱۳۸۰، ج ۱، ص ۳۵۰.)

۷. العلم بالاحکام الشرعیة الفرعیة عن ادلتها التفصیلیة.

۸. جابری عربلو، محسن؛ تعریف و تقسیم فقه، فصل‌نامه‌ی مقالات و بررسی‌ها، بهار ۱۳۶۵، شماره‌ی ۴۱ و ۴۲، ص ۹۹.

۹. صادقی رشاد، علی‌اکبر؛ اجتهاد موجود و اجتهاد مطلوب، فصل‌نامه‌ی پژوهش و حوزه، زمستان ۱۳۸۱، سال سوم، شماره‌ی ۱۲، ص ۴۳.

۱۰. قَالَ أَبُو جَعْفَرٍ ع یَا جَابِرُ لَوْ کُنَّا نُفْتِی النَّاسَ بِرَأْیِنَا وَ هَوَانَا لَکُنَّا مِنَ الْهَالِکِینَ وَ لَکِنَّا نُفْتِیهِمْ بِآثَارٍ مِنْ رَسُولِ اللَّهِ ص وَ أُصُولِ عِلْمٍ عِنْدَنَا نَتَوَارَثُهَا کَابِراً (علامه مجلسی، بحار الأنوار الجامعة لدرر أخبار الأئمة الأطهار، تهران، ناشر اسلامیه، ج ۲، ص ۱۷۲)

امام باقر (ع): ما اگر براساس رأی و هوس خود به مردم فتوا می‌دادیم، هرآینه از هلاک‌شدگان بودیم. لیکن ما بر پایه‌ی قول و سنت پیامبر خدا (ص) و اصول علمی‌ای که خود داریم و از پدران بزرگوار خود به ارث می‌بریم برای مردم فتوا می‌دهیم. (محمدی ری شهری، محمد؛ منتخب میزان الحکمه، ترجمه شیخی، حمیدرضا، چاپ دوم، قم، سازمان چاپ و نشر دارالحدیث، ۱۳۸۴، ص ۴۴۱.)

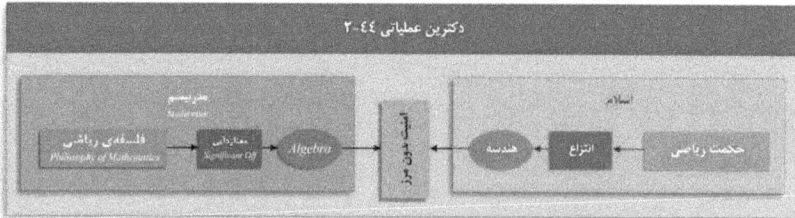

نقشه‌ی راه ۳-۲-۲-۴۴

مدرنیسم

فلسفه‌ی ریاضی *Philosophy of Mathematics*

«*Mathematics*» لغتـــی از ریشـــه‌ی «*mathēmatikos*» یونانی است،[۱] کـه در زبـان عربـی بـه «ریاضـی» و «ریاضـیات» ترجمه شده است.[۲]

فلسفه‌ی ریاضی، حوزه‌ای از فلسفه‌های مضاف اسـت کـه در گـام نخست «کمیت» را به عنوان مادۀالمواد و آرخـه تبیـین مـی‌کنـد و سپس به پرسش از نسبت‌شناسی میان ریاضـی و ذهـن، ریاضـی و منطق، و چیستی و چرایی اعداد و اشکال، مقـادیر و ویژگـی‌هـای آن‌ها و مناسبات و روابط بین آن‌ها می‌پردازد.

فلسفه‌ی ریاضی در غرب با ایدئولوژی‌های متفاوتی روبه‌رو است:

۱. دیدگاه افلاطونی *Platonism*: مبتنی بر این دیدگاه امـور ریاضی، اشیایی واقعی و عینی هستند کـه از سـوی دیگـر از سـنخ اشیاء فیزیکی هم محسوب نمی‌شوند. ایـن امـور مسـتقل از ذهـن بوده و در خارج از مناسبات زمان و مکان نیز تغییرناپذیرند.[۳]

۲. دیدگاه منطق‌گرایی *Logicalism*: در این دیدگاه به‌جـای این‌که منطق ابزاری برای ریاضیات باشد، پیشرو ریاضـیات عنـوان می‌شود، از این رو همه مفاهیم ریاضی باید در قالب مفاهیم منطقی تدوین شده، و همه‌ی قضایای ریاضی باید به‌عنوان قضایای منطقی بسط یابند.[۴]

۳. دیـدگاه شـهودگرایی *Intuitionalism*: براسـاس ایـن دیدگاه، در زیربنای ریاضی یک شهود اولیه قرار دارد، و ریاضـیات نوعی فعالیت ذهنی محسوب می‌شود که بـه‌دنبـال کشـف حقـایق است.[۵]

۴. دیدگاه صورت‌گرایی *Formalism*: این دیدگاه بیان می‌دارد ریاضیات طوری قالب‌ریزی شـده اسـت کـه بـه‌هـیچ عنـوان مدعی چیزی نیست، بلکـه فقـط طـرح مجـردی اسـت کـه دارای ساختاری معین باشد.[۶]

ایدئولوژی معنازدایی *Significant off*

مکتب صورت‌گرایی توسط دیوید هیلبرت[۷] بنیان نهاده شـده است. در این دیدگاه ریاضیات به‌مثابه‌ی یک زبـان در نظـر گرفتـه می‌شود، که وسیله‌ی فرمول‌بندی و توسعه‌ی نظریه‌هـای علمـی را

تشکیل می‌دهد. اما این ایدئولوژی تکیه بر جنبه‌ی صوری ریاضیات دارد و با معنا یا محتوای ریاضیات مخالف است، فلذا بر «معنازدایی» و «انکار محتوای» فرمول‌های ریاضی تأکید کرده و فعالیت ریاضی را به صورت مجموعه‌ای از نمادهای «بی‌معنا» و «بی‌محتوا» تبیین می‌کند.

دکترین جبر *Algebra*

در ایدئولوژی معنازدایی به‌جای استفاده از زبان بشری که واجد محتوا در «کلمات» است، «علامت‌ها»[8] و نمادهای صوری موضوعیت می‌یابد،[9] «جبر» نیز که به همراه حساب دیفرانسیل و انتگرال گسترش‌های حساب محسوب می‌شوند،[10] در واقع «نمایش اعداد و روابط آن‌ها به صورت علامت‌ها و نمادهای حرفی و سمبولیک» هستند، که معنازدایی را محقق می‌کنند.

اسلام

حکمت ریاضی

واژه‌ی «ریاضی» از ریشه‌ی «روض» عربی مشتق شده است،[11] و به دانش مطالعه‌ی «کمیت» اطلاق می‌شود، «هندسه» به مطالعه‌ی کمیت‌های متصل پرداخته و کمیت منفصل نیز مورد مطالعه‌ی علم «عدد» شامل جبر و حساب قرار می‌گیرد.[12]

حکمت ریاضی نیز چیستی و چرایی «کمیت» را تبیین می‌کند، و به نسبت‌شناسی میان ریاضی و سایر علوم طبیعی، شرعی، طریقی و حقیقی می‌پردازد.

مکتب انتزاع

انتزاع در اصطلاح به فعالیت خاص ذهنی اطلاق می‌شود که پس از درک چند چیز مشابه، به مقایسه‌ی آن‌ها با یکدیگر پرداخته و سپس صفات مختص هر یک را از صفت مشترک آن‌ها تمیز داده و از صفت مشترک به یک مفهوم کلی برسد، به این صورت این مفهوم کلی «انتزاع» می‌شود.[13] حکمت ریاضی، مفاهیم کمی و ریاضی را در ذیل مفهوم انتزاع رقم می‌زند.

قاعده‌ی هندسه

حکمت ریاضی، مبتنی بر مکتب انتزاع در قاعده‌ی هندسه نمود پیدا می‌کند. در «هندسه» بحث از اشکال و ابعاد است،[14] و قاعده‌ی هندسه چیستی، چرایی و چگونگی اشکال و ابعاد هر چیز را مبتنی بر عنصر مکان تبیین می‌کند.

امنیت

گرچه فلسفه‌ی ریاضی و حکمت ریاضی به‌جز در مفهوم کمیت به عنوان آرخه، تفاوت بنیادینی باهم ندارند، لیکن در طرح‌ریزی مبتنی بر ایدئولوژی معنازدایی و دکترین جبر با طرح‌ریزی مبتنی بر مکتب انتزاع و دکترین هندسه تفاوت قابل ملاحظه‌ای وجود دارد که قابل چشم‌پوشی نیست، فلذا تبیین دقیق رویه‌های اسلامی در روش‌شناسی اقتصاد بیع محور حائز اهمیت است.

---

1. Merriam-Webster's collegiate dictionary, 11th Ed., Massachusetts, U.S.A, Merriam-Webster Incorporated, 2005. (Word: Mathematics)

۲. صلیبا، جمیل؛ المعجم الفلسفی، بیروت، نشر الشرکة العالمیة للکتاب، ۱۴۱۴ ه.ق. ، جلد ۱، ص ۶۳۱.

۳. مهام، سیما؛ فلسفه‌ی ریاضی، دوماهنامه‌ی کیهان اندیشه، مرداد و شهریور ۱۳۷۳، شماره‌ی ۵۵، ص ۴۱.

۴. همان، صص ۴۱ و ۴۲.

۵. همان، صص ۴۲ و ۴۳.

۶. همان، صص ۴۳، ۴۴.

7. David Hilbert (1862-1943) German Mathematician

8. Symbols

۹. فلسفه‌ی ریاضی، ص ۴۳.

۱۰. امید، مسعود؛ درآمدی بر فلسفه‌ی ریاضی، دوماهنامه‌ی کیهان اندیشه، مهر و آبان ۱۳۷۳، شماره‌ی ۵۶، ص ۱۷.

۱۱. مهیار، رضا (مترجم)؛ فرهنگ ابجدی عربی - فارسی؛ ترجمه‌ی المنجدالابجدی، چاپ اول، تهران، نشر اسلامی، ۱۳۷۰، ص ۴۴۱.

۱۲. صلیبا، جمیل؛ فرهنگ فلسفی، صانعی دره بیدی، منوچهر (مترجم)، چاپ اول، تهران، انتشارات حکمت، ۱۳۶۶، ج ۱، ص ۳۸۱.

۱۳. امید، مسعود؛ درآمدی بر فلسفه‌ی ریاضی، دوماهنامه‌ی کیهان اندیشه، مرداد و شهریور ۱۳۷۳، شماره‌ی ۵۵، ص ۳۰.

۱۴. امید، مسعود؛ فلسفه‌ی ریاضی از نگاه فلاسفه‌ی اسلامی، دوماهنامه‌ی کیهان اندیشه، خرداد و تیر ۱۳۷۳، شماره‌ی ۵۴، ص ۸۲

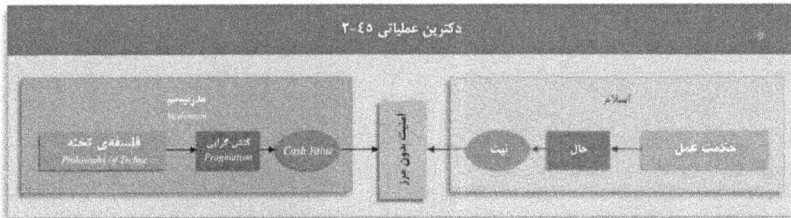

نقشه‌ی راه ۳-۲-۲-۴۵

مدرنیسم

فلسفه‌ی تخنه *Philosophy of Techne*

«*Techne*» واژه‌ای یونانی و به‌ذات فلسفی است که معنای آن در نگاه نخست مبهم است. این لغت ریشه‌ی «*technologia*» در زبان یونانی و «*technology*» در زبان انگلیسی است. «تخنه» در مفهوم یونانی به معنای «هنر» و «مهارت» بوده است،[1] و در عربی به «فن» ترجمه گردیده است.[2] زبان عربی از یک‌سو واژه‌ی «فن» را معادل هر دو مفهوم «تخنه» و «هنر» قرار داده، و از سوی دیگر لغت «تقنی» را به‌معنای ماهر و فنی برمی‌تابد.[3]

گرچه قدمت فلسفه‌ی تخنه به اندازه‌ی خود فلسفه است، لیکن در دوران اخیر پرسش از تخنه به طور جدی توسط هایدگر[4] مطرح شده است. فلسفه‌ی تخنه حوزه‌ی تبیین چیستی و چرایی «تخنه» به عنوان میوه‌ی درخت فلسفه، «تکنیک» به عنوان هر نوع فرا- آوری صنعتی، هنری و ... و در نهایت «تکنولوژی» است.

ایدئولوژی کنش‌گرایی *Pragmatism*

«*Pragmatism*» از ریشه‌ی یونانی «*Pragma*» به‌معنای «عمل» و «کار» مشتق شده است.[5] ایدئولوژی پراگماتیسم، در اواخر قرن نوزدهم میلادی از آرای پی‌یرس،[6] جیمز[7] و دیویی[8] پدید آمده و بیان «اصالت عمل» است.

مبتنی بر این ایدئولوژی، بسط هر مفهوم ذهنی، تنها در قالب رفتاری که به آن منتج می‌شود تحقق می‌یابد، و به بیان دیگر آن‌چه اصالت دارد نتایج عملی و تأثیرات مورد انتظار آن است نه ایده و معرفتی که حاصل خردورزی است.[9]

دکترین کش ولیو *Cash Value*

فلسفه‌ی تخنه مبتنی بر ایدئولوژی کنش‌گرایی به دکترین کش ولیو منتج می‌شود. «*Cash Value*» در فارسی به «ارزش مالی»، «بهای نقدی» و «قیمت پولی» ترجمه گردیده است.

دکترین کش ولیو، تبیین این موضوع است که چرا «ارزش نقدی» حاصل و نتیجه‌ی کنش‌گرایی و عمل‌گرایی محسوب می‌شود،

سپس به این موضوع می‌پردازد که ارزش نقدی و پولی هر کنش و عملی چیست، و چگونه این ارزش ارزیابی می‌شود.

اسلام

حکمت عمل

واژه‌ی «عمل» به «هر فعلی و کاری که با قصد انجام شود.» اطلاق می‌شود، و در معنا اخص از «فعل» است، زیرا که فعل به رفتار بدون قصد نسبت داده می‌شود.[10]

در اسلام حکمت عمل، مبتنی بر ایمان موضوعیت می‌یابد[11] و به تبیین چیستی و چرایی اعمال انسان، و نسبت‌شناسی میان «عمل» و «نتیجه و پاداش» آن می‌پردازد.[12]

مکتب حال

حکمت عمل در اسلام مکتب حال را برمی‌تابد، زیرا گذشته‌ی انسان گذر کرده و رفته است، و انسان به آمدن آینده نیز یقین ندارد، شاید که فرصت عمر انسان به سر آمده باشد، فلذا انسان باید «حال» را که در اختیار دارد به «عمل» در یابد.[13]

قاعده‌ی نیت

«عمل» انسان به «نیت» اوست، و نتیجه و پاداش برای هرکس به نسبت «نیت» و «قصدی» که از انجام آن کار دارد، رقم می-خورد.[14]

قاعده‌ی نیت، تبیین چیستی، چرایی و چگونگی «نیت» انسان به عنوان اساس «عمل» اوست.[15]

امنیت

گرچه اکنون در جمهوری اسلامی ایران، در حوزه‌ی اقتصاد، فلسفه‌ی تخنه، ایدئولوژی پراگماتیسم و دکترین کش ولیو مبنای طرح‌ریزی واقع گردیده، لکن بایسته و شایسته است حوزه‌های حکمت عمل، مکتب حال و قاعده‌ی نیت از پرده‌ی غفلت خارج شده و مبنای طرح و عمل قرار بگیرند

---

1. Craig, Edward (Editor in Chief); The Shorter Routledge Encyclopedia of Philosophy, 1st Ed., New York, Routledge Publication, 2005, p.1011.

۲. صلیبا، جمیل؛ فرهنگ فلسفی، صانعی دره بیدی، منوچهر (مترجم)، چاپ اول، تهران، انتشارات حکمت، ۱۳۶۶، ج ۱، ص ۲۵۲.

۳. صلیبا، جمیل؛ المعجم الفلسفی، بیروت، نشر الشرکة العالمیة للکتاب، ۱۴۱۴ ه.ق. ، ج ۱، ص ۲۲۹.

4. Martin Heidegger (1889-1976)

5. Merriam-Webster's collegiate dictionary, 11th Ed., Massachusetts, U.S.A, Merriam-Webster Incorporated, 2005. (Word: Pragmatism, Pragmatic)

6. Charles Sanders Santiago Peirce (1839-1914)

7. William James (1842-1910)

8. John Dewey (1859-1952)

۹. فدوی، روح‌الله؛ پراگماتیسم، فصل‌نامه‌ی فروغ اندیشه، شماره‌ی ۱۲ و ۱۳، ص ۸۷.

۱۰. راغب اصفهانی، حسین بن محمد؛ ترجمه و تحقیق مفردات الفاظ قرآن؛ خسروی حسینی، سیدغلامرضا (مترجم)، نشر مرتضوی، ج ۲ ، ص ۶۵۱.

۱۱. وَ أَمَّا مَنْ آمَنَ وَ عَمِلَ صالِحاً فَلَهُ جَزاءً الْحُسْنى (قرآن الکریم، سوره‌ی کهف، قسمتی از آیه‌ی ۸۸.)

و اما کسی که ایمان آورد و عمل صالح انجام دهد، پاداشی نیکوتر خواهد داشت؛ (مکارم شیرازی، ناصر؛ ترجمه‌ی قرآن کریم)

۱۲. مَنْ عَمِلَ صالِحاً مِنْ ذَكَرٍ أَوْ أُنْثى وَ هُوَ مُؤْمِنٌ فَلَنُحْيِيَنَّهُ حَياةً طَيِّبَةً وَ لَنَجْزِيَنَّهُمْ أَجْرَهُمْ بِأَحْسَنِ ما كانُوا يَعْمَلُونَ (قرآن الکریم، سوره‌ی نحل، آیه‌ی ۹۷.)

هر کس کار شایسته‌ای انجام دهد، خواه مرد باشد یا زن، در حالی که مؤمن است، او را به حیاتی پاک زنده می‌داریم؛ و پاداش آنها را به بهترین اعمالی که انجام می‌دادند، خواهیم داد. (مکارم شیرازی، ناصر؛ ترجمه‌ی قرآن کریم)

۱۳. انّ ماضی یومک منتقل و باقیه متّهم فاغتنم وقتک بالعمل.

امام علی(ع): به‌درستی که گذشته روز تو انتقال کرده و رفته، و باقی مانده آن تهمت زده شده است یعنی یقینی نیست ببودن آن، پس غنیمت شمر وقتی را که در آنی بعمل. (خوانساری، آقا جمال الدین، شرح آقا جمال الدین خوانساری بر غرر الحکم، چاپ اول، تهران، ناشر دانشگاه تهران، ۱۳۶۶، ج ۲، ص ۵۰۷.)

۱۴. رَسُولَ اللَّهِ (ص) يَقُولُ إِنَّمَا الْأَعْمَالُ بِالنِّيَّةِ وَ فِي رِوَايَةٍ بِالنِّيَّاتِ وَ إِنَّمَا لِكُلِّ امْرِئٍ مَا نَوَى فَمَنْ كَانَتْ هِجْرَتُهُ إِلَى اللَّهِ وَ رَسُولِهِ فَهِجْرَتُهُ إِلَى اللَّهِ وَ رَسُولِهِ وَ مَنْ كَانَتْ هِجْرَتُهُ إِلَى دُنْيَا يُصِيبُهَا أَوِ امْرَأَةٍ يَتَزَوَّجُهَا فَهِجْرَتُهُ إِلَى

مَا هَاجَرَ إِلَيْه (سید ابن طاوس، الطرائف فی معرفة مذاهب الطوائف، چاپ اول، قم، نشر خیام، ۱۴۰۰ هـ.ق، ج۲، ص۴۶۷.)

رسول خدا (ص) فرمود: همانا اعمال به نیتهاست و در حقیقت برای هر کس آنچیزی است که نیت میکند. پس هرکه هجرتش برای خدا و رسول باشد به سوی خدا و رسول او هجرت کرده و هر کس برای رسیدن به چیزی از دنیا یا ازدواج با زنی باشد، هجرتش به سوی همان چیز است. (محمدی ری شهری، محمد؛ منتخب میزان الحکمه، ترجمه شیخی، حمیدرضا، چاپ دوم، قم، سازمان چاپ و نشر دارالحدیث، ۱۳۸۴، ص ۵۷۷.)

۱۵. الإمام علی (ع): النِّیَّةُ أَسَاسُ الْعَمَل (تمیمی آمدی، عبد الواحد؛ تصنیف غرر الحکم و درر الکلم، چاپ اول، قم، نشر دفتر تبلیغات، ۱۳۶۶، ص ۹۳.)

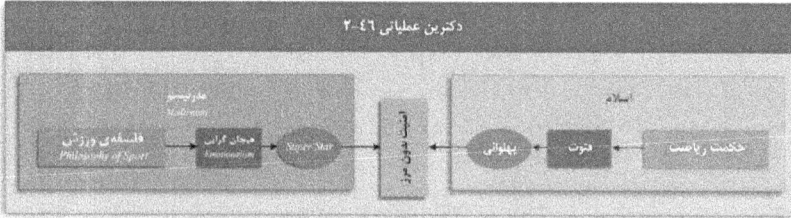

دکترین عملیاتی ۲-۴۶

نقشه‌ی راه ۳-۲-۲-۴۶

مدرنیسم

فلسفه‌ی اسپورت *Philosophy of Sport*

واژه‌ی «*Sport*» مخففی از ریشه‌ی «*disporten*» است که به‌معنای تفریح، خوشی و انجام حرکات نشاط انگیز کاربرد داشته است. «اسپورت» در اصطلاح به «فعالیت فیزیکی با هدف خوشی و لذت» اطلاق می‌شود.[1] این لغت در فارسی مابه‌ازای «ورزش» است و به «تفریح»، «بازی» و «سرگرمی» نیز ترجمه گردیده است.

گرچه قدمت فلسفه‌ی اسپورت به آرای فلاسفه‌ی یونان بازمی‌گردد، لیکن نیمه‌ی دوم قرن بیستم آغازی بر این فلسفه‌ی مضاف عنوان شده است. فلسفه‌ی اسپورت، علاوه بر تبیین مفاهیمی هم‌چون «رقابت»، «بازی» و «ورزش» به حوزه‌ی مسائل اجتماعی ورزش، رابطه‌ی بدن- ذهن در ورزش، اتیک ورزش، خودآگاهی در ورزش نیز می‌پردازد.[2]

ایدئولوژی هیجان‌گرایی *Emotionalism*

«اموشن» بُعد احساسات بشری را در سطح قوی‌تر دنبال می‌کند.[3] فلسفه‌ی ورزش، اصالت ایجاد و تخلیه‌ی «هیجان» را در ایدئولوژی «هیجان‌گرایی» برمی‌تابد. این ایدئولوژی عموماً در مقابل رسیونالیسم قرار می‌گیرد، زیرا هیجانات بشر به‌جای خرد بشری ملاک و مبنای درستی و نادرستی رفتار و پدیده‌ها قرار می‌گیرند.

هیجان‌گرایی مهم‌ترین خصیصه‌ی فرهنگ توده[4] و حوزه‌ی فرهنگی عوام در یک جامعه محسوب می‌شود. از این منظر بشر پتانسیل بالایی برای هیجان دارد، و ذخیره‌ی هیجان در بشر از یک سو انرژی زیادی در وی ایجاد کرده، و از سوی دیگر انباشت هیجان بیش از حدّ می‌تواند نتایج و اثرات منفی ایجاد کند. مبتنی بر دیدگاه مدرنیسم، «ورزش» به عنوان عنصر تخلیه‌ی هیجان مطرح می‌شود.

دکترین سوپراستاریسم *Superstarism*

«سوپراستار» در عرصه‌ی هنر و ورزش به کسی اطلاق می‌شود که در میان مردم جاذبه‌ی قوی داشته و گروه مرجع بوده، و به صورت عمومی چهره‌ی شناخته شده باشد و در یک یا چند رشته‌ی هنری یا ورزشی دارای موفقیت و یا رکورد باشد.[5]

فلسفه‌ی اسپورت مبتنی بر ایدئولوژی اموشنالیسم به دکترین سوپراستاریسم منتج می‌شود. این دکترین از یک‌سو پدیده‌ی ورزشکار[6] به عنوان قهرمان فرهنگی[7] را مدنظر دارد، و ارزش‌ها و نیازهای این قهرمان را بیان‌گر ارزش‌ها و نیازهای جامعه می‌داند،[8] و از سوی دیگر چگونگی نیل به سوپراستارسازی را در حوزه‌ی ورزش تبیین می‌کند.

اسلام

حکمت ریاضت

واژه‌ی «ریاضت» از ریشه‌ی «روض» مشتق شده است و در اصطلاح «به‌کار بردن جسم و نفس و واداشتن آن‌ها در زحمت» به کار می‌رود.[9]

حکمت ریاضت در مقابل فلسفه‌ی اسپورت نه تنها چیستی و چرایی «ورزیدگی جسم» را در تمرین، ممارست و ورزش برمی‌تابد، بلکه «خدمت خداوند متعال» را به عنوان نهایت و غایت ریاضت تبیین می‌کند.[10]

مکتب فتوت

«فتوت» از ریشه‌ی «فتی» به‌معنای «جوان» مشتق شده و مابه‌ازای «جوان‌مردی» در زبان فارسی به کار می‌رود.[11] حکمت ریاضت، مکتب فتوت را برمی‌تابد، زیرا انسان زحمتی بر جسم و نفس خویش می‌گذارد، تا به «فتوت و جوان‌مردی» نیل کند. جوان‌مردی و فتوتی که در تواضع، عفو، نصیحت و بخشش معنا پیدا می‌کند.[12]

قاعده‌ی پهلوانی

در اسلام، به‌جای «قهرمانی»، «پهلوانی» موضوعیت دارد. قاعده‌ی پهلوانی، مبتنی بر مکتب فتوت به تبیین چیستی و چرایی پهلوانی و کیستی پهلوان و چگونگی تحقق آن مبتنی بر دیدگاه اسلامی می‌پردازد.[13]

امنیت

اکنون در جمهوری اسلامی ایران، در طرح‌ریزی حوزه‌ی اقتصاد، فلسفه‌ی اسپورت مبنا قرار گرفته است، این فلسفه به ایدئولوژی اموشنالیسم و در نهایت به دکترین سوپراستاریسم ختم می‌شود، در حالی‌که تحقق پهلوانی و فتوت ریشه در حکمت ریاضت و ورزیدگی جسم و نفس به صورت توأمان دارد.

---

1. Physical activity engaged in for pleasure (Merriam-Webster's collegiate dictionary, 11th Ed., Massachusetts, U.S.A, Merriam-Webster Incorporated, 2005. Word: Sport)
2. Craig, Edward; Routledge Encyclopedia of Philosophy, Version 1.0, London; Routledge Publication, 1998. (Philosophy of Sport)
3. Emotion: A strong feeling, such as joy, anger, or sadness. (Concise Oxford English Dictionary, 11st Ed., Oxford, U.K, Oxford University Press, 2004.)
4. Mass Culture
5. Merriam-Webster's collegiate dictionary. (Word: Superstar)
6. Athlete
7. Cultural Hero
8 Craig, Edward; Routledge Encyclopedia of Philosophy, (Philosophy of Sport)

۹. راغب اصفهانی، حسین بن محمد؛ ترجمه و تحقیق مفردات الفاظ قرآن؛ خسروی حسینی، سیدغلامرضا (مترجم)، نشر مرتضوی، ج۲ ، ص .۱۲۴

۱۰. **دعاء الخضر (ع) یا ربّ یا ربّ یا ربّ قوّ علی خدمتک جوارحی**

پروردگارا اعضای مرا نیرو ده بر انجام خدمتت (سماهیجی، عبدالله (گردآورنده)؛ صحیفه‌ی علویه، رسولی محلاتی، سیدهاشم (مترجم)، چاپ سوم، تهران، انتشارات اسلامی، ۱۳۶۹، صص ۲۰۴ و ۲۱۳)

۱۱. مهیار، رضا (مترجم)؛ فرهنگ ابجدی عربی - فارسی؛ ترجمه المنجدالابجدی، چاپ اول، تهران، نشر اسلامی،۱۳۷۰، ص .۶۵۵

۱۲. **أَمِیرِ الْمُؤْمِنِینَ ع قَالَ الْفُتُوَّةُ أَرْبَعَةٌ التَّوَاضُعُ مَعَ الدَّوْلَةِ وَ الْعَفْوُ مَعَ الْقُدْرَةِ وَ النَّصِیحَةُ مَعَ الْعَدَاوَةِ وَ الْعَطِیَّةُ بِلَا مِنَّةٍ** (دیلمی، شیخ حسن؛ إرشاد

القلوب إلی الصواب، چاپ اول، قم، ناشر شریف رضی، ۱۴۱۲ قمری، ج ۱، ص ۱۹۴.)

از حضرت امیر المؤمنین روایت شده که جوانمردی در چهار چیز است تواضع داشتن با ثروت و گذشت با قدرت و نصیحت با دشمنیو عداوت و بخشش بدون منت (دیلمی، شیخ حسن؛ إرشاد القلوب إلی الصواب، رضایی، عبدالحسین (مترجم)، چاپ سوم، تهران، ناشر اسلامیه، ۱۳۷۷، ج ۱، ص ۴۵۳.)

۱۳. **قَالَ** رسول الله (ص) **مَا الصُّرَعَةُ فِيكُمْ قَالُوا الشَّدِيدُ الْقَوِيُّ الَّذِی لَا يُوضَعُ جَنْبُهُ فَقَالَ بَلِ الصُّرَعَةُ حَقُّ الصُّرَعَةِ رَجُلٌ وَكَزَ الشَّيْطَانُ فِی قَلْبِهِ فَاشْتَدَّ غَضَبُهُ وَ ظَهَرَ دَمُهُ ثُمَّ ذَكَرَ اللَّهَ فَصَرَعَ بِحِلْمِهِ غَضَبَه** (ابن شعبه حرانی، تحف العقول عن آل الرسول (ص)، چاپ دوم، قم ، نشر جامعه ی مدرسین، ۱۴۰۴ قمری، ص ۴۷.)

پیامبر (ص) فرمود قهرمان نزد شما کیست؟ گفتند: مرد پر قدرت و پر توانی که پشتش را به خاک نرسانده باشند. پیامبر فرمود: بلکه پهلوان واقعی کسی است شیطان مشت به دل او بکوبد و او سخت خشمگین شود و خونش به جوش آید، آنگاه خدا را یاد نماید و با بردباری خود خشم خود را به خاک افکند (ابن شعبه حرانی، رهاورد خرد (ابن شعبه حرانی، ترجمه تحف العقول، حسن زاده، صادق (مترجم)، چاپ اول، قم، انتشارات آل علی (ع)، ۱۳۸۲، ص ۷۹.)

دکترین عملیاتی ۴۷-۲
مدرنیسم
اسلام
فلسفه‌ی مأموریت
Philosophy of Mission
دورنماگرایی
Perspectivism
Vision
بصیرت
رسالت
حکمت استقامت

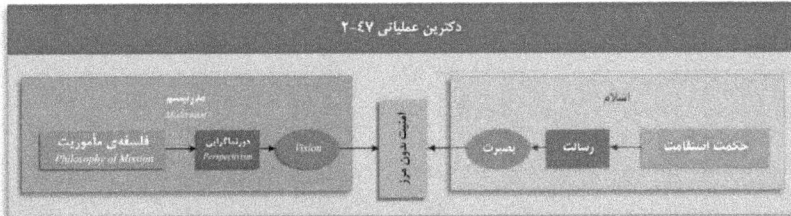

نقشه‌ی راه ۳-۲-۲-۴۷

مدرنیسم

فلسفه‌ی مأموریت *Philosophy of Mission*

«*Mission*» از ریشه‌ی «*mittere*» لاتینی به‌معنای «فرستادن» مشتق شده است. گرچه این واژه نخست به «فرستادن گروه‌های سیاسی و موسیونرهای مذهبی به خارج به قصد دیپلماسی و یا دعوت مسیحیت» اطلاق می‌شده است،[1] اکنون در معنای «مأموریت» به‌کار می‌رود، و «دلیل شکل‌گیری و وجود» یک سازمان یا سیستم را تبیین می‌کند، و عموماً نیز بیان‌گر ارزش‌ها و اعتقادات افرادی است که در رأس سازمان یا سیستم هستند.[2] فلسفه‌ی میشن، مبتنی بر فلسفه‌ی سیستم و فلسفه‌ی مدیریت به تبیین چیستی «میشن و مأموریت»، و سپس چرایی آن در نسبت با ایجاد وحدت رویه در تمامی ظرفیت‌های ذهنی و عینی یک سیستم و سازمان می‌پردازد.

ایدئولوژی دورنماگرایی *Perspectivism*

استمرار وضعیت کنونی یک سیستم یا سازمان، بر بستر محیط، در افق زمان، به موقعیت و نقطه‌ای خواهد انجامید که «پرسپکتیو» نامیده می‌شود. ایدئولوژی پرسپکتیویسم بیان‌گر اصالت تبیین «دورنما و پرسپکتیو» است. اساس پرسپکتیویسم بر این گزاره بنا نهاده شده است که وضع موجود هر سیستم ویا سازمانی شامل مرور زمان گردد، و عنصر طرح‌ریزی برای آینده لحاظ نشود، و به عبارت ساده دورنماگرایی منتج از رها نمودن وضع موجود در آینده باشد.

دکترین ویژن *Vision*

اگر در پاسخ به پرسپکتیوگرایی، در قبال مسائل و مشکلات پیش‌روی سیستم یا سازمان تدبیری اندیشیده شود تا آن مسائل و مشکلات در طول بازه‌ی زمانی مشخص حل شوند، «برآورد وضع مطلوب» رقم می‌خورد. تبیین «ویژن» یا «چشم‌انداز» ناظر بر همین برآورد وضعیت مطلوب است. در دکترین ویژن، نقطه‌ای در مقابل «دیدگاه»[3] افراد ترسیم می‌گردد، که به مثابه‌ی یک «شاخص» سبب تنظیم دیدگاه‌ها و معطوف شدن نظر و توجه همه‌ی افراد سیستم و سازمان به همان نقطه می‌شود.

اسلام

حکمت استقامت

لغت «استقامت» از ریشه‌ی عربی «قوم» به‌معنای «ایستادن» مشتق شده است،[۴] و مابه‌ازای «ایستادگی و استواری» محسوب می‌شود.

حکمت استقامت، تبیین چیستی، چرایی و چگونگی «استواری و ایستادگی» در «راه راست» و «استقامت» بر «صراط مستقیم» است آن‌چنان که از سوی خداوند متعال در آیه‌ی شریفه‌ی ۱۱۲ سوره‌ی هود به پیامبر اکرم(ص) امر شده است.[۵]

مکتب رسالت

دراسلام، مبتنی بر حکمت استقامت مکتب «رسالت»[۶] در مقابل ایدئولوژی پرسپکتیوگرایی غربی، تبیین می‌شود. افق مورد نظر در این مکتب، تحقق رسالتی است که یک فرد، سازمان یا نهاد به عهده دارد. فلذا «استقامت»، تلاشی را رقم می‌زند که نتیجه‌ی آن انطباق وضعیت موجود با افق وضعیت یعنی «رسالت» خواهد بود.

قاعده‌ی بصیرت

«بصیرت» از ریشه‌ی «بصر» به‌معنای «چشم و حس بینایی» مشتق شده است، و واژه‌ای است که مابه‌ازای «بینش» فارسی رواج دارد. بصیرت، دیدن با نگاه و چشم نیست،[۷] بلکه به دیدن، شنیدن و اندیشیدن مبتنی بر عقل و عبرت گرفتن اطلاق می‌شود.[۸]

مؤلفه‌ی اصلی و ضروری برای دریافت رسالت، «بصیرت» است؛ به عبارت دیگر، ادراک رسالت تنها در صورت واجد بصیرت بودن، صورت می‌گیرد، و قاعده‌ی بصیرت نیز چیستی و چرایی و چگونگی تحقق بصیرت را تبیین می‌کند.

امنیت

اکنون در جمهوری اسلامی ایران، در روش‌شناسی اقتصاد، فلسفه‌ی مأموریت مبنای طرح‌ریزی قرار گرفته است، و به تبع آن، ایدئولوژی پرسپکتیویسم و دکترین ویژن رویه‌های غالب را تشکیل می‌دهند، در حالی که مبتنی بر دیدگاه اسلام، «استقامت» در اقتصاد برتابیده می‌شود،[۹] فلذا تبیین و تدقیق حکمت استقامت، مکتب رسالت و قاعده‌ی بصیرت امری بایسته و شایسته است.

---

1. Online Etymology Dictionary, word: mission, at http://www.etymonline.com/
2. Mynatt, Jenai (Product Manager), Encyclopedia Of Management, 6th Ed., USA, Gale, Cengage Learning, 2009, p.536.
3. View

۴. ابن منظور، محمد بن مکرم؛ لسان العرب، چاپ اول، بیروت: نشر دارالکتب العلمیه، ۲۰۰۳ میلادی، ج ۱۲، ص ۴۹۶..

۵. فَاسْتَقِمْ کَما أُمِرْتَ وَ مَنْ تابَ مَعَکَ وَ لا تَطْغَوْا إِنَّهُ بِما تَعْمَلُونَ بَصیرٌ (قرآن الکریم، سوره‌ی هود، آیه‌ی ۱۱۲)

پس همان‌گونه که فرمان یافته‌ای، استقامت کن؛ و همچنین کسانی که با تو بسوی خدا آمده‌اند(باید استقامت کنند)! و طغیان نکنید، که خداوند آنچه را انجام می‌دهید می‌بیند! (مکارم شیرازی، ناصر. ترجمه‌ی قرآن کریم)

۶. رسالت از ریشه رسل به معنای برانگیخته شدن به آرامی و نرمی است. (راغب اصفهانی، حسین بن محمد؛ **ترجمه و تحقیق مفردات الفاظ قرآن؛** خسروی حسینی، سیدغلامرضا (مترجم)، نشر مرتضوی، جلد۲، صفحه ۷۱)

۷. وَ قَالَ الإمام علی (ع) لَیْسَتِ الرَّوِیَّةُ کَالْمُعَایَنَةِ مَعَ الْإِبْصَارِ فَقَدْ تَکْذِبُ الْعُیُونُ أَهْلَهَا وَ لَا یَغُشُّ الْعَقْلُ مَنِ اسْتَنْصَحَه (سید رضی (گردآورنده)، **نهج البلاغه، چاپ اول، قم، ناشر هجرت، ۱۴۱۴ ه.ق.، ص ۵۲۵.)**

دیدن با نگاه کردن نیست؛ زیرا گاه چشم‌ها به صاحبان خود دروغ می‌گویند، اما عقل کسی را که از او خیرخواهی کند فریب نمی‌دهد.(محمدی ری شهری، محمد؛ منتخب میزان الحکمه، ترجمه شیخی، حمیدرضا، چاپ دوم، قم، سازمان چاپ و نشر دارالحدیث، ۱۳۸۴، ص ۷۵.)

۸. الإمام علی (ع): فَإِنَّمَا الْبَصِیرُ مَنْ سَمِعَ فَتَفَکَّرَ وَ نَظَرَ فَأَبْصَرَ وَ انْتَفَعَ بِالْعِبَرِ ثُمَّ سَلَکَ جَدَداً وَاضِحاً یَتَجَنَّبُ فِیهِ الصَّرْعَةَ فِی الْمَهَاوِی وَ الضَّلَالَ فِی الْمَغَاوِی (نهج البلاغه، ص ۲۱۴.)

انسان بینا کسی است که به درستی شنید و اندیشه کرد، پس به درستی نگریست و آگاه شد، و از عبرت‌ها پند گرفت، سپس راه روشنی را پیمود، و از افتادن در پرتگاه‌ها، و گم شدن در کوره راهها، دوری کرد. (دشتی، محمد؛ ترجمه‌ی نهج البلاغه، چاپ اول، قم، نشر مشهور، ۱۳۷۹، ص ۲۸۳)

۹. الإمام علی (ع): من طلب السّلامة لزم الاستقامة.

هر که طلب کند سلامت را باید که همیشه با استقامت و راستی باشد و از آن جدا نشود. (خوانساری، آقا جمال الدین، شرح آقا جمال الدین خوانساری بر غرر الحکم، چاپ اول، تهران، انتشارات دانشگاه تهران، ۱۳۶۶، ج ۵، ص ۱۲.)

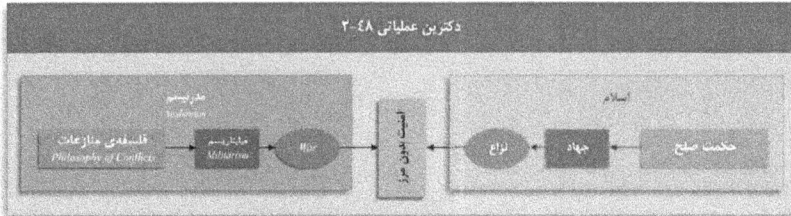

نقشه‌ی راه ۳-۲-۲-۴۸

مدرنیسم

فلسفه‌ی منازعات *Philosophy of Conflicts*

واژه‌ی «*Conflict*» از ریشه‌ی لاتینی «*conflictus*» به معنای «برخورد» مشتق شده است،[1] این واژه معادل «ستیزه» در فارسی و «منازعه» در عربی محسوب گردیده و به «برخورد»ی که حاصل «زد و خورد» باشد اطلاق می‌شود.

فلسفه‌ی منازعات حوزه‌ی تبیین چیستی و چرایی «تضادها» و «تعامل‌ها» در مناسبات بین افراد، گروه‌ها، کشورها و جوامع مختلف است. این حوزه از فلسفه‌ی مضاف به شناخت ذات «منازعه» و «برخورد» می‌پردازد و از آن‌جا که حداقل دو فرد، دو گروه و دو کشور در یک تقابل و تعامل موضوعیت دارند، شناخت تمامی طرف‌های منازعه و ستیزه را به عنوان یک اصل کلی مد نظر دارد.

فلسفه‌ی منازعات در غرب به دو دیدگاه عمده منتج می‌شود، ایدئولوژی کانزرواتیویسم که منازعه را به عنوان یک اصل غیر قابل اجتناب در طبیعت بشر دانسته و به ایدئولوژی رئالیسم نیز شناخته می‌شود، و دیدگاه ایده‌آلیسم[2] که منازعه را یکسره نامطلوب پنداشته و پرهیز از آن را واجد ارزش می‌داند.[3]

ایدئولوژی میلیتاریسم *Militarism*

نیچه پیش‌قراول ایدئولوژی میلیتاریسم مدرن در غرب شناخته می‌شود،[4] مکتبی که زیرمجموعه‌ای از ایدئولوژی کانزرواتیویسم است.

در این دیدگاه، منازعات برپایه‌ی مناسبات نظامی و نظام‌گری معنا و مفهوم می‌یابد، فلذا هر کشور به‌دنبال افزایش توان و قدرت نظامی خود برآمده تا توانایی لازم برای دفاع خود را در هر منازعه‌ای کسب کرده و بتواند علایق ملی خود را رقم بزند.[5]

دکترین جنگ *War*

فلسفه‌ی منازعات، مبتنی بر ایدئولوژی میلیتاریسم به دکترین جنگ منتج می‌شود. «جنگ» در فارسی، «محاربه» در عربی و «*War*» در انگلیسی به «سطح استراتژیکی منازعه» اطلاق می‌شود. دکترین جنگ، از یک‌سو به تبیین چیستی، چرایی و چگونگی «جنگ» و «جنگیدن» می‌پردازد، و از سوی دیگر «اصول و قواعد حاکم بر جنگ» را تعریف و تدقیق می‌کند.

دکترین جنگ مبتنی بر آرای نیچه بدین صورت تبیین می‌شود که «یک جنگ خوب، هر علتی را تقدیس می‌کند.»[6]

هراکلیتوس[۷] و فردریک کبیر[۸] دکترین جنگ را مبین این نکته می‌دانستند که «جنگ ظریف‌ترین توانایی‌های بشری را نمایان می‌کند.»[۹]

اسلام

حکمت صلح

در قرآن و هم‌چنین در زبان عربی واژه‌ی «صلح» در مقابل «حرب» قرار نمی‌گیرد، بلکه این واژه در مقابل «فساد» موضوعیت دارد،[۱۰] از این رو کاربرد عبارت «جنگ و صلح» نادرست است و به جای آن باید از تعابیر «صلح و فساد» یا «اصلاح و افساد» و هم‌چنین «سلم و حرب» یا «مسالمه و محاربه» عربی استفاده نمود. در فارسی نیز «جنگ و آشتی» تعبیر مناسب و صحیح است.

حکمت صلح نیز حوزه‌ای از حکمت‌های مضاف است که به تبیین چیستی «صلح و اصلاح» امور و پدیده‌ها در مقابل «فساد و افساد» پرداخته و چرایی آن‌ها را پاسخ می‌دهد.

مکتب جهاد

باتوجه به مفهوم‌شناسی صحیح واژه‌ی «صلح»، «جهاد» در اسلام مبتنی بر صلح و اصلاح موضوعیت می‌یابد و نه به عنوان ادامه‌ی جنگ و حرب، زیرا هرجا که نیاز به «اصلاح» باشد نیازمند «جهاد» و «مجاهدت» است خواه در حوزه‌ی درونی فرد باشد یا در حوزه‌ی جمعی انسان‌ها.[۱۱]

قاعده‌ی نزاع

«نزاع و منازعه» نیز قاعده حکمت صلح را تشکیل می‌دهد، زیرا تا هنگامی که فرد یا اجتماعی مخالف مصلحت اقدام ننمایند، و افساد نکنند، «نزاع و منازعه‌ای» موضوعیت نمی‌یابد. فلذا اسلام از حکمت منازعه نمی‌آغازد، بلکه «منازعه» را به‌مثابه‌ی مجرا و سبیلی در روند اصلاح امور تبیین و معرفی می‌کند.

امنیت

اکنون در جمهوری اسلامی ایران، در طرح‌ریزی حوزه‌های اقتصاد، تعلیم و تربیت، سلامت، علم و حکمت، رسانه، هنر، و ... بایسته و شایسته است با تبیین و تدقیق کامل حکمت صلح، مکتب جهاد و قاعده‌ی نزاع، تمایز و تفکیک رویه‌های اسلامی را از فلسفه‌ی منازعات، ایدئولوژی میلیتاریسم و دکترین جنگ رقم زد.

---

1. Merriam-Webster's collegiate dictionary, 11th Ed., Massachusetts, U.S.A, Merriam-Webster Incorporated, 2005. (Word: Conflict)
2. Idealism

این ایدئولوژی به ایدئولوژی ممانعت از برده‌داری Abolitionism نیز شناخته می‌شود.

3. Borchert, Donald M. (Editor in Chief), Encyclopedia Of Philosophy, 2nd Ed, USA, Thomson Gale, Macmillan Reference, 2006, Vol. 7, pp. 151-154.
4. The Same, p. 153.
5. Longman Dictionary of Contemporary English, 5th Ed., Edinburgh Gate, Pearson Education Publication, 2007. (Word: Militarism)
6. "A good war hallows every cause" (Thus Spake Zarathustra) Encyclopedia of Philosophy, p. 153.
7. Heraclitus of Ephesus (approx. 535-475 BCE)
8. Frederick II (1712-1786) known as Frederick the Great
9. Encyclopedia of Philosophy, p. 154.

۱۰. إِنَّ اللَّهَ لا یُصْلِحُ عَمَلَ الْمُفْسِدِینَ (قرآن الکریم، سوره‌ی یونس، قسمتی از آیه‌ی ۸۱)

چرا که خداوند (هرگز) عمل مفسدان را اصلاح نمی‌کند! (مکارم شیرازی، ناصر؛ ترجمه‌ی قرآن کریم)

۱۱. قال رسول الله (ص) جَاهِدُوا أَهْوَاءَکُمْ کَمَا تُجَاهِدُونَ أَعْدَاءَکُم (ورام بن ابی فراس؛ مجموعة ورام (تنبیه الخواطر)، چاپ اول، قم، نشر مکتبه فقیه، بی‌تا، ج ۱، ص ۳۷.) با هواهای نفسانی‌تان همان‌گونه جهاد کنید که با دشمنان‌تان

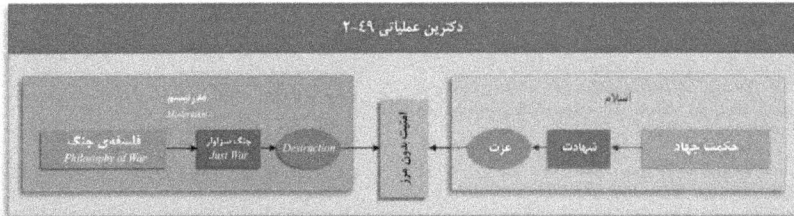

دکترین عملیاتی ۴۹-۲

نقشه‌ی راه ۳-۲-۲-۴۹

مدرنیسم

فلسفه‌ی جنگ *Philosophy of War*

واژه‌ی «*War*» از ریشه‌ی آلمانی «*werra*» به‌معنای ستیزه و نزاع مشتق شده است.[۱] این واژه در فارسی معادل «جنگ» ، و در عربی مابه‌ازای «حرب» است، و در اصطلاح «سطح استراتژیکی منازعه» کاربرد دارد.

فلسفه‌ی جنگ نیز مبتنی بر فلسفه‌ی منازعات تبیین می‌شود، و حوزه‌ی چیستی و چرایی «جنگ» را شامل می‌شود. کلاوزویتس[۲] در فلسفه‌ی جنگ متأثر از ماکیاولی[۳] که جنگ را به - منزله‌ی مهم‌ترین عنصر سیاست می‌دانست، معتقد بود که سیاست، محور اصلی جنگ است، و از این‌رو تعریف «جنگ ادامه‌ی سیاست است به شکلی دیگر»[۴] را ارائه نمود. برنهاردی[۵] جنگ را فرآیندی می‌داند که طی آن کشورهای متمدن نیرو و قدرت خود را به نمایش می‌گذارند، فلذا آن‌را «ابزار تطور بیولوژیک» تعریف می‌کند.[۶]

ایدئولوژی جنگ سزاوار *Just War*

«*Just War*» مابه‌ازای «*Bellum iustum*» است، عبارتی که برگرفته از کتب عهد قدیم و جدید بوده و از دو قسمت تشکیل شده است: «*jus ad bellum*» بیان‌گر «درستی شرکت جستن در یک جنگ» یا «دلیل عادلانه‌ی جنگ» و «*jus in bello*» که بیانی از «درستی اداره‌ی یک جنگ» یا «ابزار عادلانه‌ی جنگ» است.[۷]

این ایدئولوژی اصالت «جنگ» را از یک‌سو مبتنی بر توجیهات و دلایل فلسفی و اخلاقی (اتیکال) و از سوی دیگر با انگیزه‌های دینی عنوان می‌کند.[۸] فلذا همه‌ی مناسبات جنگ در دیدگاه غربی برمبنای «جنگ سزاوار» برتافته می‌شود.

دکترین انهدام *Destruction*

فلسفه‌ی جنگ، به دکترین «*Destruction*» منتج می‌شود، کلاوزویتس «تخریب نیروهای مهاجم» را به این هدف برمی‌تابد که دشمن را در وضعیتی قرار دهد که به هیچ عنوان توانایی ادامه-ی منازعه را نداشته باشد، زیرا هدف و غایت هر جنگی پیروزی بر دشمن، انهدام کلیه نیروهای آن، و غلبه بر سرزمین آن است.[۹]

دکترین انهدام، حوزه‌ی تبیین چیستی، چرایی و چگونگی «انهدام» نسبی یا قطعی دشمن است، زیرا که به تعبیر غرب با انهدام هر یک از دشمنان «جهان جای امن‌تری خواهد شد.»

اسلام

حکمت جهاد

واژه‌ی «جهاد» از ریشه‌ی عربی «جهد» مشتق شده است و در اصطلاح «تلاش و کوشش و صرف نیرو برای دفع دشمن و راندن او» بر سه گونه به کار می‌رود: جنگ و مجاهده با دشمن آشکار، جهاد با شیطان و جهاد با هوای نفس.[۱۰]

حکمت «جهاد»، در اسلام، در مقابل فلسفه جنگ به تبیین چیستی و چرایی فریضه و سنتی می‌پردازد که بر هر مسلمانی واجب است، چنان‌که به پیامبر امر شده است که با کفار و منافقین بجنگد و بر آنان سخت بگیرد.[۱۱]

مکتب شهادت

اسلام «جهاد» انسان را با تمام توانایی و با بذل جان و دارایی-اش برمی‌تابد،[۱۲] در این‌صورت انسان چه بکشد و چه کشته شود در هردو صورت پیروز و رستگار شده است، فلذا اگر انسان به «شهادت» نائل شود، نه‌تنها نمرده است بلکه به مقام فوز و رستگاری و ارتزاق رزق در محضر خدا دست یازیده است.[۱۳]

قاعده‌ی عزت

انسان مؤمنی که «شهادت» مکتب اوست، از یک‌سو برای خود «عزت» ابدی را رقم می‌زند و از سوی دیگر ذلت را از ملتش زدوده و آن‌را در پیشگاه خداوند متعال «عزیز» می‌کند.

امنیت

اکنون در جمهوری اسلامی ایران، تفکیک مناسبی در مبانی نظری حوزه‌ی فلسفه‌ی جنگ و حکمت جهاد صورت گرفته است، فلذا بایسته و شایسته است طرح‌ریزی برمبنای مکتب شهادت و قاعده‌ی عزت هم تکمیل و تدقیق گردد تا تمایز این رویه‌ها از رویه‌های مدرنیستی در حوزه‌ی اجرا نیز کاملاً روشن و آشکار گردد.

---

1. Merriam-Webster's collegiate dictionary, 11th Ed., Massachusetts, U.S.A, Merriam-Webster Incorporated, 2005. (Word: War)
2. Carl Philipp Gottlieb von Clausewitz (1780-1831)
3. Niccolò Machiavelli (1469-1527)
4. War Is Merely the Continuation of Policy by Other Means. (Clausewitz, Carl von; On War, Howard, Michael & Paret, Peter (translators); 1st Ed., Newyork: Oxford University Press, 2007, p.28)
5. Friedrich Adolf Julius von Bernhardi (1849-1930)
6. Borchert, Donald M. (Editor in Chief), Encyclopedia Of Philosophy, 2nd Ed, USA, Thomson Gale, Macmillan Reference, 2006, Vol. 7, p.154.
7. Internet Encyclopedia of Philosophy http://www.iep.utm.edu/justwar/
8. Wikipedia Online Encyclopedia (http://en.wikipedia.org/wiki/Just_war)/
9. On War, pp. 32, 35 and 37.

۱۰. راغب اصفهانی، حسین بن محمد؛ ترجمه و تحقیق مفردات الفاظ قرآن؛ خسروی حسینی، سیدغلامرضا (مترجم)، نشر مرتضوی، ج ۱، ص ۴۲۴.

۱۱. **یا أَیُّهَا النَّبِیُّ جاهِدِ الْکُفَّارَ وَ الْمُنافِقینَ وَ اغْلُظْ عَلَیْهِمْ وَ مَأْواهُمْ جَهَنَّمُ وَ بِئْسَ الْمَصیرُ (قرآن الکریم، سوره‌ی توبه، آیه‌ی ۷۲.)**

ای پیامبر! با کافران و منافقان جهاد کن، و بر آنها سخت بگیر! جایگاهشان جهنم است؛ و چه بد سرنوشتی دارند! (مکارم شیرازی، ناصر؛ ترجمه‌ی قرآن کریم)

۱۲. **الَّذینَ آمَنُوا وَ هاجَرُوا وَ جاهَدُوا فی سَبیلِ اللَّهِ بِأَمْوالِهِمْ وَ أَنْفُسِهِمْ أَعْظَمُ دَرَجَةً عِنْدَ اللَّهِ وَ أُولئِکَ هُمُ الْفائِزُونَ (قرآن الکریم، سوره‌ی توبه، آیه‌ی ۲۰.)**

آنها که ایمان آوردند، و هجرت کردند، و با اموال و جان‌هایشان در راه خدا جهاد نمودند، مقامشان نزد خدا برتر است؛ و آنها پیروز و رستگارند! (مکارم شیرازی، ناصر؛ ترجمه‌ی قرآن کریم)

۱۳. **وَ لا تَحْسَبَنَّ الَّذینَ قُتِلُوا فی سَبیلِ اللَّهِ أَمْواتاً بَلْ أَحْیاءٌ عِنْدَ رَبِّهِمْ یُرْزَقُون (قرآن الکریم، سوره‌ی آل‌عمران، آیه‌ی ۱۶۹.)**

(ای پیامبر!) هرگز گمان مبر کسانی که در راه خدا کشته شدند، مردگانند! بلکه آنان زنده‌اند، و نزد پروردگارشان روزی داده می‌شوند (مکارم شیرازی، ناصر؛ ترجمه‌ی قرآن کریم)

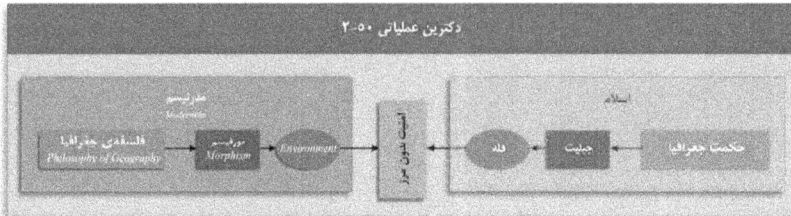

نقشه‌ی راه ۳-۲-۲-۵۰

مدرنیسم

فلسفه‌ی جغرافیا *Philosophy of Geography*

«*Geography*» از ریشه‌ی یونانی «*geōgraphein*» مشتق شده که به‌معنای «توصیف سطح زمین» بوده و دارای دو بخش است: «*geō*» یعنی زمین و «*graphein*» یعنی «نوشتن و رسم کردن».[۱] «جغرافیا» به حوزه‌ی مطالعه‌ی زمین و حیات موجود در آن اطلاق می‌شود، و به طور خاص با توصیف زمین، دریا، هوا، و توزیع زندگی گیاهی و جانوری و به‌طور خاص انسان و صنایع او سروکار دارد و به روابط متقابل این عوامل با یکدیگر می‌پردازد.[۲]

فلسفه‌ی جغرافیا نیز حوزه‌ای از فلسفه‌های مضاف است که به تبیین چیستی و چرایی مطالعه‌ی حیطه‌های خاک، هوا و دریا در کره‌ی زمین پرداخته، و پژوهش از ریخت و شکل زمین، پدیده‌ها و عوارض ناشی از آن و درنهایت موجودات زنده‌ی ساکن در آن را مدنظر دارد.

ایدئولوژی مورفیسم *Morphism*

«*Morphism*» از ریشه‌ی یونانی «*morphē*» به‌معنای «شکل، ریخت و صورت» است. مورفیسم ایدئولوژی بیان «اصالت شکل‌ها و ریخت‌ها» در شناخت زمین و جغرافیا است.

علم مورفولوژی[۳] نیز دانش مطالعه‌ی صور و اشکال اشیاء و پدیده‌ها است، که این اصطلاح در زیست‌شناسی، زمین‌شناسی، جامعه‌شناسی و حتی روانشناسی نیز کاربرد دارد.[۴]

دکترین محیط *Environment*

فلسفه‌ی جغرافیا مبتنی بر ایدئولوژی مورفیسم به دکترین محیط منتج می‌شود. بر پایه‌ی این دکترین، تبیین موقعیت هر سیستم و یا کشوری، بر اساس «موقعیت محیطی» آن صورت می‌گیرد، و طبق آن ابتدا باید محیط جغرافیایی تبیین شود، و سپس سایر مؤلفه‌های سیاسی، اقتصادی، فرهنگی و اجتماعی در نسبت با محیط جغرافیایی تعریف و تدقیق گردد.

اسلام

حکمت جغرافیا

شناخت و مطالعه‌ی زمین که محل سکونت انسان است، در اسلام نیز موضوعیت دارد،[۵] و حکمت جغرافیا نیز به پرسش از چیستی زمین و چرایی سکونت انسان در آن، و تبیین پدیده‌ها و عوارض طبیعی آن می‌پردازد.

مکتب جبلیت

آن‌چه در اسلام در حکمت جغرافیا برتابیده می‌شود، مکتب «جبلیت» است، زیرا پنداری که انسان از «جبل» یا «کوه» متصور است در حقیقت چیزی نیست که تنها به احساس و دیدن از آن ادراک کرده است؛[6] بلکه آن‌چه که ظاهری استوار و برافراشته دارد و هم‌اکنون در حکم میخ‌های زمین محسوب می‌شود،[7] روزی به حرکت درآمده[8] و به‌سان پشم حلاجی شده خواهند گشت.[9] مکتب جبلیت تنها محدود به آیت و نشانه‌ی «کوه‌ها» نیست، بلکه آیت‌مداری انسان را در تمامی حوزه‌های جغرافیای طبیعی برمی‌تابد.

قاعده‌ی قله

مکتب جبلیت به قاعده‌ی «قله» منتج می‌شود، زیرا که انسان پس از دریافت و تأمل در آیت «جبل» و «کوه»، به نسبت‌شناسی خود با این پدیده پرداخته، و تصمیم با اوست که مانند «قله‌ی رفیع» تعالی خود را رقم بزنند و یا مانند «دره‌ی سراشیب» در سرخوشی وضع خود ماندگار شود.

امنیت

اکنون در جمهوری اسلامی ایران، در حوزه‌های اقتصاد، تعلیم و تربیت، سلامت، علم، رسانه و هنر، و ... تأکید بر فلسفه‌ی جغرافیا، و دیدگاه‌های مبتنی بر آن است، گرچه حکمت جغرافیا نیز در روش و محتوا تفاوت چندانی با رویه‌های غربی ندارد، مع‌هذا آن‌چه که نباید مورد غفلت واقع شود، روی‌کرد آیت‌مدارانه به جغرافیاست، چنان‌که در مکتب جبلیت و قاعده‌ی قله به این اصل پرداخته می‌شود.

---

1. Merriam-Webster's collegiate dictionary, 11th Ed., Massachusetts, U.S.A, Merriam-Webster Incorporated, 2005. (Word: geography)

۲. کالینز، جان؛ جغرافیای نظامی، عبدالمجید حیدری و دیگران (مترجمین)، تهران، انتشارات دانشکده فرماندهی و ستاد دوره عالی جنگ، ۱۳۸۳، ص ۵.

3. Morphology

۴. صلیبا، جمیل؛ فرهنگ فلسفی، صانعی دره بیدی، منوچهر (مترجم)، چاپ اول، تهران، انتشارات حکمت، ۱۳۶۶، ج ۱، ص ۶۳۲.

۵. **وَ لَنُسْكِنَنَّكُمُ الْأَرْضَ مِنْ بَعْدِهِم (قرآن الكريم، سوره‌ی ابراهیم، قسمتی از آیه‌ی ۱۴)**

و شما را بعد از آنان در زمین سکونت خواهیم داد. (مکارم شیرازی، ناصر؛ ترجمه‌ی قرآن کریم)

۶. **وَ تَرَى الْجِبالَ تَحْسَبُها جامِدَةً وَ هِيَ تَمُرُّ مَرَّ السَّحابِ صُنْعَ اللَّهِ الَّذِي أَتْقَنَ كُلَّ شَيْءٍ إِنَّهُ خَبِيرٌ بِما تَفْعَلُونَ (قرآن الكريم، سوره‌ی نمل، آیه‌ی ۸۸)**

کوه‌ها را می‌بینی، و آنها را ساکن و جامد می‌پنداری، در حالی که مانند ابر در حرکتند؛ این صنع و آفرینش خداوندی است که همه چیز را متقن آفریده؛ او از کارهایی که شما انجام می‌دهید مسلماً آگاه است! (مکارم شیرازی، ناصر؛ ترجمه‌ی قرآن کریم)

۷. **وَ الْجِبالَ أَوْتاداً (قرآن الكريم، سوره‌ی نبأ، آیه‌ی ۷)**

و کوهها را میخهای زمین؟! (مکارم شیرازی، ناصر؛ ترجمه‌ی قرآن کریم)

۸. **وَ إِذَا الْجِبالُ سُيِّرَتْ (قرآن الكريم، سوره‌ی تکویر، آیه‌ی ۳)**

و در آن هنگام که کوهها به حرکت درآیند، (مکارم شیرازی، ناصر؛ ترجمه‌ی قرآن کریم)

۹. **وَ تَكُونُ الْجِبالُ كَالْعِهْنِ الْمَنْفُوشِ (قرآن الكريم، سوره‌ی قارعه، آیه‌ی ۵)**

و کوهها مانند پشم رنگین حلاّجی‌شده می‌گردد! (مکارم شیرازی، ناصر؛ ترجمه‌ی قرآن کریم)

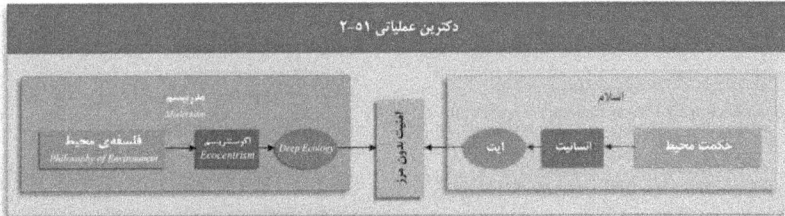

دکترین عملیاتی ۵۱-۲

نقشه‌ی راه ۳-۲-۲-۵۱

مدرنیسم

فلسفه‌ی محیط *Environmental Philosophy*

«*Environment*» از ریشه‌ی «*environ*» به‌معنای پیرامون مشتق شده است.[۱] این واژه به «محیط» ترجمه می‌شود و به مجموعه‌ی عناصر طبیعی اعم از زمین، حوزه‌ی هوا و فضا و دریاها، و هم‌چنین عناصر زیستی و شیمیایی پیرامون بشر اطلاق می‌گردد.[۲]

فلسفه‌ی محیط علاوه بر پاسخ به پرسش‌هایی نظیر چیستی و چرایی محیط در نسبت با خلاء، به تبیین مناسبات بشر و یا هر سیستم دیگری با محیط پیرامونی‌اش می‌پردازد.

فلسفه‌ی محیط به دو ایدئولوژی عمده منتج می‌شود:

۱. ایدئولوژی آنتروپوسنتریسم *Anthropocentrism*: مبتنی بر این دیدگاه بشر در نسبت با محیطش اصالت و اولویت دارد، و وی در حکم مرکز جهان است و طبیعت تنها برای استفاده و انتفاع وی وجود دارد.[۳] فلذا برخلاف او که ارزش ذاتی و درونی[۴] مستقل دارد، طبیعت و محیط غیربشری فقط واجد ارزش ابزاری است.[۵]

۲. ایدئولوژی اکوسنتریسم *Ecocentrism*: این دیدگاه به بیوسنتریسم[۶] نیز شناخته می‌شود، و دیدگاه غالب در حوزه‌ی فلسفه‌ی محیط است.

ایدئولوژی اکوسنتریسم *Ecocentrism*

این دیدگاه برمبنای این نظر شکل گرفته است که «زندگی» و به تبع آن کلیه‌ی موجودات زنده مرکز جهان هستند و بشر نیز جزئی از آن‌ها و همانند سایز اجزاء به‌شمار می‌آید.[۷] فلذا برخلاف دیدگاه آنتروپوسنتریسم همه‌ی جانداران واجد ارزش ذاتی بوده و به صورت مستقل حق نشو و نما دارند.[۸]

ایدئولوژی اکوسنتریسم، بیان‌گر اصالت و محوریت «اکوسیستم و تمام اجزاء زنده» در فلسفه‌ی محیط است.

دکترین دیپ اکولوژی *Deep Ecology*

«*Deep Ecology*» عبارتی است که در سال ۱۹۷۲ توسط فیلسوف نروژی نائس[۹] وضع شده است.

دکترین دیپ اکولوژی، تبیین چیستی، چرایی و چگونگی این گزاره است که همه‌ی گونه‌های زیستی دارای ارزش ذاتی برابر هستند، فلذا بشر ارزش بیشتری در نسبت با سایر گونه‌ها ندارد.[۱۰]

اسلام

حکمت محیط

«محیط» از ریشه‌ی عربی «حوط» اشتقاق یافته است و در زبان فارسی به «پیرامون» و «گراگرد» ترجمه می‌شود.[11] این واژه، لغتی قرآنی است که از یک سو به خداوند متعال نسبت داده می‌شود زیرا که تنها اوست که بر همه چیز احاطه دارد،[12] و از سوی دیگر به جهنم اطلاق می‌گردد زیرا کافران را احاطه خواهد کرد.[13]

حکمت محیط، حوزه‌ای از حکمت‌های مضاف است که چیستی و چرایی «محیط» را در نسبت با این‌که گزاره‌ها که انسان «مکانی» دارد، و باید «موقعیت» خود را در نسبت با محیطش دریابد، تبیین کرده و در نهایت به الزامات شناخت و مهندسی روابط انسان با پدیده‌های محیطی‌اش می‌پردازد.

مکتب انسانیت

در اسلام مکتب «انسانیت» برتافته می‌شود، زیرا همه چیز برای «انسان» خلق شده، و خلقت او نیز برای خداوند متعال بوده است.[14] فلذا انسان در صورتی‌که عبودیت معبودش را رقم بزند، نسبت به محیط خودش اصالت و محوریت دارد.

قاعده‌ی آیت

اساس حکمت، و به طور اخص، حکمت محیط بر «آیه» و «آیت» است. آیت، «جهت» و «نشانی» است.

در واقع، پدیده‌های طبیعت، هر یک نشانی به حقیقت دارند، و شناخت این نشانی‌ها رازشناسی از طبیعت و محیط را صورت می‌دهد. از این‌رو محیط و پیرامون انسان، مادامی‌که به مثابه‌ی «آیت» و «نشانه»‌ای از حقیقت ادراک و فهم شوند، تعالی انسان را تحقق می‌بخشند.

امنیت

گرچه فلسفه و حکمت محیط، هر دو در روش‌شناسی اقتصاد، تأکیدی بر یک حوزه، یعنی «محیط» دارند، مع‌هذا محتوای آن‌ها متفاوت بوده، و این تفاوت به طور خاص در مکاتب هریک بروز کرده و در دکترین و قاعده‌شان بیشینه می‌شود، فلذا بایسته و شایسته است با تبیین کامل رویه‌های اسلام، با برتابیدن «آیت‌های الهی» از بروز «غفلت» جلوگیری نمود.

---

1. Longman Dictionary of Contemporary English, 5th Ed., Edinburgh Gate, Pearson Education Publication, 2007. (Word: Environment)
2. Merriam-Webster's collegiate dictionary, 11th Ed., Massachusetts, U.S.A, Merriam-Webster Incorporated, 2005. (Word: Environment)
3. Eldredge, Niles (Editor); Life on Earth (An Encyclopedia of biodiversity, ecology, and evolution), 1st Ed., USA, ABC-CLIO Publication, 2002, Vol.1, p. 40.
4. Intrinsic Value.
5. Callicott , J. Baird & Frodeman, Robert (Editors in Chief); Encyclopedia of Environmental Ethics and Philosophy,1st Ed., USA, Macmillan Reference, Gale Group, 2009, Vol. 2, p.314.
6. Biocentrism
7. Life on Earth, Vol.1, p. 40.
8. Encyclopedia of Environmental Ethics and Philosophy, Vol. 1, p.97.
9. Arne Naess (1912-2009)
10. Life on Earth, Vol.1, p. 40.

۱۱. مهیار، رضا (مترجم)؛ فرهنگ ابجدی عربی - فارسی؛ ترجمه ی المنجد الابجدی، چاپ اول، تهران، نشر اسلامی، ۱۳۷۰، ص ۷۹۳.

۱۲. **إِنَّهُ بِكُلِّ شَيْءٍ مُحِيطٌ (قرآن الکریم، سوره‌ی فصلت، قسمتی از آیه‌ی ۵۴.)**

آگاه باشید که خداوند به همه چیز احاطه دارد! (مکارم شیرازی، ناصر؛ ترجمه-ی قرآن کریم)

۱۳. **أَلا فِي الْفِتْنَةِ سَقَطُوا وَ إِنَّ جَهَنَّمَ لَمُحِيطَةٌ بِالْكافِرِينَ (قرآن الکریم، سوره‌ی توبه، قسمتی از آیه‌ی ۴۹.)**

آگاه باشید آنها(هم اکنون) در گناه سقوط کرده‌اند؛ و جهنم، کافران را احاطه کرده است (مکارم شیرازی، ناصر؛ ترجمه‌ی قرآن کریم)

۱۴. **یا بن آدم، خلقت الأشیاء کلّها لأجلک، و خلقتک لأجلی (مشکینی، علی؛ تحریر المواعظ العددیة، چاپ هشتم، قم، نشر الهادی، ۱۴۲۴ ه.ق.، ص ۵۷۴.)**

امام علی(ع) فرمود: دوازده آیه از تورات انتخاب کرده به عربی ترجمه کرده و هر روز سه مرتبه در آنها می‌نگرم: ای پسر آدم، همه چیزها را برای تو آفریدم، و ترا برای خودم. (جنتی، احمد؛ نصایح، چاپ بیست و چهارم، قم، نشر الهادی، ۱۳۸۲، ص ۳۳۴.)

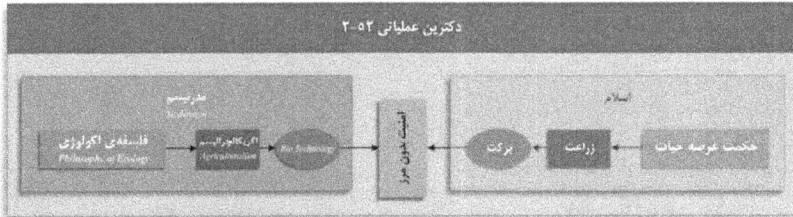

نقشه‌ی راه ۳-۲-۲-۵۲

مدرنیسم

فلسفه‌ی اکولوژی *Philosophy of Ecology*

«*Ecology*» از واژه‌ی آلمانی «*Ökologie*» اشتقاق یافته است[1] این لغت توسط بیولوژیست آلمانی، هیکِل[2] وضع شده و با واژه‌ی «اکونومی» هم‌ریشه بوده، و هر دو از «*Oikos*» مشتق گردیده‌اند.[3] اکولوژی در فارسی به «بوم‌شناسی» ترجمه می‌شود و به «دانش مطالعه‌ی روابط بین موجودات زنده، و نسبت آن‌ها با محیط‌شان» اطلاق می‌گردد.

فلسفه‌ی اکولوژی در پی روشن نمودن تفاوت‌ها و هم‌چنین توضیح روابط علّی در میان سطوح مختلف «سلسله مراتب اکولوژیکی»[4] است که این سلسله مراتب شامل سطوح افراد،[5] جمعیت‌ها،[6] اجتماعات،[7] اکوسیستم و در نهایت بیوسفر می‌شود. این فلسفه‌ی مضاف، از سوی دیگر به تبیین چیستی و چرایی «توزیع و فراوانی» موجودات زنده مبتنی بر روابط بین آن‌ها (مانند رابطه‌ی صید و صیادی، و رقابت بین‌گونه‌ای بر سر منابع) و هم-چنین بر پایه‌ی فاکتورهای طبیعی یک اکوسیستم می‌پردازد. پاسخ-گویی به چرایی «تنوع زیستی» موجود بر روی کره‌ی زمین از دیگر مسائل و محورهای فلسفه‌ی اکولوژی است.[8]

ایدئولوژی اگریکالچرالیسم *Agriculturalism*

«خوردن» نیاز طبیعی بشر است، پس زمین باید از طریق «کشاورزی» این نیاز پایه‌ی بشری را پاسخ گوید. ایدئولوژی اگریکالچرالیسم، در فضایی جدا از ایدئولوژی‌های آنتروپوسنتریسم و اکوسنتریسم و این پرسش پایه، مبنی بر این‌که آیا طبیعت واجد ارزش ذاتی است یا ارزش ابزاری ، در پی ایجاد هارمونی در فرآیند تولیدی بشر بر روی زمین است، فلذا «کشاورزی» ممارستی ضروری از سوی بشر برای استفاده از زمین و منابع آن را شکل می‌دهد.[9]

دکترین بیوتکنولوژی *Biotechnology*

فلسفه‌ی اکولوژی مبتنی بر ایدئولوژی اگریکالچرالیسم به دکترین بیوتکنولوژی منتج می‌شود، زیرا «کشاورزی» یک سامان و سیستم کهن از ارتباط تکنولوژیکی میان بشر و محیط طبیعی‌اش است، رابطه‌ای که به پیشی گرفتن بشر از طبیعت بکر و وحشی منجر شده، و سبب ایجاد کنترل وی بر سرنوشت خود و محیطش گردیده است.[10]

دکترین بیوتکنولوژی تبیین چیستی، چرایی و چگونگی «صنعت دستکاری در موجودات و پدیده‌های زنده به جهت بهره‌دهی بیشتر» است.[۱۱]

اسلام

حکمت عرصه‌ی حیات

همه‌ی جانداران در دنیا، عرصه‌ای را ایجاد می‌کنند که «عرصه‌ی حیات» نامیده می‌شود. چیستی و چرایی «حیات» انسان در حوزه‌ی حکمت حیات پاسخ داده می‌شود، اما تبیین «حیات» همه‌ی موجودات زنده در حکمت «عرصه‌ی حیات» برتافته می‌شود.

مکتب زراعت

مبتنی بر مکتب «انسانیت» در حکمت محیط، «حیات» انسان در نسبت با «حیات» سایر موجودات زنده اصالت دارد، و این اصالت در مکتب «زراعت» تبیین و تکمیل می‌گردد، زیرا انسان مؤظف و مکلف به فرآوری زمین از طریق رویاندن و زراعت است. البته زراعت انسان در ذیل زراعت خداوند متعال موضوعیت دارد زیرا اوست که روییدنی‌ها را می‌رویاند.[۱۲]

قاعده‌ی برکت

آن‌چه در «زراعت» اصل و قاعده است، «برکت» است. انسان کشت خود را مبتنی بر کاشتن بذرهای طیب و پاکیزه صورت می‌دهد، سپس خداوند آن‌ها را می‌رویاند، تا «برکت» محقق شود؛ و به‌واسطه‌ی این «برکت‌مندی» زراعت است که انسان زارع، «مبارک» نامیده می‌شود.[۱۳]

امنیت

بایسته و شایسته است در جمهوری اسلامی ایران، در طرح‌ریزی حوزه‌ی اقتصاد، به فلسفه‌ی اکولوژی، ایدئولوژی اگریکالچرالیسم و دکترین بیوتکنولوژی در ذیل حکمت عرصه‌ی حیات، مکتب زراعت و قاعده‌ی برکت پرداخته شود، زیرا رویه‌های مدرنیستی در این حوزه در تکمیل رویه‌های اسلام هستند و به‌تنهایی قادر به تحقق بیع نخواهند بود.

---

1. Merriam-Webster's collegiate dictionary, 11th Ed., Massachusetts, U.S.A, Merriam-Webster Incorporated, 2005. (Word: Ecology)
2. Ernst Haeckel (1834–1919)
3. Van Huyssteen, Wentzel (Editor in Chief), Encyclopedia of Science and Religion, 2nd Ed., New York, Macmillan Reference, Gale Group, 2003, p.234.
4. Ecological hierarchy
5. Individuals
6. Population
7. Community
8. Craig, Edward; Routledge Encyclopedia of Philosophy, Version 1.0, London; Routledge Publication, 1998. (Ecology)
9. Callicott , J. Baird & Frodeman, Robert (Editors in Chief); Encyclopedia of Environmental Ethics and Philosophy,1st Ed., USA, Macmillan Reference, Gale Group, 2009, Vol. 1, p.22.
10. The Same, Vol.1, p.18.
11. Biotechnology: the manipulation (as through genetic engineering) of living organisms or their components to produce useful usually commercial products. (Merriam-Webster's collegiate dictionary)

۱۲. **أ فَرَأَيْتُمْ ما تَحْرُثُونَ * أ أَنْتُمْ تَزْرَعُونَهُ أَمْ نَحْنُ الزَّارِعُونَ (قرآن الكريم، سوره‌ی قارعه، آیه‌ی ۶۳ و ۶۴.)**

آیا هیچ درباره آنچه کشت می‌کنید اندیشیده‌اید؟! * آیا شما آن را می‌رویانید یا ما می‌رویانیم؟! (مکارم شیرازی، ناصر؛ ترجمه‌ی قرآن کریم)

۱۳. **الإمام الصّادق (ع): الزّارعون كنوز الأنام، يزرعون طيّبا أخرجه اللّه عزّ و جلّ. و هم يوم القيامة أحسن مقاما، و أقربهم منزلة، يدعون المباركين**

امام صادق «ع»: کشاورزان گنجهای خلقند، چیزی پاکیزه می‌کارند و خداوند بزرگ آن را از زمین بر می‌آورد، و آنان در روز قیامت بهترین مقام را دارند، و در نزدیکترین منزلت قرار می‌گیرند، «مبارکان» (فرخندگان، برکت‌داران) خوانده می‌شوند. (حکیمی، محمدرضا و همکاران (مؤلفین)؛ الحیاة، آرام، احمد (مترجم)، تهران، دفتر نشر فرهنگ اسلامی، ۱۳۸۰، ج ۵، صص ۵۱۱ و ۵۱۲.)

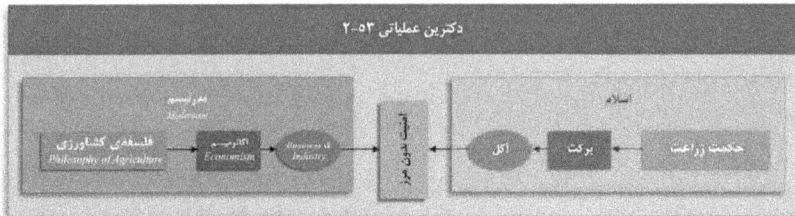

دکترین عملیاتی ۵۳-۲

نقشه‌ی راه ۳-۲-۲-۵۳

مدرنیسم

فلسفه‌ی کشاورزی *Philosophy of Agriculture*

«*Agricultura*» ریشه‌ی لاتینی واژه‌ی «*Agriculture*» است که از دو قسمت تشکیل شده است: «*agri*» به‌معنای «میدان و زمین» و «*cultura*» معادل «*cultivation*» که هم به‌معنای «کشت و زراعت» است و هم به‌معنای «تربیت».[1] این واژه در فارسی به «کشاورزی» ترجمه می‌شود.

فلسفه‌ی کشاورزی، تبیین چیستی و چرایی «مداخلات بشر در روند سیر طبیعت» است.[2] این فلسفه‌ی مضاف پژوهشی است برای پاسخ به پرسش‌های مطرح شده در حوزه‌های زیر: استفاده‌ی مناسب و شایسته از زمین، اثرات و عوارض کشاورزی بر روی زمین، تقویت و حمایت از سیستم‌های کشاورزی، تصحیح نژادی غلات و دام‌ها، رفاه و بهزیستی دام‌ها، و در نهایت، ایمنی غذای بشر و یکپارچگی تأمین آن.[3]

ایدئولوژی اکونومیسم *Economism*

ایدئولوژی «اکونومیسم» یا «اقتصادگرایی» بیانی است از این اصل که فهم مشکلات در حوزه‌ی سیاست‌های اجتماعی و به‌خصوص حیطه‌های مربوط به سیاست‌های محیطی، در قالب مسائل اقتصادی، بهترین پاسخ را در برخواهند داشت، فلذا بهترین پاسخ‌ها و راه‌حل‌ها نیز مبنایی جز پایه‌ی اقتصادی نخواهند داشت.[4]

«کشاورزی» نیز به‌عنوان یک پدیده‌ی به‌ذات محیطی، مبتنی بر این ایدئولوژی، به صورت فرآیندی کاملاً اقتصادی فهم شده، و ارزش‌گذاری کلیه‌ی فرآیندهای آن طبق اقتصادسنجی صورت می‌گیرد.

دکترین تجارت و صنعت *Business & Industry*

فلسفه‌ی کشاورزی مبتنی بر ایدئولوژی اکونومیسم، به دکترین تجارت و صنعت منتج می‌شود. «کشاورزی» یک سامان و سیستم کهن از ارتباط تکنولوژیکی میان بشر و محیط طبیعی او محسوب می‌شود که هدف آن تأمین غذای بشر است. ورود به عصر مدرنیسم سبب گردید که کشاورزی بیش از پیش با مفهوم تکنولوژی همراه شود و تحت تأثیر «صنعت و صنعتی‌شدن» قرار گیرد، تا جایی که کشاورزی به‌مثابه‌ی یک «صنعت» گفتمان غالب فلسفه‌ی کشاورزی گردید.

از سوی دیگر کشاورزی، بنیادی برای جامعه‌سازی و بقای یک تمدن محسوب می‌شود و از این رو نیازمند جزء لاینفک آن یعنی «داد و ستد» است تا غذای بشر را مبتنی بر اصل «تجارت» تأمین نماید، و از این رو تجارت کشاورزی یا «اگری‌بزینس»[5] مبنای دکترین تجارت قرار گرفته است.

اسلام

حکمت زراعت

واژه‌ی «زراعت» از ریشه‌ی عربی «زرع» مشتق شده است و به معنای «کشاورزی» و «کشت» به‌کار می‌رود.[۶]

زراعت و کشاورزی در اصطلاح به «کاشت، داشت و برداشت» گیاهان اطلاق می‌شود، اما حکمت زراعت تنها ناظر به فرآیند کشاورزی نیست بلکه «کاشت، داشت و برداشت» را مبتنی بر منظر حکمی برمی‌تابد، زیرا این مراحل تنها محدود به حوزه‌ی پرورش گیاهان بر روی زمین نیست بلکه کل «زندگی انسان» در دنیا به‌مثابه‌ی «زارعتی» است که برداشت آن در عقبا رقم خواهد خورد.[۷]

فلذا حکمت زراعت به تبیین چیستی و چرایی هر نوع «زراعتی» می‌پردازد، و سپس در مرحله‌ی بعد کیستی «زارع» و چیستی «بذر» زراعت شده و چیستی مکان «مزرعه» را تبیین و تدقیق می‌کند.

مکتب برکت

آن‌چه در «زراعت» اصل و قاعده است، «برکت‌مندی» است. انسان بذر می‌کارد، مرحله‌ی «داشت» از کاشته‌ی خویش را صورت می‌دهد، و در نهایت محصول خود را «برداشت» می‌نماید، تا «برکت» را محقق سازد.[۸]

قاعده‌ی أکل

انسانی که «برکت» را مکتب «زراعت» خود قرار داده است، در نهایت چیستی، چرایی و چگونگی مصرف محصول خود را در قاعده‌ی «أکل» تبیین می‌نماید.

امنیت

در جمهوری اسلامی ایران، طرح‌ریزی حوزه‌ی اقتصاد مبتنی بر فلسفه و حکمت کشاورزی بر دو اصل متفاوت قابل پی‌ریزی است. یک اصل بر صنعتی و تجاری‌سازی کشاورزی تأکید دارد و شق دیگر بر «برکت‌مندی» با هدف أکل استوار شده است، تبیین دقیق و به‌جای هر دو رویه سبب تناسب و تکمیل طرح‌ریزی در این حوزه و سایر حوزه‌ها می‌گردد.

1. Merriam-Webster's collegiate dictionary, 11th Ed., Massachusetts, U.S.A, Merriam-Webster Incorporated, 2005. (Word: Agriculture)

آریانپور کاشانی، عباس و آریانپور کاشانی، منوچهر (مؤلفین)؛ فرهنگ جیبی انگلیسی به فارسی، چاپ اول، تهران، انتشارات امیرکبیر، ۱۳۵۵، (لغات Agriculture، Field، Cultivation)

2. Craig, Edward; Routledge Encyclopedia of Philosophy, Version 1.0, London; Routledge Publication, 1998. (Agricultural Ethics)

3. Callicott , J. Baird & Frodeman, Robert (Editors in Chief); Encyclopedia of Environmental Ethics and Philosophy,1st Ed., USA, Macmillan Reference, Gale Group, 2009, Vol. 1, p.23.

4. The Same, Vol.1, p.277.

5. Agribusiness

۶. مهیار، رضا (مترجم)؛ فرهنگ ابجدی عربی - فارسی؛ ترجمه‌ی المنجد الابجدی، چاپ اول، تهران، نشر اسلامی،۱۳۷۰، ص ۴۵۵.

۷. **قَوْلَ رَسُولِ اللَّهِ (ص) الدُّنْيَا مَزْرَعَةُ الْآخِرَةِ (ورام بن ابی فراس؛ مجموعهٔ ورام (تنبیه الخواطر)، چاپ اول، قم، نشر مکتبه فقیه، بی‌تا، ج ۱، ص ۱۸۳.)**

این سخن پیامبر خدا (ص) را بیان کردیم: «دنیا کشت‌زار آخرت است.» (عطائی، محمد رضا؛ مجموعه ورام، آداب و اخلاق در اسلام، چاپ اول، مشهد، انتشارات آستان قدس، ۱۳۶۹، ص ۳۴۳.)

۸. **الإمام الصّادق (ع): الزّارعون کنوز الأنام، یزرعون طیّبا أخرجه اللّه عزّ و جلّ. و هم یوم القیامهٔ أحسن مقاما، و أقربهم منزلهٔ، یدعون المبارکین**

امام صادق «ع»: کشاورزان گنجهای خلقند، چیزی پاکیزه می‌کارند و خداوند بزرگ آن را از زمین بر می‌آورد، و آنان در روز قیامت بهترین مقام را دارند، و در نزدیکترین منزلت قرار می‌گیرند، «مبارکان» (فرخندگان، برکت‌داران) خوانده می‌شوند. (حکیمی، محمدرضا و همکاران (مؤلفین)؛ الحیاهٔ، آرام، احمد (مترجم)، تهران، دفتر نشر فرهنگ اسلامی، ۱۳۸۰، ج ۵، صص ۵۱۱ و ۵۱۲.)

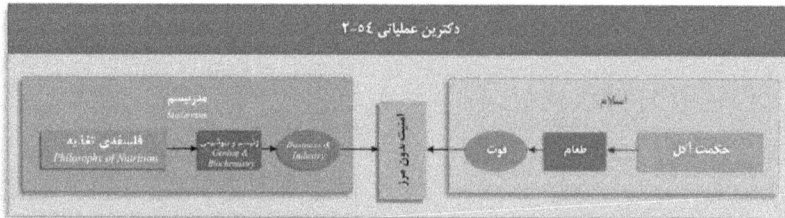

نقشه‌ی راه ۳-۲-۲-۵۴

مدرنیسم

فلسفه‌ی تغذیه *Philosophy of Nutrition*

واژه‌ی «*Nutrition*» از ریشه‌ی لاتینی «*nutrire*» است،[1] و در فارسی به «تغذیه» ترجمه می‌شود. تغذیه در اصطلاح به «مجموعه‌ی فرآیندهایی اطلاق می‌شود که یک ارگانیسم غذا را به درون بدن خود برده، و از آن برای بزرگ‌شدن، حرکت و بقای خود استفاده نماید».[2] به عبارت دیگر می‌توان تغذیه را فرآیندی دانست که متابولیسم و سوخت و ساز بدن را به پیش می‌راند، و انرژی این کار را از طریق تبدیل مولکول‌ها کسب می‌نماید.

از این رو فلسفه‌ی تغذیه حوزه‌ای از فلسفه‌ی مضاف است که به تبیین چیستی و چرایی «غذا» و «تغذیه» می‌پردازد. پرسش از غذای ایمن، ایمنی غذا، غذای کافی، غذای سالم نیز در حیطه‌ی فلسفه‌ی تغذیه می‌گنجد، و در نهایت چیستی و چرایی سوء تغذیه، نسبت‌شناسی مواد مغذی با خوراک و نقش آن‌ها در نسبت با تن‌درستی میزبان، نیز از دیگر پرسش‌های اساسی این حوزه محسوب می‌شود.

ایدئولوژی ژنتیسم و بیوشیمی

Genetism & Biochemistry

هم بدن بشر، و هم بدن جانوران و گیاهانی که انسان از آن‌ها تغذیه می‌کند از ترکیبات شیمیایی تشکیل شده است، این ترکیبات شامل آب، کربوهیدرات (قندها، نشاسته، فیبر)، اسیدهای آمینه (موجود در ساختار پروتئین‌ها)، اسیدهای چرب (در چربی‌ها) و اسیدهای نوکلئیک (در ساختار DNA و RNA) و ویتامین‌ها هستند. این ماکرومولکول‌های زیستی به نوبه‌ی خود از عناصر کربن، هیدروژن، اکسیژن، نیتروژن و ... و املاحی مانند منیزیم، آهن و ... تشکیل شده‌اند.[3] پس آن‌چه که در ساختار موجودات زنده و بالتبع غذای آن‌ها اصالت دارد ساختار بیوشیمیایی آن‌ها است، این اصالت مبتنی بر ایدئولوژی «بیوشیمی» برتافته می‌شود.

ارتباط بین غذا و تندرستی فرد وجامعه، سبب گشته که ایدئولوژی «ژنتیسم» مبنای اصلاح و فرآوری همه‌ی انواع غذاها شود، زیرا از یک سو از طریق دستکاری ژنتیکی می‌توان به غذاهایی با فراهمی زیستی[4] بالاتری دست یافت و از سوی دیگر از این راه مقادیر بیشتری غذا نیز تولید نمود.

دکترین فست فود *Fast Food*

«*Fast Food*» عبارتی است که در سال ۱۹۵۱ وارد لغت‌نامه‌ی وبستر گردید و به غذایی اطلاق می‌شود که تهیه و خوردن آن به سرعت باشد.[5]

گرچه فست‌فود به مفهوم آن‌چه که «تأمین و مصرف آن با توجه‌ی کمی صورت گرفته» نیز رایج است، اما دکترین فست‌فود فراتر از انواع خاصی از غذا، به تبیین چیستی، چرایی و چگونگی نوعی از لایف‌استایل[۶] یا سبک زندگی می‌پردازد که محصول عصر مدرنیسم محسوب می‌شود و در ارتباط با تغذیه و تأثیر آن بر تن‌درستی بشر و جامعه است. البته دکترین «رژیم غذایی»[۷] نیز مبتنی بر فلسفه‌ی تغذیه، بر بشر عصر مدرنیسم حاکم است.

اسلام

حکمت أکل

«أکل» واژه‌ای عربی و قرآنی است که معادل آن در فارسی «خوردن» است، اما مفهوم «أکل» در قرآن را نمی‌توان تنها به «خوردن یا خورانیدن غذا» محدود دانست، زیرا مفهوم وسیع‌تری دارد، و در موارد متعددی به مال و یا آتش نیز نسبت داده شده است.

حکمت أکل به تبیین چیستی و چرایی «خوردن» از منظر حکمی می‌پردازد، و «أکل و خوردن» را در نسبت با «رزق و روزی» تبیین می‌نماید.[۸] علاوه بر این نیز، پرسش از چیستی و چرایی خوردن «حلال و طیب» در مقابل خوردن «حرام و باطل» در حوزه‌ی این حکمت مضاف می‌گنجد.[۹]

مکتب طعام

«طعام» به معنای «غذا» و «خوراک» است،[۱۰] و مکتب طعام بیان این اصالت است که انسان «باید به آن‌چه می‌خورد توجه نماید و بر آن نظارت کند.»[۱۱]

اصالت «اطعام» نیز بخش دیگری از این مکتب است. گرچه اطعام انسان به خداوند متعال نسبت داده شده است،[۱۲] اما انسان نمی‌تواند به این بهانه که مشیئت خداوند بر اطعام شخصی نیست از اطعام او خودداری کند،[۱۳] بلکه بایسته است انسان، تأمین نیاز دیگران را به تأسی از ائمه(ع) به نیاز و علاقه‌ی خود مقدم بدارد.[۱۴]

قاعده‌ی قوت

حکمت أکل، مبتنی بر مکتب طعام به قاعده‌ی «قوت» منتج می‌شود. قاعده‌ی قوت تبیین چیستی، چرایی و چگونگی رقم زدن «قوت و توانایی» انسان از طریق خوردن طعام برای خدمت به خدا است.

امنیت

اکنون در جمهوری اسلامی ایران، رویه‌های مدرنیستی فلسفه‌ی تغذیه و ایدئولوژی ژنتیسم و بیوشیمی مبنای طرح‌ریزی حوزه‌ی اقتصاد قرار گرفته‌اند، در حالی که رویه‌های اسلامی این حیطه مورد غفلت جدی واقع شده‌اند؛ فلذا بایسته و شایسته است با تبیین صحیح و جامع حکمت أکل، مکتب طعام و قاعده‌ی قوت، زمینه‌ی این غفلت زدوده گردد.

---

1. Merriam-Webster's collegiate dictionary, 11th Ed., Massachusetts, U.S.A, Merriam-Webster Incorporated, 2005. (Word: Nutrition)
2. Nagel, Rob (Editor); UXL Encyclopedia of Science, 2nd Ed., USA, UXL Publication, 2002, Vol.7, p.1399.
3. Whitney, Ellie & Rady Rolfes, Sharon; Understanding Nutrition, 11th Ed, USA, Wadsworth Publishing, 2008, pp. 6, 7.
4. Bioavailability
5. Merriam-Webster's collegiate dictionary, (Word: Fast Food)
6. Lifestyle
7. Diet

۸. **فَكُلُوا مِمَّا رَزَقَكُمُ اللَّهُ حَلالاً طَيِّباً وَ اشْكُرُوا نِعْمَتَ اللَّهِ إِنْ كُنْتُمْ إِيَّاهُ تَعْبُدُونَ (قرآن الکریم، سوره‌ی نحل، آیه‌ی ۱۱۴.)**

پس، از آنچه خدا روزیتان کرده است، حلال و پاکیزه بخورید؛ و شکر نعمت خدا را بجا آورید اگر او را می‌پرستید! (مکارم شیرازی، ناصر؛ ترجمه‌ی قرآن کریم)

۹. **وَ أَخْذِهِمُ الرِّبَوا وَ قَدْ نُهُوا عَنْهُ وَ أَكْلِهِمْ أَمْوالَ النَّاسِ بِالْباطِلِ وَ أَعْتَدْنا لِلْكافِرِينَ مِنْهُمْ عَذاباً أَليما (قرآن الکریم، سوره‌ی نساء، آیه‌ی ۱۶۱.)**

و(همچنین) بخاطر ربا گرفتن، در حالی که از آن نهی شده بودند؛ و خوردن اموال مردم بباطل؛ و برای کافران آنها، عذاب دردناکی آماده کرده‌ایم. (مکارم شیرازی، ناصر؛ ترجمه‌ی قرآن کریم)

۱۰. مهیار، رضا (مترجم)؛ فرهنگ ابجدی عربی - فارسی؛ ترجمه المنجدالابجدی، چاپ اول، تهران، نشر اسلامی، ۱۳۷۰، ص ۵۷۹.

۱۱. **فَلْيَنْظُرِ الْإِنْسانُ إِلى طَعامِهِ (قرآن الکریم، سوره‌ی عبس، آیه‌ی ۲۴.)**

۱۲. **وَ الَّذی هُوَ يُطْعِمُنی وَ يَسْقين (قرآن الکریم، سوره‌ی شعراء، آیه‌ی ۷۹.)**

و (همان پروردگار عالمیان) کسی که مرا غذا می‌دهد و سیراب می‌نماید (مکارم شیرازی، ناصر؛ ترجمه‌ی قرآن کریم)

۱۳. **وَ إِذا قيلَ لَهُمْ أَنْفِقُوا مِمَّا رَزَقَكُمُ اللَّهُ قالَ الَّذينَ كَفَرُوا لِلَّذينَ آمَنُوا أَ نُطْعِمُ مَنْ لَوْ يَشاءُ اللَّهُ أَطْعَمَهُ إِنْ أَنْتُمْ إِلاَّ في‏ ضَلالٍ مُبين** (قرآن الکریم، سوره‌ی یس، آیه‌ی ۴۷.)

و هنگامی که به آنان گفته شود: «از آنچه خدا به شما روزی کرده انفاق کنید!»، کافران به مؤمنان می‌گویند: «آیا ما کسی را اطعام کنیم که اگر خدا می‌خواست او را اطعام می‌کرد؟! (پس خدا خواسته است او گرسنه باشد)، شما فقط در گمراهی آشکارید» (مکارم شیرازی، ناصر؛ ترجمه‌ی قرآن کریم)

۱۴. **وَ يُطْعِمُونَ الطَّعامَ عَلى‏ حُبِّهِ مِسْكيناً وَ يَتيماً وَ أَسيرا (قرآن الکریم، سوره‌ی انسان، آیه‌ی ۸.)**

و غذای (خود) را با اینکه به آن علاقه (و نیاز) دارند، به «مسکین» و «یتیم» و
«اسیر» می‌دهند .(مکارم شیرازی، ناصر؛ ترجمه‌ی قرآن کریم)

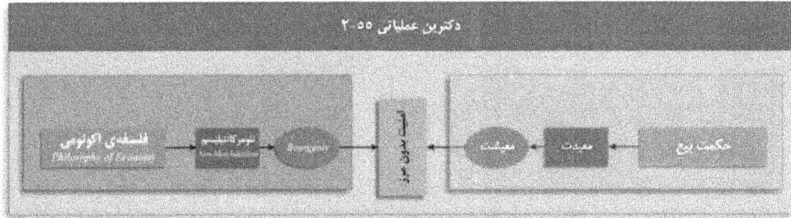

نقشه‌ی راه ۳-۲-۲-۵۵

مدرنیسم

فلسفه‌ی اکونومی *Philosophy of Economy*

ساز و کار زندگی دنیوی بشر بخشی از چگونگی رفتار او را رقم می زند که در غرب به آن « اکونومی[۱] » می‌گویند. اکـونومی برگرفته از مفهوم یونانی ***oikos nomos*** [۲] به معنای تدبیر و مدیریت منزل در غایت خود به ارضـاء نیازهای مادی و غریزی بشـر دنیـاگرا می‌پردازد به طوری که نفع شخصی، ترجیحات و رفاه او را تا سر حد اشباع تأمین نماید[۳].

پرسش از اصالت فرد یا جمع در اکونومی، پس از پشت سر نهادن ایدئولوژی سوسیالیسم اکونومی[۴] از یک سو، اکنون به غایت خود، نئو مرکانتیلیسم در اکونومی نئولیبرال[5] یا کاپیتالیسم[۶] از سویی دیگر رسیده است[۷].

ایدئولوژی نئومرکانتیلیسم *Neo Mercantilism*

در قرن اخیر ایدئولوژی کاپیتالیسم که شالوده‌ی اکونومی نئولیبرال است دو مدل عمده‌ی «بازار آزاد»[۸] -در تفکر نئوکلاسیک‌ها- و «نئومرکانتلیسم» را ارائه نموده است. اولی به جدایی میان حکومت و فضای اقتصاد معتقد است و نقش حکومت را وضع قوانین و مقررات دانسته تا اقتصاد و کسب و کار[۹] آزادانه شناور باشند؛ این دیدگاه بازتاب سنتی است که به «آدام اسمیت»[۱۰] باز می‌گردد. مدل بعدی نئومرکانتلیسم- به عبارتی کورپوریتیسم[۱۱] - به اتحاد میان حکومت و فضای اقتصاد باور دارد. در این مدل اقتصاد نیازمند یک حکومت است تا در موقع ضرورت چرخ‌های منافع بازرگانی را با ارائه‌ی مشوق‌ها، یارانه ها و دیگر مزایای احتیاطی روغن‌کاری نماید به طوری که هدف از سیاست‌های دولت باید همسوی جلب خرسندی کورپوریشن باشد. این دیدگاه نشان دهنده‌ی سنت‌های قدیمی‌تر یعنی مرکانتلیست‌های قرن هفدهم میلادی است[۱۲].

آدام اسمیت و پیروانش ظاهراً پیروز قاطع عرصه‌ی نبرد فکری میان این دو مدل از سرمایه‌داری است اما واقعیت رخ داده

حکایت از نئومرکانتیلیسم به عنوان پشت پرده‌ی نقاب «بازار آزاد»[13] دارد.

دکترین بورژوا *Bourgeois*

محصول تفکر نئومرکانتلیستی سبک زندگی بورژواست. او کسی است که تمام همّ و غم خود را مصرف انجام معاملات بازرگانی سودآور می‌کند. برای او هر فعالیتی با نگاه ارزش پولی آن همراه است و در هر قدمی که بر می‌دارد به سود و زیان آن می‌اندیشد. در نظر چنین آدمی جهان یک بازار بسیار بزرگ است؛ با عرضه و تقاضاهایش، بحران های خوب و بدش و سود و زیانش. پرسشی که همواره بر سر زبان اوست این است که چقدر می‌ارزد؟ از آن چقدر سود می‌توانم بسازم؟ به احتمال خیلی زیاد پرسش نهایی او این است که « قیمت کل جهان چقدر است؟» دایره افکار او به انجام معاملات تجاری محدود است و تمام انرژی و وقت خود را برای انجام موفقیت آمیز معاملات تجاری صرف می‌کند[14].

اسلام

حکمت بیع

بیع به معنای «شراء» و از مفاهیم اضداد است[15] داد و ستدی که در اسلام جهت و محور معامله و مبادله‌ی آن بیعت با خداوند است. خداوندی که مال و نفس مؤمنان را به قیمت بهشت می خرد و ثمن وعده داده شده‌ی مبایعه جلوه‌های ظاهری مادی نبوده بلکه بشارت و رستگاری عظیم برای بایع و مبتاع است[16].

مکتب معیدت

به‌درستی که دنیا محل کشت و زرع آخرت است، انسان به هر قدر در دنیا کشت نماید نتیجه آن را در قیامت خواهد دید، و خداوند امر فرموده به بندگانش که به طاعتش بشتابند و شوق لقای او را داشته باشند[17]. بنابراین بیع که از وسایل حیات و زندگی است جهت و هدف آن برداشت محصول در ساعت معاد است[18].

قاعده معیشت

آن‌چه از بیع، مؤمن را در زندگی دنیایی نصیب می‌شود معیشت او در مسیر صیرورت و اتصال به جهان آخرت است[19] بی آن‌که دچار اتراف و طغیان و یا اقتار و شقاوت گردد. دیگر میان دنیا و آخرت تضادی وجود ندارد، بلکه معاش خود گذرگاه زندگی سرمدی و وسیله دست یافتن به آن است. و معیشت به این‌گونه معاشی معادی می‌شود و دنیا دنیایی اخروی[20]؛ هم‌چنان که حضرت رضا علیه السّلام فرمود: آن کس که برای تأمین معاش عائله خود فعالیت می‌کند و از پی روزی می‌رود اجرش از مجاهد راه خدا والاتر است[21].

امنیت

گرچه اکنون در جمهوری اسلامی ایران، در حوزه‌ی اقتصاد، فلسفه‌ی اکونومی، ایدئولوژی مرکانتیلیسم و دکترین بورژوا مبنای طرح ریزی واقع گردیده‌اند، بایسته و شایسته است حوزه‌های حکمت بیع، مکتب معیدت و قاعده‌ی معیشت از پرده‌ی غفلت خارج شده و مبنای طرح و عمل قرار بگیرند.

---

1 -Economy

۲- به معنای قانون منزل

3 -Daniel M. Hausman, The Philosophy of Economics, An Anthology, third edition, Cambridge University press 2008 , page 230

4- Socialism Economics

5- Neo-Liberalism Economics

6- Capitalism

۷- توانایان فرد، حسن، فرهنگ تشریحی اقتصاد، نشر جهان رایانه ۱۳۸۵، صفحه: ۵۹۹، ۹۲۹

8 - Free-market & Neo-classical economists

[9] - Business
[10] -Adam Smith(5 June 1723 – 17 July 1790)
[11] - Corporatism

[۱۲]- مرکانتیلیسم دنیاگرا که به آخرت اعتقادی ندارد به دنبال فدا کردن همه چیز از جمله حکومت و دولت برای منافع corporation است.

[13] - Roderick, Danni, Mercantilism Reconsidered, ,Mmegi Online, www.mmegi.bw,13 July 2009

[۱۴]- سومبارت، ورنر، یهودیان و حیات اقتصادی مدرن، ترجمه رحیم قاسمیان، نشر ساقی، چاپ اول ۱۳۸۴، صفحه ۱۸۰

[۱۵]- بیع: البیعُ: ضدّ الشراء، و البَیْع: الشراء أیضاً، و هو من الأضْداد، ابن منظور محمد ابن مکرم لسان العرب، نشر دار صادر، بیروت، جلد ۸، صفحه ۲۳

[۱۶]- إِنَّ اللَّهَ اشْتَرى‏ مِنَ الْمُؤْمِنینَ أَنْفُسَهُمْ وَ أَمْوالَهُمْ بِأَنَّ لَهُمُ الْجَنَّةَ یُقاتِلُونَ فی‏ سَبیلِ اللَّهِ فَیَقْتُلُونَ وَ یُقْتَلُونَ وَعْداً عَلَیْهِ حَقًّا فِی التَّوْراةِ وَ الْإِنْجیلِ وَ الْقُرْآنِ وَ مَنْ أَوْفى‏ بِعَهْدِهِ مِنَ اللَّهِ فَاسْتَبْشِرُوا بِبَیْعِکُمُ الَّذی بایَعْتُمْ بِهِ وَ ذلِکَ هُوَ الْفَوْزُ الْعَظیمُ - سوره توبه آیه ۱۱۱

خدا از مؤمنان جان‌ها و مال‌هایشان را خریده به این (بهاء) که بهشت از آن آنها باشد (در عوض) در راه خدا کارزار کنند، بکشند و کشته شوند، این وعده حقی است بر او که در تورات و انجیل و قرآن ذکر فرموده، و کیست که به پیمان خویش از خدا وفادارتر باشد؟ به معامله پر سود خویش که انجام داده‌اید شادمان باشید، که این رستگاری بزرگ است. (موسوی همدانی سید محمد باقر، **ترجمه تفسیر المیزان**، دفتر انتشارات اسلامی جامعه‌ی مدرسین حوزه علمیه قم)

[۱۷]- إنَّ الدُّنیا مَزرَعَةُ الآخِرَة، دیلمی، شیخ حسن، **ارشاد القلوب**، ترجمه مسترحمی، جلد۲ ، باب بیست و دوم در فضیلت نماز شب و آثار آن، صفحه۱۰

[۱۸]-یا أَیُّهَا الَّذینَ آمَنُوا أَنْفِقُوا مِمَّا رَزَقْناکُمْ مِنْ قَبْلِ أَنْ یَأْتِیَ یَوْمٌ لا بَیْعٌ فیهِ وَ لا خُلَّةٌ وَ لا شَفاعَةٌ وَ الْکافِرُونَ هُمُ الظَّالِمُونَ — قرآن کریم، سوره بقره، آیه ۲۵۴

[۱۹]- أَبُو بَصِیرٍعَنْ أَبِی عَبْدِ اللَّهِ ع قَالَ کَانَ عَلِیُّ بْنُ الْحُسَیْنِ ع یَدْعُو بِهَذَا الدُّعَاءِ: اللَّهُمَّ إِنِّی أَسْأَلُکَ حُسْنَ الْمَعِیشَةِ مَعِیشَةً أَتَقَوَّى بِهَا عَلَى جَمِیعِ حَوَائِجِی وَ أَتَوَصَّلُ بِهَا فِی الْحَیَاةِ إِلَى آخِرَتِی مِنْ غَیْرِ أَنْ تُتْرِفَنِی فِیهَا فَأَطْغَى أَوْ تَقْتُرَ بِهَا عَلَیَّ فَأَشْقَى...

ابوبصیر: حضرت صادق علیه السلام فرمود: که علی بن الحسین علیهما السلام این دعا را میخواند: بار خدایا از تو خواهم معیشت خوبی که بدان وسیله به همه حوائجم نیرو بگیرم و در این دوران زندگی بدان وسیله بآخرتم رسم، بدون آنکه مرا در آن به خوشگذرانی وادار کنی تا در نتیجه سرکش شوم یا بر من تنگ گیری که بدبخت شوم...(کلینی، اصول کافی، مصطفوی سید جواد، ترجمه، جلد۴، صفحه ۳۳۵)

[۲۰]- أخوان حکیمی، الحیات، ترجمه احمد آرام، جلد۳، صفحه۵۱۷

[۲۱]- عن الرضا علیه السلام: ان الذی یطلب من فضل یکف به عیاله اعظم اجرا من المجاهد فی سبیل الله. (ابن شعبه حرانی، تحف العقول عن آل الرسول (ص)، چاپ دوم، قم، نشر جامعه مدرسین، ۱۴۰۴ هجری قمری، صفحه ۴۴۵)

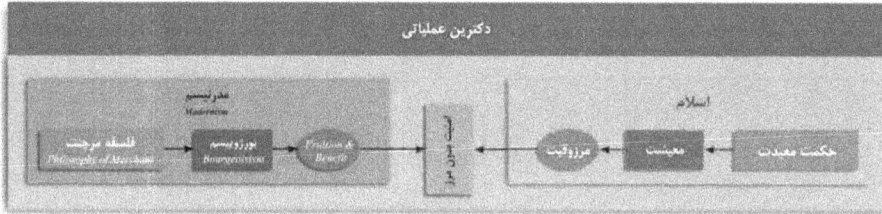

نقشه‌ی راه ۳-۲-۲-۵۶

مدرنیسم

فلسفه مرچنت *Philosophy of Merchant*

محصول تفکر و ایدئولوژی مرکانتیلیسم، مرچنت -سوداگر- و بشر اقتصادی[1] است. فردی که منفعت طلبی شخصی، انگیزه‌ی سودگرا و زیاده‌خواهی به جای انگیزه‌های شرافتمندانه همچون نوع‌دوستی بر او غلبه دارد به این رفتار در اقتصاد مدرن رفتار خردگرایانه[2] گفته می شود، طبق نظر آمارتیاسن[3] این تلقی از انسان، تا حد زیادی نزدیک به رفتار منطقی بوده اما در عین حال احمقانه [4] است[5].

ایدئولوژی بورژوئیسم *Bourgeoisism*

بورژوئیسم شکلی از منطقی سازی استقرایی[6] از وضعیت تاریخی خاص تنازع طبقات اجتماعی کشورهای سرمایه‌داری است[7]. ایدئولوژی بورژوا در خدمت ترویج منافع بورژوازی و روشی برای نقد آن‌ها است -بدون آن‌که قصد رد فکری منافع بورژوازی را داشته باشد- و از انگیزه‌های پنهان و پشت پرده نقاب می‌گشاید[8]. شارل بودلر[9] بورژوئیسم را عامل اصلی رفتارهای کلیشه‌ای، یکنواختی و سراسیمگی موجود در سرمایه‌داری می‌داند[10].

دکترین تمتع *Fruition & Benefit*

در سایه‌ی آزادی اباحه به‌دست آوردن منفعت[11]، برخورداری وتمنای تمتع مادی هر فرد[12] که در زندگی مادی دنیا خلاصه می‌شود مهمترین هدف تفکر بورژوایی است، به طوری که توسعه[13]، بهره‌برداری از امکانات و منابع و رشد اقتصادی[14] در خدمت دنیاسازی، بهره‌مندی و تمتع دنیوی است[15].

اسلام

حکمت معیدت

حقیقت معاد عبارت است از ظهور حقیقت موجودات بعد از خفاء آن در عالم دنی دنیا[16]. خداوندی که انسان را خلق و از

روح خود به او دمید[۱۷] وعده داد همه‌ی موجودات به‌سوی او بازگشت داده می‌شوند[۱۸].

مکتب معیشت

معیدت تنها به وسیله‌ی معیشت رقم می‌خورد[۱۹]، از این رو خداوند معاش و زندگانی را در دنیا قرار داده[۲۰] و میان مردمان تقسیم نمود[۲۱] و روز را هنگامه‌ی تحصیل معاش مقرر داشت[۲۲].

قاعده مرزوقیت

معیشت بندگان رهین رزقی است که از جانب خداوند به آن‌ها نازل می‌گردد. طبق قاعده‌ی مرزوقیت همه‌ی مخلوقات مرزوق‌اند به رزق الهی و هیچ جنبنده‌ای قادر به فراهم آوردن رزق و روزی خویش از غیر از خدا نیست [۲۳]. چنان‌که صاحب روحی نمیرد جز اینکه رزقش به‌طور کامل به او خواهد رسید، پس آنچه بندگان را در معیشت خویش شایسته است طلب اجمال رزق از رزّاق حقیقی است[۲۴].

امنیت

گرچه اکنون در جمهوری اسلامی ایران، در حوزه‌ی اقتصاد، فلسفه‌ی مرچنت، ایدئولوژی بورژوئیسم و دکترین تمتع مبنای طرح ریزی واقع گردیده‌اند، بایسته و شایسته است حوزه‌های حکمت معیدت، مکتب معیشت و قاعده‌ی مرزوقیت از پرده‌ی غفلت خارج شده و مبنای طرح و عمل قرار بگیرند.

---

[1] homo economicus
[2] Rational
[3] Amartya Sen (born 3 November 1933)
[4] Rational fool
[5] Donald M. Borchert (Editor in Chief), **Encyclopedia of Philosophy, Second Edition,** New York, Macmillan Reference 2003, page777
[6] rationalization a posteriori

---

[7] Massimo De Angelis. **Keynesianism, Social Conflict and Political Economy**. Macmillan, London.
[8] Donald M. Borchert (Editor in Chief), **Encyclopedia of Philosophy, Second Edition,** New York, Macmillan Reference 2003, page2381
[۹]- بودلر، شارل پی یر (Charles Baudelaire) شاعر و نویسنده-ی فرانسوی (۱۸۲۱ - ۱۸۶۷ میلادی)
[10] www.memo.fr
[11] Benefit
[۱۲]- هادوی‌نیا، علی‌اصغر، مقاله‌ی دئیسم و اصول نظام سرمایه‌داری
[13] -Development
[14] -Economic Growth
[15] -Hobsbawm.E.J, The Age of Capital 1848-1875, Weidenfeld and Nicolson publisher, 2nd Edition, 1976, page 8
[۱۶]- موسوی همدانی، سید محمد باقر، ترجمه‌ی تفسیر المیزان، جلد ۱۲، صفحه ۴۴۴
[۱۷]- فَإذا سَوَّیْتُهُ وَ نَفَخْتُ فیهِ مِنْ رُوحی فَقَعُوا لَهُ ساجِدین، سوره حجر آیه ۱۹
۱۸- إلَیْهِ مَرْجِعُکُمْ جَمیعاً وَعْدَ اللَّهِ حَقًّا إنَّهُ یَبْدَؤُا الْخَلْقَ ثُمَّ یُعیدُهُ لِیَجْزِیَ الَّذینَ آمَنُوا وَ عَمِلُوا الصَّالِحاتِ بِالْقِسْطِ وَ الَّذین کَفَرُوا لَهُمْ شَرابٌ مِنْ حَمیمٍ وَ عَذابٌ أَلیمٌ بِما کانُوا یَکْفُرُونَ، سوره یونس آیه ۴
- الَّذینَ إِذا أَصابَتْهُمْ مُصیبَةٌ قالُوا إِنَّا لِلَّهِ وَ إِنَّا إِلَیْهِ راجِعُونَ ، سوره بقره آیه ۱۵۶
[۱۹]- امام علی علیه السلام: لا مَعادَ لِمَنْ لا مَعاشَ لَه،علامه مجلسی ، بحار بحار الأنوار الجامعة لدرر أخبار الأئمة الأطهار، تهران، ناشر اسلامیه، جلد۶، صفحه ۲۹۵
[۲۰]- وَ لَقَدْ مَکَّنَّاکُمْ فِی الْأَرْضِ وَ جَعَلْنا لَکُمْ فیها مَعایِشَ قَلیلاً ما تَشْکُرُونَ ، سوره اعراف آیه ۱۰
۲۱- أ هُمْ یَقْسِمُونَ رَحْمَتَ رَبِّکَ نَحْنُ قَسَمْنا بَیْنَهُمْ مَعیشَتَهُمْ فِی الْحَیاةِ الدُّنْیا وَ رَفَعْنا بَعْضَهُمْ فَوْقَ بَعْضٍ دَرَجاتٍ لِیَتَّخِذَ بَعْضُهُمْ بَعْضاً سُخْرِیًّا وَ رَحْمَتُ رَبِّکَ خَیْرٌ مِمَّا یَجْمَعُونَ ، سوره زخرف، آیه ۳۲
[۲۲]- وَ جَعَلْنَا النَّهارَ مَعاشاً، سوره نبأ، آیه ۱۱
[۲۳]-وَ کَأَیِّنْ مِنْ دَابَّةٍ لا تَحْمِلُ رِزْقَهَا اللَّهُ یَرْزُقُها وَ إِیَّاکُمْ وَ هُوَ السَّمیعُ الْعَلیمُ ، سوره عنکبوت، آیه ۶۰
- وَ ما مِنْ دَابَّةٍ فِی الْأَرْضِ إِلاَّ عَلَی اللَّهِ رِزْقُها وَ یَعْلَمُ مُسْتَقَرَّها وَ مُسْتَوْدَعَها کُلٌّ فی کِتابٍ مُبینٍ، سوره هود، آیه۶

- أَمَّنْ يَبْدَؤُا الْخَلْقَ ثُمَّ يُعيدُهُ وَ مَنْ يَرْزُقُكُمْ مِنَ السَّماءِ وَ الْأَرْضِ أَ إِلهٌ مَعَ اللَّهِ قُلْ هاتُوا بُرْهانَكُمْ إِنْ كُنْتُمْ صادِقينَ، سوره قصص، آیه۶۴

[۲۴]- طیب، سید عبد الحسین، اطیب البیان فی تفسیر القرآن، جلد۱، صفحه ۲۱۲

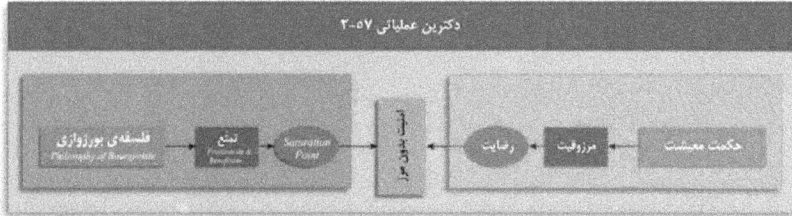

نقشه‌ی راه ۳-۲-۲-۵۷

مدرنیسم

فلسفه بورژوازی *Philosophy of Bourgeoisie*

بورژوازی برگرفته از ریشه‌ی فرانسوی burgeis [۱] به معنای شهروند، به طبقه‌ی متوسط اجتماعی سوداگر از سرمایه داران گفته می‌شود. در تئوری مارکس[۲] بورژوازی نقش قهرمانانه‌ای را در انقلاب صنعتی و مدرنیزه شدن جامعه بازی کرد به طوری که منافع حاصل از مدرنیزاسیون را به وسیله‌ی استثمار پرولتاریا[۳] به انحصار خود درآورد[۴]. سبک زندگی[۵] مادی گرا که غلبه‌ی رفتار کاسبکارانه در تمامی رفتار صاحبان این تفکر مشهود است و زندگی را تنها از راه سود و بهره‌ی سرمایه می‌دانند. مارکس با خلق نیروهای تولیدی که اساس جامعه‌ی مدرن هستند به بورژوازی اعتبار بخشید؛ اما او فکر می کرد که این نیروهای بالقوه برای خدمت به بشریت تنها پس از ایجاد نظم اجتماعی حاصل از انقلاب، به منصه‌ی ظهورخواهند رسید[۶].

ایدئولوژی تمتع *Fruitionism & Benefitism*

فروئیشن از ریشه‌ی لاتینی fruitio [۷] به معنای تمتع، منفعت و برخورداری هر چه بیشتر، و حظ نفس بردن است[۸]. اخلاق سوداگرانه بورژوازی، بشر مرچنت را به سوی بهره برداری هرچه بیشتر از دنیای مادی سوق می‌دهد، بسط این تفکر به دست نهائیون[۹] یا همان مکتب نئوکلاسیک[۱۰] صورت گرفت. از دیدگاه آنان علم اقتصاد بر اصل «لذت و رنج» تعبیر می‌شود. به عبارت دیگر، از آن‌جا که بشر بورژوا طبعاً در جستجوی تمتع بیشتر و کوشش کمتر است، علم اقتصاد مطالعه‌ی منطق محاسبه‌ی خردورزانه و اقتصادی است که با حداقل هزینه حداکثر رضامندی خاطر بشر را در زندگی دنیوی فراهم آورد[۱۱].

دکترین نقطه‌ی اشباع *Saturation Point*

سچوریشن از ریشه لاتینی *saturatus* به پر شدن و اشباع دلالت دارد[۱۲]. در تفکر مدرن غایت رضامندی حداکثری از تمتع و برخورداری، رسیدن به نقطه‌ی اشباع است. هنگامی در رفتار مصرفی بشر اقتصادی حداکثر رضامندی و مطلوبیت حاصل می-گردد که مصرف کننده از مصرف هر چیزی به نقطه‌ی اشباع و

سیری رسیده باشد به گونه‌ای که اگر مقدار مصرف کمی زیاده‌تر گردد احساس عدم رضایت نموده[۱۳] و استفراغ می‌کند. البته به دلیل آن‌که رضایت مقوله‌ای قلبی است و لزوماً نقطه اشباع حصول رضایت قلبی را در پی ندارد بنابراین ایجاد شهوت افزایش ظرفیت اشتها و عدم ارضاء فطری و رضایت حقیقی، عواملی است که سبب می‌گردد نقاط اشباع بالاتری هدف گذاری شوند.

اسلام

حکمت معیشت

عیش به معنای حیات و اخص از آن است معیشت که از عیش مشتق شده به معنای کیفیت تطور و تحول در ادامه‌ی حیات است؛ تفاوت معیشت با حیات در این است که حیات خارج از اختیار انسان در استمرار است، اما عیش و معیشت کیفیت حادث و عارض بر حیات است چرا که انسان به عنوان موجود حیّ مختار می تواند سبک زندگی خود را به هر نحوی رقم زند[۱۴]. حکمت معیشت قوَت یافتن بر اطاعت خداوند و نیل به رضوان رضایت اوست تا مؤمن در مسیر صیرورت و بندگی با دیدن فردایی از پس امروز به سوی آخرت و دار حیوان بشتابد[۱۵].

مکتب مرزوقیت

مرزوق بودن بندگان خداوند به رزق او مرتبه ثانی پس از خلق آنان است[۱۶]. مؤمن در معیشت معطوف به معیدت به رزق الهی یا همان روزی، عطاء و بخشش دائمی او در مادیات و معنویات به حسب اقتضاء فطرت [۱۷] قائل است و انتساب رزق به غیر الله را به اعتبار ثانوی می‌داند[۱۸] و هر آنچه را که در معیشت از آن انتفاع جوید رزقی بوده که از ناحیه‌ی خداوند به او ارزانی شده و او نسبت به آن در برابر خداوند حقی ندارد بنابراین رزق از ناحیه خدای تعالی بر طبق حال مرزوق صورت می‌گیرد، نه عوضی در آن هست و مرزوق نه طلبی از خدا دارد، و نه استحقاقی نسبت به رزق، آنچه مرزوقین دارند حاجت ذاتی و یا زبانی ایشان است، که هم ذاتشان ملک خدا است، و هم حاجت ذاتشان، و هم احتیاجاتی که به زبان درخواست می‌کنند، پس داده خدا در مقابل چیزی از بندگان قرار نمی‌گیرد، پس رزق هر چند از خدای تعالی عطیه‌ای بدون عوض است، و لیکن در عین حال اندازه دارد، تا چه اندازه‌ای را خواسته باشد[۱۹].

قاعده رضایت

هرگاه در قلب انسان برای موردی وفاق- اعم از مطابقت با میل- حبّ، طاعت- در مقابل عصیان- سرور و فرح مطلق و اختیار بر تفضیل آن نسبت به امور دیگر ایجاد شد، رضایت قلبی و روحی رقم خورده است[۲۰].

مؤمن در معیشت خویش به رزقی که از سوی خداوند بر او نازل می‌گردد رضایت دارد هرچند کم باشد[۲۱] بر طبق این قاعده خداوند نیز از عمل کم او راضی خواهد شد. چرا که او به دنبال معاشی والاتر است که در عالم آخرت به او افاضه خواهد شد و کمال مطابقت و موافقت را با رضایت حال او خواهد داشت[۲۲].

امنیت

گرچه اکنون در جمهوری اسلامی ایران، در حوزه‌ی اقتصاد، فلسفه‌ی بورژوازی، ایدئولوژی تمتّع و دکترین نقطه اشباع مبنای طرح‌ریزی واقع گردیده، بایسته و شایسته است حوزه‌های حکمت معیشت، مکتب مرزوقیت و قاعده‌ی رضایت از پرده‌ی غفلت خارج شده و مبنای طرح و عمل قرار بگیرند.

---

[1] - Bourgeoisie (at site: www.etymology.com)

[2] -Karl Marx (1818–1883)

[3] -proletariat

[4] - Bourgeoisie (at site: www.britannica.com)

[5] - Life Style

[6] - Honderich, Ted (Editor), The Oxford Companion to Philosophy, 2nd Edition, Oxford University Press, page 103

[7]- Merriam-Webster's collegiate dictionary, 11th Ed., Massachusetts, U.S.A, Merriam-Webster Incorporated, 2005. Word: Fruition

[8]- www.loghatnaameh.com/dehkhoda

[9] -Marginalist School

[10]- Neo-Classical School

[۱۱]- تفضلی، فریدون، تاریخ عقاید اقتصادی از افلاطون تا دوره‌ی معاصر، نشر نی، صفحه ۲۱۷

[12] -word: saturation (at site: www.etymology.com)

[۱۳]- ابونوری، عباسعلی، اقتصاد خرد۱، نشر دانشگاه آزاداسلامی، صفحه ۲۰۸

[۱۴]- مصطفوی، حسن، التحقیق فی کلمات القرآن الکریم، مرکز نشر آثار علامه مصطفوی، جلد۴، صفحه ۲۷۷

[۱۵]- عن أبی جعفر ابن محمد علیه السلام: ...أَسْأَلُکَ اللَّهُمَّ الرَّفَاهِیَةَ فِی مَعِیشَتِی مَا أَبْقَیْتَنِی مَعِیشَةً أَقْوَی بِهَا عَلَی طَاعَتِکَ وَ أَبْلُغُ بِهَا رِضْوَانَکَ وَ أَصِیرُ بِهَا إِلَی دَارِ الْحَیَوَانِ غَداً، کلینی، شیخ محمد، الکافی، نشر دارالکتب الاسلامیه، جلد۲، صفحه ۵۸۷ ، باب دعوات موجزات لجمیع الحوائج

[۱۶]-وَاللَّهُ الَّذی خَلَقَکُمْ ثُمَّ رَزَقَکُمْ ثُمَّ یُمیتُکُمْ ثُمَّ یُحْییکُمْ هَلْ مِنْ شُرَکائِکُمْ مَنْ یَفْعَلُ مِنْ ذلِکُمْ مِنْ شَیْ‏ءٍ سُبْحانَهُ وَ تَعالی عَمَّا یُشْرِکُونَ ،قرآن کریم، سوره روم، آیه ۴۰

[۱۷]- راغب اصفهانی، حسین بن محمد؛ ترجمه و تحقیق مفردات الفاظ قرآن؛ خسروی حسینی، سیدغلامرضا مترجم، نشر مرتضوی، ج ۲، ص ۶۷

[۱۸]- مصطفوی، حسن، التحقیق فی کلمات القرآن الکریم، مرکز نشر آثار علامه مصطفوی، جلد۴، صفحه ۱۱۵

[۱۹]- موسوی همدانی، سید محمد باقر، ترجمه تفسیر المیزان، نشر دفتر انتشارات جامعه مدرسین حوزه علمیه قم، جلد ۳، صفحه ۲۷۷

[۲۰]- مصطفوی، حسن، التحقیق فی کلمات القرآن الکریم، مرکز نشر آثار علامه مصطفوی، جلد۴، صفحه ۱۵۲

[۲۱]- قَالَ الصادق علیه السلام: مَکْتُوبٌ فِی التَّوْرَاةِ ابْنَ آدَمَ کُنْ کَیْفَ شِئْتَ کَمَا تَدِینُ تُدَانُ مَنْ رَضِیَ مِنَ اللَّهِ بِالْقَلِیلِ مِنَ الرِّزْقِ قَبِلَ اللَّهُ مِنْهُ الْیَسِیرَ مِنَ الْعَمَلِ وَ مَنْ رَضِیَ بِالْیَسِیرِ مِنَ الْحَلَالِ خَفَّتْ مَئُونَتُهُ وَ زَکَتْ مَکْسَبَتُهُ وَ خَرَجَ مِنْ حَدِّ الْفُجُورِ، کلینی، شیخ محمد، الکافی، نشر دارالکتب الاسلامیه، جلد۲ ، صفحه ۱۳۸ ، باب القناعة

[۲۲]- فَأَمَّا مَنْ ثَقُلَتْ مَوازِینُهُ فَهُوَ فی عیشَةٍ راضِیَةٍ ، قرآن الکریم، سوره القارعه، آیات ۶ و ۷

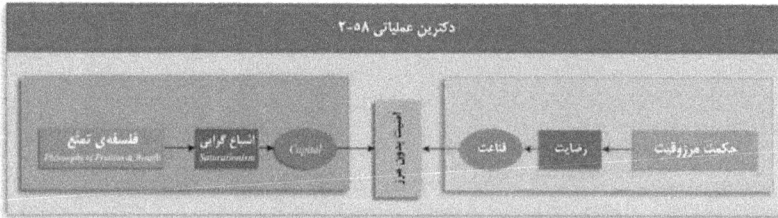

نقشه‌ی راه ۳-۲-۲-۵۸

مدرنیسم

فلسفه تمتّع *Philosophy of Fruition & Benefit*

منفعت و بهره بردن[۱] و در معنای اصل آن تمتّع، هدف غایی زندگی مادی و دنیوی است. فلسفه تمتّع که برخاسته از تفکّر اپیکیوریانیسم[۲] می‌باشد، لذّت بردن و هیجان خوش[۳] داشتن را نهایت خوبی می‌داند چرا که از این دید، شناخت، طبیعت و هر چیزی به خودی خود هیچ معنا و اهمیتی ندارند، بلکه در خدمت احساس و دریافت های لذّت جویانه و خوشی طلبانه (یا دردآور) بشر می باشند، احساس هایی که آخرین سنجه و ملاک خوبی و بدی هستند[۴]. بر این اساس طبق نظر توماس هابز[۵] از آن‌جا که راست (مسامحتاً حق) طبیعت[۶] آزادی هر بشری استفاده از قدرت خویش برای حفظ و بسط طبیعت خود چه در زندگی، چه در قضاوت و چه در ذهنیات خود است لذا قانون طبیعت[۷] برای دست یازی به بهره و منفعت بیشتر، جنگ میان بشریت را رقم می‌زند[۸].

ایدئولوژی اشباع گرایی *Saturationism*

تحدید حیات در اندیشه‌ی مدرن به زندگانی مادی و تمنّای تمتع حداکثری در آن، نتیجتاً ایدئولوژی سچوریشنیسم را برمی‌تابد. تفکری که قائل است بشر در بدو تولد دارای ظرفیت، گنجایش و پتانسیل‌های[۹] متفاوتی است و او آزاد است تا در طول زندگانی خود آن ظرفیت‌ها را به مرحله‌ی پُری واشباع[۱۰] سپس سرریز[۱۱] برساند و اگر در طول زندگی ابزار و فرصت مناسب برای او بوجود آمد -به دلیل آن‌که رضایت ذهنی ایجاد نشده- آن‌ها را توسعه دهد. همچنین افراد جامعه باید اشباع را به عنوان یک ارزش الهام بخش قلمداد کنند و در اشباع ظرفیت‌های خویش نه تنها از اشباع ظرفیت‌های دیگران جلوگیری نکنند بلکه با آن‌ها نیز سازگار باشند[۱۲].

دکترین کاپیتال *Capital*

در فرایند اشباع هر مظروفی در ظرف خود انباشت[۱۳] آن بر روی هم رقم می‌خورد. اگر انباشت صورت گرفته، زایش داشته

باشد و بتواند خود یا چیزی مرتبط با خود را تولید و یا بازتولید کند و به عبارتی فعال باشد و نه منفعل[۱۴]، سرمایه به وجود می‌آید. نوع و میزان سرمایه بسته به انتخاب نوع و میزان ظرف و گونه‌ی مظروف متفاوت است.

اسلام

حکمت مرزوقیت

حکمت مرزوق به رزق الهی بودن عبودیت در محضر خالق و به جای آوردن شکر اوست، چرا که عبد مؤمن در درک حضور خدا واقف است خداوند مالک حقیقی رزق و روزی است و غیر خدا هیچ تملک و توانایی نسبت به تأمین رزق خود ندارد[۱۵] و او به همین دلیل مستحق عبادت است و به جای آوردن شکر منعِم بر منعَم واجب است[۱۶].

مکتب رضایت

رضایت از ریشه‌ی رضا ضد سخط است. و آن عبارت است از ترک اعراض بر مقدّرات الهیّه در باطن و ظاهر، قولاً و فعلاً[۱۷]. به عبارتی توقف خواهش‌های شغاف در برابر خواست خداوند مفهوم رضایت را در قلب رقم می‌زند که عموماً با خوشنودی همراه است. مؤمن مرزوق به این دلیل که اساساً منشأ رزق را از جانب خود نمی‌داند از روی تعبّد به رزق خداوند راضی است تا خداوند نیز از او راضی گردد. بنابراین برای زیاد و کم شدن و یا فوت آن محزون و مسرور نخواهد شد[۱۸].

قاعده قناعت

قناعت از ماده قنع به معنای متوقف کردن خواهش های نفس-رضایت نفسانی- و بذل تمام توجه به رزق مقسوم[۱۹] از جانب خداوند که به آن قلباً راضی شده و ساختن به آن می باشد. کسی که قناعت ورزد از همّ، کرب و تعب به دور است و هر چه از آن کم بگذارد به دنیویت که بنیان هر شری است رغبت و طمع بیشتری خواهد یافت. ملک قناعت زوال و نابودی ندارد و مرکبی است که خداوند راضی شد تا راکبش را به منزل برساند[۲۰].

مفهوم «اقتصاد» یا میانه روی در زمره‌ی استراتژی های عملیاتی قاعده قناعت قرار می‌گیرد.

امنیت

گرچه اکنون در جمهوری اسلامی ایران، در حوزه‌ی اقتصاد، فلسفه‌ی تمتّع، ایدئولوژی اشباع گرایی و دکترین کاپیتال مبنای طرح ریزی واقع گردیده‌اند، بایسته و شایسته است حوزه‌های حکمت مرزوقیت، مکتب رضایت و قاعده‌ی قناعت از پرده‌ی غفلت خارج شده و مبنای طرح و عمل قرار بگیرند.

---

1 -Fruition & Benefit

2 -Epicureanism: for more information refer to: Mitsis, Philip, Epicurus' Ethical Theory: The Pleasure of Invulnearability, Ithaca, NY: Cornell University Press, 1988.
Preuss, Peter, Epicurean Ethics: Katastematic Hedonism (Lewiston, NY: E.Mellen Press, 1994.

3 -Pleasure

4 - Rogers, Kelly, Self-Interest: An Anthology of Philosophical Perspectives, Routledge Published, NY,1997, p:33

5 - Thomas Hobbes (1588-1679)

6 -The Right of Nature: Jus Naturale

7 -The Law of Nature: Lex Naturalis

8 - Rogers, Kelly, Self-Interest, An Anthology of Philosophical Perspectives, Routledge Published, NY,1997, p:88

9 -Potentials

10 -Fulfillment & Saturation

11 -Spill over

12 -C.Dyke, Philosophy of Economics, Temple University, Elizabeth & Monroe Beardsley, Editors, 1981 by PRENTICE-HALL, INC. Englewood Cliffs, New Jersey, p 124.

13 - Accumulation, (at site: www.answers.com word: capital)

14 - active not passive

[15]– إِنَّما تَعْبُدُونَ مِنْ دُونِ اللَّهِ أَوْثاناً وَ تَخْلُقُونَ إِفْكاً إِنَّ الَّذينَ تَعْبُدُونَ مِنْ دُونِ اللَّهِ لا يَمْلِكُونَ لَكُمْ رِزْقاً فَابْتَغُوا عِنْدَ اللَّهِ الرِّزْقَ وَ اعْبُدُوهُ وَ اشْكُرُوا لَهُ إِلَيْهِ تُرْجَعُونَ قرآن كريم، سوره عنكبوت، آيه ۱۷

– يا أَيُّهَا الَّذينَ آمَنُوا كُلُوا مِنْ طَيِّباتِ ما رَزَقْناكُمْ وَ اشْكُرُوا لِلَّهِ إِنْ كُنْتُمْ إِيَّاهُ تَعْبُدُونَ ، قرآن الكريم، سوره بقره، آيه ۱۷۲

[16]– موسوى همدانى، سيد محمد باقر، ترجمه تفسير الميزان، انتشارات اسلامى جامعه مدرسين حوزه علميه قم، جلد ۱۶، صفحه ۱۷۲

[17]– نراقى، ملا احمد، معراج السعاده، انتشارات دهقان ۱۳۷۹، صفحه ۷۵۱

[18]– قَالَ امام صادق عليه السلام: مَنْ نَظَرَ فِي عَيْبِ نَفْسِهِ اشْتَغَلَ عَنْ عَيْبِ غَيْرِهِ وَ مَنْ رَضِيَ رِزْقَ اللَّهِ لَمْ يَحْزَنْ عَلَى مَا فَاتَهُ إِلَى أَنْ قَالَ وَ مَنْ نَظَرَ فِي عُيُوبِ النَّاسِ ثُمَّ رَضِيَهَا لِنَفْسِهِ فَذَلِكَ الْأَحْمَقُ بِعَيْنِهِ...، عاملى، محمد ابن الحسن الحرّ، تفصيل وسائل الشيعة إلى تحصيل مسائل الشريعة، نشر آل البيت،جلد ۱۵،صفحه۲۹۱ ، باب استحباب اشتغال الإنسان بعيب نفسه عن عيب الناس.

– لِكَيْلا تَأْسَوْا على ما فاتَكُمْ وَ لا تَفْرَحُوا بما آتاكُمْ وَ اللَّهُ لا يُحِبُّ كُلَّ مُخْتالٍ فَخُورٍ، قرآن الكريم، سوره حديد، آيه۲۳

[19]– مصطفوى، حسن، التحقيق فى كلمات القرآن الكريم، مركز نشر آثار علامه مصطفوى، جلد۹، صفحه ۳۲۶

[20]– قالَ الصَّادِقُ (ع): لَوْ حَلَفَ الْقَانِعُ بِتَمَلُّكِهِ عَلَى الدَّارَيْنِ لَصَدَّقَهُ اللَّهُ عَزَّ وَ جَلَّ بِذَلِكَ وَ لَأَبَرَّهُ لِعِظَمِ شَأْنِ مَرْتَبَةِ الْقَنَاعَةِ ثُمَّ كَيْفَ لَا يَقْنَعُ الْعَبْدُ بِمَا قَسَمَ اللَّهُ لَهُ وَ هُوَ يَقُولُ نَحْنُ قَسَمْنا بَيْنَهُمْ مَعِيشَتَهُمْ فِي الْحَياةِ الدُّنْيا فَمَنْ أَذْعَنَ وَ صَدَّقَهُ بِمَا شَاءَ وَ لِمَا شَاءَ بِلَا غَفْلَةٍ وَ أَيْقَنَ بِرُبُوبِيَّتِهِ أَضَافَ تَوْلِيَةَ الْأَقْسَامِ إِلَى نَفْسِهِ بِلَا سَبَبٍ وَ مَنْ قَنِعَ بِالْمَقْسُومِ اسْتَرَاحَ مِنَ الْهَمِّ وَ الْكَرْبِ وَ التَّعَبِ وَ كُلَّمَا انْتَقَصَ مِنَ الْقَنَاعَةِ زَادَ فِي الرَّغْبَةِ وَ الطَّمَعُ فِي الدُّنْيَا أَصْلُ كُلِّ شَرٍّ وَ صَاحِبُهَا لَا يَنْجُو مِنَ النَّارِ إِلَّا أَنْ يَتُوبَ وَ لِذَلِكَ قَالَ النَّبِيُّ ص مِلْكُ الْقَنَاعَةِ لَا يَزُولُ وَ هِيَ مَرْكَبُ رِضَى اللَّهِ تَعَالَى تَحْمِلُ صَاحِبَهَا إِلَى دَارِهِ فَأَحْسِنِ التَّوَكُّلَ فِيمَا لَمْ تُعْطَهُ وَ الرِّضَى بِمَا أُعْطِيتَ وَ اصْبِرْ عَلَى مَا أَصَابَكَ فَإِنَّ ذَلِكَ مِنْ عَزْمِ الْأُمُورِ. محدث نورى، مستدرك‌الوسائل، نشر آل البيت، جلد ۱۵، صفحه ۲۲۴، باب استحباب القناعة بالقليل

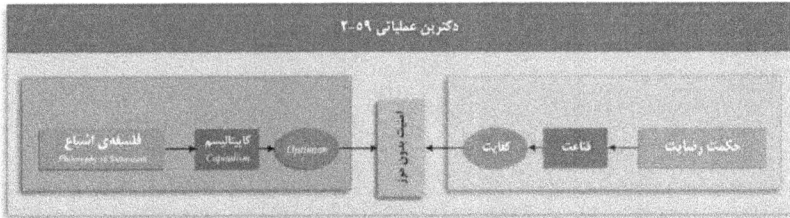

نقشه‌ی راه ۳-۲-۲-۵۹

مدرنیسم

فلسفه اشباع *Philosophy of Saturation*

تلقی از بشر به عنوان ذهنی که مظروف است و باید توسط دامن زدن به خواهش‌ها و امیال مادی پر شود یا اشباع شود و به عبارتی ماکسیمایز[۱] گردد شاکله‌ی آنتروپولوژی اقتصاد مدرن را تشکیل می‌دهد. رسیدن به نقطه‌ی پری و سیری غایت هدف-گذاری اقتصادی در انتخاب و کسب می‌باشد، بنابراین بشر مرچنت در فعالیت های خود با توجه به قیوداتی که بر سر راه دارد باید در پی اشباع شدن باشد.

ایدئولوژی کاپیتالیسم *Capitalism*

کاپیتالیسم مدل اقتصادی ایدئولوژی سیاسی لیبرتاریانیسم[۲] است که بر اساس و مبنای دکترین اباحه گری « بگذار بگذرد، بگذار هرچه می‌خواهد انجام دهد»[۳] می‌باشد. از آنجایی که در اجتماع متفرد لیبرال، « فرد » اصالت و برتری دارد، بنابراین آزادی او برای جستجوی منفعت شخصی و تصرّف آن چه که به عنوان دارایی مطرح است، مهمترین ارزش قلمداد می‌گردد[۴]. این نوع نگرش در نحوه‌ی ارتباطات بشری نه تنها به حرص زدن برای تصرّف و انباشت در جهت تولید سرمایه مادی دامن می‌زند، بلکه تلاش برای اشباع اشتهای استیلاطلبی بر ممکنات و امکانات را فرهنگ سازی نموده است.

دکترین اپتیمم *Optimum*

به بهترین وضع یا حالت در کارها اپتیمم یا بهینه اطلاق می-شود. به طور کلی، در اقتصاد کاپیتالیستی فرض این است که برآورد تمایلات مادی فرد هدف عینی نظام اقتصادی است. به هنگام تلاش برای دستیابی افراد به بالاترین حد ارضاء امیال محدودیت‌هایی بر سر راه وجود دارد، بهترین وضعیت با توجه به عوامل تحدید، اپتیمم قلمداد می گردد[۵]. بر این اساس دکترین اپتیمم بیان می‌دارد که هر آلترناتیوی از انتخاب بین وضعیت A_1 تا A_n بهینه است تا زمانی که هیچ جایگزین بهتری نداشته باشد، مگر اینکه از نظر شرایط مساوی باشد[۶].

اسلام

حکمت رضایت

حکمت رضایت قلب به رزق الهی و ترک اعراض بر رضای او، از بین رفتن و ازاله‌ی تأسف و ناراحتی به خاطر آن چه که روزی و در دست دیگران است[۷]، در واقع قلب مؤمن به خداوند بسنده می کند و او برایش کافی است چرا که خداوند از فضلش به بنده‌ی خود عطا می‌کند[۸]. این یک معادله‌ی دو جانبه بوده و غیر به آن راه ندارد، بنابراین بسیاری از امراض قلب نظیر حسد، ایجاد نخواهد شد.

مکتب قناعت

حفظ و صیانت از نفس به واسطه‌ی قناعت صورت می‌پذیرد[۹]، حرص زدن و طمع ورزیدن برای بدست آوردن چیزهایی که نزد دیگر مردمان است به وسیله‌ی قناعت علاج می‌گردد[۱۰]. در واقع متوقف ساختن طلب مال دیگران در مکتب قناعت انجام گرفته و به این سبب عزّت نفس حاصل می‌گردد. آن چه «اقتصاد» در نهایت امر قصد نیل به آن را دارد تمام و کمال در قناعت رقم خواهد خورد[۱۱].

قاعده کفایت

اگر مؤمن به خداوند توکل کند سپس قناعت ورزد و قلب او راضی شود برای او از جانب خداوند کفایت حاصل می‌گردد به صورتی که از خواهش به غیر بی نیاز [۱۲] می کند همچنین احتیاجات او را مرتفع می‌سازد، هیچ کس به اندازه‌ی خداوند بر کفایت بنده اش قادر نیست[۱۳].

امنیت

گرچه اکنون در جمهوری اسلامی ایران، در حوزه‌ی اقتصاد، فلسفه‌ی اشباع، ایدئولوژی کاپیتالیسم و دکترین اپتیمم مبنای طرح ریزی واقع گردیده‌اند، بایسته و شایسته است حوزه‌های حکمت رضایت، مکتب قناعت و قاعده‌ی کفایت از پرده‌ی غفلت خارج شده و مبنای طرح و عمل قرار بگیرند.

---

[1] - Maximizing

[2] - Libertarianism

[3] Laissez-faire, Laissez passé

[4] –Donald M. Borchert (Editor in Chief),

Encyclopedia of Philosophy, Second Edition, New York, Macmillan Reference 2003, page 676

[۵]– توانایان فرد، حسن، فرهنگ تشریحی اقتصاد، نشر جهان رایانه ۱۳۸۵، صفحه: ۵۹۹، ۹۲۹

[6] The Review of Metaphysics, Philosophy Education Society Inc, vol.59.No.3.Mar.2006, Rescher, Nicholas Optimalism and The Rationality of Real: On The Prospects of Axiological Explanation, page:503

[۷]– خطبة لأمير المؤمنين (ع): ...وَ مَنْ رَضِيَ بِرِزْقِ اللَّهِ لَمْ يَأْسَفْ عَلَى مَا فِي يَدِ غَيْرِهِ . کلینی، شیخ محمد، الکافی، نشر دارالکتب الاسلامیه، جلد ۸ صفحه ۱۸

[۸]– وَ لَوْ أَنَّهُمْ رَضُوا ما آتاهُمُ اللَّهُ وَ رَسُولُهُ وَ قالُوا حَسْبُنَا اللَّهُ سَيُؤْتِينَا اللَّهُ مِنْ فَضْلِهِ وَ رَسُولُهُ إِنَّا إِلَى اللَّهِ راغِبُونَ، قرآن کریم سوره توبه، آیه ۵۹

[۹]– سئل عن القناعة فقال القناعة تجتمع إلى صيانة النفس و عز القدر و طرح مؤن الاستكثار و التعبد لأهل الدنيا و لا يسلك طريق القناعة إلا رجلان إما متعلل يريد أجر الآخرة أو كريم متنزه عن لئام الناس، شیخ صدوق، عیون اخبار الرضا (علیه السلام)، انتشارات جهان ۱۳۷۸، صفحه ۲۹۷

[۱۰]– علاج الحرص و الطمع و الدواء الذى يكتسب به صفة القناعة، ورام ابن ابی فراس، مجموعه ورام(تنبیه الخواطر)، جلد۱ ،صفحه ۱۶۶

[۱۱]– قال علی (ع): غاية الاقتصاد القناعة، خوانساری، جمال الدین، شرح بر غرر الحکم، جلد۴ ، صفحه ۳۷۱

[۱۲]– الْقُطْبُ الرَّاوَنْدِيُّ فِي لُبِّ اللُّبَابِ، عَنِ النَّبِيِّ ص أَنَّهُ قَالَ مَنْ تَوَكَّلَ وَ قَنِعَ وَ رَضِيَ كُفِيَ الْمَطْلَبَ ، محدث نوری، مستدرک الوسایل، نشر آل البیت، ۱۴۰۸ هجری قمری ، جلد ۱۱، صفحه ۲۱۷، باب وجوب التوکل علی الله

[۱۳]– أَ لَيْسَ اللَّهُ بِكافٍ عَبْدَهُ وَ يُخَوِّفُونَكَ بِالَّذِينَ مِنْ دُونِهِ وَ مَنْ يُضْلِلِ اللَّهُ فَما لَهُ مِنْ هادٍ ، قرآن الکریم، سوره زمر، آیه ۳۶

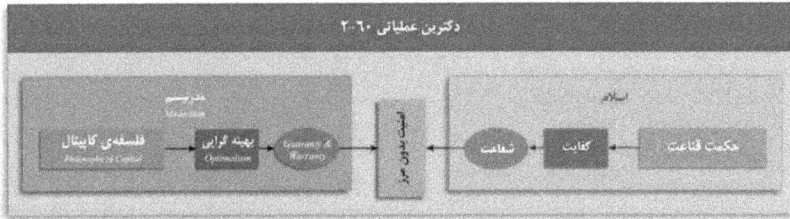

نقشه‌ی راه ۳-۲-۲-۶۰

مدرنیسم

فلسفه کاپیتال *Philosophy of Capital*

واژه‌ی «Capital» از ریشه‌ی لاتینی Capit یا Capita به معنای سر و بالاترین قسمت هر چیزی است به قسمی که بقای زندگی آن چیز بدون سر ممکن نباشد[1]. همانطور که در بدن انسان، سر، بالاترین و برترین قسمت محسوب می شود و علاوه بر انباشت داده‌ها و اطلاعات، فرماندهی کل بدن، اعضاء و جوارح ، دیدبانی و دریافت اطلاعات محیطی و محاطی و همچنین تراوش اطلاعات را نیز به عهده دارد. سر، به بدن مایه می‌دهد و بدن نیز بدون سر امکان حیات و زندگی ندارد. در اکونومی نیز آنچه موجب حیات و قوام ثروت[2] است، کاپیتال یا سرمایه است.

ایدئولوژی بهینه گرایی *Optimalism*

اُپتیمالیسم تفکری که برخاسته از جهان بینی خوشبینانه است، بر خلاف ایدئولوژی اُپتیمیسم[3] که باور دارد «هر چیزی که وجود دارد، برای بهترین بودن است»[4]، معتقد است «هر چیزی که برای بهترین بودن هست، وجود دارد»[5] . پیش فرض اساسی این تفکر این است که به دلیل اعتقاد به طبیعت هوشمند، خدامحور نبوده و خود بنیاد است همچنین از اینکه بخواهد از جانب خدا و خواست او اصالت داشته باشد، تبری می‌جوید، در واقع اُپتیمالیسم به خالق احتیاج ندارد تا به آن ارزش بخشد چرا که اعتقاد صاحبان این نگرش باور دارند خود خدا هم وجود دارد برای آن که بهترین باشد![6] در این راستا حد انباشت و زایش سرمایه، اُپتیمم است، که با توجه به این برداشت، پایانی برای آن متصور نیست. به همین سبب أشکالی که کاپیتال ظاهر می‌شود گوناگون است[7].

دکترین گارانتی و وارانتی *Guaranty & Warranty*

ماهیت سیالیت کاپیتال، مخصوصاً بقاء یا فنای آن در شرایط اُپتیمم، دکترین گارانتی- از ریشه ی آنگلو فرنچ- یا وارانتی- از ریشه ی آلمانی- را رقم می‌زند. به این سبب نگه داشتن توازن تهدیدات بیرونی برای فنای سرمایه با آسیب های محتمل درونی

آن و در نهایت حفظ امنیت یا سکیوریتی برای بودن، ماندن و سپس شدن، تضمین خوانده می‌شود[8].

اسلام

حکمت قناعت

حکمت قناعت به رزق واصله و متوقف ساختن خواهش های نفس، إحیاء شدن توسط خداوند به حیات طیبه است[9]. خداوند مؤمنی را که عمل صالح انجام دهد را به حیات جدیدی غیر آن حیاتی که به دیگران نیز داده زنده می‌کند[10] و مقصود این نیست که حیاتش را تغییر می‌دهد، مثلاً حیات خبیث او را مبدل به حیات طیبی می‌کند؛ بلکه اصل حیات همان حیات عمومی بوده اما کیفیت و صفتش را به قنوع و قناعت تغییر می دهد[11]

مکتب کفایت

در مکتب کفایت خداوند جای خالی درون قلب مؤمن را که به سبب نیاز ایجاد شده، پر می کند تا از طلب به سوی غیر او بی نیاز گردد[12]، به عبارتی کسی که قناعت ورزد یعنی خواهش‌های نفس خویش را متوقف سازد خداوند او را کفایت می‌کند.

قاعده شفاعت

شفاعت یعنی پیوستن و انضمام به کسی که از نظر حرمت و مقام، بالاتر از کسی است که مادون اوست و مورد شفاعت قرار می‌گیرد[13]. قاعده شفاعت عبارت است از این‌که شفیعی بین خدای پذیرای شفاعت و بین امر مورد شفاعت واسطه شود تا مجرای حکمی از احکام او تغییر یافته، و حکم دیگری بر خلاف آن جاری شود[14] طبق نص صریح قرآن کریم ملک شفاعت از آن خداست و اوست که شفاعت را به تملک بندگان خود درمی آورد[15]. این قاعده در بیع ضامن کفایت رزق به شمار می‌رود[16].

امنیت

اکنون در جمهوری اسلامی ایران، فلسفه کاپیتال، ایدئولوژی بهینه گرایی و دکترین گارانتی مبنای اقدام در اقتصاد واقع شده‌اند، شایسته و بایسته است که حکمت قناعت، مکتب کفایت و قاعده شفاعت مبنای عمل قرار گیرند.

---

1 - Merriam-Webster's collegiate dictionary, 11th Ed ,Massachusetts, U.S.A, Merriam-Webster Incorporated, 2005. (Word: Capital)

2 -Wealth

3 - The Review of Metaphysics, Philosophy Education Society Inc, vol.59.No.3.Mar.2006, Rescher, Nicholas Optimalism and The Rationality of Real: On The Prospects of Axiological Explanation, page:507

4 -"whatever exists is for the best."

5-"whatever is for the best exists."

6 - Rescher, Nicholas, Studies in Metaphysical Optimalism, Ontos verlag Publisher, 2006, page 52.

۷- بر اساس تقسیم بندی کلاسیک: سرمایه اقتصادی، سرمایه فرهنگی، سرمایه اجتماعی، سرمایه نظامی و سرمایه سیاسی

8 - Merriam-Webster's collegiate dictionary, 11th Ed ,Massachusetts, U.S.A, Merriam-Webster Incorporated, 2005. (Word: Guaranty & Warranty)

۹- علامه مجلسی، بحارالأنوار، جلد ۶۸ ، صفحه ۳۴۵ ، باب ۸۶- الاقتصاد و ذم الإسراف: عَنِ الصَّادِقِ ع فِی قَوْلِهِ تَعَالَی فَلَنُحْیِیَنَّهُ حَیاةً طَیِّبَةً قَالَ الْقُنُوعُ

۱۰- مَنْ عَمِلَ صالِحاً مِنْ ذَکَرٍ أَوْ أُنْثی وَ هُوَ مُؤْمِنٌ فَلَنُحْیِیَنَّهُ حَیاةً طَیِّبَةً وَ لَنَجْزِیَنَّهُمْ أَجْرَهُمْ بِأَحْسَنِ ما کانُوا یَعْمَلُونَ، قر آن کریم، سوره نحل، آیه ۹۷

۱۱- موسوی همدانی، سید محمد باقر، ترجمه تفسیر المیزان، انتشارات اسلامی جامعه مدرسین حوزه علمیه قم، جلد ۲، صفحه ۲۵۱

۱۲- کفی: آنکه برای تو کافی باشد و از دیگری بی‌نیازت کند. ایرانی طرفی، فرهنگ ابجدی، نشر ائمه، ۱۳۸۴، جلد ۱ صفحه ۷۱۶.

۱۳- راغب اصفهانی، حسین بن محمد؛ ترجمه و تحقیق مفردات الفاظ قرآن؛ خسروی حسینی، سیدغلامرضا مترجم، نشر مرتضوی، ج۲ ، ص ۳۳۴

۱۴- موسوی همدانی، سید محمد باقر، ترجمه تفسیر المیزان، انتشارات اسلامی جامعه مدرسین حوزه علمیه قم، جلد ۸ صفحه ۱۹۶

۱۵- قُلْ لِلَّهِ الشَّفاعَةُ جَمیعاً لَهُ مُلْکُ السَّماواتِ وَ الْأَرْضِ ثُمَّ إِلَیْهِ تُرْجَعُونَ، قر آن کریم، سوره سبأ آیه۲۳

[۱۶]- يا أَيُّهَا الَّذينَ آمَنُوا أَنْفِقُوا مِمَّا رَزَقْناكُمْ مِنْ قَبْلِ أَنْ يَأْتِيَ يَوْمٌ لا بَيْعٌ فيهِ وَ لا خُلَّةٌ وَ لا شَفاعَةٌ وَ الْكافِرُونَ هُمُ الظَّالِمُونَ ، قرآن كريم، سوره بقره، آيه ۲۵۴

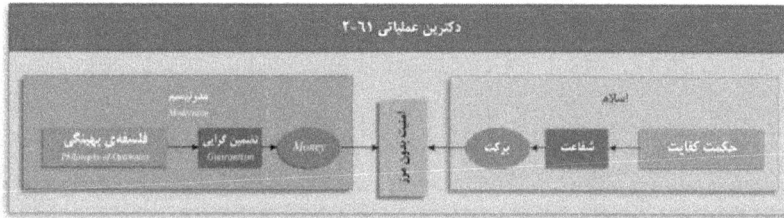

نقشه‌ی راه ۳-۲-۲-۶۱

مدرنیسم

فلسفه بهینگی *Philosophy of Optimality*

بر اساس انگاره سوبژکتیو پارتو[۱] عمل رشنال[۲] مربوط به علم اقتصاد بوده و عمل غیر رشنال[۳] به جامعه شناسی مربوط است. به نظر او حداکثرسازی رفتاری افراد چه در ارضاء ترجیحات مصرف کننده و چه در سودطلبی تولیدکننده عملی رشنال قلمداد شده و در توجیه بشر اقتصادی[۴] به کار می‌رود[۵]. بنابراین با توجه محدودیت زندگی اجتماعی -در دنیا- حداکثرسازی یا ماکسیمایز معنای بهینه سازی را -در اقتصاد محض[۶]- پیدا می‌کند و تا آن جا پیش می رود که وضعیت هریک از آحاد اجتماع بهینه باشد و تغییر در وضعیت یکی منجر به بدتر شدن وضعیت حداقل یک نفر شود[۷].

ایدئولوژی تضمین‌گرایی *Guarantism*

این ایدئولوژی تلاش دارد به بقای مفاهیم در وضعیت بهینه خود، بعد آینده شناختی ببخشد به طوری‌که به عنوان پشتوانه‌ای برای تأمین و تضمین اعتبار مفهوم حتی المقدور در وضعیت بهینه قلمداد گردد. آنچه از مفهوم پشتوانه پول مد نظر بوده است ضمانت ارزش به عنوان عامل اصلی قلمداد می‌گردد.

دکترین پول *Money*

دکترین مانی یا پول بیان می‌کند همان‌طور که جوهر عمیق اعتقاد به خدا در این واقعیت نهفته است که همه عناصر گوناگون و متناقض در جهان وحدت خود را در او می‌یابند پول بیشتر و بیشتر تعبیر، بیان و معادل همه‌ی ارزش‌هاست؛ فراتر از تمام اشیاء کانونی است که بیگانه‌ترین و دورترین افکار به یکدیگر می‌پیوندند[۸]. در واقع پول در شکل سایکولوژیکال خود به عنوان ابزاری مطلق و نتیجتاً نقطه وحدت توالی بی حد و حصر ابژه ها و جمع اضداد، ارتباط معنی‌داری با مفهوم خدا دارد[۹]. جدای از این ایده که همه‌ی غرائب و تمام ناسازگارهای موجود در وجود، وحدت و تساوی خود را در او می‌یابند؛ آشتی، امنیت و هر آن‌چه که از ثروت دربردارنده احساسی است که با اعتقاد به خداوند، طنین انداز است از آن برمی‌خیزند و تضمین می‌شوند[۱۰].

پول سبک زندگی[11] را عینیت می‌بخشد، مردم شهرهای بزرگ را به مادیت، خونسردی، هوشمندی، فقدان شخصیت و فقدان کیفیت می‌کشاند. پول وجود بشری را به صورت بیگانگان و غریبه‌ها اجتماعی می‌سازد. پول بشریت را به اشیاءای کامل[12] تغییر ماهیت می‌دهد. جورج لوکاس[13] شاگرد جرج زیمل[14] اعلان می‌کند این عینیت بخشی- جسم بخشی و از خود بیگانگی- به صورت بیرونی و خارجی باقی بماند، نمی تواند، برخلاف نظر زیمل، تنها از بیرون وجود بشر دروازه‌بان عناصر اعماق و درون باشد، بلکه بیش از هر چیز دیگری باطنی می‌شود[15].

اسلام

حکمت کفایت

کفایت از ماده‌ی «کفی» به معنای پر کردن جای خالی و رسیدن به مقصود در امر و کار است[16]. حکمت کفایت خداوند از بنده‌اش این است که او هرگز به فقر و فاقت دچار نخواهد شد[17] و آن‌چه از نیاز مشروع بر حیات انسانی مؤمن مترتب است توسط خداوند رفع خواهد شد.

مکتب شفاعت

در مکتب شفاعت و واسطه شدن به درگاه الهی به جهت رفع فقر اذن خداوند مالک شفاعت، مترتب است به طوری که او باید از شفیع و مشفوع رضایت داشته باشد[18] تا شفاعت شفیع در حق نیازمندی مشفوع نزد پروردگار مقبول افتد. همچنین باید سنخیّتی بین شفاعت‌کنندگان و شفاعت شوندگان وجود داشته باشد تا شفاعت در نزد خداوند مؤثر باشد، اما اگر زنگارهای سیاهی و پلیدی و گناه آنقدر زیاد باشد که به طور کلی سنخیّت بین دو گروه از بین رفته باشد، شفاعت هیچ اثری نخواهد داشت[19].

قاعده برکت

قاعده برکت بیان می‌کند: قناعت برکت است[20]، چرا که با رضایت داشتن و قناعت ورزیدن نیازها به قدر کفایت و مکفی رفع می‌گردند و به این سبب از جانب خداوند برکت و زیادت حاصل خواهد شد[21] این امر طبق نص صریح قرآن کریم تنها با دو پیش شرط میسر می‌گردد: ایمان و تقوا؛ که اگر امتی ایمان بیاورند و تقوا ورزند خداوند برکات را از آسمان‌ها و زمین به روی آن‌ها می‌گشاید[22]. به طور کلی جستجو و طلب برکت به عنوان عامل نامحدود و بی‌کران در زیادت و نمو بخشیدن مادی و معنوی در معیشت، سنگ بنای بیع قرآنی محسوب می‌گردد؛ خداوند می‌فرماید هرگاه عبادتم کنند راضی می‌شوم و چون راضی شوم، برکت می‌دهم و برکت من پایان ندارد[23].

امنیت

اکنون در جمهوری اسلامی ایران، در حوزه‌ی اقتصاد، فلسفه‌ی بهینگی، ایدئولوژی تضمین گرایی و دکترین پول، شالوده اقتصاد کشور را مبنا قرار داده اند بایسته و شایسته است حوزه‌های حکمت کفایت، مکتب شفاعت و قاعده‌ی برکت از پرده‌ی غفلت خارج شده و مبنای نظام سازی بیع واقع شوند

---

1 - Vilfredo Pareto (1848-1923)
2 - Rational Action
3 -Non-Rational Action
4 -homoeconomicus
5 -Milonakis ,Dimitris & Fine, Ben,From Political Economy to Economics, Routledge Poblishing, p:280
6 -Pure Economics
۷- همان، صفحه 220
8 - Simmel George, The Philosophy of Money, Edited by David Frisby, Translated by Tom Bottomore and David Frisby, from a first draft by Kaethe Mengelberg, Third enlarged edition, Routledge poblished, 2004, p:33

[9] - oppositorum coincidentia :coinciding opposites (latin word)-www.translate.google.com

[۱۰]- همان، صفحه: 237

11 - Style of Life

[12] - res absolutae:absolutely thing (latin word)-www.translate.google.com

[13] -Georg Lukács (1885-1971)

[14] -George Simmel (1858-1918)

[۱۵]- همان، صفحه: ۲۱

[۱۶]- راغب اصفهانی، حسین بن محمد؛ ترجمه و تحقیق مفردات الفاظ قرآن؛ خسروی حسینی، سیدغلامرضا مترجم، نشر مرتضوی، ج۵ ، ص ۵۶

[۱۷]- أَحْمَدُهُ اسْتِتْمَاماً لِنِعْمَتِهِ وَ اسْتِسْلَاماً لِعِزَّتِهِ وَ اسْتِعْصَاماً مِنْ مَعْصِيَتِهِ وَ أَسْتَعِينُهُ فَاقَةً إِلَى كِفَايَتِهِ إِنَّهُ لَا يَضِلُّ مَنْ هَدَاهُ وَ لَا يَئِلُ مَنْ عَادَاهُ وَ لَا يَفْتَقِرُ مَنْ كَفَاهُ، دشتی، محمد، شرح نهج البلاغه، نشر حضور ۱۳۷۹، خطبه ۲، صفحه ۴۲

[۱۸]- تفسیر آیه: يَوْمَئِذٍ لا تَنْفَعُ الشَّفاعَةُ إِلاَّ مَنْ أَذِنَ لَهُ الرَّحْمنُ وَ رَضِيَ لَهُ قَوْلاً، سوره طه، آیه ۱۰۹ موسوی همدانی، سید محمد باقر، ترجمه تفسیر المیزان، انتشارات اسلامی جامعه مدرسین حوزه علمیه قم، جلد ۱۶، صفحه ۵۵۹

۱۹- شفاعت در قرآن و حدیث، نشریه پاسدار اسلام شماره ۲۵۷

[۲۰]- قَالَ رَسُولُ اللَّهِ ص الْقَنَاعَةُ بَرَكَةٌ، محدث نوری، مستدرک الوسایل، انتشارات مکتبهْ النینوی تهران، جلد ۱۵، باب استحباب الرضا، بالکفاف صفحه ۲۳۱

۲۱- وَ عَنِ ابْنِ عُمَرَ قَالَ قَالَ رَسُولُ اللَّهِ ص ... وَ إِنَّ لِكُلِّ امْرِئٍ رِزْقاً هُوَ يَأْتِيهِ لَا مَحَالَةَ فَمَنْ رَضِيَ بِهِ بُورِكَ لَهُ فِيهِ وَ وَسِعَهُ وَ مَنْ لَمْ يَرْضَ بِهِ لَمْ يُبَارَكْ لَهُ فِيهِ وَ لَمْ يَسَعْهُ إِنَّ الرِّزْقَ لَيَطْلُبُ الرَّجُلَ كَمَا يَطْلُبُهُ أَجَلُ، محدث نوری، مستدرک‌الوسائل، انتشارات مکتبهْ النینوی تهران، جلد ۱۳، باب استحباب الإجمال فی طلب الرزق، صفحه ۲۹.

[۲۲]- وَ لَوْ أَنَّ أَهْلَ الْقُرى آمَنُوا وَ اتَّقَوْا لَفَتَحْنا عَلَيْهِمْ بَرَكاتٍ مِنَ السَّماءِ وَ الْأَرْضِ وَ لكِنْ كَذَّبُوا فَأَخَذْناهُمْ بِما كانُوا يَكْسِبُونَ ، سوره اعراف، آیه۹۶

[۲۳]- عَنِ الرِّضَا ع قَالَ أَوْحَى اللَّهُ عَزَّ وَ جَلَّ إِلَى نَبِيٍّ مِنَ الْأَنْبِيَاءِ إِذَا أُطِعْتُ رَضِيتُ وَ إِذَا رَضِيتُ بَارَكْتُ وَ لَيْسَ لِبَرَكَتِي نِهَايَةٌ، کلینی، شیخ محمد، الکافی، نشر دارالکتب الاسلامیه، جلد۲، باب الذنوب، صفحه ۲۷۵

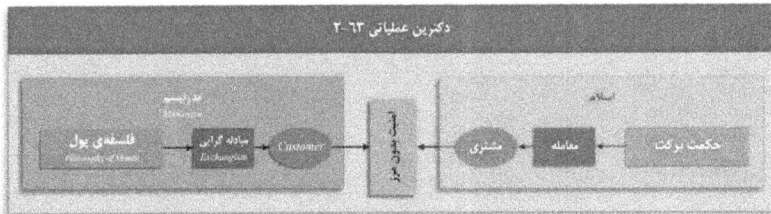

نقشه‌ی راه ۳-۲-۲-۶۲

مدرنیسم

فلسفه گارانتی *philosophy of Guarantee*

مفهوم گارانتی از ریشه‌ی آنگلو- فرنچ Garant به معنای ضمانت، دفاع، حمایت و پشتوانه است[۱]. در واقع عامل اطمینان بخش بقاء، عصب زنده و مایه زندگی هر مفهومی به شمار می رود، بنابراین با توجه به این معنا، فقط خداوند به عنوان باقی حقیقی می‌تواند ضمانت حقیقی را رقم بزند. در دوره‌ی اخیر این مفهوم تقلیل معنوی یافته است و به دلیل کثرت استفاده و نقش بنیادین آن در تدقیق و تبیین مفهوم پول در دانش اکونومی این مسأله پر رنگ‌تر جلوه می‌نماید. گارانتی مادی - و نه ضمانت الهی- به عنوان عامل اعتبار بخش ماهیت سوبژکتیو و ارزش ذهنی پول و تبدیل آن به خدایی که اکنون پرستیده می‌شود نقش بسزایی در گسترش پاگانیسم نوی اقتصادی و جهان شمول نمودن پول داشته است.

ایدئولوژی پول‌گرایی *Monetarism*

مفهوم تضمین پشتوانه به عنوان اصالت بخش و معناده به ماهیت پول در قالب ایدئولوژی پول‌گرایی خود را بروز می‌دهد به گونه‌ای که در طرح استراتژیک نظام اقتصادی آینده یهودیان که توسط دانشوران ایشان تنظیم گردیده است، گرایش به پول به گونه‌ای رقم خورده است که به تدریج معنا، پشتوانه و تضمین کننده‌ی ارزش ذهنی پول به عنوان خدای یهود، «نفس بشر قرار گرفته»[۲] و بشر با این خدا به وحدت می‌رسد، به طوری‌که در یک دور تسلسل هر دو به یکدیگر قابلیت تبدیل داشته باشند. این روند از قرارگیری طلا و نفت حوزه آسیایی جنوب غربی به عنوان با ارزش‌ترین دارایی‌های مادی بشر برای پشتوانه پول[۳]- در قرن میلادی گذشته- تا خلأ کنونی پشتوانه، به سوی ضمانت نفس بشر برای پول ادامه خواهد داشت[۴].

دکترین مبادله *Exchange*

اکسچنج یا مبادله ابزاری است برای غلبه یافتن و تسلط بر مفهوم ذهنی خالص ارزش یک چیز[۵]؛ به این صورت که در دکترین مبادله اشیاء ارزش خود را در برابر همدیگر و متقابلاً بیان

می‌کنند؛ در واقع ارزش یک چیز توسط مبادله آن با شیئی دیگر عینیت می‌یابد. عمل تبادل اقتصادی اشیاء را از اسارت خود به سوی ذهنیت محض سوژه ها می‌رهاند و اجازه می‌دهد متقابلاً خود را بوسیله‌ی نهادن کارکرد اقتصادی در آن‌ها تعریف کنند[۴].

اسلام

حکمت شفاعت

شفاعت از ریشه «شفع» به معنای پیوستن و ضمیمه شدن چیزی است به همانند خود[۷]. حقیقت شفاعت واسطه شدن در رساندن نفع و یا دفع شر و ضرر است، بنحو حکومت، نه بنحو مضاده، و تعارض[۸]. در قرآن کریم شفاعت یکی از ارکان اصلی پارادایم بیع به شمار می‌رود به گونه‌ای که همسنگ انفاق و خلّت مورد توجه قرار می‌گیرد و از عوامل ایجاد وگسترش خلت میان بیعان[۹].در آیه‌ی ۸۵ سوره نساء[۱۰] توضیح شفاعت آمده است که: کسی که به شخصی غیر از خویش پیوسته می‌شود و او را شفاعت می‌کند در کار خیر و کار شرّ یاوریش می‌کند و همسنگ و شفیعش می‌شود و در سود و زیانش شرکت دارد، توانش می‌بخشد و معاونتش می‌نماید، همچنین انسانی برای دیگری راه خیر یا راه شرّی را باز و روشن می‌کند و او آن را پیروی می‌نماید، گویی که آن انسان همراه اوست و به او پیوسته است چنانکه پیامبر صلّی اللّه علیه و آله فرمود: کسی که سنت نیکی را بناگذارد برای او اجری از آن سنت است و اجر کسی به آن سنت عمل کند و کسی که سنت بدی را ایجاد کند گناه آن سنت[۱۱] و گناه کسی که به آن سنّت و روش بد، عمل کرده است بر عهده سنّت گذار و بدعت گذار بد است[۱۲]

مکتب برکت

در مکتب برکت زیادت و فزونی همچنین فواید ثابت و همیشگی از فیض الهی است، برای شناخت مکتب برکت باید از قاعده‌ی تعرف الاشیاء باضدادها[۱۳]استفاده کرد؛ ضد برکت مفهوم محق است[۱۴] مَحْق همان نقصان و کاستی و از بین رفتن برکت و افزونی پایدار هر چیزی است، از این معنی واژه مِحَاق در آخر هر ماه گفته می‌شود که هلال بخوبی دیده نمی‌شود. در آیه‌ی یَمْحَقُ اللَّهُ الرِّبا[15] این معنا نهفته است که هر چند در ربا و ایدئولوژی اقتصاد ربوی زیادت کاذب وجود دارد اما خداوند برکت را از ربا به محاق برده است و مال حلال آمیخته با ربا را نابود می‌سازد. بنابراین پایداری و ثبات در زیادت خیر، از ویژگی های این مکتب به شمار می‌رود.

قاعده معامله

قاعده معامله در بیع بیان می‌کند که تنها در معامله با خداوند برکت شناخته می‌شود، پس باید بر آن مداومت نمود[۱۶]. علم به حضور خداوند در بیع به طوری‌که هر یک از بیعان خداوند را طرف دیگر معامله بدانند شاکله‌ی حدود الهی و حفظ حدود را به صورت پارادایم حلال در معامله، ترسیم می‌نماید.

امنیت

فلسفه گارانتی، ایدئولوژی پول‌گرایی و دکترین مبادله اساس نظام اقتصادی جمهوری اسلامی را تشکیل داده‌اند لازم است حکمت شفاعت، مکتب برکت و قاعده معامله برخاسته از اسلام از پرده غفلت خارج شده و به عنوان زیرساخت نظام بیع مورد استفاده قرار گیرند.

---

[1] -www.etymonline.com, (word: guaranty)

2 -The Protocols of The Learned Elders of Zion, (World Conquest through World Jewish Government), No:20 www.biblebelievers.org.au

3 - Friedman, Milton, Capitalism and Freedom,with the assistance of Rose D. Friedman,1982 by The University of Chicago, page: 54 & 107

[۴]- در حقیقت بشر مرجنت با قربانی کردن مال خود در راه خدای پول به سوی بذل جان در این را پیش می‌رود.

[5] - Simmel George, The Philosophy of Money, Edited by David Frisby, Translated by Tom Bottomore and David Frisby, from a first draft by Kaethe Mengelberg, Third enlarged edition, Routledge poblished, 2004, p:76

[۶]- همان، صفحه: ۷۷

[۷]- راغب اصفهانی، حسین بن محمد؛ ترجمه و تحقیق مفردات الفاظ قرآن؛ خسروی حسینی، سیدغلامرضا مترجم، نشر مرتضوی، ج۲، ص ۳۳۴

[۸]- موسوی همدانی، سید محمد باقر، ترجمه تفسیر المیزان، انتشارات اسلامی جامعه مدرسین حوزه علمیه قم، جلد ۱، صفحه ۲۴۱

[۹]- يا أَيُّهَا الَّذينَ آمَنُوا أَنْفِقُوا مِمَّا رَزَقْناكُمْ مِنْ قَبْلِ أَنْ يَأْتِيَ يَوْمٌ لا بَيْعٌ فيهِ وَ لا خُلَّةٌ وَ لا شَفاعَةٌ وَ الْكافِرُونَ هُمُ الظَّالِمُونَ، قرآن کریم سوره بقره، آیه ۲۵۴

[۱۰]- مَنْ يَشْفَعْ شَفاعَةً حَسَنَةً يَكُنْ لَهُ نَصيبٌ مِنْها وَ مَنْ يَشْفَعْ شَفاعَةً سَيِّئَةً يَكُنْ لَهُ كِفْلٌ مِنْها وَ كانَ اللَّهُ على كُلِّ شَيْءٍ مُقيتاً

۱۱- عَنْ أَبِي جَعْفَرٍ ع قَالَ أَيُّمَا عَبْدٍ مِنْ عِبَادِ اللَّهِ سَنَّ سُنَّةَ هُدًى كَانَ لَهُ مِثْلُ أَجْرِ مَنْ عَمِلَ بِذَلِكَ مِنْ غَيْرِ أَنْ يُنْقَصَ مِنْ أُجُورِهِمْ شَيْءٌ وَ أَيُّمَا عَبْدٍ مِنْ عِبَادِ اللَّهِ سَنَّ سُنَّةَ ضَلَالٍ كَانَ عَلَيْهِ مِثْلُ وِزْرِ مَنْ فَعَلَ ذَلِكَ مِنْ غَيْرِ أَنْ يُنْقَصَ مِنْ أَوْزَارِهِمْ شَيْءٌ، عاملی، شیخ حرّ، وسائل الشیعة، نشرآل البیت، جلد ۱۶، صفحه ۱۷۳، باب استحباب إقامة السنن الحسنة

[۱۲]- راغب اصفهانی، حسین بن محمد؛ ترجمه و تحقیق مفردات الفاظ قرآن؛ خسروی حسینی، سیدغلامرضا مترجم، نشر مرتضوی، ج۲، ص ۳۳۶

[۱۳]- قال علی علیه السلام: تعرف الأشياء بأضدادها، علامه مجلسی، بحارالأنوار، چاپ مؤسسه الوفاء بیروت، جلد ۶۹، ص:۲۶۵، باب الریاء

[۱۴]- حدیث جنود عقل و جهل: ... الْبَرَكَةُ وَ ضِدُّهَا الْمَحْق، کلینی، شیخ محمد، الکافی، نشر دارالکتب الاسلامیه، جلد ۱، کتاب العقل و الجهل، صفحه ۱۰

[۱۵]- قرآن کریم، سوره بقره، آیه ۲۷۶.

[۱۶]- ... قالَ علی علیه السلام: قَدْ تَعَرَّفْتُمُ الْبَرَكَةَ فِی مُعَامَلَةِ اللَّهِ عَزَّ وَ جَلَّ فَدُومُوا عَلَيْهَا، سید الرضی، نهج البلاغه، انتشارات دارالهجرة، صفحه ۵۳۹

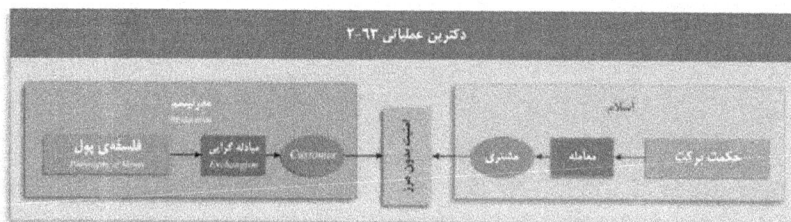

نقشه‌ی راه ۳-۲-۲-۶۳

مدرنیسم

فلسفه پول *Philosophy of Money*

واژه انگلیسی Money از ریشه‌ی Moneta یکی از خدایان روم باستان معروف به الهه‌ی memory است[۱]. مفهوم پول نیز در زبان فارسی نیز از پلوتوس[۲]، خدای ثروت ادبیات یونان باستان اخذ شده است[۳]. کارل مارکس[۴] در مقاله‌ی «درباره مسأله‌ی یهود[۵]» در نقد عقاید برونو بوئر مورخ و الهی‌دان[۶] که علیه مبارزه برای آزادی مذهبی یهودیان بحث کرده بود بیان می‌کند: «پول خدای حسود اسرائیل است که هیچ خدای دیگری نمی‌تواند در برابرش ایستادگی نماید. پول همه‌ی خدایان نوع بشر را خوار کرد و آن‌ها را به کالا تبدیل می‌کند[۷]. پول ارزشی جهانی و خود رسمیت بخش ارزش همه چیز است. بنابراین پول تمامی دنیا، هم دنیای انسان، هم دنیای طبیعت را از ارزش مشخص خود تهی کرده است. پول جوهر بیگانه کار و موجودیت انسان است. این جوهر بیگانه بر او مسلط شده و او آن را پرستش می‌کند. بنابراین خدای یهودیان سکیولار گشته و به خدای دنیا تبدیل شده است».

به همین خاطر اشعیای نبی[۸] از این می‌نالد که «خداوند به این علت قوم بنی اسرائیل را ترک کرده است که سرزمین ایشان از گنج‌های طلا و نقره پر شده و مردم آن‌ها را پرستش می‌کنند و خداوند این گناه را نخواهد بخشید»؛[۹] همچنین «خداوند می‌گوید مرا با چه کسی مقایسه می‌کنید؟ آیا کسی را می‌توانید پیدا کنید که با من برابری کند؟ آیا مرا به بتها تشبیه می‌کنید که مردم با طلا و نقره خود آن را می‌سازند؟ آنها زرگر اجیر می‌کنند تا ثروتشان را بگیرد و از آن خدایی بسازد سپس زانو می‌زنند و آن را سجده می‌کنند!».[۱۰]

ایدئولوژی مبادله گرایی *Exchangism*

در اقتصاد نئوکلاسیک تمرکز بر تقاضای فردی برای کالا، بر ارضاء تمایلات فردی و بر مصرف اشیاء است. این مکتب تئوری اقتصادی مبادله گرایی را پیشنهاد می‌دهد که بر اساس ذهنیت است. در عین حال به نظر می‌رسد واقعی سازی تمایلات ذهنی و سوبژکتیو از طریق تبادل میان سوژه های بشر بر اساس

بیناذهنیت[۱۱] باشد. به هر حال این ارتباطات میان سوژه‌ها در فضای تبادل پولی به عنوان ارتباطات میان اشیاء آشکار می‌شود. جرج زیمل تأکید می‌کند قلمرو تبادل ارزش کم و بیش از زیرساخت ذهنی شخص جداست و دارای صورت ظاهر مکانیسمی خودکار، همچنین قلمروی عینی است. در این قلمرو خودکار، پول به عنوان مادیت بخش تمام ارتباطات، کارکرد مجسم مبادله و جسمیت بخش به ارتباط خالص بین اشیاء در حرکت اقتصادی‌شان بیان می‌شود[۱۲].

دکترین کاستومر *Costumer*

دکترین کاستومر یا مشتری بیان می‌کند «همیشه حق با مشتری است»؛[۱۳] این به آن معناست که مبادله متوقف است بر درخواست مشتری و تا مشتری نخواهد هیچ مبادله‌ای صورت نمی‌گیرد. در واقع کاستومر یا مشتری اساس و جوهره‌ی آغاز هر مبادله است. بنابراین هدف مبادله ابتدائاً «جلب رضایت مشتری است». البته ضعف این دکترین در بی اطلاعی و یا کم اطلاعی مشتریان از پروسه تولید و منافع فروشندگان است؛ به همین علت دستخوش تغییراتی شد، به گونه‌ای که فروشنده بتواند به منافعی ذهنی کاستومرها در مسیر مطامع خود جهت دهد. آدام اسمیت[۱۴] می‌گوید: «از خیر خواهی و نوع‌دوستی قصاب، آب‌جو فروش یا نانوا نیست که ما انتظار شام خود را از آن‌ها می‌کشیم بلکه به دلیل جستجوی نفع شخصی ایشان است».[۱۵]

اسلام

حکمت برکت

واژه برکت از ریشه بَرْک به معنای سینه شتر است که فراخی و وسعت از آن مستفاد می‌شود، همچنین از آن همراهی و پایداری و ملازمت نیز فهمیده می‌شود. برکت، خیر و فزونی بخشش الهی در چیزی است تعبیری که از آن بکار می‌رود همانند بارش باران و روئیدن نعمات الهی از زمین[۱۶] است، مفاهیمی همچون گشایش، بارش و جوشش از جانب فیض الهی، مانند: لَفَتَحْنا عَلَيْهِمْ بَرَكاتٍ مِنَ السَّماءِ وَ الْأَرْضِ[۱۷]. چون خیرات و بخشایش الهی از جایی که محسوس مادی نیست صادر می‌شود و بر وجهی بر بندگان می‌رسد که حدّ و حصری ندارد، بنابراین به هر چیزی که فزونی و زیادتی از منبعی غیر محسوس در آن مشاهده شود، بر این اساس، با برکت و مبارک است. بنابراین برکت یعنی افزونی در خیرات[۱۸] که ثبوت خیر خداوندی است در چیزی[۱۹]؛ و چون خیر الهی از جایی و به نحوی صادر می‌شود که نه محسوس کسی است و نه شمردنی و نه محدود شدنی، از این جهت هر چیزی را که در آن زیادی غیر محسوس دیده شود، مبارک خوانده و گفته می‌شود چقدر با برکت است[۲۰].

این مفهوم به عنوان محصول پارادایم و نظام بیع قرآنی به عبارت دیگر انگیزه‌ی بیع بیّعان برای دستیابی به برکت الهی به عنوان اساس و مبنا قرار می‌گیرد.

مکتب معامله

در مکتب معامله خدامحور، علاوه بر علم که زمینه ساز عمل است، رکن عمل طرفین بر نیت طلب برکت استوار است، چرا که نیّت، علت غایی هر عملی و بالتبع هر معامله‌ای است[۲۱] و نیت خیر و برکت محور در معامله از عمل معامله و مبایعه‌ی انجام گرفته برتر و با اهمیت‌تر است زیرا هر عاملی در معامله بر اساس نیت خویش عمل می‌کند.[۲۲] بنابراین نیت به عنوان کانتکست مفهومی معامله پارادایم خداگرایی نقش روح را بر پیکره‌ی عمل در معامله ایفا می‌کند، به عبارت دیگر می‌توان مکتب معامله را مکتب نیت نامید. به همین سبب واجب است که در معامله، متعاملین باید حائز شروط بلوغ، قصد برای عقد بیع، اختیار در مبایعه و اعتبار تصرف متعاقدین باشند تا عقد در مبایعه از صحت برخوردار باشد[۲۳].

قاعده مشتری

از آن‌جایی که خداوند در قرآن کریم بیان می‌کند، مشتری مال و جان مؤمنین است، قاعده مشتری در چرخه‌ی بیع به عنوان اولین گام شروع، شکل می‌گیرد. در سطح استراتژیکی تنها خداست که مشتری است و هر بایع و مبتاعی در مبایعه عرضه کننده یا فروشنده محسوب می‌گردند و در سطح تکنیکی، در هر فرایند مبایعه، رغبت مشتری است که موجبات آغاز مبایعه با بایع را فراهم می‌سازد[۲۴].

امنیت

گرچه اکنون در جمهوری اسلامی ایران، در حوزه‌ی اقتصاد، فلسفه‌ی پول، ایدئولوژی مبادله‌گرایی و دکترین کاستومر مبنای طرح ریزی واقع گردیده‌اند، بایسته و شایسته است حوزه‌های حکمت برکت، مکتب معمله و قاعده‌ی مشتری از پرده‌ی غفلت خارج شده و مبنای نظام سازی قرار بگیرند.

---

[1] - www.etymonline.com (word: money)

[2] - Πλουτος, PLOUTOS (or Plutus) was the god of wealth, www.theoi.com

[3] -www.ashkboos.com/ به نقل از دکتر جلال الدین کزازی استاد ادبیات دانشگاه تهران

[4] -Karl Marx (1818-1883)

[5] - On the Jewish Question (Works of Karl Marx 1844), First Published: February, 1844 in *Deutsch-Französische Jahrbücher*; Proofed and Corrected: by Andy Blunden, Matthew Grant and Matthew Carmody, 2008/9, Mark Harris 2010.

[6] - Bruno Bauer (1809–1882)

۷- برخلاف آن‌که در علم اکونومی موجود گفته می‌شود پول واسطه مبادله است، عامل فرعی و بخش غیر واقعی اقتصاد بشمار می‌رود و نقش درجه دوم دارد.

[۸]- ספר ישעיה; Isaiah prophet

[۹]- וַתִּמָּלֵא אַרְצוֹ, אֱלִילִים: לְמַעֲשֵׂה יָדָיו יִשְׁתַּחֲווּ, לַאֲשֶׁר עָשׂוּ אֶצְבְּעֹתָיו . عهد عتیق، کتاب اشعیا، فصل ۲، آیه ۸

[۱۰]- הַזָּלִים זָהָב מִכִּיס, וְכֶסֶף בַּקָּנֶה יִשְׁקֹלוּ; יִשְׂכְּרוּ צוֹרֵף וְיַעֲשֵׂהוּ אֵל, יִסְגְּדוּ אַף-יִשְׁתַּחֲווּ. יִשָּׂאֻהוּ עַל-כָּתֵף יִסְבְּלֻהוּ וְיַנִּיחֻהוּ תַחְתָּיו , וְיַעֲמֹד--מִמְּקוֹמוֹ, לֹא יָמִישׁ; אַף-יִצְעַק אֵלָיו וְלֹא יַעֲנֶה ,מִצָּרָתוֹ לֹא יוֹשִׁיעֶנּוּ. عهد عتیق، کتاب اشعیا، فصل ۴۶، آیه ۶ و ۷،

در حقیقت پول شکل مدرنیزه شده گوساله‌ی سامری است که به صورت کنونی عینیت یافته است.

[11] - intersubjectivity

[12] - Simmel George, The Philosophy of Money, Edited by David Frisby, Translated by Tom Bottomore and David Frisby, from a first draft by Kaethe Mengelberg, Third enlarged edition, Routledge poblished, 2004, p:22

13 - The customer is always right

[14] - Adam Smith (1723-1790)

15 -www.businessweek.com/Sales & Marketing, June 21, 2011, The Customer Isn't Always Right, By Steve McKee

[۱۶]- قال رسول الله ص يخرج رجل من أهل بيتي و يعمل بسنتي و ينزل الله له البركة من السماء و تخرج له الأرض بركتها و تملأ به الأرض عدلا كما ملئت ظلما و جورا و يعمل على هذه الأمة سبع سنين و ينزل بيت المقدس، إربلی، علی ابن عیسی، کشف‌الغمة، جلد۲، باب ذکر علامات قیام القائم ع و مدة، صفحه ۴۷۲

۱۷- سوره اعراف آیه ۹۶

[۱۸]- راغب اصفهانی، حسین بن محمد؛ ترجمه و تحقیق مفردات الفاظ قرآن؛ خسروی حسینی، سیدغلامرضا مترجم، نشر مرتضوی، ج۱، ص۲۶۲

[۱۹]- موسوی همدانی، سید محمد باقر، ترجمه تفسیر المیزان، نشر دفتر انتشارات جامعه مدرسین حوزه علمیه قم، جلد ۷، صفحه ۳۹۰

۲۰- همان، جلد ۱۴، صفحه ۹۵

[۲۱]- عَنْ عَلِيِّ بْنِ الْحُسَيْنِ عليه السلام قَالَ: لَا عَمَلَ إِلَّا بِنِيَّةٍ، کلینی، شیخ محمد، الکافی، نشر دارالکتب الاسلامیه، جلد۲ ، صفحه ۸۴ باب النیة

[۲۲]- عَنْ أَبِي عَبْدِ اللَّهِ ع قَالَ قَالَ رَسُولُ اللَّهِ ص نِيَّةُ الْمُؤْمِنِ خَيْرٌ مِنْ عَمَلِهِ وَ نِيَّةُ الْكَافِرِ شَرٌّ مِنْ عَمَلِهِ وَ كُلُّ عَامِلٍ يَعْمَلُ عَلَى نِيَّتِهِ، کلینی، شیخ محمد، الکافی، نشر دارالکتب الاسلامیه، جلد۲ ، صفحه ۸۴، باب النیة

[۲۳]- الخمینی، روح الله الموسوی، البیع، مؤسسه تنظیم و نشر آثار امام خمینی، جلد۲، صفحه۷

[۲۴]- همان جلد۱، صفحه ۲۴۵

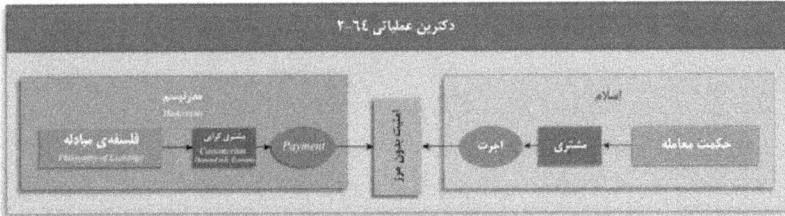

نقشه‌ی راه ۳-۲-۲-۶۴

مدرنیسم

فلسفه مبادله *Philosophy of Exchange*

واژه Exchange به معنای مبادله و رد و بدل کردن چیزی است که جایگاه ویژه‌ای در روابط انسانی داراست. در واقع این مفهوم شکلی از زندگی است. در حقیقت بیشتر ارتباطات بین مردم می‌تواند به شکل‌هایی از مبادله تعبیر شود؛ زمانی‌که جوهر و محتوای زندگی جستجو شود، خالص‌ترین و موسع‌ترین نوع کنش و واکنشی است که زندگی انسان را شکل می‌دهد. هدف مبادله افزایش مجموع ارزش‌هاست[1]. مبادله هم مولد و هم مانند تولید خالق ارزش است. مبادله در علم اکانومی منبع ارزش‌های اقتصادی است، به دلیل آن‌که حاکی از فاصله بین سوژه و ابژه‌ای است که احساسات سوبژکتیو را به ارزش‌گذاری عینی تغییر شکل می‌دهد. مبادله تنها کوشش بین افراد است تا شرایطی که از کمیابی کالاها بوجود آمده است را ارتقا دهد همچنین تلاشی است که نیازهای ذهنی و سوبژکتیو را بوسیله‌ی تغییراتی در توزیع عرضه، تقلیل می‌دهد[2].

ایدئولوژی کاستومریسم *Costumerism*

(Demand Side Economy)

طلوع ایدئولوژی کاستومریسم یا مشتری‌گرایی کاپیتالیسم را می‌توان با وقوع انقلاب کینزی[3] و ایدئولوژی کینزینیسم[4] در یک زمان دانست. کینز زمانی در صحنه اقتصادی جهان ظهور کرد که نظام سرمایه‌داری در برخورد با یک دوران بحران -رکود بزرگ- نومیدی و نگرانی در امریکا و انگلستان رو به نابودی می‌رفت. تحت این شرایط کینز بر صدد برآمد به کشف علل بحران اقتصادی بپردازد. کینز معتقد است تجربه تاریخی بحران‌های شدید اقتصادی طی دو قرن اخیر و به ویژه در دهه ۱۹۳۰ میلادی در ایالات متحده امریکا و سرایت آن به قاره اروپا نشان می‌دهد که نظام سرمایه‌داری بیمار است. «کمبود تقاضای مؤثر[5]» در نظام مبادلات و در نتیجه کمبود تولید و ضعف قوه‌ی خرید، بیکاری و مصرف نارسا نشانه‌های بیماری سیستم سرمایه‌داری است؛ برای

علاج این بیماری کینز معتقد است که دولت باید به حمایت اقتصاد رقابتی آمده وموتور تقاضا را سوخت رسانی کند، به عبارتی اقتصاد رقابتی باید به اقتصاد مختلط[6] تبدیل شود و خواست تقاضاکنندگان برای خرید کالاهای تولیدی بخش عرضه، اقتصاد را از ورشکستگی نجات دهد، بنابراین گرایش یه مشتری ایدئولوژی غالب اقتصادی واقع شد[7].

دکترین پرداخت *Payment*

پرداخت جانب تقاضا در ازای عینی که توسط طرف عرضه ارائه می‌شود به عنوان موتور تداوم مبادله تلقی می‌گردد به طوری که منجر به دو سویه شدن مبادله خواهد شد، این پرداخت اولاً در جهت عدم معامله مجانی، به تعیین، خواست و قبول عرضه کننده و ثانیاً به توافق جانب تقاضا در انجام مبادله بستگی دارد.[8]

اسلام

حکمت معامله

مفهوم معامله در ادبیات عرب از ریشه عمل در باب مفاعله می‌باشد. مفهوم «عمل» از مفهوم «فعل» خاص‌تر است و به معنای هر فعلی است که با قصد، آگاهی و اختیار انجام گیرد این مفهوم غالباً به انسان نسبت داده شده است[9].

باب مفاعله در این‌جا برای بیان نسبت متقابل است میان دو طرف که هر یک در برابر دیگری فاعل فعلی باشد[10]. بنابراین معامله به معنای عمل و فعل آگاهانه و از روی قصد دو جانب در برابر یکدیگر باشد. در واقع مفهوم عمل، علم به عمل را به عنوان پیش فرض دارا می‌باشد. علم با عمل مقرون است به این معنا که هر کس علم داشته باشد، عمل می‌کند و هر کس عمل می‌کند دارای علم است[11]، بنابراین علم استعمال می‌شود، یعنی به علم، عمل مترتب می‌گردد. علم به معامله با خداوند رکن رکین بیع برکت محور به شمار می‌رود.

مکتب مشتری

بیع حقیقی بیعی است که خداوند مشتری مال و جان مؤمنین باشد؛ در حقیقت جانبَین بیع، چه خریدار و مبتاع و چه فروشنده و بایع هردو عرضه کننده‌اند به پیشگاه الهی تا او خریدارشان شود. بنابراین علم به این‌که خدا در بیع مشتری است و با مؤمنین عهد می‌بندد و به عهد خود وفا می‌کند تا جایی که به آن بیع بشارت می‌دهد و آن را فوز عظیم می‌خواند[12]، زمینه‌ی عمل به این علم را در معامله فراهم می‌سازد، به طوری‌که حدود الهی و چهارچوب حلال، بستر و محیط عمل خواهد بود، معامله در این محیط تنها بر عهده بیّعانی است که ورود ایمان به قلوبشان تائبیت، عابدیت، حامدیت، سائحیت، راکعیت، ساجدیت، آمریت به معروف، ناهیت از منکر و حافظیت حدود الهی[13]در عمق وجودشان نهادینه باشد.

قاعده اجرت

خداوندی که مشتری است و اوست که عرضه کنندگان را به مبایعت فرا می‌خواند و عهد می‌بندد بر این بیع، قاعده اجر[14] را، مترتب ساخته تا به عنوان بهاء از مبایعه سود عظیم برند. بر این اساس اگر مبیع یا مشترا توسط مؤمن عرضه شود، و اگر خریدار و مشتری آن خدا باشد، در صورتی که استیفای عمل عرضه به احسن و اصلح وجه صورت پذیرد، توفی بهاء آن تا اجری عظیم نیل خواهد نمود.

امنیت

گرچه اکنون در جمهوری اسلامی ایران، در حوزه‌ی اقتصاد، فلسفه‌ی اکسچنج، ایدئولوژی کاستومریسم و دکترین پرداخت مبنای طرح ریزی واقع گردیده‌اند، بایسته و شایسته است حوزه-

های حکمت معامله، مکتب مشتری و قاعده‌ی اجرت از پرده‌ی غفلت خارج شده و مبنای طرح و عمل قرار بگیرند.

---

[1] - Simmel George, The Philosophy of Money, Edited by David Frisby, Translated by Tom Bottomore and David Frisby, from a first draft by Kaethe Mengelberg, Third enlarged edition, Routledge poblished,2004, p:79

۲- همان، صفحه ۹۱

[3]- John Maynard Keynes (1883 – 1946)

[4] -Keynesianism

[5] -Lack of Effective Demand

[6] -Mixed Economy

[۷]- تفضلی، فریدون، تاریخ عقاید اقتصادی از افلاطون تا دوره‌ی معاصر، نشر نی، صفحه ۲۳۰

[۸]- معامله یعقوب با لابان: « بعد از آن که راحیل یوسف را زایید، یعقوب به لابان گفت: قصد دارم به وطن خویش بازگردم اجازه بده زنان و فرزندانم را برداشته با خود ببرم چون می‌دانی با خدمتی که به تو کرده ام بهای آن را تمام و کمال به تو پرداخته ام. لابان به وی گفت: خواهش می‌کنم مرا ترک نکن زیرا از روی فال فهمیدم که خداوند بخاطر تو مرا برکت داده است. هرچقدر مزد بخواهی به تو خواهم داد. یعقوب جواب داد: خوب می‌دانی که طی سالیان گذشته با چه وفاداری به تو خدمت نموده ام و چگونه از گله هایت مواظبت کرده‌ام قبل از اینکه پیش تو بیایم گله و رمه ی جندانی نداشته و اکنون اموالت بی نهایت زیاد شده است. خداوند به خاطر من از هر نظر به تو برکت داده است. اما من الان باید به فکر خانواده خود باشم و برای آن ها تدارک ببینم لابان بار دیگر پرسید: چقدر مزد می خواهی؟ یعقوب پاسخ داد: اگر اجازه بدهی امروز به میان گله های تو بروم و تمام گوسفندان ابلق و خالدار را و تمام بره های سیاهرنگ و همه بزهای ابلق و خالدار را به جای اجرت برای خود جدا کنم، حاضرم بار دیگر برای تو کار کنم از آن به بعد اگر حتی یک بز یا گوسفند در میان گله من یافتی، بدان که من آن را دزدیده ام. لابان گفت آنچه را که گفتی قبول می‌کنم.» عهد عتیق، سفر پیدایش، فصل ۳۰، آیه ۲۵ تا ۳۴

[۹]- راغب اصفهانی، حسین بن محمد؛ ترجمه و تحقیق مفردات الفاظ قرآن؛ خسروی حسینی، سیدغلامرضا مترجم، نشر مرتضوی، ج۲، ص ۶۵۱

[10] - www.sarf.abasalehonline.com

---

[۱۱]- عَنْ أبی عَبْدِ اللَّهِ ع قَالَ الْعِلْمُ مَقْرُونٌ إِلَی الْعَمَلِ فَمَنْ عَلِمَ عَمِلَ وَ مَنْ عَمِلَ عَلِمَ وَ الْعِلْمُ یَهْتِفُ بِالْعَمَلِ فَإِنْ أَجَابَهُ وَ إِلَّا ارْتَحَلَ عَنْهُ، کلینی، شیخ محمد، الکافی، نشر دارالکتب الاسلامیه، جلد ۱، صفحه ۴۴، باب استعمال العلم

۱۲- قرآن کریم، سوره توبه، آیه ۱۱۱

[۱۳]- التَّائِبُونَ الْعابِدُونَ الْحامِدُونَ السَّائِحُونَ الرَّاكِعُونَ السَّاجِدُونَ الْآمِرُونَ بِالْمَعْرُوفِ وَ النَّاهُونَ عَنِ الْمُنْكَرِ وَ الْحافِظُونَ لِحُدُودِ اللَّهِ وَ بَشِّرِ الْمُؤْمِنِينَ، قرآن کریم سوره توبه، آیه ۱۱۲

۱۴- إِنَّ الَّذینَ یُبایِعُونَکَ إِنَّما یُبایِعُونَ اللَّهَ یَدُ اللَّهِ فَوْقَ أَیْدیهِمْ فَمَنْ نَکَثَ فَإِنَّما یَنْکُثُ عَعطایی لی نَفْسِهِ وَ مَنْ أَوْفی بِما عاهَدَ عَلَیْهُ اللَّهَ فَسَیُؤْتیهِ أَجْراً عَظیماً، قرآن کریم، سوره فتح، آیه ۱۰

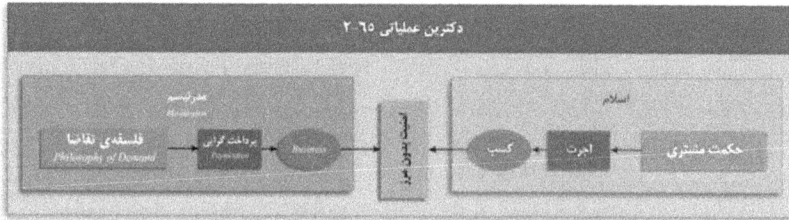

نقشه‌ی راه ۳-۲-۲-۶۵

مدرنیسم

فلسفه تقاضا *Philosophy of Demand*

مفهوم Demand یا تقاضا به معنای خواستن و طلب کردن چیزی می‌باشد[۱]، در اقتصاد نئوکلاسیک تقاضا و طلب بر اساس ارضای تمایلات فردی صورت می‌پذیرد. مبنای تمایلات، ذهنیت[۲] شکل گرفته در درون هر فرد می‌باشد[۳]. تمایلات زمینه ایجاد نیازها را فراهم می‌سازد و رفع نیاز بزرگترین عامل انگیزش برای تقاضاست[۴]، در ضمن ایجاد مطلوبیت یا رضامندی[۵] که در نتیجه‌ی مصرف یک کالا درون فرد ایجاد می‌گردد، اولین الزام تعیین ابژه اقتصادی بر مبنای سوژه‌ی اقتصادی شکل گرفته است و این در حالی‌ست که مطلوبیت از عوامل دوگانه‌ی[۶] سازنده‌ی ارزش به شمار می‌رود[۷] به طوری‌که تعیین می‌کند چه ابژه‌ای مورد تقاضا واقع شود.

ایدئولوژی پرداخت گرایی *Paymentism*

آن‌جا که چرخه حاکم میان عرضه و تقاضا با پرداخت طرف تقاضا در ازای عین ارائه شده تداوم می‌یابد بنابراین طرف عرضه از عرضه‌ی رایگان کالا یا خدمت خویش خودداری می‌ورزد. از این رو گرایش به پرداخت و دریافت مزد ضامن دو سویه بودن مبادلات در جهان مادی خواهد بود.

دکترین مشغله *Business*

بیزینس یا مشغله همانند چرخ یکی از بزرگترین اختراعات بشری است؛ اما نه مانند آن، ماهیت بیزینس به زمینه اجتماعی، قراردادها و قوانین نانوشته بستگی دارد، اساسی ترین آن‌ها این است: من به تو چیزی می‌دهم، در صورتی که تو به من چیزی معادل ارزش آن بدهی[۸].

اسلام

حکمت مشتری

مفهوم مشتری در زبان عرب اسم فاعل از فعل شراء به شمار می‌رود، شراء همانند بیع از مفاهیم اضداد است[۹]به طوری که هم در معنای فروش و هم خرید به کار می‌رود. خداوند مشتری مال و نفس مؤمنینی است که آن‌ها را در عرصه‌ی جهاد در راه خداوند[۱۰]عرضه می‌کنند. بیّعانی که به بیعشان بشارت داده شده

است تنها خداوند را یگانه مشتری می‌پندارند و با او عقد و عهد بیع حقیقی را جاری می‌سازند.

مکتب اجرت

در مکتب اجرت، استیفای عمل بایع، اجرت مستوفی مشتری را در بر خواهد داشت[۱۱]. در حقیقت مبایعه با خداوند بالاترین و برترین بیع محسوب می‌گردد و در فرایند آن هنگامی‌که عهدی بر معامله بسته می‌شود، وفادارترین مشتری در این معاهده برای اعطای اجر، خداوند است[۱۲]؛ از آن‌جا که اجر به عمل صالح متعلق است، پس از توفی اجرت، تفضل الهی نیز بر زیادت بخشیدن در سیر انفسی مقرر شده افزون بر آن رشد و کمال روحی نیز در مبایعه حاصل خواهد شد[۱۳].

نکته‌ای که در این مکتب رخ می‌نماید اعطا و استیفای اجر و اجرت، پس از عمل نه قبل و نه هم‌زمان با آن خواهد بود، به این معنا که مشتری اجرت خویش را پس از دریافت عطا می‌نماید[۱۴].

قاعده کسب

مکتب اجرت درحکمت مشتری به قاعده‌ی کسب می‌انجامد. کسب به حد کسب حلال در حالت ایجابی و به حد کسب حرام در حالت سلبی محدود می‌گردد. طبق قاعده کسب در بیع، پاک-ترین مکاسب کسب حلال[۱۵]و بدترین آن کسب ربوی[۱۶]- در محدوده کسب‌های حرام- است. درک حضور و در محضر ذات مقدس ربوبی بودن در بیع، گام نخست تبیین قاعده کسب می-باشد، سپس درک حدود وضع شده توسط شارع که به درک دو محدوده حلال و حرام می‌انجامد، آن‌گاه حفظ حضور و حفظ حدود که کسب در محدوده حلال و پرهیز از مکاسب حرام است، گام‌های آتی در حین فرایند مبایعه به شمار می‌روند.

امنیت

فلسفه تقاضا، ایدئولوژی پرداخت‌گرایی و دکترین مشغله اساس نظام اقتصادی جمهوری اسلامی را تشکیل داده‌اند. لازم است حکمت مشتری، مکتب اجرت و قاعده کسب برخاسته از اسلام از پرده غفلت خارج شده و به عنوان زیرساخت نظام بیع مورد استفاده قرار گیرند.

---

1 - www.etymonline.com (word: Demand)

2 - subjectivity

3 - Simmel George, The Philosophy of Money, Edited by David Frisby, Translated by Tom Bottomore and David Frisby *subjectivity*, from a first draft by Kaethe Mengelberg, Third enlarged edition, Routledge poblished, 2004, p:22

۴- ابونوری، عباسعلی، اقتصاد خرد۱، دانشگاه آزاد اسلامی واحد تهران مرکزی، ۱۳۸۴، صفحه ۲۰۵

5 - Utility

۶- عامل دیگر کمیابی یا Scarcity می‌باشد که تعیین می‌کند چه کالایی قیمت دارد تا برای عرضه واقع شود.

7 - Simmel George, The Philosophy of Money, Edited by David Frisby, Translated by Tom Bottomore and David Frisby, from a first draft by Kaethe Mengelberg, Third enlarged edition, Routledge poblished, 2004, p:22

8 - quid pro quo, www.businessphilosophy.co.uk

۹- قیومی مقری، احمد ابن محمد، مصباح المنیر فی غریب الشرح الکبیر الرافعی, جلد ۲, صفحه ۳۱۲

۱۰- إِنَّ اللَّهَ اشْتَرى مِنَ الْمُؤْمِنينَ أَنْفُسَهُمْ وَ أَمْوالَهُمْ بِأَنَّ لَهُمُ الْجَنَّةَ يُقاتِلُونَ فى سَبيلِ اللَّهِ فَيَقْتُلُونَ وَ يُقْتَلُونَ وَعْداً عَلَيْهِ حَقًّا فِى التَّوْراةِ وَ الْإِنْجيلِ وَ الْقُرْآنِ وَ مَنْ أَوْفى بِعَهْدِهِ مِنَ اللَّهِ فَاسْتَبْشِرُوا بِبَيْعِكُمُ الَّذى بايَعْتُمْ بِهِ وَ ذلِكَ هُوَ الْفَوْزُ الْعَظيمُ, قرآن کریم، سوره توبه، آیه ۱۱۱

۱۱- وَ أَمَّا الَّذينَ آمَنُوا وَ عَمِلُوا الصَّالِحاتِ فَيُوَفِّيهِمْ أُجُورَهُمْ وَ اللَّهُ لا يُحِبُّ الظَّالِمينَ ، قرآن کریم، سوره آل عمران، آیه ۵۷

۱۲- إِنَّ الَّذينَ يُبايِعُونَكَ إِنَّما يُبايِعُونَ اللَّهَ يَدُ اللَّهِ فَوْقَ أَيْديهِمْ فَمَنْ نَكَثَ فَإِنَّما يَنْكُثُ عَلى نَفْسِهِ وَ مَنْ أَوْفى بِما عاهَدَ عَلَيْهُ اللَّهَ فَسَيُؤْتيهِ أَجْراً عَظيماً ، قرآن کریم، سوره فتح، آیه ۱۰

۱۳- فَأَمَّا الَّذينَ آمَنُوا وَ عَمِلُوا الصَّالِحاتِ فَيُوَفِّيهِمْ أُجُورَهُمْ وَ يَزيدُهُمْ مِنْ فَضْلِهِ وَ أَمَّا الَّذينَ اسْتَنْكَفُوا وَ اسْتَكْبَرُوا فَيُعَذِّبُهُمْ عَذاباً أَليماً وَ لا يَجِدُونَ لَهُمْ مِنْ دُونِ اللَّهِ وَلِيًّا وَ لا نَصيراً ، سوره نساء، آیه ۱۷۳

۱۴- همان آیه.

۱۵- قال علی علیه السلام: أزکی المکاسب کسب الحلال، تمیمی آمدی عبدالواحد بن محمد، غررالحکم و دررالکلم، انتشارات دفتر تبلیغات قم ،صفحه ۳۵۴، کسب الحلال

۱۶- قال رسول الله ص: شَرُّ الْمَكَاسِبِ كَسْبُ الرِّبَا، شیخ صدوق، من‌لایحضره‌الفقیه، انتشارات جامعه مدرسین قم، جلد۴، صفحه ۳۷۷

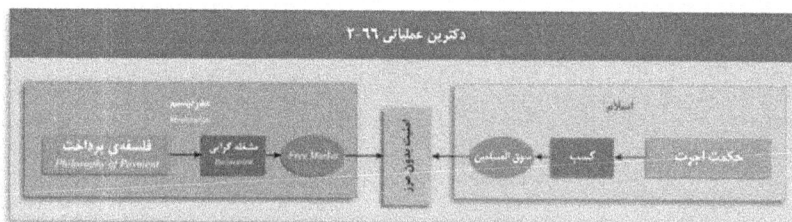

نقشه‌ی راه ۳-۲-۲-۶۶

مدرنیسم

فلسفه پرداخت *Philosophy of Payment*

مفهوم پیمنت از ریشه‌ی لاتینی pacare به معنای پرداخت و تقدیم عوض در ازای کالا یا خدمت به طوری‌که همراه با تراضی و آشتی می‌باشد[۱]. چرخه مبادلات و داد و ستدها در اقتصاد از جانب خواست، اراده و نیت تقاضاکننده می‌آغازد. مشتری و تقاضاکننده طلب عینی را می‌کند که در نزد عرضه‌کننده است، در ازای عین، او عوضی را می‌پردازد، پرداخت او پایه و اساس شکل‌گیری مفهوم پرداخت و مزد[۲] می‌باشد. در واقع پرداخت جانب تقاضا نفی فروش و عرضه‌ی هر چیزی به صورت مجانی است،[۳] به این صورت که آنچه عرضه‌کننده از پرداخت تقاضاکننده بدست می‌آورد، درآمد[۴] او را تشکیل می‌دهد. بنابراین این پرداخت مزد تعهدی است که تقاضاکننده در برابر عرضه کننده بر اساس درآمد خویش دارد[۵].

ایدئولوژی مشغله گرایی *Businessism*

بیزینس یک نهاد بالذات سودساز است که برای بدست آوردن سود تلاش می‌کند، بسیاری از فلاسفه بر این باورند که مشغولیت هر فرد از جمله‌ی دارایی‌های او قلمداد می‌گردد و او برای حفظ و بسط آن تلاش می‌کند بنابراین تمام فعالیت‌های اقتصادی با توجهات کاسب‌کارانه کنترل می‌شوند و ضروریات زندگی مدرن، ضروریات مالی و اقتصادی قلمداد می‌گردند، که به آن نیاز به مالکیت دارایی گفته می‌شود. توجهات کاسبکارانه توجهات قیمتی و پولی هستند و در جوامع مدرن تقاضاهای مالی از هر نوعی که باشد نیازمندی‌های قیمتی می‌باشد. موقعیت اقتصاد کنونی نشان‌گر یک سیستم قیمت‌مدار و پول مبنا است و نهادهای اقتصادی در نظام مدنی مدرن زندگی نهادهای این سیستم به‌شمار می‌روند[۶]. آلفرد مارشال می‌نویسد: اقتصاد سیاسی یا علم اقتصاد مطالعه‌ی نوع بشر در یک مشغولیت یا بیزنس معمولی است به طوری که بخشی از فعالیت فردی یا اجتماعی مورد مداقه قرار می‌گیرد این حالت بسیار به دستاورد و به استفاده از مبانی مادی وجود بشری

ارتباط دارد. این یک وجه مطالعه‌ی ثروت است و دیگری که مهمتر است مطالعه‌ی بشر می‌باشد[۷].

دکترین فری مارکت *Free Market*

بازار آزاد یا فری مارکت سیستم آزادی اقتصادی است و شرایط لازم برای دستیابی به آزادی سیاسی است و به این وسیله نهادهای کاپیتالیستی توسعه می‌یابند، شرایطی که دولت حداقل دخالت در بازار را دارد و مکانیسم بازار فعالیت‌های اقتصادی را کنترل می‌کند[۸]. فریدمن می‌گوید: ما به آزادی باور داریم و قصد داریم به آن عمل نماییم هیچ کس نمی‌تواند شما را به آزاد بودن مجبور نماید. این بر عهده توست. اما ما می‌توانیم همکاری کامل در شرایط مساوی به شما ارائه نماییم. بازار ما به روی شما باز است. هر چه آرزو دارید در این‌جا بفروشید. از عواید آن استفاده کنید و هر چه می‌خواهید بخرید. این راه همکاری میان افراد می-تواند سراسر جهان را به آزادی برساند[۹].

اسلام

حکمت اجرت

اجرت به معنای مزد و پاداش عمل نیکو در دنیاست و از ریشه اجر به معنای عام پاداش و جزای عمل نیکو در دنیا و آخرت می‌باشد. به عبارتی دیگر اجرت به صدق معنا همواره در عقد و عهد بیع، به ماهیَ، سود و نفع را شأن می‌گردد بر خلاف جزا که ماهیتی دوگانه مشتمل بر هم نفع و هم زیان دارد[۱۰].

اجر حقیقی به مؤمنانی که با خداوند مبایعه می‌کنند تعلق می‌گیرد، در واقع خداوندی که مشتری است در بیع، با آنان در قبال مال و نفس ایشان عطای اجر می‌نماید، وجه الضمان اجر به حسب شأنیت ضامن آن، حضرت رب العالمین، کونیتی قطعی یافته که صدق شریفه دال بر زوال ترس و ناراحتی بوده[۱۱] و بر خویشتن عدم تضییع را فرض نموده است[۱۲].

مکتب کسب

ماهیت کسب به کون وجه آن که تحصیلی قلبی است رهین بودن را اطلاق تام می‌یابد[۱۳]، به عبارتی بیّعان در مبایعه مرهون هر آنچه که کسب نموده‌اند می‌باشند، اعلی درجه کسب آن است که غنای قلبی صورت دهد، یعنی بدون آن‌که موجبات استفراغ قلب را فراهم سازد، استعلای آن را رقم زند و آن کسبی است که در معاملات و زمینه عمل آخرت بنیان - به دلیل استیفای نفس از هر آن‌چه کسب کرده در روز قیامت[۱۴]- رخ می‌نماید؛ بر این اساس طلب کسب باید بالاتر از کسب مضیَّع و پایین‌تر از کسب حریص و راضی به دنیا باشد[۱۵].

قاعده سوق المسلمین

بدترین مکان‌ها روی زمین اسواقند، چرا که آن میدان عمل ابلیس است در حالی‌که کرسی خود را در آن گشوده است و فرزندان خود را میان کم فروشان در مکیال، سارقان در اندازه و دروغگویان در تجارت می‌گستراند و پلیدی آن از کسی که اول وارد آن شود و آخرین کسی که از آن خارج شود ازاله نمی‌شود، از دیگر سو، بهترین مکان‌های زمین مساجدند و محبوب‌ترین افراد نزد خداوند اولین کسی است که به آن وارد می‌شود و آخرین کسی است که از آن خارج می‌شود[۱۶]؛ اما از آن‌جا که مبایعه‌ی کسانی‌که صدور خود را به اسلام عرضه نموده‌اند و مسلم گشته‌اند و حافظان حدود حلال الهی‌اند، در سوق مکانت می‌یابد، به کرامت محوریت بیعت با خداوند، بر سوق المسلمین شأنیت و کونیت مسجد مترتب است به گونه‌ای که سبقت گیرندگان در آن، همانند سابقون مساجدند[۱۷].

امنیت

گرچه اکنون در جمهوری اسلامی ایران، در حوزه‌ی اقتصاد، فلسفه‌ی پرداخت، ایدئولوژی مشغله گرایی و دکترین بازار آزاد

مبنای طرح ریزی واقع گردیده‌اند، بایسته و شایسته است حوزه‌های حکمت اجرت، مکتب کسب و قاعده‌ی سوق المسلمین از پرده‌ی غفلت خارج شده و مبنای طرح و عمل قرار بگیرند.

---

[1] - www.etymonline.com (word: pay & payment)

[۲]_ מַשְׂכֹּרֶת

[۳]- «یک ماه بعد از آمدن یعقوب لابان به او گفت: تو نباید به خاطر آن که خویشاوند من هستی برای من مجانی کار کنی، بگو چقدر به تو مزد بدهم؟»، عهد عتیق، سفر پیدایش، فصل ۲۹، آیه ۱۵ و ۱۶

4 -Income

[5] -www.etymonline.com (word: wage)

[6]- Daniel M. Hausman, The Philosophy of Economics, An Anthology, Cambridge university press, page: 138

[۷]- همان صفحه ۳۲۱

[8]-Friedman, Milton, Capitalism and Freedom, with the assistance of Rose D. Friedman,1982 by The University of Chicago, page: 12

[۹]-همان صفحه ۶۶

۱۰- راغب اصفهانی، حسین بن محمد؛ ترجمه و تحقیق مفردات الفاظ قرآن؛ خسروی حسینی، سیدغلامرضا مترجم، نشر مرتضوی، ج۱، ص ۱۵۱

[۱۱]- اَلَّذینَ یُنفِقُونَ اَمْوالَهُمْ فی سَبیلِ اللّهِ ثُمَّ لا یُتْبِعُونَ ما اَنْفَقُوا مَنًّا وَ لا اَذیً لَهُمْ اَجْرُهُمْ عِنْدَ رَبِّهِمْ وَ لا خَوْفٌ عَلَیْهِمْ وَ لا هُمْ یَحْزَنُونَ ، قرآن کریم سوره آل عمران، آیه۲۶۲

اَلَّذینَ یُنفِقُونَ اَمْوالَهُمْ بِاللَّیْلِ وَ النَّهارِ سِراً وَ عَلانِیَةً فَلَهُمْ اَجْرُهُمْ عِنْدَ رَبِّهِمْ وَ لا خَوْفٌ عَلَیْهِمْ وَ لا هُمْ یَحْزَنُونَ ، قرآن کریم سوره آل عمران، آیه ۲۷۴

اِنَّ الَّذینَ آمَنُوا وَ عَمِلُوا الصّالِحاتِ وَ اَقامُوا الصَّلاةَ وَ آتَوُا الزَّکاةَ لَهُمْ اَجْرُهُمْ عِنْدَ رَبِّهِمْ وَ لا خَوْفٌ عَلَیْهِمْ وَ لا هُمْ یَحْزَنُونَ، قرآن کریم سوره آل عمران، آیه۲۷۷

[۱۲]- یَسْتَبْشِرُونَ بِنِعْمَةٍ مِنَ اللّهِ وَ فَضْلٍ وَ اَنَّ اللّهَ لا یُضیعُ اَجْرَ الْمُؤْمِنینَ ، قرآن کریم سوره آل عمران، آیه ۱۷۱

[۱۳]- کُلُّ نَفْسٍ بِما کَسَبَتْ رَهینَةٌ، قرآن کریم، سوره مدثر، آیه ۳۸

[۱۴]- وَ اتَّقُوا یَوْماً تُرْجَعُونَ فیهِ اِلَی اللّهِ ثُمَّ تُوَفّی کُلُّ نَفْسٍ ما کَسَبَتْ وَ هُمْ لا یُظْلَمُونَ، قرآن کریم، سوره بقره، آیه ۲۸۱

۱۵- عَنْ أَبِی عَبْدِ اللَّهِ ع قَالَ لِیَکُنْ طَلَبُکَ الْمَعِیشَةَ فَوْقَ کَسْبِ الْمُضَیِّعِ وَ دُونَ طَلَبِ الْحَرِیصِ الرَّاضِی بِدُنْیَاهُ، شیخ طوسی، تهذیب الأحکام، جلد ۶، صفحه ۳۲۲، باب مکاسب

[۱۶]- مِنْ بَنِی عَامِرٍ إِلَی النَّبِیِّ ص فَسَأَلَهُ عَنْ شَرِّ بِقَاعِ الْأَرْضِ وَ خَیْرِ بِقَاعِ الْأَرْضِ فَقَالَ لَهُ رَسُولُ اللَّهِ ص شَرُّ بِقَاعِ الْأَرْضِ الْأَسْوَاقُ وَ هِیَ مَیْدَانُ إِبْلِیسَ یَغْدُو بِرَایَتِهِ وَ یَضَعُ کُرْسِیَّهُ وَ یَبُثُّ ذُرِّیَّتَهُ فَبَیْنَ مُطَفِّفٍ فِی قَفِیزٍ أَوْ سَارِقٍ فِی ذِرَاعٍ أَوْ کَاذِبٍ فِی سِلْعَةٍ فَیَقُولُ عَلَیْکُمْ بِرَجُلٍ مَاتَ أَبُوهُ وَ أَبُوکُمْ حَیٌّ فَلَا یَزَالُ مَعَ ذَلِکَ أَوَّلَ دَاخِلٍ وَ آخِرَ خَارِجٍ ثُمَّ قَالَ ع وَ خَیْرُ الْبِقَاعِ الْمَسَاجِدُ وَ أَحَبُّهُمْ إِلَی اللَّهِ أَوَّلُهُمْ دُخُولًا وَ آخِرُهُمْ خُرُوجاً مِنْهَا، شیخ حر عاملی، وسائل الشیعه، ناشر مؤسسه آل البیت قم، جلد ۱۷، صفحه ۴۶۸، باب کراهة دخول السوق أولا و الخروج آخرا

[۱۷]- عَنْ أَبِی عَبْدِ اللَّهِ ع قَالَ سُوقُ الْمُسْلِمِینَ کَمَسْجِدِهِمْ یَعْنِی إِذَا سَبَقَ إِلَی السُّوقِ کَانَ لَهُ مِثْلَ الْمَسْجِدِ، کلینی، شیخ محمد، الکافی، نشر دارالکتب الاسلامیه، جلد ۵، صفحه ۱۵۵، باب السبق إلی السوق

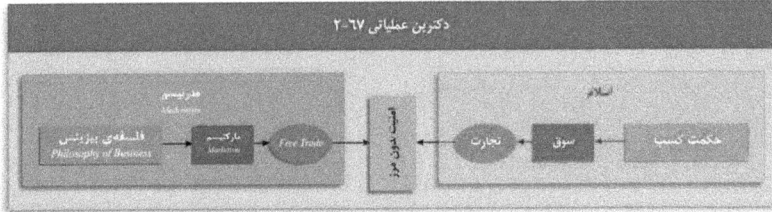

نقشه‌ی راه ۳-۲-۲-۶۷

مدرنیسم

فلسفه مشغله Philosophy of Business

مفهوم Business از ریشه‌ی Busy به معنای مشغول بودن ودرگیری با یک شغل، تجارت و یا کار جهت کسب درآمد می‌باشد[1]. فلسفه بیزینس یا مشغولیت برای بدست آوردن درآمد، بر چهار اصل اساسی[2] مبتنی است که در تئوری و فلسفه‌ی توسعه‌ی مدیریت[3] بیان شده است. اصل نخست بنا بر نظر اسمیت، لاک[4]، هابز[5] و روسو[6]، آزادی اراده[7] بشر است، به این معنا که او قادر است تصمیم بگیرد و سرنوشت خود را معین کند؛ این مؤلفه هسته مرکزی تئوری مطلوبیت[8] می‌باشد. اصل دوم مبتنی بر نظریه‌ی دکارت[9] و اسپینوزا[10]، رشنالیتی[11] یا خردمندی بشر می‌باشد که در معنای بشر اقتصادی[12] کاپیتالیسم تجلی یافته است. اصل سوم اتمیسم[13] است که تلقی جان لاک از جامعه به عنوان یک تجمع و توده مستقل و افراد خودمختار می‌باشد و اخلاق، فردی تعریف می‌گردد، همچنین نهادهای اجتماعی نیز ساخته می‌شوند

تا افراد بتوانند از مقاصد خود بهره برداری کنند، بر این اساس مالکیت شخصی دارایی اهمیت پیدا می‌کند. اصل مفروض بعدی خود گرایی روانشناختی[14] است، مبتنی بر اینکه هسته مرکزی تعهد اخلاقی «خود بشر» می‌باشد، در این‌باره هابز انگیزه غایی همه‌ی اعمال بشر را نفع شخصی[15]می‌داند که تعقیب آن توسط افراد منجر به ایجاد دست نامرئی[16]در نظامات اجتماعی اقتصادی خواهد شد.

بر مبنای این اصول اساسی طبق نظر میلتون فریدمن[17]، اولین هدف بیزینس حداکثر سازی سود برای تمامی افرادی است که به نوعی با آن در ارتباطند[18]، علاوه بر این، بنابر دیدگاه پیتر دروکر[19] ارضاء امیال مشتری مهمترین هدف بیزینس می‌باشد. تئوری «سرمایه روحی»[20] نیز رویکرد تلفیقی جدیدی در اهداف بیزینس می‌باشد که در بحران مالی کنونی مؤثر واقع شده است.

ایدئولوژی مارکتیسم Marketism

سیستم اقتصاد سرمایه‌داری، اقتصاد بازار می‌باشد که در آن ابزار تولید بیش‌تر در اختیار مالکیت خصوصی است و کارگران در قبول یا رد پیشنهادات شغلی آزادند. در اقتصاد بازار نیروهای عرضه و تقاضا همانند یکدیگر می‌باشند. نقش بازار موازنه کردن و هماهنگ نمودن این نیروها است تا تلاش‌های افراد، در جهت تأمین خواسته‌هایشان باشد. کاپیتالیسم به این وسیله افراد را در هر جایی که باشند با یکدیگر مرتبط می‌نماید، طوری‌که نیازها و افق‌های مردم را گسترش می‌دهد. در نگاه آدام اسمیت مدینه فاضله اقتصاد بازار در بازارگرایی افراطی به بازار آزاد[۲۱] می‌انجامد که بیش از هر نظام اقتصادی دیگری، آزادی افراد را محترم می-شمارد، از نظر او ایجاد هارمونی میان این آزادی ها بر عهده‌ی «دست نامرئی»[۲۲] است که کنش‌ها و واکنش‌ها را بسامان می-نماید[۲۳]. البته بزرگترین منتقد این نظریه، « قانون جنگل»[۲۴] است، که به همکاری انسان‌ها در ایجاد رقابت پشت پا زده و ترقی مادی را در مخالفت با ارزش‌های روحی، دانش‌دوستی یا فعالیت-های مفرح بالا می‌برد[۲۵]، به دلیل محقق شدن شکست بازار[۲۶] همچنین عدم کفایت دولت‌ها در کنترل بازار، مارکتیزم به سوی بازارهایی که توسط کورپوریشن‌ها و شرکت‌های چند ملیتی عظیم کنترل می‌شوند سوق داده شد[۲۷].

دکترین فری ترید *Free Trade*

تحرکات فکری در قرن نوزدهم، در لوای نام لیبرالیسم، مؤکد این است که آزادی، هدف نهایی است و فردیت، نهاد نهایی در جامعه است، همچنین از لسه فر[۲۸] در خانه‌ها، همچون ابزار تقلیل نقش حکومت در اقتصاد حمایت می‌کند و بنابراین نقش فرد را برجسته می‌نماید، چنین گزاره‌ای تجارت آزاد را مانند اتصال دهنده‌ی آشتی آمیز و دموکراتیک ملت‌های جهان به یکدیگر می-پندارد[۲۹]، به گونه‌ای که اختلافات میان ملت‌ها به شکلی سازنده مدیریت شده و هزینه‌ی زندگی در سرتاسر جهان کاهش می‌یابد، همچنین مصرف کنندگان این امکان را می‌یابند از انتخاب های بیشتری برخوردار شوند و درآمدها افزایش یابد، بهره‌وری و رفاه بالا رفته و از منافع کشورها محافظت شود[۳۰].

اسلام

حکمت کسب

کسب را طلب چیزی و تلاش در راه این طلب دانسته‌اند. به عبارت دقیق تر کسب را می توان خواستن هر چیزی که فرد واجد آن نیست، تلاش برای رسیدن به آن[۳۱]، و در مرحله‌ی نهایی بدست آوردن و تحت اختیار گرفتن آن چیز دانست[۳۲]. بنابراین تحصیل هر چیز مادی و یا معنوی کسب آن قلمداد می‌شود، همچنین کسب هر چیز، طلب و جلب آن، سپس تحمل و انجام را به دنبال دارد[۳۳]. هنگامی‌که مبایعه با طلب مشتری آغاز شد و با عطای اجرت به جریان افتاد هر آن‌چه مشتری و بایع را حاصل می‌گردد ابتدا کسب قلبی و سپس مادی آن‌دو از فرایند معامله و مبادله است[۳۴].

مکتب سوق

پویایی و جریان حاکم بر مبایعات خدامحور در سوق نهادمند گشته و مکانت می‌یابد، مکاسب کسب شده در سوق، آن هنگام که حفظ حدود الهی بر آن مترتب باشد، رزق و فضل ورحمت اوست که به صورت روزی حلال و طیب تجلی یافته است. چنین سوقی از ظلم، معاملات با خسران همچنین سوگندهای دروغین به دور است و حسنات به آن روی می‌آورند و سیئات از آن روی می‌گردند و قسمت حلال و طیبی که خداوند بر آن مقرر داشته وافر و با برکت می‌گردد[۳۵].

قاعده تجارت

قاعده تجارت ایمانی عدم الهاء و بازداشته شدن از ذکر خدا، اقامه صلات و پرداخت زکات را بر می‌تابد به گونه‌ای که خوف

از روزی که قلب‌ها و دیدگان منقلب می‌گردند را دست می‌دهد[۳۶]، زیرا خداوند رزّاق حقیقی است و آن چه که نزد او است بهتر و اشرف است از عمل تجارت[۳۷]. چنین تجارتی بر چند پایه استوار است: ۱- تقدّم استخاره ۲- تبرّک به وسیله‌ی سهولت و آسان گرفتن ۳- اقتراب و نزدیکی به مبتاعین و خریداران ۳- تزیّن به حلم و بردباری ۴- دور شدن از ظلم ۵- انصاف نسبت به مظلومان ۶- نزدیک نشدن به ربا ۷- پیمانه و میزان را تمام و کامل کردن ۸- عدم تعییب و تباخس در متاع مردم ۹- عدم افساد در زمین[۳۸]، تجارتی با این شرایط تزاید در عقل را حاصل می‌گرداند[۳۹].

امنیت

گرچه اکنون در جمهوری اسلامی ایران، در حوزه‌ی اقتصاد، فلسفه‌ی بیزینس، ایدئولوژی مارکتیسم و دکترین فری ترید مبنای طرح ریزی واقع گردیده‌اند، بایسته و شایسته است حوزه‌های حکمت کسب، مکتب سوق و قاعده‌ی تجارت از پرده‌ی غفلت خارج شده و مبنای طرح و عمل قرار بگیرند.

---

1 -www.etymonline.com (word: Business)
2 - en.wikipedia.org/wiki/Philosophy of business
3 -Development of management theory and philosophy, Drucker, P. The Practice of Management, HarperBusiness, Reissue edition 1993
4 -John Locke (1632-1704)
5 -Thomas Hobbes of Malmesbury (1588-1679)
6 -Jean-Jacques Rousseau (1712 –1778)
7 - free will
8 - Utility Theory
9 -René Descartes 1596-1650)
10 Baruch de Spinoza, ברוך שפינוזה ,(1632-1677)
11 -Rationality
12 homo economicus
13 -Atomism
14 -Psychological egoism
15 -Self-Interest
16 -Invisible Hand
17 - Friedman, Milton, Capitalism and Freedom, with the assistance of Rose D. Friedman,1982 by The University of Chicago, page:۱۱۴
18 -stakeholders
19 -Peter Drucker (1954)
20 -Spiritual Capital theory
21 - Free Market
22 -Invisible Hand
23 - Daniel M. Hausman, The Philosophy of Economics, An Anthology, Cambridge university press, page: 27
24 -the law of the jungle, dog eat dog,"
25 -N. Rothbard, Murray, Free Market, The Concise Encyclopedia of Economics, www.econlib.org/library/Enc
26 -Market Failure
27 -R.Macey, Jonathan, Market for Corporate Control, The Concise Encyclopedia of Economics ,www.econlib.org/ library/Enc
28 -laissez faire
29 - Friedman, Milton, Capitalism and Freedom, with the assistance of Rose D. Friedman,1982 by The University of Chicago, page: 13
30 - www.wto.org/english/thewto_e/whatis_e/10ben_e/10b10_e.htm
۳۱- ابن اثیر، النهایهٔ فی غریب الحدیث و الاثر، نشر دارالفکر، جلد۴، صفحه ۱۷۱.
۳۲- مصطفوی، حسن، التحقیق فی کلمات القرآن الکریم، مرکز نشر آثار علامه مصطفوی، جلد۱۰، صفحه ۵۳ و ۵۴
۳۳- قرشی، سید علی اکبر، قاموس قرآن، انتشارات دارالکتب الاسلامیه، جلد ۷، صفحه ۱۰۹
۳۴- فَوَيْلٌ لِلَّذِينَ يَكْتُبُونَ الْكِتابَ بِأَيْدِيهِمْ ثُمَّ يَقُولُونَ هذا مِنْ عِنْدِ اللَّهِ لِيَشْتَرُوا بِهِ ثَمَناً قَلِيلاً فَوَيْلٌ لَهُمْ مِمَّا كَتَبَتْ أَيْدِيهِمْ وَ وَيْلٌ لَهُمْ مِمَّا يَكْسِبُونَ، قرآن کریم، سوره بقره آیه ۷۹
۳۵- مُحَمَّدُ بْنُ يَحْيَى عَنْ أَحْمَدَ بْنِ مُحَمَّدٍ عَنْ مُحَمَّدِ بْنِ إِسْمَاعِيلَ عَنْ حَنَانٍ عَنْ أَبِيهِ قَالَ قَالَ لِي أَبُو جَعْفَرٍ ع يَا أَبَا الْفَضْلِ أَ مَا لَكَ مَكَانٌ تَقْعُدُ فِيهِ فَتُعَامِلَ النَّاسَ قَالَ قُلْتُ بَلَى قَالَ مَا مِنْ رَجُلٍ مُؤْمِنٍ يَرُوحُ أَوْ يَغْدُو إِلَى مَجْلِسِهِ أَوْ سُوقِهِ فَيَقُولُ حِينَ يَضَعُ رِجْلَهُ فِي السُّوقِ اللَّهُمَّ إِنِّي أَسْأَلُكَ مِنْ خَيْرِهَا وَ خَيْرِ أَهْلِهَا إِلَّا وَكَّلَ اللَّهُ عَزَّ وَ جَلَّ بِهِ مَنْ يَحْفَظُهُ وَ يَحْفَظُ عَلَيْهِ حَتَّى يَرْجِعَ إِلَى مَنْزِلِهِ فَيَقُولُ لَهُ قَدْ أُجِرْتَ مِنْ شَرِّهَا وَ شَرِّ أَهْلِهَا يَوْمَكَ هَذَا بِإِذْنِ اللَّهِ عَزَّ وَ جَلَّ وَ قَدْ رُزِقْتَ خَيْرَهَا وَ خَيْرَ أَهْلِهَا فِي يَوْمِكَ هَذَا فَإِذَا جَلَسَ مَجْلِسَهُ قَالَ حِينَ يَجْلِسُ أَشْهَدُ أَنْ لَا إِلَهَ إِلَّا اللَّهُ وَحْدَهُ لَا شَرِيكَ لَهُ وَ أَشْهَدُ أَنَّ مُحَمَّداً عَبْدُهُ وَ رَسُولُهُ اللَّهُمَّ إِنِّي أَسْأَلُكَ مِنْ فَضْلِكَ حَلَالًا طَيِّباً وَ أَعُوذُ بِكَ مِنْ أَنْ أَظْلِمَ أَوْ أُظْلَمَ وَ أَعُوذُ بِكَ مِنْ صَفْقَةٍ خَاسِرَةٍ وَ يَمِينٍ كَاذِبَةٍ فَإِذَا قَالَ ذَلِكَ قَالَ

لَهُ الْمَلَکُ الْمُوَکَّلُ بِهِ أَبْشِرْ فَمَا فِی سُوقِکَ الْیَوْمَ أَحَدٌ أَوْفَرَ مِنْکَ حَظّاً قَدْ تَعَجَّلْتَ الْحَسَنَاتِ وَ مُحِیَتْ عَنْکَ السَّیِّئَاتُ وَ سَیَأْتِیکَ مَا قَسَمَ اللَّهُ لَکَ مُوَفَّراً حَلَالًا طَیِّباً مُبَارَکاً فِیهِ، کلینی، شیخ محمد، الکافی، نشر دارالکتب الاسلامیه، جلد ۵، صفحه ۱۵۵، باب من ذکر الله تعالی فی السوق

[۳۶]- رِجالٌ لا تُلْهیهِمْ تِجارَةٌ وَ لا بَیْعٌ عَنْ ذِکْرِ اللَّهِ وَ إِقامِ الصَّلاةِ وَ إیتاءِ الزَّکاةِ یَخافُونَ یَوْماً تَتَقَلَّبُ فیهِ الْقُلُوبُ وَ الْأَبْصارُ، قرآن کریم، سوره نور، آیه ۳۷

[۳۷]- وَ إِذا رَأَوْا تِجارَةً أَوْ لَهْواً انْفَضُّوا إِلَیْها وَ تَرَکُوکَ قائِماً قُلْ ما عِنْدَ اللَّهِ خَیْرٌ مِنَ اللَّهْوِ وَ مِنَ التِّجارَةِ وَ اللَّهُ خَیْرُ الرَّازِقینَ، قرآن کریم، سوره جمعه، آیه ۱۱

[۳۸]- وَ کَانَ عَلِیٌّ ع بِالْکُوفَةِ یَغْتَدِی کُلَّ بُکْرَةٍ فَیَطُوفُ فِی أَسْوَاقِ الْکُوفَةِ سُوقاً سُوقاً وَ مَعَهُ الدِّرَّةُ عَلَی عَاتِقِهِ وَ کَانَ لَهَا طَرَفَانِ وَ کَانَتْ تُسَمَّی السَّبِیبَةَ قَالَ فَیَقِفُ عَلَی أَهْلِ کُلِّ سُوقٍ فَیُنَادِیهِمْ یَا مَعْشَرَ التُّجَّارِ قَدِّمُوا الِاسْتِخَارَةَ وَ تَبَرَّکُوا بِالسُّهُولَةِ وَ اقْتَرِبُوا مِنَ الْمُبْتَاعِینَ وَ تَزَیَّنُوا بِالْحِلْمِ وَ تَجَافَوْا عَنِ الظُّلْمِ وَ أَنْصِفُوا الْمَظْلُومِینَ وَ لَا تَقْرَبُوا الرِّبَا وَ أَوْفُوا الْکَیْلَ وَ الْمِیزَانَ وَ لَا تَبْخَسُوا النَّاسَ أَشْیَاءَهُمْ وَ لَا تَعْثَوْا فِی الْأَرْضِ مُفْسِدِینَ قَالَ فَیَطُوفُ فِی جَمِیعِ أَسْوَاقِ الْکُوفَةِ ثُمَّ یَرْجِعُ فَیَقْعُدُ لِلنَّاسِ، شیخ صدوق، من لا یحضره الفقیه، انتشارات جامعه مدرسین قم، جلد ۳، صفحه ۱۹۳، باب التجارة و آدابها و فضلها و فقهه

[۳۹]- قَالَ الصَّادِقُ ع التِّجَارَةُ تَزِیدُ فِی الْعَقْلِ، شیخ صدوق، من لا یحضره الفقیه، انتشارات جامعه مدرسین قم، جلد ۳، صفحه ۱۹۱، باب التجارة و آدابها و فضلها و فقهه

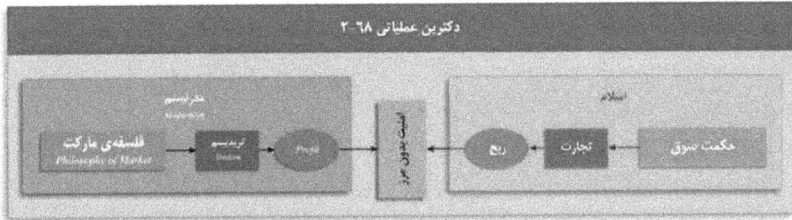

نقشه‌ی راه ۳-۲-۲-۶۸

مدرنیسم

فلسفه مارکت *Philosophy of Market*

مفهوم انگلیسی- فرانسوی مارکت، همانند مرچنت[1]، از ریشه‌ی لاتینی mercatus به معنای مجمعی از افراد است که در زمانی مشخص، برای خرید و فروش احشام -دارایی‌های زنده- و خواروبار کنار یکدیگر گرد می‌آمدند[2] امروزه در حوزه‌ی فعالیت‌های اقتصادی، مارکت جایی است که خریداران و فروشندگان نزد هم می‌آیند و نیروهای عرضه و تقاضا بر قیمت‌ها اثر می‌گذارند[3] تا ترجیحات تقاضاکنندگان و سود عرضه‌کنندگان با توجه به قواعد عمومی بازی[4] در آن ماکسیمایز شود و به نوعی انگیزه‌های افراد تأمین گردد[5]. به عبارتی دیگر مارکت‌ها شکلی از نهادهای اقتصادی هستند که عمل مبادله و توابع هماهنگی در یک اقتصاد را محقق می‌سازند[6].

ایدئولوژی تریدیسم *Tradism*

در دهه‌ی ۱۹۸۰ تفکر نسبت به ترید یا مبادله کالاها و خدمات در سرتاسر جهان تغییر یافت، افکار گوناگون بر اساس رقابت ناقص و بازدهی نسبت به مقیاس ترکیب شدند و نگرش به این مقوله دچار دگرگونی شده طوری‌که با جهان واقع که مملو از قراردادها، توافقات، انحصارات، مسائل پیش بینی نشده‌ی محیط، طبیعت و بازارها و ... بود قرابت بیش‌تری پیدا کرد. مدل‌های استاندارد تجارت بین الملل از الگوی ریکاردو[7]، هکشر-اوهلین[8] و مدل عوامل ویژه[9]، به مدل تئوری جدید تجارت[10]، که بر مبنای جهان انحصار یافته و جغرافیای جدید اقتصادی بود، تغییر یافت. مزیت مطلق و یا مزیت نسبی[11] که هسته مرکزی این نگرش‌ها به تجارت را تشکیل می‌داد با سیاست‌های محدود کننده، ابزارهای سیاسی و موانع تکنیکال و ... تلفیق شدند تا گرایش به تجارت با پوستین تجارت آزاد و باطن تجارت انحصاری[12] با توجه به صرفه‌های ناشی از مقیاس[13] توسط کمپانی‌های عظیم بین المللی شکل بگیرد[14].

دکترین پرافیت *Profit*

بر اساس رفتار شناسی بشر در مین استریم[۱۵]، عوامل اقتصادی، افرادی با اطلاعات کامل، رشنال و منفعت شخصی طلب تصور می‌شوند، اگر بشر مورد مطالعه‌ی اقتصاد، عرضه‌کننده کالا یا خدمتی باشد، این خصیصه‌ها در او به صورت در پی ماکسیمایز کردن سود بودن، ظاهر می‌شود و اگر مصرف کننده است به شکل جستجو کردن ثروت یا هر چیز نافعی که به بهترین شکل ترجیحاتشان را ارضاء می‌کند، حالت می‌یابد[۱۶].

اسلام

حکمت سوق

مفهوم سوق از ماده‌ی ساق یَسوقُ به معنای مقدم داشتن چیزی یا کسی و هدایت و کشیدن با اجبار آن[۱۷] از پشت سر است به صورتی که آن چیز یا فرد تحت استیلا و قدرت او باشد[۱۸]. بر خلاف قادَ یَقودُ که کشیدن چیزی یا کسی از جلوست. عرب بازار را سوق نام نهاده به آن خاطر که کالاها و اجناس را برای خرید و فروش به سوی آن می‌رانند و می‌برند[۱۹] و شاید از آن باب که مردم برای برآوردن نیازهای خود به سوی آن سوق داده می‌شوند[۲۰]. در قرآن کریم نیز به مشی و راه رفتن در اسواق اشاره شده که حکایت از نوعی پویایی و جریان دارد[۲۱].

مکتب تجارت

طلب تجارت استغنای از مردم را به همراه دارد حتی اگر تاجر مُعیل بوده و افراد تحت تکفّلش زیاد باشند[۲۲]، از آن جا که خداوند رزق را از جانب خود به سوی بندگان ارزانی می‌دارد، یکی از طرق طلب و جلب رزق، تجارت است، به گونه‌ای که اگر رزق ده جزء داشته باشد نُه جزء آن در تجارت قرار داده شده و این به دلیل برکتی است که خداوند به وسیله‌ی آن تجارت مرزوق را متبرک ساخته است[۲۳]. این مکتبی است که اگر مؤمنین با مال و نفس خود در راه خداوند مجاهدت نمایند، در حقیقت به تجارت با خداوند پرداخته‌اند و در آن صورت کمینه‌ی ربح آن، نجات از عذاب دردناک است[۲۴].

قاعده ربح

خداوند دنیا را به نیت آخرت مدار عطا می‌کند و آخرت را به نیتی که اساسش بر دنیاست نمی‌دهد؛ مبتنی بر این اصل، قاعده‌ی ربح این است که اگر سرمایه و رأس المال مؤمن آخرت بنیان باشد، آنچه که از دنیا نصیب او گردد، همانا ربح او محسوب می‌گردد[۲۵]. شاید به همین دلیل است که اخذ ربح توسط مؤمنی از مؤمنی دیگر، در زمان ظهور حق و قیام قائم رباست، اما تا آن هنگامه ارباح مؤمن تجویز شده است[۲۶].

امنیت

گرچه اکنون در جمهوری اسلامی ایران، در حوزه‌ی اقتصاد، فلسفه‌ی مارکت، ایدئولوژی تریدیسم و دکترین پرافیت مبنای طرح ریزی واقع گردیده‌اند، بایسته و شایسته است حوزه‌های حکمت کسب، مکتب سوق و قاعده‌ی تجارت از پرده‌ی غفلت خارج شده و مبنای طرح و عمل قرار بگیرند.

---

1 -Merchant
2 -www.etymonline.com, (word: Market)
3 -Merriam-Webster's collegiate dictionary, 11th Ed., Massachusetts, U.S.A, Merriam-Webster Incorporated, 2005. Word: Market
4-general "the rules of the game"
5-Daniel M. Hausman, The Philosophy of Economics, An Anthology, Cambridge university press, page: 389
6-Andrew Dorward, Jonathan Kydd, Jamie Morrison and Colin, Poulton, Institutions, Markets and Economic Co-ordination:
Linking Development Policy to Theory and Praxis, Faculty of Life Sciences, Imperial College London, Wye Campus, Wye, Ashford, Kent, TN25 5AH, UK
7- the Ricardian model

[8] -the Heckscher-Ohlin model
[9] -the specific-factors model
[10]-New Trade Theory
[11]-absolute and comparative advantage
[12]-New Trade Theory based on imperfect or monopolistic competition or oligopoly
[13] -economies of scale
[14]-The Princeton Encyclopedia of the World Economy, editors in chief: Kenneth A. Reinert, Ramkishen S.Rajan, princeton university press publisher 2009, page 9&207
[15] - Mainstream theory : the theory developed by the early neoclassical economists
[16] -Daniel M. Hausman, The Philosophy of Economics, An Anthology, Cambridge university press, page: 32

[۱۷]- مصطفوی، حسن، التحقیق فی کلمات القرآن الکریم، مرکز نشر آثار علامه مصطفوی، جلد۵، صفحه۲۷۳

[۱۸]- ابن اثیر، النهایة فی غریب الحدیث و الاثر، نشر دارالفکر، جلد۲، صفحه ۴۲۳

[۱۹]- فرهنگ جدید، ترجمه المنجدالطلاب، محمد بندرریگی مترجم، جلد۱، ص۷۹۶ و ۷۹۷.

احمدحسن زیات، المعجم الوسیط ، ابراهیم مصطفی، محمدعلی نجار، حامد عبدالقادر، مترجم، نشر پروهان، صفحه ۴۶۵.

[۲۰]- انصاری، محمد ابن منظور، لسان العرب، ناشر دار صار بیروت ، جلد۱۰، صفحه ۱۶۷.

[۲۱]- وَ قالُوا ما لِهذَا الرَّسُولِ یَأْکُلُ الطَّعامَ وَ یَمْشی فِی الْأَسْواقِ لَوْ لا أُنْزِلَ إِلَیْهِ مَلَکٌ فَیَکُونَ مَعَهُ نَذیراً، قرآن کریم، سوره فرقان، آیه ۷

و ما أَرْسَلْنا قَبْلَکَ مِنَ الْمُرْسَلینَ إِلاَّ إِنَّهُمْ لَیَأْکُلُونَ الطَّعامَ وَ یَمْشُونَ فِی الْأَسْواقِ وَ جَعَلْنا بَعْضَکُمْ لِبَعْضٍ فِتْنَةً أَ تَصْبِرُونَ وَ کانَ رَبُّکَ بَصیراً، قرآن کریم، سوره فرقان، آیه ۲۰

[۲۲]- عَنْ أَبِی عَبْدِ اللَّهِ ع قَالَ مَنْ طَلَبَ التِّجَارَةَ اسْتَغْنَى عَنِ النَّاسِ قُلْتُ وَ إِنْ كَانَ مُعِيلًا قَالَ وَ إِنْ كَانَ مُعِيلًا إِنَّ تِسْعَةَ أَعْشَارِ الرِّزْقِ فِی التِّجَارَة ،کلینی، شیخ محمد، الکافی، نشر دارالکتب الاسلامیه، جلد ۵، صفحه ۱۴۸، باب فضل التجارة و المواظبة علیها

[۲۳]- ... فَاتَّجِرُوا بَارَكَ اللَّهُ لَكُمْ فَإِنِّی قَدْ سَمِعْتُ رَسُولَ اللَّهِ ص يَقُولُ الرِّزْقُ عَشَرَةُ أَجْزَاءٍ تِسْعَةُ أَجْزَاءٍ فِی التِّجَارَةِ وَ وَاحِدَةٌ فِی غَيْرِهَا ،کلینی، شیخ محمد، الکافی، نشر دارالکتب الاسلامیه، جلد ۵، صفحه ۳۰۴، باب فضل التجارة و المواظبة علیها

[۲۴]- یا أَیُّهَا الَّذینَ آمَنُوا هَلْ أَدُلُّکُمْ عَلی تِجارَةٍ تُنْجیکُمْ مِنْ عَذابٍ أَلیمٍ تُؤْمِنُونَ بِاللَّهِ وَ رَسُولِهِ وَ تُجاهِدُونَ فی سَبیلِ اللَّهِ بِأَمْوالِکُمْ وَ أَنْفُسِکُمْ ذلِکُمْ خَیْرٌ لَکُمْ إِنْ کُنْتُمْ تَعْلَمُونَ، قرآن کریم، سوره صف، آیات ۱۰ و ۱۱

[۲۵]- قال النبی صلی الله علیه و آله وسلم إن الله یعطی الدنیا علی نیة الآخرة و لا یعطی الآخرة علی نیة الدنیا اجعل الآخرة رأس مالک فما أتاک من الدنیا فهو ربح، دیلمی، حسن ابن ابی الحسن، ارشادالقلوب، انتشارات شریف رضی، جلد۱، صفحه ۱۸۶

[۲۶]- رُوِیَ أَنَّ رِبْحَ الْمُؤْمِنِ عَلَى الْمُؤْمِنِ رِبًا مَا هُوَ قَالَ ذَاكَ إِذَا ظَهَرَ الْحَقُّ وَ قَامَ قَائِمُنَا أَهْلَ الْبَيْتِ وَ أَمَّا الْيَوْمَ فَلَا بَأْسَ بِأَنْ يَبِيعَ مِنَ الْأَخِ الْمُؤْمِنِ وَ يَرْبَحَ عَلَيْهِ، شیخ صدوق، من لا یحضره الفقیه، انتشارات جامعه مدرسین قم، جلد ۳، صفحه ۳۱۳، باب الرهن

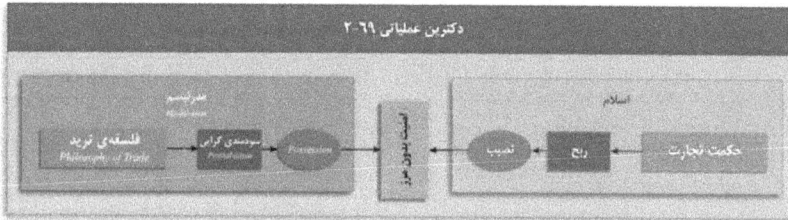

نقشه‌ی راه ۳-۲-۲-۶۹

مدرنیسم

فلسفه ترید *Philosophy of Trade*

مفهوم «ترید» به لحاظ لغت با معانی جای پا بر اثر راه رفتن روی زمین، مسیر و راه، دوره‌ی عمل، چگونگی و روش زندگی، طی اعصار گوناگون ظاهر شده است[۱]. امروزه این مفهوم در معنای بیزینس یا مشغله‌ای که به عمل خرید یا فروش و یا تهاتر[۲] کالاها مبادرت ورزد، به کار می‌رود[۳] و درواقع انتقال مالکیت دارایی از شخصی به شخص دیگر را می‌رساند. حداکثر سازی سود و منفعت به عنوان راهی برای رسیدن به قدرت اقتصادی، منجر خواهد شد تا علت اصلی اشتغال به این مشغولیت کسب و ازدیاد ثروت باشد[۴]. آدام اسمیت در این باره می‌نویسد: قاعده کلی هر بزرگ عاقل خانواده‌ای این است که هرگز تلاش نمی‌کند تا چیزی که هزینه‌ی درست کردن آن در خانه بیشتر از خریدن آن است را، در منزل بسازد... اگر یک کشور خارجی بتواند کالایی را ارزان‌تر از این‌که خود ما بتوانیم آن را بسازیم به ما عرضه کند، بهتر است آن را از او بخریم، به همراه تولید بخشی از آن توسط صنعت‌مان که به نوعی با آن مشغول است و تا حدودی مزیت داریم[۵].

ایدئولوژی سودمندی‌گرایی *Profitabilitism*

از آن‌جا که کاپیتالیسم به وسیله اقتصاد بازار به آزادی افراد در تعقیب عینیات خود بیش از هر نظام اقتصادی دیگری احترام می‌گذارد، هنگامی‌که افراد به مبادله با یکدیگر می‌پردازند به این دلیل که وضع و شرایط پس از تبادل سودمند و را به وضع و شرایط قبل از تبادل سودمند ترجیح می‌دهند، این نهادمندی در مبادله‌ی داوطلبانه که مبتنی بر آراء آدام اسمیت می‌باشد، به سازمان سودده و نافع زندگی اقتصادی منجر خواهد شد که برای تمام افراد سودمند خواهد بود[۶].

دکترین تصرف *Possession*

طبق آموزه‌های یهود در عهد عتیق[۷]، هر چیزی در روی زمین مال بی صاحب تلقی می‌گردد و یهوه[۸] خدای یهود آن را تنها به

اسرائیل می‌بخشد، لذا برای فهم تصرف[۹] و سپس از آن خود نمودن چیزی لازم است مفاهیم محاصره[۱۰]، اشغال[۱۱]، غلبه[۱۲]، تسلط[۱۳]، تصاحب[۱۴]، تسخیر[۱۵] و تولی[۱۶] نیز شناخته شوند. برای تصرف هر چیز ابتدا اشغال آن صورت می‌گیرد، سپس بر کنش تمامی اجزاء ظاهری و باطنی آن غلبه شود، به طوری که بتوان بر کلیت آن تسلط پیدا کرد، پس از این باید تصاحب صورت گرفته و صاحبان قبلی آن نادیده انگاشته شوند، آنگاه تسخیر و رام شده سپس تولیت آن به طور همه جانبه در دست گرفته شود.

اسلام

حکمت تجارت

مفهوم تجارت از ریشه‌ی تجر، تصرف در رأس المال یا سرمایه[۱۷] برای معاملت اعم از خرید یا فروش، به جهت اراده و طلب سود و ربح[۱۸] می‌باشد. تجارت کسبی است که در آن فرد مهارت و حذاقت با راه و روش اکتساب درآمد دارد[۱۹]. یعنی فرد می‌داند چگونه در سرمایه اش تصرّف کند تا - اگر اراده خداوند واقع شد- منجر به سودآوری شود. اما در شراء لزوماً مقصود نهایی جلب ربح و سود نیست بلکه ممکن است صِرف داد و ستد مد نظر باشد. بنابراین مفهوم تجارت دائر مدار ربح می‌باشد[۲۰] و حسب آن‌که پویایی تجارت درون‌زاست، بالذّات از کسادی و تباهی دوری می‌جوید[۲۱]، همچنین عامل تعیین کننده در آن، این است که تنها خداوند از رابح یا خاسر بودن تجارت آگاه است و هر آن‌چه تاجر پیش بینی نماید، امید و خشیتی بیش نیست[۲۲].

مکتب ربح

دنیا سوقی است که در آن عده‌ای رابحند و عده‌ای دیگر خاسر[۲۳]، در این سوق هیچ تجارتی همچون تجارت عمل صالح و هیچ ربحی همچون ثواب نیست[۲۴] پس کسی که اعمال نفس خود را محاسبه نماید، رابح است و کسی که از آن غفلت نماید خاسر[۲۵]، در مکتب ربح، عاقل به کم و کاستی در دنیا باوجود حکمت راضی است، اما به کم و کاستی در حکمت با وجود همه‌ی دنیا راضی نمی‌شود از این روست که تجارت عقلا با خداوند، رابح است[۲۶].

قاعده نصیب

از فضل، فیض و لطف الهی برای هر موجودی، به حسب تقدیر و حکمت، نصیبی از جود و افاضه الهی، چه کم و چه زیاد، مقدر است[۲۷]، بنابراین از آن‌جا که اکتساب رزق و روزی برای امرار معاش مؤمنان مقرر شده‌است، این مقصود از مبایعه حاصل می‌گردد. هر آن‌چه از بیع و شراء، چه ربح و چه زیان تحصیل شد، تنها به قدر نصیب مقدر از جانب خداوند - به این دلیل که مالکیت حقیقی هر چیز به خداوند تعلق دارد- به کاسب اختصاص پیدا می‌کند و می‌تواند از آن حظّ ببرد[۲۸].

امنیت

گرچه اکنون در جمهوری اسلامی ایران، در حوزه‌ی اقتصاد، فلسفه‌ی ترید، ایدئولوژی سودمندی‌گرایی و دکترین تصرّف مبنای طرح ریزی واقع گردیده‌اند، بایسته و شایسته است حوزه‌های حکمت تجارت، مکتب ربح و قاعده‌ی نصیب از پرده‌ی غفلت خارج شده و مبنای طرح و عمل قرار بگیرند.

---

[1] -Trade: path, track, course of action, way, course, manner of life, www.etymonline.com

[2] - barter

[3] - Trade: the business of buying and selling or bartering commodities, Merriam-Webster's collegiate dictionary, 11th Ed., Massachusetts, U.S.A, Merriam-Webster Incorporated, 2005.

[۴]- در یازدهمین سال از تبعیدمان در روز اول ماه این پیام از جانب خداوند به من رسید: « ای انسان خاکی، صور از سقوط اورشلیم

خوشحال است و می‌گوید: اورشلیم در هم شکسته است او که با قوم های دیگر تجارت می‌کرد از بین رفته است، حال من جای او را در تجارت می‌گیرم و ثروتمند می‌شوم»، عهد عتیق، کتاب حزقیال، فصل ۲۶، آیه ۲و ۳

[5]- S. Blinder, Alan, Free Trade, The Concise Encyclopedia of Economics,www.econlib.org/library/Enc

[6] -Daniel M. Hausman, The Philosophy of Economics, An Anthology, Cambridge university press, page: 32

[۷]- به فلسفه‌ی تصرف رجوع شود.

[۸]- ה־ר־ה־

[9] -Possession

[10]- Blockade

[11]-Occupation

[12]-Conquest

[13]-Predomination

[14]-Ownership

[15] -Appropriation

[16]-Domination

[۱۷]- راغب اصفهانی، حسین بن محمد؛ ترجمه و تحقیق مفردات الفاظ قرآن؛ خسروی حسینی، سیدغلامرضا مترجم، نشر مرتضوی، جلد۱، صفحه ۳۳۹

[۱۸]- مصطفوی، حسن، التحقیق فی کلمات القرآن الکریم، مرکز نشر آثار علامه مصطفوی، جلد۱، صفحه ۳۸۰

[۱۹]- راغب اصفهانی، حسین بن محمد؛ ترجمه و تحقیق مفردات الفاظ قرآن؛ خسروی حسینی، سیدغلامرضا مترجم، نشر مرتضوی، جلد۱، صفحه ۳۴۰

[۲۰]- أُولئِکَ الَّذینَ اشْتَرَوُا الضَّلالَةَ بِالْهُدی فَما رَبِحَتْ تِجارَتُهُمْ وَ ما کانُوا مُهْتَدینَ، قرآن کریم سوره بقره، آیه ۱۶

[۲۱]- قُلْ إِنْ کانَ آباؤُکُمْ وَ أَبْناؤُکُمْ وَ إِخْوانُکُمْ وَ أَزْواجُکُمْ وَ عَشيرَتُکُمْ وَ أَمْوالٌ اقْتَرَفْتُمُوها وَ تِجارَةٌ تَخْشَوْنَ کَسادَها وَ مَساکِنُ تَرْضَوْنَها أَحَبَّ إِلَيْکُمْ مِنَ اللَّهِ وَ رَسُولِهِ وَ جِهادٍ فی سَبیلِهِ فَتَرَبَّصُوا حَتَّی یَأْتِیَ اللَّهُ بِأَمْرِهِ وَ اللَّهُ لا یَهْدِی الْقَوْمَ الْفاسِقینَ، قرآن کریم سوره توبه، آیه ۲۴

[۲۲]- إِنَّ الَّذینَ یَتْلُونَ کِتابَ اللَّهِ وَ أَقامُوا الصَّلاةَ وَ أَنْفَقُوا مِمَّا رَزَقْناهُمْ سِرًّا وَ عَلانِیَةً یَرْجُونَ تِجارَةً لَنْ تَبُورَ ، قرآن کریم سوره فاطر، آیه ۲۹

[۲۳]- قال ع: الدنیا سوق ربح فیها قوم و خسر آخرون، حرانی، حسن ابن شعبه، تحف العقول، انتشارات جامعه مدرسین قم، صفحه ۴۸۳

[۲۴]- وَ قَالَ ع:... لَا مَالَ أَعْوَدُ مِنَ الْعَقْلِ وَ لَا وَحْدَةَ أَوْحَشُ مِنَ الْعُجْبِ وَ لَا عَقْلَ کَالتَّدْبِیرِ وَ لَا کَرَمَ کَالتَّقْوَی وَ لَا قَرِینَ کَحُسْنِ الْخُلُقِ وَ لَا مِیرَاثَ کَالْأَدَبِ وَ لَا قَائِدَ کَالتَّوْفِیقِ وَ لَا تِجَارَةَ کَالْعَمَلِ الصَّالِحِ وَ لَا رِبْحَ کَالثَّوَابِ وَ لَا وَرَعَ کَالْوُقُوفِ عِنْدَ الشُّبْهَةِ وَ لَا زُهْدَ کَالزُّهْدِ فِی الْحَرَامِ وَ لَا عِلْمَ کَالتَّفَکُّرِ وَ لَا عِبَادَةَ کَأَدَاءِ الْفَرَائِضِ وَ لَا إِیمَانَ کَالْحَیَاءِ وَ الصَّبْرِ وَ لَا حَسَبَ کَالتَّوَاضُعِ وَ لَا شَرَفَ کَالْعِلْمِ وَ لَا عِزَّ کَالْحِلْمِ وَ لَا مُظَاهَرَةَ أَوْثَقُ مِنَ الْمُشَاوَرَةِ...، سید رضی، نهج البلاغه، انتشارات دارالهجره قم، صفحه ۴۸۸

[۲۵]- عَنْ أَمِیرِ الْمُؤْمِنِینَ ع قَالَ مَنْ حَاسَبَ نَفْسَهُ رَبِحَ وَ مَنْ غَفَلَ عَنْهَا خَسِرَ وَ مَنْ خَافَ أَمِنَ وَ مَنِ اعْتَبَرَ أَبْصَرَ وَ مَنْ أَبْصَرَ فَهِمَ وَ مَنْ فَهِمَ عَلِمَ، عاملی، شیخ حر، وسائل الشیعه، مؤسسه آل البیت قم، جلد ۱۶، صفحه ۹۷

[۲۶]- قال الصادق علیه السلام:...یا هِشَامُ إِنَّ الْعَاقِلَ رَضِیَ بِالدُّونِ مِنَ الدُّنْیَا مَعَ الْحِکْمَةِ وَ لَمْ یَرْضَ بِالدُّونِ مِنَ الْحِکْمَةِ مَعَ الدُّنْیَا فَلِذَلِکَ رَبِحَتْ تِجَارَتُهُم، کلینی، شیخ محمد، الکافی، نشر دارالکتب الاسلامیه، جلد ۱، صفحه ۱۷، کتاب العقل و الجهل

[۲۷]- مصطفوی، حسن، التحقیق فی کلمات القرآن الکریم، مرکز نشر آثار علامه مصطفوی، جلد ۹، صفحه ۱۰۸

[۲۸]- وَ لا تَتَمَنَّوْا ما فَضَّلَ اللَّهُ بِهِ بَعْضَکُمْ عَلی بَعْضٍ لِلرِّجالِ نَصیبٌ مِمَّا اکْتَسَبُوا وَ لِلنِّساءِ نَصیبٌ مِمَّا اکْتَسَبْنَ وَ سْئَلُوا اللَّهَ مِنْ فَضْلِهِ إِنَّ اللَّهَ کانَ بِکُلِّ شَیْءٍ عَلیماً، قرآن کریم، سوره نساء، آیه۳۲

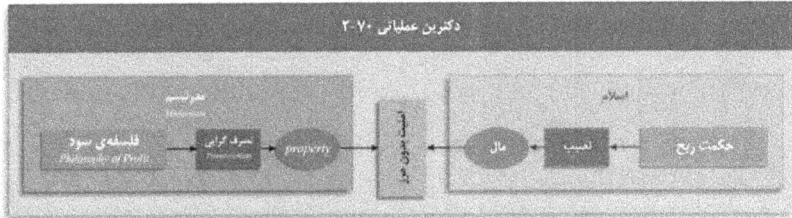

نقشه‌ی راه ۳-۲-۲-۷۰

مدرنیسم

فلسفه‌ی سود *Philosophy of Profit*

مفهوم پرافیت از ریشه‌ی لاتینی profectus به معنای سود، نفع و فایده بردن از چیزی است. مبتنی بر ریشه‌ی لغوی آن، نوعی استمرار و پیشرفت و پویایی را نیز تداعی می‌کند. بن مایه‌ی شکل‌گیری هر فعل اقتصادی اعم از تهاتر، مبادله و یا تجارت، رسیدن به پرافیت و سودی مستمر است[1]. از آن‌جا که موتور هر تشکیلات اقتصادی آزاد، محرک‌ها و انگیزه‌های شخصی است، افراد انرژی مورد نیاز خود را برای ساختن کالاها و تأمین خدمات، فراهم می‌نمایند. آنان کالاها را تصور، اختراع، طراحی و تولید کرده، سپس با تلاش خود در بازار به فروش می‌رسانند. بزرگترین محرک تولید، سودی است که فرد از فروش یا تجارت آن کالا بدست می‌آورد[2]، چرا که آن‌را تصرف کرده و تصاحب می‌نماید و به نوعی از آن خود می‌داند.

ایدئولوژی تصرف‌گرایی *Possessionism*

تیپولوژی تاریخی[3] که ماکس شلر[4] از تصور ذهنی بشر غربی از «خود» ارائه می‌دهد، سه گونه است: در گام نخست، بشر خود را «بشر مذهبی»- بر اساس دیدگاه یهودیت و مسیحیت[5]- می‌پندارد، مرحله‌ی بعد خود را «بشری خردمند»، اما در هماهنگی با طرحی الهی می‌بیند[6]، از عصر روشنگری به این سو، خود را «بشر سازنده[7]» و یک حیوان فوق‌العاده پیشرفته تصور می‌نماید[8]. گرایش به تصرف از منظر ماکیاولیسم[9]، مارکسیسم[10]، نژادگرایی[11]، داروینیسم[12] و فرویدیسم[13] بر اساس دیدگاه سوم است. دیدگاه کنونی لیبرالیسم[14] از تصرف در هر چیز، بر اساس بشر دیونیزوسی و «بشر خالقی»[15] نیچه[16] می‌باشد[17]. بنابراین دامنه‌ی گرایش به تصرف در دنیا از یک سو مبتنی بر نظر ویتگنشتاین[18] از تصرف در مفاهیم، ذهنیت، معرفت و زبان[19] تا تصرف در نیروها و ابزار[20] باتلر[21]، تصرف در زندگی، آزادی و دارایی[22] جان لاک[23] و تصرف سرنوشت[24] سنت آگوستین[25] گستره دارد.

دکترین متصرفه *Property*

دکترین متصرفه، چیستی، چرایی و چگونگی Property را به گونه‌ای تبیین می‌نماید که متصرفه، منبعی با «ارزش اقتصادی» مشخص محسوب شده، به طوری‌که یک فرد یا یک کمپانی یا یک کورپوریشن یا حتی یک کشور آن را تحت تصرف خود درآورده و یا آن را کنترل نماید، با این نیت که در آینده موجبات سودآوری را فراهم سازد. هرمتصرفه می‌تواند مشهود[۲۶] بوده و ارزش فیزیکی آشکار داشته باشد، مانند زمین و ساختمان و یا نامشهود[۲۷]باشد، مانند برند و دارایی‌های فکری[۲۸] که ارزش فیزیکی آشکاری نداشته و قابل دیدن و یا ملموس نیست[۲۹].

اسلام

حکمت ربح

ربح به معنای فزون شدن و بدست آمدن مبلغ اضافی در مبایعه است. هم‌چنین به بهره و ثمره‌ای که از عمل انسان به خود برمی‌گردد، اطلاق می‌شود[۳۰]. اصل در ماده‌ی ربح، ایجاد رشد و فزونی (در سرمایه‌ی فرد) حین معامله است. همان‌گونه که در مبحث تجارت مطرح است، طلب ربح علت لازم برای امر تجارت محسوب می‌شود[۳۱]، بنابراین ربح یا فزونی به صورتی است که عِوض دریافت شده توسط تاجر افزونتر است از آنچه که می‌دهد و این با معنای فزونی و ازدیادی که در ربا نهفته است متفاوت می‌باشد[۳۲]. به عبارت دیگر، ربح در تجارت ممدوح است، اما ربا در معامله، مذموم.

به طور کلی ربح حقیقی از آنِ کسی است که با خدای متعال تجارت نماید[۳۳] و کسی که عامل به حق باشد و آن را بر تابد، رابح است[۳۴].

مکتب نصیب

انسان تنها به مقدار «نصیب» بهره‌مند و محظوظ می‌گردد. به عبارت دیگر، انسان، از آن مقدار از اکتساب، که حظ می‌برد، نصیب دارد و هر قدر که از آن حظ بی بهره باشد، «نصیب» او محسوب نمی‌گردد[۳۵]. نصیب برای هر بنده‌ای از جانب خدا مفروض است[۳۶] و توفّی آن به طور تمام و کمال صورت می-پذیرد[۳۷]. قدر نصیب نیز می‌تواند با توسل به سؤال از خدا زیاد و کم گردد[۳۸]. در مکتب نصیب، اصل اساسی توجه به آن دستاوردی است که در آخرت بر اساس عمل در دنیا، عطا می‌گردد، چون حقیقت بهره و نصیب هر کس از دنیا همان عملی است که برای آخرت انجام داده باشد و آن چه برای او می‌ماند همان عمل است[۳۹].

قاعده مال

بنابراین که مال از جانب خدای متعال برای بندگان تقسیم و تضمین شده[۴۰]، و نصیب در دنیا به صورت حرث و کشت مال – ماده‌ی شهوت[۴۱]– تجلی می‌یابد[۴۲]، لذا قاعده‌ی مال مبتنی بر انفاق مال و نه کنز آن[۴۳] تبیین می‌گردد به گونه‌ای که طبق وعده الهی اگر مالی از حلال اکتساب شود و در راه حلالش انفاق گردد، به سوی صاحبش بر می‌گردد[۴۴]. چرا که مال، از آن خداست و آنچه نزد بندگان است، عاریت و امانتی بیش نیست[۴۵].

امنیت

اکنون در جمهوری اسلامی ایران، فلسفه سود، ایدئولوژی تصرف گرایی و دکترین متصرفه مبنای اقدام در اقتصاد واقع شده‌اند، شایسته و بایسته است که حکمت ربح، مکتب نصیب و قاعده مال مبنای عمل قرار گیرند.

[1]- سلیمان پادشاه علاوه بر دریافت مالیات و سود بازرگانی و باج و خراج از پادشاهان عرب و حاکمان سرزمین خود، هرسال بیست و سه تن طلا نیز عایدش می‌شد. عهد عتیق، کتاب اول پادشان، آیه ۱۴ و ۱۵
- شیطان به خداوندگفت: اگر خداترسی برای او سودی نداشت این کار را نمی‌کرد. ایوب و خانواده و اموال او را از هر گزندی محفوظ داشته ای. دسترنج او را برکت داده ای و ثروت زیاد به او بخشیده ای. دارایی-اش را از او بگیر، آن‌گاه خواهی دید که آشکارا به تو کفر خواهد گفت!، عهد عتیق، کتاب ایوب، فصل ۱، آیه۹
- تو قوم برگزیده‌ات را ارزان فروخته ای و از فروش آن‌ها سودی نبرده‌ای. عهد عتیق، کتاب مزامیر، فصل ۴۴، آیه ۱۲
- کسی که زحمت می‌کشد منفعت عایدش می‌شود، اما آن‌که فقط حرف می‌زند فقیر خواهد شد. عهد عتیق، کتاب امثال، فصل ۱۴، آیه ۲۳

[2]- The Freeman (a monthly study journal of ideas on liberty), Freedom Philosophy, The Foundation for Economic Education, Inc, Irvington-on-Hudson, New York1988 , page 29
[3]- Historical Typology
[4]- Max Scheler (1874-1928)
[5]- Man first saw himself as homo religiosus, a view based on the Judeo-Christian legacy of supernaturalism and its
ensuing feelings of awe and of inherited guilt.
[6]- The next stage was homo sapiens, rational man in harmony with the divine plan.
[۷]- بشر نجار
[8]- Since the Enlightenment, this image has been largely superseded by the naturalistic, pragmatic image of *homo faber*- man as the most highly developed animal, the maker of tools (including language),who uses a particularly high proportion of his animal energy in cerebral activities.
[9]- Machiavellianism
[10]- Marxism
[11]- Racism
[12]- Darwinism
[13]- Freudianism
[14]- Liberalism
[15]-The images of *homo dionysiacus* and *homo creator* break with this tradition and herald a new orientation of anthropological thought.
[16]- Friedrich Wilhelm Nietzsche (1844 -1900)
[17]- Donald M. Borchert (Editor in Chief), Encyclopedia of Philosophy, Second Edition, New York, Macmillan Reference 2003, page 319
[18]- Ludwig Josef Johann Wittgenstein (1889 –1951)

[19]- H. A. Knott, Wittgenstein, Concept Possession and Philosophy: A Dialogue, Palgrave Macmillan Ltd, page:15&19
[20]- Donald M. Borchert (Editor in Chief), Encyclopedia of Philosophy, Second Edition, New York, Macmillan Reference 2003, page 864
[21]- Joseph Butler (1692 - 1752)
[22]-Ibid.p 4285
[23]- John Locke (1632 – 1704)
[24]- Ibid.p.6617
[25]- St. Augustine (354 – 430)
[26]-tangible
[27]- intangible
[28]- Intellectual Property
[29]- www.investopedia.com
[۳۰]- اصفهانی، راغب، المفردات فی غریب القرآن، نشر کتاب، ۱۴۰۴ ق، صفحه ۳۳۸
[۳۱]- أولئِکَ الَّذینَ اشْتَرَوُا الضَّلالَةَ بِالْهُدى فَما رَبِحَتْ تِجارَتُهُمْ وَ ما کانُوا مُهْتَدینَ، قرآن کریم سوره بقره، آیه ۱۶
[۳۲]- چرا که تاجر زحمت تجارت را بر عهده دارد اما در ربا قرض دهنده زحمتی را مترتب نمی‌شود، مصطفوی، حسن، التحقیق فی کلمات القرآن الکریم، مرکز نشر آثار علامه مصطفوی، جلد۴، صفحه ۲۴
[۳۳]- من تاجر الله ربح، تمیمی آمدی، عبدالواحد ابن محمد، غرر الحکم و درر الکلم، دفتر انتشارات اسلامی قم، صفحه ۱۹۹، الفصل العاشر فی عبادة الله
[۳۴]- من عمل بالحق ربح، همان، صفحه ۱۵۵
[۳۵] – موسوی همدانی، سید محمد باقر، ترجمه تفسیر المیزان، نشر دفتر انتشارات جامعه مدرسین حوزه علمیه قم، جلد ۱۱، صفحه ۱۱۴
[۳۶] – لِلرِّجالِ نَصیبٌ مِمَّا تَرَکَ الْوالِدانِ وَ الْأَقْرَبُونَ وَ لِلنِّساءِ نَصیبٌ مِمَّا تَرَکَ الْوالِدانِ وَ الْأَقْرَبُونَ مِمَّا قَلَّ مِنْهُ أَوْ کَثُرَ نَصیباً مَفْرُوض، قرآن کریم، سوره نساء، آیه۷۶
[۳۷] – فَلا تَکُ فی مِرْیَةٍ مِمَّا یَعْبُدُ هؤُلاءِ ما یَعْبُدُونَ إِلاَّ کَما یَعْبُدُ آباؤُهُمْ مِنْ قَبْلُ وَ إِنَّا لَمُوَفُّوهُمْ نَصیبَهُمْ غَیْرَ مَنْقُوصٍ، قرآن کریم، سوره هود، آیه۱۰۹
[۳۸] – وَ لا تَتَمَنَّوْا ما فَضَّلَ اللَّهُ بِهِ بَعْضَکُمْ عَلى‏ بَعْضٍ لِلرِّجالِ نَصیبٌ مِمَّا اکْتَسَبُوا وَ لِلنِّساءِ نَصیبٌ مِمَّا اکْتَسَبْنَ وَ سْئَلُوا اللَّهَ مِنْ فَضْلِهِ إِنَّ اللَّهَ کانَ بِکُلِّ شَیْ‏ءٍ عَلیماً، قرآن کریم، سوره نساء، آیه ۳۲
[۳۹] – موسوی همدانی، سید محمد باقر، ترجمه تفسیر المیزان، نشر دفتر انتشارات جامعه مدرسین حوزه علمیه قم، جلد ۱۶، صفحه ۱۱۱
[۴۰] – أَمِیرَ الْمُؤْمِنِینَ یَقُولُ أَیُّهَا النَّاسُ اعْلَمُوا أَنَّ کَمَالَ الدِّینِ طَلَبُ الْعِلْمِ وَ الْعَمَلُ بِهِ أَلَا وَ إِنَّ طَلَبَ الْعِلْمِ أَوْجَبُ عَلَیْکُمْ مِنْ طَلَبِ الْمَالِ إِنَّ الْمَالَ مَقْسُومٌ مَضْمُونٌ لَکُمْ قَدْ قَسَمَهُ عَادِلٌ بَیْنَکُمْ وَ ضَمِنَهُ وَ سَیَفِی لَکُمْ وَ الْعِلْمُ مَخْزُونٌ عِنْدَ أَهْلِهِ وَ قَدْ أُمِرْتُمْ بِطَلَبِهِ مِنْ أَهْلِهِ فَاطْلُبُوهُ، کلینی، شیخ محمد،

الکافی، نشر دارالکتب الاسلامیه، جلد ۱، صفحه ۳۰، باب فرض العلم و وجوب طلبه

[۴۱]- الْمَالُ مَادَّةُ الشَّهَوَاتِ، سید رضی، نهج البلاغة، نشر هجرت قم، صفحه ۴۷۸

[۴۲] - ... إِنَّ الْمَالَ وَ الْبَنِينَ حَرْثُ الدُّنْيَا وَ الْعَمَلَ الصَّالِحَ حَرْثُ الْآخِرَةِ وَ قَدْ يَجْمَعُهُمَا اللَّهُ لِأَقْوَامٍ فَاحْذَرُوا مِنَ اللَّهِ مَا حَذَّرَكُمْ مِنْ نَفْسِهِ وَ اخْشَوْهُ خَشْيَةً لَيْسَتْ بِتَعْذِيرٍ وَ اعْمَلُوا فِي غَيْرِ رِيَاءٍ وَ لَا سُمْعَةٍ فَإِنَّهُ مَنْ يَعْمَلْ لِغَيْرِ اللَّهِ يَكِلْهُ اللَّهُ إِلَى مَنْ عَمِلَ لَهُ نَسْأَلُ اللَّهَ مَنَازِلَ الشُّهَدَاءِ وَ مُعَايَشَةَ السُّعَدَاءِ وَ مُرَافَقَةَ الْأَنْبِيَاءِ، کلینی، شیخ محمد، الکافی، نشر دارالکتب الاسلامیه، جلد ۵، صفحه ۵۷، باب الأمر بالمعروف و النهی عن المنکر

[۴۳]- النّبیّ «ص»: لم نبعث لجمع المال و لکن بعثنا لإنفاقه. اخوان حکیمی، الحیاة، با ترجمه احمد آرام، دفتر نشر فرهنگ اسلامی، جلد ۳، صفحه ۹۱

[۴۴]- ... إن أَنْفَقْتُمْ مِنْ شَيْءٍ فَهُوَ يُخْلِفُهُ وَ هُوَ خَيْرُ الرَّازِقِينَ وَ إِنِّي أُنْفِقُ وَ لَا أَرَى خَلَفاً قَالَ أَ فَتَرَى اللَّهَ عَزَّ وَ جَلَّ أَخْلَفَ وَعْدَهُ قُلْتُ لَا قَالَ فَمِمَّ ذَلِكَ قُلْتُ لَا أَدْرِي قَالَ لَوْ أَنَّ أَحَدَكُمُ اكْتَسَبَ الْمَالَ مِنْ حِلِّهِ وَ أَنْفَقَهُ فِي حِلِّهِ لَمْ يُنْفِقْ دِرْهَماً إِلَّا أُخْلِفَ عَلَيْهِ، کلینی، شیخ محمد، الکافی، نشر دارالکتب الاسلامیه، جلد ۲، صفحه ۸۴ باب الثناء قبل الدعاء

[۴۵]- الإمام الصّادق «ع»- فیما رواه عیسی بن موسی: یا عیسی! المال مال اللّه، جعله ودائع عند خلقه ... اخوان حکیمی، الحیاة، با ترجمه احمد آرام، دفتر نشر فرهنگ اسلامی، جلد ۳، صفحه ۸۷

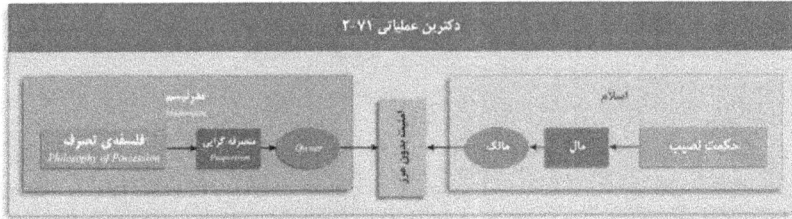

نقشه‌ی راه ۳-۲-۲-۷۱

مدرنیسم

فلسفه‌ی تصرف Philosophy of Possession

مفهوم پازیشن[1] بر گرفته از ریشه‌ی لاتینی possessionem[2] به معنای استیلا و تسلط بر چیزی، اظهار مالکیت، کنترل و تصاحب متصرفه بدون توجه به مالک حقیقی‌اش می‌باشد[3]. بر اساس آموزه‌های عهد عتیق، در معنای آن نوعی غصب و زور برای تصرف و تسلط به گونه‌ای برتری طلبانه نهفته است[4]. همچنین این تصرف با تسخیر ظواهر و بواطن متصرفه توأم است[5]. در ضمن داشتن یا نداشتن، تجویز یا عدم تجویز و رضایت یا عدم رضایت مالک ابتدایی متصرفه، در فرایند تصرف هیچ نقشی ندارد به گونه‌ای که تنها عامل مشروعیت بخش به این عمل و سپس صاحب شدن، تنها فرامین خداوند عهد عتیق می‌باشد[6]. به نظر می‌رسد اصالت بخشیدن به مفهوم زندگی دنیایی و دنیویت مهمترین عامل انگیزش برای تصرف در تفکر جودائیسم[7]

می‌باشد[8]. از همین رو است که فلسفه‌ی تصرف چیستی و چرایی تصرف را مبتنی بر آموزه‌های یهود تدقیق می‌نماید.

ایدئولوژی متصرفه گرایی propertism

به دلیل آنکه متصرفات، ارزش یک واحد و یا سود عملیات افراد را افزایش می‌دهند، از اهمیت بسیار زیادی برخوردارند. می‌توان آن‌ها را ژنراتور تولید جریان نقدینگی[9] تصور نمود بدون توجه به اینکه متصرف یک شرکت بزرگ سازنده تجهیزات باشد و یا یک بنگاه معاملات ملکی کوچک[10]، بنابراین خاصیت تولید سود مهمترین عامل گرایش به ازدیاد متصرفات به شمار می‌رود. همچنین طبق نظر آدام اسمیت انتظار سود از طریق ارتقاء سهم سرمایه، بر اساس حقوق دارایی شخصی می‌باشد.

از پیش‌فرض‌های اساسی Capitalism این است که حقوق دارای دارایی بودن[11]، صاحبان دارایی را به توسعه و گسترش دارایی، تولید ثروت و تخصیص مناسب منابع بر اساس عمل بازارها تشویق می‌کند.

دکترین دارا *Owner*

از آن‌جا که بر اساس علم قدرت‌شناسی دارا بودن، توانایی و قدرت به همراه می‌آورد و قدرت طلبی و برتری جویی همزاد بشر است، لذا جان لاک در دکترین دارا بودن خود بیان می‌کند: هر کس دارایی برای خود دارد. هیچ کس جز خود او حقی نسبت به آن ندارد[12]. بنابراین دکترین دارا به تبیین چیستی و چرایی دارا بودن و سپس چگونگی آن مبتنی بر فلسفه‌ی تصرف می‌پردازد.

در اعلامیه جهانی حقوق بشر سازمان ملل متحد[13] قسمت هفدهم و پروتکل اول حقوق بشر اتحادیه اروپا[14]، چهار اصل بنیادین دارای دارایی بودن این‌چنین ذکر شده است: ۱- کنترل استفاده از دارایی ۲- حق تصاحب هر منفعت و سودی حاصل از دارایی ۳- حق انتقال و یا فروش دارایی ۴- حق محروم کردن دیگران از آن دارایی[15].

اسلام

حکمت نصیب

نصیب از ریشه‌ی نصب به معنای بالاتر و بلندتر قرار دادن هر چیز است، مثل قرار دادن و بلند کردن نیزه یا سنگ و ساختمان که با رنج و تعب نیز همراه است، نَصِیب در معنای لغوی سنگی است که بر بالای چیزی قرار دهند یا حوض سنگی و سنگ چین اطراف چاه‌هاست که از زمین اطرافش بلندتر است[16]، به طور کلی مقصود از نصیب مشخص و معین کردن چیزی با در نظر داشتن هدف و مقصودی خاص است. بدین سبب در نصیب انتصاب چیزی خاص به شخصی خاص مد نظر است، همچنین نصیب، حظ و بهره‌ای مشخص است که به فردی مشخص می‌رسد[17]. در حقیقت مالکیت اصلی هر چیزی که از ارتزاق، اکتساب، ارتباح حاصل می‌گردد، به خداوند متعلق است[18]. بنابراین آن‌چه از اکتساب و ارباح به مؤمن می‌رسد، نصیبی است که از جانب فضل خداوند بر اساس عمل او و حسابی مشخص، تعیین شده است، هر چند با زحمت و رنج مؤمن تؤام باشد[19].

مکتب مال

مکتب مال، جعل قیام بر اموالی است که خداوند نصیب بندگانش می‌گرداند[20]. مالیت مالی که منتصب شده، اعتباری است که از جانب خداوند، به جهت قوام، واقع گشته است، از این رو قیام جامع‌ترین تعریف اموال است؛ نه آن‌که مال و لوازم آن، تنها آفریننده و شکل دهنده‌ی حیات است، چنان که مارکس گوید، و نه آن‌که مال هیچ نقشی در تکامل و تحول ندارد و باید منعزل از زندگی انسان باشد، چنان که روش تصوف مآبی است؛ او مال را مایه‌ی قوام، تداوم و ثبوت معیشت دنیوی انسان‌ها قرار داد تا به وسیله‌ی قیومیت آن، چرخ‌های معیشت مبتنی بر معیدت، به تحرک واداشته شوند[21] و این تفضّل خداوند در مکتب مال است که اسباب مجاهدت در سبیل خویش را در اموال قرار داد[22] تا ایمان آورندگان در غایت خود، مبایعت با الله صمد را با بهای جنت رقم زنند[23].

قاعده مالک

مکتب مال قاعده‌ی مالک را بر می‌تابد، چرا که مال به معنای هر چیزی است که مورد رغبت قلب انسان قرار بگیرد و بخواهد مالک آن شود، بنابراین خداوندی که مال را نصیب بندگان می‌نماید[24]، از مالکیت خویش بر اموال، بندگان را نیز اعتباراً متملک می‌نماید و سپس امر مال را به دست مالک جاری می‌سازد[25].

امنیت

اکنون در جمهوری اسلامی ایران، رویه‌های مدرنیستی فلسفه‌ی تصرف، ایدئولوژی متصرفه گرایی و دکترین دارا در حوزه‌ی اقتصاد، مبنای طرح‌ریزی هستند. در صورتی‌که این رویه‌ها اگر در ذیل حکمت نصیب، مکتب مال و قاعده‌ی مالک برتافته نشوند موجب تحقق بیع حقیقی نخواهند گردید.

[1] - חזקה

[2] - www.etymonline.com (word: Possession)

[3]- Merriam-Webster's collegiate dictionary, 11th Ed., Massachusetts, U.S.A, Merriam-Webster Incorporated, 2005. (word: Possession)

[۴]- قول داده‌ام سرزمین ایشان را به شما بدهم تا آن را به تصرف خود درآورده، مالک آن باشید. آن‌جا سرزمینی است که شیر و عسل در آن جاری است. من خداوند، خدای شما هستم که شما را از قوم‌های دیگر جدا کرده‌ام. عهد عتیق، سفر لاویان، فصل ۲۰، آیه ۲۴

- کالیب بنی اسرائیل را که در حضور موسی ایستاده بودند خاطر جمع نموده گفت: بیایید فوراً هجوم ببریم و آن‌جا را تصرف کنیم، چون می-توانیم آن را فتح کنیم. عهد عتیق، سفر اعداد، فصل ۱۳، آیه ۳۰

- زمانی‌که آن‌ها در کنار رود اردن،در مقابل اریح اردو زده بودند،خداوند به موسی فرمود که به قوم اسرائیل بگوید: وقتی که از رود اردن عبور کردید و به سرزمین کنعان رسیدید،باید تمامی ساکنان آنجا را بیرون کنید و همه، ی بتها و مجسمه هایتان را از بین ببرید و عبادت گاه‌های واقع در بالای کوه‌ها را که در آن‌جا بت‌هایشن را پرستش می‌کنند خراب کنید. من سرزمین کنعان را به شما داده‌ام. آن را تصرف کنید و در آن ساکن شوید. زمین به تناسب جمعیت قبیله‌هایتان به شما داده خواهد شد. قطعه‌های بزرگ‌تر زمین به قید قرعه بین قبیله های بزرگ‌تر و قطعه‌های کوچکتر بین قبیله‌های کوچکتر تقسیم شود. ولی اگر تمامی ساکنان آن‌جا را بیرون نکنید، باقیماندگان مثل خار به چشم‌هایتان فرو خواهند رفت و شما را در سرزمین آزار خواهند رساند. آری اگر آنان را بیرون نکنید آن‌وقت من شما را هلاک خواهم کرد همان‌طور که قصد داشتم شما آن‌ها را هلاک کنید. عهد عتیق، سفر اعداد، فصل ۳۰، آیه ۵۰ تا ۵۴

- وقتی ما در کوه حوریب بودیم خداوند، خدایمان به ما فرمود: ره اندازه کافی در این‌جا مانده‌اید، اکنون بروید و سرزمین کوهستانی اموریها، نواحی رود اردن،دشت‌ها و کوهستان‌ها، صحرای نگب و تمامی سرزمین کنعان و لبنان یعنی همه‌ی نواحی سواحل مدیترانه تا رود فرات را اشغال نمایید. تمامی آن را به شما می‌دهم. داخل شده، آن را تصرف کنید، چون این سرزمینی است که من به نیاکان شما ابراهیم و اسحاق و یعقوب و تمامی نسل‌های آینده‌ی ایشان وعده داده‌ام. عهد عتیق، سفر تثنیه، فصل ۱، آیه ۶.

- خداوند، خدایمان این سرزمین را به ما داده است. بروید و همچنان که به ما امر فرموده آن را تصرف کنید. نترسید و هراس به دلتان راه ندهید. عهد عتیق، سفر تثنیه، فصل ۱، آیه ۱۹، ۲۰، ۲۱.

[5]- وقتی یوشع به سن پیری رسید، خداوند به او فرمود: تو پیر شده‌ای در حالی‌که سرزمین‌های زیادی باقی‌مانده است که باید تصرف شوند این‌هستند آن سرزمین‌هایی که باقی‌مانده و باید تسخیر شوند... عهد عتیق، کتاب یوشع، فصل ۱۳، آیه ۱.

۶_ من امروز به شما حق انتخاب می‌دهم تا بین برکت و لعنت یکی را انتخاب کنید. اگر فرامین خداوند خدایتان را که امروز به شما می‌دهم اطاعت کنید برکت خواهید یافت و اگر از انها سرپیچی کرده، خدایان قوم‌های دیگر را پرستش کنید مورد لعنت قرار خواهید گرفت وقتی خداوند خدایتان شما را وارد سرزمینی می‌کند که باید آن را تصرف کنید از کوه جرزیم برکت و از کوه عیبال لعنت اعلام خواهد شد. عهد عتیق، سفر تثنیه، فصل ۱۱، آیات ۲۶ تا ۳۰.

[7] - Judaism

۸_ عدل و انصاف را همیشه به جا آورید تا بتوانید زنده مانده، سرزمینی را که خداوند، خدایتان به شما می-بخشد تصرف نمایید. سفر تثنیه، فصل ۱۶، آیه ۲۰.

- دنیا در تسلط خدای متعال است و او حکومت بر ممالک دنیا را به هر که اراده کند می‌بخشد، حتی به پست ترین آدمیان! عهد عتیق، کتاب دانیال، فصل ۴، آیه ۱۷

- پس بایستی تمام اوامر خداوند، خدایتان را اطاعت کنید و دستورات او را به دقت به جا آورید و آنچه را که او می‌خواهد انجام دهید. اگر چنین کنید در سرزمینی که به تصرف در می‌آورید زندگی طولانی و پر برکتی خواهید داشت. سفر تثنیه، فصل ۵، آیات ۳۱ و ۳۲.

- اگر تمامی فرامینی را که امروز به شما می‌دهم اطاعت کنید نه تنها زنده خواهید ماند، بلکه تعدادتان نیز افزایش خواهد یافت و به سرزمینی که خداوند به پدرانتان وعده نموده خواهید رفت و آن را تصرف خواهید کرد. سفر تثنیه، فصل ۸، آیه ۱.

[9] - Cash flow

[10] - www.investopedia.com

[11] - Private Property Rights

[12] - Every man has a property in his own person. This nobody has a right to, but himself. www.constitution.org

[13] - the United Nations' Universal Declaration of Human Rights

[14] - European Convention on Human Rights (ECHR), Protocol 1

[15] - www.un.org

[۱۶]- نصاب مال هم تا حدی است که زکات در آن واجب است. راغب اصفهانی، حسین بن محمد؛ ترجمه و تحقیق مفردات الفاظ قرآن؛ خسروی حسینی، سیدغلامرضا مترجم، نشر مرتضوی، جلد۵، صفحه ۳۳۴

[۱۷]- مصطفوی، حسن، التحقیق فی کلمات القرآن الکریم، مرکز نشر آثار علامه مصطفوی، جلد۱۲، صفحه ۱۲۸ و ۱۳۰

[۱۸]- به حکمت مال و حکمت مالک رجوع شود.

[19]- وَ لا تَتَمَنَّوْا ما فَضَّلَ اللَّهُ بِهِ بَعْضَكُمْ عَلى بَعْضٍ لِلرِّجالِ نَصيبٌ مِمَّا اكْتَسَبُوا وَ لِلنِّساءِ نَصيبٌ مِمَّا اكْتَسَبْنَ وَ سْئَلُوا اللَّهَ مِنْ فَضْلِهِ إِنَّ اللَّهَ كانَ بِكُلِّ شَيْءٍ عَليماً، قرآن کریم، سوره نساء، آیه۳۲

- أُولئِكَ لَهُمْ نَصيبٌ مِمَّا كَسَبُوا وَ اللَّهُ سَريعُ الْحِسابِ، قرآن کریم، سوره بقره، آیه ۲۰۲

- وابْتَغِ فيما آتاكَ اللَّهُ الدَّارَ الْآخِرَةَ وَ لا تَنْسَ نَصيبَكَ مِنَ الدُّنْيا وَ أَحْسِنْ كَما أَحْسَنَ اللَّهُ إِلَيْكَ وَ لا تَبْغِ الْفَسادَ فِي الْأَرْضِ إِنَّ اللَّهَ لا يُحِبُّ الْمُفْسِدينَ، قرآن کریم، سوره قصص، آیه ۷۷

[20]- وَ لَنَبْلُوَنَّكُمْ بِشَيءٍ وَ لا تُؤْتُوا السُّفَهاءَ أَمْوالَكُمُ الَّتي جَعَلَ اللَّهُ لَكُمْ قِياماً وَ ارْزُقُوهُمْ فيها وَ اكْسُوهُمْ وَ قُولُوا لَهُمْ قَوْلاً مَعْرُوفاً قرآن کریم، سوره نساء، آیه۵

[21]- طالقانی، سید محمود، پرتوی از قرآن، شرکت سهامی انتشار ۱۳۶۲، جلد ۶، صفحه‌ی ۲۱

[22]-لا يَسْتَوِي الْقاعِدُونَ مِنَ الْمُؤْمِنينَ غَيْرُ أُولِي الضَّرَرِ وَ الْمُجاهِدُونَ في سَبيلِ اللَّهِ بِأَمْوالِهِمْ وَ أَنْفُسِهِمْ فَضَّلَ اللَّهُ الْمُجاهِدينَ بِأَمْوالِهِمْ وَ أَنْفُسِهِمْ عَلَى الْقاعِدينَ دَرَجَةً وَ كُلاًّ وَعَدَ اللَّهُ الْحُسْنى وَ فَضَّلَ اللَّهُ الْمُجاهِدينَ عَلَى الْقاعِدينَ أَجْراً عَظيماً، قرآن کریم، سوره نساء، آیه ۹۵

- تُؤْمِنُونَ بِاللَّهِ وَ رَسُولِهِ وَ تُجاهِدُونَ في سَبيلِ اللَّهِ بِأَمْوالِكُمْ وَ أَنْفُسِكُمْ ذلِكُمْ خَيْرٌ لَكُمْ إِنْ كُنْتُمْ تَعْلَمُونَ، قرآن کریم، سوره صف، آیه ۱۱

[23]- إِنَّ اللَّهَ اشْتَرى مِنَ الْمُؤْمِنينَ أَنْفُسَهُمْ وَ أَمْوالَهُمْ بِأَنَّ لَهُمُ الْجَنَّةَ يُقاتِلُونَ في سَبيلِ اللَّهِ فَيَقْتُلُونَ وَ يُقْتَلُونَ وَعْداً عَلَيْهِ حَقًّا فِي التَّوْراةِ وَ الْإِنْجيلِ وَ الْقُرْآنِ وَ مَنْ أَوْفى بِعَهْدِهِ مِنَ اللَّهِ فَاسْتَبْشِرُوا بِبَيْعِكُمُ الَّذي بايَعْتُمْ بِهِ وَ ذلِكَ هُوَ الْفَوْزُ الْعَظيمُ، قرآن کریم، سوره توبه، آیه ۱۱۱

[24]- وَ لْيَسْتَعْفِفِ الَّذينَ لا يَجِدُونَ نِكاحاً حَتَّى يُغْنِيَهُمُ اللَّهُ مِنْ فَضْلِهِ وَ الَّذينَ يَبْتَغُونَ الْكِتابَ مِمَّا مَلَكَتْ أَيْمانُكُمْ فَكاتِبُوهُمْ إِنْ عَلِمْتُمْ فيهِمْ خَيْراً وَ آتُوهُمْ مِنْ مالِ اللَّهِ الَّذي آتاكُمْ وَ لا تُكْرِهُوا فَتَياتِكُمْ عَلَى الْبِغاءِ إِنْ أَرَدْنَ تَحَصُّناً لِتَبْتَغُوا عَرَضَ الْحَياةِ الدُّنْيا وَ مَنْ يُكْرِهْهُنَّ فَإِنَّ اللَّهَ مِنْ بَعْدِ إِكْراهِهِنَّ غَفُورٌ رَحيمٌ ، قرآن کریم، سوره نور،آیه ۳۳

[25]- امر المال الی مالکه، موسوی همدانی، سید محمد باقر، ترجمه تفسیر المیزان، نشر دفتر انتشارات جامعه مدرسین حوزه علمیه قم، جلد ۸، صفحه ۱۸۸

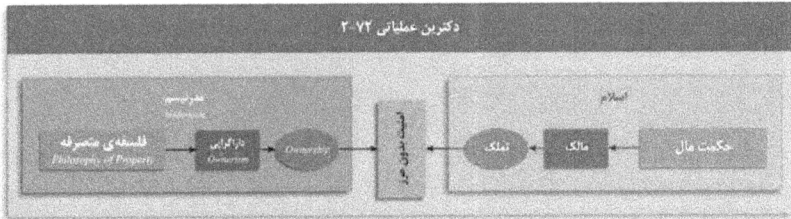

نقشه‌ی راه ۳-۲-۲-۷۲

مدرنیسم

فلسفه‌ی متصرفه *Philosophy of Property*

مفهوم property از ریشه‌ی لاتینی proprietatem به معنای هر چیز مادی تحت تصرف است[۱]. در فلسفه‌ی متصرفه مبتنی بر فلسفه‌ی سود، چیستی و چرایی متصرفه تبیین می‌گردد؛ بر این اساس هر آنچه که فرد به عنوان سود به‌دست می‌آورد، به این دلیل که حق صاحب ابتدایی بر آن فرض نمی‌شود و خداوند نیز تنها حق جابه‌جایی و بخشش ثروت را به دیگران مخصوصاً بنی اسرائیل دارد و به عنوان مالک مفروض نیست[۲]، می‌تواند آن را تصرف و تصا حب کرده و از ثروت خود به حساب آورد.

مفهوم اخص property واژه‌ی asset می‌باشد که از ترکیب لاتینی ad satis بوده، به طوری‌که ad به معنای «تا حد» و satis به معنای «ارضاء» می‌باشد؛ به طور کلی asset به نوعی از property اطلاق می‌گردد که به دست آوردن آن منجر به رسیدن به حالت اشباع و ارضاء شده و به سرعت بتواند به پول تبدیل شود[۳]. در معنای اصطلاحی به تمامی اموال و دارایی حائز ارزشی که یک شخص اعم از حقیقی یا حقوقی به تصرف خود درآورده است و متصرفات به آن‌ها تعلق دارد، اطلاق می‌گردد[۴].

ایدئولوژی داراگرایی *Ownerism*

گرایش به دارا بودن بر اساس آموزه‌های عهد عتیق گسترش می‌یابد چرا که دارا بودن بالذات دارای ارزش است و به این سبب شایستگی و بایستگی دارد[۵]. دارا حق دارد از دارایی[۶] استفاده کند، بهره‌مند شود، لذت ببرد، به دیگری انتقال دهد و به طور کلی در امور مربوط به دارایی دخالت کند[۷]. جان لاک می‌نویسد: اگرچه هر چیزی که در طبیعت وجود دارد به طور مشترک به همه داده شده‌است اما بشر آقا، صاحب و دارای شخص خویش، فعالیت‌ها و کار خود است، او درون خود اساس و بنیان دارایی عظیمی دارد که قسمت بزرگی از آن‌چه را که وی برای پشتیبانی و راحتی وجود خود اعمال می‌نماید را می‌سازد، هنگامی‌که اختراع یا هنری اسباب راحتی بیشتر زندگی را رقم می‌زنند، کاملاً

تحت تصاحب و دارایی شخص دارای آن قرار دارد و به دیگران تعلق ندارد[8].

دکترین دارندگی *Ownership*

دارندگی، برازیدن و شایستگی را به همراه می‌آورد. برتری جویی نسبت به دیگران از هر لحاظ، موجبات قدرتمند بودن را فراهم می‌سازد و لیاقت از آن کسی است که دارنده است و ندار بودن حائز ارزش نیست. از این رو دکترین «دارندگی، برازندگی است» چیستی، چرایی و چگونگی دارندگی را مبتنی بر ارزیدن قصد و طلب برازندگی و سزاواری تبیین می‌نماید.

اسلام

حکمت مال

معنای مال از طریق دو روی‌کرد مستفاد می‌گردد، روی‌کرد نخست به مال، به ما هو مال می‌نگرد. از این دیدگاه لغت دانان مال را از ریشه‌ی مَیْل می‌دانند، میل به معنای عدول از حالت وسط به یکی از دو طرف و یا کج و مایل شدن، می‌باشد. به طور کلی اگر کجی و انحراف عَرَضی باشد آن‌را مَیْل می‌گویند، از این رو نامیدن متعلّقات انسان به مال – با ریشه‌ی میل- به این دلیل است مایل شدن در مال، بالذّات است و زایل ابدی است؛ به همین دلیل مال را عَرَض و اموال را اعراض دنیوی گفته‌اند و دلالت براین دارد که مال دست گردانی است که روزی به کسی و روز دیگر به کس دیگری تمایل پیدا می‌کند[9].

روی‌کرد دوم مبتنی بر متعلّق بودن مال نیست بلکه به متعلّق آن توجه می‌کند، بر این اساس لغویون مال را از ریشه‌ی مَوَل می‌دانند، در این معنا آن‌چه به تملیک کسی در می‌آید و متعلّق واقع می‌شود تا دل او به آن متمایل گردد و سبب حسنش باشد ، مال نامیده می‌شود[10].

بنابراین حکمت مال در مفاهیم تمایل و تعلّق نهفته است، در حقیقت مال به خداوند تعلّق دارد و اوست که اعتباراً[11] آن‌را به بندگانش عطا می‌کند[12]، این اعتبار به جهت تزیّن حیات دنیوی واقع شده است[13]، تا وسیله‌ای برای فتنه و آزمایش انسان در زندگانی دنیا قرار گیرد[14].

مکتب مالک

مکتب مالک، مکتبی است که در آن هر مالکی غیر الله، مملوک است[15]، پس هر آن‌چه که ملک یک بنده دانسته می‌شود و به نحوی از انحاء نسبتی با آن بنده دارد، خواه این نسبت حقیقی و به طبع باشد، مثل نسبتی که میان او و جان و بدن و گوش و چشم او و عمل و آثار او هست[16]، و یا نسبت وضعی باشد مانند نسبتی که میان او و همسر و مال و جاه اوست، این ملک را به اذن خدا مالک شده، و این نسبت‌ها به وسیله‌ی خدا میان او و ما یملکش برقرار گشته[17] و در حقیقت مثقالی از آسمان‌ها و زمین تحت الملک او نیست[18]. حال ما یملکش هر چه باشد، خدای عز اسمه از روی اعتبار به او تملیک کرده و او را مالک اعتباری نموده است[19].

قاعده تملّک

مالک، دارا و حاوی مال مملوک خود است و به این نظر احاطه و تملک اشیاء تحققها و اعتبارهای گونه‌گونی دارد[20]؛ پس در تبیین حکمت مال و مکتب مالک، قاعده‌ی تملک موضوعیت می‌یابد؛ به گونه‌ای که چیستی، چرایی و چگونگی تملّک بر اموال مبتنی بر کسب حلال مال و انفاق آن در وجه حلال تبیین می-گردد[21].

امنیت

اکنون در جمهوری اسلامی ایران، طرح‌ریزی حوزه‌های مختلف مبتنی بر فلسفه‌ی متصرفه، ایدئولوژی داراگرایی و دکترین دارندگی صورت می‌گیرد، اما این رویه‌های مدرنیستی به

تبع از رویه‌های اسلامی تمایز گسترده‌ای خواهند داشت، فلذا تبیین صحیح و کامل حکمت مال، مکتب مالک و قاعده‌ی تملک امری محتوم و ضروری می‌نماید.

---

[1] - www.etymonline.com

[2]- دنیا در تسلط خدای متعال است و او حکومت بر ممالک دنیا را به هر که اراده کند می‌بخشد، حتی به پست ترین آدمیان! عهد عتیق، کتاب دانیال، فصل ۴، آیه ۱۷

- روزی یعقوب شنید که پسران لابان می‌گفتند: یعقوب همه‌ی دارایی پدر ما را گرفته و از اموال پدر ماست که این چنین ثروتمند شده است.
- راحیل و لیه در جواب یعقوب گفتند: در هر حال چیزی از ثروت پدرمان به تو نخواهد رسید، زیرا او با ما مثل بیگانه رفتار کرده است. او ما را فروخته و پولی را که از این بابت دریافت داشته، تماماً تصاحب کرده است. ثروتی که خداوند از اموال پدرمان به تو داده است به ما و فرزندانمان تعلق دارد. پس آنچه خدا به تو فرموده است را انجام بده. عهد عتیق، سفر پیدایش، فصل ۳۱، آیه ۱۴

- چشم طمع به مال و ناموس دیگران نداشته باش. به فکر تصاحب غلام و کنیز، گاو و الاغ، زمین و اموال همسایه‌ات نباش. سفر تثنیه، فصل۵، آیه ۱۶

[3]-"from V.L.ad satis "to sufficiency," from L. ad- "to" + satis "enough", "sufficient estate". www.etymonline.com (word: asset)

[4]-Merriam-Webster's collegiate dictionary, 11th Ed., Massachusetts, U.S.A, Merriam-Webster Incorporated, 2005. (word: asset)

[5]- اسحاق در جرار به زراعت مشغول شد و در آن سال صد برابر بذری که کاشته بود درو کرد، زیرا خداوند او را برکت داده بود. هر روز بر دارایی او افزوده می‌شد و طولی نکشید که او مرد بسیار ثروتمندی شد. وی گله‌ها و رمه‌ها و غلامان بسیاری داشت به‌طوری که فلسطینی‌ها بر او حسد می‌بردند. عهد عتیق، سفر پیدایش، فصل ۲۶، آیه ۱۳ و ۱۴

[6] - Peroperty

[7] - www.businessdictionary.com, (word: owner)

[8]- Locke, John, The Second Treatise of Civil Government, 1690, CHAP. V. Of Property, www.constitution.org

[۹]- مال مانند فاحشه‌ای است که روزی در خانه‌ی عطار و روزی در خانه‌ی بَیْطار یافت می‌شود. راغب اصفهانی، حسین بن محمد؛ المفردات فی غریب القرآن؛ نشر کتاب، ۱۴۰۴ ق، صفحه ۷۸۳

[۱۰]- از همین رو عرب شترهای خود را مال می‌نامید. ابن منظور افریقی، لسان العرب، قم، نشر ادب حوزه، ۱۴۰۵ ق، جلد ۱۱، صفحه ۶۳۶

[۱۱]- یَوْمَ لا یَنْفَعُ مالٌ وَ لا بَنُونَ، قرآن کریم، سوره شعراء، آیه ۸۸

[۱۲]- وَ لْیَسْتَعْفِفِ الَّذینَ لا یَجِدُونَ نِکاحاً حَتَّی یُغْنِیَهُمُ اللَّهُ مِنْ فَضْلِهِ وَ الَّذینَ یَبْتَغُونَ الْکِتابَ مِمَّا مَلَکَتْ أَیْمانُکُمْ فَکاتِبُوهُمْ إِنْ عَلِمْتُمْ فیهِمْ خَیْراً وَ آتُوهُمْ مِنْ مالِ اللَّهِ الَّذی آتاکُمْ وَ لا تُکْرِهُوا فَتَیاتِکُمْ عَلَی الْبِغاءِ إِنْ أَرَدْنَ تَحَصُّناً لِتَبْتَغُوا عَرَضَ الْحَیاةِ الدُّنْیا وَ مَنْ یُکْرِهْهُنَّ فَإِنَّ اللَّهَ مِنْ بَعْدِ إِکْراهِهِنَّ غَفُورٌ رَحیمٌ ، قرآن کریم، سوره نور، آیه ۳۳

[۱۳]- الْمالُ وَ الْبَنُونَ زینَةُ الْحَیاةِ الدُّنْیا وَ الْباقِیاتُ الصَّالِحاتُ خَیْرٌ عِنْدَ رَبِّکَ ثَواباً وَ خَیْرٌ أَمَلاً، قرآن کریم، سوره کهف، آیه ۴۶

[۱۴]- وَ لَنَبْلُوَنَّکُمْ بِشَیْ‏ءٍ مِنَ الْخَوْفِ وَ الْجُوعِ وَ نَقْصٍ مِنَ الْأَمْوالِ وَ الْأَنْفُسِ وَ الثَّمَراتِ وَ بَشِّرِ الصَّابِرینَ ، قرآن کریم، سوره بقره، آیه ۱۵۵

- إِنَّما أَمْوالُکُمْ وَ أَوْلادُکُمْ فِتْنَةٌ وَ اللَّهُ عِنْدَهُ أَجْرٌ عَظیمٌ ، قرآن کریم، سوره تغابن، آیه ۱۵

[۱۵]- حضرت علی علیه السلام: کل مالک غیر الله سبحانه مملوک، تمیمی آمدی، عبدالواحد بن محمد، غررالحکم و دررالکلم، انتشارات دفتر تبلیغات قم، صفحه۸۲

[۱۶]- قُلْ هُوَ الَّذی أَنْشَأَکُمْ وَ جَعَلَ لَکُمُ السَّمْعَ وَ الْأَبْصارَ وَ الْأَفْئِدَةَ قَلیلاً ما تَشْکُرُونَ، قرآن کریم، سوره ملک، آیه ۲۳

[۱۷]- قُلْ لا أَمْلِکُ لِنَفْسی ضَرًّا وَ لا نَفْعاً إِلاَّ ما شاءَ اللَّهُ لِکُلِّ أُمَّةٍ أَجَلٌ إِذا جاءَ أَجَلُهُمْ فَلا یَسْتَأْخِرُونَ ساعَةً وَ لا یَسْتَقْدِمُونَ، قرآن کریم، سوره یونس، آیه ۴۹

[۱۸]- قُلِ ادْعُوا الَّذینَ زَعَمْتُمْ مِنْ دُونِ اللَّهِ لا یَمْلِکُونَ مِثْقالَ ذَرَّةٍ فِی السَّماواتِ وَ لا فِی الْأَرْضِ وَ ما لَهُمْ فیهِما مِنْ شِرْکٍ وَ ما لَهُ مِنْهُمْ مِنْ ظَهیرٍ، قرآن کریم، سوره سبأ، آیه ۲۲

[۱۹]- موسوی همدانی، سید محمد باقر، ترجمه تفسیر المیزان، نشر دفتر انتشارات جامعه مدرسین حوزه علمیه قم، جلد۲، صفحه ۴۳

[۲۰]- شیخ کلینی، اصول کافی،ترجمه‌ی محمدباقر کمره‌ای، انتشارات اسوه، جلد ۳، صفحه ۷۳۹

[۲۱]- ری‌شهری، محمد، التنمیة الاقتصادیة فی الکتاب والسنة، ناشر دارالحدیث للطباعة و النشر،

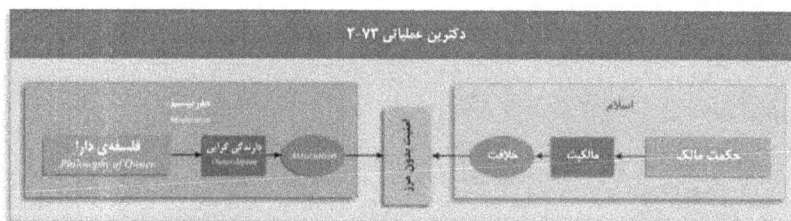

نقشه‌ی راه ۳-۲-۲-۷۳

مدرنیسم

فلسفه دارا *Philosophy of Owner*

Owner از ریشه‌ی Own به معنای تصرف کننده و دارا می‌باشد[۱]. اگر متصرفه‌ای توسط مُتصرِفی تصرف شود، آنگاه به تصاحب متصرف در می‌آید و او دارا محسوب می‌گردد[۲]. در حقیقت دارا بودن از نوع درجه اول است و خداوند مالک و دارای ابتدایی همه‌چیز فرض نمی‌گردد، تنها کارکرد چنین خدایی ازدیاد بخشیدن و فراوان نمودن آن دارایی در صورت دریافت باجی چون عبادت و نذر است، بنابراین فلسفه‌ی دارا چیستی و چرایی دارا مبتنی بر این است که یک فرد آنچه را که بدست می‌آورد نه تنها لزومی ندارد از خداوند اذن داشته باشد، بلکه می‌تواند آن را بی صاحب تلقی نموده و به راحتی از آن خود نماید[۳].

ایدئولوژی دارندگی گرایی *Ownershipism*

سه دیدگاه کلی در ایدئولوژی دارندگی‌گرایی در تاریخ تفکر بشر اومانیست رخ‌نمایی می‌کند:

۱- *Buddhism* ریشه‌ی تمام منازعات زندگی بشر را دارندگی و Ownership می‌داند و آن را به رسمیت نمی‌شناسد[۴].

۲- *Liberalism* بر اساس دکترین محوری خود لسه فر، اساسی‌ترین اصل آزادی را Private Ownership یا دارندگی شخصی و خصوصی می‌داند[۵].

۳- *Socialism* در غایت خود بر اساس آموزه‌های مارکس[۶] به Communal Ownership و یا دارندگی همگانی معتقد است[۷].

دکترین مشارکت *Association*

دکترین مشارکت مبتنی بر انگاره‌های سوبژکتیو، چیستی، چرایی و چگونگی Association را با توجه به ارتباط و تعامل دو یا چند مفهوم در ذهن تبیین می‌نماید، به‌گونه‌ای که مفاهیم حول منفعتی مشترک سازمان یافته باشند[۸]. بر این اساس تعامل افراد دارای متصرفه، با انگیزه‌ی طلب سود و منفعت اشتراکی، در

یک سوسایتی، ابتدائاً به سوی مشارکتی سوبژکتیو و سپس ابژکتیو نیل می‌کند.

اسلام

حکمت مالک

مالک اسم فاعل از ماده‌ی ملک[۹]، به معنای تسلط بر چیزی و بدست گرفتن اختیار آن است[۱۰] به گونه‌ای که زمینه ساز هر گونه تصرف در شیء مملوک باشد[۱۱]. حکمت مالک، تبیین مالک الملک و ملیک الملوک علی الاطلاق بودن خداوند است[۱۲]، مالکیت حقیقی از آن اوست و مالکیت اعتباری را به هر کس که بخواهد می‌دهد و از هر کس که بخواهد باز می‌ستاند[۱۳]، او بندگان را نیز در ملک اعطایی رها نکرده تا هر چه خواهند مستقلاً انجام دهند، بلکه هر چه را که به بندگان اعتباراً تملیک نموده خود نیز مالک آن هست، بنابراین هر چیزی مملوک محض خداست، و احدی در ملک عالم شریک خدا نیست، و خدا می-تواند هر گونه تصرفی که بخواهد و اراده کند در آن نماید، و کسی نیست که در چیزی از عالم تصرف نماید، مگر بعد از آن‌که خدا اجازه دهد، که البته خدا به هر کس بخواهد اجازه تصرف می‌دهد و شخص مجاز، دخل و تصرفش به مقداری است که اجازه‌اش تجویز نماید[۱۴].

مکتب مالکیت

حکمت مالک به مکتب مالکیت می‌انجامد، خداوند مالک الملک علی الاطلاق است، به این معنا که هم مالک ملک حقیقی است و هم مالک ملک اعتباری، او بر اساس صدق شریفه «خَلَقَ لَکُمْ ما فِی الْأَرْضِ جَمِیعاً[۱۵]» اصل مالکیت را برای بنای مجتمع انسانی محترم شمارده و بر اساس «تُؤْتِی الْمُلْکَ مَنْ تَشاءُ، وَ تَنْزِعُ الْمُلْکَ مِمَّنْ تَشاءُ وَ تُعِزُّ مَنْ تَشاءُ وَ تُذِلُّ مَنْ تَشاءُ» اعطای ملک را که از شؤون ملک اعتباری است از مجرای اراده‌ی خویش، برای بندگان قرار داده است[۱۶].

قاعده خلافت

حکمت مالک، مکتب مالکیت را در قاعده‌ی خلافت صورت می‌دهد، هنگامی‌که خداوند انسان‌ها را خلیفه‌ی خویش در روی زمین قرار داد، دعای مضطرّین از خلائف جواب می‌گوید و از اسائاتشان انکشاف می‌نماید[۱۷]. بنابراین قاعده‌ی خلافت تبیین کیستی خلیفهٔ الله، چرایی و چگونگی نیل به مقام شامخ خلافت الهی در روی زمین است.

امنیت

اکنون در جمهوری اسلامی ایران، طرح‌ریزی حوزه‌های مختلف مبتنی بر فلسفه‌ی دارا، ایدئولوژی دارندگی گرایی و دکترین مشارکت صورت می‌گیرد، اما این رویه‌های مدرنیستی به تبع از رویه‌های اسلامی تمایز گسترده‌ای خواهند داشت، فلذا تبیین صحیح و کامل حکمت مالک، مکتب مالکیت و قاعده‌ی خلافت امری محتوم و ضروری می‌نماید.

1- www.etymonline.com (word: Owner)

۲- ابرام هفتاد و پنج ساله بود که حران را ترک گفت. او همسرش سارای و برادرزاده‌اش لوط، غلامان و تمامی دارایی خود را که در حران بدست آورده بود، برداشت و به کنعان کوچ کرد. عهد عتیق، سفر پیدایش، فصل ۱۲، آیات ۵ و ۶

۳- از دارایی خود برای خداوند هدیه بیاور، نوبر محصولت را به او تقدیم نما و به این وسیله او را احترام کن. آن‌گاه انبارهای تو پر از وفور نعمت خواهد شد و خمره‌هایت از شراب تازه لبریز. عهد عتیق، کتاب امثال، فصل۳، آیات ۹و ۱۰

4 - Craig, Edward, general editor, Routledge Encyclopedia of Philosophy, Version 1.0, London and New York: Routledge (1998), page: 1153

[5] - Milton Friedman & Rose Friedman, Free to choose, Harcourt Brace Jovanovich, Inc, 1979,page:67

[6] - Karl Heinrich Marx (1818 – 1883)

[7] -Honderich Ted Editor, The Oxford Companion to Philosophy, Second Edition, Oxford University Press, page: 763

[8] - Merriam-Webster's collegiate dictionary, 11th Ed., Massachusetts, U.S.A, Merriam-Webster Incorporated, 2005. (word: Association)

[۹]- ملک اصالتاً از زبان سریانی اخذ شده و به همین معنا در زبان‌های عبری و آرامی نیز آمده است.

[۱۰]- مصطفوی، حسن، التحقیق فی کلمات القرآن الکریم، مرکز نشر آثار علامه مصطفوی، جلد۱۱، صفحه۱۶۲

[۱۱]- جوادی آملی، عبدالله، تفسیر تسنیم، جلد ۱، تفسیر آیه ۳ سوره حمد، ۱
www.aviny.com/quran/tasnim/jeld

[۱۲]- موسوی همدانی، سید محمد باقر، ترجمه تفسیر المیزان، نشر دفتر انتشارات جامعه مدرسین حوزه علمیه قم، جلد ۳، صفحه ۲۰۱

[۱۳]- قُلِ اللّهُمَّ مالِکَ الْمُلْکِ تُؤْتِی الْمُلْکَ مَنْ تَشاءُ وَ تَنْزِعُ الْمُلْکَ مِمَّنْ تَشاءُ وَ تُعِزُّ مَنْ تَشاءُ وَ تُذِلُّ مَنْ تَشاءُ بِیَدِکَ الْخَیْرُ إِنَّکَ عَلی کُلِّ شَیْءٍ قَدیرٌ ، قرآن کریم، سوره آل عمران،آیه ۲۶

[۱۴]- موسوی همدانی، سید محمد باقر، ترجمه تفسیر المیزان، نشر دفتر انتشارات جامعه مدرسین حوزه علمیه قم، جلد۱، صفحه ۱۲۳

[۱۵]- هُوَ الَّذی خَلَقَ لَکُمْ ما فِی الْأَرْضِ جَمیعاً ثُمَّ اسْتَوی إِلَی السَّماءِ فَسَوَّاهُنَّ سَبْعَ سَماواتٍ وَ هُوَ بِکُلِّ شَیْءٍ عَلیمٌ، قرآن کریم، سوره بقره،آیه ۲۹

[۱۶]- همان،جلد ۲،صفحه۷۴

[۱۷]- هُوَ الَّذی جَعَلَکُمْ خَلائِفَ فِی الْأَرْضِ فَمَنْ کَفَرَ فَعَلَیْهِ کُفْرُهُ وَ لا یَزیدُ الْکافِرینَ کُفْرُهُمْ عِنْدَ رَبِّهِمْ إِلاَّ مَقْتاً وَ لا یَزیدُ الْکافِرینَ کُفْرُهُمْ إِلاَّ خَساراً، قرآن کریم، سوره فاطر، آیه ۳۹

- أَمَّنْ یُجیبُ الْمُضْطَرَّ إِذا دَعاهُ وَ یَکْشِفُ السُّوءَ وَ یَجْعَلُکُمْ خُلَفاءَ الْأَرْضِ أَ إِلهٌ مَعَ اللَّهِ قَلیلاً ما تَذَکَّرُونَ ، قرآن کریم، سوره نمل، آیه ۶۲

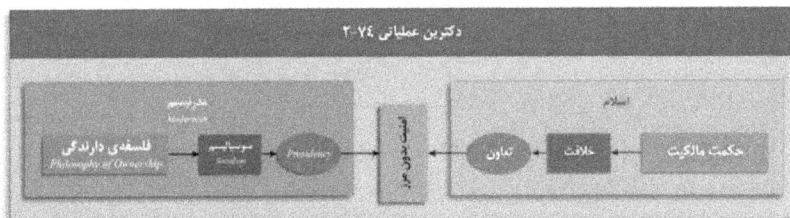

نقشه‌ی راه ۳-۲-۲-۷۴

مدرنیسم

فلسفه‌ی دارندگی *Philosophy of Ownership*

مفهوم ownership از ریشه‌ی own به معنای دارندگی می‌-
باشد[1]. تئودور هاگرستورم[2]، فیلسوف سوئدی بر این باور است که
دارندگی یک شخص با عوامل تجربی قابل تعریف نیست چرا که
نهاد دارندگی، ماهیتی متافیزیکال دارد و یا به طور دقیق‌تر نیرو یا
قدرتی متافیزیکی است. بنابراین انتقال دارندگی دارایی میان
اشخاص، انتقال نیروهای متافیزیکال با روش‌های جادویی است[3]؛
اما به طور دقیق‌تر دارندگی و از آن خود دانستن چیزی، بر اساس
تعالیم خداوند یهود، تنها منوط به اشغال و تصرف هر چیز است[4].
نکته‌ی حائز اهمیت در چیستی و چرایی دارندگی، این است که
برای انتقال دارایی از شخصی به شخص دیگر و یا قومی به قوم
دیگر، حق دارندگی صاحب اولیه مطرح نیست و شارع، تمایلات
خداوند یهود بر اساس ریسیسم[5] یهودی می‌باشد[6] و این از آن
جهت می‌باشد که فلسفه‌ی دارندگی به فلسفه‌ی قدرت باز می‌-

گردد[7]، الوین تافلر در کتاب جا به جایی قدرت، اصالت دانش را
موج سوم قدرت پس از گذار از دوره‌هایی می‌داند که ابتدا
خشونت و سپس ثروت، قدرت محسوب می‌شد. در آن عصر،
«داشتن، توانستن است» دکترین قدرت، را در حوزه‌ی ثروت و
مالکیت رقم می‌زد[8].

ایدئولوژی سوسیالیسم *Socialism*

سوسیالیسم ایدئولوژی اصالت بخش به جمعیت در مقابل
فردیت است. مارکس به عنوان مطرح‌ترین نظریه پرداز این
ایدئولوژی با الهام از اندیشه‌ی سوسیالیست‌های تخیلی، فلسفه‌ی
هگل و نظریه‌ی ارزش مبادله‌ی ریکاردو[9] ساخت یک جامعه را
بر اساس آرمان سیاسی برابری می‌داند، به طوری‌که معتقد است
اقتصاد به عنوان زیربنای جامعه باید بر اساس تینت «از هر کس با
توجه به توانایی‌اش به هر کس بر اساس سهمش» پایه‌ریزی شود او
در بالاترین و کامل‌ترین مرحله‌ی تکامل سوسیالیسم یعنی جامعه‌-
ی کمونیست[10]، تینت نهایی جامعه سازی را «از هرکس طبق
توانایی‌اش به هرکس با توجه به نیازش» می‌داند، مبتنی بر این

اصول، ادوارد برنشتاین[11]، سوسیالیسم را چیزی جز اِعمال دموکراسی در اقتصاد – سنگ بنای جامعه- نمی‌پندارد[12].

دکترین ریاست *Presidency*

فلسفه‌ی دارندگی مبتنی بر شناخت morality در غایت خود به ایدئولوژی سوسیالیسم منتج می‌گردد، به صورتی که همه‌ی آحاد جامعه را به لحاظ شأنیت یکسان می‌پندارد، از این رو شأنیت دارندگی دارایی را در سطح کلیت افراد جامعه می‌داند، اما منفعت طلبی شخصی - به عبارت دیگر ارتکاب به اولین گناه[13]- بر اساس دکترین لسه فر، چنین گرایشی را دچار خدشه می-سازد[14]، به طوری که تجمع ثروت شخصی ارزش تلقی شده و در دارایی های اشتراکی نیز به دلیل اصالت دکترین «قدرت در داشتن»، طلب ریاست و کنترل قدرت ناشی از آن، مهمترین عامل انگیزش اکانومیکال فرض می‌گردد. بنابراین چیستی، چرایی و چگونگی ریاست در دکترین presidency مبتنی بر ثروت تبیین می‌شود: «هر کس که جایگاه ریاست را اشغال می‌کند، ثروتمند است»[15].

اسلام

حکمت مالکیت

مالکیت از ریشه‌ی ملک به معنای سلطنت و استیلاء همراه با چیرگی و تمکن بر تصرف چیزی است[16]. مالکیت مطلقه‌ی ذوات اشیاء ایجاداً، افنائاً و ابقائاً به خداوند متعلق است که خالق همه چیز است و تقدیر آن‌ها به دست اوست[17]، مبتنی بر این حقیقت، حکمت مالکیت تبیین تسلط و مالکیت حقیقی با اصالتی ثابت برای خداوند متعالی است که خالق و منشیء، مکوّن، محیی، ممیت و مدبر است و احدی بر چیزی مالکیت ندارد مگر به اذن او[18].

مکتب خلافت

حکمت مالکیت به مکتب خلافت منتج می‌شود و این حقیقت را بیان می‌کند که مالکیت حقیقی مایملکات انسان به خداوند تعلق دارد و انسان تنها خلیفه، نماینده و مجاز و مأذون از طرف او می‌باشد و بدیهی است که هر نماینده‌ای در تصرفات خود استقلال ندارد بلکه باید تصرفاتش در حدود اجازه و اذن صاحب اصلی باشد[19].

قاعده تعاون

حکمت مالکیت مبتنی بر مکتب خلافت در قاعده‌ی تعاون تبلور می‌یابد. قاعده‌ی تعاون چیستی حدود ایجابی معاونت مؤمنان در برّ و تقوا در نسبت با حدود سلبی معاونت در اثم و عدوان است همچنین تبیین چرایی و چگونگی درک حدود، حفظ و بسط حدود ایجابی است[20]، از الفاظ حکماء در این قاعده آمده است که:

«فضیلهٔ الفلاحین هو التعاون بالاعمال و فضیلهٔ التجار هو التعاون بالاموال و فضیلهٔ الملوک هو التعاون بالاراء و السیاسهٔ و فضیلهٔ الالهیین هو التعاون بالحکم الحقیقهٔ ثمّ هم یتعاونون علی عمارهٔ المدن بالخیرات و الفضایل[21]»

امنیت

اکنون در جمهوری اسلامی ایران، در حوزه‌های اقتصاد، تعلیم و تربیت، سلامت، علم و حکمت، رسانه، هنر، و ... تأکید بر طرح-ریزی مبتنی بر فلسفه‌ی دارندگی، ایدئولوژی سوسیالیسم و دکترین ریاست است، در حالی که طرح‌ریزی مبتنی بر این رویه‌ها قادر به برتابیدن مالکیت و خلافت و در نتیجه تحقق تعاون نیست. فلذا تبیین صحیح و دقیق حکمت مالکیت، مکتب خلافت و قاعده‌ی تعاون مطمع نظر است.

[1] - www.etymonline.com (word: Ownership)

[2] - Axel Anders Theodor Hägerström (1868 – 1939)

[3]- Edward Craig, general editor, Routledge Encyclopedia of Philosophy, Version 1.0, London and New York: Routledge (1998), page: 3286

[۴]- آن‌گاه خداوند به من فرمود: « اکنون به تدریج سرزمین سیحون پادشاه را به شما می‌دهم. پس از این‌که آن‌جا را تصرف کردید، این سرزمین از آن شما خواهد بود». عهد عتیق، سفر تثنیه، فصل ۲، آیه ۳۱

[5] - Racism

[۶]- قول داده‌ام سرزمین ایشان را به شما بدهم تا آن‌را به تصرف خود درآورده، مالک آن باشید. آن‌جا سرزمینی است که شیر و عسل در آن جاری است. من خداوند،خدای شما هستم که شما را از قوم‌های دیگر جدا کرده‌ام. عهد عتیق، سفر تثنیه، فصل ۲، آیه ۳۱

[۷]- به فلسفه‌ی Power رجوع شود.

[۸]- برای توضیحات بیشتر به فصل طرح ریزی دکترینال، روی‌کرد قدرت مدار رجوع شود.

[۹]- تفضلی، فریدون، تاریخ عقاید اقتصادی از افلاطون تا دوره‌ی معاصر، نشر نی۱۳۸۶، صفحه:۱۵۶

[10] - Communist Society

[11]- Eduard Bernstein (1850 - 1932) was a German social democratic theoretician and politician, a member of the SPD, and the founder of evolutionary socialism and revisionism.

[12]- Donald M. Borchert (Editor in Chief), Encyclopedia of Philosophy, Second Edition, New York, Macmillan Reference 2003, page 7101

[13] - Original sin in theology. Adam bit the apple, and thereupon sin fell on the human race.

[14] - Marx, Karl, Capital, Volume I, Book One: The Process of Production of Capital, Translated: Samuel Moore and Edward Aveling, Transcribed: Zodiac, Hinrich Kuhls, Allan Thurrott, Bill McDorman, Bert Schultz and Martha Gimenez (1995-1996);edited by Frederick Engels;Publisher: Progress Publishers, Moscow, USSR; page:500

[15]-" whoever occupies the presidency is wealthy", Edward Craig, general editor, Routledge Encyclopedia of Philosophy, Version 1.0, London and New York: Routledge (1998), page: 2009

[۱۶]- طریحی، فخرالدین بن محمد، مجمع البحرین، عادل، محمود مصحح، دفتر نشر فرهنگ اسلامی، جلد ۵، صفحه ۲۹۰

[۱۷]- قلِ اللَّهُمَّ مالِکَ الْمُلْکِ تُؤْتِی الْمُلْکَ مَنْ تَشاءُ وَ تنزِعُ الْمُلْکَ مِمَّنْ تَشاءُ وَ تُعِزُّ مَنْ تَشاءُ وَ تُذِلُّ مَنْ تَشاءُ بِیَدِکَ الْخَیْرُ إِنَّکَ عَلى کُلِّ شَیْءٍ قَدیرٌ قرآن کریم، سوره آل عمران، آیه۲۶.

- وَ لِلَّهِ مُلکُ السَّماٰاتِ وَ الْأَرْضِ وَ اللَّهُ عَلى کُلِّ شَیْءٍ قَدیر ، سوره آل عمران، آیه ۱۸۹.

- إِنَّ اللَّهَ لَهُ مُلْکُ السَّماواتِ وَ الْأَرْضِ یُحْیی وَ یُمیتُ وَ ما لَکُمْ مِنْ دُونِ اللَّهِ مِنْ وَلِیٍّ وَ لا نَصیرٍ - ۹/ ۱۱۶.

- لِلَّهِ مُلْکُ السَّماواتِ وَ الْأَرْضِ وَ ما فیهِنَّ وَ هُوَ عَلى کُلِّ شَیْءٍ قَدیرٌ، سوره مائده، آیه ۱۲۰

- قُلْ یا أَیُّهَا النَّاسُ إِنِّی رَسُولُ اللَّهِ إِلَیْکُمْ جَمیعاً الَّذی لَهُ مُلْکُ السَّماواتِ وَ الْأَرْضِ لا إِلهَ إِلاَّ هُوَ یُحْیی وَ یُمیتُ فَآمِنُوا بِاللَّهِ وَ رَسُولِهِ النَّبِیِّ الْأُمِّیِّ الَّذی یُؤْمِنُ بِاللَّهِ وَ کَلِماتِهِ وَ اتَّبِعُوهُ لَعَلَّکُمْ تَهْتَدُونَ، سوره اعراف، آیه ۱۵۸

[۱۸]- أمّا التملّک و التسلّط بالقهر و الجور و الظلم و الباطل، أو على خلاف المقرّرات و الشرائط المعیّنة فی الشریعة الالهیّة، مصطفوی، حسن، التحقیق فی کلمات القرآن الکریم، مرکز نشر آثار علامه مصطفوی، جلد ۱۱، صفحه ۱۶۰

[۱۹]- مکارم شیرازی، ناصر، تفسیر نمونه، دارالکتب الاسلامیه، جلد ۶، صفحه ۷۱

[۲۰]- یا أَیُّهَا الَّذینَ آمَنُوا لا تُحِلُّوا شَعائِرَ اللَّهِ وَ لاَ الشَّهْرَ الْحَرامَ وَ لاَ الْهَدْیَ وَ لاَ الْقَلائِدَ وَ لاَ آمِّینَ الْبَیْتَ الْحَرامَ یَبْتَغُونَ فَضْلاً مِنْ رَبِّهِمْ وَ رِضْواناً وَ إِذا حَلَلْتُمْ فَاصْطادُوا وَ لا یَجْرِمَنَّکُمْ شَنَآنُ قَوْمٍ أَنْ صَدُّوکُمْ عَنِ الْمَسْجِدِ الْحَرامِ أَنْ تَعْتَدُوا وَ تَعاوَنُوا عَلَى الْبِرِّ وَ التَّقْوى وَ لا تَعاوَنُوا عَلَى الْإِثْمِ وَ الْعُدْوانِ وَ اتَّقُوا اللَّهَ إِنَّ اللَّهَ شَدیدُ الْعِقابِ, قرآن کریم، سوره مائده, آیه ۲

[۲۱]- فضیلت کشت‌کاران تعاون با اعمال خویش و فضیلت تاجران تعاون با مال‌هایشان و فضیلت حاکمان تعاون با نظرات و سیاست‌هایشان و فضیلت علما تعاون با حکم حقیقی است سپس همگی برای عمارت شهرها به وسیله‌ی خیرات و فضایل یکدیگر را معاونت می‌نمایند، طوسی، نصیرالدین، اخلاق ناصری، مؤسسه انتشارات فراهانی ۱۳۴۴، صفحه ۳۰۴

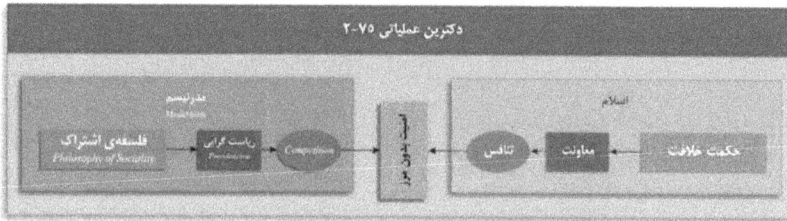

نقشه‌ی راه ۳-۲-۲-۷۵

مدرنیسم

فلسفه‌ی اشتراک *Philosophy of Sociality*

مفهوم سوشیالیتی برگرفته از واژه‌ی لاتینی socialitas به معنای گرد هم آمدن دوستانه، زندگی اشتراکی با دیگران و پرهیز از زندگی فردی می‌باشد[۱]. مبانی تفکری این مفهوم را می‌توان در آموزه‌های عهد عتیق جست؛ آن‌جا که خداوند اسرائیل در محبت به ابناءاش می‌گوید: «ای همه‌ی تشنگان نزد آب‌ها بیایید؛ ای همه‌ی شما که پول ندارید، بیایید نان بخرید و بخورید! بیایید شیر و شراب را بدون پول و بی قیمت بخرید و بنوشید! چرا پول خود را خرج چیزی می‌کنید که خوردنی نیست؟ چرا دسترنج خود را صرف چیزی می‌کنید که ارضاءتان نمی‌کند؟ به من گوش دهید و از من اطاعت کنید تا بهترین خوراک را بخورید و از آن لذت ببرید»[۲]و یا در قوانین زندگی، برای ترسیم مانیفست دارایی اشتراکی صراحتاً آمده است: «از انگورهای تاکستان دیگران، هر قدر بخواهید می‌توانید بخورید، اما نباید انگور در ظرف ریخته با خود ببرید. همین‌طور وقتی داخل کشتزار همسایه‌ی خود می‌شوید، می‌توانید با دست خود خوشه‌ها را بچینید و بخورید، ولی حق داس زدن ندارید»[۳]، بنابر این آموزه‌های یهود، در فلسفه‌ی سوشیالیتی و اشتراک چیستی و چرایی به شکلی تبیین گردیده که داشتن دارایی به سوی دارایی اشتراکی نیل نماید؛ بر همین مبنا مارکس[۴] محتوم تاریخ طبیعی تمدن را، حرکت به سمت جامعه‌ای که مفهوم اشتراک را تحقق بخشد، می‌داند[۵].

ریاست‌گرایی *Presidencism*

با توجه به دیدگاه مارکس در کتاب کاپیتال[۶]، کاپیتالیسم باید راهی به سوی سوسیالیسم پیدا نماید، او معتقد است همین‌طور که کاپیتالیسم توسعه می‌یابد، اشتراکی شدن فرایند تولیدی بیشتر و بیشتر با دارایی ابزارهای خصوصی تولید تضاد پیدا می‌کند، بنابراین گذار به سوی دارایی جمعی، امری طبیعی و غیر قابل اجتناب خواهد بود. اما بر خلاف پیش‌بینی مارکس، سوسیالیسم دارندگی به دلیل وجود امیال منفعت طلبانه در جلب سهم بیشتری از دارایی اشتراکی، به سوی گرایش به ریاست و کنترل

قدرت حاصل از دارایی سوق داده می‌شود و عملاً محقق نمی‌گردد[7].

دکترین رقابت آزاد *Free Competition*

فلسفه‌ی اشتراک در ایدئولوژی ریاست‌گرایی، به دکترین رقابت آزاد – برای به دست آوردن دارایی- می‌انجامد، چرا که در بازار آزادِ جامعه‌ی آزاد، رقابت آزاد کاربرد اباحه[8] در فضای اقتصاد است: آزادی خرید، آزادی فروش و آزادی انتقال دارایی بدون دخالت قاهرانه‌ی یک نیروی خارجی[9]؛ بنابراین چیستی، چرایی و چگونگی رقابت مبتنی بر عامل کمیابی به عنوان مهمترین دلیل رقابت، تبیین می‌گردد.

اسلام

حکمت خلافت

خلافت از ماده‌ی خلف به معنای نقطه‌ی مقابل قدّام و جلوست، به عبارت دیگر هر شیء دومی که پس از شیء اولی بر اساس تأخر زمانی یا مکانی و یا تأخر و تعقّب کیفی و وصفی، بیاید - به گونه‌ای که مرتبه‌ی دوم بودن قائم به اولی باشد- خلف محسوب می‌گردد، بنابراین، از لحاظ مقام، هر دومینی که پس از اولین، به حساب آید، قائم مقام می‌باشد و این امر وجه تسمیه‌ی خلافت است[10]. از آن‌جا که خداوند انسان را اعتباراً از جانب خویش در روی زمین مالکیت بخشید[11]، حکمت خلافت، جعل انسان به مقام خلیفهٔ الهی در روی زمین است[12]، تا حسب آیه‌ی شریفه[13] از شرف مکانت به مکین مستخلفش، امنیت، عبودیت و نفی شرک و کفر رقم خورَد.

مکتب معاونت

حکمت خلافت در راستای تحقق عبودیت، به مکتب معاونت منتج می‌گردد. حصار معاونت دو حد تعاون در برّ و تقوا و تعاون در اثم وعدوان را بر می‌تابد، درک این حدود منوط به ادراک قلبی است؛ برّ و خوبی هر آن چیزی است که قلب نسبت به آن آرامش یابد و اثم و عدوان آن عملی است که در دل اضطراب و نگرانی ایجاد کند، هر چند که مردم یکی پس از دیگری حکم به درستی آن عمل کنند[14].

قاعده تنافس

قاعده‌ی تنافس تجلی حکمت خلافت در مکتب معاونت است، این قاعده مبتنی بر چیستی، چرایی و چگونگی تنافس اختیاری در یک تسابق تبیین می‌گردد و در رغبت یافتن برای طلب کمالی و هم‌نفسی و سبقت گرفتن بزرگوارانه از یکدیگر موضوعیت می‌یابد[15] تا منافسه فردی در طلب استعلاء و برتری با معاونت دیگر مؤمنان همراه باشد[16].

امنیت

گرچه اکنون در جمهوری اسلامی ایران، در طرح ریزی حوزه‌ی اقتصاد، فلسفه‌ی اشتراک، ایدئولوژی ریاست‌گرایی و دکترین رقابت حاکم است. لیکن به دلیل تقابل این رویه‌ها با حکمت خلافت، مکتب معاونت و قاعده‌ی تنافس، بازنگری اساسی در بنیان‌های طرح‌ریزی امری بایسته است.

1- www.etymonline.com, (word: sociality)

2- عهد عتیق، کتاب اشعیا، فصل ۵۵، آیه ۲ و ۳

3- عهد عتیق، سفر تثنیه ، فصل ۲۳، آیه ۲۴ و ۲۵

4- Karl Heinrich Marx (1818 – 1883)

5 - Marx, Karl, Capital, Volume I, Book One: The Process of Production of Capital, Translated: Samuel Moore and Edward Aveling, Transcribed: Zodiac, Hinrich Kuhls, Allan Thurrott, Bill McDorman, Bert Schultz and Martha Gimenez (1995-1996);edited by Frederick Engels;Publisher: Progress Publishers, Moscow, USSR; page:۱۳

6 - Das Kapital (Capital)

[7]- Donald M. Borchert (Editor in Chief), Encyclopedia of Philosophy, Second Edition, New York, Macmillan Reference 2003, page 5186

[8] - Liberty

۹ - N. Rothbard, Murray, Man, Economy And State, A Treatise On Economic Principles with Power And Market, Government And The Economy, Published by the Ludwig von Mises Institute, Scholar's Edition, second edition 2009, page: 719

[۱۰]- مصطفوی، حسن، التحقیق فی کلمات القرآن الکریم، مرکز نشر آثار علامه مصطفوی، جلد ۳، صفحه ۱۱۳

[۱۱]- قلِ اللّهُمَّ مالِکَ الْمُلْکِ تُؤْتِی الْمُلْکَ مَنْ تشاءُ وَ تنْزِعُ الْمُلْکَ مِمَّنْ تشاءُ وَ تُعِزُّ مَنْ تشاءُ وَ تُذِلُّ مَنْ تشاءُ بِیَدِکَ الْخَیْرُ إِنَّکَ علی کُلِّ شَیْءٍ قَدیرٌ قرآن کریم، سوره آل عمران، آیه۲۶.

[۱۲]- وَ إِذْ قالَ رَبُّکَ لِلْمَلائِکَةِ إِنِّی جاعِلٌ فِی الْأَرْضِ خَلیفَةً قالُوا أَ تجْعَلُ فیها مَنْ یُفْسِدُ فیها وَ یَسْفِکُ الدِّماءَ وَ نَحْنُ نُسَبِّحُ بِحَمْدِکَ وَ نُقَدِّسُ لَکَ قالَ إِنِّی أَعْلَمُ ما لا تَعْلَمُونَ، قرآن کریم، سوره بقره،آیه ۳۰

وَ هُوَ الَّذی جَعَلَکُمْ خَلائِفَ الْأَرْضِ وَ رَفَعَ بَعْضَکُمْ فَوْقَ بَعْضٍ دَرَجاتٍ لِیَبْلُوَکُمْ فی ما آتاکُمْ إِنَّ رَبَّکَ سَریعُ الْعِقابِ وَ إِنَّهُ لَغَفُورٌ رَحیمٌ، قرآن کریم، سوره انعام، آیه ۱۶۵

[۱۳]- وَعَدَ اللَّهُ الَّذینَ آمَنُوا مِنْکُمْ وَ عَمِلُوا الصَّالِحاتِ لَیَسْتَخْلِفَنَّهُمْ فِی الْأَرْضِ کَمَا اسْتَخْلَفَ الَّذینَ مِنْ قَبْلِهِمْ وَ لَیُمَکِّنَنَّ لَهُمْ دینَهُمُ الَّذِی ارْتَضی لَهُمْ وَ لَیُبَدِّلَنَّهُمْ مِنْ بَعْدِ خَوْفِهِمْ أَمْناً یَعْبُدُونَنی لا یُشْرِکُونَ بی شَیْئاً وَ مَنْ کَفَرَ بَعْدَ ذلِکَ فَأُولئِکَ هُمُ الْفاسِقُونَ، قرآن کریم، سوره نور، آیه ۵۵

[۱۴]- در در المنثور است که احمد و عبد بن حمید در تفسیر این آیه یعنی جمله:" وَ تَعاوَنُوا عَلَی الْبِرِّ ..."، و بخاری در تاریخ خود از وابصه روایت کرده‌اند که گفت: من به حضور رسول خدا (ص) رسیدم، و تصمیم داشتم در سؤال از خوبیها و بدیها چیزی را فروگذار نکنم، ولی خود آن جناب فرمود: ای وابصه آیا می‌خواهی به تو خبر دهم که به چه منظور آمده‌ای، و آمده‌ای تا چه چیزهایی بپرسی؟ خودت می‌گویی یا من خبرت دهم، عرضه داشتم: یا رسول اللّه شما بفرمائید، فرمود: تو آمده‌ای از خوبیها و بدیها بپرسی، آن گاه از انگشتان دستش سه انگشت را جمع کرد، و با آنها پی در پی به سینه من می‌زد، و می‌فرمود: ای وابصه از این قلبت بپرس، از این قلبت بپرس، بر و خوبی هر آن چیزی است که قلب تو نسبت به آن آرامش یابد، بر آن چیزی است که نفس تو بدان آرامش یابد، و گناه آن عملی است که در دل اضطراب و نگرانی ایجاد کند، هر چند که مردم یکی پس از دیگری حکم به درستی آن عمل کنند. موسوی همدانی، سید محمد باقر، ترجمه تفسیر المیزان، نشر دفتر انتشارات جامعه مدرسین حوزه علمیه قم، جلد ۵، صفحه ۳۰۶

[۱۵]- ابن اثیر، النهایه فی غریب الحدیث و الاثر، موسسه مطبوعاتی اسماعیلیان، جلد ۵، صفحه ۹۵

[۱۶]- خِتامُهُ مِسْکٌ وَ فی ذلِکَ فَلْیَتَنافَسِ الْمُتَنافِسُونَ، قرآن کریم، سوره مطففین، آیه ۲۶

نقشه‌ی راه ۳-۲-۲-۷۶

مدرنیسم

فلسفه‌ی ریاست *Philosophy of Presidency*

مفهوم Presidency برگرفته از praesidens در زبان لاتین به معنای ریاست و رهبری می‌باشد[۱]. فلسفه‌ی ریاست در آموزه‌-های عهد عتیق چیستی و چرایی ریاست بر دارندگی را بر اساس کنترل قدرت می‌داند. اگر «داشتن دارایی» موجبات قدرتمند بودن را فراهم سازد، طلب ریاست و برتری جویی برای به‌دست گرفتن رهبری، امری اجتناب ناپذیر است[۲].

ایدئولوژی رقابت‌گرایی *Competitionism*

فلسفه‌ی ریاست با وقوع داروینیسم در تنازع بقای اقتصادی به اصل بقای انسب باورمند شده و به ایدئولوژی رقابت‌گرایی انجامیده است، به گونه‌ای که رقیبان یک سو، رقبای رقیب خود را در مسابقه‌ای منازعه گونه از صحنه‌ی اقتصاد برون کرده و فضای مفروضات مدینه فاضله‌ی تحقق رقابت کامل[۳] را به سوی رقابت ناقص[۴] و سپس رقابت انحصاری[۵] به پیش رانده و تا حد انحصار کامل[۶] سوق می‌دهد.

دکترین حرص *Greed*

فلسفه‌ی ریاست مبتنی بر ایدئولوژی رقابت گرایی در نهایت به دکترین حرص می‌انجامد، زیاده خواهی بشر افزون بر مقدار مکفی و سهم مشخص او چیستی حرص، اقتضای طبیعت مادی بشر و ارزش قلمداد شدن متصرفات و ثروت مادی چرایی حرص و سپس ارضاء میل و رغبت شدید در کنش مناسب برای تصرف مادی بیشتر[۷] چگونگی حرص را در روش شناسی اکانومی رقم می‌زند.

اسلام

حکمت معاونت

معاونت از ریشه‌ی عون به معنای مطلق نصرت و یاری کردن است، مفاهیم معاونت، مساعدت، مظاهرت و معاضدت، همه به معنای کمک کردن است، اما در هر یک، جهتی خاص مورد نظر است؛ مثلاً کاری که عده‌ای با ساعدهای خویش انجام می دهند، مساعدت نامیده می شود؛ چنان‌که اگر با عضد و بازوهای خود انجام دهند، معاضدت نام می گیرد و اگر پشت به پشت همدیگر داده و قدرت برتری را ایجاد کنند، مظاهرت گفته می شود و این عناوین از جوارح مایه گرفته اند و اما در عون و معاونت تنها تقویت کردن مورد نظر است، بدون عنایت به هر ویژگی دیگر و از این رو به مطلق کمک کردن تعبیر می شود[۸]. استعانت حقیقی تنها از خداوند موضوعیت می‌یابد[۹]؛ اما حکمت معاونت، در میان کسانی که به طلب عون از خداوند باورمندند، تبیین چیستی و چرایی معاونت، مبتنی بر برّ و تقوا است که جهت مندی آن را در مسیر ابتغاء فضل الهی و رضوانش رقم می‌زند[۱۰].

مکتب تنافس

حکمت معاونت در روش شناسی بیع به مکتب تنافس می‌انجامد. تنافس دو حد سلبی و ایجابی را بر می‌تابد، به گونه‌ای که مؤمن در محدوده ایجابی مأمور و در محدوده سلبی منهی است. مکتب تنافس درک و عون و عمل در حریم حدود ایجابی بوده که مشتمل بر تنافس با یکدیگر در اخلاص[۱۱] و عمل صالح[۱۲] و بسط معروف میان برادران ایمانی[۱۳] می‌باشد همچنین با درک و عمل نکردن در حریم حدود سلبی از جمله تنافس در دنیا و مواهب دنیا[۱۴] تکمیل می‌گردد.

قاعده خلّت

هر خلّتی در دنیا که بر غیر از محبت خداوند عزّ و جلّ قرار گیرد، روز قیامت در نهایت به عداوت و دشمنی[۱۵] مبدّل خواهد شد[۱۶]؛ بنابراین قاعده خلّت تبیین چیستی و چرایی محبّتی است که خلّت را بر اساس تقوا[۱۷] و مبتنی بر حکمت معاونت و مکتب تنافس رقم می‌زند و سپس به چگونگی آن بر اساس روند صیرورت از مسلم بودن تا محسن شدن، آن‌گاه نیل به خلیل الهی[۱۸] می‌پردازد.

امنیت

در طرح ریزی حوزه‌ی اقتصاد باید به جای فلسفه‌ی ریاست،ایدئولوژی رقابت گرایی و دکترین حرص،حکمت معاونت، مکتب تنافس و قاعده‌ی خلت مبنا قرار گیرند.

---

[1] - www.etymonline.com, (word: Presidency)

[۲]- سامسون مدت بیست سال رهبری اسرائیل را به عهده داشت، ولی فلسطینی‌ها هنوز هم بر سرزمین آن‌ها مسلط بودند. عهد عتیق، کتاب داوران، فصل ۱۵، آیه ۲۰.

- آنگاه روح خداوند بر سامسون قرار گرفت و او به شهر اشقلون رفته، سی نفر از اهالی آن‌جا را کشت و لباس‌های آن‌ها را برای سی جوانی که جواب معمایش را گفته بودند آورد و خود از شدت عصبانیت به خانه‌ی پدر خود بازگشت. عهد عتیق، کتاب داوران، فصل ۱۴، آیه ۲۰.

- سامسون استخوان چانه‌ی الاغی مرده را که بر زمین افتاده بود برداشت و با آن هزار نفر از فلسطینی ها را کشت. سپس گفت: با چانه‌ای از یک الاغ از کشته‌ها پشته‌ها ساخته‌ام، با چانه‌ای از یک الاغ یک هزار مرد را من کشته ام. عهد عتیق، کتاب داوران، فصل ۱۵، آیه ۱۵ و ۱۶.

[3] - Perfect Competition

[4] - Imperfect Competition

[5] - Monopolistic Competition

[6] - Monopoly

[7] - Newhauser, Richard, The Early History of Greed, The Sin of Avarice in Early Medieval, Thought and Literature, Trinity University (San Antonio), Cambridge University Press 2004, page: 31

[۸]- جوادی آملی، عبدالله، تفسیر تسنیم، جلد ۱، تفسیر آیه ۵ سوره حمد، ۱
www.aviny.com/quran/tasnim/jeld

[۹]- إِيَّاکَ نَعْبُدُ وَ إِيَّاکَ نَسْتَعين، قرآن کریم، سوره حمد، آیه ۵

[۱۰]- يا أَيُّهَا الَّذينَ آمَنُوا لا تُحِلُّوا شَعائِرَ اللَّهِ وَ لاَ الشَّهْرَ الْحَرامَ وَ لاَ الْهَدْیَ وَ لاَ الْقَلائِدَ وَ لاَ آمِّينَ الْبَيْتَ الْحَرامَ يَبْتَغُونَ فَضْلاً مِنْ رَبِّهِمْ وَ رِضْواناً وَ إِذا حَلَلْتُمْ فَاصْطادُوا وَ لا يَجْرِمَنَّكُمْ شَنَآنُ قَوْمٍ أَنْ صَدُّوكُمْ عَنِ الْمَسْجِدِ الْحَرامِ أَنْ تَعْتَدُوا وَ تَعاوَنُوا عَلَى الْبِرِّ وَ التَّقْوى وَ لا تَعاوَنُوا عَلَى الْإِثْمِ وَ الْعُدْوانِ وَ اتَّقُوا اللَّهَ إِنَّ اللَّهَ شَديدُ الْعِقاب، قرآن کریم، سوره مائده، آیه ۲

[۱۱]- فِی إِخْلَاصِ الْأَعْمَالِ تَنَافُسُ أُولِی النُّهَی وَ الْأَلْبَابِ، تمیمی آمدی، عبدالواحد، تصنیف غرر الحکم و درر الکلم، ناشر: دفتر تبلیغات قم، صفحه ۱۵۵، الإخلاص فی العمل و آثاره

[12]- اعْمَلْ لِنَفْسِکَ فِی مُهْلَةٍ مِنْ أَجَلِکَ قَبْلَ أَنْ لَا یَعْمَلَ لَهَا غَیْرُکَ وَ اعْبُدْنِی لِیَوْمٍ کَأَلْفِ سَنَةٍ مِمَّا تَعُدُّونَ فَإِنِّی أَجْزِی بِالْحَسَنَةِ أَضْعَافَهَا وَ إِنَّ السَّیِّئَةَ تُوبِقُ صَاحِبَهَا وَ تَنَافَسْ فِی الْعَمَلِ الصَّالِحِ فَکَمْ مِنْ مَجْلِسٍ قَدْ نَهَضَ أَهْلُهُ وَ هُمْ مُجَاوِرُونَ مِنَ النَّارِ یَا عِیسَى ازْهَدْ فِی الْفَانِی الْمُنْقَطِعِ وَ طَأْ رُسُومَ مَنَازِلِ مَنْ کَانَ قَبْلَکَ فَادْعُهُمْ وَ نَاجِهِمْ هَلْ تُحِسُّ مِنْهُمْ مِنْ أَحَدٍ، شیخ صدوق، أمالی الصدوق، نشر أعلمی، صفحه ۵۱۸، المجلس الثامن و السبعون

[13]- قَالَ أَبُو عَبْدِ اللَّهِ ع تَنَافَسُوا فِی الْمَعْرُوفِ لِإِخْوَانِکُمْ وَ کُونُوا مِنْ أَهْلِهِ فَإِنَّ لِلْجَنَّةِ بَاباً یُقَالُ لَهُ الْمَعْرُوفُ لَا یَدْخُلُهُ إِلَّا مَنِ اصْطَنَعَ الْمَعْرُوفَ فِی الْحَیَاةِ الدُّنْیَا فَإِنَّ الْعَبْدَ لَیَمْشِی فِی حَاجَةِ أَخِیهِ الْمُؤْمِنِ فَیُوَکِّلُ اللَّهُ عَزَّ وَ جَلَّ بِهِ مَلَکَیْنِ وَاحِداً عَنْ یَمِینِهِ وَ آخَرَ عَنْ شِمَالِهِ یَسْتَغْفِرَانِ لَهُ رَبَّهُ وَ یَدْعُوَانِ بِقَضَاءِ حَاجَتِهِ ثُمَّ قَالَ وَ اللَّهِ لَرَسُولُ اللَّهِ ص أَسَرُّ بِقَضَاءِ حَاجَةِ الْمُؤْمِنِ إِذَا وَصَلَتْ إِلَیْهِ مِنْ صَاحِبِ الْحَاجَةِ،کلینی، شیخ محمد، الکافی، نشر دارالکتب الاسلامیه، جلد ۲، صفحه ۱۹۵، باب قضاء حاجت مؤمن

[14]- وَ اصْفَحْ عَنْ سُوءِ الْأَخْلَاقِ- وَ لْتَکُنْ یَدُکَ الْعُلْیَا إِنِ اسْتَطَعْتَ- وَ وَطِّنْ نَفْسَکَ عَلَى الصَّبْرِ عَلَى مَا أَصَابَکَ- وَ أَلْهِمْ نَفْسَکَ الْقُنُوعَ- وَ اتَّهِمِ الرَّجَاءَ- وَ أَکْثِرِ الدُّعَاءَ تَسْلَمْ مِنْ سَوْرَةِ الشَّیْطَانِ- وَ لَا تُنَافِسْ عَلَى الدُّنْیَا وَ لَا تَتَّبِعِ الْهَوَى، علامه مجلسی، بحار الأنوار الجامعة لدرر أخبار الأئمة الأطهار، جلد ۷۵، صفحه ۱، باب ۱۵، مواعظ أمیر المؤمنین ع و خطبه أیضا و حکمه.

- لَا تُنَافِسْ فِی مَوَاهِبِ الدُّنْیَا فَإِنَّ مَوَاهِبَهَا حَقِیرَةٌ ، تمیمی آمدی، عبدالواحد، تصنیف غرر الحکم و درر الکلم، ناشر دفتر تبلیغات قم، صفحه ۱۴۳، فی ذم الدنیا

[15]- یا وَیْلَتى‏ لَیْتَنی‏ لَمْ أَتَّخِذْ فُلاناً خَلیلاً، قرآن کریم، سوره فرقان، آیه ۲۸

[16]- وَ قَالَ الصَّادِقُ ع: أَلَا کُلُّ خُلَّةٍ کَانَتْ فِی الدُّنْیَا فِی غَیْرِ اللَّهِ عَزَّ وَ جَلَّ فَإِنَّهَا تَصِیرُ عَدَاوَةً یَوْمَ الْقِیَامَةِ، علامه مجلسی، بحار الأنوار الجامعة لدرر أخبار الأئمة الأطهار، دارالکتب الاسلامیه، ۱۴۱۳ قمری، جلد ۶۷، صفحه ۲۷۷

[17]- الْأَخِلاَّءُ یَوْمَئِذٍ بَعْضُهُمْ لِبَعْضٍ عَدُوٌّ إِلاَّ الْمُتَّقینَ، قرآن کریم، سوره زخرف، آیه ۶۷

[18]- وَ مَنْ أَحْسَنُ دیناً مِمَّنْ أَسْلَمَ وَجْهَهُ لِلَّهِ وَ هُوَ مُحْسِنٌ وَ اتَّبَعَ مِلَّةَ إِبْراهیمَ حَنیفاً وَ اتَّخَذَ اللَّهُ إِبْراهیمَ خَلیلاً، قرآن کریم، سوره نساء، آیه ۱۲۵

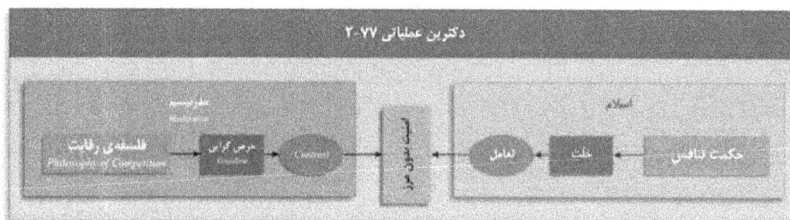

دکترین عملیاتی ۷۷-۲

نقشه‌ی راه ۳-۲-۲-۷۷

مدرنیسم

فلسفه‌ی رقابت *Philosophy of Competition*

مفهوم Competition از ترکیب لاتینی com و petition به معنای مسابقه[1] با دیگران برای برتری یافتن در به دست آوردن چیزی می‌باشد[2]. از نظر آدام اسمیت کمیابی[3] دلیل قرار گیری افراد رو در روی یکدیگر و رقابت ورزیدن به جهت کسب عامل کمیاب می‌باشد[4]. عهد عتیق این مفهوم را با ظرافت القا می‌کند[5]: مار در سفر پیدایش آدم و حوا را در برابر خداوند به رقابت فرا-می‌خواند[6]؛ قائن با برادرش هابیل برای جلب نظر خداوند در ستایش و هدیه دادن به او رقابت می‌کرد[7]؛ یعقوب برای گرفتن برکت از پدر در بستر مرگ خود با عیسو برادرش رقابت می-نمود[8]؛ یعقوب در برابر خداوند به رقابت پرداخت و به عنوان یک برنده پدیدار شد[9] و به یعقوب در این شاهکار برای رسیدن به کمال، این نام داده شد: «نام تو اسرائیل خواهد بود، به دلیل آن-که تو با خدا و مردم کشتی گرفتی و پیروز شدی»[10]. بنابراین فلسفه‌ی رقابت، چیستی و چرایی این مفهوم را با توجه به ستیز در به دست آوردن عامل کمیاب، تبیین می‌نماید.

ایدئولوژی حرص گرایی *Greedism*

رقابت و تلاش برای به دست آوردن سهم بیشتری از تصرفات مادی حالتی را در بشر رقم می‌زند که از آن به حرص[11] تعبیر می‌شود، از این رو فلسفه‌ی رقابت به ایدئولوژی حرص‌گرایی منتج می‌گردد. به عبارت دیگر، یک فعل و انفعال واضح و روشن میان حرص و خودپرستی وجود دارد[12]؛ هر چه رقابت میان خودپرستان افزوده گردد، آن‌چه به آن گرایش بیشتری پیدا می-شود همانا حرص است، از این رو قبل از دوران قرون وسطی در منابع انجیلی حرص به مثابه گناه بود، اما هر چه زمان به سمت دوران مدرن پیش رفت، حرص و ولع، ملزوم و ممزوج روش زندگی مادی[13] گردید[14].

دکترین تقابل *Contrast*

فلسفه‌ی رقابت در ایدئولوژی حرص‌گرایی به دکترین کنتراست می‌انجامد. دکترین کنتراست، چیستی تقابل را مبتنی بر مقابله‌ی تضادها و تفاوت‌ها توضیح می‌دهد و چرایی آن‌را بر اساس ارضاء ناپذیری طلب و خواست حریصانه می‌بیند و با آشکارسازی تضادها و پافشاری بر رقابت و در نتیجه تولید ثروت و قدرت حاصل از برخورد آن‌ها، چگونگی تقابل را رقم می‌زند.

اسلام

حکمت تنافس

تنافس از ماده‌ی نفس[۱۵] به معنای ذات و جان مایه‌ی هر چیزی است، به طوری که اگر از آن چیز خارج شود دیگر تشخّص و تعیّنی برایش باقی نمی‌ماند. مفهوم تنافس در زبان عرب اشتقاق نفس در باب تفاعل می‌باشد، به گونه‌ای که نوعی اشتراک مستمر و مداوم را در تقدیر دارد[۱۶] و به معنای مجاهدت نفس‌ها با یکدیگر، برای تشبه به افاضل و پیوستن به آن‌ها برای به دست آوردن کمال است، بدون این‌که به دیگری ضرری برسانند[۱۷]. حکمت تنافس چیستی و چرایی تنافس را بر اساس کیستی متنافسان تبیین می‌نماید از همین رو خداوند در قرآن کریم به مؤمنان امر می‌کند تا برای رسیدن به نعمت مسک در بهشت که مخصوص ابرار است، با یکدیگر تنافس نمایند[۱۸].

مکتب خلّت

اقسام محبت در انسان دو گونه است ارادی و غیر ارادی[۱۹]. مقاصد اصناف انسان‌ها در محبت ارادی سه گونه است: لذت، نفع و خیر؛ اما گونه‌ی چهارم در دوستی با دوستان خداوند پدید می‌آید و آن محبتی است که در اعماق قلوب متنافسان، کسانی که در توصل به کمال معاون و مددکار یکدیگرند نفوذ می‌کند، این محبَت دیر می‌بندد و نیز دیر می‌گشاید و به خلَت منتج می‌گردد؛ بنابراین مکتب خلَت در حکمت تنافس، بر اساس حبّ ممدوح که دیگرخواه و ایثارگر است، تبلور می‌یابد[۲۰]. از این رو خواجه نصیرالدین طوسی وجود چنین محبتی را از وجود عدالت مهم‌تر می‌داند، از نظر او عدالت مقتضی اتحادی صناعی و محبت مقتضی اتحادی طبیعی است، به طوری که اولی بر دومی تکیه می‌کند[۲۱].

قاعده تعامل

حکمت تنافس در مکتب خلّت به قاعده‌ی تعامل می‌انجامد. تبیین چیستی تعامل مبتنی بر عمل صالح متعاملین و چرایی و چگونگی آن بر اساس تفضل یک عامل بر عامل دیگر[۲۲]، عدالت در تعامل به گونه‌ای که تعامل کنندگان همانطور که دوست دارند با آن‌ها تعامل شود با دیگران تعامل نمایند[۲۳]همچنین مداهنه و تسهیل[۲۴] صورت می‌پذیرد.

امنیت

برتافتن فلسفه‌ی رقابت، ایدئولوژی حرص گرایی و دکترین تقابل طرح ریزی نظام اقتصاد را از مبانی اصیل اسلام دور می‌گرداند. لذا بایسته و شایسته است حکمت تنافس، مکتب خلت و قاعده‌ی تعامل مبنای طرح و عمل قرار گیرند.

---

[1] - Contest
[2] - www.etymonline.com, (word: Competition)
[3] -Scarcity
[4]-Smith, Adam, An Inquiry Into The Nature and Causes of The Wealth of Nations, a Penn state electronic Classics Series Publication, Pennsylvania University, page: 62
[5]- www.ehow.com
[۶]- عهد عتیق،سفر پیدایش، فصل ۳
[۷]- عهد عتیق،سفر پیدایش، فصل ۴
[۸]- عهد عتیق،سفر پیدایش، فصل ۲۷
[۹]- عهد عتیق،سفر پیدایش، فصل ۲۲، آیه ۲۸
[۱۰]- عهد عتیق،سفر پیدایش، فصل ۳۲، آیه ۲۸
[11] - Avaritia, the sin of greed for possessions
[12] - Newhauser, Richard, The EarlyHistory of Greed, The Sin of Avarice in EarlyMedieval, Thought and

Literature, Trinity University (San Antonio), Cambridge University Press 2004, page: 45

[13]- Christian Spirituality to Pagan Materialism Life Style

[14]- Newhauser, Richard, The EarlyHistory of Greed, The Sin of Avarice in EarlyMedieval, Thought and Literature, Trinity University (San Antonio), Cambridge University Press 2004, page: 62

[۱۵] - نفس اصالتاً سریانی و عبری است.

[۱۶]- مصطفوی، حسن، التحقیق فی کلمات القرآن الکریم، مرکز نشر آثار علامه مصطفوی، جلد ۱۲، صفحه ۱۹۸

[۱۷]- راغب اصفهانی، حسین بن محمد؛ المفردات فی غریب القرآن؛ نشر کتاب، ۱۴۰۴ ق، صفحه ۸۱۸

[۱۸]- خِتامُهُ مِسْکٌ وَ فی ذلِکَ فَلْیَتَنافَسِ الْمُتَنافِسُونَ, قرآن کریم, سوره مطففین, آیه ۲۶

[۱۹]- محبت غیرارادی ضامن بقای انسان است مانند محبت مادر به فرزند

[۲۰]- طوسی، نصیرالدین، اخلاق ناصری، مؤسسه انتشارات فراهانی ۱۳۴۴، صفحه ۲۵۵

[۲۱]- طوسی، نصیرالدین، اخلاق ناصری، مؤسسه انتشارات فراهانی ۱۳۴۴، صفحه ۲۵۵

[۲۲]- قالَ ع إنِ اسْتَطَعْتَ أنْ لَا تُعَامِلَ أحَداً إلَّا وَ لَکَ الْفَضْلُ عَلَیْهِ فَافْعَلْ، علامه مجلسی، بحار الأنوار الجامعة لدرر أخبار الأئمة الأطهار، جلد ۷۵، صفحه ۱۷۲، باب ۲۲ وصایا الباقر علیه السلام

[۲۳]- أعدل السیرة أن تعامل الناس بما تحب أن یعاملوک به، تمیمی آمدی، عبدالواحد بن محمد، غررالحکم و دررالکلم، انتشارات دفتر تبلیغات قم، صفحه ۳۹۴

[۲۴]- ... و تعامل الناس بالمداهنة ... دیلمی، حسن ابن اب الحسن، ارشاد القلوب، انتشارات شریف رضی، صفحه ۲۴

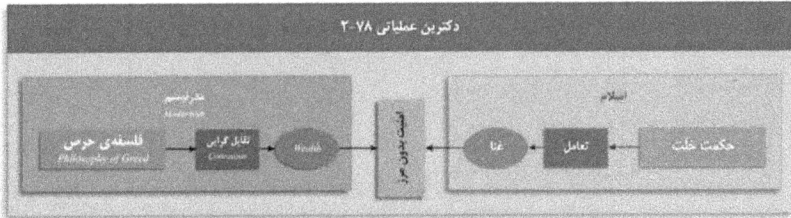

دکترین عملیاتی ۷۸-۲

نقشه‌ی راه ۳-۲-۲-۷۸

مدرنیسم

فلسفه‌ی حرص *Philosophy of Greed*

مفهوم Greed با ریشه‌ای یونانی[۱]، به معنای گرسنگی شدید و خواستن افراطی هر چیز[۲] می‌باشد[۳]. در زبان عرب به این‌گونه خواستن، میل و رغبت شدید نسبت به چیزی، همچنین تلاش مفرط برای به‌دست آوردن و مال خود نمودن آن، حرص گفته می‌شود[۴]. ریشه‌های حرص[۵] ورزیدن انسان را می‌توان در مضامین عهد عتیق جست؛ آن‌جا که بنی اسرائیل به خاطر حرص و طمع بارها مورد عذاب الهی قرار گرفتند[۶] و یا هنگامی که حبقوق نبی به خداوند این‌چنین شکوه می‌کند: «به درستی‌که ثروت خیانت‌کار است و این بابلی‌های متکبر را به دام خواهد انداخت. آن‌ها با حرص و ولع، مانند مرگ، قوم‌ها را یکی پس از دیگری به کام خود می‌کشند و اسیر می‌سازند و هرگز سیر نمی‌شوند»[۷]. بنابراین فلسفه‌ی حرص، چیستی و چرایی حالتی از سیری ناپذیری خواستن[۸] را در انسان تبیین می‌کند، به گونه‌ای که او را وادار به کنش‌های افراطی در طلب بیش از اندازه می‌نماید.

ایدئولوژی تقابل گرایی *Contrastism*

آلوین تافلر در کتاب جنگ و پاد جنگ معتقد است دگرگونی‌های جامعه نمی‌تواند بدون تقابل و برخورد روی دهند؛ او عمیق‌ترین دگرگونی اقتصادی و استراتژیکی جهان را ماحصل تقابل و برخورد سه تمدن متفاوت و بالقوه متضاد می‌داند[۹]. بنابراین حرص زدن برای ارضاء طلب استیلاء بر دگرگونی‌ها و برنده شدن در رقابت قدرت، مبتنی بر فلسفه‌ی حرص است که در نهایت به ایدئولوژی تقابل‌گرایی، منتج می‌گردد.

دکترین ثروت *Wealth*

فلسفه‌ی حرص در ایدئولوژی تقابل‌گرایی، به دکترین ثروت می‌انجامد. دکترین ثروت چیستی ثروت را در تصرف داشتن ظرفیت و قابلیت تخصیص ارضاء خواسته‌ها تبیین نموده[۱۰] و با توضیح حالت حرص در انسان چرایی ثروت را توجیه می‌کند و سپس

برای چگونگی ازدیاد ثروت با وجود کمبود منابع اقتصادی و نیازهای نامحدود در اکانومی، راه حل تقابل را پیشنهاد می‌دهد.

اسلام

حکمت خُلّت

خلّت از ماده‌ی خَلٌ به معنای شکاف، سوراخ یا منفذ می‌باشد که در معنای اصطلاحی فقر و احتیاج را می‌رساند[۱۱]؛ بر این اساس، مفهوم خلّت به محبّت[۱۲] و دوستی گفته می‌شود که در عمق جان نفوذ کند و همچون تیری که سینه را می‌شکافد به جان رسیده و در آن اثر می‌نماید به گونه‌ای که نیاز شدیدی به طرف مقابل را در قلب ایجاد می‌کند، از این جهت خداوند ابراهیم را خلیل خوانده است[۱۳] که در همه حال محبّت او در ژرفای قلبش نفوذ نموده و همه‌ی توجه و نیازش بسوی خداوند[۱۴] بود[۱۵]. حکمت خلّت، مبتنی بر صدق شریفه‌ی قرآن، مبیّن چیستی و چرایی خلّت به عنوان کارکرد بیع می‌باشد که در نسبت با رزق پروردگار و انفاق از آن، همچنین شفاعت میان بیّعان تعریف می‌گردد[۱۶].

مکتب تعامل

حکمت خلّت در نهایت به مکتب تعامل می‌انجامد، هر عملی یا صالح[۱۷] است و یا سیّئه[۱۸]، که بر آنها اثرات طبیعی و جزای الهی مترتب است[۱۹]. مکتب تعامل بر اساس عمل صالح عاملان رقم می‌خورد و نه عمل سیئه‌ی ایشان؛ از آنجا که عمل صالح مرحله‌ی نخستین از مراحل نیل به حیات طیبه است، بنابراین بایستگی صفاء، نقاء و طهارت در ظاهر و باطن انسان را دارد.

قاعده غنا

هر چیزی که انسان در زندگی خود اعم از اموال و اولاد[۲۰]، کسب می‌کند و یا خود را در جامعه وابسته به آنها می‌داند مانند احزاب و گروه‌ها[۲۱]، فقر قلبی او را پوشش نمی‌دهند و غنا را حاصل نمی‌کنند، زیرا غنا تنها از فضل پروردگار حصول می‌شود و او به هر کس که بخواهد عطا می‌کند[۲۲]. بنابراین تعامل مبتنی بر خلّت زمانی محصول می‌دهد که به غنا منتج گردد. قاعده‌ی غنا نخست تبیین کیستی غنی مطلق[۲۳]، خداوند متعال است و سپس چیستی غناست، که غنای راستین اسیر حرص نبودن است و چرایی آن در عدم تشعیر قلب به اشتغالات زودگذر است[۲۴]، آن-گاه چگونگی غنا مبتنی بر قناعت به قسمت الهی[25] و کسب شایستگی برای تفضل الهی و رضایت او در بخشش غنای قلب[۲۶] رقم می‌خورد.

امنیت

بایسته و شایسته است در جمهوری اسلامی ایران، در طرح‌ریزی حوزه‌ی اقتصاد، مانند سایر حوزه‌های تعلیم و تربیت، سلامت، علم و حکمت، رسانه و هنر و ... از فلسفه‌ی حرص، ایدئولوژی تقابل گرایی و دکترین ثروت که رویه‌های مدرنیستی هستند پرهیز گردد، و رویه‌های اسلامی شامل حکمت خلت، مکتب تعامل و قاعده‌ی غنا مبنای طرح‌ریزی و حاکمیت قرار گیرند

---

[1] - απληστία

[2] - πλεονεξία: the desire to have more

[3] - www.etymonline.com, (word: Greed)

[۴]- مصطفوی، حسن، التحقیق فی کلمات القرآن الکریم، مرکز نشر آثار علامه مصطفوی، جلد ۱، صفحه ۱۹۴

[5]- חמדנות

[۶]- خداوند بادی وزانید که از دریا بلدرچین آورد. بلدرچین‌ها اطراف اردوگاه را از هر طرف به مسافت جند کیلومتر در ارتفاعی قریب یک متر از سطح زمین پر ساختند. بنی اسرائیل تمام آن روز و شب و روز بعد از ان بلدرچین گرفتند. حداقل وزن پرندگانی که هر کس جمع کرده بود قریب سیصد من بود. به منظور خشک کردن بلدرچین‌ها، آن‌ها را در اطراف اردوگاه پهن کردند. ولی به محض ای‌که شروع به خوردن گوشت نمودند، خشم خداوند بر قوم اسرائیل افروخته شد و بلایی سخت نازل کرده، عده‌ی زیادی از آنان را از بین برد. پس آن مکان را قبروت هتاوه یعنی قبرستان حص و ولع نامیدند. چون در آن‌جا

اشخاصی را دفن کردند که برای گوشت و سرزمین مصر حریص شده بودند. عهد عتیق، سفر اعداد، فصل ۱۱، آیه ۳۱ تا ۳۴

[7]- عهد عتیق، کتاب حبقوق، فصل ۲، آیه ۵

[8]- از آنچه با حرص و طمع به چنگ آورده است هرگز ارضاء نخواهد شد. عهد عتیق، کتاب ایوب، فصل ۲۰، آیه ۲۰

[9]- تافلر، آلوین و هیدی، جنگ و پاد جنگ (زنده ماندن در سپیده دم سده‌ی بیست و یکم)، مهدی بشارت مترجم، انتشارات اطلاعات ۱۳۸۵، صفحه ۴۴

[10]- Clark, John B, The Philosophy of Wealth, Boston Published by GIXN & Company 1887 in the Office of the Librarian of Congress, at Washington. Page: 22

[11]- مصطفوی، حسن، التحقیق فی کلمات القرآن الکریم، مرکز نشر آثار علامه مصطفوی، جلد ۳، صفحه ۱۲۰

[12]- محبت اعم از خلّت است و با آن نسبت عموم و خصوص مطلق دارد

[13]- وَ اتَّخَذَ اللَّهُ إِبْراهِيمَ خَلِيلًا، قرآن کریم، سوره نساء، آیه ۱۲۵

[14]- إِنِّي لِما أَنْزَلْتَ إِلَيَّ مِنْ خَيْرٍ فَقِيرٌ، قرآن کریم، سوره قصص، آیه ۲۴

[15]- راغب اصفهانی، حسین بن محمد؛ ترجمه و تحقیق مفردات الفاظ قرآن؛ خسروی حسینی، سید غلامرضا مترجم، نشر مرتضوی، ج ۱، صفحه ۶۲۱

[16]- يا أَيُّهَا الَّذِينَ آمَنُوا أَنْفِقُوا مِمَّا رَزَقْناكُمْ مِنْ قَبْلِ أَنْ يَأْتِيَ يَوْمٌ لا بَيْعٌ فِيهِ وَ لا خُلَّةٌ وَ لا شَفاعَةٌ وَ الْكافِرُونَ هُمُ الظَّالِمُونَ، قرآن کریم، سوره بقره، آیه ۲۵۴

[17]- مَنْ عَمِلَ صالِحاً مِنْ ذَكَرٍ أَوْ أُنْثى وَ هُوَ مُؤْمِنٌ فَلَنُحْيِيَنَّهُ حَياةً طَيِّبَةً، قرآن کریم، سوره نحل،آیه ۹۷

[18]- أَمْ حَسِبَ الَّذِينَ يَعْمَلُونَ السَّيِّئاتِ أَنْ يَسْبِقُونا ساءَ ما يَحْكُمُونَ، قرآن کریم، سوره عنکبوت، آیه ۴

[19]- مصطفوی، حسن، التحقیق فی کلمات القرآن الکریم، مرکز نشر آثار علامه مصطفوی، جلد ۸ صفحه ۲۲۵

[20]- إِنَّ الَّذِينَ كَفَرُوا لَنْ تُغْنِيَ عَنْهُمْ أَمْوالُهُمْ وَ لا أَوْلادُهُمْ مِنَ اللَّهِ شَيْئاً وَ أُولئِكَ هُمْ وَقُودُ النَّارِ، قرآن کریم، سوره آل عمران، آیه ۱۰

- فَما أَغْنى عَنْهُمْ ما كانُوا يَكْسِبُونَ، قرآن کریم، سوره حجر، آیه ۸۴

[21]- وَ نادى أَصْحابُ الْأَعْرافِ رِجالاً يَعْرِفُونَهُمْ بِسِيماهُمْ قالُوا ما أَغْنى عَنْكُمْ جَمْعُكُمْ وَ ما كُنْتُمْ تَسْتَكْبِرُونَ ، قرآن کریم، سوره اعراف، آیه ۴۸

- إِنْ تَسْتَفْتِحُوا فَقَدْ جاءَكُمُ الْفَتْحُ وَ إِنْ تَنْتَهُوا فَهُوَ خَيْرٌ لَكُمْ وَ إِنْ تَعُودُوا نَعُدْ وَ لَنْ تُغْنِيَ عَنْكُمْ فِئَتُكُمْ شَيْئاً وَ لَوْ كَثُرَتْ وَ أَنَّ اللَّهَ مَعَ الْمُؤْمِنِينَ، قرآن کریم، سوره انفال، آیه ۱۹

[22]- يا أَيُّهَا الَّذِينَ آمَنُوا إِنَّمَا الْمُشْرِكُونَ نَجَسٌ فَلا يَقْرَبُوا الْمَسْجِدَ الْحَرامَ بَعْدَ عامِهِمْ هذا وَ إِنْ خِفْتُمْ عَيْلَةً فَسَوْفَ يُغْنِيكُمُ اللَّهُ مِنْ فَضْلِهِ إِنْ شاءَ إِنَّ اللَّهَ عَلِيمٌ حَكِيمٌ ، قرآن کریم، سوره توبه، آیه ۲۱

[23]- يا أَيُّهَا الَّذِينَ آمَنُوا أَنْفِقُوا مِنْ طَيِّباتِ ما كَسَبْتُمْ وَ مِمَّا أَخْرَجْنا لَكُمْ مِنَ الْأَرْضِ وَ لا تَيَمَّمُوا الْخَبِيثَ مِنْهُ تُنْفِقُونَ وَ لَسْتُمْ بِآخِذِيهِ إِلاَّ أَنْ تُغْمِضُوا فِيهِ وَ اعْلَمُوا أَنَّ اللَّهَ غَنِيٌّ حَمِيدٌ ، قرآن کریم،سوره بقره،آیه ۲۶۷

[24]- قَالَ أَبُو جَعْفَرٍ ع مَثَلُ الْحَرِيصِ عَلَى الدُّنْيَا مَثَلُ دُودَةِ الْقَزِّ كُلَّمَا ازْدَادَتْ عَلَى نَفْسِهَا لَفّاً كَانَ أَبْعَدَ لَهَا مِنَ الْخُرُوجِ حَتَّى تَمُوتَ غَمّاً قَالَ وَ قَالَ أَبُو عَبْدِ اللَّهِ ع أَغْنَى الْغِنَى مَنْ لَمْ يَكُنْ لِلْحِرْصِ أَسِيراً وَ قَالَ لَا تُشْعِرُوا قُلُوبَكُمُ الِاشْتِغَالَ بِمَا قَدْ فَاتَ فَتَشْغَلُوا أَذْهَانَكُمْ عَنِ الِاسْتِعْدَادِ لِمَا لَمْ يَأْتِ، عاملی، شیخ حرّ، وسائل الشیعة، نشر آل البیت قم ۱۴۰۴، جلد ۱۶، صفحه ۱۹، باب کراهة الحرص علی الدنیا

[25]- عَلِيُّ بْنُ الْحُسَيْنِ ع قَالَ مَنْ عَمِلَ بِمَا افْتَرَضَ اللَّهُ عَلَيْهِ فَهُوَ مِنْ خَيْرِ النَّاسِ وَ مَنِ اجْتَنَبَ مَا حَرَّمَ اللَّهُ عَلَيْهِ فَهُوَ مِنْ أَعْبَدِ النَّاسِ وَ مَنْ قَنِعَ بِمَا قَسَمَ اللَّهُ لَهُ فَهُوَ مِنْ أَغْنَى النَّاسِ، عاملی، شیخ حرّ، وسائل الشیعة، نشر آل البیت قم ۱۴۰۴، جلد ۱۵، صفحه ۲۵۸، باب وجوب اجتناب المحارم

[26]- وَ كَمْ مِنْ مَلَكٍ فِي السَّماواتِ لا تُغْنِي شَفاعَتُهُمْ شَيْئاً إِلاَّ مِنْ بَعْدِ أَنْ يَأْذَنَ اللَّهُ لِمَنْ يَشاءُ وَ يَرْضى، قرآن کریم، سوره نجم، آیه ۲۶

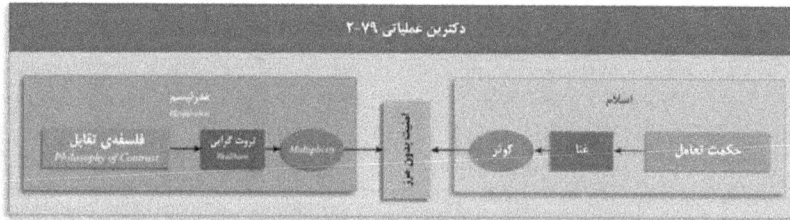

نقشه‌ی راه ۳-۲-۲-۷۹

مدرنیسم

فلسفه‌ی تقابل *Philosophy of Contrast*

مفهوم کنتراست از ترکیب لاتینی[۱] دو واژه‌ی contra و stare به معنای تقابل، رو در رو و مقابل ایستادن است به گونه‌ای که بر تفاوت‌ها پافشاری گردد. تقابلی که در سطح استراتژیک رقم می‌خورد مقابله با خداوند است، در عهد عتیق نخستین مقابله، ایستادگی در برابر امر خدا توسط آدم و حوا به تحریک مار و در جستجوی منفعتی شخصی صورت می‌پذیرد تا حرص و طمعی ارضاء شود[۲]. بنابراین فلسفه‌ی تقابل چیستی و چرایی تقابل را با توجه به وجود تضاد و تفاوت و تحریص در جهت سوء استفاده از آن توضیح می‌دهد، آن‌گاه موجبات خلق ثروت را پدید می‌آورد.

ایدئولوژی ثروت گرایی *Wealthism*

آن‌گاه که اخلاق مرکانتلیستی، حداکثرسازی مطلوبیت را هدف اقتصاد می‌پندارد[۳] و هابز معتقد است ثروت، قدرت است[۴]، ایدئولوژی ثروت‌گرایی موضوعیت می‌یابد، چرا که ارضاء نیاز به قدرت اصلی‌ترین مطلوب بشری می‌باشد[۵] و حداکثرسازی مطلوبیت همان گرایش به تجمع ثروت و کثرت یافتن تصرفات است و در این گرایش تقابل سهمگین تضادها در گونه‌های ارضاء تمایلات قدرت طلبانه اجتناب ناپذیر است.

دکترین تکاثر *Multiplicity*

فلسفه‌ی تقابل مبتنی بر ایدئولوژی ثروت‌گرایی، ناچار به پذیرش دکترین تکاثر است، از این رو دکترین تکاثر، چیستی تکاثر را در طلب کثرت ثروت و تصرفات مادی توضیح می‌دهد و چرایی آن‌را بر اساس لزوم سیویلایز[۶] شدن جامعه تبیین می‌کند، چرا که میزان تکاثر خواسته‌ها و امیال افراد یک جامعه‌ی لیبرال درجه‌ی مدنیّت جامعه و فردیت آن را تعیین می‌نماید. چگونگی تکاثر نیز به سبک زندگی بستگی دارد، سبک زندگی از مدل ساده‌ی یک بشر وحشی تا نوع پیچیده‌ی بشر متمدن، نیازهای ساده و محدود را به سوی نیازهای بی‌نهایت و نامحدود میل می-

دهد، بنابراین تکاثر ثروت در هر مرحله‌ی تمدّن از سبعیت و وحشی‌گری تا مدنی شدن امری اجتناب‌ناپذیر است[۷].

اسلام

حکمت تعامل

واژه‌ی تعامل از ریشه‌ی عمل به معنای فعلی است که از روی قصد و اراده انجام گیرد. عمل اخص از فعل می‌باشد و در افاضات و اظهارات خارجی و ظاهری عامل به اقتضای حالات باطنی او موضوعیت می‌یابد[۸]. حکمت تعامل مبیّن چیستی و چرایی عمل مشترک و همزمان دو عامل برای مبایعه، در رابطه با یکدیگر و مبتنی بر شاکله‌ی[۹] تعامل کننده است و بر اساس نیت عاملان[۱۰] رقم می‌خورد، علاوه بر این به تبیین تعاملی می‌پردازد که شایستگی أجر الهی[۱۱] را داشته باشد.

مکتب غنا

تعاملی که در بیع بر نیت جلب رضایت پروردگار استوار باشد[۱۲]، محوریت آخرت بر تمام همم آن تعامل استیلا دارد، در این صورت خداوند غنا را در قلب تعامل کنندگان قرار می‌دهد و امور آنان را خود به دست می‌گیرد. بنابراین حکمت تعامل در روش شناسی بیع به مکتب غنا می‌انجامد تا قصد کم نمودن نیازهای قلبی و نفسانی تحصیل گردد[۱۳].

قاعده کوثر

تعامل مبتنی بر غنا، کوثر را رقم می‌زند، قاعده‌ی کوثر چیستی آن‌را مبتنی بر جوشش حقیقت کثرت در جریان خیر با سرچشمه-ی ربوبیت الهی تأویل می‌کند، کثرت نعمتی که نه از سر ارضاء خواسته‌های نفس، بلکه از روی غنای نفس تولد و تبلور می‌یابد و چراییش را بر اساس اتّساع خیر در عالم توجیه می‌کند و در چگونگی‌اش لزوم هجرت از ظلمت فانی تکاثر به سوی نور باقی کوثر را تبیین می‌نماید.

امنیت

گرچه طرح‌ریزی در حوزه‌ی روش‌شناسی اقتصاد، در جمهوری اسلامی ایران، مبتنی بر فلسفه‌ی تقابل، ایدئولوژی ثروت گرایی و دکترین تکاثر صورت می‌گیرد، معهذا تقابل این رویه‌ها با رویه‌های اسلامی حکمت تعامل، مکتب غنا و قاعده‌ی کوثر بر کسی پوشیده نیست، فلذا بایسته و شایسته است در اصول و مبانی طرح‌ریزی این حوزه و سایر حوزه‌ها بازنگری جدی صورت پذیرد تا بیع نیز محقق گردد.

---

[1] - .L. contrastare "to withstand," from L contra "against" + sta-"to stand", www.etymoonline.com

[۲]- زن در جواب گفت: « ما اجازه داریم از میوه‌ی همه‌ی درختان بخوریم، به جز میوه‌ی درختی که در وسط باغ است. خدا امر فرموده است که از میوه‌ی آن درخت نخوریم و حتی آن را لمس نکنیم وگرنه می‌میریم». مار گفت: «مطمئن باش نخواهید مرد! بلکه خدا خوب می‌داند زمانی که از میوه‌ی آن درخت بخورید، چشمان شما باز می‌شود و مانند خدا می‌شوید و می‌توانید خوب را از بد تشخیص دهید». عهد عتیق، سفر پیدایش، فصل ۳، آیه ۲و ۳

[3] - Clark, John B, The Philosophy of Wealth, Boston Published by GIXN & Company 1887 in the Office of the Librarian of Congress, at Washington. Page: 57

[4] - Smith, Adam, AN INQUIRY INTO THE NATURE AND CAUSES OF THE WEALTH OF NATIONS, A Penn State Electronic Classics Series Publication, 2005 The Pennsylvania State University, page:31

[5]- Clark, John B, The Philosophy of Wealth, Boston Published by GIXN & Company 1887 in

the Office of the Librarian of Congress, at Washington. Page: 15 & 47 &57&

[6] - Civilize

[۷]- همان صفحه ۴۱ و ۴۲

[۸]- مصطفوی، حسن، التحقیق فی کلمات القرآن الکریم، مرکز نشر آثار علامه مصطفوی، جلد ۸، صفحه ۲۲۵

[۹]- قُلْ كُلٌّ يَعْمَلُ عَلى شاكِلَتِهِ فَرَبُّكُمْ أَعْلَمُ بِمَنْ هُوَ أَهْدى سَبيلاً، قرآن کریم، سوره اسراء، آیه ۸۴

[۱۰]- قال الرسول صلی الله علیه و آله: إِنَّمَا الْأَعْمَالُ بِالنِّيَّاتِ، شیخ طوسی، تهذیب الأحکام، انتشارات دارالکتب الاسلامیه، جلد ۱، صفحه ۸۳

[۱۱]- أُولئِكَ جَزاؤُهُمْ مَغْفِرَةٌ مِنْ رَبِّهِمْ وَ جَنَّاتٌ تَجْري مِنْ تَحْتِهَا الْأَنْهارُ خالِدينَ فيها وَ نِعْمَ أَجْرُ الْعامِلينَ، قرآن کریم، سوره آل عمران، آیه ۱۳۶

[۱۲]- وَ مِنَ النَّاسِ مَنْ يَشْري نَفْسَهُ ابْتِغاءَ مَرْضاتِ اللَّهِ وَ اللَّهُ رَؤُفٌ بِالْعِبادِ، قرآن کریم، سوره بقره، آیه ۲۰۷

[۱۳]- عَنْ أَبِي عَبْدِ اللَّهِ ع قَالَ مَنْ أَصْبَحَ وَ أَمْسَى وَ الدُّنْيَا أَكْبَرُ هَمِّهِ جَعَلَ اللَّهُ تَعَالَى الْفَقْرَ بَيْنَ عَيْنَيْهِ وَ شَتَّتَ أَمْرَهُ وَ لَمْ يَنَلْ مِنَ الدُّنْيَا إِلَّا مَا قَسَمَ اللَّهُ لَهُ وَ مَنْ أَصْبَحَ وَ أَمْسَى وَ الْآخِرَةُ أَكْبَرُ هَمِّهِ جَعَلَ اللَّهُ الْغِنَى فِي قَلْبِهِ وَ جَمَعَ لَهُ أَمْرَهُ، کلینی، شیخ محمد، الکافی، نشر دارالکتب الاسلامیه ۱۳۶۵، جلد۲ باب حب الدنیا و الحرص علیها، صفحه ۳۱۹

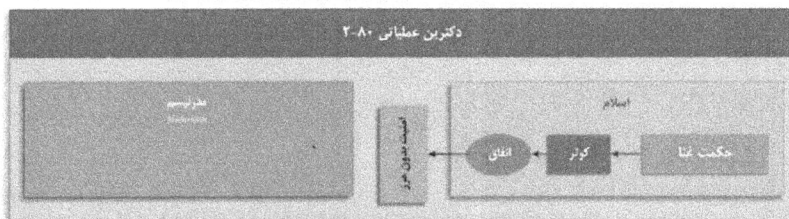

نقشه‌ی راه ۳-۲-۲-۸۰

اسلام

حکمت غنا

غنا ضد فقر و به معنای کم شدن نیاز و احتیاج، تا رسیدن به حد بی‌نیازی نفسانی است، به گونه‌ای که در برآورده شدن احتیاجات، کفایت حاصل شود[۱]. حکمت غنا، حوزه‌ای از حکمت‌های مضاف است که به تبیین چیستی و چرایی غنای انسان از غیر از خدا و فقر روز افزون او و نسبت به خداوند می‌پردازد؛ همچنان‌که شاعر می‌گوید: قد یکثر المال و الانسان مفتقر - مال فراوان می‌شود اما انسان نیازمند[۲]- از این رو تحقیق در نسبت شناسی میان استغناء از ما سوی الله و تحقق غنا در نفس را صورت می‌دهد.

حکمت غنا به کیستی خداوند غنی و حمید می‌پردازد[۳]، که او هر کس را بخواهد غنی می‌کند[۴] و از تفضّل و رحمت خود، فقر او را بر طرف می‌سازد[۵].

مکتب کوثر

غنا و کمینه‌شدن نیازهای نفسانی به کوثر و کثرت جریان خیر می‌انجامد. چنین کثرتی همانند جریان رود از قوام و ثبات[۶] در عین سیالیت برخوردار است. کوثر با باران برکت نمو پیدا می‌کند؛ عطای پروردگار[۷] که حقیقت کثرت از شأن آن است[۸] و بر لوازم فوز و رستگاری دنیوی و أخروی مشتمل است[۹]. از این رو هجرت از ظلمت تکاثر به نور کوثر، گرایش به مکتب کوثر را رغم می‌زند.

قاعده انفاق

غنایی که به کوثر منجر شود به مرحله‌ی انفاق می‌رسد. قاعده‌ی انفاق چیستی گذشتن و خارج کردن از ملکیت را به نحر و انحار[۱۰] تأویل نموده و چرایی آن را در رسیدن به مقام برّ و جامعه‌ی ابرار که از هر آنچه که حبّ می‌ورزند انفاق می‌کنند، توضیح می‌دهد[۱۱]. و در نهایت چگونگی انفاق را بر اساس تضاعف دانه‌ی گندمی‌که رشد می‌کند و هفت خوشه ثمر می‌دهد

و در هر خوشه صد دانه می‌روید[12] توضیح داده، به گونه‌ای که خداوند وعده نموده تمام و کمال به سوی انفاق کننده باز می-گرداند[13].

امنیت

اکنون در جمهوری اسلامی ایران، در روش‌شناسی حوزه‌ی اقتصاد، و سایر حوزه‌ها، حکمت غنا، مکتب کوثر و قاعده‌ی انفاق مورد غفلت جدی واقع گردیده‌اند.

---

[1]- راغب اصفهانی، حسین بن محمد؛ المفردات فی غریب القرآن؛ نشر کتاب، ۱۴۰۴ ق، صفحه ۶۱۵

[2]- یا أَیُّهَا النَّاسُ أَنْتُمُ الْفُقَراءُ إِلَى اللَّهِ وَ اللَّهُ هُوَ الْغَنِیُّ الْحَمیدُ، قرآن کریم، سوره فاطر،آیه ۱۵

[3]- یا أَیُّهَا الَّذینَ آمَنُوا أَنْفِقُوا مِنْ طَیِّباتِ ما کَسَبْتُمْ وَ مِمَّا أَخْرَجْنا لَکُمْ مِنَ الْأَرْضِ وَ لا تَیَمَّمُوا الْخَبیثَ مِنْهُ تُنْفِقُونَ وَ لَسْتُمْ بِآخِذیهِ إِلاَّ أَنْ تُغْمِضُوا فیهِ وَ اعْلَمُوا أَنَّ اللَّهَ غَنِیٌّ حَمیدٌ ، قرآن کریم، سوره بقره، آیه ۲۶۷

[4]- وَ أَنَّهُ هُوَ أَغْنى وَ أَقْنى، قرآن کریم، سوره نجم، آیه ۴۸

[5]- وَ أَنْکِحُوا الْأَیامى مِنْکُمْ وَ الصَّالِحینَ مِنْ عِبادِکُمْ وَ إِمائِکُمْ إِنْ یَکُونُوا فُقَراءَ یُغْنِهِمُ اللَّهُ مِنْ فَضْلِهِ وَ اللَّهُ واسِعٌ عَلیمٌ، قرآن کریم، سوره نور، آیه ۳۲

[6]- الْقَوَامُ وَ ضِدَّهُ الْمُکَاثَرَةُ، کلینی، شیخ محمد، الکافی، نشر دارالکتب الاسلامیه ۱۳۶۵، جلد۱ کتاب العقل و الجهل،صفحه ۲۲

[7]- إِنَّا أَعْطَیْناکَ الْکَوْثَرَ، قرآن کریم، سوره کوثر، آیه ۱

[8]- قرشی، سید علی اکبر، قاموس قرآن، نشر دارالکتب الاسلامیه، جلد ۷، صفحه ۲۸

[9]- مصطفوی، حسن، التحقیق فی کلمات القرآن الکریم، مرکز نشر آثار علامه مصطفوی، جلد ۱۰، صفحه ۲۸

[10]- فَصَلِّ لِرَبِّکَ وَ انْحَرْ، پس برای پروردگار نماز گزار و قربانی کن، قرآن کریم، سوره کوثر، آیه ۲

[11]- لَنْ تَنالُوا الْبِرَّ حَتَّى تُنْفِقُوا مِمَّا تُحِبُّونَ وَ ما تُنْفِقُوا مِنْ شَیْ‌ءٍ فَإِنَّ اللَّهَ بِهِ عَلیمٌ (۹۲

---

[12]- مَثَلُ الَّذینَ یُنْفِقُونَ أَمْوالَهُمْ فی سَبیلِ اللَّهِ کَمَثَلِ حَبَّةٍ أَنْبَتَتْ سَبْعَ سَنابِلَ فی کُلِّ سُنْبُلَةٍ مِائَةُ حَبَّةٍ وَ اللَّهُ یُضاعِفُ لِمَنْ یَشاءُ وَ اللَّهُ واسِعٌ عَلیمٌ ، قرآن کریم، سوره بقره، آیه ۲۶۱

[13]- لَیْسَ عَلَیْکَ هُداهُمْ وَ لکِنَّ اللَّهَ یَهْدی مَنْ یَشاءُ وَ ما تُنْفِقُوا مِنْ خَیْرٍ فَلِأَنْفُسِکُمْ وَ ما تُنْفِقُونَ إِلاَّ ابْتِغاءَ وَجْهِ اللَّهِ وَ ما تُنْفِقُوا مِنْ خَیْرٍ یُوَفَّ إِلَیْکُمْ وَ أَنْتُمْ لا تُظْلَمُونَ ، قرآن کریم،سوره بقره، آیه ۲۷۱

دکترین عملیاتی ۸۱-۲
اسلام
حکمت کوثر
انفاق
زکات

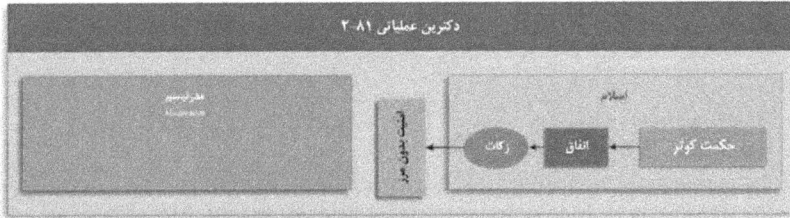

نقشه‌ی راه ۳-۲-۲-۸۱

اسلام

حکمت کوثر

کوثر[۱] از ماده‌ی کثر به معنای ازدیاد و نمو پیدا کردن در کمیّت است، اما کوثر بر وزن فوعل، دلالت بر فراوانی بسیار چیزی می-کند و به معنای غبار در هم پیچیده و زیاده از حد است و به رود بزرگی در بهشت اطلاق می‌شود که به نهرهای کوچکتر منشعب می‌گردد، اما به طورکلی از کوثر به خیر کثیر تعبیر می‌شود[۲]. کوثر، کثیر معطوف به حق است و در تقابل با تکاثر است. حکمت کوثر در رهانیده‌شدن از ظلمت تکاثر[۳] و هجرت به نور کوثر است. کوثر انشعاب جریان و سیالیّت خیر است، هم ظاهرش نعمت است و هم باطنش، و تکاثر، ظاهرش ثروت و رفاه است، اما باطنش عذاب الهی است[۴].

« تا از تکاثر نرهی به کوثر نرسی »[۵]

مکتب انفاق

حکمت کوثر با مکتب انفاق، بتارت و انقطاع را دور نموده، ثبات یافته و باقی می‌گردد[۶]. خداوند با انفاقی که از آن‌چه بندگان را استخلاف نموده صورت می‌پذیرد[۷]، میان قلوب مؤمنین را الفت ایجاد می‌کند[۸] و جامعه‌ی احسانی را تحقق می‌بخشد[۹]. چنین جماعتی با انفاق، تقوای الهی را برپا ساخته و از شُحِّ نفس که جمع کننده‌ی حرص و بخل با یکدیگرست، خود را حفظ کرده و مصون می‌دارد[۱۰].

قاعده زکات

حکمت کوثر، از برتافتن مکتب انفاق، قاعده‌ی زکات را صورت می‌دهد. از آن‌جا که پیامبر اکرم صلی الله علیه و آله می-فرمایند: برای هر چیزی زکات مترتب است[۱۱]، حکمت زکات چیستی اخراج زکات را از متعلّقات و اموال مؤمنین مبتنی بر تزکیه‌ی نفس بیان نموده و چرایی آن را در تبرک حیات طیبه می-جوید[۱۲]، سپس در توضیح چگونگی زکات، به شقوقی در تزکیه‌ی

متعلّقات مادی و معنوی می‌پردازد، به گونه‌ای که زکات علم، در نشر و بذل آن به مستحقش و جهاد نفس در عمل به علم[۱۳]، زکات عقل، در تحمل جهال[۱۴]، زکات بدن، در جهاد و روزه[۱۵]، زکات صحّت و تندرستی، در طاعت الهی[۱۶]، زکات ظفر و پیروزی، در احسان، عفو و بخشش[۱۷]، زکات شرف، در تواضع[۱۸]، زکات جمال، در عفاف[۱۹]، زکات شجاعت، در جهاد فی سبیل الله[۲۰]، زکات حاکم و سلطان، در فریادرسی از ستمدیده و بیچاره[۲۱]، زکات قدرت، در انصاف و عفو[۲۲]، زکات جاه و مقام، در بذل و بخشش[۲۳]، زکات نعمت‌ها، در بخشش و عمل معروف[۲۴]، زکات مال، در فضل رساندن به دیگران[۲۵]، زکات توانگری، در نیکی با همسایگان و صله‌ی ارحام[۲۶] و زکات حلم و صبر، در تحمّل نمودن[۲۷]، قرار داده است.

امنیت

بایسته و شایسته است رویه‌های حکمت کوثر، مکتب انفاق و قاعده‌ی زکات در طرح ریزی حوزه اقتصاد مورد مداقه جدی واقع شوند.

۱- إِنَّا أَعْطَيْنَاكَ الْكَوْثَرَ، قرآن کریم، سوره کوثر، آیه ۱

۲- راغب اصفهانی، حسین بن محمد؛ المفردات فی غریب القرآن؛ نشر کتاب، ۱۴۰۴ ق، صفحه ۷۰۳

۳- أَلْهَاكُمُ التَّكَاثُرُ، قرآن کریم، سوره تکاثر، آیه ۱

۴- فَلا تُعْجِبْكَ أَمْوالُهُمْ وَ لا أَوْلادُهُمْ إِنَّما يُرِيدُ اللَّهُ لِيُعَذِّبَهُمْ بِها فِي الْحَياةِ الدُّنْيا وَ تَزْهَقَ أَنْفُسُهُمْ وَ هُمْ كافِرُونَ ، قرآن کریم، سوره توبه، آیه ۵۵، نقل از سخنان آیت الله جوادی آملی در دیدار با جمعی از پرسنل ارشد صنایع هوا و فضای سازمان صنایع دفاع ۱۳۹۰/۶/۲۹

۵- رضایی بیرجندی، علی، تکاثر طلبی و کوثر گرایی، انتشارات نور گستر قم، طلیعه‌ی کلام به نقل از آیت الله جوادی آملی

۶- إِنَّا أَعْطَيْنَاكَ الْكَوْثَرَ (۱)، فَصَلِّ لِرَبِّكَ وَ انْحَرْ (۲)، إِنَّ شانِئَكَ هُوَ الْأَبْتَرُ (۳)، قرآن کریم، سوره کوثر

۷- آمِنُوا بِاللَّهِ وَ رَسُولِهِ وَ أَنْفِقُوا مِمَّا جَعَلَكُمْ مُسْتَخْلَفِينَ فِيهِ فَالَّذِينَ آمَنُوا مِنْكُمْ وَ أَنْفَقُوا لَهُمْ أَجْرٌ كَبِيرٌ ، قرآن کریم، سوره حدید، آیه ۷

۸- وَ أَلَّفَ بَيْنَ قُلُوبِهِمْ لَوْ أَنْفَقْتَ ما فِي الْأَرْضِ جَمِيعاً ما أَلَّفْتَ بَيْنَ قُلُوبِهِمْ وَ لكِنَّ اللَّهَ أَلَّفَ بَيْنَهُمْ إِنَّهُ عَزِيزٌ حَكِيمٌ، قرآن کریم، سوره انفال، آیه ۶۳

۹- وَ أَنْفِقُوا فِي سَبِيلِ اللَّهِ وَ لا تُلْقُوا بِأَيْدِيكُمْ إِلَى التَّهْلُكَةِ وَ أَحْسِنُوا إِنَّ اللَّهَ يُحِبُّ الْمُحْسِنِينَ ، قرآن کریم، سوره بقره، آیه ۱۹۵

- الَّذِينَ يُنْفِقُونَ فِي السَّرَّاءِ وَ الضَّرَّاءِ وَ الْكاظِمِينَ الْغَيْظَ وَ الْعافِينَ عَنِ النَّاسِ وَ اللَّهُ يُحِبُّ الْمُحْسِنِينَ ، قرآن کریم، سوره آل عمران، آیه ۱۳۴

۱۰- فَاتَّقُوا اللَّهَ مَا اسْتَطَعْتُمْ وَ اسْمَعُوا وَ أَطِيعُوا وَ أَنْفِقُوا خَيْراً لِأَنْفُسِكُمْ وَ مَنْ يُوقَ شُحَّ نَفْسِهِ فَأُولئِكَ هُمُ الْمُفْلِحُونَ ، قرآن کریم،سوره تغابن،آیه ۱۶

۱۱- لِكُلِّ شَيْءٍ زَكَاةٌ، کلینی، شیخ محمد، الکافی، نشر دارالکتب الاسلامیه ۱۳۶۵، جلد۴، صفحه ۶۲

۱۲- وَ جَعَلَنِي مُبارَكاً أَيْنَ ما كُنْتُ وَ أَوْصانِي بِالصَّلاةِ وَ الزَّكاةِ ما دُمْتُ حَيًّا، قرآن کریم، سوره مریم، آیه ۳۱

۱۳- زكاة العلم بذله لمستحقه و إجهاد النفس في العمل به، تمیمی آمدی، عبدالواحدابن محمد، غررالحکم و دررالکلم، انتشارات دفتر تبلیغات قم ۱۳۶۶، ص ۴۴

۱۴- لكل شيء زكاة و زكاة العقل احتمال الجهال، تمیمی آمدی، عبدالواحدابن محمد، غررالحکم و دررالکلم، انتشارات دفتر تبلیغات قم ۱۳۶۶، ص ۵۶

۱۵- زكاة البدن الجهاد و الصيام ، تمیمی آمدی، عبدالواحدابن محمد، غررالحکم و دررالکلم، انتشارات دفتر تبلیغات قم ۱۳۶۶، ص ۱۷۶

۱۶- زكاة الصحة السعي في طاعة الله، تمیمی آمدی، عبدالواحدابن محمد، غررالحکم و دررالکلم، انتشارات دفتر تبلیغات قم ۱۳۶۶، ص ۸۱

۱۷- العفو زكاة الظفر، تمیمی آمدی، عبدالواحدابن محمد، غررالحکم و دررالکلم، انتشارات دفتر تبلیغات قم ۱۳۶۶، ص ۳۳۴

- زكاة الظفر الإحسان، تمیمی آمدی، عبدالواحدابن محمد، غررالحکم و دررالکلم، انتشارات دفتر تبلیغات قم ۱۳۶۶، ص ۲۴۵

۱۸- التواضع زكاة الشرف، تمیمی آمدی، عبدالواحدابن محمد، غررالحکم و دررالکلم، انتشارات دفتر تبلیغات قم ۱۳۶۶، ص۲۴۸

۱۹- زكاة الجمال العفاف، تمیمی آمدی، عبدالواحدابن محمد، غررالحکم و دررالکلم، انتشارات دفتر تبلیغات قم ۱۳۶۶، ص۲۵۵

[20]- زكاة الشجاعة الجهاد فی سبیل الله، تمیمی آمدی، عبدالواحدابن محمد، غررالحکم و دررالکلم، انتشارات دفتر تبلیغات قم ۱۳۶۶، ص ۳۳۳

[21]- زكاة السلطان إغاثة الملهوف، تمیمی آمدی، عبدالواحدابن محمد، غررالحکم و دررالکلم، انتشارات دفتر تبلیغات قم ۱۳۶۶، ص ۳۴۱

[22]- زكاة القدرة الإنصاف، العفو زكاة القدرة، تمیمی آمدی، عبدالواحدابن محمد، غررالحکم و دررالکلم، انتشارات دفتر تبلیغات قم ۱۳۶۶، ص ۳۴۲

[23]- زكاة الجاه بذله، تمیمی آمدی، عبدالواحدابن محمد، غررالحکم و دررالکلم، انتشارات دفتر تبلیغات قم ۱۳۶۶، ص ۳۷۵

[24]- بذل العطاء زكاة النعماء، تمیمی آمدی، عبدالواحدابن محمد، غررالحکم و دررالکلم، انتشارات دفتر تبلیغات قم ۱۳۶۶، ص ۳۸۱

- المعروف زكاة النعم، تمیمی آمدی، عبدالواحدابن محمد، غررالحکم و دررالکلم، انتشارات دفتر تبلیغات قم ۱۳۶۶، ص ۲

[25] - زكاة المال الإفضال، تمیمی آمدی، عبدالواحدابن محمد، غررالحکم و دررالکلم، انتشارات دفتر تبلیغات قم ۱۳۶۶، ص ۲

[26]- زكاة اليسار بر الجيران و صلة الأرحام، تمیمی آمدی، عبدالواحدابن محمد، غررالحکم و دررالکلم، انتشارات دفتر تبلیغات قم ۱۳۶۶، ص ۴۰۵

[27]- زكاة الحلم الاحتمال، تمیمی آمدی، عبدالواحدابن محمد، غررالحکم و دررالکلم، انتشارات دفتر تبلیغات قم ۱۳۶۶، ص ۴۲۰

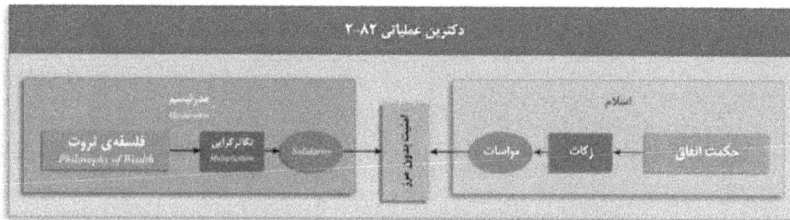

نقشه‌ی راه ۳-۲-۲-۸۲

مدرنیسم

فلسفه‌ی ثروت *Philosophy of Wealth*

مفهوم wealth به معنای موفقیت و کامیابی[1] در فراوان و پروار نمودن تصرفات است[2]. واژه‌ی عربی ثروت که در مقابل wealth به کار می‌رود، از ماده‌ی ثَرْو، دلالت بر نمو و تکثر یافتن ماده می‌کند و عمدتاً نیز به اموال اطلاق می‌شود[3]. بر همین اساس بنیادی‌ترین مفهوم پایه در علم اقتصاد، مفهوم ثروت است، با این وجود هر چه زمان به جلو می‌رود، تلقی از ثروت در هر عصر با عصر ماقبل خود متمایز می‌گردد، اما به طور کلی ثروت در انگاره‌های کامیابی ساکسونی[4] شرایطی از خوشبختی است که خواسته‌های یک فرد به خوبی در نسبت با استانداردهای غالب آن عصر تأمین شود[5]. در آموزه‌های یهود نیز، ثروت دنیوی به عنوان امری ممدوح شناخته شده[6] و نهایتی بر آن مترتب نیست[7]، به گونه‌ای که کسب ثروت به هر وجه، موجبات توجیهی بر ابزار کسب آن بوده و به کلیتِ مشروعیت آن در قیود مذهبی توجه ویژه‌ای صورت نمی‌گیرد، هم‌چنان که لوط مطرح در کتب عهد عتیق برای به دست آوردن ثروت در شهر گناه سدوم ساکن شد[8]. بنابراین فلسفه‌ی ثروت، چیستی ثروت را بر تکثیر و ازدیاد در تجمّع متصرفات تبیین کرده و چرایی آن را بر اساس ارضاء خواسته‌ها و تمایلات بشر تدقیق می‌سازد.

ایدئولوژی تکاثرگرایی *Multiplicitism*

کثرت یافتن خواسته‌های انسان، به تکاثر ثروت می‌انجامد، لذا فلسفه‌ی ثروت در تکاثرگرایی ظهور و بروز پیدا می‌کند، نکته‌ی حائز اهمیت این است که خواسته‌ها به سادگی تکاثر و تکثّر نمی‌یابند، بلکه نخست روانی‌سازی[9] می‌شوند، به این معنا که هر نیاز جدید در هر زمینه‌ای ابتدا به عنوان یک نیاز روانی قلمداد می‌گردد، سپس امیال بشر به ارضاء آن‌ها سوق پیدا کرده، آن‌گاه این امیال به گسترش نیازها دامن می‌زند. محصول کنش اخیر در روند مذکور، گرایش به تکاثر را منجر می‌شود[10].

دکترین سولیداریتی *Solidarity*

فلسفه‌ی ثروت برای بقاء و تداوم ایدئولوژی تکاثرگرایی، ناگزیر است به دکترین سولیداریتی یا مسئولیت متقابل منتج گردد. بنابراین دکترین سولیداریتی، چیستی مسئولیت متقابل را با توجه به تضاد منافع در زندگی اشتراکی یا عمومی بشر تبیین نموده، چرایی چنین احساسی را که بُعد اموشنال او بر آن حاکم است را مبتنی بر بقاء تکاثر ثروت ابعادشناسی می‌نماید. آن‌گاه چگونگی گسترش احساس مسئولیت متقابل در به اشتراک‌گذاری بخشی از دارایی را در توسعه‌ی هیجانی و اموشنال و نه اینتلکچوال تدقیق می‌نماید.

اسلام

حکمت انفاق

انفاق از ماده‌ی نفق، از یک منظر انقطاع از چیزی و گذشتن از آن و از منظر دیگر اغماض و اخفاء چیزی را می‌رساند. در هر دو صورت، مفهوم خروج در فحوای نفق، مد نظر است[۱۱]. اما مراد از انفاق در روش شناسی بیع، بر معنای نخست دلالت می‌کند. از این رو حکمت انفاق، چیستی عمل خارج شدن مال از ملکیت اعتباری یک شخص و پرداخت نمودن هر خیری که خداوند بنده را در آن خلیفه‌ی خویش قرار داده است، (برای جلب رضای خداوند به گونه‌ای که دیگر تنها نزد فرد نماند و به واجدین آن انتقال دهد)[۱۲]، تحت عنوان انفاق تبیین می‌نماید. سپس چرایی آن‌را مبتنی بر هدایت خداوند و خیر نفس در رفع تعلّق از ماسوی الله و ازاله‌ی حبّ الدنیا توجیه نموده و وعده می‌دهد هر اخراجی که به وسیله‌ی انفاق صورت گیرد، به انفاق کننده، تمام و کمال بازگردانده می‌شود[۱۳].

انفاق فرایند بیع محسوب می‌گردد[۱۴]؛ بر این اساس ستون مبایعه بر خروج اموال و داشته‌هایی که خداوند به مؤمنین امانت داده است، استوار است.

مکتب زکات

حکمت انفاق با مکتب زکات تجلّی می‌یابد. خداوند در آن‌چه که بندگان را خلیفه‌ی خود قرار داد، زکات را واجب نمود تا مؤمنین با اخراج زکات، از شُحّ نفس خویش که جمع کننده‌ی طمع، حرص و بخل با یکدیگر است، حفظ شده[۱۵] و توسط خداوند که از فضلش هر کس را بخواهد مزّکی می‌نماید، تزکیه شوند[۱۶].

حضرت علی علیه السلام در بیان چارچوب این مکتب می‌فرمایند: «پس برای مسلمانان ، زکات با نماز وسیله تقرب و نزدیکی به خداوند قرار داده شده، هر که آن را به میل و رغبت و با طیب نفس اداء نماید، برای او کفاره گناهان و مانع و نگهدارنده از آتش دوزخ است. نباید کسی که زکات را پرداخت کرد به یاد آن باشد و آن را برای خود ضرر بداند و اندوه به خود راه دهد و کسی که آن را از روی بی میلی ادا کند و به آن چه که از آن برتر است امیدوار باشد، پس او به سنت پیامبر اکرم صلی الله علیه و آله جهل ورزیده، به اجری نمی‌رسد و عملش گمراهی همراه با پشیمانی طولانی است»[۱۷].

قاعده مواسات

حکمت انفاق در مکتب زکات به قاعده‌ی مواسات منتج می‌گردد. قاعده‌ی مواسات چیستی همدردی و یاری نمودن هم‌نوعان را در ترجیح دیگران به منافع خود دانسته، چرایی آن را مبتنی بر گسترش اُخوت میان مسلمین رقم زده و چگونگی مواسات را در سهیم قرار دادن ایشان در مال و ثروت خویش تبیین می‌نماید.

امنیت

اکنون در جمهوری اسلامی ایران، در روش‌شناسی حوزه‌ی اقتصاد، و سایر حوزه‌ها، رویه‌های مدرنیستی فلسفه ثروت، ایدئولوژی تکاثرگرایی و دکترین سولیداریتی مبنا قرار گرفته اند و رویه‌های اسلامی حکمت انفاق، مکتب زکات و قاعده‌ی مواسات مورد غفلت جدی واقع گردیده‌اند.

---

[1] - weal

[2] - "prosperity in abundance of possessions or riches", www.etymonline.com

[3]- مصطفوی، حسن، التحقیق فی کلمات القرآن الکریم، مرکز نشر آثار علامه مصطفوی، جلد ۲، صفحه ۱۵

[4] - Saxon Weal

[5]- Clark, John B, The Philosophy of Wealth, Boston Published by GIXN & Company 1887 in the Office of the Librarian of Congress, at Washington. Page: 3

[6]- او چنین کرد تا شما هیچ گاه تصور نکنید که با قدرت و توانایی خودتان ثروتمند شدید. همیشه به خاطر داشته باشید که خداوند، خدایتان است که توانایی ثروتمند شدن را به شما می‌دهد. او این کار را می‌کند تا وعده‌ای را که به پدرتان داد، به جا آورد. عهد عتیق، سفر تثنیه، فصل ۸ آیه ۱۷ و ۱۸

[7]- هر روز بر دارایی اسحاق افزوده می‌شد و طولی نکشید که او مرد بسیار ثروتمندی شد. عهد عتیق، سفر پیدایش، فصل ۲۵، آیه ۱۳

- ابرام بسیار ثروتمند بود. او طلا و نقره و گله‌های فراوانی داشت، عهد عتیق، سفر پیدایش، فصل ۱۳، آیه ۳

- بدین ترتیب یعقوب بسیار ثروتمند شد و صاحب کنیزان و غلامان، گله‌های بزرگ، شترها و الاغ‌های زیادی گردید. عهد عتیق، سفر پیدایش، فصل ۳۰، آیه۴۳

[8]- ابرام و لوط به علت داشتن گله‌های بزرگ نمی‌توانستند با هم در یک جا ساکن شوند، زیرا برای گله‌هایشان چراگاه کافی وجود نداشت و بین چوپانان ابرام و لوط نزاع در می‌گرفت. پس ابرام به لوط گفت ما قوم و خویش هستیم و چوپانان ما نباید با یکدیگر نزاع کنند. مصلحت در این است که از هم جدا شویم. اینک دشتی وسیع پیش روی ماست. هر سمتی را که می‌خواهی انتخاب کن و من هم به سمت مقابل تو خواهم رفت. اگر به طرف چپ بروی، من به طرف راست می‌روم و اگر طرف راست را انتخاب کنی، من به سمت چپ می‌روم. آنگاه لوط نگاهی به اطراف انداخت و تمام دره رود اردن را از نظر گذراند. همه‌ی آن سرزمین تا صوغر، چون باغ عدن و مصر سرسبز بود. لوط تمام دره-ی اردن را برگزید و به طرف شرق کوچ کرد. بدین طریق او و ابرام از یکدیگر جدا شدند. پس ابرام در زمین کنعان ماند و لوط به طرف شهرهای دره‌ی اردن رفت و در نزدیکی سدوم ساکن شد. مردمان شهر سدوم بسیار فاسد بودند و نسبت به خداوند گناه می‌ورزیدند. عهد عتیق، سفر پیدایش، فصل ۱۳، آیه ۵ تا ۱۳

[9] - they are spiritualized

[10] - Clark, John B, The Philosophy of Wealth, Boston Published by GIXN & Company 1887 in the Office of the Librarian of Congress, at Washington. Page: 42

[11]- مصطفوی، حسن، التحقیق فی کلمات القرآن الکریم، مرکز نشر آثار علامه مصطفوی، جلد ۱۲، صفحه ۲۰۶

[12]- يَسْئَلُونَكَ ما ذا يُنْفِقُونَ قُلْ ما أَنْفَقْتُمْ مِنْ خَيْرٍ فَلِلْوالِدَيْنِ وَ الْأَقْرَبِينَ وَ الْيَتامى وَ الْمَساكِينِ وَ ابْنِ السَّبِيلِ وَ ما تَفْعَلُوا مِنْ خَيْرٍ فَإِنَّ اللَّهَ بِهِ عَلِيمٌ، قرآن کریم، سوره بقره، آیه ۲۱۵

[13]- لَيْسَ عَلَيْكَ هُداهُمْ وَ لكِنَّ اللَّهَ يَهْدِي مَنْ يَشاءُ وَ ما تُنْفِقُوا مِنْ خَيْرٍ فَلِأَنْفُسِكُمْ وَ ما تُنْفِقُونَ إِلاَّ ابْتِغاءَ وَجْهِ اللَّهِ وَ ما تُنْفِقُوا مِنْ خَيْرٍ يُوَفَّ إِلَيْكُمْ وَ أَنْتُمْ لا تُظْلَمُونَ، قرآن کریم، سوره بقره، آیه ۲۷۲

[14]- يا أَيُّهَا الَّذِينَ آمَنُوا أَنْفِقُوا مِمَّا رَزَقْناكُمْ مِنْ قَبْلِ أَنْ يَأْتِيَ يَوْمٌ لا بَيْعٌ فِيهِ وَ لا خُلَّةٌ وَ لا شَفاعَةٌ وَ الْكافِرُونَ هُمُ الظَّالِمُونَ ، قرآن کریم، سوره بقره، آیه ۲۵۴

[15]- من أدى زكاة ماله وقى شح نفسه، تمیمی آمدی، عبدالواحدابن محمد، غررالحکم و دررالکلم، انتشارات دفتر تبلیغات قم ۱۳۶۶، ص ۳۹۸

[16]- يا أَيُّهَا الَّذِينَ آمَنُوا لا تَتَّبِعُوا خُطُواتِ الشَّيْطانِ وَ مَنْ يَتَّبِعْ خُطُواتِ الشَّيْطانِ فَإِنَّهُ يَأْمُرُ بِالْفَحْشاءِ وَ الْمُنْكَرِ وَ لَوْ لا فَضْلُ اللَّهِ عَلَيْكُمْ وَ رَحْمَتُهُ ما زَكى مِنْكُمْ مِنْ أَحَدٍ أَبَداً وَ لكِنَّ اللَّهَ يُزَكِّي مَنْ يَشاءُ وَ اللَّهُ سَمِيعٌ عَلِيمٌ ، قرآن کریم، سوره نور، آیه ۲۱

- أَ لَمْ تَرَ إِلَى الَّذِينَ يُزَكُّونَ أَنْفُسَهُمْ بَلِ اللَّهُ يُزَكِّي مَنْ يَشاءُ وَ لا يُظْلَمُونَ فَتِيلاً، قرآن کریم، سوره نساء،آیه ۴۹

[17]- ثُمَّ إِنَّ الزَّكَاةَ جُعِلَتْ مَعَ الصَّلَاةِ قُرْبَاناً لِأَهْلِ الْإِسْلَامِ فَمَنْ أَعْطَاهَا طَيِّبَ النَّفْسِ بِهَا فَإِنَّهَا تُجْعَلُ لَهُ كَفَّارَةً وَ مِنَ النَّارِ حِجَازاً وَ وِقَايَةً فَلَا يُتْبِعَنَّهَا أَحَدٌ نَفْسَهُ وَ لَا يُكْثِرَنَّ عَلَيْهَا لَهَفَهُ فَإِنَّ مَنْ أَعْطَاهَا غَيْرَ طَيِّبِ النَّفْسِ بِهَا يَرْجُو بِهَا مَا

هُوَ أَفْضَلُ مِنْهَا فَهُوَ جَاهِلٌ بِالسُّنَّةِ مَغْبُونُ الْأَجْرِ ضَالُّ الْعَمَلِ طَوِيلُ النَّدَم، سيد
رضی، نهج البلاغه، انتشارات دارالهجره قم، صفحه۳۱۷

دکترین عملیاتی ۸۳-۲

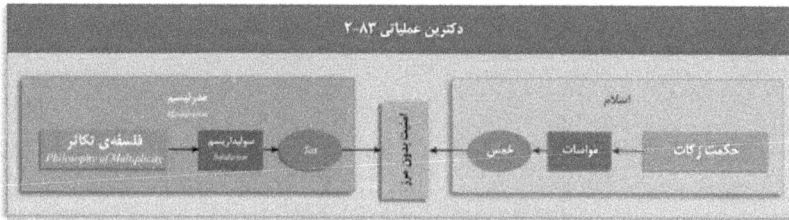

نقشه‌ی راه ۳-۲-۲-۸۳

مدرنیسم

فلسفه‌ی تکاثر *Philosophy of Multiplicity*

مفهوم Multiplicity برگرفته از Multiplicitas لاتینی به معنای تکاثر و طلب کثرت در داشتن چیزی است[۱]. تکاثر ثروت در کتب عهد عتیق ممدوح است و بنی اسرائیل به این امر مداومت می‌ورزیدند[۲]. در مبانی اقتصاد مدرن، هرچیزی که میل به تفاخر مرکانتلیستی را رقم می‌زند، در اخلاقیات اصیل ریشه دارد و روشن است که عشق به قدر داشتن و ارزشمندی شخصی، علّت تکاثر در ثروت است[۳]. لذا فلسفه‌ی تکاثر، چیستی تکاثر را ابتدا در دامن زدن به کثرت نیازها و سپس تکاثر ثروت می‌انگارد. آن‌گاه چرایی آن را بر اساس حبّ بشر نسبت به ارزشمندی ذات خود، مبتنی بر ارزش‌های مادی در لزوم سیویلایز یا متمدن شدن جامعه تدقیق می‌نماید.

ایدئولوژی سولیداریسم *Solidarism*

پرداختن محض به تکاثر ثروت، زندگی عمومی و اجتماعی را مخدوش می‌سازد، لذا از سازو کار تفکری که بتواند تضاد منافع بشر را در کنار تکاثر ثروت کنترل نماید به سولیداریسم تعبیر می‌گردد، از این رو امیل دورکهایم[۴] به عنوان اندیشمند سیاست اشتراکی[۵]، سولیداریسم را بر اساس انواع جوامع اشتراکی، از ساده‌ترین نوع یا همان اشتراک قبیله‌ای تا نوع پیچیده‌ی جوامع، به دو طیف سولیداریسم مکانیکی و سولیداریسم ارگانیکی تقسیم می‌نماید[۶].

نکته‌ی حائز اهمیت این است که سولیداریتی یا احساس مسئولیت متقابل بدون توسعه‌ی هیجانات[۷] امکان پذیر نیست، به گونه‌ای که بی توجهی به هیجانات، نسبت به نیازهای دیگران، بی‌تفاوتی ایجاد می‌کند[۸].

دکترین مالیات *Tax*

فلسفه‌ی تکاثر مبتنی بر ایدئولوژی سولیداریسم به دکترین مالیات منتج می‌شود. دکترین مالیات از این منظر به تبیین چیستی، چرایی و چگونگی «پرداخت مالیات اجباری، به گونه‌ای که با احساس مسئولیت متقابل توسط اشخاص همراه باشد، به دولتی که منابع ثروت را بازتوزیع نماید»، می‌پردازد؛ این در حالی است که بالابردن احساس مسئولیت در مردم منجر به کمرنگ شدن میزان ضرورت اجبار و زور حکومت برای دریافت مالیات در میان مردم می‌گردد.

اسلام

حکمت زکات

مفهوم زکات از واژگان معرب قرآن بشمار می‌رود و با دو مفهوم نمو و طهارت قرین است. زکات به معنای زرعی است که از خاک خروج کرده، رشد و نمو می‌کند و طهارت در حیات را به ارمغان می‌آورد[۹]. بنابر این معنا، حکمت زکات، نخست چیستی خروج را به جهت تنحیه‌ی[۱۰] چیزی‌که حق انسان نیست، تبیین می‌نماید و اعطای مال را صورت عینی زکات توسط مؤمنین تلقی می‌کند[۱۱]، تا آن‌جا که آن را از مصادیق ایمان و ایقان بر می‌شمارد[۱۲]، سپس چرایی زکات را در تزکیه، تطهیر و تقدیم خیر برای نفس انسان نزد خداوند[۱۳]، همچنین رسیدن به مقام فلاح معرفی می‌نماید[۱۴].

مکتب مواسات

حکمت زکات مکتب مواسات را بر می‌تابد. غمخواری و شریک قراردادن مردم در اموال خویش برترین و محکم‌ترین اعمال به شمار می‌رود. این مکتب به گونه‌ای بسط دهنده‌ی زکات است که نه تنها مال شخص را تزکیه نموده بلکه أخوت را از طریق اشاعه‌ی حس همدلی و غمخواری میان مسلمین گسترش می‌دهد[۱۵].

قاعده‌ی خمس

حکمت زکات در مکتب مواسات با قاعده‌ی خمس به کمال می‌رسد. چیستی خمس بر مبنای اخراج یک پنجم هر چیزی که به ملکیت فرد در آمده و فایده و استفاده‌ی مردم بر آن مترتب است[۱۶]، تبیین شده و چرایی آن در تولای ولایت الله تدقیق. همچنین چگونگی آن در بستری از عدل و احسان مطابق امر خداوند به ایتاء خمس و اختصاص به اقربین پیامبر صل الله علیه و آله، ایتام و مساکین و در راه‌ماندگان بیان شده است[۱۷].

امنیت

اکنون در مبانی فکری اقتصاد جمهوری اسلامی ایران فلسفه‌ی تکاثر،ایدئولوژی سولیداریسم و دکترین مالیات نمود بارزی دارند. از این رو شایسته و بایسته است حکمت زکات، مکتب مواسات و قاعده‌ی خمس از پرده‌ی غفلت مبانی تفکری خارج گردند. همان کس که مال خود را (در راه خدا) می‌بخشد تا پاک شود.

---

[1]. www.etymonline.com

[۲]. پس بنی اسرائیل در سرزمین مصر در ناحیه‌ی جوشن ساکن شدند و بر تعداد و ثروت آن‌ها پیوسته افزوده می‌شد. عهد عتیق، سفر پیدایش، فصل ۴۷، آیه ۲۷

- شخص ثروتمند دوستان بسیاری پیدا می‌کند اما وقتی کسی فقیر می‌شود هیچ دوستی برایش باقی نمی‌ماند. عهد عتیق، کتاب امثال، فصل ۱۹، آیه ۴

[3]. Clark, John B, The Philosophy of Wealth, Boston Published by GIXN & Company 1887 in the Office of the Librarian of Congress, at Washington. Page: 47

[4]. David Émile Durkheim (1858 –1917)

[5]. Sociopolitics

[6]. Donald M. Borchert (Editor in Chief), Encyclopedia of Philosophy, Second Edition, New York, Macmillan Reference 2003, page: 2467

[7]. Development of Emotions

[8]. Walker Melanie and Elaine, Amartya Sen's Capability Approach and Social Justice in Education, First published in 2007 by PALGRAVE MACMILLAN™, New York, p:189

[9]. مصطفوی، حسن، التحقیق فی کلمات القرآن الکریم، مرکز نشر آثار علامه مصطفوی، جلد ۴، صفحه ۳۳۸

[10]. دور کردن

[11]. الَّذی یُؤْتی مالَهُ یَتَزَکَّی، قرآن کریم، سوره لیل، آیه ۱۸

[12]. وَ الْمُؤْمِنُونَ وَ الْمُؤْمِناتُ بَعْضُهُمْ أَوْلِیاءُ بَعْضٍ یَأْمُرُونَ بِالْمَعْرُوفِ وَ یَنْهَوْنَ عَنِ الْمُنْکَرِ وَ یُقیمُونَ الصَّلاةَ وَ یُؤْتُونَ الزَّکاةَ وَ یُطیعُونَ اللَّهَ وَ رَسُولَهُ أُولئِکَ سَیَرْحَمُهُمُ اللَّهُ إِنَّ اللَّهَ عَزیزٌ حَکیمٌ، قرآن کریم، سوره توبه، آیه ۷۱

- مردان و زنان باایمان، ولیّ (و یار و یاور) یکدیگرند امر به معروف، و نهی از منکر می‌کنند نماز را برپا می‌دارند و زکات را می‌پردازند و خدا و رسولش را اطاعت می‌کنند بزودی خدا آنان را مورد رحمت خویش قرار می‌دهد خداوند توانا و حکیم است! (۷۱)

- الَّذینَ یُقیمُونَ الصَّلاةَ وَ یُؤْتُونَ الزَّکاةَ وَ هُمْ بِالْآخِرَةِ هُمْ یُوقِنُونَ، قرآن کریم، سوره مؤمنون، آیه ۴

- خُذْ مِنْ أَمْوالِهِمْ صَدَقَةً تُطَهِّرُهُمْ وَ تُزَکِّیهِمْ بِها وَ صَلِّ عَلَیْهِمْ إِنَّ صَلاتَکَ سَکَنٌ لَهُمْ وَ اللَّهُ سَمیعٌ عَلیمٌ، قرآن کریم، سوره توبه، آیه ۱۰۳

- از اموال آنها صدقه‌ای (بعنوان زکات) بگیر، تا بوسیله آن، آنها را پاک سازی و پرورش دهی! و (به هنگام گرفتن زکات،) به آنها دعا کن که دعای تو، مایه آرامش آنهاست و خداوند شنوا و داناست! (۱۰۳)

[13]. وَ أَقیمُوا الصَّلاةَ وَ آتُوا الزَّکاةَ وَ ما تُقَدِّمُوا لِأَنْفُسِکُمْ مِنْ خَیْرٍ تَجِدُوهُ عِنْدَ اللَّهِ إِنَّ اللَّهَ بِما تَعْمَلُونَ بَصیرٌ، قرآن کریم، سوره بقره، آیه ۱۱۰

[14]. قَدْ أَفْلَحَ مَنْ تَزَکَّی، قرآن کریم، سوره شمس،آیه ۹

- قَدْ أَفْلَحَ مَنْ زَکَّاها، قرآن کریم، سوره أعلی، آیه ۱۴

[15]. ساعدی خراسانی مترجم ، ارشاد، ناشر اسلامیه ۱۳۸۰، صفحه ۵۱۷

[16]. سَأَلْتُ أَبَا الْحَسَنِ ع عَنِ الْخُمُسِ فَقَالَ فِی کُلِّ مَا أَفَادَ النَّاسُ مِنْ قَلِیلٍ أَوْ کَثِیرٍ، کلینی، شیخ محمد، الکافی، نشر دارالکتب الاسلامیه ۱۳۶۵، جلد ۹ باب الفیء و الأنفال و تفسیر الخمس، صفحه ۵۴۲

[17]. وَ إِنْ تَوَلَّوْا فَاعْلَمُوا أَنَّ اللَّهَ مَوْلاکُمْ نِعْمَ الْمَوْلی وَ نِعْمَ النَّصیرُ (۴۰) وَ اعْلَمُوا أَنَّما غَنِمْتُمْ مِنْ شَیْءٍ فَأَنَّ لِلَّهِ خُمُسَهُ وَ لِلرَّسُولِ وَ لِذِی الْقُرْبی وَ الْیَتامی وَ الْمَساکینِ وَ ابْنِ السَّبیلِ إِنْ کُنْتُمْ آمَنْتُمْ بِاللَّهِ وَ ما أَنْزَلْنا عَلی عَبْدِنا یَوْمَ الْفُرْقانِ یَوْمَ الْتَقَی الْجَمْعانِ وَ اللَّهُ عَلی کُلِّ شَیْءٍ قَدیرٌ (۴۱)، قرآن کریم، سوره انفال، آیه ۴۰ و ۴۱

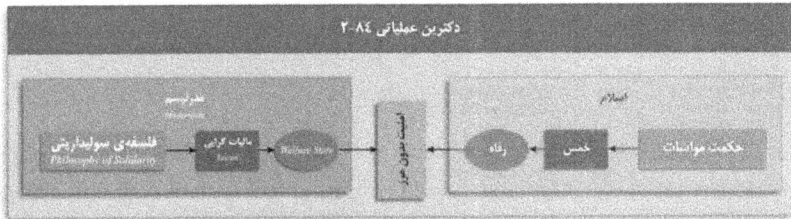

دکترین عملیاتی ۸٤-۲

نقشه‌ی راه ۳-۲-۲-۸۴

مدرنیسم

فلسفه‌ی سولیداریتی *Philosophy of Solidarity*

مفهوم سولیداریتی از ریشه‌ی لاتینی sol به معنی «تمام» اشتقاق یافته است و در معنای مسئولیت متقابل به‌کار می‌رود[۱]. بر این اساس افراد جامعه برای بقای زندگی اجتماعی، نسبت به یکدیگر دارای مسئولیت متقابل می‌باشند، به این بیان که هرکس که «داراست» باید نسبت به وضع اقتصادی آن‌که «ندار» است احساس مسئولیت کند و خود را ضامن رفاه دیگران بداند[۲]. بسیاری از ابعاد سولیداریتی میان افراد اسرائیل، در کتب عهد عتیق تبیین شده است، برای مثال: «وقتی محصول خود را درو می‌کنید، گوشه و کنار مزرعه‌های خود را درو نکنید و خوشه‌های گندم به جا مانده را برنچینید. در مورد حاصل انگور خود نیز همین‌طور عمل کنید، خوشه‌ها و دانه‌های انگوری را که بر زمین می‌افتد، جمع نکنید. آن‌ها را برای فقرا و غریبان بگذارید، چون من خداوند، خدای شما هستم»[۳] و یا به طور دقیق‌تر، آمده است: «اگر یکی از هم نژادان اسرائیلی تو فقیر شد، وظیفه‌ی توست که به او کمک کنی. پس از او دعوت کن تا به خانه‌ی تو بیاید و مثل مهمان با تو زندگی کند»[۴].

بنابراین فلسفه‌ی سولیداریتی به چیستی مسئولیت متقابل افراد در برابر یکدیگر می‌پردازد و چرایی آن را با توجه به انصاف اجتماعی[5] در تساوی افراد با توجه به روی‌کرد قابلیت[۶] توضیح می‌دهد.

ایدئولوژی مالیات‌گرایی *Taxism*

نظریات پیرامون مالیات عمدتاً با گرایشی منفی روبه رو است، عده‌ای مالیات را غیر اخلاقی می‌دانند و همانند رابرت نوزیک[۷] به عدم مشروعیت اخذ مالیات معتقدند، زیرا مالیات را به مثابه کار اجباری و مغایر با اصل غایت بودن انسان[۸] دانسته و آن را در تعارض با اصل مالکیت بر خود[۹] می‌دانند یا طبق آراء راث بارد[۱۰]، مالیات را به مثابه دزدی تؤام با زور دولت می‌انگارند. عده‌ای دیگر مالیات را غیر اقتصادی می‌دانند، مانند لودویگ فون

میزس[11]، که در این خصوص تأکید داشت که تنها راهکار از بین بردن فقر، در بالا بردن میزان تولید نهفته است. اما طرح دولت رفاه مدرن[12] توسط راولز[13] و دولت حداقلی[14] نوزیک و به تبع انگاشته شدن دولت، به عنوان شرّ اجتناب ناپذیر، گرایش به مالیات نیز مبتنی بر فلسفه‌ی سولیداریتی، اجتناب ناپذیر تلقی شد[15].

دکترین حکومت رفاه *Welfare State*

فلسفه‌ی سولیداریتی با ایدئولوژی مالیات گرایی، به دکترین حکومت رفاه منتج می‌شود. دکترین حکومت رفاه، چیستی حاکمیت رفاه در قدرت را مبتنی بر ضمانت بقاء و تداوم رفاه و ارضاء ترجیحات بشر در اجتماع تبیین نموده و چرایی آن را در حق شادمانی و آزادی در بهره‌مندی بشر از زندگی خوب، درمی-یابد. آن‌گاه با تدقیق سازوکار ایجاد برابری فرصت‌ها و توزیع مساوات‌گونه‌ی ثروت و نشر مسئولیت همگانی برای فروکاستن از موانع زندگی خوب، چگونگی حکومت رفاه را مشخص می-سازد[16].

اسلام

حکمت مواسات

مفهوم مواسات اشتقاق یافته از ریشه‌ی وسی[17]، همدردی، غمخواری دیگران، و غیر را در مال خویش پیشوا و مقدم دانستن است، به گونه‌ای که انسان دیگری را در مال خویش بعضاً و یا کلاً سهیم سازد و او را اصل قرار دهد، بدین نحو که یا ابتدا بهترش را به وی دهد یا او را در انتخاب مخیر سازد و نظر او را ترجیح دهد؛ البته به این معنا نیست که ایثار نماید[18]. بنابراین حکمت مواسات چیستی سهیم ساختن دیگران در مال خود را توضیح داده و چرایی آن را مبتنی بر اخوانیت مسلمین با یکدیگر و عدم ظلم میان روابط ایشان. همچنین حقّ مواسات مسلمین بر یکدیگر را مطابق امر الهی تبیین می‌نماید[19].

مکتب خمس

از آن‌جایی که مواسات سهیم دانستن دیگران در اموال خویشتن است، مکتب خمس از حکمت مواسات برخاسته و ایتاء یک پنجم اموال به صاحبان حقی که خداوند حقّ مالکیت ایشان را بر خمس اموال قرار داده است[20] را مبتنی بر امر الهی به عدل و احسان، ابعادشناسی می‌نماید[21].

قاعده رفاه

حکمت مواسات در مکتب خمس به قاعده‌ی رفاه منتج می-گردد. چیستی، چرایی و چگونگی رفاه، از منظر امام صادق علیه السلام تدقیق شده است:

«بار خدایا از تو خواهم رفاه در معیشتم را تا بدان جا که زنده‌ام داری، معاشی که بدان وسیله توانائی بر پیرویت داشته باشم و به خشنودیت (یا رضوانت) برسم، و به خانه زندگی فردای قیامت برسم، و روزی مکن برایم آن روزی را که سرکشم کند، و به فقری گرفتارم مکن که برای تنگی آن به بدبختی افتم، و بهره وافری در آخرت بمن عطا فرما، و معاش وسیع گوارا و خوش-گواری در دنیا بمن عنایت کن، و دنیا را بر من زندان مکن و جدائیش را اندوه من مساز، از فتنه‌های آن مرا در پناه خود گیر، و کرده‌هایم را در آن بپذیر و کوششم را در آن قابل تقدیر ساز[22]».

امنیت

اکنون در جمهوری اسلامی رویه های فلسفه سولیداریتی، ایدئولوژی مالیات گرایی و دکترین حکومت رفاه به جای حکمت مواسات، مکتب خمس و قاعده رفاه مبنای عمل اقتصادی قرار گرفته اند. شایسته است رویه های اسلامی از پرده غفلت خارج شده و مورد توجه قرار گیرند.

[1] - Mutual Responsibility, www.etymonline.com

[۲]- توانایان فرد، حسن، فرهنگ تشریحی اقتصاد، نشر جهان رایانه ۱۳۸۵، صفحه:۹۳۳

[۳]- عهد عتیق، سفر لاویان، فصل ۱۹، آیه ۹ و ۱۰

[۴]- عهد عتیق، سفر لاویان، فصل ۲۵، آیه ۳۵ و ۳۶

[5] - Social Justice

[6] - Capability Approach in Equity

[7] - Robert Nozick (1938-2002)

[۸]- اصل پادشاهی غایات امانوئل کانت: «فرد به خویشتن خویش غایت است». « فقط مطابق دستوری عمل کن که بتوانی اراده کنی آن دستور به قانون کلی مبدل شود»، «طوری عمل کن که انسان را خواه شخص خودت، خواه دیگران، همواره غایت بدانی و هرگز وسیله‌ی محض به شمار نیاوری»،

[۹]- هر شخص برخود، جسم خود، اجزای بدن خود و در نهایت کار خود مالکیت دارد و محق است که هر آنگونه که میل دارد با آنها برخورد نماید

[10] - Murray Newton Rothbard (1926-1995)

[11]- Ludwig Heinrich Edler von Mises (1881 –1973)

[12] - Modern Welfare State

[13]- John Bordley Rawls (1921 -2002)

[14] - Minimal State

[15] - Heard, Victoria, The Philosophy of Tax, KPMG's Tax Business School® in the UK in June 2005, p:15- 20

[16] - www.britanica.com

[۱۷]- البستانی، فؤاد افرام، فرهنگ ابجدی، رضا مهیار مترجم، مؤسسه تحقیقات و نشر معارف اهل بیت علیهم السلام، جلد۱ ، صفحه ۹۸۴

[۱۸]- توانایان فرد، حسن، فرهنگ تشریحی اقتصاد، نشر جهان رایانه ۱۳۸۵، صفحه:۹۳۳

[۱۹]- عِدَّةٌ مِنْ أَصْحَابِنَا عَنْ أَحْمَدَ بْنِ مُحَمَّدٍ عَنْ عَلِيِّ بْنِ الْحَكَمِ عَنْ أَبِي الْمَغْرَاءِ عَنْ أَبِي عَبْدِ اللَّهِ ع قَالَ الْمُسْلِمُ أَخُو الْمُسْلِمِ لَا يَظْلِمُهُ وَ لَا يَخْذُلُهُ وَ لَا يَخُونُهُ وَ يَحِقُّ عَلَى الْمُسْلِمِينَ الِاجْتِهَادُ فِي التَّوَاصُلِ وَ التَّعَاوُنُ عَلَى التَّعَاطُفِ وَ الْمُوَاسَاةُ لِأَهْلِ الْحَاجَةِ وَ تَعَاطُفُ بَعْضِهِمْ عَلَى بَعْضٍ حَتَّى تَكُونُوا كَمَا أَمَرَكُمُ اللَّهُ عَزَّ وَ جَلَّ رُحَمَاءَ بَيْنَكُمْ مُتَرَاحِمِينَ مُغْتَمِّينَ لِمَا غَابَ عَنْكُمْ مِنْ أَمْرِهِمْ عَلَى مَا مَضَى عَلَيْهِ مَعْشَرُ الْأَنْصَارِ عَلَى عَهْدِ رَسُولِ اللَّهِ ص. کلینی، شیخ محمد، الکافی، نشر دارالکتب الاسلامیه، جلد ۲، صفحه ۱۷۴، باب حق المؤمن علی أخیه و أداء حقه

[۲۰]- موسوی همدانی، سید محمد باقر، ترجمه تفسیر المیزان، نشر دفتر انتشارات جامعه مدرسین حوزه علمیه قم، جلد ۱۲، صفحه ۴۷۹

[۲۱]- إِنَّ اللَّهَ يَأْمُرُ بِالْعَدْلِ وَ الْإِحْسانِ وَ إِيتاءِ ذِي الْقُرْبى‏ وَ يَنْهى‏ عَنِ الْفَحْشاءِ وَ الْمُنْكَرِ وَ الْبَغْيِ يَعِظُكُمْ لَعَلَّكُمْ تَذَكَّرُونَ، قرآن کریم، سوره نحل،آیه ۹۰

[۲۲]- عن أبی جعفر ابن محمد علیه السلام: ... أَسْأَلُکَ اللَّهُمَّ الرَّفَاهِيَةَ فِي مَعِيشَتِي مَا أَبْقَيْتَنِي مَعِيشَةً أَقْوَى بِهَا عَلَى طَاعَتِکَ وَ أَبْلُغُ بِهَا رِضْوَانَکَ وَ أَصِيرُ بِهَا إِلَى دَارِ الْحَيَوَانِ غَداً وَ لَا تَرْزُقْنِي رِزْقاً يُطْغِينِي وَ لَا تَبْتَلِنِي بِفَقْرٍ أَشْقَى بِهِ مُضَيَّقاً عَلَيَّ أَعْطِنِي حَظّاً وَافِراً فِي آخِرَتِي وَ مَعَاشاً وَاسِعاً هَنِيئاً مَرِيئاً فِي دُنْيَايَ وَ لَا تَجْعَلِ الدُّنْيَا عَلَيَّ سِجْناً وَ لَا تَجْعَلْ فِرَاقَهَا عَلَيَّ حُزْناً أَجِرْنِي مِنْ فِتْنَتِهَا وَ اجْعَلْ عَمَلِي فِيهَا مَقْبُولًا وَ سَعْيِي فِيهَا مَشْكُور، کلینی، شیخ محمد، اصول کافی، ترجمه،مصطفوی،نشر دارالکتب الاسلامیه، جلد ۴، صفحه ۳۸۳، باب دعوات موجزات لجمیع الحوائج

نقشه‌ی راه ۳-۲-۲-۸۵

مدرنیسم

فلسفه‌ی مالیات *Philosophy of Tax*

مفهوم Tax در لاتین به معنای تحمّل و کشیدن بار است. از فحوای این واژه نوعی اجبار، سختی و صعوبت دریافت و فهم می‌شود[۱]؛ در زبان فارسی و عربی نیز، از Tax به مالیات و خراج اطلاق می‌گردید. مبانی أخذ خراج و مالیات در عهد عتیق، به هزینه و باری اطلاق می‌شده که بیگانگان تابع حکومت اسرائیل به زور پرداخت می‌کردند؛ این خراج از آن‌ها توسط حکومت جمع‌آوری شده و میان مردم اسرائیل توزیع می‌شد[۲]. فلسفه‌ی مالیات در اقتصاد مدرن به تبیین چیستی Tax بر اساس تلقی اخلاقی کانت، در «الگوی وظیفه شناسی و شناخت وظیفه»[۳] می‌پردازد و چرایی آن را بر اصول مشروعیت حکومت لیبرال بنیان می‌نهد، زیرا در لیبرالیسم این باور مطرح است که بدون وجود حکومت، درآمدی به دست نمی‌آید و ثروت به خودی خود حفظ نمی‌شود، از این رو حکومت نیز مجبور است برای بقاء خویش مالیات را

حتی بدون رضایت از مردم اخذ نماید تا منابع ثروت بر اساس منافع اشتراکی[۴] بازتوزیع گردد[۵].

ایدئولوژی رفاه گرایی *Welfarism*

هدف فلسفه‌ی مالیات، نیل به رفاه عمومی است. ایدئولوژی رفاه‌گرایی منابعی چون مالیات را به سوی عملکردهای رفاه در زندگی عمومی سوق می‌دهد و با اطلاع از ترجیحات افراد، برای ارضاء آنان تلاش می‌نماید تا به این وسیله تمایلات منفعت طلبانه‌ی اشخاص را در حداکثر آن تأمین نماید[۶].

دکترین استثمار *Exploitation*

دکترین استثمار، در بخش چیستی، به تبیین بهره‌کشی گروهی مستکبران از مستضعفان می‌پردازد. سپس در پاسخ به چرایی آن، به جهت‌گیری جامعه‌ی استکباری در نیل به « ابرقدرتی» عصر خود، از طریق استثمار اشاره می‌کند و در نهایت، مبحث چگونگی استثمار را بر پایه‌ی استعمار بررسی کرده و روند انتقال از استعمار کلاسیک به استعمار نو را مبنای سازو کار استثمار

کلاسیک به استثمار نوین، در تحول از بهره‌کشی مادی به بهره-
کشی معنوی قرار می‌دهد[7].

امنیت

طرح ریزی نظام اقتصاد مبتنی بر فلسفه‌ی مالیات، ایدئولوژی رفاه گرایی و دکترین استثمار صورت ژذیرفته است که چنینی رویه-هایی مبنای اسلامی ندارند.

---

[1] - www.etymonline.com

[۲] - داوود همچنین موآبی‌ها را شکست داده، اسیران را به ردیف کنار هم روی زمین خوابانید؛ سپس از هر سه نفر دو نفر را کشت و یک نفر را زنده نگه داشت. بازماندگان موآبی تابع داوود شده، به او باج و خراج می‌دادند. عهد عتیق، کتاب دوم سموئیل، فصل ۸ آیه ۲

[3] -Deontological model (from the Greek δέον, meaning 'duty')

[4] -Social Interests

[5] -Heard, Victoria, The Philosophy of Tax, KPMG's Tax Business School® in the UK in June 2005, p:15

[6] - Hausman, Daniel M, Mcpherson, Michael s, Economic Analysis, Moral Philosophy and Public Policy, 2nd edition, Cambridge University Press 2006, p: 218

[7] - C. Herring George, From Colony to Superpower, U.S. Foreign Relations since 1776, Oxford University Press2008, p: 8

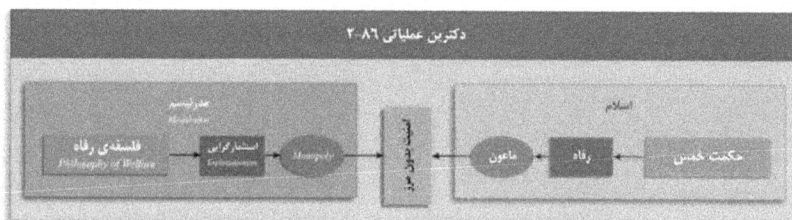

نقشه‌ی راه ۳-۲-۲-۸۶

مدرنیسم

فلسفه‌ی رفاه *Philosophy of welfare*

ولفر Welfare شرایطی از خوشبختی و کامیابی است که در آن خواسته‌های بشر ارضاء شود[1]. در زبان عرب مسامحتاً از این مفهوم به «رفاه» تعبیر می‌گردد. در آموزه‌های کتب عهد عتیق، تأمین رفاه برای قوم بنی اسرائیل، یکی از بنیانی ترین اصول زندگی دنیوی، قلمداد شده[2] و ضامن بقاء رفاه، یک حکومت قدرتمند و سلطنت گسترده معرفی می‌گردد[3]. بنابراین فلسفه‌ی رفاه چیستی، رفاه را بر اساس ارضاء ترجیحات[4] و خواسته‌های بشر تبیین می‌کند و چرایی آن‌را مبتنی بر علت غایی بودن خوشحالی و شادمانی، به عنوان هدف رفاه در زندگی توضیح می‌دهد و شادی از ارضاء را، اساس وجود می‌پندارد[5].

ایدئولوژی استثمارگرایی *Exploitationism*

گرایش به استثمار به عنوان یکی از الگوهای جامعه سازی در عصر مدرن مطرح است، به طوری که سه حوزه‌ی مردم چینی، دولت چینی و سیستم چینی مبتنی بر استثمار را برمی‌تابد. فلسفه-ی رفاه مبتنی بر بنیان اساسی «همه احمقند»[6]، به ایدئولوژی استثمارگرایی منتج می‌شود، چرا که صاحبان خرد طبق قانونی نانوشته، بر اساس کمبود منابع مادی کافی، خود را محق دانسته تا از احمق‌ها بهره‌کشی نموده و به رفاه دست یابند و این تنها در قالب جامعه سازی سیستماتیک مبتنی بر استثمار محقق می‌گردد[7].

دکترین انحصار *Monopoly*

فلسفه‌ی رفاه در استثمارگرایی افراطی، دکترین انحصار را بر می‌تابد. طلب مفرط رفاه منجر به استثمار دیگران شده و رقابت استثمارگران به سمت «انحصار و تحدید» میل می‌کند. دکترین انحصار، چیستی انحصار را مبتنی بر دو اصل تصرف[8] و کنترل[9] تبیین نموده و چرایی آن را در میل به یکتایی خود[10] توضیح می-دهد. آن‌گاه در پاسخ به چگونگی، به دو راه اشاره می‌کند؛ یکی شکست حریفان ، حذف یا به زیر یوغ در آوردن آن‌ها مبتنی بر

استراتژی تنازع قدرت و دیگری ترکیب گروه‌های کوچک مشترک المنافع بر اساس استراتژی‌های همگرایی قدرت[۱۱].

اسلام

حکمت خمس

خُمس برخاسته از خَمس به معنی عدد پنج، کسر یک پنجم از هر چیزی را معنا می‌دهد[۱۲]. حکمت خُمس، تعلّق یک پنجم از مالی که فرد کسب می‌کند به خدا و رسولش، نزدیکان رسول، ایتام، مساکین و در راه ماندگان را در چیستی خمس توضیح می‌دهد، آن‌گاه ایمان به خدا و اعتقاد به مالکیت مطلقه‌ی خدا بر اموال انسان‌ها و مالکیت اعتباری آنان - که از جانب خداوند تفویض شده‌است- را علّت تامّه‌ی حق خدا بر امر حکیمانه به اطلاق اموال به هرکس که بخواهد دانسته تا عدالت در کاهش فاصله‌ی میان فقراء و أغنیاء در جماعت مسلمین محقق شود[۱۳].

مکتب رفاه

حکمت خمس در مکتب رفاه ظهور و بروز می‌یابد، زیرا خمس، رفاه را در جامعه افزایش می‌دهد. مکتب رفاه بر پایه‌ی معیشتی استوار است که بر رکن طاعت و رضایت الهی استوار بوده تا معیشت را به معیدت برساند، چنین رفاهی در معیشت دو بعد تنعّم و تمتّع را بر می‌تابد و این دو تنها در سایه‌ی امنیت حاصل می‌گردند[۱۴].

قاعده ماعون

ثبات جریان مکتب رفاه در حکمت خمس، با قاعده‌ی ماعون امکان پذیر می‌گردد. قاعده‌ی ماعون پرسش از چیستی ماعون و جریان خیر است که به مثابه زکات مفروض و واجب، مانع آن همچون رباخوار است. این قاعده، چرایی ماعون را با پاسخ به لزوم و ضرورت تزکیه‌ی مال و ساری نمودن خیرات توضیح می‌دهد[۱۵]، در چگونگی ماعون نیز، کمک به جریان هر خیری مطرح است. چند ویژگی برای مانع ماعون شمرده می‌شود: تکذیب دین، تدعع و راندن ایتام، ترغیب و تشویق نکردن در طعام مساکین، آسان گرفتن و کوتاهی در نمازگزاری[۱۶].

امنیت

گرچه طرح‌ریزی در حوزه‌ی روش‌شناسی اقتصاد، مبتنی بر فلسفه‌ی رفاه، ایدئولوژی استثمارگرایی و دکترین انحصار صورت می‌گیرد، مع‌هذا تقابل این رویه‌ها با رویه‌های اسلامی حکمت خمس، مکتب رفاه و قاعده‌ی ماعون بر کسی پوشیده نیست، فلذا بایسته و شایسته است در اصول و مبانی طرح‌ریزی این حوزه و سایر حوزه‌ها بازنگری جدی صورت پذیرد تا نهایت و غایت انسان نیز محقق گردد.

---

[1] - www.etymonline.com

[۲]- پس از خشایار شا، مردخای یهودی قدرتمندترین شخص مملکت بود. او برای تامین رفاه وامنیت قوم خود هر چه از دستش بر می آمد، انجام می داد ویهودیان نیز او را دوست داشتند و احترام زیادی برایش قایل بودند. عهد عتیق، کتاب استر، فصل ۱۰، آیه ۳

[۳]- در آن زمان یهودا و اسرائیل قوم بزرگ،مرفه و کامیابی بودند. سلیمان بر تمام سرزمین‌های واقع در بین رود فرات و فلسطین که تا سرحد مصر نیز می‌رسیدند سلطنت می‌کرد. اقوام این سرزمین‌ها به او باج و خراج می‌دادند و تا آخر عمرش تابع او بودند. عهد عتیق، کتاب اول پادشاهان، فصل۴، آیه ۲۱

[4] - satisfaction of preferences

[5] - Hausman, Daniel M, Mcpherson, Michael s, Economic Analysis, Moral Philosophy and Public Policy, 2nd edition, Cambridge University Press 2006, p: 119

[6] - All men are foolish

[7] - von Böhm-Bawerk, Eugen , THE EXPLOITATION THEORY, translated with a preface and analysis by William Smart, M.A., Lecturer on Political Economy in Queen Margaret College, Glasgow. London: Macmillan, 1890, p:67

[8]- possession

[9] - control

[10] - Merriam-Webster's collegiate dictionary, 11th Ed., Massachusetts, U.S.A, Merriam-Webster Incorporated, 2005. (word: monopoly)

[11]- پیرس، جان، رابینسون، ریچارد، برنامه ریزی و مدیریت استراتژیک، خلیلی شورینی، سهراب مترجم، ۱۳۸۵، انتشارات یادواره کتاب، صفحه ۲۷۱

[12]-ابن اثیر، النهایة فی غریب الحدیث و الاثر، نشر دارالفکر، جلد۲، صفحه ۷۹

[13]- وَ اعْلَمُوا أَنَّما غَنِمْتُمْ مِنْ شَيْ‏ءٍ فَأَنَّ لِلَّهِ خُمُسَهُ وَ لِلرَّسُولِ وَ لِذِي الْقُرْبى‏ وَ الْيَتامى‏ وَ الْمَساكِينِ وَ ابْنِ السَّبِيلِ إِنْ كُنْتُمْ آمَنْتُمْ بِاللَّهِ وَ ما أَنْزَلْنا عَلى‏ عَبْدِنا يَوْمَ الْفُرْقانِ يَوْمَ الْتَقَى الْجَمْعانِ وَ اللَّهُ عَلى‏ كُلِّ شَيْ‏ءٍ قَدِيرٌ، قرآن کریم، سوره انفال، آیه ۴۱

[14]- رفاهیة العیش فی الأمن، تمیمی آمدی، عبدالواحدابن محمد، غررالحکم و دررالکلم، انتشارات دفتر تبلیغات قم ۱۳۶۶، ص ۴۷

[15]- عَنْ عَلِيٍّ ع أَنَّهُ قَالَ الْمَاعُونُ الزَّكَاةُ الْمَفْرُوضَةُ وَ مَانِعُ الزَّكَاةِ كَآكِلِ الرِّبَا وَ مَنْ لَمْ يُزَكِّ مَالَهُ فَلَيْسَ بِمُسْلِمٍ، محدث نوری، مستدرک الوسایل، نشر آل البیت قم ۱۴۰۸ قمری ، جلد ۷، باب ثبوت الکفر و الارتداد، ص ۲۷

[16]- بِسْمِ اللَّهِ الرَّحْمنِ الرَّحِيمِ، أَ رَأَيْتَ الَّذِي يُكَذِّبُ بِالدِّينِ (۱) فَذلِكَ الَّذِي يَدُعُّ الْيَتِيمَ (۲) وَ لا يَحُضُّ عَلى‏ طَعامِ الْمِسْكِينِ (۳) فَوَيْلٌ لِلْمُصَلِّينَ (۴) الَّذِينَ هُمْ عَنْ صَلاتِهِمْ ساهُونَ (۵) الَّذِينَ هُمْ يُراؤُنَ (۶) وَ يَمْنَعُونَ الْماعُونَ (۷)، قرآن کریم، سوره ماعون

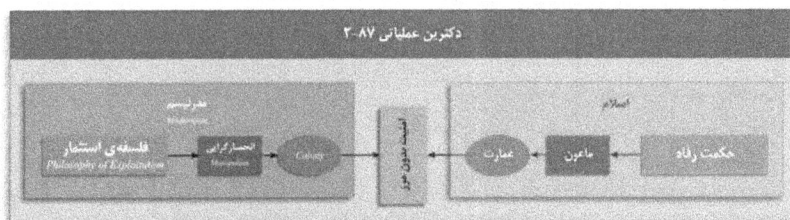

نقشه‌ی راه ۳-۲-۲-۸۷

مدرنیسم

فلسفه‌ی استثمار *Philosophy of Exploitation*

مفهوم Exploitation از ریشه‌ی آنگلو- فرنچ esploit به معنای استفاده از سود، ماحصل و دستاورد دیگران است و نوعی توسعه‌ی منفی را می‌رساند؛[1] این واژه در زبان فارسی به بهره کشی و در زبان عربی به استثمار یا طلب ثمره‌ی دیگران تعبیر می‌گردد. عهد عتیق استثمار قوم خودی را عملی قبیح بر می‌شمارد[2]، اما در مورد اقوام دیگر، آن را ممدوح می‌داند[3]. فلسفه‌ی استثمار چیستی و چرایی بهره کشی گروهی از گروه دیگر را بر اساس تلقی برتری نژاد مهتر از نژاد کهتر تبیین نموده و عدم کفایت مهتران در استفاده درست از منابع را دلیلی برای استثمار آنان می‌پندارد[4].

ایدئولوژی انحصارگرایی *Monopolism*

فلسفه‌ی استثمار در تنازع بقاء بهره‌کشی قدرتمندان از ضعفا، به ایدئولوژی مونوپولیسم در می‌غلتد. انگیزه‌ی گرایش به انحصار، در قدرت انحصاری خلاصه می‌شود که بر دو اصل تصرف و کنترل استوار است[5]؛ کارکرد قدرت انحصاری نیز تولید رانت‌ها و سودهای منحصر به فردی است که انگیزه‌ی مونوپولیسم را تقویت می‌نماید[6].

دکترین کلونی *Colony*

ظهور فلسفه‌ی استثمار و انحصارگرایی در طلب بهره‌کشی از دیگران با دکترین کلونی به اوج خود می‌رسد. دکترین کلونی چیستی تحقق غصب، استیلاء و به یوغ درآوردن سرزمین زیردستان به‌جهت زیست در بوم آنان را با صادرات زبان، قوانین، نهادها، تکنولوژی و ارزش‌های خودی توضیح می‌دهد و چرایی کلونی را در استحراص برای انحصار یافتن استثمار کلونی‌ها توسط یک امپراطوری قدرتمند، بررسی می‌کند، آن‌گاه در چگونگی غصب یک سرزمین، سه مدل ارائه می‌دهد:

۱- *Expansion*؛ گسترش قلمرو و سرزمین با تصرف و غصب: غرب در قاره آمریکا، آسیا، آفریقا و منطقه‌ی پاسیفیک انجام داده است.

۲- *Contraction*؛ ادغام قلمرو و سرزمین ها با انقباض و انبساط اقتصادی: غرب در قاره آمریکا، آسیا و آفریقا و منطقه‌ی پاسیفیک انجام داده است.

۳- *Unstable Equilibrium*؛ برقراری تعادل بی‌ثبات در میان سرزمین‌های به ظاهر مستقل: غرب در خاور میانه انجام داده است[۷].

اسلام

حکمت رفاه

مفهوم رفاه از ریشه‌ی «رفه» اشتقاق یافته است و به معنای وسعت و فراوانی و نمو نعمات در زندگی است، به گونه‌ای که کیفیت آن را روان و به دور از موانع می‌سازد[۸]، حکمت رفاه چیستی رفاه آخرت مدار را به حلّیت استفاده مؤمنان از زینت‌های الهی در زندگی دنیا تعبیر می‌کند که خداوند در رزق و روزی پاک و طیب قرار داده است[۹] و چرایی رفاه را در برطرف شدن عیوب و نقایص و نشاط یافتن برای عبادت خداوند می‌بینند به گونه‌ای اسراف و گذشتن از حد، صورت نپذیرد[۱۰].

مکتب ماعون

حکمت رفاه در مکتب ماعون تجلّی می‌یابد. جریان خیر و هر کار خوبی است که برای رفاه دیگران استمرار داشته باشد[۱۱]؛ اگر کسی مانع این جریان شود خداوند در روز قیامت خیرش را از منع کننده دریغ نموده و وکالت او را به خودش واگذار می‌نماید و کسی که به خودش واگذار شود، بدترین حال را خواهد داشت[۱۲].

قاعده عمارت

عمارت و آبادانی از قواعد مکتب ماعون در حکمت رفاه به شمار می‌رود، قاعده‌ی عمارت به چیستی، چرایی و چگونگی عمران و آبادی زمین به صورتی می‌پردازد که تحوّل در وضع طبیعت در جهت استفاده از فواید مرتقب از زمین به گونه‌ی ممکن شود که زمین محلیّت سجد و سجود را پیدا کند[۱۳] و شایسته‌ی عبادت و خشیت الهی همچنین ایمان به خدا و روز قیامت، اقامه‌ی نماز و پرداخت زکات باشد[۱۴].

امنیت

رویه‌های فلسفه‌ی استثمار، ایدئولوژی اسنحصارگرایی و دکترین کلونی در اقتصاد مدرنیستی مبنای طرح ریزی اقتصاد واقع شده‌اند. در حالی که رویه‌های حکمت رفاه مکتب ماعون و قاعده‌ی عمارت از آن‌ها بسیار متمایزند.

---

[1] - www.etymonline.com

[۲]- اشخاص فقیر را که حامی ندارند،استثمار نکن وحق بیچارگان را در دادگاه پایمال ننما؛ زیرا خداوند به داد ایشان خواهد رسید وکسانی را که به ایشان ظلم کرده اند بسزای اعمالشان خواهد رسانید.

[۳]- وقتا یوشع به سن پیری رسید، خداوند به او فرمود: «تو پیر شده‌ای در حالی‌که سرزمین‌های زیادی باقی مانده است که باید تصرف شوند. این‌ها هستند آن سرزمین‌هایی که باقی مانده و باید تسخیر شوند: تمام سرزمین فلسطینی ها (که شامل پنج شهر پادشاه نشین غزه، اشدود، اشقلون، جت و عقرون می‌باشد)، سرزمین جشوری‌ها و عوی‌ها در جنوب (تمام سرزمین این قوم‌ها جزو کنعان محسوب می‌شوند و بین رود شیحور در شرق مصر و سرحد عقرون در شمال قرار دارند)، بقیه‌ی سرزمین کنعان که بین شهر معاره‌ی صیدونی‌ها و شهر افیق در مرز اموری‌ها قرار دارد، سرزمین جبلی‌ها ، تمام لبنان در شرق که از بعل جاد در جنوب کوه حرمون تا گذرگاه حمات امتداد می‌یابد، تمام سرزمین‌های کوهستانی که بین لبنان و مسرفوتمایم قرار دارد و متعلق به صیدونی‌هاست. من ساکنان تمام این سرزمین‌ها را از پیش روی قوم اسرائیل بیرون خواهم راند، اما تو زمین‌های آن‌ها را چنان که دستور داده ام، بین نه قبیله‌ی ائیل و نصف قبیله‌ی منسی به حکم قرعه تقسیم کن تا ملک ایشان باشد». عهد عتیق، کتاب یوشع، فصل ۱۳، آیه ۲-۷

[4] - C. Herring George, From Colony to Superpower, U.S. Foreign Relations since 1776, Oxford University Press2008, p: 181

[5] - Merriam-Webster's collegiate dictionary, 11th Ed., Massachusetts, U.S.A, Merriam-Webster Incorporated, 2005. (word: monopoly)

[6]- Stiglitz, Joseph .E, Making Globalization Work, W. W. NORTON & COMPANY NEW YORK LONDON 2006, p:507

[7] - Benjamin, Thomas, editor in chief, Encyclopedia of Western Colonialism since 1450, 1st edition, Vol 1, 2007 Thomson Gale, Macmillan Reference, preface, p: XV

[۸]- ابن منظور، لسان العرب، انتشارات داراحیأ التراث العربی بیروت، جلد۱۳، صفحه ۴۹۲

[۹]- قُلْ مَنْ حَرَّمَ زینَةَ اللَّهِ الَّتی أَخْرَجَ لِعِبادِهِ وَ الطَّیِّباتِ مِنَ الرِّزْقِ قُلْ هِیَ لِلَّذینَ آمَنُوا فِی الْحَیاةِ الدُّنْیا خالِصَةً یَوْمَ الْقِیامَةِ کَذلِکَ نُفَصِّلُ الْآیاتِ لِقَوْمٍ یَعْلَمُونَ، قرآن کریم، سوره اعراف، آیه ۳۲

[۱۰]- یا بَنی آدَمَ خُذُوا زینَتَکُمْ عِنْدَ کُلِّ مَسْجِدٍ وَ کُلُوا وَ اشْرَبُوا وَ لا تُسْرِفُوا إِنَّهُ لا یُحِبُّ الْمُسْرِفینَ، قرآن کریم، سوره اعراف، آیه ۳۱

[۱۱]- ترجمه مجمع البیان فی تفسیر القرآن علامه طبرسی، تحقیق: رضا ستوده انتشارات فراهانی ۱۳۶۰ ش، جلد ۲۷، صفحه ۳۰۷

[۱۲]- نَهَى رَسُولُ اللَّهِ ص أَنْ یَمْنَعَ أَحَدٌ الْمَاعُونَ جَارَهُ وَ قَالَ مَنْ مَنَعَ الْمَاعُونَ جَارَهُ مَنَعَهُ اللَّهُ خَیْرَهُ یَوْمَ الْقِیَامَةِ وَ وَکَلَهُ إِلَى نَفْسِهِ وَ مَنْ وَکَلَهُ إِلَى نَفْسِهِ فَمَا أَسْوَأَ حَالَهُ وَ قَالَ ع أَیُّمَا امْرَأَةٍ آذَتْ زَوْجَهَا بِلِسَانِهَا لَمْ یَقْبَلِ اللَّهُ عَزَّ وَ جَلَّ مِنْهَا صَرْفاً، شیخ صدوق، من‌لایحضره‌الفقیه، انتشارات جامعه مدرسین قم ۱۴۱۳ قمری، جلد ۴ باب۱۳- ذکر جمل من مناهی النبی ص .....

[۱۳]- إِنَّما یَعْمُرُ مَساجِدَ اللَّهِ مَنْ آمَنَ بِاللَّهِ وَ الْیَوْمِ الْآخِرِ وَ أَقامَ الصَّلاةَ وَ آتَى الزَّکاةَ وَ لَمْ یَخْشَ إِلاَّ اللَّهَ فَعَسى أُولئِکَ أَنْ یَکُونُوا مِنَ الْمُهْتَدینَ، قرآن کریم، سوره توبه،آیه ۱۸

[۱۴]- موسوی همدانی، سید محمد باقر، ترجمه تفسیر المیزان، نشر دفتر انتشارات جامعه مدرسین حوزه علمیه قم، جلد ۱۰، صفحه ۴۶۱

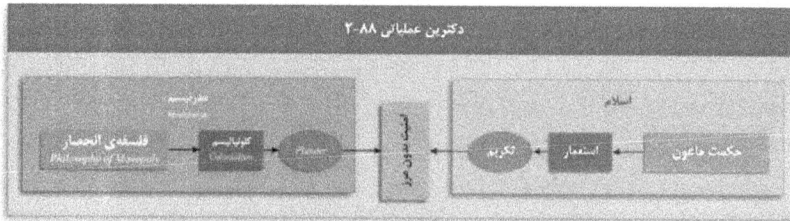

نقشه‌ی راه ۳-۲-۲-۸۸

مدرنیسم

فلسفه‌ی انحصار *Philosophy of Monopoly*

مفهوم مونوپلی برگرفته از ریشه‌ای یونانی[۱] است و به معنای حق فروش انحصاری[۲] می‌باشد، در فحوای منوپولی مفاهیم حصر و میل به یکتایی[۳] نهفته است. در عهد عتیق اقتصاد یکی از منابع قدرت به شمار می‌رود، قدرت اقتصادی یهودی، تکثر را بر نمی‌تابد[۴]، بنابراین پس از آن‌که حذف و اضافه در رقابت اقتصادی صورت پذیرفت، در نهایت رقابت قدرت به سمت انحصار قدرت میل می‌کند[۵]. بنابراین فلسفه‌ی انحصار با تبیین میل به یکتایی در قدرت و کنترل[۶]، به چیستی انحصار می‌پردازد و سپس امیال خداگونه‌شدن بشر را در چرایی انحصار تدقیق می‌نماید.

ایدئولوژی کلونیالیسم *Colonialism*

بروز فلسفه‌ی انحصار در ایدئولوژی کلونیالیسم می‌باشد. این ایدئولوژی با دو بال Expansionism به معنی انبساط گرایی و Imprialism یا امپراطوری‌گرایی، مقرون است؛ کلونی‌ها سرزمین‌ها و جمعیت‌های وابسته‌ای هستند که به غصب و تصرف در آمده و توسط امپراطوری حکمرانی می‌شوند؛ کلونیالیسم فرایندها، سیاست‌ها و ایدئولوژی‌هایی را فراهم می‌آورد که مورد استفاده‌ی غاصبان قرار می‌گیرد تا بتوانند در کلونی‌ها استقرار یابند، بر نیروهای مقاوم غلبه کنند، ساکن شوند، حکومت کنند و از نظر اقتصادی کلونی‌ها را استثمار نمایند[۷].

دکترین غارت *Plunder*

مفهوم انگلیسی plunder به معنای به زور ستاندن اموال دیگران می‌باشد[۸]، که در زبان فارسی از آن به یغما و غارت تعبیر می‌گردد. فلسفه‌ی انحصار و طلب یکتایی در ثروت اقتصادی که به ایدئولوژی کلونیالیسم انجامید، برای بقای خود ناگزیر است به دکترین غارت تن در دهد. کارل مارکس در کتاب «درون تاریخ واقعی» خود، دکترین غارت را تبیین می‌کند و پرسش از چیستی، چرایی، چگونگی غارت کلونی‌ها را، که سرزمین‌های ثروتمند و پرجمعیّتی هستند، مبتنی بر هدف تجمّع ثروت از طریق غلبه، بردگی و اسارت، زور و دزدی ثروت‌های ایشان پاسخ می‌دهد[۹].

اسلام

حکمت ماعون

ماعون از ریشه‌ی معن به معنای سهولت جریان آب می‌باشد، اما ماعون با سابقه‌ای در زبان آرامی و سریانی، به ملایمت همچنین اعتدال نیز وصف می‌گردد و مفهوم جریانی هنیء و مریء از آن مستفاد شده و به طور کلی به زکات جاریه اطلاق می‌شود[۱۰]. ماعون هر خیر نافع، سودمند و هرچند کوچکی است که جریان داشته باشد، گفته می‌شود معن الوادی، آن‌گاه که آبش کم‌کم روان باشد[۱۱]. قرآن کریم نیز به صراحت منع از جریان ماعون را امری قبیح می‌شمارد[۱۲].

حکمت ماعون به تبیین چیستی ماعون طبق روایتی از امام صادق علیه السلام می‌پردازد: «ماعون قرض است که به دیگری می‌دهی و کار معروف است که انجام می‌دهی و متاع خانه است که عاریه می‌دهی و زکات نیز از آن جمله است»[۱۳]. آن گاه چرایی آن را در کمک به جریان های کوچک خیر و عدم منع و دریغ از آن‌ها ذکر می‌کند[۱۴].

مکتب استعمار

حکمت ماعون و جریان خیر در مکتب استعمار ثبات و مکانت می‌یابد. شأن مکینیّت چشمه‌های خیرات و مبرّات، در مکانت مساجد الهی است، مکتب استعمار، طلب عمران مکانی را می‌کند که محل سجود و بندگی است، و زمینه‌ی هدایت و خشیت الهی را برای کسانی که به خداوند و روز قیامت ایمان آوردند، نماز را اقامه نموده و زکات را پرداخت می‌کنند، فراهم می‌آورد، بر همین اساس مکتب استعمار، همه‌ی زمین را مساجد الهی دانسته و عمارت و عمران آن را به منزله‌ی بسط هدایت الهی می‌انگارد[15].

قاعده‌ی تکریم

تکریم از ماده‌ی «کرم» به معنای جامع بودن بر انواع خیرات، شرف و فضایل که همراه با ویژگی‌های سخاوت و بخشندگی محاسن و خیرات کثیر است، اما تکریم مصدر باب تفعیل، به معنی بزرگداشت کسی است به گونه‌ای که خیر او بدون نقصان و کاستی خواسته شده و به او عطا شود[۱۶].

جریان و سریان خیرات حکمت ماعون، در عمارت سجده‌گاه زمین مکتب استعمار، به قاعده‌ی تکریم و اکرام بندگان خدا می‌انجامد. قاعده‌ی تکریم پرسش از چیستی، چرایی، چگونگی «تکریم و بزرگداشت انسان‌ها به مثابه بندگان خدا» را بر اساس اعطای کرامت به فرزندان آدم از جانب خداوند متعال در بستر تفضّل الهی پاسخ می‌گوید[۱۷].

امنیت

مبانی اقتصاد بین الملل از رویه‌های فلسفه‌ی انحصار، ایدئولوژی کلونیالیسم و دکترین غارت تشکیل یافته‌است حال آن‌که اسلام حکمت ماعون، مکتب استعمار و قاعده‌ی تکریم را اساس روش شناسی بیع قرار می‌دهد.

---

1 - μονοπώλιο (monos / μονος (alone or single) + polein / πωλειν (to sell))

2 - right of exclusive sale

3 - www.etymonline.com

۴- ابیملک پادشاه نیز از او خواست تا سرزمینش را ترک کند و به او گفت: « به جایی دیگر برو، زیرا تو از ما بسیار ثروتمندتر و قدرتمندتر شده‌ای»، عهد عتیق، سفر پیدایش، فصل ۲۶، آیه ۱۶

5- اگر تمام فرامین خداوند، خدایتان را که امروز به شما می‌دهم به دقت اطاعت کنید، خداوند شما را قوی‌ترین قوم دنیا خواهد ساخت و این برکات را نصیب شما خواهد گردانید: شهر و مزرعه تان را برکت خواهد داد. فرزندان زیاد، محصولات فراوان و گله و رمه‌ی بسیار به شما خواهد بخشید، و میوه و نانتان را برکت خواهد داد. خداوند دشمنانتان را در مقابل شما شکست خواهد داد. آن‌ها از یک سو علیه شما بیرون خواهند آمد، ولی در برابر شما به هفت سو پراکنده خواهند شد. خداوند حاصل دسترنج شما را برکت خواهد داد و انبارهایتان را از غله پر خواهد ساخت. او شما را در سرزمینی که به شما می‌دهد برکت خواهد داد. اگر اوامر خداوند خدای خود را اطاعت کنید و در راه او گام بردارید، او نیز چنان‌که وعده داده است شما را قوم مقدس خود خواهد ساخت. آن‌گاه تمامی مردم جهان خواهند دید که شما قوم

خالص خداوند هستید و از شما خواهند ترسید. عهد عتیق، سفر تثنیه، فصل ۲۸، آیه ۱ تا ۱۰

[6] - Power & Control

[7] - "Colonies are dependent territories and populations that are possessed and ruled by an empire. ''Colonialism'' refers to the processes, policies and ideologies used by metropoles to establish, conquer, settle, govern, and economically exploit colonies".
Benjamin, Thomas, editor in chief, Encyclopedia of Western Colonialism since 1450, 1st edition, Vol 1, 2007 Thomson Gale, Macmillan Reference, preface, p: XV

[8] - www.etymonline.com

[9] - . ''In actual history,'' Marx wrote in 1867, ''it is a notorious fact that conquest, enslavement, robbery, murder, in
short, force, play the greatest part in this accumulation'' (1867/1990, p. 874)
Benjamin, Thomas, editor in chief, Encyclopedia of Western Colonialism since 1450, 1st edition, Vol 1, 2007 Thomson Gale, Macmillan Reference, preface, p: 64

[۱۰]- مصطفوی، حسن، التحقیق فی کلمات القرآن الکریم، مرکز نشر آثار علامه مصطفوی، جلد ۱۱، صفحه ۱۳۵

[۱۱]- ترجمه مجمع البیان فی تفسیر القرآن علامه طبرسی، تحقیق: رضا ستوده انتشارات فراهانی ۱۳۶۰ ش، جلد ۲۷، صفحه ۳۰۴

[۱۲]- وَ یَمْنَعُونَ الْماعُونَ (۷)، قرآن کریم، سوره ماعون

[۱۳]- مَالِهِ یُعْطِیهِ فِی الْیَوْمِ أَوْ فِی الْجُمُعَةِ أَوْ فِی الشَّهْرِ قَلَّ أَوْ کَثُرَ غَیْرَ أَنَّهُ یَدُومُ عَلَیْهِ وَ قَوْلَهُ عَزَّ وَ جَلَّ وَ یَمْنَعُونَ الْماعُونَ قَالَ هُوَ الْقَرْضُ یُقْرِضُهُ وَ الْمَعْرُوفُ یَصْطَنِعُهُ وَ مَتَاعُ الْبَیْتِ یُعِیرُهُ وَ مِنْهُ الزَّکَاةُ .. کلینی، شیخ محمد، الکافی، نشر دارالکتب الاسلامیه ۱۳۶۵، جلد ۳ باب فرض الزکاة و ما یجب فی المال، صفحه ۴۹۹

[۱۴]- و در الدر المنثور است که ابن قانع از علی بن ابی طالب روایت کرده که گفت: از رسول خدا (ص) شنیدم می‌فرمود: مسلمان برادر مسلمان است، وقتی با او بر خورد می‌کند، سلامش می‌گوید، و او سلام را به وجهی بهتر به وی بر می‌گرداند، یعنی او باید سلام کند و این باید علیک بگوید و باید که ماعون را از او دریغ ندارد. پرسیدم یا رسول اللّه ماعون چیست؟ فرمود: از سنگ گرفته تا آهن و از آب گرفته تا هر چیز دیگر. موسوی همدانی، سید محمد باقر، ترجمه تفسیر المیزان، نشر دفتر انتشارات جامعه مدرسین حوزه علمیه قم، جلد ۲۰، صفحه ۶۳۶

[۱۵]- إِنَّما یَعْمُرُ مَساجِدَ اللَّهِ مَنْ آمَنَ بِاللَّهِ وَ الْیَوْمِ الْآخِرِ وَ أَقامَ الصَّلاةَ وَ آتَی الزَّکاةَ وَ لَمْ یَخْشَ إِلاَّ اللَّهَ فَعَسی أُولئِکَ أَنْ یَکُونُوا مِنَ الْمُهْتَدینَ، قرآن کریم، سوره توبه،آیه ۱۸

- وَ إِلی ثَمُودَ أَخاهُمْ صالِحاً قالَ یا قَوْمِ اعْبُدُوا اللَّهَ ما لَکُمْ مِنْ إِلهٍ غَیْرُهُ هُوَ أَنْشَأَکُمْ مِنَ الْأَرْضِ وَ اسْتَعْمَرَکُمْ فیها فَاسْتَغْفِرُوهُ ثُمَّ تُوبُوا إِلَیْهِ إِنَّ رَبِّی قَریبٌ مُجیبٌ ، قرآن کریم، سوره هود، آیه ۶۱

[۱۶]- راغب اصفهانی، حسین بن محمد؛ ترجمه و تحقیق مفردات الفاظ قرآن؛ خسروی حسینی، سیدغلامرضا مترجم، نشر مرتضوی، ج ۵، ص ۱۴

[۱۷]- وَ لَقَدْ کَرَّمْنا بَنی آدَمَ وَ حَمَلْناهُمْ فِی الْبَرِّ وَ الْبَحْرِ وَ رَزَقْناهُمْ مِنَ الطَّیِّباتِ وَ فَضَّلْناهُمْ عَلی کَثیرٍ مِمَّنْ خَلَقْنا تَفْضیلاً ، قرآن کریم، سوره أسراء آیه ۷۰

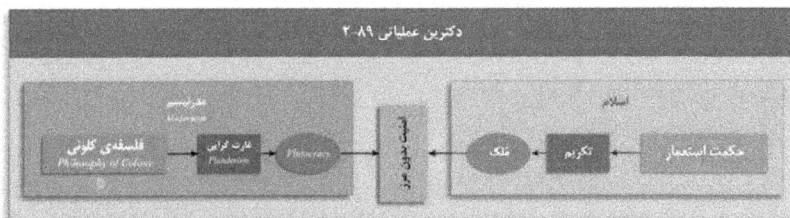

دکترین عملیاتی ۸۹-۲
اسلام
حکمت استعمار
تکریم
ملک
فلسفه‌ی کلونی
غارت گرایی

نقشه‌ی راه ۳-۲-۲-۸۹

مدرنیسم

فلسفه‌ی کُلونی *Philosophy of Colony*

مفهوم کلونی برگرفته از ریشه‌ی لاتینی[۱] colere، به معنای زیست‌گاه و مسکنی خارج از محل زندگی بومی است و عمدتاً به غصب سرزمین‌های دیگر برای زندگی اطلاق می‌شود[۲]. عهد عتیق کلونی، غصب و تصرف سرزمین‌های غیرخودی و مال دیگران و زندگی در آن‌ها را برای اسرائیل به رسمیت می‌شناسد و پیوسته به آن تشویق می‌کند[۳]. بر همین اساس فلسفه‌ی کلونی به تدقیق چیستی گسترش سرزمین خود از راه غصب سرزمین‌های دیگران و زندگی در آن‌ها می‌پردازد و در توضیح چرایی آن دو مفهوم میل به انبساط[۴] و امپراطوری[5] را برای به‌دست آوردن قدرت مطلق، استیلاء و حکومت بر جهان تبیین می‌نماید[۶].

ایدئولوژی غارت‌گرایی *Plunderism*

فلسفه‌ی کلونی در روش شناسی اکونومی به ایدئولوژی غارت گرایی منتج می‌گردد. از منظر کارل مارکس، مهمترین هدف بزرگترین غارت تاریخ بشر که توسط آنگلوساکسون‌ها به وقوع پیوست، فراهم آوردن انباشت ثروت و سرمایه‌ی اصلی و اولیه بود، که برای تأمین این هدف، عدم گرایش به کلونیالیسم و غارت گرایی غیر ممکن می‌نمود[۷]. ریچارد پرایس نویسنده‌ی[۸] روشنگر ولزی با صراحت در مورد گرایش به گسترش کلونی‌های انگلیس، این‌گونه می‌نویسد: «بشر انگلیسی که با عشق به غارت و روح تسخیر و غلبه برانگیخته شده و تحریک می‌شود، تمامی سرزمین‌های پادشاهی را از سکنه تهی کرده و بسیاری از مردمان بی‌گناه را با بدنام‌ترین درنده خویی و تجاوز، از بین برده است»[۹]. بنابراین تفلسف در فلسفه‌ی کلونی، گرایش شدید به غارت را – که تاحدی کارکرد لاو را نیز پیدا می‌کند- رقم می‌زند.

دکترین پلاتوکراسی *Plutocracy*

پلاتوکراسی ترکیبی یونانی برگرفته از مفهوم پلوتوس یا همان خدای ثروت[۱۰] به معنای حاکمیت و حکومت ثروت می‌باشد[۱۱]. دکترین پلاتوکراسی به چیستی حکومت ثروت مبتنی بر ساخت

جامعه‌ی غارت‌گرا می‌پردازد و چرایی آن را در پرستش خدای پول و ثروت بررسی و چگونگی پلاتوکراسی را با خمیرمایه‌ی افزون طلبی و تحریص نسبت به دنیا در دولت سازی، مردم سازی و نیز در سیستم سازی بررسی می‌نماید[۱۲].

اسلام

حکمت استعمار

مفهوم استعمار از ریشه‌ی «عَمَرَ» به معنی آبادی و ضد خرابی، به دلیل اشتقاق از باب استفعال، به معنای طلب نمودن برای آبادکردن جا و مکانی به کار می‌رود[۱۳]. حکمت استعمار به چیستی طلب خداوند از انسان‌ها برای عمران و آبادی زمین، پس از آن‌که ایشان را از زمین إنشاء نمود، می‌پردازد و در پرسش از کیستی معمّرین، ایمان آورنده به خدا و روز قیامت، اقامه کننده‌ی نماز و پرداخت کننده‌ی زکات را در خشیت الهی تبیین می‌کند[۱۴]، آن‌گاه پرسش از چرایی استعمار را در لزوم عمران زمین به منزله‌ی مساجد الله و زمینه‌سازی در جهت بر طرف شدن موانع عبادت پروردگار، طلب مغفرت از درگاه خداوند، توبه و بازگشت به سمت او تا هدایت الهی محقق شود، پاسخ می‌دهد[۱۵].

مکتب تکریم

طلب عمارت زمین در حکمت استعمار، به کرامت بندگان خدا در مکتب تکریم منتج می‌شود. هنگامی‌که زمین مسجد الهی تلقی شد، بر آن حریمی مترتب است و بر سجده گزاران آن حرمتی. مکتب تکریم مکتب درک، حفظ و بسط تشریف و تعظیم حدود حریم و حرمت مکینان آن است که خداوند اکرام و تکریم را بر آن‌ها قرار داده است[۱۶].

قاعده‌ی مُلک

مُلک از ماده‌ی «ملک» به معنای حکومت و پادشاهی بر زمین است که از جانب خداوند که مالک حقیقی است به خلیفه‌ی خویش از بندگان صالح همچون یوسف علیه السلام[۱۷] و سلیمان علیه السلام اعتباراً عطا می‌کند[۱۸]. قاعده‌ی مُلک نخست به چیستی مالکیت و حکومت الله می‌پردازد، سپس کیستی خلیفهٔ الله را با توجه گزاره‌ی اولی الالبابی در تشخیص برهان ربّ بررسی می‌کند[۱۹]، آن‌گاه چرایی و چگونگی چنین حکومتی را بر مبنای بسط ولایت الله تدقیق می‌نماید[۲۰].

امنیت

اکنون رویه‌های مدرنیستی فلسفه‌ی کلونی و ایدئولوژی غارت گرایی و دکترین حکومت ثروت مبنای طرح‌ریزی حوزه‌ی اقتصاد مدرن قرار گرفته‌اند، در حالی که رویه‌های اسلامی مورد غفلت جدی واقع شده‌اند؛ فلذا بایسته و شایسته است با تبیین صحیح و جامع حکمت استعمار، مکتب تکریم و قاعده‌ی مُلک، زمینه‌ی این غفلت زدوده گردد..

---

[1]- colere "to inhabit, cultivate, frequent, practice, tend, guard, respect"

[2] - ancient Roman settlement outside Italy," from colonia "settled land, farm, landed estate", a group of people who leave their native country to form in a new land a settlement subject to, or connected with, the parent nation. www.etymonline.com

[۳]- قول داده‌ام سرزمین ایشان را به شما بدهم تا آن را به تصرف خود درآورده، مالک آن باشید. آن‌جا سرزمینی است که شیر و عسل در آن جاری است. من خداوند، خدای شما هستم که شما را از قوم‌های دیگر جدا کرده‌ام. عهد عتیق، سفر لاویان، فصل ۲۰، آیه ۲۴

- کالیب بنی اسرائیل را که در حضور موسی ایستاده بودند خاطر جمع نموده گفت: بیایید فوراً هجوم ببریم و آن‌جا را تصرف کنیم، چون می‌توانیم آن را فتح کنیم. عهد عتیق، سفر اعداد، فصل ۱۳، آیه ۳۰

- به این ترتیب، قوم اسرائیل تمام شهرهای اموری‌ها منجمله شهر حشبون را که پایتخت سیحون پادشاه بود تصرف کردند و درآن‌ها ساکن شدند. (سیحون قبلاً در جنگ با پادشاه سابق موآب تمام سرزمین او را تا ارنون به تصرف در آورده بود). عهد عتیق، سفر اعداد، فصل ۲۱، آیه ۲۵

- وقتی ما در کوه حوریب بودیم خداوند، خدایمان به ما فرمود: به اندازه کافی در این‌جا مانده‌اید، اکنون بروید و سرزمین کوهستانی اموریها، نواحی رود اردن،دشت‌ها و کوهستان‌ها، صحرای نگب و تمامی سرزمین کنعان و لبنان یعنی همه‌ی نواحی سواحل مدیترانه تا رود فرات را اشغال نمایید. تمامی آن را به شما می‌دهم. داخل شده، آن را تصرف کنید، چون این سرزمینی است که من به نیاکان شما ابراهیم و اسحاق و یعقوب و تمامی نسل‌های آینده‌ی ایشان وعده داده‌ام. عهد عتیق، سفر تثنیه، فصل ۱، آیه ۶.

- خداوند، خدایمان این سرزمین را به ما داده است. بروید و همچنان که به ما امر فرموده آن را تصرف کنید. نترسید و هراس به دلتان راه ندهید. عهد عتیق، سفر تثنیه، فصل ۱، آیه ۱۹، ۲۰، ۲۱

- وقتی یوشع به سن پیری رسید، خداوند به او فرمود: تو پیر شده‌ای در حالی‌که سرزمین‌های زیادی باقی‌مانده است که باید تصرف شوند این‌هستند آن سرزمین‌هایی که باقی‌مانده و باید تسخیر شوند... عهد عتیق، کتاب یوشع، فصل ۱۳، آیه ۱.

[4]- Expansion

[5] - Empire

[6] - Benjamin, Thomas, editor in chief, Encyclopedia of Western Colonialism since 1450, 1st edition, Vol 1, 2007 Thomson Gale, Macmillan Reference, preface, p: XIV

[7] - Benjamin, Thomas, editor in chief, Encyclopedia of Western Colonialism since 1450, 1st edition, Vol 1, 2007 Thomson Gale, Macmillan Reference, preface, p: 67

[8] - Richard Price (1723–1791)

[9] - "Englishmen, actuated by the love of plunder and the spirit of conquest, have depopulated whole kingdoms and ruined millions of innocent peoples by the most infamous oppression and rapacity"
Benjamin, Thomas, editor in chief, Encyclopedia of Western Colonialism since 1450, 1st edition, Vol 1, 2007 Thomson Gale, Macmillan Reference, preface, p: 451

[10] - Roman god of the underworld, brother of Zeus and Neptune, from L. Pluto, from Gk. Plouton "god of wealth," lit. "wealth, riches," probably originally "overflowing," from PIE *pleu- "to flow". www.etymonline.com

[11] - 1650s, from Gk. ploutokratia πλουτοκρατία "rule or power of the wealthy or of wealth," from ploutos "wealth" + -kratia "rule", www.etymonline.com

[۱۲]- وَ لَتَجِدَنَّهُمْ أَحْرَصَ النَّاسِ عَلى حَياةٍ وَ مِنَ الَّذينَ أَشْرَكُوا يَوَدُّ أَحَدُهُمْ لَوْ يُعَمَّرُ أَلْفَ سَنَةٍ وَ ما هُوَ بِمُزَحْزِحِهِ مِنَ الْعَذابِ أَنْ يُعَمَّرَ وَ اللَّهُ بَصيرٌ بِما يَعْمَلُونَ ، قرآن کریم، سوره بقره، آیه ۹۶

و آنها (یهودیان) را حریص‌ترین مردم- حتی حریصتر از مشرکان- بر زندگی (این دنیا، و اندوختن ثروت) خواهی یافت (تا آنجا) که هر یک از آنها آرزو دارد هزار سال عمر به او داده شود! در حالی که این عمر طولانی، او را از کیفر (الهی) باز نخواهد داشت. و خداوند به اعمال آنها بیناست. (ترجمه، ناصر مکارم شیرازی)

[۱۳]- راغب اصفهانی، حسین بن محمد؛ المفردات فی غریب القرآن؛ نشر کتاب، ۱۴۰۴ ق، صفحه ۵۸۶

[۱۴]- إِنَّما يَعْمُرُ مَساجِدَ اللَّهِ مَنْ آمَنَ بِاللَّهِ وَ الْيَوْمِ الْآخِرِ وَ أَقامَ الصَّلاةَ وَ آتَى الزَّكاةَ وَ لَمْ يَخْشَ إِلاَّ اللَّهَ فَعَسى أُولئِکَ أَنْ يَكُونُوا مِنَ الْمُهْتَدينَ، قرآن کریم،سوره توبه،آیه ۱۸

[۱۵]- وَ إِلى ثَمُودَ أَخاهُمْ صالِحاً قالَ يا قَوْمِ اعْبُدُوا اللَّهَ ما لَكُمْ مِنْ إِلهٍ غَيْرُهُ هُوَ أَنْشَأَكُمْ مِنَ الْأَرْضِ وَ اسْتَعْمَرَكُمْ فيها فَاسْتَغْفِرُوهُ ثُمَّ تُوبُوا إِلَيْهِ إِنَّ رَبِّی قَريبٌ مُجيبٌ ، قرآن کریم، سوره هود، آیه ۶۱

- و بسوی قوم «ثمود»، برادرشان «صالح» را (فرستادیم) گفت: «ای قوم من! خدا را پرستش کنید، که معبودی جز او برای شما نیست! اوست که شما را از زمین آفرید، و آبادی آن را به شما واگذاشت! از او آمرزش بطلبید، سپس به سوی او بازگردید، که پروردگارم (به بندگان خود) نزدیک، و اجابت‌کننده (خواسته‌های آنها) است!» (تر جمه‌ی ناصر مکارم شیرازی)

[۱۶]- اللَّهُمَّ [إنّ] هَذَا بَيْتُکَ الَّذِی شَرَّفْتَ وَ عَظَّمْتَ وَ کَرَّمْتَ اللَّهُمَّ زِدْ لَهُ تَشْرِيفاً وَ تَعْظِيماً وَ تَکْرِيماً وَ بِرّاً وَ مَهَابَةً، محدث نوری، مستدرک الوسایل، نشر آل البیت قم ۱۴۰۸ قمری، جلد ۹، صفحه‌ی ۳۲۰، باب استحباب دخول المسجد الحرام

[۱۷]- ... إِنَّ يُوسُفَ ع كَانَ إِلَيْهِ مُلْکُ مِصْرَ...، کلینی، شیخ محمد، الکافی، نشر دارالکتب الاسلامیه ۱۳۶۵، جلد۱ باب فی الغیبة، صفحه ۳۳

[۱۸]- وَ اتَّبَعُوا ما تَتْلُوا الشَّياطينُ عَلى مُلْکِ سُلَيْمانَ وَ ما كَفَرَ سُلَيْمانُ وَ لكِنَّ الشَّياطينَ كَفَرُوا يُعَلِّمُونَ النَّاسَ السِّحْرَ وَ ما أُنْزِلَ عَلَى الْمَلَكَيْنِ بِبابِلَ هارُوتَ وَ مارُوتَ وَ ما يُعَلِّمانِ مِنْ أَحَدٍ حَتَّى يَقُولا إِنَّما نَحْنُ فِتْنَةٌ فَلا تَكْفُرْ فَيَتَعَلَّمُونَ مِنْهُما ما يُفَرِّقُونَ بِهِ بَيْنَ الْمَرْءِ وَ زَوْجِهِ وَ ما هُمْ بِضارِّينَ بِهِ مِنْ أَحَدٍ إِلاَّ بِإِذْنِ اللَّهِ وَ يَتَعَلَّمُونَ ما يَضُرُّهُمْ وَ لا يَنْفَعُهُمْ وَ لَقَدْ عَلِمُوا لَمَنِ اشْتَراهُ ما لَهُ فِی الْآخِرَةِ مِنْ خَلاقٍ وَ لَبِئْسَ ما شَرَوْا بِهِ أَنْفُسَهُمْ لَوْ كانُوا يَعْلَمُونَ ، قرآن کریم، سوره بقره، آیه ۱۰۲

[۱۹]- أَبِی سَعِيدٍ الزُّهْرِيِّ عَنْ أَبِی جَعْفَرٍ ع قَالَ كَفَى لِأُولِی الْأَلْبَابِ بِخَلْقِ الرَّبِّ الْمُسَخِّرِ وَ مُلْکِ الرَّبِّ الْقَاهِرِ وَ جَلَالِ الرَّبِّ الظَّاهِرِ وَ نُورِ الرَّبِّ الْبَاهِرِ وَ بُرْهَانِ الرَّبِّ الصَّادِقِ وَ مَا أَنْطَقَ بِهِ أَلْسُنَ الْعِبَادِ وَ مَا أَرْسَلَ بِهِ

الرُّسُلَ وَ مَا أَنْزَلَ عَلَى الْعِبَادِ دَلِيلًا عَلَى الرَّبِّ"، کلینی، شیخ محمد، الکافی، نشر دارالکتب الاسلامیه ۱۳۶۵، جلد۱ باب حدوث العالم و إثبات المحدث، صفحه ۸۱

[20]- یا أَیُّهَا الَّذینَ آمَنُوا أَطیعُوا اللَّهَ وَ أَطیعُوا الرَّسُولَ وَ أُولِی الْأَمْرِ مِنْکُمْ فَإِنْ تَنازَعْتُمْ فی شَیْءٍ فَرُدُّوهُ إِلَی اللَّهِ وَ الرَّسُولِ إِنْ کُنْتُمْ تُؤْمِنُونَ بِاللَّهِ وَ الْیَوْمِ الْآخِرِ ذلِکَ خَیْرٌ وَ أَحْسَنُ تَأْویلاً، قرآن کریم، سوره نساء،آیه ۵۹

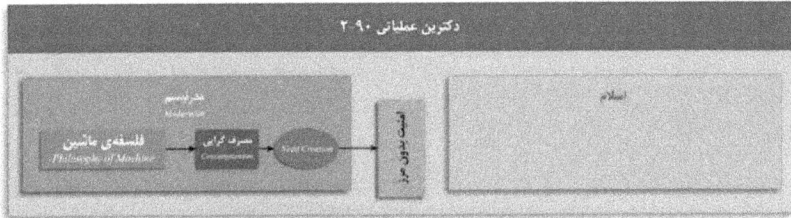

نقشه‌ی راه ۳-۲-۲-۹۰

مدرنیسم

فلسفه‌ی ماشین *Philosophy of Machine*

مفهوم ماشین برگرفته از ریشه‌ی لاتینی magh به معنی توانستن و قدرت داشتن می‌باشد؛ واژه ماشین به هر وسیله‌ای که اجزایش متحرک باشند و بتواند کاربرد تولید نیروی مکانیکی را داشته باشد، اطلاق می‌شود[۱]. فلسفه‌ی ماشین به چیستی ماشین به عنوان مبنای سیستم‌های مکانیکی و جایگزین انسان در تولید پرداخته و چرایی آن در بستر فانکشنالیسم و کارکردگرایی[۲] برای تولید ثروت بیشتر همچنین حداکثرسازی سود بررسی می‌نماید.

ایدئولوژی مصرف گرایی *Consumptionism*

فلسفه‌ی ماشین به انگاره‌ی تولید انبوه[۳] در قرن بیستم منجر شد. مازاد تولید تهدیدی برای تولید انبوه به شمار می‌رفت به این معنا که مصرف کننده به نقطه‌ی اشباع می‌رسید. برای تبدیل این تهدید به فرصت، توسط ادوارد برنایز[۴] ایدئولوژی حاکم بر مصرف، از نیاز محوری به محوریت تمایلات تغییر پیدا کرد و ارتباط هیجانی با کالا و خدمات[۵] به تحت الشعاع قرار گرفتن نیازها توسط امیال منتج شد، تا مصرف گرایی و گرایش به مصرف از روی میل و نه از روی نیاز موتور اقتصاد قرار گیرد[۶].

دکترین خلق نیاز *Need Creation*

فلسفه‌ی ماشین وکارکرد تولید انبوه آن در ایدئولوژی مصرف-گرایی به دکترین خلق نیاز منتج می‌شود. بر اساس آموزه‌ی روان-شناختی زیگموند فروید[۷]، بعد ایرشنال[۸] بر بعد رشنال[۹] بشر قالب است و بر انسان‌ها نیروهایی از خشم و شهوت حکومت می‌کند. این دکترین توسط برنایز به صحنه‌ی اقتصاد آورده شد به گونه‌ای که افراد باید کالاهایی را که نیاز نداشتند می‌خریدند، آن هم تنها به این دلیل که با آن احساس بهتری پیدا می‌کردند.

بنابراین دکترین خلق نیاز به تبیین چیستی ایجاد نیازها توسط امیال و نه ضروریات زندگی، پرداخته و چرایی آن را در به حرکت آوردن چرخ دنده‌های موتور اقتصاد در ایاد سود بیشتر می‌جوید، سپس پرسش از چگونگی خلق نیازهای جدید را با

توجه به تئوری‌های روانشناختی فرویدی، با تربیت افراد جامعه در انتقال یافتن از فرهنگ نیازها به فرهنگ تمایلات توضیح می-دهد[10].

امنیت

روش‌شناسی اقتصاد مدرن از رویه‌های فلسفه‌ی ماشین، ایدئولوژی مصرف گرایی و دکترین خلق نیاز آکنده است.

[1]- "device made of moving parts for applying mechanical power", www.etymonline.com
[2]- Johns, Richard, Functionalism, Department of Philosophy, University of British Columbia, p:3
[3] - Mass Production
[4] - Edward Louis Bernays (1891 –1995)
[5] - Emotional Connection with Goods and Services
[6] - Curtis, Adam, The Century of the Self, documentary for the BBC,2nd part, The Happiness Machines
[7] - Sigismund Schlomo Freud (1856 – 1939)
[8] - Irrational
[9] - Rational
[10] - Curtis, Adam, The Century of the Self, documentary for the BBC,2nd part, The Happiness Machines

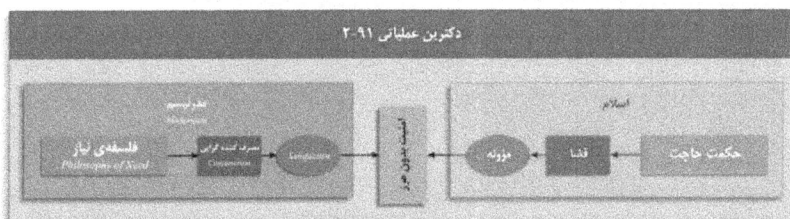

نقشه‌ی راه ۳-۲-۲-۹۱

مدرنیسم

فلسفه‌ی نیاز *Philosophy of Need*

مفهوم انگلیسی Need به حالتی روان‌شناختی گفته می‌شود که در صورت فقدان چیزی و لزوم دارا بودن آن، میل و خواست بشر نسبت به آن چیز، را معنا می‌دهد؛ از این مفهوم در زبان فارسی به نیاز و در عربی به حاجت تعبیر می‌شود[۱]. عهد عتیق وجود نیاز در روان بشر را به رسمیت شناخته و لزوم برآوده شدن نیاز نیازمندان را توسط خداوند بیان می‌کند[۲]. بنابراین فلسفه‌ی نیاز چیستی و چرایی فقدان های روانی و نیازهای بشری را میتنی بر ضروریات زندگی دنیوی تدقیق می‌نماید[۳]. لذا نیازهای بشر از ابتدا محدود است و او بر تحدید نیازهای خویش قدرت دارد.

ایدئولوژی **مصرف کننده گرایی** *Consumerism*

فلسفه‌ی نیاز در روش شناسی اکونومی، به ایدئولوژی مصرف‌کننده‌گرایی انجامید. همان‌گونه که در سفر پیدایش عهد عتیق، مار در باغ عدن توانست حوّا را اغوا کند تا با خوردن میوه‌ی درخت ممنوعه احساس بهتری پیدا کند در حالی‌که او اصلاً به آن میوه نیازی نداشت[۴]، ادوارد برنایز نیز توانست همه را در قرن بیستم متقاعد سازد، برای تولید پول و ثروت بیشتر، مبدأ مصرف باید از نیازها به امیال انتقال یابد و برای کم شدن شکاف میان نیاز و میل، افراد باید چیزهایی را بخواهند و مصرف نمایند که واقعاً به آن‌ها احتیاج ندارند و برخلاف نیاز آن‌ها را بخواهند، از این طریق نیازها از کمیتی محدود به حالتی نامحدود مبدّل می‌شوند. بنابراین هدف مصرف از رفع نیاز به ابراز احساسات درونی تغییر یافت و تلقی مالک و کارگر به سرمایه‌دار و مصرف کننده بدل گردید. این‌جاست که دموکراسی با تغییر اساسی ماهوی به سوی مصرف‌کننده‌گرایی یا کانسیومریسم مواجه می‌شود، که در آن شهروند بودن مهم نیست، بلکه مصرف کننده بودن حائز اهمیت است[۵].

دکترین ارضاء *Satisfaction*

فلسفه‌ی نیاز با تغییر در ایدئولوژی کانسیومریسم، به جای دکترین برآوردن نیاز، به دکترین ارضاء امیال منتج می‌شود. از آن‌جایی که مصرف‌کننده‌گرایی اقتصاد را در سبک زندگی آمریکایی

فعال می‌کند و مصرف برای رفع نیاز جواب‌گوی تولید انبوه نمی‌باشد، بنابراین برای دامن زدن به مصرف باید برای امیال، خواسته‌ها و هوس‌های شناخته نشده‌ی مصرف‌کننده جذابیت ایجاد کرد تا بتوان با ارضاء این امیال سیری ناپذیر، به اهداف خود رسید.

بنابراین دکترین ارضاء چیستی، چرایی و چگونگی ارضاء امیال بشر را بر اساس خلق میل و خواسته‌های جدید توضیح می‌دهد تا مصرف کنندگان به ماشین‌های شادکامی تبدیل شوند، ماشین‌هایی که کلید پیشرفت اقتصادی هستند[۶].

اسلام

حکمت حاجت

حاجت از ماده‌ی «حوج» به معنای فقر و کاستی درون قلب است که نسبت به برآورده شدن آن حبّ وجود دارد[۷]. قرآن کریم حاجت را مرتبط با صدر در قلب انسان بیان می‌کند[۸] و نعماتی که برای زندگی انسان قرار داده است را وسیله‌ای برای رسیدن به حوائج صدر می‌داند تا حاجات قضا شده و تمام شوند[۹]. بنابراین حکمت حاجت چیستی حوائج را در فقر قلبی انسان جستجو می‌کند، حاجت را به دو دسته‌ی نیاز ممدوح و نیاز مذموم تقسیم نموده و تنها نیاز ممدوح را به رسمیت می‌شناسد همچنین در توضیح چرایی نیاز، حاجت‌مندی را از لوازم انسانیّت بر می‌شمارد[۱۰].

مکتب قضا

میزان حاجت در انسان‌ها درجه‌ی فقر و غنی را تنظیم می‌کند. هر چه حاجات ممدوح انسان قضای بیشتری یابند از فقر کاسته شده و غنای قلبی او افزایش می‌یابد[۱۱]؛ بنابراین حکمت حاجت در همراهی با مکتب قضا کامل می‌شود و انسان را از فقر به غنا سوق می‌دهد.

قاعده مؤونه

حکمت حاجت مبتنی بر مکتب قضا به قاعده‌ی مؤونه منتج می‌شود. قاعده‌ی مؤونه به چیستی مؤونه با توجه به قضای حاجات و تدبیر معیشت می‌پردازد؛ چرایی آن را بر اساس امرار معاش بر مدار معاد پاسخ می‌گوید؛ آن‌گاه چگونگی مؤونه را در تخفیف مؤونات و تکثیر معونات در جهت اکمال ایمان مؤمنین بررسی می‌نماید[۱۲].

امنیت

گرچه اکنون در جمهوری اسلامی ایران، در طرح‌ریزی حوزه‌ی اقتصاد، مانند سایر حوزه‌های تعلیم و تربیت، سلامت، علم و حکمت، رسانه و هنر و ... فلسفه‌ی نیاز، ایدئولوژی مصرف‌کننده گرایی و دکترین ارضاء حاکم است، لیکن به دلیل تقابل این رویه‌ها با حکمت حاجت، مکتب قضا و قاعده‌ی مؤونه، بازنگری اساسی در بنیان‌های طرح‌ریزی امری بایسته است.

---

[1] - Merriam-Webster's collegiate dictionary, 11th Ed., Massachusetts, U.S.A, Merriam-Webster Incorporated, 2005. (word: Need)

[۲]- ای خدا تو نعمت ها بارانیدی و قوم برگزیده‌ی خود را که خسته و ناتوان بودند، نیرو و توان بخشیدی. جماعت تو در زمین موعود ساکن شدند و تو ای خدای مهربان حاجت نیازمندان را برآوردی، عهد عتیق، کتاب مزامیر، فصل ۶۸، آیه ۹ و ۱۰

[۳]- آبراهام مازلو هرم نیازهای بشر را بر اساس طبقات امیال اقتصادی جامعه‌ی آمریکا ترسیم نمود.

[۴]- زن در جواب گفت: « ما اجازه داریم از میوه‌ی همه‌ی درختان بخوریم بجز میوه‌ی درختی که در وسط باغ است. خدا امر فرموده است که از میوه‌ی آن درخت نخوریم و حتی آن را لمس نکنیم و گرنه می‌میریم». مار گفت: «مطمئن باش نخواهید مُرد! بلکه خدا خوب می‌داند زمانی که از میوه‌ی آن درخت بخورید چشمان شما باز می‌شود و مانند خدا می‌شوید و می‌توانید خوب را از بد تشخیص دهید». قرآن کریم، سفر پیدایش، فصل ۳، آیه ۲و۳

[5] - Curtis, Adam, The Century of the Self, documentary for the BBC,2nd part, The Happiness Machines

[6] - Curtis, Adam, The Century of the Self, documentary for the BBC,2nd part, The Happiness Machines

[۷]- راغب اصفهانی، حسین بن محمد؛ المفردات فی غریب القرآن؛ نشر کتاب، ۱۴۰۴ ق، صفحه ۲۶۳

[۸]- وَ الَّذینَ تَبَوَّؤُا الدّارَ وَ الْإیمانَ مِنْ قَبْلِهِمْ یُحِبُّونَ مَنْ هاجَرَ إِلَیْهِمْ وَ لا یَجِدُونَ فی صُدُورِهِمْ حاجَةً مِمَّا أُوتُوا وَ یُؤْثِرُونَ عَلی أَنْفُسِهِمْ وَ لَوْ کانَ بِهِمْ خَصاصَةٌ وَ مَنْ یُوقَ شُحَّ نَفْسِهِ فَأُولئِکَ هُمُ الْمُفْلِحُونَ، قرآن کریم، سوره حشر، آیه ۹

- و برای کسانی است که در این سرا [سرزمین مدینه] و در سرای ایمان پیش از مهاجران مسکن گزیدند و کسانی را که به سویشان هجرت کنند دوست می‌دارند، و در دل خود نیازی به آنچه به مهاجران داده شده احساس نمی‌کنند و آنها را بر خود مقدّم می‌دارند هر چند خودشان بسیار نیازمند باشند کسانی که از بخل و حرص نفس خویش باز داشته شده‌اند رستگارانند!

[۹]- اللَّهُ الَّذی جَعَلَ لَکُمُ الْأَنْعامَ لِتَرْکَبُوا مِنْها وَ مِنْها تَأْکُلُونَ (۷۹) لَکُمْ فیها مَنافِعُ وَ لِتَبْلُغُوا عَلَیْها حاجَةً فی صُدُورِکُمْ وَ عَلَیْها وَ عَلَی الْفُلْکِ تُحْمَلُونَ (۸۰)، قرآن کریم سوره غافر آیه ۷۹ و ۸۰

- خداوند کسی است که چهارپایان را برای شما آفرید تا بعضی را سوار شوید و از بعضی تغذیه کنید. (۷۹) و برای شما در آنها منافع بسیاری (جز اینها) است، تا بوسیله آنها به مقصدی که در دل دارید برسید و بر آنها و بر کشتیها سوار می‌شوید. (۸۰)

[۱۰]- لَقَدْ خَلَقْنَا الْإِنْسانَ فی کَبَدٍ، قرآن کریم، سوره بلد، آیه ۴

- که ما انسان را در رنج آفریدیم (و زندگی او پر از رنجهاست)!

[۱۱]- وَ أَنْکِحُوا الْأَیامی مِنْکُمْ وَ الصَّالِحینَ مِنْ عِبادِکُمْ وَ إِمائِکُمْ إِنْ یَکُونُوا فُقَراءَ یُغْنِهِمُ اللَّهُ مِنْ فَضْلِهِ وَ اللَّهُ واسِعٌ عَلیمٌ، قرآن کریم، سوره نور، آیه ۳۲

[۱۲]- لَا یَکْمُلُ الْمُؤْمِنُ إِیمَانُهُ حَتَّی یَحْتَوِیَ عَلَی مِائَةٍ وَ ثَلَاثِ خِصَالٍ فِعْلٍ وَ وَ عَمَلٍ وَ نِیَّةٍ وَ ظَاهِرٍ وَ بَاطِنٍ فَقَالَ أَمِیرُ الْمُؤْمِنِینَ ع یَا رَسُولَ اللَّهِ مَا یَکُونُ الْمِائَةُ وَ ثَلَاثُ خِصَالٍ فَقَالَ یَا عَلِیُّ مِنْ صِفَاتِ الْمُؤْمِنِ أَنْ یَکُونَ...... قَلِیلَ الْمَئُونَةِ کَثِیرَ الْمَعُونَةِ.....محدث نوری، مستدرک الوسایل، مؤسسه آل البیت قم ۱۴۰۸ قمری، حلد ۱۱، صفحه ۱۷۸، باب استحباب ملازمة الصفات الحمید

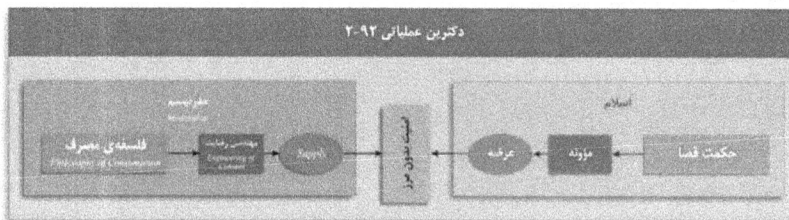

نقشه‌ی راه ۳-۲-۲-۹۲

مدرنیسم

فلسفه‌ی مصرف *Philosophy of Consumption*

واژه‌ی آنگلو- فرنج Consumption در گذشته به معنای از بین رفتن بدن به وسیله‌ی بیماری بود، اما اکنون هدر دادن، استفاده کردن و مصرف هر چیزی از آن استفهام می‌گردد[۱]. مصرف کردن و مصرف داشتن در عهد عتیق امری ممدوح به شمار می‌رود[۲]، لذا فلسفه‌ی مصرف، پرسش از چیستی و چرایی مصرف را براساس میزان فایده هر چیز در رفع نیازهای بشر که درجه‌ی قابلیت مصرف آن را تعیین می‌کند، پاسخ می‌دهد.

ایدئولوژی مهندسی رضایت *Engineering of Consent*

فلسفه‌ی مصرف، تحت تأثیر تئوری روانشناختی بدبینانه‌ی فروید، با این بیان که انسان، توسط نیروهای ایرشنال ناخودآگاه خود اداره می‌شود، با تغییر مبدأ مصرف، از نیاز به امیال، دچار تغییر هدف مصرف، از رفع نیاز به ابراز احساسات درونی شد، بر همین اساس فرایند تحریک امیال مردم و توده‌ی عوام، سپس فرونشاندن آن با کالاهای مصرفی و دامن زدن به مصرف، تحت عنوان مهندسی رضایت شکل گرفت[۳]. در روش شناسی اکونومی این روشی برای اداره‌ی نیروهای غیر عقلانی مردم به شمار می رود.

دکترین عرضه *Supply*

فلسفه‌ی مصرف با تغییر ماهیت، در مهندسی رضایت به دکترین عرضه منتج شد. ژان باتیست سی[۴] این دکترین را این‌گونه بیان می‌کند: «عرضه تقاضای خود را خلق می‌کند»[۵]، بنابراین دکترین عرضه، پرسش از چیستی، چرایی و چگونگی خلق تقاضا را مبتنی بر خلق امیال و تمایلات جدید پاسخ می‌گوید به گونه‌ای که مصرف کنندگان چیزهایی را بخواهند و طلب کنند که واقعاً به آن‌ها نیازی ندارند اما با داشتن‌شان احساس بهتری پیدا خواهند نمود.

اسلام

حکمت قضا

قضا در اصل به معنی فیصله دادن به امر است، ممکن است حاجت و قولی باشد و یا به فعلی از خدا یا از بشر اطلاق شود.

به طور کلی قضا و حکم نظیر هم‌اند و اصل آن بمعنی فیصله دادن، تمام نمودن و محکم کردن شیء می‌باشد[۶]. حکمت قضا در قرآن به چیستی فیصله دادن و مرتفع کردن و نیاز و حاجت می‌پردازد[۷] و چرایی قضا را در حرکت رو به استعلای انسان توجیه می‌کند تا حاجات به مثابه خلل‌هایی صیرورت او را با خدشه متوقف نسازند.

مکتب مؤونه

مکتب مؤونه، مکتب پرداختن به حاجات مشروع و قضای آن‌ها در تدبیر معیشت است. به گونه‌ای که جهت‌گیری مؤونات در زندگی اسلامی به سمت تخفیف بوده تا معونات و یاری به دیگران افزوده گردد، در ضمن قضای حاجت‌های دیگران از محبوب‌ترین اعمال نزد خداوند به شمار می‌رود[۸] و در این باره امام صادق علیه السلام می‌فرمایند: «خداوند روزی را از آسمان، به اندازه‌ی مؤونه‌ی هر بنده‌ای نازل می‌کند پس کسی که یقین دارد نفسش را با نفقه دادن سخی گرداند»[۹].

قاعده عرضه

حکمت قضای حاجات در مکتب مؤونه با قاعده‌ی عرضه محقّق می‌شود. قاعده‌ی عرضه به چیستی ابراز و اظهار چیزی برای فروش می‌پردازد و چرایی آن را در نسبت با ایجاب کسب روزی با برکت از راه حلال[۱۰] می‌آموزاند، آن‌گاه در چگونگی عرضه، شرایع دین را در حلال و حرام تبیین می‌کند.

امام صادق علیه السلام در پاسخ کسی که درباره‌ی کسب و تجارت از ایشان سؤال کرده بود فرمودند: «بر تو باد راستگویی در سخن، و مبادا عیبی را که در کالای تو هست پنهان داری، و مشتری را که به تو واگذار کرده است مغبون مکن، که این غبن در حکم ربا است، و برای مردم مپسند مگر آنچه برای خود می‌پسندی، و درست بده و درست بستان ... که تاجر راستگو- در روز قیامت- همراه با کاتبان (فرشتگان) بزرگوار نیکوکار خواهد بود. از قسم خوردن بپرهیز که قسم نادرست، قسم خورنده را به جهنّم می‌برد؛ و تاجر و کاسب فاجر است مگر اینکه درست بدهد و درست بستاند»[۱۱].

امنیت

اکنون در روش شناسی نظام اقتصاد رویه‌های مدرنیستی فلسفه‌ی مصرف، ایدئولوژی مهندسی رضایت و دکترین عرضه حاکم است در حالی که با رویه‌های اسلامی حکمت قضا، مکتب مؤونه و قاعده‌ی عرضه در تناقض آشکار واقع اند.

---

[1] - www.etymonline.com (word: consumption)

[۲]- وقتی می‌خواستم تو را همچون نهالی بکارم، با دقت، بهترین بذر را انتخاب کردم. پس چه شد که نهالی فاسد و بی مصرف شدی؟ با هر چه خود را بشویی پاک نخواهی شد. به گناهی آلوده شدی که پاک شدنش محال است. عهد عتیق، کتاب ارمیا، فصل ۲،آیه ۲۱ و ۲۲

- ای انسان خاکی چوب درخت انگور به چه کار می‌آید؟ در مقایسه با سایر درختان به چه دردی می‌خورد؟ آیا چوبش مصرفی دارد؟ آیا می‌توان با آن میخی ساخت و ظروف را بر آن آویخت؟ فقط به درد آتش افروختن می‌خورد؛ و هنگامی که آتش دو سرش را سوزاند و میانش را زغال کرد دیگر برای هیچ کاری فایده‌ای ندارد. پیش از سوختنش مصرفی نداشت چه برسد به زمانی که زغال و نیم سوز شده باشد! عهد عتیق، کتاب حزقیال، فصل ۱۵،آیه ۱ تا ۵

[3] - Curtis, Adam, The Century of the Self, documentary for the BBC, third part, The Engineering of Consent

[4]- Jean-Baptiste Say (1767–1832)

[5]-"A product is no sooner created, than it, from that instant, affords a market for other products to the full extent of its own value." John Maynard Keynes, the founder of Keynesianism, summarized Say's Law as "supply creates its own demand.", www.wikipedia.com/supply side economy

[۶]- قرشی، سید علی اکبر، قاموس قرآن، دارالکتب الاسلامیه ناشر ۱۳۷۵، ۱۳۷۵، جلد ۷، صفحه ۱۷

[۷]- وَ لَمَّا دَخَلُوا مِنْ حَيْثُ أَمَرَهُمْ أَبُوهُمْ ما كانَ يُغْنِى عَنْهُمْ مِنَ اللَّهِ مِنْ شَىْءٍ إِلاَّ حاجَةً فِى نَفْسِ يَعْقُوبَ قَضاها وَ إِنَّهُ لَذُو عِلْمٍ لِما عَلَّمْناهُ وَ لكِنَّ أَكْثَرَ النَّاسِ لا يَعْلَمُونَ، قرآن کریم، سوره یوسف، آیه ۶۸

- و هنگامی که از همان طریق که پدر به آنها دستور داده بود وارد شدند، این کار هیچ حادثه حتمی الهی را نمی‌توانست از آنها دور سازد، جز حاجتی در دل یعقوب (که از این طریق) انجام شد (و خاطرش آرام گرفت) و او به خاطر تعلیمی که ما به او دادیم، علم فراوانی داشت ولی بیشتر مردم نمی‌دانند!

[۸]- قَالَ أَبُو عَبْدِ اللَّهِ ع لَقَضَاءُ حَاجَةِ امْرِئٍ مُؤْمِنٍ أَحَبُّ إِلَى اللَّهِ مِنْ عِشْرِينَ حَجَّةً كُلُّ حَجَّةٍ يُنْفِقُ فِيهَا صَاحِبُهَا مِائَةَ أَلْفٍ، کلینی، شیخ محمد،

الکافی، نشر دارالکتب الاسلامیه ۱۳۶۵، جلد۲، باب قضاء حاجة المؤمن ، صفحه ۱۹۲

[۹]- ابی جَعْفَرٍ ع قَالَ یُنْزِلُ اللّهُ الْمَعُونَةَ مِنَ السَّمَاءِ إِلَی الْعَبْدِ بِقَدْرِ الْمَئُونَةِ فَمَنْ أَیْقَنَ بِالْخَلَفِ سَخَتْ نَفْسُهُ بِالنَّفَقَةِ، کلینی، شیخ محمد، الکافی، نشر دارالکتب الاسلامیه ۱۳۶۵، جلد۴، باب الانفاق، صفحه ۴۲

[۱۰]- قَالَ رَسُولُ اللّهِ ص فِی حَجَّةِ الْوَدَاعِ أَلَا إِنَّ الرُّوحَ الْأَمِینَ نَفَثَ فِی رُوعِی أَنَّهُ لَا تَمُوتُ نَفْسٌ حَتَّی تَسْتَکْمِلَ رِزْقَهَا فَاتَّقُوا اللّهَ عَزَّ وَ جَلَّ وَ أَجْمِلُوا فِی الطَّلَبِ وَ لَا یَحْمِلَنَّکُمُ اسْتِبْطَاءُ شَیْءٍ مِنَ الرِّزْقِ أَنْ تَطْلُبُوهُ بِشَیْءٍ مِنْ مَعْصِیَةِ اللّهِ فَإِنَّ اللّهَ تَبَارَکَ وَ تَعَالَی قَسَمَ الْأَرْزَاقَ بَیْنَ خَلْقِهِ حَلَالًا وَ لَمْ یَقْسِمْهَا حَرَاماً فَمَنِ اتَّقَی اللّهَ عَزَّ وَ جَلَّ وَ صَبَرَ أَتَاهُ اللّهُ بِرِزْقِهِ مِنْ حِلِّه... کلینی، شیخ محمد، الکافی، نشر دارالکتب الاسلامیه ۱۳۶۵، جلد۵، باب الإجمال فی الطلب، صفحه ۸۰

[۱۱]- الإمام الصّادق «ع»- قال فی جواب من سأله عن التّجارة: علیک بصدق اللّسان فی حدیثک، و لا تکتم عیبا یکون فی تجارتک، و لا تغبن المشتری المسترسل فإنّ غبنه ربا، و لا ترض للنّاس إلّا ما ترضاه لنفسک، و أعط الحقّ و خذه ... فإنّ التّاجر الصّدوق مع السفرة الکرام البررة یوم القیامة. اجتنب الحلف فإنّ الیمین الفاجرة تورث صاحبها النّار. و التّاجر فاجر الّا من أعطی الحقّ و أخذه. أخوان حکیمی، الحیات، با تر جمه‌ی احمد آرام، دفتر نشر فرهنگ اسلامی، ج۵، ص ۵۶۰

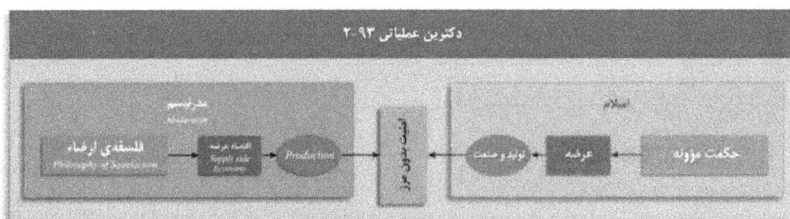

نقشه‌ی راه ۳-۲-۲-۹۳

مدرنیسم

فلسفه‌ی ارضاء *Philosophy of Satisfaction*

واژه‌ی Satisfaction از نظر لغوی به معنی راضی کردن یک طلبکار است و به طور کلی به إرضاء امیال و خواسته‌های افراد اطلاق می‌شود[۱].

کتب عهد عتیق ارضاء خواسته‌های انسان را از آن‌جا که عمدتاً برخاسته از حرص و طمع است[۲]، غیر ممکن می‌داند و صراحتاً بیان می‌کند: «همان‌طور که دنیای مردگان از بلعیدن زندگان سیر نمی شود، خواسته‌های انسان نیز هرگز ارضاء نخواهد شد»[۳].

ایدئولوژی اقتصاد طرف عرضه *Supply side Economy*

بر اساس آموزه‌های اقتصاد کلاسیک «عرضه و تولید، کلید خوشبختی در اقتصاد به شمار می‌رود و تقاضا در درجه‌ی دوم اهمیت قرار دارد»، بر همین اساس طیف جدیدی از ایدئولوگ-های اقتصادی در صحنه‌ی اقتصاد سیاسی پدیدار شد که در برابر کینزینیسم[۴] به نئوکلاسیک‌ها[۵] و نیوکلاسیک‌ها[۶] معروف شدند[۷]. این گروه‌های فکری شاکله‌ی اقتصاد طرف عرضه، که مبیّن خلق امیال و خواسته‌های جدید برای تقاضاکنندگان، سپس ارضاء آن‌ها بود را ترسیم نمودند[۸].

دکترین تولید *Production*

اقتصاد طرف عرضه، پس از تکامل در فلسفه‌ی ارضاء، مبتنی بر تفکرات مارجینالیسم[۹] یا نهاییون به دکترین تولید بر اساس ترجیحات مصرف‌کننده منتج گردید. بنابراین، دکترین تولید، پرسش از چیستی، چرایی و چگونگی تولید را با هدف «حداکثرسازی موارد مطلوب مصرف‌کننده و ارضاء آن» همچنین «حداکثرسازی سود تولیدکننده» پاسخ می‌دهد.

اسلام

حکمت مؤونه

مؤونه اشتقاق یافته از ریشه‌ی «مون» به معنای تأمین مخارج و هزینه‌ی زندگی مبتنی برکفایت است[۱۰]. در تلقی اسلامی رفع نیازهای ممدوح زندگی در قالب مؤونه صورت می‌پذیرد. حکمت مؤونه به تبیین چیستی و چرایی آن دسته از هزینه‌های زندگی می‌پردازد که تأمین نیازهای مشروع مردم را دردارد، نه هزینه‌هایی کم‌مشروع می‌طلبد. وظیفه‌ی مؤمنین نیز تخفیف مؤونات زندگی، افزایش معونات و کمک به دیگران در تدبیر معیشت است[۱۱].

علاوه بر این، حکمت مؤونه، به کیستی کسی که از همه چیز به سوی خدا منقطع شود نیز می‌پردازد، زیرا که خداوند همه‌ی مؤونه‌ی او را کفایت می‌کند و او را از راهی که به حساب نمی-آورد روزی می‌دهد[۱۲]. ازاین حیث، مؤونه، مرتبه‌ی ماقبل زهد است.

مکتب عرضه

حکمت مؤونه در مکتب عرضه بروز می‌یابد تدبیر معیشت برای تأمین مؤونات و معونات در مکتب عرضه متجلی می‌شود. عرضه، دو حد حلال و حرام را در بر می‌گیرد که اگر از حد حلال بگذرد مردم به وادی حرام درغلتند[۱۳]، لذا مکتب عرضه حدود حلال را برمی‌تابد و حدود حرام را نفی می‌کند. بر همین اساس، مکتب عرضه بر دو رکن استوار است: مکیال و میزان[۱۴]، با وفای به این-دو اصل و سهل و آسان گیری در مبایعه، آن‌چه از عرضه تحصیل می‌شود، برکت الهی است[۱۵]، تنها در این صورت بیع‌کنندگان از یاد خدا، اقامه‌ی نماز و ایتای زکات غافل نمی‌شوند و پیوسته در خوف روزی هستند که در آن قلب‌ها و بصرها منقلّب خواهند شد[۱۶].

قاعده تولید وصنعت

تحقق مکتب عرضه مبتنی بر حکمت مؤونه در با قاعده‌ی تولید و صنعت رقم می‌خورد. عرضه‌ی کالای مشروع و حلال، برای نیاز مشروع مردم، لزوماً مبتنی بر تولید آن کالای مشروع است. مشروعیت عرضه، در نسبت با مشروعیت نیاز، و مشروعیت کالا، در مشروعیت تولید دیده می‌شود. تولید مشروع، از مرحله‌ی تبیین نیاز تا مرحله‌ی احصاء منابع، و سپس طراحی و ساخت، یا پرورش و آماده‌سازی، و فرآوری و تحصیل، تضمین کننده‌ی پاسخ مناسب به تأمین نیاز مشروع است. صنعت مشروع نیز در تأمین نیاز مشروع، مراحل نیازسنجی، طراحی و ساخت را در بر می‌گیرد. این قاعده پرسش از چرایی و چگونگی تولید و صنعت را در روش شناسی بیع، مبتنی بر امرار معاش بندگان از راه عرضه‌ی تولید و صنعت حلال، به مشتری که خداوند آن را مایه-ی پرورش و قوام بندگانش در امورشان بر اساس اصلاح بیع و شراء قرار داده‌است، پاسخ می‌گوید[۱۷].

امنیت

اکنون در جمهوری اسلامی ایران، رویه‌های مدرنیستی فلسفه-ی ارضاء و ایدئولوژی اقتصاد طرف عرضه و دکترین تولید مبنای طرح‌ریزی حوزه‌ی اقتصاد قرار گرفته‌اند، در حالی که رویه‌های اسلامی این حیطه مورد غفلت جدی واقع شده‌اند؛ فلذا بایسته و شایسته است با تبیین صحیح و جامع حکمت مؤونه، مکتب عرضه و قاعده‌ی تولید و صنعت، زمینه‌ی این غفلت زدوده گردد.

---

[1] - www.etymonline.com (word: satisfaction)

[۲]- از آنچه با حرص و طمع به چنگ آورده است هرگز ارضاء نخواهد شد، از آنچه با دزدی اندوخته است لذت نخواهد برد وکامیابی او دوام نخواهد داشت، عهد عتیق، کتاب ایوب، فصل ۲۰، آیه ۲۰ و ۲۱

[۳]- عهد عتیق، کتاب امثال، فصل ۲۷، آیه ۲۰

[4] - Keynesianism

[5] - Neo Classical Economy
[6] - New Classical Economy
[7] - www.wikipedia.com/supply side economy
[۸] -Curtis, Adam, The Century of the Self,

documentary for the BBC,2nd part, The Happiness Machines

[9] - Marginalism

[۱۰]- ابن منظور، لسان العرب،انتشارات دارالفکر، جلد ۱۳، صفحه ۴۲۵

[۱۱]- الْمُؤْمِنُ حَسَنُ الْمَعُونَهِ خَفِیفُ الْمَئُونَهِ جَیِّدُ التَّدْبِیرِ لِمَعِیشَتِهِ لَا یُلْسَعُ مِنْ جُحْرٍ مَرَّتَیْنِ، کلینی، شیخ محمد، الکافی، نشر دارالکتب الاسلامیه ۱۳۶۵، جلد۲، باب المؤمن و علاماته و صفاته، صفحه ۲۴۱

[۱۲]- قال صلّی اللّه علیه و آله و سلم: من انقطع إلی اللّه کفاه اللّه کلّ مؤونة، و رزقه من حیث لا یحتسب، و من انقطع إلی الدّنیا و کله اللّه إلیها. سید ابن طاووس، طرائف الحکم، انتشارات خیام قم ۱۴۰۰ قمری، صفحه ۱۸۸

[۱۳]- حرّم السّرقة لما فیها من فساد الأموال و قتل الأنفس لو کانت مباحة، و لما یأتی فی التّغاصب من القتل و التّنازع و التّحاسد، و ما یدعوا إلی ترک التّجارات و الصّناعات، فی المکاسب اقتناء الأموال، إذا کان الشّیء المقتنی لا یکون أحد أحقّ به من أحد. . عاملی، شیخ حرّ، وسائل الشیعة، انتشارات آل البیت قم ۱۴۰۹ قمری، جلد ۱۸، صفحه ۴۸۲

- امام رضا علیه السلام: «دزدی را خداوند از آن جهت حرام کرد که اگر جایز بود اموال تباه می‌گشت و مردمان کشته می‌شدند، نیز به سبب کشتار و نزاع و حسدورزی که در نتیجه ربودن اموال از یک دیگر پیش می‌آمد، همچنین باعث می‌شد تا مردمان کسب و تجارت و پرداختن به صنعت را برای به دست آوردن مال و معاش ترک کنند، زیرا که (در صورت جایز بودن دزدی)، هر کسی می‌تواند هر چه بخواهد به دست آورد.» أخوان حکیمی، الحیات، با تر جمه‌ی احمد آرام، ج۵، ص۵۵۴ - تشویق به کسب و تجارت

[۱۴]- وَ یا قَوْمِ أَوْفُوا الْمِکْیالَ وَ الْمیزانَ بِالْقِسْطِ وَ لا تَبْخَسُوا النَّاسَ أَشْیاءَهُمْ وَ لا تَعْثَوْا فِی الْأَرْضِ مُفْسِدینَ، قرآن کریم، سوره هود، آیه ۸۵

[۱۵]- النّبیّ «ص»: إنّ اللّه- تبارک و تعالی- یحبّ العبد، یکون سهل البیع، سهل الشّراء .. عاملی، شیخ حرّ، وسائل الشیعة، انتشارات آل البیت قم ۱۴۰۹ قمری، جلد ۱۲، صفحه ۳۲۳

- پیامبر «ص»: خداوند متعال بنده‌ای را دوست دارد که آسان فروش و آسان خرید باشد (یعنی در خرید و فروش سختگیر نباشد). أخوان حکیمی، الحیات، با تر جمه‌ی احمد آرام، دفتر نشر فرهنگ اسلامی، ج۵، ص ۵۶۷ - گذشت و آسانگیری در خرید و فروش

[۱۶]- رِجالٌ لا تُلْهیهِمْ تِجارَةٌ وَ لا بَیْعٌ عَنْ ذِکْرِ اللَّهِ وَ إِقامِ الصَّلاةِ وَ إیتاءِ الزَّکاةِ یَخافُونَ یَوْماً تَتَقَلَّبُ فیهِ الْقُلُوبُ وَ الْأَبْصار، قرآن کریم، سوره نور،آیه ۳۷

[۱۷]- ... وَ کَذَلِکَ الْمُشْتَرِی الَّذِی یَجُوزُ لَهُ شِرَاؤُهُ مِمَّا لَا یَجُوزُ لَهُ فَکُلُّ مَأْمُورٍ بِهِ مِمَّا هُوَ غِذَاءٌ لِلْعِبَادِ وَ قِوَامُهُمْ بِهِ فِی أُمُورِهِمْ فِی وُجُوهِ الصَّلَاحِ الَّذِی لَا یُقِیمُهُمْ غَیْرُهُ مِمَّا یَأْکُلُونَ وَ یَشْرَبُونَ وَ یَلْبَسُونَ وَ یَنْکِحُونَ وَ یَمْلِکُونَ وَ یَسْتَعْمِلُونَ مِنْ جَمِیعِ الْمَنَافِعِ الَّتِی لَا یُقِیمُهُمْ غَیْرُهَا وَ کُلُّ شَیْءٍ یَکُونُ لَهُمْ فِیهِ الصَّلَاحُ مِنْ جِهَةٍ مِنَ الْجِهَاتِ فَهَذَا کُلُّهُ حَلَالٌ بَیْعُهُ وَ شِرَاؤُهُ وَ إِمْسَاکُهُ وَ اسْتِعْمَالُهُ وَ هِبَتُهُ وَ عَارِیَّتُهُ وَ أَمَّا وُجُوهُ الْحَرَامِ مِنَ الْبَیْعِ وَ الشِّرَ... ، طوسی، خواجه نصیرالدین، التهذیب الاحکام، دارالکتب الاسلامیه ۱۳۶۵، جلد ۴، صفحه ۱۲۱.

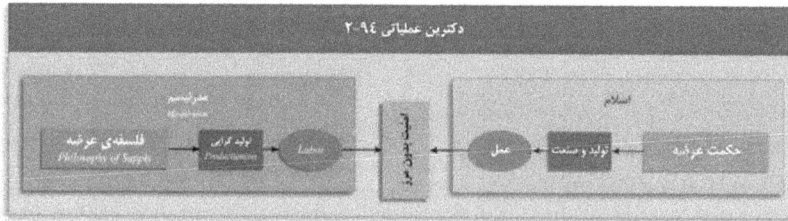

دکترین عملیاتی ۹٤-۲
عمل

نقشه‌ی راه ۳-۲-۲-۹۴

مدرنیسم

فلسفه‌ی عرضه *Philosophy of Supply*

مفهوم Supply به معنای کمیت و یا مقداری از چیزی است که فراهم تهیه و یا تدارک شود[۱]. این مفهوم مسامحتاً به «عرضه» ترجمه شده است. پیشینه‌ی تدارک کتب عهد عتیق به ذبح فرزند ابراهیم، توسط خودش باز می‌گردد؛ آن چنان که خداوند از او تقاضا نمود تا یگانه پسرش اسحاق را به عنوان هدیه‌ی سوختنی قربانی کند، اما هنگامی که خواست این عمل را انجام دهد، فرشته‌ای او را از این کار بازداشت، چون فهمید که مطیع خداوند است. آن‌گاه ابراهیم قوچی را دید که شاخ‌هایش در بوته‌ای گیر کرده است. پس رفت قوچ را گرفت و آن را عوض پسر خود، به عنوان هدیه‌ی سوختنی قربانی کرد. ابراهیم آن مکان را «یهوه یری»[۲] به معنای « خدا تدارک می‌بیند» نامید[۳].

بنابراین، فلسفه‌ی تدارک و یا عرضه، به تبیین چیستی فراهم آوری کالا یا مواد مبتنی بر انواع تقاضا در رفع نیاز و یا بر اساس ارضاء امیال می‌پردازد و سپس چرایی آن را در به دست آوردن درآمد و سود، تبیین و ترسیم می‌نماید.

ایدئولوژی تولیدگرایی *Productionism*

اگر کالایی برای عرضه وجود نداشته باشد، عرضه بی‌معنا خواهد بود. برهمین اساس فلسفه‌ی عرضه با ایدئولوژی تولیدگرایی ماهیت خود را می‌نمایاند.

در این زمینه دو دیدگاه کلی نسبت به تولیدگرایی وجود دارد. دردیدگاه نخست از منظر اقتصاددانان کلاسیک[۴] نظیر آدام اسمیت[۵]، دیوید ریکاردو[۶] و جان استوارت میل[۷]، به دلیل نگرانی از رشد جمعیّت، توجه زیادی به انتخاب مصرف‌کنندگان نداشتند. تأکید آنان بر تولید و عواملی بود که بر عرضه‌ی کالاهای مصرفی تأثیر داشت. آنان به تولیدکنندگان به مثابه کسانی که در جستجوی حداکثرسازی عواید مالی خود هستند، می‌نگریستند و آن‌ها را به سه‌دسته تقسیم می‌کردند: ۱- سرمایه‌دار با سرمایه خود ۲- مالک زمین با زمین خود ۳- کارگر با توده کار خود.

دیدگاه بعدی که از پایان قرن نوزدهم توسط عده‌ای از اقتصاددانان نسبت به تولید شکل گرفت، به دلیل پایان یافتن نگرانی از رشد جمعیّت، به انقلاب نئوکلاسیکی یا نهاییون[8] معروف شد. آنان تحت تأثیر یوتیلیتاریانیسم[9] جرمی بنتام[10]، تمرکز خود را در توجه به انتخاب و مبادله‌ی فردی قرار دادند. ویلیام استنلی جونز[11] در انگلیس، کارل منگر[12] در اتریش و لئون والراس[13] در فرانسه، نگاه سیستماتیک به ترجیحات مصرف کنندگان[14] برای مبادله و تقاضای کالا را آغاز نموده و یک هدف را مشخص کردند: رسیدن به بالاترین درجه‌ی مطلوب بودن کالای تولیدی، برای مصرف‌کننده[15].

دکترین کار *Labor*

دکترین کار، در تولیدگراییِ مبتنی بر فلسفه‌ی عرضه مطرح می‌شود، این دکترین، چیستی، چرایی و چگونگی کار را با ساده ترین نوع انباشت سرمایه در تولید، مبتنی بر تصرفات در کار و منابع طبیعی توضیح می‌دهد و آن‌ها را در شکل‌گیری پدیده‌هایی که هم انگیزه‌ی مالی عوامل کار را تأمین می‌کند و هم تأمین امیال مصرف‌کننده را پوشش می‌دهد، به استخدام خود در می‌آورد[16].

اسلام

حکمت عرضه

مفهوم عرضه، اشتقاق یافته از ریشه‌ی «عَرَض» به معنای ارائه نمودن شیئی به قصد ابراز و ظهور آن است، مانند آنچه در برخی از آیات آمده است[17]. در مبایعه، مقصود از عرضه‌ی کالا، نمایش آن به جهت یافتن مشتری[18] است، که یا آن را بخرد و یا قبول کرده و بپذیرد[19]. قرآن کریم در این باره می‌فرماید: « ما امانت (تعهّد، تکلیف، و ولایت الهیّه) را بر آسمان‌ها و زمین و کوه‌ها عرضه داشتیم، آن‌ها از حمل آن سر برتافتند، و از آن هراسیدند، امّا انسان آن را بر دوش کشید، او بسیار ظالم و جاهل بود»[20].

بنابراین حکمت عرضه در روش شناسی بیع، پرسش از چیستی عرضه را مبتنی بر ارائه‌ی پدیده به مشتری - که خداوند آن را مقدر می‌سازد- به قصد مبایعه، تبیین می‌کند. هم‌چنین چرایی عرضه را در کسب غنا و بی نیازی از مال دیگران می‌جوید[21].

مکتب تولید و صنعت

حکمت عرضه در اسلام، با مکتب تولید و صنعت، معیشت بندگان را در جهت تأمین مؤونات و معونات زندگی بر وجه حلال مکاسب رقم می‌زند، چرا که تولید و صنعت دو حد ایجابی حلال و سلبی حرام را بر می‌تابد. در این مکتب به درک، حفظ و بسط حدود الهی، حسب آن‌که خدا بر بندگانش فرض نموده تا بر جهت حلال به تولید و صنعت بپردازند و از جهات حرام آن اجتناب نمایند، اهتمام ورزیده می‌شود؛ به این دلیل که وجوه حلال بر اصلاح جامعه و وجوه حرام بر افساد جامعه می‌انجامد [22]. در این زمینه بهترین تولیدات و صنایع آن است که با شرایع دین و حدود الهی منطبق باشد[23].

قاعده عمل

آنچه از پس تولید و صنعت در عرضه‌ی بایع موضوعیت دارد، عمل به مثابه عبادت است. قاعده‌ی عمل در چیستی، چرایی و چگونگی «ایمان قلبی ممزوج شده با عمل صالح در جهت جلب أجر الهی»[24] را برتافته و عمل تولید و عمل صنعت را با روح نیت عبادت پیوند می‌دهد.

امنیت

اکنون در جمهوری اسلامی ایران، رویه‌های مدرنیستی فلسفه‌ی عرضه و ایدئولوژی تولیدگرایی و دکترین کار مبنای طرح‌ریزی حوزه‌ی اقتصاد قرار گرفته‌اند، در حالی که رویه‌های اسلامی این حیطه مورد غفلت جدی واقع شده‌اند؛ فلذا بایسته و شایسته است با تبیین صحیح و جامع حکمت عرضه، مکتب تولید و صنعت و قاعده‌ی عمل، زمینه‌ی این غفلت زدوده گردد..

[1] - www.etymonline.com (word: supply)

[۲]- יהוה סוגים

[۳]- عهد عتیق، سفر پیدایش، فصل ۲۲، خلاصه آیه ۱ تا ۱۴

[4] - The "classical" economists

[5] - Adam Smith (1723 – 1790)

[6] - David Ricardo (1772 – 1823)

[7] - John Stuart Mill (1806 – 1873)

[۸] - Neoclassical or marginal revolution

[9] - Utilitarianism

[10] - Jeremy Bentham (1748 - 1832)

[11] - William Stanley Jevons (1835 – 1882)

[12] - Karl Menger (1902 – 1985)

[13] -Léon Walras (1834 –1910)

[14] -Preferences of consumers

[15] - Daniel M. Hausman, The Philosophy of Economics, An Anthology, , page 24-25

[16]-Wicksell, Knut, Lectures on Political Economy, edited with Lionel Robbins, Augustus M.Kelly.Publishers1978, p:24

[۱۷]- وَ عَرَضْنا جَهَنَّمَ یَوْمَئِذٍ لِلْکافِرینَ عَرْضاً ، قرآن کریم، سوره کهف، آیه ۱۰۰

[۱۸]- وَعَلَّمَ آدَمَ الْأَسْماءَ كُلَّها ثُمَّ عَرَضَهُمْ عَلَى الْمَلائِكَةِ فَقالَ أَنْبِئُونی بِأَسْماءِ هؤُلاءِ إِنْ كُنْتُمْ صادِقِینَ ، قرآن کریم، سوره بقره، آیه ۳۱

[۱۹]- ابن منظور، لسان العرب، انتشارات دارالفکر، جلد ۷، صفحه ۱۶۸

[۲۰]- إِنَّا عَرَضْنَا الْأَمانَةَ عَلَى السَّماواتِ وَ الْأَرْضِ وَ الْجِبالِ فَأَبَيْنَ أَنْ يَحْمِلْنَها وَ أَشْفَقْنَ مِنْها وَ حَمَلَهَا الْإِنْسانُ إِنَّهُ كانَ ظَلُوماً جَهُولاً ، قرآن کریم، سوره احزاب، آیه ۷۲ (ترجمه ناصر مکارم شیرازی)

[۲۱]- الإمام علی «ع»: تعرّضوا للتّجارات، فإنّ لکم فیها غنی عمّا فی أیدی النّاس. عاملی، شیخ حرّ، وسائل الشیعة، انتشارات آل البیت قم ۱۴۰۹ قمری، جلد ۱۲، صفحه ۴

[۲۲]- فَقَالَ جَمِيعُ الْمَعَايِشِ كُلِّهَا مِنْ وُجُوهِ الْمُعَامَلَاتِ فِيمَا بَيْنَهُمْ مِمَّا يَكُونُ لَهُمْ فِيهِ الْمَكَاسِبُ أَرْبَعُ جِهَاتٍ وَ يَكُونُ مِنْهَا حَلَالٌ مِنْ جِهَةٍ حَرَامٌ مِنْ جِهَةٍ فَأَوَّلُ هَذِهِ الْجِهَاتِ الْأَرْبَعَةِ الْوِلَايَةُ ثُمَّ التِّجَارَةُ ثُمَّ الصِّنَاعَاتُ تَكُونُ حَلَالًا مِنْ جِهَةٍ حَرَاماً مِنْ جِهَةٍ ثُمَّ الْإِجَارَاتُ وَ الْفَرْضُ مِنَ اللَّهِ عَلَى الْعِبَادِ فِي هَذِهِ الْمُعَامَلَاتِ الدُّخُولُ فِي جِهَاتِ الْحَلَالِ وَ الْعَمَلُ بِذَلِكَ الْحَلَالِ مِنْهَا وَ اجْتِنَابُ جِهَاتِ الْحَرَامِ مِنْهَا فَإِحْدَى الْجِهَتَيْنِ مِنَ الْوِلَايَةِ وِلَايَةُ وُلَاةِ الْعَدْلِ الَّذِينَ أَمَرَ اللَّهُ بِوِلَايَتِهِمْ عَلَى النَّاسِ....، طوسی، خواجه نصیرالدین، التهذیب الاحکام، دارالکتب الاسلامیه ۱۳۶۵، جلد ۴، صفحه ۱۲۱.

[۲۳]- أحسن الصنائع ما وافق الشرائع، تمیمی آمدی، عبدالواحد ابن محمد، غررالحکم و دررالکلم، دفتر تبلیغات اسلامی قم، صفحه ۳۸۲ ، الإحسان و التحریض إلیه

[۲۴]- وَ بَشِّرِ الَّذینَ آمَنُوا وَ عَمِلُوا الصَّالِحاتِ أَنَّ لَهُمْ جَنَّاتٍ تَجْری مِنْ تَحْتِهَا الْأَنْهارُ كُلَّما رُزِقُوا مِنْها مِنْ ثَمَرَةٍ رِزْقاً قالُوا هذَا الَّذی رُزِقْنا مِنْ قَبْلُ وَ أُتُوا بِهِ مُتَشابِهاً وَ لَهُمْ فیها أَزْواجٌ مُطَهَّرَةٌ وَ هُمْ فیها خالِدُونَ، قرآن کریم، سوره بقره، آیه ۲۵

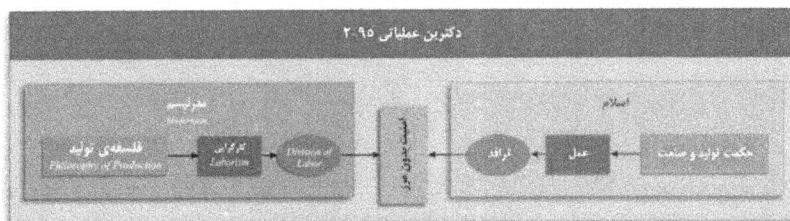

نقشه‌ی راه ۳-۲-۲-۹۵

مدرنیسم

فلسفه‌ی تولید *Philosophy of Production*

واژه Production برگرفته از ریشه‌ای لاتینی[1] به معنای زیاد شدن، گسترش یافتن، به پدید آوردن و تولید است[2]. کتب عهد عتیق تولید را خلق پدیده‌ای که موجود نیست، از پدیده‌های موجودی که قبلاً خلق و آفریده شده‌اند قلمداد می‌کند و نخستین بار به خداوند نسبت می‌دهد و او این عمل را از مخلوقات دیگر مطالبه می‌کند. به عبارت دیگر می‌توان سِفر پیدایش را مرتبط به تولیدات نخست خداوند و موجودات اولیه دانست[3].

در عصر مدرن برطبق تلقی مارکس، مهمترین گرایش تاریخی بشر در توسعه‌ی قدرت‌های ضروری انسان، افزایش میزان قدرت او در تولید است[4]. بنابراین، فلسفه‌ی تولید به تبیین چیستی آن در خلق و به پدید آوردن، از منابع موجود، و سپس به چرایی آن با توجه به گزاره‌ی «قدرت» و «بقاء» می‌پردازد.

ایدئولوژی کارگرایی *Laborism*

فلسفه‌ی تولید، به کارگرایی منتج می‌گردد. این ایدئولوژی به ترسیم سازوکاری برای بازار کار، و بازار عرضه و تقاضای کار و نیروی کار، به عنوان یکی از عوامل تولید می‌پردازد و از آن عموماً به تئوری اقتصاد کار[5] تعبیر می‌شود. با توجه به انواع تولید، از تولیدانبوه گرفته تا تولید کالاهای لوکس و کمیاب، نیروی کار اشکال متفاوت و درجه بندی خاصی پیدا می‌کند که در هر وضعیت، نوع قیمت گذاری، دستمزدها و سرمایه‌گذاری لازم متمایز از بقیه خواهد بود[6].

دکترین تقسیم کار *Division of Labor*

ایدئولوژی کارگرایی، در بستر فلسفه‌ی تولید به دکترین تقسیم کار منتج می‌شود. این دکترین بر اساس پیشرفت‌های علمی و فنی که منجر به تعمیق تخصص و کیفیت کار وهم‌چنین گسترش کمیت کار و همین‌طور افزایش تعداد کسانی که در انجام کار

قابلیت و توانایی دارند، به تبیین چیستی، چرایی و چگونگی تقسیم نمودن کار میان عاملان تولید می‌پردازد.

تقسیم کار، چالاکی هر کارگر بخصوص را افزایش می‌دهد، در زمان صرفه‌جویی می‌کند و به اختراع تعداد کثیری از ماشین‌آلات منتج می‌شود که فرآیند تولید را تسهیل و مختصر نموده و م وجب می‌شودتا یک نفر بتواند کار افراد بسیاری را به تنهایی انجام دهد منتج می‌شود[۷]. دکترین تقسیم کار، به مبحث مهم «طبقه بندی مشاغل» که مسأله‌ی مهم تخصص‌گرایی و روند ارتقاء کیفیت شغل است، انجامیده‌است. در تقسیم کار، مقوله‌ی «فرصت شغلی» نیز در بستر طبقه‌بندی مشاغل بروز می‌یابد.

اسلام

حکمت تولید و صنعت

واژه‌ی تولید از ماده‌ی «وَلَد» و به معنای تکوّن پدیده‌ای از پدیده‌ی دیگر است. هم‌چنین، پرداختن به صنع هرپدیده‌ای، مفهوم «صنعت» را رقم زده‌است[۸]. صنعت، فرآوری کالا و پدیده‌ی موردنیاز زندگی بشر، با تقلید از طبیعت است. حقیقت مطلق تولید[۹] و صنعت[۱۰]، از مصادیق توحید افعالی به شمار می‌رود، هم-چنین جزئی از ربوبیت مادی از سوی پروردگار محسوب می-شود.

حکمت تولید و صنعت به پرسش از چیستی و چرایی این امور، مبتنی بر تجلی پروردگار متعال در حقیقت تولید و صنعت پاسخ می‌گوید. دراین خصوص، حد و ظرفیت صناعت از سوی انسان در حد و ظرفیت تسخیر طبیعت از سوی او، به اراده‌ی لاهی است[۱۱].

مکتب عمل

حکمت تولید و صنعت در مکتب عمل، صبغه‌ی عبادت می-یابد، زیرا روح عمل، به نیّت است: لا عمل الاّ بالنیهْ[۱۲]. عمل به دو طیف عمده تفکیک می‌شود: عمل فاسد و عمل صالح. عمل صالح به ایمان تکیه دارد[۱۳] و عمل فاسد برخاسته از نیت فاسد است. نیت فاسد، برکت عمل را می‌برد[۱۴].

قاعده ترافُد

مکتب عمل در بستر حکمت تولید و صنعت، به قاعده‌ی ترافد منتج می‌شود. قاعده‌ی ترافد، چیستی رَفد، عون و یاری مؤمنین به یکدیگر را که با عطا و بذل بهترین‌ها به هم‌دیگر همراه است و چرایی و چگونگی آن را در اصطناع معروف و بذل رفد ترسیم می نماید [15].

امنیت

روش شناسی اقتصاد مدرن فلسفه‌ی تولید، ایدئولوژی کارگرایی و دکترین تقسیم کار را شالوده قرار داده است حال آن-که شایسته و بایسته است رویه‌های اسلامی حکمت تولید و صنعت، مکتب عمل و قاعده‌ی ترافد از پرده‌ی غفلت خارج شده و مبنای طرح و عمل نظام اقتصاد جمهوری اسلامی ایران واقع شوند.

---

1 - from pro- "forth"+ ducere "to bring, lead"

2 - a coming into being, to be developed, to be extended, www.etymonline.com (word: Production)

۳- سپس خدا فرمود: «زمین،انواع جانوران و حیوانات اهلی و وحشی و خزندگان را به وجود آورد» عهد عتیق، سفر پیدایش، فصل ۱، آیه ۲۴ - سرانجام خدا فرمود: «انسان را شبیه خود بسازیم، تا بر حیوانات زمین و ماهیان دریا و پرندگان آسمان فرمانروایی کند» عهد عتیق، سفر پیدایش، فصل ۱، آیه ۲۶

4 - Honderich, Ted, editor, The Oxford Companion to Philosophy, 2nd edition, Oxford University press 2005, p:559

5 - Labor Economics

6 -www.mitpress.mit.edu/Labor Economics

[7]- Smith, Adam, An Inquiry Into Nature And Causes of The Wealth of Nations, a Penn state electronic classics series publications 2005, p: 11

[۸]- ابن منظور، لسان العرب، انتشارات دارالفکر، جلد ۸ صفحه ۲۰۹

[۹]- ثُمَّ خَلَقْنَا النُّطْفَةَ عَلَقَةً فَخَلَقْنَا الْعَلَقَةَ مُضْغَةً فَخَلَقْنَا الْمُضْغَةَ عِظاماً فَكَسَوْنَا الْعِظامَ لَحْماً ثُمَّ أَنْشَأْناهُ خَلْقاً آخَرَ فَتَبارَكَ اللَّهُ أَحْسَنُ الْخالِقِينَ، سوره مؤمنون،آیه ۱۴

- ثُمَّ كانَ عَلَقَةً فَخَلَقَ فَسَوَّى، قرآن کریم، سوره قیامت،آیه ۳۸

[۱۰]- وَ عَلَّمْناهُ صَنْعَةَ لَبُوسٍ لَكُمْ لِتُحْصِنَكُمْ مِنْ بَأْسِكُمْ فَهَلْ أَنْتُمْ شاكِرُونَ، قرآن کریم، سوره انبیاء، آیه ۸۰

[۱۱]- اللَّهُ الَّذی خَلَقَ السَّماواتِ وَ الْأَرْضَ وَ أَنْزَلَ مِنَ السَّماءِ ماءً فَأَخْرَجَ بِهِ مِنَ الثَّمَراتِ رِزْقاً لَكُمْ وَ سَخَّرَ لَكُمُ الْفُلْکَ لِتَجْرِیَ فِی الْبَحْرِ بِأَمْرِهِ وَ سَخَّرَ لَكُمُ الْأَنْهارَ، قرآن کریم، سوره ابراهیم، آیه ۸۰

- وَ سَخَّرَ لَكُمْ ما فِی السَّماواتِ وَ ما فِی الْأَرْضِ جَمیعاً مِنْهُ إِنَّ فی ذلِکَ لَآیاتٍ لِقَوْمٍ یَتَفَكَّرُونَ، قرآن کریم، سوره جاثیه، آیه۱۳

- وَ اصْنَعِ الْفُلْکَ بِأَعْیُنِنا وَ وَحْیِنا وَ لا تُخاطِبْنی فِی الَّذینَ ظَلَمُوا إِنَّهُمْ مُغْرَقُونَ، قرآن کریم، سوره هود، آیه ۳۷

- وَ یَصْنَعُ الْفُلْکَ وَ كُلَّما مَرَّ عَلَیْهِ مَلَأٌ مِنْ قَوْمِهِ سَخِرُوا مِنْهُ قالَ إِنْ تَسْخَرُوا مِنَّا فَإِنَّا نَسْخَرُ مِنْكُمْ كَما تَسْخَرُونَ، قرآن کریم، سوره هود، آیه ۳۸

[۱۲]- عَنْ عَلِیِّ بْنِ الْحُسَیْنِ ع قَالَ لَا حَسَبَ لِقُرَشِیٍّ وَ لَا لِعَرَبِیٍّ إِلَّا بِتَوَاضُعٍ وَ لَا كَرَمَ إِلَّا بِتَقْوَى وَ لَا عَمَلَ إِلَّا بِالنِّیَّةِ وَ لَا عِبَادَةَ إِلَّا بِالتَّفَقُّهِ أَلَا وَ إِنَّ أَبْغَضَ النَّاسِ إِلَى اللَّهِ مَنْ یَقْتَدِی بِسُنَّةِ إِمَامٍ وَ لَا یَقْتَدِی بِأَعْمَالِهِ، کلینی، شیخ محمد، الکافی، نشر دارالکتب الاسلامیه ۱۳۶۵، جلد۸، صفحه ۲۳۴، حدیث قباب

[۱۳]- الا الذین آمنوا و عملوا الصالحات.

[۱۴]- نیت که فاسد شد، برکت از بین می رود. امام علی علیه السلام.

[15]- من الکرم [الکریم] اصطناع المعروف و بذل الرفد، تمیمی آمدی، عبدالواحد ابن محمد، غررالحکم و دررالکلم، دفتر تبلیغات اسلامی قم، صفحه ۳۸۲، الکریم محسن

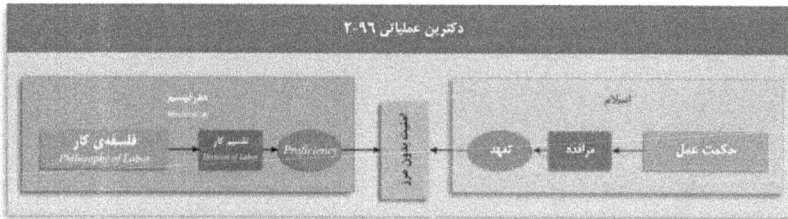

نقشه‌ی راه ۳-۲-۲-۹۶

مدرنیسم

فلسفه‌ی کار *Philosophy of Labor*

مفهوم لاتینی Labor به «تقلای بدن در یک مشکل، سختی و محنت همراه با تلوتلو خوردن» اطلاق می‌شده و اکنون نیز مسامحتاً در زبان فارسی به معنای کار با درون‌مایه‌ای از اکراه، زور و سختی به کار می‌رود[۱].

نگرش بدبینانه به کار[۲]، در روش‌شناسی اکونومی به انسان شناسی توراتی باز می‌گردد، آن‌گاه که آدم با سرپیچی از امر الهی و تن در دادن به خواسته‌ی مار در خوردن میوه‌ی ممنوعه، مورد عتاب خداوند قرار گرفت:

«چون گفته‌ی زنت را پذیرفتی و از میوه‌ی آن درختی خوردی که به تو گفته بودم از آن نخوری، زمین زیر لعنت قرار خواهد گرفت و تو در تمام عمرت با رنج و زحمت از آن کسب معاش خواهی کرد. از زمین خار و خاشاک برایت خواهد رویید و گیاهان صحرا را خواهی خورد. تا آخر عمر به عرق پیشانی‌ات نان خواهی خورد و سرانجام به همان خاکی باز خواهی گشت که از آن گرفته شدی؛ زیرا تو از خاک سرشته شدی و به خاک هم برخواهی گشت»[۳].

بنابراین فلسفه‌ی کار حوزه‌ی پرداختن به ترجیحات میان «کار» و «فراغت»[۴] بر اساس درآمد حاصله از کار با پس زمینه‌ی توراتی برتافتن لعنت خدا بر کار بشر می‌باشد.

ایدئولوژی تقسیم کار *Division of Labor*

به این دلیل که هر چه درآمد مردم افزایش یابد، ثروت ملل مستقل یا مشترک المنافع نیز به تبع افزایش خواهد یافت؛ پس افزایش تولید و کار نیز در رسیدن به این هدف اجتناب ناپذیر خواهد بود. در این رابطه عظیم‌ترین ترقی‌هایی که در نیروهای تولیدی کار و همچنین در مهارت و چابکی نیروی کار به‌وجود می‌آید، از اثرات تقسیم کار می‌باشد[۵].

بنابراین علی رغم وجود نگرش منفی نسبت به کار، فلسفه‌ی کار برای نیل به هدف عالی انباشت ثروت مادی، «تقسیم کار» را بر می‌تابد.

دکترین تخصص *Proficiency*

فلسفه‌ی کار مبتنی بر تقسیم کار، به دکترین «تخصص» منتج می‌گردد. دکترین تخصص چیستی، چرایی و چگونگی «بالارفتن کیفیت شایستگی‌های فیزیکی یا فکری در تسهیل پیشرفت کار، مهارت یا معرفتی» را تبیین می‌کند؛ و به این موضوع می‌پردازد که وقتی کار به افزایش ثروت مادی منجر شود، مسلماً ترجیحات اشخاص میان کار و فراغت، به سمت کار میل خواهد کرد. با گسترش یافتن ابعاد کارها در اقتصاد نیز، تقسیم کار اجتناب ناپذیر خواهد بود؛ در این رابطه افراد در مشغولیّت‌های تعریف شده‌ی کاری خویش تخصص یافته و به عبارتی پروفشنال[۶] خواهند شد.

اسلام

حکمت عمل

عمل به معنای ظهور افعالی حالات باطنی و نیات درونی انسان در افاضات و اظهارات خارجی اوست، عمل هر عامل از روی اختیار و قصد درونی او صورت می‌پذیرد[۷]؛ در این رابطه مفهوم فارسی کار، اعم از عمل بوده و معنی آن به فعل نزدیک‌تر است.

از آن جایی که عبادت در ایمان و عمل، تأمین کننده‌ی حیات انسانی است[۸] و بدون آن، انسان در حد گیاه یا حیوان و گاهی پست تر از حیوان است و زمینه ساز تقوا و تقوا توشه و زمینه دستیابی به فلاح نهایی انسان در لقای حق است. پس تقوا هدف عبادت و خود مقدمه ای برای فلاح عبادت کننده است.[۹] بر این اساس چیستی و چرایی عمل مبتنی بر «نیّت عبادت الهی» موضوعیّت می‌یابد.

مکتب مرافده

حکمت عمل معطوف به عبادت در تولید و صنعت، برای تحقق عبودیّت، به مکتب مرافده می‌انجامد. مکتب مرافده تبیین بستر برکت الهی در معاونت حقیقی مؤمنین نسبت به یکدیگر رقم می-خورد که با اهدای عطایای متبرّک مادی و معنوی همراه است[۱۰].

قاعده‌ی تعهّد

حکمت عمل بر بستر عبودیّت، مکتب مرافده با مؤمنین را رقم زده و به قاعده‌ی تعهّد می‌انجامد. این قاعده چیستی تعهّد را در التزام حقیقی به عهد خداوند تبیین می‌کند و چرایی آن را بر اساس لزوم عقد عهد با خداوند در مبایعه و عدم نکاثت و شکستن که با وفای به آن‌همراه است[۱۱] توضیح می‌دهد. سپس در تدقیق چگونگی تعهّد، به دو نکته اشاره می‌کند؛ نخست آن‌که، تعهّد بر بستر مسئولیت به جای مشغولیت[۱۲]، در امر مرافده و معاونت در تولید و صنعت قرار دارد و دوم آن‌که کسی که بر عهدی وفادار است نسبت به آن تحفّظ ورزیده بدون اهمال، مراعات را پیشه‌خود می‌سازد[۱۳].

امنیت

اکنون در جمهوری اسلامی ایران، رویه‌های مدرنیستی فلسفه‌ی کار و ایدئولوژی تقسیم کار مبنای طرح‌ریزی حوزه‌ی اقتصاد قرار گرفته‌اند، در حالی که رویه‌های اسلامی این حیطه مورد غفلت جدی واقع شده‌اند؛ فلذا بایسته و شایسته است با تبیین صحیح و جامع حکمت عمل، مکتب مرافده و قاعده‌ی تعهد، زمینه‌ی این غفلت زدوده گردد.

1- www.etymonline.com (word: labor)

۲- لیارد، پی‌آر، جی، والترز، ا‌ا، تئوری اقتصادخرد، ترجمه‌ی عباس شاکری، نشرنی ۱۳۷۷، صفحه‌ی ۳۵۲

[۳]- عهد عتیق، سفر پیدایش، فصل ۳، آیه ۱۷ تا ۱۹

[4] - Leisure

[5] - Smith, Adam, An Inquiry Into Nature And Causes of The Wealth of Nations, a Penn state electronic classics series publications 2005, p: 10

[6] - Professional

[۷]- مصطفوی، حسن، التحقیق فی کلمات القرآن الکریم، مرکز نشر آثار علامه مصطفوی، جلد ۸، صفحه ۲۲۵

[۸]- یا أَیُّهَا النَّاسُ اعْبُدُوا رَبَّکُمُ الَّذی خَلَقَکُمْ وَ الَّذینَ مِنْ قَبْلِکُمْ لَعَلَّکُمْ، قرآن کریم، سوره بقره، آیه ۲۱

[۹]- جوادی آملی، عبدالله، تفسیر تسنیم،جلد ۲،تفسیر آیه ۲۱ سوره بقره

www.aviny.com/quran/tasnim/jeld2

[۱۰]- وَ أُتْبِعُوا فی هذِهِ لَعْنَةً وَ یَوْمَ الْقِیامَةِ بِئْسَ الرِّفْدُ الْمَرْفُودُ، قرآن کریم، سوره هود، آیه ۹۹

[۱۱]- إِنَّ الَّذینَ یُبایِعُونَکَ إِنَّما یُبایِعُونَ اللَّهَ یَدُ اللَّهِ فَوْقَ أَیْدیهِمْ فَمَنْ نَکَثَ فَإِنَّما یَنْکُثُ عَلی نَفْسِهِ وَ مَنْ أَوْفی بِما عاهَدَ عَلَیْهُ اللَّهَ فَسَیُؤْتیهِ أَجْراً عَظیماً، قرآن کریم، سوره فتح، آیه ۱۰

[۱۲]- وَ لا تَقْرَبُوا مالَ الْیَتیمِ إِلاَّ بِالَّتی هِیَ أَحْسَنُ حَتَّی یَبْلُغَ أَشُدَّهُ وَ أَوْفُوا بِالْعَهْدِ إِنَّ الْعَهْدَ کانَ مَسْؤُلاً ، قرآن کریم، سوره أسراء، آیه ۳۴

[۱۳]- وَ الَّذینَ هُمْ لِأَماناتِهِمْ وَ عَهْدِهِمْ راعُونَ، قرآن کریم، سوره مؤمنون، آیه ۸

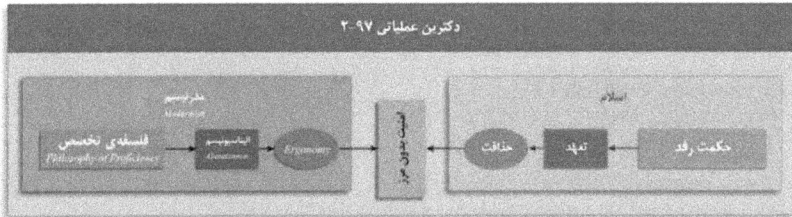

نقشه‌ی راه ۳-۲-۲-۹۷

مدرنیسم

فلسفه‌ی تخصص *Philosophy of Proficiency*

مفهوم Proficiency به زبان ساده «پیشرفته شدن در یک کار، مهارت یا معرفتی» را معنا می‌دهد[۱]. معنای این واژه در زبان فارسی عموماً به تخصص تعبیر می‌گردد. فلسفه‌ی تخصص به چیستی بالارفتن کیفیت شایستگی‌های فیزیکی یا فکری و تسهیل انجام کار، مهارت یا معرفتی می‌پردازد[۲]، چرایی آن را در پیشرفت، توسعه و گسترده شدن ابعاد اقتصاد و غیرممکن بودن فراگیری تمام جنبه‌های یک امر اقتصادی توسط یک شخص تبیین می‌نماید.

ایدئولوژی الیناسیونیسم *Alienationism*

فلسفه‌ی تخصص در شکل افراطی خود به ایدئولوژی الیناسیونیسم منجر می‌گردد. کارل مارکس وضعیّت تفکری نیروی‌کار را در سیستم کاپیتالیسم بر مبنای این ایدئولوژی ترسیم می‌کند. او معتقد است که یک جامعه‌ی صنعتی که به وسیله‌ی مالکیت سرمایه‌دار و سازمان ابزار تولید مشخص می‌شود، سبب می‌گردد که کارگران جز فروش نیروی کار خویش و بیگانه شدن از محصول کار خود نقشی در آن نداشته باشند؛ در نتیجه گرایش به ایزوله شدن اجتناب ناپذیر خواهد بود[۳]. نئومارکسیست‌هایی نظیر پل باران[۴] و پل سوئیزی[۵] نیز از این دیدگاه حمایت می‌کنند.

دکترین ارگونومی *Ergonomy*

بقاء و ثبات نظام سرمایه داری مبتنی بر فلسفه‌ی تخصص، در ایدئولوژی الیناسیونیسم با مخاطره روبرو می‌گردد. از این رو دکترین ارگونومی – با اصالتی یونانی[۶]– موضوعیّت می‌یابد. دکترین ارگونومی به چیستی مهندسی روابط میان انسان و محیط مادی کار پرداخته و چرایی آن را در جلوگیری از اضمحلال کاپیتالیسم توسط الیناسیون توضیح می‌دهد، آن‌گاه در چگونگی به تنظیم روابط میان بشر و محیط مادی در جهت حداکثرسازی نمودن بهره‌وری کاری در تولید ثروت مادی می‌پردازد.

اسلام

حکمت رَفد

رَفد در لغت، به معنای «یاری رساندن به دیگران که با اعطای عطیّه و صله‌ای همراه است»[7]، گفته می‌شود. حکمت رفد چیستی رفد را در زکات معاونت که همراه با بذل است تبیین کرده و چرایی آن را در نیل به مقام کرامت تدقیق می‌نماید[8].

مکتب تعهّد

تعهّد مکتب التزام قلبی و عملی به عهدی است که در بیع با خداوند بسته شده است. در این مکتب صداقت نسبت به عهد، جایگاه رفیعی دارد. اگر عهد متعهدان به پایان برسد یا منتظر پایان باشند تبدیل و تغییری در عهدشان حاصل نخواهند کرد[9]. بنابراین مکتب تعهّد بیان اصالت انگاره‌های «صداقت»، «مسئولیت»، «وفا» و «مراعات» در مرافده با بندگان خداوند، هنگام عمل معطوف به عبادتِ تولید و صنعت، قلمداد می‌گردد.

قاعده حذاقت

مکتب تعهد مبتنی بر حکمت رَفد و معاونت دیگران در عمل معطوف به عبادت نتیجتاً به قاعده‌ی حذاقت منتج می‌گردد. قاعده‌ی حذاقت، چیستی معرفت عمیق و مهارت بسیار در عملی را تبیین نموده و چرایی آن‌را در تعهّد نسبت به عمل عبادی می‌آموزاند، آنگاه پرسش از چگونگی حذاقت را با دو رکن اساسی «تعب و سختی» و «درک عمیق از غوامض عمل» پاسخ می‌گوید[10].

امنیت

گرچه اکنون در جمهوری اسلامی ایران، در حوزه‌ی اقتصاد، مانند حوزه‌های تعلیم و تربیت، سلامت، علم و حکمت، رسانه و هنر و ... رویه‌های مدرنیسم، مانند فلسفه‌ی تخصص، ایدئولوژی الیناسیونیسم و دکترین ارگونومی حاکم است، لیکن تضاد و تقابل این رویه‌ها با حکمت رفد، مکتب تعهد و قاعده‌ی حذاقت برکسی پوشیده نیست.

---

[1]- Merriam-Webster's collegiate dictionary, 11th Ed., Massachusetts, U.S.A, Merriam-Webster Incorporated 2005. (word: Proficiency)

[2] -The American Heritage, Dictionary of the English Language, Fourth Edition copyright 2000 by Houghton Mifflin Company. Updated in 2009. Published by Houghton Mifflin Company. www.thefreedictionary.com (word: proficiency)

[3] - Marx, Karl, Capital, The Process of Capitalist Production As A Whole, vol 3, edited by Friedrick Engels, Source: Institute of Marxism-Leninism, USSR, 1959, Publisher: International Publishers, NY, p:180

[4] - Paul A.Baran (1909-1964)

[5] Paul Marlor Sweezy (1910 – 2004)

[6] - εργον, www.etymonline.com (word; Ergonomy)

[7]- مصطفوی، حسن، التحقیق فی کلمات القرآن الکریم، مرکز نشر آثار علامه مصطفوی، جلد ۴، صفحه ۱۷۹

[8]- من الکرم [الکریم] اصطناع المعروف و بذل الرفد، تمیمی آمدی، عبدالواحد ابن محمد، غررالحکم و دررالکلم، دفتر تبلیغات اسلامی قم، صفحه ۳۸۲ ، الکریم محسن

[9]- مِنَ الْمُؤْمِنِينَ رِجالٌ صَدَقُوا ما عاهَدُوا اللَّهَ عَلَيْهِ فَمِنْهُمْ مَنْ قَضى نَحْبَهُ وَ مِنْهُمْ مَنْ يَنْتَظِرُ وَ ما بَدَّلُوا تَبْدِيلاً ، قرآن کریم، سوره احزاب، آیه ۲۳

[10]- طریحی، فخرالدین بن محمّد، مجمع البحرین، تهیه و تنظیم محمود عادل، دفتر نشر فرهنگ اسلامی۱۳۸۷، جلد ۵، ص: ۱۴۵

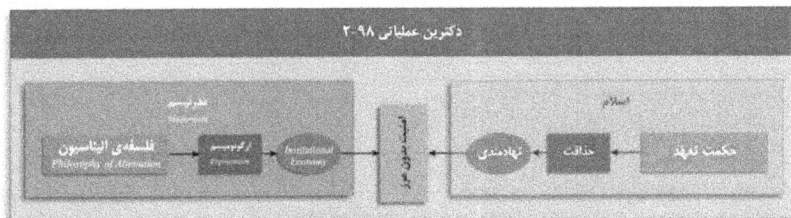

نقشه‌ی راه ۳-۲-۲-۹۸

مدرنیسم

فلسفه‌ی الیناسیون *Philosophy of Alienation*

مفهوم الیناسیون به معنای «خروج و یا جدایی عواطف شخص از یک شیء یا موقعیتی از دلبستگی‌های پیشین خود» گفته می‌شود؛ به زبان ساده از این مفهوم به «از خود بیگانگی» تعبیر می‌شود[۱]. فوئرباخ[۲] و کارل مارکس این اصطلاح بیگانگی را در یک فرایند و یک محصول، به تبدیل نتایج فعالیت فردی و اجتماعی به چیزی غیر از خودشان که هم از خودشان مستقل و هم بر آنان غالب و حاکم باشد اطلاق می‌نمایند[۳].

فلسفه‌ی الیناسیون چیستی از خود بیگانگی را در ظهور عصر جدید عینیت‌گرا تبیین می‌کند و چرایی آن را در ارتباط با ذات الینه‌گر تخصص[۴] ماشینیسم[۵]، تکنوکراسی[۶]، بوروکراسی[۷] نظام طبقاتی[۸] و پول[۹] تدقیق می‌نماید[۱۰].

ایدئولوژی ارگونومیسم *Ergonomism*

ارگونومیسم یا مهندسی فاکتورهای بشری[۱۱]، ایدئولوژی است که در فلسفه‌ی الیناسیون برای پاسخ به پدیده‌ی «از خودبیگانگی» شکل گرفت. این ایدئولوژی به طرح‌هایی که رابطه‌ی انسان و فضای مادی را تنظیم می‌نماید تا بهره‌وری کار را حداکثرسازی کند و عوامل ناراحت کننده و ایجاد خستگی را در جهت بهبود سیستم کمینه سازد، گرایش ایجاد می‌نماید[۱۲].

دکترین اقتصاد نهادی *Institutional Economy*

گرایش به ارگونومی، رابطه‌ی بشر را با دنیای مادی مهندسی می‌نماید. نظم نوین[۱۳] به وجود آمده از تنظیم این روابط، ارتباط با محیط مادی کار را در ذهن و قلب بشر نهادینه می‌سازد. بر این اساس فلسفه‌ی الیناسیون در ارگونومیسم، به دکترین اقتصاد نهادی منتج می‌گردد. این دکترین چیستی اقتصاد نهادی را مبتنی بر «مهندسی رابطه‌ی محیط کار و بشر» تبیین نموده، چرایی آن را در غایت انگاری «انباشت ثروت مادی از راه کار»، توضیح می‌دهد، آنگاه در چگونگی به شاخه‌های علوم نوینی در ارتباط با اقتصاد و ارگونومی می‌پردازد[۱۴].

اسلام

حکمت تعهّد

مفهوم تعهد برگرفته از ریشه‌ی عهد، به معنای حفظ التزام به عهدی است که با خداوند بسته شده‌است[۱۵]. حکمت تعهّد چیستی و چرایی التزام قلبی و عملی به عهد با خداوند بر دو گزاره‌ی اساسی استوار است: نخست آن‌که وفا نمودن به عهد، پیش شرط وفای خداوند به عهد محسوب می‌شود[۱۶] و دوم عدم نقض تعهّدِ بر عهد خداوند می‌باشد[۱۷].

مکتب حذاقت

حکمت تعهّد مبتنی بر التزام و تحفّظ، مکتب حذاقت که مهارت بسیار یافتن در هر عملی می‌باشد[۱۸]، را برمی‌تابد. حذاقت نتیجه‌ی صداقت در عهد با خداوند و عمل معطوف به عبودیّت است. ذکاوت به همراه درک عمیق و معرفتی بسیط نسبت به عمل در مکتب حذاقت نصیب باورمندان و متعهّدان می‌شود.

قاعده نهادمندی

حکمت تعهّد بر مبنای مکتب حذاقت به قاعده‌ی نهادمندی منتج می‌شود. «نهادمندی» به «تنظیم شدن مسئولیت افراد بر اساس طبقه‌بندی مسائل» اطلاق می‌گردد، زیرا در تلقی اسلامی، «مسئولیّت» به جای «شغل» موضوعیت دارد و مسئولیت مبتنی بر تعهد زمینه‌ی پیدایش نهادها و ساخت مندی نظام اجتماعی است. فلذا قاعده‌ی نهادمندی چیستی «نهادمندی»، چرایی «نهادمندشدن انسان‌ها بر مبنای مسائل» و چگونگی شکل گیری «کنش نهادی عبادت مبنا» را تبیین می‌کند تا افراد مسئول بر اساس نظم درون جوش، در نهادی پویا، به حل مسائلی بپردازند که متعهّد به آن هستند[۱۹].

امنیت

فلسفه‌ی الیناسیون، ایدئولوژی ارگونومیسم و دکترین اقتصاد نهادی مبانی روش شناسی اقتصاد مدرن را تشکیل داده‌اند. لذا برای طرح ریزی حوزه‌ی اقتصاد جمهوری اسلامی توجه به روش شناسی اسلامی حکمت تعهد مکتب حذاقت و قاعده‌ی نهادمندی بایسته و شایسته است.

1-The American Heritage® Dictionary of the English Language, Fourth Edition copyright 2000 by Houghton Mifflin Company. Updated in 2009. Published by Houghton Mifflin Company. www.thefreedictionary.com (word: Alienation)

2 - Ludwig Andreas von Feuerbach (1804- 1872)

۳- توانایان فرد، حسن، فرهنگ تشریحی اقتصاد، نشر جهان رایانه ۱۳۸۵، صفحه: ۳۸

4 - Proficiency

5 - Machinism

6 - Technocracy

7 - Bureaucracy

8 - Class System

9 – Money

۱۰- الیناسیون از نظر دکتر علی شریعتی، توانایان فرد، حسن، فرهنگ تشریحی اقتصاد، نشر جهان رایانه ۱۳۸۵، صفحه: ۳۹

11 – human factors engineering

12 - The American Heritage® Dictionary of the English Language, Fourth Edition copyright 2000 by Houghton Mifflin Company. Updated in 2009. Published by Houghton Mifflin Company. www.thefreedictionary.com (word: Ergonomics)

13 - New Order

14 - Economics & Ergonomics

۱۵- مصطفوی، حسن، التحقیق فی کلمات القرآن الکریم، مرکز نشر آثار علامه مصطفوی، جلد ۶، صفحه ۲۴۶

۱۶- یا بَنی إِسْرائیلَ اذْکُرُوا نِعْمَتِیَ الَّتی أَنْعَمْتُ عَلَیْکُمْ وَ أَوْفُوا بِعَهْدی أُوفِ بِعَهْدِکُمْ وَ إِیَّایَ فَارْهَبُونِ. قرآن کریم، سوره بقره، آیه ۴۰

۱۷- الَّذینَ یُوفُونَ بِعَهْدِ اللَّهِ وَ لا یَنْقُضُونَ الْمیثاقَ ، قرآن کریم، سوره رعد، آیه ۲۰

۱۸- المَهارة فی کل عمل، ابن منظور، لسان العرب، انتشارات دارالفکر، جلد ۱۰، صفحه ۴۰

۱۹- وَ لا تَقْرَبُوا مالَ الْیَتیمِ إِلاَّ بِالَّتی هِیَ أَحْسَنُ حَتَّی یَبْلُغَ أَشُدَّهُ وَ أَوْفُوا بِالْعَهْدِ إِنَّ الْعَهْدَ کانَ مَسْؤُلاً ، قرآن کریم، سوره أسراء، آیه ۳۴

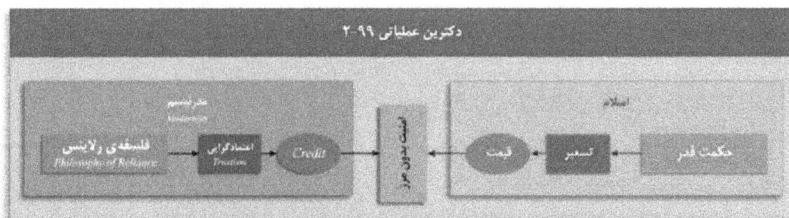

دکترین عملیاتی ۹۹-۲

نقشه‌ی راه ۳-۲-۲-۹۹

مدرنیسم

فلسفه رلاینس *Philosophy of Reliance*

مفهوم رلاینس که از مشتقات rely است، به معنای «تکیه و اتّکاء به چیزی یا به کسی» می‌باشد[1]. فلسفه‌ی رلاینس پرسش از چیستی «تکیه‌کردن و اتکاء نمودن کسی یا چیزی» را بر اساس کیستی «فرد مورد اتّکاء» و یا چیستی «شیء مورد اتّکاء»، پاسخ داده و سپس به چرایی اتّکا کردن و تکیه دادن مبتنی بر انگاره‌ی «عدم قابلیت ذاتی در قیام » و در نتیجه لزوم «اتّکاء به چیزی برای قیام» پاسخ می‌دهد.

ایدئولوژی اعتمادگرایی *Trustism*

فلسفه‌ی رلاینس در تحقق ذهنی، به اعتماد گرایش پیدا می‌کند. به این معنا که اگر چیزی قابلیت اتکاء داشت و راست بود و چیز دیگری نیز نیاز به اتکاء داشت، شیء دوم بر روی شیء اول که راست است، ریلای پیدا کرده و به عبارت دیگر تکیه می‌زند و اعتماد پیدا می‌کند.

دکترین اعتبار *Credit*

فلسفه‌ی رلاینس، در گرایش به اعتماد، به دکترین اعتبار می‌انجامد. دکترین اعتبار چیستی باورمندی به چیزی را به مثابه ثروت تبیین نموده و چرایی آن را در لزوم ثروتمند شدن جامعه تدقیق می‌کند[2]، آن‌گاه پرسش از چگونگی اعتبار عینی و ذهنی را با تشریح مفهوم Value یا ارزش توجیه می‌نماید؛ زیرا هنگامی‌که اعتماد و اعتبار بر چیزی واقع شود، آن چیز حائز ارزش خواهد شد.

اسلام

حکمت قدر

قدر در لغت به معنای اندازه و تبیین کمیّ شیء می‌باشد[3]، حکمت قدر نخست به کیستی خداوند به عنوان «مقدّر حقیقی»

پرداخته، آن‌گاه چیستی «اندازه وکمیّت هر چیزی» را بر اساس «تقدیر و تعیین اندازه‌ی آن توسط خداوند که خزائن آن شیء به او تعلّق دارد»[۴] تبیین می‌نماید؛ آن‌گاه چرایی قدر و تقدیر را مبتنی بر «بلاغت الهی در امورش» همچنین «قرار دادن قدر برای هرچیزی بر طبق اراده الهی»[۵] و برتافتن انگاره‌ی «حساب و تحسّب»[۶] پاسخ می‌گوید.

مکتب تسعیر

حکمت قدر برتافتن «تقدیر هر چیز توسط خداوند» است که به مکتب «تسعیر هر چیز توسط خداوند» منتج می‌شود. در این مکتب حکومت اسلامی با عنایت به این‌که حقیقت تسعیر به دست خداوند می‌باشد، اسعار را در بیع بر مبنای دو انگاره‌ی اصلی «موازین عدل» و «عدم اجحاف بر بایع و مبتاع» تکوین نموده تا «سماحت و روان بودن» در بیع محقّق شود[۷].

قاعده قیمت

حکمت قدر در مکتب تسعیر، به قاعده‌ی قیمت می‌انجامد. ارزش از منظر حکمی از «قدر» آغازیده است و با برتافتن «سعر» به «قیام و قیمت» رسیده است. قاعده‌ی قیمت تبیین، چیستی، چرایی و چگونگی «ارزیدن به قیامِ قائمِ به دین قیِّم است که از قیّومت خداوند»[۸] نشأت می‌گیرد.

امنیت

فلسفه رلاینس، ایدئولوژی اعتمادگرایی و دکترین اعتبار اساس نظام بانکی در روش شناسی اقتصاد جمهوری اسلامی را تشکیل داده‌اند، لازم است حکمت قدر، مکتب تسعیر و قاعده قیمت برخاسته از اسلام از پرده غفلت خارج شده و به عنوان زیرساخت نظام بیع مورد استفاده قرار گیرند.

---

[1]- www.etymonline.com (word: reliance)

[2] -Credit has done more, a thousand times, to enrich nations than all the Mines of the world, DANIEL WEBSTER, Dunning Macleod, the Theory of Credit, Trinity colledge, Cambridge, 2nd edition, Longman & Green Co. p:1

[۳]- قرشی، سید علی اکبر، قاموس قرآن، دارالکتب الاسلامیة ۱۳۸۴، جلد ۶، صفحه ۲۴۶

[۴]- وَ إنْ مِنْ شَیْءٍ إلاَّ عِنْدَنا خَزائِنُهُ وَ ما نُنَزِّلُهُ إلاَّ بِقَدَرٍ مَعْلُومٍ، قرآن کریم، سوره حجر، آیه ۲۱

[۵]- وَ یَرْزُقْهُ مِنْ حَیْثُ لا یَحْتَسِبُ وَ مَنْ یَتَوَکَّلْ عَلَی اللَّهِ فَهُوَ حَسْبُهُ إِنَّ اللَّهَ بالِغُ أَمْرِهِ قَدْ جَعَلَ اللَّهُ لِکُلِّ شَیْءٍ قَدْراً، قرآن کریم، سوره طلاق، آیه ۳

[۶]- ثُمَّ إِنَّ عَلَیْنا حِسابَهُمْ، قرآن کریم، سوره غاشیه،آیه ۲۶

[۷]- فِی کِتَابِهِ إِلَی مَالِکٍ الْأَشْتَرِ قَالَ فَامْنَعْ مِنَ الِاحْتِکَارِ فَإِنَّ رَسُولَ اللَّهِ ص مَنَعَ مِنْهُ وَ لْیَکُنِ الْبَیْعُ بَیْعاً سَمْحاً بِمَوَازِینِ عَدْلٍ وَ أسعارٍ لَا یُجْحَفُ بِالْفَرِیقَیْنِ مِنَ الْبَائِعِ وَ الْمُبْتَاعِ فَمَنْ قَارَفَ حُکْرَةً بَعْدَ نَهْیِکَ إِیَّاهُ فَنَکِّلْ وَ عَاقِبْ فِی غَیْرِ إِسْرَافٍ، عاملی، شیخ حرّ، وسائل الشیعة، انتشارات آل البیت قم ۱۴۰۹ قمری، جلد ۱۷، صفحه ۴۲۷

[۸]- قُلْ إِنَّنی هَدانی رَبِّی إِلی صِراطٍ مُسْتَقیمٍ دیناً قِیَماً مِلَّةَ إِبْراهیمَ حَنیفاً وَ ما کانَ مِنَ الْمُشْرِکینَ، قرآن کریم، سوره انعام، آیه ۱۶۱

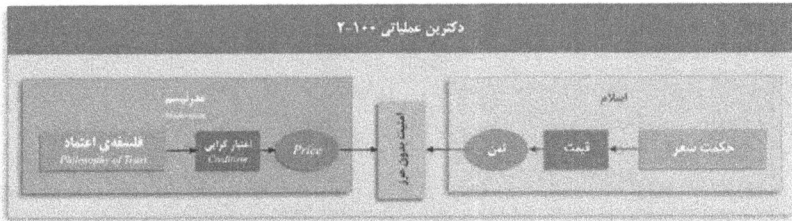

نقشه‌ی راه ۳-۲-۲-۱۰۰

مدرنیسم

فلسفه‌ی اعتماد *Philosophy of Trust*

مفهوم انگلیسی Trust برخاسته از True، به «اعتماد به چیزی که راست است» تعبیر می‌گردد[۱]. اعتماد در زبان عرب به معنای ایستادن به وسیله‌ی تکیه به یک عمد و ستون می‌باشد و نسبت به تراست دارای معنای کلی تری است[۲].

فلسفه‌ی تراست به تبیین چیستی «چیزی که راست است» و چیستی «تکیه کردن به یک عامل راست خارجی و اعتماد به آن» می‌پردازد؛ همچنین چرایی و چگونگی اعتماد را بر اساس نیاز به «اعتماد» و « قابلیت تکیه‌گاه برای اعتماد» و نتیجتاً «تکیه زدن به تکیه‌گاه، اعتماد و ایستادن به وسیله‌ی آن»، توجیه عقلانی می-نماید.

ایدئولوژی اعتبارگرایی *Creditism*

پیدایش اعتماد نسبت به چیزی و عمیق شدن تا رسیدن به مرحله‌ی باورمندی، اعتبار نسبت به آن چیز را پدید می‌آورد، نگرش به اعتبار به عنوان بزرگ‌ترین ثروت، گرایش را به اعتبار ایجاد کرد. نخستین چیزهایی که اعتبار بر آن‌ها صورت می‌گرفت عینی و مادی بودند اما رفته رفته بشر با دریافت ویژگی‌های اعتبار، دگمای «هیچ‌چیزی نمی‌تواند از درون هیچ چیز خارج شود»[۳] تغییر ماهیت یافت و اعتبار را به سمت چیزهایی که سوبژکتیو و ذهنی بودند سوق داد و از این طریق ارزش را خلق نمود[۴].

دکترین قیمت *Price*

فلسفه‌ی اعتماد در اعتبارگرایی، انگاره‌ی «ارزش» را برتافته و به دکترین قیمت منتج می‌گردد. بر این اساس آن چیزی که ذهن به آن تکیه زده سپس اعتماد پیدا می‌کند، معتبر شده و واجد ارزش خواهد شد.

دکترین قیمت پرسش از چیستی «واجد قیمت بودن چیزی» را بر مبنای «ارزش ذاتی ذهنی هر چیز» پاسخ می‌دهد؛ به این صورت که «هر چیز چه قدر برای من ارزش دارد، اگر بخواهم آن‌را برای خود نگه دارم»؛ سپس پرسش از چرایی قیمت را در «ازدست رفتن و قربانی نمودن هر چیز واجد ارزش» پاسخ می‌دهد، آن‌گاه چگونگی قیمت یافتن را بر اساس مبادله‌ی طرفینی ذهنی با خریداری که ارزشمندی را بر اساس قیمت تشخیص دهد، صورت می‌پذیرد. بدون تعادل عرضه و تقاضای شیء واجد ارزش، مفهوم قیمت واقعیّت نخواهد داشت.[5]

اسلام

حکمت سعر

مفهوم «سعر» به معنی «لهیب و فروزش آتش» است، بر این اساس در فحوای این واژه، «افروخته شدن» نهفته است که در زبان فارسی به «نرخ و بها» معنا می‌گردد.[۶]

حکمت سعر نخست به کیستی «خداوند به عنوان مقدّر و مسعّر حقیقی»[۷] پرداخته، سپس به چیستی و چرایی «نرخ و بهای عمومی عمومی هر چیزی»[۸] می‌پردازد که بر مبنای «ارزشِ قدر شیء» و «موازین عدل» بر آن ترتّب می‌یابد.

مکتب قیمت

حکمت سعر به مکتب قیمت می‌انجامد. سعر هر چیز با قیمت یافتن، قابلیت سنجش پیدا می‌کند، بنابراین مکتب قیمت بر دو گزاره‌ی اساسی مترتّب می‌گردد: نخست ارزیدن و دوم سنجیدن. هر آن‌چیز که توسط خداوند تسعیر گردد، مبتنی بر «قسط» قیمت داشته، فلذا می‌ارزد و سنجیده می‌شود.[۹]

قاعده ثمن

قاعده ثمن ذیل مکتب قیمت در حکمت سعر برتافته می‌شود. این قاعده چیستی عوض داشتن هر چیزی را مبتنی بر عدل و قسط تبیین نموده[۱۰]، چرایی آن را در تدقیق مفهوم «میزان»[۱۱] جستجو می‌کند. سپس پرسش از چگونگی ثمن را این‌گونه پاسخ می‌گوید: قدر هرچیز توسط خداوند تقدیر می‌شود، سعر آن چیز نیز توسط خداوند تسعیر می‌گردد، پس از تقدیر و تسعیر، انگاره‌ی « قیمت» بر آن چیز ترتّب می‌یابد که به دین و راه و روش خداوند قیّم است، آن‌گاه مفهوم ثمن موضوعیّت پیدا می‌کند.

امنیت

اکنون در جمهوری اسلامی ایران، در حوزه‌ی اقتصاد، فلسفه‌ی اعتماد، ایدئولوژی اعتبارگرایی و دکترین پرایس نقش اساسی در تعریف و تبیین شالوده‌ی اقتصاد دارند، در حالی که تعارض این حوزه با حوزه‌ی حکمت سعر، مکتب قیمت و قاعده‌ی ثمن نیازمند تبیین و تدقیق است.

---

[1]- www.etymonline.com (word: Trust)

[۲]- مصطفوی، حسن، التحقیق فی کلمات القرآن الکریم، مرکز نشر آثار علامه مصطفوی، جلد ۸، صفحه ۲۱۶

[3] - Dogma that Nothing can come out of Nothing.

[4] - Dunning Macleod, Henry, the Theory of Credit, Trinity colledge, Cambridge, 2nd edition, Longman & Green Co 1893. p:۸۰

[5] - Dunning, N.A, The Philosophy of Price and Its Relation to Domestic Currency, the Chicago Sentinel Publishing Co 1887, p:15

[۶]- سعر از اسامی آتش جهنم بوده که ۱۶ بار در قرآن در همین معنا به کار رفته است. راغب اصفهانی، حسین بن محمد؛ ترجمه و تحقیق مفردات الفاظ قرآن؛ خسروی حسینی، سیدغلامرضا مترجم، نشر مرتضوی، ج۲، ص ۲۲۱

[۷]- عَلِيٍّ بْنِ أَبِی طَالِبٍ ع أَنَّهُ قَالَ رَفَعَ الْحَدِيثَ إِلَى رَسُولِ اللَّهِ ص أَنَّهُ مَرَّ بِالْمُحْتَكِرِينَ فَأَمَرَ بِحُكْرَتِهِمْ أَنْ تُخْرَجَ إِلَى بُطُونِ الْأَسْوَاقِ وَ حَيْثُ تَنْظُرُ الْأَبْصَارُ إِلَيْهَا فَقِيلَ لِرَسُولِ اللَّهِ ص لَوْ قَوَّمْتَ عَلَيْهِمْ فَغَضِبَ رَسُولُ اللَّهِ ص حَتَّى عُرِفَ الْغَضَبُ فِی وَجْهِهِ فَقَالَ أَنَا أُقَوِّمُ عَلَيْهِمْ إِنَّمَا السِّعْرُ إِلَى اللَّهِ يَرْفَعُهُ

إذَا شَاءَ وَ يَخْفِضُهُ إذَا شَاءَ، طوسی، خواجه نصیرالدین. التهذیب الاحکام، دارالکتب الاسلامیه ۱۳۶۵، جلد ۷، صفحه ۱۶۲.

[۸]- لغت نامه دهخدا (کلمه: نرخ)
www.loghatnaameh.com/dehkhodasearchresult

[۹]- شَهِدَ اللَّهُ أَنَّهُ لا إلهَ إلاَّ هُوَ وَ الْمَلائِكَةُ وَ أُولُوا الْعِلْمِ قائِماً بِالْقِسْطِ لا إلهَ إلاَّ هُوَ الْعَزيزُ الْحَكيمُ، قرآن کریم، سوره آل عمران، یه ۱۸

[۱۰]- ألا إنه ليس لأنفسكم ثمن إلا الجنة فلا تبيعوها إلا بها، تمیمی آمدی، عبدالواحد ابن محمد، غررالحکم و دررالکلم، دفتر تبلیغات اسلامی قم، صفحه۲۳۲، ثمن النفس

[۱۱]- وَ لا تَقْرَبُوا مالَ الْيَتيمِ إلاَّ بِالَّتي هِيَ أَحْسَنُ حَتَّى يَبْلُغَ أَشُدَّهُ وَ أَوْفُوا الْكَيْلَ وَ الْميزانَ بِالْقِسْطِ لا نُكَلِّفُ نَفْساً إلاَّ وُسْعَها وَ إذا قُلْتُمْ فَاعْدِلُوا وَ لَوْ كانَ ذا قُرْبى وَ بِعَهْدِ اللَّهِ أَوْفُوا ذلِكُمْ وَصَّاكُمْ بِهِ لَعَلَّكُمْ تَذَكَّرُونَ، قرآن کریم، سوره انعام، آیه ۱۵۲

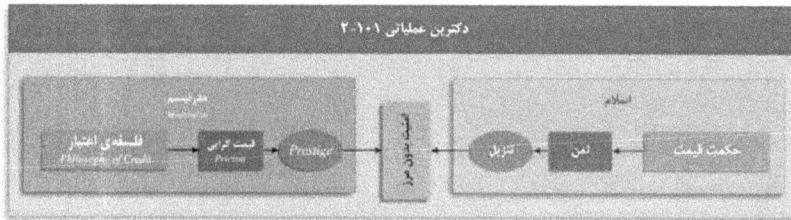

نقشه‌ی راه ۳-۲-۲-۱۰۱

مدرنیسم

فلسفه‌ی اعتبار *Philosophy of Credit*

مفهوم Credit به معنای «باور پیداکردن به چیزی است که نسبت به آن اعتماد ایجاد شده باشد»[۱]، محصول این باور معرفت نسبت به آن چیز است که از وضعیت بی اعتباری به وضعیت اعتبار نسبت به آن انتقال پیدا می‌کند[۲].

فلسفه‌ی Credit به تبیین چیستی وچرایی اعتبار به مثابه ثروت می‌پردازد آن‌گونه که دموستن[۳] می نویسد: «دو نوع ثروت وجود دارد، پول و اعتبار عمومی؛ ثروت عظیم‌تر، اعتبار است که ما آن را داریم؛ اگر شما نادانید به این‌که اعتبار بزرگ‌ترین سرمایه است نسبت به تمام ثروتی که به دست آورده می‌شود، شما یک نادان مطلق هستید»[۴].

ایدئولوژی قیمت گرایی *Pricism*

فلسفه‌ی اعتبار با ارزش دادن به هرچیز و Valuable نمودن آن، به ایدئولوژی پرایسیسم منتج می‌گردد. این گرایش به دلیل ارزش‌گذاری ذهن بر هر چیزی که «قابلیت ارزش‌گذاری» داشته باشد مبتنی بر اصل «ارزشمندی بر اساس قدرت خرید» ارزش ذهنی را برای هر چیزی نهادینه می‌نماید.

دکترین پرستیژ *Prestige*

دکترین پرستیژ از درون ایدئولوژی پرایسیسم، بر مبنای فلسفه‌ی اعتبار موضوعیّت می‌یابد. این دکترین چیستی «آبرومندی و ناموری» را در «اندازه‌ی ایستادگیِ وضعیت احترام عمومیِ ذهن کلی جامعه، نسبت به یک پدیده‌ی با ارزش که حائز قیمت است»[۵] تبیین می‌کند؛ همچنین چرایی و چگونگی آن را در «نهادینه کردن تکیه‌گاهی ذهنی برای عموم جامعه» و «ساخت مند نمودن نظام اعتبارات ذهنی» بررسی می‌کند.

اسلام

حکمت قیمت

قیمت از ماده‌ی اصلی «قَوَمَ» به معنای «ایستادن و به پاخاستن» است. حکمت قیمت، به شناخت «کیستی خداوند در قیّومیت» می‌پردازد، به طوری‌که «قیمت هر کسی و هر چیزی قائم به او است»[۶]، سپس چیستی «ارزیدن و قیمت داشتن» را تبیین و چرایی ارزیدن را در «قیّمیّت دین در معاش معطوف به معاد»[۷] می‌کاود.

مکتب ثمن

مکتب ثمن ترجمان انگاره‌ی «میزان»[۸] است؛ چرا که ثمن برتافتن خاصیت «تعاوض چیزی با چیز دیگری بر اساس میزان قیمت» است. این مکتب حدودی را مشخص می‌کند که بر مبنای آن «معاوضه هر چیز با ثمنی دون قیمتش» مصداق کم فروشی بوده[۹] و خلاف قسط و طغیان و سرکشی از میزان محسوب می‌گردد.

قاعده تنزیل

حکمت قیمت مبتنی بر مکتب ثمن به قاعده‌ی تنزیل منتج می‌شود. این قاعده چیستی، چرایی و چگونگی تنزیل را در «ظهور و تعیّن تقدیر، تسعیر، تقویم و تثمین توسط خداوند نسبت به چیزی» بر اساس دو گزاره‌ی «تعدّد کمّی و کیفی» و «حساب» تبیین می‌کند[۱۰].

امنیت

اکنون در جمهوری اسلامی ایران، رویه‌های مدرنیستی فلسفه‌ی اعتبار، ایدئولوژی قیمت گرایی و دکترین پرستیژ در حوزه‌ی اقتصاد، مبنای طرح‌ریزی هستند. در صورتی‌که این رویه‌ها اگر در ذیل حکمت قیمت، مکتب ثمن و قاعده‌ی تنزیل برتافته نشوند موجب تحقق بیع حقیقی نخواهند گردید.

1- Belief, thing entrusted to another, www.etymonline.com (word: Credit)

۲- اعتبار: اعْتِبَار و عِبْرَة: «حالتی است که انسان را از معرفت و شناخت چیزی که دیده شده به چیزی که در گذشته رخ داده و دیده نشده می‌رساند»؛ این مفهوم مسامحتاً رو به روی Credit قرار داده شده است. راغب اصفهانی، حسین بن محمد؛ ترجمه و تحقیق مفردات الفاظ قرآن؛ خسروی حسینی، سیدغلامرضا مترجم، نشر مرتضوی، ج۲، ص ۵۵۴

3- Demosthenes, Ancient Greek: Δημοσθένης, (384–322 BC) was a prominent Greek statesman and orator of ancient Athens. www.wikipedia.com

4 - Dunning Macleod, the Theory of Credit, Trinity colledge, Cambridge, 2nd edition, Longman & Green Co. p:1

5 - The American Heritage® Dictionary of the English Language, Fourth Edition copyright 2000 by Houghton Mifflin Company. Updated in 2009. Published by Houghton Mifflin Company. www.thefreedictionary.com (word: Prestige)

۶- اللّهُ لا إلهَ إلاَّ هُوَ الْحَیُّ الْقَیُّومُ لا تَأْخُذُهُ سِنَةٌ وَ لا نَوْمٌ لَهُ ما فِی السَّماواتِ وَ ما فِی الْأَرْضِ مَنْ ذَا الَّذی یَشْفَعُ عِنْدَهُ إلاَّ بإذْنِهِ یَعْلَمُ ما بَیْنَ أَیْدیهِمْ وَ ما خَلْفَهُمْ وَ لا یُحیطُونَ بشَیْءٍ مِنْ عِلْمِهِ إلاَّ بما شاءَ وَسِعَ کُرْسِیُّهُ السَّماواتِ وَ الْأَرْضَ وَ لا یَؤُدُهُ حِفْظُهُما وَ هُوَ الْعَلِیُّ الْعَظیمُ، قرآن کریم، سوره بقره، آیه ۲۵۵

۷- فَأَقِمْ وَجْهَکَ لِلدِّینِ حَنیفاً فِطْرَتَ اللَّهِ الَّتی فَطَرَ النَّاسَ عَلَیْها لا تَبْدیلَ لِخَلْقِ اللَّهِ ذلِکَ الدِّینُ الْقَیِّمُ وَ لکِنَّ أَکْثَرَ النَّاسِ لا یَعْلَمُونَ، قرآن کریم، سوره روم، آیه ۳۰

۸- أَلاَّ تَطْغَوْا فِی الْمیزانِ، قرآن کریم، سوره الرحمن آیه ۸

۹- وَیْلٌ لِلْمُطَفِّفینَ (۱) الَّذینَ إذَا اکْتالُوا عَلَی النَّاسِ یَسْتَوْفُونَ (۲) وَ إذا کالُوهُمْ أَوْ وَزَنُوهُمْ یُخْسِرُونَ (۳)، قرآن کریم، سوره مطففین آیات ۱ تا ۳ (وای بر کم‌فروشان آنان که وقتی برای خود پیمانه می‌کنند، حق خود را بطور کامل می‌گیرند امّا هنگامی که می‌خواهند برای دیگران پیمانه یا وزن کنند، کم می‌گذارند!) (ترجمه آیت الله ناصر مکارم شیرازی)

۱۰- هُوَ الَّذی جَعَلَ الشَّمْسَ ضِیاءً وَ الْقَمَرَ نُوراً وَ قَدَّرَهُ مَنازِلَ لِتَعْلَمُوا عَدَدَ السِّنینَ وَ الْحِسابَ ما خَلَقَ اللَّهُ ذلِکَ إلاَّ بالْحَقِّ یُفَصِّلُ الْآیاتِ لِقَوْمٍ یَعْلَمُونَ، قرآن الکریم، سوره یونس، آیه ۵

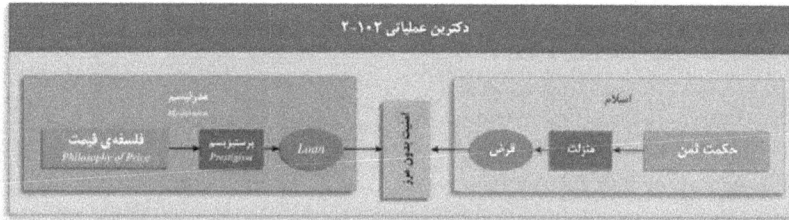

دکترین عملیاتی ۱۰۲-۲-۳

نقشه‌ی راه ۳-۲-۲-۱۰۲

مدرنیسم

فلسفه‌ی قیمت *Philosophy of Price*

مفهوم Price از ریشه‌ی لاتینی precium به معنی «جایزه و پرداخت چیزی به احترام چیز دیگر» و از ریشه‌ی یونانی به معنای «خسارت از دست دادن چیزی» می‌باشد[۱]. واژه‌ی «قیمت» مسامحتاً در مقابل Price واقع شده است.

فلسفه‌ی قیمت به چیستی «هزینه‌ی قربانی کردن و از دست رفتن چیزی که نسبت به آن اعتماد و اعتبار وجود دارد و در نتیجه Value یا ارزش بر آن مترتب است» می‌پردازد و چرایی آن را در لزوم و ضرورت «ارزشمندی» و نفی «رایگانی» جستجو می‌کند، زیرا بدون قیمت هیچ ارزشی وجود نخواهد داشت[۲].

ایدئولوژی پرستیژیسم *Prestigism*

قیمت داشتن هر چیزی موجبات گرایش به پرستیژ را فراهم می‌آورد. بر این مبنا از فلسفه‌ی پرایس و قیمت، پرستیژیسم ظهور

می‌یابد. این ایدئولوژی قابلیت قیمت را در ارزش‌گذاری از سطح ذهن فردی به سطح ذهن کلی اجتماع ارتقاء می‌دهد. و گرایش به «تخمین وزن اعتبار چیزی که حائز قیمت است» را در دید مردم دامن زده و سطح وضعیت ارزشی مشخصی را اذهان مردم فرماندهی می‌نماید[۳]، تا از این راه باعث ایجاد تکیه‌گاهی در ذهن کلی جامعه گردیده و اعتبار عمومی در میان مردم جامعه ایجاد شود.

دکترین وام *Loan*

حکمت قیمت در ایدئولوژی پرستیژیسم به دکترین وام می‌انجامد. برای این‌که در جامعه سطح عمومی مردم برای خود پرستیژ کسب کنند و هم چیزهایی داشته باشند که دارای پرستیژ باشد وام موضوعیت پیدا می‌کند.

در عهد عتیق دکترین اساسی وام – مسامحتاً قرض- این گونه بیان می‌شود: «خداوند برکت خود را گونه‌ای قرار داده است که بنی اسرائیل به قوم‌های زیادی قرض خواهد داد اما هرگز به

قرض گرفتن احتیاجی نخواهد داشت. بر قوم‌های بسیاری حکومت خواهد کرد ولی آنان بر بنی اسرائیل حکومت نخواهند نمود»[4]. بنابراین چیستی، چرایی و چگونگی وام مبتنی بر گزاره‌ی «مدیون نمودن جامعه برای تسهیل حکومت» تبیین می‌گردد.

اسلام

حکمت ثمن

ثمن به معنای«چیزی است که در برابر و عوض چیز دیگری به‌دست می‌آید»[5]. حکمت ثمن چیستی ثمن هر چیزی را بر اساس «قیمت» آن چیز مبتنی بر عدل و انصاف[6] تبیین می‌نماید. و چرایی آن‌را در خاصیت فطری «خود فروشی»[7] و «رونق داد و ستد در بیع و شراء» می‌جوید.

مکتب منزلت

مکتب منزلت مبتنی بر حکمت ثمن، باورمندی، ایمان و ایقان را به تنزّل خداوند برمی‌تابد[8]. می‌توان این مکتب را موضع ایمان به تقدیر، تسعیر، تقویم و تثمین آن‌چه که از جانب خداوند نازل شده است، دانست.

قاعده قرض

قاعده‌ی قرض در مکتب منزلت بر بستر حکمت ثمن برتافته می‌شود. در این قاعده چیستی قرض بر اساس دو انگاره‌ی اصلی «مالکیّت مطلق حقیقی خداوند بر همه چیز» و «مالکیت اعتباری و عاریتی انسان» شناخته می‌شود. چرایی آن نیز مبتنی بر این‌که «انسان به عنوان خلیفهٔ الله، مقروض حقیقی از جانب خداست» فهم گردیده و چگونگی قرض حسب رفع تعلّق از متعلّقات، امری رفت و برگشتی را در رفع احتیاجات میان بندگان ترتیب می‌دهد. با این تلقی در قاعده‌ی قرض، مفهوم قرض مطلق پدیدار می‌گردد.

امنیت

اکنون در جمهوری اسلامی ایران فلسفه‌ی پرایس، ایدئولوژی پرستیژیسم و دکترین وام مبنای نظام مالی واقع گردیده‌اند؛ حال آن‌که این رویه‌های مدرنیستی در تضّاد آشکار با مبانی اسلام قرار دارند. فلذا تبیین حکمت ثمن، مکتب منزلت و قاعده قرض امری محتوم و ضروری می‌نماید.

---

[1] - from L.L. precium, from L. pretium "reward, prize, value, worth," from PIE *preti- "back," on notion of "recompense" (cf. Skt. aprata "without recompense, gratuitously," Gk. protei "toward, to, upon," Lett. pret "opposite," www.etymonline.com (word: price)

[2] -Simmel George, The Philosophy of Money, Edited by David Frisby, Translated by Tom Bottomore and David Frisby, from a first draft by Kaethe Mengelberg, Third enlarged edition, Routledge published, 2004, p:۹۰

[3] - Merriam-Webster's collegiate dictionary, 11th Ed., Massachusetts, U.S.A, Merriam-Webster Incorporated, 2005. (word: prestige)

[4]- عهد عتیق، سفر تثنیه، فصل ۱۵، آیه ۶

[5]- راغب اصفهانی، حسین بن محمد؛ ترجمه و تحقیق مفردات الفاظ قرآن؛ خسروی حسینی، سیدغلامرضا مترجم، نشر مرتضوی، ج۲، ص۳۶۴

[6]- إِنَّ الَّذینَ یَشْتَرُونَ بِعَهْدِ اللَّهِ وَ أَیْمانِهِمْ ثَمَناً قَلیلاً أُولئِکَ لا خَلاقَ لَهُمْ فِی الْآخِرَةِ وَ لا یُکَلِّمُهُمُ اللَّهُ وَ لا یَنْظُرُ إِلَیْهِمْ یَوْمَ الْقِیامَةِ وَ لا یُزَکِّیهِمْ وَ لَهُمْ عَذابٌ أَلیمٌ، قرآن کریم ، سوره آل عمران، آیه ۷۷،

(کسانی که پیمان الهی و سوگندهای خود (به نام مقدس او) را به بهای ناچیزی می‌فروشند، آنها بهره‌ای در آخرت نخواهند داشت و خداوند با آنها سخن نمی‌گوید و به آنان در قیامت نمی‌نگرد و آنها را (از گناه) پاک نمی‌سازد و عذاب دردناکی برای آنهاست). (ترجمه آیت الله ناصر مکارم شیرازی)

[7]- إِنَّ أَمِیرَ الْمُؤْمِنِینَ ع کَانَ یَقُول: ... یَا هِشَامُ أَمَا إِنَّ أَبْدَانَکُمْ لَیْسَ لَهَا ثَمَنٌ إِلَّا الْجَنَّةُ فَلَا تَبِیعُوهَا بِغَیْرِهَا، کلینی، شیخ محمد، الکافی، نشر دارالکتب الاسلامیه ۱۳۶۵، جلد۱ کتاب العقل و الجهل،صفحه ۱۰

[۸]- وَ الَّذینَ یُؤْمِنُونَ بِما أُنْزِلَ إِلَیْکَ وَ ما أُنْزِلَ مِنْ قَبْلِکَ وَ بِالْآخِرَةِ هُمْ یُوقِنُونَ، قرآن کریم، سوره بقره، آیه ۴

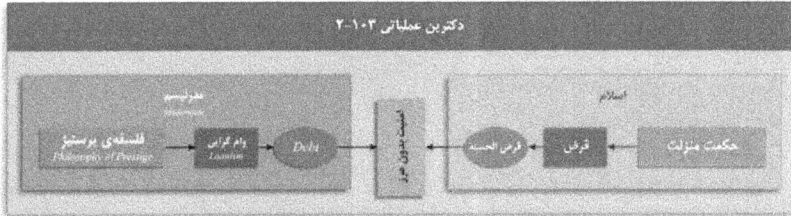

نقشه‌ی راه ۳-۲-۲-۱۰۳

مدرنیسم

فلسفه‌ی پرستیژ *Philosophy of Prestige*

مفهوم پرستیژ به معنای «آبرو و ناموری» در زبان فارسی می‌باشد[1]. فلسفه‌ی پرستیژ به تبیین چیستی و چرایی آبرو داشتن و ناموری بر این اساس می‌پردازد که وقتی چیزی در ذهن قابلیت قیام و ایستادن نداشت، به تکیه‌گاهی که راست است، تکیه می‌زند؛ هنگامی که تکیه زد و راست شد اعتماد و تراست حاصل می‌شود، آن‌گاه باورمند شده و اعتبار می‌یابد. چیزی که اعتبار دارد به تبع پرایس و قیمت نیز بر آن مترتب است؛ بنابراین میزان قیمت او، ارزشش را تعیین می‌کند، و ارزش معیار سنجش پرستیژ یا آبرو و ناموری او در میان عموم تلقی می‌شود. البته طبق ریشه‌ی لاتینی پرستیژ[2]، آبروی ایجاد شده واقعی نبوده و پدیده‌ای فریب انگیز و سوبژکتیو است که با اوهام همراه می‌باشد.

ایدئولوژی وام‌گرایی *Loanism*

گرایش به وام در فلسفه‌ی پرستیژ پدید می‌آید زیرا چیزی که پرستیژ داشته باشد قابلیت رلاینس داشته، اعتماد، اعتبار و قیمت بر آن مترتب است و در صورت عدم وجود آن در موقعیت احتیاج یا وام داده می‌شود و یا وام گرفته می‌شود.

البته در شرایطی که میل به پرسیتژ در جامعه بالا رود گرایش به وام نیز فزونی می‌یابد.

دکترین بدهی *Debt*

وام گرایی در فلسفه‌ی پرستیژ، به دکترین بدهی منتج می‌گردد. دکترین بدهی به تبیین چیستی «بدهکاری» و «زیر دین رفتن» مبتنی بر انگاره‌ی «رفاه»[3] می‌پردازد و در توضیح چرایی دامن زدن به بدهکاری، «تسهیل حکومت بر مردم بدهکار» را هدف‌گذاری می‌کند. سپس در پرسش از چگونگی، به سازوکارهای قدرت در اقتصادِ طرف عرضه‌ی میل و خواسته مدار - نه نیازمدار- پرداخته

و ارضای تمایلات و ترجیحات مصرف‌کنندگان را از طریق بدهی، پاسخ می‌گوید.

اسلام

حکمت منزلت

واژه «منزلت» از ریشه‌ی «نزل» به معنی پایین آمدن از بالا به سمت پایین در امور مادی و یا معنوی می‌باشد[۴]. منزلت با این وصف به «موضع و مکان نزول» اطلاق می‌گردد[5].

حکمت منزلت در تبیین چیستی و چرایی «نزول یافتن چیزی در موضعی از قلوب مؤمنین» ادراک می‌شود. خداوند قدر هرچیزی را مقدَّر نموده، سپس سعر آن را مسعَّر می‌کند. آن را به قیّومیّت ذات خود، قیمت بخشیده و ثمنی بر آن مترتب می‌گرداند. این ثمن حقیقی در قلوب منزلت می‌یابد که همانا نازله‌ای از تفضّل الهی در وجود شیء می‌باشد[۶].

مکتب قرض

مکتب قرض در حکمت منزلت شناخته می‌شود. شناخت قرض در اعتقاد به این است که هر چیزی نازله‌ای از جانب خداست و اگر خداوند رزق را بسیط می‌نمود بندگانش بغی و طغیان را پیشه خود می‌ساختند اما آن را به قدری نازل می‌کند تا زمینه‌ی امتحان را برای آنان فراهم سازد[۷]. بر این اساس برای دور نمودن فقر از جامعه‌ی اسلامی، قرض امری است که اسلام آن را همچون یک ضرورت- برای موارد نیاز- مقرّر داشته است نه چون یک اصل؛ و از آن‌رو بر قرض دادن تأکید شده است که نیازمندی‌های مردمان در اوضاع و احوال خاص برآورده شود و اموال قرض دهندگان از این راه تزکیه گردد[۸].

قاعده قرض الحسنه

قاعده‌ی قرض الحسنه در مکتب قرض، مبتنی بر حکمت منزلت تبلور می‌یابد. این قاعده چیستی قرض الحسنه را با زیبایی و حُسن یافتن قرض، در قرض دادن به خداوند تبیین نموده و چرایی آن را در «نیل به اجر عظیم کرامت» و «پاک شدن سیّئات به وسیله‌ی احسان قرض الحسنه» توضیح می‌دهد، آن‌گاه چگونگی آن را در انفاقات، صدقات و زکات بررسی می‌نماید[۹].

امنیت

اکنون در جمهوری اسلامی ایران، تفکیک مناسبی در مبانی نظری حوزه‌ی فلسفه‌ی پرستیژ و حکمت منزلت صورت نگرفته است، فلذا بایسته و شایسته است طرح‌ریزی برمبنای مکتب قرض و قاعده‌ی قرض الحسنه تکمیل و تدقیق گردد تا تمایز این رویه‌ها از رویه‌های مدرنیستی در حوزه‌ی اجرا نیز کاملاً روشن و آشکار گردد.

---

[۱]- توانایان فرد، حسن، فرهنگ تشریحی اقتصاد، نشر جهان رایانه ۱۳۸۵، صفحه: ۸۰۰

[2]- from L. praestigium "delusion, illusion", "وهم".www.etymonline.com (word: Prestige)

[3] - Welfare

[۴]- مصطفوی، حسن، التحقیق فی کلمات القرآن الکریم، مرکز نشر آثار علامه مصطفوی، جلد ۱۱، صفحه ۸۶

[۵]- ابن منظور، لسان العرب، انتشارات دارالفکر، جلد ۱۱، صفحه ۶۵۸

[۶]- بِئْسَمَا اشْتَرَوْا بِهِ أَنْفُسَهُمْ أَنْ يَكْفُرُوا بِما أَنْزَلَ اللَّهُ بَغْياً أَنْ يُنَزِّلَ اللَّهُ مِنْ فَضْلِهِ عَلى مَنْ يَشاءُ مِنْ عِبادِهِ فَباؤُ بِغَضَبٍ عَلى غَضَبٍ وَ لِلْكافِرينَ عَذابٌ مُهينٌ، قرآن کریم، سوره بقره، آیه ۹۰

امّا هنگامی که می‌خواهنولی آنها در مقابل بهای بدی، خود را فروختند که به ناروا، به آیاتی که خدا فرستاده بود، کافر شدند. و معترض بودند، چرا خداوند به فضل خویش، بر هر کس از بندگانش بخواهد، آیات خود را نازل می‌کند؟! از این رو به خشمی بعد از خشمی (از سوی خدا) گرفتار شدند. و برای کافران مجازاتی خوارکننده است. (ترجمه آیت الله ناصر مکارم شیرازی)

[7]- وَ لَوْ بَسَطَ اللَّهُ الرِّزْقَ لِعِبادِهِ لَبَغَوْا فِی الْأَرْضِ وَ لکِنْ یُنَزِّلُ بِقَدَرٍ ما یَشاءُ إِنَّهُ بِعِبادِهِ خَبیرٌ بَصیرٌ، قرآن الکریم، سوره شوری، آیه ۲۷

[8]- أخوان حکیمی، ألحیاة، احمد آرام (مترجم)، دفتر نشر فرهنگ اسلامی ۱۳۸۰، جلد ۴، صفحه ۳۹۸

[9]- إِنَّ الْمُصَّدِّقینَ وَ الْمُصَّدِّقاتِ وَ أَقْرَضُوا اللَّهَ قَرْضاً حَسَناً یُضاعَفُ لَهُمْ وَ لَهُمْ أَجْرٌ کَریمٌ، قرآن الکریم، سوره حدید، آیه ۱۸

- مردان و زنان انفاق کننده، و آنها که (از این راه) به خدا «قرض الحسنه» دهند، (این قرض الحسنه) برای آنان مضاعف می‌شود و پاداش پرارزشی دارند! (مکارم شیرازی، ناصر، ترجمه قرآن کریم)

- وَ لَقَدْ أَخَذَ اللَّهُ میثاقَ بَنی إِسْرائیلَ وَ بَعَثْنا مِنْهُمُ اثْنَیْ عَشَرَ نَقیباً وَ قالَ اللَّهُ إِنِّی مَعَکُمْ لَئِنْ أَقَمْتُمُ الصَّلاةَ وَ آتَیْتُمُ الزَّکاةَ وَ آمَنْتُمْ بِرُسُلی وَ عَزَّرْتُمُوهُمْ وَ أَقْرَضْتُمُ اللَّهَ قَرْضاً حَسَناً لَأُکَفِّرَنَّ عَنْکُمْ سَیِّئاتِکُمْ وَ لَأُدْخِلَنَّکُمْ جَنَّاتٍ تَجْری مِنْ تَحْتِهَا الْأَنْهارُ فَمَنْ کَفَرَ بَعْدَ ذلِکَ مِنْکُمْ فَقَدْ ضَلَّ سَواءَ السَّبیلِ، قرآن الکریم، سوره مائده، آیه ۱۲

- خدا از بنی اسرائیل پیمان گرفت. و از آنها، دوازده نقیب [سرپرست] برانگیختیم. و خداوند (به آنها) گفت: «من با شما هستم! اگر نماز را برپا دارید، و زکات را بپردازید، و به رسولان من ایمان بیاورید و آنها را یاری کنید، و به خدا قرض الحسن بدهید [در راه او، به نیازمندان کمک کنید]، گناهان شما را می‌پوشانم [می بخشم] و شما را در باغهایی از بهشت، که نهرها از زیر درختانش جاری است، وارد می‌کنم. اما هر کس از شما بعد از این کافر شود، از راه راست منحرف گردیده است. (مکارم شیرازی، ناصر، ترجمه قرآن کریم)

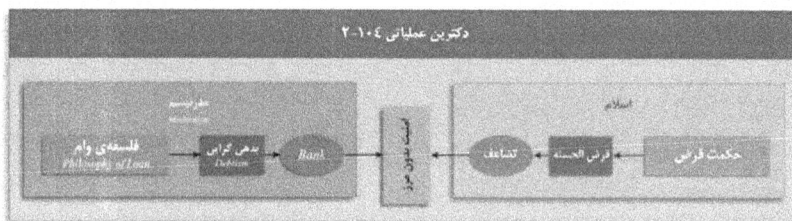

نقشه‌ی راه ۳-۲-۲-۱۰۴

مدرنیسم

فلسفه‌ی وام *Philosophy of Loan*

مفهوم Loan به معنای اجازه دادن به دیگران که چیزی را برای استفاده‌ای موقت بگیرند و سپس برگردانند، می‌باشد. که در زبان فارسی «وام» گفته می‌شود[۱]. عهد عتیق فلسفه‌ی وام به غیر را در تبیین گزاره‌ی «رفع احتیاج» این‌گونه بیان می‌کند: « اگر کسی از عهده‌ی پرداخت وام تو بر نیاید، بدین ترتیب غلام تو شود»[۲].

بنابراین فلسفه‌ی Loan چیستی و چرایی «وام» را از طرف گیرنده با «پیدا شدن احتیاج، وام برای رفع احتیاج و سپس تلاش برای بازپرداخت وام» و از جانب وام دهنده با «به دست آوردن سود و حکومت بر وام‌گیرنده»[۳] تبیین می‌نماید.

ایدئولوژی بدهی‌گرایی *Debtism*

فلسفه‌ی وام به ایدئولوژی بدهی گرایی می‌انجامد. وام زمینه-ساز بدهکاری است. کسی که وام‌دار کس دیگر است نسبت به او مدیون تلقی می‌شود. از آن‌جایی که بدهکار و مدیون، تا قبل از استرداد بدهی اسیر طلبکار محسوب می‌گردند، به ناچار زیردست و فرمان‌بردار خواهند بود. از این منظر نوعی گرایش در دولت چینی، مردم چینی و سیستم چینی در جامعه‌سازی به وجود می-آید؛ که بنیان‌های حکومت را از راه بدهی‌های کلان مردم به سیستم و سپس به دولت، محکم می‌سازد.

دکترین بانک *Bank*

ایدئولوژی بدهی‌گرایی مبتنی بر فلسفه‌ی وام به دکترین بانک می‌انجامد. به دلیل این‌که فلسفه‌ی پول، خدای یهودیان را «پول» می‌داند و بر این باور است که آنان پول را به عنوان خدا پرستش می‌کنند[۴]، دکتربن بانک چیستی «Bank» را با روی‌کردی انتولوژیکال[۵] در سطح استراتژیک، «عبادت‌گاه پول»[۶] بر می‌شمارد[۷] و در سطح عملیاتی مکانی برای کنش و واکنش سازوکار وام و بدهی، بر مبنای ربا تبیین می‌نماید[۸].

این دکترین چرایی«Bank» را در «بسط جهانی خدای پول» و ایجاد باورمندی «حکومت پول و ربا بر دنیا» تدقیق می‌نماید. آن‌گاه در چگونگی سازوکار «Bank» ، نهادسازی‌های بانک مبنا را در ساخت جامعه، از مردم، دولت و سیستم حکومتی نهادینه می‌نماید.

اسلام

حکمت قرض

قرض به معنای نوعی بریدن و قطع کردن می‌باشد و نیز عبور کردن و گذشتن هم بر قرض اطلاق می‌شود اما به طور کلی چیزی از مال که به انسان داده می‌شود به شرطی که عوض آنرا برگرداند قرض نام دارد[۹].

حکمت قرض در تبیین چیستی «دَین» و «فقر» و چرایی «پناه بردن به خدا از دَین و فقر» نهفته است.

امام سجّاد «ع» در دعای معروف ابو حمزه ثمالی می‌فرمایند: خدایا! پناه می‌برم به تو از تنبلی و سستی و اندوه و فقر و فاقه. خدایا! بر محمّد و آل محمّد درود فرست، و مرا از دَینی معاف دار که آبرویم را بریزد، و ذهنم را سرگردان سازد، و فکرم را پریشان کند، و گرفتاریم برای پرداختن آن به درازا کشد، پناه می‌برم به تو ای پروردگار! از غم و اندیشه قرض و بدهکاری، و دل‌مشغولی و بی‌خوابی به سبب آن. پس بر محمّد و آل محمّد درود فرست، و مرا از آن در پناه خود گیر، پروردگارا! به تو پناه می‌برم از خواری آن در زندگی، و از عواقب آن پس از مرگ، پس بر محمّد و آل محمّد درود فرست، و به جای آن به من گسترشی در خور، یا کفافی پاسخگو عنایت فرما[۱۰].

مکتب قرض الحسنه

مکتب قرض الحسنه در حکمت قرض متجلّی می‌شود. اساس قرض در رفع فقر است و چون طلبکار بر قرض‌دار تسلط دارد تا هنگامی که قرض خود را بپردازد[۱۱] قرض الحسنه موضوعیت می‌یابد. رسول اکرم (صلّی اللّه علیه و آله) فرمود:

«خدای تعالی فرموده است: من دنیا را بین بندگانم به عنوان قرض قرار دادم، پس کسی که به من قرض دهد، به هر یک چیزی ده مقابل تا هفتصد مقابل بلکه هر چه بخواهد عوض می‌دهم. و کسی که به من قرض نداد، و چیزی از او گرفتم و صبر کرد سه چیز به او می‌دهم، که اگر یکی از آنها را به ملائکه بدهم از من راضی می‌شوند»[۱۲].

بنابراین مکتب قرض الحسنه مکتب تعدیل و تقسیط نسبت قرض‌دهنده و قرض گیرنده است تا جور و ظلم میان این دو گروه حاکم نگردد.

قاعده تضاعف

مکتب قرض الحسنه در حکمت قرض، به قاعده‌ی تضاعف می‌انجامد. این قاعده به تبیین کیستی «کسی که در راه خداوند قرض الحسنه دهد» و چیستی «مضاعف شدن أجر قرض الحسنه» می پردازد. آن‌گاه چرایی تضاعف را در «گذشتن از متعلّقات ما سوی الله و انفاق فی سبیل الله» جستجو می‌کند و چگونگی تضاعف را با مثال بذری که هفت خوشه برویاند که در هر خوشه، یکصد دانه باشد و خداوند آن را برای هر کس بخواهد (و شایستگی داشته باشد)، دو یا چند برابر می‌کند[۱۳]، توضیح می‌دهد.

امنیت

اکنون در جمهوری اسلامی ایران در حوزه‌ی اقتصاد فلسفه‌ی وام، ایدئولوژی بدهی گرایی و دکترین بانک تبدیل به گفتمان غالب شده‌اند و موجبات نهادینه سازی اسارت انسان‌ها در زندان دنیا را هر چه بیشتر فراهم آورده اند. در این بین غفلت از رویه‌های اسلامی حکمت قرض، مکتب قرض الحسنه و قاعده‌ی تضاعف سبب تقابل و تعارض در عرصه‌ی طرح‌ریزی شده است.

[1] - Merriam-Webster's collegiate dictionary, 11th Ed., Massachusetts, U.S.A, Merriam-Webster Incorporated, 2005. (word: loan)

[۲]- عهد عتیق، سفر خروج، فصل ۲۱، آیه ۲

[۳]- اگر به یکی از افراد قوم خود که محتاج باشد، پول قرض دادی، مثل یک رباخوار با او رفتار نکن و از او سود نگیر، اگر لباس او را گرو گرفتی قبل از غروب آفتاب آن را پس بده چون ممکن است که آن لباس تنها پوشش او برای خوابیدن باشد اگر آن لباس را به او پس ندهی و او پیش من ناله کند من به داد او خواهم رسید زیرا خدایی کریم هستم. قرآن کریم، سفرخروج، فصل ۲۲، آیه ۲۵ تا ۲۷

[۴]- به رودمپ شماره‌ی ۶۳-۲ رجوع شود.

[5] - Ontological

[6] - Money Temple

[۷]- معماری بانک‌های اولیه با معماری معبد سلیمان شباهت نزدیکی دارد.

[8]- On the Jewish Question (Works of Karl Marx 1844), First Published: February, 1844 in Deutsch-Französische Jahrbücher; Proofed and Corrected: by Andy Blunden, Matthew Grant and Matthew Carmody, 2008/9, Mark Harris 2010.

[۹]- راغب اصفهانی، حسین بن محمد؛ ترجمه و تحقیق مفردات الفاظ قرآن؛ خسروی حسینی، سیدغلامرضا مترجم، نشر مرتضوی، ج۴، ص ۱۷۱

[۱۰]- الإمام السّجّاد «ع»: اللّهمّ صلّ علی محمّد و آل محمّد! وهب لی العافیة من دین تخلق به وجهی، و یحار فیه ذهنی، و یتشعّب له فکری، و یطول بممارسته شغلی. و أعوذ بک یا ربّ من همّ الدّین و فکره، و شغل الدّین و سهره. فصلّ علی محمّد و آله! و أعذنی منه، و أستجیر بک یا ربّ من ذلّته فی الحیاة، و من تبعته بعد الوفاة، فصلّ علی محمّد و آله! و أجرنی منه بوسع فاضل، أو کفاف واصل، أخوان حکیمی، ألحیاة، احمد آرام (مترجم)، دفتر نشر فرهنگ اسلامی ۱۳۸۰، جلد ۴، صفحه ۳۹۷

[۱۱]- پاینده، ابوالقاسم، نهج الفصاحة مجموعه کلمات قصار حضرت رسول ص، ناشر دنیای دانش ۱۳۸۲، صفحه ۳۲۷

[۱۲]- مخبر دزفولی، عباس، ارمغان شهید، ناشرجامعه مدرسین ۱۳۷۵، اخبار راجع به صبر، ص۴۶

[۱۳]- مَثَلُ الَّذینَ یُنْفِقُونَ أَمْوالَهُمْ فی سَبیلِ اللَّهِ کَمَثَلِ حَبَّةٍ أَنْبَتَتْ سَبْعَ سَنابِلَ فی کُلِّ سُنْبُلَةٍ مِائَةُ حَبَّةٍ وَ اللَّهُ یُضاعِفُ لِمَنْ یَشاءُ وَ اللَّهُ واسِعٌ عَلیمٌ، قرآن الکریم، سوره بقره، آیه ۲۶۱

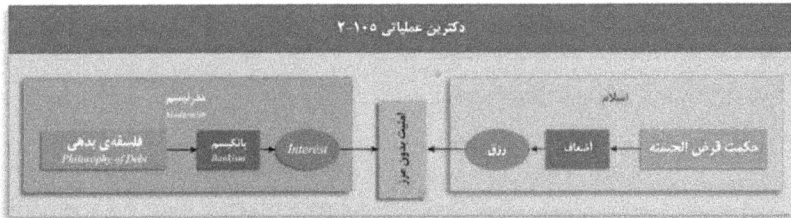

نقشه‌ی راه ۱۰۵-۲-۲-۳

مدرنیسم

فلسفه‌ی بدهی *Philosophy of Debt*

واژه Debt در اصل به معنی دور کردن چیزی از کسی می‌باشد[1]. اما امروزه به مفهوم «بدهی» اطلاق می‌گردد. در فلسفه‌ی دِبت، بر مبنای آموزه‌ی کتاب عهدعتیق «فقیر اسیر ثروتمند است و قرض گیرنده غلام قرض دهنده»[2]؛ چیستی و چرایی «بدهی و دِین» در شناخت مفهوم «بردگی و اسارت» و «سهولت فروانروایی بر بردگان» تبیین می‌گردد.

ایدئولوژی بانکیسم *Bankism*

تطوّر اعتبار و بدهی مهمترین نوآوری تکنولوژیک در طلوع تمدّن پول مبنا به شمار می‌رود[3]. از این منظر ایدئولوژی بانکیسم از درون فلسفه‌ی بدهی متولد می‌گردد. بر اساس نگرش تاریخی به بانک از بانکاهای یهودیان ایتالیایی تا تأسیس اولین بانک مدرن توسط خانواده‌ی یهودی مدیچی[4]در قرن چهاردهم و تا ایجاد بانک‌های مرکزی[5] کشورها و بانک جهانی کنونی[6] گرایش به بانک به عنوان یکی از مؤلفه‌های جامعه سازی در هر سه حوزه‌ی مردم چینی[7]، دولت چینی[8] و سیستم چینی[9] بر تافته می‌شود. این گرایش در «context» تحوّلات پول در سطح خدایی نمودن در تمام جنبه‌های زندگی بشر در نتیجه تطوّر ربا از گناه به هزینه فرصت[10] وام و قرض، رفته رفته تکامل و تکوّن یافته و سازوکار نهادینه‌سازی ربا را در جامعه فراهم می‌سازد.

دکترین ربا *Interest*

ایدئولوژی بانکیسم در روش شناسی اکونومی مؤید دکترین ربا است. این دکترین چیستی ربا را در «بهره‌کشی و زیاده گرفتن از اصل مال قرض داده شده» تبیین می‌کند. و چرایی آن را در «تکاثر ثروت بدون زحمت» تعریف می‌نماید. سپس در چگونگی ربا، نهاد بانک را در جامعه سازی جوامع گسترش می‌دهد، تا به این وسیله بردگی نوین را برای بسط حکومت نامشروع پول، نهادینه سازی نماید. به گونه‌ای که طرح ریزی، به «نرخ بهره و ربا به مثابه موتور اقتصاد»[11]منجر شود و بتواند سازوکار پولی و قیمتی را در اقتصاد تنظیم نماید[12].

اسلام

حکمت قرض الحسنه

در قرآن قرضی ممدوح و سفارش شده است که حسنه یا زیبا[۱۳] باشد. حکمت قرض الحسنه پرسش از چیستی قرض زیبا را در «قرض دادن به خداوند» تبیین می‌کند؛ و چرایی قرض الحسنه را با سه گزاره‌ی «طلب فضل خداوند»، «کسب أجر الهی» و «تقدیم نمودن خیر برای خود انسان نزد خداوند» توضیح می‌دهد و این‌طور می‌افزاید که آن‌چه نزد خداوند است، عظیم‌تر و پرخیرتر است[۱۴].

مکتب أضعاف

مکتب أضعاف در نسبت با حکمت قرض الحسنه برتافته می‌شود. از آن‌جایی که قبض و بسط در همه چیز عالم به دست خداوند است خداوند نسبت به کسانی که از اموال خود به خاطر خدا گذشت نمایند و ربا نخورند، که باعث شود چندین برابر از بندگان مقروض دریافت کنند[۱۵] و در راه خداوند قرض الحسنه دهند، خداوند أضعاف بسیار که چندین برابر شدن مال مورد قرض است به ایشان بازمی‌گرداند[۱۶].

قاعده رزق

مکتب أضعاف در حکمت قرض الحسنه در آموزه‌های اسلام به قاعده‌ی رزق می‌انجامد. این قاعده به چیستی رزق و روزی بر بستر کیستی رزّاق حقیقی می‌پردازد زیرا خداوند مالک حقیقی رزق و روزی است و غیر خدا هیچ تملّک و توانایی نسبت به تأمین رزق خود ندارد[۱۷]. آن‌گاه با برتافتن «برگردانده شدن مضاعف در انفاق از رزق، از جانب خداوند»[۱۸] و «مکلّف دانستن مؤمنین در انفاق و قرض الحسنه از رزق خود، هر آن‌قدر که در توان دارند»، چرایی و چگونگی «رزق» را در مکتب أضعاف و حکمت قرض الحسنه پاسخ می‌گوید.

امنیت

گرچه اکنون در جمهوری اسلامی ایران، در حوزه‌های مالی و اقتصاد، طرح‌ریزی مبتنی بر فلسفه‌ی بدهی، ایدئولوژی بانکیسم و دکترین ربا نگرش غالب است، لیکن عدم تبیین حکمت قرض الحسنه، مکتب أضعاف، و قاعده‌ی رزق سبب غفلت جدی از رویه‌های اسلامی را ایجاد کرده است. این مسأله نتیجه‌ای جز دامن زدن به آلودگی گناه را در جامعه در بر نخواهد داشت.

---

1 - to owe," originally, "keep something away from someone," from de- "away" + habere "to have". www.etymonline.com (word: Debt)

۲- عهد عتیق، کتاب امثال، فصل ۲۲، آیه ۲۶

3 - Ferguson, Niall, The Ascent of Money, A Financial History of The World, The Penguin Press New York 2008, preface

4 - Medici bank set up by Giovanni Medici in 1397.

5 - Central Bank

6 - The World Bank is one of five institutions created at the Bretton Woods Conference in 1944. en.wikipedia.org/wiki/World_Bank

7 - Nation building

8 - State building

9 - System Building

10 - Opportunity Cost

11 - Economic Engineering

12 - Wicksell, Knut, Interest and Prices, A Study of The Causes Regulating The Value of Money, Macmillan and Co Published, London 1938, p:80

۱۳- قرشی، سید علی اکبر، قاموس قرآن، دارالکتب الاسلامیهٔ ۱۳۸۴، جلد ۳، صفحه ۱۳۵

۱۴- إِنَّ رَبَّکَ یَعْلَمُ أَنَّکَ تَقُومُ أَدْنی مِنْ ثُلُثَیِ اللَّیْلِ وَ نِصْفَهُ وَ ثُلُثَهُ وَ طائِفَةٌ مِنَ الَّذینَ مَعَکَ وَ اللَّهُ یُقَدِّرُ اللَّیْلَ وَ النَّهارَ عَلِمَ أَنْ لَنْ تُحْصُوهُ فَتابَ عَلَیْکُمْ فَاقْرَؤُا ما تَیَسَّرَ مِنَ الْقُرْآنِ عَلِمَ أَنْ سَیَکُونُ مِنْکُمْ مَرْضی وَ آخَرُونَ یَضْرِبُونَ فِی الْأَرْضِ یَبْتَغُونَ مِنْ فَضْلِ اللَّهِ وَ آخَرُونَ یُقاتِلُونَ فی سَبیلِ اللَّهِ فَاقْرَؤُا ما تَیَسَّرَ مِنْهُ وَ أَقیمُوا الصَّلاةَ وَ آتُوا الزَّکاةَ وَ أَقْرِضُوا اللَّهَ قَرْضاً حَسَناً وَ ما تُقَدِّمُوا لِأَنْفُسِکُمْ مِنْ خَیْرٍ تَجِدُوهُ عِنْدَ اللَّهِ هُوَ خَیْراً وَ أَعْظَمَ أَجْراً وَ اسْتَغْفِرُوا اللَّهَ إِنَّ اللَّهَ غَفُورٌ رَحیمٌ، قرآن الکریم، سوره مزمل، آیه ۲۰

- پروردگارت می‌داند که تو و گروهی از آنها که با تو هستند نزدیک دو سوم از شب یا نصف یا ثلث آن را به پا می‌خیزند خداوند شب و روز

را اندازه‌گیری می‌کند او می‌داند که شما نمی‌توانید مقدار آن را (به دقّت) اندازه‌گیری کنید (برای عبادت کردن)، پس شما را بخشید اکنون آنچه برای شما میسّر است قرآن بخوانید او می‌داند بزودی گروهی از شما بیمار می‌شوند، و گروهی دیگر برای به دست آوردن فضل الهی (و کسب روزی) به سفر می‌روند، و گروهی دیگر در راه خدا جهاد می‌کنند (و از تلاوت قرآن بازمی‌مانند)، پس به اندازه‌ای که برای شما ممکن است از آن تلاوت کنید و نماز را بر پا دارید و زکات بپردازید و به خدا «قرض الحسنه» دهید [در راه او انفاق نمایید] و (بدانید) آنچه را از کارهای نیک برای خود از پیش می‌فرستید نزد خدا به بهترین وجه و بزرگترین پاداش خواهید یافت و از خدا آمرزش بطلبید که خداوند آمرزنده و مهربان است! (مکارم شیرازی، ناصر، ترجمه قرآن کریم)

[15]- یا أَیُّهَا الَّذینَ آمَنُوا لا تَأْکُلُوا الرِّبَوا أَضْعافاً مُضاعَفَةً وَ اتَّقُوا اللَّهَ لَعَلَّکُمْ تُفْلِحُونَ ، قرآن الکریم، سوره آل عمران، آیه ۱۳۰

(ای کسانی که ایمان آورده‌اید! ربا (و سود پول) را چند برابر نخورید! از خدا بپرهیزید، تا رستگار شوید!) (مکارم شیرازی، ناصر، ترجمه قرآن کریم)

[16]- مَنْ ذَا الَّذی یُقْرِضُ اللَّهَ قَرْضاً حَسَناً فَیُضاعِفَهُ لَهُ أَضْعافاً کَثیرَةً وَ اللَّهُ یَقْبِضُ وَ یَبْصُطُ وَ إِلَیْهِ تُرْجَعُونَ، قرآن الکریم، سوره بقره، آیه۲۴۵

(کیست که به خدا «قرض الحسنه‌ای» دهد، (و از اموالی که خدا به او بخشیده، انفاق کند،) تا آن را برای او، چندین برابر کند؟ و خداوند است (که روزی بندگان را) محدود یا گسترده می‌سازد (و انفاق، هرگز باعث کمبود روزی آنها نمی‌شود). و به سوی او باز می‌گردید (و پاداش خود را خواهید گرفت) (مکارم شیرازی، ناصر، ترجمه قرآن کریم)

[17]- إِنَّما تَعْبُدُونَ مِنْ دُونِ اللَّهِ أَوْثاناً وَ تَخْلُقُونَ إِفْکاً إِنَّ الَّذینَ تَعْبُدُونَ مِنْ دُونِ اللَّهِ لا یَمْلِکُونَ لَکُمْ رِزْقاً فَابْتَغُوا عِنْدَ اللَّهِ الرِّزْقَ وَ اعْبُدُوهُ وَ اشْکُرُوا لَهُ إِلَیْهِ تُرْجَعُونَ قرآن کریم، سوره عنکبوت، آیه ۱۷

- یا أَیُّهَا الَّذینَ آمَنُوا کُلُوا مِنْ طَیِّباتِ ما رَزَقْناکُمْ وَ اشْکُرُوا لِلَّهِ إِنْ کُنْتُمْ إِیَّاهُ تَعْبُدُونَ ، قرآن الکریم، سوره بقره، آیه ۱۷۲

[18]- قُلْ إِنَّ رَبِّی یَبْسُطُ الرِّزْقَ لِمَنْ یَشاءُ مِنْ عِبادِهِ وَ یَقْدِرُ لَهُ وَ ما أَنْفَقْتُمْ مِنْ شَیْ‏ءٍ فَهُوَ یُخْلِفُهُ وَ هُوَ خَیْرُ الرَّازِقینَ، قرآن الکریم، سوره سبأ، آیه ۳۹

(بگو: «پروردگارم روزی را برای هر کس بخواهد وسعت می‌بخشد، و برای هر کس بخواهد تنگ (و محدود) می‌سازد و هر چیزی را (در راه او) انفاق کنید، عوض آن را می‌دهد (و جای آن را پر می‌کند) و او بهترین روزی‌دهندگان است!) (مکارم شیرازی، ناصر، ترجمه قرآن کریم)

-تَتَجافی جُنُوبُهُمْ عَنِ الْمَضاجِعِ یَدْعُونَ رَبَّهُمْ خَوْفاً وَ طَمَعاً وَ مِمَّا رَزَقْناهُمْ یُنْفِقُونَ ، قرآن الکریم، سوره سجده، آیه ۱۶

(پهلوهایشان از بسترها در دل شب دور می‌شود (و بپا می‌خیزند و رو به درگاه خدا می آورند) و پروردگار خود را با بیم و امید می‌خوانند، و از آنچه به آنان روزی داده‌ایم انفاق می‌کنند!) (مکارم شیرازی، ناصر، ترجمه قرآن کریم)

نقشه‌ی راه ۳-۲-۲-۱۰۶

مدرنیسم

فلسفه‌ی بانک *Philosophy of Bank*

مفهوم بانک برگرفته از ریشه‌ی ایتالیایی «banca» به معنای میز و صندلی می‌باشد[۱]. فلسفه‌ی بانک در تبیین چیستی و چرایی این پدیده جریان شناسی تاریخی انجام می‌دهد، یهودیان قرن چهاردهم میلادی در محله‌هایی به نام گتو[۲] به امور مالی رباخواری اشتغال داشتند، آنان برای این‌کار پشت میزهای مخصوصی می‌نشستند و حساب‌های مالی افراد را اعم از میزان اصل و فرع بدهی، بر روی آن مشخص می‌نمودند[۳].

دلیل اشتغال یهودیان به امر رباخواری به آموزه‌های کتب عهد عتیق بازمی‌گردد. آنان قرض ربوی را به قوم یهود مذموم دانسته[۴]، ولی برای فلج سیستمی اقوام دیگر آن را ممدوح می‌دانستند: «او چنان‌که وعده داده است برکتتان خواهد داد، به طوری‌که به قوم‌های زیادی پول قرض خواهید داد، اما هرگز احتیاجی به قرض گرفتن نخواهید داشت. بر قوم‌های زیادی حکومت خواهید کرد ولی آنان بر شما حکومت نخواهند نمود»[۵].

بنابراین فلسفه‌ی بانک در تبیین «مشروعیت یافتن ربا توسط یهودیان» و «گسترش سلطه‌ی پول به عنوان خدای اصلی یهودی» نهفته است.

ایدئولوژی رباگرایی *Interestism*

ایدئولوژی رباگرایی بر مبنای فلسفه‌ی بانک ظهور می‌یابد. هنگامی‌که یهود در طول قرون برای قباحت زدایی از ربا[۶] و خارج کردن ربای اقوام غیر یهود از حدود حرام -علی رغم حرمت ربا در ادیان دیگر نظیر مسیحیت و اسلام[۷] – طرح‌ریزی استراتژیک صورت داد. ساخت جوامع جدید برمبنای محوریت بانک گرایش به ربا را اجتناب ناپذیر می‌نماید. به گونه‌ای که هر قدر ضریب نفوذ بانک در میان ملّتی افزایش یابد، رباگرایی در آن جامعه رونق بیشتری خواهد داشت. به طورکلی می‌توان بانک و ربا را ممزوج

و مخلوط در یکدیگر دانست به این صورت که نهاد بانک، ربا را در میان مردم، نظام و حکومت نهادینه می‌سازد.

دکترین اقتصاد اعتبار و بدهی *Credit-Debt Economy*

دکترین اقتصاد اعتبار و بدهی در ایدئولوژی رباگرایی، مبتنی بر فلسفه‌ی بانک رقم می‌خورد. این دکترین به چیستی اقتصادی پول‌مبنا می‌پردازد که بر دو گزاره‌ی اساسی «اعتبار» و «بدهی» بنا گشته است. سپس چرایی اقتصاد اعتبار و بدهی را در «سهولت حکومت بر بدهکاران» تبیین می‌نماید و در خصوص چگونگی شکل گیری چنین اقتصادی، نخست به نهادینه نمودن نظام اعتبارات در میان مردم، به عنوان تکیه‌گاهی برای اعتماد به ساب سیستم های مالی پرداخته آن‌گاه با دامن زدن به امیال جمعی، ایجاد بدهی های کلان را زمینه سازی می‌نماید. تا از این منظر توسعه‌ی بخش غیرواقعی، تولید ثروت از راه ربا را فراهم سازد.

اسلام

حکمت تضاعف

مفهوم «تضاعف» برگرفته از ریشه‌ی «ضِعف» در زبان عرب به معنای «چندین برابر شدن چیزی» می‌باشد[8]. حکمت تضاعف، در چیستی و چرایی «گذشتن انسان از اموال خود و ذبح آن‌ها در راه خداوند با انفاق، زکات، صدقات و قرض الحسنه» شناخته می-شود. آن‌گاه به سبب أجر چنین عملی، خداوند آن‌چه از دست انسان به این وسیله خارج شده است را به سوی او با «تضاعف» توفّی می‌نماید[9]. به این معنا که به هر میزان انسان گذشت از اموال خود را صورت دهد، با أجری چندین برابر شده به سوی او بازمی‌گردد.

مکتب رزق

حکمت تضاعف در مکتب رزق شناخته می‌شود. مؤمن در معیشت معطوف به معیدت به رزق الهی یا همان روزی، عطاء و بخشش دائمی او در مادیات و معنویات قائل است و انتساب رزق به غیر الله را به اعتبار ثانوی می‌داند[10] و هر آنچه را که در معیشت از آن منتفع شود رزقی است که از ناحیه‌ی خداوند به او ارزانی شده و او نسبت به آن در برابر خداوند حقی ندارد. بر این مبنا اگر تضاعفی در اطاعت امر خداوند در انفاق برای مؤمن صورت گرفته، از مصادیق رزق الهی به شمار می‌رود[11].

قاعده مبایعه

انسان‌های مؤمنی که رزق مکتب آنان است، از یک سو نظام معاملات و از سوی دیگر نظام مبادلات را در نظام مبایعه به گونه‌ای رقم می‌زنند که بیع و شراء آن‌ها را دچار الهاء و غفلت از ذکر خدا، اقامه‌ی نماز و ایتاء زکات نگرداند و منجر شود تا خوف و رجاء الهی در قلوب همه نهادینه گردد[12].

امنیت

اکنون در جمهوری اسلامی ایران، مبنای نظام اقتصادی بر فربهی فلسفه‌ی بانک، ایدئولوژی رباگرایی و دکترین اقتصاد اعتبار و بدهی استوار شده است. به دلیل بعد حرمت و جنگ با خدا در مقوله‌ی ربا[13]، بایسته و شایسته است طرح‌ریزی برمبنای حکمت تضاعف، مکتب رزق و قاعده‌ی مبایعه تدقیق گردد تا تمایز این رویه‌ها از رویه‌های مدرنیستی هم در حوزه‌ی مبانی و هم در حوزه‌ی اجرا نیز کاملاً روشن و آشکار گردد.

---

[1] - O.It banca(itself from the Italian word), meaning "table & bench", www.etymonline.com (word: Bank)

[2] - Ghetto

[3] - Ferguson, Niall, The Ascent of Money, A Financial History of The World, The Penguin Press New York 2008, p:42

[4]– اگر به یکی از افراد قوم خود که محتاج باشد، پول قرض دادی، مثل یک رباخوار با او رفتار نکن و از او سود نگیر، اگر لباس او را گرو گرفتی قبل از غروب آفتاب آن را پس بده چون ممکن است که آن لباس تنها پوشش او برای خوابیدن باشد اگر آن لباس را به او پس ندهی و او پیش من ناله کند من به داد او خواهم رسید زیرا خدایی کریم هستم. قرآن کریم، سفرخروج، فصل ۲۲، آیه ۲۵ تا ۲۷

[5]– عهد عتیق، سفر تثنیه، فصل ۱۵، آیه ۶

[6]– مالی که از راه رباخواری و بهره‌کشی از فقرا حاصل شود عاقبت به دست کسی می‌افتد که بر فقرا رحم می‌کند. عهد عتیق، کتاب امثال، فصل ۲۸، آیه ۸

[7]– یا أَیُّهَا الَّذینَ آمَنُوا اتَّقُوا اللَّهَ وَ ذَرُوا ما بَقِیَ مِنَ الرِّبا إِنْ کُنْتُمْ مُؤْمِنینَ ۲۷۸ فَإِنْ لَمْ تَفْعَلُوا فَأْذَنُوا بِحَرْبٍ مِنَ اللَّهِ وَ رَسُولِهِ وَ إِنْ تُبْتُمْ فَلَکُمْ رُؤُسُ أَمْوالِکُمْ لا تَظْلِمُونَ وَ لا تُظْلَمُونَ ۲۷۹

(ای کسانی که ایمان آورده‌اید! از (مخالفت فرمان) خدا بپرهیزید، و آنچه از (مطالبات) ربا باقی مانده، رها کنید اگر ایمان دارید! (۲۷۸) اگر (چنین) نمی‌کنید، بدانید خدا و رسولش، با شما پیکار خواهند کرد! و اگر توبه کنید، سرمایه‌های شما، از آن شماست [اصل سرمایه، بدون سود] نه ستم می‌کنید، و نه بر شما ستم وارد می‌شود. ۲۷۹) (مکارم شیرازی، ناصر، ترجمه قرآن کریم)

[8]– راغب اصفهانی، حسین بن محمد؛ ترجمه و تحقیق مفردات الفاظ قرآن؛ خسروی حسینی، سیدغلامرضا مترجم، نشر مرتضوی، ج۲، ص ۴۵۷

[9]– مَنْ ذَا الَّذی یُقْرِضُ اللَّهَ قَرْضاً حَسَناً فَیُضاعِفَهُ لَهُ وَ لَهُ أَجْرٌ کَریمٌ، قرآن الکریم، سوره حدید، آیه ۱۱

(کیست که به خدا وام نیکو دهد (و از اموالی که به او ارزانی داشته انفاق کند) تا خداوند آن را برای او چندین برابر کند؟ و برای او پاداش پرارزشی است!) (مکارم شیرازی، ناصر، ترجمه قرآن کریم)

[10]– مصطفوی، حسن، التحقیق فی کلمات القرآن الکریم، مرکز نشر آثار علامه مصطفوی، جلد۴، صفحه ۱۱۵

[11]– اللَّهُ یَبْسُطُ الرِّزْقَ لِمَنْ یَشاءُ وَ یَقْدِرُ وَ فَرِحُوا بِالْحَیاةِ الدُّنْیا وَ مَا الْحَیاةُ الدُّنْیا فِی الْآخِرَةِ إِلاَّ مَتاعٌ

(خدا روزی را برای هر کس بخواهد (و شایسته بداند) وسیع، برای هر کس بخواهد (و مصلحت بداند) تنگ قرار می‌دهد ولی آنها [کافران] به زندگی دنیا، شاد (و خوشحال) شدند در حالی که زندگی دنیا در برابر آخرت، متاع ناچیزی است!) (مکارم شیرازی، ناصر، ترجمه قرآن کریم)

[12]– رِجالٌ لا تُلْهیهِمْ تِجارَةٌ وَ لا بَیْعٌ عَنْ ذِکْرِ اللَّهِ وَ إِقامِ الصَّلاةِ وَ إِیتاءِ الزَّکاةِ یَخافُونَ یَوْماً تَتَقَلَّبُ فیهِ الْقُلُوبُ وَ الْأَبْصارُ ، قرآن الکریم، سوره نور، آیه ۳۷

[13]– الَّذینَ یَأْکُلُونَ الرِّبا لا یَقُومُونَ إِلاَّ کَما یَقُومُ الَّذی یَتَخَبَّطُهُ الشَّیْطانُ مِنَ الْمَسِّ ذلِکَ بِأَنَّهُمْ قالُوا إِنَّمَا الْبَیْعُ مِثْلُ الرِّبا وَ أَحَلَّ اللَّهُ الْبَیْعَ وَ حَرَّمَ الرِّبا فَمَنْ جاءَهُ مَوْعِظَةٌ مِنْ رَبِّهِ فَانْتَهی فَلَهُ ما سَلَفَ وَ أَمْرُهُ إِلَی اللَّهِ وَ مَنْ عادَ فَأُولئِکَ أَصْحابُ النَّارِ هُمْ فیها خالِدُونَ، قرآن الکریم، سوره بقره، آیه ۲۷۵

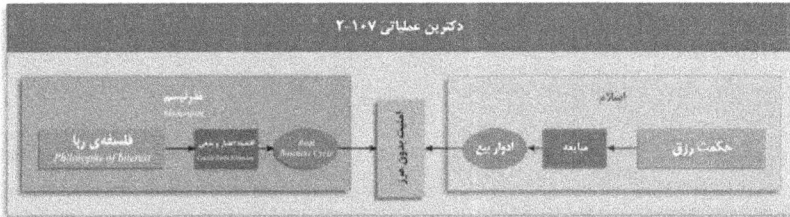

نقشه‌ی راه ۳-۲-۲-۱۰۷

مدرنیسم

فلسفه‌ی ربا *Philosophy of Interest*

مفهوم «Interest» از نظر لغوی به معنای «سود و مزیت» است، اما در روش شناسی اکونومی به پولی که بابت قرض گرفتن پرداخت می‌شود اطلاق می‌گردد[1]. به طور کلی این مفهوم همان انگاره‌ی «ربا»[2] در زبان عرب می‌باشد.

کتب عهد عتیق در آموزه‌های مالی، اخذ ربا توسط یک یهودی از یک یهودی دیگر را جایز ندانسته و «گناه» تلقی می‌کند. برای مثال: «اگر به یکی از افراد قوم خود که محتاج باشد، پول قرض دادی، مثل یک رباخوار رفتار نکن و از او سود نگیر»[3]، اما گرفتن ربای قرض از اقوام دیگر را امری مباح بر می‌شمارد و لازمه‌ی حکمرانی بر ایشان می‌داند. بنابراین فلسفه‌ی ربا به چیستی «سود زیادی بر قرض و وام» مبتنی بر «گناه» می‌پردازد و چرایی آن را در «حرص ورزیدن نسبت به دنیا، زیاده خواهی و طلب برتری اقتصادی[4]» تبیین می‌کند.

ایدئولوژی اقتصاد اعتبار و بدهی *Credit-Debt Economy*

مبتنی بر فلسفه‌ی ربا، اقتصاد به جای گسترش در بخش‌های واقعی و تولیدی، به سمت فربه شدن بخش غیرواقعی سوق پیدا می‌کند. به گونه‌ای که وام‌ها عمدتاً بر روی اعتبارات شکل گرفته و اقتصاد بر مبنای بدهی نضج می‌گیرد. این مسأله به کسری‌های بودجه‌ی کلان کشورها و بدهی‌های سرسام آور انجامیده است به گونه‌ای که ربای مترتب بر بدهی‌ها چندین برابر اصل بدهی را تشکیل می‌دهد.

دکترین ادوار تجاری واقعی *Real Business Cycle*

دکترین ادوار تجاری واقعی، آخرین تجسم نگرش کلاسیک به نوسانات اقتصادی است. علی رغم تبلور این دکترین در ایدئولوژی اقتصاد اعتبار و بدهی و فلسفه‌ی ربا، این دکترین چیستی ادوار تجاری را در «رکود»[5] و «تورم»[6] جستجو می‌کند و با واقعی دانستن آن، سعی می‌کند چرایی این ادوار را توجیه نماید، آن‌گاه در چگونگی فرض می‌کند نوسانات بزرگ در مسیر

اقتصاد تصادفی بوده و تغییرات در تکنولوژی تولید منشأ بروز این ادوار است. به صورتی که افراد به طور منطقی سطوح عرضه نیروی کار و مصرف خود را تغییر می‌دهند[۷].

اسلام

حکمت رزق

حکمت رزق مبیّن این است که در پاسخ به چیستی و چرایی رزق، هیچ جنبنده‌ای قادر به فراهم آوردن رزق و روزی خویش از غیر از خدا نیست[۸]. چنان‌که صاحب روحی نمیرد جز اینکه رزقش به‌طور کامل به او خواهد رسید. بنابراین ابعاد حکمت رزق جز با شناخت کیستی«رزّاق» تجلّی نمی‌یابد. از این رو شایسته و بایسته است بندگان در معیشت خویش از رزّاق حقیقی طلب اجمال رزق نمایند[۹].

مکتب مبایعه

مکتب مبایعه بر اساس حکمت رزق، عدالت را در شراء محقق می‌سازد. مبایعه مشتمل بر دو گزاره‌ی اساسی «معامله» و «مبادله» با برتافتن انفاق از رزقی که خداوند نصیب نموده است[۱۰]، بیعت با خداوند را رقم می‌زند. این بیعت عهدی است که وفای به آن اجری عظیم را دربر خواهد داشت[۱۱].

قاعده ادوار بیع

مبتنی بر حکمت رزق و مکتب مبایعه، قاعده ادوار بیع موضوعیت می‌یابد. در این قاعده مبایعه به خلّت میان دست اندرکاران بیع می‌انجامد، خلّت منجر به انفاق رزق الهی شده و انفاق برکت را هم بر بیّعان و هم بر جامعه نازل می‌کند. این دور حقیقی بوده و هیچ منبع مجازی و غیر واقعی ندارد بلکه تنها از غیب مایه می‌گیرد.

امنیت

بایسته و شایسته است طرح ریزی اقتصاد در جمهوری اسلامی ایران در گرداب فلسفه‌ی ربا، ایدئولوژی اقتصاد اعتبار و بدهی و دکترین ادوار تجاری واقعی در نغلتیده و با حکمت رزق، مکتب مبایعه و قاعده ادوار بیع استعلا را در حوزه‌ی اقتصاد جامعه، رقم زند.

---

[1] - Benefit, advantage Financial sense of "money paid for the use of money lent" (1520s) www.etymonline.com (word: Interest)

[۲]- از ریشه‌ی «ربو» به معنای «زیادی» می‌باشد. موسوی همدانی، سید محمد باقر، ترجمه تفسیر المیزان، نشر دفتر انتشارات جامعه مدرسین حوزه علمیه قم، جلد ۲، صفحه ۳۹

[۳]- عهد عتیق، سفر خروج، فصل ۲۲، آیه ۲۵

[۴]- خداوند در همه‌ی کارهایتان برکت خواهد داد. به قوم های زیادی قرض خواهید داد، اما از آنان قرض نخواهید گرفت. چنانچه فقط گوش فرا داده دستورات خداوند، خدایتان را که امروز به شما می‌دهم اطاعت کنید، او شما را برتر از دیگران خواهد ساخت. عهد عتیق، سفر تثنیه، فصل ۲۸، آیه ۱۲ و ۱۳

[5] - depression

[6] - inflation

[۷]- منکیو، گریگوری، ادوار تجاری حقیقی: یک افق کینزی جدید، محمدی، تیمور (مترجم)، مجله پژوهش‌های اقتصادی ایران، پاییز ۱۳۷۵، شماره ۲

[۸]-وَ كَأَيِّنْ مِنْ دَابَّةٍ لا تَحْمِلُ رِزْقَهَا اللَّهُ يَرْزُقُها وَ إِيَّاكُمْ وَ هُوَ السَّمِيعُ الْعَلِيمُ ،قرآن الكريم، سوره عنكبوت، آيه ۶۰

- وَ ما مِنْ دَابَّةٍ فِي الْأَرْضِ إِلاَّ عَلَى اللَّهِ رِزْقُها وَ يَعْلَمُ مُسْتَقَرَّها وَ مُسْتَوْدَعَها كُلٌّ فی كِتابٍ مُبِينٍ،،قرآن الكريم، سوره هود، آيه۶

- أَمَّنْ يَبْدَؤُا الْخَلْقَ ثُمَّ يُعيدُهُ وَ مَنْ يَرْزُقُكُمْ مِنَ السَّماءِ وَ الْأَرْضِ أَ إِلهٌ مَعَ اللَّهِ قُلْ هاتُوا بُرْهانَكُمْ إِنْ كُنْتُمْ صادِقِينَ، سوره قصص، آيه۶۴

[۹]- طیب، سید عبد الحسین، اطیب البیان فی تفسیر القرآن، جلد۱، صفحه ۲۱۲

[۱۰]- قُلْ لِعِبادِيَ الَّذينَ آمَنُوا يُقيمُوا الصَّلاةَ وَ يُنْفِقُوا مِمَّا رَزَقْناهُمْ سِرًّا وَ عَلانِيَةً مِنْ قَبْلِ أَنْ يَأْتِيَ يَوْمٌ لا بَيْعٌ فيهِ وَ لا خِلالٌ،قرآن الكريم، سوره ابراهيم، آيه ۳۱

[11]- إِنَّ الَّذينَ يُبايِعُونَکَ إِنَّما يُبايِعُونَ اللَّهَ يَدُ اللَّهِ فَوْقَ أَيْديهِمْ فَمَنْ نَكَثَ فَإِنَّما يَنْكُثُ عَلى نَفْسِهِ وَ مَنْ أَوْفى بِما عاهَدَ عَلَيْهُ اللَّهَ فَسَيُؤْتيهِ أَجْراً عَظيماً.
قرآن الكريم، سوره فتح، آيه۱۰

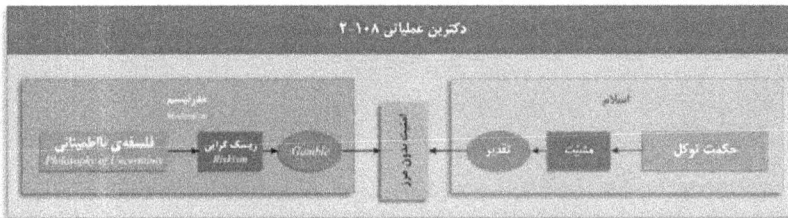

نقشه‌ی راه ۳-۲-۲-۱۰۸

مدرنیسم

فلسفه‌ی نا اطمینانی *Philosophy of Uncertainty*

مفهوم «Uncertainty» به معنای نا اطمینانی از آینده‌ی زمانی است[۱]. حفظ امنیت حداکثر منفعت در زندگی، مهمترین هدف قلمداد می‌گردد، با این وجود تمام غم‌ها و شادی‌های آینده در نسبت با ما، با نوعی قوه قهریه عمل می‌کنند و همیشه یک نا اطمینانی از آینده در ذهن ما وجود دارد[۲]. از این منظر فقدان اطمینان کامل نسبت به آینده، در شرایطی که بیش از یک احتمال وقوع وجود داشته باشد، منجر به عدم شناخت کافی و نگرانی درباره‌ی خروجی، حالت، نتیجه و ارزش خواهد شد[۳].

بنابراین فلسفه‌ی نااطمینانی چیستی عدم اطمینان از آینده را بر مبنای «نبودن امکان توانایی تخمین دقیق از رخدادهای آتی» مبتنی بر تخمین و اندازه گیری «faith» یا «سرنوشت» را تبیین نموده[۴] و چرایی آن را با «در زمان بودن بشر» توجیه می‌کند.

ایدئولوژی ریسک گرایی *Riskism*

واژه «risk» از نظر لغوی به معنای «رفتن به سمت خطر در عین نااطمینانی» می‌باشد[۵]. بر این اساس ایدئولوژی ریسک گرایی از درون فلسفه‌ی نااطمینانی تبلور می‌یابد. این ایدئولوژی با شرایطی از نااطمینانی آینده سروکار دارد که مجموعه‌ای از احتمالات با «از دست رفتن» یا «به مشکل برخوردن» و یا هر نتیجه‌ی غیر دلخواه دیگری مواجه شوند در این صورت احتمال «برد» و احتمال «باخت» در هر چیزی وجود خواهد داشت. بنابراین تلاش بر این است با اندازه‌گیری احتمالات، میزان ریسک در نتایج کاهش یابد[۶].

دکترین قمار *Gamble*

فلسفه‌ی نااطمینانی مبتنی بر ایدئولوژی ریسک‌گرایی، به دکترین قمار منتج می‌گردد. واژه «Gamble» به بازی اطلاق می‌شود که در آن «برد»[۷] یا «باخت»[۸] مبنای گزاره‌ای به نام «شرط بندی»[۹] می‌باشد. این دکترین چیستی قمار را در نسبت با سه مؤلفه‌ی «نااطمینانی»[۱۰]، «ریسک»[۱۱] و «احتمالات»[۱۲] تبیین نموده و چرایی آن‌را در عدم قطعیّت در پیش بینی آینده می‌جوید. آن‌گاه

در چگونگی با تئوریزه کردن «شرط بندی» در علومی مانند «آمار»[۱۳]- علی رغم حرمت قمار در ادیان آسمانی- قمار را به وسیله‌ی کاسینو[۱۴]، بیمه[۱۵]، بورس[۱۶] و.... نهادینه می‌سازد.

اسلام

حکمت توکّل

توکّل از ماده‌ی «وَکَلَ» به معنای اعتماد نمودن به کسی جهت واگذاری امری به او تا او عهده‌دار آن امر گردد، می‌باشد. اما به طور کلی توکّل، وکیل قرار دادن دیگری در انجام امور در آینده است[۱۷]. حکمت توکّل چیستی وکیل قراردادن را در «واگذاری وکالت انجام امور به خداوند» در هنگام «عزم بر انجام یک امر»[۱۸] مبتنی بر کیستی «نعم الوکیل»[۱۹] تبیین می‌نماد. سپس پرسش از چرایی توکل را با صفت «عالم الغیب و الشهاده»[۲۰] بودن خداوند که بر غیب و شهود داناست، پاسخ می‌گوید.

مکتب مشیّت

حکمت توکل به مکتب مشیّت می‌انجامد. برتافتن این‌که «خداوند بر همه چیز قادر است»[۲۱]، مشیّت الهی «خواست و اراده‌ی او» را در هر چیزی رقم می‌زند[۲۲]. بنابراین واگذاری وکالت به خداوندی که از روی حکمت مشیتش قرار می‌گیرد، دو گزاره‌ی «کفایت در امر» و «بس بودن خدا» را برای متوکّل نتیجه می‌دهد[۲۳].

قاعده‌ی تقدیر

انسان مؤمنی که بر خدا توکّل نماید، مشیّت الهی امور او را کفایت می‌کند و تقدیر الهی را منجر می‌گردد. قاعده‌ی تقدیر به چیستی قدرت داشتن خداوند در انجام کاری و تعیین اندازه و مقدّرات امور می‌پردازد. این قاعده پرسش از چرایی و چگونگی تقدیر الهی را با مالکیّت و سلطنت مطلق خداوند و مقدّر بودن او بر همه چیز توضیح می‌دهد.

امنیت

اکنون در جمهوری اسلامی ایران فلسفه‌ی ناطمینانی، ایدئولوژی ریسک گرایی و دکترین قمار در حال نضج گیری در سازوکارهای اقتصادی است. شایسته و بایسته است به جای این رویه‌های مدرنیستی که از جوامع کفر نشأت گرفته اند، حکمت توکّل، مکتب مشیّت و قاعده‌ی تقدیر مبنای طرح و عمل قرار بگیرند.

---

[1]- of indeterminate time or occurrence," from un- "not" + certain (adj.). Meaning "not fully confident"

[2] - Hausman, Daniel. M, The Philosophy of Economics, An Anthology, third edition, Cambridge University press 2008 , page 230

[3] - Douglas Hubbard "The Failure of Risk Management: Why It's Broken and How to Fix It, John Wiley & Sons, 2009. P: 46

[4] - Donald M. Borchert (Editor in Chief), Encyclopedia of Philosophy, Second Edition, New York, Macmillan Reference 2003, page 4065

[5]- "run into danger," of origin, www.etymonline.com (word: risk)

[6] -Douglas Hubbard "How to Measure Anything: Finding the Value of Intangibles in Business", John Wiley & Sons, 2009. P: 46

[7] - Win

[8] - Lost

[9] - Betting

[10] - Uncertainty

[11] - Risk

[12] - Possibilities

[13] - Statistics

[14] - Casino

[15] - Insurance

[16] - Bourse

[۱۷]- راغب اصفهانی، حسین بن محمد؛ ترجمه و تحقیق مفردات الفاظ قرآن؛ خسروی حسینی، سیدغلامرضا مترجم، نشر مرتضوی، ج۵، ص ۴۸۳

[۱۸]- فَبِما رَحْمَةٍ مِنَ اللَّهِ لِنْتَ لَهُمْ وَ لَوْ كُنْتَ فَظًّا غَليظَ الْقَلْبِ لَانْفَضُّوا مِنْ حَوْلِكَ فَاعْفُ عَنْهُمْ وَ اسْتَغْفِرْ لَهُمْ وَ شاوِرْهُمْ فِي الْأَمْرِ فَإِذا عَزَمْتَ فَتَوَكَّلْ عَلَى اللَّهِ إِنَّ اللَّهَ يُحِبُّ الْمُتَوَكِّلينَ، قرآن الکریم، سوره آل عمران، آیه ۱۵۹

(به (برکت) رحمت الهی، در برابر آنان [مردم] نرم (و مهربان) شدی! و اگر خشن و سنگدل بودی، از اطراف تو، پراکنده می‌شدند. پس آنها را ببخش و برای آنها آمرزش بطلب! و در کارها، با آنان مشورت کن! اما هنگامی که تصمیم گرفتی، (قاطع باش! و) بر خدا توکل کن! زیرا خداوند متوکلان را دوست دارد) (مکارم شیرازی، ناصر، ترجمه قرآن کریم)

[19]- الَّذينَ قالَ لَهُمُ النَّاسُ إِنَّ النَّاسَ قَدْ جَمَعُوا لَكُمْ فَاخْشَوْهُمْ فَزادَهُمْ إِيماناً وَ قالُوا حَسْبُنَا اللَّهُ وَ نِعْمَ الْوَكيلُ ، قرآن الکریم، سوره آل عمران، آیه ۱۷۳

[20]- هُوَ اللَّهُ الَّذي لا إِلهَ إِلاَّ هُوَ عالِمُ الْغَيْبِ وَ الشَّهادَةِ هُوَ الرَّحْمنُ الرَّحيمُ ، قرآن الکریم، سوره حشر، آیه ۲۲

[21]- ... قالَ أَعْلَمُ أَنَّ اللَّهَ عَلى كُلِّ شَيْءٍ قَديرٌ ، قسمتی از آیه ۲۵۹ سوره بقره

[22]- قُلِ اللَّهُمَّ مالِكَ الْمُلْكِ تُؤْتِي الْمُلْكَ مَنْ تَشاءُ وَ تَنْزِعُ الْمُلْكَ مِمَّنْ تَشاءُ وَ تُعِزُّ مَنْ تَشاءُ وَ تُذِلُّ مَنْ تَشاءُ بِيَدِكَ الْخَيْرُ إِنَّكَ عَلى كُلِّ شَيْءٍ قَديرٌ قرآن الکریم، سوره آل عمران، آیه ۲۶

[23]- وَ يَقُولُونَ طاعَةٌ فَإِذا بَرَزُوا مِنْ عِنْدِكَ بَيَّتَ طائِفَةٌ مِنْهُمْ غَيْرَ الَّذي تَقُولُ وَ اللَّهُ يَكْتُبُ ما يُبَيِّتُونَ فَأَعْرِضْ عَنْهُمْ وَ تَوَكَّلْ عَلَى اللَّهِ وَ كَفى بِاللَّهِ وَكيلاً ، قرآن الکریم، سوره نساء، آیه ۸۱

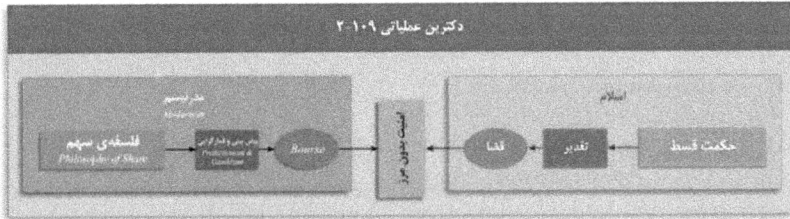

نقشه‌ی راه ۳-۲-۲-۱۰۹

مدرنیسم

فلسفه‌ی سهم *philosophy of Share*

مفهوم «share» به معنای قطعه‌ای از یک چیز و یا «سهم» می‌باشد[۱]. در اکانومی به قسمتی از سرمایه یک شرکت سهامی «share» اطلاق می‌گردد. فلسفه‌ی «share» به چیستی سهم به عنوان قسمتی از سرمایه‌ی یک شرکت سودده که به قسمت‌های مساوی تقسیم شده است می‌پردازد و چرایی آن را با توجه به این نکته پاسخ می‌دهد که صاحب و مالک حقیقی شرکت «خدای» آن شرکت تلقی می‌شود و وقتی سرمایه‌ی یک شرکت که تمام دارایی آن است، به هزاران قطعه تقسیم شود و هر قطعه به یک صاحب متعلّق گردد در واقع خدای شرکت در میان تعداد کثیری از مالکان گم خواهد شد. بر این اساس مقوله‌ی سهم بندی سرمایه بر انگاره‌ی «خدازدایی از مالکیت» استوار می‌باشد[۲].

ایدئولوژی پیش بینی و قمارگرایی *Prediction & Gamblism*

فلسفه‌ی سهم در نهایت به ایدئولوژی پیش بینی و قمارگرایی منتج می‌گردد. زیرا هر نتیجه‌گیری در هر اتّخاذ سیاست شرکت به‌طور ضمنی یا صراحتاً بر پیش بینی عواقب چیزی بر چیز دیگر بستگی دارد و این تنها از راه اقتصاد اثباتی[۳] امکان پذیر است[۴]. از این منظر فرضیه‌های متفاوت، احتمالات گوناگون را در پیش بینی قیمت سهام ناشی می‌گردد. از این رو پیش بینی های متعدّد و متضّاد نیز ناخودآگاه منجر به گرایش به سمت قمار می‌شود.

دکترین بورس *Bourse*

هنگامی‌که در قرن نوزدهم مرچنت‌ها در خانه‌ای گردهم می‌آمدند تا با یکدیگر معامله کنند، کیف‌های خود را در یک جا آویزان می‌نمودند. ایده‌ی اصلی بورس نیز از همین کیف‌ها یا «purses» خلق شد[۵].

دکترین بورس به چیستی بورس به عنوان مکانی که سازوکار مبادلات سهام شرکت‌های مختلف را ممکن می‌سازد[۶]، می‌پردازد و چرایی آن را در کامل شدن مثلث شرکت[۷]، بانک[۸] و بورس به

عنوان بنیان‌های اصلی اقتصاد مدرن توجیه می‌کند[9]. سپس در تبیین چگونگی سازوکار بورس بر نهادینه سازی دو انگاره‌ی اصلی «احتمالات»[10]، «پیش بینی»[11] و «قمار»[12] تأکید می‌ورزد.

اسلام

حکمت قسط

«قسط» پرداختن نصیب هرکس به خود اوست[13]. حکمت قسط چیستی «پرداخت نصیب هرکس» را با وفای به «مکیال»، «میزان» و «قسطاس مستقیم» توضیح می‌دهد و چرایی آن را در «حسن تأویل»[14] و «قوام در راه خدا» بر بستر عدالت و اطاعت نکردن از هوای نفس[15] تبیین می‌کند.

مکتب تقدیر

مکتب تقدیر در حکمت قسط مبیّن این نکته است که خداوند نصیب هرکس را از رزق مشخص کرده و تقدیر می‌نماید[16]. و مؤمنین زمانی به قسط رفتار می‌کنند که تقدیر الهی را برتابند و سهم هرکس را به خودش اختصاص دهند.

قاعده قضا

قاعده‌ی قضا در مکتب تقدیر، تبیین چیستی «قرار گرفتن اراده الهی در حکمی یا امری است» این قاعده چرایی قضا را در «مبدع بودن خداوند در خلقت آسمان‌ها و زمین» می‌بیند و در چگونگی قضا، کافی است «خداوند به چیزی بگوید باش، پس او می‌باشد»[17].

امنیت

بایسته و شایسته است در جمهوری اسلامی ایران، در طرح ریزی حوزه‌ی اقتصاد از فلسفه‌ی سهم، ایدئولوژی پیشبینی و قمارگرایی و دکترین بورس که رویه‌های مدرنیستی هستند پرهیز گردد، و رویه‌های اسلامی شامل حکمت قسط، مکتب تقدیر و قاعده‌ی قضا مبنای طرح‌ریزی سازوکارهای اقتصادی قرار گیرند.

1- "portion" www.etymonline.com (word: share)

2- ایکاف، راسل لینکلن، برنامه ریزی تعاملی، مدیریت هماهنگ با تحول برای ساختن آینده‌ی سازمان، خلیلی شورینی، سهراب (مترجم)، نشر کتاب ماد۱۳۸۶، ص ۳۲

3- Positive Economics

4- Daniel M. Hausman, The Philosophy of Economics, An Anthology, third edition, Cambridge University press 2008 , page 147

5 - www.etymonline.com (word: bourse)

6 - The American Heritage® Dictionary of the English Language, Fourth Edition copyright 2000 by Houghton Mifflin Company. Updated in 2009. Published by Houghton Mifflin Company. www.thefreedictionary.com (word: bourse)

7 - Company

8 - Bank

9 - Ferguson, Niall, The Ascent of Money, A Financial History of The World, The Penguin Press New York 2008, p:132

10 - Possibilities

11 -Prediction

12 - Gamble

13- راغب اصفهانی، حسین بن محمد؛ ترجمه و تحقیق مفردات الفاظ قرآن؛ خسروی حسینی، سیدغلامرضا مترجم، نشر مرتضوی، ج۴، ص ۱۸۸

14- وَ أَوْفُوا الْكَيْلَ إِذا كِلْتُمْ وَ زِنُوا بِالْقِسْطاسِ الْمُسْتَقيمِ ذلِكَ خَيْرٌ وَ أَحْسَنُ تَأْويلاً ، قرآن الکریم، سوره اسراء، آیه ۳۵

(و هنگامی که پیمانه می‌کنید، حق پیمانه را ادا نمایید، و با ترازوی درست وزن کنید! این برای شما بهتر، و عاقبتش نیکوتر است) (مکارم شیرازی، ناصر، ترجمه قرآن کریم)

15- يا أَيُّهَا الَّذينَ آمَنُوا كُونُوا قَوَّامينَ بِالْقِسْطِ شُهَداءَ لِلَّهِ وَ لَوْ عَلى أَنْفُسِكُمْ أَوِ الْوالِدَيْنِ وَ الْأَقْرَبينَ إِنْ يَكُنْ غَنِيًّا أَوْ فَقيراً فَاللَّهُ أَوْلى بِهِما فَلا تَتَّبِعُوا الْهَوى أَنْ تَعْدِلُوا وَ إِنْ تَلْوُوا أَوْ تُعْرِضُوا فَإِنَّ اللَّهَ كانَ بِما تَعْمَلُونَ خَبيراً ، قرآن الکریم، سوره نساء، آیه ۱۳۵

(ای کسانی که ایمان آورده‌اید! کاملًا قیام به عدالت کنید! برای خدا شهادت دهید، اگر چه (این گواهی) به زیان خود شما، یا پدر و مادر و نزدیکان شما بوده باشد! (چرا که) اگر آنها غنیّ یا فقیر باشند، خداوند

سزاوارتر است که از آنان حمایت کند. بنا بر این، از هوی و هوس پیروی نکنید که از حق، منحرف خواهید شد! و اگر حق را تحریف کنید، و یا از اظهار آن، اعراض نمایید، خداوند به آنچه انجام می‌دهید، آگاه است» (مکارم شیرازی، ناصر، ترجمه قرآن کریم)

۱۶- وَ یَرْزُقْهُ مِنْ حَیْثُ لا یَحْتَسِبُ وَ مَنْ یَتَوَکَّلْ عَلَی اللَّهِ فَهُوَ حَسْبُهُ إِنَّ اللَّهَ بالِغُ أَمْرِهِ قَدْ جَعَلَ اللَّهُ لِکُلِّ شَیْءٍ قَدْراً قرآن الکریم، سوره طلاق، آیه ۳

۱۷- بَدیعُ السَّماواتِ وَ الْأَرْضِ وَ إِذا قَضی أَمْراً فَإِنَّما یَقُولُ لَهُ کُنْ فَیَکُونُ ، قرآن الکریم، سوره بقره، آیه ۱۱۷

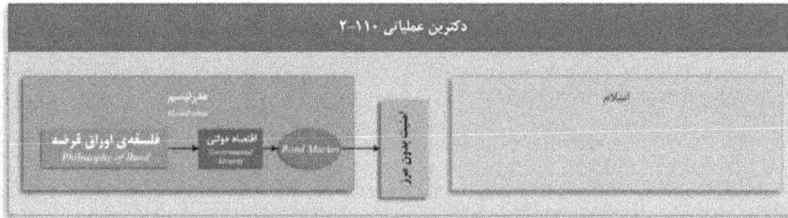

نقشه‌ی راه ۳-۲-۲-۱۱۰

مدرنیسم

فلسفه سند قرضه   *Philosophy of Bond*

مفهوم «Bond» به معنای «سند قرضه با بهره‌ی معین» می‌باشد این سند معمولاً بلندمدت صادر می‌شود ممکن است قابل خرید یا غیرقابل خرید و تضمین شده و یا تضمین نشده باشد[1].

فلسفه‌ی اسناد قرضه به چیستی و چرایی «قرض ربوی» دولت، بانک و یا سایر نهادهای یک حکومت از مردم آن کشور در نظام کاپیتالیستی می‌پردازد.

ایدئولوژی اوراق بهادار دولتی   *Government Securities*

از فلسفه‌ی اوراق قرضه، ایدئولوژی اوراق بهادار دولتی متبلور می‌شود. در این ایدئولوژی دولت لیبرال تلاش می‌کند هر سند، برگه و اوراقی را به عنوان ابزار بدهی دولتی به کار ببندد تا از طریق قرض از مردم، تأمین مالی نماید. از طرفی با پرداخت بهره‌های طولانی مدت در بالاترین نرخ بازار مردم را تشویق به خرید

این اوراق نماید[2]. و به نوعی اقتصاد اعتبار و بدهی را بر مبنای بدهی دولت و مردم بدهکار نهادینه سازد.

دکترین بازار اوراق قرضه   *Bond Market*

.   فلسفه‌ی سند قرضه، مبتنی بر اوراق بهادار دولتی به دکترین بازار اوراق قرضه می‌انجامد. پس از خلق اعتبار به وسیله‌ی بانک-ها، طلوع اوراق قرضه دومین انقلاب بزرگ در گسترش و ترقّی پول به شمار می‌رود. در این دکترین چیستی چرایی و چگونگی «بازار اوراق قرضه» بر این مبنا نضج می‌گیرد که دولت‌ها و کورپوریشن‌های بزرگ، اسنادی را برای قرض از طیف گسترده‌ای از مردم، نهادها و حتی بانک‌ها تضمین می‌نمایند. بر این اساس خرید و فروش این اوراق در بازاری تحت عنوان «اوراق قرضه» بر مبنای «قیمت اصل سند» و «نرخ بهره‌ای» که بر آن مترتب است، شکل می‌گیرد[3].

امنیت

اکنون در جمهوری اسلامی فلسفه سند قرضه، ایدئولوژی اوراق بهادار دولتی و دکترین بازار اوراق قرضه در حال شکل گرفتن است. شایسته و بایسته است از این رویه‌های مدرنیستی که در راه نهادینه نمودن ربا در جامعه عمل می‌کنند، به شدت پرهیز گردد.

---

[1] - توانایان فرد، حسن، فرهنگ تشریحی اقتصاد، نشر جهان رایانه ۱۳۸۵، صفحه: ۱۲۲

[2] - The American Heritage® Dictionary of the English Language, Fourth Edition copyright 2000 by Houghton Mifflin Company. Updated in 2009. Published by Houghton Mifflin Company. www.thefreedictionary.com (word: Government Securities)

[3] - Ferguson, Niall, The Ascent of Money, A Financial History of The World, The Penguin Press New York 2008, p:67

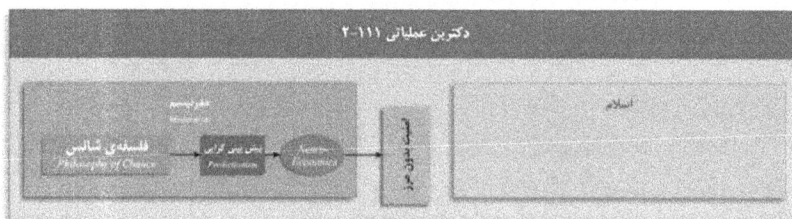

نقشه‌ی راه ۳-۲-۲-۱۱۱

مدرنیسم

فلسفه شانس *Philosophy of Chance*

واژه «Chance» به معنای چیزی است که اتفاق می‌افتد[1]. فلسفه‌ی شانس به چیستی و چرایی وقوع اتفاقی می‌پردازد که انتخاب و اراده‌ی بشر در وقوع یا عدم وقوع آن نقشی ندارد. بنابراین هنگامی‌که در وقوع امری دو یا چند احتمال متفاوت وجود داشته باشد، مبتنی بر این فرض، وقوع هریک از این احتمالات «تصادفی»[2] قلمداد شده و به اصطلاح شانس گفته می‌شود[3]. به عبارت دیگر فلسفه‌ی شانس، به گپ بین اراده‌ی بشر و اراده‌ای ازلی؛ بدون توجه به آن اراده‌ی ازلی اشاره می‌نماید.

ایدئولوژی پیش بینی گرایی *Predictionism*

ایدئولوژی پیش‌بینی‌گرایی، ایدئولوژی اصالت «شانس» است که تلاش می‌نماید از راه تخمین احتمالاتی که امکان وقوع دارد با توجه به «میزان شانس» وقوع، آینده را پیش‌بینی نماید. از این رو با توجه به این‌که در روش شناسی اکانومی «پیش‌بینی» به عنوان یکی از گزاره‌های اساسی مطرح است، برتافتن «شانس» مخصوصاً در اقتصاد سنجی[4] امری اجتناب ناپذیر خواهد بود.

دکترین نورو اکونومیک *NeuroEconomics*

فلسفه‌ی شانس مبتنی بر ایدئولوژی پیش‌بینی گرایی، دکترین «نورواکونومیک» را رقم می‌زند. این دکترین چیستی، چرایی و چگونگی «NeuroEconomics » را بر اساس «Neuroscience» یا «علم شناخت اعصاب» توضیح می‌دهد و تلاش می‌کند با استفاده از جزئیات مکانیسم های طبیعی اعصاب مغزی بشر که به صورت ریاضی قابل بیان می‌باشند، رفتارهای اقتصادی و ترجیحات فوری و غیرخطی که با احتمالات کوچک یا بزرگ وزن می‌یابند را پیش بینی نماید[5].

امنیت

اکنون در جمهوری اسلامی فلسفه‌ی شانس، ایدئولوژی پیش بینی گرایی و دکترین نورواکونومیک با ساینتیزه شدن علوم درحال تئوریزه شدن می‌باشد حال آنکه مبانی این رویه‌ها از مبانی اسلامی فاصله‌ای بس طولانی دارند.

---

[1] - V.L. cadentia "that which falls out," www.etymonline.com (word: chance)

[2] - Random

[3]- Venn, John, Logic of Chance, Forth Edition 1962, Chelsea Publishing, NY, p119

[4] - Econometrics

[5] - Daniel M. Hausman, The Philosophy of Economics, An Anthology, third edition, Cambridge University press 2008 , page 365

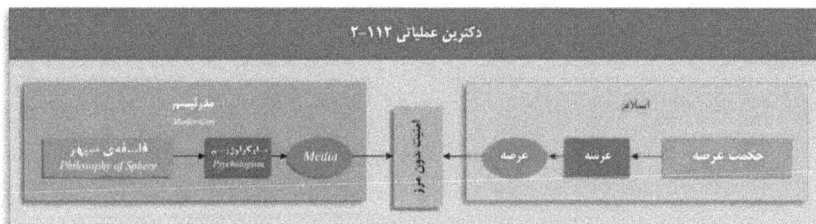

نقشه‌ی راه ۳-۲-۲-۱۱۲

مدرنیسم

فلسفه‌ی سپهر *Philosophy of Sphere*

«*Sphere*» از ریشه‌ی یونـانی «*sphaira*» بـه معنـای «دایـره و کره» مشتق شده است.[۱] گرچه این لغت به همین معنا نیـز در زبـان انگلیسی کاربرد دارد، لیکن فلسفه‌ی مضاف آن با معادل‌های عربـی «فلک» و فارسی «سپهر» القای مفهومی صحیح‌تری دارد.

فلسفه‌ی سپهر، مبتنی بر فلسفه‌ی پلیتیک و فلسفه‌ی اجتمـاع تبیین می‌شود. فلسفه‌ی سپهر از نسـبت‌شناسی میـان «سـپهر عمـومی» *Public Sphere* و «سپهر خصوصـی» *Private Sphere* آغـاز می‌شود. سپهر خصوصی، به عرصه‌ی زندگی فـردی و خصوصـی افـراد جامعـه اطـلاق مـی‌شـود، در حـالی‌کـه سـپهر عمـومی، در حدفاصل میـان افـراد جامعـه بـا حکومـت، بـه صـورت زنـدگی اجتماعی بشر تعریف می‌شود که افراد، اجتماع تشکیل می‌دهنـد، و به گفت‌وشنود پرداخته، و مسائل مختلف اجتمـاعی را نقـد مـی‌کنند.[۲]

هابرماس[۳] «سپهر عمومی»[۴] را مفهومی متعلق به دوره‌های تـاریخی متعدد می‌داند که همزمـانی آن بـا شـرایط جامعـه‌ی بـورژوازی – جامعه‌ای که از نظر صنعتی پیشرفته است و حکومتی مبتنی بر رفاه را تشکیل داده است – ایـن واژه را تبـدیل بـه مفهـومی آلیـاژی و پیچیده نموده است.[۵]

ایدئولوژی سایکولوژیسم *Psychologism*

«سایکولوژیسم» واژه‌ای است که برای نخستین بار در نیمه‌ی اول قرن نوزده در آلمان توسط فرایز[۶] و بنکه[۷] برای بیان وضعیت فلسفی مبتنی بر «اصالت سایکولوژی» استفاده شد.[۸]

ایدئولوژی سایکولوژیسم، دیدگاهی است که حوزه‌های مختلف منطق، اخلاق، متافیزیک، دین و تعلیم و تربیت را بر اساس مناسبات سایکولوژی بشر برمی‌تابد، اما «سپهر عمومی» و «عرصه‌ی عمومی» بارزترین حیطه‌ی متأثر از سایکولوژی محسوب مـی‌شود. این مکتب برای مدیریت فضای روانی جامعه، «مدیا» و «رسانه» را تبیین می‌کند.

دکترین مدیا *Media*

«مدیا» معادل «رسانه» در زبان فارسی است، و به «ابزار ذخیره‌سازی و انتقال داده یا اطلاعات» اطلاق می‌شود. مدیا حوزه‌ی وسیعی از انواع ارتباطات بشری را در بر می‌گیرد، از رسانه‌های آنالوگ[9] تا رسانه‌های دیجیتال[10]، از رسانه‌های تبلیغاتی[11] تا رسانه‌های خبری[12]، از رسانه‌های مکتوب[13] تا انواع رسانه‌های دیداری و شنیداری، از تکنولوژی رادیو و تلگراف[14] تا فضای وب، همه از شقوق مختلف «مدیا» محسوب می‌شوند.

دکترین مدیا مبتنی بر آرای مک‌لوهان[15] در قالب «رسانه، پیام است» تبیین می‌شود.[16] پیش‌بینی مک‌لوهان از اینترنت، سی سال قبل از پیدایش این شبکه‌ی جهانی صورت گرفت،[17] عبارت «دهکده‌ی جهانی»[18] وی آغازی بر شکل‌گیری بزرگ‌ترین «سپهر عمومی» بود.

اسلام

حکمت عرصه

عرصه، به مثابه‌ی «جو[19] موجود در فضای روانی یک جامعه» تعریف می‌شود که تمامی فعل و انفعالات درون آن را نیز شامل می‌گردد.

حکمت عرصه، نیز به تبیین چیستی و چرایی این فضا می‌پردازد و در نهایت به نسبت‌شناسی میان سطوح و طیف‌های مختلف آن مبتنی بر دیدگاه حکمی می‌پردازد.

مکتب عرشه

عرصه‌ی یک جامعه، مبتنی بر دیدگاه اسلامی، باید به تبع «عرش الهی» موضوعیت یابد، به بیان دیگر در گام نخست، باید عرصه را برمبنای «وحی» و «گزاره‌های وحیانی» سامان داد و در گام بعدی اصالت «از عرش به فرش» درآوردن پیام و گزاره‌ها را مد نظر داشت، زیرا از یک‌سو نباید از تعالی انسان که همانا عرش خداوند متعال است غافل شد، و از سوی دیگر نباید بعد دنیایی و زمینی او را نادیده انگاشت.

قاعده‌ی عرضه

مکتب عرصه، مبتنی بر مکتب عرشه به قاعده‌ی عرضه می‌انجامد، زیرا آن‌چه که از عرش به فرش آمده و قابل انتقال به انسان‌هاست به ایشان «عرضه» می‌شود.

امنیت

اکنون در جمهوری اسلامی ایران، در حوزه‌های مختلف اقتصاد، تعلیم و تربیت، سلامت، علم و حکمت، رسانه، هنر، و ... فلسفه‌ی سپهر، مکتب سایکولوژیسم و دکترین مدیا مبنای شکل‌گیری فضای جامعه هستند، در حالی که مبتنی بر رویه‌های مدرنیسم، انتقال اطلاعات و احساسات به دیگران بر اساس «غریزه» رقم می‌خورد تا فضای روانی جامعه نیز «غریزی» باشد، اما رویه‌های اسلامی شامل حکمت عرصه، مکتب عرشه و قاعده‌ی عرضه، دنیایی بودن انسان را همراه با عقبایی بودن او و مبتنی بر «فطرت» برمی‌تابند، فلذا عرصه‌ی «فطری» جامعه را ساماندهی می‌کنند.

---

1. Merriam-Webster's collegiate dictionary, 11th Ed., Massachusetts, U.S.A, Merriam-Webster Incorporated, 2005. (Word: Sphere)
2. Wikipedia Online Encyclopedia (http://en.wikipedia.org/wiki/Public_sphere)
3. Jürgen Habermas (Born 1929)
4. Öffentlichkeit (Public Sphere in German)
5. Habermas, Jürgen; The Structural Transformation of the Public Sphere; Burger, Thomas (translator), 1st Ed., Massachusetts, The MIT Press, 1991, p.1.
6. Jakob Friedrich Fries (1773–1843)
7. Friedrich Eduard Beneke (1798–1854)
8. Borchert, Donald M. (Editor in Chief), Encyclopedia of Philosophy, 2nd Ed, USA, Macmillan Reference, Gale Group, 2006, Vol. 8, p. 114.
9. Analog Media
10. Digital Media
11. Advertising Media
12. News Media
13. Published or Print Media
14. Telegraphy
15. Herbert Marshall McLuhan (1911 - 1980)

16. McLuhan, Marshall; Understanding Media: The
Extensions of Man, Reisssued 1st Ed,
Massachusetts, The MIT Press, 1994, p.7.
17. Wikipedia Online Encyclopedia
(http://en.wikipedia.org/wiki/Marshall_McLuhan)
18. The Global Village
19. Atmosphere

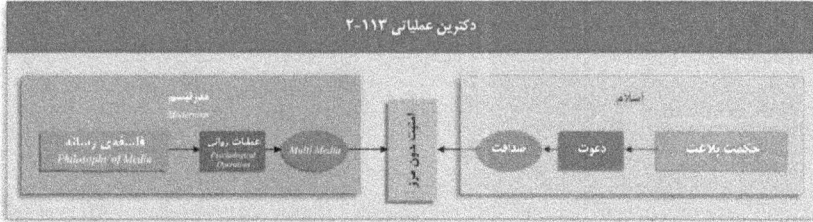

دکترین عملیاتی ۱۱۳-۲
مدرنیسم
فلسفه‌ی رسانه
Philosophy of Media
عملیات روانی
Multi Media
صداقت
دعوت
حکمت بلاغت

نقشه‌ی راه ۳-۲-۲-۱۱۳

مدرنیسم

فلسفه‌ی رسانه *Philosophy of Media*

«*Media*» جمع واژه‌ی لاتینی «*Medium*» است که از ریشه‌ی «*Medius*» به‌معنای «کانال ارتباطی، ویا کارگزار حدواسط» مشتق شده است.[۱] «مدیا» به شکل و مجموعه‌ی ابزار حدواسط میان انسان‌ها برای برقراری ارتباط اطلاق می‌شود، که می‌توان عبارت کوتاه‌تر تلقی «ابزار ارتباطات» از رسانه را نیز بیان نمود.[۲] «مدیا» در فارسی به «رسانه» ترجمه می‌شود، زیرا هدف آن «رساندن پیام از یک فرستنده به مخاطب یا مخاطبین آن پیام» است.

فلسفه‌ی رسانه به تبیین چیستی و چرایی «انتقال حس ویا اطلاعات به غیر» می‌پردازد. پرسش از چیستی «پیام»، چیستی یا کیستی فرد «فرستنده»، و در نهایت فرد «مخاطب» به عنوان گیرنده، نیز در حوزه‌ی این فلسفه‌ی مضاف می‌گنجد.

گرچه آغاز فلسفه‌ی رسانه را می‌توان در «ساحت خیالی» دکارت، و سپس مفهوم «سوژه‌ی بازتابی»[۳] کانت جستجو نمود،[۴] اما پژوهش عمده در حوزه‌ی فلسفه‌ی رسانه توسط فیلسوفانی همچون هوسرل[۵]، هایدگر، بنیامین[۶]، دریدا[۷] و مک‌لوهان[۸] و اخیراً فرانک هارتمن[۹] انجام گرفته است.

ایدئولوژی عملیات روانی *Psychological Operation*

عملیات روانی، به عملیاتی اطلاق می‌شود که طرح‌ریزی آن مبتنی بر «رساندن شاخص‌ها و اطلاعات انتخابی به مخاطبین» صورت گیرد تا بتوان احساسات، انگیزه‌ها، استدلالات و در نهایت رفتار ایشان را تغییر داد.[۱۰] به بیان دیگر هدف عملیات روانی «تقویت و القای رفتار و حالات مطلوب»[۱۱] و در یک کلمه «اغوای» مخاطبین است. بدین صورت عملیات روانی، نه تنها در حوزه‌ی نظامی، بلکه در سایر حوزه‌ها از جمله مناسبات دیپلماتیک، و اقتصادی نیز جزء لاینفک هر فعالیتی محسوب می‌شود.[۱۲]

دکترین مولتی‌مدیا *Multimedia*

فلسفه‌ی مدیا، مبتنی بر ایدئولوژی عملیات روانی، به دکترین «مولتی‌مدیا» منتج می‌شود. «*Multimedia*» خود رسانه‌ای

محسوب می‌شود که از روش‌های گوناگون و متنوع انتقال حس و اطلاعات استفاده نماید.

دکترین «مولتی‌مدیا»، تبیین چیستی، چرایی و چگونگی «القای اطلاعات و دیدگاه‌های مشخص به مخاطبین پیام با بهره‌گیری از تمامی ظرفیت‌های موجود در رسانه‌های مختلف توأمان» است.

اسلام

حکمت بلاغت

واژه‌ی «بَلاغ» اسم است از ریشه‌ی «بلغ» به‌معنای «رسانیدن پیام».[۱۳] علاوه بر این، هم به‌معنی «تبلیغ»[۱۴] و هم به معنای «کفایت و کافی بودن و به هدف رسیدن»[۱۵] در قرآن به‌کار رفته است.[۱۶]

حکمت بلاغت، حوزه‌ی تبیین چیستی و چرایی «تبلیغ» است. پرسش از آن‌چه از جانب خداوند متعال نازل شده و مبنای تبلیغ قرار می‌گیرد، سپس تبیین کیستی «مبلّغ» و کیستی «مخاطب تبلیغ»[۱۷] نیز در این حوزه می‌گنجد، آن‌چنانکه طیف‌شناسی پیام تبلیغی و مخاطبین نیز مربوط به همین حوزه است.

مکتب دعوت

«دعو» ریشه‌ی عربی واژه‌ی «دعا» به معنای «کسی را بانگ زدن و مخاطب قرار دادن»[۱۸] و همچنین ریشه‌ی واژه‌ی «دعوت» به معنای «فراخواندن به چیزی» محسوب می‌شود.

مکتب دعوت، بیان اصالت «فراخواندن» به آموزه‌ها و انگاره‌های وحیانی اسلام است.

قاعده‌ی صداقت

مکتب دعوت در اسلام، قاعده‌ی «صداقت» را برمی‌تابد، زیرا تبلیغ و رساندن پیام به مخاطبین با هدف «اغوای» آنان صورت نمی‌گیرد، بلکه هدف و قصد مبلغین «ارشاد» مخاطبان است؛[۱۹] فلذا دعوت بر پایه‌ی «صداقت» و به دور از هرگونه «کذب» یا «ظاهرسازی» صورت می‌پذیرد.

امنیت

اکنون در جمهوری اسلامی ایران، در حوزه‌های مختلف اقتصاد، تعلیم و تربیت، سلامت، علم و حکمت، رسانه، هنر، و ... فلسفه‌ی رسانه، ایدئولوژی عملیات روانی و دکترین مولتی‌مدیا اساس طرح‌ریزی القای پیام به مخاطب را تشکیل می‌دهند، در حالی‌که این رویه‌ها ناگزیر به اغوای آن‌ها می‌انجامد، هدفی که به هیچ روی در رویه‌های اسلامیِ حکمت بلاغت، مکتب دعوت و قاعده‌ی صداقت قابل پذیرفته شدن نیست.

---

1. Intermediate agency, channel of communication (Online Etymology Dictionary, Words: Media, Medium Site at http://www.etymonline.com/)
2. Darity, William A. (Editor in Chief); International Encyclopedia of the Social Sciences, 2nd Ed, USA, Macmillan Reference, Gale Group, 2008, Vol. 5, p.59.
3. Reflective Subject

۴. هارتمن، فرانک؛ فلسفه رسانه چیست، اخگری، محمد (مترجم)، ماهنامه‌ی پژوهشی اطلاعات حکمت و معرفت، تیر ۸۶، سال دوم، شماره ۴، ص ۱۷.

5. Edmund Gustav Albrecht Husserl (1859 - 1938)
6. Walter Bendix Schönflies Benjamin (1892 - 1940)
7. Jacques Derrida (1930 - 2004)
8. Herbert Marshall McLuhan (1911 - 1980)
9. Frank Hartmann, writer of book medienphilosophie
10. Joint Publication 1-02, Department of Defense Dictionary of Military and Associated Terms, 12 April 2001 (Amended 31 February 2009), p. 437.
11. The Same, p. 438.
12. Field Manual No. 3-05.30, Psychological Operations, Department of the Army, Washington DC, 15 April 2005, Page 1-1.

۱۳. مهیار، رضا (مترجم)؛ فرهنگ ابجدی عربی - فارسی؛ ترجمه المنجدالابجدی، چاپ اول، تهران، نشر اسلامی، ۱۳۷۰، ص ۱۹۲.

۱۴. **وَ ما عَلَيْنا إِلاَّ الْبَلاغُ الْمُبين (قرآن الکریم، سوره‌ی یس، آیه‌ی ۱۷.)**

«**و بر عهده ما چیزی جز ابلاغ آشکار نیست!**» (مکارم شیرازی، ناصر؛ ترجمه‌ی قرآن کریم)

۱۵. **يا أَيُّهَا الرَّسُولُ بَلِّغْ ما أُنْزِلَ إِلَيْکَ مِنْ رَبِّکَ وَ إِنْ لَمْ تَفْعَلْ فَما بَلَّغْتَ رِسالَتَهُ (قرآن الکریم، سوره‌ی مائده، قسمتی از آیه‌ی ۶۷.)**

ای پیامبر! آنچه از طرف پروردگارت بر تو نازل شده است، کاملاً(به مردم) برسان! و اگر نکنی، رسالت او را انجام نداده‌ای! (مکارم شیرازی، ناصر؛ ترجمه‌ی قرآن کریم)

۱۶. راغب اصفهانی، حسین بن محمد؛ ترجمه و تحقیق مفردات الفاظ قرآن؛ خسروی حسینی، سیدغلامرضا (مترجم)، نشر مرتضوی، ج۲ ، ص۷۱.

۱۷. **يا أَيُّهَا الرَّسُولُ بَلِّغْ ما أُنْزِلَ إِلَيْکَ مِنْ رَبِّکَ وَ إِنْ لَمْ تَفْعَلْ فَما بَلَّغْتَ رِسالَتَهُ** (قرآن الکریم، سوره‌ی مائده، قسمتی از آیه‌ی ۶۷.)

ای پیامبر! آنچه از طرف پروردگارت بر تو نازل شده است، کاملاً(به مردم) برسان! و اگر نکنی، رسالت او را انجام نداده‌ای! (مکارم شیرازی، ناصر؛ ترجمه‌ی قرآن کریم)

۱۸. **لا تَجْعَلُوا دُعاءَ الرَّسُولِ بَيْنَكُمْ كَدُعاءِ بَعْضِكُمْ بَعْضا (قرآن الکریم، سوره‌ی نور، قسمتی از آیه‌ی ۶۳.)**

صدا کردن پیامبر را در میان خود، مانند صدا کردن یکدیگر قرار ندهی (مکارم شیرازی، ناصر؛ ترجمه‌ی قرآن کریم)

۱۹. **لا إِكْراهَ فِي الدِّينِ قَدْ تَبَيَّنَ الرُّشْدُ مِنَ الْغَيِّ (قرآن الکریم، سوره‌ی بقره، قسمتی از آیه‌ی ۲۵۶.)**

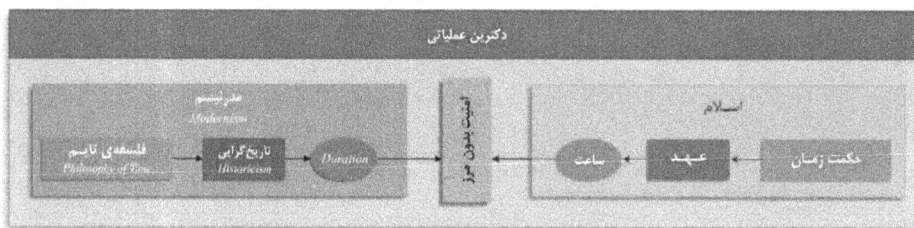

نقشه‌ی راه ۳-۲-۳-۱

مدرنیسم

فلسفه‌ی تایم *Philosophy of Time*

ریشه‌شناسی واژه‌ی «*Time*» قدری مبهم و پیچیده است: ریشه‌ی اسکاندیناوی «*tīmi*»، ریشه‌ی آلمانی «*zīt*»، یا ریشه‌ی انگلیسی کهن «*tīd*»؛ که البته همه معادل معنای «تایم» هستند، و ریشه‌های آن محسوب می‌شوند.[۱] در زبان عربی نیز «زمان» و در زبان فارسی «گاه» معادل آن مصطلح هستند.

فلسفه‌ی تایم، یکی از پیچیده‌ترین حوزه‌های فلسفه‌های مضاف را تشکیل می‌دهد. نخست پرسش از چیستی و چرایی «تایم» و «زمان» در این فلسفه صورت می‌گیرد، سپس به نظریه‌ی گذر زمان، نسبی یا مطلق بودن زمان و در نهایت جهت زمان پرداخته می‌شود. در نظریه‌ی گذر زمان، دو تلقی متفاوت از زمان در قالب سلسله‌ی زمانی پویا یا ایستا و بحث واقعی یا غیرواقعی بودن آن مطرح می‌گردد. نسبت‌شناسی میان زمان و تغییر، در حوزه‌ی نسبی یا مطلق بودن زمان می‌گنجد و در نهایت جهت زمان پرسش از این موضوع است که جهت حرکت زمان از گذشته به اکنون و از اکنون به آینده خصیصه‌ی ذاتی آن است یا خیر، و اساساً چگونه می‌توان جهت زمان را تبیین نمود.[۲]

ایدئولوژی تاریخ‌گرایی *Historicism*

هیستوریسیسم «مکتب اصالت تاریخ»، و بیان این گزاره است که شناخت هر پدیده تنها در صورت شناخت بستر یا زمینه‌ی تاریخی آن رقم می‌خورد؛[۳] که می‌توان آن‌را به صورت موجزتری نیز تبیین نمود: «تنها تصدیق واقعیت، تاریخ است».[۴]

وضع واژه‌ی «هیستوریسیسم» مربوط به قرن نوزده میلادی و متأثر از اندیشمندان آلمانی است. اگرچه در تبارشناسی این ایدئولوژی، دو فیلسوف آلمانی، هردر[5] و هگل[۶] نقش عمده‌ای را ایفا نمودند، بسط مکتب تاریخ‌گرایی توسط آرای فلاسفه و تاریخ‌دانانی چون رانکه،[۷] دیلتی،[۸] درویسن،[۹] منکه،[۱۰] کروکه[۱۱] و کالینگ‌وود[۱۲] صورت پذیرفته است.[۱۳]

دکترین مدّت *Duration*

فلسفه‌ی تایم، مبتنی بر ایدئولوژی هیستوریسیسم به دکترین «مدت» منتج می‌شود، طبق این دکترین، «زمان» به صورت «اندازه‌گیری مدت هر پدیده» تعریف شده[۱۴] و هر چیزی در جهان طبیعی، واجد «مدت» تلقی می‌شود.

بدین‌صورت بشر در پی پاسخ به «چه مدت» و در نتیجه پژوهش در چگونگی اندازه‌گیری آن برآمده است. پرسش از مدت عمر جهان هستی، مدت عمر زمین، مدت عمر مناسبات زیستی، مدت عمر نوع بشر و ... همگی مسائلی از جنس این پرسش هستند.

اسلام

حکمت زمان

واژه‌ی «زمان» از ریشه‌ی عربی «زمن» است که به صورت جمع «ازمنه» کاربرد دارد. «زمان» لغت قرآنی نیست، اما حکمت آن در دیدگاه اسلامی، از اهمیت ویژه‌ای برخوردار است، زیرا این حوزه علاوه بر تبیین چیستی و چرایی «زمان» مبتنی بر منظر حکمی و نه فلسفی غرب، به تبیین «در زمان بودن»، «با زمان بودن» و «بر زمان بودن» می‌پردازد.

حضرت امیر (ع) در توصیف خداوند متعال، «بر زمان بودن» را برتافته‌اند.[15] علاوه بر این تعبیر «امام زمان» نیز ناظر بر همین «بر زمان بودن» ولی و حجت خدا است نه دلالت بر کسی که «در زمان» عمر کرده است.

مکتب عهد

حکمت زمان، در اسلام، مکتب «عهد» را برمی‌تابد. زیرا این «عهد و پیمان» انسان با خدا است که جهت زمان را مشخص کرده و به زمان معنا و مفهوم می‌دهد. مکتب عهد مبتنی بر حکمت زمان دو گزاره‌ی اساسی دارد؛ نخست آن‌که هیچ‌گاه انسان نباید عهدی که با خدا بسته است را نقض نماید[16] و دوم آن‌که هیچ زمانی نیست که زمین از حجت خالی بشود.[17]

قاعده ساعت

«ساعت» از ریشه‌ی «سوع» و واژه‌ای قرآنی است که به «رستاخیز» ترجمه شده، و بر پدیده‌ای اطلاق می‌شود که انسان از زمان و چگونگی آن آگاهی ندارد. آن‌چنان‌که قرآن تعبیر «علم آن تنها در نزد خداست» را در مورد «ساعت» به کار می‌برد.[18] شناخت انسان از «ساعت» تنها محدود به این است که می‌داند «موعد» انسان‌هاست[19] و واقعه‌ای بس عظیم و هولناک است.[20]

امنیت

گرچه اکنون در جمهوری اسلامی ایران، فلسفه‌ی زمان، ایدئولوژی هیستوریسیسم و دکترین مدت مطرح است، لیکن شایسته نیست نظام‌شناسی حوزه‌های مختلف، بر این مبنا صورت گیرد، زیرا سبب ایجاد غفلت خواهد شد،[21] غفلتی که تنها در صورت بروز واقعه‌ی عظیم «ساعت» از انسان زدوده می‌گردد، اما دیگر فایده‌ای مترتب انسان نخواهد بود.

---

1. Merriam-Webster's collegiate dictionary, 11th Ed., Massachusetts, U.S.A, Merriam-Webster Incorporated, 2005. (Word: Time, Tide)

۲. کرین، تیم؛ زمان در فلسفه‌ی معاصر غرب، مازیار، امیر (مترجم)، فصل‌نامه‌ی رهنمون، زمستان ۱۳۸۴ و بهار ۱۳۸۵، شماره‌ی ۱۳ و ۱۴، ص۲۹.

۳. دارایی، علی‌اصغر، تاریخی‌گری – فرهنگ اصطلاحات فلسفی-اجتماعی، ماهنامه‌ی رشد آموزش معارف اسلامی، تابستان ۱۳۸۴، دوره‌ی ۱۷، شماره‌ی ۴، ص ۲۱.

4. Craig, Edward (Editor in Chief); The Shorter Routledge Encyclopedia of Philosophy, 1st Ed., New York, Routledge Publication, 2005, p.370.
5. Johann Gottfried von Herder (1744 - 1803) writer of "Outlines of a Philosophy of the History of Man" at 1784
6. Georg Wilhelm Friedrich Hegel (1770 - 1831) writer of "The Philosophy of History" at 1826
7. Leopold von Ranke (1795-1886)
8. Wilhelm Dilthey (1833-1911)
9. Johann Gustav Droysen (1808-1884)
10. Friedrich Meinecke (1862-1954)
11. Benedetto Croce (1866-1952)
12. Robin George Collingwood (1889-1943)
13. The Shorter Routledge Encyclopedia of Philosophy, p.370.
14. Nagel, Rob (Editor); UXL Encyclopedia of Science, 2nd Ed., USA, UXL Publication, 2002, Vol.9, p.1894.

۱۵. **الَّذِی لَیْسَتْ فِی أَوَّلِیَّتِهِ نِهَایَةٌ وَ لَا لِآخِرِیَّتِهِ حَدٌّ وَ لَا غَایَةٌ الَّذِی لَمْ یَسْبِقْهُ وَقْتٌ وَ لَمْ یَتَقَدَّمْهُ زَمَانٌ وَ لَا یَتَعَاوَرُه (ثقه الاسلام کلینی، محمد؛ الکافی، چاپ دوم، تهران، ناشر اسلامیه، ۱۳۶۲، ج ۱، ص ۱۴۱.)**

حضرت علی (ع): آن خدائی که در آغازش نقطه شروعی نیست و در انجامش حد و سوئی نه، آنکه وقتی بر او پیشی ندارد و دورانی بر او مقدم نبود (مصطفوی، سید جواد، اصول کافی، چاپ اول، تهران، ناشر کتابفروشی علمیه اسلامیه، ج ۱، ص ۴۰۷.)

۱۶. **وَ أَوْفُوا بِعَهْدِ اللَّهِ إِذا عاهَدْتُمْ وَ لا تَنْقُضُوا الْأَیْمانَ بَعْدَ تَوْکِیدِها وَ قَدْ جَعَلْتُمُ اللَّهَ عَلَیْکُمْ کَفِیلاً إِنَّ اللَّهَ یَعْلَمُ ما تَفْعَلُونَ (قرآن الکریم، سوره‌ی نحل، آیه‌ی ۹۱)**

و هنگامی که با خدا عهد بستید، به عهد او وفا کنید! و سوگندها را بعد از محکم ساختن نشکنید، در حالی که خدا را کفیل و ضامن بر(سوگند) خود قرار داده‌اید، به یقین خداوند از آنچه انجام می‌دهید، آگاه است! (ترجمه‌ی قرآن کریم، ناصر مکارم شیرازی)

۱۷. **ثُمَّ ثَبَتَ ذَلِکَ فِی کُلِّ دَهْرٍ وَ زَمَانٍ مِمَّا أَتَتْ بِهِ الرُّسُلُ وَ الْأَنْبِیَاءُ مِنَ الدَّلَائِلِ وَ الْبَرَاهِینِ لِکَیْلَا تَخْلُوَ أَرْضُ اللَّهِ مِنْ حُجَّةٍ یَکُونُ مَعَهُ عِلْمٌ یَدُلُّ عَلَی صِدْقِ مَقَالَتِهِ وَ جَوَازِ عَدَالَتِه (الکافی، ج ۱، ص ۱۶۸.)**

امام صادق (ع): بعلاوه در هر دوره و زمانی این موضوع به وسیله دلائل و براهین و معجزاتی که پیغمبران و رسولان آورده‌اند ثابت و محقق گردیده تا آنکه زمین تهی از حجتی نباشد که همراهش نشانه و دلیلی باشد که دلالت بر صدق گفتار و روش عدالت او کند. (اصول کافی، ج ۲، ص ۱۵.)

۱۸. **یَسْئَلُکَ النَّاسُ عَنِ السَّاعَةِ قُلْ إِنَّما عِلْمُها عِنْدَ اللَّهِ وَ ما یُدْرِیکَ لَعَلَّ السَّاعَةَ تَکُونُ قَرِیباً (قرآن الکریم، سوره‌ی أحزاب، آیه‌ی ۶۳)**

۱۹. **بَلِ السَّاعَةُ مَوْعِدُهُمْ وَ السَّاعَةُ أَدْهی وَ أَمَرُّ (قرآن الکریم، سوره‌ی قمر، آیه‌ی ۴۶)**

۲۰. **یا أَیُّهَا النَّاسُ اتَّقُوا رَبَّکُمْ إِنَّ زَلْزَلَةَ السَّاعَةِ شَیْءٌ عَظِیم (قرآن الکریم، سوره‌ی حج، آیه‌ی ۲۰)**

ای مردم! از(عذاب) پروردگارتان بترسید، که زلزله رستاخیز امر عظیمی است! (ترجمه‌ی قرآن کریم، ناصر مکارم شیرازی)

۲۱. **یَسْتَعْجِلُ بِهَا الَّذِینَ لا یُؤْمِنُونَ بِها وَ الَّذِینَ آمَنُوا مُشْفِقُونَ مِنْها وَ یَعْلَمُونَ أَنَّهَا الْحَقُّ أَلا إِنَّ الَّذِینَ یُمارُونَ فِی السَّاعَةِ لَفی ضَلالٍ بَعِیدٍ (قرآن الکریم، سوره‌ی شوری، آیه‌ی ۱۱)**

کسانی که به قیامت ایمان ندارند درباره آن شتاب می‌کنند؛ ولی آنها که ایمان آورده‌اند پیوسته از آن هراسانند، و می‌دانند آن حق است؛ آگاه باشید کسانی که در قیامت تردید می‌کنند، در گمراهی عمیقی هستند. (ترجمه‌ی قرآن کریم، ناصر مکارم شیرازی)

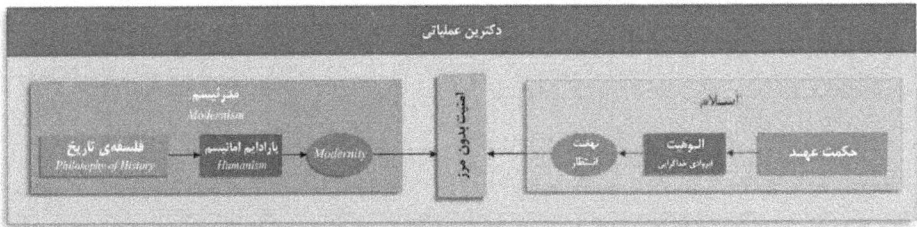

نقشه‌ی راه ۳-۲-۳-۲

مدرنیسم

فلسفه‌ی تاریخ *Philosophy of History*

واژه‌ی «*History*» از ریشه‌ی یونانی «*historein*» به معنای «جستن و دنبال‌کردن» مشتق شده است، و در ریشه با لغت «*Story*» هم‌خانواده محسوب می‌شود.[۱] «تاریخ» در فارسی مابه‌ازای «هیستوری» است. فلسفه‌ی تاریخ، حوزه‌ای از فلسفه‌های مضاف است که با استفاده از روش‌ها، مفاهیم و تحلیل‌های فلسفی به بررسی مطالعه‌ی تاریخ، ماهیت اطلاعات تاریخی و وقایع گذشته می‌پردازد.[۲]

چیستی و چرایی پایان تاریخ در غالب «پایان‌شناسی تاریخ» یا «تله‌ئولوژی»[۳] نیز یکی از مهمترین حوزه‌های فلسفه‌ی تاریخ است، که به معنای تمام شدن زمان نیست بلکه به این مفهوم است که تاریخ برای خود غایتی دارد که رسیدن آن سبب اتمام تناوب دوره‌های تاریخی گردیده است.[۴]

فلسفه‌ی تاریخ به دو شاخه‌ی عمده در غرب تقسیم می‌شود: فلسفه‌ی تاریخ اندیشه‌ای[۵] *Speculative* و فلسفه‌ی تاریخ تحلیلی *Analytical*.[۶] مبتنی بر دیدگاه اول، فلسفه تاریخ در پی تبیین گذشته‌ی واقعی بشر از طریق فهم فرآیندهای تاریخی به قالب «یک کل» و یک مجموعه است، و دیدگاه دوم بر استخراج وقایع و شخصیت‌های مشخص و سپس تفسیر آن‌ها تأکید می‌ورزد.[۷]

ایدئولوژی پارادایم امانیسم *Humanism*

مبتنی بر پارادایم «امانیسم»، تمامی مفاهیم و دوره‌های تاریخی حول «بشرگرایی» تعریف می‌شوند، برای بشر اصالتی قائل است که همه‌ی رخ‌دادها و وقایع در نسبت با وی، معنا و مفهوم پیدا می‌کنند.

در این ایدئولوژی شناخت اساس تبدیل اعصار و ادوار تاریخی، بر پایه‌ی دو مفهوم «ترادیسون»[۸] و «مدرنیسم»[۹] است.

دکترین مدرنیته *Modernity*

هر دوره‌ی سنتی، توسط دوره‌ای از تجدد و نوگرایی از میان می‌رود، و متقابلاً هر عصر نوگرایی نیز به سنت تبدیل می‌شود. در عصر تجدد است که ابتدا به ساکن، اندیشه‌ی نوینی مطرح شده، سپس نسبت به آن گرایش به وجود آمده و مبنای عمل قرار می‌گیرد، و در نهایت در جامعه نهادینه می‌شود. این سه

مرحله، به ترتیب نواندیشی *Modernity*، نوگرایی *Modernism*، و نوسازی *Modernization* نام گرفته است. سازه‌ها و ساخت‌های مرحله‌ی مدرنیسم، در گذر زمان، از نو بودن درآمده و تبدیل به گزاره‌های کهنه و سنتی می‌شوند. این تبدیل و تداوم عصرها و دوره‌هاست که در یک روند نوسانی و سینوسی «تاریخ» را رقم می‌زند.

اسلام

حکمت عهد

«تاریخ» مبتنی بر دیدگاه اسلامی، در نسبت با مفهومی به نام «عهد» تبیین می‌شود. «عهد» هم به معنای «پیمان و میثاق» است و هم به معنای «دوره‌ی زمانی» به کار می‌رود.[۱۰]

حکمت عهد، تبیین چیستی و چرایی «میثاق و قرارداد میان انسان و خدا» است که در نسبت با عبودیت و ربوبیت خداوند متعال تعریف می‌شود.[۱۱] از منظر شیعه این میثاق و قرارداد، مبنای ادوار تاریخی، است.[۱۲] از این‌رو روند تاریخ، دو دوره‌ی «نبوت» از آدم(ع) تا خاتم (ص) و «امامت» از علی (ع) تا مهدی (عج) را شامل می‌گردد.

مکتب الوهیت - ابروادی خداگرایی

در مقابل سوپرپارادایم امانیسم، در «ابروادی خداگرایی»، اصالت با «خدا» است. در این پارادایم همه‌ی موجودات در محیط، و خدا در مرکز قرار دارد و همه چیز به خدا سجده می‌کند.

قاعده نهضت انتظار

حکمت عهد، مبتنی بر مکتب الوهیت به قاعده‌ی «نهضت انتظار» منتج می‌شود. نهضت انتظار در عصر غیبت، برتافته می‌شود، عصری که زعمات آن با زعمای شیعه است و در نهایت به عصر ظهور می‌انجامد.

امنیت

گرچه اکنون در جمهوری اسلامی ایران، در نظام‌سازی حوزه‌های مختلف، فلسفه‌ی تاریخ، ایدئولوژی پارادایم امانیسم و دکترین مدرنیته در کنار رویه‌های اسلامی، مبنای طرح‌ریزی واقع شده‌اند، بایسته و شایسته است با تبیین صحیح و کامل حکمت عهد، مکتب ابروادی خداگرایی و قاعده‌ی نهضت انتظار، رویه‌های مدرنیستی کاملاً زدوده شوند تا زمینه‌های غفلت انسان از میان بروند.

---

1. Merriam-Webster's collegiate dictionary, 11th Ed., Massachusetts, U.S.A, Merriam-Webster Incorporated, 2005. (Word: History)
2. Craig, Edward (Editor in Chief); The Shorter Routledge Encyclopedia of Philosophy, 1st Ed., New York, Routledge Publication, 2005, p.370.
3. Teleology
4. Birx, H. James (Editor); Encyclopedia of Time: Science, Philosophy, Theology, & Culture, USA, Sage Publications, 2009, Vol. 2, p.668.

۵. این فلسفه به که به فلسفه‌ی قاره‌ای نیز شناخته می‌شود. Continental Philosophy

6. Lemon, M.C.; Philosophy of History: A Guide for Students, 1st Ed., New York, Routledge, 2003, p.7.
7. Honderich, Ted (Editor); The Oxford Companion to Philosophy, 2nd Ed., New York, Oxford University Press, 2005, p.386.
8. Tradition, سنت
9. Modernism, نوگرایی، تجدد

۱۰. لغت‌نامه‌ی آنلاین فارسی به فارسی. www.farsilookup.com

۱۱. **وَ أَوْفُوا بِعَهْدِ اللَّهِ إِذا عاهَدْتُمْ وَ لا تَنْقُضُوا الْأَيْمانَ بَعْدَ تَوْكيدِها وَ قَدْ جَعَلْتُمُ اللَّهَ عَلَيْكُمْ كَفيلاً إِنَّ اللَّهَ يَعْلَمُ ما تَفْعَلُونَ (قرآن الکریم، سوره‌ی نحل، آیه‌ی۹۱)**

و هنگامی که با خدا عهد بستید، به عهد او وفا کنید! و سوگندها را بعد از محکم ساختن نشکنید، در حالی که خدا را کفیل و ضامن بر(سوگند) خود قرار داده‌اید، به یقین خداوند از آنچه انجام می‌دهید، آگاه است! (ترجمه‌ی قرآن کریم، ناصر مکارم شیرازی)

۱۲. **وَ إِذْ أَخَذَ رَبُّکَ مِنْ بَنی آدَمَ مِنْ ظُهُورِهِمْ ذُرِّيَّتَهُمْ وَ أَشْهَدَهُمْ عَلى أَنْفُسِهِمْ أَ لَسْتُ بِرَبِّكُمْ قالُوا بَلى شَهِدْنا أَنْ تَقُولُوا يَوْمَ الْقِيامَةِ إِنَّا كُنَّا عَنْ هذا غافِلين (قرآن الکریم، سوره‌ی أعراف، آیه‌ی ۱۷۲)**

و(به خاطر بیاور) زمانی را که پروردگارت از پشت و صلب فرزندان آدم، ذریه آنها را برگرفت؛ و آنها را گواه بر خویشتن ساخت؛ (و فرمود:) «آیا من پروردگار شما نیستم؟» گفتند: «آری، گواهی می‌دهیم!» (چنین کرد مبادا) روز رستاخیز بگویید: «ما از این، غافل بودیم؛ (و از پیمان فطری توحید بی‌خبر ماندیم)» (ترجمه‌ی قرآن کریم، ناصر مکارم شیرازی)

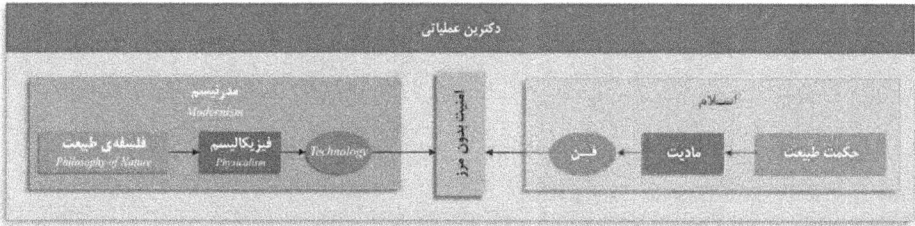

نقشه‌ی راه ۳-۲-۳-۳

مدرنیسم

فلسفه‌ی طبیعت *Philosophy of Nature*

واژه‌ی «Nature» از ریشه‌ی لاتینی «natura» به معنای «زاده شدن» مشتق شده،[1] که مابه‌ازای مفهوم یونانی کهن «فوزیس *Physis*» است و در زبان عربی به «طبیعت» ترجمه می‌شود.

فلسفه‌ی طبیعت، حوزه‌ی تبیین چیستی و چرایی «عالم طبیعت» و «مناسبات طبیعی آن» است. گرچه این حیطه از فلسفه، با فلسفه‌ی محیط قرابت دارد، اما نگاه آن مبتنی بر نسبت‌شناسی میان انسان و یا هر پدیده‌ی دیگر و محیط پیرامونی آن نیست، بلکه همه چیز از انسان گرفته تا دین، جزء «طبیعت» محسوب می‌شوند.

فیلسوفان آلمانی بیش از سایر فلاسفه در بسط فلسفه‌ی طبیعت کوشیده‌اند. می‌توان سده‌ی هجده و نوزده میلادی را اوج این فلسفه‌ی مضاف دانست، و دوران پس از هگل[2] و گوته[3] را دوران به حاشیه رانده شدن این فلسفه محسوب نمود.[4]

ایدئولوژی فیزیکالیسم *Physicalism*

فیزیکالیسم بیانی از اصالت «فیزیک» و «طبیعت» است، به همین دلیل به آن «ماتریالیسم»[5] یعنی «اصالت ماده» نیز گفته می‌شود. سابقه‌ی این ایدئولوژی به دموکریتوس[6] و اپیکورس[7] در یونان باستان بازمی‌گردد، اما بسط اساسی این ایدئولوژی مرهون فیلسوفان و طبیعی‌دانان اوایل قرن بیستم است. فیزیکالیست‌هایی چون هابز،[8] هاکسلی،[9] کارناپ،[10] واتسون[11] و ... معتقدند جهان هستی چیزی جز انرژی و ماده نیست و اشیاء نیز تنها و تنها واجد خصایص فیزیکی و طبیعی هستند و نه بیشتر.[12]

دکترین تکنولوژی *Technology*

فلسفه‌ی طبیعت، مبتنی بر دیدگاه فیزیکالیسم و ماتریالیسم به دکترین «تکنولوژی» منتج می‌شود. «تکنولوژی» در عربی مابه‌ازای «فن» و «صنعت» است، و دکترین تکنولوژی، تبیین چیستی، چرایی و چگونگی «بهره‌مندی بشر از دنیای طبیعی و مادی از طریق فنون و صنایع مختلف» است.

اسلام

حکمت طبیعت

واژه‌ی «طبیعت» از ریشه‌ی عربی «طبع» اشتقاق یافته است، و به «ویژگی‌ها و خصوصیات موجودات و مخلوقات» اطلاق می‌شود.[۱۳]

حکمت طبیعت در اسلام، مبتنی بر حکمت فطرت تبیین می‌شود، زیرا «طبیعت» هر پدیده پس از تبیین «خلقت» و «نشأت» آن بر اساس «فطرت» موضوعیت می‌یابد، از این‌رو حکمت طبیعت برخلاف دیدگاه غربی، حیطه‌ی روبنای در حکمت‌های مضاف محسوب می‌شود نه زیربنایی.

مکتب مادیت

از آن‌جا که دیدگاه اسلامی تفکیک مناسبی میان معنویت و مادیت صورت داده، اصالت «طبیعت» را برپایه‌ی «مادی» بودن پذیرفته است، بی‌آن‌که متعرض پدیده‌ها فراطبیعی و غیبی شود. فلذا از یک‌سو فطرت، خلقت و نشأت پدیده‌ها را مد نظر دارد و از سوی دیگر مادیت و مادی بودن اشیاء را تبیین می‌نماید.

قاعده فن

«فن» نیز با رعایت مبانی حکمی اسلامی همان «تخنه» و «آرت» است، گرچه به فنون و تکنیک‌های متفاوتی از غرب منتج شود.

امنیت

گرچه فلسفه و حکمت طبیعت، در ظاهر در مورد یک مفهوم و واقعیت خارجی به پژوهش می‌پردازند اما تفاوت بنیادین آن‌ها در این دیدگاه است که فلسفه همه چیز را «طبیعی» می‌داند، و اساساً چیزی غیر از «طبیعت» متصور نیست، اما در حکمت، «طبیعت» تنها بخشی از جهان هستی را که نمایان است تشکیل داده، و آن‌را زیرمجموعه‌ی کوچکی از «عالم غیب» می‌داند.

فلذا تفاوت‌های اصلی میان رویه‌های اسلامی و مدرنیسم در حوزه‌ی نظام‌سازی مبتنی بر طبیعت، در حیطه‌ی مطالعات بنیادین آن است، در حالی‌که ایدئولوژی‌ها و دکترین‌های آن‌ها تفاوت چندانی باهم ندارند.

---

1. Merriam-Webster's collegiate dictionary, 11th Ed., Massachusetts, U.S.A, Merriam-Webster Incorporated, 2005. (Word: Nature)
2. Georg Wilhelm Friedrich Hegel (1770 - 1831)
3. Johann Wolfgang von Goethe (1749 –1832)
4. Craig, Edward (Editor in Chief); The Shorter Routledge Encyclopedia of Philosophy, 1st Ed., New York, Routledge Publication, 2005, p.722.
5. Materialism
6. Democritus (around 460 BC - 370 BC)
7. Epicurus (341 BCE – 270 BCE)
8. Thomas Hobbes (1588 –1679)
9. Thomas Henry Huxley (1825 –1895)
10. Rudolf Carnap (1891– 1970)
11. John Broadus Watson (1878 – 1958)
12. Honderich, Ted (Editor); The Oxford Companion to Philosophy, 2nd Ed., New York, Oxford University Press, 2005, p.716.

۱۳. مهیار، رضا (مترجم)؛ فرهنگ ابجدی عربی - فارسی؛ ترجمه‌ی المنجد الابجدی، چاپ اول، تهران، نشر اسلامی، ۱۳۷۰، ص ۵۷۶

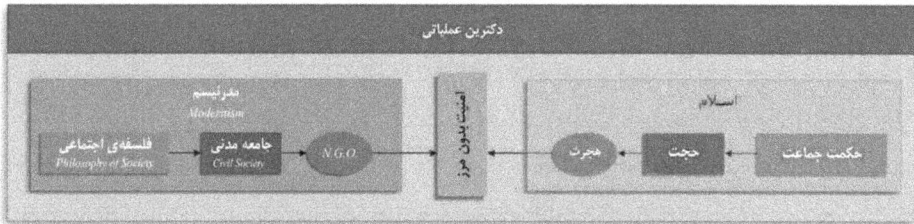

نقشه‌ی راه ۳-۲-۳-۴

مدرنیسم

فلسفه‌ی اجتماعی *Philosophy of Society*

واژه‌ی «*Society*» از ریشه‌ی لاتینی «*socius*» به معنای «معاشرت و همراهی» مشتق شده است.[۱] این واژه در فارسی به «اجتماع و جامعه» ترجمه می‌شود. انسان‌ها هنگامی‌که در کنار یکدیگر مجتمع شدند، «اجتماع» را تشکیل می‌دهند و هنگامی‌که روابط‌شان متأثر از ایجاد «شغل‌ها و نقش‌های اجتماعی»[۲] به هدف رفع نیازهای جمعی به صورت دائمی و پایدار تعریف گردد «جامعه» رقم خورده است.

فلسفه‌ی اجتماعی به تبیین چیستی و چرایی «جامعه‌ی بشری» می‌پردازد و چگونگی ساماندهی یک جامعه را بررسی می‌کند، و در نهایت مشخص می‌کند سازه‌ی یک جامعه باید واجد چه قسمت‌ها و سازمان‌هایی باشد.[۳] قدمت برخی حیطه‌های فلسفه‌ی اجتماعی به قدمت خود فلسفه است، اما پیدایش فلسفه‌ی مضاف آن، به دوران معاصر بازمی‌گردد، و بسط و توسعه‌ی آن همگام با شکل‌گیری رشته‌های «علوم اجتماعی»[۴] و «جامعه-شناسی»[5] تحقق یافته است.[۶]

ایدئولوژی جامعه‌ی مدنی *Civil Society*

بشر مدرن، جامعه‌ی را برمبنای فلسفه‌ی اجتماعی برمی‌تابد که واجد مؤلفه‌های «مدنیت» باشد. جامعه‌ی مدنی بر اتکا به افراد مدنی، ملازمت با جامعه‌ی بورژوازی، پیوستگی با اقتصاد آزاد و مالکیت خصوصی، اختیارات لازم برای نهادهای مدنی، و در نهایت بر حاکمیت قانون تدوین شده توسط مردم تأکید دارد.[۷]

بنا و سازه‌ی جامعه‌ی مدنی در سه سطح ساخته می‌شود: نخست ملت‌چینی *Nation Building* که براساس سرمایه‌های انسانی صورت می‌گیرد؛ که در این جامعه سرمایه‌ی مادی زیربنا و سرمایه‌ی علمی و اجتماعی روبنا هستند. گام دوم دولت‌چینی *State Building* که بر مبنای دو ایدئولوژی شاخص سوسیالیسم و لیبرالیسم، شکل می‌گیرد. هر دو ایدئولوژی مبتنی بر «دموکراسی»[۸] یا حاکمیت مردم بر مردم، ساخت یافته‌اند؛ و در نهایت مرحله‌ی نظام‌چینی *System Building* مبتنی بر سیستم-های سکولار موضوعیت می‌یابد.

دکترین *N.G.O.*

در جامعه‌ی مدنی ، فرآیند و روند نظام‌چینی در لایه‌های مختلف سرمایه‌داری ، سبب صنف‌بندی مردم در قالب سازمان-های غیردولتی[9] می‌گردد، که مهم‌ترین کارکرد جامعه‌ی مدنی را تشکیل می‌دهد.

اسلام

حکمت جماعت

واژه «جماعت» از ریشه‌ی عربی «جمع» به معنای «گردهم-آمدن» مشتق شده است،[10] و خود به‌معنای اقدام و کنش جمعی و اجتماعی در برابر اقدام و کنش فردی به‌شمار می‌آید.

جهت‌گیری نقش اجتماعی انسان، در تلقی غربی بر پایه‌ی طراحی سیستم‌های اجتماعی، پیدایش سازمان‌ها و طبقه‌بندی مشاغل[11] مبتنی بر تخصص افراد تعریف و تبیین می‌شود، اما در تلقی اسلامی «مسئولیت» به جای شغل، مبتنی بر تعهد، زمینه‌ی پیدایش نهادها و ساخت‌مندی نظام‌های اجتماعی را به وجود می‌آورد. حکمت جماعت، نیز حوزه‌ای از حکمت‌های مضاف است که به تبیین چیستی و چرایی اجتماع افراد برای تشکیل «جماعت» در نهادی به نام «جامعه» می‌پردازد.[12]

مکتب حجت

در حالی که تلقی غربی، حفظ و بسط سازمان‌های جامعه را مبتنی بر «اداره‌ی انسان‌ها» در دانش مدیریت جستجو می‌نماید؛ تشکیل و حفظ «جماعت» در اسلام، مبتنی بر «امامت» رقم می-خورد. مکتب حجت بیان اصالت تبیین «امام» و «اقتدای مأمومین به امام» در جماعت و جامعه است، «امامی» که هم پیامبر، هم ائمه‌ی معصومین و هم اولی‌الأمر را شامل می‌گردد.

قاعده هجرت

جامعه‌ای که براساس حکمت جماعت ساخت یابد و مبتنی بر حجت خداوند محفوظ و متعالی گردد، به‌جای تلاش برای رقم‌زدن «مدنیت» افراد جامعه، تحقق «هجرت» را مد نظر دارد. قاعده‌ی هجرت، به تبیین چیستی، چرایی و چگونگی «هجرت» و کیستی «مهاجر إلی الله» می‌پردازد.

امنیت

گرچه اکنون در جمهوری اسلامی ایران، تأکید روزافزونی بر فلسفه‌ی اجتماعی، ایدئولوژی جامعه‌ی مدنی و دکترین *NGO* در نظام‌سازی حوزه‌ی اقتصاد و سایر حوزه‌ها صورت می‌گیرد، لیکن تقابل و تعارض جدی این رویه‌های مدرنیستی با رویه‌های اسلامی بر کسی پوشیده نیست، فلذا لزوم تبیین حکمت جماعت، مکتب حجت و قاعده‌ی هجرت بیش از پیش بایسته و شایسته به نظر می‌رسد.

---

1. Merriam-Webster's collegiate dictionary, 11th Ed., Massachusetts, U.S.A, Merriam-Webster Incorporated, 2005. (Word: Society)
2. Social roles and jobs
3. Honderich, Ted (Editor); The Oxford Companion to Philosophy, 2nd Ed., New York, Oxford University Press, 2005, p.876.
4. Social Sciences
5. Sociology (The term was coined by Auguste Comte in his Cours de philosophie positive(1830–1842))
6. Craig, Edward (Editor in Chief); The Shorter Routledge Encyclopedia of Philosophy, 1st Ed., New York, Routledge Publication, 2005, p.966.

۷. بیات، عبدالرسول و همکاران؛ فرهنگ واژه ها، چاپ دوم، قم، انتشارات مؤسسه اندیشه و فرهنگ دینی، ۱۳۸۱، صص ۲۴۰ و ۲۴۱.

8. Democracy
9. Non-Governmental Organization (N.G.O.)

۱۰. مهیار، رضا (مترجم)؛ فرهنگ ابجدی عربی - فارسی؛ ترجمه‌ی المنجد الابجدی، چاپ اول، تهران، نشر اسلامی، ۱۳۷۰، ص ۱۵.

11. Job classification

۱۲. قِیلَ لِرَسُولِ اللَّهِ ص مَا جَمَاعَةُ أُمَّتِکَ قَالَ مَنْ کَانَ عَلَى الْحَقِّ وَ إِنْ کَانُوا عَشَرَةً (شیخ صدوق؛ معانی الأخبار، چاپ اول، قم، انتشارات جامعه مدرسین، ۱۴۰۳ قمری، ص ۱۵۴)

پیامبر خدا (ص) در پاسخ به این سؤال که جماعت امت تو چیست؟ فرمودند: آنان که بر حق باشند هرچند ده نفر باشند.(محمدی ری

شهری، محمد؛ منتخب میزان الحکمه، ترجمه شیخی، حمیدرضا، چاپ دوم، قم، سازمان چاپ و نشر دارالحدیث، ۱۳۸۴، ص ۱۰۷.)

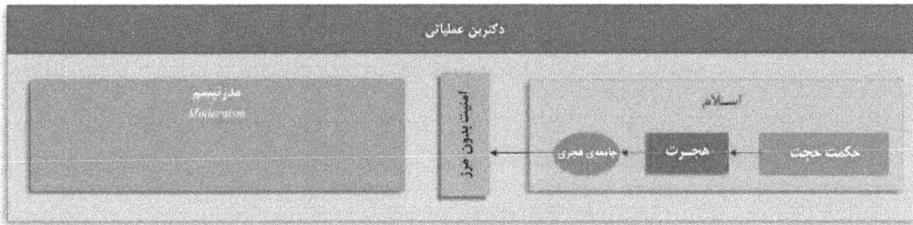

نقشه‌ی راه ۳-۲-۳-۵

اسلام

حکمت حجت

واژه‌ی «حجت» از ریشه‌ی عربی «حجج» به معنای «قصد و هدف» مشتق شده، و خود به‌معنای «دلیل و برهان» است.[1]

حکمت حجت، تبیین چیستی و چرایی «دلایل و براهین» الهی است در نسبت‌شناسی میان آن‌ها و «پیامبران و امامان» که حجج خداوند بر روی زمین هستند.[2] درگام بعدی حکمت حجت مبتنی بر حکمت جماعت، به چگونگی ساماندهی جامعه بر اساس «حجت» می‌پردازد.

مکتب هجرت

«هجرت» از ریشه‌ی حبشی «هجر» مشتق شده است که در فارسی به آن «کوچ» گفته می‌شود. گرچه هجرت در معنای ظاهری خود دلالت بر «ترک دیار و خانه» دارد[3] اما تبیین هجرت در دیدگاه پیامبر اکرم(ص) مبتنی بر «ترک دیار نفسانیات و خانه‌ی گناهان» نیز هست،[4] هرچند هر دو هجرت اگر همراه و ملازم «مجاهدت» در راه خدا باشند سعادت حقیقی را برای «مهاجر ألی الله» رقم خواهند زد.

فلذا هدف غایی در جامعه‌ی مبتنی بر آموزه‌های اسلامی، در تبیین اصل «هجرت» است، و ارزش در این جامعه برخلاف تلقی غربی که بر «مدنیت» است در «هجرت» و «مهاجر» بودن تعریف می‌شود، و از سوی دیگر مادامی‌که هجرت محقق نشود، «ولایت» نیز موضوعیت نخواهد یافت.[5]

قاعده جامعه‌ی هجری

جامعه‌ی هجری نیز مانند بنا و سازه‌ی جامعه‌ی مدنی در سه سطح ساخته می‌شود: نخست بنای مردم، یا چینش مردم، بر مبنای سرمایه‌های انسانی، که این لایه‌های سرمایه‌داری واجد چهار بخش هستند: سرمایه‌ی ایمان به‌عنوان سرمایه‌ی زیر بنایی جامعه، و سرمایه‌های علمی، اجتماعی و مادی به‌عنوان سرمایه-های روبنای جامعه. از مرحله‌ی مردم‌چینی، معماران انقلاب اسلامی به «امت‌سازی» نیز یاد کرده‌اند.

گام دوم مرحله‌ی دولت‌چینی است که برمبنای مکتب «مردم-سالاری دینی» یا «تئودموکراسی» شکل می‌گیرد، و در نهایت مرحله‌ی نظام چینی موضوعیت می‌یابد که مبتنی بر هنجارهای اجتماعی و شرعی است و سبب می‌گردد ارزش‌های الهی در جامعه نهادینه شود.

امنیت

گرچه نظام‌سازی در جمهوری اسلامی ایران، در حوزه‌ی اقتصاد و سایر حوزه‌ها، با رویه‌های حکمت حجت و مکتب هجرت بیگانه نیستند، مع‌هذا تبیین و تدقیق قاعده‌ی جامعه‌ی هجری برای زدودن غفلت از مبانی اسلامی جامعه‌سازی، امری محتوم و ضروری است.

---

۱. تبریزی مصطفوی، حسن؛ التحقیق فی کلمات القرآن الکریم، چاپ دوم، تهران، نشر آثار علامه مصطفوی، ۱۳۸۵، ج ۲، ص ۱۶۸.

۲. **ثُمَّ ثَبَتَ ذَلِکَ فِی کُلِّ دَهْرٍ وَ زَمَانٍ مِمَّا أَتَتْ بِهِ الرُّسُلُ وَ الْأَنْبِیَاءُ مِنَ الدَّلَائِلِ وَ الْبَرَاهِینِ لِکَیْلَا تَخْلُوَ أَرْضُ اللَّهِ مِنْ حُجَّةٍ یَکُونُ مَعَهُ عِلْمٌ یَدُلُّ عَلَى صِدْقِ مَقَالَتِهِ وَ جَوَازِ عَدَالَتِه (ثقه الاسلام کلینی، محمد؛ الکافی، چاپ دوم، تهران، ناشر اسلامیه، ۱۳۶۲، ج ۱، ص ۱۶۸.)**

امام صادق (ع): بعلاوه در هر دوره و زمانی این موضوع به وسیله دلائل و براهین که پیغمبران و رسولان آورده‌اند ثابت و محقق گردیده تا آنکه زمین تهی از حجتی نباشد که همراهش نشانه و دلیلی باشد که دلالت بر صدق گفتار و روش عدالت او کند. (مصطفوی، سید جواد، اصول کافی، چاپ اول، تهران، ناشر کتابفروشی علمیه اسلامیه، ج ۲، ص ۱۵.)

۳. **وَ مَنْ یُهاجِرْ فِی سَبِیلِ اللَّهِ یَجِدْ فِی الْأَرْضِ مُراغَماً کَثِیراً وَ سَعَةً وَ مَنْ یَخْرُجْ مِنْ بَیْتِهِ مُهاجِراً إِلَى اللَّهِ وَ رَسُولِهِ ثُمَّ یُدْرِکْهُ الْمَوْتُ فَقَدْ وَقَعَ أَجْرُهُ عَلَى اللَّهِ وَ کانَ اللَّهُ غَفُوراً رَحِیماً (قرآن الکریم، سوره‌ی نساء، آیه‌ی ۱۰۰)**

کسی که در راه خدا هجرت کند، جاهای امن فراوان و گسترده‌ای در زمین می‌یابد. و هر کس بعنوان مهاجرت به سوی خدا و پیامبر او، از خانه خود بیرون رود، سپس مرگش فرا رسد، پاداش او بر خداست؛ و خداوند، آمرزنده و مهربان است. (ترجمه‌ی قرآن کریم، ناصر مکارم شیرازی)

۴. **وَ الْمُهَاجِرُ مَنْ هَجَرَ السَّیِّئَاتِ وَ تَرَکَ مَا حَرَّمَ اللَّهُ عَلَیْه (شیخ طبرسی، فضل بن حسن حفید؛ مشکاة الأنوار فی غرر الأخبار، چاپ دوم، نجف، نشر حیدریه، ۱۳۸۵، صفحه ۳۸)**

۵. **إِنَّ الَّذِینَ آمَنُوا وَ هاجَرُوا وَ جاهَدُوا بِأَمْوالِهِمْ وَ أَنْفُسِهِمْ فِی سَبِیلِ اللَّهِ وَ الَّذِینَ آوَوْا وَ نَصَرُوا أُولئِکَ بَعْضُهُمْ أَوْلِیاءُ بَعْضٍ وَ الَّذِینَ آمَنُوا وَ لَمْ یُهاجِرُوا ما لَکُمْ مِنْ وَلایَتِهِمْ مِنْ شَیْءٍ حَتَّى یُهاجِرُوا (قرآن الکریم، سوره‌ی انفال، قسمتی از آیه‌ی ۷۲)**

کسانی که ایمان آوردند و هجرت نمودند و با اموال و جانهای خود در راه خدا جهاد کردند، و آنها که پناه دادند و یاری نمودند، آنها یاران یکدیگرند؛ و آنها که ایمان آوردند و مهاجرت نکردند، هیچ گونه ولایت [دوستی و تعهّدی] در برابر آنها ندارید تا هجرت کنند (ترجمه‌ی قرآن کریم، ناصر مکارم شیرازی)

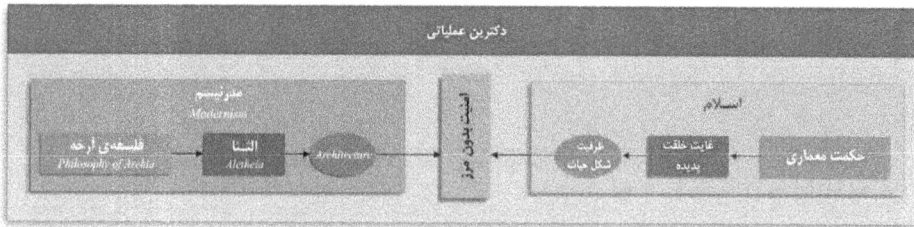

نقشه‌ی راه شماره ۶-۳

نقشه‌ی راه ۳-۲-۳-۶

مدرنیسم

فلسفه‌ی آرخه *Philosophy of Archia*

«*Archia*»[1] واژه‌ای یونانی و کهن است که قدمتی به اندازه‌ی خود فلسفه دارد. «آرخه»ی یونانی، مابه‌ازای «*Origin*» در زبان انگلیسی، «مادةالمواد» در زبان عربی و «خاستگاه» و «سرآغاز» در زبان فارسی است. «آرخه» پرسشی اساسی در فلسفه است مبنی بر این‌که: «آن‌چه در اطراف ما وجود دارد، چه بنیانی دارد، یا این‌که ماده‌ی اولیه‌ی خلقت یا مادةالمواد جهان چیست؟»

در پاسخ به این پرسش که قدمت۲۷۰۰ ساله دارد، بشر به سه حوزه‌ی «کلمه، عدد و عنصر» رسیده است. به اعتقاد هراکلیتوس،[2] مادةالمواد جهان «لوگوس» بوده است. لوگوس، یعنی «کلمه» یا «منطق»، آن‌چه که امروزه به صورت پسوند «لوژی» در انتهای علوم مختلف مانند سایکولوژی، انتولوژی و سوسیولوژی به کار می‌رود، و بیش از سایر حوزه‌ها در «ادبیات» و «زبان» نمود دارد. فیثاغورث،[3] «اعداد» را ماده‌المواد هستی می‌شناخت. در نظر او ده عدد از صفر تا نه، مبنای پیدایش عالم را تشکیل داده‌اند؛ دیدگاهی که اکنون، در قالب فضای دیجیتالی برمبنای «عدد» و «کمیت» موضوعیت یافته است.

فیلسوفان ملطی، همانند طالس[4] نیز اعتقاد داشتند «عناصر» خاستگاه جهان است. دیدگاه عناصر اولیه‌ی خلقت به صورت آب، آتش، خاک و هوا، امروزه جای خود را به جدول تناوبی عناصر در شیمی داده است، که البته کوشش در کشف عناصری ریزتر نیز پیوسته در جریان است.

ایدئولوژی الثنا *Aletheia*

از منظر فلسفی، جهان هستی، «میل به نامستوری» داشته است. «شکافته شدن» یا «انکشاف» آرخه - حال چه کلمه باشد، چه عدد محسوب شود و چه عنصر - حاصل همان «میل به نامستوری» یا «الثنا»[5] بوده، که سبب «انکشاف عالم» گردیده است، به عبارت دیگر الثنا ظرفیت‌های موجود در مادةالمواد خلقت را در جهان هستی جلوه‌گر شده است.

ایدئولوژی الثنا، بیانگر «اصالت انکشاف و نامستوری» در جهان هستی و همه‌ی مناسبات آن است.

دکترین آرکیتکچر *Architecture*

«انکشاف مناسبات جهان هستی» ظهور و بروزی داشته است، که اکنونِ عالم را رقم زده است. مشاهده‌ی آن‌چه در اطراف بشر است ناشی از «الثئا» فهم می‌شود و بر همین مبنا، دکترین معماری غربی نیز بر اساس و پایه‌ی «نامستوری» برتافته می‌شود.

دکترین معماری تبیین چیستی، چرایی و چگونگی «معماری» شهر، خیابان، محل‌کار و خانه، مبتنی بر مبانی فلسفی و روح حاکم بر بشر غربی در دوره‌های متفاوت تاریخی است.

اسلام

حکمت معماری

واژه‌ی «معماری» از ریشه‌ی عربی «عمر» مشتق شده، و با واژه‌ی «عمران» به معنای «آبادانی» هم‌ریشه است. «معماری» تنها بر «عمران و آبادانی» دلالت نمی‌کند، بلکه شکل و چگونگی ساختن و عمران را نیز در بر می‌گیرد. از این‌رو حکمت معماری به تبیین چیستی و چرایی «عمران» و چگونگی مناسبات «معماری» می‌پردازد.

مکتب غایت

مبتنی بر این گزاره‌ی بنیادی که «غایت خلقت پدیده کدام است؟»، مکتب غایت، معماری را رقم می‌زند. این مکتب، بیان اصالت «غایت‌انگاری»، در معماری هر عمارتی است، حال چه شهر باشد، چه یک خانه؛ آن‌چنان‌که معماری یک مسجد، بر «غایت» عبادت خدا دلالت می‌کند، بایسته است سایر بناها نیز مبتنی بر غایت‌شان معماری گردند.

قاعده ظرفیت شکل حیات

«غایت‌محوری» معماری سبب تبیین «ظرفیت شکل حیات» هر پدیده در جهان هستی می‌شود نه ظرفیت نامستوری آن پدیده.

امنیت

اکنون در جمهوری اسلامی، از حکمت معماری، مکتب غایت و ظرفیت شکل حیات در حوزه‌ی نظام‌سازی غفلت جدی صورت گرفته، که سبب شده است رویه‌های مدرنیستی در معماری جاری و ساری باشند. از این رو تبیین کامل و صحیح رویه‌های اسلام، امری محتوم و ضروری می‌نماید.

---

1. ἀρχη (Ancient Greek)
2. Heraclitus of Ephesus (c. approx. 535-475 BCE)
3. Pythagoras of Samos (c. approx. 580-500 BCE)
4. Thales of Miletus (ca. 624-546 BCE)
5. Ἀλθαία- Althaia (Greek), Althaea (Latin)

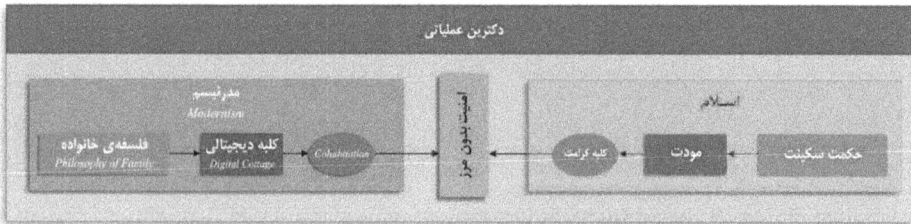

نقشه‌ی راه شماره ۷-۳

نقشه‌ی راه ۳-۲-۳-۷

مدرنیسم

فلسفه‌ی خانواده *Philosophy of Family*

واژه‌ی «*Family*» از ریشه‌ی لاتینی «*familia*» به معنای «خانواده» مشتق شده است، و به گروهی از افراد اطلاق می‌شود که در زیر یک سقف و معمولاً زیر یک سر و رأس[۱] زندگی می-کنند.[۲]

تبیین چیستی «خانواده»، چرایی «پیدایش خانواده»، و تبیین «ارزش‌های خانواده» در حوزه‌ی فلسفه‌ی خانواده می‌گنجد، که بخش موجزی از فلسفه را تشکیل داده است. بحث چرایی بنیان خانواده به این موضوع می‌پردازد که آیا هدف از تشکیل خانواده «تزاید نسل» است و یا این‌که صرفاً خانواده آخرین جایی است که بشر مدرن پس از درگیری با جهان خارج بدان پناه می‌برد.[۳]

تبدیل «خانواده‌ی گسترده»،[۴] که شامل والدین نسل اول، والدین نسل دوم و فرزندان بوده است به «خانواده‌ی هسته‌ای»[5] متشکل از پدر و مادر و فرزندان، و در نهایت تحقق «خانواده‌ی تک-والدینی» و یا خانواده‌ی «هم‌جنسی»[۶] روندی است که پژوهش مناسبات آن در حیطه‌ی فلسفه‌ی خانواده می‌گنجد.

ایدئولوژی کلبه‌ی دیجیتالی *Digital Cottage*

یکی از دلایل روند تبدیل خانواده‌ی گسترده به خانواه‌ی هسته‌ای و سپس به فرم‌های جدید خانواده اصل «تحرک خانواده» برای اشتغال در جامعه است. بدین صورت صنعتی شدن و فراصنعتی شدن مشاغل، سبب گردیده است که خانواده کوچک و کوچک‌تر شود. اما نهایت این سیر، پدیده‌ای متفاوت را رقم می‌زند، زیرا قابلیت‌های الکترونیکی عصر دیجیتال شغل-ها را دوباره به‌درون خانه و خانواده بازگردانیده است. «کلبه‌ی دیجیتال» و یا «کلبه‌ی الکترونیک»[۷] بیان اصالت «خانه»ای است که نیازهای جامعه را از درون خانواده به مدد ابزار دیجیتال پاسخ می‌دهد.[۸]

دکترین هم‌باشی *Cohabitation*

آن‌چه از فلسفه‌ی خانواده در غرب مطمع‌نظر است «هم-باشی» یا «*Cohabitation*» است. «کوهبیتیشن» به تنظیم رابطه‌ی بلندمدت یا دائمی میان دو نفر اطلاق می‌شود که برپایه‌ی ارتباطی احساسی ویا جنسی تصمیم به زندگی مشترک گرفته‌اند، و البته منظور از زوج‌های هستند که عموماً «ازدواج»[۹] نکرده

باشند.[10] از آن‌جا که بشر مدرن دیگر قادر به برتافتن پیوندهای مستحکم و زیاد نیست، «هم‌باشی» جایگزین «خانواده» شده است، تا در این حوزه نیز «لیبرتی» یا «آزادی» در مدرنیسم رقم بخورد.

اسلام

حکمت سکینت

«سکینت» از ریشه‌ی عربی «سکن» که به‌معنای «آرامش یافتن» است اشتقاق یافته، و اطلاق آن بر «وقتی است که کسی از تمایل به شهوات باز ایستد و آرام گیرد».[11] «سکونت» نیز به معنای اقامت در یک خانه و سکنی گزیدن در آن با سکینت هم-ریشه است.

حکمت سکینت علاوه بر تبیین چیستی و چرایی «آرامش و سکینت در خانواده» به چیستی و چرایی «سکونت در یک مسکن»[12] نیز می‌پردازد. پرسش از ظرفیت آرام‌بخشی و فروکاهش هیجان شهوت جنسی انسان و سایر هیجانات او در چهارچوب روابط همسری، پرسش از چگونگی «تزاید نسل‌ها» و سپس تنظیم روابط میان والدین و فرزندان مبتنی بر حقوق متقابل، پرسش از کمّ و کیف خانه‌ی مورد سکونت و ... در حوزه‌ی حکمت مضاف سکینت برتافته می‌شوند.

مکتب مودت

«مودت» از ریشه‌ی «ودد» به‌معنای «محبت به چیزی، و آرزو داشتن نسبت به آن‌چیز» است.[13] گرچه «محبت» انسان نسبت به همسر خود برپایه‌ی آرامشی است که در کنار او دارد،[14] اما این مکتب بیان‌گر اصالت مودت تنها نسبت به همسر نیست، بلکه محبت و مودت میان والد و فرزند، میان فرزندان و حتی سایر انسان‌هایی که در غالب خانواده تعریف می‌گردند همه مطمع نظر هستند.[15] البته تمامی این مناسبات خانوادگی نیز می‌تواند برای انسان منشأ «آزمایش و فتنه» قرار گیرد.

قاعده کلبه‌ی کرامت

خانه و خانواده مبتنی بر دیدگاه اسلام در یک کل، به نام «کلبه‌ی کرامت» یا «بیت الکرامة» موضوعیت دارند، زیرا غایت زندگی خانواده تحقق «کرامت» انسان‌هاست، و نقش هیچ نهاد اجتماعی را نمی‌توان، در برتافتن «کرامت» انسان‌ها به‌اندازه‌ی رکن خانواده دانست؛ و اگر بنیاد کلبه‌ی دیجیتال در نگاه غربی بر «تکنولوژی الکترونیک» است، بنیاد و اساس کلبه‌ی کرامت بر «تقوا» استوار گردیده است.[16]

امنیت

گرچه بخشی از نظام‌سازی کنونی جمهوری اسلامی ایران، بر مبانی فلسفه‌ی خانواده، ایدئولوژی کلبه‌ی دیجیتال و دکترین هم‌باشی در حال شکل‌گیری است، تبیین صحیح، دقیق و به‌جای رویه‌های اسلامی در حوزه‌ی سکینت، مودت، و کلبه‌ی کرامت زمینه‌های اساسی غفلت در حیطه‌ی خانواده و خانه را خواهد زدود و پایه‌های بنای رفیع «کرامت» را پی‌ریزی خواهد نمود.

---

1. Head
2. Merriam-Webster's collegiate dictionary, 11th Ed., Massachusetts, U.S.A, Merriam-Webster Incorporated, 2005. (Word: Family)
3. Toffler, Alvin; Future Shock, 1st Ed., (15th printing) USA, Bantam Book, 1970, p. 238.
4. Extended Family
5. Nuclear Family
6. Gay or Lesbian Family
7. Electronic Cottage
8. Toffler, Alvin; The Third Wave, 1st Ed., USA, Bantam Book, 1981, pp. 216 – 218.
9. Marriage
10. Wikipedia Online Encyclopedia (http://en.wikipedia.org/wiki/Cohabitation)

۱۱. راغب اصفهانی، حسین بن محمد؛ ترجمه و تحقیق مفردات الفاظ قرآن؛ خسروی حسینی، سیدغلامرضا (مترجم)، نشر مرتضوی، ج۲، ص ۲۳۵.

۱۲. وَ اللَّهُ جَعَلَ لَكُمْ مِنْ بُيُوتِكُمْ سَكَنًا (قرآن الکریم، سوره‌ی نحل، قسمتی از آیه‌ی ۸۰)

و خدا برای شما از خانه‌هایتان محل سکونت(و آرامش) قرار داد. (مکارم شیرازی، ناصر؛ ترجمه‌ی قرآن کریم)

۱۳. راغب اصفهانی، حسین بن محمد؛ ترجمه و تحقیق مفردات الفاظ قرآن؛ خسروی حسینی، سیدغلامرضا (مترجم)، نشر مرتضوی، ج ۵، ص ۴۳۱.

۱۴. وَ مِنْ آیاتِهِ أَنْ خَلَقَ لَکُمْ مِنْ أَنْفُسِکُمْ أَزْواجاً لِتَسْکُنُوا إِلَیْها وَ جَعَلَ بَیْنَکُمْ مَوَدَّةً وَ رَحْمَةً إِنَّ فِی ذٰلِکَ لَآیاتٍ لِقَوْمٍ یَتَفَکَّرُونَ (قرآن الکریم، سوره‌ی روم، آیه‌ی ۲۱)

و از نشانه‌های او اینکه همسرانی از جنس خودتان برای شما آفرید تا در کنار آنان آرامش یابید، و در میانتان مودّت و رحمت قرار داد؛ در این نشانه‌هایی است برای گروهی که تفکّر می‌کنند. (مکارم شیرازی، ناصر؛ ترجمه‌ی قرآن کریم)

۱۵. وَ اعْلَمُوا أَنَّما أَمْوالُکُمْ وَ أَوْلادُکُمْ فِتْنَةٌ (قرآن الکریم، سوره‌ی انفال، قسمتی از آیه‌ی ۲۸)

و بدانید اموال و اولاد شما، وسیله آزمایش است؛ (مکارم شیرازی، ناصر؛ ترجمه‌ی قرآن کریم)

۱۶. إِنَّ أَکْرَمَکُمْ عِنْدَ اللَّهِ أَتْقاکُم (قرآن الکریم، سوره‌ی حجرات، قسمتی از آیه‌ی ۱۳)

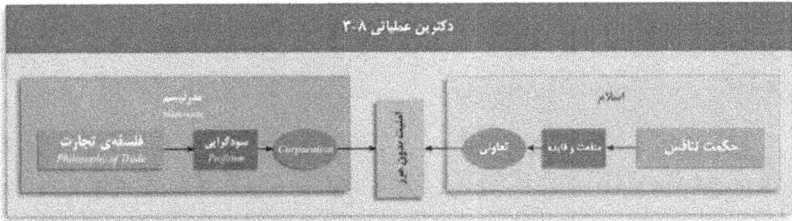

نقشه‌ی راه ۳-۲-۳-۸

مدرنیسم

فلسفه ترید *Philosophy of Trade*

مفهوم «ترید» به لحاظ لغت با معانی «رد و جای پا بر اثر راه رفتن روی زمین»، مسیر و راه، دوره‌ی عمل، چگونگی و روش زندگی، در دوره‌های گوناگون ظاهر شده است[۱]. امروزه این مفهوم در معنای بیزینس یا مشغله‌ای که به عمل خرید یا فروش و یا تهاتر[۲] کالاها می‌پردازد، به کار می‌رود[۳]. درواقع انتقال مالکیت دارایی از شخصی به شخص دیگر را می‌رساند. برای رسیدن به قدرت اقتصادی، یکی از رویه‌ها، حداکثرسازی سود و منفعت است. برای نیل به منفعت و حداکثرسازی سود، رقابت و حذف دیگران و جای‌گزین شدن با آنان یک خط مشی کلی است[۴].

به تعبیر«آدام اسمیت» قاعده‌ی کلی برای هر بزرگ خانواده ای که هوشمند است این است که هرگز تلاش نمی کند تا آنچه را که هزینه‌ی ساختن آن در خانه، بیش از خرید آن است، بخواهد در منزل آن را بسازد، اگر کشور دیگری می‌تواند کالایی را تولید کند که ارزان‌تر از کالایی است که خود ما می‌سازیم، بهتر است آن را از خود او بخریم. البته در کنار تولید بخشی از همان کالا که صنعت ما به آن مشغول است و در آن تا حدودی مزیت داریم[۵].

ایدئولوژی سودمندی‌گرایی *Profitabilitism*

کاپیتالیسم مبتنی بر اقتصاد بازار، به آزادی افراد در تعقیب تمایلات و خواسته‌های خود، بیش از هر نظام اقتصادی دیگری گرایش دارد.

افراد در محیط تجارت، به مبادله با یکدیگر می‌پردازند و چون شرایط و وضعیت پس از تبادل سودمند ر نسبت به قبل از آن ترجیح می‌دهند، این نهادمندی در مبادله‌ی داوطلبانه و آزاد، مبتنی بر آراء آدام اسمیت، به منفعت عمومی در زندگی اقتصادی منتج می‌شود؛ نهادمندی عمومی که برای همه‌ی افراد سودمند و بسترساز منفعت است[۶]. هنگامی که این رویه، اصالت یافت، ایدئولوژی سودمندگرایی در تجارت بروز می‌یابد.

دکترین کورپوریشن *Corporation*

«کورپوریشن» از نظر لغوی به معنای اتحاد گروهی از افراد برای اهداف مشترک در یک بدن است[7]. دکترین کورپوریشن مبتنی بر ایدئولوژی سودمندی گرایی، در بستر فلسفه‌ی ترید مطرح می‌شود. این دکترین به چیستی کورپوریشن با توجه به «همگرایی کانون‌های قدرت اقتصادی خصوصی» می‌پردازد و چرایی آن را در اثر ترادیسی کاپیتالیسم[8] از نظریه‌ی «بازار آزاد برای تمام افراد» در اقتصاد آزاد به «متمرکزسازی بخش خصوصی» در یک اقتصاد مختلط، تبیین می‌کند. سپس چگونگی ایجاد کورپوریشن را باتوجه به تطور در ساختار بازار و هژمونی قدرت در قیمت گذاری رقم می‌زند[9].

اسلام

حکمت تنافس

تنافس از ماده‌ی نفس[10] به معنای ذات و جان مایه‌ی هر چیزی است، به طوری که اگر از آن خارج شود دیگر تشخّص و تعیّنی برایش باقی نمی‌ماند. مفهوم تنافس در زبان عرب اشتقاق نفس در باب تفاعل است، به گونه‌ای که نوعی اشتراک مستمر و مداوم را در تقدیر دارد[11] ، هم‌چنین به معنای مجاهدت نفس‌ها با یکدیگر، برای تشبه به افاضل و پیوستن به آن‌ها برای نیل به کمال است، بدون این‌که به دیگری ضرری برسانند[12]. حکمت تنافس چیستی و چرایی تنافس را بر اساس کیستی متنافسان تبیین می‌نماید. از همین رو پروردگار در قرآن کریم به مؤمنان امر می‌کند تا برای رسیدن به نعمت مِسک در بهشت که مخصوص ابرار است، با یکدیگر تنافس نمایند[13].

مکتب منفعت و فائده

مبتنی بر حکمت تنافس، مکتب منفعت و فایده تجلی می‌یابد. این مکتب باوری را می‌گستراند که بر طبق آن بهترین افراد نافع‌ترین‌شان نسبت به مردم هستند. چنان‌که حضرت رسول اکرم صلی الله علیه و آله می فرمایند: خلق، عیال خدا هستند. محبوب‌ترین خلق نزد خدا کسی است که به عیال خدا نفع برساند و برای اهل خانه سرور و شادمانی بیاورد[14]. نکته این است که منفعت باید مبتنی بر تنافس باشد.

قاعده تعاونی

معاونت از ریشه‌ی عون به معنای مطلق نصرت و یاری کردن است[15]. از آن‌جایی که استعانت حقیقی تنها از خدا طلب می‌شود[16]، قاعده‌ی تعاونی، نهادینه سازی مکتب منفعت و فایده در حکمت تنافس در میان کسانی است که به طلب عون از خدا باورمندند. این قاعده، چیستی، چرایی و چگونگی معاونت در نهاد تعاونی را مبتنی بر برّ و تقوا تبیین می‌کند[17]. قاعده‌ی تعاونی نیز هم‌چون منفعت، بدون تنافس مطرح نیست.

امنیت

اکنون در جمهوری اسلامی، از حکمت تنافس، مکتب منفعت و فایده، و قاعده تعاونی در حوزه‌ی نظام‌سازی غفلت جدی صورت گرفته، که سبب شده است رویه‌های مدرنیستی فلسفه‌ی ترید، ایدئولوژی سودمندی گرایی و دکترین کورپوریشن بر نظام اقتصادی ایران سایه بیفکند. از این رو تبیین کامل و صحیح رویه‌های اسلام، امری محتوم و ضروری می‌نماید.

---

1 -Trade: path, track, course of action, way, course, manner of life, www.etymonline.com

2 - barter

3 -Trade: the business of buying and selling or bartering commodities, Merriam-Webster's collegiate dictionary, 11th Ed., Massachusetts, U.S.A, Merriam-Webster Incorporated, 2005.

۴- در یازدهمین سال از تبعیدما در روز اول ماه این پیام از جانب خداوند به من رسید: « ای انسان خاکی، صور از سقوط اورشلیم

خوشحال است و می‌گوید: اورشلیم درهم شکسته است او که با اقوام دیگر تجارت می‌کرد از بین رفته است، حال من جای او را در تجارت می‌گیرم و ثروتمند می‌شوم»، عهد عتیق، کتاب حزقیال، فصل ۲۶، آیه ۲و ۳

[5]- S. Blinder, Alan, Free Trade, The Concise Encyclopedia of Economics,www.econlib.org/library/Enc

[6] -Daniel M. Hausman, The Philosophy of Economics, An Anthology, Cambridge university press, page: 32
[7] - "persons united in a body for some purpose, www.etymonline.com (word: corporation)

[8] - Capitalism Transformation
[۹] - O'Hara, by Phillip Anthony, editor in chief,

Encyclopedia of Political Economy, vol 1, Routledge publishing 2001, p: 77

[۱۰] – مفهوم نفس اصالتاً سریانی و عبری است.

[۱۱]- مصطفوی، حسن، التحقیق فی کلمات القرآن الکریم، مرکز نشر آثار علامه مصطفوی، جلد ۱۲، صفحه ۱۹۸

[۱۲]- راغب اصفهانی، حسین بن محمد؛ المفردات فی غریب القرآن؛ نشر کتاب، ۱۴۰۴ ق، صفحه ۸۱۸

[۱۳] - خِتامُهُ مِسْکٌ وَ فی ذلِکَ فَلْیَتَنافَسِ الْمُتَنافِسُونَ. قرآن کریم، سوره مطففین، آیه ۲۶

[۱۴]- قَالَ رَسُولُ اللَّهِ ص الْخَلْقُ عِیَالُ اللَّهِ فَأَحَبُّ الْخَلْقِ إِلَی اللَّهِ مَنْ نَفَعَ عِیَالَ اللَّهِ وَ أَدْخَلَ عَلَی أَهْلِ بَیْتٍ سُرُوراً. کلینی، شیخ محمد، الکافی، نشر دارالکتب الاسلامیه ۱۳۶۵، جلد۲، باب الاهتمام بأمور المسلمین، صفحه ۱۶۴

[۱۵]- جوادی آملی، عبدالله، تفسیر تسنیم، جلد ۱، تفسیر آیه ۵ سوره حمد، ۱
www.aviny.com/quran/tasnim/jeld

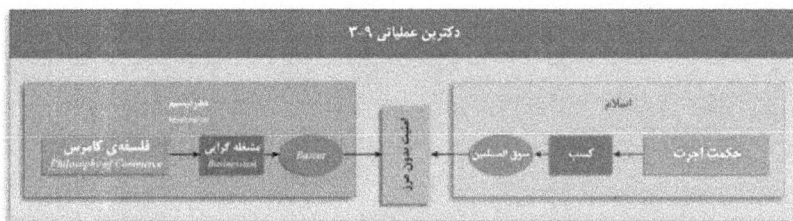

نقشه‌ی راه ۳-۲-۳-۹

مدرنیسم

فلسفه‌ی کامرس *Philosophy of Commerce*

واژه «Commerce» از نظر لغوی به معنای گردهمایی جهت امور کاسبکارانه می‌باشد[1]. فلسفه‌ی کامرس به چیستی مبادله خرید و فروش کالاها در یکه مقیاس بزرگ می‌پردازد به گونه‌ای که منجر به حمل و نقل از یک مکان به مکانی دیگر می‌گردد[2]. آن‌گاه با معرفی کامرس به عنوان کل سیستم اقتصادی و فراهم نمودن محیطی برای بیزینس های سودگرا و خالق ارزش چرایی آن‌را تبیین می‌نماید[3].

ایدئولوژی مشغله گرایی *Businessism*

بیزینس یک نهاد بالذات سودساز است که برای بدست آوردن سود تلاش می‌کند، بسیاری از فلاسفه بر این باورند که مشغولیت هر فرد از جمله‌ی دارایی‌های او قلمداد می‌گردد و او برای حفظ و بسط آن تلاش می‌کند بنابراین تمام فعالیت‌های اقتصادی با توجهات کاسب‌کارانه کنترل می‌شوند و ضروریات زندگی مدرن، ضروریات مالی و اقتصادی قلمداد می‌گردند، که به آن نیاز به مالکیت دارایی گفته می‌شود. توجهات کاسبکارانه توجهات قیمتی و پولی هستند و در جوامع مدرن تقاضاهای مالی از هر نوعی که باشد نیازمندی‌های قیمتی می‌باشد. موقعیت اقتصاد کنونی نشان‌گر یک سیستم قیمت‌مدار و پول مبنا است و نهادهای اقتصادی در نظام مدنی مدرن زندگی نهادهای این سیستم به‌شمار می‌روند[4]. آلفرد مارشال می‌نویسد: اقتصاد سیاسی یا علم اقتصاد مطالعه‌ی نوع بشر در یک مشغولیت یا بیزنس معمولی است به طوری که بخشی از فعالیت فردی یا اجتماعی مورد مداقه قرار می‌گیرد این حالت بسیار به دستاورد و به استفاده از مبانی مادی وجود بشری ارتباط دارد. این یک وجه مطالعه‌ی ثروت است و دیگری که مهمتر است مطالعه‌ی بشر می‌باشد[5].

دکترین بازار *Bazzar*

فری مارکت سیستم آزادی اقتصادی است که در نهایت به مفهوم کلی‌تر «بازار»[6] منتج می‌گردد. در شرایط بازار دولت حداقل دخالت در اقتصاد را دارد و مکانیسم بازار فعالیت‌های اقتصادی را

کنترل می‌کند[۷]، فریدمن می‌گوید: ما به آزادی باور داریم و قصد داریم به آن عمل نماییم هیچ کس نمی‌تواند شما را به آزاد بودن مجبور نماید. این بر عهده توست. اما ما می‌توانیم همکاری کامل در شرایط مساوی به شما ارائه نماییم. بازار ما به روی شما باز است. هر چه آرزو دارید در این‌جا بفروشید. از عواید آن استفاده کنید و هر چه می‌خواهید بخرید. این راه همکاری میان افراد می‌تواند سراسر جهان را به آزادی برساند[۸].

اسلام

حکمت اجرت

اجرت به معنای مزد و پاداش عمل نیکو در دنیاست و از ریشه اجر به معنای عام پاداش و جزای عمل نیکو در دنیا و آخرت می‌باشد. به عبارتی دیگر اجرت به صدق معنا همواره در عقد و عهد بیع، به ماهیِ، سود و نفع را شأن می‌گردد بر خلاف جزا که ماهیتی دوگانه مشتمل بر هم نفع و هم زیان دارد[۹].

اجر حقیقی به مؤمنانی که با خداوند مبایعه می‌کنند تعلق می‌گیرد، در واقع خداوندی که مشتری است در بیع، با آنان در قبال مال و نفس ایشان عطای اجر می‌نماید، وجه الضمان اجر به حسب شأنیت ضامن آن، حضرت رب العالمین، کونیتی قطعی یافته که صدق شریفه دال بر زوال ترس و ناراحتی بوده[۱۰] و بر خویشتن عدم تضییع را فرض نموده است[۱۱].

مکتب کسب

ماهیت کسب به کون وجه آن که تحصیلی قلبی است رهین بودن را اطلاق تام می‌یابد[۱۲]، به عبارتی بیّعان در مبایعه مرهون هر آنچه که کسب نموده‌اند می‌باشند، اعلی درجه کسب آن است که غنای قلبی صورت دهد، یعنی بدون آن‌که موجبات استفراغ قلب را فراهم سازد، استعلای آن را رقم زند و آن کسبی است که در معاملات و زمینه عمل آخرت بنیان - به دلیل استیفای نفس از هر آن‌چه کسب کرده در روز قیامت[۱۳]- رخ می‌نماید؛ بر این اساس طلب کسب باید بالاتر از کسب مضیِّع و پایین‌تر از کسب حریص و راضی به دنیا باشد[۱۴].

قاعده سوق المسلمین

بدترین مکان‌ها روی زمین اسواقند، چرا که آن میدان عمل ابلیس است در حالی‌که کرسی خود را در آن گشوده است و فرزندان خود را میان کم فروشان در مکیال، سارقان در اندازه و دروغگویان در تجارت می‌گستراند و پلیدی آن از کسی که اول وارد آن شود و آخرین کسی که از آن خارج شود ازاله نمی‌شود، از دیگر سو، بهترین مکان‌های زمین مساجدند و محبوب‌ترین افراد نزد خداوند اولین کسی است که به آن وارد می‌شود و آخرین کسی است که از آن خارج می‌شود[15]؛ اما از آن‌جا که مبایعه‌ی کسانی‌که صدور خود را به اسلام عرضه نموده‌اند و مسلم گشته‌اند و حافظان حدود حلال الهی‌اند، در سوق مکانت می‌یابد، به کرامت محوریت بیعت با خداوند، بر سوق المسلمین شأنیت و کونیت مسجد مترتب است به گونه‌ای که سبقت گیرندگان در آن، همانند سابقون مساجدند[۱۶].

امنیت

گرچه اکنون در جمهوری اسلامی ایران، در حوزه‌ی نظام سازی اقتصاد، فلسفه‌ی کامرس، ایدئولوژی مشغله گرایی و دکترین بازار مبنای طرح ریزی واقع گردیده‌اند. بایسته و شایسته است حوزه‌های حکمت اجرت، مکتب کسب و قاعده‌ی سوق المسلمین از پرده‌ی غفلت خارج شده و مبنای طرح و عمل قرار بگیرند.

---

[1] - "together" (com-) + merx (gen. mercis) "merchandise" www.etymonline.com (word: commerce)

[2] - Merriam-Webster's collegiate dictionary, 11th Ed., Massachusetts, U.S.A, Merriam-Webster Incorporated, 2005. (word: Commerce)

[3] - O'Hara, by Phillip Anthony, editor in chief, **Encyclopedia of Political Economy, vol 1,** Routledge publishing 2001, p: 7

[4]- Daniel M. Hausman, The Philosophy of Economics, An Anthology, Cambridge university press, page: 138

[۵]- همان صفحه ۳۲۱

[۶]- بازار واژه‌ای فارسی است که ریشه آن در زبان پهلوی بهاچار است به معنای مکان قیمت‌ها.واژه بازار تقریباً در هر زبانی که این نوع بازار در آن رایج باشد کاربرد دارد.

[7]-Friedman, Milton, Capitalism and Freedom, with the assistance of Rose D. Friedman,1982 by The University of Chicago, page: 12

[۸]-همان صفحه ۶۶

۹- راغب اصفهانی، حسین بن محمد؛ ترجمه و تحقیق مفردات الفاظ قرآن؛ خسروی حسینی، سیدغلامرضا مترجم، نشر مرتضوی، ج۱، ص ۱۵۱

[۱۰]- اَلَّذینَ یُنْفِقُونَ أَمْوالَهُمْ فی سَبیلِ اللَّهِ ثُمَّ لا یُتْبِعُونَ ما أَنْفَقُوا مَنًّا وَ لا أَذیً لَهُمْ أَجْرُهُمْ عِنْدَ رَبِّهِمْ وَ لا خَوْفٌ عَلَیْهِمْ وَ لا هُمْ یَحْزَنُونَ ، قرآن کریم سوره آل عمران، آیه۲۶۲

اَلَّذینَ یُنْفِقُونَ أَمْوالَهُمْ بِاللَّیْلِ وَ النَّهارِ سِرًّا وَ عَلانِیَةً فَلَهُمْ أَجْرُهُمْ عِنْدَ رَبِّهِمْ وَ لا خَوْفٌ عَلَیْهِمْ وَ لا هُمْ یَحْزَنُونَ ، قرآن کریم سوره آل عمران، آیه ۲۷۴

إِنَّ الَّذینَ آمَنُوا وَ عَمِلُوا الصَّالِحاتِ وَ أَقامُوا الصَّلاةَ وَ آتَوُا الزَّکاةَ لَهُمْ أَجْرُهُمْ عِنْدَ رَبِّهِمْ وَ لا خَوْفٌ عَلَیْهِمْ وَ لا هُمْ یَحْزَنُونَ، قرآن کریم سوره آل عمران، آیه۲۷۷

[۱۱]- یَسْتَبْشِرُونَ بِنِعْمَةٍ مِنَ اللَّهِ وَ فَضْلٍ وَ أَنَّ اللَّهَ لا یُضیعُ أَجْرَ الْمُؤْمِنینَ ، قرآن کریم سوره آل عمران، آیه ۱۷۱

[۱۲]- کُلُّ نَفْسٍ بِما کَسَبَتْ رَهینَةٌ، قرآن کریم، سوره مدثر، آیه ۳۸

[۱۳]- وَ اتَّقُوا یَوْماً تُرْجَعُونَ فیهِ إِلَی اللَّهِ ثُمَّ تُوَفَّی کُلُّ نَفْسٍ ما کَسَبَتْ وَ هُمْ لا یُظْلَمُونَ، قرآن کریم، سوره بقره، آیه ۲۸۱

۱۴- عَنْ أَبِی عَبْدِ اللَّهِ ع قَالَ لِیَکُنْ طَلَبُکَ الْمَعِیشَةَ فَوْقَ کَسْبِ الْمُضَیِّعِ وَ دُونَ طَلَبِ الْحَرِیصِ الرَّاضِی بِدُنْیَاهُ، شیخ طوسی، تهذیب الأحکام، جلد ۶، صفحه ۳۲۲، باب مکاسب

[۱۵]- مِنْ بَنِی عَامِرٍ إِلَی النَّبِیِّ ص فَسَأَلَهُ عَنْ شَرِّ بِقَاعِ الْأَرْضِ وَ خَیْرِ بِقَاعِ الْأَرْضِ فَقَالَ لَهُ رَسُولُ اللَّهِ ص شَرُّ بِقَاعِ الْأَرْضِ الْأَسْوَاقُ وَ هِیَ مَیْدَانُ إِبْلِیسَ یَغْدُو بِرَایَتِهِ وَ یَضَعُ کُرْسِیَّهُ وَ یَبُثُّ ذُرِّیَّتَهُ فَبَیْنَ مُطَفِّفٍ فِی قَفِیزٍ أَوْ سَارِقٍ فِی ذِرَاعٍ أَوْ کَاذِبٍ فِی سِلْعَةٍ فَیَقُولُ عَلَیْکُمْ بِرَجُلٍ مَاتَ أَبُوهُ وَ أَبُوکُمْ حَیٌّ فَلَا یَزَالُ مَعَ ذَلِکَ أَوَّلَ دَاخِلٍ وَ آخِرَ خَارِجٍ ثُمَّ قَالَ ع وَ خَیْرُ الْبِقَاعِ الْمَسَاجِدُ وَ أَحَبُّهُمْ إِلَی اللَّهِ أَوَّلُهُمْ دُخُولًا وَ آخِرُهُمْ خُرُوجاً مِنْهَا، شیخ حر عاملی، وسائل الشیعه، ناشر مؤسسه آل البیت قم، جلد ۱۷، صفحه ۴۶۸، باب کراهة دخول السوق أولا و الخروج آخرا

[۱۶]- عَنْ أَبِی عَبْدِ اللَّهِ ع قَالَ سُوقُ الْمُسْلِمِینَ کَمَسْجِدِهِمْ یَعْنِی إِذَا سَبَقَ إِلَی السُّوقِ کَانَ لَهُ مِثْلَ الْمَسْجِدِ، کلینی، شیخ محمد، الکافی، نشر دارالکتب الاسلامیه، جلد ۵، صفحه ۱۵۵، باب السبق إلی السوق

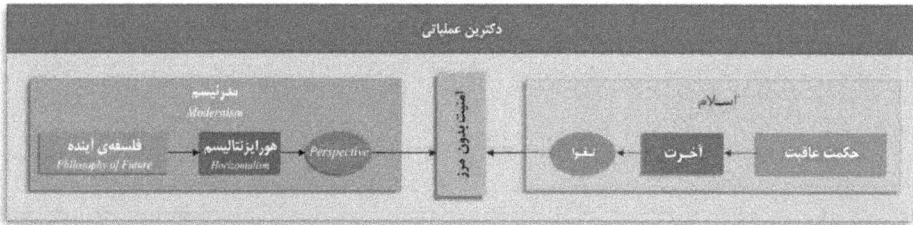

نقشه‌ی راه ۳-۲-۳-۱۰

مدرنیسم

فلسفه‌ی آینده *Philosophy of Future*

واژه‌ی «*Future*» از ریشه‌ی لاتینی «*futurus*» به معنای «آن-چه که می‌آید» مشتق شده است.[۱] «فیوچر» مابه‌ازای «آینده» در زبان فارسی و «مستقبل» در زبان عربی است.

فلسفه‌ی آینده، تبیین چیستی و چرایی «زمانی است که می‌آید»، و مهم‌ترین محور آن ترسیم و تجسم وضع مطلوب در قالب طرح‌ریزی آینده است. چنان‌که «جمهور افلاطون»[۲] طرحی از آینده بود، و چنان‌که افرادی چون توماس مور،[۳] ناکس،[۴] دیدرو،[۵] روسو،[۶] و بنتام[۷] هریک طرحی برای آینده داشته‌اند.[۸]

البته «آینده‌شناسی» دانشی نوپاست که پیدایش آن به جنگ جهانی دوم بازمی‌گردد، و حوزه‌ای میان‌رشته‌ای محسوب می‌شود که به آنالیز شرایط، وقایع و گرایش‌های گذشته و حال می‌پردازد تا بتواند پیش‌بینی آینده را رقم بزند.[۹]

البته «*Future*» به معنای زندگی پس از مرگ نیز به‌کار رفته،[۱۰] و فلسفه‌ی آن به پرسش از چیستی و چرایی پس از مرگ می‌پرداخته است، اما مبتنی بر آرای هانس بلومنبرگ[۱۱] بی‌علاقه شدن فلاسفه به امر سرمدی حدوداً در پایان قرون وسطی آغاز شده، و قرن نوزدهم را می‌توان مصادف با پایان این حوزه‌ی فکری از فلسفه‌ی آینده در نظر گرفت.[۱۲]

ایدئولوژی هورایزنتالیسم *Horizontalism*

طراحی آینده، ابتدا به ساکن نیازمند «افق‌مندی» نگاه بشری است، زیرا کسی می‌تواند آینده را مجسم و سپس ترسیم نماید که از مناسبات فعلی جامعه فاصله گرفته و نگاه خود را معطوف به «افق» زمانی نماید. ایدئولوژی هورایزنتالیسم نیز بیان اصالت «افق‌گرایی» در مقابل دیدگان بشری برای آینده‌نگری اوست. هورایزنتالیسم، تلقی عمیق افلاطونی است که در عصر جدید توسط نیچه[۱۳] با نفی چشم‌اندازگرایی افلاطونی، نقض می‌شود.

البته این ایدئولوژی در دانش اقتصاد، در حوزه‌ی ماکرواکانومی در مقابل مفهوم *Verticalism* نیز به‌کار می‌رود،[۱۴] که مفهومی جدای آینده‌نگری است.

دکترین پرسپکتیو *Perspective*

آن‌چه پس از «افق‌گرایی» موضوعیت می‌یابد، تبیین «پرسپکتیو» یا «دورنمای» وضع موجود است، به این صورت که

«پرسپکتیو» به موقعیت و نقطه‌ای اطلاق می‌شود که استمرار وضعیت کنونی یک سیستم یا سازمان، بر بستر محیط، در افق زمان، بدان‌جا خواهد رسید. تبیین این موقعیت و نقطه، پایه و مبنای برآورد وضع مطلوب محسوب می‌شود؛ آن‌چه که در طرح‌ریزی «ویژن»[۱۵] نامیده شده است.

اسلام

حکمت عاقبت

اسلام، در مقابل آینده، عاقبت را برمی‌تابد. «عاقبت» از ریشه‌ی عربی «عقب» مشتق شده و واژه‌ای قرآنی است، که با «تعقیب» به‌معنای «آوردن چیزی از پی دیگری» هم‌ریشه است؛[۱۶] پس از آن‌جا که پاداش و نتیجه هر کاری از عقب آن کار و عمل می‌آید، «عاقبت» معادل «پاداش و ثواب» به‌کار می‌رود، و بر «سرانجام» انسان دلالت می‌کند.[۱۷]

چون عاقبت از عقب انسان می‌آید نه از پیش رو، عاقبت در مقابل آینده قرار می‌گیرد، و حکمت عاقبت، نیز به تبیین چیستی و چرایی «آن‌چه انسان را از عقب دنبال می‌کند» می‌پردازد، و از این حیث نسبت‌شناسی دو وجه عاقبت، برای انسان رقم می‌خورد، یا پاداشی خیر و نیکو،[۱۸] و یا عقوبت و مجازاتی سخت.[۱۹]

مکتب آخرت

«آخر» در مقابل «اول» به‌کار می‌رود، و از این‌رو «آخرت» به جهان پس از مرگ اطلاق می‌شود، که حیات ثانوی انسان را در مقابل حیات دنیوی انسان در بردارد.[۲۰] حکمت عاقبت، «اصالت آخرت» را در مقابل دنیا برمی‌تابد، زیرا آخرت، حیات حقیقی انسان است که جاودانه، بدون زوال، و بدون إنقطاع و مرگ است،[۲۱] و از دنیا بهتر و پاینده‌تر است.[۲۲]

قاعده تقوا

حکمت عاقبت، بر مبنای مکتب آخرت به قاعده‌ی «تقوا» منتج می‌شود، زیرا مبتنی بر آیه ۴۹ سوره هود: «همانا عاقبت از آن متقین است»[۲۳] یک قاعده‌ی قرآنی است، و از سوی دیگر مبتنی بر آیه‌ی ۳۲ سوره‌ی انعام «خانه‌ی آخرت برای متقین بهتر است.»[۲۴]

امنیت

گرچه اکنون در جمهوری اسلامی ایران، در حوزه‌های مختلف، فلسفه‌ی آینده، ایدئولوژی هورایزنتالیسم و دکترین پرسپکتیو مبنای طرح‌ریزی و نظام‌سازی واقع گردیده‌اند، اما تعارض این رویه‌ها با رویه‌های حکمت عاقبت، مکتب آخرت و قاعده‌ی تقوا برکسی پوشیده نیست، فلذا بایسته و شایسته است که از رویه‌های اسلامی تبیینی صحیح و کامل صورت گیرد تا آینده‌ی انسان به تبع تقوای او در عقبای او رقم بخورد.

---

1. Merriam-Webster's collegiate dictionary, 11th Ed., Massachusetts, U.S.A, Merriam-Webster Incorporated, 2005. (Word: Future)
2. Plato's Republic
3. Sir Thomas More (1478–1535)
4. John Knox (1510–1572)
5. Denis Diderot (1713 –1784)
6. Jean-Jacques Rousseau (1712–1778)
7. Jeremy Bentham (1748–1832)
8. Rea, Peter J. & Kerzner, Harold; Strategic Planning (A Practical Guide), 1st Ed., USA, Van Nostrand Reinbold, 1997, p. 2.
9. Birx, H. James (Editor); Encyclopedia of Time: Science, Philosophy, Theology, & Culture, USA, Sage Publications, 2009, Vol. 1, p.552.
10. Merriam-Webster's collegiate dictionary, 11th Ed., Massachusetts, U.S.A, Merriam-Webster Incorporated, 2005. (Word: Future)
11. Hans Blumenberg (1920-1996)

۱۲. ررتی، ریچارد؛ فلسفه و آینده، زندیه، عطیه (مترجم)، ماهنامه کتاب ماه فلسفه، اسفند ۱۳۸۶، شماره‌ی ۶، ص ۸۳

13. Friedrich Wilhelm Nietzsche (1844 –1900)
14. Wikipedia Online Encyclopedia (http://en.wikipedia.org/wiki/Horizontalism)
15. Vision

۱۶. راغب اصفهانی، حسین بن محمد؛ ترجمه و تحقیق مفردات الفاظ قرآن؛ خسروی حسینی، سیدغلامرضا (مترجم)، نشر مرتضوی، ج۲ ، صص ۶۲۳و ۶۲۴.

۱۷. مهیار، رضا (مترجم)؛ فرهنگ ابجدی عربی - فارسی؛ ترجمه المنجدالابجدی، چاپ اول، تهران، نشر اسلامی،۱۳۷۰، ص ۵۹۵.

۱۸. **خَیْرٌ ثَواباً وَ خَیْرٌ عُقْباً (قرآن الکریم، سوره‌ی کهف، قسمتی از آیه‌ی ۴۴.)**

۱۹. **فَکانَ عاقِبَتَهُما أَنَّهُما فِی النَّارِ(قرآن الکریم، سوره‌ی حشر، قسمتی از آیه‌ی ۱۷.)** سرانجام کارشان این شد که هر دو در آتش دوزخ خواهند بود، (مکارم شیرازی، ناصر؛ ترجمه‌ی قرآن کریم)

۲۰. ترجمه و تحقیق مفردات الفاظ قرآن؛ ج۱ ، ص ۱۶۰.

۲۱. **وَ ما هذِهِ الْحَیاةُ الدُّنْیا إِلاَّ لَهْوٌ وَ لَعِبٌ وَ إِنَّ الدَّارَ الْآخِرَةَ لَهِیَ الْحَیَوانُ لَوْ کانُوا یَعْلَمُونَ (قرآن الکریم، سوره‌ی عنکبوت، آیه‌ی ۶۴.)** این زندگی دنیا چیزی جز سرگرمی و بازی نیست؛ و زندگی واقعی سرای آخرت است، اگر می‌دانستند! (مکارم شیرازی، ناصر؛ ترجمه‌ی قرآن کریم)

۲۲. **بَلْ تُؤْثِرُونَ الْحَیاةَ الدُّنْیا * وَ الْآخِرَةُ خَیْرٌ وَ أَبْقی (قرآن الکریم، سوره-ی اعلی، آیه‌ی ۱۶ و ۱۷.)** ولی شما زندگی دنیا را مقدم می‌دارید، در حالی که آخرت بهتر و پایدارتر است! (مکارم شیرازی، ناصر؛ ترجمه‌ی قرآن کریم)

۲۳. **إِنَّ الْعاقِبَةَ لِلْمُتَّقِین (قرآن الکریم، سوره‌ی هود، قسمتی از آیه‌ی ۴۹.)**

۲۴. **لَلدَّارُ الْآخِرَةُ خَیْرٌ لِلَّذینَ یَتَّقُون (قرآن الکریم، سوره‌ی أنعام، قسمتی از آیه‌ی ۳۲.)**

بخش چهارم

نتیجه گیری و پیشنهاد

- **نتیجه گیری**

دکترین بیع

در فرآیند معامله، مبادله، مبایعه، چنانچه خلت، انفاق و برکت محقق شود، بیع رقم خورده است.

از این رو:

1. **بیع چیست؟** بیع، انجام «شراء» خدا محور، در فروش مال و نفس خود به خدا است.
2. **بیع چرا؟** بیع، برای رقم خوردن معاش معطوف به معاد است.
3. **بیع چگونه؟**

الف- با انجام معاملهٔ منتهی به خلّت.

ب- سپس با انجام مبادلهٔ مبتنی بر انفاق.

ج- آن‌گاه تحقق مبایعهٔ معطوف به برکت.

مبتنی بر دکترین بیع، دکترین استراتژیکی ملی بیع جمهوری اسلامی در افق ۱۴۱۴ هجری شمسی عبارت است از:

الف- فردی:

۱. مبایعه‌ی انسان (مؤمن) با خود.

۲. مبایعه‌ی انسان (مؤمن) با طبیعت.

۳. مبایعه‌ی انسان (مؤمن) با سایرین در اجتماع.

۴. مبایعه‌ی انسان (مؤمن) با خدا.

ب- جمعی:

۱. مبایعه‌ی مؤمنین با خود.

۲. مبایعه‌ی مؤمنین با طبیعت.

۳. مبایعه‌ی مؤمنین با سایرین در اجتماع.

۴. مبایعه‌ی مؤمنین با خدا.

د- ملی:

۱. مبایعه‌ی حکومت مؤمنین با آحاد جامعه‌ی خود.

۲. مبایعه‌ی حکومت مؤمنین با طبیعت.

۳. مبایعه‌ی حکومت مؤمنین با سایر جوامع و حکومت‌ها.

۴. مبایعه‌ی حکومت مؤمنین با خدا.

سطوج دکترینولوژی ملی بیع

۱- بیع استراتژیولوژیک: بیع حکومت مؤمنین با خدا.

۱-۱- بیع سوپر استراتژیولوژیک: بیع ملی نفس مؤمنین به خدا.

۱-۲- بیع ماکرو استراتژیولوژیک: بیع ملی مال مونین به خدا.

۱-۳- بیع میکرو استراتژیولوژیک: قرض الحسنه ملی به خدا.

۱-۴- بیع نانو استراتژیولوژیک: خمس و زکات ملی.

۲- بیع تاکتولوژیک: بیع اجتماع مؤمنین با خدا.

۲-۱- بیع سوپر تاکتولوژیک: بیع نفس مؤمنین به خدا.

۲-۲- بیع ماکرو تاکتولوژیک: بیع مال مؤمنین به خدا.

۲-۳- بیع میکرو تاکتولوژیک: قرض الحسنه مؤمنین به خدا.

۲-۴- بیع نانو تاکتولوژیک: خمس و زکات مؤمنین.

۳- بیع تکنولوژیک: بیع مؤمن با خدا.

۳-۱- بیع سوپر تکنولوژیک: بیع نفس مؤمن به خدا.

۳-۲- بیع ماکرو تکنولوژیک: بیع مال مؤمن به خدا.

۳-۳- بیع میکرو تکنولوژیک: قرض الحسنه مؤمن به خدا.

۳-۴- بیع نانو تکنولوژیک: خمس و زکات مؤمن.

نظام بیع

سوپر استرانژیولوژی بیع	سوپر استرانژیولوژی
بیع سوپر استرانژیولوژیک	
ماکرو استرانژیولوژی بیع	ماکرو استرانژیولوژی
بیع ماکرو استرانژیولوژیک	
میکرو استرانژیولوژی بیع	میکرو استرانژیولوژی
بیع میکرو استرانژیولوژیک	
نانو استرانژیولوژی بیع	نانو استرانژیولوژی
بیع نانو استرانژیولوژیک	
سوپر تاکتولوژی بیع	سوپر تاکتولوژی
بیع سوپر تاکتولوژیک	
ماکرو تاکتولوژی بیع	ماکرو تاکتولوژی
بیع ماکرو تاکتولوژیک	
میکرو تاکتولوژی بیع	میکرو تاکتولوژی
بیع میکرو تاکتولوژیک	
نانو تاکتولوژی بیع	نانو تاکتولوژی
بیع نانو تاکتولوژیک	
سوپر تکنولوژی بیع	سوپر تکنولوژی
بیع سوپر تکنولوژیک	
ماکرو تکنولوژی بیع	ماکرو تکنولوژی
بیع ماکرو تکنولوژیک	
میکرو تکنولوژی بیع	میکرو تکنولوژی
بیع میکرو تکنولوژیک	
نانو تکنولوژی بیع	نانو تکنولوژی
بیع نانو تکنولوژیک	

مدیریت توسعه و تحول نظام بیع

1. **دوران تحول در اندیشه (نواندیشی) از ۱۳۹۱ تا ۱۳۹۶ (بازه‌ی ۵ ساله)**

این مرحله، دوران نوشدن در حوزه‌ی اندیشه است، تدوین مبانی نظری تحوّل به صورت عام، از دو سال قبل از این مرحله – در مرحله‌ی پسانوبود- و تدوین مبانی نظری تحول نظام بیع به صورت خاص تا پایان این بازه صورت می‌گیرد. همچنین آماده شدن ۱۳۷ نقشه‌ی راه مسترپلان بیع برای تبیین ۱۳۷ دکترین عملیاتی حوزه‌ی بیع، نیز جزء این مرحله است.

2. **دوران تحول در بینش (نوگرایی) از ۱۳۹۶ تا ۱۴۰۱ (بازه‌ی ۵ ساله)**

ایجاد گرایش به مبانی نظری تحول نظام بیع در این مرحله صورت می‌گیرد، به این صورت که مبتنی بر پارادایم جدید بیع، گرایش در حوزه‌ی عرصه‌ی خواص جامعه و سپس در حوزه‌ی عمومی جامعه شکل گرفته و تدوین مبانی قانونی تحول بیع در این مرحله پیش‌بینی می‌شود.

3. **دوران تحول در منش (نوسازی) از ۱۴۰۱ تا ۱۴۰۶ (بازه‌ی ۵ ساله)**

ایجاد نوسازی در سیستم‌ها و ساختارهای مرتبط با حوزه‌ی بیع از این مرحله آغاز می شود. تدوین مبانی تحول ساختاری و طراحی سازمان‌ها و نهادهای جدید بیع در این مرحله صورت می‌گیرد.

4. **دوران تحول در سیستم و ساختار (پیش نوشدن)از ۱۴۰۶ تا ۱۴۱۱ (بازه‌ی ۵ ساله)**

در این گام، سیستم‌ها و ساختارهای طراحی شده به اجرا گذارده می‌شود. (مرحله‌ی ایجاد، حفظ و بسط سیستم)

۵. دوران بهبود سیستم و ساختار (نوشدن) از ۱۴۱۱ تا ۱۴۱۴ (بازه‌ی ۳ ساله)

در این مرحله سیستم‌ها و ساختار ایجاد شده بهبود داده می‌شود، (حفظ وضع موجود سیستم، بهبود اضطراری سیستم، و بهبود اساسی سیستم)

۶. دوران پسانوبودن

این مرحله پس از سال ۱۴۱۴ هجری شمسی شکل خواهد گرفت. در این مرحله نیاز به شکل‌گیری و پرورش اندیشه‌ی نو در سیستم مجدداً به وجود خواهد آمد.

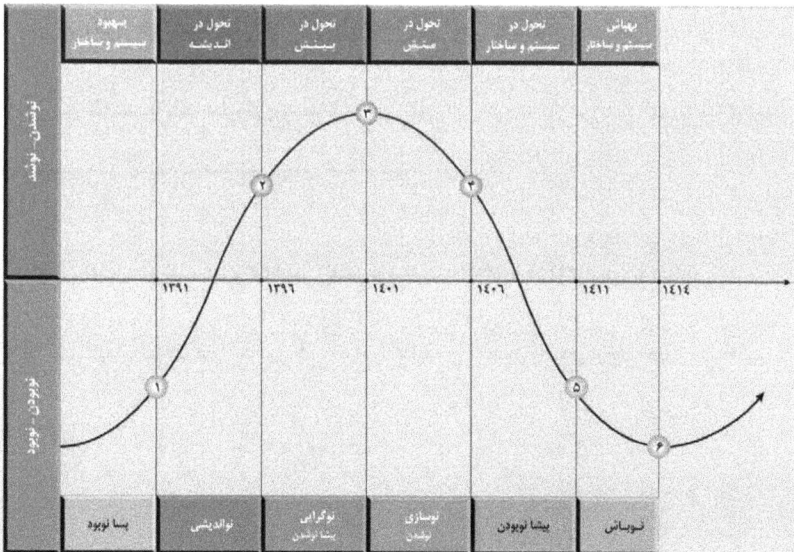

مدیریت توسعه و تحول

نظام بیع

۷۶۶

- **پیشنهاد**

۱. مسترپلان تطبیقی بیع و اکونومی، به صورت پیش‌نویس دکترین (قوانین، سیاست‌ها، و استراتژی‌ها)، به منظور بهره‌گیری در سیاست‌گذاری‌های دکترینال و استراتژیک حوزه‌ی بیع در سطح ملی، به مراکز و نهادهای مرتبط با تصمیم‌سازی و تصمیم‌گیری در حوزه‌های نظام بیع، ارائه شود.

۲. گروه مخاطب طرح استاتژیک بیع در افق ۱۴۱۴ عبارت هستند از:

  - وزارت اقتصاد و دارایی

  - وزارت صنعت، معدن و تجارت

  - وزارت تعاون، رفاه، کار و امور اجتماعی

  - مجلس شورای اسلامی

  - مجمع تشخیص مصلحت نظام

  - شورای نگهبان

  - مراکز تحقیقات استراتژیک

  - سایر سازمان‌ها، مراکز و نهادهای مرتبط با تصمیم‌گیری در حوزه‌ی نظام بیع

۳. ستاد ملی تحول بیع در کشور ایجاد شود.

۴. مراکز تحقیقات استراتژیک بیع، در وزارت اقتصاد و دارایی ایجاد شود.

۵. دپارتمان مطالعات استراتژیک بیع، در دانشکده‌ی اقتصاد دانشگاه تهران ایجاد شود.

۶. هریک از ۱۳۷ نقشه‌ی راه موجود در مستر پلان بیع، به صورت پایان‌نامه دانشجویی، یا طرح پژوهشی در قالب ۱۳۷ دکترین عملیاتی نظام بیع ارائه شود.

فهرست منابع و مآخذ

- فهرست منابع فارسی

الف

۱. آریانپور کاشانی، عباس و آریانپور کاشانی، منوچهر (مؤلفین)؛ **فرهنگ جیبی انگلیسی به فارسی**، چاپ اول، تهران، انتشارات امیرکبیر، ۱۳۵۵.

۲. آژیر، حمیدرضا؛ **بهشت کافی (ترجمه‌ی روضه ی کافی)**، چاپ اول، قم، انتشارات سرور، ۱۳۸۱.

۳. ابونوری، عباسعلی، **اقتصاد خرد۱**، نشر دانشگاه آزاداسلامی ۱۳۸۳.

۴. ابونوری، عباسعلی، **اقتصاد خرد۲**، نشر دانشگاه آزاداسلامی۱۳۸۵.

۵. انصاری، خواجه عبدالله؛ **صد میدان**، چاپ اول، تهران، نشر کتاب دنیای کتاب، ۱۳۷۵.

۶. إربلی، علی ابن عیسی، **کشف‌الغمة**، چاپ مکتب بنی هاشمی تبریز، ۱۳۸۱.

۷. ابراهیمی، شهروز؛ **تحول مفهوم امنیت: از امنیت ملی تا امنیت جهانی**؛ فصل نامه سیاست دفاعی، تابستان ۱۳۷۹، شماره سی و یک.

۸. ابن منظور إفریقی، محمد بن مکرم؛ **لسان العرب**، چاپ اول، بیروت: نشر دارالکتب العلمیه، ۲۰۰۳ میلادی.

۹. ابن اثیر، **النهایة فی غریب الحدیث و الاثر**، نشر دارالفکر.

۱۰. ایکاف، راسل لینکلن، **برنامه ریزی تعاملی، مدیریت هماهنگ با تحول برای ساختن آینده‌ی سازمان**، خلیلی شورینی، سهراب (مترجم)، نشر کتاب ماد امید، مسعود؛ **درآمدی بر فلسفه‌ی ریاضی**، دوماهنامه‌ی کیهان اندیشه، مرداد و شهریور ۱۳۷۳، شماره‌ی ۵۵.

۱۱. امید، مسعود؛ **درآمدی بر فلسفه‌ی ریاضی**، دوماهنامه‌ی کیهان اندیشه، مهر و آبان ۱۳۷۳، شماره‌ی ۵۶.

۱۲. امید، مسعود؛ **فلسفه‌ی ریاضی از نگاه فلاسفه‌ی اسلامی**، دوماهنامه‌ی کیهان اندیشه، خرداد و تیر ۱۳۷۳، شماره‌ی ۵۴. ۱۳۸۶.

ب

۱۳. باباپور خیرالدین، جلیل؛ **خلاقیت، توصیف، محدودیت‌ها و روش‌های ایجاد خلاقیت**، ماهنامه‌ی پیوند، آبان ۱۳۷۸، شماره ۲۴۱.

۱۴. بندرریگی، محمد مترجم، فرهنگ جدید، **ترجمه المنجدالطلاب**، جلد۱.

۱۵. بیات، عبدالرسول و همکاران؛ **فرهنگ واژه‌ها**، چاپ دوم، قم، انتشارات مؤسسه اندیشه و فرهنگ دینی، ۱۳۸۱، ص ۱۶۴.

۱۶. بهبودی، محمد باقر؛ **گزیده‌ی کافی**، چاپ اول، تهران، مرکز انتشارات علمی و فرهنگی، ۱۳۶۳.

پ

۱۷. پاینده، ابوالقاسم؛ **نهج الفصاحة- مجموعه کلمات قصار حضرت رسول (ص)**، چاپ چهارم، تهران، نشر دنیای دانش، ۱۳۸۲.

۱۸. پلگرینو، ادموند؛ **فلسفه‌ی پزشکی، در جست و جوی تعریف**، ترجمه‌ی همتی مقدم، احمد رضا؛ مجله‌ی سروش اندیشه، انتشارات سروش، پاییز ۱۳۸۳، شماره‌ی ۱۱.

۱۹. پیرس و رابینسون، **برنامه ریزی و مدیریت استراتژیک**، خلیلی شورینی، سهراب(مترجم)، انتشارات یادواره کتاب، چاپ چهارم ۱۳۸۵.

ت

۲۰. تافلر، الوین؛ **جابه‌جایی در قدرت**، ترجمه‌ی خوارزمی، شهیندخت؛ چاپ هشتم، تهران، نشر علم، ۱۳۷۹.

۲۱. تبریزی مصطفوی، حسن؛ **التحقیق فی کلمات القرآن الکریم**، چاپ دوم، تهران، نشر آثار علامه مصطفوی، ۱۳۸۵.

۲۲. تفضلی، فریدون، تاریخ عقاید اقتصادی از افلاطون تا دوره‌ی معاصر، نشر نی ۱۳۸۶ .

۲۳. تمیمی آمدی، عبد الواحد؛ **تصنیف غرر الحکم و درر الکلم**، چاپ اول، قم، نشر دفتر تبلیغات، ۱۳۶۶.

۲۴. توانایان فرد، حسن، **فرهنگ تشریحی اقتصاد**، چاپ بیستم، تهران، نشر جهان رایانه، ۱۳۸۶.

ج

۲۵. جابری عربلو، محسن؛ **تعریف و تقسیم فقه**، فصل‌نامه‌ی مقالات و بررسی‌ها، بهار ۱۳۶۵، شماره‌ی ۴۱ و ۴۲.الجرجانی، علی بن محمد؛ **کتاب التعریفات**، چاپ چهارم، تهران: نشر ناصر خسرو، ۱۳۷۰.

۲۶. جنتی، احمد؛ **نصایح**، چاپ بیست و چهارم، قم، نشر الهادی، ۱۳۸۲.

چ

۲۷. چشم انداز جمهوری اسلامی ایران در افق ۱۴۰۴ هجری شمسی، مجمع تشخیص مصلحت، ۱۳۸۵.

ح

۲۸. حافظ، شمس الدین محمد؛ **دیوان حافظ شیرازی**؛ چاپ دوم، تهران، نشر پارس کتاب، ۱۳۸۰.

۲۹. حرانی، ابن شعبه ، **تحف العقول عن آل الرسول (ص)**، چاپ دوم، قم ، نشر جامعه ی مدرسین، ۱۴۰۴ قمری.

۳۰. حکیمی، محمدرضا و همکاران (مؤلفین)؛ **الحیاة**، آرام، احمد (مترجم)، تهران، دفتر نشر فرهنگ اسلامی، ۱۳۸۰.

۳۱. حق‌شناس، محمدعلی؛ سامعی، حسن؛ انتخابی، نرگس (مؤلفین)؛ **فرهنگ معاصر هزاره (انگلیسی به فارسی)**، چاپ چهارم، تهران، انتشارات فرهنگ معاصر، ۱۳۸۳.

خ

۳۲. خوانساری، آقا جمال الدین، **شرح آقا جمال الدین خوانساری بر غرر الحکم**، چاپ اول، تهران، انتشارات دانشگاه تهران، ۱۳۶۶.

۳۳. خرمشاهی، بهاءالدین. و انصاری مسعود: **پیام پیامبر**، چاپ اول، تهران، نشر منفرد، ۱۳۷۶.

د

۳۴. دلاوری، رضا؛ **فرهنگ لغات و اصطلاحات علوم سیاسی و روابط بین الملل**، چاپ اول، تهران، انتشارات دلاوری، ۱۳۷۸.

۳۵. دیلمی، شیخ حسن؛ **إرشاد القلوب إلی الصواب**، چاپ اول، قم، ناشر شریف رضی، ۱۴۱۲ قمری.

۳۶. دیلمی، شیخ حسن؛ **ترجمه‌ی إرشاد القلوب إلی الصواب**، رضایی، عبدالحسین (مترجم)، چاپ سوم، تهران، ناشر اسلامیه، ۱۳۷۷.

ذ

۳۷. ذاکرزاده، ابوالقاسم؛ **مرگ تراژدی و تولد عقل گرایی**، فصلنامه نامه مفید، آذر و دی ۱۳۸۲، شماره ۳۹.

ر

۳۸. رابینز و همکاران (مؤلفین)، **همراه جیبی رابینز پایه آسیب شناختی بیماری‌ها**، احمدی، کیومرث (مترجم)، چاپ اول، تهران، مؤسسه فرهنگی انتشاراتی تیمورزاده، ۱۳۷۹.

۳۹. راغب اصفهانی، حسین بن محمد؛ **المفردات فی غریب القرآن**؛ نشر کتاب، ۱۴۰۴ ق.

۴۰. راغب اصفهانی، حسین بن محمد؛ **ترجمه و تحقیق مفردات الفاظ قرآن**؛ خسروی حسینی، سیدغلامرضا (مترجم)، نشر مرتضوی، ۱۳۶۹.

۴۱. رحمان‌زاده دهکردی، حمیدرضا؛ **نقد و بررسی کتاب فلسفه‌ی قدرت**؛ فصلنامه حوزه و دانشگاه؛ بهار ۱۳۸۱، سال هشتم، شماره‌ی ۳۰.

۴۲. رضایی بیرجندی، علی، **تکاثر طلبی و کوثر گرایی**، انتشارات نور گستر قم.

۴۳. سید رضی (گردآورنده)، **نهج البلاغه**، چاپ اول، قم، نشر هجرت، ۱۴۱۴ ه.ق.

۴۴. سید رضی (گردآورنده)، **ترجمه‌ی نهج البلاغه**، دشتی، محمد(مترجم)، چاپ چهاردهم، تهران، انتشارات علمی و فرهنگی، ۱۳۷۸.

۴۵. ری‌شهری، محمد، **التنمیة الاقتصادیة فی الکتاب والسنة**، ناشر دارالحدیث للطباعة و النشر.

س

۴۶. سامو‌ئلسن، هاوس نورد؛ اصول علم اقتصاد، محمد خان، مرتضی (مترجم)، تهران، شرکت انتشارات علمی و فرهنگی، ۸۴، ص ۶.

۴۷. سجادی، سید جعفر؛ **فرهنگ معارف اسلامی**، چاپ سوم، تهران، انتشارات دانشگاه تهران، ۱۳۷۳.

۴۸. سعدی، مصلح بن عبدالله؛ **کلیات سعدی**، چاپ دوم، تهران، انتشارات دوستان، ۱۳۷۹.

۴۹. سماهیجی، عبدالله (گردآورنده)؛ **صحیفه‌ی علویه**، رسولی محلاتی، سیدهاشم (مترجم)، چاپ سوم، تهران، انتشارات اسلامی، ۱۳۶۹.

۵۰. **سند ملی توسعه بخش بهداشت و درمان، برنامه چهارم توسعه کشور**، دکتر علی اکبر سیاری، ۸۳/۹/۲۴

۵۱. سومبارت، ورنر، **یهودیان و حیات اقتصادی مدرن**، ترجمه رحیم قاسمیان، نشر ساقی، چاپ اول ۱۳۸۴.

۵۲. سید ابن طاوس، **الأمان من أخطار الأسفار و الأزمان**، چاپ اول، قم، نشر آل بیت، ۱۴۰۹ قمری.

۵۳. سید ابن طاوس، **الطرائف فی معرفة مذاهب الطوائف**، چاپ اول، قم، نشر خیام، ۱۴۰۰ ه.ق.

ش

۵۴. **شفاعت در قرآن و حدیث**، نشریه پاسدار اسلام شماره ۲۵۷.

ص

۵۵. صادقی رشاد، علی‌اکبر؛ **اجتهاد موجود و اجتهاد مطلوب**، فصل‌نامه‌ی پژوهش و حوزه، زمستان ۱۳۸۱، سال سوم، شماره‌ی ۱۲.

۵۶. صحراگرد،مجید؛ **مطالعه‌ی طرح‌ریزی استراتژی ملی انرژی جمهوری اسلامی ایران در افق ۱۴۱۴**، پایان نامه‌ی کارشناسی ارشد، دانشکده انرژی، دانشگاه عباسپور، ۱۳۸۶.

۵۷. شیخ صدوق، **من‌لایحضره‌الفقیه**، انتشارات جامعه مدرسین قم ۱۴۱۳ قمری.

۵۸. شیخ صدوق؛ **ترجمه‌ی کتاب المواعظ**، عطاردی، عزیزالله (مترجم)، چاپ اول، تهران، نشر مرتضوی، بی‌تا.

۵۹. شیخ صدوق؛ **ترجمه‌ی معانی الأخبار**، محمدی شاهرودی، عبدالعلی (مترجم)، چاپ دوم، تهران، انتشارات دارالکتاب الاسلامیه، ۱۳۷۷.

۶۰. شیخ صدوق؛ **ترجمه‌ی علل الشرائع**، ذهنی تهرانی، محمد جواد (مترجم)؛ چاپ اول، قم، انتشارات مؤمنین، ۱۳۸۰.

۶۱. شیخ صدوق؛ **معانی الأخبار**، چاپ اول، قم، انتشارات جامعه مدرسین، ۱۴۰۳ قمری.

۶۲. شیخ صدوق، **عیون اخبار الرضا (علیه السلام)**، انتشارات جهان ۱۳۷۸.

۶۳. شیخ صدوق؛ **علل الشرائع**، چاپ اول، قم، انتشارات داوری، بی‌تا.

۶۴. صلیبا، جمیل؛ **المعجم الفلسفی**، بیروت، نشر الشرکة العالمیة للکتاب، ۱۴۱۴ ه.ق.

۶۵. صلصالی، مهوش و همکاران (مؤلفین)؛ **تحقیق گراندد تئوری در علوم پزشکی (فلسفه و اصول کاربردی)**، چاپ اول، تهران، انتشارات بشری، ۱۳۸۶.

ف

۶۶. فارل کرل، دیوید؛ **نظر هایدگر و نیچه در خصوص اراده معطوف به قدرت: هنر و حقیقت در ناسازگاریی هول انگیز**، حنایی کاشانی، محمد سعید (مترجم)، فصلنامه هنر، زمستان ۱۳۷۰ و بهار ۱۳۷۱، شماره ۲۱.

۶۷. فردوسی، ابوالقاسم، **شاهنامه**، تصحیح سعید حمیدیان، تهران، انتشارات قطره، ۱۳۸۴.

۶۸. فلسفی، محمد تقی، **الحدیث**، تهران، دفتر نشر فرهنگ اسلامی، ۱۳۶۸.

۶۹. فولادی، محمد؛ **تساهل و تسامح از منظر دین**، فصل نامه معرفت، مرداد و شهریور ۱۳۷۹، شماره ۳۵.

ق

۷۰. **قرآن الکریم**

۷۱. قدیری اصلی، باقر؛ **سیر اندیشه‌ی اقتصادی**، چاپ نهم، تهران، موسسه انتشارات و چاپ دانشگاه تهران، بهار ۱۳۷۶.

۷۲. قرشی، سید علی اکبر، **قاموس قرآن**، دارالکتب الاسلامیهٔ ۱۳۸۴.

۷۳. قیومی مقری، **احمد ابن محمد، مصباح المنیر فی غریب الشرح الکبیر الرافعی.**

ک

۷۴. کالینز، جان؛ **استراتژی بزرگ**، کوروش بایندر (مترجم)، تهران، انتشارات دفتر مطالعات سیاسی و بین المللی، بهار ۱۳۸۳

۷۵. کتب **عهد عتیق**، ترجمه فارسی.

۷۶. کالینز، جان؛ **جغرافیای نظامی**، عبدالمجید حیدری و همکاران (مترجمین)، تهران، دانشکده فرماندهی و ستاد دوره عالی جنگ، ۱۳۸۳.

۷۷. ثقه الاسلام کلینی، محمد؛ **الکافی**، چاپ دوم، تهران، ناشر اسلامیه، ۱۳۶۲.

۷۸. کمره ای، محمد باقر؛ **آداب معاشرت- ترجمه جلد شانزدهم بحار الانوار**، چاپ اول، تهران، ناشر اسلامیه، ۱۳۶۴.

۷۹. کمره ای، محمد باقر؛ **آسمان و جهان - ترجمه کتاب السماء و العالم بحار**، چاپ اول، تهران، ناشر اسلامیه، ۱۳۵۱.

۸۰. کرین، تیم؛ **زمان در فلسفه‌ی معاصر غرب**، مازیار، امیر (مترجم)، فصل‌نامه‌ی رهنمون، زمستان ۱۳۸۴ و بهار ۱۳۸۵، شماره‌ی ۱۳ و ۱۴.

۸۱. کوهن، سائول برنارد؛ **ژئوپلیتیک نظام جهانی**، کاردان، عباس (مترجم)، تهران، انتشارات مؤسسه فرهنگی مطالعات و تحقیقات بین الملل ابرار معاصر، ۱۳۸۷.

گ

۸۲. گالبرایت، جان کنت، آناتومی قدرت، مهاجر، محبوبه مترجم، نشر سروش ۱۳۸۱

۸۳. گلشنی، علی؛ و حاتمی، قادر؛ **رابطه دین و سیاست در نامه اول لاک درباره تسامح**؛ فصل‌نامه علوم اجتماعی و انسانی دانشگاه شیراز، تابستان ۱۳۸۷، دوره‌ی ۲۱، شماره دوم (پیاپی ۴۱).

۸۴. گلندینین، سیمون؛ **فلسفه هنر هایدگر**، عباسی، شهاب الدین (مترجم)، فصل‌نامه سروش اندیشه، بهار ۱۳۸۱، شماره ۲.

ل

۸۵. لطفیان، سعیده؛ **استراتژی و روش‌های برنامه‌ریزی استراتژیک**، تهران، انتشارات دفتر مطالعات سیاسی و بین المللی، زمستان ۱۳۸۴.

۸۶. لیارد، پی،آر، جی، والترز، ا،ا، **تئوری اقتصادخرد**، ترجمه‌ی عباس شاکری، نشرنی ۱۳۷۷.

ط

۸۷. طیب، سید عبد الحسین، **اطیب البیان فی تفسیر القرآن**، انتشارات اسلام ۱۳۷۸، چاپ دوم.

۸۸. طبرسی، حسن بن فضل ، **مکارم الأخلاق**، چاپ چهارم، قم، نشر شریف رضی، ۱۳۷۰.

۸۹. علامه طبرسی، **ترجمه مجمع البیان فی تفسیر القرآن** ، تحقیق: رضا ستوده انتشارات فراهانی۱۳۶۰ ش.

۹۰. طبرسی، شیخ حسن؛ **ترجمه‌ی مکارم الأخلاق**؛ میرباقری، سیدابراهیم (مترجم)، چاپ دوم، تهران، نشر فراهانی، ۱۳۶۵.

۹۱. شیخ طبرسی، فضل بن حسن حفید؛ **مشکاة الأنوار فی غرر الأخبار**، چاپ دوم، نجف، نشر حیدریه، ۱۳۸۵.

۹۲. طریحی، فخرالدین بن محمّد، مجمع البحرین، تهیه و تنظیم محمود عادل، دفتر نشر فرهنگ اسلامی۱۳۸۷

۹۳. طوسی، خواجه نصیرالدین، **التهذیب الاحکام**، دارالکتب الاسلامیه ۱۳۶۵.

۹۴. طوسی، نصیرالدین، **اخلاق ناصری**، مؤسسه انتشارات فراهانی ۱۳۴۴.

۹۵. طهماسبی، محمدرضا؛ **رهیافت‌های بنیادین فلسفی در هوش مصنوعی**، فصل‌نامه‌ی حکمت و فلسفه، تابستان ۱۳۸۵، سال ۲، شماره‌ی ۲.

ع

۹۶. عاملی، شیخ حرّ، **وسائل الشیعهٔ**، انتشارات آل البیت قم ۱۴۰۹ قمری.

۹۷. عطاردی، عزیزالله؛ **ایمان و کفر- ترجمه الإیمان و الکفر بحار الانوار**، تهران، انتشارات عطارد، ۱۳۷۸.

۹۸. عطائی، محمد رضا؛ **مجموعه ورام، آداب و اخلاق در اسلام**، چاپ اول، مشهد، انتشارات آستان قدس، ۱۳۶۹.

۹۹. عضدانلو، حمید؛ **درآمدی بر گفتمان یا گفتمانی درباره‌ی گفتمان**، فصل‌نامه‌ی اطلاعات سیاسی و اقتصادی، فروردین و اردیبهشت ۱۳۷۵، شماره‌ی ۱۰۳ و ۱۰۴.

م

۱۰۰. مراغی، یعقوب؛ **طب النبی(ص) و طب الصادق(ع) روش تندرستی در اسلام**، چاپ سوم، قم، انتشارات مؤمنین، ۱۳۸۱.

۱۰۱. محدث نوری، **مستدرک الوسایل**، نشر آل البیت، ۱۴۰۸ هجری قمری .

۱۰۲. محمدی ری شهری، محمد؛ **منتخب میزان الحکمه**، شیخی، حمیدرضا (مترجم)، چاپ دوم، قم، سازمان چاپ و نشر دارالحدیث، ۱۳۸۴.

۱۰۳. مخبر دزفولی، عباس، **ارمغان شهید**، ناشرجامعه مدرسین ۱۳۷۵.

۱۰۴. مشکینی، علی؛ **تحریر المواعظ العددیة**، چاپ هشتم، قم، نشر الهادی، ۱۴۲۴.

۱۰۵. مصباح یزدی، محمدتقی؛ **آموزش فلسفه**، چاپ دوم، تهران، سازمان تبلیغات اسلامی شرکت چاپ و نشر بین‌الملل، ۱۳۷۹.

۱۰۶. مصطفوی، سید جواد، **اصول کافی**، چاپ اول، تهران، ناشر کتابفروشی علمیه اسلامیه، بی‌تا.

۱۰۷. علامه مجلسی، **بحار الأنوار الجامعة لدرر أخبار الأئمة الأطهار**، تهران، ناشر اسلامیه، بی‌تا.

۱۰۸. موسوی خمینی، روح‌الله (ره)، **صحیفه‌ی امام**، چاپ چهارم، تهران، مؤسسه‌ی نشر و تنظیم آثار امام خمینی، ۱۳۸۶..

۱۰۹. مستغفری، ابو العباس؛ **طب النبی صلی الله علیه و آله و سلم**، چاپ اول، قم، انتشارات رضی، ۱۳۶۲.

۱۱۰. مکارم شیرازی، ناصر؛ **ترجمه‌ی قرآن کریم**، چاپ اول، قم، انتشارات مدرسه‌ی امام علی بن ابی‌طالب (ع)، ۱۳۸۴.

۱۱۱. مکارم شیرازی، ناصر، **تفسیر نمونه**، دارالکتب الاسلامیه، ۱۳۷۴.

۱۱۲. منصورنژاد، محمد؛ **دیالکتیک و هگل**، فصل‌نامه نامه‌ی فرهنگ، زمستان ۱۳۸۳، شماره‌ی ۵۴.

۱۱۳. موسوی کریمی، میر سعید؛ **عقلانیت، معرفت علمی و فلسفه علم تامس کوهن**، فصلنامه ذهن، تابستان ۱۳۸۰، شماره ۱۰.

۱۱۴. موسوی الخمینی، روح الله ، **البیع**، مؤسسه تنظیم و نشر آثار امام خمینی.

۱۱۵. موسوی همدانی، سید محمد باقر، **ترجمه تفسیر المیزان**، نشر دفتر انتشارات جامعه مدرسین حوزه علمیه قم.

۱۱۶. میرعرب، مهرداد؛ **نیم نگاهی به مفهوم امنیت**، فصل نامه علوم سیاسی، تابستان ۱۳۷۹، دوره سوم، شماره یک، شماره پیاپی ۹.

۱۱۷. مهرابی بهار، علی، **تبیین دکترین ملی سلامت جمهوری اسلامی ایران در افق ۱۴۱۴**، پایان نامه جهت اخذ دکترای عمومی پزشکی، دانشگاه علوم پزشکی تهران، ۱۳۹۰.

۱۱۸. مهام، سیما؛ **فلسفه‌ی ریاضی**، دوماهنامه‌ی کیهان اندیشه، مرداد و شهریور ۱۳۷۳ شماره‌ی ۵۵.

۱۱۹. مهیار، رضا (مترجم)؛ **فرهنگ ابجدی عربی - فارسی**؛ ترجمه المنجدالابجدی، چاپ اول، تهران، نشر اسلامی،۱۳۷۰.

ن

۱۲۰. نراقی، ملا احمد؛ **معراج السعاده**، چاپ اول، قزوین، نشر جمال، ۱۳۸۸.

۱۲۱. نظامی گنجوی؛ **شرف نامه**، چاپ اول، تهران، انتشارات برگ نگار، ۱۳۸۱.

۱۲۲. نورث، داگلاس، سی، ساختار و دگرگونی در تاریخ اقتصادی، ترجمه غلامرضا آزاد ارمکی، نشر نی ۱۳۷۹

۱۲۳. نیچه، فریدریش؛ **اراده قدرت**، شریف، مجید(مترجم)؛ چاپ اول، تهران، انتشارات جامی، ۱۳۷۷.

۱۲۴. نیشابوری، ابن فتال، محمد حسن؛ **روضة الواعظین و بصیرة المتعظین**، چاپ اول، قم، انتشارات رضی، بی تا.

۱۲۵. نیشابوری، ابن فتال ، محمد حسن؛ **ترجمه‌ی روضة الواعظین**، مهدوی دامغانی، محمود (مترجم)، چاپ اول، تهران، نشر نی، ۱۳۶۶.

۱۲۶. نیلی، مسعود، و همکاران **استراتژی توسعه صنعتی کشور**، موسسه انتشارات دانشگاه شریف ۱۳۸۲.

و

۱۲۷. وابرتن، نیگل؛ **درآمدی به فلسفه علم**، حقی، سید علی(مترجم)، فصلنامه دانشکده الهیات و معارف اسلامی دانشگاه مشهد، پاییز و زمستان ۱۳۷۶ شماره ۳۷ و ۳۸.

۱۲۸. ورام بن ابی فراس؛ **مجموعة ورام (تنبیه الخواطر)**، چاپ اول، قم، نشر مکتبه فقیه، بی‌تا.

ه

۱۲۹. هاریسون باربت، آنتونی؛ **فلسفه علم**، حقی، سید علی(مترجم)، فصلنامه دانشکده الهیات و معارف اسلامی دانشگاه مشهد، پاییز و زمستان ۱۳۷۷، شماره ۴۱ و ۴۱.

۱۳۰. هادوی‌نیا، علی‌اصغر، مقاله‌ی **دئیسم و اصول نظام سرمایه‌داری** ۱۳۸۸.

۱۳۱. هارتمن، فرانک؛ **فلسفه رسانه چیست**، اخگری، محمد (مترجم)، ماهنامه پژوهشی اطلاعات حکمت و معرفت، تیر ۸۶، سال دوم، شماره ۴.

• فهرست منابع انگلیسی

A

1. Ayala, Francisco Jose & Dobzhansky, Theodosius (Editors), **Studies in the Philosophy of Biology**, 1st Ed., Los Angeles, University of California Press, 1974.
2. **Army Planning and Orders Production,** Field Manual No. 5-0, Department of the Army, Washington DC, 20 January 2005.

B

3. Benjamin, Thomas, editor in chief, **Encyclopedia of Western Colonialism since 1450**, 1st edition, Vol 1, 2007 Thomson Gale, Macmillan Reference, preface, p: XIV
4. Balaban, Oded; **Praxis And Poesis In Aristotle's Practical Philosophy**; The Journal of Value Inquiry, 1990, Vol. 24, No. 3.
5. Bloom, Allan; **The Closing of the American Mind**, 1st Ed, New York, Simon & Schuster, Inc., 1987.
6. Borchert, Donald M. (Editor in Chief), **Encyclopedia of Philosophy**, 2nd Ed, USA, Macmillan Reference, Gale Group, 2006.
7. **Babylon English**, Babylon Ltd., Version 6.
8. Begon M, Townsend C ,Harper J. **Ecology, From Individuals to Ecosystems**. 4th edition. USA: Blackwell publishing. 2006.
9. Birx, H. James (Editor); **Encyclopedia of Time: Science, Philosophy, Theology, & Culture**, USA, Sage Publications, 2009.

C

10. Callicott , J. Baird & Frodeman, Robert (Editors in Chief); **Encyclopedia of Environmental Ethics and Philosophy**,1st Ed., USA, Macmillan Reference, Gale Group, 2009.
11. Craig, Edward (Editor in Chief); **Routledge Encyclopedia of Philosophy**, Version 1.0, London; Routledge Publication, 1998.
12. Craig, Edward (Editor in Chief); **The Shorter Routledge Encyclopedia of Philosophy**, 1st Ed., New York, Routledge Publication, 2005.
13. C. Herring, George, **From Colony to Superpower, U.S. Foreign Relations since 1776**, Oxford University Press2008, p: 181
14. Curtis, Adam, **The Century of the Self**, documentary for the BBC,2nd part, The Happiness Machines.
15. Clausewitz, Carl von; **On War**, Howard, Michael & Paret, Peter (translators); 1st Ed., Newyork: Oxford University Press, 2007.
16. Clark, John B, **The Philosophy of Wealth**, Boston Published by GIXN & Company 1887 in the Office of the Librarian of Congress, at Washington.
17. **Concise Oxford English Dictionary**, 11st Edition, Oxford, U.K, Oxford University Press, 2004.

D

18. Daniel Webster, Macleod, Dunning, **the Theory of Credit**, Trinity colledge, Cambridge, 2nd edition, Longman & Green Co.

19. Darity, William A. (Editor in Chief); **International Encyclopedia of the Social Sciences**, 2nd Ed, USA, Macmillan Reference, Gale Group, 2008.

20. Dorward, Andrew, Kydd, Jonathan, Morrison, Jamie and Colin, Poulton, **Institutions, Markets and Economic Co-ordination: Linking Development Policy to Theory and Praxis,** Faculty of Life Sciences, Imperial College London, Wye Campus, Wye, Ashford, Kent, TN25 5AH, UK.

21. Dunning, N.A, **The Philosophy of Price and Its Relation to Domestic Currency**, the Chicago Sentinel Publishing Co 1887.

22. Drucker, P, **Development of management theory and philosophy**. The Practice of Management, HarperBusiness, Reissue edition 1993

23. Joint Publication 1-02, **Department of Defense Dictionary of Military and Associated Terms**, Washington DC, 12 April 2001 (Amended 31 February 2009).

24. Dyke, C., **Philosophy of Economics**, Temple University, Elizabeth & Monroe Beardsley, Editors, 1981 by PRENTICE-HALL, INC. Englewood Cliffs, New Jersey.

E

25. Eldredge, Niles (Editor); **Life on Earth (An Encyclopedia of biodiversity, ecology, and evolution)**, 1st Ed., USA, ABC-CLIO Publication, 2002.

F

26. Ferguson, Niall, **The Ascent of Money, A Financial History of The World**, The Penguin Press New York 2008.

27. Friedman, Milton, **Capitalism and Freedom**, with the assistance of Rose D. Friedman,1982 by The University of Chicago.

28. Friedman, Milton & Friedman, Rose, **Free to choose**, Harcourt Brace Jovanovich, Inc, 1979.

29. The Freeman (a monthly study journal of ideas on liberty), **Freedom Philosophy,** The Foundation for Economic Education, Inc, Irvington-on-Hudson, New York1988.

30. Fukyama, Francis, **The End of History and the Last Man**,1st Ed. New York, Macmillan, Inc, 1992.

G

31. Gaut, Berys & Lopes, Dominic McIver (Editors); **The Routledge Companion to Aesthetics**, 1st Ed., New York: Routledge, 2001.

H

32. Hausman Daniel M. (Editor); **The Philosophy of Economics**: An Anthology, 3rd Ed, New York, Cambridge University Press, 2008.

33. Hausman Daniel M, McPherson Michael S, **Economic Analysis,Moral Philosophy and Public Policy,** Second Edition, University of Wisconsin, The Spencer Foundation, Cambridge university press 2006.

34. Helms, Marilyn M.; **Encyclopedia of Management**, 5th Ed., USA, Macmillan Reference USA, Gale Group, 2006.

35. Hubbard, Douglas **"How to Measure Anything: Finding the Value of Intangibles in Business"**, John Wiley & Sons, 2009

36. Hubbard, Douglas **"The Failure of Risk Management: Why It's Broken and How to Fix It,** John Wiley & Sons, 2009

37. Hull, David L. **The Cambridge Companion to the Philosophy of Biology**; 1st Ed, New York, Cambridge University Press, 2007.

38. Habermas, Jürgen; **The Structural Transformation of the Public Sphere**; Burger, Thomas (translator), 1st Ed., Massachusetts, The MIT Press, 1991.

39. Honderich, Ted (Editor); **The Oxford Companion to Philosophy**, 2nd Ed., New York, Oxford University Press, 2005.

40. Hobsbawm. E.J, **The Age of Capital 1848-1875**, Weidenfeld and Nicolson publisher, 2nd Edition, 1976.

J

41. Johns, Richard, **Functionalism**, Department of Philosophy, University of British Columbia.

K

42. Knight, Frank H. & Jones, David E.; **Risk, Uncertainty and Profit**, Boston, Houghton Mifflin Company, 1921 (Digitized for Microsoft Corp. at 2008).

43. Knott, H. A., **Wittgenstein, Concept Possession and Philosophy: A Dialogue**, Palgrave Macmillan Ltd.

L

44. Lemon, M.C.; **Philosophy of History: A Guide for Students**, 1st Ed., New York, Routledge Publication, 2003.

45. **Longman Dictionary of Contemporary English**, 5th Ed., Edinburgh Gate, Pearson Education Publication, 2007.

46. Locke, John**, The Second Treatise of Civil Government**, 1690, CHAP. V. Of Property.

M

47. Marx, Karl, **Capital**, The Process of Capitalist Production As A Whole, **vol 1**, edited by Friedrick Engels, Source: Institute of Marxism-Leninism, USSR, 1959, Publisher: International Publishers, NY.

48. Marx, Karl, **Capital**, The Process of Capitalist Production As A Whole**, vol 2**, edited by Friedrick Engels, Source: Institute of Marxism-Leninism, USSR, 1959, Publisher: International Publishers, NY.

49. Marx, Karl, **Capital**, The Process of Capitalist Production As A Whole, **vol 3**, edited by Friedrick Engels, Source: Institute of Marxism-Leninism, USSR, 1959, Publisher: International Publishers, NY.

50. Marx, Karl, **In actual history**, wrote in 1867.

51. Marx, Karl, **On the Jewish Question** (Works of Karl Marx 1844), First Published: February, 1844 in *Deutsch-Französische Jahrbücher*; Proofed and Corrected: by Andy Blunden, Matthew Grant and Matthew Carmody, 2008/9, Mark Harris 2010.

52. McLuhan, Marshall; **Understanding Media: The Extensions of Man**, Reisssued 1st Ed, Massachusetts, The MIT Press, 1994.

53. Mitsis, Philip, Epicurus' Ethical Theory: **The Pleasure of Invulnearability, Ithaca**, NY: Cornell University Press, 1988.

54. Milonakis ,Dimitris & Fine, Ben,From **Political Economy to Economics,** Routledge Poblishing.

55. **Merriam-Webster's collegiate dictionary**, 11th Ed., Massachusetts, U.S.A, Merriam-Webster Incorporated, 2005.

56. Mynatt, Jenai (Product Manager), **Encyclopedia of Management**, 6th Ed., USA, Gale, Cengage Learning, 2009.

N

57. Nagel, Rob (Editor); **UXL Encyclopedia of Science**, 2nd Ed., USA, UXL Publication, 2002.

58. Newhauser, Richard, **The Early History of Greed, The Sin of Avarice in Early Medieval, Thought and** Literature, Trinity University (San Antonio), Cambridge University Press 2004.

O

59. O'Hara, by Phillip Anthony, editor in chief, **Encyclopedia of Political Economy, vol 1,** Routledge publishing 2001, p: 77

P

60. Partridge, Eric; **Origins - An Etymological Dictionary of Modern English**, 5th Ed, New York, Routledge Publication.

61. Field Manual No. 3-05.30, **Psychological Operations**, Department of the Army, Washington DC, 15 April 2005.

62. Preuss, Peter, **Epicurean Ethics: Katastematic Hedonism** (Lewiston, NY: E.Mellen Press, 1994.

63. **The Protocols of The Learned Elders of Zion**, (World Conquest through World Jewish Government),

R

64. Reeve, John marshall; **Understanding Motivation and Emotion**; 5th Ed., USA, John Wiley & Son, Inc, 2008.

65. Rescher, Nicholas **Optimalism and The Rationality of Real: On The Prospects of Axiological Explanation**.

66. Reinert, Kenneth A. Rajan, Ramkishen S.; **The Princeton Encyclopedia of the World Economy**, 1st Ed.,USA, Princeton University Press, 2009.

67. **The Review of Metaphysics**, Philosophy Education Society Inc, vol.59.No.3.Mar.2006.

68. Rescher, Nicholas, Studies in **Metaphysical Optimalism**, Ontos verlag Publisher, 2006..

69. Roman, Luke. Roman Monica.; **Encyclopedia of Greek and Roman Mythology**; 1st Ed, New York, Facts On File, Inc., 2010.

70. Rubin, Emanuel; Reisner, Howard M. (Editors); **Essentials of Rubin's Pathology**, 5th Ed., USA, Lippincott Williams & Wilkins, 2009.

71. Rogers, Kelly, **Self-Interest: An Anthology of Philosophical Perspectives**, Routledge Published, NY,1997
72. Rothbard, N., Murray, **Man, Economy And State, A Treatise On Economic Principles with Power And Market, Government And The Economy**, Published by the Ludwig von Mises Institute, Scholar's Edition, second edition 2009.

S

73. Sarkar, Sahotra & Plutynksi, Anya**; A Companion to the Philosophy of Biology**, 1st Ed., Malden: Wiley-Blackwell Publication, 2008.
74. Seeger, M. W.; Sellnow, T. L.; Ulmer, R. R.; **Communication, organization, and crisis**; Communication Yearbook, SAGE Publications, March 1998, No. 2.
75. Shipley, Joseph; **Dictionary of Word Origins**, 1st Ed., New Jersey, USA: Littlefield, Adams Co., 1967.
76. Simmel George, **The Philosophy of Money**, Edited by David Frisby, Translated by Tom Bottomore and David Frisby, from a first draft by Kaethe Mengelberg, Third enlarged edition, Routledge poblished, 2004.
77. Smith, Adam, **An Inquiry Into The Nature and Causes of The Wealth of Nations**, a Penn state electronic Classics Series Publication, Pennsylvania University.
78. Sorell, Tom; Scientism**: Philosophy and the infatuation with science**, 2nd Ed., London, Routledge, 1994.
79. Spielberger, Charles D; **Encyclopedia of Applied Psychology**; 1st Ed., USA, Elsevier Academy Press, 2004.
80. Sparks, Karen Jacob (Editor in Chief); **Britannica Concise Encyclopedia**, 1st Ed. of Revised and Expanded edition, Peru., Encyclopædia Britannica, Inc., 2006.
81. Sparks, Karen Jacob (Editor in Chief); **The New Encyclopaedia Britannica**, Edition 2007, Chigaco, Encyclopædia Britannica, Inc., 2007.
82. Stiglitz, Joseph .E**, Making Globalization Work**, W. W. NORTON & COMPANY NEW YORK LONDON 2006.

T

83. Toffler, Alvin; **Future Shock**, 1st Ed., (15th printing) USA, Bantam Book, 1970.
84. Toffler, Alvin**; The Third Wave**, 1st Ed., USA, Bantam Book, 1981.

U

85. Urmson, J.O. and Réep, Jonathan (Editors), The **Concise Encyclopedia of Western Philosophy and Philosophers**, 2nd Ed (Fully Revised), New York:Routledge, 1991.

V

86. Van Huyssteen, Wentzel (Editor in Chief), **Encyclopedia of Science And Religion**, 2nd Ed., New York, Macmillan Reference, Gale Group, 2003.
87. Venn, John**, Logic of Chance**, Forth Edition 1962, Chelsea Publishing, NY.

88. von Böhm-Bawerk, Eugen , **THE EXPLOITATION THEORY**, translated with a preface and analysis by William Smart, M.A., Lecturer on Political Economy in Queen Margaret College, Glasgow. London: Macmillan, 1890.

W

89. Walker, Melanie and Elaine, **Amartya Sen's Capability Approach and Social Justice in Education**, First published in 2007 by PALGRAVE MACMILLAN™, New York.

90. Weston, Anthony; **A Practical Companion to Ethics**, 3rd Ed, New York, Oxford University Press, 2006.

91. Wicksell, Knut, **Interest and Prices, A Study of The Causes Regulating The Value of Money**, Macmillan and Co Published, London 1938.

92. Winch, Christopher & Gingell, John; **Philosophy of Education**: The Key Concepts, 2nd Ed., Oxon, Routledge, 2008.

93. Whitney, Ellie & Rady Rolfes, Sharon; **Understanding Nutrition**, 11th Ed, USA, Wadsworth Publishing, 2008.

Y

94. Yau, Kevin; **Essential English Dictionary**, Version 2.6.3, Lingoes Project, 2009.

95. Young, William H.; **Tactology**, 1st Edition, USA, Kessinger Publishing, December 2004.

• فهرست سایت‌های اینترنتی

1. www.andishkadeh.ir
2. www.ashkboos.com
3. www.aviny.com/quran/tasnim
4. www.dictionary.reference.com
5. www.bbc.co.uk/bbcfour/documentaries
6. www.businessweek.com
7. www.biblebelievers.org.au
8. www.businessphilosophy.co.uk
9. www.businessdictionary.com, (word: owner)
10. www.constitution.org
11. www.econlib.org/library/Enc
12. www. en.wikimediation.org
13. en.wikipedia.org [Wikipedia Online Encyclopedia]
14. www.etymonline.com [Online Etymology Dictionary]
15. www.ehow.com
16. www.farsilookup.com
17. www.iep.utm.edu (Internet Encyclopedia of Philosophy)
18. www.irane1404.com
19. www.investopedia.com
20. www.loghatnaameh.com/dehkhodasearchresult

21. www.maicar.com/GML/ [a web site created by Carlos Parada, author of Genealogical Guide to Greek Mythology, 1997]
22. www.mitpress.mit.edu/Labor Economics
23. www.memo.fr [Travel Through History]
24. www.merriam-webster.com/medlineplus/etiology
25. www.mmegi.bw
26. www.nlm.nih.gov
27. www.openbible.com
28. www.ucl.ac.uk
29. www.translate.google.com
30. www.thefreedictionary.com/ The American Heritage® Dictionary of the English Language, Fourth Edition 2000.
31. www.un.org
32. www.wto.org/english

Abstract

To Perceived economic position in the model, in running a national system, it is necessary to consider the foundations of strategic and economic thought. From this perspective, explaining the "paradigm" as an essential precondition for economic philosophy and strategic thinking course is a first and major step.

Through four general available paradigms of thinking in four areas of thoughts including: "Economy" in Latin thought, "Kad'amay" in Persian thought, "Eghtesad" in Arabic thought and "Bai" in Quran thought; inclusion criteria were Bai on the Iranian economy, and accordingly, the presentation of the National Doctrine of Economy of the Islamic Republic of Iran on the perspective 2035 were confronted with a paradigm transition from the current global economic paradigms to the Quran economy.

Therefore, four options including: "Mobaye'e Basis", "Khollat basis", "Enfagh basis" and "Barakat basis" were expected in explaining the gateway of Bai as an exitgate to the considered destination. And since for planning the gateway, three general approaches including: "product basis approach" , "process basis approach" and "function basis approach" were assumed, after the recognition and determining each gateway according to one of the four exitgates was planned usig one, two or three mentioned approaches.

Based on these three approaches, paves the way for making the foundation of Bai Strategic plan for strategic planning, and then the gateway and the entrance of this thesis was selected eccording to one of the explained exitgates and made the context of the comprehensive strategic plan of Bai.

Title: A Study on National Economic Doctrine of Islamic Republic of
Iran (Perspective Plan for 2035)
Author: Halleh Esmaeelnejad Shomali
Publisher: Supreme Century, Reseda, CA, USA
ISBN: 978-1939123572
Library Congress Control Number: 2018946433

A Study on National Economic Doctrine
of Islamic Republic if Iran
(Perspective Plan for 2035)

Halleh Esmaeelnejad Shomali